U0922500

佛山年鉴

FOSHAN NIANJIAN

2020

（总28期）

《佛山年鉴》编纂委员会　　佛山年鉴社　编

中国·广州

图书在版编目（CIP）数据

佛山年鉴. 2020 /《佛山年鉴》编纂委员会，佛山年鉴社编. —广州：广东旅游出版社，2020.12

ISBN 978-7-5570-2357-7

Ⅰ. ①佛… Ⅱ. ①佛…②佛… Ⅲ. ①佛山 - 2020- 年鉴 Ⅳ. ①Z526.53

中国版本图书馆 CIP 数据核字（2020）第 214866 号

FOSHAN NIANJIAN. 2020

佛山年鉴. 2020

《佛山年鉴》编纂委员会 佛山年鉴社 编

佛山年鉴社

地 址：广东省佛山市顺德区乐从镇吉祥道 10 号

邮政编码：528000

电 话：（0757）83805035 83329325

传 真：（0757）83805035

电子邮箱：zhouzf@fsarc.gov.cn

出 版 人：刘志松

责任编辑：何 方

特约编辑：陈 绍

装帧设计：深圳市宇彩设计印刷有限公司

责任技编：冼志良

出版发行：广东旅游出版社

地 址：广州市荔湾区沙面北街 71 号

邮 编：510130

电 话：（020）87348312

印 刷：佛山市高明领航彩色印刷有限公司

地 址：佛山市高明区荷城街道兴泰路 9 号

开 本：850mm × 1168mm 1/16

印 张：37.75 **字 数：**1400 千字

版 次：2020 年 12 月第 1 版 2020 年 12 月第 1 次印刷

定 价：280.00 元

《佛山年鉴》编纂委员会

佛　山　年　鉴　社

编辑说明

一、《佛山年鉴》是由中共佛山市委员会、佛山市人民政府主持编纂出版的一部地方性综合年鉴。每年更新资料出版一次，国内外公开发行。

二、《佛山年鉴》编纂出版坚持以马克思列宁主义、毛泽东思想、邓小平理论、“三个代表”重要思想、科学发展观和习近平新时代中国特色社会主义思想为指导。

三、《佛山年鉴》旨在全面、系统、准确地反映每个年度佛山市自然、政治、经济、文化、社会等方面的基本情况，为读者了解和研究佛山提供基本资料。

四、《佛山年鉴》采用分类编辑法。主体内容设类目、分目、条目 3 个结构层次。少数分目增设次分目层次。条目为表现内容的基本形式。全书条目标题统一用黑体加【 】表示。少数包含多方面资料的条目则在段首加插楷体标题提示。

五、《佛山年鉴 .2020》着重反映 2019 年佛山市的基本情况。全书设《市情概貌》《年度关注》《2019 年佛山大事记》《中国共产党佛山市委员会》《佛山市人民代表大会》《佛山市人民政府》《中国人民政治协商会议佛山市委员会》《纪检监察》《民主党派·工商联》《群团组织》《外事·侨务·台港澳事务》《法治》《军事》《经济监督管理》《财政·税务》《金融》《城乡建设与管理》《资源·环境》《区域合作·扶贫开发》《高新技术产业开发区》《开放型经济》《民营经济》《农业·农村》《工业》《建筑业·房地产业》《交通运输业·邮政业》《信息业》《商贸流通业》《旅游业·住宿餐饮业》《教育》《科学技术》《社会科学》《文化》《卫生健康》《体育》《社会民生》《市辖区》《人物》《统计资料》《附录》等 40 个类目，256 个分目（含 39 个次分目），1609 个条目，并设有卷首图片专辑。

六、本年鉴统计数据采用法定计量单位，主要统计数据，均经撰稿单位与统计部门核对。全书所载录内容均由各撰稿单位审定提供。由于统计口径不一，个别数据可能不一致，使用时以佛山市统计局提供的数据为准。

七、本年鉴配套双重检索系统：书前编有目录，书后配有索引。索引采用主题分析法，款目按汉语拼音字母顺序排列。

佛山荣誉

FOSHAN RONGYU

荣誉

◎ 全国文明城市

◎ 国家卫生城市

◎ 国家森林城市

◎ 全国双拥模范城市

◎ 国家园林城市

◎ 国家农业产业化示范基地

◎ 国家优秀旅游城市

◎ 联合国人类居住区优秀范例城市

◎ 全国绿化模范城市

◎ 国家环境保护模范城市

◎ 中国十大智慧城市

◎ 中国品牌经济城市

◎ 国家商标战略实施示范城市

◎ 国家知识产权投融资试点城市

◎ 国家知识产权示范城市

◎ 国家公共文化服务体系示范区

◎ 国家级市场采购贸易方式试点城市

◎ 中国历史文化名城

◎ 中国品牌之都

◎ 全国制造业转型升级综合改革试点

◎ 全国科技进步先进市

◎ 全国制造业信息化工程重点城市

◎ 信息惠民国家试点城市

◎ 跨境电子商务综合试验区

◎ 财政支持深化民营和小微企业金融服务综合改革试点城市

◎ 全国规范化家长学校实践基地

佛山市行政区划图

N

清新区
清城区
清远市
清远站
清
远
市
肇
庆
市
广
州
市
三
水
区
花都区
广州北站
广州白云国际机场
四会市
肇庆东站
大旺华侨农场
南山镇
大塘镇
芦苞镇
乐平镇
云东海街道
里水镇
三水西站
属南海区
属花都区
北江
绥江
汕湛高速
二广高速
珠三角环线高速
贵广高铁
京广高铁
京广铁路
许广高速
佛清从高速
乐广高速
大广高速
广佛肇高速
广茂铁路
广佛肇城轨
京港澳高速
华南快速
穗莞深城轨
机场高速
广连高速
迎咀水库
芙蓉嶂水库
花斗水库
三坑水库
洪秀全水库
水边水库
白沙塘水库
龙王庙水库
大南山度假区
芦苞祖庙
南海影视城
南国桃园
白云山风景区

崛起中的三龙湾高端创新集聚区

◎ 实际使用外商直接投资：51.13 亿元

◎ 货物周转量：336.53 亿吨千米

◎ 旅客周转量：57.88 亿人千米

◎ 旅游总收入：891.86 亿元

◎ 港口货物吞吐量：9636 万吨

◎ 全社会用电量：702.65 亿千瓦时

◎ 用水总量：22.57 亿立方米

◎ 绿化覆盖面积：7554.80 公顷

◎ 公园绿地面积：3417.21 公顷

◎ 森林覆盖率：20.65%

◎ 污水处理率：99.90%

◎ 生活垃圾无害化处理率：100.00%

◎ 空气质量优良天数比例：78.90%

◎ 专利申请数：81011 件

◎ 专利授权数：58747 件

◎ 普通中学：212 所

◎ 普通高等学校：13 所

◎ 公共图书馆：6 个

◎ 博物馆：23 个

◎ 医疗卫生机构：2097 个

◎ 医疗卫生机构床位：38085 张

◎ 卫生技术人员：58215 人

佛山数字 2019

◎ 土地面积：3797.79 平方千米
◎ 年末常住人口：815.86 万人
◎ 年末户籍人口：461.28 万人
◎ 地区生产总值：10751.02 亿元
◎ 第一产业增加值：156.92 亿元
◎ 第二产业增加值：6044.62 亿元
◎ 规模以上工业增加值：4874.23 亿元
◎ 第三产业增加值：4549.48 亿元
◎ 人均地区生产总值：133850 元
◎ 社会消费品零售总额：3685.27 亿元
◎ 地方一般公共预算收入：731.62 亿元
◎ 地方一般公共预算支出：941.32 亿元
◎ 金融机构本外币存款余额：16948.10 亿元
◎ 金融机构本外币贷款余额：12175.18 亿元
◎ 常住居民人均可支配收入：54043 元
◎ 常住居民人均生活消费支出：37160 元
◎ 城镇常住居民人均可支配收入：55233 元
◎ 城镇常住居民人均消费支出：37970 元
◎ 农村常住居民人均可支配收入：31503 元
◎ 农村常住居民人均消费支出：21822 元
◎ 货物进口总额：1099.90 亿元
◎ 货物出口总额：3727.71 亿元

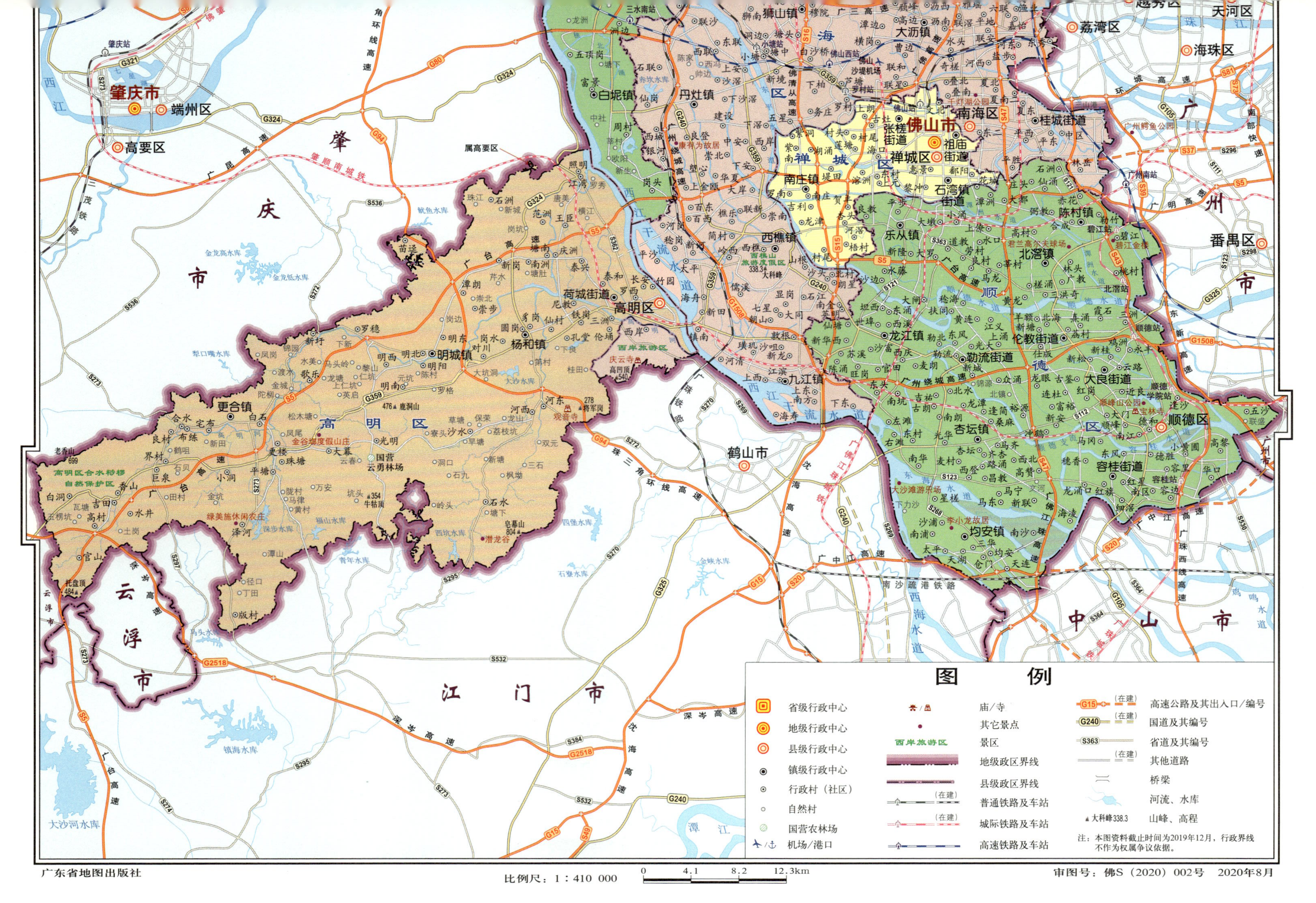

广东省地图出版社
审图号：佛S（2020）002号 2020年8月

（陈景旺　摄）

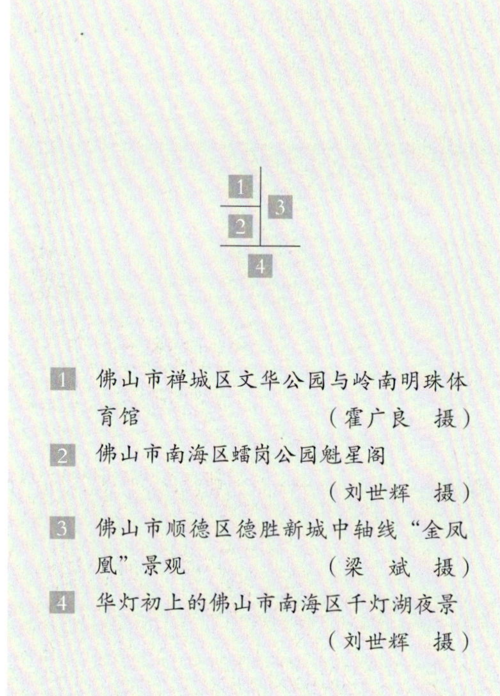

1 佛山市禅城区文华公园与岭南明珠体育馆（霍广良 摄）

2 佛山市南海区蟠岗公园魁星阁（刘世辉 摄）

3 佛山市顺德区德胜新城中轴线“金凤凰”景观（梁 斌 摄）

4 华灯初上的佛山市南海区千灯湖夜景（刘世辉 摄）

1 5
2 3 6
4 7

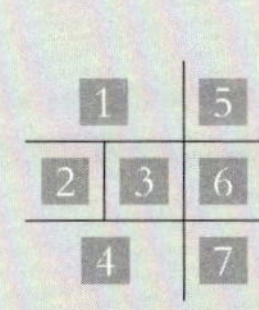

1 广佛江珠高速与广佛肇高速交汇处的里水立交 （霍广良 摄）
2 南海桂城桂江立交桥夜景 （刘世辉 摄）
3 顺德立交桥夜景 （刘世辉 摄）
4 广州绕城高速与沈海高速交汇处的九江立交 （霍广良 摄）
5 佛山大道与江湾路交汇处的江湾立交 （霍广良 摄）
6 佛清从高速狮山立交 （南海区供图）
7 佛山大道与桂丹路交汇处的谢边立交 （霍广良 摄）

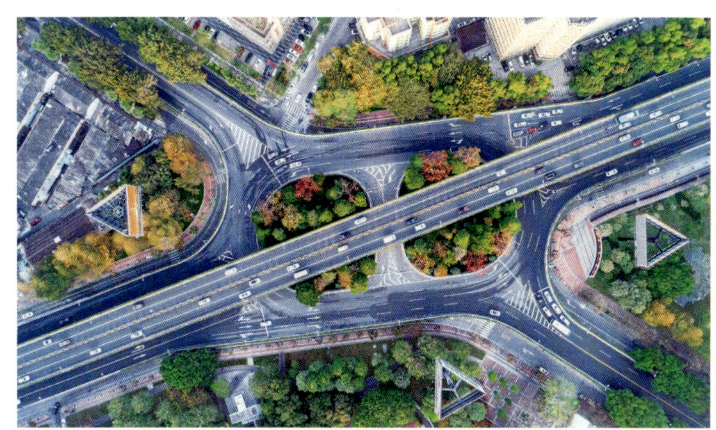

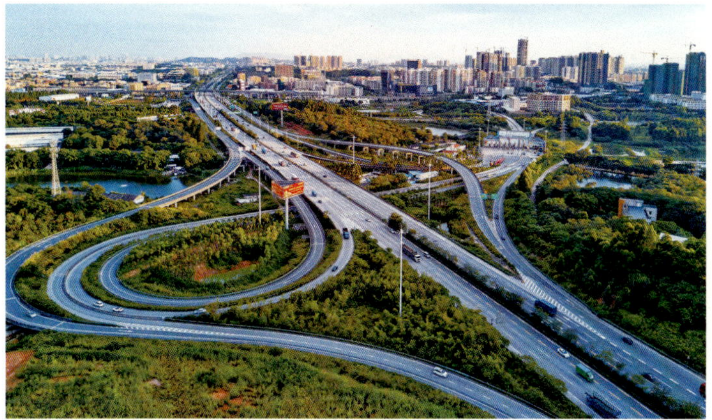

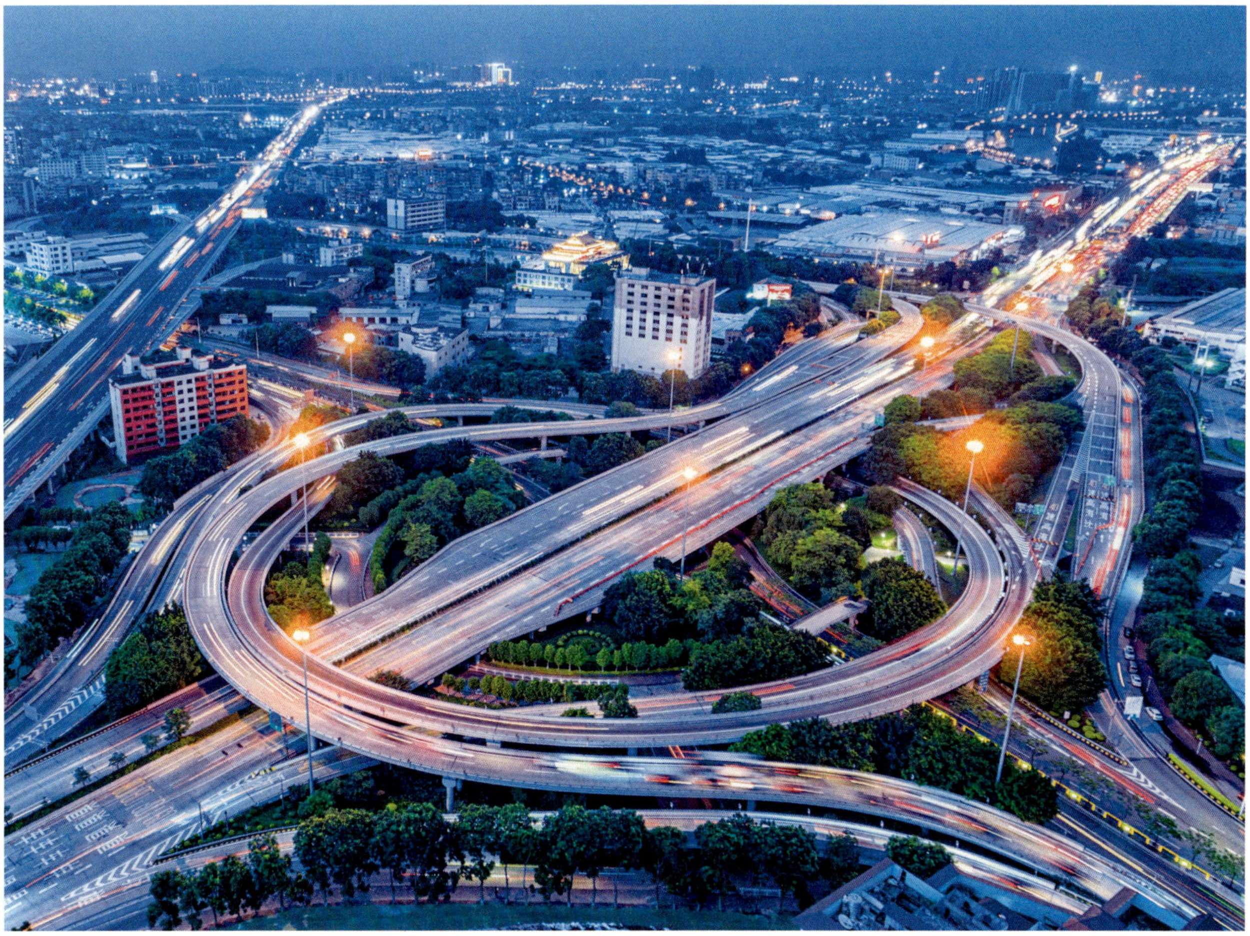

1	6
2 3	7
4 5	8

1 佛山高新区高明园海天调味食品有限公司生产基地
2 佛山高新区三水园爱旭科技有限公司生产基地
3 佛山高新区禅城园华南电源创新科技园
4 佛山高新区顺德园天富来国际工业城（佛山高新区顺德园管理局）
5 佛山高新区禅城园欧洲工业园C区
6 佛山高新区南海园一汽－大众佛山分公司生产基地（霍广良　摄）
7 佛山高新区南海园广东省新光源产业基地（霍广良　摄）
8 佛山高新区三水园

（此专题除注明外均由佛山高新区管委会供图）

A10
A11
A13
A14
A15
A16
A6
A7
A3
A2
A1

1 佛山市顺德区杏坛镇青田古村 （顺德区供图）

2 2019年3月1日，佛山市顺德区勒流街道连杜村万人生菜宴盛况 （刘世辉 摄）

3 佛山市高明区明城镇万亩稻田 （潘庆基 摄）

4 佛山市高明区明城镇下石塘村郁金香园 （郑国恒 摄）

5 佛山市顺德区陈村镇仙涌村桔田 （林嘉明 摄）

6 佛山市南海区里水镇梦里水乡百花园 （南海区供图）

佛山市庆祝中华人民共和国成立 70 周年系列活动

为庆祝中华人民共和国成立 70 周年，佛山市以习近平新时代中国特色社会主义思想为指导，深入学习贯彻习近平总书记对广东重要讲话和重要指示批示精神，围绕“我和我的祖国”主题，举行烈士公祭活动暨向陈铁军烈士纪念碑敬献花篮仪式、升国旗仪式，举办佛山市庆祝中华人民共和国成立 70 周年文艺晚会等展演展览展示活动。此外，佛山各区各部门在国庆期间广泛组织悬挂国旗、打造主题花坛景观、布置宣传标语宣传画，并结合实际举行形式多样的庆祝活动。

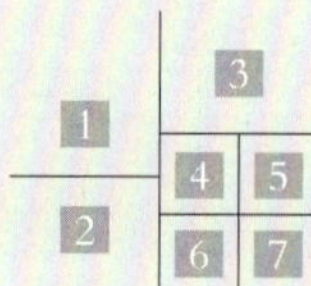

1 9 月 30 日，佛山市在铁军公园举行佛山市、禅城区 9·30 烈士公祭活动暨向陈铁军烈士纪念碑敬献花篮仪式　（市档案馆供图）

2 9 月 29 日晚，佛山市举行庆祝中华人民共和国成立 70 周年文艺晚会

3 10 月 1 日上午，佛山市委、市政府在市机关大院举行佛山市庆祝中华人民共和国成立 70 周年升旗仪式

4 8 月 15 日，“时代新人说——我和祖国共成长”演讲大赛“赞颂辉煌成就、军民同心筑梦”演讲比赛决赛在佛山电视台举行

5 9 月 17 日，道德的力量——2019 年佛山市“9·20 公民道德宣传日”举行

6 9 月 26 日，“同唱一首歌　共圆中国梦”佛山市统一战线庆祝中华人民共和国成立 70 周年文艺演出活动　（市委统战部供图）

7 9 月 30 日晚，佛山市在文华公园举办国庆文艺嘉年华活动

（此专题图片除注明外均由市委宣传部提供）

道德的力量

我和我的祖国

佛山三龙湾高端创新集聚区管理委员会挂牌

2019 年 5 月 21 日，经中共广东省委机构编制委员会批准，佛山中德工业服务区管理委员会加挂佛山三龙湾高端创新集聚区管理委员会牌子，统筹推进佛山中德工业服务区、三龙湾工作。2019 年 6 月 5 日，佛山三龙湾高端创新集聚区管理委员会正式挂牌，标志着三龙湾建设正式擂响战鼓、开启新征程。

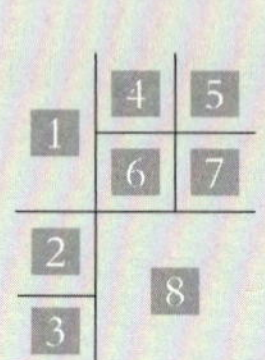

1 6 月 5 日，佛山三龙湾高端创新集聚区管理委员会正式挂牌（三龙湾管委会供图）
2 佛山机器人学院（三龙湾管委会供图）
3 佛山市妇幼保健院新城院区（三龙湾顺德片区建设局供图）
4 横跨平洲水道的奇龙大桥（南海区委宣传部供图）
5 佛山三龙湾南海片区（宋兹檀 摄）
6 三山文翰湖全景（南海区委宣传部供图）
7 三龙湾奇槎片区（潘伟欣 摄）
8 东平河滨河景观带（三龙湾顺德片区建设局供图）

第二十三届全国发明展览会·一带一路暨金砖国家技能发展与技术创新大赛在佛山举行

2019 年 11 月 7 — 9 日，由中国发明协会、金砖国家工商理事会、广东省科学技术厅主办，佛山市人民政府承办的第二十三届全国发明展览会·一带一路暨金砖国家技能发展与技术创新大赛在广东（潭洲）国际会展中心举行。全国发明展览会展览面积 3.6 万平方米，设有发明历程展、虚拟现实（VR）体验、国防知识产权、高端智能制造、环保节能、智能家居、新一代信息技术、粤港澳大湾区、青少年发明创新等展区，1900 多个发明创新项目参展。活动期间还举办融合创新项目路演交流会、科技部科技成果直通车活动、技能发展和技术创新交流等一系列专项活动。

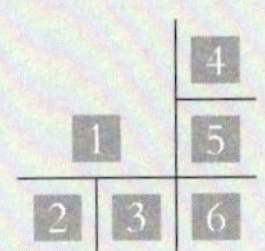

1 11月7日，第二十三届全国发明展览会·一带一路暨金砖国家技能发展与技术创新大赛开幕

2 11月7日，发明展览会（2019—2023）战略合作协议签约、中国医药卫生事业发展基金会和佛山市人民政府战略合作框架协议签约现场

3 11月7日，佛山展区

4 11月7日，2019融合创新项目路演交流会

5 11月8日，2019科技成果直通车签约仪式

6 11月8日，一带一路暨金砖国家技能发展与技术创新大赛比赛现场

（此专题图片均由市科协提供）

2019 中国（佛山）人工智能与智能制造国际合作发展大会

2019 年 10 月 21 — 23 日，中国（佛山）人工智能与智能制造国际合作发展大会在佛山市举行，大会以“新智造 · 新未来”为主题，来自国内，以及美国、德国、韩国、白俄罗斯等国的院士和专家参加，探讨人工智能与智能制造赋能制造业。大会期间，主办方设立科技成果精品展示区，分智能服务和智能制造两大类展示企业的“高精尖”人工智能科技成品，包括迎宾机器人、智能眼镜等人工智能产品。

1 大会签约仪式

2 3 人工智能产品展示

4 2019 智能制造国际合作发展论坛

5 在大会高峰对话环节，多国专家学者纵论“探索人工智能与智能制造的应用前景”

6 在主题分享环节，以色列国家金属所增材制造中心主任弗拉基米尔·波波夫（Vladimir Popov）作“以色列 3D 打印技术发展现状和趋势”主题分享

（此专题图片由佛山高新区管委会提供）

全球首条商业运营氢能源有轨电车在佛山上线运营

2019 年 12 月 30 日，佛山市高明区氢能源有轨电车正式载客运营。作为全球首条商业运营的氢能源有轨电车线路，高明氢能源有轨电车示范线总投资 10.7 亿元，规划全长 17.4 千米，设车站 20 个。首期工程全长 6.57 千米，总投入 8.38 亿元，南起沧江路与中山路交叉口，北止于西江新城智湖，共设置沧江路、跃华路、怡乐路、荷城、文化中心、明湖公园、新江路、体育中心、阮埇、智湖 10 个车站，并在智湖站附近建设车辆基地及加氢站 1 个，调度指挥中心设置于车辆基地的综合楼内。

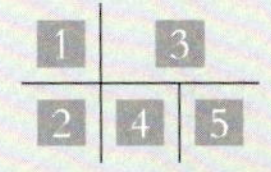

1 12 月 30 日，高明氢能源有轨电车正式开通运营　（市轨道交通局供图）

2 行驶中的氢能源有轨电车　（市轨道交通局供图）

3 11 月 28 日，高明氢能源有轨电车上线启动　（市发展改革局供稿）

4 高明氢能源有轨电车控制中心　（市轨道交通局供图）

5 乘客体验乘坐有轨电车　（梁洪佳　摄）

2019 年“岭南味　佛山品”首届佛山文旅欢乐季

2019 年 10 月 19 日至 12 月 31 日，2019 年“岭南味　佛山品”首届佛山文旅欢乐季举行。该届欢乐季分为八大主题板块、12 项活动。八大主题板块为赏秋色、扒龙舟、观赛事、叹美食、听粤剧、逛展馆、玩陶艺、品年味。12 项活动为 2019 广东（佛山）非遗周暨佛山秋色巡游活动、第一届中国龙舟大奖赛暨佛山（国际）龙舟嘉年华、佛山市第一届镇（街）龙舟争霸赛、2019 年定向世界杯决赛暨南粤古驿道南海分站赛、2019 欧洲高尔夫球挑战巡回赛佛山公开赛、粤港澳大湾区“食在广东”佛山（顺德）美食文化周、“好食材　真高明”2019 高明区第八届绿色商品博览会、第二届三水西江文创节之非遗美食节和祠堂音乐节、粤剧“世遗”十周年系列活动之佛山粤剧周、2019 佛山博物馆文化周、2019 佛山（禅城）陶艺建陶设计周、第十一届佛山（禅城）岭南年俗欢乐节。

1	10 月 19 日，2019 佛山（禅城）陶艺建陶设计周点火仪式	（禅城区供图）
2	10 月 25 日，2019 佛山粤剧华光诞民俗活动在广东粤剧博物馆开幕	（王　澍　摄）
3 4	11 月 1 日，2019 广东（佛山）非遗周暨佛山秋色巡游活动文艺表演	（市档案馆供图）
5	11 月 1 日，佛山（顺德）美食文化周开幕式	（梁文生　摄）
6	12 月 23 日，第十一届佛山（禅城）岭南年俗欢乐节开幕式暨 2020 最岭南之佛山过大年启动仪式	（禅城区供图）
7	11 月 2 日，中国龙舟大奖赛暨 2019 佛山（国际）龙舟嘉年华在顺德举行	（顺德区供图）
8	11 月 2 日，外市部分非遗项目受邀在非遗周活动期间进行活态展示	（市文广旅体局供图）
9	12 月 27—29 日，2019 佛山博物馆文化周主会场活动在佛山新城中欧中心举行。图为市民在主会场“唤醒镇馆之宝”主题展板前参观	（吴　宇　摄）

2019 中国（佛山）大湾区功夫电影周

2019 年 12 月 17 — 21 日，佛山市举办 2019 中国（佛山）大湾区功夫电影周，这是《粤港澳大湾区发展规划纲要》颁布后，首次以大湾区名义举办的电影盛会。电影周包括四大主体活动和 9 项特色活动。香港演员甄子丹担任该届电影周形象大使。12 个奖项在闭幕式上揭晓。张晋、文咏珊凭借在电影《叶问外传：张天志》《狂兽》中的表演分别获评优秀男演员、优秀女演员，林超贤凭借电影《红海行动》获评优秀导演，电影《叶问外传：张天志》获评优秀功夫（动作）电影，电影《狄仁杰之四大天王》获推委会特别表彰。

1 12 月 17 日，电影周开幕式上，佛山市市长朱伟向甄子丹颁发功夫电影周形象大使牌匾 （周 春 摄）

2 12 月 17 日，2019 中国（佛山）大湾区功夫电影高峰论坛在佛山保利洲际酒店举行 （符诗贺 摄）

3 12 月 19 日，功夫动作演员人才培养主题论坛在佛山市南海区举行。图为开场功夫节目表演 （王伟楠 摄）

4 12 月 19 日，中外动作电影比较主题论坛在佛山保利洲际酒店举行。图为嘉宾合影留念 （符诗贺 摄）

5 12 月 21 日，电影周闭幕式文艺表演 （张弘弢 摄）

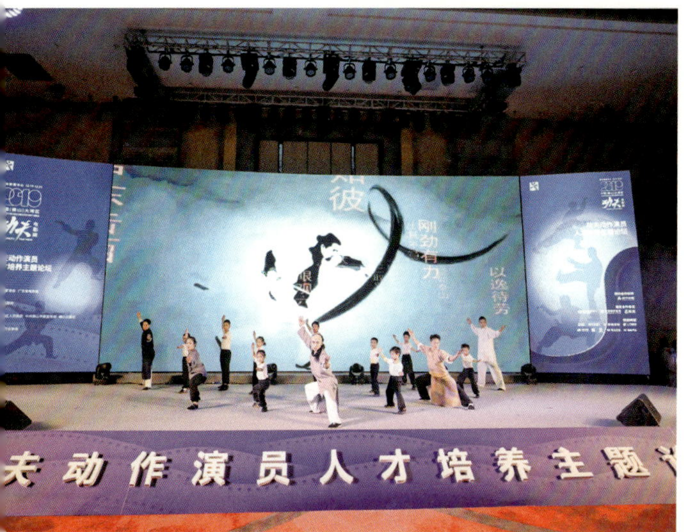

刚劲有力
以逸待劳
夫 动 作 演 员 人 才 培 养 主 题

中外动 电影比较主题论坛
南方影视中心 12.17-12.21
2019
中国(佛山)
大湾区
功夫
电影周
CHINA(FOSHAN)
GREATER BAY AREA KUNGFU FILM WEEK

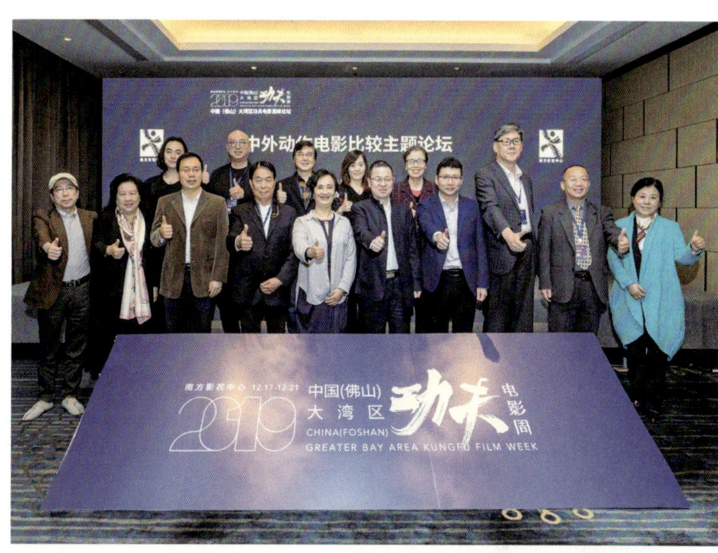

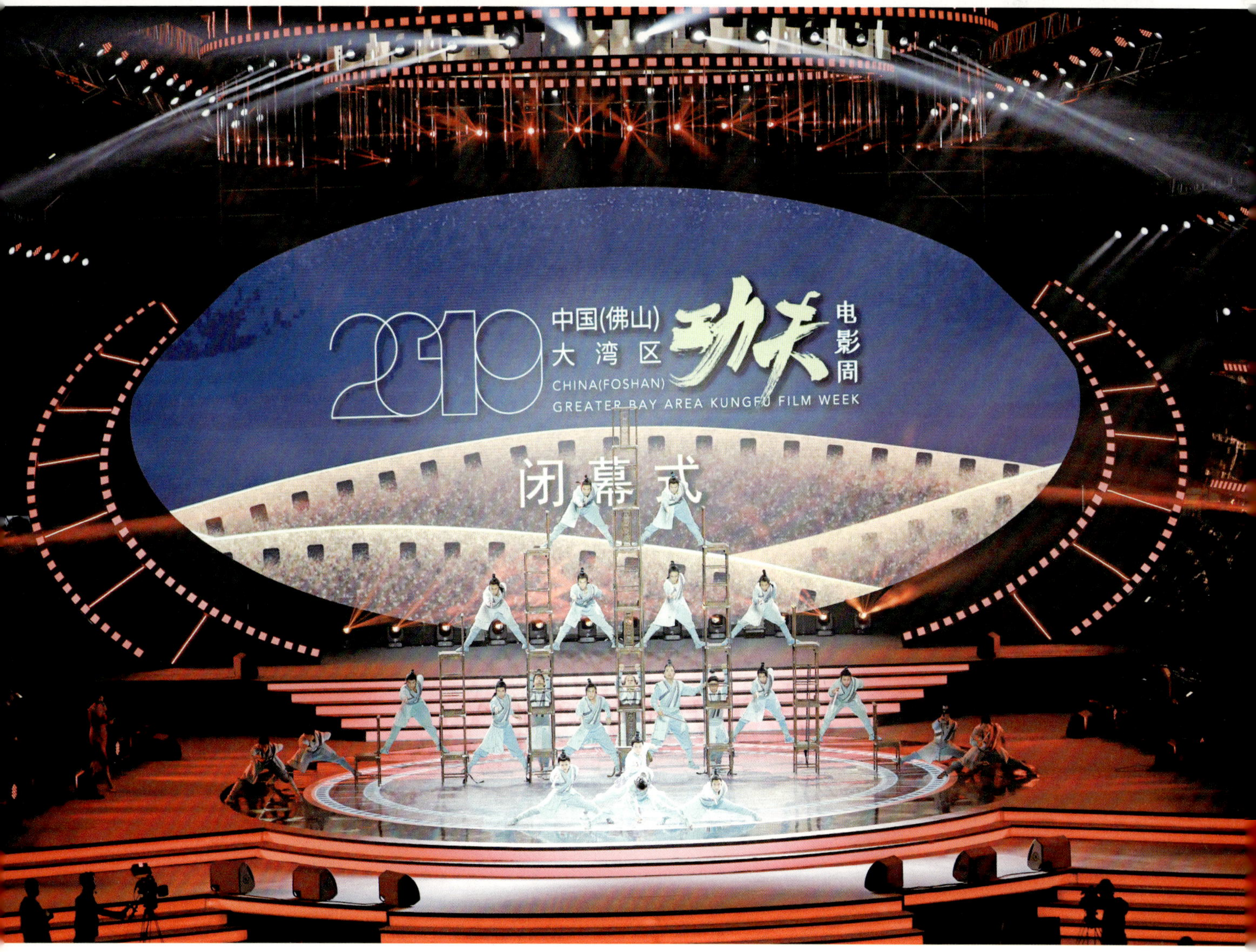
2019
中国(佛山)
大湾区
功夫
电影周
CHINA(FOSHAN)
GREATER BAY AREA KUNGFU FILM WEEK
闭幕式

2019 年国际篮联篮球世界杯（佛山赛区）赛事活动

2019 年国际篮联篮球世界杯于 8 月 31 日至 9 月 15 日在北京、上海、南京、武汉、广州、深圳、佛山、东莞 8 座中国城市举行。其中，佛山赛区于 8 月 31 日至 9 月 8 日举行 10 场小组赛比赛，包括塞尔维亚、意大利、安哥拉、菲律宾等 4 支球队之间进行的 6 场小组赛第一阶段比赛，以及阿根廷、波兰、俄罗斯、委内瑞拉等 4 支球队之间进行的 4 场小组赛第二阶段比赛。佛山赛区比赛在佛山国际体育文化演艺中心进行。

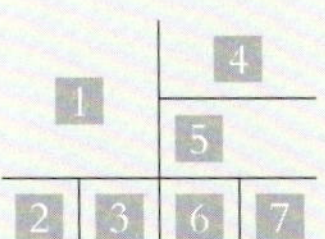

1 2 依次为8月31日安哥拉对阵塞尔维亚、菲律宾对阵意大利的比赛（市档案馆供图）

3 9月2日，意大利对阵安哥拉的比赛

4 9月8日，佛山赛区赛事结束后，国际篮联主席穆拉托（中）与佛山赛区组委会工作人员等合影

5 观众席上观赛的球迷

6 7 依次为9月8日阿根廷对阵波兰、委内瑞拉对阵俄罗斯的比赛

（此专题图片除注明外均由市文广旅体局提供）

广东（佛山）对口凉山扶贫协作工作组获全国脱贫攻坚奖组织创新奖

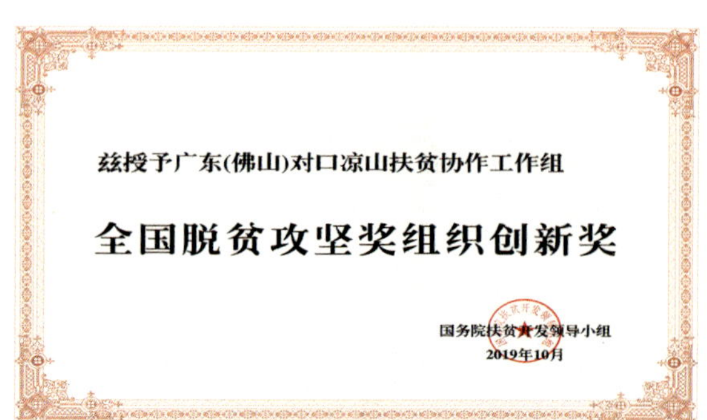
兹授予广东(佛山)对口凉山扶贫协作工作组

全国脱贫攻坚奖组织创新奖

国务院扶贫开发领导小组
2019年10月

2019 年 10 月 17 日，在 2019 年全国脱贫攻坚奖表彰大会暨首场脱贫攻坚先进事迹报告会上，广东（佛山）对口凉山扶贫协作工作组获 2019 年全国脱贫攻坚奖组织创新奖，是全国东西部扶贫协作工作组唯一获奖代表，也是广东省唯一获奖集体。

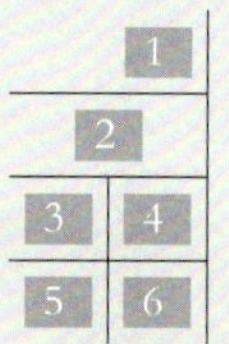

1 “全国脱贫攻坚奖组织创新奖”奖状

2 凉山彝族自治州越西县现代农业产业园

3 4 凉山彝族自治州甘洛县吉乃彝各村改造前后对比图

5 6 凉山彝族自治州盐源县龙家湾新村改造前后对比图

［此专题图片由广东（佛山）对口凉山扶贫工作组提供］

目录

市情概貌

年度关注

2019年佛山大事记

中国共产党佛山市委员会

佛山市人民代表大会

佛山市人民政府

中国人民政治协商会议佛山市委员会

纪检监察

民主党派・工商联

群团组织

外事·侨务·台港澳事务

法　治

军　事

经济监督管理

财政·税务

金　融

城乡建设与管理

资源·环境

区域合作·扶贫开发

高新技术产业开发区

开放型经济

民营经济

农业・农村

工 业

建筑业·房地产业

交通运输业·邮政业

信息业

商贸流通业

旅游业·住宿餐饮业

教　育

科学技术

社会科学

文　化

卫生健康

体　育

社会民生

市辖区

人　物

统计资料

附　录

市情概貌

手机扫码阅读

基本情况

【建置沿革】 佛山“肇迹于晋，得名于唐”。新石器时代，佛山先民就以渔耕和制陶开创原始文明。春秋战国时期，佛山属于百越之地。秦、汉时期，现禅城、南海、顺德、三水属南海郡番禺县；高明属高要县。晋代，禅城称“季华乡”。隋开皇十年（590年），从番禺县分置南海县，因旧置南海郡而得名。相传唐贞观二年（628年），乡民在塔坡岗上掘得3尊铜佛像，并有“佛山”石膀为证，佛山由此得名。五代十国时期，现佛山禅城、顺德属咸宁县，宋初重新并入南海县。明景泰三年（1452年），敕封佛山为“忠义乡”，属南海县。同年，置顺德县，意为“顺天威德”。明成化十一年（1475年）置高明县，因原有高明巡检司而得名。明嘉靖五年（1526年）置三水县，意为“三水合流”（西江、北江、绥江）。民国时期，佛山先后改设佛山镇、佛山市、佛山镇、南海县特别区。

1949年10月15日佛山解放，10月31日，佛山市人民政府成立。1950年3月，设广东省珠江专区专员公署，辖中山、顺德、南海、三水、花县、番禺、宝安、东莞8县和佛山市，专署驻地中山县石岐镇。1952年11月，撤珠江专员公署，设粤中行政公署，辖中山、顺德、南海、三水、番禺、东莞、宝安、增城、博罗、龙门、珠海、新会、高明、鹤山、封开、怀集、高要、广宁、四会、新兴、罗定、云浮、郁南、德庆24县和石岐市，并领导省辖佛山市、江门市。粤中行署驻地江门市。1954年6月，粤中行政公署由江门市迁入佛山市。1956年撤粤中行政公署，成立佛山专员公署，驻地佛山市。辖中山、珠海、番禺、顺德、南海、三水、新会、鹤山、高明、台山、开平、恩平、花县13县和石岐市，领导省辖的佛山市、江门市。1958年，佛山、江门改为县级市，由佛山专区领导。1966年，佛山市升为地级市，受广东省、佛山专区双重领导。1970年，佛山专区更名为佛山地区，佛山、江门改为县级市。佛山地区辖南海、顺德、三水、高鹤、台山、恩平、番禺、中山、珠海、新会、开平、斗门12县和佛山、江门两市。1974年，佛山、江门两市恢复为省辖市，实行省地双重领导。1980年，成立佛山地区行政公署，辖中山、斗门、顺德、南海、三水、高鹤、新会、台山、开平、恩平10县和佛山市、江门市。1983年6月1日，撤销佛山地区建制，实行市领导县体制。佛山市辖中山、南海、顺德、高明、三水5县。同年，中山县改为中山市（县级）。1984年6月，佛山市辖汾江区（1986年易名为城区）和石湾区及南海、顺德、高明、三水4县，代管中山市。1988年1月，中山由县级市升为地级市，从佛山市划出。1992—1994年，南海、顺德、高明、三水撤县设市（县级），由佛山市代管。2002年12月，撤销佛山市城区、石湾区及县级南海市、顺德市、三水市和高明市，设立佛山市禅城区、南海区、顺德区、三水区和高明区。自此，佛山市实行一市辖五区体制。

（市地方志办）

【行政区划】 截至2019年12月31日，佛山市由禅城区、南海区、顺德区、高明区、三水区共5个辖区组成。全市有21

2019年佛山市行政区划简表

区名称	镇（街道）名称	辖行政村、社区数
禅城区	南庄镇、石湾镇街道、张槎街道、祖庙街道	53个行政村、94个社区
南海区	桂城街道、九江镇、西樵镇、丹灶镇、狮山镇、大沥镇、里水镇	66个行政村、220个社区
顺德区	大良街道、容桂街道、伦教街道、勒流街道、陈村镇、北滘镇、乐从镇、龙江镇、杏坛镇、均安镇	108个行政村、97个社区
高明区	荷城街道、杨和镇、明城镇、更合镇	54个行政村、23个社区
三水区	西南街道、云东海街道、白坭镇、乐平镇、芦苞镇、大塘镇、南山镇	48个行政村、24个社区

个镇、11个街道。其中：禅城区辖南庄1个镇和石湾镇、张槎、祖庙3个街道；南海区辖桂城1个街道和九江、西樵、丹灶、狮山、大沥、里水6个镇；顺德区辖大良、容桂、伦教、勒流4个街道和陈村、北滘、乐从、龙江、杏坛、均安6个镇；高明区辖荷城1个街道和杨和、明城、更合3个镇；三水区辖西南、云东海2个街道和白坭、乐平、芦苞、大塘、南山5个镇。

（陈　瑶）

【地理位置和面积】 佛山市位于广东省中南部，珠江三角洲腹地。东倚广州市，西靠肇庆市，南邻江门市、中山市，北接清远市，邻近深圳和香港、澳门，陆运、水运、空运交通基础设施齐备，交通便捷。全境于北纬22°38′～23°34′，东经112°23′～113°24′之间。佛山市域东距西、南距北均约103千米，大致呈“人”字形，总面积3797.79平方千米。

（郭　庆）

【地质地貌】 佛山市地势总体有北高南低、西高东低的特征，大部分地区较为低平，地势起伏较小，以平原为主，为珠江水系之北江、西江三角洲平原，海拔一般小于5米，多在1.2～4.8米，河汊众多，桑基鱼塘密布，其间零星分布有丘陵残丘和残留台地，丘陵残丘海拔小于100米，坡度15度以下；残留台地海拔一般小于50米，浑圆低平；佛山市西部的高明、北部的三水地区有连绵的山体，为丘陵—低山地貌，地势陡峻，相对高差大，山谷纵横，植被茂密。佛山市最高山峰为高明区杨和镇的皂幕山，海拔805米；三水大塱涡地势低洼，高程-1.7米，为全市最低点。

在中国大地构造分区中，佛山市位于二级构造单元武夷—云开—台湾造山系，经历各构造旋回的地质演化，形成佛山市极具特征的地质背景。距今8亿至2300万年的岩石构成佛山市的坚硬基底，沉积岩、岩浆岩和变质岩三大岩类均有发育，但是以各地质时期的沉积岩为主体。各地质时代的地层发育较为齐全、分布广泛，发育的地层有南华系、寒武系、泥盆系、石炭系、二叠系、三叠系、侏罗系、白垩系、古近系和第四系，以古近系和第四系分布最广。佛山市位于珠江三角洲平原，属于浅覆盖区，基岩上覆盖着5万年以来形成的松散堆积层，即第四纪地层，厚度一般小于50米，最厚70米，是珠江水系与中国南海共同作用形成的，其沉积中心沿北东向和北西向呈现出有规律的展布，与区域断裂构造的展布较一致，显示断裂构造对第四纪沉积的控制作用。大约9000万年前开始发生火山活动，4800万年至3600万年前的火山活动，形成西樵山、王借岗、紫洞等地的火山岩，岩性主要为粗面岩、玄武岩等，经过后来的风化、剥蚀，造就西樵山火山地貌景观和王借岗、紫洞等地的火山岩柱状节理地质遗迹。经历漫长的地质历史演化，佛山市范围内地质构造复杂，主要的构造形迹包括褶皱、断裂等，以一组多条断裂构成断裂构造带为特征。断裂构造总体以北东向广州—从化断裂带（南段）、北西向白坭—沙湾断裂带和西江断裂带为主，它们相互切割、复合，构成本区构造的基本格架。佛山市断裂构造具有多期活动的特征，主要形成期为加里东期至燕山期。佛山市新构造运动主要表现为基底断块的差异升降。

佛山市地下水资源较为丰富，地下水类型主要有松散岩类孔隙水、碳酸盐岩类裂隙溶洞水、红层孔隙裂隙水和基岩裂隙水等，以松散岩类孔隙水为主，不同地区含水量有所差异，总体含水量为中等至丰富。地下水位高，一般埋深1～2米，连续含水层分布有1～3层，以微承压至承压水为主，顺德区陈村、伦教、勒流、杏坛和均安一线的东南部为咸水区，佛山市其余地区为淡水区，过渡带为上淡下咸区。

佛山市地质灾害的发生与强降雨和人类工程活动密切相关，人为因素诱发的地质灾害比例也越来越大。2019年，全市有地质灾害或隐患点167处，其中崩塌131处、滑坡27处、地面塌陷1处、地面沉降1处、泥石流7处。

（罗锡宜）

【气候】 佛山属于亚热带季风气候区，温暖、多雨、湿润，夏长冬短。四季气候可概括为：夏少酷热，冬无冰雪，春常阴雨，秋高气爽。年平均（统计年份为1981—2010年，下同）气温22.5℃，1月最冷，平均温度13.9℃，7月最热，平均温度29.2℃；年平均相对湿度为76%，月平均以4月的83%为最高；年平均风速为2.1米/秒；年日照时数达1627.7小时，年平均雾日数为14.5天，年平均雷暴日69.7天。佛山是华南地区龙卷风灾害多发、频发的地方。春夏季常出现雷雨大风、短时强降水、强雷电、冰雹、龙卷风等灾害性天气，夏秋季常受热带气旋影响，平均每年有1～2个热带气旋影响佛山市。年降雨量1688.2毫米，6月最多，平均284.6毫米，汛期（4—9月）降水量占全年的80%；年平均雨日146.5天，6月最多，平均18.2天；夏季降水不均，旱涝无定，秋冬雨水明显减少。

由于地处低纬，海洋和陆地天气系统均对佛山有明显影响，冬夏季风的交替是佛山季风气候突出的特征：冬春多偏北风，夏季多偏南风。冬季的偏北风因极地大陆气团向南伸展而形成，干燥寒冷；夏季偏南风因热带海洋气团向北扩张所形成，温暖湿润。

春季（3—5月） 春季白昼渐长，气温和降水量均处在上升时期，天气多变，常出现乍暖乍冷天气。佛山的春天常常阴雨绵绵，是一年中日照最少的季节。由于缺少阳光，气温日变化小，不时让人感到丝丝寒意。另外，春季是冬夏季的交替季节，天气过程复杂，变化迅速，中小尺度天气系统非常活跃，亦常出现强对流天气。通常从4月开始，佛山市进入前汛期，5月到达前汛期的降雨高峰期，暴雨频发。

夏季（6—8月） 佛山的夏季盛行偏南风，丰沛的水汽随南风源源不断输送到上空，为夏季降雨提供有利条件。6月仍然是佛山前汛期的降雨高峰期，出现暴雨的机会甚多。全年中40%～50%的雨水集中在夏季，暴雨和热带气旋往往造成严重的灾害。佛山的夏季天气炎热，一年中最热的月份是7月，全市的月平均气温达29.2℃；极端最高气温39.2℃（2005年7月18日，南海国家气象观测站；2017年8月22日，顺德国家气象观测站）。盛夏季节气温高，加上相对湿度大，更显得暑气逼人。

秋季（9—11月） 秋季是一年中最舒适的季节。此时冷空气开始频繁南下，气温逐渐下降。9月仍是热带气旋活跃期，10月后强对流天气和热带气旋明显减少，但仍有出现的可能。总的来说，秋季多以晴天为主，少降水。从9月下旬至11月底平均降水量仅155.4毫米，约占全年降雨的9.2%，历史上还曾多次出现连续30天无雨的年份，秋燥的特点十分明显。

冬季（12月至次年2月） 佛山冬季受蒙古冷高压边缘影响，盛行偏北风，受到冷空气的频繁影响，为全年最冷的时期。1月的月平均气温13.9℃，为全年最低，极端最低气温曾达-1.9℃（1967年1月17日，南海国家气象观测站）。在两次冷空气之间也常有一段回暖过程，气温上升。佛山常受冷高压脊控制，处于干冷气流控制下，降水最少，有时整月无降水出现，晴好天气多，日照充足。

（市气象局）

【水文】 2019年，佛山市主要控制站马口站、三水站全年共有6次明显涨水过程，有3场达到中高洪水位（4.58米）的洪水，没有达到警戒水位（7.50米）的洪水。全年最大洪水出现在7月，三水站实测最大流量8520立方米/秒，相应水位4.66米；马口站实测最大流量28000立方米/秒，相应水位4.83米。是年，马口站年平均流量8150立方米/秒，比常年值偏大13.5%；三水站年平均流量2170立方米/秒，比常年值偏大56.1%。影响佛山市的热带气旋全年主要有2个，分别是201907号“韦帕”、201911号“白鹿”，其中“韦帕”（热带风暴级）带来较强降水和风暴潮增水，五斗站、板沙尾站和勒竹站测得全年最高潮位。全市12个水文站，有5个站点年最高水位出现在7月、4个站点出现在6月、3个站点出现在8月，年最低水位都出现在12月。

（童 娟）

【矿产资源】 佛山市地处华南褶皱系西南部之粤中拗陷，成矿条件良好，重要的矿产资源有银、铅、锌、锰、稀土、岩盐、石膏、水泥用灰岩、建筑用花岗岩、砖瓦用页岩等。截至2019年底，佛山市已发现矿产52种，矿床（点）318处，其中大型矿床11处、中型矿床23处、小型矿床51处、矿点233处。矿产种类有能源矿产、金属矿产、非金属矿产和水气矿产，已查明有资源储量的矿产40种。

（郭 庆）

【水资源】 佛山市地处珠江三角洲中部河网区，西江、北江分流的各水道贯穿其中，河流纵横交错，形成水网。除西江、北江及其主要分流河道外，集雨面积超1000平方千米的河流只有高明河。

2019年9月11日，佛山水文分局在东平河顺德水道佛陈大桥河段进行智能化河道监测
（佛山水文分局供图）

西江由肇庆市高要区进入佛山市三水区境内后，由思贤滘与北江连通，主流折向南行至佛山市顺德区境内的甘竹溪，通过甘竹溪与北江相遇。主流再下至顺德南华，分为东海与西海两条水道出佛山境，其中东海水道一分汊经容桂水道汇合顺德支流后流入洪奇沥。西江主流在佛山境内长69.1千米，有支流河道11条。

北江经清远市流入佛山市三水区境内，在思贤滘上游马房附近有绥江汇入，流至思贤滘与西江连通，主流折向东南行，流经三水区西南街道至禅城区南庄镇三华村，再通过顺德水道，经广州市番禺区的沙湾水道由蕉门出海。北江主流在佛山市境内长114.3千米，主要支流河道有13条。

高明河又名沧江河，是西江下游右岸的一级支流，发源于佛山市高明区西部更合镇的托盘顶，流域面积1028平方千米，总长83千米；全河贯穿高明区东西，在高明区荷城街道海口村附近注入西江。

佛山全市多年平均（统计年限1956—2000年，下同）降水量1556.8毫米，折合年均降水总量59.36亿立方米。降水时空分布不均匀，降水主要集中在汛期4—9月，约占全年降雨量的80%。降水年际变化大，丰水年是枯水年的1.9倍。

佛山市多年平均（统计年限1956—2000年，下同）径流量27.93亿立方米。多年本地水资源总量为29.45亿立方米，其中地表水资源量27.93亿立方米、地下水资源量6.81亿立方米。佛山市有西江、北江丰富的过境客水，多年平均入境水量2770亿立方米，出境水量2800亿立方米。

2019年佛山市降水属偏丰水年，年平均降水量1908.7毫米，比多年平均偏多22.6%；地表水资源量34.54亿立方米，比多年平均多23.7%；地下水资源量8.40亿立方米，比多年平均多23.4%；水资源总量35.67亿立方米，比多年平均多21.1%。全市入境水量3112.1亿立方米，出境水量3138.6亿立方米。

（彭　靖）

【生物资源】 佛山市地处珠江三角洲中部河网区，西江、北江分流的各水道贯穿其中，主要江河面积3.47万公顷。佛山市境内江河鱼类资源丰富，有淡水鱼类46种。其中：鲤形目2科32种12亚种，占总种数的69.6%；鲇形目4科7种；鳉形目1科1种；鲈形目5科6种。高明区现有国家一级保护动物鼋的主要保育地。贝类主要有中国圆田螺、淡水壳菜、河蚬、背角无齿蚌、褶纹冠蚌等；甲壳类主要有日本沼虾，以及国外引进养殖种罗氏沼虾；龟鳖类有鳖、黄喉拟水龟（石金钱）、中华草龟、三线闭壳龟（金钱龟）、黑颈乌龟等；水生维管束植物常见种类有喜旱莲子草、马来眼子菜、龙须眼子菜、菹草、茨藻矮慈姑、浮萍等。全市有位于高明区的合水沙罗自然保护区（县级）1个。佛山物产主要品种：粮食作物有水稻、玉米、马铃薯、红薯、大豆；特色作物有粉葛、雪梨瓜、黑皮冬瓜；特色水果有荔枝、龙眼、香蕉、番石榴、橘、柑、杨桃；油料作物以花生为主；特色水产品有加州鲈、鳜鱼、日本鳗鱼、中华鳖、长吻鮠、乌鳢、笋壳鱼等。

（庄宇君　范忠武）

【旅游资源】 佛山地处珠江三角洲腹地，河网密布，生态环境优美，是独具特色、历史悠久的岭南水乡，有丰富的旅游资源，行、游、住、食、购、娱等旅游基础设施配套完备，是广东著名的旅游胜地，中国优秀旅游城市。全市有对外开放的旅游景区（点）128个。其中：国家AAAAA级景区2个，分别为西樵山风景名胜区、长鹿旅游休博园；国家AAAA级景区15个，分别为祖庙博物馆、南风古灶旅游区、南海湾（西岸）森林生态园、平洲玉器街、中央电视台南海影视城、南海梦里水乡景区、清晖园、陈村花卉世界、罗浮宫国际家具艺术博览中心景区、乐从国际会展中心景区、史努比缤纷世界、皂幕山旅游风景区、广东盈香生态园、三水荷花世界、三水森林公园；国家AAA级景区8个，分别为柏林艺术馆、九江双蒸博物馆、南国丝都丝绸博物馆、杏坛逢简水乡、周大福珠宝文化中心、碧江金楼、陈太吉酒庄、容桂渔人码头景区；还有岭南天地（东华里）、康有为故居、国艺影视城、渔耕粤韵文化园、美的·鹭湖森林度假区、大旗头古村、烟桥古村等有较大影响力的非A级文化景点。有星级饭店40家，其中9家五星饭店分别为佛山宾馆（佛山皇冠假日酒店）、恒安瑞士大酒店、保利洲际酒店、哥顿酒店、财神酒店、华美达酒店、金太阳酒店、三水花园酒店、高明碧桂园凤凰酒店，还有万豪、洲际、喜来登、汉威等知名酒店品牌和豪华型商务、度假酒店，以及城市客栈、7天连锁等经济型酒店，同时还有独具特色的民宿。旅行社总数达133家，其中国际旅行社37家，有5家旅行社入选全国百强旅行社，为中外游客提供舒适快捷方便的游览服务。

【土特产品】 佛山饮食文化源远流长，本地土特产品丰富多样，本地食材种类繁多，各区有各具特色的产品类型。禅城区老字号店铺商品繁多，其中佛山盲公饼、酝扎猪蹄（佛山扎蹄）、佛山柱侯鸡、石湾米酒、佛山应记云吞面、海天酱油、豉味玉冰烧等尤为出名；南海区土特产品品种多样，有西樵大饼、平洲福肉饼、九江煎堆、南海麻奢狗肉、盐步秋茄、平洲金丝柚、平洲石硖龙眼、官窑石碣西瓜、九江双蒸酒、官窑马蹄、南海沙溪马蹄粉等；顺德区作为世界八大美食之都之一，素有“厨出凤城”的美誉，有大良双皮奶、龙江煎堆、大良膏煎、伦教糕、顺德鱼生、大良蝴蚴、南乳肉等美食；高明区食材新鲜且品种多样，有“材源高明”之说，有合水粉葛、对川红茶、三洲黑鹅、合水肉姜、更楼肉姜、杨梅金皇芒果、合水西瓜、山桔、青梅等多种农产品；三水区处于三江汇流之处，位置优越，大塘黑皮冬瓜、乐平雪梨瓜、乐平小宝西瓜、三水家乡米醋等远近闻名。佛山是珠江三角洲民间艺术的摇篮，特色传统手工艺旅游产品极具岭南特色，有石湾陶瓷公仔、佛山剪纸、佛山香云纱（莨纱绸）、南海刺绣（粤绣的最重要组成部分）、大良鱼灯秋色等。

（招卓婷）

【历史文化】 佛山历史悠久，文化底蕴深厚，是国家历史文化名城，素有南方铸造中心、广纱中心、陶艺之乡、岭南成药之乡、粤剧之乡、武术之乡、民间艺术之乡等美誉。

据考证，佛山的历史起源于现禅城区石湾镇街道澜石区域。4500 ~ 5500年前，百越先民沿西江、北江到此繁衍生息，以渔耕和制陶开创原始文明。相传唐贞观二年（628年），乡民在塔坡岗

佛山特色商品展示　　（市文广旅体局供图）

上掘得3尊铜佛像，并有“佛山”石膀为证，佛山由此得名。

唐宋时期，佛山的手工业、商业已十分繁荣。明清时期，更是发展成商贾云集、工商业发达的岭南重镇，与湖北汉口镇、江西景德镇、河南朱仙镇并称为中国四大名镇，与北京、汉口、苏州并称“天下四聚”，陶瓷、纺织、铸造、医药四大行业鼎盛南国。清末，佛山得风气之先，成为中国近代民族工业发源地之一，先后诞生了中国第一家新式缫丝厂（继昌隆缫丝厂）和第一家火柴厂（巧明火柴厂）。

佛山的铸造业始于西汉，宋代时佛山所铸鼎、锅、钟、塔等闻名全国，到明代佛山的铸造技术已达相当高的水平，成为南中国冶炼中心，以至“佛山之冶遍天下”。张心泰在《粤游小识》中记载：“盖天下产铁之区，莫良于粤，而冶铁之工，莫良于佛山。”

佛山的纺织业以丝织为主。汉晋时代，南海已出现“蚕桑织绩”。宋代，手工缫丝的机户已普遍流行。明清时期，佛山被誉为“广纱中心”，南海、顺德部分地区生产出的牛郎丝、官纱、扁金花绫、幅绫、金彩灯笼纱等丝织品颇负盛名，其中最著名的是莨纱绸。

佛山是“南国陶都”“中国陶瓷名都”，制陶工艺源远流长，自古有“石湾瓦，甲天下”的美誉。建于明代正德年间的南风古灶，是世界上现存最古老的柴烧龙窑，薪火相传至今500多年，被誉为“陶瓷活化石”。

佛山是“岭南成药之乡”，产品种类齐全的古方正药已有400余年历史，涌现了“黄祥华”如意油、“冯了性”药酒、“源吉林”甘和茶等一批老字号名药。

佛山是“南国红豆”粤剧的发祥地，诞生了粤剧艺人的代称——“红船子弟”和粤剧最早的戏行组织——琼花会馆。2004年举办的琼花粤剧艺术节，使佛山呈现出古人描绘的“红船泊晚沙，万人看琼花”的盛况。

佛山是“武术之乡”“中国武术之城”，是中国南派武术的主要发源地，现在世界上广泛流行的蔡李佛拳、洪拳、咏春拳等均发扬于佛山，著名武术大师黄飞鸿，咏春宗师梁赞、叶问，影视武打明星李小龙等祖籍及师承亦在佛山。

佛山是“狮艺之乡”，是南狮的发源地，是首个“中国龙舟龙狮运动名城”。近年来，每年一度的“狮王争霸赛”吸引了国内外广大武术和体育爱好者参与。禅城区是“中国龙狮运动之乡”，南海区西樵镇是全国唯一的“中国龙狮名镇”。

佛山是珠江三角洲民间艺术的摇篮，孕育并保留了大量体现岭南文化精髓的民间艺术。狮舞（广东醒狮）、粤剧、龙舟说唱、佛山木版年画、剪纸（广东剪纸）、石湾陶塑技艺、彩扎（佛山狮头）、香云纱染整技艺、庙会（佛山祖庙庙会）、中秋节（佛山秋色）、十番音乐（佛山十番）、锣鼓艺术（八音锣鼓）、龙舞（人龙舞）和灯彩（佛山彩灯）等项目入选国家级非物质文化遗产名录。

佛山是珠三角“美食之乡”，是粤菜发源地之一，有“食在广东，厨出凤城”之说。一直以来，佛山以烹饪技艺精良、民间食谱丰富、茶楼食肆林立而蜚声海内外。2004年和2011年，顺德区和佛山市先后被中国烹饪协会命名为“中国厨师之乡”“中国粤菜美食名城”。2014年12月，顺德区被联合国教科文组织评为“世界美食之都”。每年举办的“佛山美食欢乐节”，成为集美食、旅游、文化艺术于一体的盛大旅游节庆活动。

（市地方志办）

【民间习俗】 佛山民俗文化源远流长，内涵丰富，从诸多方面展示了地方风物掌故和民情习俗，是佛山人民在长期的生产生活实践中所创造出来的优秀文化。如“行通济”、秋色巡游、端午赛龙舟、北帝诞、乐安花灯会、官窑生菜会等民俗活动，吸引大批民众参与，影响遍及海内外，对研究岭南民情风俗具有深远的意义。

“行通济”是佛山的传统民俗活动，起源于明代。每年正月十六佛山人行“通济桥”，以求来年风调雨顺，心想事成，衍生出“行通济，无闭翳”（“闭翳”是粤方言，意指忧愁、衰气）这一广为流传且具有鲜明地方特色的俗语。近年来，佛山还将慈善理念融入“行通济”活动，吸引了珠三角乃至全国各地众多的游客参与，已成为国内元宵节期间最盛大的民俗活动之一，并多次登上中央电视台的新闻报道。

秋色是佛山独有的富有地方特色的民间艺术展演活动，起源于明代，至今有600多年历史。为了庆祝丰收，人们利用农产品或手工业剩余材料，制成各种工艺品，加上“扮演故事”的活动，在中秋节前后举行盛会。从2010年起，每年都会举办一次，发展为集艺术展示、巡游表演、民俗活动等于一体的民俗狂欢节，成为佛山建设文化名城的亮丽名片。

佛山地处珠江三角洲水网地带，赛

2019年11月1日，佛山祖庙秋祭万福台粤剧表演 （市档案馆供图）

龙舟是民间盛行的传统民俗活动，俗称“扒龙舟”。佛山各地游龙或划龙舟的形式各有千秋，如张槎大江的“踩”龙舟、南庄湖涌的扒草艇、桂城叠滘的龙舟漂移、盐步老龙习俗、西樵的“半山扒龙船”等。赛后吃龙船饭也是端午节最有特色的民俗活动之一，一直延续至今，成为人们彼此联系感情，凝聚民心、维系团结的一种方式。

每年农历三月初三是佛山祖庙北帝诞，期间举行庆典仪式和相关的祭祀活动，是融宗教性、娱乐性、世俗性、群众性为一体的综合性传统民俗文化活动，具有广泛的全民参与性。庙会的盛况比春节有过之而无不及，北帝出游连续昼夜四日，“鼓吹数十部，喧腾十余里”。

乐安花灯会起源于明洪武年间，兴盛于清代“康雍乾”年间。南海乐安的村民自古就有正月“开灯”“庆灯”“猜灯谜”的传统习俗。正月初九为乐安圩期，各方村民纷纷到乐安灯地（市）卖灯、买灯，逐渐形成延续至今的乐安花灯会，吸引大批游客前来逛灯会。

生菜会是盛行于南海官窑、盐步、大沥、里水等地的传统民间习俗，尤以官窑生菜会最为出名。官窑生菜会起源于明代，兴于清代，舞醒狮、吃生菜包的习俗沿袭至今。每年正月廿六观音开库日，举行盛大的祈福盛会，表达着人们迎春纳福、求子求财的美好意愿。自1986年起，增加生菜宴、时装表演、游园会、文艺晚会、海内外相亲联谊等活动。

（市地方志办）

【历史名人】 佛山历史悠久，人文荟萃。广东历史上有9位先贤，佛山占4位（战国时南海人高固、东汉时南海人疏源、西晋南海人王范、晋代南海人黄恭）。

从唐至清光绪三十年（1904年），佛山有文进士786人，武进士98人，举人近4000人。其中文状元5人、榜眼3人、探花3人、会元7人、解元25人。在广东历史上先后出现的9位文状元中，佛山占5位：简文会（今禅城区石湾镇街道人），是南汉乾亨四年（920年）的状元；张镇孙（今顺德区伦敦街道人），是南宋咸淳七年（1271年）的状元；与简文会同村的伦文叙，是明弘治十二年（1499年）的状元；黄士俊（今顺德区杏坛镇人），是明万历三十五年（1607年）的状元；梁耀枢（今顺德区杏坛镇人），是清同治十年（1871年）的状元。此外，佛山也先后出现过2位武状元，分别为明崇祯元年（1628年）武状元朱可贞（今顺德区龙江镇人）和清嘉庆四年（1799年）武状元姚大宁（今南海区里水镇人）。

封建社会在朝廷为官的佛山人，很多都尽心为国出力、为民办事。庞尚鹏历经明代嘉靖、隆庆、万历三朝，官居左副都御史，敢于与贪污腐败的官吏作斗争，民谣赞他“亮如水，猛如虎”，称他为“庞铁面”，当代人认为他是封建社会杰出的经济体制改革家。三水人何维柏，生活于明代嘉靖、隆庆、万历三朝，官至尚书，敢于犯颜直谏，阻止皇帝几次劳民伤财的工程，坚决与奸臣严嵩作斗争。晚清重臣戴鸿慈，是清末出国考察五大臣之一，中国近代史上第一位司法部长，是清宣统年间协办大学士，以“诤言”名世。

在岭南文化形成、发展过程中，做出巨大贡献的佛山人如繁星闪烁。明代诗坛“南园五子”，佛山占其一（孙蕡）；明嘉靖年间“南园后五子”，佛山占其三（梁有誉、欧大任、吴旦）。万历年间的区大相，对岭南诗派的形成起到关键作用，被誉为“粤东诗派皆宗海目”。此后，有“岭南三大家”之陈邦彦、邝露；“岭南后三大家”之陈恭尹；“岭南四家”之黎简、张锦芳、黄丹书，以及“岭南近代四家”之黄节、罗惇曧。绘画方面，有广东现存最早的古典绘画作品的作者颜宗，有明代开创水墨写意新派的林良，有“开启广东画坛新时代”的黎简，以及杰出画家苏仁山、苏六朋。近代则有被称为独树一帜的“新写实主义”画家黄少强。文学小说创作方面，有《粤讴》的创作者招子庸，有近代小说巨子吴趼人。佛山是粤剧的发祥地，名伶辈出。开粤剧改良先声的黄鲁逸，有“广东梅兰芳”美誉的千里驹，粤剧五大唱腔流派的创始人薛觉先、马师曾、白驹荣、廖侠怀、桂名扬等都是佛山人。佛山是著名的“武术之乡”，在海内外影响广泛的武术名家有梁赞、黄飞鸿、叶问和李小龙等。

教育科技方面，宋代，有撰写童蒙课本《三字经》的区适子；明代，有在西樵山设书院讲理学的霍韬、方献夫以及新会人湛若水；清代，有与番禺陈澧并称“广东大儒”的朱九江，中国第一位照相机的发明者邹伯奇。

地处南海之滨的佛山，得风气之先，有一批广东最早“睁眼看世界”的中国人。清嘉庆十四年（1809年）接种牛痘法传到澳门，南海人丘熹在澳门行医，亲身试种后，也鼓励亲友试种，推广效果甚佳。基督教由澳门传入内地后，高明人梁发在清道光三年（1823年）成为第一位华人牧师。顺德人梁廷枏，清道光二十四年（1844年）先后写成《夷氛闻记》《海国四说》，介绍欧美各国的情况。

鸦片战争后，一批爱国文人、华侨，学习西方工业革命的成功经验，办工厂，兴实业，使佛山成为近代中国民族资本主义工业的重要诞生地。他们中有创办中国近代首家民族资本新式企业（继昌隆缫丝厂）的陈启沅，创办中国第一家民族资本机器造纸厂（宏远堂机器造纸公司）的钟星溪，创办机器制造厂、生产出第一台国产柴油机的陈沛霖、陈拔廷、薛广森，创办南洋烟草公司的简照南、简玉阶兄弟。同时，还有一批高举爱国主义旗帜，以拯救中华民族为己任，寻找救国富民之路的仁人志士，较为突出的有合著《新政真铨》一书的何启、胡礼垣；发动和领导戊戌维新运动的康有为；与孙中山并称反清“四大寇”的尢列；追随孙中山，继承孙中山遗志，为革命做出杰出贡献的何香凝。此外，在黄花岗七十二烈士中，有13位是佛山人。

中国共产党成立后，每个历史时期，都有一批杰出的佛山儿女，为中华民族的解放和共产主义事业英勇奋斗。他们中有广东中共党组织的创建者之一的“高明三谭”（谭平山、谭植棠、谭天度）、党的好女儿陈铁军、被彭湃誉为“红色花木兰”的区夏民、参加省港大罢工和广州起义的中国工农红军杰出指挥员黄甦、在大革命时期就组织农民武装与反动势力斗争的吴勤、东北抗日联军的主要发动者和领导者罗登贤、中国共产党最早的工人党员之一邓培等。

（市地方志办）

【人口】2019年（根据公安部的统一部署，2019年年度人口统计时点为10月31日24时），佛山市户籍人口总户数140.80万户，比上年增加9.50万户，增长7.24%；全市户籍人口461.28万人，增长5.56%。其中城镇人口430.03万人、乡村人口31.25万人。全市总人口中，禅城区总人口71.04万人、南海区总人口160.06万人、顺德区总人口151.65万人、高明区总人口32.98万人、三水区总人口45.55万人；男性人口224.37万人、女性人口236.91万人。全年全市出生登记6.74万人、死亡注销2.05万人，人口自然增长率10.43‰；迁入20.97万人、迁出1.36万人，人口机械增长率43.67‰。

2019年底，佛山市登记在册的外来人口531.22万人，比上年新增3.33%；禅城、南海、顺德、高明、三水5个区的外来人口分别为64.96万人、221.74万人、201.89万人、16.40万人和26.23万人。

（李怡飞）

【方言】佛山市推广使用普通话，但佛山各区各镇拥有丰富多彩的地方语言，境内主要为粤语（Cantonese）。粤语方言俗称白话，也称广州话，海外称唐话。以珠江三角洲为分布中心，流行于广东的中部和西南部，广西的东南部、海南与港澳地区，在北美洲、欧洲、大洋洲等地，以及在东南亚的新加坡、印度尼西亚、马来西亚、越南等地的华人社区中亦得到广泛使用。在粤语核心地区广东省的近8000万本地人口中，粤语使用者近4000万人，而全世界使用粤语人数约7000万人。

广东的方言比较复杂，即使是粤方言中的广府片语言，也有一些差异，如“广州讲宜家，佛山讲家下”。由于语言有差异，由此而衍生的语言民俗也不一样。同时，由于地域、经济、文化的不同，佛山的语言也形成了鲜明的本土特色。佛山方言就是粤语方言，也是粤语的主体结构之一，是继客家话、涯话、潮汕话的广东第四大方言。在佛山地区有350万人口使用，但是佛山各区居民的发音和习惯用语都有所不同，在字音、词汇、语法等方面显示了各自的特点。

广州音是约定俗成的粤语标准音，大多粤语字典也是以广州音为准，但在佛山部分地区使用的粤语略有不同。佛山话有17声母、60韵母、9声调。佛山话与广州话在语汇、语法方面基本相同，语音十分接近，但在韵母和声调上略有差异。如：“咩事呀？”中的“事”，石湾一带的老佛山人常读“树”（syu6），而广州人读“似”（si6）。又如：佛山人常把“这个”读成“阿个”，广州人常读成“果个”，等等。

佛山方言的类别与分布：佛山境内粤语处于强势，客家话属于弱势，主要通行于三水、高明、南海部分区域。禅城区域大致等于佛山原来的市区，区境内通用粤方言。南海区境内除和顺、松岗个别村的极少数人操客家方言外，主要使用粤方言。按照特点的不同，南海粤语可分为五小片：一是位于南海中部桂城片、二是位于南海东部的大沥片、三是位于南海北部官窑片、四是位于南海南端的九江片、五是位于南海西南部的沙头片。以上粤方言属于珠三角片（南番顺小片），但在桂城西约的岐阳与健龙、桂城东二的新村、桂城叠南的乐庆有居民使用四邑片粤方言，但不足1000人。西樵镇的西岸为鹤山、高明所包围，语言较复杂，其中八村及六村的新地、下舍通行鹤山茶山话（茶山话归属暂不详）。顺德区境内通用粤方言，顺德粤方言主要分为五小片：一是大良片、二是陈村片、三是桂洲片、四是龙江片、五是均安片。其中龙江粤语接近四邑片方言。高明粤方言的内部分片则大致为三片：一是以明城话为代表的中、西部方言，使用范围包括明城、新墟、更合等区域；二是以西安话为代表的北部方言，通行地域包括西安、三洲、富湾；三是以人和、杨梅为主的南部方言。三水区境内绝大部分地区讲粤方言，大塘镇六和片多数村落讲客家方言，南山镇也是客家人聚居点，约占全区总人口的3%。这些客家大部分是清代从嘉应州等地迁来六和。三水区粤方言主要分为五片：一是西南片、二是芦（苞）塘（大塘）片、三是金（本）白（坭）片、四是迳口片、五是南（边）范（湖）片。高明区境内主要使用粤方言，少数使用客家方言，主要是合水西部的官山、鹿田少数乡村使用客家话，使用人口3000 ~ 4000人。

随着佛山经济社会的发展，人口迁移不断推进，越来越多的外地人在佛山学习、生活、工作，成为新佛山人。佛山本地人口音也顺应外来人的口音逐渐发生细微变化。

（市社科联）

【民族】2019年，佛山市有少数民族人口55.83万人，分属55个少数民族。其中，户籍人口4.43万人，占全市总人口的6.8%。佛山市少数民族人口主要来自广西、云南、湖南、四川、贵州等地。

【宗教】2019年，佛山市有佛教、道教、天主教、基督教。宗教团体中，市一级宗教团体5个，分别为市佛教协会、市道教协会、市天主教爱国会、市基督教三自爱国会、市基督教协会；区一级宗教团体有8个，分别是禅城区佛教协会、禅城区基督教三自爱国会、南海区道教协会、顺德区佛教协会、顺德区天主教爱国会、顺德区基督教三自爱国会、顺德区基督教协会、三水区基督教三自爱国会。全市有54个宗教活动场所（佛教寺院15个、道教宫观6个、天主教堂12个、基督教堂点21个），教职人员301人，信教群众15.6万人。

（顾　楠）

经济和社会发展

【概况】2019年，佛山市坚持稳中求进工作总基调，深入贯彻新发展理念，统筹推进稳增长、促改革、调结构、惠民生、防风险、保稳定各项工作，推动全市经济社会保持平稳健康发展。是年，佛山市实现地区生产总值10751.02亿元，比上年增长6.9%，高于全国（6.1%）、广东省（6.2%）水平，迈进经济总量超万亿城市行列。三次产业比重调整为

1.5∶56.2∶42.3，第三产业占比提高0.5个百分点；规模以上工业增加值完成4874.23亿元，比上年增长7%；现代服务业加快发展，完成增加值2792.06亿元，增长9.5%；全社会固定资产投资比上年增长5.4%，省、市重点项目完成年度计划123.6%；实现社会消费品零售总额3685.27亿元，增长7%；实现进出口总额4827.6亿元，增长5%；完成地方一般公共预算收入731.62亿元，增长4.0%；全市金融机构本外币存款、贷款余额分别为16948.1亿元、12175.18亿元，分别比上年增长10.3%、16.4%。

2019年7月11日，中共佛山市委书记鲁毅到三龙湾高端创新集聚区调研海华大桥建设情况

（市档案馆供图）

【区域合作力度加大】 2019年，佛山市成立推进粤港澳大湾区建设领导小组及办公室，制定实施佛山市《关于贯彻落实〈粤港澳大湾区发展规划纲要〉的实施方案》和工作要点，建章立制推进重点任务建设。高起点、高规格谋划推进三龙湾高端创新集聚区、粤港澳合作高端服务示范区等湾区重大平台及401个重点项目，重点项目建设顺利完成2019年度投资计划。深入推进广佛同城化建设，广州和佛山两市共同编制广佛高质量发展融合试验区建设方案，规划建设“广佛荟”等重大项目，加快推进广佛环线（佛山西站—广州南站段）、海华大桥、番海大桥、广佛肇高速二期等跨市交通基础设施建设，携手共建4个万亿级产业集群，共治广佛跨界河流水质取得明显改善。编制佛山市关于支持深圳建设中国特色社会主义先行示范区的行动方案，全方位谋划加强与深圳的对接合作。与港澳合作持续深化，成立佛港澳青年三大交流合作基地，佛山西站开通直达香港高铁，谋划设立香港科技大学佛山智能制造研究院，与香港理工大学达成共建高水平理工大学框架协议。召开第五届珠江西岸先进装备制造业投资贸易洽谈会，与珠海等珠江东西两岸城市合作稳步开展。参与粤桂黔滇高铁经济带建设，举办2019中国高铁经济带旅游博览会暨第三届佛山（禅城）旅游文化周。

【“一带一路”建设合作加强】 2019年，佛山市加强与“一带一路”新兴国家和地区贸易投资合作，新增赴“一带一路”沿线国家直接投资企业（含机构）19家，新增中方协议投资额7019万美元，比上年增长67.5%；对“一带一路”沿线国家和地区进出口1546.9亿元，增长10.3%。持续深化国际交流，与吉尔吉斯斯坦奥什市缔结为国际友好城市。新增中德工业城市联盟德方成员2个，总数达43个，在德国美因茨市举办“发现佛山·全球路演”城市推介活动。

【“三去一降一补”成果巩固与提升】 2019年，佛山市出台《佛山市深化供给侧结构性改革2019年工作方案》，因地制宜在“巩固、增强、提升、畅通”上下功夫。巩固“三去一降一补”（去产能、去库存、去杠杆、降成本、补短板）成果，全年完成村级工业园土地整理面积2673.33公顷（4.01万亩），为企业减负459.19亿元，基础设施投资比上年增长21.4%。增强微观主体发展活力，新登记市场主体18.5万户，比上年增长17.8%。提升产业链水平，建立健全“大招商招大商”工作格局，加快培育“2+2+4”先进制造业产业集群（力争到2020年培育装备制造和泛家居2个超万亿的先进制造业产业集群，到2025年再培育2个冲5000亿元、4个冲3000亿元的先进制造业产业集群），全市重大产业招商签约项目54个，签约投资额约987.03亿元；发展智能制造，引导1302家工业企业开展技术改造，新增应用机器人3020台，总数达1.33万台；印发实施《佛山市新能源汽车产业发展规划（2019—2030年）》，累计推广氢能汽车927辆，示范应用继续领跑全国。加快畅通金融服务实体经济渠道，成为全国首批深化民营和小微企业金融服务综合改革试点城市；上市企业数量达61家，华特气体成为全市首家登陆科创板的上市企业。

【制造业品质提升】 2019年，佛山市创建“全国质量强市示范城市”，实施工业产品质量提升三年行动计划，工业产品质量监督抽查综合合格率95.1%；2家企业获评2019年省政府质量奖，总数13家，位居全省第一；细分行业龙头企业累计128家。加快推进标准化改革创新，全市主导或参与制修订国家和行业标准120项，制订发布团体标准80项、联盟标准74项，18项企业标准获评2019年全国企业标准“领跑者”，连续2年居全国地级市第一名。培育成立佛山氢能产业标准联盟，推动完成6项联盟标准制订，填补国内标准空白。在全国首推区域商标管理使用标准及评定，累计有中国驰名商标162件，居全国地级市首位。

【现代服务业发展加快】2019年，佛山市会展业水平持续提升，举办联合国开发计划署氢能产业大会、国际“互联网+”博览会、中国安全产业大会等重大展会活动，广东（潭洲）国际会展中心二期投入使用。金融业加快发展，千灯湖创投小镇正式开园，广东金融高新区集聚金融项目791个，总投资规模超1238亿元，佛山农商银行完成吸收合并高明农商银行和三水农信联社，顺德农商银行入选全国18家LPR利率报价银行之一。工业设计蓬勃发展，新增国家级工业设计中心3个、省级工业设计中心17个，顺德星火公司运营的广东省家电工业设计研究院获批成为首批省级设计研究院。全域旅游扩面提质，举办2019年“岭南味 佛山品”首届佛山文旅欢乐季等活动，顺德华侨城“欢乐海岸PLUS”项目正式开放，全年全市旅游业总收入891.86亿元，比上年增长10.2%。

【绿色农业发展提质】2019年，佛山市加快现代农业产业园建设，新获批省级现代农业产业园4个。推进农业科技示范市建设，农业科技合作、基塘农业、专家团队服务等20个市院合作项目落地建设，在全省率先开展氢农业示范推广。培育新型农业经营主体，省级农业龙头企业总数50家，农民专业合作社发展到293个，认定家庭农场75个。推进“一村一品、一镇一业”建设，培育“三品一标一名牌”（无公害农产品、绿色食品、有机产品、地理标志农产品、农业类广东省名牌产品）认证产品255个，省级名牌农产品达80个。

【创新政策体系建设加快】2019年，佛山市以市政府“1号文”印发实施《佛山市全面建设国家创新型城市促进科技创新推动高质量发展若干政策措施》，提出35条突破性举措，推动财政科技投入98.16亿元，比上年增长79.6%。出台《佛山市建设国家创新型城市实施方案》，加快探索具有佛山特色的创新发展路径。

【创新平台载体建设加快】2019年，佛山市编制出台《佛山市一环创新圈战略规划》《佛山三龙湾高端创新集聚区综合规划》，高标准规划建设三龙湾高端创新集聚区，整合全市创新资源打造具有国际影响力的科技创新圈。提质建设佛山高新区，佛山市人才驿站、高层次人才产业园挂牌成立。季华实验室一期实验楼封顶，获国家和省重大科研项目的数量、经费均居省实验室前列。获批建设先进能源科学与技术广东省实验室佛山分中心，佛山仙湖实验室挂牌成立，华南高等研究院（佛山）、中科院苏州纳米所广东（佛山）研究院等一批平台落户，累计与大院大所合作组建创新载体93个。

【自主创新能力提升】2019年，佛山市深入推进高新技术企业树标提质行动，确定第二批标杆高新技术50强企业，新增国家高新技术企业885家、总数达4834家。强化核心技术攻关，市级财政投入扶持资金1亿元，围绕智能制造与高端装备、新型电子信息、新材料、新能源、生物与新医药五大领域立项支持27个项目。支持技术研发，专利授权总量5.87万件，比上年增长15.2%；有效发明专利量2.3万件，增长18.2%。规模以上工业企业研发机构建有率55.6%，建有科技企业孵化器105家、众创空间74家。

【创新创业环境优化】2019年，佛山市推进全市孵化育成体系建设，获国家湾区办批复同意设立“佛山港澳青年创业孵化基地”，工合空间佛山站被认定为广东10个粤港青年创新创业基地之一。深入推进产教融合、校企结合，合作共建东北大学研究生院、华南师范大学南海校区，以优秀等次通过全省首批现代职业教育综合改革示范市验收，顺德职业技术学院成为中国特色高水平高职学校建设单位。创造更具竞争力的引才环境，全职院士实现零的突破，新引进省创新创业团队4个，新增高技能人才13052人。

【城市更新步伐加快】2019年，佛山市稳步推进“三旧”改造项目建设，累计启动项目144个，总面积1121.27公顷（16819亩）；竣工项目136个，总面积723.27公顷（10849亩）。打好城市治理三年行动收官战，累计完成投资额3554亿元，超额完成三年计划目标。推进中心城区城市形态提升，统筹推进50个项目建设，人民公园投入使用，佛山新港正式关闭。新建成污水管网长度1080千米，新建地下综合管廊4.7千米，海绵城市达标面积69平方千米。构建城乡一体化绿地建设，新增（改造）公园绿地面积304.93公顷。

【现代化基础设施稳步建设】2019年，佛山市珠三角枢纽（广州新）机场前期工作稳步推进，正式上报选址报告。广湛高铁前期工作推进顺利，佛山地铁2号线一期、佛山地铁3号线，以及广州地铁7号线西延顺德段等轨道交通项目建设加快，高明氢能源有轨电车上线。佛山“一环”高速化改造主线接入全省高速公路网、辅道基本拉通，“一环”西拓北环段基本完工，新打通“断头路”20条。新建公交站场15个，中心城区公交专用道达157.2千米，清洁能源公交车占比实现100%。累计建成充电站157个、充电桩5266个、加氢站15个。新建5G基站1701个，完成重点民生水利工程20项，重点电网工程建成投产17项。

【乡村振兴战略深入实施】2019年，佛山市深入推进“千村示范、万村整治”工程，推进4929个自然村“三清三拆三整治”［“三清”包括重点清理村巷道及生产工具、建筑材料乱堆乱放；清理房前屋后和村巷道杂草杂物、积存垃圾；清理沟渠池塘溪河淤泥、漂浮物和障碍物。“三拆”包括拆除危旧房、废弃猪牛栏及露天厕所茅房；拆除乱搭乱建、违章建筑；拆除非法违规商业广告、招牌等。“三整治”包括整治垃圾，落实“门前三包”（包卫生、包绿化、包秩序）责任制，建立保洁队伍，健全村庄卫生24小时保洁机制；整治污水，建污水处理设施，重点推进农户改厕，实行雨污分流、污水排放暗渠化；整治畜禽污染，建设栅栏圈围，实现人畜分离、家禽集中圈养］，全面建成集中供水和垃圾收运处理体系，无害化卫生户厕普及率98.4%。开展美丽乡村示范建

2019年，佛山市三水区广东省乡村振兴综合改革试点深入推进。图为三水区芦苞镇独树岗村
（三水区供图）

设，基本完成110个美丽文明村居示范点建设，建成美丽宜居村139个、特色精品村24个。提升特色小镇建设水平，陶谷小镇入选全国特色小镇建设典型案例，6个小镇通过首批市级特色小镇验收命名，启动第二批7个市级特色小镇创建工作。

【行政体制改革有力落实】 2019年，佛山市完成市、区机构改革，建立三龙湾高端创新集聚区管理体制机制，调整优化佛山国家高新技术产业开发区“一区五园”（一区是佛山国家高新技术产业开发区，五园分别是禅城园、南海园、顺德园、高明园和三水园。）管理体制机制，南海区狮山镇和顺德区北滘镇被确定为全省经济发达镇行政体制改革试点，“强市、活区、实镇”发展新格局加快构建。数字政府建设加快，初步建成全市统一的集约化政务云服务体系。“放管服”改革持续深化，在全国率先推出“四位一体”商事登记服务，企业开办全流程平均用时缩短至1个工作日内；深化工程建设项目审批制度改革，实现政府、社会投资项目审批时间分别不超过43个、38个工作日，审批速度全省领先；开展不动产登记“再提升”工作，基本实现抵押登记1个工作日办结、一般登记业务3个工作日办结。

【经济体制改革继续深化】 2019年，佛山市加快构建高质量发展体制机制，顺德区建设广东省高质量发展体制机制改革创新实验区经验做法获国务院办公厅通报表扬。深化制造业转型升级综合改革试点，高规格召开全市推动制造业高质量发展大会，全面部署实施“六大工程”（强核工程、立柱工程、强链工程、优化布局工程、品质工程、培土工程），谋划建设制造业高质量发展试验区。建立健全“1+7+N”（“1”指1个顶层设计，即《佛山市深化营商环境综合改革实施方案》；“7”指7项企业关切和群众关注的重点改革举措，分别为深化商事制度改革、推进工程建设项目审批制度改革、不动产登记制度改革、推进政务服务“一网、一门、一次”改革、优化纳税营商环境、推进跨境贸易便利化、加强信用监管；“N”指为围绕营商环境相关的N项优化措施，分别为获得用水用电用气便利度改革，公共资源交易制度改革，知识产权创造、保护与运用，获得信贷，劳动力市场监管，推进扶持政策标准化改革，企业管理法治化保障，包容普惠创新等方面）优化营商环境工作体系，发布《佛山市营商环境便利化流程图册》，公布优化营商环境便利化目标，加快打造市场化、法治化、国际化的营商环境。深化国资国企改革，完成供电、供水设施分离移交改造，累计完成僵尸企业市场化处置353户。

【社会管理体制改革扎实推进】 2019年，佛山市出台关于进一步加强和完善城乡社区治理的实施方案，党建引领城乡社区治理体制更加健全完善，禅城区获批全国社区治理和服务创新试验区。全面建立枢纽型社会组织，全市所有镇（街道）均建立社区社会组织联合会、商会等枢纽型社会组织。“信用佛山”建设加快，信用信息查询和联合奖惩实现部门全覆盖，全国城市信用状况监测排名稳居前20名。

【法治政府示范区建设取得成效】 截至2019年，佛山市累计出台地方性法规7部和地方政府规章11部，立法数量稳居全省新取得地方立法权地级市前列。2019年，佛山市加强法治阵地建设，佛山市4个法治教育基地获省级“青少年法治教育实践基地”称号，获评数量居全省第二位；6个单位获评省级“法治文化主题公园”，数量居全省地级市第一位。

【乡村综合改革成效显现】 2019年，佛山市完成国家农村集体产权制度改革整市试点任务，农村集体资产“应上必上”平台公开交易管理全面实施，全市农村集体资产交易平台成交5.2万宗，涉及合同标的总金额303.7亿元。推进乡村治理体系和治理能力现代化建设，南海区获批建设广东省城乡融合发展改革创新实验区；三水区广东省乡村振兴综合改革试点深入推进，岭南水乡、千年村落、生态屏障三大片区建设成效初显。

【精准脱贫取得成果】 2019年，佛山市加大对口四川省凉山彝族自治州扶贫协作资金投入力度，累计引导54家企业到凉山投资，协助解决凉山籍贫困人口就业9657人，佛山对口凉山扶贫协作工作组获全国脱贫攻坚奖组织创新奖。开展对口帮扶湛江、云浮工作，2市254个相对贫困村实现退出253个，相对贫困人口实现退出23833户79390人，退出率分别达99.6%、99.38%。对口支援西藏自治区墨脱县、新疆维吾尔自治区伽师县、新疆生产建设兵团第三师41团、四川省甘孜藏族自治州乡城县和得荣县，以及与黑龙江省双鸭山市对口合作稳步推进。

【公共服务供给优化】2019年，佛山市实施积极就业创业政策，全市城镇新增就业8.7万人，城镇登记失业率控制在2.3%的较低水平。教育事业稳步发展，新（改、扩）建幼儿园51所，新增学位2.04万个，普惠性幼儿园占比78.4%；新（改、扩）建义务教育学校30所，新增学位3.7万个。卫生强市建设提速，获选成为全省建立健全现代医院管理制度的2个试点城市之一。深入推进“文化佛山”建设，成功创建国家公共文化服务体系示范区，已有及在建博物馆、美术馆、艺术馆达216家，举办或承办国际篮球世界杯、中央电视台贺岁杯狮王争霸赛、大湾区功夫电影周等众多赛事活动。推进公共法律服务体系建设，建成公共法律服务平台802个，办理公共法律服务业务18.3万件。

【民生保障体系完善】2019年，佛山市民生支持力度进一步增强，2019年全市财政民生支出670.76亿元，比上年增长9.5%。民生保障标准稳步提高，低保标准提高到1060元/人/月，孤儿养育最低标准提高至2200元/人/月，特困人员供养标准提高至2023元/人/月。养老服务体系不断完善，企业职工退休人员基本养老金、城乡居民养老保险基础养老金分别提高到每人每月3360元、260元，全市养老机构增至75个，社区养老设施增至395处。医疗保障水平不断提升，居民医疗保险补助标准提高到每人每年1283元，大病保险起付线以上部分报销比例提高至90%，推出商业补充保险“平安佛医保”。租赁住房试点稳步推进，新增租赁住房1.71万套，发放租赁补贴1099户。争创全国双拥模范城“九连冠”，为退役士兵发放安置补助金8038.61万元。启动低收入群众临时价格补贴与物价上涨联动机制，发放临时价格补贴。

【环境治理取得成效】2019年，佛山市大气环境质量继续改善，细颗粒物（$PM_{2.5}$）达到历年最低值，二氧化硫浓度首次降为个位数。水环境质量稳步提升，饮用水源水质达标率100%，8条建成区黑臭水体（河涌）消除黑臭，12个国控及省控考核断面地表水水质优良比例83.3%、劣V类水体比例为0，达到省考核目标。土壤污染防治工作稳步推进，新建危险废物收集贮存试点单位8个，新增危险废物年处理处置能力24万吨。实施自然生态文明建设专项规划，新增绿化面积1933.33公顷（2.9万亩），建成区绿化覆盖率45.1%。

【公共安全保障水平提升】2019年，佛山市推进平安佛山建设，深入推进“飓风2019”行动和扫黑除恶专项斗争，禁毒示范城市创建工作获国家禁毒办通报表扬。成功扑灭“12·5”高明凌云山森林山火，生产安全事故数量比上年下降21.8%，未发生重大及以上事故。创建国家食品安全示范城市，1.4万个餐饮服务单位上线“阳光餐饮”平台，1545个学校食堂和73个养老机构食堂实现“互联网+明厨亮灶”。深入推进“粮安工程”，粮食安全考核工作继续被省评为优秀等次（已连续3年获评优秀等次）。

（王　英）

全面深化改革

【概况】2019年，佛山市部署推进改革重点项目51个，按计划完成14个（其余项目均按计划有序推进）。先后召开十二届市委全面深化改革委员会第一次会议、十二届市委全面深化改革委员会第二次会议、十二届市委全面深化改革委员会第三次会议，审议通过《市委全面深化改革委员会2019年改革工作安排》《中共佛山市委全面深化改革委员会工作规则》《中共佛山市委全面深化改革委员会办公室工作细则》《佛山市贯彻党的十九大报告重要改革举措实施规划（2018—2022年）》等重要改革文件，梳理形成《佛山市重点改革项目清单（2019年）》，明确每项改革任务的负责领导、牵头单位、年度目标、工作进度和具体人员等，构建起全市年度改革的总台账、责任书和路线图。市委全面深化改革委员会发挥战略谋划、总体设计和统筹协调的职能作用，以改革项目为牵引带动各领域改革全面发力。完成地方党政机构改革，增强市级在重大规划、重大项目、重点基础设施建设等方面的统筹能力；制订贯彻落实大湾区建设实施方案，确定工作要点，形成近中远期相结合的实施体系；推进国家发展改革委制造业转型升级综合改革试点，获国务院批准设立跨境电子商务综合试验区；完成南海区农村土地制度改革三项试点，农村集体经营性建设用地整备制度获自然资源部高度认可，部分成果被列入国家《土地管理法》修订案；支持顺德区建设广东省高质量发展体制机制改革创新实验区，全年完成土地整理1600公顷（2.4万亩），获国务院办公厅通报表扬；推动南海区获批建设广东省城乡融合发展改革创新实验区；深化供给侧结构性改革，获批成为全国首批深化民营和小微企业金融服务综合改革试点城市；在全国首创“四位一体”商事登记服务体系，被国家市场监管总局确定为“企业开办全程网上办”改革试点城市；率先制订全国“消费维权服务站联盟标准”，拥有全国知名品牌示范区和中国驰名商标数量位居全国地级市首位；通过国家公共文化服务体系示范区创建终期验收，成功举办国际篮球世界杯（佛山赛区）、大湾区功夫电影周等重大活动；等等。

【粤港澳大湾区建设】2019年，佛山市把粤港澳大湾区建设作为佛山新时代改革开放的总牵引和高质量发展的重要动力源，聚焦重点领域，推动规划纲要重点任务落地落实。出台《关于贯彻落实〈粤港澳大湾区发展规划纲要〉的实施方案》《佛山市推进粤港澳大湾区建设2019年工作要点》，谋划推进重大平台10个，建设重点项目401个。广（州）佛（山）同城走向深度融合，编制完成“1+4”广佛高质量发展融合试验区建设方案（“1”是“广州南站-佛山三龙湾-广州荔湾海龙”片区作为广佛高质量发展融合试验区先导区，“4”是“南沙－顺德”“荔湾－南海”“白云－南海”“花都－三水”4个试验区片区），明确两市携手共建先进装备制造、汽车、新一代信息技术、生物医药与健康4个万亿级产业集群，规划建设“广佛荟”，珠三角枢纽（广州新）机场前期工作稳步推进。全面融入粤港澳大湾区国际科技创新中心建设，对接广深港澳科技创新走廊，主动承接深圳产业外溢项目，区域协同创新水平切实增强。成立佛港澳青年融创基地、禅港澳青年交流基地、国际青年发展联盟佛山基地，出台顺德港澳城建设规划，与香港理工大学签署合作共建高水平理工大学框架协议，香港科技大学佛山智能制造研究院获准设立，与澳门共建海外泛家居品牌产品展示体验馆。“一带一路”国际交流合作不断深化，与吉尔吉斯斯坦奥什市缔结为国际友好城市。

【地方党政机构改革】 2019年，佛山市贯彻落实中央关于深化党和国家机构改革的决策部署以及广东省委批复的《佛山市机构改革方案》，推进地方党政机构改革。整体性、重构性设置市级党政机构49个（党委机构16个、政府机构33个），其中结合佛山实际，组建市重点项目工作局、城市更新局、轨道交通局等有佛山特色的职能部门，市级在重大规划、平台、基础设施等方面的统筹能力显著提升。按照“市统筹、区建设、齐分享”的体制和“三专三不变”（专门的架构、专业的队伍、专注建设发展，以及原有的行政区划、财政管理体制、建设发展主体的责任不变）的原则，建立三龙湾高端创新集聚区管理体制机制，调整优化佛山国家高新技术产业开发区“一区五园”（“一区五园”是指佛山国家高新技术产业开发区和禅城园、南海园、顺德园、高明园、三水园）管理体制机制，推动“一环创新圈”各类创新要素不断集聚，仙湖实验室挂牌成立，中科院苏州纳米所佛山研究院、华南高等研究院等新型研发机构落户佛山。深入推进经济发达镇行政管理体制改革试点，率先在试点镇推行镇委党校与镇党群服务中心的规范设置，推进“网格+党建+N”多元共治模式。

【改革试点项目】 2019年，佛山市承接国家级重大改革试点项目14个，按计划完成6个。推进省重大改革试点项目14个，按计划完成1个。

南海区全国农村土地制度改革三项试点　完成南海区全国农村土地制度改革三项试点，农村集体经营性建设用地整备制度获自然资源部高度认可，部分成果被列入国家土地管理法修订案。推进农村集体经营性建设用地入市改革，建立健全“制度完善、交易公平、服务高效、信息通达”的农村集体经营性建设用地入市体系，完善区、镇两级公开交易平台，建立统一的集体建设用地管理信息系统。实施农村土地征收制度改革，共建共享的征地新模式初步建立。选取桂城轨道交通2号线TOD综合开发（“TOD综合开发”指以公共交通为导向的开发）、九江镇河清片区土地联合开发、“南海之眼”等代表性项目进行全程引导和培育，引领改革走向深入。推进农村宅基地制度改革，围绕建立“依法公平取得、节约集约使用、自愿有偿退出”的试点要求，实践宅基地所有权、资格权、使用权“三权分置”，全面实行宅基地管理政策，规范管理体系基本形成。

顺德区建设广东省高质量发展体制机制改革创新实验区　中共广东省委全面深化改革委员会印发《佛山市顺德区率先建设广东省高质量发展体制机制改革创新实验区实施方案》，佛山市委、市政府和顺德区委、区政府落实主体责任，按照时间节点要求推进实验区建设。佛山市委、市政府建立支持顺德区建设改革创新实验区有关工作机制，出台支持实验区建设的具体举措，对实验区需要的支持事项优先研究、优先落实。顺德区按照高质量发展根本要求，把村级工业园改造作为“头号工程”，全年完成土地整理1600公顷（2.4万亩），探索出政府挂账收储、直接征收开发、生态复垦复绿、政府统租统管、企业长租自管、企业自主改造、一二级联动开发、国有集体混合开发等多种改造模式，获中共广东省委主要领导肯定和国务院办公厅通报表扬。

三水区乡村振兴综合改革试点　三水区把乡村振兴综合改革作为全区首要任务，印发《中共佛山市三水区委关于党建引领乡村振兴的实施意见》《中共佛山市三水区委关于加快推进城乡融合推动乡村振兴的实施意见》，明确目标任务，逐级压实责任，推动乡村振兴工作开好局、起好步。农村人居环境明显改善。推进农村公厕改造建设、垃圾收集点改造提升、分散式污水治理设施建设，深化全国“四好农村路”（指把农村公路建好、管好、护好、运营好）示范县创建。推进农业供给侧结构性改革，以建设青岐省级现代渔业产业园为龙头，打造立足湾区、辐射全国的现代水产业集聚载体。坚持市场导向加速科技下乡，省农科院、中山大学、华南农业大学等一批院士、博士工作站相继落户。加快培育农业龙头企业、农村电商，全区发展龙头企业60家。统筹实施城乡教育、医疗、文化、政务服务融合提升四大行动计划，成功创建全国义务教育发展基本均衡县（区），区、镇、村“1+7+N”（1个区行政服务中心、7个镇街行政服务中心和N个片区行政服务分中心）“五公里政务服务圈”构建成型，村民就近享受无差异政务服务。实施制度、人才、组织、惠民、善治党建引领乡村振兴“五大路径”，“党建引领、三治（自治、法治、德治）结合、四会（村民议事会、村务监督委员会、家乡建设委员会、乡贤慈善会）联动”基层治理模式获2019年度中国十佳民生决策。

其他改革试点项目　完成国家公共文化服务体系示范区、国家产融合作试点城市、广东省放心消费创建试点市、广东省现代职业教育综合改革示范市、广东省卫生计生系统法治建设“双十示范工程”等国家级和省级改革试点任务。同时，国家发展改革委制造业转型升级综合改革试点、亚洲国际家具材料交易中心国家市场采购贸易方式试点、国家知识产权服务业集聚发展示范区、全国企业开办全程网上办改革试点、全国社区治理和服务创新实验区、创建国家食品安全示范城市、南海区广东省城乡融合发展改革创新实验区、顺德区广东省创新城乡社区治理专项改革试点等国家级和省级改革试点持续推进。

【基层改革探索】2019年，佛山市鼓励和支持基层充分发挥积极性、主动性和创造性，开展原创性、差异化改革探索，使改革更加精准地对接发展所需、基层所盼、民心所向。禅城区以大数据和区块链创新应用引领“数字政府”建设，开展“智信城市（禅城）”建设探索，聚焦政务服务、民生服务、产业经济等三个方向，深度挖掘区块链创新应用，逐步形成以“我是我”（IMI）身份认证平台和禅城区电子政务区块链平台为基础，覆盖政务服务、民生、司法、社会治理、产业等多个领域的发展格局，“区块链+社区矫正”“区块链+公证”“区块链+视力”“区块链+食品溯源”“区块链+疫苗安全管理平台”“区块链+版权管理”“区块链+供应链金融”等得到应用。高明区实施低效产业用地整治提升三年行动计划，出台《佛山市高明区进一步推动低效产业用地整治提升实施意见》《佛山市高明区企业高质量发展综合评价体系建设实施方案》，构建以“亩均效益”为核心的工业企业高质量发展综合评价体系，开发建设包含企业全景数据资源管理、数据融合处理系统等信息化应用的企业高质量发展评价大数据平台，推动低效产业用地整治提升工作向纵深发展，为传统产业转型升级和新产业、新业态发展释放用地空间。

【供给侧结构性改革】2019年，佛山市围绕供给侧结构性改革持续发力，重点在“巩固、增强、提升、畅通”上下功夫，推动全市经济发展质量变革、效率变革、动力变革。贯彻国家、省减税降费部署，推动《佛山市降低制造业企业成本支持实体经济发展若干政策措施》及修订版进一步落实到位，全年为企业减负459.19亿元。深入实施基础设施供给侧结构性改革，持续加大基础设施补短板稳投资力度，基础设施投资增长21.4%。全面落实国家、省促进民营经济高质量发展的各项政策，全市主营业务收入超1000亿元企业2家，超100亿元企业22家，入围中国民营企业500强企业7家。打造“2+2+4”先进制造业产业集群（指装备制造、泛家居等2个规模超1万亿元产业集群，汽车及新能源、军民融合及电子信息等2个规模冲5000亿元的产业集群，智能制造装备及机器人、新材料、食品饮料、生物医药及大健康等4个规模冲3000亿元的产业集群），规模以上先进制造业、装备制造业增加值占规模以上工业增加值比重分别为49.5%、30.6%。实施工业企业技术改造三年行动计划，工业技术改造投资规模位居全省首位，工业产品质量监督抽查综合合格率95.2%。实施科技专项资金体制改革，财政科技资金和科技项目全流程管理规范完善。畅通金融服务实体经济渠道，获批成为全国首批深化民营和小微企业金融服务综合改革试点城市。坚持健全人才发展管理体制机制，推动《佛山市人才发展体制机制改革实施意见》中提出的23条人才政策落地见效，全职院士实现零的突破。

【营商环境优化】2019年，佛山市以深化“放管服”（简政放权、放管结合、优化服务）改革为抓手推动营商环境不断优化。全面加大营商环境改革力度，创新性提出“1+7+N”（“1”是指1个顶层设计，即《佛山市深化营商环境综合改革实施方案》；“7”为7项企业关切和群众关注的重点改革举措，分别为深化商事制度改革、推进工程建设项目审批制度改革、不动产登记制度改革、推进政务服务“一网、一门、一次”改革、优化纳税营商环境、推进跨境贸易便利化、加强信用监管；“N”为围绕营商环境相关的N项优化措施，分别为获得用水用电用气便利化改革，公共资源交易制度改革，知识产权创造、保护与运用，获得信贷，劳动力市场监管等方面）优化营商环境工作体系，在首届（2019）珠三角地区营商环境发展水平评估中位列第三。建立公平竞争审查制度，健全以信用为基础的新型监管机制，形成以法治为核心的公正有序透明的市场环境。在全国首创实体窗口、自助终端机、微信端、电脑端“四位一体”商事登记服务体系，入选中国“互联网+政务服务”50强优秀实践案例，被国家市场监管总局确定为“企业开办全程网上办”改革试点城市，“证照主题联办”获省复制推广。全面推进工程建设项目审批制度改革，搭建“1+3+X”一体化平台（“1+3+X”一体化平台是指工程建设项目联合审批系统、“多规合一”业务协同平台、施工图联合审图系统、工程建设效能监督系统等4个管理系统，以及统一身份认证、电子签章、电子表单、电子预档案等14个支撑系统），实现全市工程建设项目“一个平台”（佛山市工程建设项目审批管理平台）全程管控，审批速度全省领先。深化外资准入改革，推进国际贸易“单一窗口”平台建设，对外开放水平进一步提升，便利友好的国际化营商环境加快形成。

【民生领域改革】2019年，佛山市坚持在发展中保障和改善民生，全面完成省、市民生实事，让改革发展成果更多更公平惠及人民群众。深化医疗卫生体制改革，进一步完善公共医疗卫生服务均等化推进机制，成为全省建立健全现代医院管理制度试点城市。国家公共文化服务体系示范区创建通过终期验收，举办国际篮球世界杯（佛山赛区）比赛、定向世界杯决赛、大湾区功夫电影周等重大活动。完善生态环境保护体制机制，推行河湖“清四乱”（清理乱占、乱采、乱堆、乱建）专项行动，推进排污权有偿使用和交易试点改革，国考省考断面水质首次达标。推进全国住房租赁试点和集体建设用地建设租赁住房试点，新增租赁住房2.5万套，多主体供给、多渠道保障、租购并举的住房制度加快构建。创建广东省放心消费试点城市，在全国率先制定“消费维权服务站联盟标准”，拥有全国知名品牌示范区和中国驰名商标数量位居全国地级市首位。推进教育综合改革，新（改、扩）建义务教育阶段学校30所，新增学位3.7万个。实施乡村振兴战略，启动“百里芳华”乡村振兴示范带建设，在全省率先开展“三沿一口”［“三沿”是指沿铁路、沿国（省）道、沿旅游景区；“一口”是指高速公路、高铁、省国道沿线的出入口］和农田“看护房”整治，在广东推进乡村振兴战略实绩考核中获评“好”的等次。

【基层社会治理】2019年，佛山市坚持党建引领，推动基层社会治理更趋善治。全面深化基层组织建设三年行动计划，党委（党组）设置和运作进一步规范，村（村改社区）党组织书记、村（居）委会主任、村级集体经济组织负责人3个职位“一肩挑”比例达94.5%。构建村到组、组到户、户到人三级党建网格，实现“组织建在网格上、党员融入群众中”，相关做法被中央农办、农业农村部推介为全国20个乡村治理典型案例。加快推进多元化纠纷解决机制建设，创新构建群众诉求服务体系，全市村（社区）人民调解组织规范化建设达标率达93%，500人以上的企业普遍建立人民调解组织，推动成立佛山市保险纠纷人民调解委员会等相关专业性、行业性调解组织近200个，挂牌成立市、区两级诉前和解中心。推进社会综合治理云平台建设，诉求服务处置信息平台建设、网格化管理信息平台建设、数字佛山智慧共治运行指挥中心建设前期工作稳步推进，基础数据库初步搭建，基础信息采集应用程序（APP）投入测试。

【佛山市委全面深化改革委员会第一次会议】2019年3月28日举行，会议深入学习贯彻习近平总书记关于全面深化改革的重要论述，总结佛山市2018年改革工作以及研究部署2019年改革任务。中共佛山市委书记、市委全面深化改革委员会主任鲁毅主持会议并讲话，市长、市委全面深化改革委员会副主任朱伟出席会议。会议审议《市委全面深化改革委员会2019年改革工作安排》《中共佛山市委全面深化改革委员会工作规则》《中共佛山市委全面深化改革委员会办公室工作细则》等改革文件。会议强调，要增强系统思维和全局观念，以更高视野、更大格局谋划推动全市改革。一要注重系统谋划和整体配套，着力增强改革系统性、整体性、协同性，坚持全市“一盘棋”，不断提高改革的整体效能。二要多谋划推动战略战役性改革，牢牢扭住建设粤港澳大湾区这个“纲”，对标最高最好最优，突破体制机制障碍，努力将发展机遇转化为发展动力、发展成效。三要勇于探索大胆实践，着力推进顺德区建设广东省高质量发展体制机制改革创新实验区、三水区乡村振兴综合改革试点及国家发改委制造业转型升级综合改革试点等改革试点工作，充分发挥试点对全局的示范、突破、带动作用。

（市委改革办）

领导机构党派团体负责人（2019年）

（2019年1月1日至12月31日）

中国共产党佛山市委员会

书　记：鲁　毅
副书记：朱　伟
　　区邦敏（任至5月）
　　郭文海（10月任职）
常　委：黄志豪（任至7月）
　　蔡家华
　　李政华
　　梅河清
　　杨朝晖
　　范德军（任至2月）
　　郭长勇
　　刘俊文（挂职至1月）
　　吴金龙（2月任职）
　　邓建伟（7月任职）
　　闫昊波（10月任职）

秘书长、办公室主任：张朝志
组织部部长：杨朝晖
宣传部部长：郭长勇
统一战线工作部部长：李政华
政法委员会书记：区邦敏（任至5月）
　　邓建伟（8月任职）
政策研究室主任：张朝志
全面深化改革委员会办公室主任：张朝志
网络安全和信息化委员会办公室主任：黎才远
外事工作委员会办公室主任：姜亦福
机构编制委员会办公室主任：邓雅韫
台港澳工作办公室主任：香秀杏
直属机关工作委员会书记：范忠良
老干部局局长：关举雄

佛山市人民代表大会常务委员会

主　任：鲁　毅
副主任：李子甫
　　麦洁华（女）
　　刘　珊（女）
　　李　坚
　　叶　良
　　黄　坚

秘书长、办公室主任：钟美恃
法制工作委员会主任：蒋万伦
监察和司法工作委员会主任：贾　伟
财政经济工作委员会主任：麦昌顺
教育科学文化卫生工作委员会主任：刘　宁
城乡建设环境与资源保护工作委员会主任：（暂缺）
选举联络人事任免工作委员会主任：李燕勤
农村农业工作委员会主任：陈少金
华侨民族宗教外事工作委员会主任：庄荣耀

佛山市人民政府

市　长：朱　伟
常务副市长：蔡家华
副市长：刘俊文（任至4月）
　　许　国
　　邓建伟（任至12月）
　　陈小坚（12月任职）
　　赵　海
　　乔　羽
　　谭　萍

秘书长、办公室主任：毛永天
佛山市发展和改革局局长：张开机
佛山市教育局局长：商学兵
佛山市科学技术局局长：周佩珊
佛山市工业和信息化局局长：刘铭恩（2月任职）
佛山市公安局局长：邓建伟（任至12月）
　　陈小坚（12月任职）
佛山市民政局局长：陈浩斌（任至2月）
　　梁志光（2月任职）
佛山市司法局局长：赖洪健
佛山市财政局局长：江启强
佛山市人力资源和社会保障局局长：钟飞健

佛山市自然资源局局长：
杨小晶（2月任职）
佛山市生态环境局局长：
杨永泰（2月任职）
佛山市住房和城乡建设局局长：
陈浩斌（2月任职）
佛山市交通运输局局长：曾阳春
佛山市水利局局长：李永生（2月任职）
佛山市农业农村局局长：
唐棣邦（2月任职）
佛山市商务局局长：苏　岩
佛山市文化广电旅游体育局局长：
陈新文（2月任职）
佛山市卫生健康局局长：
王　政（2月任职）
佛山市退役军人事务局局长：
李　强（2月任职）
佛山市应急管理局局长：
魏　钰（2月任职）
佛山市审计局局长：何　内
佛山市市场监督管理局局长：
李　灿（2月任职）
佛山市统计局局长：曾祥钳
佛山市医疗保障局局长：
王培星（2月任职）
佛山市金融工作局局长：
王　磊（11月任职）
佛山市信访局局长：吴小庆（2月任职）
佛山市政务服务数据管理局局长：
陈伟锋（2月任职）
佛山市城市管理和综合执法局局长：
林国荣（2月任职）
佛山市轨道交通局局长：
梁柱华（2月任职）
佛山市城市更新局局长：
丘胜辉（2月任职）
佛山市重点项目工作局局长：
宋树龙（2月任职）

中国人民政治协商会议佛山市委员会

主　席：熊志翔
副主席：郑灿儒
唐冬生
葛承书
骆毓林
朱华仙（女）
万志康
杨小晶
秘书长：马时光
提案委员会主任：罗海明
经济科技委员会主任：
朱国明（任至11月）
城建资源环境委员会主任：
黄南飞（2月任职）
文教体卫和文史委员会主任：
李家好（任至10月）
社会法制和民族宗教委员会主任：
张建辉（4月任职）
港澳台侨及外事侨务委员会主任：
黄卫平
农业农村委员会主任：
李家好（10月任职）

中共佛山市纪律检查委员会

书　记：梅河清
副书记：裴广明
宋会勇
龚嘉明
常　委：刘向前
崔海滨
钟汉腾
沈　余
邱建文

佛山市监察委员会

主　任：梅河清
副主任：裴广明
宋会勇
龚嘉明
常　委：崔海滨
钟汉腾
邱建文
苏嘉宏（任至7月）
蒋　涛（6月任职）

佛山市中级人民法院

党组书记、院长：赵菊花

佛山市人民检察院

检察长：黄黎明

中国国民党革命委员会佛山市委员会

主任委员：唐冬生

中国民主同盟佛山市委员会

主任委员：赵新文

中国民主建国会佛山市委员会

主任委员：李应滔

中国民主促进会佛山市委员会

主任委员：武小文

中国农工民主党佛山市委员会

主任委员：杨小晶

中国致公党佛山市委员会

主任委员：乔　羽

九三学社佛山市委员会

主任委员：章成国

佛山市工商业联合会

主　席：叶德林

佛山市总工会

党组书记、主席：刘　珊

中国共产主义青年团佛山市委员会

书　记：王树斌

佛山市妇女联合会

党组书记、主席：曾　颖

佛山市科学技术协会

党组书记、主席：刘涛根

佛山市社会科学界联合会

党组书记、主席：邓　翔

佛山市文学艺术界联合会

主　席：杨凡周

佛山市归国华侨联合会

主　席：蔡国雄（9月任职）

佛山市残疾人联合会

党组书记、理事长：吴嘉丽

中国国际贸易促进委员会佛山市委员会

党组书记、会长：马湘雨

佛山市红十字会

常务副会长：梁旭莹

（名单由各有关单位提供）

“不忘初心、牢记使命”主题教育

2019年，佛山市把组织开展主题教育作为一项重大政治任务，精心组织、周密安排、扎实推进，推动主题教育各项工作任务落实落地。

一、聚焦主题主线，进一步加强理论武装、锤炼政治品格

佛山市围绕学习贯彻习近平新时代中国特色社会主义思想这条主线，摆在首位抓紧抓实，贯穿主题教育全过程、各方面。落实“第一议题”和市委理论学习中心组学习制度。组织开展高质量集中学习研讨，9月16—21日市领导班子围绕“守初心、担使命，砥砺奋进新时代”等5个专题深入研讨，同时推动各区各单位普遍开展至少5天的集中学习研讨。注重市领导班子带头，组织广大党员干部到罗登贤事迹纪念馆、中共三大会址纪念馆、“不忘初心、牢记使命”主题教育档案文献展接受革命传统教育，传承红色基因。编制主题教育学习清单，全市各级党组织征订各类读物35万余册，覆盖全市处级党员干部和基层党组织。组建主题教育宣讲团，深入基层一线宣讲892场次。

二、坚持问题导向实践导向，抓实抓好调研检视整改

佛山市组织各级党组织围绕制约佛山高质量发展的因素和群众最关心的利益问题开展调查研究，市党政班子围绕“双区驱动”等课题开展调研，提出一批务实管用的工作举措。抓实抓好问题查摆，组织召开对照党章党规找差距专题会议，全市各级领导班子和成员累计将3.8万个问题纳入检视问题和整改落实清单。集中推进中央7项和农村基层组织建设薄弱、广佛跨界河涌水污染、生活污水处理等3项自选专项整治，并细化为217项具体措施，实行工作项目化、项目清单化、清单责任化。推动全市集中治理突出问题3000余个，其中顺德区推进村级工业园改造经验获中央电视台《新闻联播》、《人民日报》和《我们走在大路上》文献片等专题报道。开展“百日攻坚解百题”行动，推动民生实事落实落地。组织县处级以上领导班子召开主题教育专题民主生活会。

三、强化分级分类指导，推动主题教育基层全覆盖

印发支部书记抓主题教育规定动作清单，推动建立主题教育各领域基层联系点1678个，带动全市1.8万个党组织、29万多名党员落实好“五个一”（开展1次支部书记轮训、党支部书记讲1次专题党课或向所在党支部党员报告1次个人学习体会、组织党员至少参加1次志愿服务和为身边群众至少办1件实事好事）要求，轮训1.8万名支部书记，支部书记讲专题党课或向所在支部党员报告学习体会2.2万余次。发挥镇街党校主阵地作用，

2019年10月9日，佛山市在市机关大礼堂召开“不忘初心、牢记使命”主题教育先进事迹报告会

（市档案馆供图）

主题教育期间全市镇街党校及分教学点开展培训班5578场次，培训各领域党员32.6万人次。把主题教育与模范机关创建紧密结合，选树市直单位模范机关创建示范点11个。成立援派工作组临时党组织，组织援派党员干部参加主题教育，推动主题教育与脱贫攻坚有机结合。

（霍展华）

市、区机构改革完成

2019年1月15日，佛山市委召开十二届七次全会，贯彻落实中共广东省委、省政府批准的《佛山市机构改革方案》，对全市深化机构改革工作进行动员部署、推动落实。根据方案，市级设置党政机构49个，其中计入机构限额的党委机构16个（包括纪检监察机关1个、工作机构15个）、政府工作部门33个。市人大、政协各增加1个专门委员会。各区设置党政机构28 ~ 29个。改革后，市、区两级组建、撤销、优化调整党政机构244个，划转职能1540项，转隶安置人员3361人。

一、建立健全党对重大工作的领导体制机制

佛山市对应广东省组建或调整部分议事协调机构，如教育、全面深化改革、军民融合发展、粤港澳大湾区建设等，加强组织、宣传、统战等领域统一归口协调职能。

二、构建“强市活区实镇”发展新格局

结合地方党政机构改革，佛山市理顺市、区、镇（街道）事权关系，将加强市级统筹和激发基层活力相结合，明确自然资源、生态环境、医疗保障机构实行市以下垂直管理，统一城市规划和产业布局、统一重大政策、统一重大跨区基础设施建设、统筹重大平台建设，实现高质量发展。强化区级发展主体责任，加强区级党的建设、经济发展、创新服务、市场监管、民生保障等机构设置，更大力度赋予5个行政区市级管理权限。夯实镇（街道）基层治理和便民服务基础，明确镇（街道）工作重心转移到加强党的建设和公共服务、公共管理、公共安全上来。

三、因地制宜设置机构

佛山市直组建市委军民融合发展委员会办公室、市轨道交通局、市城市更新局、市重点项目工作局。南海区、顺德区分别设置区科学技术局、区经济促

中共佛山市委机构设置表

序号	机构
1	中共佛山市纪律检查委员会监察委员会机关
2	中共佛山市委办公室
3	中共佛山市委组织部
4	中共佛山市委宣传部
5	中共佛山市委统一战线工作部
6	中共佛山市委政法委员会
7	中共佛山市委政策研究室
8	中共佛山市委全面深化改革委员会办公室（设在市委政策研究室）
9	中共佛山市委全面依法治市委员会办公室（设在市司法局）
10	中共佛山市委国家安全委员会办公室（设在市委办公室）
11	中共佛山市委网络安全和信息化委员会办公室
12	中共佛山市委外事工作委员会办公室
13	中共佛山市委机构编制委员会办公室
14	中共佛山市委军民融合发展委员会办公室
15	中共佛山市委审计委员会办公室（设在市审计局）
16	中共佛山市委教育工作领导小组办公室（设在市教育局）
17	中共佛山市委农村工作办公室（设在市农业农村局）
18	中共佛山市委台港澳工作办公室
19	佛山市推进粤港澳大湾区建设领导小组办公室（设在市发展和改革局）
20	中共佛山市委直属机关工作委员会
21	中共佛山市委巡察工作领导小组办公室
22	中共佛山市委老干部局
23	中共佛山市委机要和保密局

佛山市人民政府机构设置表

序号	机构
1	佛山市人民政府办公室
2	佛山市发展和改革局
3	佛山市教育局
4	佛山市科学技术局
5	佛山市工业和信息化局
6	佛山市公安局
7	佛山市民政局
8	佛山市司法局
9	佛山市财政局
10	佛山市人力资源和社会保障局
11	佛山市自然资源局
12	佛山市生态环境局
13	佛山市住房和城乡建设局
14	佛山市交通运输局
15	佛山市水利局
16	佛山市农业农村局
17	佛山市商务局
18	佛山市文化广电旅游体育局
19	佛山市卫生健康局
20	佛山市退役军人事务局
21	佛山市应急管理局
22	佛山市审计局
23	佛山市人民政府国有资产监督管理委员会
24	佛山市市场监督管理局
25	佛山市统计局
26	佛山市医疗保障局
27	佛山市金融工作局
28	佛山市信访局
29	佛山市政务服务数据管理局
30	佛山市城市管理和综合执法局
31	佛山市轨道交通局
32	佛山市城市更新局
33	佛山市重点项目工作局

进局，顺德区单独设置区委全面深化改革委员会办公室。

（许素君）

经济总量突破万亿元大关

2019年，佛山市贯彻落实稳增长政策措施，妥善应对各类经济风险，完成地区生产总值10751.02亿元，比上年增长6.9%，经济总量突破万亿元大关。

一、经济结构持续优化

2019年，佛山市三次产业比重调整为1.5 ∶ 56.2 ∶ 42.3，第三产业占比提高0.5个百分点。工业经济规模稳居全国前列，全市规模以上工业增加值完成4874.23亿元，比上年增长7%。中高端制造业发展良好，先进制造业、装备制造业增加值占规模以上工业比重分别为49.9%和31.2%。现代服务业提质增效，完成增加值2792.06亿元，比上年增长9.5%，占第三产业比重提高至61.4%。

二、三大需求协调发力

2019年，佛山市加大基础设施补短板和工业投资扶持力度，高规格举办上、下半年重大项目集中开工投产活动，精准施策推动投资增速稳步回升，全社会固定资产投资比上年增长5.4%，省、市重点项目完成年度计划123.59%。创建放心消费试点城市，推进粤菜师傅“1+5”系列工程（围绕建设世界知名“粤菜粤厨名城”这一目标，全面实施“厨出佛山”粤菜师傅培育工程、“寻味佛山”粤菜美食体验工程、“佛味鲜生”优质粤菜食材建设工程、“佛味秀世界”粤菜粤厨走出去工程、“佛游味劲”文旅餐饮融合发展工程5大重点工程）建设，出台推动夜间经济发展的实施意见，推动消费扩容提质，全年全市实现社会消费品零售总额3685.27亿元，比上年增长7%。妥善应对中美经贸摩擦影响，获批国家级跨境电商综合试验区，推进市场采购贸易方式试点，全市实现进出口总额4827.6亿元，比上年增长5%。

三、经济效益稳步提升

2019年，佛山市财政收入稳定增长，完成地方一般公共预算收入731.62亿元，比上年增长4.0%。金融整体实力稳步增强，全市金融机构本外币存款、贷款余额分别为16948.1亿元、12175.18亿元，分别比上年增长10.3%、16.4%。企业效益稳步改善，规模以上工业营业收入利润率7.8%，提高0.5个百分点。居民收入不断提高，居民人均可支配收入5.4万元，比上年增长8.9%。

（王　英）

佛山市禅城区岭南天地夜色迷人，是市民、游客夜间休闲、消费的好去处

（张弘弢　摄）

佛山市营商环境优化

2019年，佛山市按照国家和广东省关于优化营商环境的工作部署，聚焦企业和群众关切，围绕营商环境评价最核心的要素，解决佛山市营商环境最突出的堵点、痛点和难点问题，促进营商环境持续改善，加快打造服务效率最高、管理最规范、综合成本最低的营商环境高地。

一、筑牢持续优化营商制度体系

2019年，佛山市创新性地提出“1+7+N”（“1”指1个顶层设计，即《佛山市深化营商环境综合改革实施方案》；“7”指7项企业关切和群众关注的重点改革举措，分别为深化商事制度改革、推进工程建设项目审批制度改革、不动产登记制度改革、推进政务服务“一网、一门、一次”改革、优化纳税营商环境、推进跨境贸易便利化、加强信用监管；“N”指围绕营商环境相关的“N”项优化措施，分别为获得用水用电用气便利度改革，公共资源交易制度改革，知识产权创造、保护与运用，获得信贷，劳动力市场监管，推进扶持政策标准化改革，企业管理法治化保障，包容普惠创新等方面）优化营商环境工作体系，进一步加强市级统筹力度，形成全市优化营商环境一盘棋，协同提升全市优化营商环境的整体效果。制定佛山营商环境便利化流程图册，晒出优化营商环境便利化目标，主动公开接受社会监督。

二、创新推进商事制度改革

2019年，佛山市持续深化企业登记便利化改革，在全国首创企业开办的“佛山模式”，全流程办理时间压缩至0.57天，提前5年完成国务院下达目标，提前1年完成广东省政府的要求。佛山市还在全国率先推行365天全天24小时不打烊商事登记模式、构建“四位一体”（实体窗口、自助终端机、微信端、电脑端）商事登记服务体系、实行商事登记实名认证、启动“证照联办”改革、首创“人工智能+双随机”监管等系列创新举措，提升企业开办便利度。

全面启动不动产登记“再提升”行动，实现不动产抵押登记压减至1个工作日内，部分抵押登记事项现场办结。是年，全市新登记市场主体18.5万户，比上年增长17.8%，截至2019年底，全市实有市场主体82.1万户。

三、深化工程建设审批制度改革

2019年，佛山市推行“四个统一”（审批流程统一、信息数据平台统一、审批管理体系统一、监管方式统一）。整合搭建“1+3+N”（“1”是指工程建设项目联合审批系统；“3”是指“多规合一”业务协同平台、施工图联合审图系统、工程建设效能监督系统；“N”是指统一身份认证、电子签章、电子表单等14个支撑系统）工程建设项目管理一体化平台，“一张蓝图”汇聚13个部门165个空间图层，制定32份制度文件形成“一套机制”，通过流程优化和数据共享，减少48%的表单录入、60%的申请材料提交，在全省率先实现建设项目网上全流程、无纸化申办，企业一次都不用跑。审批制度改革后，全流程审批时间相比以往压缩70%。

四、推动实现供水、供气、供电大提速

2019年，佛山市出台《佛山市优化供水供电燃气排水通信有线广播电视等市政公用基础设施报装接入服务改革工作方案》和《佛山市优化供水供电燃气排水通信有线广播电视等市政公用基础设施报装接入外线并联审批工作方案》，规范流程、压缩时限、降低费用、提升服务便利度。在材料方面，供水部门材料压缩率35%、供电部门材料压缩率50%、燃气材料压缩率60%等；在时限方面，供水事项平均时限压缩率70%、供电事项平均时限压缩率41%、燃气事项平均时限压缩率43%等。实行全程网办、并联办理，原事项实施串联审批总时限76个工作日压缩为5个工作日。

五、开展不动产登记专项改革

2019年，佛山市通过压缩登记办理时限，实行不动产交易、登记、税收征缴“一窗通办”，推行“互联网+不动产登记”，开展自助查询和“五区通查”（佛山市的5个市辖区同步发起查询请求），开通邮政快递（EMS）寄证服务，推广扫码支付功能应用，推出“多种组合+集中批量受理”服务，实现将不动产抵押登记、其他登记类型（法人或其他组织建造房屋首次登记、涉及历史遗留问题、非公证继承不动产登记除外）分别压减至2个、4个工作日内，并实现部分抵押登记事项现场办结的工作目标。

2019年1月，佛山市禅城区不动产登记便民服务点揭牌仪式　（市自然资源局供图）

六、推进“一网一门一次”政务服务改革

2019年，佛山市实现“一网”可办“所有事”，其中近一半事项实现“零跑动”，70%以上事项“最多跑一次”。实现“一窗”可办“百样事”，把原来分设在各部门窗口的5149个事项整合进驻综合窗口，平均办理时间压缩50%以上，企业群众等候办理时间压缩到11分钟以内。实现一次可办“关联事”，对跨部门、跨层级的关联事项整合成若干办事主题，企业只需填写一份表单、提交一套材料、去到一个窗口或者登录一个网站界面，即可一次性办成所有关联事项。

（徐嘉丽）

粤港澳大湾区建设取得阶段性成效

2019年，佛山市围绕粤港澳大湾区建设，加快推进各项工作落实落细落地。出台《佛山市关于贯彻落实〈粤港澳大湾区发展规划纲要〉的实施方案》《佛山市推进粤港澳大湾区建设2019年工作要点》等政策文件，印发《佛山市推进粤港澳大湾区建设重点项目》《佛山市推进粤港澳大湾区建设重大平台》，401个重点项目总体推进，完成投资1100多亿元，达到年度投资计划的108%。加强动员培训，市处级党委（党组）理论学习中心组开展专题学习110多场，组建市委宣讲团并开展专题宣讲200多场，对市、区、镇（街道）各级干部进行轮训。是年，佛山推进大湾区建设较好地完成年度工作计划，各项重点任务取得阶段性成效，实现良好开局。

一、广佛携手打造湾区极点迈上新台阶

广州、佛山两市共同签署《共建广佛高质量发展融合试验区备忘录》，围绕197千米边界线，谋划打造“1+4”（“1”指广州南站-佛山三龙湾片区；“4”指五眼桥-滘口、大岗-五沙、白云-南海、花都-三水片区）广佛高质量发展融合试验区新格局。广佛环线、广州地铁7号线西延顺德段、海华大桥、番海大桥等一批跨市重大基础设施建设加快推进，广佛一体化交通网络加快构建。广州、佛山两市共同研究实施合作共建先进装备、汽车、新一代信息技术、生物医药与健康4个产业集群工作方案，产业协作更加紧密。两市环境污染联防联控取得新突破，广佛跨界河流水质首次实现全面达标。两市各区之间合作持续深化，佛山市南海区与广州市白云区签署合作框架协议。

二、推进大湾区建设国际科技创新中心取得新成效

2019年，佛山市各级财政科技投入98.16亿元，比上年增长79.6%。创新平台建设成效明显，三龙湾、佛山高新区两大区域创新平台的管理体制机制进一步优化；季华实验室获得的国家和省重大科研项目数量、经费额度在广东省实验室中排在首位，并实现引进全市首位全职院士；仙湖实验室、华南高等研究院等一批研发机构平台落户，全市引进研究院、研究所合作组建的创新载体93个。企业创新主体地位持续加强，新增国家高新技术企业890家，总数达4834家。科技创新成果丰富，获国家科技进步奖2个、省科技奖17个，获省科技奖数量居全省地级市首位。

三、打造具有国际竞争力的产业体系步伐加快

2019年，佛山市稳步推进国家制造业转型升级综合改革试点，部署实施推动制造业高质量发展"六大工程"（强核工程、立柱工程、强链工程、优化布局工程、品质工程、培土工程），规模以上工业增加值保持在全国城市第六位、湾区城市第二位。举办珠江西岸装备制造业洽谈会、中国安全产业大会等重大产业展会活动，新签约投资超亿元项目478个，包括腾讯工业互联网粤港澳大湾区基地、中国中药健康产业园等一批龙头企业项目，计划总投资3370.6亿元。美的库卡智能制造产业基地、东丽无纺布等重大产业项目投产，引领带动"2+2+4"（力争到2020年培育装备制造和泛家居2个超万亿的先进制造业产业集群，到2025年再培育2个超5000亿元、4个超3000亿元的先进制造业产业集群）先进制造业产业集群加快发展。发展智能制造，引导1300多家工业企业开展技术改造，新增应用机器人超3000台。现代服务业提质增效，千灯湖创投小镇开园并引进私募基金类机构602个，募集与投资资金726亿元；新增3个国家级、17个省级工业设计中心。

四、开放合作水平持续提升

2019年，佛山市出台《关于支持深圳建设中国特色社会主义先行示范区的行动方案》，谋划推动与深圳全方位合作对接。加强与港澳合作，与香港理工大学签署合作办学框架协议。出台"外资十条"（指《佛山市进一步扩大对外开放实现利用外资高质量发展若干政策措施》），获批中国（佛山）跨境电商综合试验区，投资贸易便利化水平进一步提升，实际利用外资51.13亿元，比上年增长11.8%。参与"一带一路"建设，对沿线国家和地区进出口金额比上年增长10.9%；在中国与吉尔吉斯斯坦两国领导人共同见证下，与奥什市缔结为国际友好城市。

五、现代化基础设施体系加快构建

佛山市重要交通枢纽设施建设有新进展，珠三角枢纽（广州新）机场前期工作有序推进，完成选址报告并按程序上报待批；佛山西站直达香港西九龙的高铁列车开通。推动交通基础设施互联互通，地铁2号线一期、3号线建设加快推进，高明氢能源有轨电车上线；"一环"高速化改造主线接入广东省高速公路网、辅道基本拉通，"一环"西拓北环段建设基本完工；打通"断头路"20条。信息基础设施优化提升，新建5G基站超1700个，智慧交通、智慧社区等加快探索发展应用，助力大湾区建设智慧城市群。

六、宜居宜业宜创新的城市环境不断优化

佛山市完成城市治理三年行动计划，实施中心城区形态提升三年专项行动，整治提升村级工业园，城乡面貌进一步提升。多措并举推动污染防治和生态保护，6项空气环境污染物中有4项达到国家空气质量二级标准，其中细颗粒物（$PM_{2.5}$）为历年最低；12个国控、省控河流考核断面全面消除劣V类水质，8条建成区黑臭水体（河涌）消除黑臭；新增绿化面积1933.33公顷（2.9万亩），建成区绿化覆盖率45.1%。加快建设粤港澳高端服务示范区，成立佛港澳青年三大交流合作基地，为港澳青年创新创业提供良好条件。谋划建设粤港澳大湾区影视产业合作试验区，启动粤菜师傅"1+5"（"1"指粤菜师傅工程；"5"指"厨出佛山"粤菜师傅培育工程、"寻味佛山"粤菜美食体验工程、"佛味鲜生"优质粤菜食材建设工程、"佛味秀世界"粤菜粤厨走出去工程、"佛游味劲"文旅餐饮融合发展工程等五大工程）系列工程，协同建设文化湾区、休闲湾区迈出新步伐。

（赵冬竹）

国家创新型城市建设

2019年，佛山市全面推进国家创新型城市建设，经济发展新动能加快成长。

一、创新平台载体建设持续加快

佛山市编制出台《佛山市一环创新

2019年11月12日，在广州市召开的首届华侨华人粤港澳大湾区大会上，佛山市委常委、常务副市长蔡家华为佛山作专题推介

（广东省委统战部供图）

圈战略规划》《佛山三龙湾高端创新集聚区综合规划》，高标准规划建设三龙湾高端创新集聚区，整合全市创新资源打造具有国际影响力的科技创新圈。提质建设佛山高新区，佛山市人才驿站、高层次人才产业园挂牌成立，人才高端载体加快建设。季华实验室一期实验楼封顶，获国家和省重大科研项目的数量、经费均居省实验室前列。获批建设先进能源科学与技术广东省实验室佛山分中心，佛山仙湖实验室挂牌成立，华南高等研究院（佛山）、中科院苏州纳米所广东（佛山）研究院等一批平台落户，与研究院、研究所合作组建创新载体93个。

二、自主创新能力稳步提升

佛山市深入推进高新技术企业树标提质行动，遴选第二批标杆高新技术企业50家，新增国家高新技术企业885家、总数4834家。强化核心技术攻关，市级财政投入扶持资金1亿元，立项支持27个项目，佛山市企事业单位作为第一完成单位获广东省科学技术奖12项。支持技术研发，专利授权总量5.87万件，比上年增长15.2%；有效发明专利量2.3万件，增长18.2%。规模以上工业企业研发机构建有率55.6%，建有科技企业孵化器105家、众创空间74家。

三、创新创业环境不断优化

佛山市推进孵化育成体系建设，国家湾区办批复同意设立“佛山港澳青年创业孵化基地”，工合空间佛山站获认定为广东10家粤港青年创新创业基地之一。深入推进产教融合、校企结合，合作共建东北大学研究生院、华南师范大学南海校区，以优秀等次通过全省首批现代职业教育综合改革示范市验收，顺德职业技术学院成为中国特色高水平高职学校建设单位。创造更具竞争力的引才环境，全职院士实现零的突破，新引进省创新创业团队4个，新增高技能人才13052人。

（何国华）

佛山乡村振兴战略全面实施

2019年，佛山市从乡村五大振兴（产业振兴、人才振兴、文化振兴、生态振兴、组织振兴）重点发力，推进全市实施乡村振兴战略取得重大进展。

一、坚持正确政治方向，加强党对“三农”工作的领导

开展“不忘初心、牢记使命”主题教育，持续强化“四个意识”（政治意识、大局意识、核心意识、看齐意识），出台《佛山市关于深入学习贯彻〈习近平关于“三农”工作论述摘编〉工作方案》。市委常委会议专题研究部署乡村振兴工作14次，制定《佛山市关于对标三年取得重大进展硬任务扎实推动乡村振兴的实施方案》等文件33份，将中央和省委、省政府乡村振兴工作部署落实落细落具体。抓重点工作实施，如期实现乡村振兴58项硬任务年度目标。建设“百里芳华”乡村振兴示范带、农田“看护房”整治等工作得到广东省委领导肯定。禅城区在乡村治理方面作出积极探索，全面推进“数字乡村”试点工程，有效提升农村集体经济监管能力；南海区谋划建设广东省城乡融合发展改革创新实验区，加快构建完善城乡功能互融共促、要素加快流动、资源高效利用的工作机制；顺德区以村级工业园改造为抓手，统筹推进农村人居环境整治和村集体经济发展，村级工业园改造工作以“土地节约集约利用成效好、闲置土地少”获国务院办公厅通报表扬；高明区奋力推进革命老区乡村振兴特别帮扶，促进发展平衡性协调性提高；三水区按照“三区联动、百村共建”思路，连片推进省级乡村振兴综合改革试点。

二、以加强基层党建为抓手，推动乡村组织振兴

佛山市全面加强镇（街道）党委、村（社区）组织领导班子建设，全市779个村（社区）共配备“两委”（村委会、居委会）班子成员4307人，深入推进47个软弱涣散村（社区）党组织整治，撤换调整“四不”（政治上不合格、经济上不廉洁、能力上不胜任、工作上不尽职）党组织书记8人。加强党的农村基层组织对各类组织的统一领导，实施村（社区）重要事权清单管理制度，将党组织先知先议规则写入村（社区）10项重要事权决策流程。实施“头雁”工程，培训村（社区）党组织书记1000多人次，实现培训全覆盖，按不低于1∶2的比例储备村党组织书记后备人选1645人，全市村（社区）书记、主任、集体经济组织负责人“一肩挑”比例提升至97.2%。深入开展基层党风廉政建设，排查基层党员干部违纪违法线索4025条，给予党纪政务处分937人，移送司法机关47人。在禅城区探索设立村级纪委或纪检小组试点的做法取得积极成效。出台《佛山市做好村规民约和居民公约工作行动方案》，91.9%的村（社区）完成村规民约和居民公约修订，省级连片示范村、问题村（社区）等村规民约修订完成率100%。建成村（社区）综合性文化服务中心779个，覆盖率100%。开展文明创建活动，区级以上文明村镇覆盖率90%。建设平安乡村，深入开展农村扫黑除恶专项斗争，累计追回或退回集体经济资金1.64亿元、集体土地66.04万平方米。推进“雪亮工程”（以县、乡、村三级综治中心为指挥平台、以综治信息化为支撑、以网格化管理为基础、以公共安全视频监控联网应用为重点的“群众性治安防控工程”）建设和社会治安防控体系建设，建立遏制黑恶势力滋长长效机制。创建民主法治村（社区）762个，创建覆盖率97%。完成9个镇（街道）示范性公共法律服务工作站和48个村（社区）示范性公共法律服务工作室建设，完成率100%。

三、深入推进对口帮扶，坚决打赢精准脱贫攻坚战

一是对口凉山扶贫协作方面。佛山市全年向四川凉山彝族自治州划拨财政援助资金6.85亿元，完成协议数的155.7%。派驻凉山州扶贫干部38人、专业技术人才208人。举办党政干部培训班35期，培训凉山州各级党政干部1709人。新增村企、医院等多种形式结对164组，无偿捐助钱物8766万元，引导54家企业到凉山州投资29.11亿元，帮助凉山州销售农特产品1.28亿元，累计接收凉山州籍务工人员11881人。佛山对口凉山扶贫协作工作组因工作成效突出，获2019年全国脱贫攻坚奖组织创新奖。二是对口帮扶湛江、云浮方面。制定《佛山市对口帮扶湛江云浮两市2019年度计划》，与湛江、云浮两市签订对口扶贫协议书。完成新一轮284名扶贫干部选派，累计投入财政专项资金27.26亿元，引导企业到湛江、云浮市投资8476万元，实施帮扶产业项目536个，建立产业基地310个，直接带动10447户36370人发展生产。在佛山市设立消费扶贫工作站，引导扶贫产品零费用进入、免费包销。截至2019年底，帮扶湛江、云浮两市254个相对贫困村实现退出253个，相对贫困村退出率约为99.6%，帮扶相对贫困人口实现退出23814户79313人，相对贫困人口退出率99.26%，全面完成省定年度工作任务。

四、以实施“五大美丽”行动为抓手，推动乡村生态振兴

佛山市行政村（社区）100%完成“三清三拆三整治”［“三清”包括重点清理村巷道及生产工具、建筑材料乱堆乱放；清理房前屋后和村巷道杂草杂物、积存垃圾；清理沟渠池塘溪河淤泥、漂浮物和障碍物。“三拆”包括拆除危旧房、废弃猪牛栏及露天厕所茅房；拆除乱搭乱建、违章建筑；拆除非法违规商业广告、招牌等。“三整治”包括整治垃圾，落实“门前三包”（包卫生、包绿化、包秩序）责任制，建立保洁队伍，健全村庄卫生24小时保洁机制；整治污水，建污水处理设施，重点推进农户改厕，实行雨污分流、污水排放暗渠化；整治畜禽污染，建设栅栏圈围，实现人畜分离、家禽集中圈养］环境基础整治任务，88.6%的行政村（社区）达到干净整洁村标准。城乡环卫保洁一体化机制覆盖面100%，村收、镇运和市、区处理的生活垃圾收运处置体系覆盖面100%。全面推进“美丽田园”行动，完成耕地撂荒情况摸底，加强农业面源污染物清理，清理广佛跨界河流域畜禽养殖场5200个，完成农田“看护房”整治6278间，全面完成年度整治任务。98.2%自然村（村民小组、经济社）完成雨污分流管网建设，农村生活污水得到有效处理。实施村级工业园改造提升工程，完成土地整理2673.33公顷（4.01万亩），90%的村级工业园达到干净整洁标准。重点抓“四沿”（沿交通线、沿边界线、沿旅游景区、沿城市郊区）区域村庄人居环境整治。出台“百里芳华”乡村振兴示范带建设策划方案，推进横跨5个区14个镇（街道）、总里程超100千米的美丽廊道建设，示范带内100%的村庄达到干净整洁村标准。农村无害化卫生户厕普及率99.7%。全面开展“五清”专项行动，实施河涌常态化水面保洁，完成清理水面河流长度4576千米，清理漂浮物10余万吨，完成8条纳入省考核黑臭水体清淤河道长度13.35千米，完成列入省台账的“四乱”（乱占、乱采、乱堆、乱建）问题整治361宗，销号率100%。推进农村生态环境综合治理，村庄绿化覆盖率34.22%，畜禽粪污综合利用率95.69%，规模养殖场粪污处理设施装备配套率99.78%、大型规模养殖场粪污处理设施装备配套率100%。

2019年3月16日，佛山市举行“走进乡村看振兴”暨狮山小塘“10公里徒步”活动。图为“走进乡村看振兴”主题方阵
（市农业农村局供图）

五、以发展绿色优质农业为抓手，推动乡村产业振兴

佛山市推进首批4个省级现代农业产业园建设，主导产业面积5866.67公顷（8.8万亩），建设项目加快推进，三水区现代渔业产业园第一期鱼塘提升工程完成。推进“一村一品、一镇一业”建设，三水黑皮冬瓜被纳入2019年全国名特优新农产品名录，顺德区陈村镇获评2019年省级“一村一品、一镇一业”专业镇，全市农业专业示范镇13个、“一村一品”专业村53个。实施粤菜师傅“1+5”工程，在全省首创“粤菜师傅”精准扶贫班，完成“粤菜师傅”技能培训并发放补贴惠及7168人次，开展粤菜师傅人才评价认定工作，对符合条件的粤菜师傅创业开办小餐馆的给予1万元一次性创业资助。全面完成集体产权制度改革整市试点和集体资产清产核资工作，建立集体资产“应上必上”平台公开交易监管机制，集体经济强村占98.6%。稳定粮食生产，完成8886.67公顷（13.33万亩）粮食生产功能区划定，按时完成建档立卡、上图入库，粮食综合生产能力达到广东省要求。启动2093.33公顷（3.14万亩）高标准农田建设，100%实现立项实施。农民专业合作社293个、市级农业龙头企业120家。家庭农场75个，建立带动小农户致富增收的产业协作和利益联结机制。完成助农服务平台（中心）建设2个。推动乡村旅游提质升级，有休闲农业与乡村旅游国家级示范点3个、省级示范镇3个及示范点8个，有省级乡村旅游精品路线4条，有省级文化和旅游特色村3个。

六、以完善基础设施为抓手，推动城乡融合发展

佛山市有村级行政服务中心757个，覆盖率100%。实施“四好农村路”（建好、管好、护好、运营好）项目84个，投入资金1.78亿元，完成农村公路提档升级45千米，基本实现城乡公交出行全覆盖，建制村通客车（公交）率100%。全市自然村（村小组、经济社）集中供

水覆盖率100%。高明河荷城段、杨和段等2宗省中小河流治理（二期）工程全部完工，完成河道治理6千米。全面完成农村电网改造升级工程，基本完成农村地区存量“低电压”治理。全面落实信息基础设施建设三年计划，辖区行政村（社区）4G网络、光纤网络服务覆盖率均100%。启动佛山市农村物流建设发展规划编制工作，盘活市场资源，构建农村物流服务中心、站、点体系。镇（街道）社区卫生服务中心覆盖率100%。实施乡村技能人才培育工程、乡村紧缺专业人才招募计划，引进培养现代农业高端人才，新增储备农村技能人才2.31万人。成立乡村振兴促进会、乡村发展促进会等，多种形式发动外出乡贤反哺故里报效乡梓。补贴各区新型职业农民培育工程项目资金350万元，认定新型职业农民2400多人。出台政策激励农民创业就业，符合条件的民宿、农家乐创业者（经营主体）可享受个人最高30万元、最长3年的创业担保贷款及贴息优惠政策。

七、全面构建保障机制，为乡村振兴注入强大动力

佛山市、区两级均建立乡村振兴工作专班制度，印发实施乡村振兴战略规划和具体方案。县域村庄规划完成率100%，明确集聚提升、城郊融合、特色保护、撤并消失等村庄分类名册，开展50个古村落的保护活化。强化村庄规划工作领导，制定乡村建设规划许可管理办法，宣传推广村庄规划典型案例，完成省考核的86个行政村村庄规划编制。选拔84名熟悉“三农”工作的干部进入区、镇（街道）党政班子。乡村振兴用地指标占全市用地总指标的29%，一般公共预算农林水科目支出比上年增长25%，完成省级涉农资金统筹整合8063万元，完成项目库建设和报备，完成支出93.13%，普惠性涉农贷款增速高于全市贷款平均增速33.6个百分点。加强“三农”干部队伍建设，定期组织实施区、镇（街道）领导干部培训64期、村（社区）党组织书记专题培训7期、派驻第一书记和扶贫团队工作培训24期。开展“粤菜师傅”“南粤家政”技能培训。建立农民参与引导机制，农民群众踊跃参与“三清三拆三整治”、佛山市乡村振兴示范村创建。由党委、政府牵头，组织308个村与711家企业结对共建，建立帮扶台账并录入省信息平台帮扶项目134个、帮扶资金3111.5万元，宣传“万企帮万村”政策和碧桂园、美的等帮扶先进典型。开展青年志愿服务、“乡村振兴巾帼行动”等活动，与北京大学、华南农业大学等建立合作关系，为全市乡村振兴提供理论指导和技术支撑。

（廖毅雯）

村级工业园改造全面铺开

2019年，佛山市深入实施《佛山市村级工业园整治提升实施方案（2018—2020年）》，强化市级统筹，搭建“市统筹、区组织、镇街落实”的工作机制，将村级工业园纳入城市治理范畴，统筹市生态环境、安全生产、消防应急等部门，加强佛山各区土地整理整治任务的监督考核。2018—2019年，全市完成村级工业园土地整理3160公顷（包括工改工、复垦复绿和功能转变类），其中2019年新增完成村级工业园土地整理2673.33公顷。南海区和顺德区村级工业园面积占全市的85%，村级工业园整治提升（简称“村改”）工作的关键就在这2个区。为推动村改工作，以南海、顺德区为代表，各区紧抓机遇谋新求变。

南海区以“广东省城乡融合发展改革创新实验区”建设为契机，在利益分配机制、土地开发管理、项目审批服务等方面大胆改革探索，出台混合开发等政策，解决村级工业园改造中遇到的土地权属复杂、改造路径单一、各方利益难以平衡、改造成本过高、社会资本投入意愿不足等难题，协同推进连片工业园区改造和连片乡村振兴。截至2019年12月底，南海区60个村级工业园改造提升试点项目启动45个，改造提升试点项目累计拆除旧建筑物145万平方米，新建成产业载体43万平方米，区、镇两级累计发放村级工业园改造提升扶持资金2.21亿元。

顺德区以建设广东省高质量发展体制机制改革创新实验区为抓手，广东省赋予顺德区的18项政策支持和权限突破，其中，广东省自然资源厅在土地利用规划调整、预支存量建设用地指标奖励、完善历史用地遗留问题解决机制等方面给予政策突破和大力支持，助力顺德区村改工作从破题开局进入蓄势总攻。截至2019年底，顺德区启动改造项目285个，105个园区201个项目启动拆迁，新建成产业载体981万平方米，高效下达村改扶持经费7.25亿元、土地储备资金3.68亿元。顺德区在用好用活省实验区村改利好政策的基础上，进一步

2019年12月31日，佛山市顺德区村级工业园升级改造总攻动员大会召开

（市自然资源局供图）

探索创新12项新做法，综合制定55份实操型政策文件，建立涵盖项目认定、搬迁执法、用地报批、项目报建、产业发展、扶持奖补、一二级联动、集体资产租赁管控等系统性政策体系，归纳总结出企业长租自管、政府统租统管、直接征收开发、政府挂账收储、企业自主改造、生态复垦复绿、国有集体混合开发、一二级联动开发等8种村级工业园改造模式。2019年，自然资源部部长陆昊，中共广东省委书记李希、广东省省长马兴瑞等多位领导实地考察顺德村级工业园改造示范项目，给予顺德村改工作高度评价。顺德区因“土地节约集约利用成效好、闲置土地少”获国务院办公厅通报表扬，获奖励166.67公顷用地计划单列指标。

（郭　庆）

氢能示范应用领跑全国

佛山市是国内布局和发展氢能产业的先行地区。2019年，佛山市氢能产业保持较快健康发展的良好势头，发展水平和示范应用继续领跑全国。

一、氢能产业政策保障持续加强

2019年，佛山市在巩固原有产业扶持政策的基础上，进一步加强政策研究，印发《佛山市人民政府办公室关于加快推进氢燃料公交车推广应用工作任务的通知》《佛山市新能源汽车产业发展规划（2019—2030年）》《佛山市关于广东省新能源汽车产业创新发展贴息资金管理工作指引》等文件。同时，抓紧编制《佛山市车用加氢站申请经营工作指引》《佛山市车用加氢站管理暂行办法》等配套措施，为产业发展提供科学指引及措施保障。

二、加氢站建设稳步推进

佛山市在加氢站等基础设施布局及建设推进上较为领先。截至2019年底，全市启动建设加氢站27个，其中，禅城区7个、南海区12个、顺德区3个、高明区2个、三水区3个。建成并投入运营和试运营加氢站13个。投入运营的加氢站中，南海瑞晖加氢站是全国首个商业化运营的加氢站，中国石化佛山樟坑油氢合建站是国内首个集油、氢、电能源供给于一体的合建站。

三、推广应用成效显著

佛山市是国内较早推进氢燃料电池汽车规模化示范的地区。2016年9月，佛山市率先在三水区开通首条氢燃料电池城市公交车示范线。截至2019年底，全市累计推广氢燃料电池汽车927辆，其中公交车476辆、物流车448辆、客车3辆。全国首条商业化运营的氢能源有轨电车于2019年11月29日在高明区举行开通仪式，并于12月30日运营，氢能推广应用继续领跑全国。

丹灶瑞晖加氢站　　（市发展改革局供图）

四、平台建设不断提升

在创新研发方面，于2018年3月佛山市获批的国家技术标准创新基地（氢能）建设稳步推进，截至2019年底，基地项目吸引国内40家科研院所、高等院校和行业领军企业参与共建。先进能源科学与技术广东省实验室佛山分中心（佛山仙湖实验室）于2019年11月21日挂牌成立，为全市氢能产业发展提供更有力技术支撑。在运营监管方面，截至2019年底，佛山市加氢站安全监控智能化综合管理平台基本建成，并在个别站点试运行。南海新能源汽车（氢能）监管平台上线，完成基础功能版本的开放和部署。

五、产业链初具规模

截至2019年，佛山市氢能产业基本涵盖制氢、加氢站建设及运营、氢燃料电池系统及电堆研发、关键零部件开发及生产、燃料电池汽车研发制造及示范运行、氢能相关检测等环节，产业链初具规模。特别是在燃料电池系统及电堆、空气压缩机等关键领域，培育一批骨干企业，市场占有率国内领先。在规划布局上，佛山市建有三大氢能产业基地，分别是：佛山南海“广东新能源汽车产业基地”、佛山高明“中车四方现代有轨电车车辆制造基地”、佛山云浮两市共建的“佛山（云浮）产业转移工业园”。

六、产业影响日益扩大

2019年，佛山市进一步加强合作交流，组织举办氢能主题活动，扩大宣传影响。10月26—28日，在南海区举办以“氢联世界　氢创未来”为主题的“2019联合国开发计划署氢能产业大会”，精心策划10场主题论坛，同期举办第三届中国（佛山）国际氢能与燃料电池技术及产品展览会以及仙湖氢谷参观考察等活动。11月28—29日，在高明区举办以“新机场、新能源、氢城而出”为主题的“2019年佛山氢能源产业交流峰会暨世界首条商业运营氢能源有轨电车上线启动仪式”。通过举办系列活动，进一步扩大佛山氢能产业影响力，提升社会对氢能应用的认识。

（骆家洪）

博物馆之城建设

2019年，佛山市谋划粤港澳大湾区背景下保护文化遗产、弘扬传统文化的佛山实践，凝心聚力建设能充分展现佛山历史文化肌理的“博物馆之城”，实践取得阶段性成果，助力佛山高质量发展，提振佛山制造业名城的文化自信。

一、以“不忘初心、牢记使命”主题教育推动博物馆之城建设落地见效

佛山市深入开展“不忘初心、牢记使命”主题教育活动，将主题教育常态化、制度化，务求把思想和行动统一到习总书记关于文物博物馆工作的重要要求上，并邀请投身本地博物馆事业的非国有馆负责人作先进事迹报告，弘扬“莫高精神”，让全市文博人“择一事、终一生”。将主题教育与实际工作相结合，在摸清本地工作实际基础上，对标深圳建设中国特色社会主义先行示范区的经验要求，找差距、查短板，理清佛山市博物馆之城建设工作强弱项的努力方向与攻坚提质思路，乘文广旅体融合发展的东风，把主题教育成果转化为博物馆之城建设实效。

场馆数量持续增长。组织召开2019年度全市博物馆之城建设工作会议以及博物馆之城政策宣讲会，鼓励社会各界特别是民办馆主办者、企业家、知名藏家积极建馆、规范办馆、有效活化。截至2019年底，全市已有及在建博物馆（纪念馆、名人故居）133个（比上年增加13个）、美术馆（艺术馆）83个（比上年增加7个），共216个，其中已建成的博物馆（纪念馆、名人故居）79个、已建成的美术馆（艺术馆）81个。

重点项目如期推进。树牢“项目为王”理念，以项目落地做实博物馆之城建设。将博物馆之城重点项目建设情况纳入对各区年度绩效考核，督促各区各单位以真功夫、硬举措抓好项目落地。发挥市级统筹协调作用，为项目加快推进保驾护航。截至年底，博物馆之城建设重点项目71个，65个项目启动（约占92%），累计投入16.7亿元，完成总投资额（其中7个项目未有投资预算）的53%，其中25个项目提前完成建设任务。

民办场馆蓬勃发展。在扶持政策支持下，全市民办场馆数量大幅增长。至年底，全市民办博物馆、美术馆139个，占64.4%，逐渐实现民办馆与国有馆“双轮驱动、双翼齐飞”。民办场馆办馆质量同步提升。广东大观博物馆获评“广东省文化遗产保护突出贡献团体”，馆长丁方忠获评全国社科工作先进个人，并作为非国有馆杰出代表接受凤凰卫视专访。知隐博物馆、广东新石湾美术馆、华侨城盒子美术馆等一批民办场馆亦坚持高质量办馆，成为全市公共文化服务体系的重要节点。非国有场馆规范化工作渐有成效，非国有博物馆备案登记24个，数量居全省第二名，非国有美术馆（艺术馆）正式登记57个。

建设成绩渐获肯定。广东省文化和旅游厅主办的2019年度全省文物工作会议在佛山市举办，这是广东省旅游厅首次将此会议放在省会以外地市举办，并安排佛山市在会上介绍佛山建设博物馆之城的经验与成效。佛山市文物保护活化工作被纳入广东省10件民生实事。同时，佛山市攻所长、避所短，通过重点发展工业企业博物馆、校园博物馆、村史馆，打造佛山博物馆之城亮点特色，工作方向得到各界支持。

文化遗产保护利用纵深推进。西樵山采石场遗址入选第八批全国重点文物保护单位，该遗址也是粤港澳大湾区内首个水下考古项目；谭平山故居等5个文物点被列入第九批广东省文物保护单位。顺利开展东华里古建筑群、大旗头村古建筑群等21处文物点的保护工程，并逐步编制及公布市级以上文保单位的保护规划。逐步把不可移动文物活化成旅游景点、博物馆、展览馆等，有效补充基层文旅设施体系，使文物保护成果服务社会、惠及群众。深入实施革命文物保护利用工程，抓紧做好谭平山故居、高明县立三小旧址等多个红色文物点的保护与活化，并在高明区串联各类红色文物点及博物馆策划“粤中红色革命文化游径”，形成一批高质量的爱国主义教育基地。

二、以博物馆之城建设深化文化遗产保护传承

聚焦建设粤港澳大湾区，推动博物馆之城成为共建人文湾区的模范实践。引入港澳力量参与佛山市博物馆之城建设，推动博物馆之城融入粤港澳大湾区建设大局。协同做好重点文物的修缮活化工作。联合香港瑞安集团开展国保单位东华里古建筑群修缮与活化项目，基本完成一期修缮工程，加快引进大湾区乃至“一带一路”沿线国家的资源开展活化。截至2019年底，引进香港高端定制陶品牌By Leona及高端纸艺品牌POS Talk原创精品展，日本、法国艺术名家精品展等，成功推进岭南传统建筑与时

2019年10月16日，佛山市西樵山采石场遗址入选第八批全国重点文物保护单位，该遗址是粤港澳大湾区内首个水下考古项目。图为水下考古作业现场

（市文广旅体局供图）

尚潮流文化相融生辉。简氏别墅将活化成为粤港澳青年创新创业服务中心。鼓励港澳力量到佛山市兴办博物馆。香港资本及藏家到佛山市投资兴建的佛山市牧月西洋艺术博物馆和碧玉丰翡翠博物馆基本建成，加快开展备案登记。发挥广佛同城作用。依托广佛地域相近、文化相亲、机制相接优势，与广州美术学院沟通合作，并签订在佛山共建艺术修复学院和岭南画派纪念馆（佛山分馆）合作框架协议，正抓紧对接确认项目选址。合作建设粤港澳大湾区文化遗产游径。按省统一部署，在全市范围内建设3条粤港澳大湾区文化遗产游径（包括南风古灶径等），将区域内的文物资源、博物馆资源及各类旅游资源串点成线，强化博物馆之城成果在推动全域旅游方面的作用。

广东石湾陶瓷博物馆（市文广旅体局供图）

聚力扶持民办博物馆，构筑共建博物馆之城格局。一是以资金扶持吸引社会参与共建。用好市级扶持政策，2019年市级确定支持43个民间项目，以500万元市级扶持资金带动社会对文博事业投入3100万元。指导、督促各区及时制定针对民办馆的资金扶持政策，构建全市域立体化扶持体系，禅城区、南海区、三水区出台相关政策外，顺德区加快制订扶持政策。二是以业务扶持鼓励社会参与共建，以国有馆为创新主力组织社会藏家拿出珍品文藏举办公益性精品展，让私人藏品走进展馆、走近公众。由市博物馆主导、市汉唐艺术馆（民办馆）承办，集合多个民间藏家力量举办的“丝路华彩——佛山民间收藏广彩展”获社会各界好评。由市博物馆主办，名荟艺术馆（民办馆）承办的“玉见美好——佛山民间收藏玉器展”于2019年12月在梁园展出。继续开展国有—非国有博物馆结对帮扶，为非国有馆优化提升提供精准协助。此外，依托佛山市博物馆学会等行业组织，邀请广东省鉴定站专家为3家民办博物馆提供藏品鉴定服务。三是以宣传扶持引导社会参与共建。在《佛山日报》、佛山电台、佛山新闻网等媒体设立《寻迹佛山博物馆》等专栏（其中《佛山日报》专题报道共35篇），全方位、立体化宣介全市博物馆、美术馆。连续11年举办佛山文化遗产保护宣传月活动，为文化遗产保护传承“搭台”、让全市博物馆“唱戏”，2019年举办各类文博展览、非遗体验等特色活动30余场，参与群众1.6万人次。

聚心发展产业企业馆，逐步实现文产相促。将发展各类产业、企业博物馆作为主攻方向，诠释佛山制造业一线城市的独特魅力，为佛山经济高质量发展提供文化支撑。一是服务制造业转型升级。建设、扶持一批以本地特色产业为主题的博物馆，并鼓励企业将厂史馆改扩建成博物馆，截至2019年底，总数达35家，既有展示佛山工业发展全局的珠三角工匠精神展示馆、佛山（顺德）工业博物馆（在建）、中国建陶小镇展示馆等，也有各类企业博物馆，门类主要为泛家居、饮料制造等支柱制造业，促进行业与企业的文化底蕴与品牌形象提升，并逐步形成一批工业制造与文化设计融合创新平台。东鹏明善陶瓷博物馆建成并投入使用，除展示中外陶瓷发展史外，还重点展示东鹏集团在产品研发与创新上的成果。二是助力产业创新转向。依托区内的陶瓷主题博物馆、美术馆，举办2019佛山（禅城）陶艺建陶设计周，新增中国工业设计协会、中国工艺美术学会主办，升格为国家级活动，展示设计创新在产业链中的实际应用，促进建陶产业与文化元素融合创新，吸引更多创意设计人才、资源、资本进入佛山。三是赋能非遗经济壮大发展。以推动非遗生产性保护及产业化发展为宗旨，建设一批佛山非遗民俗博物馆（如碧玉丰翡翠博物馆、华侨城粤菜博物馆等），集合研发设计、鉴赏欣赏、即时消费等功能，刺激非遗产品需求端。

聚情建好村史馆，助力乡村文化振兴。结合乡村振兴及古村活化升级，将村内的祠堂、书舍等老建筑活化成村史馆、艺术空间等，逐步改变古建筑保存状况差、周边环境差的现状，截至2019年底，全市可建成村史馆101家（不包括在216家总数内）。同时，发掘发挥各类村史馆的服务功能，填补乡村文化设施短板，并将村史馆结合周边景点串点成线，形成乡村休闲游线路。三水区创新探索“祠堂+文化”基层文化发展模式，依托祠堂建设一系列村史馆、宗祠文化馆、家风家训馆等，在深挖提炼传统祠堂文化的同时，不断融入党建、社会组织孵化、乡村治理等内涵，此举成功入选广东省公共文化服务体系示范项目。10月，省文化和旅游旅厅党组书记、厅长汪一洋带队到佛山专题调研三水“祠堂+文化”建设情况，给予高度评价。

聚智活化博物馆，不断满足人民美好生活需求。一是以博物馆规划提升城市形态。联合中山大学、同济大学开展博物馆之城规划，分级分区分片形成博物馆、美术馆发展计划，疏理全市“三旧”（旧城镇、旧厂房、旧村庄）存量空间，形成场地—场馆对接库，采用微改造这种“绣花”功夫，将博物馆之城建设与城市更新相结合，打造城市高品质空间。二是以博物馆元素点亮城市建设。将博物馆藏品、古建筑等进行抽象化符号提取，形成开放式的“佛山文化符号数据库”，供城市规划、建筑设计等参考，使博物馆元素触目可及，截至年底，数据库首期上线，相关设计图纸330幅。三是以载体建设促进文旅相融。发展文物旅游，开展南风古灶、梁园、鸣石花园等11个开放文物点的环境整治提升工程，治理文物点周边脏乱差等问题，增加必要的服务配套设施及游览导览设施，打造一批高质量的文旅融合载体。四是以现代科技拉近“人馆距离”。市文广旅体局与佛山电台花生FM合作，开发“唤醒镇馆之宝”H5，以生动幽默的方式动态诠释馆藏文物价值，截至2019年底，“唤醒镇馆之宝”H5累计浏览量94万人次、短视频累计播放量逾300万次（其中抖音播放量超150万次）。研发推出“有声博物馆”“AR博物馆”导览服务，在广东岭南酒文化博物馆、东鹏明善陶瓷博物馆等4家博物馆上线，拓展博物馆与观众的互动途径。五是以优质服务实现以文化人。全市博物馆、美术馆举办精品展近200场次、社会教育活动近1200场次，提升群众获得感。广东大观博物馆、佛山市岭南金融博物馆试行夜间开放（全年不少于100天），助力佛山夜间经济发展。此外，市石景宜刘紫英伉俪文化艺术馆承办“2019中国艺术邀请展”，展出徐悲鸿先生的国画精品3幅，以及戴泽、许钦松等名家精品120余幅；市祖庙博物馆承办“荷兰日”活动，促进中荷文化交流。六是以品牌活动带动行业活力。2019年重点推出“佛山博物馆文化周活动”，活动采取“主会场+分会场”立体全覆盖模式，由开幕式、文博名家对话、佛山博物馆文博展、“博文启今”主题展暨数字博物馆展、家有藏宝暨鉴宝活动、“博游佛山”市民体验游活动、“镜头中的博物馆”市民互动活动、佛山博物馆美术馆联展等八大版块组成。孔祥星、江心、樊建川、魏峻、丁方忠等国内知名文博专家学者，32个博物馆和16个非遗、文创机构的代表参加活动。主会场外，佛山各区的100个博物馆、美术馆以“博物馆启迪城市未来”为统一主题，开展“百馆百展”活动。作为博物馆文化周市民关注度、参与度最高的项目之一——“博游佛山”市民体验游活动紧贴“博物馆启迪城市未来”主题与“体验”特性，形成产业文旅、非遗民俗、文化收藏三大主题线路，累计报名人数超6000人，宣传有效覆盖佛山百万人口。活动整体宣传以“报纸+网络”为主力传播媒介，带动电视、广播，省媒，央媒等形成传播合力，总报道量968篇，其中“学习强国”学习平台转发稿件8篇。博物馆文化周主活动期间，全网阅读量接近100万人次。

（陈兆镜）

“十件民生实事”完成

2019年，佛山市继续加强保障和改善民生，加快形成共建共治共享社会治理格局。坚持以人民为中心的发展思想，精心做好各项民生工作，让群众的获得感、幸福感、安全感更加充实、更有保障、更可持续。截至年底，10件民生实事完成。

一、“城乡居民养老保险基础养老金提高至每人每月260元”目标实现

从2019年1月起，佛山市城乡居保基础养老金月标准提升40元，调升后佛山市城乡居保基础养老金每人每月260元。

二、“新（改、扩）建义务教育学校30所，新增义务教育阶段学位3.1万个”目标任务超额完成

截至年底，佛山市完成新改扩建义务教育阶段学校30所，实际新增义务教育学位3.7万个。

三、“推进普惠性幼儿园生均拨款按星级分类扶持”政策落实

全市各区完成普惠性幼儿园按星级拨付生均拨款工作。年初市级财政安排1.157亿元补助各区，全市各级财政拨付生均经费3.59亿元。

四、“市妇女儿童医院建成投入使用”目标实现

截至年底，佛山市妇女儿童医院主体结构基本完成，屋面完成99%，钢结构完成96%。实验室、手术室等项目施工加快推进。部分门诊启用。

五、“免费筛查新生儿疾病，综合防控儿童青少年近视”政策落实

贯彻落实《佛山市免费新生儿疾病筛查项目实施方案》，利用宣传平台扩大群众政策知晓率。督促和指导可疑阳性病例的随访以及季度经费结算。开展项目督导工作。截至2019年底，104781名新生儿获提供免费4种常见遗传代谢性疾病筛查，其中可疑阳性例数7471例、确诊例数为1503例。完成率100%。印发《佛山市综合防控儿童青少年近视行动方案》。对国家监测点禅城区、高明区儿童青少年作视力综合调查，近视总检出率52.1%，较2018年下降0.3%。

六、广东省下达的住房保障工作目标任务超额完成

将年度发放租赁补贴任务分解到佛山市各区，截至2019年12月底，完成年度发放租赁补贴1099户，完成率142.7%。

七、“提高低保和特困人员供养标准”目标实现

佛山市最低生活保障标准统一由每人每月980元提高到每人每月1060元，全市城乡低保补差水平不低于每人每月603元。各区均落实特困人员供养标准不低于市最低生活保障标准的1.6倍的规定，平均标准为每人每月2023元。

八、“开展文化进园区普惠性活动1000场次”任务完成

佛山市印发《佛山市文化广电旅游体育局关于开展2019年文化进园区普惠性活动1000场次的通知》，部署开展文化活动进园区，并按照文件要求，在规定时间内完成活动1348场次。

九、“新增（改造）公园绿地面积81公顷”任务完成

2019年，佛山市完成公园绿地面积304.93公顷，其中新增171.27公顷、改造133.66公顷。

十、20项民生水利重点工程年度建设任务完成

20个水利重点项目建设包括佛山大堤白蛇漩、石硝险段整治工程，佛山市南海区北村涝区整治工程，沧江水利枢纽重建工程等重点项目。20个重点项目总投资34.44亿元，2019年度完成年度投资8.85亿元，全面完成年初计划投资额。

（冯嘉欣）

2019年佛山大事记

1月

1日 《佛山市新市民积分服务管理办法》正式实施，办法规定佛山将购房入户纳入积分入户，不再执行原购房入户政策。购房类政策性借读生纳入积分入学类别统筹安排。从事环卫、公共交通驾驶员等特定公共服务岗位的新市民，可享受加分。

3日 佛山市出台《佛山市工程建设项目审批制度改革实施方案》，标志着全市深化工程建设项目审批制度改革全面实施。改革后，工程建设项目审批时限将平均压缩一半以上。

△佛山市出台《佛山市促进全域旅游发展扶持办法》，明确对旅游企业、旅游集散中心、旅游专线或旅游辅助公交等方面的鼓励和扶持，最高扶持金额可达100万元。

4日 第七届中国中小企业创新服务大会在佛山市举行。会上，成立中小企业创业就业高校实践基地。

6日 在北京召开的全国规范化家长学校实践活动总结交流会上，佛山获评"全国规范化家长学校实践基地"。

10日 2018年度佛山专利富豪榜和2018年度佛山专利新秀榜揭晓。富豪榜前三甲分别是广东科达洁能股份有限公司、广东美的厨房电器制造有限公司和佛山市东鹏陶瓷有限公司；新秀榜前三甲分别是小熊电器股份有限公司、佛山市陶瓷研究所集团股份有限公司和佛山东华盛昌新材料有限公司。

△广东省佛山市交通运输局与广东中经汇通公司合作搭建的佛山智能货运平台——"中经行运"正式启动。该平台的上线，将进一步推进佛山供给侧改革，促进物流业降本增效。

11日 2018年全国创新社会治理典型案例颁奖暨经验分享活动在重庆市永川区举行。禅城区创建的"共享社区"获评2018年全国创新社会治理十佳案例，为未来"智慧中国"建设提供"智慧禅城"样本。

△佛山市首份村（社区）小微权力清单和负面清单《里水镇沙涌社区村务小微权力清单和负面清单（试行）》发布。

12日 由中国健康促进基金会主办的家庭药师药学服务实践现场交流会在佛山举行。家庭药师全程药学服务模式的"南海实践"得到专家学者的广泛认可，南海经验被写入中国首个家庭药师服务规范——《家庭药师服务标准与路径专家共识》。

12—13日 主题为"全球产业链重构下的制造业挑战"的2019中国制造论坛在佛山举行。会上发布《中国制造业转型升级—佛山攻略》。

15—16日 中共佛山市委第十二届第七次全会召开。会议审议通过《关于深入学习贯彻习近平总书记视察广东重要讲话精神的意见》和《落实粤港澳大湾区重大战略的实施方案》和中共佛山市第十二届委员会第七次全体会议决议，并对全市深化机构改革工作进行动员部署。改革后，市级设置党政机构49个，其中党委机构16个，政府工作部门33个。对比改革前，共减少正处级机构7个。市人大、政协各增加1个专门委员会。

16日 广东国防科技推广中心在南海区举行军民融合产业发展研讨会，并正式发布全省首个省级国防科技工业军民融合公共服务平台——广东省国防四库1.0版本。该平台将实现军方需求信息与广东企业供给信息的及时匹配和精准推送，助推"军转民""民参军"双向转移和良性互动。

△南海区西樵镇以醒狮项目获国家文化和旅游部授予的2018—2020年度"中国民间文化艺术之乡"称号。

17日 中共佛山市委常委召开扩大会议，听取5个区区委书记和部分市直单位党组书记抓基层党建工作述职并进行评议。中共佛山市委书记鲁毅主持会议并作讲话，强调要坚持以基层党建促发展促稳定，以人民为中心的价值取向、以改革开放的眼光、以佛山干部特有的精气神来抓基层党建。

18日 首届佛山高新技术进步奖表彰大会在中欧中心举行，5名企事业单位技术领头人获得佛山高新技术成就奖，59个来自各行各业的创新项目获佛山高新技术进步奖。

△2019广东（佛山）智能互联创新应用大会在佛山举行，与会嘉宾围绕智能互联、人工智能等领域的技术前沿、产业趋势等进行探讨。

△中国电子学会、佛山市信息协会、佛山科学技术学院、佛山市南海区广工大数控装备协同创新研究院、佛

山市盈赛投资发展有限公司等单位合作共建的珠三角智能制造培训中心揭牌成立。

△广东省企业竞争力促进会发布“2018广东省企业竞争力500强”榜单，佛山有39家企业上榜，上榜企业数量全省排名第三。其中，美的集团、碧桂园、海信科龙、联塑、格兰仕、海天味业等6家企业跻身榜单前100名。

21日 佛山公布《佛山市中心城区总体城市设计纲要（公示稿）》。该纲要显示本次中心城区总体城市设计规划总面积361平方千米。

△佛山市委宣传部、市委改革办、南方日报社联合调研成果《继续推进改革暨佛山改革开放40年的经验与启示》调研报告正式发布。

23日 中共佛山市委农村工作领导小组印发《佛山市实施乡村振兴战略重点工作任务分解表》，明确佛山市实施乡村振兴战略19类90项重点工作任务，落实到牵头单位和个人，确保佛山市乡村振兴工作有序推进。

29日 佛山印发《佛山市安全生产风险管理办法》。该办法要求全市各级政府及相关职能部门要以风险可控为目标，依靠科技和信息化、大数据手段，开展安全生产基础调查、风险点危险源辨识和分类、风险评价和分级、风险应急处置等风险管理工作。

30日 佛山临时野外气象观测站被民航中南地区管理局授予“中南地区机场建设临时气象观测站示范基地”荣誉称号，并举行揭牌仪式。该观测站是中南地区首个机场建设临时气象观测站示范基地。

31日 佛山市印发《佛山市进一步扩大对外开放实现利用外资高质量发展若干政策措施》，提出加大外资引进力度、加大财政支持力度、加大用地保障力度、加大人才支持力度、加大金融支持力度、提升投资便利化水平，提升贸易便利化水平、提升税收便利化水平、提升科技创新水平、优化利用外资保障机制十条政策（又称“佛山‘外资十条’”），营造优良营商环境，全力吸引外资。

△高铁经济带旅游联盟佛山秘书处和粤港澳大湾区旅游联盟佛山办事处揭牌成立。

是月 佛山市发布《佛山市创建国家节水型城市工作方案》，启动国家节水型城市创建工作。

2月

1日 佛山市第十五届人大常委会第十八次会议召开。会议决定任命刘铭恩等19人分别为机构改革后市政府其中19个工作部门负责人。

3日 第一次市政府全体会议召开。会议审议了佛山市2019年《政府工作报告》。

5日 广东省文化和旅游厅公布第三批省级公共文化服务体系示范区（项目）创建名单，佛山市“‘千家万户’阅暖工程——邻里图书馆”以及佛山市三水区“‘祠堂+文化’——乡村振兴中的基层文化发展模式”入选名单。

13—15日 佛山市政协召开十二届三次会议，表决通过中国人民政治协商会议第十二届佛山市委员会第三次会议决议，选举产生政协第十二届佛山市委员会常务委员。会议表彰优秀提案及优秀政协委员。

14—16日 佛山市第十五届人民代表大会第四次会议召开，会议表决通过《关于佛山市人民政府工作报告的决议》及佛山市第十五届人民代表大会社会建设委员会组成人员名单。

18日 《粤港澳大湾区发展规划纲要》（简称“《纲要》”）正式公布，大湾区包括香港特别行政区、澳门特别行政区以及珠江三角洲9市（广州、深圳、珠海、佛山、惠州、东莞、中山、江门、肇庆），《纲要》的战略定位是：充满活力的世界级城市群；具有全球影响力的国际科技创新中心；“一带一路”建设的重要支撑；内地与港澳深度合作示范区；宜居宜业宜游的优质生活圈。粤港澳大湾区发展规划带给佛山机遇主要是：1.极点带动。发挥香港与深圳、广州与佛山、澳门与珠海强强联合的引领带动作用，深化港深、澳珠合作，加快广佛同城化建设，提升整体实力和全球影响力，引领粤港澳大湾区深度参与国际合作。2.实施广州、深圳等机场改扩建，开展广州新机场前期研究工作，研究建设一批支线机场和通用机场。3.以珠海、佛山为龙头建设珠江西岸先进装备制造产业带。4.发挥香港、澳门、广州、深圳创新研发能力强、运营总部密集以及珠海、佛山、惠州、东莞、中山、江门、肇庆等地产业链齐全的优势，加强大湾区产业对接，提高协作发展水平。5.支持佛山深入开展制造业转型升级综合改革试点。6.支持香港、澳门、广州、佛山（顺德）弘扬特色饮食文化，共建世界美食之都。7.支持香港与佛山开展离岸贸易合作。8.支持佛山南海推动粤港澳高端服务合作，搭建粤港澳市场互联、人才信息技术等经济要素互通的桥梁。

19日 2018年度佛山公益慈善盛典举行。佛山市领导为获荣誉的2018年度佛山公益慈善优秀人物、优秀组织以及优秀项目授牌。晚上，“温爱佛山——元宵慈善文化人人行”活动举行，共有79.52万人参与“行通济”活动。

△佛山公益慈善学院正式成立。该学院为佛山慈善行业提供人才培养、慈善研究、评估咨询服务，并打造具有佛山本土特色的公益慈善项目库、导师库和学员库。

20日 佛山市生态环境保护工作会议召开。中共佛山市委书记鲁毅主持会议并讲话，强调要以更强的决心、更大的力度、更实的措施推进生态文明建设，坚决打好污染防治攻坚战。

△由佛山市禅城区政府、佛山科学技术学院等单位联合共建的佛山全球创新技术应用转化中心（香港分中心）和粤港澳大湾区创新技术应用转化中心在禅城区祖庙街道丰收街揭牌。两中心将为全市企业对接创新技术提供服务。

△佛山市安全生产责任保险第三方运营服务中心揭牌成立。成立运营服务中心是佛山安全监管社会化治理的亮点举措，也是安责险监管模式的大胆创新。

21日 佛山市教育局公布《2018年佛山市中等职业教育质量年度报告》。

2018年，佛山市中等职业学校初次就业率为99%，超八成毕业生留在佛山就业，用人单位满意度达98.37%。2018年是佛山市创建现代职业教育综合改革示范市的收官之年。

24日 佛山市中医院互联网医院正式启动。佛山市中医院成为广东省内唯一试点“线上复诊、医保结算、药品配送”一体化服务的互联网医院。

△2019年中国三农发展大会召开，佛山市禅城区南庄镇入选“中国乡村振兴先锋十大榜样”，成为广东省唯一入选单位。

△献礼励志影片《梦想之城》在北京人民大会堂举办首映礼活动。该影片是第27届金鸡百花电影节的开幕影片，也是“改革开放先行地”佛山市重点打造的城市文化形象宣传主题片。

25日 佛山市教育局发布《关于确保中小学生每天一小时校园体育锻炼的通知》，要求全市中小学校严格执行国家课程标准，若当天没有体育课，学校必须组织学生开展集体体育锻炼一小时。

△科技日报社中国科技网、全国科技振兴城市经济研究会联合在京发布《中国区县专利与创新指数》。顺德区、南海区、禅城区均上榜“2019年中国创新百强区/县”，在“中国创新百强区”榜单上分列第四、第八、第三十五位。

26日 中国发明成果转化研究院和北京久银投资控股股份有限公司正式签署项目战略合作协议，双方将联合佛山相关单位和企业，共同设立佛山中发久银科技成果转化引导基金科创子基金。

27日 全国人大代表、广东省省长马兴瑞到佛山市开展人大代表联系群众活动，听取基层群众的意见建议。

△2019胡润全球富豪榜发布。佛山有18人上榜。其中，碧桂园的杨惠妍以及美的集团的何享健、何剑锋父子跻身全球前五十。佛山上榜人数位居全国第八位、地级市第一。

28日 佛山市2019年上半年重大项目集中开工投产活动在5个区同步举行。包括美的库卡智能制造科技园、碧桂园博智林机器人谷在内，分布五区的计划开工重大项目共111个，总投资2684.59亿元，年度投资计划610.07亿元；计划投产重大项目共70个，总投资338.59亿元。总计超3000亿元重量级大项目同时开工、投产，这是佛山首次以一市五区联动形式举行重大项目开工投产仪式。

是月 顺德一中实验学校高一年级学生黄俊源凭借科技作品《智能光伏板清洗车》获华创杯国家科技大赛高中组一等奖。

3月

5日 广东省第五批学雷锋活动示范点和岗位学雷锋标兵名单揭晓，佛山市公安局禅城分局出入境管理大队、佛山市妇联妇女儿童权益维护工作站被评为学雷锋活动示范点，佛山市珠江时报记者梁锐明被评为学雷锋标兵。

△共青团佛山市委、佛山市总工会联合组建佛山市职工志愿者服务队。

8日 全市镇（街道）党（工）委书记座谈会召开。中共佛山市委书记鲁毅主持会议。会上，各镇（街道）党（工）委书记踊跃发言，围绕抢抓粤港澳大湾区建设重大机遇、实现佛山高质量发展等话题畅谈思路和想法。

13日 “三水芦苞鱼干”获国家地理标志证明商标注册证书，这是佛山市首个加工类农产品注册的地理标志证明商标。

△佛山市科学技术协会公布2019年佛山市深入推进创新驱动助力工程立项资助名单，全市22家企事业单位将分享市财政的930万元创新驱动助力工程专项资金。

14日 中共佛山市委召开《粤港澳大湾区发展规划纲要》宣讲报告会暨市委理论学习中心组专题学习会。会议要求，各区各单位要提升政治站位，将学习宣传贯彻规划纲要作为当前和今后一个时期的重要政治任务，坚持边学习边贯彻边落实，认真谋划并推进重点工作项目落实落地，在大湾区建设中实现佛山高质量发展。

16日 2019年AWE艾普兰奖颁奖典礼在上海举行。美的多风感柜式空调获艾普兰金奖。此外，格兰仕的微蒸烤一体微波炉、容声冰箱、小熊电器和面机等多款佛企产品也获得多个专业奖项。

17—20日 以“智能、智慧、智造、节能”为主题的第16届中博会专业展在广东潭洲国际会展中心举行。这是佛山第三次举办中博会的专业展。

18日 佛山市启动“证照联办”改革。18日起至6月前，市民开办餐饮、旅馆等12类企业只需跑一趟、填一张表、一次性办理多个证件。

△佛山市临床检验结果互认技术平台启动建设，这是国内第一个临床检验结果互认技术平台。佛山作为首个试点城市，首批接入平台的有27家医疗机构，覆盖全市5个区。

19日 全国公共文化产品供给侧改革现场经验交流会在上海召开。佛山获授“国家公共文化服务体系示范区”牌匾，是广东省唯一入选的城市。

△佛山市举办2019年岭南社工宣传周启动仪式暨2018年度佛山市社会组织建设成果嘉许礼，谢彩华等20位社工获评“佛山最美社工人”。

20日 全国爱卫办对2018年进入复审程序的国家卫生城市（区）的评审结果进行通报，佛山再次获得“国家卫生城市”称号。这是佛山连续第三次顺利通过“国家卫生城市”复审。

△人民日报刊登《“联姻”服务业 佛山制造再升级》文章，报道佛山通过推动工业设计发展，实施“互联网+”战略，扶持生产性服务业和服务型制造业，强化金融支撑产业力度，全面推动先进制造业与现代服务业“联姻”。

△文化和旅游部公布第六次全国县级以上公共图书馆评估定级名单，并举行“一级图书馆”授牌仪式。佛山一市5个区6个公共图书馆均获得国家“一级图书馆”称号。佛山市图书馆连续第7次被评为国家“一级图书馆”。

21日 广东省发改委公布《广东省2019年重点建设项目计划的通知》，佛山22个领域的项目列入全省2019年重点建设项目计划。

△佛山召开全市道路交通安全工作联席会议。部署2019年道路交通安全管理工作。针对亡人事故高发镇（街道）、

路段，以及交通安全隐患突出企业，将以挂牌督办的方式，切实压降事故总量。同时开展十大专项整治行动。

△佛山市扫黑除恶办发布《佛山市举报黑恶势力犯罪奖励办法（试行）》，首度增设小额奖励项目，经审核的举报人（中国公民、法人和其他组织），可获得奖励500元至3000元不等。

22日　中共佛山市委全面依法治市委员会第一次会议召开，审议《佛山市2018年全面依法治市工作总结》《佛山市2019年全面依法治市工作要点》以及委员会相关工作规则等文件。

25日　国家民政部公布全国29个社区治理和服务创新实验区，佛山市禅城区以“打造社区微服务综合体系，提升社区治理和服务水平”为实验主题入选，成为全省唯一入选的县域。

△第四届（2018年度）“最美家乡人”评选颁奖仪式在禅城举行。吴昊、李建初、范安琪、许世彬、潘晓、左蓉国、陈静、付培德、陈红新、鲁云涯与唐婷（2人组）等被评为第四届（2018年度）“佛山十佳最美家乡人”

△广东省科技创新大会在广州召开。以佛山市企业广东联塑科技实业有限公司为牵头单位创新研发的“高性能厚壁高密度聚乙烯（HDPE）管材管件的研发及产业化”项目，获2018年度广东省科技进步一等奖。

28日　广东佛山珠三角基塘农业研究中心在佛山市农科所挂牌成立。

△2019广东电影年会大会在佛山举行，广东省电影行业协会、香港电影工作者总会、澳门电影协会共同签署粤港澳大湾区电影行业合作框架协议，携手推动粤港澳影视产业发展。大会佛山专场还举行佛山电影产业发展规划宣讲暨南方影视中心·321开机网上线仪式。

29日　佛山市召开三龙湾高端创新集聚区工作推进会。

30日　“美丽佛山一路向前——2019佛山50公里徒步活动”在佛山各区同步进行，参与人数34.5万人。

是月　佛山市发布《佛山市落实省卫生健康委信息便民“五个一”攻坚行动工作方案》，提出要加快推进全市“互联网+医疗健康”服务体系建设应用，在“一码通用”“一网联通”“一键诊疗”“一站会诊”及“一体服务”等五项措施上进一步推动全市医疗健康高质量发展。

是月　佛山市禅城区被民政部确定为新一批全国社区治理和服务创新实验区。

4月

1日　2019德国汉诺威工业博览会在德国开幕。嘉腾机器人自动化有限公司、科达洁能股份有限公司、胜业电气有限公司和非夕机器人科技有限公司等4家佛山企业亮相汉诺威工业博览会。

△佛山市政府、香港科技大学、南海区政府产学研合作备忘录签署仪式在南海区举行，三方约定设立香港科技大学佛山智能制造研究院，合作共建香港科技大学（佛山）创新中心，并以研究院和创新中心为平台，以基础科研及应用科研项目为核心，全面加强技术协作和成果转化、加强创新团队引进和信息互通，解决佛山缺乏科技支持的瓶颈问题。

△广东省文明办公布2018年第四季度“广东好人”名单，佛山市三水区白坭镇敬老院院长李世芳上榜“敬业奉献好人”。

2日　佛山市召开落实省委“1+1+9”工作部署推进会。会议深入学习贯彻习近平总书记对广东重要讲话和重要指示批示精神，对省委“1+1+9”工作部署进行再落实、再推动，动员全市广大党员干部群众奋力开创佛山高质量发展新局面。

△“首届珠三角地区营商环境专题论坛”在广州召开，《首届（2019）珠三角地区营商环境发展水平评估报告》发布，佛山市禅城区营商环境在珠三角26个区县中排名第一。

3日　佛山市召开落实减税降费宣讲工作会，向与会的890多名佛山企业代表宣讲佛山落实减税降费的具体举措。

△顺德区均安镇南沙医养结合服务中心启用，是佛山首个利用社区卫生服务站闲置资源改建而成，融医疗、康复、护理、养老服务为一体的公办非营利性医养结合机构。

5日　顺德区广东工业设计城获评第四批全国创业孵化示范基地，为佛山市首家、广东省第三家获奖基地。

8日　首届一带一路植物膜转运蛋白生物学论坛在佛山市开幕。广东省膜生物学与环境国际科技合作基地以及佛山科学技术学院国际膜生物学与环境研究中心揭牌成立。

9—11日　第七届中国电子信息博览会在深圳举行，佛山禅城区“区块链+工业设计”版权交易平台获评CITE2019区块链应用创新八大优秀案例之一，是全国唯一获此荣誉的区（县）级政府。

10日　佛山市政协召开十二届八次常委会会议，传达学习全国政协十三届二次会议、省政协十二届二次会议精神，通报市政协2019年工作要点，审议通过有关人事事项和工作安排。

11日　佛山市“全国规范化家长学校实践基地”建设成果展示活动在东平小学举行，活动向全国考察组集中展示佛山“规范+特色”的家长学校建设成果。佛山是全国首个通过“全国规范化家长学校实验区”验收的城市，全市1592所中小学幼儿园获评“全国规范化家长学校实践基地”。

15日　2019中国品牌力指数发布，美的、格兰仕、碧桂园、大自然、箭牌5家顺德企业获评10个细分行业的第一品牌。

△佛山市召开佛山高新技术产业开发区工作推进会。会议公布佛山高新区挺进全国高新区20强的工作部署。

17日　佛山市第十五届人大常委会第十九次会议召开。会议表决通过有关佛山市中级人民法院的人事任免事项。

△新修订的《佛山市非户籍常住人口子女入读义务教育公办学校实施办法》正式实施。该《实施办法》新增5类政借生，将政策性借读生从原来的15类扩展到16类。

18日　第11届中国加工贸易产品博览会开幕，广东首次发布“2018年度广东省外贸百强企业”名单。佛山有6家企业上榜。分别是广东美的制冷设备有限公司、广东美的厨房电器制造有限公司、佛山市顺德区美的电热电器制造有限公司、广东美的暖通设备有限公司、佛山群志光电有限公司和广东新宝电器股份有限公司。

△佛山举行2019年全市河长制湖长制工作会议。会上公布《佛山市千里碧道工程工作方案》，提出佛山将打造以江河湖海及滨水空间为载体的开敞空间廊道。

△佛山首个陶文化主题文创设计孵化器——南国陶源艺术设计创新工场在中国陶谷启动。

19日 广东省人民政府公布第九批广东省文物保护单位名单，佛山市有5处文物保护单位入选，分别是四峰书院遗址、仙迹丹泉、烟桥何氏大宗祠、千里驹故居、谭平山故居。

21日 2019英雄联盟职业联赛（LPL）春季总决赛在佛山国际体育文化演艺中心举办。

△2019广东省森林城市建设主题宣传活动上，佛山市三水区南山镇获“广东十大绿美森林小镇潜力奖”。

22日 佛山市公布首批标杆高新技术企业50强名单，其中禅城区7家、南海区14家、顺德区17家、高明区5家、三水区7家。

23日 广东省互联网医疗服务监管平台全面启用，首批22家互联网医院上线，包括佛山市第一人民医院以及佛山市中医院。

△广州图书馆、佛山图书馆两馆的文献互通点正式开通。

△自然资源部中国地质调查局在全国范围内遴选首批图幅地质填图科学家171人，来自佛山地质局的邓飞入选。

24日 广东省文物工作现场会在佛山市举行。

26日 佛山市举行知识产权工作推进会。会议发布《2018年佛山市知识产权报告》，公布佛山市首批重点知识产权保护名录。200家重点企业入选首批名录，其中禅城区36家、南海区61家、顺德区60家、高明区19家、三水区24家。这是佛山首次以名录形式为企业强化知识产权服务。

28日 全国首例5G骨科手术在佛山市中医院进行。

△“网信佛山”公众号正式上线，该公众号是中共佛山市委网信办官方微信公众号，是佛山网络正能量综合展示传播平台。

是月 《广东省开展“互联网+护理服务”试点工作实施方案》正式发布。该方案确定粤港澳大湾区内的广州、深圳、珠海、佛山、中山、东莞、惠州、江门和肇庆等9市作为试点地区，确定第一批43项“互联网+护理服务”项目。

是月 财富中文网发布中国最具影响力50位商界领袖，佛山占2席，分别是美的集团董事长兼总裁方洪波（排名第十七）以及碧桂园集团联席主席杨惠妍（排名第三十二）。

5月

1日 佛山市调整基本养老保险单位缴费比例和缴费基数、工伤保险缴费基数。其中，机关事业单位在编人员基本养老保险单位缴费比例从20%降至16%，缴费基数上限下调为17346元，下限下调为3469.2元。

△《佛山市公路桥梁桥下空间安全管理利用办法》自5月1日起施行。

△《佛山市知识产权局商标品牌战略资金扶持办法》正式实施，凡获得中国驰名商标认定的，每件可获得30万元扶持资金；成功注册地理标志证明商标的，每件扶持20万元；运用集体商标或者证明商标成效明显的区域商标注册人，可获得20万元扶持资金。

△最新调整的《佛山市住房公积金住房抵押贷款办法》开始执行，对住房公积金缴存职工个人最高贷款额增设一个档次：累计缴存住房公积金满3年的最高可贷50万元。

1—6日 2019中国高铁经济带旅游博览会暨第三届佛山（禅城）旅游文化周在佛山市禅城区举行，吸引全国51座城市参展。

3—6日 2019中国高铁经济带旅游博览会在佛山市禅城区举行。

7日 《佛山市全面建设国家创新型城市促进科技创新推动高质量发展若干政策措施》作为佛山市政府一号文件正式发布，围绕粤港澳大湾区国际科技创新中心建设、人才集聚、基础研究和核心技术、企业创新、科技创新、科技金融、深化政务改革等8个方面，推出35项扶持政策。

9日 “榜样的力量——2018‘FIT粤’科创先锋大赛”佛山分赛落下帷幕。大赛吸引超2600家企业报名参与，36家企业与个人获得荣誉。

10日 广州、佛山两市人社部门签订《广州市人力资源和社会保障局 佛山市人力资源和社会保障局深化广佛同城化战略合作框架协议（2019—2022年）》，把握粤港澳大湾区建设战略机遇，在就业创业、人力资源、技能人才培养、社会保险、政务服务、劳动关系等方面进一步深化同城化合作，力争在人力资源社会保障领域打造广佛同城化合作标杆，助推广佛同城化迈向更高水平。

△2019年广东省“全国科技活动周、防灾减灾日”暨“全省科技进步活动月”主场活动在佛山市南海区举办。

△国务院办公厅对2018年落实有关重大政策措施真抓实干成效明显地方予以督查激励通报。佛山市顺德区受到激励通报为“土地节约集约利用成效好、闲置土地少且用地需求量较大的地方”。

13日 中共佛山市委书记鲁毅主持召开市委常委会会议。会议传达学习习近平总书记在中央财经委员会第四次会议和解决“两不愁三保障”突出问题座谈会上的重要讲话精神，以及省委常委会会议学习贯彻要求，传达学习全省推动老区苏区振兴发展工作会议精神，研究佛山市贯彻落实意见；审议并原则通过《佛山市“一环创新圈”战略规划》《三龙湾高端创新集聚区综合规划》。

△2019年广佛同城化党政联席会议召开，广州、佛山签署《共建广佛高质量发展融合试验区备忘录》。会议审议通过《关于广州市、佛山市合作共建先进装备产业集群的工作方案》《关于广

州市、佛山市合作共建汽车产业集群的工作方案》《关于广州市、佛山市合作共建新一代信息技术产业集群的工作方案》《关于广州市、佛山市合作共建生物医药与健康产业集群的工作方案》。

14日 《佛山市深化供给侧结构性改革2019年工作方案》印发，明确2019年佛山供给侧结构性改革的重点放在“巩固、增强、提升、畅通”八字方针，推动制造业高质量发展和加快三大平台建设（三龙湾高端创新集聚区、国家军民融合创新示范区、佛山国家高新技术开发区）。

△佛山市互联网行业党委成立大会在市机关小礼堂举行。会议强调要深入学习贯彻习近平总书记关于加强互联网企业党建工作的重要指示精神，切实增强推进互联网行业党建工作的责任感和使命感；要充分发挥互联网党建的政治引领功能、助力守稳网络意识形态安全“南大门”；要注重牵头抓总、坚持问题导向，不断开创互联网党建工作新局面。

△《新财富》杂志公布2019年中国富人榜，佛山有2人进入前十名，分别是碧桂园控股的杨惠妍、美的集团的何享健家族，排名第六和第七。

15日 佛山第七届家庭文化节启动，全市有70户家庭获命名为2019年“最美家庭”，李太安家庭、王盛安家庭、黄锐全家庭等10户获“十大文明家庭”称号。

△佛山市绿色优质农业发展工作推进会议召开。

16日 香港特别行政区行政长官林郑月娥率团来佛山考察，佛山市市长朱伟陪同考察。

△2019福布斯全球企业2000强榜单出炉。佛山3家企业上榜，分列是碧桂园集团、美的集团和海天味业。

18日 2019年“5·18国际博物馆日”佛山主会场暨佛山市文化遗产保护宣传月主题活动在南海区博物馆开幕。

20日 佛山机器人学院与TüV莱茵学院在佛山签订战略合作协议，TüV莱茵学院佛山机器人学院培训中心揭牌成立。

△讲述“中国鳗鱼之乡”顺德的纪录片《鳗鱼的故事》在央视纪录频道播出。

△国家医疗保障局启动疾病诊断相关分组（DRG）付费试点工作，宣布DRG付费试点城市名单，佛山成为广东省唯一试点城市。DRG是指疾病诊断相关分组付费，它根据病人的年龄、性别、住院天数、临床诊断、病症、手术、疾病严重程度，合并症与并发症及出院转归等因素把病案分入上百个诊断相关组，然后决定该给医院多少补偿。

21日 腾讯研究院发布《数字中国指数报告（2019）》。佛山以8.1598的分数位列“数字中国总指数城市100强”第十四位。位列“数字政务分指数城市100强”的第七位。

△南海区大沥镇儿童安全科普基地正式启用，这是佛山市首个以儿童安全为主题的科普基地。

23日 佛山市城市更新与建设管理工作会议召开。市长朱伟出席会议并讲话，强调要下大力度加快城市更新和建设管理，重塑“三生”生产、生活、生态形态，让佛山真正实现生产空间集约高效、生活空间宜居适度、生态空间山清水秀。

△科技先锋奖颁奖大会暨佛山市科技成果转移转化高峰论坛在佛山中欧中心举行，30个项目和个人获奖。

△第四届中国文化旅游产业巅峰大会在北京举行，公布了2019年“中国千山·金峰奖”的获奖名单。《风起沧澜》顺德光影文化展被评为“最佳文旅融合夜游创意奖”。

24日 广东省佛山市协作帮扶四川凉山昭觉县农林牧业博士工作站在昭觉县天屹农业产业园挂牌。这是佛山市首个对外扶贫博士工作站。

△第二届佛山市中小学人工智能大会暨华为智能教育发展高峰论坛在佛山举行。

25日 2019年佛山市首届校园武术操大赛在樵北中学开赛，1500多名功夫少年参与比赛。

△2019年文化和旅游创客行动地方实施项目名单公布。在全国25个入围项目中，由佛山市文化广电旅游体育局联手佛山日报社开展的“展翅——佛山市初创文创企业扶持行动”名列其中，是广东省唯一一个入选项目。

△第15届“挑战杯”广东大学生课外学术科技作品竞赛终审决赛在佛科院仙溪校区开幕，2000多名高校师生及青年代表参加开幕活动。

26日 “碧撑佛山 快乐骑行”2019（第五届）环佛山绿色骑行在世纪莲体育中心启动。

27日 佛山市首个新时代文明实践联建体验点在禅城区张槎街道举行揭牌仪式。

△关注森林活动20周年总结表彰大会在北京召开，佛山市云勇林场获“突出贡献单位”称号，成为广东省唯一一家获奖的林场。

28日 甘肃省陇南市党政考察团到佛山市考察，双方举行座谈会，就产业培育、文化旅游、人才交流等领域合作进行对接，促进两地经济社会互惠共赢发展。

29日 禅城区在全省率先启动“区块链+疫苗安全管理平台”建设，该平台是禅城推出的第14个“区块链+”应用。

30日 佛山市政协召开十二届十三次主席会议。会议审议市政协农业和农村委员会主任人选事项，建议任命李家好为市政协农业和农村委员会主任，通过市政协农业和农村委员会成员名单。

△南海区在全国率先与粤港澳大湾区城市群全部开通政务通办理业务，正式迈入“湾区通办”时代。

△佛山市在全省率先试用“国际汇税通”，该平台全国首创“智能税款计算器”，打通跨境付汇的“高速公路”。

30日—6月2日 佛山举行2019佛山国际陶瓷装备与材料展览会，来自多个国家的200多个专业品牌参加博览会。

31日 全国人大代表、澳门中华总商会理事长高开贤率澳门中华总商会“粤港澳大湾区核心城市考察团”到佛山市考察。

△佛山市首个产业园区公共法律服务工作室在顺德区大良街道顺博创意园揭牌启用。

是月 佛山三水区“千叟宴”获评2018年度中国长寿之乡品牌建设十大亮点工作之一。

6月

4日 佛山市纪委监委推行纪律处分决定执行制度机制创新试点工作，在全省首创“一单、一图、一表格”（“一单”指党纪政务处分决定执行事项清单，“一图”是党纪政务处分决定执行流程图，“一表格”即市（区）纪委监委党纪政务处分决定执行情况回报表），监督和规范纪律处分的落实和执行，坚决防治纪律处分“打白条”。

5日 佛山三龙湾高端创新集聚区管理委员会挂牌。

△佛山市消委会“大学生消费教育基地”在佛山科学技术学院挂牌揭幕，这也是广东省第一个在大学校园建成的消费教育基地。

△佛山市市、区两级诉前和解平台揭牌成立。

△《佛山港澳青年创业孵化基地建设实施方案》印发。该方案提出，以佛山港澳青年创业孵化基地建设为抓手，以“港澳+佛山”模式，参与粤港澳大湾区建设，把佛山打造成湾区内独具特色的产业赋能创业创新示范中心和带动粤港澳大湾区西岸经济发展的重要增长极。

7日 2019澳门国际龙舟赛闭幕，南海九江女子龙舟队与南海九江男子龙舟队均获佳绩，九江女子龙舟队实现八连冠。

10日 佛山市电子社会保障卡签发暨应用推广活动在市工人文化宫报告厅举行。

△全国首票使用国际贸易“单一窗口”标准版申请的减免税业务在佛山南海区落地。

11日 广东省2019年建筑领域节能宣传月启动仪式在佛山新城中欧中心举行。佛山市自2012年开始大力推广绿色节能建筑，截至2019年6月11日，累计完成超4000万平方米绿色建筑。

11—14日 中共佛山市委书记鲁毅率佛山市代表团一行访问吉尔吉斯斯坦奥什市，开展相关友好交流活动。在两国元首的共同见证下，佛山市委书记鲁毅和奥什市市长萨雷巴邵夫交换双方正式签署的建立友好城市关系协议书。

12日 广东省工业和信息化厅公布2019年广东省高成长中小企业名单，其中佛山有37家企业入选。

△首届国际氢能标准和安全（南海）高端论坛在佛山市南海区举行，近百位国际氢能专家参加论坛，展开关于标准和安全的大探讨。

13日 佛山市召开实施粤菜师傅“1+5”系列工程建设推进会暨新闻发布会。

14日 佛山市举办主题为“定期参与无偿献血人人享有安全血液”的无偿献血表扬活动，表扬无偿献血先进单位和个人。全市近200个单位、逾2500人获“2016—2017年度全国无偿献血先进单位和个人”“2018年度佛山市无偿献血先进单位和个人”等称号。其中，佛山市首设“无偿献血博爱奖”，1998年至2018年在佛山市累积献血超100次的215名无偿献血者获此荣誉。

15—17日 佛山市市长朱伟率市政府代表团前往双鸭山市开展对口合作交流活动，并参加佛山市·双鸭山市对口合作第五次联席会议暨项目签约仪式，努力将两市的对口合作打造成为东北地区与东部地区部分省市对口合作的典范和标杆。

18日 中共佛山市委党的建设工作领导小组会议召开。会议学习贯彻省委党的建设工作领导小组会议精神，总结2018年佛山市党建工作情况，研究部署下一阶段党的建设工作。会议审议通过《市委党的建设工作领导小组2019年工作要点》《市委党的建设工作领导小组工作规则》。

△连接佛山市顺德区与广州市番禺区的海华大桥项目成功合龙，实现全桥贯通。海华大桥项目起于顺德佛陈路东延线，跨越陈村水道，终点接入广州南站双涌路，线路全长2.8千米，大桥全长1050米，主塔高105.5米，大桥主桥为单塔双索面预应力混凝土斜拉桥，主线采用双向八车道一级公路建设标准，设计速度80千米/小时。通车后从顺德区陈村出发5分钟可达广州南站。

△第14届广东省青少年科学调查体验活动在佛山市启动。活动主题为“体验科学，快乐成长”。

20日 “湾区新生代接棒新时代”佛山市青年商会成立30周年大会举行。会上发布佛港澳青年人才服务站、佛山青商梦想基金及两山青创合伙人计划3大重点项目，以吸引更多港澳青年来佛山创新创业。

△中国（佛山）汽车智能制造大会在佛山高新区举行。

21日 佛山市召开2019年“佛山·脊梁企业”“佛山·大城企业家”宣传大会，公布20家2019年“佛山·脊梁企业”和20位“佛山·大城企业家”名单。

△香港广东青年总会粤港澳大湾区佛山市访问团到访佛山市南海区。

△佛山市印发《佛山市政策性小额贷款保证保险实施方案》。佛山市政府提供1亿元专项扶持资金作为增信。首次使用该政策的，单个企业贷款金额不超300万元，对已按期还清贷款的借款人，从次年起，单个企业贷款金额不超500万元。单个个体工商户不超80万元。贷款利率为基准利率上浮不超50%，贷款期限为2年以内。

22日 第二届节地中国学术研讨会在佛山市顺德区举行，主题为“走向存量时代”。

23日 佛山市2019年重大产业项目招商工作会议召开。会议深入学习贯彻习近平总书记对广东重要讲话和重要指示批示精神，认真贯彻落实4月28日中共广东省委书记李希调研佛山讲话精神，总结2018年全市招商引资工作情况，全面部署落实重大产业项目招商工作。中共佛山市委书记鲁毅主持会议并讲话，市长朱伟出席会议。

△全国政协常委、社会和法制委员会主任沈德咏率全国政协社法委调研组到佛山市就“粤港澳大湾区建设的法治保障”开展专题调研。

24日 中国社科院与经济日报社共同发布《中国城市竞争力第17次报告》，佛山位居2018年中国城市综合经济竞争力榜单第十二位。

25日 第九届全国“人民满意的公务员”和“人民满意的公务员集体”表彰大会在北京举行。佛山市禅城区行政服务中心获“人民满意的公务员集体”称号。

△中国轻工业联合会发布2018年度中国轻工业百强企业榜单，佛山有11家佛山企业上榜，其中美的集团股份有限公司位列排名榜单第二位。此外，轻工百强榜单首次推出轻工科技百强企业评选，佛山有9家企业上榜，美的集团排名该榜单首位。

26日 佛山市城市轨道交通2号线首列车在佛山中车四方轨道车辆有限公司下线，实现了佛山轨道项目“佛山车佛山造”。

△中共珠海市委书记、市人大常委会主任郭永航率珠海市党政代表团到佛山市考察交流，深入了解佛山市经济社会发展特别是推进粤港澳大湾区建设情况。

27日 佛山高新区、佛山力合创新中心与俄罗斯科学城发展联盟签署合作备忘录。

28日 佛山市非税收入管理系统与财政电子票据管理系统对接上线，市行政服务中心“市民之窗”自助服务终端成功签发出首张非税电子票据，标志着广东省首张非税财政电子票据成功落地佛山。

△佛山影视产业政策宣讲会在中欧中心举行。会上发布《2019年度佛山市影视产业专项资金申报指南》，并宣布该专项资金于2019年7月1日起接受申报。

30日 全国律师行业党建工作先进典型表彰暨经验交流会在山东青岛召开，顺德区律师张晓峰获评“全国优秀党员律师”。

△佛山新港码头正式停止运营，结束26年的征程。搬迁后，原港口地块将用于打造东平河沿河景观改造提升工程。

7月

1日 《佛山市排水管理条例》正式实施。该条例立足佛山内涝灾害偶发影响城乡公共安全，响应佛山提升城市生态环境、打赢碧水攻坚战的现实需求。

△增材制造佛山论坛暨国家增材制造创新中心佛山分中心成立大会在佛山三水区举行。该创新平台是国家增材制造创新中心全国首个分中心。

△佛山市建成国内首座油氢合建站。该站成为全国首座集油、氢、电“三位一体”能源供给及连锁便利服务新型网点。

△佛山PC端（电脑）24小时智能商事登记系统正式上线，申请人足不出户就能在电脑上申办营业执照。佛山在全国率先推出“四位一体”（登记窗口、自助办照终端、手机微信端、PC端）的全方位、全天候、立体化智慧便民商事登记服务，多渠道实现“企业开办全程网上办”。

3日 佛山市政协党组书记、主席熊志翔主持召开市政协十二届三十二次党组会议，传达学习习近平总书记在“不忘初心、牢记使命”主题教育工作会议上的重要讲话精神及全省政协系统“不忘初心、牢记使命”主题教育工作暨地方政协工作经验交流会会议精神，总结市政协2019年上半年工作，推进落实2019年下半年工作。

4日 中共佛山市委书记鲁毅主持召开市委书记专题会议，听取全市“三屏六楔、两脉两环、蓝绿成网”自然生态格局构建情况汇报和“一环创新圈”重点项目进展情况。

△佛山市市长朱伟会见韩国驻广州总领事洪性旭一行，双方就加强佛山和韩国在经贸、文化、体育、友城关系等领域的合作进行深入交流。

5日 佛山市高新区举行体制机制优化创新发展大会，市长朱伟向5个区区长授予园区管理局牌匾，高新区管委会与5个园区管理局负责人签订2019年创新发展任务目标责任状，全面落实“一区五园”发展新模式，全力争创全国高新区20强。

△全国人大代表、佛山市委副书记、市长朱伟率佛山市的部分全国、省和市人大代表到佛山高新区开展专题调研，实地考察广工大研究院、广州知识产权法院佛山巡回审判法庭、佛山中国发明成果转化研究院的发展情况以及高新区极核区规划进展。

5—8日 第15届佛山国际艺术博览会在佛山陈村花卉世界展览中心举行，该博览会分国粹经典区、国际与当代区、国艺陶雕区、佛山艺术区、艺术消费区等5个主题展馆。

6日 广东高校科技成果转化中心场地启用仪式暨2019年广东高校科技成果转化路演大赛启动仪式在南海区千灯湖创投小镇举行，省教育厅厅长景李虎、佛山市市长朱伟等共同为中心场地揭牌。

7日 中共佛山市委书记鲁毅到顺德区调研，要求顺德区保护传承传统文化，在乡村振兴中加强生态环境保护，立足粤港澳大湾区谋划重大发展平台。

△中国微米纳米技术学会主办的第三届微米纳米技术应用创新大会在佛山召开，搭建佛山与国内外优秀技术及项目的产学研用对接平台。

9日 佛山三龙湾5G建设启动暨南海片区规划发布会举行。

△佛山市“互联网+医疗健康”推进会在禅城区中心医院举行。佛山市互联网医院增至3家，即佛山市第一人民医院、佛山市中医院和禅城区中心医院，数量居广东省地级市首位。

10日 佛山市市长朱伟主持召开市政府常务会议，专题学习研究土地管理改革工作。

△《财富》发布2019年中国500强企业排行榜，碧桂园控股有限公司、美的集团股份有限公司、海信家电集团股份有限公司、美的置业控股有限公司、中国联塑集团控股有限公司、佛山市海天调味食品股份有限公司等6家佛山企业上榜。

△全国铁路实施新的列车运行图暨暑期运行图，内地联通香港的高铁车站增至58个，包括佛山西站和三水南站。

11日 中共佛山市委书记鲁毅到三龙湾高端创新集聚区调研，深入海华大桥和南海片区展厅了解三龙湾建设进展。鲁毅强调，要进一步振奋精神、提高效能，高标准高质量高水平规划建设三龙湾，努力把三龙湾打造成为粤港澳大湾区“小而精、秀而美”的标志性区域。

△佛山市人力资源服务产业园（季华园）正式开园。该园区位于禅城区石湾镇街道，将为禅城及全市经济高质量发展提供人才支撑。

△珠海市政协主席陈洪辉率考察团就粤港澳大湾区建设情况到佛山市考察交流。佛山市政协主席熊志翔等陪同考察，考察团一行先后参观美的集团以及广东博智林机器人有限公司。

12日　由中宣部带队的“高质量发展调研行”中央媒体采访团近百名记者走进佛山，深入美的集团，推出一系列展现佛山推动高质量发展的突出成效的精品报道。

13日　第四届中国长诗奖颁奖典礼在佛山市图书馆举行。

15日　佛山首个出租车驿站启用。

△佛山市禅城发布全国首创的“基于区块链的中小企业融资服务平台”。

15—17日　“禅城杯”第17届全国青少年体育舞蹈锦标赛在佛山举行。

16日　佛山市美丽乡村建设现场推进会在禅城区南庄镇紫南村召开，会议提出率先推进“百里芳华”乡村振兴示范带建设。

17日　佛山市市长朱伟到南海区开展科技创新平台建设工作专题调研，先后实地考察佛山（华南）新材料研究院、季华实验室建设工作进展。

18日　中共佛山市委书记鲁毅主持召开市委常委会会议。会议传达学习习近平总书记在中央政治局第十五次集体学习时的重要讲话精神和相关部门的文件精神。会议审议并原则通过《关于“创建文明城市与优化营商环境有机结合着力提升城市文明程度和服务水平”的实施意见》。

△佛山市市长朱伟主持召开市政府常务会议。会议学习贯彻习近平总书记在深化党和国家机构改革总结会议上的重要讲话精神，传达贯彻广东省实施“粤菜师傅”工程联席会议第一次会议暨工作推进会精神，研究危险化学品管理、人居环境建设等工作，原则通过《佛山市危险化学品安全管理规定（草案）》等一批文件。

△广东省人大常委会副主任、省总工会党组书记、主席吕业升率队调研佛山工会建设情况，先后参观考察南海本田汽车零部件制造有限公司和狮山树本产业家园。

△中共韶关市委书记李红军、市长殷焕明率韶关市党政代表团到佛山市考察交流，深入了解佛山市经济社会发展特别是推进粤港澳大湾区建设情况，共商合作发展事宜。

20日　佛山市举行“零酒驾”示范街区创建点揭牌仪式，首个创建点设在禅城区季华路创意产业园。

△利比里亚临时参议长阿尔伯特·切一行到访佛山，参观考察佛山市前进家具有限公司、罗浮宫国际家具博览中心等地方。

22日　第二届佛山高新技术进步奖发布会及申报说明会召开，吸引300余家市内高新技术领域企业参加。佛山高新技术进步奖是佛山首批社会力量设置的科技奖，分为“成就奖”和“进步奖”两类。

△2019《财富》世界500强排行榜发布，佛山碧桂园控股有限公司和美的集团两大龙头企业再度上榜。

25日　佛山市召开全市双拥工作领导小组会议暨创建新一轮全国双拥模范城动员部署会议。佛山连续八次获“全国双拥模范城”称号。

△中共肇庆市委书记、市人大常委会主任赖泽华，市委副书记、市长范中杰率肇庆市党政代表团到佛山市考察学习。

26日　佛山市第十五届人大常委会第二十二次会议召开，会议表决通过《关于批准佛山市2018年市本级决算的决议》《关于进一步推进公交优先发展战略实施的决定》。

△佛山市副市长谭萍会见德国拉尔市市长穆勒一行，佛山中德工业服务区管委会与拉尔市签署德式公园项目合作意向书，正式启动两市政府之间的首个实体合作项目。

28日　中央电视台《新闻联播》头条以《广东：壮士断腕为高质量发展腾空间》为题，报道佛山市顺德区开展村级工业园改造，为广东探索高质量发展路径的经验做法。

30日　文化和旅游部网站公布第一批全国乡村旅游重点村名单，顺德区杏坛镇逢简村成为佛山市唯一上榜的村（社区）。

31日　佛山市人民政府、东北大学与顺德区人民政府签署三方共建东北大学佛山研究生院协议，佛山市副市长谭萍，东北大学校长赵继，顺德区委常委、副区长冼阳福代表各方签署共建协议。

△中共广东省委宣传部、省河长办组织的“万里碧道媒体行”走进佛山，20多家中央、省及市媒体记者参观万里碧道省级试点佛山东平水道。

△中共广东省委全面深化改革委员会正式批复同意南海区建设广东省城乡融合发展改革创新实验区。南海区成为全省唯一的省级城乡融合发展改革创新实验区。

8月

1日　佛山市推进创新驱动助力工程联席会议第一次全体会议在市机关小礼堂举行。

△中共佛山市委书记鲁毅到顺德区专题调研高质量发展。

△位于佛山新城文化中心坊塔西翼的佛山市城市展览馆向公众开放。城市展览馆以时间为线索，以“佛山故事”为主题，把展区划分为“印象佛山·邂逅的故事”“记忆佛山·岁月的故事”“改革佛山·发展的故事”“生态佛山·产业的故事”四大展区。

△佛山三龙湾投资控股有限公司举行揭牌仪式。

3日　2019年广东省全民健身日暨佛山市全民健身嘉年华系列活动在佛山市南海区启动。这是佛山首次承办省全民健身日启动仪式。

△《人民日报》刊发《顺德转型突围看智造》文章，报道顺德发力智能制造，聚焦新动能，再啃硬骨头，激发创新力。

3—5日　第五届中国“互联网+”大学生创新创业大赛广东省分赛决赛在佛山科学技术学院举行。华南理工大学的新型高熵合金无热源3D打印项目获总冠军，佛科院的“大‘冻’干葛，草木皆‘冰’”项目获亚军。大赛同期举办第三届粤港澳大湾区大学生创新创业项目对接洽谈活动，并创造性开设“首届企业命题挑战赛”板块，由企业“命题”，高校创客团队“应标”，助推破解企业实际难题，引领产业转型升级。

5日　深圳创新设计研究院佛山中心揭牌仪式暨创新材料体验馆开馆仪式在佛山高新区举行。

5—6日　中国产业会展合作高峰论坛暨佛山三龙湾产地会展创新论坛在佛山潭洲国际会展中心举行。

6日　中国共产党佛山市第十二届委员会第八次全体会议在市机关小礼堂召开，全会总结上半年工作，研究部署下一阶段工作。全会听取鲁毅代表市委常委会所作的报告，听取朱伟关于粤港澳大湾区建设工作的专题讲话。

△广东省科学院和佛山市政府联合主办的“创新与科技孵化育成”高端论坛在佛山火炬园举行。省科学院佛山产业技术研究院同步揭牌，5个院士创新成果转化中心和中乌科技产业创新中心入驻。

8日　“广东省科学院—白俄罗斯国家科学院所长论坛”在佛山举行。省科学院13家下属研究所与白俄罗斯国家科学院12家下属研究所进行面对面对接，寻求合作。

△在2019年全国政务热线发展高峰论坛上，顺德区政务咨询和行政投诉平台凭借其服务效率及服务特色，获“2019年度最佳管理效率奖”及“2019年度最佳服务案例奖”两项大奖。

△佛山市禅城区企业服务中心成立企业服务联盟，发布全国首个政企服务标准——《超预期服务体系首批标准》。

8—10日　中共佛山市委书记、市人大常委会主任鲁毅率党政代表团赴四川省凉山州调研东西部扶贫协作工作。

9日　佛山市人大常委会召开纪念地方人大设立常委会40周年座谈会。

10—11日　120多名香港工会联合会成员到访佛山，交流两地工会工作和职工文化活动。

11日　中央电视台《对话》栏目重磅推出《中国产业地标》系列节目，首期以“美好生活的制造动力”为主题，聚焦“佛山制造的转型探索”。

12日　佛山市政协历届香港委员联谊会考察团到佛山市考察。

13日　佛山市印发《佛山市网络预约出租汽车经营服务管理办法》。从2019年11月1日起，申请网约车的新能源车辆应为纯电动汽车或燃料电池汽车等新能源车辆，强化安全背景审查和公共安全维护，同时明确网络服务平台数据库接入交通运输部监管平台。

14日　中共佛山市委“不忘初心、牢记使命”主题教育领导小组召开第一次会议，深入学习贯彻习近平总书记关于“不忘初心、牢记使命”主题教育的重要讲话精神，审议相关文件，研究推进佛山市主题教育工作。

16日　中共佛山市委书记鲁毅率市党政代表团赴湛江，深入省定贫困村调研，进一步对接新时期精准扶贫对口帮扶工作。

△佛山市扶持政策标准化改革试点启动，在全市统一的扶持资金综合服务平台基本实现“一网通办”基础上，结合禅城政务服务优势，在全国率先将政务服务标准化理念引入扶持政策管理，为企业发展加油提速。

△在禅城汾江中路沟通100服务厅，佛山市首位移动5G手机客户诞生。

△广东首个蚕桑丝织研学基地在佛山南海丝厂建成并举行开业与挂牌仪式。

18日　新疆喀什地委委员、行署常务副专员武洪斌率团到佛山市开展消费扶贫对接工作，进一步加强与佛山市农产品加工销售企业对接，加快推动消费扶贫，助力脱贫攻坚。

23日　全国工商联发布2019中国民营企业500强榜单。佛山有7家企业上榜。分别是碧桂园控股有限公司、美的集团股份有限公司、佛山市兴海铜铝业有限公司、美的置业集团有限公司、广东联塑科技实业有限公司、利泰集团有限公司和广东格兰仕集团有限公司。

△佛山首部以志愿者为题材的公益电影《到你身边》上映。

23—25日　2019国际二维码产业发展大会在佛山市南海区举行。会上发布国际二维码（IDcode）白皮书、码标白皮书以及佛山二维码产业化可研报告。

24日　佛山市首届百村（居）龙舟赛在高明区举行。该赛事分村居组与公开组2个组别，来自广州、珠海、东莞、中山等城市的近100支龙舟队伍参赛。

24日—9月4日　佛山市首次派出医疗队伍到瓦努阿图开展医疗卫生交流，为当地居民赠医送药，开展内科、骨科、推拿科巡诊。

26日　“数字湾区智瞰未来”数字化经济创新发展高峰论坛在佛山市南海区举行。论坛上，广东金融高新区投资联盟链宣布落户南海区并投入运作。这是国内第一条以投资机构为主体的投资联盟链。

27日　佛山市律师信息管理系统（律师“一卡通”）启用。该系统主要由律师身份认证系统、会员管理系统、数据交换系统等三大子系统组成，实现律师信息数据系统与公检法等部门工作系统有效对接，为广东省首个。

28日　佛山南海千灯湖创投小镇正式开园。

30日　中国（佛山）高新技术产业投资合作大会在佛山举行。

△广东省第十一届精神文明建设“五个一工程”表彰座谈会在广州举行。佛山市5部作品获评“优秀作品”，分别是佛山文化发展投资管理有限公司的院线电影《梦想之城》、大型电视连续剧《索玛花开》、南海区大沥镇文化站的话剧《穷孩子富孩子》、佛山市艺术创作院的广播剧《闯广东》、佛山市顺德孔雀廊娱乐唱片有限公司的歌曲《红红的日子火火的过》。

30日—9月2日　第五届广东（佛山）安全食用农产品博览会暨佛山乡村振兴进行时成果展在顺德陈村花卉世界举行。

31日　国家副主席王岐山在佛山市会见菲律宾总统杜特尔特。

△2019年国际篮联篮球世界杯佛山赛区比赛在佛山国际体育文化演艺中心开幕。佛山作为8个承办城市之一，佛山赛区承办D组小组赛、复赛在内的10场比赛。

△佛山市顺德区大良街道村改腾挪区示范项目——华腾科技城奠基仪式启动。

△华南地区最大规模数据中心——顺德五沙（宽原）大数据中心正式启动建设。

△中国首个IBM Garage 物理空间、广东财经大学中美青年创客交流中心在佛山市三水科技信息中心挂牌。

9月

1日 四川省政协副主席、中共凉山州委书记林书成率凉山州党政代表团到佛山开展东西部扶贫协作考察。中共佛山市委书记鲁毅主持召开两地党政联席会议，进一步落实佛山对口凉山扶贫协作工作。会上，两地共同签署“以购代捐”凉山农特产品和佛凉两地文化产业合作的协议。

△“中国企业500强”榜单发布，碧桂园控股有限公司和美的集团股份有限公司上榜，分别位列第四十四位和第八十位。

2日 佛山市各学校“开学第一课”开展丰富多彩的爱国主义教育活动。

△中国信息化研究与促进网发布《2018—2019中国新型智慧城市建设与发展综合影响力评估结果》。南海区、顺德区、禅城区分别以全国区县级第二名、第三名、第七名入围中国新型智慧城市百强县。

3日 佛山市召开革命遗址普查工作培训会议。2019年9月3日至2020年7月，佛山市将开展新一轮革命遗址大普查工作。

△半导体集成电路零部件产业佛山峰会在南海区举行。会上，首个“JHL”（季华实验室）品牌产品发布。

3—4日 中山市政协主席丘树宏一行到佛山市开展推进粤港澳大湾区建设专题调研。调研组实地考察广东博智林机器人有限公司以及佛山城市展览馆。

5日 中共佛山市委书记鲁毅就广佛跨界河涌水环境整治、生活污水管网建设和河长制落实情况到南海区开展调研。鲁毅强调，要增强大局意识，顺利、按时、高标准完成广佛跨界河流综合整治任务，确保水质达标，让广佛两市人民群众满意。

△佛山市市长朱伟主持召开推进全市排水设施建管一体化专题会议。朱伟表示，要进一步深化佛山市排水设施建设管理体制改革，在排水领域推进设施建管一体化、厂网一体化、城乡一体化“三个一体化”管理模式，将全市污水治理工作提上新台阶。

△中共玉林市委书记、市人大常委会主任黄海昆率玉林市考察团到佛山市考察。

6日 中共佛山市委“不忘初心、牢记使命”主题教育领导小组第二次会议召开。

△佛山市启动为期三年的新市民融合行动，同日，新市民学堂在南海翠颐社区居委会揭牌。

△“礼赞新中国·奋进新时代”——第11届佛山市老干部文艺展演在琼花大剧院举行。

6—8日 2019亚洲名厨精英荟南海表演赛暨首届桂城国际美食节在南海区桂城举行。

10日 佛山市“不忘初心、牢记使命”主题教育部署会议召开。会议深入学习贯彻习近平总书记关于“不忘初心、牢记使命”重要论述和对广东重要讲话、重要指示批示精神，认真贯彻落实中央、省委“不忘初心、牢记使命”主题教育第一批总结暨第二批部署会议精神，对全市开展主题教育进行动员部署。

△佛山市印发《优粤佛山卡服务管理暂行办法》。优粤佛山卡是佛山市人才享受优惠便利服务的凭证，也是具有金融功能的银行卡，可结合移动应用端使用。

△佛山市民政局、市慈善会联合广东省和的慈善基金会举行2020年创益合伙人计划启动仪式，宣布通过共同出资600万元专项资金方式，扶持市内公益慈善项目开展。

△国家发展改革委副主任罗文率队调研佛山推进粤港澳大湾区工作建设情况。

10—11日 2019年珠三角地区版权保护协作会议在佛山市召开，中共广东省委宣传部（省版权局）及广州、深圳、珠海、佛山、惠州、东莞、中山、江门、肇庆等9个城市的版权保护和文化执法部门，省公安厅、省法院、省通信管理局以及有关高等院校、版权协会、律师事务所专家齐聚佛山，共商版权保护事宜。

11日 佛山市香港科技大学合作专项资金申报宣讲会在佛山市南海区举办。2019年该专项经费3500万元，支持应用技术及试验推广开发技术等合作研发，鼓励产学研结合。

12日 吉尔吉斯斯坦奥什市市长萨雷巴邵夫率政府代表团到访佛山市，中共佛山市委书记鲁毅会见代表团一行。

△工业和信息化部公布第四批绿色制造名单，佛山市有10家企业被认定为绿色工厂。蒙娜丽莎集团股份有限公司的4款产品被认定为绿色设计产品。截至是日，佛山市有27家企业被认定为绿色工厂。

14日 佛山市市长朱伟到禅城区、南海区、顺德区、三水区，结合“不忘初心、牢记使命”主题教育，就佛山“一环”高速化改造工作进展进行现场调研，并协调督办当前工作中遇到的问题。

16日 佛山市领导“不忘初心、牢记使命”主题教育集中学习研讨班开班。

△第三届“佛山企业走进清华”活动在北京举行，清华大学与佛山市政府联合举办首届（2019）清华大学—佛山智能制造高峰论坛。

△第三届全国“12345”政府服务热线高质量发展研讨会暨第二届数据应用培训研讨班在海口市举行。会上发布全国政府服务热线服务监测报告，佛山市政府“12345”热线服务水平在全国地级市中排名第七、广东省地级市排名第一，获“先锋奖”称号。

16—22日 佛山市举行以“网络安全为人民　网络安全靠人民”为主题的2019第六届佛山市网络安全宣传周。

17日 佛山市“9·20公民道德宣传日”活动在中欧中心举行。

△佛山市消防支队联合佛山开放大学共同成立"火焰蓝"学院。

19日 佛山公安交警部门打造"警医邮2.0"版本，全新推出"驾驶员自助体检机"，首批体检机在佛山市公安局交警支队车管所、南海交警大队车管所、顺德交警大队车管所投入使用。

20日 "我和我的祖国"第三届全国中小学生电影周在上海闭幕，佛山市实验中学学生创作的微电影作品《四叔》被评为高中组优秀微电影，是广东省唯一获此奖项的作品。

△国务院扶贫开发领导小组发布《2019年全国脱贫攻坚获奖先进个人和先进单位公告》，美的控股公司董事长、广东省和的慈善基金会荣誉主席何享健，碧桂园控股有限公司董事局联席主席杨惠妍（女）入选奉献奖；广东（佛山）对口凉山扶贫协作级入选组织创新奖。

20—22日 中国工业与应用数学学会（CSIAM）第17届学术年会在佛山举行。

20—22日 由佛山市人民政府和广东省工业和信息化厅主办的第五届珠江西岸先进装备制造业投资贸易洽谈会在潭洲国际会展中心举行。

21—22日 由广东省青年联合会、粤港澳大湾区青年总会联合主办的"庆祝中华人民共和国成立70周年"暨粤港澳大湾区青年节交流活动在佛山、江门、广州3市举行，1000多名港澳青年组团分赴佛山和江门。

23日 佛山市举行2019年全国"质量月"活动暨市政府质量奖颁仪式。6家企业获"2019年佛山市政府质量奖"，分别为广东新宝电器股份有限公司、佛山欧神诺陶瓷有限公司、佛山市海天（高明）调味食品有限公司、广东金意陶陶瓷集团有限公司、佛山维尚家具制造有限公司、广东华昌铝厂有限公司。

△佛山市庆祝2019年中国农民丰收节活动暨粤菜师傅"佛味鲜生"优质食材品鉴活动在禅城区南庄镇罗南村开幕。该次活动以"佛山秋色庆丰收，乡村振兴谱新篇"为主题，采取"1+4+X"的模式举行。"1"是指佛山市庆祝2019年中国农民丰收节活动暨"佛味鲜生"优质食材品鉴活动；"4"是指各区组织指导举办的庆丰收活动；"X"是指各地各有关部门举办的庆祝农民丰收节活动。

23—25日 佛山市开展"工业强市的乡村振兴之路——主流媒体走进佛山主题调研采访活动"。

23—27日 2019秋季·第十九届国产影片推介会在佛山市举行。其间，有2019年国庆档、贺岁档以及2020年春季国产电影等30部影片在佛山进行推介。

25—26日 2019年广东"众创杯"创业创新大赛之技能工匠争先赛广东省复赛决赛在佛山市举行。

26日 珠江三角洲城际快速轨道交通广州至佛山段项目增购列车项目车辆下线发布会在佛山中车四方轨道车辆有限公司举行。

△2019佛山市"百里芳华"乡村振兴示范带建设项目启动仪式暨丹灶有为水道发布活动在佛山市南海区丹灶镇仙岗村举行。现场发布首批47个"百里芳华"乡村振兴示范带建设项目，计划总投资156.8亿元。

△广东省省长马兴瑞率省有关部门赴佛山市顺德区调研，贯彻落实习近平总书记关于制造业高质量发展的重要论述和对广东重要讲话、重要指示批示精神，研究推动广东省制造业高质量发展，加快建设现代产业体系。

26—27日 中共柳州市委书记、市人大常委会主任郑俊康率党政代表团到佛山市考察交流。中共佛山市委书记、市人大常委会主任鲁毅主持召开座谈会，双方就进一步加强产业、科技创新、经贸、园区、文化旅游和人才等合作进行交流，并签订战略合作框架协议。

27日 佛山市人民政府与广州美术学院共同签署《佛山市人民政府广州美术学院合作共建协议》。

29日 佛山市市场监督管理局发布《关于佛山市办理商事登记采用简化版香港公证文书的公告》，优化香港居民或企业在佛山市开办公司及办理商事主体登记流程，落实"佛港通办"项目，佛山市成为全国首个公司类简化版香港公证文书采取由中国法律服务（香港）有限公司以跨域邮寄方式送达，并将简化版香港公证文书全面应用于开办企业的城市。

△佛山市在佛山大剧院举办佛山市庆祝中华人民共和国成立70周年文艺晚会。晚会以"我和我的祖国——中国梦·智造城"为主题，市几套班子、市直各单位主要负责人、党员干部、各界群众代表及港澳同胞1200多人参加。

30日 佛山市在铁军公园举行佛山市、禅城区"9·30"烈士公祭活动暨向陈铁军烈士纪念碑敬献花篮仪式。

10月

1日 佛山市在市机关大院举行庆祝中华人民共和国成立70周年升旗仪式，市领导、市直机关干部代表、港澳爱国同胞代表、各界群众代表共约1000人参加。升旗仪式后在市机关小礼堂组织收看庆祝中华人民共和国成立70周年大会、阅兵式及群众游行直播。

△《佛山市危险化学品安全管理规定》正式实施。该法规是佛山市获得地方立法权后首部地方性安全政府规章。

2日 中共佛山市委书记鲁毅深入三水区，就做好国庆安保工作、实施乡村振兴战略、开展河涌治理进行调研。

△中央电视台《对话》栏目微信公众号发文，向读者推介中国产业地标首站——佛山。

3—4日 第四届广东省空手道公开赛在佛山体育馆举行，来自广东多个城市的478名选手参加比赛。

5—6日 2019"黄飞鸿杯"第15届世界华人狮王争霸赛暨水上双狮挑战赛在佛山市南海区西樵山举行，11支高桩狮队、6支水上双狮队和4支舞龙队参加比赛。

8日 《人民日报》发布《2019年中国中小城市高质量发展指数研究成果》，佛山市5个区均上榜。其中，顺德区、南海区分列2019年度全国综合实力百强区第一名、第二名，禅城区排第十六名，三水区排第三十三名，高明区排第四十名。顺德区、南海区连续6年包揽百强区榜单前两名，其中顺德连续8年夺得全国综合实力百强区冠军。

9日 佛山市“不忘初心、牢记使命”主题教育先进事迹报告会在市机关大礼堂举行。

△国务院发展研究中心市场经济研究所与佛山市住房和城乡建设局签订《佛山城市化战略与住房发展政策研究基地》，合作在佛山市建设中国第一个城市化战略和住房发展政策研究基地。

△佛山市出台《佛山市人文环境提升行动方案》《佛山市城市环境提升行动方案》。

10日 中共广东省委常委叶贞琴率队到佛山调研农村人居环境整治工作。中共佛山市委书记鲁毅、副市长乔羽陪同调研。

11日 佛山市工程建设项目审批制度改革工作领导小组工作会议在市机关小礼堂召开，总结佛山市阶段性工作，分析存在问题，交流工作经验，进一步统一思想、明确目标、压实责任，加快推进佛山市工程建设项目审批制度改革工作。

△“品质革命，对标世界”2019佛山企业大会在佛山市中欧中心举行。

△《佛山改革进行时》系列访谈活动首期上线，佛山市政务服务数据管理局围绕“推进公共资源交易（政府采购、工程招投标）制度改革”话题与佛山市民互动交流。

△中共中央宣传部、中央文明办在北京召开深化拓展新时代文明实践中心建设试点工作会议，部署启动深化拓展新时代文明实践中心建设试点工作，其中佛山市顺德区进入新一轮试点名单。

12日 佛山市就业工作领导小组第一次全体会议暨“稳就业”工作部署推进会召开。会议对2019年全市就业及技能培训工作作阶段性总结，并对当前已部署的“稳就业”“粤菜师傅”“南粤家政”“职业技能提升行动”等重点工程任务进行再动员再部署再推动，推动全市就业工作高质量发展。副市长乔羽出席会议并讲话。

14日 广东省2019年世界标准日暨“粤菜师傅”工程特色菜品标准发布活动在佛山市举行。活动以“标准擦亮粤菜师傅品牌”为主题，通过实物展览、现场体验、视频播放、标准发布、经验交流等多种形式展示宣传佛山“粤菜师傅”工程标准化工作成果。

15日 佛山市公安局出入境管理支队智慧办证大厅启用，智慧办证大厅分为24小时自助服务区、智能导服区、自助填表区、自助签注区、智慧受理区、自助免费拍照区、自助缴费区及人工服务区八大功能区，申请人可以在智慧受理亭完成身份核验、自助拍照、自助填表、自助申请、面见核查、手写签名、指纹采集、自助缴费等全部办证流程。

△佛山市举行新能源客车行业应用与技术交流会，专家学者、企业围绕新能源车辆可靠性、安全性、经济性等多个层面展开深度交流。

16日 佛山市召开全市应急安全工作视频会议，对全市应急安全工作进行思想再统一、任务再部署、举措再细化、责任再落实，坚决把各项举措落到实处、见到实效，确保全市社会大局平安稳定。中共佛山市委书记鲁毅主持会议。

△中德工业城市联盟第八次全体会议在佛山市中欧中心举行。会议期间，举行2019中德工业城市联盟市长对话，代表中国的佛山市、茂名市与德国的博特罗普市、哥廷根市等4座中德城市围绕“工业城市：制造业的坚守与创新”主题展开对话，探讨工业城市转型升级的路径，探寻中德城市合作更大的空间。

△佛山市推出“佛山城市通”APP体验版，市民可以享受办事预约、社保、公安、不动产、公积金、医疗等服务，实现一个APP畅享城市综合服务，真正享受佛山数字政府建设所带来的便利。

16—18日 “数创岭南·共建湾区”2019年粤港澳大湾区职工大数据应用技能大赛决赛在佛山市举行。来自大湾区内11个城市的队伍参加，深圳市的汤杨和广州团队分别获得个人赛一等奖和团队赛城市金奖。

16—19日 第五届中国（广东）国际“互联网+”博览会在广东（潭洲）国际会展中心举行，有全球逾800家知名工业、互联网型企业参展，博览会参观参会人数5.6万人次。该届展会以“工业互联、数字智造”为主题。

17日 2019年全国脱贫攻坚奖表彰大会暨先进事迹报告会在北京召开。其中，广东（佛山）对口凉山扶贫协作工作组获全国脱贫攻坚奖组织创新奖，佛山市企业家杨惠妍、何享健获全国脱贫攻坚奖奉献奖。

△中共佛山市委“不忘初心、牢记使命”主题教育领导小组第三次会议暨专项整治工作进展情况汇报会召开。

17—20日 在“宁波宇杰杯”2019年全国青少年舞龙舞狮锦标赛上，佛山市南海黄飞鸿中联电缆武术龙狮协会、张槎中心小学分别获该次赛事南狮项目甲组、丙组团体总分第一名，佛山市实验中学龙狮队获体育道德风尚奖。

18日 佛山市召开全市“不忘初心、牢记使命”主题教育推进会暨专项整治工作推进会。会议以视频会议形式召开，在各区设立分会场。会上，三水区委主题教育办等4个单位作交流发言，市委办等6个专项整治牵头单位汇报专项整治工作进展情况。

△第八届中国创新创业大赛（广东佛山赛区）总决赛在广东（潭洲）国际会展中心佛山机器人学院举行，有12支团队参赛，广东德同环保科技有限公司、佛山华铕光电材料股份有限公司分别获成长组及初创组的冠军。

△《全粤村情·佛山市南海区卷》在佛山市南海区桂城魁星阁首层文德厅首发，同时，湾区古郡乡情荟萃——南海区自然村落历史人文普查成果展在此开展。

19日 《佛山历史文化丛书》系列讲座在佛山市图书馆举行，活动旨在弘扬佛山优秀历史文化，提升城市文化品位，讲好佛山故事，向市民普及佛山历史人文知识。

△《佛山市作品著作权登记资助办法》和《佛山市版权示范单位、园区、基地和优秀版权作品认定资助办法》开始施行。两个办法大幅提升了作品著作权登记资助力度，并首次认定资助市级版权示范单位、园区、基地。

△2019年“岭南味 佛山品”首届佛山文旅欢乐季开幕，活动整合了赏秋色、扒龙舟、观赛事、叹美食、听粤剧、逛展馆、玩陶艺、品年味等8个主

题板块，涵盖12项大型活动，该活动延续至12月31日。

19—20日　佛山市第一届镇（街道）龙舟争霸赛在佛山新城龙舟广场东平河段举行，全市5个区32个镇（街道）均组队参赛。顺德乐从供销集团龙舟队包揽200米、500米直道赛2项冠军。

19—20日　2019佛山千灯湖音乐节年度盛典在佛山市南海区金融公园演艺广场举行，12支月度赛优秀乐队分两天登上年度盛典的舞台，在展示多元城市文化的同时，也为佛山市民带来丰富的周末休闲生活。

19—24日　2019佛山（禅城）陶艺建陶设计周在佛山（石湾）陶瓷设计创意谷举行。

21日　中德设计智造协同创新中心揭牌成立，该中心将为智能制造发展战略注入全新的活力，在中德文化交流、人才培养、设计创新、产品开发、智能制造、数字媒体、品牌战略等方面助力佛山产业高质量发展。

21—23日　2019中国（佛山）人工智能与智能制造国际发展大会在佛山举行。

22日　佛山市召开市政府常务会议，市长朱伟主持，会上研究社会信用体系建设、未成年人思想道德建设等工作，原则通过《佛山市工业设计发展扶持专项资金管理办法》《佛山市关于加快推进社会信用体系建设构建以信用为基础的新型监管机制的实施方案》等一批文件。

△佛山市出台《佛山市美丽乡村建设实施方案》，提出实施美丽家园、美丽田园、美丽河湖、美丽园区、美丽廊道五大行动，共25条举措。

△佛山海外联谊会庆祝中华人民共和国成立70周年暨第七届理事会第三次理事大会在香港举行。香港中联办港岛工作部部长刘林、广东省委统战部常务副部长郭汉毅、中共佛山市委书记鲁毅、佛山市政协主席熊志翔等出席会议。

△佛山海外联谊会粤港澳大湾区青年创新创业暨第12届青年经济交流会在香港举行。

△第32届中国电影金鸡奖提名名单揭晓，佛山电影《过昭关》《白蛇传·情》共获得5项提名，是佛山作品历史上获得金鸡奖提名最多的一届。

22—23日　中共中央宣传部版权管理局局长于慈珂率队到佛山调研，实地考察美的集团、广东可儿玩具有限公司、佛山市新石湾美术陶瓷厂有限公司，并召开座谈会听取佛山市版权工作总体情况及版权行政执法情况、版权司法保护情况、版权社会服务情况汇报。

23日　佛山市南海区发布中国第一条粮食流通和安全溯源联盟链——粮通链，该项目将区块链和物联网等先进技术应用于粮食生产、采购、仓储、加工和销售等环节，从而实现粮食流通的全链条管理。

△上海证券交易所发布科创板上市委2019年第36次审议会议结果公告，同意广东华特气体股份有限公司（华特股份）首发申请。华特股份成为第一家登陆科创板的佛山企业。

△广东省政协党组成员郑振涛、省政协副主席马光瑜率队到佛山市顺德区，围绕“规范保健品市场秩序”专题开展民主监督调研。

24—26日　中国（广东）工业设计产业博览会在广东（潭洲）国际会展中心举行。

24—27日　2019年欧洲高尔夫球挑战巡回赛—佛山公开赛在佛山市南海区举行，来自近30个国家和地区的126名球员参加比赛。

25日　佛山市教育局出台《关于面向中小学生的全市性竞赛活动管理细则》，严格控制、管理全市性竞赛活动，原则上不得举办面向小学阶段的全市性竞赛活动，不得组织跨区举行的小学体育竞赛活动，不得组织跨市举行的初中体育竞赛活动，不得组织跨省举行的高中体育竞赛活动。

△粤韵传承·华光盛典——2019佛山粤剧华光诞民俗活动在广东粤剧博物馆开幕。

26日　2019“汉语桥——美国校长访华之旅”中美校长洽谈会在佛山市南海区灯湖三小举行。会上，南海区教育发展研究中心与3个美国学区签署合作备忘录，南海区27所学校与美国学校（学区）签署46份合作备忘录，进一步加强教育交流。

26—28日　以“氢联世界　氢创未来”为主题的2019联合国开发计划署氢能产业大会在佛山市南海区樵山文化中心举行。该届大会以“氢联世界　氢创未来”为主题，精心策划10场主题论坛，同期举办第三届中国（佛山）国际氢能与燃料电池技术及产品展览会，以及仙湖氢谷参观考察等活动。

26—29日　2019年定向世界杯决赛在佛山市南海区西樵山、南海影视城和西樵松塘村3个赛场举行中距离、短距离接力和短距离3个比赛，来自37个国家及地区的260名人员参加比赛。

28日　由中共佛山市委宣传部、市文明办、市文联主办的“我和我的祖国”佛山美术作品展在广东书法园开幕，展出200余件主题鲜明、风格多样的优秀美术作品。同期举行《我和我的祖国——佛山美术作品展》作品集首发式。

△佛山市召开全市社保卡服务能力提升暨电子社保卡应用推广工作推进会。

△佛山市顺德区红色村（社区）授牌仪式暨抓党建促乡村振兴推进会在均安镇沙头社区举行，大良大门社区、北滘黄龙村等16个村（社区）入选顺德首批红色村（社区）。

28—31日　佛山市邀请“佛山舰”官兵代表开展交流活动，并结合“不忘初心、牢记使命”主题教育，为佛山市学生上国防教育课，参观陈铁军烈士纪念馆等活动。

29日　广东省副省长许瑞生率队到佛山调研全国重点文物活化利用工作。

△佛山市市长朱伟会见日本伊丹市政府代表团一行，并与伊丹市市长藤原保幸共同签署《佛山市·伊丹市合作交流备忘录（第36次）》，进一步深化双方交流与合作。

30日　中共佛山市委书记鲁毅主持召开市委书记专题会议，于该年度第3次专题听取佛山市贯彻落实省委、省政府“1+1+9”工作部署的10大类55个重点项目进展情况汇报，并结合“不忘初心、牢记使命”主题教育的深入推进，研究下一阶段工作。

△佛山市政协召开十二届九次常委

会会议，传达学习习近平总书记在中央政协工作会议暨庆祝中国人民政治协商会议成立70周年大会上的重要讲话精神及中央有关文件精神，围绕“打造万亿级泛家居产业集群”进行专题议政，审议有关人事事项。

△工业和信息化部公布第四批国家级工业设计中心名单，佛山有3家企业上榜，其中，广东美的制冷设备有限公司工业设计中心、广东新宝电器股份有限公司工业设计中心被认定为国家级工业设计中心，广东东方麦田工业设计股份有限公司被认定为工业设计企业。

31日　财政部网站公布确定59个市（州、区）成为2019年度财政支持深化民营和小微企业金融服务综合改革试点城市，佛山市被纳入首批试点城市。

△佛山市特色小镇建设工作现场会在南海区西樵山岭南文旅小镇举行，会议总结首批市级特色小镇建设工作经验，加快推进第二批市级特色小镇建设，全面提升全市特色小镇建设质量与水平。

△俄罗斯纳罗福明斯克市副市长塔马尔金·维塔利、库兹涅措娃·伊莲娜率纳罗福明斯克市阿普列雷夫卡文化宫歌舞团代表到访佛山，佛山市副市长乔羽会见代表团一行。

△2019连锁企业品牌100盛典在佛山市禅城区举行，现场对首个连锁经营行业总部园区进行授牌，同时，广东连锁品牌100（佛山）双创中心正式启用。

△佛山市人社局召开企业新型学徒制政策解读暨业务培训会，吸引上百家企校代表参加，标志着佛山市正式全面推行企业新型学徒制，推动校企双制共育技能人才。

△广东省人大常委会副主任黄业斌率调研组到佛山就代表联络站工作召开座谈会，并围绕中国、秘鲁两国联合开展厨师、舞狮人才培训与交流合作进行协商。

△佛山召开“百里芳华”乡村振兴示范带建设工作推进会，总结2019年前三季度实施乡村振兴工作情况，部署下阶段工作；正式发布《佛山市“百里芳华”乡村振兴示范带建设策划方案》，提出打造一条彰显岭南水乡特色的乡村振兴示范带，发挥长效示范机制带动美丽乡村建设。

31日—11月4日　2019年“岭南味　佛山品”首届佛山文旅欢乐季系列活动之2019年广东（佛山）非遗周暨佛山秋色巡游活动在佛山市禅城区祖庙历史文化街区举办，活动包括非遗活态展、佛山祖庙秋祭、乡饮酒礼、非遗传承人对话、秋色赛会、友城之夜、佛山粤剧周、秋色巡游、秋色大舞台等九大板块。

11月

1日　佛山市市长朱伟会见瓦努阿图维拉港市市长阿尔伯特·丹尼尔一行，双方就推进佛山市和维拉港市的友城务实交流进行会谈。

△佛山市印发《佛山市关于实施粤港澳大湾区个人所得税优惠政策财政补贴管理暂行办法》，对在佛山工作的境外高端人才和紧缺人才按照个人所得税税负差额给予财政补贴。

△佛山市退役军人法律援助处驻市退役军人服务中心工作站和老兵调解室在佛山市退役军人服务中心挂牌成立，市领导邓建伟、乔羽为工作站和老兵调解室揭牌。

△佛山市举办农业招商引资推介会暨农业产业联合会第一次大会，现场签约总金额16.35亿元。

△粤港澳大湾区“食在广东”佛山（顺德）美食文化周在佛山市顺德区开幕。

△佛山市举行海外华侨华人助力粤港澳大湾区建设座谈会，来自世界五大洲11个国家的53名侨领共聚佛山，为粤港澳大湾区建设建言献策。

△“中国流动科技馆”广东省巡展·佛山南海站在佛山市南海区九江镇启动。

△佛山市高新区出台《佛山高新技术产业开发区管理委员会提升创新能力优化创新环境若干措施》，推出38条措施优化创新环境，强化高新区在佛山高质量发展中的核心载体和引擎作用。

△由广东省文化和旅游厅、佛山市人民政府联合举办的2019年“岭南味　佛山品”首届佛山文旅欢乐季系列活动之广东（佛山）非遗周暨佛山秋色巡游活动在佛山祖庙历史文化街区举行。来自全国各省市、港澳地区和佛山海外友城的20支表演队伍，55个表演项目组成的近3000人秋色巡游队伍参加巡游。

2日　由中共佛山市委政法委主办的2019年佛山市扫黑除恶平安建设宣传月活动启动，并同步启动首场“平安建设社区行”和首届创意短视频大赛等系列活动。

△新时代粤剧电影艺术暨粤剧传播路径主题研讨会在佛山梁园举行。

2—3日　第一届中国龙舟大奖赛暨2019佛山（国际）龙舟嘉年华活动在佛山市顺德区大良桂畔湖举行，全国41支龙舟队、近900名运动员参赛。

3日　2019“友城之夜”文艺晚会在佛山琼花大剧院举行，俄罗斯、德国、韩国等3国的海外艺术团亮相晚会，奏响佛山市与国际城市文化交流合作的友谊乐章。

△“顺势鹏腾”——大湾区产业发展论坛暨顺德投资环境推介会在深圳举行。

4日　中共佛山市委书记鲁毅主持召开市委常委会会议。会议传达学习习近平总书记在党的十九届四中全会上的重要讲话精神和全会精神以及省委常委会会议学习贯彻要求、全省学习贯彻党的十九届四中全会精神干部大会精神；《中国共产党农村工作条例》精神以及省委常委会会议有关要求；全省农村“厕所革命”、垃圾污水治理现场会精神，并研究佛山市贯彻落实意见。

△佛山市公安局交通警察支队24小时自助服务区启用，通过服务区的自助服务终端机，市民可24小时办理驾驶证期满换证、驾驶证遗失补证等9项交管业务。

5日　中共佛山市委常委会召开扩大会议，市委、市政府领导就“不忘初心、牢记使命”主题教育确定的11个方面、37个课题调研成果进行了汇报交流。

△佛山市出台《佛山市特困供养人员照料护理工作实施办法》。

6日　佛山市第十五届人大常委会

第二十四次会议召开。会议表决通过《关于批准市级2019年第二次财政预算调整的决议》。

6—9日　佛山未来技术技能国际挑战赛暨俄罗斯喀山数字技能大赛选拔赛在广东（潭洲）国际会展中心举行，200多名国内外选手参赛。

7日　佛山市召开全市交通运输重点工作推进会。会议通报全市深化收费公路制度改革取消高速公路省界收费站工作情况，要求加大力度推广ETC安装发行，完善安全生产管理。

△第二届佛山创新药国际论坛在佛山市禅城区举行。

7—9日　第23届全国发明展览会·一带一路暨金砖国家技能发展与技术创新大赛在广东（潭洲）国际会展中心举行，展览会的主题是"发明、创新、合作、共赢"。展出超过1900个发明项目，其中现场签约项目20个，商谈对接项目超过50个，意向项目成交额达2.7亿元。展参人数3.2万人次。

7—9日　2019广东（马来西亚）商品展览会在马来西亚吉隆坡世贸中心举行。佛山有84家企业参展，共138个展位，是该届展会参展规模最大的代表团。

8日　佛山市市管干部学习贯彻《关于支持深圳建设中国特色社会主义先行示范区的意见》专题研讨班在市机关大礼堂开班。

△2019科技成果直通车（佛山站智能制造领域）在广东（潭洲）国际会展中心举行。

△佛山首个文创网红基地——柒号仓文创网红基地在佛山市禅城区石湾中国陶谷启动。

9日　佛山市青年创业培训基地揭牌仪式暨佛山市关工委青年创业训练营开班仪式在佛山市顺德创意产业园举行。

△佛山市人才工作推进会在市机关小礼堂举行。会上，佛山向全市顶尖人才代表发出首批"优粤佛山卡"A卡，并授予30人首批"佛山名医"称号。

11—22日　2019年佛山市村（居）际男子篮球赛总决赛在世纪莲体育中心举行。

12日　中国社会科学院（财经院）与联合国人居署共同发布《全球城市竞争力报告2019—2020：跨入城市的世界300年变局》，在全球城市经济竞争力200强中，佛山排名全国第十七，世界第八十四；可持续竞争力200强中，排名全国第十二，世界第一百零九。

△佛山市首条智慧发光斑马线投入使用。

12—13日　第11届电动汽车标准法规国际研讨会在佛山市高明区召开，来自国内外200余位专家代表围绕电动汽车发展过程中的机遇与挑战、电动汽车领域前沿动态、全球电动汽车标准法规进展、国内电动汽车最新标准动向等内容进行深入探讨与交流。

13日　佛山市召开促进小微工业企业上规模工作会议。

△广东省举行《关于因地制宜发展共有产权住房的指导意见》听证会。《指导意见》送审稿明确，承购人取得共有产权住房不动产权证书满5年的，可转让其所持有的产权份额。佛山市是广东5个共有产权住房建设的试点之一。

△云浮市郁南县考察团赴佛山市三水区对接融入粤港澳大湾区工作。双方签署《三水、郁南两地促进郁南融入粤港澳大湾区合作协议》，将在产业对接、基础设施建设、城市开发等领域开展深入合作。

△佛山市"扫黄打非"工作现场会在南海区丹灶镇召开。

△中共佛山市委常委、宣传部部长郭长勇率队到广州市考察调研，实地考察调研广州历史街区活化项目"永庆坊"，随后两市宣传思想文化系统召开座谈会，就如何推动宣传思想文化领域广佛同城合作共建工程项目进行深入探讨。

△佛山市应急管理局与驻佛山空军两部队联合召开军地应急联动工作座谈会，会议就军地职能划分、常态业务协调、灾情信息通报、兵力需求提报、应急资源协同保障、联络员制度等6个方面进行深入探讨，并为彼此在专业救援队伍能力建设、信息资源共享、联训联演、联动指挥、应急通信等方面达成共识。

△广东省农业农村厅公布2019年广东农业公园名单，其中佛山有5个AAAA级农业公园上榜，分别为翰林湖农业公园、广东陈村花卉世界农业公园、广东万顷园艺世界、三水侨鑫生态园、盈香生态园。

14日　广东省第二批、佛山市首个粤港澳大湾区（广东）妇女创新创业基地在广东工业设计城揭牌成立。

△佛山市民宿发展现场推进会在顺德区逢简水乡召开，首批30家民宿企业获颁"佛山民宿"标识牌，其中禅城区1家，南海区3家，顺德区15家，高明区10家，三水区1家。

15日　2019广东社会科学学术年会分会在佛山科学技术学院仙溪校区举行。该会以"粤港澳大湾区特色文化资源调查与数字化保护"为主题，采取主会场报告、分论坛研讨等方式进行。

△中央电视台发现之旅频道《纪录东方》栏目推出专题节目《让初创型文创企业展翅高飞》。通过聚焦"展翅——佛山市初创型文创企业扶持行动"，解读佛山市以跨界创新实现文化引领的探索路径。

15—26日　"育·绘——2019中国艺术邀请展"在佛山市石景宜艺术馆开展，展示120多件书画作品。

16日　在中国生态文明论坛十堰年会上，佛山市高明区被授予"国家生态文明建设示范区"称号。

△以"深化金融供给侧改革——增强'双区'金融服务实体经济能力"为主题的第五届广金·千灯湖金融峰会在佛山市南海区广东金融高新区举行。

16—17日　2019全国高校新能源汽车大数据创新创业大赛决赛在佛山市南海区举行，大赛以"聚焦数字经济　创新产业未来"为主题，来自全国各地知名高校的52支队伍，围绕数字经济、聚焦产业应用进行答辩。

18日　2019年"佛山融爱"家教家风实践基地揭牌仪式分别在禅城区南庄镇紫南村广府家训馆、高明区荷城街道阮埇村阮北祠堂、三水区乐平镇华坊村松桂书舍举行。这是佛山市首批揭牌的"佛山融爱"家教家风实践基地。

△在广东省市直机关第七届"先锋杯"工作技能大赛中，佛山市金融工作局的2个参赛项目分获"服务创效"类别全省第二名、第八名。

18—19日 以“博揽天下英才，共创人才湾区”为主题的广东（佛山）博士和博士后人才交流与科技项目对接会在广东（潭洲）国际会议中心举行，会上发布《广东省博士博士后创新样本》，会议吸引世界各地1200名人才报名参加，其中具有博士学位的占98%。

19日 佛山市通过创建国家节水型城市的省验收评审。

△佛山市召开2019年佛山“市长杯”工业设计大赛活动颁奖暨工业设计工作会议，有34件获奖作品获得大赛资金扶持。

20日 广东省急需紧缺型人才专场公益性大型招聘会在佛山科学技术学院举行，有250家企业参加，提供758个工种、2528个岗位。

△佛山市市场监督管理局（知识产权局）举办世界知识产权组织国际知识产权体系巡回研讨暨促进知识产权工作高质量发展推进会，企业负责人、知识产权系统工作人员近200人参加会议。

20—22日 2019中国安全产业大会在佛山市南海区举行，大会围绕安全出行、安全城市、安全生产和安全服务等主题，举办安全出行主题论坛暨第三届交通安全产业峰会、公共安全科技创新高峰会等21场相关活动和论坛，中国安全产业大会会址落户南海。

21日 2019公共安全科技创新高峰会在佛山市召开，峰会就推动技术创新与产业高质量发展融合、构建多方合作平台、促进科技成果转化等议题进行广泛研讨和交流，为公共安全领域科技创新方向建言献策。

△佛山市监察委员会召开第一届特约监察员聘请会议，16位来自各个领域的代表获聘任为特约监察员，中共佛山市委常委、市纪委书记、市监委主任梅河清为特约监察员颁发聘书。

△“凝心聚力守初心 培根铸魂担使命”2019年佛山市社科普及周启动仪式、社科展览暨社科咨询活动在佛山市禅城区东方广场举行。

△先进能源科学与技术广东省实验室佛山分中心挂牌暨佛山仙湖实验室成立大会在佛山市机关小礼堂举行。这是继季华实验室之后，佛山承建的第二个省实验室。

△第三届“美好大湾区·美丽粤港澳”大型书画展在佛山市文化馆开幕。

△佛山市应邀在福建省厦门市举行“光影湾区 佛山功夫”第28届中国金鸡百花电影节佛山之夜活动。

△在上海市举行的2019年度全国创新创业典型经验高校交流会上，佛山科学技术学院被教育部授予“2019年度全国创新创业典型经验50强高校”称号。

△中国文明网“精神文明创建品牌故事”报道佛山美丽文明村居建设经验做法，并在中国文明网微信公众号头条刊播，推介佛山美丽文明村居。

23日 在杭州举行“2019中国（国际）休闲发展论坛”的中国（国际）休闲发展论坛颁奖盛典上，佛山市南海区获“2019年度中国十大特色休闲县市”奖项。

△广州、深圳、佛山三地版权保护协会在广州联合举办数字时代版权服务新举措暨广深佛三地版权服务体系建设交流会，“E防标原创保护平台”正式上线。

△广东（佛山）首届森林文化周在佛山植物园开幕，佛山植物园茶花文化节暨广东省野生植物保护普法宣传活动同时启动，有约350名社会各界人士参加。

23—25日 第二届“百匠杯”工业产品创新设计与3D打印技术技能大赛在天津职业大学增材制造技术推广中心举行。佛山职业技术学院以总分第一名获得高职组一等奖。

25日 “中国幸福城市论坛”在广州举行，论坛揭晓“2019中国最具幸福感城市”榜单，佛山市南海区获“2019中国最具幸福感城市（县级）”称号，成为广东省5个入选县级市之一；并获“居民收入获得感强区”称号。

△2018—2019年中意创新创业大赛暨最佳项目路演总决赛在佛山高新区举行，有12个意大利科技创新项目参赛，其中生物医药领域的造血干细胞癌症基因疗法项目获一等奖。

△佛山市医疗保障局、广州市医疗保障局和广州公共资源交易中心共同签署广佛药品跨区域联合集团采购框架协议。是日起，佛山市加入广州药品集团采购平台，联合开展药品集团采购，广佛两地市民看病真正实现同城同药价。

△佛山地铁2号线一期工程沙岗站最后一段顶板浇筑完成，至此，佛山境内的所有站点全部封顶。佛山地铁2号线一期工程东西走向，起于佛山南庄镇，与广州南站相接，线路全长32.41千米，共设17个站点，其中佛山市境内16个，广州市境内1个。

27日 佛山市召开优化营商环境大会，现场发布佛山市优化营商环境“1+7+N”工作体系，形成全市优化营商环境“一盘棋”，协同提升全市优化营商环境的整体效果。

△广东省工商业联合会（总商会）发布2019广东省百强民营企业榜单，佛山市有13家企业被评为2019广东省百强民营企业，其中碧桂园控股有限公司位列榜单第四位，美的集团股份有限公司位列第七位。

28日 中共佛山市委书记鲁毅、市长朱伟率党政代表团赴云浮市，就扎实推进产业共建和精准扶贫工作进行调研对接。

△澳大利亚佛山总商会驻佛山经贸办事处挂牌仪式在佛山市进出口商会举行。

△百度公司与东软教育科技集团正式签署战略合作协议，并为双方合作设立的“东软百度人工智能学院”揭牌。

△在公安部举行的全国首批100个“枫桥式公安派出所”命名揭晓仪式上，佛山市南海区公安分局黄岐派出所获命名“枫桥式公安派出所”。

28—29日 以“新机场、新能源、氢城而出”为主题的2019年佛山氢能源产业交流峰会暨世界首条商业运营氢能源有轨电车上线启动仪式在佛山市高明区举行。29日，世界首条商业运营氢能有轨电车正式在高明区上线。

28—29日 在北京市召开的2019智慧中国年会发布智慧城市、数字政府、营商环境等行业年度评估报告与研究成果。佛山市入选2019中国智慧城市20强、2019（第二届）中国营商环境特色评选50强、2019中国数字政府特色评选50强，市政务服务数据管理局卢海英入选2019数字政府十大创新人物。

29日　中共湖北省咸宁市委副书记、市长王远鹤一行到佛山市考察，深入了解佛山企业开展供给侧结构性改革以及村级工业园改造有关情况。中共佛山市委书记鲁毅会见考察团。

△《佛山历史文化丛书》第四辑首发式暨座谈会在佛山市新闻发布厅举行。

△2019佛山市首届法治文化节启动仪式暨南海区第三届法治文化节嘉年华晚会在南海区千灯湖活水公园举行。

△由广东省人民政府和阿里巴巴集团主办的2019广东工业智造创新大赛总决赛在南海区举行。

△广东省自然资源厅发布广东省首届国土空间生态修复十大范例并进行授牌，佛山市河心岛生态修复项目入选十大范例。佛山以河心岛生态修复作为自然生态文明建设的重点项目，并将其打造成建设粤港澳大湾区高品质生态之城的重要示范。

△佛山市特种设备作业人员智能自助办证系统正式启动，并发出全国首张特种设备作业人员智能CPU卡。

△2019年佛山市“粤鹰”专项行动成果展示暨公开销毁违法烟草现场会举行，通过无害化焚烧发电方式，对案值超2300万元的违法卷烟进行销毁。

30日　在北京市举行的2019中国城市大会发布城市品牌评价（地级市）100强榜单，佛山市排名第三。

是月　佛山市质量强市工作领导小组办公室公布第三批通过认定的细分行业龙头企业名单，128家企业上榜。截至是年12月，全市细分行业龙头企业共498家。

是月　2019第五届佛山“十佳最美家乡人”评选揭晓。黄春鹏、成红英、郑伟、李可龙、罗健、彭节娇、甘惠兴、陈洁冰与龙权、潘洁、禅城“爱心学堂”义教团等，当选佛山十佳“最美家乡人”。

12月

2日　佛山市学习贯彻党的十九届四中全会精神专题研讨班开班。

3日　第十三届佛山市农业良种良法展示推广月活动启动仪式在佛山市农业科学研究所举办，展示会以“乡村振兴　科技引领”为主题，设置“庭院农业”“光伏农业科普园”等8个主题展区。

△广东省市联合粮食供应保障和质量安全事故应急演练在佛山市举行。

3—4日　首届粤港澳大湾区保险产业创新前沿发展大会在佛山市禅城区举行，会议以“连接共生，智造未来”为主题，围绕“保险创新，科技赋能，大湾区发展，粤港澳互联”展开深入讨论，7家全国知名保险中介机构和科技机构落户禅城。

4日　佛山市人民政协理论研究会成立，该研究会是在佛山市政协领导下，从事中国共产党领导的多党合作和政治协商制度，以及人民政协理论的研究与宣传的组织，个人会员均为市政协委员或政协工作者。

△商务部为2019年认定的65家国家外贸转型升级基地和6家国家级国际营销服务公共平台授牌。佛山获授“佛山市顺德区国家外贸转型升级基地（五金制品）”、“国家级国际营销服务公共平台”2个“国字号”牌匾。

△《2019中国城区综合竞争力百强研究》发布，其中佛山市顺德区、南海区、禅城区以及三水区均上榜，分别位列第八名、第十名、第十六名以及第六十名。

5日　佛山市召开全市“四标四实”基础信息采集工作动员部署会。“四标四实”是指标准地址、标准作业图、标准建筑物编码、标准基础网格和实有人口、实有房屋、实有单位、实有设施。

△佛山市和粤港澳大湾区产融投资有限公司签订战略合作协议，双方将在城市更新、乡村振兴、现代化基础设施体系建设、产业转型升级、先进制造业集群发展、畅通金融服务实体经济渠道等方面，以及数字经济、电子信息、机器人及智能装备、新能源、新材料等新兴产业领域展开全面合作。

△2019广东高校科技成果转化路演大赛决赛在佛山市南海区千灯湖创投小镇举行。

△佛山市高明区荷城街道凌云山荫岗水库附近山体发生火情，经扑救队员连续5天4夜的奋力扑救，9日下午18点30分，山火全部扑灭，没有人员伤亡和重要设施损毁。

6日　2019数字政府服务能力暨第十八届中国政府网站绩效评估结果发布会在北京市召开，佛山市政府网以91.9分的总成绩连续第九年位列全国政府网站绩效评估地级市榜首。

△工业和信息化部公布第三批国家工业遗产名单，佛山市的南风古灶入选国家工业遗产名单。

△佛山市出租车协会揭牌成立，该协会将整合会员的优势资源为全体会员提供经营、管理等方面的互惠服务，实现为企业节省经营管理成本和效益最大化目标。

6—22日　“2019中国设计活动日·广东工业设计城创意设计周”在佛山市顺德区举行，活动以“设计、赋能、聚变”为主题，从设计产业化、设计品牌化、设计国际化等维度，联合10个国家，开展16场相关活动，展示1000多款创新产品，共同打造工业设计产业高地。

7日　2019年广东省高校成果转化系列活动在佛山市南海区千灯湖创投小镇启动。

△在安徽省蚌埠市举行的2019乡村振兴发展论坛暨中国最美村镇颁奖典礼上，佛山市顺德区乐从镇上华村获颁“中国最美村镇·产业兴旺成就奖”。

7—8日　第35届佛山市青少年科技创新大赛在佛山市南海区桂江小学举行，全市400多所学校的2454个作品进行竞赛、展示和交流。经过两天比赛，6个类别168个科技创新项目获一等奖。

8日　2019年全国“创新社会治理典型案例”征集活动结果公布，其中佛山市顺德区的社会建设“众创共善”计划入选全国优秀案例。

9日　佛山市禅城区人民法院利用互联网法庭开庭审理，通过在线视频的方式连接法官、原告、被告三方，成功调解佛山首宗互联网法庭审理的涉台商事案件。

10日　广东省政协常委、香港佛山

社团总会主席邓祐才，全国政协委员、香港佛山社团总会会长苏长荣率香港佛山社团家乡考察团到佛山参观考察，中共佛山市委书记鲁毅、市长朱伟会见考察团一行。

△佛山市旅游协会和深圳市旅游协会在佛山市三水区签订两地《旅游合作备忘录》。

△《人民日报》文化版头条推出大篇幅报道《佛山以家庭为单位，以邻里为纽带推广阅读——图书馆开在你家我家》，聚焦佛山推广全民阅读、建设邻里图书馆的创新实践。

△佛山市人才驿站、佛山高层次人才产业园在佛山国家高新技术产业开发区挂牌成立，以“汇聚人才、对接产业、服务企业、推动发展”为宗旨，通过多渠道整合国内外知识和技术资源，打造成为佛山高层次人才科研成果转化基地。

11日 广东南海一汽-大众铁路专用线工程正式开工，佛山市南三产业合作区启动建设，该合作区由佛山高新区的南海园和三水园组成，以官窑货场物流园为核心区，涵盖智库科技城、南海汽车产业园（松夏片区）、松夏工业园、南国桃园等重点片区，总面积109平方千米。

△国家知识产权局公布“2019年度国家知识产权示范企业名单”，佛山市有12家企业入选，分别是广东美的厨房电器制造有限公司、佛山市顺德区美的饮水机制造有限公司、广东美的生活电器制造有限公司、广东美的环境电器制造有限公司、佛山市云米电器科技有限公司、广东溢达纺织有限公司、广东凯西欧光健康有限公司、佛山市三角洲电器科技有限公司、佛山市国星光电股份有限公司、广东威灵电机制造有限公司、广东瑞洲科技有限公司、广东金意陶陶瓷集团有限公司。

12日 佛山泛家居（奥什）展销中心暨佛山（奥什）泛家居商品采购节在吉尔吉斯斯坦奥什市正式启动。

△胡润研究院发布2019胡润品牌榜，其中美的集团、佛山市海天调味食品股份有限公司以及碧桂园集团等3家佛山市企业上榜，分别排名第二十八位、第三十二位以及第四十二位。

13日 2019央视财经论坛之中国营商环境高峰论坛在北京市举行，佛山市作为推动中国营商环境建设的先进城市受邀参加主题论坛。佛山市市长朱伟及部分佛山企业负责人出席论坛并分享佛山市优化营商环境的经验与成效。

13—14日 全国基层公安文化建设座谈会在佛山市召开。公安部新闻宣传局巡视员、副局长孙洁，金盾影视文化中心副主任马玉宝，中国人民公安出版社副总编辑李国强，以及部属有关单位、各地公安机关宣传文化部门主要负责人和基层公安文化建设先进单位负责人约80人参加会议。

14日 第八届中国创新创业大赛港澳台赛决赛及广东省赛颁奖活动在佛山市举行，港澳台赛评选出一、二、三等奖共26项，6家获奖企业签订落户佛山意向合作书。

△2019年清华大学国家治理研究院年会“国家治理现代化的时代命题”论坛在北京市召开，会上发布《2019年中国政府网站绩效评估报告》，佛山市政府门户网在全国298个地市级政府网站中名列第一。

16日 全国离退休干部先进集体和先进个人表彰大会在北京市举行，大会表彰了150个离退休干部先进集体和450名先进个人，其中佛山市顺德区退休干部何劲和获“全国离退休干部先进个人”称号。

△全国首宗土地混合开发项目——澳门城项目落户三龙湾南海片区，该项目计划引入澳门商业街区设计特色，集聚科创文化产业，并借助粤港澳大湾区的资源整合优势，吸引独角兽企业、瞪羚企业、澳门高端人才等落户三龙湾。

△在郑州市召开的2019（第八届）国际智慧城市峰会暨智慧生态博览会上，佛山市南海区获ISO智慧城市国际标准试点——卓越城市创新奖。

17日 佛山市举行2019年佛山企业100强榜单发布会。榜单中，排名前十名的企业分别是碧桂园控股有限公司、美的集团股份有限公司、海信家电集团股份有限公司、佛山市兴海铜铝业有限公司、美的置业集团有限公司、中国联塑集团控股有限公司、利泰集团有限公司、广东格兰仕集团有限公司、佛山市海天调味食品股份有限公司、盈峰投资控股集团有限公司。

17—21日 2019中国（佛山）大湾区功夫电影周在佛山市举行，电影周分为开幕式、闭幕式、影展活动、论坛活动四大主题活动，集合佛山地域文化特色，举行飞鸿馆启用仪式、第六届咏春拳大赛等共9项特色活动。其间，还举行粤港澳大湾区影视产业合作交流大会暨项目签约仪式。

18日 佛山市建设人民满意政府指数（2019）发布，2019年佛山市建设人民满意政府全域指数为88.72。

△在广州市举行的2019“南粤新乡贤”暨广东“新时代好少年”发布仪式上，佛山乡贤、广东舞蹈戏剧职业学院讲师陈仲琰获评为“南粤新乡贤”，同济小学四年级学生司徒可茵获评为“学习型、创新型广东‘新时代好少年’”，三水区西南街道河口中学初一学生杜亿茂获评“美德型、才艺型广东‘新时代好少年’”。

△广东省放心消费环境创建工作交流座谈会在佛山市召开。

△中央农办、农业农村部、中央组织部、中央宣传部、民政部、司法部联合公布首批115个全国乡村治理体系建设试点县名单，佛山市南海区获全国乡村治理体系建设首批试点。

19日 共青团佛山市第十五次代表大会召开。中共佛山市委书记、市人大常委会主任鲁毅，市委副书记、市长朱伟，市政协主席熊志翔，团省委副书记梁均达出席会议。

△季华实验室成功引进首位全职院士——中国科学院院士叶恒强，实现佛山全职引进中国两院院士零的突破。

△甘肃省经济合作局和佛山市甘肃省商会联合主办佛山市甘肃省商会成立大会暨甘肃省重点项目推介会，约400名政府相关部门人员及企业代表参会。

20日 佛山市总工会在广东新媒体产业园举行2019年佛山市“最美产业工人”发布仪式，高自红等20名来自佛山不同行业的职工获评“最美产业工人”。

△11时22分，中国天基网络低轨试验双星在太原卫星发射中心搭载CZ-4B

火箭成功发射，“顺天号”“玉衡号”顺利进入预定轨道。双星项目得到佛山市顺德区立项支持，由佛山市德雅军民融合创新研究院组织实施，国防科技大学计算机学院牵头研制。

△中央人民政府驻香港联络办公室组织香港金门建筑有限公司高层管理人员及青年工程师到佛山市顺德区访问交流，参观考察美的、碧桂园、宏石激光等企业。中共佛山市委副书记、顺德区委书记郭文海与考察团一行进行座谈交流，共同研究深入推进“香港+顺德”合作，促进两地优势互补，实现合作共赢。

△广东省发展和改革委员会正式批复同意顺德区开展高质量发展信用服务示范区创建工作。

21日 佛港澳青年融创基地、禅港澳青年交流基地、国际青年发展联盟佛山基地在佛山市禅城区岭南天地简氏别墅挂牌。

△由佛山市总工会、市文广旅体局、团市委主办的2019年“百千万”佛山产业工人发声行动成果展演在佛山市图书馆举办，65名产业工人以朗诵节目展现佛山产业工人风采。活动中，主办方发布产业工人发声行动主题片《文化，凝聚佛山制造力量》，来自四川省达州市的苟文彬在片中为佛山代言。

22日 在北京市举行的“2019锦绣中国发布盛典”上，佛山市禅城区祖庙街道、南庄镇紫南村分别入选“新时代·中国最美文化魅力小镇”和“新时代·中国最美乡村”。

△在北京市举行的第18届中国经济论坛发布“2019中国创新榜样”名单，其中佛山国家高新技术产业开发区、广东坚美铝型材厂（集团）有限公司、佛山市南海区广工大数控装备协同创新研究院、碧桂园集团等4个佛山机构（公司）上榜。

23日 佛山市政协（各级）历届澳门委员联谊会成立大会暨第一届理监事就职典礼在澳门举行，联谊会由市、区政协历届和现届澳门委员组成。

△2019年佛山市政协港澳委员座谈会在澳门召开。

23—24日 广东省创建第十一届双拥模范城（县）检查考核组到佛山市检查创建双拥模范城（县）工作。

24日 国务院发布《关于同意在石家庄等24个城市设立跨境电子商务综合试验区的批复》，正式同意在佛山市设立跨境电子商务综合试验区。

25日 佛山市举行《“顺德鱼生”全产业链管控技术规范团体标准》发布会，发布全国首个“顺德鱼生”团体标准。

△在广东省城乡社区治理创新经验推广交流会上，佛山市禅城区南庄镇龙津村“党员村民代表责任制”入选2018年度广东省城乡社区治理创新经验，成为全省唯一入选的村级单位。

27日 佛山市推动制造业高质量发展大会在佛山新城中欧中心举行。

28日 环球时报社主办的2019中国国际化招商引资合作与发展论坛暨“第九届环球总评榜”发布典礼在北京举行，佛山市获“2019中国投资环境质量十佳城市”称号。

△2019第十四届中国全面小康论坛在佛山市顺德区举行，来自全国各地的相关政府部门、专家、学者、地方实践者、企业代表等200余人参加，论坛以“高质量发展创新与全面小康”为主题，就全面小康建设中的重点及难点问题展开讨论，在新时代下为中国决胜全面小康社会助力。

29日 中央电视台《对话》栏目聚焦“打造营商环境新高地”，佛山市作为推动中国营商环境建设的先进城市受邀参加节目。

30日 佛山市召开佛山市第十五届人大常委会第二十七次会议，会议表决通过《佛山市养犬管理条例》《关于批准佛山市2019年部分主要经济发展指标调整的决议》《关于修改〈佛山市历史文化街区和历史建筑保护条例〉等三部地方性法规的决定》。

△高明有轨电车首期工程线路开通载客运营，首期工程线路（沧江路—智湖）全长6.5千米，均为地面线路，共有10座车站。

△佛山市南海区千灯湖AI公园举行启动仪式。该公园为华南地区首个AI公园，首期3台全球首款量产的L4级自动驾驶无人车——百度阿波龙无人车在此投放，于2020年1月1日起运营，免费对市民开放。

△佛山市总工会新城职工服务中心智能文化家正式对外开放。市民可以实现在“家”中阅读、休闲、娱乐等文化体验。

△粤港澳大湾区住房公积金信息共享平台正式上线启动。是日起，粤港澳大湾区9个城市的公积金信息实现共享，公积金跨地区业务只需到所在地窗口办理，不需要两地奔波。

△佛山市妇幼保健院新城院区启用。

31日 佛山市市长朱伟率队到湛江吴川市下村村调研脱贫攻坚工作。

△佛山市消防救援支队举行挂牌仪式。

△全国乡村治理示范乡镇与全国乡村治理示范村名单正式公布，广东省有5个镇47个村上榜，其中，佛山市禅城区南庄镇入选全国乡村治理示范乡镇名单；禅城区南庄镇紫南村、顺德区陈村镇仙涌村入选全国乡村治理示范村名单。

△《佛山市人民政府办公室关于推动夜间经济发展的实施意见》发布。

△佛山市公安局召开新闻发布会，对《佛山市公安局关于开展电动自行车注册登记的通告》进行解读，明确佛山电动自行车注册登记工作，电动自行车注册登记时间为2020年2月1日起。

△广东省文化和旅游厅公布首批广东省全域旅游示范区名单，佛山市高明区入选。

△利用佛山“一环”主线改造建设的佛江高速等5条高速建设基本完工并封闭临时出入口，佛山“一环”改造完成，全线开始并网收费。

△佛山市顺德区发布《关于学习贯彻省委主要领导对实验区工作批示精神 闻鸡起舞、日夜兼程、风雨无阻向村级工业园发起总攻的行动方案》《顺德区高质量推动村级工业园升级改造总体规划》《关于清退落后产能、关闭危旧厂房的标准》等，明确村级工业园改造总攻的目标任务、时间表、路线图、标准等。

△佛山澜石口岸码头停止运营，即日起不再对外开展新增业务，并逐步清理现有经营业务。

中国共产党佛山市委员会

手机扫码阅读

综　述

【市委机构概况】 2019年1月，中共广东省委、省政府批准《佛山市机构改革方案》。改革后，市委设置纪检监察机关1个，计入机构限额的工作机构15个：办公室、组织部、宣传部、统一战线工作部、政法委员会、政策研究室、网络安全和信息化委员会办公室、外事工作委员会办公室、机构编制委员会办公室、军民融合发展委员会办公室、台港澳工作办公室、直属机关工作委员会、巡察工作领导小组办公室、老干部局、机要和保密局。不计入机构限额、设在相关部门的市委议事协调机构的办事机构7个：全面深化改革委员会办公室（设在政策研究室）、全面依法治市委员会办公室（设在市司法局）、国家安全委员会办公室（设在办公室）、审计委员会办公室（设在市审计局）、教育工作领导小组办公室（设在市教育局）、农村工作办公室（设在市农业农村局）、市推进粤港澳大湾区建设领导小组办公室（设在市发展和改革局）。

【中国共产党佛山市第十二届委员会第七次全体会议】 2019年1月15—16日召开。全会总结2018年工作，部署2019年工作。会上，中共佛山市委书记鲁毅代表市委常委会向全会作工作报告，就《佛山市机构改革方案》作说明并讲话，市委副书记、市长朱伟就经济工作作专题讲话。

会议指出，改革开放是成就佛山辉煌发展的重要法宝，是决定佛山前途命运的关键一招，是佛山发展的根和魂。进入新时代，国际国内形势发生广泛而深刻的变化，佛山改革发展压力空前、机遇空前，必须时刻保持高度的紧迫感和危机感，深入学习贯彻习近平总书记重要讲话精神，始终沿着总书记指引的方向，坚持发展是第一要务，正确看待机遇和挑战，在历史变革中抢抓战略机遇，早谋快断、赢得主动，推动佛山始终走在改革开放前列。

会议强调，省委“1+1+9”（第一个“1”指以推进党的建设新的伟大工程为政治保证、第二个“1”指以全面深化改革开放为发展主动力、“9”指扎实推进9个方面重点工作）工作部署是广东贯彻落实总书记重要讲话精神、推动新时代改革发展的具体行动方案和施工图。要正确把握“四个走在全国前列”（习近平总书记在参加十三届全国人大一次会议广东代表团审议时发表重要讲话，对广东提出“四个走在全国前列”的明确要求。“四个走在全国前列”分别为在构建推动经济高质量发展的体制机制上走在全国前列、在建设现代化经济体系上走在全国前列、在形成全面开放新格局上走在全国前列、在营造共建共治共享社会治理格局上走在全国前列）与4个方面重要指示要求的一致性，全面对照省委“1+1+9”工作部署，结合市委十二

2019年1月15日，中国共产党佛山市第十二届委员会第七次全体会议第一次会议在市机关小礼堂召开
（市委办供图）

届六次全会的工作安排，在深化改革开放、推进粤港澳大湾区建设、推动高质量发展、提高发展平衡性和协调性、加强党的领导和党的建设等方面进一步深化发展思路，把“1+1+9”工作部署细化分解成佛山的项目书、责任状。要进一步统一全市思想，坚持“一张蓝图干到底”，求真务实、真抓实干，把各项工作一项一项抓落实，一件一件办成功，为全省奋力实现“四个走在全国前列”、当好“两个重要窗口”（展示中国改革开放成就的重要窗口、国际社会观察中国改革开放的重要窗口）作出佛山贡献。

会议指出，要坚持以习近平新时代中国特色社会主义思想统领佛山一切工作，把习近平新时代中国特色社会主义思想与习近平总书记对广东重要讲话和一系列重要指示精神紧密结合起来，自觉当习近平新时代中国特色社会主义思想的坚定信仰者和忠诚实践者。要重振改革开放初期“广东四小虎”雄风，高举新时代改革开放旗帜，持续弘扬“比学赶帮超”精神，全力开创全市各区改革开放龙腾虎跃、奋勇争先的新气象，再造激情燃烧、干事创业的火红年代。要以创新驱动助推经济高质量发展，把更多精力放在追求发展的高质量上来，加快实现质量变革、效率变革、动力变革，形成以创新为主要引领和支撑的经济体系和发展模式。要以统筹引领提高发展平衡性和协调性，全面实施“强市、活区、实镇”改革措施，全面落实以功能区为引领的区域发展新战略，推动区域协调、城乡融合发展向更高水平和更高质量迈进。要坚定不移加强党的领导和党的建设，全面落实新时代党的建设总要求，始终把政治建设摆在首位，推进全面从严治党，努力把全市各级党组织锻造得更加坚强有力。

【中国共产党佛山市第十二届委员会第八次全体会议】 2019年8月6日召开。会议的主要任务是，以习近平新时代中国特色社会主义思想为指导，深入学习贯彻习近平总书记关于粤港澳大湾区建设的重要论述和对广东重要讲话、重要指示批示精神，全面贯彻落实《粤港澳大湾区发展规划纲要》，认真落实省委十二届七次全会和中共广东省委书记李希调研佛山高质量发展讲话精神，总结上半年工作，研究部署下一阶段工作，动员全市上下发扬改革创新精神，全力推进粤港澳大湾区建设，奋力争当全省地级市高质量发展领头羊。市委常委会主持会议。中共佛山市委书记鲁毅代表市委常委会向全会作报告，市委副书记、市长朱伟就粤港澳大湾区建设工作作专题讲话。会议审议通过《中国共产党佛山市第十二届委员会第八次全体会议决议》。

会议指出，2019年是佛山“抓落实求突破”之年，市委深入学习贯彻习近平新时代中国特色社会主义思想，坚决贯彻中央决策、省委部署，紧紧扭住粤港澳大湾区建设这个“纲”，统筹推进改革发展稳定和党的建设各项工作取得新进展，高质量发展迈出坚实步伐。一是以习近平新时代中国特色社会主义思想学习成果引领经济社会平稳健康发展，把学习贯彻习近平总书记关于粤港澳大湾区建设的重要论述作为重大政治任务，知行合一、学以致用，努力把学习成果转化为推动大湾区建设和高质量发展的重大举措，有力促进经济运行稳中有进，社会平稳有序，上半年全市地区生产总值增长6.9%。二是把贯彻落实省委“1+1+9”（第一个“1”指以推进党的建设新的伟大工程为政治保证、第二个“1”指以全面深化改革开放为发展主动力、“9”指扎实推进9个方面重点工作）工作部署与贯彻落实省委书记李希调研佛山高质量发展讲话精神结合起来，以项目化方式谋划十大类55项重点工作，聚焦项目、发力攻坚，取得阶段性成效。三是全面深化改革激发活力、释放动力，把“强市、活区、实镇”改革与机构改革有机衔接，市级统筹能力得到提升，市、区、镇（街道）事权关系进一步明晰。四是党的建设不断加强，出台实施进一步营造风清气正政治生态三年行动计划，反腐败斗争压倒性胜利不断巩固发展；深入推进基层党组织建设三年行动计划实施方案，党组织对村（社区）工作全面领导明显加强。

会议强调，粤港澳大湾区建设是总书记、党中央赋予新时代广东改革发展的重大使命，省委十二届七次全会对广东推进粤港澳大湾区建设作出全面部署。要深刻认识大湾区建设的重大政治意义、现实意义和历史意义，切实担当起全省地级市高质量发展领头羊的历史使命。一是深刻领会省委“五个深刻把握”的重大要义，把“五个深刻把握”贯穿落实到大湾区建设的各领域全过程，坚持以更高站位、更大格局、更高水平谋划推进大湾区建设。二是紧紧扭住推进粤港澳大湾区建设这个“纲”，把大湾区建设摆在全局工作重中之重的位置，推动大湾区建设各项任务落地落

2019年8月6日，中国共产党佛山市第十二届委员会第八次全会第二次会议在市机关小礼堂召开。图为代表们举手表决会议决议草案 （市委办供图）

实。三是牢牢把握高质量发展这个根本要求，统筹推进经济、政治、文化、社会、生态文明建设协调发展。四是全面落实好中央决策、省委部署，突出重点，抓住关键，以钉钉子精神扎实推动粤港澳大湾区建设各项工作向纵深发展。五是坚定不移深化改革，坚决打好“三旧”改造攻坚战，举全市之力加快建设三龙湾和佛山高新区两大战略平台，进一步激发推进大湾区建设新动能。六是抓住大湾区实施“湾区通”工程机遇，把佛山打造成为大湾区一流营商环境高地。七是抓住大湾区建设国际科技创新中心机遇，加快把佛山打造成为具有全球影响力的先进制造业技术创新中心，提高佛山制造的创新能力。八是抓住大湾区构建具有国际竞争力的现代产业体系机遇，加快打造“2+2+4”先进制造业产业集群（做大做优装备制造、泛家居2个规模超1万亿元产业集群，做强做精汽车及新能源、军民融合及电子信息2个规模冲5000亿元的产业集群，着力培育智能制造装备及机器人、新材料、食品饮料、生物医药及大健康等4个规模冲3000亿元的产业集群），推动佛山制造业高质量发展。九是抓住大湾区打造“一带一路”建设的重要支撑区机遇，把佛山打造成为“一带一路”建设主要支点，加快形成全面开放新格局。十是抓住大湾区打造广佛极点机遇，加快建设广佛高质量发展融合试验区。

（黄诗琪）

市委重要部署

【佛山市机构改革方案】 2019年1月17日，中共佛山市委、佛山市人民政府印发《佛山市机构改革方案》，要求以加强党的全面领导为统领，以国家治理体系和治理能力现代化为导向，以推进机构职能优化协同高效为着力点，努力构建系统完备、科学规范、运行高效、符合佛山特点的机构职能体系；将推进机构改革与构建“强市、活区、实镇”发展新格局紧密衔接，着力打造高质量发展的体制机制新优势；注重把握和处理好改革发展稳定关系，压实工作责任，抓住关键环节，加强宣传引导，营造良好社会环境和舆论氛围；严明政治纪律、组织纪律、机构编制纪律、干部人事纪律、财经纪律、保密纪律，确保改革蹄疾步稳、紧凑有序推进，如期高质量顺利完成。调整优化市级党政机构和职能方面：对应中央和省级机构改革，调整优化相应机构和职能；与中央和省级机构基本对应的其他机构和因地制宜设置的机构。统筹推进其他各项改革方面：深化市级人大、政协机构改革和群团组织改革，深化市委市政府直属事业单位改革和承担行政职能事业单位改革，深化综合行政执法改革，深入推进基层政权建设和审批服务便民化改革，强化机构编制管理刚性约束。组织实施方面：加强组织领导、细化工作进度、稳妥有序推进、严明纪律规矩。

【营造风清气正政治生态三年行动计划】 2019年4月21日，中共佛山市委印发《关于进一步营造风清气正政治生态的三年行动计划（2019—2021年）》，要求以党的政治建设为统领，全面加强党的领导和党的建设，严肃党内政治生活，厚植党内政治文化，强化正确选人用人导向，加强对一把手的监督管理，强化监督执纪，持之以恒正风反腐，坚决全面彻底肃清李嘉、万庆良恶劣影响，做到“三个决不允许”（决不允许出现与中央决定不一致的声音，决不允许传播政治谣言，决不允许丑化党和国家形象）。主要任务：坚持用习近平新时代中国特色社会主义思想武装头脑、指导实践、推动工作，旗帜鲜明讲政治抓政治，严肃党内政治生活，厚植党内政治文化，强化正确选人用人导向，加强对一把手的监督管理，强化监督执纪，持之以恒正风反腐。组织实施：强化责任落实、坚持以上率下、加强宣传引导、强化督导评估。

【贯彻落实《粤港澳大湾区发展规划纲要》实施方案】 2019年5月13日，中共佛山市委、佛山市人民政府印发《关于贯彻落实〈粤港澳大湾区发展规划纲要〉的实施方案》，要求全面准确贯彻“一国两制”方针，坚持新发展理念，按照高质量发展要求，进一步提高政治站位、强化责任担当，在全省携手港澳建设充满活力的世界级城市群、具有全球影响力的国际科技创新中心、“一带一路”建设的重要支撑区、内地与港澳深度合作示范区、宜居宜业宜游的优质生活圈中贡献佛山力量，为全省奋力实现“四个走在全国前列”、当好“两个重要窗口”作出佛山贡献。方案提出：携手建设粤港澳大湾区发展极点、协同建

2019年3月1日，外国驻港领团、商会、媒体粤港澳大湾区联合考察团考察佛山市顺德区中铁华隧公司生产车间。图为考察团成员合影 （市档案馆供图）

设国际科技创新中心、协同构建现代化基础设施体系、协同构建具有国际竞争力的现代产业体系、协同建设粤港澳大湾区美丽家园、建设宜居宜业宜游的优质生活圈、加快形成全面开放新格局、积极发展特色合作平台。保障措施方面：加强组织领导、创新体制机制、推动重点工作、防范化解风险、扩大社会参与。

【依法保护民营企业家人身和财产安全若干意见】 2019年1月2日，中共佛山市委办公室、佛山市人民政府办公室印发《关于依法保护民营企业家人身和财产安全的若干意见》，要求深入贯彻习近平新时代中国特色社会主义思想，深入贯彻党的十九大和十九届二中、三中全会精神，深入贯彻习近平总书记重要讲话精神，依法保护民营企业家人身和财产安全，营造保护企业家合法权益、促进企业家公平竞争、激励企业家干事创业的良好环境，促进佛山市民营经济高质量发展，提出如下意见：依法平等保护民营企业，准确把握法律政策界限，审慎查办涉及民营企业案件，严厉打击侵犯民营企业、企业家合法权益的犯罪，依法保护民营企业家财产权，依法保护民营企业知识产权，帮助企业完善内控制度，严格执纪执法司法行为，构建“亲”、“清”新型政商关系，推动形成依法保护企业家的社会氛围。

【加强和完善城乡社区治理实施方案】 2019年1月18日，中共佛山市委办公室、佛山市人民政府办公室出台《关于进一步加强和完善城乡社区治理的实施方案》，要求全面贯彻党的十九大精神，以习近平新时代中国特色社会主义思想为指导，深入贯彻习近平总书记重要讲话精神，加强党对城乡社区治理工作的领导，牢固树立新发展理念，紧紧围绕统筹推进“五位一体”总体布局和协调推进“四个全面”战略布局，坚持以基层党建为引领、政府治理为主导、居民需求为导向、改革创新为动力，全面提升城乡社区治理社会化、法治化、智能化、专业化水平，努力将城乡社区建设成为和谐有序、绿色文明、创新包容、共建共治共享的幸福家园。

【促进民营经济高质量发展若干意见】 2019年2月21日，中共佛山市委办公室、佛山市人民政府办公室印发《佛山市关于促进民营经济高质量发展的若干意见》，要求各区结合本区实际、市有关单位要根据本单位职能制定落实本意见的具体办法，同时按照分工做好相关政策内容宣传推广。提出：进一步优化审批服务、进一步放宽市场准入、降低民营企业生产经营成本、缓解民营企业融资难融资贵、健全民营企业公共服务体系、推动民营企业创新发展、支持民营企业培养和引进人才、强化对民营企业的合法权益和民营企业家的人身、财产安全保护、构建“亲”、“清”新型政商关系。

【防止领导干部利益冲突暂行规定】 2019年12月10日，中共佛山市委办公室、佛山市人民政府办公室印发《关于防止领导干部利益冲突的暂行规定》，贯彻落实全面从严治党要求，促进领导干部廉洁自律，防止利益冲突。该规定分为第一章总则、第二章利益冲突行为限制、第三章利益冲突防止措施、第四章附则。

【建立健全农村治理十项工作机制意见】 2019年5月9日，中共佛山市委办公室、佛山市人民政府办公室印发《关于建立健全农村治理十项工作机制的意见》，要求做好中央扫黑除恶督导组和省委第十一巡视组反馈意见的整改落实工作，进一步解决好全市“农村问题多”的问题，深化抓源治本工作，切实维护全市农村社会秩序，营造共建共治共享社会治理格局，促进农村稳定，推动乡村振兴战略顺利实施，为高质量发展夯实基础。提出：健全农村群众工作机制、健全农村“三资”规范管理机制、建立征地留用地专项治理机制、建立防治农村微腐败长效机制、健全农村社会稳定风险研判机制、建立矛盾纠纷多元化解机制、建立健全农村基层干部教育培养机制、健全农村基层干部待遇保障机制、健全农村民主法治建设机制、健全乡风文明涵育机制。

（黄诗琪）

市委重点工作

【习近平新时代中国特色社会主义思想学习贯彻】 2019年，中共佛山市委坚决贯彻落实党中央决策和省委部署，把开展“不忘初心、牢记使命”主题教育作为重大政治任务，认真落实“第一议题”学习制度，推动习近平新时代中国特色社会主义思想和习近平总书记重要指示批示精神入脑入心、走深走实。

以严实作风推动主题教育 按照“守初心、担使命，找差距、抓落实”的总要求，统筹推进学习教育、调查研究、检视问题、整改落实4项重点措施。市领导班子集中6天时间，围绕5个专题逐个深入学习研讨，推动习近平新时代中国特色社会主义思想和习近平总书记重要指示批示精神入脑入心、走深走实。围绕贯彻落实党中央决策部署和省委“1+1+9”（第一个“1”指以推进党的建设新的伟大工程为政治保证、第二个“1”指以全面深化改革开放为发展主动力、“9”指扎实推进9个方面重点工作）工作部署、市委中心工作以及群众最关心的利益问题，市党政班子成员确定11个方面37项调研课题，带头深入基层、企业一线开展调查研究127次，带动各级领导班子成员到基层联系点调研2710次，帮助解决实际问题3324个。以刀刃向内的勇气和决心推进自我革命，集中力量推进专项整治，扎实开展“百日攻坚解百题”行动，实行工作项目化、项目清单化、清单责任化，细化为217项具体措施加以推进，在出台一批重要政策措施、解决一批群众关注的重点热点难点问题等方面取得重大进展。

深化“大学习、深调研、真落实” 经常化制度化学习习近平中国特色社会主义思想和习近平总书记重要讲话精神，开展第一议题学习62场次，市委理论学习中心组开展专题学习25场次。市委领导班子成员以身作则、以上率下，切实用习近平新时代中国特色社会主义思想指导佛山一切工作、处理佛山一切问题。聚焦防范化解重大风险、推进粤港澳大湾区建设、支持深圳建设先行示范区、学习贯彻党的十九届四中全会精神等专题，市党政班子成员确定25个方面85项课题开展调研，全市累计举办专题研讨班70期，把党中央的重大决策部署贯穿到佛山工作全过程、各环节、各方面。贯彻省委“1+1+9”工作部署，结合实际谋划十大类55个重点项目，市、区领导牵头推进，使“1+1+9”工作部署在佛山落地落实，推动经济运行稳中有进、稳中提质。4月28日，省委主要领导调研佛山高质量发展，市委迅速作出学习宣传贯彻安排，制订贯彻落实工作方案，以带有全局性、前瞻性、关键性的问题为切入点，围绕五大课题9个专题开展深调研，形成调研报告17篇，制定出台相关政策文件20余个，将调研成果转化为一条一条可操作的政策措施和实际行动，推动省委主要领导调研佛山讲话精神落实落细落地。

2019年5月7日，佛山市召开全市建设国家创新型城市暨科技创新大会

（市档案馆供图）

【经济高质量发展】 2019年，中共佛山市委贯彻省委主要领导调研佛山高质量发展讲话要求，坚定不移贯彻新发展理念，坚持把发展经济的着力点放在以制造业为主体的实体经济上，积极应对经济下行压力，经济运行呈现总体平稳、稳中有进、稳中向好的发展态势。

以智能制造为主攻方向，培育壮大先进制造业集群　坚定不移做好“存量优化”和“增量优质”两篇文章，推动传统产业高级化、战略性新兴产业高端化、高新技术企业规模化，“2+2+4”的先进制造业产业集群（做大做优装备制造、泛家居2个规模超1万亿元产业集群，做强做精汽车及新能源、军民融合及电子信息2个规模冲5000亿元的产业集群，着力培育智能制造装备及机器人、新材料、食品饮料、生物医药及大健康等4个规模冲3000亿元的产业集群）发展新格局迈出坚实步伐。围绕“存量优化”，以智能制造为主攻方向，通过支持企业开展技术改造、推广应用工业机器人、深化工业化与信息化融合等组合拳，推动佛山制造加快向工业4.0跃升。全年引导1200家规模以上工业企业开展技术改造，技改规模继续稳居全省首位。围绕“增量优质”，开展“大招商、招大商”，着力引进培育一批具有核心竞争力的大型骨干企业、一批“专精特新”的中小企业和产业集群。召开全市推进制造业高质量发展大会，部署实施六大工程，聚焦工业“四基”（核心的基础零部件、先进的基础工艺、关键的技术材料、关键的产业基础技术）能力提升，攻坚克难突破重点领域关键环节。全市上下半年分别举行一次重大项目集中开工仪式，开工总项目达260个，省、市重点项目投资建设超额完成全年目标。

深入实施创新驱动发展战略，加快构建高效协同的创新体系　坚持把创新发展主动权牢牢掌握在自己手中，大力实施创新驱动发展战略，计划全年研发经费支出270亿元，占地区生产总值比重达2.5%，财政科技投入超过98亿元。举全市之力加快建设三龙湾高端创新集聚区和佛山高新区两大战略平台，举全市之力打造广佛极点核心。大力建设科技创新平台载体，全市引进大院大所合作组建创新载体总数达93个。强化企业创新主体地位，深入推进高新技术企业树标提质行动，新增国家高新技术企业924家，累计达4873家。落实“人才新政23条”，实现全职院士零的突破。

弘扬工匠精神，建设质量强市　以创建全国质量强市示范城市为抓手，升级实施“以质取胜、标准引领、品牌带动”三大战略，推动佛山制造向佛山“质”造转变，全年工业产品质量监督抽查综合合格率达95.2%、提高0.6个百分点，推动企业参与制（修）订国际、国家、行业标准总数达1893项，拥有中国驰名商标160件，位居全国地级市首位。

支持民营企业发展壮大，激发企业创新创业创造活力　坚定不移支持民营经济健康发展，推动民营企业做优做大做强做成“百年老店”。高规格召开“佛山·脊梁企业”“佛山·大城企业家”宣传大会，大力弘扬企业家精神。坚持“巩固、增强、提升、畅通”八字方针，制定实施供给侧结构性改革工作方案，巩固“三去一降一补”（去产能、去库存、去杠杆、降成本、补短板）成果。全面落实国家减税降费政策，1—11月，新增减税降费213.68亿元。民营经济发展活力进一步增强，全市主营业务收入超千亿元企业2家，超百亿元企业22家，入围中国民营企业500强7家；净增“四上”企业（指规模以上工业、有资质的建筑业、限额以上批发和零售业、限额以上住宿和餐饮业、房地产开发经营业、规模以上服务业法人单位）2247家，净增规模以上工业企业1268家。

【全面深化改革】 2019年，中共佛山市委部署推进改革重点项目51个，其中承接中央和省改革试点32个，形成国家、省级重大改革攻坚突破，市、区改革协调联动，系统集成推动改革的生动局面。（详见11页《全面深化改革》）

【全面开放新格局构建】 2019年，中共佛山市委抢抓国家、省重大战略机遇，全力推进“双区”（“深入推进粤港澳大湾区建设”和“支持深圳建设中国特色社会主义先行示范区”）建设，充分发挥“双区驱动效应”，纲举目张加快形成全面开放新格局。

深入推进粤港澳大湾区建设　制定出台实施方案和年度工作要点等政策文件，形成近中远期相结合的实施体系，谋划推进粤港澳大湾区重大平台10个、重点项目401个。持续深化与港澳合作，建立完善合作机制，规划建设顺德港澳城，成立佛港澳青年三大交流合作基地，与香港理工大学达成合作办学框架协议，获准设立香港科技大学佛山智能制造研究院，与澳门共建海外泛家居品牌产品展示体验馆。

广佛极点建设取得新进展　深入推进广佛同城化，共同签署同城化战略合作框架协议，合力打造“1+4”广佛高质量发展融合试验区（“1”是“广州南站-佛山三龙湾-广州荔湾海龙”片区作为广佛高质量发展融合试验区先导区，“4”是“南沙-顺德”“荔湾-南海”“白云-南海”“花都-三水”4个试验区片区）。加快建设广佛跨界大型综合体项目，发挥佛山产业优势，与广州共同建设装备制造、汽车、新一代信息技术、生物医药与健康产业集群等4个万亿元级产业集群。加快推进交通等基础设施互联互通，启动编制两市道路衔接规划修编、两市道路交通衔接规划修编，市际轨道交通、路桥互通项目扎实推进。推进基本公共服务互认互通，深化政务服务“跨城通办”，加强广佛跨界河流水环境联防联治，完善社会治理协调机制，共建共享广佛优质生活圈。

全方位谋划加强与深圳的对接合作　研究制定支持深圳建设中国特色社会主义先行示范区的行动方案，提出加快推进交通基础设施互联互通、主动承接深圳创新和产业资源辐射溢出，共同构建世界级先进制造业产业集群。强化与深圳区域协同创新，积极对接广深港澳科技创新走廊，共同打造“基础研究+技术攻关+成果产业化”全过程创新生态链，重点对接深圳5G、人工智能、网络空间科学与技术、生命信息与生物医药实验室等前沿技术，打造支持深圳创新转移转化的“产业基地”。

开展对外交流合作　提升投资贸易便利化水平，出台“外资十条”，复制推广48项自贸区改革经验举措，实际利用外资50亿元，增长6%。国家级外贸转型升级示范基地增至5个，居全省首位。在中国与吉尔吉斯斯坦两国元首共同见证下，佛山市与奥什市缔结为国际友好城市。鼓励佛山企业“走出去”深耕“一带一路”市场，组织1000余家佛山企业参加香港家庭用品展、南非国际贸易博览会、巴西消费电子展等展会，全市对“一带一路”市场进出口总额比上年增长7.7%，高于全市外贸增速。

【“三大攻坚战”工作】 2019年，中共佛山市委落实党中央和省委的决策部署，站在如期兑现党对人民承诺的高度，坚决打好防范化解重大风险、精准脱贫、污染防治“三大攻坚战”。

防范化解重大风险　严格规范地方债务管理，稳步消化压减地方政府债务和隐性债务规模，地方政府债务和隐性债务规模比2018年底下降2.6%，全市政府债务为安全的绿色等级。强化金融风险防范和化解，实现辖区内P2P平台总数、业务总规模、投资人人数“三下降”。进一步规范房地产市场秩序，落实房地产市场调控政策，房地产市场保持平稳健康运行。

高质量完成东西部扶贫和对口支援任务　全年财政投入援建及扶贫资金24.8亿元。全力做好对口凉山扶贫协作工作，对口凉山扶贫协作获全国脱贫攻坚奖组织创新奖。扎实做好对口帮扶湛江、云浮工作，连续3年被评为最高“好”等次。全力组织实施高明革命老区乡村振兴特别帮扶计划，投入4.9亿元谋划一批群众最关心的基础设施建设项目，把高明革命老区加快打造成高质量发展示范区。

解决突出环境问题　严格落实生态环境“党政同责、一岗双责”，切实把环境保护摆在与经济发展、社会稳定、民生改善同等重要的位置去谋划、推动和落实，形成各区、各部门分工负责、齐抓共管的工作机制。严格落实河长制、湖长制，广佛跨界河涌整治国考省考断面水质实现首次达标，得到省人大主要领导的充分肯定。饮用水源水质保持100%达标，获评为省节水型城市。

2019年8月9日，中共佛山市委书记鲁毅率队到凉山彝族自治州考察扶贫协作工作。图为有田友地农业科技有限公司卫城旅游服务站（佛山投资旅游服务项目）考察

（市档案馆供图）

坚决打好大气、土壤污染防治攻坚战，强化大气污染联防联控，加强扬尘、粉尘、废气等治理。

【党的建设事业】 2019年，佛山市委以习近平新时代中国特色社会主义思想为指导，深入贯彻习近平总书记对广东重要讲话和重要指示批示精神，落实新时代党的建设总要求和新时代党的组织路线，结合庆祝中华人民共和国成立70周年和开展“不忘初心、牢记使命”主题教育，全面加强党的领导和党的建设，推动党中央决策和省委部署落地落实，为佛山争当全省地级市高质量发展领头羊提供坚强政治保证。

旗帜鲜明讲政治抓政治　建立完善督办落实台账和工作闭环机制，制定落实《关于进一步营造风清气正政治生态的三年行动计划（2019—2021年）》，召开市委十二届七次、八次全会，对学习贯彻习近平总书记对广东重要讲话和重要指示批示精神，推进粤港澳大湾区建设等进行专题部署，把增强“四个意识”、坚定“四个自信”、做到“两个维护”作为最高政治原则和根本政治规矩，确保佛山各项工作始终沿着正确政治方向前进。

开展“不忘初心、牢记使命”主题教育　把主题教育作为新时代党的建设的重大政治任务，组织全市1.8万多个党组织，927名处级以上领导干部和29万多名党员扎实开展主题教育。集中力量推进专项整治，全市各级领导班子和成员检视问题38287个，解决群众反映强烈的突出问题3669个，市、区领导班子成员牵头化解信访包案172件。

深化拓展基层党建三年行动计划　全面提升“头雁”工程质量，推动村和村改社区党组织书记、村（居）民委员会主任和村级集体经济组织负责人三个职位“一肩挑”比例由20.2%大幅提升至94.5%，其中农村的比例达到97.2%。深入实施基层基础保障工程，推进镇街党校实体化建设，推动基层党组织全面进步全面过硬。

培育锻造忠诚干净担当的高素质干部队伍　突出政治标准选人用人，突出在改革发展一线选拔使用年轻干部，优化双向挂职锻炼制度。开展干部干事创业精气神不足专项整治，强化“三个区分开来”执纪导向。稳妥推进公务员职务与职级并行制度。构建以《佛山市人才发展体制机制改革实施意见》为统领的人才政策体系。

正风肃纪反腐　发挥市狠刹“四风”网络监督平台作用，开展落实中央八项规定及其实施细则精神情况专项监督检查，推行一把手权力清单和负面清单制度，出台《关于防止领导干部利益冲突的暂行规定》。发挥巡察利剑作用，坚定不移“打虎”“拍蝇”“猎狐”，保持惩治腐败高压态势。

严格落实管党治党政治责任　加强党内法规制度建设，将履行执规责任情况纳入领导班子和领导干部考核内容。落实党领导人大、政府、政协、监察机关、审判机关、检察机关、武装力量、人民团体、企事业单位、基层群众自治组织、社会组织等制度。把党建指标单列考核，并作为绩效考核独立系数，凸显党建“杠杆作用”，提高党的建设质量。

【城乡协调发展统筹推进】 2019年，佛山市坚持统筹兼顾、协调发展，加强城市规划建设管理，注重多元共建共治，改善城乡面貌，不断提高形态城市功能品质。

城市规划建设管理加强　全面启动国土空间总体规划编制工作，高标准规划建设东平河水轴线。完成城市治理三年行动计划，实施中心城区城市形态提升三年专项行动，建成人民公园、佛山国际体育演艺中心、樵山文化中心等一批亮点工程。深入实施自然生态文明建设专项规划，推进云勇林场扩面、千亩万亩公园建设、河心岛生态修复等，加快建设大湾区高品质森林城市。推进城市更新，完成“三旧”改造项目68个，完成改造720公顷（1.08万亩）。全力攻坚村级工业园改造，全年完成土地整理超2666.67公顷（4万亩）。

大湾区西部枢纽城市加快建设　抢抓大湾区实施“湾区通”工程机遇，加快构建现代化基础设施体系，适应湾区发展的内联外通、功能完善、衔接顺畅、运作高效的现代化交通大格局初步形成。地铁轨道交通建设加快推进，全球首条商业运营氢能源有轨电车上线。进一步强化佛山西站交通枢纽功能，正式开通佛山西站直达香港高铁。完成“一环”高速化改造，主线接入省高速公路网，基本打通辅道。新打通20条“断头路”，新建公交场站15个，完成中心城区堵点治理27处。

城乡面貌提升　制定实施乡村振兴“1+7+X”（“1”是《中共佛山市委佛山市人民政府关于推进乡村振兴战略的实施意见》、“7”是以七大突出问题为导向的分类行动方案、“X”是若干份配套政策文件）系列政策框架体系，加快推动实现“五个振兴”（乡村产业振兴、人才振兴、文化振兴、生态振兴、组织振兴），努力走好制造业城市乡村振兴道路，在广东推进乡村振兴战略实绩考核中获评“好”的等次。全面启动“百里芳华”乡村振兴示范带建设，打造一条彰显岭南水乡特色的乡村振兴示范带，塑造佛山乡村振兴特色品牌。开展农村“三清理”（重点清理村巷道及生产工具、建筑材料乱堆乱放；清理房前屋后和村巷道杂草杂物、积存垃圾；清理沟渠池塘溪河淤泥、漂浮物和障碍物）“三拆除”（拆除危旧房、废弃猪牛栏及露天厕所茅房；拆除乱搭乱建、违章建筑；拆除非法违规商业广告、招牌等）“三整治”（整治垃圾、整治污水、整治畜禽污染）环境整治行动，全面刷新乡村“颜值”。实施粤菜师傅“1+5”系列工程（围绕建设世界知名“粤菜粤厨名城”这一目标，全面实施“厨出佛山”粤菜师傅培育工程、“寻味佛山”粤菜美食体验工程、“佛味鲜生”优质粤菜食材建设工程、“佛味秀世界”粤菜粤厨走出去工程、“佛游味劲”文旅餐饮融合发展工程5大重点工程），树立佛山“粤菜粤厨”发源地和“世界美食之都”的城市特色形象。

高品质文化导向型名城建设　“文化佛山”三年行动计划收官，创建成为国家公共文化服务体系示范区。加强文物古迹和文化遗产保护修复，办好行通济、秋色巡游等系列传统民俗活动，推动文化艺术创作，有效激发岭南传统文化创新创造力。深化“博物馆之城”建设，举办博物馆文化周，博物馆（美术馆）达216个。成功承办2019年国际篮联篮球世界杯、定向世界杯，文化佛山影响力有效增强。佛山美术馆、音乐厅、展览馆等重大公共文化项目启动建设，公共文化服务网络不断完善。谋划建设粤港澳大湾区影视产业合作试验区，成功举办中国（佛山）大湾区功夫电影周，电竞文创、数字文化产业、民宿产业等加快发展。

【省委“1+1+9”工作部署在佛山得到落实】 2019年，佛山市结合实际谋划十大类55个重点项目，市、区领导牵头推进，使“1+1+9”（第一个“1”指以推进党的建设新的伟大工程为政治保证、第二个“1”指以全面深化改革开放为发展主动力、“9”指扎实推进9个方面重点工作）工作部署在佛山落地落实。“2+2+4”先进制造业产业集群（做大做优装备制造、泛家居2个规模超1万亿元产业集群，做强做精汽车及新能源、军民融合及电子信息2个规模冲5000亿元的产业集群，着力培育智能制造装备及机器人、新材料、食品饮料、生物医药及大健康等4个规模冲3000亿元的产业集群）建设进展顺利，先进装备制造占据珠江西岸“半壁江山”。民营经济发展活力增强，全市主营业务收入超1000亿元企业2家，超100亿元企业22家，入围中国民营企业500强7家。科技创新取得实效，季华实验室引进首位全职院士。仙湖实验室挂牌成立，中科院苏州纳米所佛山研究院、华南高等研究院等新型研发机构落户佛山。

【社会事业平稳健康发展】 2019年，佛山市建立工作专班，健全工作机制，着力防范化解各类重大风险，确保中华人民共和国成立70周年大庆平安祥和欢乐。信访维稳、安全生产、食品药品安全等各项工作平稳有序。纵深推进扫黑除恶专项斗争，始终保持对违法犯罪的高压态势。禁毒示范城市创建工作获国家禁毒办通报表扬。成功扑灭“12·5”高明凌云山森林山火，生动诠释社会主义制度集中力量办大事的优势，在实战中锤炼应对各种风险挑战的能力。深入实施乡村振兴战略，在广东推进乡村振兴战略实绩考核中获评“好”的等次。开展“三沿一口”（沿铁路、沿国省道、沿旅游景区及高速公路出入口）整治，“百里芳华”乡村振兴示范带启动建设。实施粤菜师傅“1+5”系列工程（围绕建设世界知名“粤菜粤厨名城”这一目标，全面实施“厨出佛山”粤菜师傅培育工程、“寻味佛山”粤菜美食体验工程、“佛味鲜生”优质粤菜食材建设工程、“佛味秀世界”粤菜粤厨走出去工程、“佛游味劲”文旅餐饮融合发展工程5大重点工程），“世界美食之都”焕发新活力。高明区入选广东省首批全域旅游示范区。编制完成“一环生态圈”建设规划，生态宜居美丽乡村建设全域推进。广佛跨界河涌整治取得新进展，国考省考断面水质实现首次达标。“文化佛山”三年行动计划收官，创建成为国家公共文化服务体系示范区，成功承办2019年国际篮联篮球世界杯、定向世界杯，举办2019大湾区（佛山）功夫电影周、博物馆文化周。教育发展水平不断提升，卫生强市建设深入推进，成为全省建立健全现代医院管理制度试点城市。对口帮扶湛江、云浮精准扶贫工作扎实推进，援藏援疆深入开展，对口凉山扶贫协作获全国脱贫攻坚奖组织创新奖。

【共建共治共享社会治理格局】 2019年，佛山市坚持以人民为中心的发展思想，注重普惠性、基础性、兜底性，切实办好群众最为关切的“身边事”，努力实现人民安居乐业、社会安定有序。实施积极的就业政策，出台实施“佛山就业九条”，城镇新增就业8.7万人，城镇登记失业率控制在2.28%以内。稳步发展教育事业，新（改、扩）建义务教育阶段学校30所，新增学位3.7万个，普惠性幼儿园占比达78.4%。实施高水平医院建设登峰计划，健全现代医院管理制度，获选成为全省建立健全现代医院管理制度的2个试点城市之一。社会保险体系建设不断完善，企业职工退休人员基本养老金、城乡居保养老待遇享受人员基础养老金、最低生活保障标准、特困人员供养标准等持续提升。推出商业医疗补充保险“平安佛医保”，进一步完善参保人的医疗保障待遇。“法治佛山”建设成效显著，出台《佛山市养犬管理条例》等5部地方性法规规章，在全市9个镇（街道）、48个村（社区）开展示范性公共法律服务站建设，打造“一镇街一法治文化品牌”。（参见27页《“十件民生实事”完成》）

（黄诗琪）

2019年4月2日，佛山市落实省委“1+1+9”工作部署推进会在市机关小礼堂召开
（市档案馆供图）

组　织

【概况】 2019年，佛山组织系统全面落实新时代党的建设总要求和新时代党的组织路线，坚持问题导向，始终把组织工作放到“双区驱动”（“深入推进粤港澳大湾区建设”和“支持深圳建设中国特色社会主义先行示范区”）和高质量发展的大局中思考、谋划、推进，全市党的建设和组织工作取得新进展新成效。

加强高素质专业化干部队伍建设方面：做好机构改革涉及的市管干部调配；加大干部交流及年轻干部培养使用力度；做好援疆援藏及对口凉山扶贫协作人员轮换；结合市委巡察开展选人用人专项检查；对市直和企事业单位进行分析研判；加强干部专业化培训。

强化基层党组织领导核心地位方面：高标准开展“不忘初心、牢记使命”主题教育；落实基层党建三年行动计划，推进村（村改社区）党组织书记通过法定程序担任村（居）委会主任和村级集体经济组织负责人、重要事权清单管理和镇街党校（党群服务中心）实体化建设；推动2.7万名无职党员“亮身份、亮承诺”；整顿软弱涣散村（社区）党组织；推动创建城市基层党建示范点20个；以党建引领乡村善治，南海区织密三级党建网格引领乡村善治经验被中央农办、农业农村部推介为全国首批20个乡村治理典型案例。

提高公务员工作科学化法治化规范化水平方面：做好公务员公开招录、集中选调和选调生招录工作，持续调整优化全市公务员队伍结构；推进公务员职务职级并行工作；调整优化绩效考核指标体系；成立佛山市公务员局公务员申诉公正委员会、事业单位工作人员申诉公正委员会。

提升人才总量质量方面：初步构建以《佛山市人才发展体制机制改革实施意见》为总纲、16份实施细则为支撑的人才政策供给体系；建成“1+5”高层次人才服务专区（1个市级高层次人才服务专区、5个区级高层次人才服务专区），提供优质高效政务、创业和生活等服务，全年组织开展人才活动134场次；对接省人才“优粤卡”，推行“优粤佛山卡”；实现全职院士零的突破；引进博士比2018年数量翻番；硕士研究生总数达2.8万人；竞争性扶持优质人才项目16个，发放扶持资金800万元。

【村（村改社区）党组织书记“三个一肩挑”比例提升】 2019年，佛山市落实农村基层组织工作条例、农村工作条例和省委基层党建三年行动计划，推动村（村改社区）党组织书记通过法定程序担任村（居）委会主任和村级集体经济组织负责人。及时修正与“两个条例”（《中国共产党农村基层组织工作条例》和《中国共产党农村工作条例》）精神不符的制度条款。在全面开展村级换届届中考察的基础上，“一村一策”稳步推进，推动村和村改社区“三个一肩挑”（指村改社区党组织书记、村民委员会主任和村级集体经济组织负责人3个职位“一肩挑”）比例由20.2%大幅提升至94.5%，其中农村的比例达97.2%。

【村（社区）重要事权清单管理】 2019年，佛山市在全市779个村（社区）全面实施10项重要事权清单管理的基础上，将重要事权清单管理推广到村民小组一级。年内，全市614个村（社区）在行政村层面将重要事权清单写入村规民约、居民公约和自治组织、经济组织章程。

【镇街党校（党群服务中心）实体化建设】 2019年，佛山市推进镇街党校（党群服务中心）实体化建设，落实32个镇街党校与党群服务中心机构编制、人员配备，完善师资和教学支持、经费保障机制，建成集党员教育培训和党群服务功能于一体的实体化综合平台，全年轮训基层党员干部41.5万人次。打造“红色讲学线路”，依托30个党员教育基地作为镇街党校的延伸。

【公务员职务职级并行工作】 2019年，佛山市组织学习贯彻新修订的《中华人民共和国公务员法》，实施公务员职务与职级并行工作。6月20日，出台《佛山市实施公务员职务与职级并行制度工作方案》。6月21日，召开动员部署会议，重点解读公务员职务与职级并行制度有关政策法规，并就实施工作做动员和部署。12月4日，印发实施《市直机

佛山市党员教育基地名录

序　号	认定批次	名　称	所属单位
1	第一批	陈铁军故居·铁军公园	禅城区
2	第一批	南海“二七”革命烈士纪念碑	南海区
3	第一批	中共南三花工委旧址	南海区
4	第一批	邓小平纪念展馆	顺德区
5	第一批	西海抗日烈士陵园	顺德区
6	第一批	黄龙村党员教育基地	顺德区
7	第一批	中国人民解放军粤中纵队纪念馆	高明区
8	第一批	“三谭”革命事迹展览馆	高明区
9	第一批	邓培故居·邓培烈士纪念碑	三水区
10	第一批	禅城区南庄镇紫南村	禅城区
11	第一批	南海区里水镇河村社区	南海区
12	第一批	广东瀚天科技城	南海区
13	第一批	广东工业设计城	顺德区

（续 表）

序 号	认定批次	名 称	所属单位
14	第一批	三水区西南商会	三水区
15	第一批	三水工业园区产业社区	三水区
16	第二批	毛泽东同志下榻处	市委市政府接待办
17	第二批	吴勤烈士陵园	市民政局
18	第二批	云勇林场	市农业局
19	第二批	佛山警察历史博物馆	市公安局
20	第二批	罗登贤事迹展览馆	禅城区
21	第二批	廖锦涛故居	禅城区
22	第二批	中共南海县委旧址	南海区
23	第二批	珠江纵队独立第3大队队部旧址	南海区
24	第二批	区梦觉故居	南海区
25	第二批	三洲抗日烈士纪念碑	顺德区
26	第二批	甘竹滩洪潮发电站	顺德区
27	第二批	海信科龙党员教育基地	顺德区
28	第二批	陈定、陈妹革命烈士纪念碑	高明区
29	第二批	三水区革命烈士陵园	三水区
30	第二批	三水区粮食红色展览馆	三水区

关（单位）非市管干部职级晋升工作规程》。年内，完成全市各级机关公务员职级设置方案和公务员职级套转工作，推开公务员职级晋升工作。

【绩效考核指标体系优化】 2019年，佛山市进一步调整优化绩效考核指标体系，发挥绩效考核“指挥棒”作用，激励干部担当作为。把党建考核指标单列考核，并作为绩效考核独立系数，凸显党建“杠杆作用”。重点工作考核指标围绕省委“1+1+9”（第一个“1”指以推进党的建设新的伟大工程为政治保证；第二个“1”指以全面深化改革开放为发展主动力；“9”指扎实推进9个方面重点工作，包括以粤港澳大湾区建设为重点，加快形成全面开放新格局；以深入实施创新驱动发展战略为重点，加快建设科技创新强省；以提高发展质量和效益为重点，加快构建推动经济高质量发展的体制机制；以构建现代产业体系为重点，加快建设现代化经济体系；以大力实施乡村振兴战略为重点，加快改变广东农村落后面貌；以构建“一核一带一区”区域发展新格局为重点，加快推动区域协调发展；以深入推进精神文明建设为重点，加快建设文化强省；以把广东建设成为全国最安全稳定、最公平公正、法治环境最好的地区之一为重点，加快营造共建共治共享的社会治理格局；以打好“三大攻坚战”为重点，加快补齐全面建成小康社会、跨越高质量发展重大关口的短板）工作部署差异化设置，指标数量比2018年精简64%，为基层减负。

【人才政策宣传创新】 2019年，佛山市加大人才政策宣传力度，扩大人才政策宣传的覆盖面和知晓度，提升佛山人才政策影响力。市、区分别组成宣讲团深入企业、园区、高校、人才载体，赴港澳地区宣讲人才政策，与150余个大型骨干企业人员面对面开展政策宣讲。在《佛山日报》开辟“佛山人才故事”专栏，讲好佛山人才故事。发布人才政策宣传片，创新人才政策宣传形式。印发《佛山市人才政策宣传推广工作方案》，建立全市统一的宣传机制，把每月10日设定为“人才政策宣传日”，明确宣传的内容和形式。举办“广东（佛山）博士和博士后人才交流与科技项目对接会”，1200余名博士开展交流和项目对接。

【全市组织部长会议暨市直机关党建工作会议、全市老干部局长会议】 2019年4月1日，佛山市召开全市组织部长会议暨市直机关党建工作会议、全市老干部局长会议，总结2018年工作，部署2019年工作。市委常委、组织部部长杨朝晖出席会议并讲话。会议强调，要围绕粤港澳大湾区建设和高质量发展，推动组织工作在全市工作大局中实现更大的担当作为。会议具体部署6项重点任务：深化习近平新时代中国特色社会主义思想大学习大培训；培养选拔忠诚干净担当的高素质干部；继续深化拓展基层党组织建设三年行动计划；立足粤港澳大湾区建设加快推进人才体制机制改革；坚持底线思维防范化解重大风险；带头破除形式主义、官僚主义，为基层减负。市委组织部部务会成员、各区委组织部部长、市直各有关单位分管组织人事工作负责人等参会。

【全市基层党建暨村（社区）重要事权清单管理现场会】 2019年8月20日，佛山市召开全市基层党建暨村（社区）重要事权清单管理现场会，总结基层党建三年行动计划实施以来的情况，查找工作中存在的问题和不足，研究推动基层党建重点工作，提高党的基层组织建设质量。市委常委、组织部部长杨朝晖出席会议并讲话，副市长乔羽主持会议。与会人员到禅城区张槎街道古灶村、三水区乐平镇新旗村及新旗村大旗头北队村民小组考察落实重要事权清单的做法，到南海区里水镇宏岗村考察构建三级党建网格，加强基层党建的做法。会议对下半年重点工作作部署，要求扎实开展“不忘初心、牢记使命”主题教

2019年8月20日，佛山召开全市基层党建暨村（社区）重要事权清单管理现场会。图为南海区里水镇宏岗村党委书记李汉荣在介绍构建三级党建网格的经验做法

（市委组织部供图）

育；持续深化实施村（社区）重要事权清单管理；合力推进村（村改社区）“三个职位一肩挑”（指村改社区党组织书记、村民委员会主任和村级集体经济组织负责人3个职位“一肩挑”）工作；探索推行三级党建网格工作；推动各领域党建工作全面过硬。市委基层治理领导小组成员单位分管领导及领导小组办公室相关人员，各区委组织部部长、分管副部长，各镇（街道）党（工）委分管党建的副书记、组织委员等参会。

【佛山市人才工作推进会】 2019年11月9日，佛山市召开全市人才工作推进会，总结人才工作取得的成效，部署下一阶段重点工作。市委常委、组织部部长杨朝晖，副市长乔羽出席会议并讲话。会议强调，要深刻把握佛山人才发展的历史机遇，以务实措施推动人才发展再上新台阶。下一阶段，重点推进7个方面工作：加大人才政策宣传力度；健全政策供给体系；坚持简政放权放活；加强区域人才合作；持续加大人才培养力度；完善服务保障体系；加强人才工作统筹。市人社局、市卫健局主要领导及分管领导，市人才工作领导小组成员单位及市直有关单位分管领导，各区委组织部部长等参会。工作推进会上，进行“优粤佛山卡”的授卡仪式，6名高层次人才代表获“优粤佛山卡”A卡，首批30名“佛山名医”称号获得者现场获颁证书。

【《关于对干事创业精气神不足干部落实提醒、诫勉、调整措施工作规程（试行）》印发实施】 2019年12月19日，中共佛山市委组织部印发《关于对干事创业精气神不足干部落实提醒、诫勉、调整措施工作规程（试行）》。该规程分为3部分：加强综合分析研判，明确掌握干部干事创业状态的方法、渠道和干事创业精气神不足的情形；实事求是落实处理措施，明确对干事创业精气神不足的干部，分阶段采取提醒、诫勉、调整进行处理，或根据程度直接按相关规定采取诫勉、调整措施，规范提醒、诫勉、调整的各项具体要求；强化跟踪管理，明确要加大对受调整干部的关心帮助，并对改进明显、实绩突出、表现优秀的及时选拔使用，并明确适用范围等。

【《佛山市市管企业领导人员管理办法（试行）》印发实施】 2019年10月23日，中共佛山市委组织部印发《佛山市市管企业领导人员管理办法（试行）》，明确总则、职位设置、任职条件、选拔任用、考核评价、薪酬与激励、管理监督、培养锻炼、退出、附则等10章68条规定，覆盖市管企业领导人员管理的全过程和各环节。该办法为坚持和加强党对国有企业的全面领导，完善适应中国特色现代国有企业制度要求和市场竞争需要的选人用人机制，建设对党忠诚、勇于创新、治企有方、兴企有为、清正廉洁的高素质专业化市管企业领导人员队伍，做好市管企业领导人员管理工作提供基本遵循。

2019年11月9日，佛山市人才工作推进会上，6名高层次人才代表获颁“优粤佛山卡”A卡

（市委组织部供图）

【佛山市中小学校党建“十五条”印发实施】 2019年11月15日，中共佛山市委“不忘初心、牢记使命”主题教育领导小组、市委组织部、市教育局党组联合印发《关于加强佛山市中小学校党的建设工作的若干举措》，明确5类15条具体措施，发挥中小学校党组织的战斗堡垒作用，健全完善中小学校党建工作管理体制、加强中小学校党组织规范化建设、提升中小学校党组织组织力、加强对中小学校党建工作的领导。并以附件形式研究提出关于加强佛山市民办学校党的建设工作10条举措。

（霍展华）

宣　传

【概况】 2019年，佛山市宣传思想文化系统坚持以习近平新时代中国特色社会主义思想为指导，围绕庆祝中华人民共和国成立70周年这一主线，自觉承担起举旗帜、聚民心、育新人、兴文化、展形象的使命任务，着力做大做强理论舆论，厚植厚培文化文明，加快高质量文化导向型名城建设，为佛山经济社会发展提供思想保证、舆论支持、精神动力和文化条件。强化理论学习中心组学习，市委理论学习中心组开展专题学习31场次，带动全市各处级党委（党组）理论学习中心组开展专题学习2000多场次。建立市、区百姓宣讲团，开展“百人千场万人次”“我和我的祖国”百姓宣讲活动，全年开展宣讲1000多场次。加强对外宣传，佛山市在省级以上主流媒体重点报道5760余篇（条），中央主流媒体报道近2000篇（条）。强化打造“网络护城河”，实施“网络传播提升工程”，构建以“纷享佛山”网络正能量平台为主阵地的网络正能量传播体系，营造风清气正的网络空间。印发《关于“创建文明城市与优化营商环境有机结合　着力提升城市文明程度和服务水平”的实施意见》，推进新时代文明实践中心建设，持续创建全国一流文明城市。以文化导向型城市为引领建设“文化佛山”，全力创建粤港澳大湾区影视产业合作试验区，成功创建国家公共文化服务体系示范区。

【理论学习宣讲宣传】 2019年，佛山市以学习贯彻习近平新时代中国特色社会主义思想为核心课题，深化理论学习、理论宣讲宣传和理论研究。将学习贯彻习近平新时代中国特色社会主义思想作为首要政治任务，强化理论学习中心组学习，严格落实“第一议题”学习制度。佛山市委理论学习中心组开展专题学习31场次，带动全市各级理论学习中心组开展专题学习2000多场次。建立理论学习中心组学习旁听制度，以督导压力强化学习动力。

形成“两周刊一专刊一网站”（《学习周刊》、《佛山日报》的《理论周刊》、《学习专刊》和“学习进行时”专题网站）学习平台。以传播新思想、引领新实践的舆论高地，学习交流、观点碰撞的理论阵地，资政辅政、决策参考的地方媒体型智库为定位，创设《佛山日报》的《理论周刊》，全年推出25期，发稿225篇（33万余字）；依托佛山新闻网开设“学习进行时”专题网站；编辑《学习周刊》《学习专刊》，全年分别推出41期和6期，为全市党员干部提供新鲜、权威、管用的学习资料和资政参考。编印《粤港澳大湾区发展规划纲要学习手册》，成为全市党员干部易学易用的便携式“口袋书”。

成立全市“学习强国”学习平台推广使用工作小组及办公室，有超30万名党员干部群众注册上线学习平台。开展全市党支部“学习强国”学习平台知识竞赛，依托学习平台开展党日活动，推动学习平台进景区、社区、村，知识竞赛全市6000多支队伍直接参赛，参与人数近8万人。同时，抓好“学习强国”学习平台供稿选题策划，抓好供稿体系建设，抓好供稿的“时度效”，抓好采用稿件的二次传播。全年佛山市被“学习强国”学习平台全国平台采用稿件466篇（条），被“学习强国”广东学习平台采用稿件2501篇（条），稿件采用量位居全省前列。在“学习强国”学习平台全国平台“我爱我的祖国”微视频、摄影作品大奖赛中，佛山市在全国平台展播作品50篇（条），3篇（条）获奖，展播和获奖作品数量均位列全省第一。在广东乡村微视频大赛中，佛山市605篇（条）稿件在“学习强国”广东学习平台展播，数量居全省第一。

组织开展《习近平新时代中国特色社会主义思想学习纲要》、党的十九届四中全会精神、《粤港澳大湾区发展规划纲要》、形势政策报告会等重大主题宣讲。开展“百人千场万人次”“我和我的祖国”百姓宣讲活动，组建市、区两级百姓宣讲团，实施“基层宣讲能人”培养计划，全市选拔基层宣讲能人100人。全市108名百姓宣讲员全年开展百姓宣讲1000多场次，参与宣讲近万人次，把党的“好声音”唱响到基层每个角落。以“我和我的祖国”为主题，编撰出版《身边的感动——佛山市百姓宣讲员代表故事精粹》书籍。组织开展佛山市“不忘初心、牢记使命”主题教育先进事迹报告会。

持续深入开展大学习、大讨论活动，推动全市进一步凝聚共识、形成合力，助推高质量发展。与中央宣传部《时事报告》杂志社合作开展佛山民营企业发展调研，调研成果以1个封面、2个彩色整版和8个版专题报道在《时事报告》杂志刊登。组织开展“争当领头羊——佛山迈向高质量发展对标调研”，推出一组走读报道、一组深度观察报道、一组高端权威专家学者访谈、一组内参、一篇《南方日报》头版报道等“十个一”系列成果。组织开展“坚持马克思主义在意识形态领域指导地位的根本制度”“高校意识形态安全”“防范化解网信领域重大风险”等专题调研。编辑出版《佛山历史文化丛书》第四辑。

【主流媒体关注报道】 2019年，佛山市受到境内外主流媒体关注和报道，省级以上主流媒体关于佛山的重点报道5760余篇（条）。中央主流媒体报道近2000篇（条），其中中央电视台近300条、《人民日报》180余篇（含海外版）、新华社100余篇（含《新华每日电讯》）、《经济日报》近100余篇。省级主流媒体报道逾3700篇（条）。凤凰卫视、《香港商报》《文汇报》《大公报》等媒体报道

230余篇（条）。中央电视台专题栏目2次聚焦佛山。其中：中央电视台财经频道《对话》栏目推出喜迎国庆特别策划——“中国产业地标”系列节目，佛山作为第一个产业地标城市亮相，展现佛山坚守实体经济的定力和信心，彰显佛山深厚的制造业基因、坚韧的企业家精神和不懈的改革探索；中央电视台财经论坛围绕“高质量发展”，专访佛山市市长朱伟及佛山企业家代表。2019年春节期间，中央电视台7次报道佛山年俗盛况。

【媒体融合向纵深发展】 2019年，佛山市建成全媒体指挥中心并进入试运行阶段，成为整合资源、内外融合的“大脑中枢”，借助人工智能和大数据技术，在重大时政或重要事件报道中，实现实时、动态、全过程的指挥。举行高明区融媒体中心建设成果汇报会，以“引导群众，服务群众”为宗旨，以互联网化、平台化为方向，以技术为支撑、移动优先为先导，再造集约型组织架构和一体化生产流程。佛山日报社以融媒体中心建设为契机，推动“佛山+”成为媒体融合主平台；佛山电视台积极转型，推出“醒目视频”应用程序（APP）；佛山电台“花生FM”应用程序（APP）下载量突破700万人次、“畅驾”应用程序（APP）下载量突破80万人次，成为佛山网络宣传的主阵地。

【“大爱佛山”建设】 2019年，佛山市进一步健全“及时点赞”+“媒体宣传”+“定期分享”+“常态展示”+“制度关爱”工作机制，传播群众身边的真善美，弘扬社会正能量。完善随时随地点赞好人、每季度命名一次“最美佛山人”、每年度命名一次“佛山好人”的工作机制。创设点赞证书，及时对各类好人好事给予肯定和宣传，让佛山人身边的每一件好事都得到传播和弘扬。全市媒体宣传社会正能量，在佛山电视台《小强热线》栏目设立“点赞”版块，赞好人、说善事。定期宣传“最美佛山人”“佛山好人”“新时代好少年”“佛山新乡贤”“传播正能量致敬单位”，让好人事迹、好人精神在全社会广泛弘

2019年佛山市入选“中国好人”名单（6人）

序号	姓名	时间
1	梁志豪	2019年1月入选中国好人榜（助人为乐）
2	郭伟健	2019年5月入选中国好人榜（助人为乐）
3	李源青	2019年7月入选中国好人榜（见义勇为）
4	蔡结容	2019年8月入选中国好人榜（诚实守信）
5	吴惠萍	2019年9月入选中国好人榜（敬业奉献）
6	伍庭光	2019年12月入选中国好人榜（助人为乐）

2019年佛山市入选“广东好人”名单（9人）

序号	姓名	时间
1	蔡结容	2019年第一季度入选广东好人榜（诚实守信）
2	郭伟健	2019年第一季度入选广东好人榜（助人为乐）
3	万雯辉	2019年第二季度入选广东好人榜（助人为乐）
4	李源青	2019年第二季度入选广东好人榜（见义勇为）
5	区成国	2019年第三季度入选广东好人榜（助人为乐）
6	胡碧洪	2019年第三季度入选广东好人榜（见义勇为）
7	关婉飞	2019年第四季度入选广东好人榜（助人为乐）
8	陆伟强	2019年第四季度入选广东好人榜（见义勇为）
9	张庆绍	2019年第四季度入选广东好人榜（见义勇为）

2019年“佛山好人”名单

一、助人为乐	
叶石兵	佳成尚味（广东）膳食管理有限公司董事长
罗　健	佛山市第一人民医院禅城医院医生
丁元林	佛山海关驻顺德办事处法制科科长
李明中	佛山市明恒阳建筑材料有限公司董事长
梁艳芳	高明区超然社会工作服务中心理事长
二、见义勇为	
钟晓棠	中国银行顺德分行勒流支行业务经理
三、诚实守信	
钟道仁	南海区叠滘比麟堂会长
周景雄	中国农业银行佛山三水支行个贷中心客户经理
四、敬业奉献	
梁慕嘉	佛山市公安局刑警支队六大队三级警长
叶荣林	佛山市救助管理站医务股股长
蒙文德	禅城区石湾镇街道陶瓷博物馆文物顾问
李可龙	佛山市消防支队禅城区大队二中队中队长助理

（续　表）

四、敬业奉献	
汤超恒	南海区里水森林防火队队长
周少伟	南海区西樵镇民乐小学党支部书记、校长
何劲和	顺德区大良街道新松社区居民
李英全	三水区白坭镇人力资源和社会保障局劳动仲裁员
五、孝老爱亲	
霍少妹	禅城区南庄镇吉利村村民
潘容和	禅城区南庄镇紫南村村民
夏荣群	顺德区龙江镇苏溪小学校长
黄正全	高明区人民政府行政服务中心办事员

2019年“最美佛山人”名单

时　间	姓　名
2019年第一季度	陈瑞冰（助人为乐）、陈永雄（助人为乐）、陈业增（助人为乐）、罗师媛（助人为乐）、林敏华（助人为乐）、（梁庆甜、梁广森、梁超华、梁以祥）（见义勇为）、叶荣东（见义勇为）、陈演志（诚实守信）、梁慕嘉（敬业奉献）、黄少明（敬业奉献）、易沛钊（敬业奉献）、李可龙（敬业奉献）、童兰芬（敬业奉献）、赵京兰（孝老爱亲）、霍少妹（孝老爱亲）
2019年第二季度	彭亚中（助人为乐）、区成国（助人为乐）、肖长华（见义勇为）、赖华明、谭三珠、老国显（见义勇为）、钟道仁（诚实守信）、沈良发（敬业奉献）、周少伟（敬业奉献）、郭振华（敬业奉献）、张志勇（敬业奉献）、陆兆基（敬业奉献）、程丽红（敬业奉献）、徐　胜（敬业奉献）、廖宝桃（孝老爱亲）、潘容和（孝老爱亲）、严惠群（孝老爱亲）
2019年第三季度	丁元林（助人为乐）、叶石兵（助人为乐）、罗　健（助人为乐）、黄剑明（助人为乐）、区荣德（见义勇为）、胡碧洪（见义勇为）、张庆绍（见义勇为）、蒙文德（敬业奉献）、孙勇兵（敬业奉献）、何汝秀（敬业奉献）、徐　峰（敬业奉献）、罗晓东（敬业奉献）、徐三女（孝老爱亲）、夏荣群（孝老爱亲）、黄正全（孝老爱亲）
2019年第四季度	黄秀玲（助人为乐）、廖师华（助人为乐）、钟晓棠（见义勇为）、陆伟强（见义勇为）、潘海亮（见义勇为）、周景雄（诚实守信）、叶荣林（敬业奉献）、苏元济（敬业奉献）、朱沛霖（敬业奉献）、段成华（敬业奉献）、汤超恒（敬业奉献）、何劲和（敬业奉献）、夏锦能（敬业奉献）、李英全（敬业奉献）、钱永权（孝老爱亲）

扬。建设“佛山好人馆”，多维度集中展示佛山1000多位道德模范和身边好人的感人事迹、心路历程、精神品格。

是年，佛山市出台《佛山市道德模范礼遇帮扶办法》，成立“佛山好人联盟”，设立“致敬好人日”，为“好人有好报”提供坚实体制机制保障。在“‘美丽佛山、一路向前’——佛山50公里徒步”活动出发仪式上发布爱心徒步、“致敬好人日”倡议，提出将每年3月最后一个星期六定为“致敬好人日”，并成立“佛山市文明办好人基金”，发起社会募捐，徒步当天募集善款约13万元。全年帮扶和慰问困难道德模范等先进模范380人次，落实帮扶资金98万元。全年组织推荐宣传活动4场次，产生“佛山好人”20人、“最美佛山人”60人（组）、佛山“新时代好少年”15人、“佛山新乡贤”6人、“传播正能量致敬单位”6家，开展大型事迹分享活动3次。全年推荐“中国好人”候选人34人，入选6人；推荐“广东好人”候选人32人，入选9人。年内，佛山市见义勇为救人英雄李源清、捐献器官救助6人的郭建伟及其家人，以及“诚信流浪老人”等先进事迹被新华社、《人民日报》等主流媒体宣传报道。

【未成年人思想道德教育】 2019年，佛山市召开未成年人思想道德建设工作会议。实施《“新风养正”——佛山市育新人行动计划（2019—2022年）》，抓好“一个创建”（文明校园创建）、“两个阵地”（学校少年宫、未成年人活动阵地）、“三个一百计划”（空中百校巡展、百场美德人物宣讲进校园、百场家庭教育大讲堂进农村和社区）、“四大工程”（家庭教育普及工程、“160工程”、先进典型培育工程、儿童关爱工程）、“四大主题活动”（“扣好人生第一粒扣子”主题教育实践活动、特色校园创建活动、朝阳读书活动、红领巾文化节）。开展“我们的节日·清明”祭英烈、童心向党歌咏、向国旗敬礼、优秀童谣展演、“我心中的榜样”征文等活动和“传承红色基因　坚定文化自信”社会主义核心价值观主题教育系列实践活动1000多场（次）。以全覆盖的“文明校园”创建为根本，形成学校精神文明建设常态化机制，把培育和践行社会主义核心价值观贯穿教学全过程、融入校园建设各方面。发挥榜样示范引领作用，入选省级“新时代好少年”2人、“最美南粤少年”7人、“佛山市新时代好少年”15人、“佛山市小当家”15人。实施“家庭教育普及工程”，宣传普及家庭教育理念，擦亮“全国规范化家长学校实践基地”品牌，建好用好家庭教育指导中心，将科学的家庭教育理念、优良的家风家训传播到千家万户。凝聚学校、社区、“五老”（老干部、老战士、老专家、老教师、老模范）队伍、群团组织、志愿者等多方合力，形成全社会共同关爱未成年人的浓厚氛围。开展“明天计划”“向阳计划”“福彩育苗”计划、“爱在暖冬”等系列关爱活动60多场次。

【新时代文明实践中心建设】 2019年，佛山市印发《建设新时代文明实践中心试点工作实施方案》，在抓好顺德区作为省级新时代文明实践中心试点的基础上，同步部署禅城区、南海区、高明区、三水区等4个区一体推进，实现全市5个区实践中心、32个镇（街道）实践所全覆盖。结合美丽文明村居建设，在全市285个村（社区）建设实践站。是年，佛山市形成市级文明实践活动品牌，在全市开展“讲起来、学起来、唱起来、舞起来、诵起来、拍起来”系列活动，组织吸引广大市民参与到全市新时代文明实践热潮中，开展新时代文明实践活动、巡演活动近1500场次。在新时代文明实践中心的统筹下，全市基层图书馆、文化馆、博物馆、科技馆、宗祠古庙、红色遗址、核心价值观公园、文体广场、志愿V站、党群服务中心、综合性文化服务中心等一大批阵地资源得到充分活化、有效利用。各级党政部门、各类社会组织、民间力量积极参与，形成凝聚群众、教育群众的强大合力。以新时代文明实践中心（所、站）建设推动志愿服务大发展，全市组建新时代文明实践志愿服务队近600支，注册志愿者达96.7万人。

2019年8月8日，佛山网络正能量指数发布会在佛山新闻中心举行
（市档案馆供图）

【网络空间建设管理】 2019年，佛山市强化打造“网络护城河”，加强互联网内容建设，建立网络综合治理体系，实施“网络传播提升工程”。构建以“纷享佛山”网络正能量平台为主阵地、以佛山网络正能量指数为主支撑、以“网信佛山”“佛山网讯”等融媒体为主窗口的网络正能量传播体系，相关经验2次获中央网信办关注推广。组织开展“六个十”［十大网络正能量活动（事件、项目）、十大网络创意作品、十大网络榜样力量、十大网红地标、十大互联网党建先锋及十大网络正能量传播单位］网宣总结宣传活动，推出第四届“五个一百”（百名网络正能量榜样、百篇网络正能量文字作品、百幅网络正能量图片、百部网络正能量动漫音视频作品、百项网络正能量专题活动）全国网络正能量精品的《援疆行动》《温度》等一大批“现象级”网宣品牌、精品项目。成立“净网·同心”网络志愿服务队，打造网络举报、舆情直报、网络传播功能“一体化”、管理“圈层化”的网络有生力量。是年，佛山市构建“1个互联网行业党委+25家网络社会组织+90家重点网络企业”的互联网党建同心圆。组建网络安全应急支撑专家队伍，组织有关单位运用实训平台，模拟攻防自身单位系统，提升网络安全保障防御能力。筹建等级保护评级专家库，组织开展等级保护2.0网络安全培训，推进网络等级保护工作。

【“文化佛山”建设】 2019年，佛山市文艺节目频上高端平台，选送的《百狮报喜贺新春》节目登上2019央视春节联欢晚会，这是南狮首次以节目主角身份在中央电视台春节联欢晚会主会场表演，也是佛山醒狮5年来第四次登上春晚舞台。佛山醒狮队节目参与在天安门广场举行的庆祝中华人民共和国成立70周年联欢活动，通过中央广播电视总台向全球实时直播。全国首个央视中秋晚会分会场晚会在佛山举办。

是年，佛山市全力创建粤港澳大湾区影视产业合作试验区。落实《粤港澳大湾区发展规划纲要》，建设南方影视中心，搭建粤港澳三地影视文化产业交流合作平台，为粤港澳大湾区影视产业合作发展提供试验范例。形成《佛山市建设粤港澳大湾区影视产业合作试验区实施方案》。引进珠影星光城等文旅项目，289米艇头Park文创园、佛山影视梦工场等影视产业园区快速聚集和发展，管虎工作室、杨争光工作室、青春未来影视（佛山）有限公司等知名影视企业进驻。举办第十九届秋季全国院线国产影片推介会，为佛山影视企业发展搭建国家级交流平台。

是年，佛山市文艺精品创作有新成果。《佛山市文艺精品专项扶持实施意见》等系列政策出台，配备文艺精品专项资金3000万元。2019年文艺精品专项资金扶持38个项目约1010.4万元，影视专项扶持资金扶持36个项目约1446万元。引进香港国艺、精鹰传媒等龙头企业，集聚影视产业园区10个。电影《梦想之城》、电视剧《索玛花开》、话剧《穷孩子富孩子》等5件作品获省“五个一工程”奖，数量位居全省地级市第一。有24件作品入选第十二届全国美展。《梦想之城》全国首映式在北京人民大会堂成功举行。影视作品《左滩》《过昭关》获2019年度国家电影局电影精品专项资金资助。佛山市参与联合投资的首部4K全景声粤剧电影《白蛇传·情》获海南岛国际电影节最佳技术奖。佛山投资的扶贫电影《南哥》(海外名为《平民英雄》)获第四届意大利中国电影节最佳影片。佛山企业立项制作的电影《天火》亮相戛纳国际电影节，国内票房破亿元。

是年，佛山市成功创建国家公共文化服务体系示范区，以全国第三、东部地级市第一名成绩通过示范区创建终期验收。制定《佛山市公共文化服务体系高质量发展行动计划》，进一步巩固深化示范区创建成果。截至年底，“博物馆之城”建设71个重点项目启动65个。“文化佛山”三年行动完成投资459.87亿元。

【2019中国(佛山)大湾区功夫电影周】2019年12月17—21日，佛山市举办2019中国(佛山)大湾区功夫电影周，这是《粤港澳大湾区发展规划纲要》颁布后，首次以大湾区名义举办的电影盛会。电影周包括开幕式、影展活动、论坛活动、闭幕式四大主体活动和飞鸿馆启用仪式、大湾区影视产业招商展示服务中心建设及启动仪式、大湾区功夫电影70年海报展等九项特色活动。开幕式聚焦粤港澳大湾区人文湾区特色，围绕“光影英雄梦”的主题，以经典功夫电影音乐为主线，打造佛山首次大型实景交响音乐会。广东省委常委、宣传部部长傅华出席开幕式并宣布电影周开幕。香港著名演员甄子丹担任电影周形象大使。电影周主题影展活动包括经典功夫(动作)电影单元、功夫(动作)动漫电影单元、“一带一路”沿线国家动作电影单元和佛山光影系列电影单元和甄子丹电影单元共五大单元。高峰论坛分为六大分论坛，包括开幕式论坛、大湾区功夫电影融合发展主题论坛、数字技术及功夫动漫电影发展论坛、电影版权运营新趋势主题论坛、中外动作电影比较主题论坛以及功夫动作演员人才培养主题论坛，40名有分量的嘉宾共聚佛山，发表主题演讲或参与互动讨论，论道新时代功夫电影发展，把脉粤港澳大湾区建设背景下影视产业新动向。释小龙、张晋、卢奇、杨盼盼、黄百鸣、陈国坤、钱嘉乐、王晶、袁和平等纷纷亮相电影周闭幕式红毯环节。12个奖项在闭幕式上揭晓。张晋、文咏珊凭借在电影《叶问外传：张天志》《狂兽》中的精湛表演分别获评优秀男演员、优秀女演员，林超贤凭借电影《红海行动》获评优秀导演，电影《叶问外传：张天志》获评优秀功夫(动作)电影，电影《狄仁杰之四大天王》获推委会特别表彰。

【2019秋季·第十九届全国院线国产影片推介会在佛山举行】2019年9月24—27日，由全国电影院线共同主办的2019秋季·第十九届全国院线国产影片推介会在佛山市举行。全国各地片方、影管公司、发行公司、服务商及全行业各方合作伙伴600多人与会。《我和我的祖国》《中国机长》《攀登者》《解放了》等一大批优质的主旋律影片在该届推介会开幕式上首次亮相。《限期破案》《被光抓走的人》《古董局中局》等一大批备受业界瞩目的高水准国产商业片也在推介会上集中亮相。推介会开幕式上，南方影视中心向全国电影人作招商推介。电影行业精英就粤港澳大湾区影视产业合作新机遇进行研讨。与会的电影出品公司负责人、制作公司负责人、导演、制片人等赴佛山影视基地和岭南特色古村实地参观、调研、采风，为影视作品在佛山选景、拍摄等牵线搭桥。

(雷郎才)

统一战线工作

【概况】2019年，中共佛山市委统一战线工作部以开展“不忘初心、牢记使命”主题教育为抓手，始终把思想政治建设摆在首位，夯实统一战线共同思想政治基础。采取多种形式组织统一战线成员深入学习贯彻习近平新时代中国特色社会主义思想，举办宣讲报告会5场次，500多人次参加。组织到“三谭”(谭平山、谭植棠、谭天度)革命事迹展览馆、佛山法纪教育基地等开展革命传统和法纪教育，重温入党誓词，引导党员干部凝心聚力、积极作为。是年，中共佛山市委将统战工作纳入重要议事日程，市委常委会专题研究统战工作10多次，主要领导到基层开展专题调研，带头做好统战工作。构建大统战工作新格局，建立健全统战部部长联席会议制度，加快构建“1+N+X”(1个镇街总商会党委，N个会员企业支部，X个联合支部)非公党建新格局，班子成员围绕构建大统战工作格局等8个课题深入调研，推动中央关于统战工作的重大决策部署在佛山落地生根。理顺统战工作体制机制，市委统战部统一管理民族宗教、侨务工作，归口管理市委台港澳办，探索工商联商会改革发展，为促进统战工作发展提供坚强组织保障。是年，市委统战部推进统战理论研究工作，1篇调研文章获全省统战理论政策研究创新成果二等奖、3篇调研文章获优秀奖。全年编发《佛山统战信息》178期，在媒体发布信息200多条。

【多党合作和政治协商制度落实】2019年，中共佛山市委统一战线工作部协助市委制定实施佛山市2019年政党协商计划，召开党外人士民主协商会、民主党派负责人座谈会，促进党外人士参政议政工作。围绕中共广东省委“1+1+9”(第一个“1”指以推进党的建设新的伟大工程为政治保证、第二个“1”指以全面深化改革开放为发展主动力、“9”指扎实推进9个方面重点工作)工作部署和市委十二届七次全会部署要求，充分调动民主党派、无党派人士建言献策积极性。在2019年市“两会”(人大会、政协会议)期间，市各民主党派提交提案议案302件，创六年来新高，为市委、市政府科学决策提供重要参考。市民主党派分别围绕氢能产业、广佛同城2个专题开展“同心”联合调研，调研成果获市委主要领导的肯定和批示，市政府组织相关部门召开意见分析反馈会，研究落实措施，促进民主党派调研成果的转化和运用。创新民主监督形式，构建党外人士与市法院、检察院工作交流机制。推动民主党派开展制度建设年活动，支持民盟、民进、农工党市委会成立内部监督委员会，为民主党派履职尽责创造条件。

【民族宗教工作】2019年，中共佛山市委统一战线工作部继续推动民族宗教工作服务社会治理，促进社会和谐稳定。牵头举办以“同唱一首歌·共圆中国梦——‘我和我的祖国’”为主题的文艺演出活动，庆祝中华人民共和国成立70周年。设立禅城、南海、顺德3个少数民族进城务工人员语言文化政策培训点，授课120课时，培训少数民族人员近2000人次。组织男、女龙舟队代表广东省参加全国少数民族运动会，获5枚金牌、7枚银牌，获省委领导肯定和省民宗委表扬。是年，市委统战部还推荐李国玉当选全国民族团结进步模范个人、举办基督教中国化方向培训班、开展宗教活动场所安全生产大检查、推进民间信仰管理试点工作等。

【非公有制经济领域统战工作】2019年，中共佛山市委统一战线工作部推动市工商联开展“企业暖春行动”，走访企业30余家，联合举办第二届中国制造论坛、2019佛山企业走进东非投资贸易经验交流会，继续开展“品质革命”专项行动，形成意见建议60余条，支持“非公”企业发展。在遵义市举办佛山市商协会负责人培训班，广泛宣传佛山企业家精神。弘扬“爱国、敬业、创新、守法、诚信、贡献”的优秀建设者精神，树立宣传新时代优秀建设者典型。是年，张伟明获评第五届全国优秀中国特色社会主义事业建设者，张铁伟等6人获评第五届全省优秀中国特色社会主义事业建设者。

【新的社会阶层人士统战工作】2019年，中共佛山市委统一战线工作部探索建立新的社会阶层人士统战工作长效机制，打造广东新媒体产业园等一批实践创新基地，举办创新创业路演、政策解读、文体活动等100多场次，新阶层人士等统一战线成员近3万人次参与。打造“汇智·聚力”大讲堂品牌活动，以分享和互动的轻松形式，为会员提供学习交流的平台。赴成都市组织开展“跟党迈进新时代·同心共筑中国梦”学习实践活动，广泛团结新阶层人士。实现区级新阶联组织全覆盖。

【港澳台统战工作】2019年，中共佛山市委统一战线工作部接待港澳乡亲社团、专业人士团组33批次3000余人次，拜会香港中联办领导、探访港澳重点乡亲、荣誉市民、社团职首70余人次。举办新春团拜座谈会，海联会年会、佛港澳台青年经济交流会等大型活动，促进佛港澳交流合作。组织63名佛港澳台青年赴浙江大学开展“第七期佛港澳台青年菁英国情考察活动”，构建四地青年交往平台，增强港澳台青年对祖国和家乡的认同感，拓展港澳统战工作。

2019年12月27日，佛山市新的社会阶层人士联合会举行2019年会员大会暨汇智·聚力大讲堂活动。图为发布市新阶联主题歌——《新阶联 新力量》（市委统战部供图）

【党外代表人士队伍建设】2019年，佛山市将党外代表人士的发现储备、培养教育、选拔使用和管理纳入全市干部“一盘棋”，举办党外领导干部等各类培训班2期次，参加培训80人次，为党外代表人士加速成长创造有利条件。推进十二届市政协委员的调整工作，全年增补政协委员35人（其中常委5人）、辞免政协委员11人（其中常委2人）、撤销政协委员1人。

【佛山海外联谊会举行庆祝中华人民共和国成立70周年暨第七届理事会第三次理事大会】2019年10月22日，佛山海外联谊会庆祝中华人民共和国成立70周年暨第七届理事会第三次理事大会在香港举行。中共佛山市委书记鲁毅、香港中联办港岛工作部部长刘林、广东省委统战部常务副部长郭汉毅、佛山市政协主席熊志翔等出席会议。市委常委、统战部部长、佛山海外联谊会会长李政华作佛山海外联谊会2019年度工作报告。佛山海外联谊会在第七届理事会带领下，始终坚持无私奉献、联系内外、服务会员特色，坚守爱国、爱港、爱澳、爱乡立场，发扬创会精神，致力团结乡亲贤达，参与各项社会活动，取得成效。

【佛山市民主党派赴四川、重庆开展主题教育活动】2019年12月11—16日，中共佛山市委常委、统战部部长李政华率市民主党派赴四川省、重庆市调研考察，开展“不忘合作初心，继续携手前进”主题教育活动，市各民主党派负责人等20多人参加活动。调研组考察中国民主党派陈列馆、彝海结盟纪念馆、佛山援建新村等，慰问在凉山彝族自治州扶贫的民主党派成员，并参加佛山市帮扶凉山州喜德县医疗超声设备捐赠暨远程会诊援建项目启动仪式。该援建项目牵头人为佛山市民主党派成员，旨在为当地医院提供远程医疗专家诊断服务，形成一套完整的医疗帮扶与培训体系，项目合作期为4年，总投入380多万元。

【佛山市新阶联2019年会员大会暨“汇智·聚力”大讲堂活动】 2019年12月27日，佛山市新的社会阶层人士联合会举行2019年会员大会暨“汇智·聚力”大讲堂活动，市委常委、统战部部长李政华出席会议，市新阶联会长黎干通报市新阶联2019年工作情况并部署2020年会务工作。会议要求市新阶联要进一步加强新的社会阶层人士代表队伍建设，团结带领新的社会阶层人士坚定不移跟党走；要不断丰富实践创新基地建设形式和内容，多举办党委政府满意、社会欢迎、会员欢迎的特色活动；要充分发挥新的社会阶层人士积极性、专业性和智力优势，为佛山参与粤港澳大湾区建设、制造业转型升级、优化营商环境等贡献新的智慧力量。会议还发布市新阶联会歌——《新阶联 新力量》，并邀请广东国际战略研究院李青作“新时代·新经济·新动能”主题演讲。

【佛港澳青年融创基地等三大佛港澳交流合作基地揭牌】 2019年12月21日，佛港澳青年融创基地、禅港澳青年交流基地、国际青年发展联盟佛山基地同时在佛山市禅城区岭南天地简氏别墅揭牌，全国政协副主席梁振英，中共佛山市委书记、市人大常委会主任鲁毅，市委副书记、市长朱伟等出席揭牌仪式。三大基地的挂牌标志着佛山市有了服务港澳青年的总平台，基地将面向佛港澳青年开展经贸交流、产业合作、文体旅游、教育交友、参观考察、见习实习、公益服务等融合交流活动，双向对接高素质青年人才和优质企业资源，搭建青年创新创业和就业服务体系。

（陈海雁）

机构编制

【体制机制重点领域专项改革】 2019年，中共佛山市委机构编制委员会办公室继续深化重点领域专项改革，推进机构编制资源发挥更大作用。

重大发展平台管理体制机制建立健全 按照“市统筹、区建设、共分享”的体制，构建三龙湾管理体制机制，在中德工业服务区管委会加挂三龙湾高端创新集聚区管委会牌子，印发管委会和禅城片区、南海片区、顺德片区3个片区建设局的机构编制文件，同步调整所属事业单位。优化佛山国家高新技术产业开发区“一区五园”管理体制机制，印发管委会和园区管理局机构编制文件，同步调整所属事业单位。

乡镇（街道）体制改革推进 佛山市委编办多次开展专题调研，深入10个镇（街道）听取意见，多次组织各区模拟推演，形成乡镇（街道）体制改革专题调研报告和初步方案。在省委常委、组织部部长张义珍赴佛山市调研座谈期间，向省提出改革意见建议。加强镇（街）党群服务，设立镇（街道）党校（党群服务中心）。

经济发达镇行政体制改革试点 出台市、区两级经济发达镇改革试点实施方案，在南海区狮山镇、顺德区北滘镇设立镇综合行政执法局，做好省赋予试点镇部分县级行政职权的承接配套工作。

综合行政执法改革 贯彻落实省有关要求，佛山市深化完善行政执法体制改革，整合组建市场监管等5个领域综合执法队伍，落实“一级执法”（“一级执法”指为避免执法标准不统一、多头执法等问题，明确以市级或区级为主一个执法层级）和“局队合一”，明确生态环境、交通运输、文化市场执法实行市以下垂直管理。

【机构改革再深化】 2019年，中共佛山市委机构编制委员会办公室组织召开全市机构改革总结会，开展机构改革“回头看”，持续跟踪市、区涉改部门运作情况，明确和理顺垂管机构、农村宅基地、消防验收、历史文化街区保护、外国人来华就业、国有企业监事会等职责关系。设立市委财经委员会。加强市委党史研究室、市退役军人事务局、市统计局等部门机构编制配置。贯彻为基层减负要求，清理规范议事协调机构。创新构建机构编制执行情况评估指标体系，推动部门履职尽责。（参见17页《市、区机构改革完成》）

【事业单位改革】 2019年，中共佛山市委机构编制委员会办公室不断深入开展事业单位改革，完善事业单位机构设置。调整市技师学院管理体制，研究理顺顺德职业技术学院、广东金融高新技术服务区发展促进中心管理体制。设立市急救医疗指挥中心，优化市健康教育与促进中心、市精神病治疗所等机构职能，支持市妇幼保健院新院人才储备，调整部分公立医院领导职数。优化调整市党风廉政教育、退役军人服务等公益类事业单位机构编制配置。同步调整禅城区公路局等12个区属事业单位。开展事业单位员额制管理调研论证。深化承担行政职能事业单位改革，将省下达佛山市的编制分配下达各区。将市档案局行政职能划入市委办，调整市档案馆隶属关系。推进从事生产经营活动事业单位改革，稳步推进市工人康复医院、樵园山庄等单位转企改制工作。将市福利彩票发行中心调整为公益二类。登记设立佛山（华南）新材料研究院等，支持打造创新驱动发展新平台，全年市直登记设立事业单位17个。

【机构编制法定化建设】 2019年，中共佛山市委机构编制委员会办公室加强机构编制法定化建设，严格机构编制实名制管理和狠抓监督检查工作落实，强化事业单位监督工作。利用“制度+信息化”，建立“一市一账”“一区一账”（“一市一账”指佛山市直部门机构编制实名制管理台账；“一区一账”指佛山五区机构编制实名制管理台账），推进机构编制监督管理与决策分析系统升级改造。修订市机构编制台账管理工作制度，完善出编业务流程与预警台账管理。建立机构编制事项内部审查机制，提前对提请审议决定的机构编制事项进行把关，加强对各类文件涉及机构编制事项的审查。作为省试点城市开展“12310”举报受理系统试点工作，设置“12310”举报大厅。善用提醒，发出市水利局、退役军人事务领域“条条干预”（“条条干预”指上级业务主管部门违反规定，对本系统下级部门和单位的职能配置、机构设置、人员编制和领导职数配备等机构编制事项直接或间接进行干预的行为）提醒函2件。善用绩效，将机构编制执行情况等纳入年度绩效考核指标。加大整改力度，建立机构编制问题“销账”制度，清理超职数配备领导干部。整治事业单位“撤而不销”现象，督促指导10个“撤而不销”的事业单位加快注销。开展事业单位职能运行评估、事业单位法人公示信息抽查、年度报告公开，加强事业单位日常监管。按照“凡新设必现场调研”的原则，实地监督检查登记类事业单位，全年完成登记业务152件。举办事业单位工作人员及新任法定代表人培训班。

【《中国共产党机构编制工作条例》学习宣传贯彻】 2019年，中共佛山市委机构编制委员会办公室提请市委常委会专题学习《中国共产党机构编制工作条例》（简称《条例》）主要内容，举办全市《条例》专题培训班，将《条例》纳入干部教育培训计划，组织多层次、辅导式学习，在全市逐步形成遵循《条例》、执行《条例》、维护《条例》的良好氛围。同时，对标《条例》规范机构编制业务，重新修订机构编制事项申请办理指南，明确机构编制申请的流程，严格落实“不调研不决策”程序。

【《佛山市市直高层次人才专项事业编制管理办法（试行）》出台】 2019年7月，中共佛山市委机构编制委员会办公室出台《佛山市市直高层次人才专项事业编制管理办法（试行）》。该办法规定，佛山先设立200名高层次人才专项事业编制储备池，专项用于市直教育、卫生、文化、科技等事业单位引进亟需的高层次人才，根据实际情况，全市可通过调剂、划拨等方式补充高层次人才专项事业编制储备池的编制。并且规定该类事业编制原则上不设使用期限，但必须专编专用，实行单列管理、动态管理和实名制管理，相关单位不得用于消化超编人员或挪作他用。9月和12月，市委编办就该办法召开政策解读会，进行解读培训和宣传。不断优化用编流程，加快政策落地，全年使用专项编制引进68名高层次人才。

（许素君）

机关党建

【概况】 2019年，中共佛山市直属机关工作委员会全面贯彻落实习近平新时代中国特色社会主义思想和党的十九大精神，以政治建设为统领，全面落实新时代党的建设总要求，围绕新时代机关党的建设使命任务，开展机关党建工作。开展党组（党委）理论学习中心组学习，市直单位88个党组（党委）理论学习中心组开展学习1200次。推广“学习强国”学习平台应用，市直单位1.7万名党员参与平台学习。举办佛山机关大讲堂——“坚定政治信仰，坚决做到‘两个维护’”系列讲座4场次，1000多名机关党员干部参加。开展“不忘初心、牢记使命”主题教育，市直单位开展对党忠诚教育2066次、党章党规专题学习1404次、组织党员重温入党誓词1136次、过政治生日1230次，开展深调研2527次。巩固支部标准化规范化建设成果，新成立、调整机关党组织36个，各支部建立完善工作制度574项，调整、新任机关党委专职副书记19人。推动模范机关创建工作纵深发展，评选出21个模范机关创建活动优秀案例。开展党风政风行风评议，组织40个市直单位参加佛山电台《民生直通车》节目“问政佛山2019”系列访谈。指导开展各类党员志愿服务活动，组织市直单位建立专业党员志愿服务队59支，党员干部开展志愿服务3100多次，为群众办实事好事8000多件。推动99个市直单位在职党员到112个村（社区）报到服务，7966名在职党员开展“三个一”［结合单位职能职责到村（社区）开展1次调研活动、到村（社区）参加1次志愿活动、为村（社区）办1件实事好事］活动。严格执纪审理，全年立案1件，审理市直机关科级以下党员和公职人员违纪违法案件46件。组织开展工作技能大赛活动，全年市直单位和各区机关共申报参赛项目326个，25个项目入围省决赛。

2019年10月22日，佛山市学习贯彻《中国共产党机构编制工作条例》专题培训班
（市委编办供图）

【市直机关学习宣传贯彻习近平新时代中国特色社会主义思想和党的十九大精神】 2019年，中共佛山市直属机关工作委员会组织开展学习宣传贯彻习近平新时代中国特色社会主义思想和党的十九大精神活动。

落实各级党组织“第一议题”学习制度，发挥“头雁”效应，做到先学一步、学深一步，市直单位全年开展“第一议题”学习2100多次。抓好市直单位党委（党组）理论学习中心组制度落实，全年市直单位党委（党组）开展理论学习中心组学习1200多次。举办佛山市直单位党委（党组）理论学习中心组培训班，培训48个市直单位和2个区直机关工委的中心组学习秘书和党务干部58人。举办佛山机关大讲堂——“坚定政治信仰，坚决做到‘两个维护’”系列讲座，邀请省、市的教授、专家，围绕“组织、党员和群众”“当前国家和广东经济形势”“深入学习领会习近平总书记2018年‘1·5’重要讲话和2019年‘1·21’重要讲话精神，进一步增强风险意识和底线思维”“区块链技术发展趋势与应用”等4个主题作专题讲解，1000名机关党员干部参加。

加强“学习强国”学习平台的使用和宣传推广。推进市直各单位党组织学习架构搭建、架构内党员收录、党组织集体学习和党员个人学习、各单位管理员管理等工作，截至年底，市直机关“学习强国”学习平台管理市直机关学习组织77个和学员1.7万人。市直机关工委与市委宣传部、市委组织部、市国资委党工委、市教育局共同主办“追梦·奋斗　学习进行时”暨全市党支部“学习强国”学习平台知识竞赛活动，国家统计局佛山调查队党支部、佛山市金融投资控股有限公司第一党支部和佛山市委军民融合发展委员会办公室机关党支部分别获前三名。

围绕学习贯彻落实习近平新时代中国特色社会主义思想和习近平总书记对广东重要讲话和重要指示批示以及习近平总书记最新重要论述和重要讲话精神，出版《佛山机关党建》杂志4期，刊登稿件84篇。围绕推进模范机关创建活动开展宣传报道，创办并编印《市直机关模范机关创建活动简报》9期。与南方日报社、佛山电视台、佛山日报社合作开展《强化政治引领　建设模范机关》系列专题报道。在《南方日报》（全省版）刊登《佛山深入推进市直模范机关创建四项行动　做好“三个表率”充分发挥领导机关作用》和《佛山模范机关创建迈入巩固提升之年　在攻坚克难中开创发展新局面》2个专题报道。在《佛山日报》报道29个单位的做法和亮点（刊出17期），在佛山电视台报道20个单位的做法及成效（播出20期）。在“佛山机关党员红”微信公众号增设“模范机关”与“主题教育”新专栏，宣传报道市直单位开展活动情况，全年推送模范机关创建活动稿件47篇、主题教育稿件80篇、机关党建信息稿件181篇，全年刊发量308篇。联合各区工委依托“佛山机关党员红”公众号，在全市机关党组织开展为期2个月的“学条例、强支部、提质量”网上微考学活动，吸引4.9万名党员参加。

【市直机关“不忘初心、牢记使命”主题教育】 2019年，佛山市直机关扎实开展“不忘初心、牢记使命”主题教育。紧扣主题主线，把学习教育、调查研究、检视问题、整改落实一体推进。各级党组织，开展对党忠诚教育2066次、党章党规专题学习1404次、组织党员重温入党誓词1136次、过政治生日1230次。常态化推进“大学习、深调研、真落实”工作，开展深调研2527次，完成调研课题877项。把主题教育与模范机关创建有机结合，围绕市直机关抓党建责任落实、抓下属事业单位党建工作、抓机关纪委作用发挥等热点难点问题深入开展调查研究，专项整治6个，集中治理4个突出问题。结合落实模范机关创建12项措施，重点推动解决机关党建“灯下黑”、党建业务“两张皮”问题。组织党支部书记集中轮训，举行“不忘初心、牢记使命”主题教育市直单位党支部书记集中轮训，市直单位700名党支部书记参加培训。组织开展“践初心、勇担当、新作为”讲身边党员故事决赛活动，征集到67个好党员故事，15个故事进入主题演讲决赛环节。落实好“五个一”（组织1次警示教育活动，1次先进典型教育活动，主要领导上1次党课，1次专题报告会，开展1次廉政文化活动）要求，深入开展“书记讲堂活动”，组织党组织书记上讲台，轮训党员2万多人次。

【市直机关党支部标准化规范化建设】 2019年，佛山市深化党支部标准化规范化建设成果。学习贯彻《中国共产党支部工作条例（试行）》《中国共产党党员教育管理工作条例》，开展“学条例、强支部、提质量”网上微考学活动，市、区直机关5万名党员参与。巩固支部标准化规范化建设成果，评比推荐市直单位模范党支部7个，指导涉机构改革单位落实“四个同步”（各机构改革单位机关党组织要坚持和落实党的建设和机构改革同步谋划，党的组织及工作机构同步设置，党组织负责人及党务干部同步配备，党建工作同步开展）党建工作要求，新成立、调整机关党组织36个。深化基层党建三年行动计划，各支部建

2019年6月26日，佛山市直单位“不忘初心、牢记使命”集中主题党日活动暨“政企共建促发展”启动仪式在金马剧院举行　*（市直机关工委供图）*

立完善工作制度574项。推动“三会一课”（定期召开支部党员大会、支部委员会、党小组会，按时上好党课）提质增效，市直单位党组（党委）班子成员落实双重组织生活制度，高质量开好专题民主生活会，到所在党支部参加组织生活会1959次，并常态化通报机关党组织落实“三会一课”制度情况。“七一”期间举办市直单位集中主题党日活动，年度征集党支部主题党日案例59个，评选18个优秀案例，涌现出市纪委监委“主题党日”学习品牌、市检察院“榫卯式”支部工作法等党建品牌。结合主题教育开展微党课比赛，征集147部作品，推荐30部在网上展示。持续开展“头雁工程”，选优配强机关党委专职副书记和党支部书记，推行部门负责人与支部书记“一肩挑”，落实专职副书记任职谈话制度，全年组织集体座谈交流3场次，对机关党委书记、专职副书记、支部书记、组织委员、党务工作骨干以及中心组学习秘书培训4期次，846人次。推动实施“党员先锋工程”，做好党员发展工作，举办3期入党积极分子和发展对象培训班，全年市直单位发展党员1110人，其中高知群体31人。推动99个市直单位在职党员到112个村（社区）报到服务，7966名在职党员开展“三个一”［结合单位职能职责到村（社区）开展1次调研活动、到村（社区）参加1次志愿活动、为村（社区）办1件实事好事］活动。落实“基层基础保障工程”，调整、新任机关党委专职副书记19人，33名机关党委专职副书记中45岁以下14名，占比42%。市直单位设立党员活动室448个。管好用好4个市党员教育基地，共接待党员群众627批，18031人次。编印《机关党建工作文件汇编》，为机关党建工作精准“导航”。

【市直机关模范机关创建】 2019年，佛山市直机关把模范机关创建全面融入中心工作，推动创建工作向纵深发展。开展模范机关创建活动优秀案例征集评选活动，涌现出21个模范机关创建活动优秀案例。发挥党组织党员在攻坚克难中的引领示范作用，建立党员突击队、党员攻坚小组、青年党员突击队1489个，市直单位业务工作获省级以上表扬178项。举办2期市直单位创建模范机关专题研修班，市直单位42名机关党委书记、专职副书记、38名党务工作骨干参加培训。组织《粤港澳大湾区发展规划纲要》大学习大培训，举行8期专题轮训班，指导公安、教育、卫生、司法、传媒等5个市直部展活动，全市机关事业单位560多名党员代表参加活动，第一批50个市、区机关单位党组织与50个民营企业党组织正式结对，双方在共上党课、共开组织生活会、共办主题党日活动、共商发展难题、共评党员、共建党建阵地等六大方面开展活动，其中市直机关10对共建单位共办主题党日活动33次、共上党课27堂、共商发展难题29个、共建党建阵地16个。是年，市纪委监委机关党委、佛山传媒集团党委获颁市直党支部主题党日优秀案例一等奖单位。

【市直机关党建责任落实】 2019年，佛山市直机关压紧压实主体责任，加强对机关党建工作的领导。落实单位党组（党委）落实领导机关党建职责，各党组（党委）会议专题研究基层党建工作708次，指导检查直属单位、下属事业单位党建工作805次，建立党组（党委）班子带头，以机关带系统，“下抓两级、抓深一层”的工作机制。完善从党组（党委）到支部以及委员的责任清单，督促党组（党委）书记履行好第一责任人责任，班子成员履行好“一岗双责”。开展年终党组织书记述职评议，增强抓机关党建工作责任意识。加强全市机关的上下联动和横向交流，召开2次各区模范机关创建工作座谈会，广泛听取意见、完善制度机制，推动全市机关党建“一张图”和“一盘棋”。

【市直机关精神文明建设】 2019年，佛山市推进市直机关党员志愿服务工作。指导和支持市直单位开展各类党员志愿服务活动，组织市直单位建立专业党员志愿服务队59支，党员干部开展志愿服务3100多次，为群众办实事好事8000多件，市直机关党员志愿服务总队获评2019年度佛山市志愿服务影响力组织。组织15个市直单位的150多名市直机关党员干部代表参加“温爱佛山慈善文化人人行系列活动”，弘扬佛山新时期公益慈善文化。组织市直单位参加“我和我的祖国——广东省第十三届‘百歌颂中华’歌咏活动佛山选拔赛”暨“佛山韵律·和声飞扬”佛山市第三届群众合唱展演。组织市教育局、市科技局、市工业和信息化局等10个单位的50名机关干部参加佛山市、禅城区烈士公祭活动暨向陈铁军烈士纪念碑敬献花篮仪式。组织市直24个单位约500名市直机关干部代表在市机关大院举行庆祝中华人民共和国成立70周年升旗仪式。做好学雷锋活动示范点、“最美佛山人”等的推介。

【市直机关工委执纪审理职能的履行】 2019年，佛山市直机关工委推进“四种形态”（经常开展批评和自我批评、约谈函询，让“红红脸、出出汗”成为常态；党纪轻处分、组织调整成为违纪处理的大多数；党纪重处分、重大职务调整的成为少数；严重违纪涉嫌违法立案审查的成为极少数）运用与违纪违法案件审理一体化。受理市直机关科级及以下党员和公职人员违纪违法案46件，处理问题线索3个，立案1件，对1名党员干部作出党内严重警告处分和政务记大过处分。其中，运用第一种形态处理9人、第二种形态27人、第三种形态10人。审理后出具46份党纪处分处理意见函，由所在纪检监察组督促作出处分决定并按规定相应降低级别、工资档次，做好党纪政务处分处理最后“一公里”。

对2013年1月1日至2018年12月31日期间作出的党纪、政纪处分决定的执行落实情况进行自查和检查，市直单位执行办结案件81件，处理违纪违法党员77人次、非党员4人次，检查发现处分决定执行过程中存在处分决定相关材料未及时存入个人档案、扣发考核工资未按规定执行、涉案违纪款未按规定交市纪委指定账户等问题，均给予及时提醒改正。

推动机关纪委制度建设与促进队伍作用发挥一体化。推动机关纪委积极协助单位党组、机关党委和派驻纪检机构开展监督执纪问责工作，开展提醒谈话、批评教育、责令作出检查、诫勉谈话等514次，开展谈心谈话2639次，信访初核121起，参与立案审查调查41起，开展纪律教育辅导课739次，开展党风政风行风评议、组织民生活动工作485次，参与市委政治巡察和所在单位的各种督查指导工作162人次，参加上级纪检业务培训班433人次。

【《民生直通车》党风政风行风热线访谈】 2019年，中共佛山市直属机关工作委员会组织40个市直单位领导和部门负责人参加佛山电台《民生直通车》党风政风行风热线栏目，加强政府职能部门与市民的沟通，促进机关单位解决群众关心关注的热点难点民生问题。特别推出民生直通车新策划“问政佛山2019”系列访谈。市住建局、市生态环境局、市第一人民医院、中国工商银行等单位，就交通、消费、医疗、环保等市民关切的民生热点问题作出回应。其中：市住建设局解答老旧小区居民加装电梯的疑问，并对市内部分“水浸”黑点解决情况作出回应；市生态环境局则直面环境污染问题，承诺年内再消灭2条建成区黑臭水体；市第一人民医院等4家三甲医院现场回应及事后解决市民关于医院挂号、取药难，就诊时间短，医生态度欠佳等问题；中国工商银行就ETC（电子不停车收费）设备安装、扣费规范以及金融业务办理进行详细的解答说明。节目在佛山电台广播端以及花生应用程序（APP）进行直播，并通过“佛山电台”“民生直通车”公众号、社情民意研究中心热线、佛山“12345”市民热线，收集佛山市民群众意见建议超5000条，相关意见100%转达部门进行解决，部门及单位回复率超95%，市民对部门领导上线的满意度评价超90%。

【机关工作技能大赛活动】 2019年4—11月，佛山市受邀参加广东省市直机关第七届“先锋杯”工作技能大赛。市直单位和各区机关申报参赛项目326个（其中，党建创新类项目102个、工作创优类项目131个、服务创效类项目93个），25个参赛项目晋级省决赛，6个单位8个项目分别获省决赛“服务创效”项目第一名、第二名、第三名和第八名，“党建创新”项目第九名和第十名，“工作创优”项目第四名和第五名。

2019年12月20日，佛山市直机关工委组织市直单位党员干部参加“10公里徒步+党建”。图为徒步队伍行进中
（市直机关工委供图）

【市直单位“10公里徒步+党建”活动】 2019年12月20日，中共佛山市直属机关工作委员会组织市直各单位近2000名党员干部职工组成92支队伍参加“10公里徒步+党建”活动。活动以10千米徒步为主线，以展示和巩固“不忘初心、牢记使命”主题教育成果为宗旨，组织党员干部围绕佛山新城滨河景观带进行10千米徒步，并在途中参观学习优秀单位党建和工会建设成果。沿途设有8个专场展示点，分别是：市重点项目工作局专场、市委统战部（市民族宗教局）专场、市水务局专场、市工业和信息化局专场、市民政局专场、市公安局专场、佛山传媒集团专场、佛山市政务服务数据管理局专场。各展示单位通过快闪、合唱、快板书、舞蹈、情景剧、枪操以及大型的图片展等形式，向参加活动的机关党员干部职工展示一系列别开生面的优秀党建工作成果。

（尉东峰）

党校工作

【概况】 中共佛山市委党校同时挂佛山市行政学院、佛山市社会主义学院和佛山市经济管理干部学院牌子，实行“四位一体”的办学体制，主要承担全市处级及以下党政干部、民主党派骨干、专业技术人员、经济管理干部、农村基层干部的培训任务。截至2019年底，佛山市委党校内设机构编制处室19个，在职在编教职员工152人，专职教师49人，其中具有正高级专业技术资格5人，副高级专业技术资格7人。2019年，佛山市委党校举办各类培训班170期，培训学员17069人次。送课上门463场次，参与听课学员53473人次。登记完成科研成果300项，在报纸杂志上公开发表文章130篇，参加省级以上研讨会并提交论文48篇。出版刊物有《佛山研究》和《调研快报》。

【干部教育培训】 2019年，中共佛山市委党校突出抓党的理论教育和党性教育，注重培训实效性针对性，推动习近平新时代中国特色社会主义思想入脑入心。

以习近平新时代中国特色社会主义思想、习近平总书记系列重要讲话和重要指示批示精神为重点，持续开发“3+N”系列理论教育课程，形成比较完整的习近平新时代中国特色社会主义思想课程体系。进一步优化教学布局，构建“深入学习贯彻习近平新时代中国特色社会主义思想和党的十九大精神”“加强党性修养坚持廉洁从政”“基本理论学习教育”“中国特色社会主义理论体系与佛山实践”“素质能力提升”“公务员培训必修课程”等六大主体教学板块。及时购置《习近平新时代中国特色社会主义思想学习纲要》、第五批全国干部学习培训教材以及《党的十九届四中全会〈决定〉学习辅导百问》等学习教材，编制粤港澳大湾区、关于支持深圳建设中国特色社会主义先行示范区学习辅导资料，帮助党员干部深化对习近平新时代中国特色社会主义思想的正确认识。

落实市委部署，及时有效开展培训轮训。强化领导干部和各级各类党组织书记、村（社区）“两委”干部及储备人选的培训力度，设置培训班次40多期。开发具有佛山特色的《粤港澳大湾区发展规划纲要》宣讲课程7个，举办学习贯彻《粤港澳大湾区发展规划纲要》专题研讨班9期（培训1396人次），校外宣讲35场（听众4791人次）。举办全市市管干部学习贯彻《关于支持深圳建设中国特色社会主义先行示范区的意见》专题研讨班1期，培训753人。8名教师入选市委十九届四中全会精神宣讲团，举办处级主要领导干部、市管企业主要负责人和各镇（街道）党（工）委书记学习贯彻十九届四中全会精神专题研讨班1期（培训179人）；校外宣讲49场次（听众8165人次）。举办社会治理、城市更新暨村级工业园提升理论与实践、推动民营企业高质量发展等3个专题研讨班，完成咨政报告18篇。

持续推进“用学术讲政治”教学改革，精品课建设初具成效。坚持新课程开发指引，教学课程开发紧跟理论创新实践创新步伐，244门课程列入2019年课程清单，较2018年的184门增加60门。坚持新课程讲评制度，通过把好专题申报关、备课打磨关、公开试讲（试教）关、专题调整关，教学课程质量稳步提高。其中，“推动新时代实体经济高质量发展”课程入选广东省报送中组部5门好课程参加全国评选，“粤港澳大湾区城市群建设的理论与实践”和“提升社交媒体时代集体行动的舆论引导力”2门课程在2019年全省党校（行政学院）系统“用学术讲政治”精品课评选中获评为精品课。

【科研咨政】 2019年，中共佛山市委党校教研人员登记完成科研成果300项，其中咨政研究成果183项、理论学术研究类114项（包括在中共中央党校出版社出版专著《珠三角农村基层善治执行体系探微》、在国家级刊物发表论文3篇）、教学研究类3项。全年在报纸杂志上公开发表文章130篇，参加省级以上研讨会并提交论文48篇，接受媒体采访22人次，举办学术论坛4期。

高质量科研成果有新突破，科研影响力不断增强。“三元空间场域中的广东邻避运动舆情演进机制与治理策略”“岭南‘龙舟竞渡’民俗及其变迁研究——以佛山为例”等2项课题获省社科规划课题立项。向中央党校申报的“佛山市红色资源专题数据库”建设科研项目获中央党校图书馆“四大专题数据库”子数据库立项。获省党校社科规划课题立项12项，市社科规划课题立项6项，市级委托课题16项。

深化“党校+党媒”合作模式，扩大科研咨政影响力。在《佛山日报》开辟“圆桌论坛”和“调研笔记”理论专版。开创“指导教师+优秀学员+相关部门负责人”联合咨政研究新模式，城市更新暨村级工业园改造专题资政班4篇咨政成果报告以“圆桌论坛”形式刊出。在省市级报刊发表文章88篇，《牢牢把握主题教育的根本任务》《从社会制度与治理体系和治理能力的内在逻辑中把握十九届四中全会精神》等文章，成为《佛山日报》理论周刊的首刊。

以课题为带动，开展调研活动。聚焦党的领导和党的建设、经济发展、文化建设、人才工作等多个领域，共有“实现佛山村（社区）党组织对各类基层组织的全面领导研究”“佛山培育壮大创新型产业集群的策略研究”“‘文化湾区’构建中提升佛山文化软实力的路径研究”“新时代佛山净化政治生态的实践与机制研究”等7项调研课题立项。

提高《佛山研究》和《调研快报》办刊水平，扩大理论影响。《调研快报》刊发8期，其中第四期刊出的《健中枢，强末梢，和表里，构建全功能新型市域社会治理体系》成为广东省市直机关第七届“先锋杯”工作技能大赛决赛蓝本。《佛山研究》刊发6期，常设《习近平新时代中国特色社会主义思想研究》专栏。

扩源增容，建立健全信息服务体系，当好智库建设“大后方”角色。上线党校图书馆咨政信息服务平台，集中管理校内外信息资源，遴选收录7个数字资源模块，特色专题文献库——习近平新时代中国特色社会主义思想专题文献库建设初见规模。

【镇街党校工作指导】 2019年，中共佛山市委党校编印《佛山市镇街党校工作手册》，指导各镇街党校完善制度规范办学。制定《镇街党校联络指导小组工作办法》《镇街党校联络指导小组工作规程（试行）》，组建由教研部主任担任组长、教师担任指导员的5个镇街党校联络指导小组，对应各区开展工作，做实对镇街党校的业务指导。在主题教育期间，编印“‘不忘初心、牢记使命’主题教育课程清单”，包含习近平新时代中国特色社会主义思想学习教育、习近平总书记对广东重要讲话和指示批示精神学习教育、“不忘初心、牢记使命”主题党性教育、党章党纪党规学习教育、党史国史与党的优良传统教育等5个教学主题48门课程，供各镇（街道）各单位选用。31名骨干教师入选市委主题教育办、市委宣传部组织的主题教育宣讲团，到机关、学校、企业、社区开展宣讲，为广大党员干部群众答疑解惑，累计开展主题教育宣讲197场次，受听学员32623人次。全市32个镇街党校全年共举办各类培训班4381场次，参训学员415695人次。

【2019年全省党校（行政学院）系统学习贯彻党的十九届四中全会精神师资培训班】 于2019年12月2—6日在中共佛山市委党校举办。来自全省各级党校（行政学院）的213名骨干教师参加培训，佛山市委党校150余名教职员工旁听学习。培训班围绕坚持和完善社会治理制度、党的领导制度体系、中国特色社会主义法治体系、生态文明制度体系、统筹城乡的民生保障制度、中国特色社会主义行政体制、保证宪法实施的监督和解释体制机制、繁荣发展社会主

2019年12月2—6日，2019年全省党校（行政学院）系统学习贯彻党的十九届四中全会精神师资培训班在中共佛山市委党校举行　（市委党校供图）

义先进文化的制度、社会主义基本经济制度等9个专题内容展开培训。

【"智慧党校"建设】 2019年，中共佛山市委党校推进"智慧党校"项目建设。加强组织引领，成立中共佛山市委党校"网络安全与信息化工作领导小组"和"信息化项目建设组"。坚持规划先行，全面系统推进"智慧党校"建设。经过深入调研和论证后，编制《中共佛山市委党校智慧党校平台可行性研究报告》，修改完善并通过专家评审。是年8月19日，《中共佛山市委党校智慧党校平台可行性研究报告》和《中共佛山市委党校信息化（2020—2022年）建设规划》经校委会会议审议通过。8月，向市政务服务数据管理局提交《中共佛山市委党校智慧党校可行性研究报告》及中共佛山市委党校"智慧党校"（一期）建设项目立项申请。

（郭朝忠）

党　史

【概况】 佛山市党史部门设置分市、区两级。市级独立设置中共佛山市委党史研究室，为市委直属事业单位，正处级，参照公务员法管理。区级在档案局（馆）加挂区委党史研究室牌子。是年，佛山市委党史研究室以开展"不忘初心、牢记使命"主题教育为契机，贯彻"一突出、两跟进"党史工作要求，服务全市中心工作，履行"以史鉴今、资政育人"职责，在党史征集研究、宣传教育等方面取得一定成绩。

【党史征集研究】 2019年，中共佛山市委党史研究室继续推进党史正本编写，突出对开创和发展中国特色社会主义时期的历史研究，开展《中国共产党佛山历史（第三卷）（1978.12—2002.11）》大纲初稿编写。启动《中共佛山历史人物》编写工作，梳理出中国共产党成立以来佛山籍中共党员，或在佛山从事革命与建设活动并已牺牲或去世的中共党员共164人，有关资料1.8万字，作为资料索引下发各区。继续完善老领导口述访谈工作，做好33名老领导访谈记录的整理、审核，形成口述资料约24万字。做好文献资料的征集工作，及时收集、整理中共佛山市委十二届七次、八次全会有关文献资料，为党的文献编辑出版作准备。

【党史审核】 2019年，中共佛山市委党史研究室在"不忘初心、牢记使命"主题教育期间，组织力量为市委组织部、市委宣传部、市委老干部局、市档案馆、市方志办、禅城区政协、佛山电台等部门涉及地方党史题材的作品、活动、布展进行史料审核把关，审核"走进佛山红色教育基地"通讯稿20篇、"佛山党史系列人物"17篇、佛山电台《佛山历史人物》《佛山革命遗址遗迹》专栏文稿45篇，还对《佛山儿女陈铁军传》和"佛山红色地标"系列融媒报道等进行审核。为配合全市主题教育开展的革命传统教育活动，先后对罗登贤事迹展览馆、"三谭"革命事迹展览馆、陈铁军纪念馆、陈铁军故居、西海抗日烈士陵园等党员教育基地展陈资料的史实进行审核，共审核展陈史料4万多字、历史图片300多张，提出修改意见160多处，并到现场与有关部门就布展的资料修改进行交流，从党史角度提出专业意见。配合市委宣传部、高明区委宣传部做好革命遗址、革命历史纪念场所修缮扩建展陈资料的审核，参与对谭平山故居、粤中纵队纪念馆、高明区红色廉政文化教育基地等布展资料的评审，助推佛山革命遗址遗迹保护和开发利用。

【党史宣讲】 2019年9月，中共佛山市委党史研究室结合"不忘初心、牢记使命"主题教育，落实党中央关于开展学习党史、新中国史要求，重组广东省党史宣讲团二团佛山分团，10余名大学教授、党校教师、党史专家、市区党史业务骨干担任宣讲团成员，围绕"铁军精神""珠江纵队史""改革开放佛山先行一步"等具有佛山特点的党史专题制作党员教育精品教学课件24个，开展宣讲65场次，覆盖干部群众近8500人次，实现党史宣讲"零突破"。在此基础上打造党史宣讲品牌，推动党史宣讲进党校、进机关、进社区，在中共佛山市委党校秋季公务员初任培训班及科级干部任职培训班开办讲座2场次，在佛山市图书馆开办"南风讲坛"公益讲座1场次。

【新一轮革命遗址普查全面铺开】 2019年8月，中共佛山市委宣传部、市委党史研究室、市文广旅体局、市退役军人事务局联合印发《佛山市革命遗址普查工作方案》，成立佛山市革命遗址普查工作办公室，全市革命遗址普查工作全面铺开。新一轮革命遗址普查是在2010

2019年9月3日，佛山市革命遗址普查工作培训会议召开。图为会议现场

（市委党史研究室供图）

年全国革命遗址普查的基础上，以属地负责为原则，以各区为基本普查单元，结合田野实地调查和多种资料互证等普查方法，实现革命遗址发掘工作村级全覆盖、遗址保护工作镇级全覆盖。年内，负责具体新一轮革命遗址普查工作的市委党史研究室先后召开2次佛山市革命遗址普查工作培训会，并组成专项调研督导组到各区进行实地督导。

【“追梦小康”专题研究】 2019年，中共佛山市委党史研究室开展“追梦小康”专题研究及其专题文集编撰工作，以客观记述展现佛山市委、各级地方党委贯彻落实中央、省委决策部署，带领广大干部群众攻坚克难、全面建成小康社会的奋斗历程，科学总结规律和经验。年内，佛山市委党史研究室和各区党史部门分别按计划完成专题文章初稿撰写和体现佛山各地改革创新实践与成就有关典型材料收集工作，形成专题文集（送审稿）6篇共20万字和备选典型材料50余篇。

【《中国共产党佛山历史大事记（2018年）》出版】 2019年7月，《中国共产党佛山历史大事记（2018年）》由中共党史出版社正式出版发行。该书共18万字，主要反映中共佛山市委贯彻中央、省委的方针政策，领导佛山各级党委开展经济、政治、文化、社会、生态文明和党的建设等各方面的重大事件。

（郭文杰）

档　案

【概况】 2019年，佛山市有档案行政管理部门6个，其中市级1个、区级5个；国家综合档案馆6个，其中市级1个、区级5个。“一市五区”综合档案馆馆藏纸质档案178.3万卷、200.9万件，照片档案15.98万张，录音磁带、录像磁带、影片档案1.81万盘，实物档案1.25万件。其中，市档案馆馆藏33.16万卷、34.6万件，照片档案1.69万张，录音磁带、录像磁带、影片档案1.54万盘，实物档案0.34万件。是年，全市各级国家综合档案馆接收纸质档案6.8万卷、29.1万件，照片档案1.85万张，接待档案利用者2.2万人次，利用档案18.8万卷（件）次，全年举办档案展览15个。其中，市档案馆接收纸质档案2.41万卷、5.21万件，接收照片档案7728张，接待档案利用者3383人次，利用档案14.28万卷（件）次，全年举办档案展览6个。专业档案馆方面，市规划城建档案馆馆藏纸质档案31.8万卷，照片档案8.38万张；是年，接收档案1.55万卷，接待档案利用者约1000人次，利用档案约4000卷次。

【档案机构改革】 2019年，佛山市市、区两级档案机构改革完成。理顺各级档案局档案馆职责，将市、区档案局的行政职能划入市、区委办公室，市、区委办公室对外加挂档案局牌子，市、区档案馆作为市、区委直属事业单位，不再保留和档案馆合并设立的档案局。年内，市档案局与市档案馆就权责清单和职能事项进行梳理、划分。其中：广东省政务服务目录管理系统中有8个事项划转到市档案局，有2个事项划转到市档案馆；市行政审批标准管理系统中的事项有7个事项划转到市档案局，有2个事项划转到市档案馆；市政府职能综合管理系统中的事项有50个事项划转到市档案局，有7个事项划转到市档案馆。各区档案部门就权责清单和职能事项也进行了梳理、划分。

【机构改革档案处置工作】 2019年，佛山市各级档案行政管理部门加强机构改革档案工作现场调研、交底，指导涉改部门和单位按时间节点要求制定档案管理与处置工作方案，做好纳入单位档案的收集、整理、清点、交接，确保应归档文件材料齐全完整。各综合档案馆前移档案接收关口，检查拟进馆档案质量，做好涉改单位档案接收进馆工作。市档案局印发《关于编制、修订市直单位文件材料归档范围、保管期限表及档案分类编号办法的通知》，并重点指导新组建机构、重新组建单位、优化职责或部分职责发生变化的部门做好文件材料归档范围和文书档案保管期限表的编制或修订工作。

【档案法治化建设】 2019年，佛山市档案局完成广东省政务服务事项管理系统及佛山市行政审批标准管理系统中依申请受理的政务服务事项共10个。市本级从省政务服务网认领并完善服务事项5个（其中4个服务事项可在线办理），在“互联网+监管”系统认领事项4个。制定档案中介机构备案、对档案事业做出突出贡献的奖励等5个业务事项办事标准，保证审批服务工作的公开、公平、公正。联合市委机要保密局开展联合执法检查，共检查174家市级立档单位。开展档案普法宣传工作，佛山市档案局、市档案馆利用“佛山档案方志”微信公众号平台组织开展普法知识竞答活动，吸引市民参与普法竞答1.9万人次。是年，全市各级档案部门宣传贯彻《机关档案管理规定》，推动各机关单位解决档案机构人员、库房设施、安全管理等重点难点问题。

【档案治理能力建设】 2019年，佛山市开展档案工作服务农村基层社会治理试点，禅城区南庄镇紫南村，南海区桂城街道东约社区、大沥镇凤池社区，顺德区容桂街道幸福社区、陈村镇绀现村共5个村（社区）成功申报全国档案工作服务农村基层社会治理工作试点，佛山市成为国家档案局批复确定的全国首批开展试点的24个地市之一。调整优化佛山市直单位档案工作协作组，将机构改革中新组建单位及部分档案数量较多、以独立单位形式开展文件材料归档的部门所属事业单位新增纳入协作组管理，调整后共有16个协作组、174个成员单位，扩大了档案工作的直接监管范围。做好企业档案工作，贯彻落实《国家档案局关于在深化国有企业改革中加强档案工作的意见》，督促做好国有企业资产与产权变动中档案管理工作，完成对广东威恒输变电工程有限公司进行的档案工作规范等级测评复查。继续抓好建设项目档案工作，印发《佛山市档案局关于报送重点建设项目档案工作情况的通知》，建立行业主管部门、项目主管部门和投资主管部门协同机制，收集、汇总重点建设项目档案管理登记信息，全市对41个重点建设项目档案工作进行专项验收。抓好第二次全国污染源普查档案管理工作，全市档案行政管理部门会同生态环境部门开展检查、调研、培训。继续高质量开展声像档案服务，全市档案部门对1425项政务活动进行拍摄，共拍摄照片14.1万张，其中市档案馆共拍摄5.4万张。着力发挥政府公开信息查阅中心功能，市档案馆全年接收市直37家单位电子政务文件9397份，审核录入现行文件系统3.37万份，公开上网716份。开展档案人员岗位培训，全年举办专题培训班2期，协助佛山开放大学举办档案人员岗位培训班2期，培训700多人次。进一步优化档案资源结构，发挥档案存史功能，市档案馆全年征集整理144位党和国家领导人视察佛山的珍贵文书和声像档案资料并收录馆藏“庆祝中华人民共和国成立70周年暨佛山解放70周年”主题照片183张（组）；征集佛山本土国家级、省级名人珍贵文书档案和实物档案合计2卷又931件。

【重大活动档案管理课题调研】 2019年，佛山市档案局组织开展“研究探索在新形势下进一步做好重大活动档案工作的机制和措施”课题调研，召开座谈会13场、现场走访调研15次、对14个单位开展问卷调查，形成《关于在新形势下进一步做好我市重大活动档案工作的调研报告》，制定《佛山市重大活动档案工作分类指引（试行）》，进一步规范重大活动档案管理工作。

【档案信息化建设】 2019年，佛山市档案局与市档案馆签订《佛山市数字档案室项目职责分工协议》，委托市档案馆建设数字档案室项目，项目完工并通过验收后由市档案馆将项目整体移交给市档案局管理和使用。至2019年底，佛山市档案馆全面优化数字档案馆项目建设，对系统中200多个功能点进行测试认定，并打通市协调办公平台（超级OA系统）与数字档案室项目在线归档接口，全面实现电子公文在线归档，完成23家立档单位数据迁移工作。禅城区档案馆有序推进数字档案馆系统建设，进入系统验收阶段。顺德区开展镇级档案馆分馆数字档案馆系统建设。高明区数字档案馆升级改造项目正式立项，分3期进行建设。市规划城建档案馆开展城建档案数字化成果数据整合，为“数字城建档案馆”系统提供规范数字资源。是年，佛山市各级综合档案馆完成纸质档案数字化处理382.91万页，市规划城建档案馆完成城建档案数字化处理7.6万卷。

【档案安全】 2019年，佛山市各级档案部门继续落实《广东省档案局转发国家档案局关于深入开展档案安全风险隐患排查整治工作的通知》要求，组织104个市级单位及五个区的立档单位开展自查自纠工作，形成档案安全风险隐患台账，逐项整改落实，并会同市消防支队到市公安局技侦支队、禅城区不动产档案馆等6个集中保管档案数量较多的单位现场排查整治档案安全风险隐患。是年，市档案局协调“一市五区”综合档案馆做好档案数据异地备份工作，由市档案馆牵头将本馆及南海区、顺德区、高明区档案馆重要档案数据送往浙江省

2019年6月6日，佛山市档案馆在铁军小学举行“档案文化进校园”活动。图为学生们制作完成长档案后兴奋的一刻（市档案馆供图）

绍兴市档案馆、广西桂林市档案馆进行异地备份，确保档案实体及信息安全。举办全市档案安全专题培训班，培训档案工作人员195人次。为筑牢档案安全技术防线，市档案馆积极启动机房升级改造，截至2019年底，市档案馆机房已达到国家B级机房的标准。

【"不忘初心、牢记使命"主题教育档案文献展】 2019年10月15日至12月13日，佛山市档案局与市档案馆共同协办"不忘初心、牢记使命"主题教育档案文献展佛山分展。文献展在市档案馆开展，精选中央档案馆、省档案馆馆藏的约400件珍贵档案，分为"探求真理""坚守初心""勇担使命""践行宗旨""从严治党"等5个部分，内容紧扣"不忘初心、牢记使命"主题教育，以中国共产党团结带领人民取得革命、建设、改革、发展的辉煌成就为主线，生动展示中国共产党为中国人民谋幸福，为中华民族谋复兴的伟大历程。展览活动共接待1131批次3.2万人次参观学习。

（陈锦轩）

老干部工作

【概况】 截至2019年底，佛山市有离休干部596人，其中市直离休干部315人、区直离休干部281人，易地安置的离休干部2人。有佛山市老年干部大学（市老干部活动中心、市老年大学）、佛山市老干部休养所（市企业离休干部管理服务中心）等服务机构。是年，顺德区退休干部何劲和被中央组织部评为全国离退休干部先进个人。

【退休干部政治思想引领】 2019年，中共佛山市委老干部局举行各级各类专题调研、政治学习会、宣讲会、辅导报告会、形势报告会、通报工作会等120多场，参加老干部2万多人次。加强离退休干部党支部书记和骨干培训，培训对象扩大到支委、骨干、联络员和镇（街道）、村（社区）老干部工作者，全年举办各级离退休党支部书记（骨干）培训班13场次，培训1200多人。做好全国、全省离退休干部"双先"候选人推荐工作，举办"不忘初心、牢记使命"老党员先进事迹报告会、学习体会分享会等。

【老干部政策待遇落实】 2019年，中共佛山市委老干部局落实好一系列惠老助老政策。出台市直单位离退休干部党支部书记补贴政策，补贴标准每人每月500元，使中央和省委关于进一步加强和改进离退休干部工作的相关精神得到落实。围绕中华人民共和国成立70周年，向离休干部颁发70周年纪念章，每人发放2000元慰问金；走访慰问老战士、老党员、老干部，落实提高离休干部护理费标准的政策等。针对不同层级的离退休干部，建立退休处级干部政策待遇咨询工作机制。从2019年起联合市委组织部定期召开退休市管干部政策待遇咨询会，向新近退休的老领导解读退休政策待遇、介绍老干部工作和干部退休后的相关管理规定。春节前夕召开市委、市政府向老干部通报工作情况大会，由市委、市政府主要领导向老干部通报全市工作情况。到市直单位开展老干部工作调研，重点调研机构改革中有撤并的单位。

【发挥老干部余热激发正能量】 2019年，中共佛山市委老干部局围绕庆祝中华人民共和国成立70周年和粤港澳大湾区建设，开展专题调研，组织老干部为佛山高质量发展建言献策；举办"峥嵘七十载　筑梦新时代"老干部口述历史系列报道活动，助推佛山更好地参与粤港澳大湾区建设；举办"翰墨颂湾区　韵染新时代"——佛山东莞老干部书画联展，200多幅作品参展；举办"佛山记忆——我和我的祖国"老照片征集展示活动，并先后在老干部学习活动场所和禅城区的小学巡展；与市文化广电旅游体育局联合举办"礼赞新中国　奋进新时代"——第十一届佛山市老干部文艺展演，近200名老干部参演。是年，老干部继续通过"五老"（老干部、老专家、老军人、老教师、老模范）讲师团、"五老学堂""五老同心"励志主题教育等平台和活动，助力佛山市关心下一代工作。

【佛山市离退休干部综合管理服务平台投入使用】 2019年1月，佛山市离退休干部综合管理服务平台投入使用。该平台设有综合办公、离退休干部信息服务管理、党组织管理、正能量活动管理及信访、慰问、体检、信息报送、政策法规、生活自理能力评定、丧后事宜管理等13个业务工作子项目，实现老干部工作业务网上办理，是佛山市委老干部局探索"互联网+老干部工作"模式。该平台与佛山市数字人事系统对接，运行稳定，截至年底，收录市直离退休干部基础数据8628条、离退休干部党组织数据173条，向103个市直单位开放操作账户。

【老年干部大学新校区启用】 2019年9月2日，佛山市老年干部大学举办庆祝新校区启用暨2019年秋季开学典礼活动，新校区正式启用。新校区位于禅城区卫国路69号，占地面积2512平方米，总建筑面积7842平方米，设电脑课室、电钢琴室、演出厅、书画展厅等56个功能厅室。学校新学期开设音乐、书画、舞蹈等七大类专业共93个班，为老年朋友提供学位4000多个。首次面向社会老年人开放招生。学校开设微信公众号，建设多媒体电教平台、教育信息化管理平台、数据共享中心等，打造智慧校园。投入6.4万元购买厦门泰博公司开发的老年大学管理系统，首次采用微信方式报名，并实现网上缴费，满足离退休干部方便开展学习、方便接受教育、方便服务管理的需求。

【重阳节系列敬老活动】 2019年9月26日，中共佛山市委老干部局以"九九重阳节　多彩夕阳红"为主题，举行庆祝中华人民共和国成立70周年和重阳节系列敬老活动，有2000多名离退休干部参加，喜迎国庆、重阳双节。活动内容包括快闪、文艺演出、党建知识竞答、关爱志愿服务、老干部书画剪纸才艺展示、"佛山记忆——我和我的祖国"老照片展览等六大项。正值中华人民共和国成立70周年，活动特别融入许多喜迎国庆的元素。

（缪向民）

佛山市人民代表大会

综　述

【市人大机构概况】 2019年，佛山市有市人民代表大会1个、区人民代表大会5个、镇人民代表大会21个。全市有全国人大代表9人、省人大代表38人、市人大代表381人、区人大代表1278人、镇人大代表1959人。佛山市第十五届人大常委会组成人员36人，其中主任1人、副主任6人、秘书长1人、委员28人。佛山市第十五届人大设有法制委员会、监察和司法委员会、财政经济委员会、教育科学文化卫生委员会、城乡建设环境与资源保护委员会、农村农业委员会、华侨民族宗教外事委员会、社会建设委员会等8个专门委员会。市人大常委会下设办公室、法制工作委员会、监察和司法工作委员会、财政经济工作委员会、教育科学文化卫生工作委员会、城乡建设环境与资源保护工作委员会、选举联络人事任免工作委员会、农村农业工作委员会、华侨民族外事工作委员会等9个工作机构。

【佛山市第十五届人民代表大会第四次会议】 于2019年2月14—16日在市机关大礼堂召开。会议听取和审议佛山市人大常委会党组副书记、副主任李子甫所作的《佛山市人民代表大会常务委员会工作报告》、佛山市人民政府市长朱伟所作的《政府工作报告》、佛山市中级人民法院院长赵菊花所作的《佛山市中级人民法院工作报告》、佛山市人民检察院检察长黄黎明所作的《佛山市人

2019年佛山市人大常委会会议情况

序　号	会议时间	届　次	议题内容
1	2月1日	市第十五届人大常委会第十八次会议	审议通过《佛山市第十五届人民代表大会常务委员会代表资格审查委员会关于部分代表的代表资格审查报告》；审议通过佛山市人民代表大会常务委员会《关于废止〈佛山市实施《广东省各级人民代表大会常务委员会规范性文件备案审查工作程序规定》办法〉的决定》；进行人事任免事项；举行颁发任命书仪式；举行宪法宣誓仪式等。
2	4月17日	市第十五届人大常委会第十九次会议	听取和审议市人民政府关于2017年度审计查出突出问题整改情况的报告、市人大常委会财经工委关于佛山市2017年度审计查出突出问题整改情况的跟踪检查情况报告；听取和审议市人民政府关于佛山市2018年度环境状况及环境保护目标任务完成情况的报告、市人大常委会城建环资工委关于佛山市2018年度环境状况及环境保护目标完成情况的调研报告；听取和审议市人大常委会法制工委关于2018年规范性文件备案审查工作情况的报告；进行人事任免事项；举行宪法宣誓仪式等。
3	6月12日	市第十五届人大常委会第二十次会议	对《佛山市住宅物业管理条例（草案）》进行二审；听取和审议关于市人大常委会内司工委更名的决定草案，表决通过《佛山市第十五届人民代表大会常务委员会关于佛山市第十五届人大常委会内务司法工作委员会更名为佛山市第十五届人大常委会监察和司法工作委员会的决定》；进行人事任免事项；举行颁发任命书仪式；举行宪法宣誓仪式等。
4	6月27日	市第十五届人大常委会第二十一次会议	听取和审议市人民政府关于佛山市级2019年财政预算调整的报告、市人大常委会财经工委关于2019年佛山市级财政预算调整的审查报告，表决通过《佛山市人民代表大会常务委员会关于批准2019年市级财政预算调整的决议》等。

（续 表）

序 号	会议时间	届 次	议题内容
5	7月26日	市第十五届人大常委会第二十二次会议	听取和审议市人民政府关于佛山市2019年上半年国民经济和社会发展计划执行情况的报告、市人大常委会财经工委关于佛山市2019年上半年国民经济和社会发展计划执行情况的调研报告；听取和审议市人民政府关于佛山市2019年上半年财政预算收支执行情况的报告、关于佛山市2018年财政决算草案的报告、市人大常委会财经工委关于佛山市2019年上半年财政预算执行情况的调研报告、关于佛山市本级2018年度财政决算草案的审查报告，审议通过《佛山市人民代表大会常务委员会关于批准佛山市2018年市本级决算的决议》；听取和审议市人民政府关于佛山市实施公交优先战略情况的报告、市人大常委会城建环资工委关于佛山市公交优先发展战略推进情况的调研报告，审议通过《佛山市人民代表大会常务委员会关于进一步推进公交优先发展战略实施的决定》；听取和审议市人大常委会教科文卫工委关于佛山市实施公共图书馆法、博物馆条例情况的执法检查报告等。
6	8月29日	市第十五届人大常委会第二十三次会议	听取和审议市人民政府关于佛山市2018年度市级预算执行和其他财政收支的审计工作报告；对《佛山市养犬管理条例（草案）》进行一审；听取和审议市中级人民法院关于全市法院贯彻实施《中华人民共和国民事诉讼法》情况的报告、市人大常委会监察司法工委关于佛山市法院贯彻实施《中华人民共和国民事诉讼法》情况的执法检查报告；书面听取并审议市人大常委会教科文卫工委关于佛山市家庭医生服务情况的调研报告；进行人事任免事项等。
7	11月6日	市第十五届人大常委会第二十四次会议	听取和审议市人民政府关于佛山市级2019年第二次财政预算调整的报告、市人大常委会财经工委关于佛山市级2019年第二次财政预算调整的审查报告，表决通过《佛山市人民代表大会常务委员会关于批准市级2019年第二次财政预算调整的决议》；听取和审议市人民政府关于佛山市2018年国有资产管理情况和国有自然资源管理情况的报告、市人大常委会财经工委关于佛山市2018年自然资源类国有资产管理情况的调研报告；对《佛山市养犬管理条例（草案）》进行二审；审议市人大常委会监察司法工委《关于加强民营企业法律服务的议案》督办情况的报告、市人大常委会教科文卫工委《关于建立佛山市青少年近视眼防控体系的议案》督办情况的报告；进行人事任免事项；举行颁发任命书仪式；举行宪法宣誓仪式等。
8	11月13日	市第十五届人大常委会第二十五次会议	听取和审议市人民政府关于佛山市开展水污染防治和实施《广东省打好污染防治攻坚战三年行动计划（2018—2020年）》（水污染防治方面）工作情况的报告、市人大常委会城建环资工委关于佛山市开展水污染防治和实施《广东省打好污染防治攻坚战三年行动计划（2018—2020年）》（水污染防治方面）工作情况的调研报告；举行佛山市城乡黑臭水体整治情况专题询问会等。
9	12月3日	市第十五届人大常委会第二十六次会议	进行人事任免事项；举行颁发任命书仪式；举行宪法宣誓仪式等。
10	12月30日	市第十五届人大常委会第二十七次会议	听取和审议市人民政府关于市第十五届人大第四次会议代表议案和建议办理情况的报告、市人大常委会选联工委关于市第十五届人大第四次会议代表议案建议办理情况的报告；听取和审议市人民政府关于调整2019年佛山市部分主要经济发展指标增长预期目标的报告、市人大常委会财经工委关于调整佛山市2019年部分主要经济发展指标的审查报告，表决通过《关于批准佛山市2019年部分主要经济发展指标调整的决议》；审议通过《佛山市养犬管理条例（草案表决稿）》；审议通过《关于修改〈佛山市历史文化街区和历史建筑保护条例〉等三项地方性法规的决定》；听取和审议市人大常委会城建环资工委关于《佛山市扬尘污染防治条例》实施情况的执法检查报告；书面审议市人大社会建设委员会关于佛山市养老服务业情况的调研报告等。

民检察院工作报告》，审议佛山市发展和改革局局长张开机受市人民政府委托所作的《佛山市2018年国民经济和社会发展计划执行情况与2019年计划草案的报告》、佛山市财政局局长江启强受市人民政府委托所作的《佛山市2018年预算执行情况和2019年预算草案的报告》，并通过相应决议。大会还通过设立市第十五届人民代表大会社会建设委员会、市第十五届人民代表大会社会建设委员会组成人员人选、市第十五届人民代表大会内务司法委员会更名为市第

2019年2月14—16日，佛山市第十五届人民代表大会第四次会议召开

（市档案馆供图）

十五届人民代表大会监察和司法委员会的决定。

（龙福汉）

人大立法

【年度立法工作项目】 2019年，佛山市第十五届人民代表大会常务委员会第三十五次主任会议通过年度立法工作计划，地方立法工作安排正式项目3个，分别为《佛山市住宅物业管理条例》《佛山市养犬管理条例》和打包修改《佛山市历史文化街区和历史建筑保护条例》《佛山市治理货物运输车辆超限超载条例》《佛山市扬尘污染防治条例》。其中，《佛山市养犬管理条例》于2019年12月30日经佛山市第十五届人民代表大会常务委员会第二十七次会议通过；打包修改《佛山市历史文化街区和历史建筑保护条例》《佛山市治理货物运输车辆超限超载条例》《佛山市扬尘污染防治条例》于2019年12月30日经佛山市第十五届人民代表大会常务委员会第二十七次会议通过；《佛山市住宅物业管理条例（草案修改稿）》于2019年6月12日经佛山市第十五届人民代表大会常务委员会第二十次会议第二次审议。预备项目3个，分别为《佛山市河涌水环境保护条例》《佛山市流动人口居住登记条例》《佛山市消防条例》。

【《佛山市排水管理条例》颁布实施】 于2019年3月28日广东省第十三届人民代表大会常务委员会第十一次会议批准，自2019年7月1日起施行。《佛山市排水管理条例》是佛山第七部地方性法规。该条例立足佛山内涝灾害偶发影响城乡公共安全，响应佛山提升城市生态环境、打赢碧水攻坚战的现实需求。条例规范佛山市排水、污水处理以及相关设施的运营、养护，强化政府和部门职责，贯彻绿色发展理念，着力综合利用，提高排水设施建设要求，强化雨污分流，加强保护管理，强化法律责任。

（龙福汉）

人大监督

【财政经济工作监督】 2019年，佛山市人大常委会严格落实监督法和预算法的规定，开展计划、预算审查监督工作。6月和11月，2次听取和审议市政府关于财政预算调整情况的报告，依法批准市本级预算调整方案。关注全市国民经济和社会发展计划执行情况以及财政预算收支情况，听取和审议市政府有关报告，提出要抓好收入征管，优先保障民生领域投入，保障重点支出，支持打好“三大攻坚战”（指防范化解重大风险、精准脱贫、污染防治）；加强预算管理改革，建立健全考核机制，增强部门预算的科学性、合理性，提高财政资金使用效益。听取和审议审计工作报告以及审计查出突出问题整改情况的报告，提出要切实落实整改工作责任，继续加强对尚未完成整改问题的跟踪督查，不断强化审计结果及整改情况运用，确保问题整改到位。审议通过《关于批准佛山市2018年市本级决算的决议》。根据《中共佛山市委关于建立市政府向市人大常委会报告国有资产管理情况制度的意见》，专题听取和审议市政府关于佛山市2018年国有资产管理情况综合报告和国有自然资源管理情况专项报告，初步摸清全市国有自然资源资产“家底”，指出土地空间规划利用不够完善，城市地下空间资源潜力尚未有效释放，土地开发强度偏高、产出率偏低等问题，要求市政府加强对自然资产的管理，深入落实生态优先保护理念，充分发挥好土地规划和城乡规划引领带动作用，科学用好有限土地资源，加快推动“三旧”（旧城镇、旧厂房、旧村庄）改造工作，盘活用好存量土地。为应对中美贸易摩擦对佛山市经济带来的冲击，市人大常委会组成专题调研组，于8月至9月深入陶瓷、家电、建材、纺织、港口运输、外贸等行业进行调研，并多次召开相关部门座谈，形成调研报告，对中美贸易摩擦发展趋势进行研判，分析存在的问题和应对中美贸易摩擦取得的初步成效，结合佛山实际提出落实稳就业、稳金融、稳外贸、稳外资、稳投资、稳预期和应对中美贸易摩擦的工作思路建议。市人大常委会为了更好地贯彻落实中央和省的工作部署，深入研究推动佛山市人大预算审查监督重点拓展改革工作的开展，12月在南海区里水镇举办全市人大预算审查监督重点拓展改革工作研讨班，总结全市人大预算审查监督重点拓展改革的经验，提升预算审查监督能力，并不断加强区、镇（街道）人大预算联网监督工作规范化建设。

2019年5月16日，佛山市人大常委会副主任刘珊率调研组开展佛山市实施乡村振兴战略、推动城乡融合发展情况调研。图为调研组听取禅城区南庄镇南庄村有关负责人的情况介绍
（徐丽清　摄）

【乡村振兴工作监督】2019年，佛山市人大常委会深入学习贯彻习近平总书记关于绿水青山就是金山银山的理念，坚持问题导向，5月至10月，组成调研组带着实施乡村振兴战略促进城乡融合发展的课题，到市内和省内的广州市、珠海市，以及浙江省等地的36个乡村开展深调研。调研期间召开座谈会10场次、研讨会2场次，广泛听取相关部门、基层人大代表、干部群众的意见建议。在调研研讨的基础上，结合实际，提出佛山市在实施乡村振兴战略中，要进一步完善实施政策机制，集中优势资源，坚持分类指导、“一村一策”，将美丽乡村连点成线、连线成面、连面成带，提升全市乡村整体风貌，促进乡村高质量振兴的建议。市人大常委会抓住影响“三农”（农业、农村、农民）工作的重要环节，注重抓好现代农业发展工作监督。10月，市人大常委会组成视察组对佛山市现代农业发展情况进行视察。视察组实地视察南海区九江镇和西樵镇高效绿色水产养殖项目，听取有关情况汇报。在此基础上，视察组提出，虽然佛山市现代农业基础扎实，但仍存在发展方式未能根本转变、绿色优质农产品供给不足、现代农业人才缺口大等问题，建议要围绕市委、市政府关于推进乡村振兴战略总体部署，大力实施绿色优质农业发展工程，不断提升农业科技创新能力，拓展农业产业高质量发展空间。

【生态文明建设工作监督】2019年，佛山市人大常委会回应人民群众对美好生态环境的向往，对全市2018年度环境状况和环境保护目标完成情况、自然生态文明建设专项规划实施情况开展调研，支持和推进市政府扎实推进生态文明建设，建立水污染整治持续监督工作机制，推动广佛跨界河流水质逐步稳定达标。3月，市人大常委会开展年度环境状况和环境目标完成情况调研，实地调研南海水口水道丰岗涌、南海固废处理环保产业园，听取市、区政府有关报告，围绕全市环保基础设施历史欠账多、环保设施运行效率不高、环境治理系统性待提升等问题，建议要深入贯彻习近平生态文明思想，加快推进实施《佛山市自然生态文明建设专项规划》；要注重研究推广环境保护与产业共生共荣的新思路新技术，建立和完善环境基础设施使用效率的评估机制；要深入探索机动车和非道路移动机械排气污染的整治方案，加快提升固体废物本地化处理综合能力。市人大常委会狠抓城乡黑臭水体整治工作的监督，7月至10月，派出专题调研组，通过采取明察暗访方式，对全市30条黑臭水体水质状况及相关处理设施、截污管网建设情况进行实地调研，掌握第一手资料。11月13日，市第十五届人大常委会第二十五次会议，听取和审议市政府水污染防治暨实施三年行动计划情况报告，并举行城乡黑臭水体整治工作专题询问会。市、区、镇政府和街道办事处、市直有关部门主要负责人和分管负责人到会应询。常委会组成人员围绕水污染治理目标、黑臭水体整治情况、管网建设、河长履职、机制建设以及治水资金等10个问题开展询问，市政府和相关职能部门负责人正视问题，认真应询，提出有力整治措施，询问会取得预期效果。市人大常委会将广佛跨界河流域污染整治（水口水道丰岗涌）作为水污染整治监督工作重中之重，将监督工作常态化，建立持续监督机制，对广佛跨界河流域污染整治情况开展跟踪调研。6月至10月，听取市生态环境局、市水利局关于佛山市广佛跨界河流域污染治理和河长制落实情况专题汇报，以及南海区关于水口水道（丰岗涌）污染整治工程推进情况的专题汇报，实地调研有关河涌，加大监督力度。1月至8月，广佛跨界河流国控考核平洲水道、西南涌（和顺大桥断面）、佛山水道（横滘断面）水质均达标，广佛跨界河流水质呈明显改善且逐步达标的趋势。为推动《佛山市自然生态文明建设专项规划》落地落实，5月，市人大常委会组织代表视察佛山市湖心岛整治工作。10月，组成专题调研组，听取市政府有关部门及南海区、高明区、三水区政府有关情况汇报，实地考察生态文明建设6个项目，要求全市各级政府要坚持以习近平生态文明思想为指导，妥善处理好生态环境保护、恢复、建设的关系，坚决杜绝借建设生态文明的名义行商业开发之实，坚持生态文明建设与乡村振兴的有机融合，让生态文明建设的成果惠及更多群众。

【民生工作监督】2019年，佛山市人大常委会坚持履职为民，回应群众关切，开展关于养老服务业发展、实施公交优先战略、家庭医生服务、扫黑除恶工作的专题调研，听取市政府相关工作报告，提出改进意见建议，督促加强普惠性、基础性、兜底性民生建设，让人民群众拥有越来越多的获得感、幸福感、安全感。5月，为推动佛山市全面加快实施城市优先发展公共交通战略，市人大常委会组织部分常委会组成人员、城建环资委委员、市人大代表对公交优先发展战略推进情况开展专题调研，听取市交通、公安等部门以及禅城区有关汇报，实地考察佛山市禅南公共交通有限公司，建议市政府及其职能部门要重视公交优先发展，统筹全市公交一盘棋；加快全市公交基础设施建设，推进公交专用道设置和管理；重视新能源公交车发展，提高公交服务质量，加快轨道交通规划建设，探索公共交通立法。7月，市人大常委会第二十二次会议审议通过《佛山市人民代表大会常务委员会关于进一步推进公交优先发展战略实施的决定》。6月至7月，市人大常委会组成调研组，对佛山市家庭医生签约服务情况进行专项调研。调研组实地考察禅城区、南海区、顺德区等3家社区卫生服务站（点），召开基层医务人员和市民代表参加的专题座谈会，收集各区人大常委会的意见建议，听取市政府和禅城、南海区政府的工作汇报，建议市政府要以习近平总书记关于卫生健康工作的重要论述为指引，以维护人民群众健康为中心，破除各种阻力和壁垒，加强对基层医疗卫生服务机构和人员的政策支持，推进医疗工作重心下移、资源下沉，不断完善签约服务内涵。10月，市人大常委会组成调研组，对佛山市扫黑除恶专项斗争开展情况进行调研，建议要将加强对新型违法犯罪行为的防范和打击、扫黑除恶与维护市场经济秩序和保护民营企业发展结合起来，为民营经济更好发展保驾护航；加强基层组织建设，行业日常监管和宣传发动，调动人民群众参与扫黑除恶的积极性。8月至10月，市人大常委会围绕如何促进佛山市养老服务业发展议题，先后到江苏省无锡市、浙江省绍兴市、浙江省宁波市考察学习，到佛山市5个区开展专题调研。考察调研期间，调研组实地考察调研18家多种类型养老机构或居家养老服务点，召开座谈会9场次，听取有关单位的情况介绍，了解存在问题，研究推进全市养老服务业发展的对策，建议市政府及有关部门要加强政策支持，加大财力物力投入，建立健全以居家为基础、社区为依托、机构为补充、医养相结合的养老服务体系，科学规划养老机构建设，加强居家养老设施建设，提高社区居家养老服务水平，推动养老机构与医疗机构合作开展医养结合服务，增加优质养老服务供给。

【依法行政与公正司法工作监督】 2019年，佛山市人大常委会对民事诉讼法、公共图书馆法、《宗教事务条例》《博物馆条例》《佛山市扬尘污染防治条例》开展执法检查，发挥以问题为导向的执法检查“法律巡视”作用。5月，市人大常委会开展佛山市法院实施民事诉讼法情况的执法检查，召开多场座谈会，听取收集市委政法委、市检察院、市公安局、市司法局、市律师协会、市人大代表以及南海区相关单位对佛山市法院实施民事诉讼法、开展民事审判工作的意见建议，并赴市中级法院开展民事诉讼法实施情况执法检查，提出全市各级法院要牢固树立司法为民理念，继续深化案件繁简分流改革，依法打击滥用程序、虚假诉讼、破坏公平审判秩序等违法行为，做好民事诉讼法普法宣传，让人民群众在每一个案件中都能感受到公平正义，不断提高司法透明度和公信力。3月至5月，市人大常委会开展关于佛山市实施公共图书馆法、《博物馆条例》情况的执法检查，提出在贯彻落实公共图书馆法方面，市政府及有关部门要进一步加大财政投入，对标粤港澳大湾区高质量发展要求，提高全市公共图书馆服务层次，逐步增加全市人均公共图书馆藏书数量，有效满足人民群众不断增长的文化需求；要加强基层公共图书馆建设，推广智能读书驿站；加快创新改革步伐，开拓社会参与公共图书馆服务的新途径。在贯彻落实《博物馆条例》方面，要加强顶层设计，及时编制全市“博物馆之城”专项规划，硬件软件两手抓；强化国有博物馆内涵建设，大胆探索创新，提高非国有博物馆的服务、管理水平。11月，市人大常委会开展《佛山市扬尘污染防治条例》实施情况的执法检查，提出市政府及有关部门要加强对条例的宣传，将该条例作为行政执法人员履职必修课，作为建设单位、施工单位、监理单位上岗培训重要内容，压实扬尘防治企业主体责任，切实承担起扬尘污染防治的法律责任和社会责任；压实监管责任和执法责任，通过严格执法，提升条例执行效果，并认真总结该条例实施经验及遇到的问题，及时向市人大常委会反映，适时启动法规的修改完善工作。

（龙福汉）

人大代表工作

【概况】 2019年，佛山市有全国、省、市、区、镇五级人大代表3600多人，其中全国人大代表9人、省人大代表38人、市人大代表381人、区人大代表1278人、镇人大代表1959人。有人大代表联络站（点）776个，并于年内建成16个人大代表中心联络站。市人大常委会坚持把代表工作摆在突出位置，抓好工作落实，在做好服务保障的同时，进一步拓宽思路，激发代表工作活力，更好发挥人大代表作用，使市人大及其常委会成为同人民群众保持密切联系的代表机关。

【“更好发挥人大代表作用”主题月活动开展】 2019年7月，佛山市人大常委会集中1个月时间，组织佛山市的全国、省、市、区、镇五级人大代表开展“更好发挥人大代表作用”的主题活动，分别开展专题视察、专题调研、进代表联络站、代表回原选区述职、代表约见国家机关负责人、专题询问、执法检查等形式多样的活动。活动期间，佛山市的全国、省、市、区、镇3100多名人大代表，分别深入全市776个代表联络站，接待群众6102人次，收集群众意见建议960条，截至2019年底，转交给相关部门的意见建议已全部回应办结。7月9日，佛山市人大常委会围绕《关于优化中等职业教育的议案》办理，组织提议案的市人大代表约见市教育局负责人，聚焦中职教育扩容提质、师资培养、政校企合作、港澳职教合作办学等问题提问，市教育局负责人和相关人员现场回应，共同为优化全市中等职业教育工作“把脉开方”。截至2019年底，所有代表议案建议已全部办结，代表反映问题得到有效解决。

【代表履职服务保障】 2019年，佛山市人大常委会印发《关于闭会期间组织市人大代表开展活动的通知》，要求市人大常委会各工作机构和各区人大常委会办公室要组织好市人大代表在闭会期间开展的各项活动。做好向各区分别划拨人大代表联络站工作经费、市人大代表开展代表小组活动和例会前的集中视察活动专项经费工作，为各项活动顺利开展提供保障。6月17—18日，市人大常委会举办人大代表专题学习班，围绕抢抓粤港澳大湾区发展机遇、推动佛山高质量发展等内容，组织800多名市、区、镇人大代表参加学习培训。7月5日，市人大常委会组织佛山市的部分全国、省、市人大代表对三龙湾高端创新集聚区规划和建设情况开展视察，为三龙湾发展献计献策。7月22—23日，市人大常委会组织佛山市的省人大代表开展专题调研活动，实地调研西江饮用水源保护、主城区污水管网建设等情况，并听取市政府关于饮用水源地保护、污水管网建设、黑臭水体整治等工作情况的汇报，代表们提出有针对性的意见建议16项。是年第四季度，组织佛山市的省人大代表进行例会前集中视察，听取市政府关于佛山市国民经济和社会发展的情况汇报，视察市政府重点工作开展情况，为出席省十三届人大三次会议依法履行职责做好准备。8月13日，市人大常委会组织佛山市的全国人大代表小组成员到三水区乐平镇大岗村开展学习交流活动，重点围绕贯彻落实党的十九大报告提出的“产业兴旺，生态宜居，乡风文明，治理有效，生活富裕”实施乡村振兴战略总要求，以及实施乡村振兴战略应如何发挥党建引领作用等主题，开展考察、座谈，提出意见建议。是年，市人大常委会组织代表参与立法、执法检查、视察调研等活动达580人次。

【人大代表联络站建设】 2019年，佛山市人大常委会深入贯彻全省人大代表联络站工作经验交流会精神，推动对人大代表联络站进行改造提升，高标准推进人大代表中心联络站建设。坚持以人大代表联络站为阵地，每月定期分批组织人大代表深入联络站接待群众和开展履职活动，广泛收集社情民意，及时转交有关部门研究解决，打通人大代表联系群众“最后一公里”。是年，市人大常委会组织对776个代表联络站（点）进行改造提升，按照省人大常委会《关于加强新时代全省人大代表联络站工作的指导意见》要求，高标准建设人大代表中心联络站，建成人大代表中心联络站16个。

2019年7月5日，佛山市人大常委会组织佛山市的部分全国、省、市人大代表对三龙湾高端创新集聚区规划和建设情况开展视察，为三龙湾发展献计献策

（市人大常委会办公室供图）

重点议案督办

【概况】 2019年，佛山市第十五届人大第四次会议期间收到代表议案33件、代表建议155件。市人大常委会做好分类归口和交办工作，主动加强与“一府两院”（市人民政府、市中级人民法院、市人民检察院）及承办单位联系沟通，实时掌握办理工作进展情况，对《关于建立佛山市青少年近视眼防控体系的议案》《关于加强民营企业法律服务的议案》等2份议案进行重点督办。

【《关于加强民营企业法律服务的议案》督办】 2019年，佛山市人大常委会在督办《关于加强民营企业法律服务的议案》时，以议案重点关注的“加强对民营企业法律服务，定期对民营企业进行法治体检”等内容为重点，实地视察佛山市荣兴科技有限公司和广东金意陶陶瓷集团有限公司，并召开工作座谈会，听取相关部门关于议案办理的情况汇报和提出议案的市人大代表、相关企业代表对该议案办理的意见建议。提议案的代表对办理工作表示满意。

【《关于建立佛山市青少年近视眼防控体系的议案》督办】 2019年，佛山市人大常委会在督办《关于建立佛山市青少年近视眼防控体系的议案》议案时，督办组实地视察禅城区环湖小学、市三中和顺德区顺峰小学、顺峰中学，并召开工作座谈会，分别听取市政府和禅城、顺德区政府及其相关职能部门关于议案办理的情况汇报。在此基础上，专门召开有疾控部门、教育部门、家长、眼科医生等参加的专题座谈会。代表们对市政府通过办理该重点督办议案，初步建立起儿童青少年近视防控公共卫生服务体系、落实基本财政保障等工作成效表示充分肯定。

（龙福汉）

佛山市人民政府

手机扫码阅读

综　述

【市政府机构概况】 2019年1月，广东省委、省政府批准《佛山市机构改革方案》。改革后，佛山市人民政府设置机构36个。其中：办公室和工作部门34个，分别为办公室、发展和改革局、教育局、科学技术局、工业和信息化局、民族宗教事务局、公安局、民政局、司法局、财政局、人力资源和社会保障局、自然资源局、生态环境局、住房和城乡建设局、交通运输局、水利局、农业农村局、商务局、文化广电旅游体育局、卫生健康局、退役军人事务局、应急管理局、审计局、国有资产监督管理委员会、市场监督管理局、统计局、医疗保障局、金融工作局、信访局、政务服务数据管理局、城市管理和综合执法局、轨道交通局、城市更新局、重点项目工作局；市政府派出机构2个，分别为佛山高新技术产业开发区管理委员会、佛山中德工业服务区管理委员会。

【市政府重要会议】 2019年，佛山市召开市政府常务会议21次、市政府全体会议1次、市政府廉政工作会议1次、全市经济形势分析会3次、市政府工作会议50多次。其中，2月3日，佛山市举行市政府全体会议，会议由市委常委、副市长蔡家华主持，副市长许国、邓建伟、赵海、乔羽、谭萍等出席会议，会议深入学习贯彻习近平新时代中国特色社会主义思想和党的十九大精神，落实习近平总书记视察广东重要讲话精神，讨论2019年市《政府工作报告》，市统计局、发展和改革局、工业和信息化局、科技局、住房和城乡建设局、农业农村局、教育局等市政府工作部门代表发言，介绍各领域工作开展情况及2019年工作思路与计划。

2019年佛山市人民政府常务会议情况

序　号	会议时间	届　次	议题内容
1	1月16日	十五届市政府第三十八次常务会议	学习贯彻习近平总书记对做好“三农”工作的重要指示精神；审议《佛山市级2019年财政预算（草案）》《2019年社会保险基金预算（草案）》《佛山市建设“四好农村路”行动计划（2018—2020年）》《佛山市测绘地理信息管理办法》《佛山市市级储备粮油管理办法》《佛山市域铁路国省道沿线及旅游景区环境卫生整治专项行动工作方案》《佛山市进一步扩大对外开放实现利用外资高质量发展若干政策措施》；研究调整佛山市南海技师学院隶属关系事项等。
2	1月24日	十五届市政府第三十九次常务会议	学习贯彻习近平总书记在京津冀协同发展座谈会上的重要讲话精神；审议《2019年佛山市政府工作报告（审议稿）》《关于佛山市2018年经济社会发展主要指标预计完成情况与2019年预期目标的建议》《佛山市单位食堂食品安全监督管理办法》《佛山市供用电安全管理办法》；研究聘请第二批重大行政决策咨询论证专家事项等。
3	2月27日	十五届市政府第四十次常务会议	学习贯彻习近平总书记在中央全面深化改革委员会第六次会议上的重要讲话精神，传达贯彻全省加强非洲猪瘟防控工作电视电话会议精神、全省加强流浪救助管理工作专题座谈会精神、全省商务工作座谈会及2019年全省商务工作会议精神；听取贯彻落实《国务院办公厅关于对真抓实干成效明显地方进一步加大激励支持力度的通知》有关情况的汇报，研究关于佛山市申报广东省2019年重点建设项目事项、聘请佛山市人民政府第二批立法咨询专家等；审议《佛山市推广装配式建筑实施办法》《佛山市“一环创新圈”战略规划》《佛山市三龙湾高端创新集聚区综合规划》《佛山市公路桥梁桥下空间安全管理利用办法》《佛山市2019年公交运营市级财政专项资金使用管理暂行办法》等。

（续 表）

序 号	会议时间	届 次	议题内容
4	3月21日	十五届市政府第四十一次常务会议	学习贯彻习近平总书记重要文章《推动我国生态文明建设迈上新台阶》精神；传达贯彻全国、全省“大棚房”问题专项清理整治行动电视电话会议精神；《佛山市高速公路违法广告标牌设施专项整治工作方案》《关于鼓励和规范互联网租赁自行车发展的指导意见》《佛山市公众举报黑烟车奖励办法（修订）》《佛山市广佛跨界河流水环境综合整治攻坚方案（2019—2020年）》《佛山市采矿权出让收益市场基准价》等。
5	4月4日	十五届市政府第四十二次常务会议	学习贯彻习近平总书记在学校思想政治理论课教师座谈会上的重要讲话精神；传达贯彻全国和全省安全生产及应急管理有关会议精神、全省农村人居环境整治现场推进会精神；审议《关于进一步明确支持企业融资专项资金使用若干事项的通知》《关于加快文化产业发展的若干政策》《佛山市非户籍常住人口子女申请入读义务教育阶段公办学校实施办法（修订送审稿）》，研究《关于佛山市贯彻落实中央环境保护督察“回头看”及固体废物环境问题专项督察反馈意见暨省级环境保护督察反馈意见整改方案》等。
6	4月27日	十五届市政府第四十三次常务会议	学习贯彻习近平总书记在参加首都义务植树活动时的重要讲话精神；传达贯彻全国工程建设项目审批制度改革电视电话会议精神；研究市安委会关于2018年度全市安全生产“一岗双责”考核结果的建议；审议《佛山市深化供给侧结构性改革2019年工作方案》、《佛山市全面建设国家创新型城市促进科技创新推动高质量发展若干政策措施》、《佛山市2019年重大产业项目“大招商招大商”工作方案》和《佛山市2019年重大产业项目“大招商招大商”工作考评办法》；研究关于佛山市信访工作部署等情况。
7	5月15日	十五届市政府第四十四次常务会议	学习贯彻习近平总书记在第二届“一带一路”国际合作高峰论坛圆桌峰会上的重要讲话精神；传达贯彻全国省市就业创业工作暨普通高等学校毕业生就业创业工作电视电话会议精神；审议《关于深化市级预算编制执行监督管理改革的意见》《佛山市城镇新建住宅区配建教育设施管理办法》《佛山市人民政府2019年重大行政决策目录》《佛山市人民政府2019年重大行政决策听证目录》《佛山市2019年重点建设项目计划》《佛山市2019年市本级政府投资项目计划》《关于优化调整我市巡游出租汽车运价的通知》《佛山市推动机器人应用及产业发展扶持方案（2018—2020年）（2019年修订）》《佛山市政策性小额贷款保证保险实施方案》和《佛山市政策性小额贷款保证保险实施细则》；研究佛山市实施粤菜师傅工程建设“1+5”系列方案等。
8	5月30日	十五届市政府第四十五次常务会议	传达学习习近平总书记在《求是》杂志发表的重要文章《深入理解新发展理念》精神；传达学习习近平总书记关于脱贫攻坚有关重要讲话精神及相关会议精神；传达贯彻广东省体育工作联席会议第一次全体会议精神；审议《佛山市实施乡村振兴战略规划（2018—2022年）》《关于佛山市市级储备粮费用包干标准的方案》《关于建立公办普通高中生均公用经费拨款制度的通知》《佛山市商事主体住所登记管理办法》《关于提高佛山市2019年最低生活保障标准的通知》；研究关于推出优粤佛山卡服务有关事宜等。
9	6月13日	十五届市政府第四十六次常务会议	学习贯彻习近平总书记在5月13日中共中央政治局会议上的重要讲话精神；审议《关于佛山市级2019年财政预算调整的报告》《佛山市生态文明建设目标评价考核实施办法》《佛山市人口发展规划（2018—2030年）》《佛山市残疾儿童康复救助实施办法》，研究调整佛山市基本医保部分待遇享受相关规定等。
10	6月25日	十五届市政府第四十七次常务会议	审议《佛山三龙湾高端创新集聚区总体发展规划（2019—2035年）》。
11	7月10日	十五届市政府第四十八次常务会议	专题学习研究土地管理改革工作，邀请省自然资源厅党组成员、副厅长余云州作土地管理政策宣讲指导。
12	7月18日	十五届市政府第四十九次常务会议	学习贯彻习近平总书记在深化党和国家机构改革总结会议上的重要讲话精神；学习贯彻广东省实施“粤菜师傅”工程联席会议第一次会议暨工作推进会精神；审议《佛山市危险化学品安全管理规定（草案）》《关于佛山市2018年度财政决算草案的报告》《关于佛山市2019年上半年国民经济和社会发展计划执行情况的报告（送审稿）》《关于佛山市2019年上半年财政预算收支执行情况的报告》《关于加强全市统筹深化公交TC改革总体实施方案》《佛山市开展城乡人居环境建设和整治暨美好环境与幸福生活共同缔造行动计划》等。

（续　表）

序　号	会议时间	届　次	议题内容
13	7月23日	十五届市政府第五十次常务会议	学习《求是》杂志发表的习近平总书记重要文章《把乡村振兴战略作为新时代“三农”工作总抓手》精神；学习贯彻《中华人民共和国政府信息公开条例》；审议《佛山市纳入市级统筹项目决策管理机制》《佛山市网络预约出租汽车经营服务管理办法》《关于促进供销合作社改革发展的实施意见》《关于全面实施预算绩效管理的实施意见》《佛山市省级涉农资金统筹整合实施方案（试行）》《佛山市财政科技创新资金管理办法（试行）》和《佛山市科技创新项目管理办法（试行）》等。
14	8月7日	十五届市政府第五十一次常务会议	学习贯彻习近平总书记在7月30日中共中央政治局会议上的重要讲话精神；传达贯彻全省商务系统“不忘初心、牢记使命”主题教育工作会议精神；传达贯彻推进全省外贸高质量稳定发展座谈会精神，传达贯彻全省环保基础设施建设现场推进会会议精神；审议《佛山市高速路网规划布局方案》《佛山市分布式光伏发电项目补助资金管理办法（2019—2020年）》《佛山市工业企业技术改造固定资产投资奖补实施方案（2019—2021年）》等。
15	8月22日	十五届市政府第五十二次常务会议	学习贯彻习近平总书记在《求是》杂志发表的重要文章《在解决“两不愁三保障”突出问题座谈会上的讲话》精神；传达贯彻全省促进中小企业（民营经济）发展工作电视电话会议精神；审议《关于佛山市2019年7月财政收支及预算执行情况的报告》《佛山市养犬管理条例（草案）》《佛山市“智能制造、本质安全”示范企业奖补资金管理办法》《佛山市环境保护责任制考核奖励资金使用管理办法（修订稿）》《优粤佛山卡人才分类认定标准》《佛山市促进学前教育普惠健康发展行动方案》；审定第二批市级特色小镇创建对象名单等。
16	9月25日	十五届市政府第五十三次常务会议	学习贯彻习近平总书记在中央财经委员会第五次会议的重要讲话精神；传达贯彻全国、全省稳定生猪生产保障市场供应电视电话会议精神；审议《关于佛山市2019年8月财政收支及预算执行情况的报告》《关于实施粤港澳大湾区个人所得税优惠政策财政补贴管理暂行办法》；研究基本医疗保险和生育保险缴费调整方案等。
17	10月21日	十五届市政府第五十四次常务会议	学习贯彻习近平总书记在全国民族团结进步表彰大会上的重要讲话精神；审议《佛山市新能源汽车产业发展规划（2019—2030年）》《佛山市关于新形势下加强征兵工作的若干意见》《关于完善全征地居民养老保险补贴制度的指导意见》《关于佛山市级2019年第二次财政预算调整的报告》《佛山市关于加快推进社会信用体系建设构建以信用为基础的新型监管机制的实施方案》；研究修订《佛山市人民政府工作规则》、2019年全市未成年人思想道德建设工作；审定首批市级特色小镇验收命名结果等。
18	11月6日	十五届市政府第五十五次常务会议	学习贯彻习近平总书记在中央政治局第十八次集体学习时的重要讲话精神；学习贯彻国务院进一步做好清理拖欠民营企业中小企业账款工作全国电视电话会议精神；学习贯彻全省高铁沿线环境安全综合整治工作电视电话会议精神；学习贯彻《广东省实验室建设管理办法（试行）》；审议《进一步深化市级财政出资政策性基金清理规范工作方案》《佛山市本级贯彻完善国有金融资本管理实施方案》《关于防止领导干部利益冲突的暂行规定》《佛山市“十四五”规划编制工作方案》《关于推动佛山高新技术产业开发区一区五园统筹协同发展的实施意见》《佛山市推动军民融合产业加快发展政策措施》《佛山市5G网络建设规划（2019—2022年）》《佛山市深化政府采购制度改革工作方案》；研究开展电动自行车注册登记工作有关事宜等。
19	11月22日	十五届市政府第五十六次常务会议	学习贯彻习近平总书记在中法经济峰会闭幕式上的重要讲话精神；传达学习全省全面推进国土空间规划编制动员部署电视电话会议精神；审议《佛山市历史文化街区和历史建筑保护条例（修改稿草案）》《佛山市治理货物运输车辆超限超载条例（修改稿草案）》和《佛山市扬尘污染防治条例（修改稿草案）》《佛山市2019年1—10月财政收入及预算支出执行情况的报告》《佛山市关于加快培育发展先进制造业集群的意见》《佛山市推进外贸高质量稳定发展若干措施》《佛山市实验室建设管理办法（试行）》；研究修改《佛山市城市市容和环境卫生管理规定》等4部地方政府规章等。

（续 表）

序 号	会议时间	届 次	议题内容
20	12月11日	十五届市政府第五十七次常务会议	学习贯彻习近平总书记在中央政治局第十九次集体学习时的重要讲话精神；学习贯彻《中共中央国务院关于深化改革加强食品安全工作的意见》和《地方党政领导干部食品安全责任制规定》；传达贯彻全省推动制造业高质量发展大会精神；审议《佛山市政府投资项目工程建设方案联合评审实施办法（试行）》《佛山市政务数据资源管理办法（试行）》《佛山市建设高质量文化导向型名城三年行动计划（2020—2022年）》《佛山市利用自有建设用地设置机械式停车设备管理办法》；研究试行佛山市商业补充医疗保险相关事宜等。
21	12月25日	十五届市政府第五十八次常务会议	学习贯彻习近平总书记对做好“三农”工作作出的重要指示精神和中央农村工作会议精神；听取2019年佛山市行政复议和应诉工作情况报告；听取关于2019年度政务公开工作情况的报告，组织专题学习《中华人民共和国消防法》；审议《关于全面深化新时代教师队伍建设改革的实施意见》《佛山市危险化学品禁止、限制和控制目录（试行）》《佛山市推动夜间经济发展实施意见》《佛山市建设制造业高质量发展试验区实施方案》《关于进一步加强服务型公寓规划建设管理规范商务办公类项目管理和销售行为的通知》等。

【重要政策与措施出台】

进一步扩大对外开放实现利用外资高质量发展若干政策措施 2019年1月25日，佛山市政府印发《佛山市进一步扩大对外开放实现利用外资高质量发展若干政策措施》，进一步放宽市场准入，营造优良营商环境，加快培育开放引领发展新优势，有效利用外资推动佛山市经济高质量发展，制订加大外资引进力度、加大财政支持力度、加大用地保障力度、加大人才支持力度、加大金融支持力度、提升投资便利化水平、提升贸易便利化水平、提升税收便利化水平、提升科技创新水平、优化利用外资保障机制等10个方面措施。

加快推进一体化在线政务服务平台建设工作实施方案 2019年3月5日，佛山市政府印发《佛山市加快推进一体化在线政务服务平台建设工作实施方案》，推进“互联网+政务服务”，加强省一体化在线政务服务平台佛山分平台建设，整合政务资源，优化服务流程，强化业务协同，推进跨层级、跨地域、跨系统、跨部门、跨业务的协同管理和服务，充分运用信息网络技术提升行政效率和服务质量。

全面建设国家创新型城市促进科技创新推动高质量发展若干政策措施 2019年5月6日，佛山市政府印发《佛山市全面建设国家创新型城市促进科技创新推动高质量发展若干政策措施》，旨在以全面建设国家创新型城市为总目标，促进科技创新，推动高质量发展，为粤港澳大湾区建设具有全球影响力的国际科技创新中心作出贡献。形成全面融入粤港澳大湾区国际科技创新中心建设、着力构筑人才集聚发展高地、加强基础研究和核心技术攻关、加大企业创新支持力度、加快科技创新平台建设、加强科技创新载体建设、促进科技金融深度融合、深化科技领域“放管服”改革等8个方面措施。

加快文化产业发展若干政策措施 2019年5月8日，佛山市府办印发《佛山市加快文化产业发展若干政策措施》，为加快佛山市文化产业发展，促进文化与产业、科技、金融融合发展，培育一批具有较强市场竞争力的骨干文化企业，形成一批优势文化产业集群，基本建成空间集聚、创新力强、业态多元、特色鲜明的现代文化产业体系，在鼓励企业做大做强、鼓励融合发展、鼓励集聚发展、鼓励社会投资、鼓励文化消费业发展、鼓励高端人才创业、鼓励文化金融合作、优化产业结构、优化服务平台建设、优化土地资源供给等10个方面制订奖励措施。

政策性小额贷款保证保险实施方案 2019年6月18日，佛山市政府印发

三龙湾高端创新集聚区平洲水道两岸风光 （梁 斌 摄）

《佛山市政策性小额贷款保证保险实施方案》，结合佛山市实际，创新业务模式，有效缓解中小微企业融资难问题，大力促进实体经济发展。目标建立完善的联合工作机制，加强政府、保险公司、银行等三方合作，合理安排财政资金，通过市场化运作充分发挥财政杠杆作用。争取到2021年末，政策性小额贷款保证保险贷款项目累计发放贷款超40亿元，有效缓解困扰佛山中小微企业生存和发展的“融资难、融资贵”问题。

推动夜间经济发展的实施意见　2019年12月31日，佛山市人民政府办公室印发《佛山市人民政府办公室关于推动夜间经济发展的实施意见》，提出充分挖掘佛山夜间消费资源，用3年时间培育、建设、提升一批高品质夜间经济集聚区、夜间经济示范点，加快建立夜间经济产业体系，形成良好夜间发展生态圈。到2021年，全市建成8个高品质夜间经济集聚区、80处夜间经济示范点。

【以市政府名义召开的全市性会议与重大政务活动】2019年，以佛山市人民政府名义召开的全市性会议有全市安全生产工作会议、全市招商引资工作会议、全市金融工作会议等18个。以佛山市人民政府名义举办的重大政务活动有第十六届中国国际中小企业博览会专

2019年以佛山市政府名义召开的全市性会议

序　号	会议名称	负责部门
1	全市经济形势分析会	市政府办公室
2	全市月度经济运行监测分析会	市统计局
3	全市安全生产工作会议	市应急管理局
4	市政府全体（扩大）会议暨廉政工作会议	市政府办公室
5	全市招商引资工作会议	市重点项目工作局
6	新市民服务管理工作会议	市流管办
7	全市工业和信息化工作会议	市工业和信息化局
8	城市更新（“三旧”改造）工作现场会	市自然资源局
9	全市金融工作会议	市金融工作局
10	全市固定资产投资和重点项目会议	市发展改革局、重点项目工作局
11	深入推进创新驱动助力工程联席会议	市科协
12	全市审计工作会议	市审计局
13	全市城市建设管理工作会议	市住房城乡建设局、城管执法局
14	全市河长制工作领导小组会议	市水利局
15	2019年庆祝教师节座谈会	市教育局
16	全市特色小镇建设工作会议	市发展改革局
17	全市土地管理工作会议	市自然资源局
18	全市粮食和物资储备工作会议	市发展改革局

2019年以佛山市政府名义举行的重大政务活动

序　号	活动名称	举行时间	负责部门
1	第十六届中国国际中小企业博览会专业展（智能家电展、国际家具展）	智能家电展于3月4—6日举行；国际家具展于3月17—20日举行	佛山市工业和信息化局、顺德区人民政府
2	2019机器人国际大会	5月举行	佛山高新区管委会、佛山市三航工业技术研究院
3	中国氢能产业大会	10月26—28日	南海区人民政府
4	2019中国创新创业大赛港澳台赛	6月至12月	佛山高新区管委会、中国发明成果转化研究院
5	第二十三届全国发明展览会暨第四届世界发明创新论坛	11月7—9日	佛山市科协
6	产学研对接大会	10月14日	佛山市教育局、广东高校科技成果转化中心
7	2019中国佛山人工智能与智能制造国际大会	10月21—23日	佛山高新区管委会、中国发明成果转化研究院
8	2019年中国安全产业大会	11月20—22日	南海区人民政府
9	佛山市城市治理项目现场巡查	5月22日启动	佛山市自然资源局

2019年佛山市政府工作会议情况（选录）

编　号	会议日期	会议内容
1	1月21日	调研市第二人民医院新院区建设用地情况
2	1月23日	协调佛山市养老养生健康产业园项目土地联合收储工作
3	1月31日	研究顺德区规范村（居）涉企收费工作
4	2月1日	研究部署创新招商引资体制机制工作
5	2月12日	研究部署全市环保基础设施建设工作
6	2月12日	研究广湛高铁工程可行性报告专家评审工作
7	2月12日	研究部署全市交通基础设施重点项目建设相关事项
8	2月15日	部署第十六届中国国际中小企业博览会专业展筹备工作
9	2月20日	研究推进佛山市桥梁立体绿化提升改造工作
10	2月25日	调研部署第十六届中国国际中小企业博览会专业展筹备工作
11	2月28日	研究东北大学佛山研究生院建设管理模式
12	2月28日	协调2019年佛山市促进小微工业企业上规模工作
13	3月6日	协调季华实验室首批核心筹建团队家属安置工作
14	3月6日	部署推进全市第三次全国国土调查工作
15	3月15日	研究与广州美术学院合办艺术修复学院工作
16	3月15日	部署推进2019年全市交通运输工作
17	3月15日	协调佛山市5G网络建设工作
18	3月18日	研究佛山市“大棚房”问题专项清理整治行动工作
19	3月19日	研究部署全市不动产登记“再提升”工作
20	3月20日	部署严格落实城市更新政策有关工作
21	3月22日	研究推进佛山市生活垃圾资源化处理及医疗废物处置项目维稳工作
22	3月22日	研究佛山市轨道交通建设项目相关事宜
23	4月8日	协调佛山科学技术学院江湾校区修缮提升工程
24	4月23日	研究深化佛山市公交改革有关工作
25	5月7日	研究市级通济基金科力远纾困项目
26	5月7日	研究部署佛山市第二轮城市轨道交通建设规划工作
27	5月7日	协调解决武广客专佛山段有关遗留问题
28	5月10日	研究与威立雅公司开展环保项目合作
29	5月16日	研究新建广湛铁路项目佛山新高铁站选址及广茂线货场还建方案相关事宜
30	5月20日	专题研究佛山市房地产工作
31	5月21日	研究落实市委“1+1+9”部署文化专项工作
32	5月27日	研究加快推进全市城市更新工作
33	5月28日	研究全市上市公司风险化解工作
34	6月4日	协调解决汇通大楼历史遗留问题
35	6月14日	研究经济稳增长工作
36	6月16日	部署佛山市城市轨道交通2号线一期工程“6·16”地铁隧道施工漏水事件处置工作

（续 表）

编 号	会议日期	会议内容
37	8月15日	研究推进佛山市新世纪妇儿医院项目地块开发建设事项
38	9月26日	协调解决中欧中心债务问题
39	9月27日	专题研究佛山市市直单位国家公务员医疗补助管理工作
40	11月7日	研究加快推进潭洲水道夜间游船工作
41	11月8日	研究部署广佛交通连接项目有关工作
42	11月8日	研究全市高铁沿线环境安全综合整治工作
43	11月12日	研究推进与广州美术学院合作办学选址工作
44	11月13日	协调香港理工大学（佛山）办学用地
45	11月19日	协调禅城区河边街征地回迁信访问题
46	11月26日	研究强力推进佛山市高铁沿线环境安全综合整治工作

展（智能家电展、国际家具展）、中国氢能产业大会等9个。

【政务公开】 2019年，佛山市人民政府办公室收到政府信息公开申请90件，完成答复91件，含上年度结转办件41件，结转下年度办理3件，并于年内组织举办全市《政府信息公开条例》（新修订）专题培训班。编辑《佛山市人民政府公报》18期，汇编各类主动公开文件231份。印发《关于落实2019年度政府网站与政务新媒体考评工作方案》，推进全市政府网站在广东省政府网站集约化平台上的建设、部署、迁移等工作。完成人大建议181件、政协提案214件，办复率为100%；办理省政府办公厅交办佛山市的网民留言99件，均在限期内作出答复，答复率为100%。是年，省政府办公厅通报2018年度全省政务公开工作第三方评估结果，佛山市得分为96.7分，位居全省第三。佛山市政府网站实现连续9年获全国政府网站绩效评估地级市第一名。

【政务督查】 2019年，佛山市人民政府办公室坚持问题导向，加强现场协调督办力度，针对进展滞后的重点工作，及时组织有关部门到现场研究解决问题，为项目责任单位排忧解难。全年对市政府重大决策、重要部署、《政府工作报告》的重点工作，以及市政府领导重要批示和指示、上级政府交办事项的落实情况，通过实施清单督查、强化过程督查、开展实地督查等方式开展督查工作，按照批必查、查必办、办必果、果必报的要求，确保件件有落实、项项有结果。全年向市政府上报《督查专报》24份。同时，开展专项督查，分别对推进粤港澳大湾区建设加快广佛同城、抓好工业投资、做好重大产业项目招商、发展氢能及机器人产业、建设佛山理工大学、落实乡村振兴战略、出台粤菜师傅工程、打造民宿示范点、餐饮行业油烟污染、规范村（社区）涉企收费工作、住房保障工作等事宜开展专项督查督办。4月，国务院对佛山市顺德区土地节约集约利用成效好、闲置土地少且用地需求量较大给予肯定，并给予333.33公顷（5000亩）用地指标的督查激励。

【政务信息】 2019年，佛山市人民政府办公室向省政府办公厅报送《佛山政务信息》266篇约48万字，有80篇被省政府办公厅采用，采用率居全省前列。29篇政务信息被省政府办公厅选报国务院办公厅，包括《佛山市主动谋划精准服务实现应届大学生更高质量充分就业》《广东探索出6种村级工业园改造新模式 全力开拓高质量发展空间》《广东反映：近期猪肉行业保供稳价压力加大预计国庆期间猪肉价格仍小幅上涨》《广东省探索推进临床检验结果区域互认在全国率先建设结构互认技术平台》等。23篇政务信息被选送省领导参阅，23篇获得省领导批示，包括《基层建议完善家庭医生上门巡诊制度 推动解决边远地区群众看病难问题》《基层反映环境执法工作存在的问题和建议》《关于参加国务院办公厅调研组到广州佛山两市及部分高校走访猪肉市场供应和价格变动情况的调研报告》等，其中《广东调研反映：增值税改革落地成效明显 企业发展信心和发展后劲显著增强》获国务院领导批示。17篇政务信息被省政府办公厅刊登在《粤府信息》，包括《佛山市推行排污权交易改革》《佛山市夯实政务数据统筹基础推进“数字政府建设”》《佛山市加快发展现代职业教育助力制造业高质量发展》《佛山市出台行政案件快速办理机制为基层公安机关减负》等。

（黎靖瑜 冯培全 冯嘉欣 廖 昊）

法治政府建设

【概况】 2019年，佛山市深入开展法治政府示范创建，以创建促提升，以示范带发展，推动全市法治政府建设水平提升。深化完善政务服务事项管理权责清单，全年调整事项2399个，承接省级行政职权事项1008个。“佛山市政务服务标准体系标准化项目”申报国家标准化试点。在全国首创企业开办便利化“佛山模式”。全流程开办企业的时间压缩至0.57天。在全国率先推行365天全天24小时不打烊商事登记模式。完善重大行政决策机制，全年市、区政府重大行政决策目录21个、听证目录5个，市直部门重大行政决策目录9个、听证目录1个。借助专家智囊助力法治建设，新增20名专家和律师作为第二届佛山市法律顾问团成员，聘请22名专家作为佛山市第二批重大行政决策咨询论证专家。全面推广“双随机、一公开”（在监管过程中随机抽取检查对象，随机选派执法检查人员，抽查情况及查处结果及时向社会公开）制度，在全国首创“人工智能+双随机”监管模式，全市各部门完成双随机抽查6.93万户次。推进“12345”平台增值服务，主动推送各类政务信息、办事指南、便民提示等，总阅读量超142.5万人次。构建公共法律服务体系，全市公共法律服务平台达802个，接待群众来访来电咨询39.2万人次，为群众办理法律服务事项18.3万个次。

2019年6月5日，佛山市行政执法三项制度专题培训在市机关大礼堂举行

（市司法局供图）

【法治政府建设统筹推进】 2019年，佛山市探索出一套以法治政府建设工作领导小组为中心，以压实第一责任人、考核、督察、创建“四轮”驱动的法治政府统筹协同机制。压实法治建设第一责任人职责。佛山党政主要领导担任市委全面依法治市工作领导机构的主要领导成员，对法治建设亲自部署、亲自过问、亲自协调、亲自督办。把法治建设成效作为衡量各级领导班子和领导干部实绩的重要内容，纳入政绩考核指标体系。推行佛山市党政主要负责人履行推进法治建设第一责任人职责述职评议工作。推进法治政府建设示范创建，以创建促提升，以示范带发展，市委书记就有关法治政府建设示范创建工作作指示要求，禅城区“一门式政务服务改革实践”项目申报全国法治政府建设单项示范项目，向省委依法治省办推荐市市场监管局全国首创“人工智能+双随机”等9个项目作为省级示范创建项目。以考核督察为抓手推动法治政府建设工作落地落实。紧盯法治建设薄弱环节和群众反映强烈的突出问题，对法治政府建设进展情况开展定期检查和专项督察。对佛山市宪法学习宣传和贯彻实施、食品药品监管执法、营造法治化营商环境保护民营企业发展等开展专项督察。营造良好法治氛围，提升佛山法治政府形象。以宪法学习宣传为统领，举办“宪法教育大课堂”启动仪式，推进“宪法在我心中”法治宣传进校园，开展“宪法进宾馆、进景区”活动。举行“宪法宣传周”活动暨首届法治文化嘉年华活动，联动各区及各市直单位举行各项法治文化活动100多场次。加强普法阵地建设，佛山市4个法治教育基地获省级“青少年法治教育实践基地”称号，获评数量位居全省第二；佛山市6个单位获评省级“法治文化主题公园”，数量居全省地市第一。普法品牌电视栏目《法治佛山》获评“市广播电视优秀作品”一等奖和“省广播影视”三等奖。

链接

2019年佛山市入选第二批广东省青少年法治教育实践基地名单

佛山市高明区青少年法治教育基地
佛山市南海区青少年法治教育基地
佛山市顺德区陈村职业技术学校
佛山市三水区芦苞镇蔡边小学

【政府职能转变】 2019年，佛山市进一步深化“放管服”（简政放权、放管结合、优化服务）改革，推动加快政府职能转变。

简政放权　深化完善政务服务事项管理权责清单。进一步完善政府权责清单管理机制，加强权责清单和政务服务事项标准化动态管理，调整事项2399个，承接省级行政职权事项1008个，佛山市政务服务标准体系标准化项目申报国家标准化试点。开创企业开办便利化“佛山模式”。全流程开办企业的时间压缩至0.57天，提前5年完成国务院的目标，提前1年完成省人民政府的要求；在全国率先推行365天全天24小时不打烊商事登记模式；创新研发24小时智能商事登记系统及自助终端；在全国首创商事登记机器，自助办理营业执照仅需5分钟。率先试点开展“证照联办”工作。打造主题式“证照联办”工作，构建涉企审批证与照“一窗受理、联合审批、同步发证”的全国创新模式，致力解决“准入不准营”难题，改革后整体时间压缩一半以上。

放管结合　创新企业信用监管模式。建成全国首个覆盖市、区、镇（街道）三级的市场服务监管平台并归集近77.5万个市场主体的有效监管数据8614万条，打造具有佛山特色的“1+X”主题信息一站式查询公共服务，在全省率先创新研发的“列严（列入严重违法失信企业）小助手”应用程序获国家市场监管总局肯定。构建起协同、风险、智慧、精准的信用监管新机制。建立全国唯一“人工智能”自动预判风险监管模型，实现智慧监管；全国独家首次运用信用风险预测，提高监管精准性，全市风险预测准确率高达85%。是年，全国企业信用风险监管工作现场会在佛山召开，创新工作获国家和省的肯定。

优化服务　推出“六个优化”提升“一网、一门、一次”改革质效。优化综合服务，群众办事初步实现“只上一张网，只进一扇门、最多跑一次”，审批时间平均压减80%；优化网上服务，1828个事项实现“上网”全天候服务，400多个事项实现“零跑动”；优化无差别服务，审批服务事项“模糊条款”“兜底条款”一律取消或加以明晰；优化自助服务，开设46个“24小时”自助服务区，布设1246台自助终端机，90多个事项通过自助终端随时办；优化主题服务，将600多个涉企事项整合形成若干主题；优化“通办服务”，全市941个事项实现区内通办，160个事项市内通办，168个事项广州、佛山两市跨城通办。推动“七个一”创新工程建设项目审批改革。“一张蓝图”，汇聚13个大部门165个空间数据图层；“一个平台”，整合佛山市相关14个系统，实现市、区、镇三级调度；“一套流程”推行联合评审、多图联审等措施，大幅提高审批效率；“一张表单”，按照容缺、共享、去重等方式整合一套材料，减少材料提交率60%，减少表单录入量48%；“一个窗口”推行“一口受理、受审分离、并联办理”业务模式，102个事项只需4次申办，实行全流程无纸化网上办理；“一套机制”，涵盖联合审图审查要点、代办服务实施办法等33份配套制度，确保改革有章可循；“一支队伍”，提供重点项目全程代办等一条龙服务，提高项目申报便利度。全流程审批时间相比以往压缩70%，相比全国规定时间压缩60%以上，政府投资项目控制在43个工作日内，社会投资项目控制在38个工作日内，最短项目不超8个工作日。

【法制环境不断完善】2019年，佛山市不断完善全面深化改革的法制环境，地方政府立法、规范性文件工作得到发展。聚焦经济社会发展重点领域推动行政立法工作，截至2019年底，累计出台《佛山市扬尘污染防治条例》《佛山市排水管理条例》等6部地方性法规和《佛山市测绘地理信息管理办法》《佛山市危险化学品安全管理规定》等8部地方政府规章，立法数量继续稳居全省新取得地方立法权的地级市前列。规范性文

2019年佛山市人民政府重大行政决策目录

序　号	事项名称	承办单位
1	探索调整佛山市基本医保住院起付标准	市医保局
2	制定《佛山市城市轨道交通工程建设生产安全事故应急预案》	市轨道交通局
3	制定《佛山市推动机器人应用及产业发展扶持方案（2018—2020年）（2019年修订）》	市工业和信息化局
4	修订《佛山市城市绿化管理规定》	市城管执法局
5	制定《佛山市人民政府关于调整我市活禽经营市场每月一休市时间的通告》	市卫生健康局
6	编制《佛山市危险化学品“禁限控”目录》	市应急管理局
7	制定《佛山市电动自行车管理规定》	市公安局

2019年佛山市人民政府重大行政决策听证目录

序　号	事项名称	承办单位
1	编制《佛山市危险化学品“禁限控”目录》	市应急管理局
2	制定《佛山市电动自行车管理规定》	市公安局

2019年佛山市人民政府部门重大行政决策目录

序　号	事项名称	承办单位
1	制定《佛山市轨道交通行业诚信管理办法》	市轨道交通局
2	制定《佛山市政务数据资源管理办法》	市政务服务数据管理局
3	制定《关于明确佛山市级非营利组织免税资格认定管理有关问题的通知》	市财政局、市税务局
4	制定《佛山市城建项目公交站场配建管理办法》	市交通运输局
5	修订《佛山市水利工程质量飞行检测实施办法》	市水利局
6	制定《佛山市建设工程材料设备询价采购平台管理办法》	市住房城乡建设局
7	制定《佛山市地震局地震安评单位管理办法》	市地震局
8	制定《佛山市人民政府办公室关于做好佛山市重大建设工程抗震设防审核监督工作的通知》	市地震局
9	制定《市国资委以管资本为主推进职能转变的实施方案》	市国资委

2019年佛山市人民政府部门重大行政决策听证目录

序　号	事项名称	承办单位
1	制定《佛山市城建项目公交站场配建管理办法》	市交通运输局

件管理水平继续提升，对市、区政府及部门规范性文件提出审查意见210件次，审核出台的市政府规范性文件23份、市政府部门规范性文件62份，佛山市作为全省唯一地级市政府代表在全省相关会议上作经验交流发言。重大行政决策机制进一步健全，以重大行政决策四大目录及绩效考评推进佛山市政府及部门重大行政决策工作，市、区政府重大行政决策目录21个、听证目录5个，市直部门重大行政决策目录9个、听证目录1个。政府法律顾问职能作用有效发挥，完成市政府重大法律事务审核243件，为市政府常务会议的133项议题出具审核意见，并为市委、市政府决策做好法律参谋助手。

【行政执法规范化】 2019年，佛山市全面推广“双随机、一公开”（在监管过程中随机抽取检查对象，随机选派执法检查人员，抽查情况及查处结果及时向社会公开）制度。在全省率先完成对区级各部门“双随机、一公开”工作考核，首创“双随机”抽查全流程同步录屏工作模式；在全国首创“人工智能+双随机”监管模式，成功将人工智能深度学习、大数据运用到日常监管实践；改变无差别随机抽取的“双随机”监管方式，推动市场监管从粗放走向精准、监管工具从传统走向智能。全年各部门完成双随机抽查6.93万户次。全面贯彻行政执法“三项制度”（行政执法公示制度、执法全过程记录制度、重大执法决定法制审核制度）。梳理出各级行政执法部门在推行新一轮行政执法“三项制度”工作中存在的主要问题50个，邀请省司法厅领导和项目工程师围绕问题清单为市、区行政执法部门近600人进行现场演示和解答；从7月起每月通报平台录入情况，检查结果与年度绩效考核对接；从市、区两级近80个执法部门报送的目录中抽选近300个行政执法案卷进行评查［其中5个区（含镇、街）抽选的案卷占74.2%］，评查结果显示，2017至2019年佛山市行政执法案卷质量逐年提升。规范执法证管理、考试及培训工作。举办6场市直单位行政执法人员综合法律知识考试（共531人参加考试），截至2019年底，全市有效持证人数14168人。

【政务公开标准化规范化】 2019年，佛山市以重点领域为抓手，强化主动公开力度，推进财政决算、公共资源交易等领域政府信息公开，推进重点部门门户网站和政务新媒体整合工作。以政策解读为主线，通过撰稿解读、在线访谈、媒体专访、微信微博、制作动画宣传片、邀请专家解读、开设论坛等形式，贯穿政策起草、发布、实施全过程。以禅城区为试点，探索基层政务公开标准化规范化工作，相关经验得到《法制日报》关注报道，并入选《中国政府透明度（2019）》作为基层政务公开标准化规范化案例推广。推进“12345”平台增值服务，主动推送各类政务信息、办事指南、便民提示等134条，总阅读量超142.5万人次。

【公共法律服务】 2019年，佛山市成立“一中心两团”（民营企业法律服务中心、民营企业律师服务团和民营企业法律服务讲师团），为民营企业提供专业法律服务。律师服务团为500多家民营企业出具“法治体检报告”，律师服务“三进”（进企业、进工业园区、进商协会）活动启动。构建公共法律服务体系，推进基层社会治理法治化工作。全年佛山市各级公共法律服务平台共接待群众来访来电咨询39.2万人次，为群众办理法律服务事项18.3万个次，其中律师服务14863个（次）、公证业务99751个、法律援助20538个、人民调解15683个，为群众办理法律服务事项占总办理事项的92.22%。发挥行政复议的制度优势化解行政争议。市各级行政复议机关全年收到行政复议申请件3551件，为上年收案量的1.14倍，综合纠错38.9%；市、区两级法院全年新收一审行政诉讼1497件，行政机关一审败诉率呈下降趋势；机关负责人出庭193件，行政机关负责人出庭应诉成常态化，其中副市长赵海代表市人民政府在省高院出庭应诉。推进仲裁工作向前发展。市仲裁委员会受理仲裁案件1133件，标的额31.82亿元；结案1006件，其中调解结案101件、当事人达成和解后撤诉208件，调撤比率31%。

（吴琦琦）

政务服务

【概况】 2019年，佛山市市级95%以上、区级65%以上的政务服务事项分别下沉到区级和镇（街道），并将服务延伸至村（社区）；全市59个部门2034个事项实现标准化办理；941个事项实现区内通办，160个事项实现全城通办，1846个事项实现广（广州市）佛（佛山市）通办，在全国率先实现与香港在商事登记等事项方面的“湾区通办”。以“门（实体大厅）、网（网上办事大厅）、端（自助终端）、线（市政府12345热线）”为载体、覆盖市、区、镇（街道）、村（社区）的“4×4”政务服务体系平稳运行，有市、区、镇（街道）、村（社区）各级行政服务中心841个，87%以上政务服务事项提供“一窗式”“主题式”服务。全市所有政务服务事项可网上办理，100%进驻广东政务服务网佛山分厅提供在线服务。上线政务服务、城市服务“集成化”的“佛山通”应用程序（APP）平台，提升“佛山行政服务”微信公众号在线预约、在线缴费等服务功能，711个事项进驻“粤省事”小程序办理。全市1250台“市民之窗”自助服务终端分布在全市1134个网点为市民提供就近自助服务。是年，佛山市5个区的“政务服务满意度”均值得分95.59分，市直单位“政务服务满意度”均值得分96.59分。11月，市政务服务数据管理局作品《工程审批提速增效营商环境优越称心》在广东省市直机关第七届“先锋杯”工作技能大赛中获第一名。2019年全国344个城市“12345”热线监测结果显示，佛山“12345”热线服务水平在全国地级市排名第七，广东地级市排名第一。

【“一门式一网式”政府服务模式改革】 2019年，佛山市编制出台《佛山市“一号一窗一网”政务服务体系标准汇编（试行）》，制定涉及大厅建设、服务标准、事项实施、服务评价等41个标准。设立综合窗口服务团队、申报辅导专员、重点项目代办专员和“12345”企业投资服务专线咨询服务专员，提供工程建设项目审批“一站式”“一条龙”“一网办”的综合性服务。推广“不动产登记+交易+契税”“供电+供水+燃气+电视”“企业登记+经营许可”等主题式联办服务。推进电子证照库建设，完成地税、国土、食药监、民政、工商、残联、卫计等证照目录的梳理和制证应用工作。建立佛山市电子政务数据共享平台，实现“上连省厅、下连各区”的数据交换体系，汇聚包括企业登记信息、税务登记信息和居民户籍信息等8.97亿条政务数据。全市2034个政务服务事项按415个标准要素进行“最小颗粒化”编制和推广应用。全市87%以上审批服务事项进驻综合服务窗口，每个综合窗口平均可办理322个事项。全市2947个政务服务事项实现县域范围、市域范围、广（广州市）佛（佛山市）肇（肇庆市）跨城3个层次的通办。全市所有审批服务事项实现“一网通办”，4606个事项实现“最多跑一次”，400多个事项实现“零跑动”。全市工程建设项目可全流程网上申报和审批，20个部门104个事项“一网通办、全程网办”。全市1250台“市民之窗”自助服务终端可全时段自助办理79个事项，24小时自助服务区达63个，全年业务量335万笔。全市企业注册登记5个部门59个事项、企业经营准入21个部门323个事项、工程建设项目审批20个部门104个事项实施跨部门、跨层级联审联办。全市500多个事项申请表格实现自助填报，150多份电子材料不限期复用或有效期内复用，400多个事项电子材料在线核验审批。

2019年7月9日，广东省委依治省办调研组一行到佛山市开展依法治省调研工作。图为调研组实地走访了解禅城区“一门式一网式”政务服务改革模式　（市司法局供图）

【工程建设项目审批制度改革】 2019年，佛山市全面推进工程建设项目审批制度改革，基本建成“一张蓝图、一个平台、一套流程、一套机制、一支队伍、全程管控”的工程建设项目审批管理体系。整合19个部门199个图层（图层来源于自然资源、生态环境、水利、交通等各部门的现状、规划、管理及计划类空间数据，经脱密及数据规整处理后，形成具有统一空间坐标系，应用于信息系统的数据），实现“底图叠合、数据融合、政策整合、管控协和”。搭建“多规合一”业务协同平台，实施项目储备、统筹年度计划、规范项目策划生成，促进项目快速精准落地。按9类建设项目梳理“一套流程”，实行差别化、精细化管理。按照深化“减放并转调”思路，取消合并审批事项及审批前置条件9个，调整审批时序4项、向社会转移审批事项3个。以容缺、共享、精简、去重等方式减少申请材料336份，整合41份事项申报表单1710个表单字段，实行“一家牵头、一口受理、一张表单、一套材料、并联审批、依次发证、

2019年佛山市政务服务基本运行情况表

区　域	事项总数（个）	行政服务中心大厅数（个）	综合窗口建设		网上办事大厅		自助终端	“12345”服务热线服务（万人次）
			综合服务窗口数（个）	业务量（万宗）	可在线申办事项数（个）	业务量（万宗）	业务量（万宗）	
市　级	1527	1	83	0.55	1432	1.1	9.56	474.82
禅城区	9220	153	615	282.29	2314	3.32	57.72	
南海区	12359	304	1716	235.4	11954	2.14	165.24	
顺德区	11453	223	1583	6.54	7580	2.26	60.21	
高明区	3791	81	288	1.34	3699	1.14	14.79	
三水区	5978	79	451	21.02	3363	1.65	27.53	
全　市	44328	841	4736	547.14	30342	11.61	335.05	

告知承诺、限时办结”的运行模式。继续完善建设工程建设项目审批管理一体化平台，推进智能引导和数据共享，实行“全程网办”。印发工程建设项目审批制度改革制度规范42份。组建投资建设综合性服务团队，包括投资建设综合窗口服务人员40人、工程项目申报辅导人员25人、重点项目代办专员82人和“12345”热线咨询服务专员。是年，工程建设一体化平台上线项目5363个，政府投资项目从立项到开工的平均审批用时为30.77天（平均跨度用时为75.38天），立项到竣工验收的平均审批用时为43.87天（平均跨度用时为94.81天）；社会投资项目从立项到开工的平均审批用时为28.95天（平均跨度用时为74.96天），立项到竣工验收的平均审批用时为37.01天（平均跨度用时为87.03天）。

【“证照联办”改革】 2019年，佛山市推出“四位一体”（登记窗口、自助办照终端、手机微信端、电脑端）商事登记服务，打造企业开办“佛山模式”，通过“线上+线下”多渠道、零死角推动“企业开办全程网上办”全国改革试点，截至年底，全市商事登记、公章刻制、申领发票企业开办全流程压缩至0.57天。创新推行“证照联办”改革，推出69个线上、54个线下主题服务事项，打造涉企审批证与照“一窗受理、联合审批、同步发证”新模式，被省政府确定为向全省复制推广的11种改革创新模式之一。深化工业产品生产许可证“证照分离”改革，61家市级发证企业全部实现“一企一证”（企业涉及多种工业产品生产的，只需办理一张生产许可证）。加速“佛港通办”项目落地，佛山成为全国首个公司类简化版香港公证文书跨域邮寄送达城市。在全国首创特种设备安全管理和作业人员自助办证便利化改革，在全省首推《食品经营许可证》自助打证服务。

【不动产登记制度改革】 2019年，佛山市进一步推进不动产登记制度改革，按照“前台一窗受理、后台分类审核、部门并联办理、统一窗口出件”的原则，在各区行政服务中心统一设置不动产登记综合服务窗口，将不动产、房产交易、房屋契税等事项进行整合，同时打通税务、住建、不动产等部门数据，提供打包式和套餐式服务，实现不动产登记“进一扇门，跑一次路”，实现除复杂不动产登记外不动产登记3个工作日内办结。推进“互联网+登记”，统一建设不动产登记网上申办主题专栏，全市各区实现部分主要业务掌上预约、网上预审、网上查档、网上告知，为申请人提供更便捷、准确、全面的不动产登记信息查询服务，提升银行办理商业贷款的效率和防范信贷风险。推行不动产登记自助服务，在“市民之窗”自助终端开发不动产自助打证、发证、查询等功能。推行“互联网+金融”服务合作，把不动产登记办事窗口延伸至银行网点，在银行办理抵押贷款业务的同时即可申办不动产抵押登记业务。

2019年1月23日，佛山市工程建设项目审批管理平台试运行启动仪式在市行政服务中心9楼大厅举行
（市档案馆供图）

【“12345统一服务平台”建设】 2019年，佛山市政府“12345统一服务平台”服务处理量474.82万人次，其中电话处理量207.88万人次（电话服务满意度98.48%）。市、区、镇（街道）政府职能部门办理“12345平台”派发的工单合计93.92万件次。“佛山12345”微信公众号、“佛山12345”网站、“佛山12345”智能问答机器人小程序等渠道服务处理量266.94万件次，互联网服务满意度97.3%。是年，佛山“12345统一服务平台”的服务模式和创新经验受到关注，获中国最佳政府服务热线、卓越管理创新奖、大数据应用创新示范奖、十佳市政及公共事业服务热线、政府服务热线优秀案例特别奖之“智慧创新奖”、年度“金耳唛杯”中国最佳客户中心、全国最佳政务热线等全国性奖项，并在2019年全国344个城市“12345”热线监测活动中获“先锋奖”。

【公共资源交易服务】 2019年，佛山全市公共资源交易平台完成各类公共资源交易业务25498项，成交金额1254.26亿元。交易业务量比上年增长241.25%，交易额增长2.37%。全市交易服务满意度98.75%。是年，佛山市针对投标人、招标人和监管部门三大交易主体的服务需求，规范全市业务操作“1套标准”，推动担保保函实现担保“E”模式，在交易系统流程上实现对纸质担保保函的支持，并逐步推动交易业务担保保函电子化；启用省综合评标评审专家库，提升专家抽取服务效率，推进区域内的远程异地评标；完善交易综合平台功能，规范镇（街道）交易所、中介机构的交易操作行为和推广使用交易综合平台，助力监管部门的应用研判。创新服务方式，靶向化提供服务指引与定向辅导，强化标前指导和回访，优化统一咨询机制；常态

2019年10月16—19日，佛山市公共资源交易中心在中国（广东）国际“互联网+”博览会作功能展示
（许　珊　摄）

化征集定点协议供应商入库，解决公开招标方式要求过严、弹性太弱、定点协议期较长的问题。通过建设电子见证室，推动工程建设项目见证向电子化转变。

【佛山在全国率先推出“四位一体”商事登记服务】 2019年7月1日，佛山市在全国率先推出“四位一体”（登记窗口、自助办照终端、手机微信端、电脑端）的全方位、全天候、立体化智慧便民商事登记服务，多渠道实现“企业开办全程网上办”。佛山电脑端24小时智能商事登记系统的正式上线后，申请人足不出户就能在电脑上申办营业执照，开办企业全流程平均用时仅需0.57天，新登记市场主体18.5万户。是年，“四位一体”商事登记服务入选中国“互联网+政务服务”50强优秀实践案例。

【禅城区政务服务】 2019年，佛山市禅城区组织开展证明事项清理工作，取消区级证明事项11个，实现32个高频事项“零跑腿”，新增镇（街道）7个部门37个事项共40张表单实现自助填表，填表时间缩短75%以上。推进“开办餐馆”“开办进出口贸易公司”等70个商事经营主题办服务，材料精简30%以上、平均办理时间缩短55%以上。推进惠企服务改革，推动99项扶持政策标准化，已上线15项，接收申报538宗，涉及扶持资金约1627万元。创新数据应用共享，支撑2019年教育无纸化入学工作，服务学生27592人，提供房产、公安户籍等数据量149.7万条。沉淀3.62亿条政务数据，强化数据反哺，拓宽数据在民生保障、公共服务和市场监管等领域有序开放。

【南海区政务服务】 2019年，佛山市南海区率先实行行政审批“湾区通办”，除实现1200个事项与广州市番禺区、南沙区、白云区可跨城通办外，在全国首创“湾区通办”模式，政务通办领域拓展到深圳、珠海、惠州、东莞、中山、江门和肇庆等珠江三角洲城市，可办理业务100多项。同时，在香港、澳门分别铺设“市民之窗”自助终端和智能柜台并投入使用，可办理商事登记等18个大项140多个服务事项。推出3批共计54个“证照联办”主题，审批时间压减率86.9%。

【顺德区政务服务】 2019年，佛山市顺德区推进智慧政务建设，推进全区行政服务中心“一窗受理、集成服务”改革，350多个事项实现移动端的“网上预审”“网上办理”全程在线服务。整合原有“顺德民生百事通”和“顺德政务百事通”微信公众号功能，推出“顺德指尖办”微信公众号，实现86个事项可在公众号上办理。解决企业“准入不准营”的行政办事堵点，推出开办房地产经纪机构、开办餐馆等5个主题的联办服务。出台《深化企业开办便利度改革实施方案》，涉及企业开办事项审批的部门“各方认领、同步办理、限时办结”，突破设立登记、刻制公章、申领发票等重点难点环节，实现1个工作日完成企业开办。同时，通过线上申办和自助办理等信息化服务手段，实现个人独资企业、内资有限责任公司、个体户微信端办理，自助终端领证。

【高明区政务服务】 2019年，佛山市高明区以政务服务事项标准化建设为基础，重点在工程建设领域精简事项、优化流程，取消合并审批事项及前置条件9个，调整审批时序4项、向社会转移审批事项3个，清理“搭车审批”（指在行政审批过程中，附加相关“土政策”和其他附带条款，借行政审批捆绑解决部分问题）及其他不合规前置审批条件共3个。推出首批“证照联办”改革主题，涉及开办餐馆、开办动物诊疗机构等16个领域，设置2个“证照联办”服务专窗，针对首批主题为企业群众提供证照办理一站式服务，实现1小时营业执照和相关经营许可证件并联审批出证。推进审批服务“便民化”改革，推出第二批共22个部门366个事项实施容缺受理，17个部门4个镇（街道）301个事项实现区内通办。

【三水区政务服务】 2019年，佛山市三水区出台《佛山市三水区推进“零跑动”改革实施方案》，推进“一键查、随身办”指尖服务；微信小程序“我的佛山”试运行版正式上线。推行18个部门186个事项容缺服务，编《三水区第二批“广佛跨城通办”事项目录》，涵盖市场监管、卫生健康、人社等范畴。推进工程建设项目审批制度改革，制订“设计方案预审”改革试点工作方案，进一步落实行政审批和技术评审相对分离的运行模式。12个部门16个主题实施“证照联办”改革。

（唐璐媛）

信 访

【概况】 2019年，佛山市信访系统及有信访任务的各有关部门办理群众信访件136722件次，与上年比上升10.2%。从案件分布来看，国家级交办件4646件次，省级交办件3966件次，市信访局及市级有关单位27138件次，各区、区直有关单位及镇（街道）100972件次。按照《2019年佛山市信访矛盾化解攻坚专项行动领导包案化解工作方案》的要求，国家交办的16件办件和省交办的105件办件由市领导和各区、市直各有关单位及镇（街道）主要领导包案调处，全部通过省局审核，成功化解101件，化解率83.4%。在第二批主题教育期间，全市领导包案总数172件，化解172件，化解率100%，其中市领导包案13件、区领导包案74件、市直部门主要负责人包案15件、区直部门主要负责人包案70件。

【信访助力扫黑除恶专项工作】 2019年，佛山市信访局排查报送涉黑恶乱问题线索4条，建立台账转交有关部门跟踪处理。派员参加市扫黑除恶办线索研判会20多次，加强与市重点打击问题牵头单位沟通协调，多次配合市公安局、市住房城乡建设局、市交通运输局有关会议或检查报送情况数据。按要求向市扫黑除恶办报送情况报告16份，每月向省信访局、市扫黑除恶办汇总报送线索和宣传情况统计表，每周总结上报市信访局扫黑除恶工作情况。配合做好中央扫黑除恶督导组“回头看”迎检准备工作，对中央扫黑除恶督导组交办线索进行复查。配合做好11件省扫黑件的甄别和分类交办工作。利用市信访局人民来访接待大厅和市信访局“一网一微一博”新媒体平台做好扫黑除恶宣传。

【信访专题调研】 2019年，佛山市信访局对信访形势进行定期或不定期总结分析和开展调查研究，先后撰写《关于近期房地产领域集体信访诉求的情况报告》《关于涉众型“以租代售”项目的排查情况报告》《佛山市疑似尘肺病务工人员上访情况报告》《如何进一步运用多元化解手段，积极化解疑难信访问题》《机构改革后如何加强信访干部队伍建设》等10余份调研报告。其中，3月，根据群众信访线索，市信访局联合市医疗保障局对肾脏移植患者群体每年门诊报销药费额度开展摸底调查，形成报告报市政府，最终市政府采纳报告建议并大幅提高该类群体报销额度，由此批量解决1000多名患者医疗费用负担过重的实际困难。

【信访工作群众满意度评价常态化】 2019年，佛山市信访局对信访事项的规范性办理进行检查、抽查、催办以及电话回访、走访等满意度问卷调查，发现佛山市信访工作中存在的不足，并根据群众提出的意见建议改进。在已办结的信访案件中筛选出493件进行满意度调查，其中电话调查377个、上门走访10户。样本回收有效率为78.5%，信访工作整体满意度是81.1%，受访群众提出各类建议195条。

【第三方力量助力信访工作提质增效】 2019年，佛山市信访局持续探索引入驻厅律师介入复查复核日常工作，通过律师参与共同商议回复制度，运用专业法律知识，使受理、答复、撤销工作更具说服力。开展“千名法律顾问解千案”活动，市筛选10件、区筛选42件案件交本级政府和部门法律顾问调处化解。市信访法律工作室全年接访1200余人次，填写登记表340余份，协助信访调解45次。信访社工协助接访325批835人次，其中疏导过激人员27批56人次。

【佛山市公共法律服务中心人民调解委员会驻市信访局人民调解工作室设立】 2019年9月6日，佛山市公共法律服务中心人民调解委员会驻市信访局人民调解工作室在市人民来访接待厅揭牌，正式开始运作。成立佛山市公共法律服务中心人民调解委员会驻市信访局人民调解工作室是市信访局联合市司法局全面构建访调对接工作机制的重要举措，市信访局4名工作人员担任兼职人民调解员。工作室主要职能：承接市信访局移交的适宜通过人民调解方式处理的信访事项，通过调解方式依法及时化解信访问题。工作室运作机制：甄别引导，对适宜通过人民调解方式化解的信访矛盾进行甄别，向信访人阐明人民调解优势，引导信访人选择人民调解化解纠纷；对接移交，信访部门填写申请书及移送单，经领导审批后连同信访材料一并移交调解室，同时告知信访人；依法调解，调解室依法开展信访矛盾调解工作，制作调解文书；跟踪反馈，对调处成功的信访矛盾，调解室进行跟踪回访了解协议履行情况，及时将调处结果反馈市信访局，整理形成工作资料台账。

（陈志毅）

2019年2月3日，佛山市信访局举行挂牌仪式 （市信访局供图）

中国人民政治协商会议佛山市委员会

手机扫码阅读

综　述

【市政协机构概况】 2019年，佛山市有各级政协组织机构6个，其中市级政协1个、区政协5个。政协第十二届佛山市委员会辞去委员职务11人、撤销委员资格1人、增补委员35人。增减后，实有委员378人，其中常务委员会组成人员78人。委员中，中共党员152人、非中共人士226人；常务委员中，中共党员31人、非中共人士47人。设有提案委员会、经济科技委员会、城建资源环境委员会、文教体卫和文史委员会、社会法制和民族宗教委员会、港澳台侨和外事委员会、农业农村委员会7个专门委员会。

2019年2月13日，中国人民政治协商会议第十二届佛山市委员会第三次会议开幕（市政协供图）

【中国人民政治协商会议第十二届佛山市委员会第三次会议】 于2019年2月13—15日召开，代表市各民主党派、人民团体、社会各界及港澳地区特邀人士等29个界别的351名委员出席会议。市党政领导到会祝贺。全国政协常委梁华，全国政协委员周锦辉、苏长荣，曾任佛山市政协委员的省政协委员，在佛山工作、居住的省政协委员，市各民主党派主要负责人，没有安排担任政协第十二届佛山市委员会委员的市政府直属机构和中央、省驻佛山部分单位的领导，市政协历届正副主席、秘书长，海外华侨华人代表人士，台湾地区代表人士，市政协历届港澳委员联谊会常务理事代表和市政协机关副处级以上干部应邀列席会议。会议还邀请20名市民代表旁听开幕会和闭幕会。会议听取和审议《中国人民政治协商会议第十二届佛山市委员会常务委员会工作报告》和《中国人民政治协商会议第十二届佛山市委员会常务委员会关于十二届二次会议以来提案工作情况的报告》，表彰市政协十二届二次会议以来的18件优秀提案，表扬34名2018年度履职考核优秀的委员，选举李世雄等5名委员为十二届市政协常务委员，审议并通过《中国人民政治协商会议第十二届佛山市委员会第三次会议决议》。

会议期间，中共佛山市委书记鲁毅与36位委员代表进行座谈交流，委员们就佛山市产业转型升级、博物馆之城建设、人才工作、城市治理等社会热点问题进行发言；市长朱伟率19个政府职能部门负责人到会听取各民主党派、工商联、人民团体、市党外知识分子联谊会等12个单位所作的大会发言，主要围绕乡村振兴、三龙湾高端创新集聚区建设、经济高质量发展、高端科技创新人才体系建设、粤港澳大湾区医疗联盟建设、青少年思想建设、环境治理等问题进行。大会还安排10位委员进行即席发言，市长朱伟及相关部门负责人当场对委员们的问题作出答复。

会议期间，全体委员列席佛山市第十五届人民代表大会第四次会议，听取并讨论市长朱伟所作的《政府工作报告》及有关报告。港澳委员和列席会议的海外华侨华人、台湾地区代表人士参观考察佛山市城市规划建设情况。相关市领导会见列席市政协十二届三次会议的海外华侨华人代表、台湾地区代表人士及部分历届港澳委员代表。市政协主席熊志翔在闭幕大会上讲话。

（程　宏）

政治协商

【概况】 2019年，佛山市政协通过全体会议、常委会议、主席会议、各界别委员代表座谈会、大会发言、港澳委员座谈会等多种形式进行民主协商，围绕佛山制造业、家政服务业、义务教育优质均衡发展等3个专题开展协商议政，并制作专题电视节目，推动解决人民群众关心的热点问题。发挥协商民主优势，创新工作思路，搭建政企经济协商平台，首次开展佛山企业家·市长面对面协商座谈会。结合开展“企业暖春行动”和民营企业家代表座谈会收集到的企业意见建议，分门别类梳理“企业反映的问题清单”共八大类51条和专题调研报告报市委、市政府。

【提案办理协商】 2019年，佛山市政协收到以提案形式提出的意见379件，提案者1546人次。其中，各民主党派、工商联、人民团体和政协专门委员会集体提案49件（占提案收集总数的12.9%），委员个人署名或联名提案330件。在正式立案的292件提案中，79件提案因为内容相近并入到其他提案，实际交办提案213件。立案率77%，委员对提案答复满意率100%。做好市党政主要领导督办案、主席督办案、专委会跟踪办理提案的甄别遴选、协调服务工作，创新实施新闻媒体跟踪督办提案工作，探索民主监督、新闻舆论监督以及人民群众监督相结合的有效途径。《关于三龙湾高端创新集聚区建设与发展的建议》《关于推动粤港澳大湾区国家战略在佛山落地见效的建议》《关于推动佛山生态文明体制机制创新的建议》分别作为市委书记、市长、政协主席重点督办提案。

2019年佛山市政协常委会议

会议名称	会议内容
市政协十二届七次常委会议	一、听取市《政府工作报告》（征求意见稿）的说明并讨论市《政府工作报告》（征求意见稿） 二、审议讨论市政协《常委会工作报告》（草案）和《提案工作情况的报告》（草案）及报告人 三、审议通过召开市政协十二届三次会议的决定和议程（草案）、日程（草案）及有关决定（草案） 四、听取佛山市2018年反腐倡廉工作情况通报（书面） 五、听取市中级法院、市检察院2018年工作情况通报（书面） 六、听取市政府部门办理2018年政协提案情况通报 七、审议有关人事事项
市政协十二届八次常委会议	一、传达学习全国政协十三届二次会议、省政协十二届二次会议精神 二、通报市政协2019年工作要点 三、审议通过增设市政协农业和农村委员会 四、审议通过市政协文教体卫委员会、社会和法制委员会更名 五、审议通过有关专委会主任、副主任人事事项
市政协十二届九次常委会议	一、传达学习习近平总书记在中央政协工作会议暨庆祝中国人民政治协商会议成立70周年大会上的重要讲话精神、传达中央有关文件精神 二、围绕“打造万亿级泛家居产业集群”进行专题议政 三、审议有关人事事项

2019年佛山市政协主席会议

会议名称	会议内容
市政协十二届十次主席会议	一、审议通过关于召开市政协十二届七次常委会议的决定和议程（草案）、日程（草案） 二、审议讨论关于召开市政协十二届三次会议的决定（草案）和议程（草案）、日程（草案） 三、审议讨论关于市政协十二届三次会议邀请列席人员的决定（草案） 四、审议讨论关于市政协十二届三次会议设立旁听席的决定（草案） 五、审议讨论市政协《常委会工作报告》（草案）及报告人建议名单 六、审议讨论市政协《提案工作情况的报告》（草案）及报告人建议名单 七、审议通过关于表彰市政协十二届二次会议以来优秀提案的决定 八、审议通过《关于通报表扬2018年履职考核优秀委员的决定》 九、审议讨论《市政协十二届三次会议选举办法》（草案） 十、审议讨论《市政协十二届三次会议监计票人员名单》（草案） 十一、审议各专门委员会2018年工作总结报告（书面） 十二、听取市政府有关部门对2018年市政协重点提案办理情况的报告（书面） 十三、审议有关人事事项

（续 表）

会议名称	会议内容
市政协十二届十一次主席会议	一、听取《市政协十二届三次会议提案审查情况的报告》并审议确定市政协2019年重点督办提案 二、审议通过市政协2019年工作要点及安排 三、审议通过关于召开市政协十二届八次常委会会议的决定和议程（草案）、日程（草案） 四、审议增设市政协农业和农村委员会及有关人事安排事项 五、审议市政协文教体卫委员会、社会和法制委员会更名及有关人事任免（重新任命有关专委会领导）问题 六、审议部分专委会（经济科技委员会、社会和法制委员会等）调整组成人员问题
市政协十二届十二次主席会议	一、审议通过市政协党组成员、主席会议成员分工调整问题 二、审议中国人民政治协商会议第十二届佛山市委员会部分专门委员会主任、副主任人事安排事项 三、审议通过中国人民政治协商会议第十二届佛山市委员会各专门委员会组成人员名单
市政协十二届十三次主席会议	一、审议市政协农业和农村委员会主任人选事项 二、通过市政协农业和农村委员会成员名单 三、审议市政协文教体卫和文史委员会工作负责人事项
市政协十二届十四次主席会议	一、审议调整城建资源环境委员会2019年工作计划事项 二、审议市政协副秘书长人选事项 三、审议市政协专职常委分工事项
市政协十二届十五次主席会议	一、审议讨论《打造万亿级泛家居产业集群专题调研报告（征求意见稿）》 二、围绕“深化香港与佛山离岸贸易合作”专题议政 三、围绕“佛山市疾病预防控制体系建设情况”专题议政 四、审议通过关于召开市政协十二届九次常委会会议的决定（草案）、日程（草案）

佛山市政协十二届三次会议以来优秀提案目录

序　号	题　目
1	《关于三龙湾高端创新集聚区建设与发展的建议》（八案合并，1号）
2	《关于推动粤港澳大湾区国家战略在佛山落地见效的建议》（九案合并，2号）
3	《关于推动佛山生态文明之城体制机制建设的建议》（四案合并，3号）
4	《关于进一步推动我市民营经济高质量发展的建议》（八案合并，4号）
5	《关于进一步促进佛山市“名师工程”建设的建议》（6号）
6	《关于把佛山打造成为港澳青年就业、创业和公益服务活力城市的建议》（三案合并，8号）
7	《关于整合高铁和高校资源助力佛山高新区更好地发挥引领高质量发展的作用的建议》（86号）
8	《关于攻坚关键核心技术，提升佛山机器人产业原始创新能力的建议》（49号）
9	《关于加快我市公共法律服务体系建设，推进社会治理的建议》（两案合并，205号）
10	《关于以品质革命创新力量，推动质量佛山建设的建议》（两案合并，39号）
11	《关于发挥佛山中医药优势，助推粤港澳大湾区中医医疗联盟建设的建议》（152号）
12	《关于优化我市人才发展环境，打造粤港澳大湾区人才高地的建议》（四案合并，209号）
13	《关于全面推进我市土壤污染防治，建成国家生态文明建设示范城市的建议》（两案合并，89号）
14	《关于推动粤港澳大湾区影视产业合作的建议》（三案合并，161号）
15	《关于加快构建现代农业发展用地保障机制全面促进乡村产业振兴的建议》（81号）
16	《关于我市发展智能医院的建议》（143号）
17	《关于交通违章抓拍应及时准确告知车主的建议》（175号）

佛山市政协十二届三次会议以来重点督办提案目录

序 号	题 目	备 注
1	《关于三龙湾高端创新集聚区建设与发展的建议》(八案合并)	书记督办案
2	《关于推动粤港澳大湾区国家战略在佛山落地见效的建议》(九案合并)	市长督办案
3	《关于推动佛山生态文明体制机制创新的建议》(三案合并)	主席督办案
4	《关于进一步推动我市民营经济高质量发展的建议》(八案合并)	市政协经济科技委员会跟踪督办案
5	《关于大力发展田园综合体，打造我市乡村振兴新动能的建议》	市政协农业和农村委员会跟踪督办案
6	《关于全面提升我市固体废物资源化水平，建设循环经济型生态城市的建议》(三案合并)	市政协城建资源环境委员会跟踪督办案
7	《关于进一步促进佛山市“名师工程”建设的建议》	市政协文教体卫和文史委员会跟踪督办案
8	《关于建议加快推进家政服务提质扩容，助力民生产业释放新动能的建议》(四案合并)	市政协社会法制和民族宗教委员会跟踪督办案
9	《关于把佛山打造成为港澳青年就业、创业和公益服务活力城市的建议》(三案合并)	市政协港澳台侨和外事委员会跟踪督办案
10	《关于缓解佛山交通拥堵的建议》(四案合并)	《佛山日报》联合督办案
11	《关于将佛山西站核心区域打造成“未来之城”的建议》(两案合并)	佛山电视台联合督办案
12	《关于整合高铁和高校资源，助力佛山高新区更好地发挥引领高质量发展的作用的建议》	佛山电台联合督办案
13	《关于进一步提升佛山城市精细化管理水平的建议》(两案合并)	《珠江时报》联合督办案
14	《关于攻坚关键核心技术，提升佛山机器人产业原始创新能力的建议》	《珠江商报》联合督办案
15	《关于加强佛山人文社科研究，加快佛山“文化经济”发展的建议》	佛山新闻网联合督办案

【佛山市家政服务业发展情况专题协商】 2019年5月，佛山市政协副主席万志康带领市政协专题协商组，就“佛山市家政服务业发展情况”进行专题协商，在开展协商前深入部门和家政企业调研，走访广州市家庭服务行业协会进行学习交流。调研结束后，召开专题协商会，听取市发改局、市人社局、市商务局和市妇联等单位和部门介绍有关情况，市政协委员与部门单位进行专题协商，并就加大统筹支持力度、加强职业化规法化建设、加强综合技能培训、健全法规保障机制、建立社区服务平台等方面提出意见和建议，形成《关于“我市家政服务业发展情况”专题协商报告》，结合存在的问题，提出关于加大统筹规划与政策支持力度、加快推进行业规范化标准化建设、加强从业人员综合技能培训、建立完善家政服务法规保障机制、加快建立家政服务社区平台等意见建议。

【佛山市义务教育优质均衡发展情况专题协商】 2019年10月，佛山市政协副主席朱华仙带队，实地视察南海区里水中学及旗峰小学办学发展情况，并围绕推进佛山市义务教育优质均衡发展问题开展专题协商，市教育局介绍佛山市义务教育优质均衡发展情况，市政协委员积极建言献策并与相关职能部门互动交流，形成《关于我市推进义务教育优质均衡发展专题协商报告》。就新增学位不足、教师资源缺口大等“痛点”提出意见和建议，相关职能部门积极回应，推动基础教育设施五年提升计划再延伸2年，实现集团化、学区化办学全覆盖，得到媒体、社会广泛关注。

【市委书记督办提案办理协商会】 2019年10月12日，中共佛山市委书记鲁毅主持召开座谈会，听取书记督办案《关于三龙湾高端创新集聚区建设与发展的建议》(八案合并)办理情况以及提案人的意见建议，并对政协提案工作给予肯定。根据提案意见建议，三龙湾高端创新集聚区管理委员会牵头与各会办单位，在规划编制、财政投入、重点项目建设、人才制度、轨道交通、文化设施等方面全面推进三龙湾建设，各项工作开局良好。鲁毅在协商会上作讲话，市领导蔡家华、唐冬生、朱华仙、杨小晶参加会议。

【佛山企业家·市长面对面协商座谈会】 2019年，佛山市为进一步加强政企之间的交流沟通，应对国内外复杂形势给制造业、给企业家带来的严峻挑战，释放市委、市政府坚定不移支持实体经济发展的积极信号。5—6月，佛山市政协主席熊志翔，副主席骆毓林、万志康先后带队深入企业，围绕“佛山制造业转型升级”情况开展调研，在充分视察了解企业生产经营情况和困难问题，听取企业意见和建议的基础上，形成佛山企业家·市长面对面协商座谈会的前期调研报告。7月30日，召开佛山企业家·市长面对面协商座谈会，市长朱伟率市政府有关职能部门负责人与40多名企业家代表围绕“制造业转型升级”主题进行交流协商，副市长赵海，市政协副主席骆毓林、万志康，市政府秘书长毛永

2019年7月30日，佛山市首次召开佛山企业家·市长面对面协商座谈会

（市政协供图）

天，市政协秘书长马时光等出席会议。这是市政协首次牵头组织的佛山企业家与市长面对面协商座谈，经过交流、协商，并结合市政协开展“企业暖春行动”收集到的企业意见建议，分门别类梳理“企业反映的问题清单”共八大类51条和专题调研报告报市委、市政府。

（程　宏）

民主监督

【概况】 2019年，佛山市政协发挥专门协商机构作用，围绕改革发展重大问题和涉及群众切身利益的实际问题开展民主监督。分别围绕顺德高质量发展体制机制改革创新实验区进展情况、5G网络建设情况、佛山市海绵城市建设情况、世界功夫之城建设情况等专题开展视察工作，形成视察报告报市委、市政府，助推有关问题得到解决。组织政协委员对佛山市禁毒工作进行考察，配合做好市委全面依法治市委员会守法普法协调工作；结合法治城市、法治县（市、区）、法治乡镇（街道）、法治村（社区）“四级同创”要求，组织政协委员到南海区里水镇开展对口指导工作；邀请具有代表性和法律专业的市政协委员召开立法征询意见座谈会，做好《佛山市养犬条例（草案）》意见征询工作；主动参与“大调解”工作，协助市政协党建直联单位南海区大沥镇沥西社区所辖村民小组解决司法问题。以反映社情民意信息发挥监督作用，是年，收到各类社情民意信息2300多篇，编报《佛山政协信息》普刊240期，转送3期。推荐委员1300多人次参加市政府及职能部门开展的各项监督、评议、检查等活动，促进市直机关作风建设、推动社会和谐发展。

【佛山5G建设情况专题视察】 2019年4月16日，佛山市政协主席熊志翔带领专题视察组就“佛山5G建设情况”开展视察。视察组实地视察佛山联通、佛山电信、佛山移动等电信运营商，深入了解有关5G发展运用、智慧城市建设和互联网产业发展情况。通过视察，形成《关于佛山5G建设情况的考察报告》，从提高对5G建设战略重要性的认识、支持和推进5G网络建设、引导和推动5G产业商用发展、加快推进5G与产业融合发展和5G高端人才培养等方面提出意见建议。

【港澳青年佛山就业创业情况专题视察】 2019年6月26日，佛山市政协副主席郑灿儒带领专题视察组就“港澳青年佛山就业创业情况”进行视察。视察组视察位于智慧新城的佛山市创业孵化示范基地，并与市委台港澳办、市人社局、团市委等单位进行座谈。该次视察，形成《关于港澳青年到佛山就业创业情况专题视察报告》，就加强统筹协调，合力推进就业创业服务工作；完善公共服务信息发布平台，共享就业创业信息资源；提升城市软实力，增强就业创业吸引力；打造良好的就业创业环境；加大港澳交流交往力度等方面提出意见建议。

【佛山城市社区公共服务情况专题视察】 2019年10月23日，佛山市政协副主席唐冬生带队，就“佛山市城市社区公共服务情况”开展专题视察。视察组视察祖庙街道行政服务中心、塔坡社区开展公共服务情况，并与市政数局、市民政局等单位进行座谈。该次视察形成《关于“我市城市社区公共服务情况”专题视察报告》，从加强对社区建设的组织领导、拓宽公共服务领域和范围、加大财政支持力度、提高社区居民参与积极性等方面提出建议。

【顺德高质量发展体制机制改革创新实验区进展情况专题视察】 2019年10月25日，佛山市政协副主席万志康带队，就“顺德高质量发展体制机制改革创新实验区进展情况”进行专题视察。视察组先后视察美的集团总部、碧桂园博智林机器人谷，听取顺德区深改办、村改办的专题分析报告，并提出意见建议。该次视察形成《顺德高质量发展体制机制改革创新实验区进展情况专题视察报告》，从推广顺德村级工业园改造的成功经验，切实解决在村级工业园改造中“控规”的难题并留住一批优质企业，保障农村社区农民长远利益，为未来留足发展空间等方面提出相关建议。

【佛山市海绵城市建设情况专题视察】 2019年10月10日，佛山市政协主席熊志翔带队，就“佛山市海绵城市建设情况”进行专题视察，视察组视察南海区三山科创中心和文瀚湖公园2个海绵城市建设示范点，并与市住建局等部门进行座谈交流，形成《关于“我市海绵城市建设情况”专题视察报告》，从加强立法，规范海绵城市建设的实施和监管；教育宣传先导先行，增强全社会海绵城市理念；加强对老旧小区海绵化改造的规划和指引；强化创新意识，提高海绵城市的建设管理水平；加大政策扶持力度，培育壮大海绵城市建设产业发展等方面提出意见和建议。

【佛山市打造“世界功夫之城”专题视察】 2019年8月23日，佛山市政协副主席朱华仙带队，围绕“佛山市‘世界功夫之城’建设情况”进行专题视察。视察组实地考察百姓英雄佛山功夫中心、中体武术俱乐部，了解佛山武术事业发展情况，并召开座谈会，听取市文广旅体局专题汇报。委员们围绕加快佛山“世界功夫之城”建设提出意见建议，形成《关于我市“世界功夫之城”建设情况专题视察报告》，从加强顶层设计，完善机构建设；明确武术发展战略，认清形势抢占机遇；加强佛山武术跨越式创新，推进佛山武术运动全面发展等方面建言献策。

【高明革命老区乡村振兴专题视察】 2019年11月20日，佛山市政协副主席骆毓林带队，就“高明革命老区乡村振兴特别帮扶情况”开展专题视察。视察组现场视察杨和镇大布村乡村振兴工作情况，并召开座谈会，听取高明区政府有关情况汇报，委员们围绕进一步促进高明革命老区乡村振兴特别帮扶工作提出意见建议。该次视察形成《关于“高明革命老区乡村振兴特别帮扶情况”专题视察报告》，建议进一步增强责任感和紧迫感，加快推进步伐；激发当地群众参与乡村振兴建设的热情；大力发展特色产业，增强发展动力；调动社会力量支持老区建设；加强市级统筹，加大倾斜帮扶力度；切实加强生态环境保护。

【“佛山惠台利民72条措施”落实情况专题视察】 2019年11月13日，佛山市政协副主席郑灿儒带队，围绕“佛山惠台利民72条措施落实情况”开展专题视察，视察组实地考察南海区港澳台及留学青年创新创业服务中心、佛山华国光学器材有限公司，了解台湾青年在佛山创新创业以及台商发展情况，并召开座谈会听取相关部门对“佛山惠台利民72条措施”落实情况的汇报。通过视察，视察组建议提高对对台工作重要性和紧迫性的认识、加大对惠台措施宣传力度、深化对台服务机制建设、建立监督检查和培训机制、充分发挥台湾青年在参与粤港澳大湾区建设中的积极作用、切实解决台商面临的困难等。

（程　宏）

调研议政

【概况】 2019年，佛山市政协根据全市经济社会发展需要，找准围绕中心服务大局的切入点，精心谋划专题调研议政，为佛山改革发展谋良策。先后围绕打造万亿级泛家居产业集群、深化香港与佛山离岸贸易合作、佛山市疾病预防控制体系建设情况3项，分别形成常委会议《关于全力推进佛山泛家居产业高质量发展的建议案》，主席会议《关于深化香港与佛山离岸贸易合作的建议案》和《关于夯实城市公共卫生安全基础大力推进“健康佛山”建设的建议案》。年内，市政协还开展《坚持和完善中国共产党领导的多党合作和政治协商制度》专题调研。

【佛山打造万亿级泛家居产业集群情况调研】 2019年6—10月，佛山市政协副主席万志康带队，围绕打造万亿级泛家居产业集群开展调研。调研组通过走访佛山市各区相关企业、行业协会，同时结合赴中山市、江门市以及福建省厦门市、莆田市、漳州市等地调查了解到的情况，形成常委会议《关于全力推进佛山泛家居产业高质量发展的建议案》报市委、市政府，得到市领导充分认可，部分建议被吸纳到关于加快培育发展先进制造业集群等意见中。

【深化香港与佛山离岸贸易合作情况调研】 2019年5月至10月，佛山市政协副主席骆毓林带队，就“深化香港与佛山离岸贸易合作”开展调研，先后听取各区、市有关部门及企业的意见建议，并赴香港、深圳前海自由贸易区、海南自由贸易试验区等地考察和交流。形成主席会议《关于深化香港与佛山离岸贸易合作的建议案》，市长朱伟高度重视调研成果，要求专门研究，谋划部署再落实。

【佛山市疾病预防控制体系建设情况调研】 2019年5—10月，佛山市政协副主席朱华仙带队，围绕佛山市疾病预防控制体系建设情况开展调研。调研组实地考察基层医疗卫生机构疾病预防体系建设情况，广泛听取市、区卫健、疾控、编办、人社、财政等相关部门以及医院的情况介绍和意见建议，并赴广州、东莞、阳江以及大连、天津等地学习取经。形成主席会议《夯实城市公共卫生安全基础　大力推进“健康佛山”建设——我市疾病预防控制体系建设情况专题调研报告》，得到市政府重视，助力相关工作深入开展。

【《坚持和完善中国共产党领导的多党合作和政治协商制度》专题调研】 2019年11月，佛山市政协主席熊志翔带队，结合“坚持和完善中国共产党领导的多党合作和政治协商制度”专题进行调研，形成《发挥专门协商机构作用　助推基层治理体系和治理能力现代化》专题调研报告，为全面贯彻中共十九届四中全会和中央、省委政协工作会议精神，推动人民政协制度更加成熟更加定型作出新探索。

（程　宏）

团结联谊

【概况】 2019年，佛山市政协把团结和民主两大主题贯穿履职各个环节，调动一切可以调动的积极因素，不断增进各民主党派和社会各界在共同思想政治基础上的团结合作，不断增进海内外人士对佛山经济社会发展的了解和支持，为佛山改革发展凝聚共识、凝聚智慧、凝聚力量。巩固完善政协党组成员与各民主党派负责人沟通联系制度，坚持政协秘书长与各民主党派、工商联秘书长（办公室主任）联席会议制度，支持和保障各民主党派、无党派人士通过政协全体会议、常委会议和专题协商会等平台履职建言，加大对党派提案的督办力度，与党派开展联合调研视察、专题协商、“送法、送戏、送医、送药”下乡等活动，为民主党派在政协发挥作用搭建更多平台、创造更好条件。协助全国政协、省政协和省内外兄弟城市政协开展人工智能发展对劳动就业的影响、鼓励社会力量兴办教育、促进民办教育健康发展、加快广东现代产业体系建设、水污染治理、少数民族管理和服务工作、粤港澳大湾区建设等多个专题的调研和视察活动。加强与港澳社团特别是社团领袖的联系，组织赴西藏林芝地区、四川凉山州考察，定期通报佛山改革发展情况，及时协调有关部门解决港澳委员和台商在内地生产经营中遇到的问题。组织视察台港澳青年到佛山就业创业的情况，所提的建议得到市委统战部重视，并组织多部门专题研究抓落实。举办佛山市政协历届香港委员联谊会成立一周年会庆，向与会400余名港澳乡亲宣讲《粤港澳大湾区发展规划纲要》，成立佛山市政协（各级）历届澳门委员联谊会，延续历届委员的政协情怀，发挥港澳委员的“双重积极作用”。定期走访在佛山工作生活的台商，深入调研“佛山惠台利民72条措施”落实情况，为台商台胞营造良好的发展环境。组团赴台湾开展文化交流活动，与台湾地区社团领袖和代表人士密切联系，深化友谊、增进团结。凝聚侨心侨智侨力，坚持邀请海外华侨华人代表人士列席政协全会，以佛山公共外交协会为平台，联合举办2019佛山企业走进东非投资贸易经验交流会、第四届“一带一路”泛家居产业发展与国际合作论坛，接待利比里亚重要外宾、新加坡—中国友好商会、捷克广东总商会、马来西亚佛山总商会等来访，推动柬埔寨、澳大利亚、坦桑尼亚佛山总商会在佛山设立经贸办事处，并组团赴捷克、俄罗斯、巴西、阿根廷、柬埔寨考察访问，推动成立柬埔寨中国佛山总商会，为佛山企业寻找海外商机，扩大佛山国际影响力。做好扶贫济困、文史文化工作。组织委员赴四川凉山州、甘孜州得荣县开展扶贫捐赠活动；发动企业参与“百企帮百村”行动，做好湛江吴川市黄坡镇中山村精准扶贫工作；以佛山市通济慈善基金会为依托，开展“安老、扶幼、助学、济困”活动，全年市政协委员为各类公益慈善事业捐款捐物近3000万元。全面启动《佛山政协志》编撰工作，编印《2018年佛山市政协提案集萃》，组织参演“歌唱祖国——合唱音乐会”、参加广东省政协举办的“同心筑梦——粤港澳大湾区书画联展”，以文化凝聚人心和共识。

【佛山市政协（各级）历届澳门委员联谊会成立】 2019年12月23日，佛山市政协（各级）历届澳门委员联谊会成立大会暨第一届理监事就职典礼在澳门举行。联谊会由市、区政协历届和现届澳门委员组成，并邀请全国、省历届佛山籍澳门委员参加。联谊会的成立旨在延续政协委员情怀，持续发挥政协委员“双重积极作用”，促进澳门长期繁荣稳定发展。大会推选全国政协副主席何厚铧担任荣誉主席，澳门中华教育会会长李沛霖，澳门繁荣促进会会长周锦辉，全国政协常委马有礼、梁华等佛山乡贤担任荣誉会长，佛山市政协原委员关伟霖担任联谊会会长。全国政协常委梁华，中央人民政府驻澳门特别行政区联络办公室协调部部长傅铁生，澳门特别行政区立法会议员邱庭彪，省政协港澳台委员会专职副主任覃大可，市领导熊志翔、李政华、刘珊、郑灿儒，各区政协主席，旅港各社团职首、乡亲及友好团体代表等500余人到会祝贺。

【佛山市政协历届香港委员联谊会成立一周年会庆暨《粤港澳大湾区发展规划纲要》宣讲会】 2019年5月26日，佛山市政协历届香港委员联谊会成立一周年会庆暨《粤港澳大湾区发展规划纲要》宣讲会在香港举行。香港特别行政区立法会主席梁君彦，香港大紫荆勋贤梁爱诗，香港特别行政区政制及内地事务局局长聂德权，佛山市政协主席熊志翔，市委常委、统战部部长李政华，市人大常委会副主任麦洁华，市政协副主席郑灿儒出席活动。广东行政学院经济学教研部副主任、副教授彭春华作《粤港澳大湾区发展规划纲要》专题报告，就香港如何发挥独特优势，内融资源，外拓空间，实现“一带一路”“粤港澳大湾区”等国家战略的全面融合进行深度解读。

（程　宏）

2019年12月23日，佛山市政协（各级）历届澳门委员联谊会成立大会暨第一届理监事就职典礼在澳门举行 （市政协供图）

纪检监察

手机扫码阅读

综 述

【概况】 2019年，佛山市各级纪检监察机关忠实履行党章和宪法赋予的职责，坚持稳中求进、实事求是、依规依纪依法，持之以恒正风肃纪，一体推进不敢腐、不能腐、不想腐，推动纪检监察工作高质量发展，各项工作取得新进展新成效。政治建设统领作用持续强化。深入学习贯彻习近平总书记重要讲话、重要指示批示精神，不折不扣落实党中央部署的专项政治任务，扎实开展“不忘初心、牢记使命”主题教育，推动党员干部学思用贯通、知信行统一，确保党中央政令畅通、令行禁止。严明政治纪律和政治规矩，巩固肃清李嘉、万庆良恶劣影响成果，全市查处违反政治纪律案件17件，查处形式主义、官僚主义问题100起171人。基层正风反腐行动稳步推进。巩固落实中央八项规定精神成果，全市查处违反中央八项规定精神问题101起191人，通报曝光典型案例51起75人，推动党员干部作风持续好转。深入开展基层正风反腐三年行动，严厉整治群众身边的腐败和作风问题，全市立案查处基层党员干部违纪违法问题1330件，立案查处涉黑涉恶腐败和“保护伞”问题117人。惩治腐败高压态势得到巩固。坚持无禁区、全覆盖、零容忍惩治腐败，全市立案1708件，其中市管干部33人，挽回经济损失1.8亿元；追回外逃人员16人。在强大震慑和政策感召下，全市共46人主动投案，91人主动交代违纪违法问题，不敢腐的震慑效应充分显现。监督执纪问责更加精准有效。深化运用“四种形态”，用好监督执纪“七个看”和问责“六字诀”，取得良好的政治效果、纪法效果和社会效果。全市运用“四种形态”批评教育帮助和处理3788人次，“四种形态”分别占63%、25.1%、4.5%、7.4%。强化“三个区分开来”执纪导向，坚持严管和厚爱结合、激励和约束并重，为629名党员干部澄清是非，对13名党员干部容错纠错，最大限度激发党员干部干事创业积极性。纪检监察体制改革持续深化。深化派驻机构改革和市管企业、高校纪检监察体制改革，推动监察职能向基层延伸，纪律监督、监察监督、派驻监督、巡察监督“四个全覆盖”权力监督格局不断完善。强化政治巡察，完成2轮常规巡察，发现问题1180个，十二届市委巡察全覆盖率目标完成62%。队伍整体素质全面提升。开展“五个一”（培育一个品牌、打造一个亮点、树立一个典型、总结一个经验、把牢一个抓手）创先争优走在前列活动，打造“10+30+X”（“10”即十大重点创新项目，“30”即30个示范项目，“X”即X个自选项目）创新示范项目梯队，以党建工作实效带动业务工作提升。深化全员有效培训，建立以案代训、跟班学习、上挂下派等制度，组织干部参加各类纪检监察业务脱产培训班34期250人次，市、区、镇（街道）纪检监察干部培训覆盖率100%。坚持内外结合，强化自我监督，开展内部检查，健全内控机制，聘请16名特约监察员，接受外部监督。坚决清除“害群之马”，全市收到反映纪检监察干部问题线索76条，立案5件。

【中共佛山市第十二届纪律检查委员会第五次全体会议】 2019年1月25日在佛山召开。中共佛山市委书记、市人大常委会主任鲁毅出席全会并讲话，市委副书记、市长朱伟传达习近平总书记在十九届中央纪委三次全会上的重要讲话和中央纪委全会、省纪委全会精神。全会审议通过市委常委、市纪委书记、市监委主任梅河清代表市纪委常委会所作的《强化政治担当　忠实履职尽责　为开创佛山高质量发展新局面提供坚强保障》工作报告和全会决议，听取5名党委（党组）书记述责述廉报告并进行评议。全会指出，全市纪检监察工作要以习近平新时代中国特色社会主义思想为指导，深入贯彻党的十九大和十九届二中、三中全会精神，贯彻落实十九届中央纪委三次全会、十二届省纪委四次全会和市委十二届七次全会工作部署，增强“四个意识”，坚定“四个自信”，做到“两个维护”，坚持稳中求进工作总基调，忠实履行党章和宪法赋予的职责，以党的政治建设为统领，积极协助党委推进全面从严治党，坚持纪严于法、纪在法前，执纪执法贯通、有效衔接司法，取得全面从严治党更大战略性成果，巩固发展反腐败斗争压倒性胜利，坚持改革创新，深化标本兼治，一体推进不敢腐、不能腐、不想腐，打

2019年1月25日，中共佛山市第十二届纪律检查委员会第五次全体会议

（市纪委监委机关供图）

造忠诚干净担当的纪检监察铁军，为开创佛山高质量发展新局面提供坚强保障。全会部署2019年工作任务：一是持之以恒学懂弄通做实习近平新时代中国特色社会主义思想，深入开展“不忘初心、牢记使命”主题教育；二是以党的政治建设为统领，主动担当“两个维护”根本政治责任；三是创新纪检监察体制机制，健全完善监督体系；四是做实做细监督职责，着力在日常监督上创新突破；五是持续深化政治巡察，进一步完善巡察工作格局；六是坚定不移“打虎”“拍蝇”“猎狐”，巩固发展反腐败斗争压倒性胜利；七是坚决整治群众身边腐败和作风问题，不断增强群众的获得感、幸福感、安全感；八是深化标本兼治，一体推进不敢腐、不能腐、不想腐；九是坚持打铁必须自身硬，从严从实加强纪检监察队伍建设。

（陈树钢）

作风建设

【“四风”纠治】 2019年，佛山市纪委监委巩固拓展落实中央八项规定精神成果，全市查处违反中央八项规定精神问题101起191人，处分133人，通报曝光典型案例51起75人。发挥狠刹“四风”网络监督平台作用，受理“四风”问题投诉举报277件，对8个单位、126人进行责任追究。深挖细查顶风违纪、隐形变异问题，专项整治利用名贵特产类特殊资源谋取私利、漠视侵害群众利益等问题，推动完善公务接待、公车管理等制度规定，构建作风建设长效机制。深化集中整治形式主义、官僚主义，严肃查处空泛表态、应景造势、敷衍塞责、出工不出力等突出问题。全市查处形式主义、官僚主义问题100起171人，处分90人。落实党中央“基层减负年”要求，推动领导机关和领导干部把自己摆进去，解决文山会海、督查检查考核过多过频过度留痕现象。

【基层正风反腐三年行动深入开展】 2019年，佛山市纪委监委深入开展基层正风反腐三年行动，严肃查处扶贫领域腐败和作风问题，加强对援藏援疆、对口凉山州扶贫协作、对口帮扶湛江、云浮等的监督检查，加大对低保和特困群众救助保障工作的监督检查，严惩贪污侵占、虚报冒领、优亲厚友等违纪违法行为。全市查处扶贫领域问题27起36人，处分14人。严厉惩治涉黑涉恶腐败和“保护伞”，把扫黑除恶同反腐败斗争和基层“拍蝇”结合起来，建立纪委监委与公安机关线索移送、协同办案、联合督导机制，提升“打伞破网”合力，优先处置中央、省委督导移交问题线索，对重大复杂案件实行领导包案督办、提级直查。全市排查涉黑涉恶腐败和“保护伞”问题线索182条，立案117件，处分53人，移送司法机关41人，其中重点查办“8·10”套路贷涉黑专案和“4·25”专案等黑恶案件背后的“保护伞”“关系网”。坚决查处民生领域腐败和作风问题，严厉惩治发生在民生资金、生态环保、征地拆迁、教育医疗等领域的违纪违法行为。全市排查基层党员、干部违纪违法问题线索4025条，立案1330件，处分937人，移送司法机关47人；查处民生领域问题41起77人，处分48人。

【“抓落实、求突破”十大重点创新项目】 2019年，佛山市纪委监委深入学习贯彻习近平总书记视察广东重要讲话和重要指示批示精神，落实市委十二届七次全会任务部署，推进“抓落实、求突破”十大重点创新项目，凝心聚力抓落实，以点带面求突破，推动纪检监察工作实现高质量发展。一是分类施策推进市属高校、国有企业纪检监察体制改革；二是深化市、区、镇三级联组协作区工作机制；三是研究制定把监督挺在前面的工作制度；四是建设应用佛山市党风廉政建设大数据平台；五是探索联动、提级巡察和深化专项巡察；六是推进佛山市新留置点建设；七是全面推广一把手权力清单和负面清单；八是研制制订关于防止领导干部利益冲突的暂行规定；九是建设佛山市纪法教育基地；十是创建让党放心、人民满意的模范机关。

（陈树钢）

执纪审查

【政治监督】 2019年，佛山市纪委监委聚焦“两个维护”根本任务，突出抓好习近平总书记关于打好“三大攻坚战”（指防范化解重大风险、精准脱贫、污染防治）、促进民营经济发展、减税降费、违建别墅清查整治等重要指示批示精神落实情况的督查督办，做好贯彻新发展理念、粤港澳大湾区建设、深圳先行示范区建设、省委“1+1+9”工作部署等落实情况的监督检查，确保政令畅通。坚决完成党中央部署的专项政治任务，突出抓好中央扫黑除恶督导和中央环保督察“回头看”反馈意见整改，对中央移交的信访举报件优先办理，办结率分别达99%、100%。协助市委出台实施进一步营造风清气正政治生态三年行动计划，严明政治纪律和政治规矩，坚决反对“七个有之”，坚决全面彻底肃清李嘉、万庆良恶劣影响，坚决落实省委“三个决不允许”（即在广东大地上决不允许搞政治阴谋，危害党中央权威；决不允许拉帮结派，搞团团伙伙，搞圈子文化、码头文化；决不允许政商勾结，形成利益集团）要求。全市查处违反政治纪律案件17件，处分16人。严把选人用人政治关、品行关、作风关、廉洁关，回复党风廉政意见110批1097人次，提出不同意见29人次。

【“四种形态”深化运用】 2019年，佛山市纪委监委准确把握“四种形态”政策策略，科学运用监督执纪“七个看”和问责“六字诀”，综合考量、精准处置，做到严而有格、宽而有度，惩前毖后、治病救人。坚持把监督挺在前面，出台把监督挺在前面做实做细监督职责的意见，健全监督工作机制，细化监督内容和方式。综合运用明察暗访、谈话函询、专项检查、纪检监察建议、委托谈话、谈话提醒等形式，强化近距离、常态化、全天候的监督。全市纪检监察机关运用“四种形态”批评教育帮助和处理共3788人次。其中：运用第一种形态批评教育帮助2386人次，占总人次的63%；运用第二种形态处理950人次，占25.1%；运用第三种形态处理171人次，占4.5%；运用第四种形态处理281人次，占7.4%。开展谈话607人次、函询118人次，函询后采信了结并书面反馈100人次。监督中主动发现问题线索185条，约谈案发单位一把手等相关人员63人次，提出纪检监察建议65份，做到监督常在、形成常态。

【肃贪反腐】 2019年，佛山市纪委监委坚持有贪肃贪、有腐反腐，有力削减存量、有效遏制增量，持续巩固发展反腐败斗争压倒性胜利。全市纪检监察机关受理检控类信访举报1973件，比上年下降32.9%；处置问题线索3940件，增长8.3%；立案1708件，其中市纪委监委自办案件159件，增长20.5%；处分1286人；移送司法机关105人；通过审查调查挽回经济损失1.8亿元；查处市管干部33人，增长13.8%。在强大震慑和政策感召下，全市主动投案46人，主动交代违纪违法问题91人。坚持有逃必追、一追到底，追逃防逃追赃一体推进，深入推进“利剑行动”，追回外逃人员16人，追回赃款495.77万元。开展“三多”（多年、多层、多头）信访举报专项治理，持续化解一批长期不敢查、查不动、查不清的信访举报积案。全市共排查“三多”信访举报128件，化解67件。加快推进新留置点建设，加强对留置和“走读式”谈话监督管理，开展全覆盖安全检查工作，实现办案安全“零事故”。

【巡察监督】 2019年，佛山市出台建立市委巡察机构与有关部门协作协调机制的意见，促进巡察监督与纪律监督、监察监督、派驻监督贯通衔接，着力提升巡察质量。坚守政治巡察定位，完成2轮对市委宣传部、市委统战部、市公安局等31个单位党组织的常规巡察，发现问题1180个、问题线索54条，巡察覆盖率达62%；完成对367个村（社区）党组织的巡察监督，发现问题3069个、问题线索154条，巡察覆盖率达56.4%。开展2轮对87个村（社区）党组织的涉黑涉恶涉腐专项巡察，发现问题868个、问题线索80条；对东西部扶贫协作和对口支援工作开展专项巡察，发现问题69个。做好巡察“后半篇文章”，压实巡察整改主体责任，完善巡察情况通报机制，健全纪检监察机关、组织部门对巡察整改日常监督工作机制，细化市纪委监委机关和派驻机构日常监督职责。开展巡察整改情况“回头看”，对整改不力的通报问责。跟踪督办巡察移交问题线索处置情况，6轮巡察移交问题线索134条，办结43条，立案16件。

【中共佛山市委反腐败协调小组（扩大）会议】 2019年5月10日在佛山召开。会议深入学习贯彻全省追逃追赃工作会议精神，全面部署迎接和配合中央扫黑除恶督导组“回头看”工作。会议要求，全市要力度不减、强化威慑，一体推进追逃防逃追赃工作迈上新台阶；要持之以恒、攻坚克难，进一步推动惩腐打“伞”向纵深发展；要落实责任、明确要求，狠抓追逃追赃与惩治涉黑涉恶腐败和“保护伞”工作任务落实，为深入推进佛山全面从严治党和反腐败斗争、为广东实现“四个走在全国前列”、当好“两个重要窗口”作出应有贡献。中共佛山市委常委、市纪委书记、市监委主任、市委反腐败协调小组组长梅河清出席会议并讲话，市委常委、市委组织部部长、市委反腐败协调小组副组长杨朝晖出席会议。

（陈树钢）

廉政建设

【“关键少数”监督】 2019年，佛山市纪委监委严格落实市委关于加强对一把手监督的意见，逐步完善配套制度，做到查办案件重点盯住一把手、日常监督重点聚焦一把手、廉政提醒重点跟进一把手、巡察监督重点突出一把手、警示教育重点针对一把手、撬动主体责任重点压实一把手。推行一把手权力清单和负面清单制度，建立落实基层单位一把手信访举报提级受理处置机制，协助市委、市政府出台关于防止领导干部利益冲突的暂行规定，破解一把手监督难题。运用约谈函询、民主生活会督导、委托党组织一把手谈话等方式，压紧压实一把手管党治党政治责任，全市组织31名党委（党组）主要负责人向市、区纪委全会述责述廉，对82名落实“两个责任”不力的党员领导干部进行问责。

【“三项改革”统筹推进】 2019年，佛山市纪委监委一体推进纪律检查体制改革、监察体制改革、纪检监察机构改革。严格执行双重领导体制，完善“两为主一报告”等工作机制。推动监察职能向基层延伸，完成向功能区派出监察专员、向镇（街道）派出监察组工作，试点成立村级纪委、分片区设立监察联络员，打通全面从严治党“最后一公里”。优化内设机构和运行机制，健全市纪委监委派驻机构与驻在部门党组（党委）协调机制，逐步完善“四个全覆盖”的权力监督格局。推进深化派驻机构改革，协助市委制定深化市纪委监委派驻机构改革的实施方案，印发3个配套改革文件及任务分工方案，全面推进市管企业、高校纪检监察体制改革。进一步健全派驻机构设置，明确派驻机构名称和职责，完善派驻机构联组工作机制，强化派驻监督合力。市纪委监委派驻机构处置问题线索240条，立案63件。

【纪检监察制度文件编制】 2019年，佛山市出台《关于进一步营造风清气正政治生态的三年行动计划（2019—2021年）》《关于防止领导干部利益冲突的暂行规定》《关于深化佛山市纪委监委派驻机构改革的实施方案》等制度性文件14份，完善体制机制，堵塞制度漏洞，发挥标本兼治的综合效应。

【党风廉政宣传教育】 2019年，佛山市深入开展纪律教育学习月活动，举办2019年全市副处级以上领导干部党章党规党纪教育学习班及全市第八期权力集中部门资金密集领域领导干部培训班，拍摄制作《蝇贪之害》等警示教育片，编印《正己齐家·佛山市廉洁家风家教典故集》《正己齐家·佛山市党员干部警示案例集》等一套家风家教正反面典型教材，用身边事教育身边人。组织开展“微考学”活动，全市党员干部参加考学达56万人次。推动廉洁文化“六进”（进机关、进社区、进家庭、进学校、进企业、进农村）活动，举办廉政小品曲艺原创作品展演，推进廉洁文化宣传，以格言警句、漫画等形式刊登廉洁公益广告，崇廉尚洁的社会氛围更加浓厚。

2019年佛山市出台纪检监察制度文件情况

类　别	文件名称
政治生态类	《关于进一步营造风清气正政治生态的三年行动计划（2019—2021年）》 《佛山市纪委监委关于对不实举报澄清正名的工作意见（试行）》
廉政监督类	《关于防止领导干部利益冲突的暂行规定》 《佛山市纪委监委关于把监督挺在前面做实做细监督职责的意见（试行）》 《关于推行一把手权力清单和负面清单制度的实施意见》
执纪审查类	《关于贯彻〈党组讨论和决定党员处分事项工作程序规定（试行）〉的实施意见》
巡察工作类	《关于被巡察党组织配合市委巡察工作的意见》 《关于规范巡察公开工作的意见（试行）》 《关于建立市委巡察机构与市纪委监委、市委组织部、市委宣传部、市教育局、市审计局、市国资委、市信访局和市政法机关协作协调机制的意见》 《关于建立健全市纪委监委有关部门与市委巡察机构协作配合机制的实施意见》
队伍建设类	《关于深化佛山市纪委监委派驻机构改革的实施方案》 《关于推进市管企业纪检监察体制改革的实施方案》 《关于推进市管高校纪检体制改革的实施方案》 《佛山市监察委员会特约监察员工作办法》

【“不忘初心、牢记使命”主题教育警示教育会议暨2019年佛山市领导干部党章党规党纪教育培训班】 2019年9月24日在佛山举行。会议传达学习省委“不忘初心、牢记使命”主题教育警示教育会议暨广东省第十八期领导干部党章党规党纪教育培训班精神。中共佛山市委书记、市人大常委会主任鲁毅出席会议并讲话，市委副书记、市长朱伟主持会议。市委常委、市纪委书记、市监委主任梅河清就“落实全面从严治党、推进党风廉政建设和反腐败斗争”作专题报告。市几套班子领导、全市副处级以上干部以及市各授权经营公司党政主要负责人、纪委书记（纪检组长）等1000多人参加培训。培训期间，学员们观看省、市纪委拍摄的党风廉政教育专题片。

【佛山市纪法教育基地建成开放】 2019年11月11日，佛山市纪法教育基地正式开放，面向全市党员干部和公职人员开展常态化教育。截至年底，教育基地接待学员5000多人。

教育基地位于佛山监狱内，展陈面积4050平方米，以“不忘初心、牢记使命”为主题，紧扣习近平新时代中国特色社会主义思想学习平台、党性党风党纪法规教育平台、廉洁文化宣传平台、正风反腐成果展示平台四大功能定位，设置序厅和“从严治党庄严承诺”“崇规尚廉源远流长”“自我革命砥砺前行”“肃贪清污警钟长鸣”“清风正气永葆本色”等五大主题展厅。

【2019年佛山市廉政小品曲艺原创作品展演】 2019年8月27日，佛山市纪委监委、市文广旅体局联合举办2019年廉政小品曲艺原创作品展演，发挥廉政文化引领作用，营造崇廉尚洁社会氛围。中共佛山市委常委、市纪委书记、市监委主任梅河清，市委常委、市委宣传部部长郭长勇，市人大常委会副主任叶良，市政协副主席郑灿儒等出席活动，市、区党员代表等600多人观看展演。全市收集本地原创新作脚本38个，有7个小品类及3个曲艺类优秀作品通过专家评审，登上展演舞台。

（陈树钢）

民主党派·工商联

手机扫码阅读

中国国民党革命委员会佛山市委员会

【民革佛山市委会组织概况】 中国国民党革命委员会佛山市委员会成立于1956年12月。1955年4月，民革佛山市支部筹备小组成立，对1949年10月前在广州或香港参加民革前身的“民联”“民促”组织又在佛山工作的王应杰等7人进行登记，成为支部筹备小组的第一批党员。随后，联系原国民党及与原国民党有历史关系的中上层人士，从中选定52人，按民革章程要求进行培养，并逐步吸收他们参加民革组织。在1955年至1957年间共发展党员64人，实有党员72人。1956年12月，民革佛山市委会正式成立。主要成员和所联系对象是同原中国国民党有关系的人士、同民革有历史联系和社会联系的人士、同台湾各界有联系的人士、社会和法制专业人士以及其他人士，着重吸收其中有代表性的中上层人士和中高级知识分子。截至2019年底，全市有党员376人，其中分布在教育界118人、新的社会阶层55人、医卫界72人、公有经济界77人、其他界别54人。党员男性182人、女性194人，平均年龄52岁，大学以上文化290人，高级、中级职称262人。设有6个总支、21个支部，设有参政议政等5个专门委员会。

【民革佛山市委会组织建设】 2019年，中国国民党革命委员会佛山市委员会发展新党员34人，市委会主委唐冬生当选为民革广东省第十三届委员会副主任委员。是年10月，在民革广东省十三届三次全会上，民革佛山市委会获民革省委会2018年度《团结报》工作先进集体一等奖、2018—2019年度参政议政工作先进集体二等奖、2019年脱贫攻坚先进集体；刘建萍、李蕾等2人被评为民革省委会参政议政工作先进个人，刘建华、盛慧、焦政、邓福军等4人被评为示范支部创建活动优秀党员，陈祖伟等10名35年以上党龄的老党员被评为广东民革荣誉党员；南海总支被评为民革省委会2018年度创建示范支部先进集体，市直二支部、禅城三支部及南海一支、二支部被评为2018年度示范支部，禅城四支部、市直总支及禅城二支部党员之家被评为优秀民革党员之家。12月，在民革榜样人物、示范支部、优秀民革党员之家表彰大会上，民革中央授予市直二支部“民革示范支部”称号，授予禅城四支部党员之家“优秀民革党员之家”称号。

【民革佛山市委会参政议政】 截至2019年底，中国国民党革命委员会佛山市委员会担任各级人大代表、政协委员51人（次），其中省政协委员1人；市人大代表5人（其中市人大常委1人）；市政协委员10人（其中市政协副主席1人，市政协常委2人）。

是年，以市民革和民革市政协委员名义提交提案53件，其中有8件被定为市政协重点督办提案，市民革提交的《关于三龙湾高端创新集聚区建设与发展的建议》被列为市委书记督办案、《关于进一步推动我市民营经济高质量发展的建议》被列为市政协经科委跟踪办理提案，副主委刘建萍参与撰写的“关于加快实施创新驱动发展战略推动高质量发展系列提案”被定为省长牵头督办重点提案。在市政协十二届三次会议上，谢伟松代表市民革作题为《大力发展田园综合体，打造我市乡村振兴新动能》的大会发言；《关于推进军民融合创新发展的建议》等6件提案获市政协十二届二次会议以来优秀提案奖；李蕾、谢伟松、刘建萍、谢义忠等4名2018年度履职考核优秀委员受到通报表扬。在10月召开的中共佛山市委书记督办市政协提案座谈会上，主委唐冬生、委员张波在深入开展实地调研的基础上就提案的办理和三龙湾的建设发展提出意见和建议。在12月召开的省长督办省政协重点提案办理工作座谈会上，副主委刘建萍围绕“关于加快实施创新驱动发展战略推动高质量发展系列提案”发言。同年，民革市人大代表在十五届市人大四次会议上，提交或参与提交议案、建议7份。

是年，市民革向市政协报送各类信息86条，其中市政协采用17条、中共市委采用1条；向中共市委统战部报送信息72条，微信网站采用3条、《佛山统战信息》采用12条、中共佛山市委采用4条、中共广东省委统战部采用1条、中央统战部采用1条；向省民革报送信息

86条，被采用80条。民革佛山市委会获民革广东省委会2018—2019年度社情民意信息工作先进集体一等奖。

是年，市民革参与市政协组织的市委书记督办提案实地调研；与相关单位就《关于引导台资企业和台湾青年共同融入粤港澳大湾区建设的建议》等提案的办理答复进行座谈沟通；联合市工业和信息化局到民营企业走访调研，围绕民革市委会在市政协十二届三次会议上提出的提案《关于进一步推动我市民营经济高质量发展的建议》进行督办座谈。年内，市民革副主委渠铮和党员焦政共同撰写提交的《统战工作助推佛山融入粤港澳大湾区建设的思考建议》一文获2018年度佛山市统战理论政策研究成果优秀奖。副主委、市政协常委刘建萍及市政协委员谢伟松入选市政协理论研究会第一届会员，市民革秘书长李蕾代表各民主党派在市政协理论研究会成立暨理论研讨会上以《完善人民政协民主监督机制，切实履行新时代人民政协民主监督职能》为题作交流发言。

【民革佛山市委会社会服务】 2019年，中国国民党革命委员会佛山市委员会继续对口帮扶湛江市吴川市中山村贫困户，所帮扶的4户贫困户均已脱贫。联合民革河源市委会组织医生党员20余人到贵州省毕节市纳雍县新房乡卫生院以角分院开展义诊活动，接诊超300人次。开展对纳雍县新房乡瓦厂村结对帮扶工作，出资22.5万元用于瓦厂村住房扩建及饮水工程建设项目，为该村4户31名贫困人口扩建住房面积174平方米，建成20立方米水池6个，使全村324户1271人贫困户87户416人全部受益。是年，市民革到市福利院开展“迎六一·献爱心”慰问孤残儿童活动（已连续19年开展该活动）。

【民革佛山市委会关爱抗战老兵系列活动】 2019年1—3月，中国国民党革命委员会佛山市委员会开展“2019关爱抗战老兵”系列活动，其间市委会及下属各（总）支部走访慰问原国民党抗战老兵21人。其中，2019年1月10日，主委唐冬生带队到禅城、南海两区慰问原国民党抗战老兵苏平初和刘湛，给他们送上慰问金和新年祝福。

【《关于三龙湾高端创新集聚区建设与发展的建议》被列为市委书记督办提案】 2019年，中国国民党革命委员会佛山市委员会向市政协十二届三次会议提交的《关于三龙湾高端创新集聚区建设与发展的建议》被列为市委书记督办提案。该提案提出将三龙湾构建成为佛山市经济高质量发展机制体制改革创新的先行试验区；将三龙湾培育成为佛山市人工智能产业高地，筹建人工智能国家实验室；将三龙湾与佛山高新区深度融合，对接广深港澳科技走廊，促进创新集聚与产业集群互利共赢，实施“独角兽”企业的精准培育计划。

（李　蕾）

2019年5月30日，民革佛山市委会开展“迎六一、献爱心”慰问孤残儿童活动

（市民革供图）

中国民主同盟佛山市委员会

【民盟佛山市委会组织概况】 佛山民盟组织建立于1951年，1956年成立中国民主同盟佛山市委员会。截至2019年底，民盟佛山市委会辖顺德区委会，有市直一、市直二、佛山科技学院、禅城区、南海区、高明区、三水区等7个总支部委员会，有50个支部。设有监督委员会、参政党理论研究委员会、科技委员会、教育委员会、经济委员会、城市委员会、法治委员会等7个专门委员会，以及宣传工委会、社会服务工委会、青年工委会、老龄工委会、企业家工委会、民盟中央美术院佛山分院、民盟佛山市委艺术团等7个工作委员会。有盟员1054人，平均年龄54.15岁，其中分布在教育界545人，占51.76%，科技、医卫界229人，占21.75%。具有高级、中级职称的822人，占78.06%。

【民盟佛山市委会组织建设】 2019年，中国民主同盟佛山市委员会坚持数量与质量并重，吸收中青年优秀人才和代表性人士入盟。全年发展新盟员57人。推进“盟员之家”建设，新建黄志伟文化艺术研究院、佛山先行书店等“盟员之家”2个，“盟员之家”达12个：市内5个区各有1个，佛山科技学院总支有1个，市委会机关有1个，民盟佛科院三支部、黄志伟文化艺术研究院、佛山先行书店各有1个。

是年，先后召开民盟佛山市委十四届十五次（扩大）、十六次（扩大）会议和民盟佛山市委会学习贯彻中共十九届四中全会精神专题会议，学习《习近平新时代中国特色社会主义思想学习纲要》、习近平总书记在“不忘初心、牢记使命”主题教育工作会议上的重要讲话和中共十九届四中全会《中共中央关于坚持和完善中国特色社会主义制度　推进国家治理体系和治理能力现代化若干重大问题的决定》等精神。要求全市各级民盟组织及全体盟员学习贯彻习近平总书记关于广东“四个走在全国前列”重要讲话、视察广东重要讲话和庆祝改革开放四十周年大会上的重要讲话精神，要坚持以习近平新时代中国特色社会主义思想武装头脑、指导实践、推动工作，履行参政党职能，建设适应新时代发展要求的中国特色社会主义参政党地方组织。主动走访中共佛山市各区党委统战部和佛科院组织统战部，促进党盟关系和谐。

【民盟佛山市委会参政议政】 2019年，中国民主同盟佛山市委员会继续向党委政府举荐人才，为盟员履职尽责搭桥铺路。截至2019年底，民盟佛山市委会担任各级人大代表、政协委员83人（次），其中省人大代表1人、市人大常委1人、市人大代表8人、市政协委员17人（市政协常委5人）、区政协副主席2人。

在佛山“两会”（人大会议和政协会议）期间，共向佛山市人大、政协大会提交议案、建议、提案49件。《关于建设博物馆之城系列提案》《关于促进佛山市住房租赁市场健康发展的建议》《关于将佛山建设成为南方高等教育名城的建议》《关于我市金融促进实体经济发展的建议》等4件政协提案获2018年度优秀提案，《关于建立佛山市青少年近视防控体系的议案》被列为市人大常委会重点督办议案。

民盟佛山市委会重点围绕推进粤港澳大湾区建设开展多个专题调研，包括参与市各民主党派“加强产业合作，深化‘两业融合’，促进广佛同城化建设”联合调研课题、2项市政协常委议政专题调研、2项民盟省委重点课题调研和6项民盟佛山市委会确定的专题调研，提出《把三龙湾打造成“独角兽”的乐园》《攻坚关键核心技术，提升佛山机器人产业原始创新能力》《关于加强培育与优化我市科技人才团队的建议》《关于进一步促进佛山市“名师工程”建设的建议》《关于推动网上中介服务超市健康良好发展的建议》等一批高质量调研成果，为佛山实现高质量发展提供决策参考。

【民盟佛山市委会社会服务】 2019年，中国民主同盟佛山市委员会先后多次赴吴川市黄坡镇中山村开展走访调研活动并入户慰问帮扶对象，推进帮扶工作的落实，深入了解贫困村的情况以及充分体现帮扶单位对贫困户的关心、完成“1对1户”落户对接工作。5月，受广东省女子监狱的邀请，民盟佛山市委会赴省女子监狱为女干警开展一场主题为“生命之旅　沙盘游戏——通往有效沟通之门”的沙盘游戏疗法体验。同月，民盟佛山市委联合佛山市明爱扶贫助学协会到佛山市禅城区张槎街道江海社区惠海园低保安置房进行探访活动，选取10户进行探访分组进行，送去一些慰问品，听取他们的心声，给予他们鼓励和意见，通过探访，帮助他们增强自信，学会付出，建立阳光积极的人生观。12月，由民盟广东省委会、民盟佛山市委会联合广东省烛光教育发展基金会举办的“烛光行动”2019年民盟陕西省委帮扶点教师赴广东培训班开班。

【民盟中央美术院佛山分院暨佛山创作基地揭牌】 2019年4月11日，民盟中央美术院佛山分院暨佛山创作基地揭牌仪式在佛山中国陶谷陶艺展览厅举行。全国人大常委会委员、民盟中央副主席张平，佛山市人大常委会副主任麦洁华等出席揭牌仪式。民盟中央美术院佛山分院暨佛山创作基地旨在联系和带动广大美术界盟员，为民盟更好地履行参政党职能，促进社会主义文化大发展大繁荣贡献力量。该院的建成有效助力民盟佛山市委会思想建设，拓展民盟佛山市委会参与社会主义文化建设的方式和途径。截至年底，佛山市民盟有美术界盟员50多人。

【民盟佛山市委会协办中国工业与应用数学学会第十七届年会】 2019年9月20日，由中国民主同盟佛山市委员会协办的中国工业与应用数学学会第十七届年会（CSIAM 2019）在佛山市举行，10名中国科学院院士，近1000名知名专家学者、企业代表、学生代表在佛山共话新时代数学与产业发展。其间，民盟佛山市委会还邀请中国工业与应用数学学会理事长张平文院士，中国科协副主席、中国数学会理事长、国际工业与应用数学学会当选主席、中国科学院院士袁亚湘，西安交通大学教授、中国科学院院士徐宗本，走进佛山校园、企业，向不同方向数学爱好者讲授数学热点问题，

2019年4月11日，民盟中央美术院佛山分院暨佛山创作基地揭牌仪式在佛山中国陶谷陶艺展览厅举行
（市民盟供图）

丰富学术界对于数学这门基础学科实用价值的认知。院士们还代表中国工业与应用数学学会向佛山市第三中学等5所学校颁授“中国工业与应用数学学会应用数学科普教育基地”牌匾。

（李　亨）

中国民主建国会佛山市委员会

【民建佛山市委会组织概况】 中国民主建国会佛山市委员会成立于1956年7月。截至2019年底，全市有民建会员547人，其中企业界人士397人，占总人数72.5%。会员男性402人、女性145人，平均年龄50.2岁。会员大学以上文化320人，高级、中级职称207人。设有禅城区、南海区、顺德区、三水区等4个总支，以及高明区支部、市直一支部、市直二支部、佛山科学技术学院支部、市直机关支部等5个市直属支部，设有参政议政工作委员会、宣传与理论研究工作委员会、企业工作委员会等3个专门工作委员会。

【民建佛山市委会组织建设】 2019年，中国民主建国会佛山市委员会发展新会员23人。召开领导班子届中述职评议会。补选蔡伟为民建佛山市委会副主委。贯彻落实《民建中央关于加强会的思想政治建设的意见》精神，开展“不忘合作初心，继续携手前进”主题教育活动60多场次，传达学习中国共产党十九届四中全会精神、习近平总书记在全国“两会”（人大会议和政协会议）、全国政协工作会议暨庆祝中国人民政治协商会议成立70周年大会等会议上的讲话精神，组织学习《习近平新时代中国特色社会主义思想学习纲要》。到福建省龙岩市古田会议会址以及民建中央爱国主义教育基地古田干部学院（社会主义学院）参观学习，赴广西贺州参观中共广西省工委旧址纪念馆，与民建北京市昌平区工作委员会联合在昌平区图书馆和佛山市图书馆举办“初心所向，国庆抒怀”美术书法摄影艺术作品展。推进“会员之家”建设，在民建顺德区总支和禅城区总支各建立1个“会员之家”。全年在民建中央网站、民建广东省委会网站，以及《广东民建》《佛山政协》《佛山日报》《珠江时报》等媒体发表工作通讯60多篇。会员文章《新时代民主党派基层组织发展现状及五种关系处理——以禅城区为例》获市统战理论政策研究成果优秀奖，《回首岁月忆峥嵘，再整戎装踏征途》获中共中央统战部公众号推送，《我与民建的那些人那些事》获民建中央主题征文优秀作品奖。

【民建佛山市委会参政议政】 截至2019年底，中国民主建国会佛山市委员会担任各级人大代表、政协委员66人次，其中省政协委员1人，市人大常委1人，市人大代表5人，市政协常委4人，市政协委员11人。2019年，民建佛山市委会立足组织特色优势，整合会内资源，加强调查研究，提高建言献策质量，推动参政议政工作提质增效。

是年，市民建在市政协十二届三次会议上，作《重视培育本土外贸综合服务业助力我市对外贸易高质量发展》大会发言，提交集体提案4件［其中《关于将佛山西站核心区域打造成“未来之城”的建议》（合并案）被市政协推荐为广东省政协、佛山市政协、南海区政协三级联合督办重点提案，《关于推动粤港澳大湾区国家战略在佛山落地见效的建议》（合并案）被列为市长督办案］。市民建2018年提交的集体提案《关于积极对接广深科技创新走廊的建议》和7件委员个人提案获优秀提案，会员张卫红、梁永流、罗斌华、程嘉韵、林荣、袁江勇、李少辉等获评佛山市政协2018年度履职优秀政协委员。

是年，市民建开展粤港澳大湾区建设专题调研，赴广州南沙、深圳前海、珠海横琴和佛山三龙湾开展调研。开展“区块链技术研发及应用”专题调研，赴深圳参观区块链技术研发及应用企业，学习了解数字经济时代下企业数字化转型新进展新趋势，围绕佛山实体经济如何与现代信息技术、区块链技术结合，实现转型升级新突破新发展进行深入思考并撰写调研报告。联合民革、民盟和农工党市委会围绕“广佛同城”专题开展调研，并负责撰写调研报告《加强产业协同合作促进广佛同城化建设》，获中共佛山市委书记鲁毅批示，相关意见建议获重视并采纳。选送3个调研课题参加民建广东省委会2019年参政议政调研课题招标，其中《以佛山乡村振兴战略为例，通过全面乡村振兴推动我省高质量发展》通过招标审核并最终结题。同年，市民建会员提交的调研报告《关于进一步加大医保基金监管力度的建议》获民建中央采用，并作为集体提案提交全国政协。

是年，市民建报送社情民意信息120多篇。其中，《加快医疗第三方医疗影像中心发展的建议》获全国政协采用，《优化离婚后户口迁移措施的建议》《取消店铺招牌统一化的建议》《社保缴费基数随职工平均工资水涨船高　企业降费红利不明显　亟待调整社保缴费费率》获民建中央采用。

【民建佛山市委会社会服务】 2019年，中国民主建国会佛山市委员会发动会员参与民建中央和民建广东省委会定点帮扶河北省丰宁满族自治县和贵州省黔西县工作，向黔西县捐献太阳能路灯10盏，组织会员消费扶贫，购买丰宁和黔西农产品10多万元。策划实施“佛山市帮扶凉山州喜德县医疗超声设备捐赠暨远程会诊援建项目”，项目合作期为4年，为喜德县人民医院提供远程医疗专家诊断服务，形成一套完整的医疗帮扶与培训体系；民建会员企业投入远程诊疗费和捐赠便携式彩色超声设备及超声远程诊疗系统合计270万元。与市红十字会联合举办应急救护培训班，60多位会员参加培训，并取得红十字会颁发的“救护员证”。是年，佛山民建画院组织书法家会员赴高明区明城镇坟典村举办“道德春联进万家”活动，为乡亲书写春联200多对。

【“初心所向、国庆抒怀”书法美术摄影艺术作品联展】 2019年8月16—23日和9月3—10日，中国民主建国会佛山市委员会与民建北京昌平区工作委员会联合举办的“初心所向、国庆抒怀”书法美术摄影艺术作品联展分别在昌平区图书馆和佛山市图书馆举行。联展展出的100余幅书法、美术、摄影作品由佛山和昌平两地民建会员创作，主题鲜明、题材新颖、内容向上，彰显新时代参政党成员为实现中国梦而不懈努力的精神风貌。

【民建中央副主席李说到佛山督导“不忘合作初心，继续携手前进”主题教育活动】 2019年10月16—17日，全国政协常委、民建中央副主席李说在广东省政协副主席、民建广东省委会主委李心陪同下，到民建佛山市委会督导开展“不忘合作初心，继续携手前进”主题教育活动。其间，李说出席民建佛山市委会“不忘合作初心，继续携手前进”主题教育活动调研座谈会，在顺德文筑书店为佛山民建首个“民建会员之家”揭牌，会见中共佛山市委书记鲁毅，并在中共佛山市委常委李政华陪同下考察石湾美术陶瓷厂和民建会员企业航天柏克（广东）科技有限公司。

【民建佛山市委会开展“助力粤港澳大湾区建设”专题调研活动】 2019年4月28—30日，中国民主建国会佛山市委员会主委李应滔带队赴广州南沙、深圳前海、珠海横琴和佛山三龙湾开展“助力粤港澳大湾区建设”专题调研。先后走访广州南沙明珠湾开发展览中心、深圳市前海金融区建设展厅、珠海市横琴新区规划建设展示厅，并到佛山市三龙湾高端创新集聚区建设管理委员会座谈交流。召开“佛山民建粤助力港澳大湾区建设研讨会”，与会人员共同学习《粤港澳大湾区发展规划纲要》，畅谈参观学习体会，就佛山如何学习借鉴先进地区经验，在粤港澳大湾区建设发展中抓住机遇、赢得发展等内容献计献策。

（张英强）

中国民主促进会佛山市委员会

【民进佛山市委会组织概况】 中国民主促进会佛山市委员会成立于1981年12月24日，成立时有会员24人。主要成员和所联系的对象是从事教育文化出版工作的高级、中级知识分子。截至2019年底，民进佛山市委会设有1个区委会（民进顺德区委会）、2个总支（禅城总支、南海总支）和28个支部，有参政党理论研究会、参政议政工委会、社会服务工委会、青年工委会、妇女工委会、老龄工委会、企业界会员联谊会、《佛山民进》编委会和监督委员会等工作机构。全市有会员518人，其中分布在教育界269人、文化艺术界82人。会员男性320人、女性198人，平均年龄48.7岁，高级、中级职称360人。

【民进佛山市委会组织建设】 2019年，中国民主促进会佛山市委员会坚持人才强会和精英发展战略，注重加强后备干部队伍建设。全年发展新会员29人。其中本科学历19人、研究生学历5人，教育界9人、文化界5人。是年，召开民进佛山市委（扩大）会议专题学习《中共中央关于加强中国特色社会主义参政党建设的意见》《各民主党派中央关于新时代组织发展工作座谈纪要》。制定《民进佛山市委会关于开展“不忘合作初心，继续携手前进”主题教育活动的工作方案》并下发各级组织，先后组织骨干会员赴广西百色、南海罗登贤事迹展览馆和广东省档案馆等地开展主题教育活动，夯实多党合作的思想政治基础。完善会内组织机构。成立企业界会员联谊会，进一步凝聚会内企业界会员力量，促进会员及会员企业发展。派出34名基层组织负责人，联合省民进在井冈山举行基层组织负责人培训。与民进柳州、梅州、延安、成都、南通等市委会，以及民进省教育工委进行交流学习，提升市民进基层组织建设水平。是年，民进顺德区委会获评为“民进全国组织建设先进地方组织”，禅城总支、高明支部获评为“民进全国先进基层组织”，傅会平、邝向阳获评为“民进全国组织建设先进个人”。南海总支、顺德企业支部、三水支部获评为“广东民进基层组织建设先进组织”，王玉凯、刘敏盛、何翔、陈丽媚、黎朝军获评为“广东民进基层组织建设先进个人”。游斌、陈秉沂获“庆祝中华人民共和国成立70周年”纪念章。

【民进佛山市委会参政议政】 2019年，中国民主促进会佛山市委员会有各级人大代表19人，其中市人大常委1人、区人大常委会副主任3人、区人大常委2人；有各级政协委员45人，其中省政协委员2人、市政协常委5人、区政协常委9人。获评为“民进广东省参政议政先进单位”。

是年，市政协会议期间，市民进提交31份提案。其中：《关于推动佛山生态文明体制机制创新的建议》获评为市政协主席督办案，这是市民进围绕绿色生态主题的提案连续4年被评为市政协主席督办案；《关于加强全市统筹协调发展力度的建议》《关于建设高品质森林城市的建议》《关于建设博物馆之城系列提案》《关于促进佛山市住房租赁市场健康发展的建议》《关于进一步提升青少年健康心理素质的建议》等5件提案获评市政协十二届二次会议优秀提案。谭伟亮、陈东初、黄锦培、俞宙虹、梁绮惠、申桂树、王玉建等7名委员获评为“2018年度佛山市政协履职考核优秀委员”。

是年，市民进报送社情民意信息130多篇。其中中共中央办公厅采用1篇、全国政协采用4篇、中央统战部采用1篇、民进中央采用20篇、中共省委采用1篇，还有多篇被省政协、中共省委统战部、中共市委采用。获2018年度市统战信息工作先进单位二等奖，在2018年度市政协信息积分排名中排党派第二，在省民进各地方组织中提交信息数量和积分继续排名中保持第一。

是年，市民进开展调查研究。市民进作为牵头单位，与致公党、九三学社、知联会联合开展“统筹推进佛山市氢能产业高质量发展”专题调研，完成调研报告，并上报中共佛山市委。副主委谭伟亮带队到江苏南京、镇江、无锡进行垃圾分类专题调研。年内，市民进完成的调研课题《关于统筹推进粤港澳大湾区氢能产业高质量发展的建议》获省民进立项（继续保持年年有课题被省立项），会员舒悦参与完成的民进中央提交全国政协会议的《关于加强学前教育教师队伍建设的提案》获评民进中央2019年度参政议政成果二等奖。

【民进佛山市委会社会服务】2019年，中国民主促进会佛山市委员会各级组织参与各类社会服务活动，践行公益理念，助力全面建成小康社会。市委会继续对口帮扶吴川市黄坡镇中山村，对口帮扶的3户贫困户均实现脱贫；联合其他民主党派等单位赴墨脱开展扶贫助学助残活动，向墨脱县工作组捐助14万元，用于设立“爱心助学基金”和为伤残青年提供安装假肢手术费用；举办第九届“翰墨情深”佛山民进开明画院作品展，为罗定市蒲垌小学开展扶贫助学活动；佛山民进与东莞民进、顺德民进与宜兴民进联合举办庆祝中华人民共和国成立70周年书画展。市民进企业界联谊会组织赴黔西南州安龙县开展民进中央定点扶贫专题调研并捐赠3万元。开明画院20多名书画家参与写春联活动。顺德民进“春风学堂”继续开展学业辅导、艺术课堂等活动，自2011年挂牌成立以来已累计开展活动近500场次。禅城总支和高明支部参与统战服务进社区联合社会服务活动，组织书画名家进校园交流和送春联。南海总支到平洲江滨社区开展义诊暨社会服务活动。三水支部开展乡村振兴助学书法活动并捐赠书法用品。会员戴浩万、雷泽兵、韦邕平、王青山、何粤发参与凉山支教支医活动。会员许闽仪、贾健美、廖峥、宋凯萍等多名艺术团成员参加佛山市统一战线庆祝中华人民共和国成立70周年文艺演出活动。

【《关于推动佛山生态文明体制机制创新的建议》获评市政协主席督办案】2019年，中国民主促进会佛山市委员会在市政协十二届三次会议上的提案《关于推动佛山生态文明体制机制创新的建议》获评为市政协主席督办案，这是市民进围绕绿色生态主题的提案连续4年获评为市政协主席督办案。该提案认为，全市各级党委政府坚持把生态文明建设放在突出位置，把绿色发展理念贯穿于经济社会发展全过程，为人民群众创造了良好生产生活环境。但是，佛山市生态文明建设仍然存在一些短板和弱项，特别是组织架构、制度建设、人才体系、公众参与等方面体制机制障碍较多。提案提出以“五个到位”推动佛山市生态文明体制机制创新：一是完善宣传教育制度，营造氛围到位；二是理顺行政管理机制，确保统筹到位；三是强化生态文明考核，责任落实到位；四是加大引才引智力度，人才支撑到位；五是构建多方参与格局，社会力量到位。

【“统筹推进佛山市氢能产业高质量发展”专题调研】2019年，中国民主促进会佛山市委员会作为牵头单位，与市致公党、九三学社、知联会组成“统筹推进佛山市氢能产业高质量发展”专题调研组，先后与市发展改革局、科技局、工业和信息化局等单位召开座谈会，并赴广东省云浮市、河北省张家口市、山西省大同市等地开展调研，完成调研报告并上报中共佛山市委。报告认为，佛山已经成为广东氢能发展的示范城市，为氢能产业持续快速发展奠定了坚实基础。然而，佛山氢能产业发展依然任重道远，仍存在氢能基础设施建设不足、燃料电池车使用运营成本高、燃料电池系统及核心零部件技术有待提升等问题。作为制造业大市、能源消费大市，佛山要积极应对能源结构调整，抢占未来能源创新制高点，强化规划引领、优化产业政策，推进基础设施建设，加强招商及人才引进，坚持技术创新，推动氢能产业加速发展，力争继续走在中国氢能产业的最前列。

（黄锦培）

中国农工民主党佛山市委员会

【农工党佛山市委会组织概况】中国农工民主党佛山市委员会成立于1958年10月13日。主要成员和所联系的对象是医药卫生、人口资源和生态环境领域高级、中级知识分子。截至2019年底，农工党佛山市委会有专职干部6人，全市党员总数677人，其中分布在医卫界389人（约占60%）、文教界102人、科技界31人、其他155人。党员男性420人、女性257人，平均年龄47岁，大学以上文化562人。党员中级、高级职称500人，占全市农工党党员的74%。设有禅城区总支、南海区总支、顺德区总支、高明区总支、市中医院总支、佛科院总支、市科技总支等7个总支部，32个支部，设有参政议政工作委员会、妇女工作委员会、医药卫生工作委员会、老龄工作委员会、城市建设和环境资源保护工作委员会、监督委员会。

【农工党佛山市委会组织建设】2019年，中国农工党佛山市委员会全年新发展党员47人。其中，博士研究生1人、硕士研究生3人，中级、高级职称31人。继续优化和调整基层组织结构，成立农工党佛山市委会监督委员会。年内，市农工党主委杨小晶组织召开农工党市委委员会议，学习《中国农工民主党章程》，传达农工党广东省委会《关于开展农工党广东省委会廉洁风险预警提示活动的通知》《全省“不忘初心、牢记使命”主题教育第一批总结暨第二批部署会议》等精神。是年，农工党第十一届佛山市委员会监督委员会召开会议，学习《中华人民共和国监察法》、传达学习《中国农工民主党广东省委员会内部监督规定》（试行）。

【农工党佛山市委会参政议政】2019年，中国农工党佛山市委员会继续把反映社情民意作为履行参政议政职能的重要方式。截至年底，有省级人大代表1人，政协委员1人；市级人大代表9人，政协委员13人；区级人大代表5人，政协委员26人。分别向农工党省委会、佛山市政协、中共佛山市委统战部报送社情民意信息259条。其中：获农工党中央采用3条，分别为吴智鑫撰写的《关于建立健全在公共交通工具上的紧急医疗救援流程和法规的建议》、刘金财撰写的《创新和规范监管执法，进一步优化新兴产业的营商环境》、程俊撰写的《借助“人工智能”手段优化营商环境——对于落实〈优化营商环境条例

（草案）的建议》》；获农工党中央刊物《前进论坛》采用2条，分别为余新和吴莉撰写的《提高超龄孕妇产检依从性的建议》和刘婉冰撰写的《创新方法，打赢“清洁供热攻坚战”》；获中共中央统战部采用1条，为陈爱贞撰写的《关于加强对餐厨剩余物的处理切断非洲猪瘟传播途径的建议》；获中共广东省委采用1条，为刘婉冰等撰写的《基层建议尽快出台全省城乡供水用水条例》。另外，被中共广东省委统战部采用4条、中共佛山市委办采用2条、中共佛山市委统战部采用17条、佛山市政协采用24条。

2019年“两会”期间，农工党佛山市委会提交3件集体提案和28件个人提案，其中《关于三龙湾高端创新集聚区建设与发展的建议》被列为中共佛山市委书记督办案。余海波代表市农工党在市政协十二届三次会议作题为《关于发挥佛山市中医药优势　助推粤港澳大湾区中医医疗联盟建设的建议》的大会发言。共有3件提案获市政协十二届二次会议优秀表彰，杨小晶、陈爱贞等10位委员获履职考核优秀等次。另外，市农工党党员刘金财、曾小明2人参加上线市政协首设的“委员通道”环节。

【农工党佛山市委会社会服务】2019年，中国农工党佛山市委员会继续发挥医卫界别优势，各级组织开展义诊咨询、教育咨询等社会服务40余次，参加党员200余人次，受益群众1.5万人次，捐赠物资10万余元。社会服务活动包括：农工党佛山市委会两度组织专家协助市政协到南海区大沥镇沥西社区开展“送医送药下乡”社区义诊活动；农工党佛山市南海区综合一支部在中共南海区委统战部的指导帮助下成立“同心义工队”；农工党佛山市委会牵头，农工党佛山科学技术学院总支和市中医院总支联合承办农工党佛山市委会第十二届“中国环境与健康宣传周”活动；农工党佛山市禅城区总支联合中共中建五局“求是”党支部联合开展“送清凉”活动；等等。

【农工党佛山市委会监督委员会成立】2019年12月20日，农工党佛山市委员会正式成立农工党佛山市第十一届监督委员会。监督委员会实施内部监督，主要工作包括：考察各级组织和成员遵守《中国农工民主党章程》的情况，重点是各级领导班子及其成员履行领导职务的情况；对各级领导班子的政治学习、谈心活动、民主生活等工作进行检查，并通过深入基层、处理来信来访等方式和渠道做好内部监督工作等。

【农工党中央社情民意工作调研首站走进佛山】2019年10月23日，农工党中央参政议政部社情民意处副处长刘晓蕾率队到农工党佛山市委会调研社情民意信息工作。这是农工党中央在全国范围内进行社情民意信息工作调研的首站。调研会上，农工党佛山市委会专职副主委李薇汇报了农工党佛山市委会社情民意信息工作的整体情况，双方并就反映社情民意信息工作的经验体会、问题建议进行交流研讨。调研会上，农工党佛山市委会的社情民意信息工作获调研组肯定。

（蒋希为）

2019年12月20日，农工党佛山市第十一届监督委员会成立　（市农工党供图）

中国致公党佛山市委员会

【致公党佛山市委会组织概况】致公党广东省委佛山直属小组成立于1986年10月，1988年5月成立致公党佛山市支部，1992年4月成立致公党佛山市委会。主要成员和所联系的对象是归侨、侨眷中的中上层人士和其他有海外关系的代表性人士。截至2019年底，市致公党有党员389人，成员分别来自教育、科学技术、医疗卫生、文化艺术、新的社会阶层、政府机关等多界别多行业，成员平均年龄49.6岁，中级、高级职称233人，中级、高级职称成员占成员总数的60%，“侨”“海”界别成员占成员总数52%。市致公党下设禅城、南海、顺德、三水4个总支，市直属2个支部和高明支部，内设参政议政工作委员会、组织发展工作委员会、老龄工作委员会、妇女工作委员会、文体工作委员会、海外联络工作委员会、社会服务工作委员会等7个工作委员会和佛山致公摄影社。

【致公党佛山市委会组织建设】2019年，中国致公党佛山市委员会发展新党员33人，平均年龄39.4岁。其中，博士2人、硕士7人，留学归国人员5人，全国人大代表1人，区政协委员3人。重视后备干部培养，市委会届中增补胡念武为市委委员，增补林在进为市直一支部委员；谢长青于年初获提任为佛科院经法学院副院长，胡念武获提任顺德区公用事业管理局局长。注重加强对成员的教育培训，围绕学习贯彻中共十九大精神、习近平新时代中国特色社会主义思想，以及《粤港澳大湾区发展规划纲要》、全国“两会”（人大会议、政协会议）精神、“不忘合作初心，继续携手前进”主题教育活动、庆祝中华人民共和国成立70周年等主题，开展各种思想政治教育活动。活动包括：邀请致公党中央党史研究与党务工作委员会顾问、广东省委会原专职副主委谢慈庭作致公党党史教育主题讲座；举办“不忘合作初心，继续携手前进”主题教育和庆祝中华人民共和国成立70周年活动，邀请致公党中央原副主席王宋大作主题报告，并组织成员通过快闪的方式演唱《我和我的祖国》；召开“不忘合作初心，继续携手前进”主题教育活动领导班子专题民主生活会，查摆问题，整改提升；联合致公党中山市委会在泉州华侨大学举办骨干党员及新党员培训班；组织30多名新党员在广东省社会主义学院举办“不忘合作初心，继续携手前进”主题教育培训班，并参观致公党中央党部旧址；等等。发挥各个工作委员会作用，开展丰富多彩的主题活动，提升组织凝聚力和活力。其中：参政议政工作委员会举办2期“佛山致公 · 议政论坛”，分别邀请广东工业大学教授蔡春林作关于“大湾区形势”的主题演讲和邀请秦伟新作“公共金融是中国金融的未来——兼论大湾区金融”主题演讲；老龄工作委员会组织退休成员参观考察紫南村社会主义新农村建设；文体工作委员会举办“挥洒汗水　致敬青春”羽毛球乒乓球友谊赛；海外联络工作委员会组织成员赴三水区参观广东力工集团党群关爱服务中心、养老阵地、家庭服务中心；等等。是年，致公党佛山市委会被致公党中央评为“致公党先进集体”、刘玉华获“致公党中央对外联络工作先进个人”表彰、朱新进获2019年“岭南名医”称号、何新获评为“2019年佛山市最美志愿者”、李展健获评为“林芝市第八批优秀援藏干部人才”、姚晓林获“佛山市名教师”称号、孔春花获广东省原创法治歌曲大赛最佳表演奖、黄文柱当选中国康复医学会手功能康复专业委员会收创伤功能康复学组主任委员、陈为林获第十五届“挑战杯”广东省大学生课外学术科技作品大赛一等奖（第一指导老师）、王晓琦在中国县市区域报新闻奖评选中获一等奖、李春美被评为南海区社区教育老年教育先进工作者等。

【致公党佛山市委会参政议政】2019年，中国致公党佛山市委员会有全国人大代表1人、省级人大代表和政协委员2人、市级人大代表和政协委员19人、区级人大代表和政协委员32人。市致公党提案《推动佛山深度融入粤港澳大湾区城市群科技创新与产业融合中的建议》被选为市长督办案，提案《关于进一步推动我市民营经济高质量发展的建议（八案合并）》被选为市政协经科委跟踪办理案，提案《整合高铁和高校资源，助力佛山高新区更好地发挥引领高质量发展的作用》《加快构建绿色安全出行体系，缓解城市交通拥堵的建议》等被选为媒体跟踪督办案。个人提案《关于引入香港高校在三龙湾设立科技创新基地的建议》被合并立案，并被选为中共佛山市委书记督办案。市委会提案《关于推进军民融合创新发展的建议》《关于加快实施乡村振兴发展战略的建议》《关于促进佛山市住房租赁市场健康发展的建议》以及个人提案《关于积极对接广深科技创新走廊的建议》《关于关注我市青少年近视率，保护孩子健康成长的建议》等7篇提案获市政协优秀提案奖。陈小霞、刘致军等2名委员获“履职考核优秀委员”称号，朱新进、刘玉华、王晓娟、苏春燕、黄文柱、冯俊杰、林在进等7名委员获履职考核优秀等次。年内，崔永强、吴小欣、杨嘉洁、王晓琦、李浩、张文斌、彭锦秀、夏立军等8人撰写的提案或信息分别获评致公党广东省委会参政议政优秀成果。

是年，市致公党向致公党广东省委会、市政协、市委统战部等部门提交信息100多篇，涵盖经济、政治、文化、民生等领域。其中，《关于积极对接泰国“东部经济走廊”，助力“一带一路”倡议的有关建议》获中共中央统战部采用、《有关粤港澳大湾区亟需向港澳台人士开放电子不停车收费系统（ETC）业务的情况反映》等2篇获致公党中央采用，还有30多篇获致公党省委会采用、10多篇获市政协采用、9篇获中共佛山市委统战部采用。市致公党获评2018年度全市统战信息工作先进单位一等奖。

是年，市致公党鼓励成员申报致公党省委会参政议政课题，申报课题52项，其中16项课题获资助立项、1项并入省委会重点课题“打造粤港澳大湾区教育和人才基地”。开展市委会参政议政重点课题调研，包括赴宁波市开展“整合粤港澳大湾区文化资源讲好‘佛山品牌故事’的若干建议”和“城市色彩规划”专题调研、赴济南市和青岛市开展“社区家庭教育”专题调研，赴贵阳市开展“数字经济发展”专题调研、赴武汉市和郑州市开展“科技创新成果转化”专题调研等，完成高质量调研报告4份。

【致公党佛山市委会社会服务】2019年，中国致公党佛山市委员会继续深入开展对安徽省六安市大别山区的结对帮扶工作，安排相关人员及特邀舞狮队员一行8人赴安徽省油坊店乡开展文化帮扶，并视察西莲村幼儿园建设情况。继续支持对口帮扶的湛江市中山村的各项工作，多次探望对口帮扶家庭，并给他们送上慰问金及慰问品。响应致公党中央和致公党广东省委会开展“致公党精准扶贫慈善捐款”活动的号召，发动全市党员捐款，募集捐款53840.88元。联合市政协等相关单位赴西藏自治区墨脱县开展扶贫助学助残活动，向墨脱县工作组捐助扶贫助学项目经费14万元，用于为达木珞巴民族乡成立“爱心助学基金”，并为一名岗玉村门巴族青年提供手术、安装假肢费用。发起捐建佛山市三水区迳口中心小学“致公·读书角”的倡议，收到成员捐款23565.76元、捐书570多册。联合佛山市志愿者联合会春蕾服务队、市第五人民医院等单位，赴三水区南山镇开展捐赠“致公·读书角”、送医送药、法律咨询、义务剪发、家电维修、捐赠童装、慰问困难学生和归侨等综合性社会服务活动，捐赠全铝书架24个、图书4000多册，活动服务群众和师生600多人次。

2019年，致公党佛山市委员会为三水区南山镇迳口中心小学捐赠一批书柜和图书

（市致公党供图）

【"广佛会展业合作"联合专题调研】 2019年7月2日，佛山市副市长、致公党佛山市委会主委乔羽带领市委会委员及参政议政骨干成员代表一行17人到访致公党广州市委会，交流党务工作，并开展"广佛会展业合作"联合专题调研。调研组听取广州市商务局、中国对外贸易中心（集团）、保利会展中心等单位有关负责人的情况介绍，明确广佛会展业合作的现状、存在问题以及下一步的努力方向。调研组认为，广佛两地可以在场馆、主题展等方面整合资源，实现资源互补，特别是双方要发挥各自优势，错位发展，在会展业配套上下大功夫，推动会展业迈向新台阶。

【致公党佛山市委会在南山镇开展综合性社会服务活动】 2019年12月26日，中国致公党佛山市委员会整合多方资源，组织60多人赴三水区南山镇开展综合性社会服务活动，吸引600多名群众参加。活动包括：联合佛山市第五人民医院开展免费体检、送医送药活动；联合春蕾服务队，捐赠24个全铝书架和4000多册图书，为迳口中心小学建立24个班级"致公·读书角"，并探访慰问11名困难学生和3户困难归侨侨眷代表；为居民提供法律咨询、义务剪发、免费家电维修等服务；联合广东仁邦实业公司，为幼儿园和小学捐赠一批童装和书包。

（黄嘉韵）

九三学社佛山市委员会

【九三学社佛山市委会组织概况】 九三学社佛山市委员会于1987年5月成立。主要成员和所联系的对象是科技界高级、中级知识分子。截至2019年底，佛山九三学社有社员706人，平均年龄为51岁。其中，女社员238人，拥有中级、高级职称人数630人（占总社员人数89%），拥有大学以上学历人数685人。设有城建、佛科院、医卫、禅城、顺德、南海、三水、高明等8个基层委员会和31个支社。

【九三学社佛山市委会组织建设】 2019年，九三学社佛山市委员会深入实施人才强社战略，加强领导班子和干部队伍建设，全年发展社员30人，调出14人。开展"不忘合作初心，继续携手前进"主题教育。其中：3月，市委会组织女社员参加"三八"妇女节参观活动，活跃社员文化生活；4月26日，九三学社佛山青工委举行"爱国、进步、民主、科学——纪念五四运动100周年"专题学习活动，引导青年社员立足本职、积极参与社务工作；5月，王蕴波、陈建良、谭振东、单明、饶宝莲等人参加在厦门大学举办的佛山市党外领导干部培训班；6月，罗俊宇、陈建良带队参加在武汉大学举办的佛山九三骨干社员培训班；8月30日，市委会召开纪念五四运动100周年和献礼中华人民共和国成立70周年工作报告会；8月，主委章成国前往黑龙江省双鸭山、佳木斯和哈尔滨等地学习；10月，市委会组织佛山九三社员开展重阳节联谊活动，参观佛山城市规划展览馆和粤桂黔名优食品体验店等，并挂牌成立"九三社员之家"；4—10月，开展庆祝中华人民共和国成立70周年主题征文等活动。是年，市九三学社参加中共佛山市委统战部的联合调研和学习实践活动期间，与当地的九三学社座谈沟通。

【九三学社佛山市委会参政议政】 2019年，九三学社佛山市委员会继续发挥参政议政职能。截至2019年底，市九三学社担任各级人大代表、政协委员65人次，其中省政协委员1人、市人大常委1人、市人大代表11人、市政协常委3人、市政协委员11人、区政协主席（副主席）4人。

是年，市九三学社有11名人大代表、11名市政协委员、2名旁听代表共24人出席2019年佛山"两会"（人大会议、政协会议）。其间，参加佛山市各界别委员代表座谈会，提出《统筹推进佛山市三龙湾建设的几点建议》。并作题为"关于全面推进我市土壤污染防治，建成国家生态文明建设示范城市的建议"的大会发言，提交九三学社市委会集体提案6件、九三学社界别提案31件和人大议案9件。其中《关于统筹推进我市三龙湾建设的几点建议》被市政协列为中共佛山市委书记重点督办提案。

是年，市九三学社发挥社内科技人才专业优势，开展各类调研工作，形成一系列的提案、信息等成果。组织调研组到碧桂园集团、美的集团全球创新中心，同步开展主题为"促进科技型民营企业高质量发展”和“创新驱动发展”的社中央2019年党派大调研。参与中共佛山市委统战部组织的佛山市扶贫攻坚、氢能源发展等党派联合调研，参与市政协组织的疾病控制体系建设、生态文明建设、优化营商环境等专题调研。年内，会同顺德基层委赴福建泉州开展古城古镇古村落专题调研，会同医卫基层委赴江西南昌、九江开展医疗建设服务等主题调研。同时，各基层委紧紧围绕粤港澳大湾区、三龙湾建设、环境治理等工作，组织开展各类调研活动，向党委政府献计献策。

是年，市九三学社上报反映社情民意信息167篇，其中佛山市政协采用27篇、市委采用5篇、市统战采用13篇、省委采用1篇、省统战采用1篇、省主要领导批示1篇、社中央采用33篇、全国政协采用4篇，完成全国政协专题约稿3篇。在省九三被社中央采纳的55篇信息中，33篇为佛山市社员王阳、李家铎、孙艳等人撰写。全年王阳撰写提交信息127篇，获社中央、全国及省市政协、党委、统战部门采用69篇。

【九三学社佛山市委会社会服务】 2019年，九三学社佛山市委员会全面参与脱贫攻坚和各项社会服务工作。章成国、陈建良、淦松参加中共佛山市委统战部组织的市各民主党派负责人“不忘合作初心，继续携手前进”主题教育活动，赴四川凉山考察佛山市在凉山扶贫援建项目，与驻凉山扶贫干部开展交流座谈。市九三学社机关干部到湛江吴川市中山村对口扶贫，入户“一对一”解决扶贫户困难；选派专家社员参加市、区统战部组织的同心社会服务活动，送医送药下基层，科技精准扶贫等。各基层委开展形式多样的扶贫济困、社会服务活动：禅城九三爱心会持续多年主动上门帮扶困难家庭和困难学生；南海义工队到扶贫村开展医疗义诊、法律咨询等活动；三水区基层委员会组织社员专家赴郁南县扶贫村义诊，并到三水区南山镇举行医疗扶贫义诊专项活动；佛科院基层委员会主委单明和企业家社员颜啟丰、吴高权赴西藏墨脱开展扶贫助学活动，给当地藏族小学和藏族同胞捐助5万元。

【“九三社员之家”成立】 2019年7月2日，九三学社佛山市委员会“九三社员之家”在广东宝鸿环境管理有限公司揭牌成立。成立“九三社员之家”，是响应中共佛山市委统战部要求开展的一项重要工作，也是全面提高社员素质和发挥人才优势、努力服务社会的现实需要。“九三社员之家”将社史、社务、履职成果、社员风采等展示其中，利用“九三社员之家”开展教育、宣讲、沙龙、培训等各类活动，为促进基层组织更好地开展活动、履行职责提供保障，提升全体社员的归属感和基层组织凝聚力。

【九三学社佛山市委会赴九江市调研】 2019年7月12日，九三学社佛山市委主委、佛山市第一人民医院副院长章成国率社佛山市委医卫系统社员一行到江西省九江市开展调研活动，围绕制度建设、思想建设、组织建设等方面进行交流。其间，到九江职业大学参观许德珩生平事迹展，学习许德珩生平事迹，了解五四运动、大革命、抗日救亡、创建九三学社、新中国建设等时期的事迹。

（钟学明）

佛山市工商业联合会

【市工商联组织概况】 佛山市工商业联合会于1953年4月20日成立。主要任务是加强和改进非公有制经济人士思想政治工作，参与政治协商，发挥民主监督作用，参政议政，协助政府管理和服务非公有制经济，促进行业协会商会改革发展，参与协调劳动关系，协同社会治理，促进社会和谐稳定。2019年，佛山市工商联内设办公室、会员部、经济联络部，市工商联执行委员会委员196人。截至2019年底，全市工商联组织网络由5个区级工商联、32个镇（街道）商会（总商会）和152个行业商（协）会、56个综合商会、59个异地商会构成，有会员64418个，覆盖家电、五金、建材、家具、涂料等支柱产业。

【市工商联参政议政】 2019年，佛山市工商业联合会开展大学习、深调研、抓落实工作，让民营企业走前台，唱主角，履行代言人角色。组织30多家企业首次以观察员的身份深入参与“品质革命、对标世界”跨国跨省系列调研活动，形成《佛山市迈向高质量发展的专题调研报告》。以“不忘初心、牢记使命”主题教育工作契机，开展找差距、解难题、促发展专项调研，分别在品质革命、参政议政、商会改革、工业互联网应用、非公党建等5个方面提出抓落实举措，并围绕中美经贸摩擦对佛山民营企业的影响进行调研，形成并反馈《当前防范化解经济领域重大风险面临的新情况新问题及对策建议》等。市、区两级工商联继续开展“暖春行动”，听取并反映企业诉求。工商联届别的人大代表、政协委员积极履职，反映行业、企业遇到的问题，维护民营企业的合法权益。全年全市各级工商联向有关部门提供意见建议、专题信息、调研材料153份，提交提案、议案50件。

【商（协）会建设】 2019年，佛山市工商业联合会加快推进工商联商会改革发展，到华东地区考察先进商会改革做法，探索适合佛山实际的商会管理办法。推动顺德区出台《关于促进商会协会改革和发展的实施意见》，明确经济类的商协会归口区工商联主管（指导），从制度上夯实工商联组织工作基础，完成180个商协会业务主管（指导）单位的调整工作，实现工商联商会工作全覆盖，为佛山商会改革发展提供“顺德模式”，得到省工商联肯定。同时，以“五好”（领导班子好、工作保障好、会员发展好、商会建设好、作用发挥好）工商联和“四好”（班子建设好、团结教育好、服务发展好、自律规范好）商会建设为抓手，持续抓好商会“三支”（会长、秘书长、秘书处工作人员）队伍建设，不断提升基层组织建设发展水平。持续组织开展基层组织建设学习交流活动，组织4场直属商会学习交流活动，牵头组织在佛山市、肇庆市、茂名市三地开展3场工商联基层组织建设学习交流活动，促进基层组织建设工作共同提高。是年，佛山市全部5个区工商联实现全国“五好”县级工商联全覆盖，完成市、区两级共9个省工商联系统“四好”商会培育创建工作，全年新发展商会22个、会员4214个。

链接

佛山市入选2019年广东省工商联系统“四好”商会名单

佛山市潮汕商会
佛山市福建省商会
佛山市梅州商会
佛山市禅城区南庄商会
佛山市南海区九江总商会
佛山市南海区丹灶总商会
佛山市顺德区北滘总商会
佛山市顺德区安全生产协会
佛山市三水区大塘总商会

【工商联经济服务】 2019年，佛山市工商业联合会推动民营企业品质革命，助力打造质量佛山。重点开展“品质革命 对标世界”系列宣传调研活动，组织民营企业家走进国内外20多家企业，召开座谈会近30场次，形成《品质革命 对标世界——2019年佛山企业迈向高质量发展跨省跨国活动调研报告》；召开2019佛山企业大会，为佛山加快迈向高质量发展提供路线参考，让佛山制造“高品质的场效应”辐射全国。举办第二届中国制造论坛，围绕“全球产业链重构下的制造业挑战”主题进行研讨，现场发布《中国制造业转型升级—佛山攻略》，为佛山乃至中国制造业的转型升级提供创新思路和智力支撑。促进金融税务支持中小微企业，助力实体经济高质量发展。深化佛山市总商会政策通企业号服务，全年推送政策信息1118条，发布与企业相关的政策专题4个，企业号累计进驻会员420个。

发挥联系范围广、商会资源集聚的优势作用，加大产业对接和东西部协作，加强区域合作与交流，为会员企业拓展市场空间。举办佛山—卢旺达“一带一路”企业家交流合作对接会和2019佛山企业走进东非投资贸易经验交流会。组织企业走访德国、荷兰、丹麦等品质强国。组织参加亚洲金融论坛和亚布力青年论坛。开展双鸭山市对口合作活动。加强与港澳及海外工商社团、青年组织的联系交往。深化与香港、澳门、深圳合作，贯彻建设粤港澳大湾区和支持深圳建设中国特色社会主义先行示范区“双区驱动”战略。全年全市工商联系统组织8批78人次赴香港、澳门与香港广东社团总会、澳门工商联等工商社团交流对接；接待境外工商访问团34个206人次，与31个国外和境外工商社团建立友好联系，协助政府招商引资项目1个，涉及投资金额20.8亿元。

发挥工商联作为党和政府的桥梁纽带和助手作用。与检察机关强化沟通联系机制，开展“送法入企业入商会”活动。与公安机关深化普法合作，建立“预防经济犯罪协调中心”平台，举办民营企业预防经济犯罪专题讲座及企业经营普法宣讲会。与市税务局签订《大力支持民营企业发展壮大合作框架协议》，提升民营企业减税降费幸福感。联合中国人民银行佛山中心支行召开佛山市金融系统与工商界第二次联席会议，研究解决企业融资难、融资贵、融资慢等问题，并形成《佛山市工商联关于大型民营企业资金链情况专项调研的报告》向省工商联反馈。与市司法局强化协作互动，举办“以法兴企——优化民营企业营商环境法治论坛”，支持和促进民营企业高质量发展。全年全市各级工商联维护会员合法权益756起，涉及金额7150万元。

【非公有制经济人士理想信念教育实践活动】 2019年，佛山市工商联深入开展非公有制经济人士理想信念教育实践活动，促进非公有制经济“两个健康”（非公有制经济健康发展和非公有制经济人士健康成长），培养听党话、跟党走的非公经济代表人士队伍。依托工商联常委会议、执委会议和微信公众号等，传达学习党的十九届四中全会精神和《粤港澳大湾区发展规划纲要》，并进行专题辅导，把中央、省委、市委决策部署转化为执常委企业家守正创新的行动自觉。依托各类培训班、研讨班和专场宣讲会等，开展理想信念教育培训，其中在上海交通大学举办2期“创二代”青年企业家培训班、在复旦大学举办1期推动佛山市民营企业高质量发展研讨班、在异地商会联合开展专场理想信念宣讲活动等。利用中华人民共和国成立70周年阅兵庆典活动之机，组织民营企业家代表谈感受。在中央出台《关于营造更好发展环境支持民营企业改革发展的意见》后，及时反映民营企业家的心声，提振民营企业发展信心。全年举办各类培训班、讲座、报告会、座谈会、学习会147场次，开展理想信念教育实践活动16场次，参加各种学习5200多人次。

【企业家培训】 2019年，佛山市工商联开展民营企业家培训活动。联合市委党校在复旦大学举办主题为“推动民营企业高质量发展”的专题研讨班，17个职能部门的业务骨干和参政议政能力强的企业家代表参加，形成《开展“五个一”行动，推动佛山从制造大市向制造强市跃进》调研报告，并报市委、市政府。在上海交通大学举办2期“创二代”青年企业家培训班，80名青年企业家参加，乐博学坊首席专家程良越、《财经》杂志主编王延春围绕传承接班、矛盾处理、家庭教育、二代角色等方面与青年企业家进行座谈交流。全年全市各级工商联组织各类企业家培训班次33个，参训人数900人次。

【非公组织党建】 2019年，佛山市工商联坚持以非公党建工作为切入点，以党建带会建促企建，坚持加强党对商会的领导，发挥党组织在非公企业职工群众中的政治核心作用和在企业发展中的政治引领作用。市非公党委开展党建示范点建设，构建“1+N+X”非公党建新格局［“1”是镇（街道）总商会党委，“N”是数个能独立建立党支部的会员企业党组织，“X”是不能单独建立党支部的会员企业联合成立的党支部］，抓好“补钙壮骨”学习教育、坚持“三会一课”（“三会”指支部党员大会、支部

2019年10月11日，由佛山市人民政府指导，佛山市工商业联合会主办，南方日报社承办的“品质革命 对标世界——2019佛山企业大会”在佛山市举行

（市工商联供图）

委员会和党小组会；“一课”指党课）的学习制度、推进“党建云”平台建设，以诗歌朗诵、“七一”表彰、“不忘初心、牢记使命”主题教育夯实非公党组织基础。是年，佛山市新发展非公经济党组织101个、新发展党员347人，全市非公经济党组织累计144个、党员累计2336人。

【第二届中国制造论坛】 2019年1月12—13日，由佛山市人民政府指导、佛山市工商联主办的2019中国制造论坛在佛山举行。论坛以“全球产业链重构下的制造业挑战”为主题，围绕世界变局下的中国制造升级、制造业城市的差异与协同、人工智能实现制造业品质革命、破解民营制造企业融资困境等几大主题展开讨论。论坛还特别针对佛山制造业逐渐向高精尖方向发展，制造企业将更多依赖提升精细化管理水平和能力的特点，设立“制造业竞争力与精细化管理”议题，邀请优秀制造业企业代表共议制造业如何降低生产成本、提高利润率，以实现企业效益最大化。其间，《财经》智库发布报告《中国制造业转型升级—佛山攻略》。

【“品质革命·对标世界”——2019佛山企业大会】 2019年10月11日，由佛山市人民政府指导，佛山市工商业联合会主办，南方日报社承办的“品质革命 对标世界——2019佛山企业大会”在佛山市举行。佛山市当地及省内外800多名企业家参会，就如何推动企业的品质革命展开研讨。作为大会重要嘉宾，北京大学国家发展研究院教授周其仁在大会上结合北京、深圳、长沙、青岛等4个国内城市和德国、荷兰、丹麦三大品质强国打造最高品质、迈向高质量发展方面的具体实践，以“攀登高品质高峰”为主题作主旨演讲。

【2019佛山企业走进东非投资贸易经验交流会】 2019年3月22日，佛山市工商联与市外事局联合举办“2019佛山企业走进东非投资贸易经验交流会”，140多名佛山市各行各业企业家参加。该交流会发挥重点侨领的资源和渠道优势，协助佛山企业深入了解非洲在“一带一路”战略下的机遇，发挥佛山市陶瓷、家电、家具等产业发展优势，加强佛山市本地企业家与非洲企业家的交流与合作，带动佛山企业开拓非洲新兴市场。

【佛山市工商联（总商会）十四届四次执委会议】 2019年12月18日，佛山市工商联（总商会）传达学习十九届四中全会精神暨十四届四次执委会议召开，市工商联各职能部门顾问、市工商联执委会班子、商协会代表近300人参会。会议审议通过2019市工商联（总商会）第十四届执委会年度工作报告、财务报告、执委履职管理办法（修订稿）和顾问单位联系制度，表彰2019年度44名履职考核优秀执委，表彰2019年度为佛山招商引资作出积极贡献的单位，为市非公党建示范点颁发牌匾。

（凌俊锋）

2019年12月18日，佛山市工商联（总商会）传达学习十九届四中全会精神暨十四届四次执委会议召开

（市工商联供图）

佛山市总工会

【市总工会组织概况】 佛山市总工会于1950年3月成立筹备会，1954年12月正式成立佛山市工会联合会，1983年地市合并，成立新的佛山市总工会。2019年，市总工会内设办公室、组织部、权益保障部、经济工作部、宣传教育部、财务事业部、教育工会等7个工作部门，另有市工人文化宫、市工会职业技术学校、市工人康复医院等3个下属事业单位。辖禅城区、南海区、顺德区、高明区、三水区等5个县级区的总工会，全市形成市、区、镇（街道）、村（社区、工业园区）、企业职工服务阵地体系。截至2019年底，全市累计有基层工会4.4万个，涵盖法人单位6.1万个，工会会员近283万人。

【工会组织建设】 2019年，佛山市总工会继续把推进新业态新模式新领域企业工会组建和农民工集中入会作为重点工作，推进重点难点企业工会组建，对职工有100人以上未建会企业进行集中攻坚，以及推动道路货运、物流快递等八大群体的建会入会工作。是年，全市新建基层工会403个，新增会员逾5万人。

【职工服务阵地建设】 2019年，佛山市总工会继续推进职工服务阵地建设，推动形成市、区、镇（街道）、村（社区、工业园区）、企业职工服务阵地体系。推进职工服务站点建设，以服务粤港湾大湾区建设为目标，以交通基础设施项目为重点，全年建设省重点工程项目工会示范点9个。推进文化服务阵地建设，与市图书馆依托原有职工服务中心合作共建智能文化家，新增智能文化家1家（佛山市总工会新城职工服务中心智能文化家），与市图书馆合作共建的智能文化家达14家，智能文化家成为融阅读、文化交流、科教及职工活动等功能于一体的适应职工精神文化需求的新型职工综合服务文化阵地，截至2019年底，全市职工（电子）书屋达865家。

【工会法律服务】 2019年，佛山市总工会拓宽法律服务受案范围，提升法律服务质量，建立有507名在册律师的工会特约律师库，以职工为本，主动依法科学维权。是年，市工会聘请352名特约律师担任全市451个规模以上企业工会和村、开发区（社区、工业园区）工联会法律顾问。全市各级工会承办法律服务案件355件，其中7人以上30人以下集体性诉求案件25件、30人以上集体性诉求案件21件。工会法律服务惠及职工1823人次，涉案金额3761.75万元，成功追讨金额1722.43万元。接待来信、来访、来电（来电含“12351”热线，统计到村以上）3251件5611人次，化解2285件，调处劳动争议581件3017人次，涉案金额1202.37万元，其中涉及劳动工资报酬449件2456人次（涉及金额999.37万元），赴现场参与化解劳资纠纷比例92.83%。

【劳动争议诉调对接】 2019年，佛山市诉调对接工作室受理承办法院移送调解案件1930件，成功调解827件，成功调解率49.88%，调解成功涉案金额2500.33万元。是年4月，佛山市总工会在广东劳动争议诉调对接工作现场推进会上作题为“以‘五双’模式打造劳动争议诉调对接佛山样本”的经验介绍，佛山的劳动争议诉调对接工作模式成为全省推进此项工作的范本，被省内其他城市借鉴和复制。

【职工技术创新活动】 2019年，佛山市总工会围绕打造制造业强市等目标任务，开展高技术工种技能竞赛、粤港澳大湾区技能竞赛和以“六比六赛”（“六比六赛”指比科学管理，赛工程质量；比精打细算，赛成本控制；比以人为本，赛科技创新；比完成任务，赛工程进度；比规章制度，赛安全生产；比遵纪守法，赛廉政建设）为主要内容的重点工程劳动竞赛。全年开展全市职工职业技能竞赛和重点工程劳动竞赛25项，培育和挖掘职工技术状元17人、技术能手170人。推进工匠式职工技能人才培育计划，继续助力职工学历提升，开展送技能进企业活动40场次，培育工匠式高技能人才超250人，为400名职工发放学历教育补贴40万元。

【职工子女夏令营活动开展】 2019年，佛山市工会系统以“企业办营模式”“品牌带动模式”“购买服务模式”等模式举办有托管性质的职工子女夏令营，解决职工的后顾之忧，增强职工获得感、幸福感和安全感。是年，全市各级工会开展暑期职工子女夏令营520多个班次，累计投入经费500多万元，惠及4万名多职工子女。其中，市总工会补贴的班次有246个，补贴费用123万元。

【佛山职工志愿服务队成立】 2019年3月5日，佛山职工志愿服务队成立仪式在南海区举行。佛山市总工会根据职工行业特点及实际需求，组建10支具有佛山特色的职工志愿服务队，以工会组织力量助推志愿者建队入队开展志愿服务，以志愿服务力量助推职工落户佛山。同时，在市工人文化宫及全市61个职工服务中心建立“佛山市志愿者学院职工志愿者培训服务点”，让各职工志愿服务队利用各大职工服务阵地开展特色志愿服务。

【“粤工惠”平台建设与推广】 2019年，佛山市总工会继续按照分工推进广东工会会员实名制服务平台——“粤工惠”应用程序（APP）的建设与推广，做好全市工会组织登记和会员批量导入工作。年内，完成工会组织登记3963个，导入会员372777人，实名认证160501人，投入近130万元用于推广应用程序和完善应用程序功能。“粤工惠”平台是广东省总工会统筹建设、各市总工会具体实施的分布式工会实名会员服务平台，基本实现工会组织和会员实名数据信息实时更新，实现工会系统数据信息互通互享和深度利用。

【佛港澳职工交流】 2019年，香港工会联合会组织以工联属会理事、积极分子及工联直属机构职员等为主的交流团共27批1080人次，分别前往粤港澳大湾区内地9个城市参观交流，其中首站赴佛山市进行交流访问。由广东省总工会、香港工会联合会、澳门工会联合总会联合主办的“数创岭南·共建湾区”2019年粤港澳大湾区职工大数据应用技能大赛决赛在佛山市举行，香港工联会、澳门工联总会以及大湾区内地9个地市的职工参赛，促进粤港澳职工的交往、交流、交融。佛山市总工会应邀参加粤港澳大湾区第二届职业技能大赛，并选拔队伍参加在澳门举办的粤港澳大湾区职业技能大赛活动，深化粤港澳大湾区工会交流合作，提升职工技能水平。香港政府市政职工总会一行30人到佛山市参观交流，增强对广东食品安全和卫生管理的了解。

2019年佛山市职工志愿者服务队

序　号	名　称	组成人员
1	佛山劳模工匠志愿服务队	由曾获全国、省、市级劳模，大城工匠称号的先进个人组成
2	佛山工会红娘志愿服务队	由成就一段段佛山良缘、致力为佛山职工提供义务婚恋交友服务的工会干部、职工组成
3	佛山工会律师志愿服务队	由工会特约律师组成，致力为广大佛山职工解决劳资纠纷，提供无偿法律咨询、帮扶服务
4	佛山“建设者之家”志愿服务队	由全市奋战在地铁工地、各大重点工程项目建筑工地的建设者组成
5	佛山“最美天使”志愿服务队	由众多佛山医护行业“最美天使”称号获得者牵头，带领全市医护人员投身志愿服务
6	佛山教职工志愿服务队	由佛山“最感动老师”称号获得者牵头，关注外来务工人员子女，关注产业工人子女成长
7	佛山行业工作者志愿服务队	由美容美发行业、家政行业、汽车行业等行业从业人员组成
8	佛山社会组织志愿服务队	由活跃在园区、社区、广大职工服务阵地的社工组成
9	佛山退休职工志愿服务队	由致力发挥余力，为社会贡献力量的退休职工组成
10	佛山职工陪伴志愿服务队	由致力于解决“双职工”家庭父母及子女陪伴问题的志愿者组成

【在册困难职工家庭获赠“平安佛医保”】 2019年12月23日，佛山市总工会与平安养老公司签订购买意向书，为全市在册困难职工家庭（含困难职工直系亲属）每人缴费185元，购买2020年佛山市商业补充医疗保险“平安佛医保”。通过为在册困难职工家庭购买赠送“平安佛医保”，使困难职工家庭无偿获得多一重医疗费用报销渠道保障。按照计划，市总工会将为全市在册困难职工家庭持续购买3年“平安佛医保”。

2019年10月16—18日，粤港澳大湾区职工大数据应用技能大赛决赛在佛山市举行（市总工会供图）

2019年2月22日，全省工会加强产业工人文化服务工作经验交流现场会在佛山市举行
（市总工会供图）

【广东省产业工人文化服务工作经验交流会在佛山举行】 2019年2月22日，广东省全省工会加强产业工人文化服务工作经验交流现场会在佛山市举行，广东省各市总工会主要负责人和宣教部长，各省级产业（集团）工会主要负责人，佛山各区、镇（街道）总工会主席及职工服务活动中心负责人参加交流会。中华全国总工会宣传教育部部长刘迎祥应邀出席交流会并讲话。会上，佛山市总工会、珠海市总工会、南海区狮山镇总工会等6个单位代表作发言交流。交流会期间，与会代表还观摩禅城区紫南村工联会职工服务活动中心和南海区狮山树本家园职工服务中心。

【2019年佛山市劳模精神主题月系列活动】 2019年5月，佛山市总工会举办"向新时代奋斗者致敬——2019年佛山市劳模精神主题月"系列活动。其中，主题月系列活动启动仪式于5月9日在佛山新城职工服务中心举行，市、区总工会主要负责人，2019年广东省五一劳动奖章获得者代表，部分往届劳模代表，以及附近企事业单位工会干部和职工代表等80多人出席启动仪式。劳模精神主题月系列活动包括进企业、进园区、进学校、进医院、进社区开展劳模先进事迹巡回宣讲，还有劳模健康专题讲座、劳模创新经验异地交流活动等。

【2019年佛山市"最美产业工人"发布】 2019年12月20日，佛山市总工会在广东新媒体产业园举行2019年佛山市"最美产业工人"发布仪式，20名来自佛山不同行业的职工获评为"最美产业工人"。该次评选活动以从基层推荐的200多人中初选出的50名扎根制造业、建筑业、

2019年佛山市"最美产业工人"名录

获奖个人	单　位
王道旺	一汽-大众汽车有限公司佛山分公司
李国伟	广东电网有限责任公司佛山供电局
张良良	佛山电器照明股份有限公司
梁　军	中交路桥建设有限公司
蔡岳城	广东奥博信息产业股份有限公司
盘达柱	市光法雷奥（佛山）汽车照明系统有限公司
梁捷敏	广东新怡内衣科技有限公司
冯伟锋	广东金赋科技股份有限公司
杨洪强	佛山市南海佛广交通集团有限公司
孟凌风	南方电网广东佛山南海供电局狮山供电所
李　高	广东精准德邦物流有限公司
李云波	广东颐德港口有限公司
孙秀慧	广东联塑科技实业有限公司
徐文华	广东格兰仕集团有限公司生活电器制造部
杨敏杰	佛山高富中石油燃料沥青有限责任公司
高自红	佛山柯维光电股份有限公司
马弘扬	佛山市高明燃气有限公司
许永良	广东星星制冷设备有限公司
杜贵平	广东金牌陶瓷有限公司
吴雪棕	佛山市家家卫浴有限公司

2019年12月20日，佛山市总工会在广东新媒体产业园举行2019年佛山市"最美产业工人"命名大会，20名来自佛山不同行业的职工获评为"最美产业工人"
（市总工会供图）

2019年佛山市获全国劳动奖表彰集体（个人）

奖　项	获奖集体（个人）
佛山市2019年“全国工人先锋号”获评集体（2个）	广东昭信平洲电子有限公司制造部
	广东万昌印刷包装股份有限公司技术品质部
佛山市2019年“全国五一劳动奖章”获得者（1人）	李国玉

2019年佛山市获广东省劳动奖表彰集体（个人）

奖　项	获奖集体（个人）
佛山市2019年“广东省五一劳动奖状”获评集体（15个）	佛山市禅城区行政服务中心
	广东东方精工科技股份有限公司
	佛山市南海佛广交通集团有限公司
	国家税务总局佛山市高明区税务局
	北汽福田汽车股份有限公司佛山汽车厂
	佛山市第二人民医院
	广东睿江云计算股份有限公司研发中心
	广东星联精密机械有限公司广东省PET容器成型工程技术研究开发中心团队
	广东电网有限责任公司佛山顺德供电局容桂供电所营配综合一班
	广东鸿昌化工有限公司油墨车间
	广东颐德港口有限公司技术设备部
	佛山市海天（高明）调味食品有限公司酱油酿造车间
	广东顺发起重设备有限公司双梁主机制作班组
	中国石化销售有限公司广东佛山石油分公司佛山南海佛平路加油站
	佛山市燃气集团股份有限公司禅城燃气分公司抢修中心
佛山市2019年“广东省五一劳动奖章”获得者（18人）	代颖维（女）、何自立、熊代利、张慰峰、叶东霞（女）、柯善军、尹周、朱文滔、胡修义、苏荣欢、吴成平、郭华忠、刘茂英（女）、廖晓红（女）、黄裕立、陈进文、李鹏、李英全

仓储物流业、信息服务业、燃气电力业等行业一线工作的产业工人作为候选人，由全市职工通过“佛山工会”微信公众号平台参与网络投票评选，并最后由评委会综合评选出高自红等20人为“最美产业工人”、殷延涛等5人为“最具网络人气奖”获奖者。网络投票过程中，活动页面总访问量100多万人次，投票41万多张。

【全国劳动模范和先进工作者评选推荐】 2019年，佛山市总工会进一步宣传培育精益求精的劳模精神、劳动精神和工匠精神，使之成为鲜明的佛山特质。评选推荐李国玉获全国五一劳动奖章，评选推荐广东昭信平洲电子有限公司制造部等2个集体获全国工人先锋号，评选推荐代颖维等18名劳动者获广东省五一劳动奖章，评选推荐佛山市禅城区行政服务中心等15个集体获广东省五一劳动奖状。

（陈欣然）

中国共产主义青年团佛山市委员会

【团市委组织概况】 广东社会主义青年团佛山分团成立于1922年，1973年选举产生共青团佛山地区第一届委员会。2019年，共青团佛山市委员会机关内设办公室、组织部、宣传部，下属单位有佛山市志愿者行动服务中心、佛山市青少年文化宫。根据2019年10月相关团建工作统计数据，佛山市有各级各类团组织11516个，其中基层一线团支部10777个；有团员222145人，各级各类团干部20637人。根据广东省统计局2015年调查数据显示，佛山市青年常住人口（14～28周岁）为179.58万人。

【青少年思想政治引领】 2019年，中国共产主义青年团佛山市委员会将学习习近平总书记重要讲话精神融入日常团建工作中，通过多种形式推动学习宣传贯彻工作与团重点工作相结合。打通“线上线下”双渠道，组织全市1500多名高校师生开展市级纪念五四运动100周年主题团日活动，使1.3万名青年与佛山“五四”先驱展开两代新青年跨时空对话。以纪念中华人民共和国成立70周年为主线，开通佛山首趟“青春佛山号”广佛地铁专列，录制快闪视频投放广佛地铁全线。联合高校开展“国旗下的演讲”特别主题团日活动，邀请典型模范、专家学者讲授主题微党课、团课，组织参观陈铁军纪念馆缅怀革命先烈，通过沉浸式教育激励青年立足本职、担当奉献。加强佛山共青团史料系统化研究，挖掘展现佛山共青团长期奋斗历程中积累的宝贵经验，发挥资政育人作用，引导青年读团史、树三观、明方向、有认同。深入实施青年马克思主义者培养工程，督促高校落实“省、校、院”培养体系。组织全市中小学校学习习近平总书记致中国少年先锋队建队70周年的贺信精神，宣传普及习近平总书记对少

2019年4月27日，“青春心向党·建功新时代”纪念五四运动100周年主题团日活动暨第十五届“挑战杯”广东大学生课外学术科技作品竞赛志愿者誓师大会在佛山科学技术学院仙溪校区举行
（团市委供图）

年儿童和少先队提出的希望和要求。搭建志愿服务信息平台，通过“i志愿”应用程序（APP）、微信、支付宝、“粤省事”微信小程序同时开通线上志愿服务，实现志愿者、志愿组织、服务项目无缝对接。推进网络舆论引导，发挥10238名在线注册登记的网络文明志愿者和市级（100人）、区级（120人）网络文明志愿者骨干队伍作用，开展主题网络文化活动，构建清朗网络空间。推进“12355”青少年综合服务平台建设，从心理咨询、法律服务、志愿服务、信访、婚恋交友、禁毒防艾、就业创业、外来务工人员综合服务、团务工作等方面回应青年诉求，全年接听青年来电23719个，重点跟踪帮扶个案41件，解答青少年及家长心理咨询问题2000多个。

【共青团改革】 2019年，中国共产主义青年团佛山市委员会以“智慧团建”系统为总牵引、总抓手和总阀门，集中整治基层组织软弱涣散突出问题。抓基层组织规范化建设，研究制定《佛山共青团整治软弱涣散基层组织三年行动“命脉工程”实施方案》及相关考核细则，整治空心团组织，全市770余个行政村（社区）均在系统平台建立组织树。抓团员失联问题，对连续6个月以上未交纳团费的失联团员，明确认定和组织处置程序，做好核查联系工作；对2019年毕业生团员，明确毕业生组织关系转接责任，督导学校团组织主动联系毕业生，要求各基层团组织做好“学社衔接”工作，扭转团员“毕业即失联”局面。规范团员发展工作，严格入团标准，调控发展数量，对违规发展团员情况，严格开展团籍信息自查。加强基层团干部专业化建设，将基层团干部骨干培训班纳入市委党校主体班范畴，围绕工作创新、“智慧团建”、基础团务等方面，对各级、各战线团组织团干部近200人进行培训，同时组织107名团干部参加2019年度团省委、团中央相关培训。拓展“两新”组织（指新经济组织和新社会组织）团建覆盖面，梳理应建未建团的“两新”组织清单，立足佛山经济社会发展实际，重点面向规模以上企业开展建团工作。开展“两新”团建示范点创建工作，全年确定15个“两新”组织团建示范点并给予工作经费奖励。探索建设“两新”团建指导员队伍，开办2期“两新”团建指导员交流学习营。

【粤港澳大湾区青年交流活动】 2019年，中国共产主义青年团佛山市委员会继续推进佛港澳青少年交流，助力大湾区协同发展。开展《粤港澳大湾区发展规划纲要》学习宣讲，全年举办学习宣讲活动54场次，覆盖青年8000人次。推动市青联组织开展青联委员履职培训班，为100多名佛港澳台青联委员进行集中培训，课程涵盖《粤港澳大湾区发展规划纲要》解读、港澳青年工作、五四精神传承等内容，同时搭建四地青年交流平台。继续深化佛港澳“青年同心圆”计划品牌活动，全年开展香港青年暑期实习计划、粤港澳大湾区青年节千人交流团、佛港澳青年开展文创市集等交流合作项目活动37场次，覆盖港澳青少年逾2000人次。搭建佛港澳青年交流阵地，依托三龙湾粤港澳科技展示交流中心建立全省首批粤港澳大湾区青年家园，为在佛山工作生活或有意向到佛山实习、就业、创业的港澳青年提供信息咨询、个案支援、成长发展、社会融入等方面服务。加强佛、港、澳三地社团互联互通，由佛山共青团搭建交流平台，为到访的港澳社团介绍佛山特色并对接相应佛山社团与之交流，同时组织

2019年佛山市“两新”组织团建示范点名单

名单
广东柯内特环境科技有限公司团支部
佛山市人力资源服务产业园团支部
佛山市顺德区北滘镇一心社会工作服务中心团支部
佛山众塑联供应链服务有限公司团支部
佛山新动力越界思哲影业有限公司团支部
佛山华南生命科学园运营有限公司团支部
佛山市禅城区禅青社会工作服务中心团支部
佛山市南海区西樵镇华达电器有限责任公司团支部
广东广佛智城集团有限公司团支部
广东顺博创意产业孵化器有限公司团支部
佛山市顺德区容桂街道鹏星社会工作服务社团支部
佛山市诚德新材料有限公司团支部
佛山市高明区明城镇华兴玻璃有限公司团支部
佛山市三水区大塘镇工业园区产业社区团总支
佛山市三水区健翔医院团支部

2019年9月21日，“我爱我的祖国”庆祝中华人民共和国成立70周年暨粤港澳大湾区青年节交流活动在佛山市举行。图为参加活动者在佛山市南海区国艺影视城合影
（团市委供图）

佛山本地社团拜访香港、澳门两地青年社团组织。

【志愿服务工作】 截至2019年底，佛山市实名注册志愿者超90万人，志愿服务组织及团体超5100个，办理“注册志愿者证”超过25万张，累计志愿服务时长超1800万小时，建成志愿V站57个，有经资质认证的四星级志愿者664人、五星级志愿者778人。年内，共青团佛山市委开展佛山“志愿者之城”专题调研，总结佛山志愿服务创新发展特色与机制。不断丰富志愿服务文化产品，志愿服务题材公益电影《到你身边》在全国院线公映。推进“i志愿”系统及“注册志愿者证”普及应用工作，全年开展“i志愿”系统及“注册志愿者证”专题培训会20余场次，覆盖超1万人次，佛山市“i志愿”系统及“注册志愿者证”普及应用工作综合指数位居全省第二。完善志愿服务信用体系，出台《关于实施佛山志愿者守信联合激励加快青年信用体系建设的行动计划》，将志愿服务作为一项正向信用记录纳入个人信用档案，并将西樵山风景名胜区等168个单位纳入市、区“诚信志愿者爱心优惠商家”，邀请中国联通、中国电信等加入志愿者联合激励计划。组织市志愿者学院举办2019年佛山市志愿服务骨干专题培训班和星级志愿者训练营，并实施星级志愿者讲师培育项目，挖掘、培育30名佛山本土志愿者导师。牵头开展春运志愿服务“暖冬行动”及“青春情暖”系列关爱活动。举办“2019年佛山市学雷锋全民志愿服务行动月”集中行动日活动和志愿服务嘉许礼，认证四星级志愿者102人、五星级志愿者128人。完成“50公里徒步”、2019年国际篮联篮球世界杯（佛山赛区）、中国国际“互联网+”博览会等大型活动志愿服务工作，先后招募超5000名志愿者参与活动保障。开展“携手合作·共融发展”——2019年佛港澳志愿服务交流活动，与香港民安队少年团、澳门博彩从业员志愿者协会开展文化交流活动，有近300名佛山及港澳青年志愿者参与。

【共青团佛山市第十五次代表大会】 共青团佛山市第十五次代表大会于2019年12月19—20日在佛山市政协大礼堂召开，全市各级团组织261名代表参会。中共佛山市委书记、市人大常委会主任鲁毅，市委副书记、市长朱伟，市政协主席熊志翔，团省委副书记梁均达，市人大常委会副主任麦洁华，以及市各人民团体主要负责人出席开幕式。鲁毅在开幕式上作讲话。团市委书记王树斌代表共青团佛山市第十四届委员会作题为《高举伟大旗帜　不忘跟党初心　团结带领佛山青年建功新时代》的工作报告。大会选举产生共青团佛山市第十五届委员会委员39人、候补委员19人。在随后召开的共青团佛山市第十五届委员会第一次全体会议上，选举产生团市委常委11人；选举王树斌为团市委书记，肖欣、钱小霞为团市委副书记。

【青年创新创业创优】 2019年，中国共产主义青年团佛山市委员会连续第六年举办佛山青年创新创业大赛，吸引400多名粤港澳创业青年携100多个青创项目参赛，30多名创业领域专家或投资人参与赛事评分，最终决出大赛十强项目（含3个港澳项目）。发挥佛山青年创新创业大赛的引领带动作用，在佛山青年创新创业大赛举行期间，组织参赛项目团队走访青年创新创业园区，对往届参赛项目进行回访，梳理有意向落户佛山的28个项目形成清单并展开联系。推荐佛山市安齿生物科技有限公司“3D打印技术在医疗及制造行业的应用和推广”项目参加第六届“创青春”中国青年创新创业大赛全国赛，并获商工成长组金奖第一名。实施“展翅计划”，为佛山及港澳在校大学生、应届毕业生提供优质实习、见习岗位3895个，全年开展就业技能岗位见习实训等培训活动近30场次，直接服务青年超1000人次。带领团员青年立足岗位“创先争优”，2个团组织分别获评全国五四红旗团委和团总支，2个集体获评“全国青年文明号”，1名团干部获评全国优秀团干部。实施2019年新生代产业工人“圆梦计划”，帮助1100名青年产业工人实现学历提升。

2019年佛山市获“全国五四红旗团委（团工委）”名单

广东省佛山市顺德区乐从镇水藤村团委
广东省佛山市南海区石门中学团委

2019年佛山市获“全国五四红旗团支部（团总支）”名单

广东省佛山市南海区西樵镇樵华社区团总支
广东省佛山市禅城区佛山市实验中学西藏班团支部

【青少年权益维护】 2019年，中国共产主义青年团佛山市委员会正式负责市未成年人保护委员会日常工作。开展“青少年零犯罪零受害”社区创建工作，其中高明区荷城街道竹园社区、照明社区、月明社区被确定为广东省第二期创建“青少年零犯罪零受害（零吸毒）社区（村）”试点单位。开展“向阳计划”青少年社区矫正教育帮扶工作，委托专业心理机构对全市青少年社区矫正人员开展团体心理辅导、志愿者培训、微课堂等活动近80场次。开展严重精神障碍患者救治项目专题活动10余场次，惠及2000余人次。开展“千名青年律师千场青少年法律服务”“为了明天——青春自护 · 益起来”青少年自护教育、佛山市“12355”青少年综合服务系列活动等活动项目，优化青少年成长环境。开展“共青团与人大代表、政协委员面对面”活动，收集建议、提案11件，答复提案8件。举办“亲青 · 益起来”——2019年佛山市青少年事务社工培训班，围绕青少年心理帮扶技能、预防青少年违法犯罪、青少年普法等内容，为全市100多名青少年事务社工开展6天线下课程培训。举办“心源计划”佛山市青少年禁毒事务社工培训，提升禁毒事务社工服务水平和技能。

【佛山市青少年素质教育综合实践基地一期项目建成】 2019年12月30日，由中国共产主义青年团佛山市委员会依托佛山市青少年文化宫（市二宫）建设的佛山市青少年素质教育综合实践基地一期项目建成并投入试运行。佛山市青少年素质教育综合实践基地一期项目面积约1200平方米，投资近1200万元。基地场馆设置包括国防安全、红色文化、交通安全、消防安全、自然灾害避险、校园安全等安全教育主题，共27个展项。项目通过增强现实（AR）、虚拟现实（VR）、交互游戏、实训课程等互动体验模式，为青少年提供沉浸式安全教育。

【“12355”青少年综合服务平台】 2019年，佛山市“12355”热线与广东省“12355”热线并轨，功能有热线、办公、网络、会议、面询、培训、宣传等七大功能，每天12小时在线，面向全市青少年提供心理咨询、法律服务、权益维护、志愿服务、港澳青年服务、防校园欺凌、智慧团建、性与健康教育、禁毒防艾、实习就业、圆梦大学、留守儿童服务、困境儿童服务、青年婚恋交友等服务。年内，佛山市“12355”青少年综合服务平台受理青少年案件23719件，重点跟踪帮扶个案41件。

（林玥廷）

佛山市妇女联合会

【市妇联组织概况】 1953年11月25—27日，佛山市举行第一次妇女代表大会，正式成立佛山市民主妇女联合会。2019年，市妇联内设办公室、妇女儿童权益维护部、组织宣传教育部、儿童少年工作部，市妇女儿童工作委员会办公室挂靠市妇联。下属事业单位有市儿童活动中心、市儿童活动中心幼儿园。截至2019年底，全市有市、区妇联6个，镇（街道）妇联32个，村（社区）妇联779个，市、区、镇（街道）、村（社区）妇女组织组建率达100%。全市各级妇联干部1949人（副主席以上），执委9200多人。有“妇女之家”822个［含镇（街道）、村（社区），以及企业、农业园区、产业园社区、专业合作社等其他领域“妇女之家”］，儿童活动园地779个、妇女儿童权益维护工作站38个、“佛山融爱”家庭服务中心（小候鸟驿站）41个、“佛山融爱”妇女创业创新基地7个。

【妇女思想政治引领】 2019年，佛山市妇女联合会成立佛山市学习贯彻习近平总书记重要讲话暨中国妇女十二大、广东省妇女十三大精神宣讲团，深入基层，确保党的十九大精神、习近平总书记系列重要讲话精神、中国妇女十二大精神和广东省妇女十三大精神覆盖各妇女群体。全年佛山市妇联系统开展新时代宣传宣讲1141场，发布微信推文、网页宣传信息300多条，阅读近30万人次，覆盖全市村（社区）、妇联执委、干部和群众。围绕庆祝中华人民共和国成立70周年，组织“我和我的祖国”“巾帼心向党　礼赞新中国”“童声颂祖国 · 唱响新时代”等妇女儿童群众性宣传教育活动1139场，超13万名妇女儿童、市民群众参与。继续落实《关于佛山市妇联系统在购买社会服务工作中加强党的领导工作意见》，深入落实“黑名单”制度，对承接佛山市妇联系统社会服务项目的社会组织党建工作情况进行收集统计并通报，并且把党建工作纳入评估指标体系。启动“党建+”服务模式，将辖区内相关党组织资源与“佛山融爱”家庭服务中心服务结合在一起，加强党建引领元素，加强与妇儿群众的直接联系。

【基层妇联组织建设】 2019年，佛山市妇女联合会执行《佛山市加强党的基层组织建设三年行动计划（2018—2020年）实施方案》，结合妇联改革，推动在“四新”（新领域、新业态、新阶层、新群体）领域中建立妇女组织和工作阵地，并制定《关于推进新领域新业态新阶层新群体妇联组织建设的意见（试行）》，先后在广工大数控装备协同创新研究院、广东省（佛山）软件产业园、广东一鼎科技有限公司、顺德北滘丰明中心、顺德区大良街道顺博创意园、佛山市江西商会、高明区鹏星社会工作服务社成立妇联组织。整合党员活动室、“妇女之家”、儿童活动园地、社区家长学校、家庭服务中心、职工活动室等阵地和平台，统一规划、共同建设、共同使用，打造集党员教育、党员活动、职工维权帮扶、妇女儿童家庭教育、婚姻家庭服务等一体化的服务平台，实现阵地资源优化整合，增强“堡垒型+服务型”功能。截至2019年底，全市建立起市、区、镇（街道）、村（社区）四级妇联的纵向完善组织体系，佛山全部村（社区）均设有“妇女之家”、儿童活动园地、社区家长学校，实现妇联基层阵地全覆盖，妇女群众都能方便找到身边的“娘家”。

【妇联执委工作机制建设】 2019年，佛山市妇女联合会扩大执委联系妇女群众面，制定《佛山市各级妇联执行委员会委员工作制度》，明确执委主要职责、联系妇女群众、执委培训等工作要求，在“佛山妇联”微信公众号开设“执委专栏”，每一位执委可以及时了解佛山市妇女儿童工作动态，并明确要求每名执委至少直接联系10名群众。定期在各区开展各级妇联执委轮训工作，落实妇联执委引领妇女群众听党话、跟党走，实现“一个人带一帮人服务一群人”。

【家庭教育】 2019年，佛山市妇女联合会实施家庭教育支持行动，启动实施“父母成长计划”，以《全国家庭教育指导大纲（修订）》为依据，修订并印制《佛山市社区家长学校教材》，同时，组织开发配套精品微课程，依托党员远程教育平台、“指尖上的妇联”等资源进行传播；开展“幸福家动力·智慧家长成就孩子美好人生”佛山市家庭教育巡回报告会7场，举办“与孩子的心灵对话”论坛10场，惠及全市10个偏远地区社区4000名家长和学生；推动社区家长学校开展面向家长和儿童的思想道德、亲子阅读、健身活动等主题实践活动2524次，参与活动达15.95万人次；开展家长学校培训班1276班次，培训家长近8.92万人次。通过“互联网+”和新媒体技术传播家庭教育知识，建网上家长学校5个，搭建家庭教育新媒体服务平台9个。加强家庭教育指导服务队伍建设，市妇联新招募200名第五批家庭教育讲师团成员，各级妇联开展家庭教育工作者培训356班次，培训工作者10.96万人次。年内，佛山市妇联家庭教育指导中心被评为佛山市社区家庭教育先进集体，佛山市南海区西樵镇家庭教育指导中心入选全国家庭教育创新实践基地。

【妇女儿童权益保护】 2019年，佛山市妇女联合会通过“12338”妇女服务热线和窗口实体服务管理，持续开展人大女代表、政协女委员、妇联主席、执委接访日活动，聘请法律顾问为妇女儿童提供免费的法律咨询或调解服务，畅通妇女诉求渠道，引导支持妇女理性表达合法利益诉求。全年全市妇联系统处理信访案件3486件，服务人次达3932人次，其中婚姻家庭权益类2379件、劳动和社会保障权益178件、人身权益111件、财产权益241件、文化权益48件、政治权利1件、其他528件，处理率100%。继续加强妇女儿童权益纠纷调解，全年全市38个妇女儿童权益纠纷人民调解委员会受理调解个案43件，最终达成书面调解协议20件，达成口头协议10件，其中完成司法确认2件。全年全市6支家事调查员队伍（有调查员135人），开展调查工作36件，其中协助办理跨市案件1件。

【关爱儿童成长】 2019年，佛山市妇女联合会联合团市委、市文明办、市教育局、佛山电台等举办庆祝2019年“六一”国际儿童节活动暨第四届“佛山小当家”总决赛，评选出15名“佛山小当家”，6万多名家长和儿童参与活动，现场慰问180多名留守、流动儿童及本地儿童代表。是年，市妇联还开展“家庭亲子阅读——邻里图书馆”活动和0 ~ 3岁网上家庭亲子阅读指导活动等，“邻里图书馆”服务787个家庭（超1.8万人次），开展亲子阅读指导开展806场次（参与3.77万人次）。年内，南海区丹灶镇金宁社区家长学校获命名为第二批全国家庭亲子阅读体验基地。

【困境妇女儿童帮扶救助】 2019年，佛山市妇女联合会开展“情暖母亲·爱润孩子”单亲特困母亲家庭春节慰问活动，为全市200户单亲特困母亲家庭送上合计20万元的节日慰问金及慰问品。发动市女企业家协会母亲节前夕入户慰问禅城区10户单亲特困母亲家庭，给每户送上慰问品和1000元慰问金。继续开展单亲特困母亲家庭“微保险”项目，为全市397名单亲特困母亲购买妇科癌保险。联合佛山市第一人民医院、佛山市妇幼保健院为全市200名贫困、流动和有需要的妇女提供“两癌”免费检查。与中国人寿佛山分公司签订《“佛山融爱·她健康”两癌救助保险合作协议》，由中国人寿佛山分公司为全市16 ~ 65周岁低保及临界低保困难妇女捐赠“两癌”救助专项保险。联合市儿童福利会及全市爱心社探望13名身患重症的儿童，送上慰问金4.2万元。组织“爱润孩子　助力成长”扶贫助学项目中的85名受助儿童参加“共享蓝天·快乐成长”公益夏（冬）令营活动。设立市儿福会儿童公益陶艺培训基地。继续开展第七批次“爱润孩子　助力成长”扶贫结对助学，活动中95名儿童接受34.2万元助学款。推出为困难家庭儿童送“书香包”项目，撬动社会资金8万元，第一期送出“书香包”400个。

【创业创新巾帼行动】 2019年，佛山市妇女联合会继续推进“佛山融爱”妇女创业创新基地建设，分别在佛山市卡卡松堡文创孵化基地、顺德广东工业设计城、南海区广工大数控装备协同创新研究院、三水区芦苞健叶蔬菜种植专业合作社和高明区鹏鹄农业发展有限公司揭牌成立“佛山融爱”妇女创业创新基地。截至2019年底，全市有7个“佛山融爱”妇女创业创新基地，覆盖各区。

2019年11月14日，“粤港澳大湾区（广东）妇女创新创业基地”落户佛山市顺德区广东工业设计城。图为市、区妇联主席等领导为基地揭牌　（市妇联供图）

其中，广东工业设计城成为第二批粤港澳大湾区（广东）妇女创新创业基地。此外，市妇联依托这些基地和“妇女之家”等基层阵地，开展“春风行动”就业服务、专业技能培训等，全年配合组织专场招聘活动56场次，为43529人提供免费服务，成功介绍女性就业7833人；开展电子商务、电商女创客创业创新培训、家政技能、科学种植技能等妇女培训活动639场，参加人数27206人次。

【“网上妇女之家”构建】 2019年，佛山市妇女联合会通过“佛山妇联”微信公众号、佛山“指尖上的妇联”微官网、“佛山妇联一张图”应用程序（APP），向广大妇女传递党和政府的声音、送去温暖，使妇女更加了解党和国家路线方针政策。是年，“佛山妇联一张图”平台实现显示全市的妇联阵地，群众可一键实时导航到的“妇女之家”822个、儿童活动园地779个、妇女维权工作站38个、“佛山融爱”家庭服务中心（小候鸟驿站）41个、“佛山融爱”妇女创业创新基地7个，实现“总有妇联在身边”。通过佛山“指尖上的妇联”微官网，重点服务阵地以360度虚拟现实（VR）全景信息零距离服务群众，群众可网上预约法律、心理咨询；全市9200多名妇联执委定期上线微官网，学习党的最新理论主张。“佛山妇联”微信公众号关注人数20多万人次，单篇信息最高阅读量近9万人次，在全国妇联社会影响力排行榜排名靠前。年内，市妇联微信推文330条，佛山“指尖上的妇联”微官网和“佛山妇联”微信公众号累计阅读量近280万人次。

【乡村振兴巾帼行动】 2019年，佛山市以高明区为重点开展妇女小额担保贷款财政贴息工作，为71名妇女发放贷款681万元，直接和间接带动就业951人次。此外，组织开展2019年佛山市“乡村振兴巾帼行动”暨“创业创新巾帼行动”工作交流活动、妇女创业创新及增收致富送课活动等，全年送课下乡9场。选取南海区九江镇下西社区为“家越美　粤幸福”——美丽家园展示点，申报最美庭院家庭20户，创建10户示范户。年内，三水区大塘镇雪梅剑花专业合作社被评为2019年广东省巾帼创业示范基地；佛山市罗远杨、莫玉婷、覃柳杨、张雯雯、张雪芬等5人获评“广东百名最美乡村女能手”。

【家庭文明建设】 2019年，佛山市妇女联合会联启动“家家幸福安康工程”，在实施家庭文明创建行动中，把对党忠诚作为家庭文明建设重点，纳入家庭家教家风建设内容，以“弘扬家国情　礼赞新时代”为主题，首次将寻找“最美家庭”拓展到抗战老兵家庭，推荐龚彪家庭入选70周年国庆天安门观礼花车方阵。全年评选出佛山市“最美家庭”70户，“十大文明家庭”10户，“全国最美家庭”2户，“广东省十大最美家庭”1户，“广东省十大书香之家”1户，“广东省百户最美家庭”7户，市区镇（街

2019年5月15日，由中共佛山市委宣传部、佛山市妇联、佛山市文明办联合主办的佛山市第七届家庭文化节启动仪式暨“梦想起航——佛山好家庭好家风”访谈活动在顺德区陈村镇仙涌小学举行　（市妇联供图）

2019年“佛山融爱”妇女创业创新基地（7个）

2019年“佛山融爱”妇女创业创新基地（7个）
南海区金谷智创产业社区
顺德区北滘丰明中心
佛山市卡卡松堡文创孵化基地
顺德广东工业设计城
南海区广工大数控装备协同创新研究院
三水区芦苞健叶蔬菜种植专业合作社
高明区鹏鹄农业发展有限公司

链接

佛山市“家庭服务中心建设项目”

佛山市“家庭服务中心建设项目”于2012年4月启动，由市委和市政府联合发文，是政府委托妇联购买社会服务民生实事项目。2017年12月，为统一全市妇联服务品牌，佛山市“家庭服务中心建设项目”统一命名为“佛山融爱”家庭服务中心项目，统一服务标识（LOGO），进一步明确这是一个以各级妇联为主导、以社区为依托、在镇（街道）层面运行的妇女儿童和家庭类社会工作服务实体和社会公益性服务平台。该项目原本是由市妇联牵头建立，但经过多年的本土化发展，各级妇联根据自身的需求，也增建一些专项型的社会工作服务实体或由原来的家庭服务中心改变名字（如禅城区张槎街道妇女儿童之家、南海区的小候鸟驿站等）。

2019年佛山市获奖家庭名单

序 号	奖 项	获奖家庭
1	2019年佛山市“十大文明家庭”（10户）	岳崇新家庭　李太安家庭　王盛安家庭　伍祖建家庭　冼小杏家庭　李树英家庭　欧锋艺家庭　黄锐全家庭　朱　珍家庭　梁艳明家庭
2	2019年佛山市获“全国最美家庭”（2户）	仇志晖家庭　莫玉婷家庭
3	2019年佛山市获“广东省十大最美家庭”“广东省十大书香之家”（2户）	李太安家庭（获“广东省十大最美家庭”） 卢文普、胡萍家庭（“广东省十大书香之家”）
4	2019年佛山市“广东省百户最美家庭”（7户）	潘　晓家庭　梁艳明家庭　岳崇新家庭　陈燕梅家庭　王盛安家庭　朱国雄家庭　朱　珍家庭
5	2019年佛山市“最美家庭”（70户）	岳崇新家庭　李太安家庭　霍淑怡家庭　潘　晓家庭　汪国会家庭　丘东莲家庭　李汝铮家庭　吕燕开家庭　官　敏家庭　戚华川家庭　林柳才家庭　戴　来家庭　李桂志家庭　陈燕梅家庭　伍祖建家庭　冼小杏家庭　傅少媚家庭　李汝波家庭　韩亚岩家庭　麦任辉家庭　林志辉家庭　麦少欢家庭　姚镜贤家庭　李耀权家庭　彭燕飞家庭　王盛安家庭　李树英家庭　黄小红家庭　王锡徐家庭　杨结萍家庭　尹舜阳家庭　李科伦家庭　杜子云家庭　陈焕英家庭　李景慧家庭　欧锋艺家庭　罗迎战家庭　史燕萍家庭　钟志亮家庭　梁健波家庭　谭云星家庭　吴耀华家庭　钟明爱家庭　李　转家庭　罗彩凤家庭　石素婕家庭　谭健华家庭　严惠群家庭　黄锐全家庭　李艳琼家庭　席玉华家庭　谭咏红家庭　李天球家庭　钱永权家庭　黎健辉家庭　潘惠梅家庭　徐耀忠家庭　邓显华家庭　潘群英家庭　潘婉玲家庭　陆锦标家庭　龙亚瑞家庭　李碧连家庭　徐奕新家庭　朱　珍家庭　刘　伟家庭　朱国雄家庭　梁艳明家庭　胡钜林家庭　郑英植家庭

道）村（社区）“最美家庭”1048户，参与寻找“最美家庭”活动群众10.4万人次。市妇联设立“佛山融爱　情暖万家”百场绿色电影进社区项目，联合5个职能部门下发《关于开展“佛山融爱　情暖万家”百场绿色电影进社区活动的通知》，撬动社会资金55万元，采用“电影+生活服务”的方式，为100个社区送去绿色生活综合服务。此外，市妇联还在保护传承家风家教历史遗存、弘扬优秀家庭文化上创建首批5个不同特色的“佛山融爱”家教家风实践基地，并首次将5月和6月设立为妇联组织的家风家教主题宣传月，全年开展家教家风巡讲活动194场次，参与活动3.27万人次。

【“佛山融爱”家庭服务中心项目】 2019年，佛山市有由妇联主导的“佛山融爱”家庭服务中心及其同类社会服务机构41个，其中包括禅城区3个（含张槎街道妇女儿童之家、张槎海口村家庭服务中心），南海区26个（含小候鸟驿站7个），高明区4个，三水区8个；服务覆盖271个村（社区），服务总人数294.94万人，其中常住人口198.46万人、流动人口117.34万人。全年中心跟进个案140件，服务645人次；开展小组活动349场次，服务11755人次；开展社区活动1820场次，服务102038人次。

【“三八”妇女节活动】 2019年3月6日，佛山市妇女联合会开展佛山市各界妇女代表纪念“三八”国际劳动妇女节109周年活动，全市各行各业妇女代表150多人参加。活动中向一批为佛山妇女儿童事业作出突出贡献的个人和集体颁发感

2019年3月3日，佛山市妇联举行“你好新时代”“三八”维权周普法宣传活动在高明区荷城广场举行。图为参与活动的领导嘉宾与群众玩“反家暴”拼图游戏　（市妇联供图）

谢状，并以访谈形式邀请优秀妇女代表分享经验。此外，在“三八”妇女节前后，市妇联还借助“佛山女性网”、“佛山妇联”微信公众号、佛山“指尖上的妇联”微官网和微博等新媒体平台，线上线下开展“三八”妇女维权周等宣传服务活动、举办2019年佛山市社会组织妇工委庆祝“三八”国际劳动妇女节趣味运动会等。

【“向日葵”关爱妇女服务项目推进】 2019年，佛山市妇女联合会继续推进“向日葵”关爱妇女服务项目（该项目是佛山市妇联引入专业社工机构开展的反家暴服务项目，以“妇工+社工+律师+心理专家+家庭教育专家+婚姻咨询师”组合为妇女提供全面服务，促进妇女成长），开展专业个案17件，咨询个案14件，协助案主推动公安部门开出告诫书10份。是年，制定《佛山市反家庭暴力多部门联动机制实施意见》，推动广东反家庭暴力在地方立法的落实；与市中级人民法院联动合作制定《关于强化佛山未成年人权益保护联动合作工作方案》，强化家庭保护、预防未成年人违法犯罪；在全市150辆公交车车载媒体上投放“反家暴”视频，加大“反家暴”宣传力度。

【佛山妇女代表参加广东省妇女第十三次代表大会】 2019年12月22—23日，广东省妇女第十三次代表大会在广州召开，佛山市有35名妇女代表出席大会。其间，佛山市妇女联合会主席曾颖、佛山市顺德区妇联主席麦绮慧、佛山市女文艺家协会会长夏少丽当选为广东省妇联第十三届执行委员会委员。

【首批家教家风实践基地挂牌】 2019年11月19日，佛山市家教家风实践基地挂牌仪式在乐从镇举行。首批入选佛山市家教家风实践基地共5个，分别是禅城区南庄镇紫南村广府家训馆、南海区大沥镇凤池社区家教家风主题公园、顺德区乐从镇水藤村红基石党群服务中心、高明区荷城街道阮埇村阮北祠堂、三水区乐平镇华村松桂书舍。

（莫宏谦）

佛山市科学技术协会

【市科协组织概况】 佛山市科学技术协会于1958年4月由佛山市科普协会改名而来，同年7月起与市科委合署办公。“文化大革命”期间，佛山市科协活动停止，所属学会停顿或解散。1978年9月27日，佛山市科协恢复，到1980年底，恢复和新建学会28个。1983年6月1日，佛山地区科协与佛山市科协机构合并，仍称“佛山市科学技术协会”，1985年1月1日起佛山市科协与市科委财政分家，结束合署办公。截至2019年底，佛山市科协有市级学会（协会、研究会）63个，区级科协5个，企业科协2个，园区科协1个，高校科协3个。

【基层科协组织与科技社团建设】 2019年，佛山市科学技术协会所属学会63个，其中AAAAA级学会6个、AAAA级学会6个、AAA级学会5个、AA级学会1个。年内，市科协发挥职称评审、论文发表、学术交流等8个自有平台，以及人才举荐等4个共享平台作用，促进所属学会能力提升。选派科协业务骨干到科技社团党组织任职帮带，推动党建工作向科技社团覆盖，形成科协党组指导学会党建工作、科技社团党总支部指导学会办事机构党建工作的新机制。指导基层科协组织力“3+1”［“3”指吸纳“三长”（医院院长、学校校长、农业技术推广站站长）进入县乡镇科协领导机构兼职挂职、发挥作用；“1”指加强上级科协指导］建设，充分吸纳“三长”进基层科协，发挥科协协同作用。通过对科技进步活动月重点项目进行资助和对自然科学类社会组织进行资金扶持，促进有关学会社团各项活动有效开展。是年，资助科技进步活动月重点项目8个（包括防灾减灾科普宣传、公众急救技能培训学术活动、加强质量意识深化质量小组活动等），资助总额40万元；完成自然科学类扶持社会组织项目5个（包括基于传统产业智造转型的标准化服务、双切口技术在凶险型中央性前置胎盘伴胎盘植入手术中的应用研究、实践性口腔健康科普等），每个项目资助10万元，资助总额50万元，项目均按时完成任务并通过绩效考核。

【科协服务科技工作者】 2019年，佛山市科学技术协会及所属学会做好科技工作者服务工作。举办《粤港澳大湾区发展规划纲要》宣讲暨职称选修课培训5期次，继续教育专业课培训160多场次，受众2万多人次。承接市人力资源和社会保障局划转的机械、纺织、陶瓷、化工等12个专业的职称评审职能，并于年内开展工艺美术系列初级、中级职称评审（其他专业因新的资格条件没有出台，延后到2020年上半年组织评审），接收申报评审材料25份，评审通过23人（初级8人、中级15人）。年内，市科协利用各种渠道推荐优秀科技工作者，其中向省科协推荐最美科技工作者候选人3人。是年，市机械工程学会、纺织丝绸学会、信息协会、陶瓷学会等多个学会

2019年12月22—23日，广东省妇女第十三次代表大会在广州召开。图为佛山市出席会议的35名代表在会议现场合照留念　*（市妇联供图）*

继续开展本专业领域的继续教育培训。

【全民科学素质行动继续开展】 2019年，佛山市科协继续推进《佛山市全民科学素质“十三五”总体目标要求及三年攻坚行动方案（2018—2020年）》实施，举办“送科技到基层”活动3场次，举办“大手拉小手——科普报告希望行”活动科普报告会75场次，举办“佛山科普快车”进校园活动科普宣讲报告会30多场次，并联合有关单位举办首届佛山科普嘉年华活动，等等。年内，全市新增省级科普教育基地3个、市级科普教育基地分别为11个。（详见320页《科协科普》）

【科技合作交流】 2019年，佛山市科协派出代表赴香港参加大湾区创科发展合作圆桌会议，推动“粤港澳大湾区科技合作联盟”成立并签署大湾区科技合作联盟合作意向书，讨论2019年及2020年度合作活动。赴香港参加“绿色创科日”系列活动，通过深化粤港科技创新合作交流，共推粤港澳大湾区科技创新协同发展，助力粤港澳大湾区国际科技创新中心建设。赴澳门参加以“科技成果转化”为主题的“澳中致远”创新创业大赛暨科技论坛系列活动，共同探讨科技金融发展趋势、澳门与内地科技成果转化、人才培养、技术研发、成果转化、产业升级等内容，共同为粤港澳大湾区科技成果转化发展注力。接待朝鲜鞋类生产考察团一行13人到佛山进行科技交流、洽谈，并参观考察2家鞋类生产企业。先后接待保定、襄阳、无锡、汕头、阳山、江门等地市科协到访交流，累计接待50多人次。

【创新驱动助力工程】 2019年，佛山市创新驱动助力工程立项支持项目22个，资助金额930万元。项目类别涵盖产业技术创新联盟、会企科研基地、学术交流和会展活动、院士专家工作站等7大类。项目申报期间收到申报项目78个，经第三方评审，立项支持项目22个。立项支持的项目中，由国家级学会参与申报的项目11个、省级学会参与申报的项目10个、国家和省级学会联合参与申报的项目1个；科技创新类项目占45.4%、创新服务类项目占54.6%。年内，举办深入推进创新驱动助力工程专题研讨班，并召开推进创新驱动助力工程第一次联席会议。

【“智能制造助力佛山市传统产业转型升级”项目】 2019年，佛山市科协与中国电子学会、市信息协会等多个单位联合申报的智能制造助力佛山市传统产业转型升级项目被确定为2019年中国科协创新驱动助力工程示范项目，获中国科协创新驱动助力工程专项扶持经费80万元。截至2019年底，“智能制造助力佛山市传统产业转型升级”项目有效开展。在佛山主流媒体上宣传报道创新驱动助力工程优秀案例6篇；举办创新驱动助力工程专题研讨班，培训学员34人次；组织开展智能制造技术研发推广、工业互联网应用推广、管理咨询培训服务、人才引进及培养、政策宣贯及推广等一系列活动，帮助佛山市中小型企业更好地引入先进的创新方法和技术，培训智能制造人才2000多人次；开展工业互联网的应用推广，促进工业互联网新技术、新模式、新理念与制造业的深度融合发展，推动产业转型升级，服务企业3000多家。

【佛山市推进创新驱动助力工程第一次联席会议】 佛山市推进创新驱动助力工程第一次联席会议于2019年8月1日在佛山市机关小礼堂举行，中共佛山市委常委、常务副市长蔡家华，广东省科协党组书记郑庆顺，佛山市推进创新驱动助力工程联席会议成员等出席，中国电子学会、中国纺织工程学会、中国流行色协会等国家级学会代表在会上做典型经验介绍。会议提出，佛山将全面对接中国科协创新驱动助力工程，争取100个以上国家级学会在佛山开展项目合作。组织各区、各部门和佛山高新区、佛山中德工业服务区等创新载体，与中国科协所属210个学会开展全面合作对接。

【第二十三届全国发明展览会·一带一路暨金砖国家技能发展与技术创新大赛在佛山举行】 2019年11月7—9日，由中国发明协会、金砖国家工商理事会、广东省科学技术厅主办，佛山市人民政府承办的第二十三届全国发明展览会·一带一路暨金砖国家技能发展与技术创新大赛在位于佛山市顺德区北滘镇的广东（潭洲）国际会展中心举行。全国发明展览会展览面积3.6万平方米，设有发明展历程、虚拟现实（VR）体验、国防知识产权、高端智能制造、环保节能、智能家居、新一代信息技术、粤港澳大湾区、青少年发明创新等展区，来自粤港澳大湾区广州、深圳、珠海、佛山、惠州、东莞、中山、江门、肇庆9个地市与香港、澳门2个特别行政区以及国内其他城市的1900多个发

2019年，佛山市科协组织送科技到基层活动在南海区九江镇举行　（邹淑敏　摄）

明创新项目参展。全国发明展览会还设置评奖环节，以评奖促创新，评出“发明创业奖·项目奖”金奖353项、银奖451项、铜奖514项、专项奖24项，“发明创新奖”金奖24项、银奖11项。一带一路暨金砖国家技能发展与技术创新大赛评选出特等奖12个、一等奖28个、二等奖21个、三等奖7个、优秀奖7个。活动期间还举办融合创新项目路演交流会、科技部科技直通车活动、技能发展和技术创新交流活动等一系列专项活动，现场签约项目20个，商谈对接项目超50个。其中，中国发明协会与佛山市人民政府签订《发明展览会（2019—2023）战略合作协议》。

【“深入推进创新驱动助力工程”专题研讨班】 2019年4月21—27日，由市科协主办的深入推进创新驱动助力工程专题研讨班在深圳清华大学研究院举行。佛山市直部门、高校、学会和企业等34名学员参加。研讨班分别邀请中国科协调宣部政策处领导作“科技智库建设”报告、深圳市委党校教授作“粤港澳大湾区规划与深圳科技创新”报告、清华大学深圳研究生院领导作“智能制造”报告等，还安排学员到深圳湾创业广场、腾讯公司、前海自贸区等学习点走访学习。

（汪元龙）

佛山市社会科学界联合会

【市社科联组织概况】 佛山市社会科学界联合会成立于1985年，是佛山市社会科学界学术性社会团体的联合组织，是中共佛山市委领导下的人民团体，是党和政府联系广大社会科学工作者的桥梁和纽带，是市委、市政府领导社会科学工作的助手和参谋，是广东省社会科学界联合会的团体会员。2019年，佛山市社科联内设机构有学会工作部、科研规划部。有团体会员45个，其中市级社团44个、民办社科研究机构1个。有省级社会科学普及基地2个、市级社会科学普及示范基地17个。与佛山市委党校联合主办《佛山研究》刊物。

2019年佛山市社会科学普及基地名录

序　号	市社科普及示范基地
1	佛山岭南文化研究院
2	禅城区图书馆
3	南海区博物馆
4	顺德区博物馆
5	广东盈香生态园
6	佛山大讲堂·三江讲坛
7	佛山市图书馆
8	广东石湾陶瓷博物馆
9	三谭革命事迹展览馆
10	三水区博物馆
11	顺德图书馆
12	顺德区清晖园博物馆
13	佛山开放大学
14	广东大观博物馆
15	美的鹭湖森林度假区
16	高明区博物馆
17	南海血站

【社科类社会组织扶持资助】 2019年，佛山市社会科学界联合会继续对社科类社会组织活动进行资助，确定10个活动项目作为2019年度社会组织活动资助项目，合计资助金额28万元。组织2020年度市级（政府财政直接扶持）社科类社会组织发展专项扶持资金申报，确定市经济学会、市民办教育协会、市孔子学说研究会、市会计学会、市小记者协会等5个单位作为2020年度社科类项目扶持对象。完成2019年度市级社科类社会组织发展专项扶持资金绩效考核，其中市农村经济学会“第四届中国（佛山）农村改革南庄论坛”、市老年学学会“新时代佛山养老模式创新发展研究”、市演讲与口才学会“2019年佛山市第四届‘魅力演说家’故事演讲大赛暨第二届全国大学生精英职业挑战赛”、市家庭教育研究会“理解青春　助力成长——家庭教育系列科普讲座”和市警察协会“佛山少年警校”等5个项目被评为优秀等级。

【社科活动】 2019年，佛山市社会科学界联合会举办社科知识普及竞赛活动，参与线上答题61841人次，参与线下答题有数百人次、活动关注量近80万人次。围绕佛山建设“博物馆之城”的战略目标和佛山自身的产业定位，联手佛山电视台、佛山日报社、佛山电台组织开展市民体验团活动，组织100名机关事业单位代表走访南海区博物馆、广东大观博物馆、广东石湾陶瓷博物馆、南海血站等4个科普基地。首次举办社科普及系列知识讲座，讲述“解放战争时期佛山地下革命斗争”“古代广府海洋文化中的故事”“佛山功夫电影的世界奇观”“佛山开埠及历史变迁（1840—1938）”等内容。召开全市社科普及示范基地的交流座谈会，了解各社科基地运作情况及工作成效、扶持资金使用情况以及社科基地发展过程中遇到的困难，并根据各科普基地实际情况给出合理性的指导意见。举行2019年佛山市社会科学普及周活动，策划包括“纸上留声”——封艳丽粤剧资料展，“奋进新时代”——佛山市摄影家协会摄影艺术作品展、药品安全科普宣传展览等特色展览，并组织各社科类社会组织、社科普及示范基地摆摊设点进行社科知识咨询宣传及提供各种体验项目。年内，市社科联所属社科类社会组织开展各类社科活动。其中，市财务管理协会举办“新个人所得税法——专项附加扣除申报操作指引”专题讲座、律师事务所财税规范与个税优化沙龙、企业发票管理与风险控制专题研讨沙龙等，市家庭教育研究会举办“理解青春、助力成长”家庭教育系列科普讲座，市民办教育协会举办“大家说”系列讲座、“我眼中的夏天”幼儿亲子绘画大赛、“暑假公益课堂”等活动，市老年学学会举办多场健康咨询义诊与科普知识宣传，市图书馆学会举办“新时代智慧图书馆及总分馆建设”研讨会，市成人教育协会举办2019年佛山市全民终身学习活动周启动仪式，市长寿学会举办长者问医中国脉胳公益行活动，市教师教育发展促进会举办初

2019年，佛山市社科联组织开展2019佛山市社科普及示范基地市民体验团活动
（市社科联供图）

中数学智慧课堂教学研讨会，等等。

【社科成果数据库更新与应用】 2019年，佛山市社会科学界联合会常态化开展社科成果收集整理和社科成果数据库系统更新维护，新增社科规划项目成果142个、智库研究成果5个、社会科学宣传册1本。

【社科类社会组织调研】 2019年2月22日至3月29日，佛山市社会科学界联合会围绕“提升社会组织自身建设能力和业务能力，促进社会组织规范化发展”主题，分别对市演讲与口才学会、市家庭教育研究会、市老年学学会、市农村经济学会、市民办教育协会等18个社会组织开展实地调研。10月10日、15日、28日，市社科联通过实地考察、召开座谈会和收集相关资料等方式先后对市国学研究会、市财政学会、市检察官协会、市法官协会开展调研，了解社会组织自身建设、年审、换届等日常工作情况，以及社会组织运作过程中遇到的困难和对社科联工作的意见、建议等。调研后形成调研报告1个。

2019年佛山市获“全国社科组织先进单位”名单

佛山市民办教育协会
佛山市长寿学会

2019年佛山市获“全国社科工作先进个人”名单

单　位	获奖个人
佛山市老年学学会	王　彦
佛山市大观博物馆	丁方忠

【广东大观博物馆入选广东省首批人文社会科学普及示范基地】 2019年10月，广东省社会科学界联合会公布省首批人文社会科学普及示范基地评选结果，广东大观博物馆获评为广东省首批人文社会科学普及示范基地。广东大观博物馆是经广东省文物局批准备案，佛山市民政部门注册登记的非国有博物馆。馆址位于佛山市南海区千灯湖片区，占地3700多平方米，馆藏文物1.2万件，藏品涵盖古代青铜器、青铜镜、陶瓷等，大多数是同类文物中的精品。该馆陈展体现学术性、知识性和普及性。

（曹嘉欣）

佛山市文学艺术界联合会

【市文联组织概况】 佛山市文学艺术界联合会成立于1964年，1983年独立建制。1994年机构改革，挂靠市文化局。2002年市文联重新独立建制。2019年，佛山市文联内设组联部和办公室。下属有佛山市作家协会、佛山市戏剧家协会、佛山市音乐家协会、佛山市美术家协会、佛山市曲艺家协会、佛山市摄影家协会、佛山市书法家协会、佛山市舞蹈家协会、佛山市民间艺术家协会、佛山市杂技艺术家协会、佛山市文艺评论家协会等11个文艺家协会。市、区、镇（街道）文联系统有文艺协会339个。全市5个区均有文联组织，但没有独立建制。全市5个区32个镇（街道）中，有25个镇（街道）成立文联组织。市文联所属文艺家协会有市级会员4367人，省级会员2136人，国家级会员483人。办有内部资料《佛山艺术》。

【文学创作】 2019年，佛山市文学艺术界联合会开展“2017—2018年佛山市文联重点文学工程”评选、编辑及出版工作，入围作品有任流《通济天下》（剧本）、张况《大晋帝国史诗》（长诗）、李航桥《大河绵延》（长诗）、杨璞《水晶草》（小说）、李东文《最初的冲动》（小说）、苟文彬《大民大国》（小说）、盛慧《吾生梦幻间》、晓雷《千里牛》、段园晖《遗忘》等9本作品集，入围作品均由岭南美术出版社出版。是年，佛山市文联编辑出版《春江水暖——佛山文艺40年作品选粹》丛书；禅城区作协编辑印刷《禅城区作家中篇小说集》；南海区作协编辑出版《南海作家丛书（6）》；高明作协编辑出版《风雨见彩虹——佛山市高明区作家协会作品选》；作家张况、包悦、周崇贤、盛慧、杨璞、洪永争、胡亚林等也出版个人作品集。年内，蔡玉燕的散文作品《生活在高处——建筑工地上的女人们》获中国作协深入生活题材扶持，在《作品》发表，并获佛山市重大题材项目扶持，获《十月》杂志的“琦君散文奖”；林友侨的散文《一场等不及的生死之约》获2019年度“十佳散文奖”；张况获“郭小川诗歌奖”，并入选“第四届中国年度诗人榜”。

【文艺人才培养】 2019年，佛山市文学艺术界联合会继续加强文艺人才培养。

实施“文艺名家工程”，编著出版“名家谈艺”系列之《封伟民陶塑论》《剪纸人生》《缘结彩灯》等书籍；与市委宣传部、佛山电台等多个部门开展“文艺佛山名家风华”活动，遴选20位佛山文艺名家进行宣传推广。实施文艺新锐工程，举办第四届佛山中青年当代陶艺培训班、第六届佛山陶艺新锐提名展、第五届佛山市中青年美术骨干中国画提高班、广东省音乐创作人才专项培训班、首届“青春回眸”研讨会等，资助青年文艺家出版图书、举办展览。推进文艺孵化基地建设。是年，市书法家协会成立佛山市书法家协会青少年委员会，三水区文联在西南街道成立首个延伸到镇（街道）的书法家创作中心。

【艺术展示】 2019年，佛山市文学艺术界继续组织开展艺术展示活动，提升城市文化形象。举办“邹莉百米中国工笔画长卷——武则天”首展及艺术研讨会、“水乡情韵——佛山剪纸摄影艺术展”、“第二届佛山市美术教师作品展”、“2018—2019佛山新晋中国美协会作品展”、“第十五届佛山国际艺博会——佛山美协各艺委会作品展”、“守望岭南——张桂光书法作品展”（佛山站）、“大美阳春——广州佛山阳江三市画家阳春写生作品展”、佛山篆书艺术探索展等。邀请戴敦邦、唐建、曹建华、史文集、索铁生等外地籍艺术名家到佛山举办个展或联展。在凉山彝族自治州举办“墨韵南粤——佛山市艺术名家作品展（四川站）、在贵港市举办“翰墨飘粤桂——庆祝中华人民共和国成立七十周年广西贵港、广东佛山两市书法作品展”、在洛阳市等地举办“邹莉百米中国工笔画长卷武则天”作品巡展等。年内，佛山市有24件作品入选第十三届全国美术作品展览（包括进京作品3件）、25件作品入选广东省美术作品展览（其中获铜奖1件），有7人的作品入选第二十七届全国摄影艺术展、4人的作品入选全国第十二届书法篆刻展、1人的作品入选第十一届全国刻字艺术展、5人的作品入选第二届广东省篆刻艺术展。潘超安陶塑作品《文化昆仑》入选2019年度国家艺术基金资助项目。佛山彩灯“海上生明月”在广东省第七届花灯文化节中获金奖。在2019年中国（广东）民间工艺博览会暨第十一届广东省民间工艺精品展上，佛山的扎作、陶艺、藤编、烙画等作品获金奖2个、银奖4个、铜奖1个；佛山市民间文艺家协会获优秀组织奖。

【舞台展示】 2019年，佛山市文艺工作者将民间故事题材融入创作之中，创排话剧《佛山功夫少年》、创排粤剧《大国灯匠》《红头巾》《镜海魂》《风雨满途砥砺行之谭平山》《七十二家房客》，打磨提升群舞《南狮》、音乐剧《香云纱》等。任流《新时代行通济》（音乐视频）首播发布，饶宝莲徒弟、佛山90后剪纸艺人陈小杰登上中央电视台《开门大吉》栏目。是年，《梦想之城》（院线电影）、《索玛花开》（大型电视连续剧）、《穷孩子富孩子》（话剧）、《闯广东》（广播剧）、《红红的日子火火的过》（歌曲）等5部作品获广东省第十一届精神文明“五个一工程”奖，创历史最好成绩，数量位居全省地级市第一；舞蹈作品《向前冲》获“第十届小荷风采”全国少儿舞蹈展演金奖；舞蹈作品《南狮》入选第十二届全国舞蹈展演，获广东省第七届群众音乐舞蹈花会金奖，代表文化部出访沙特阿拉伯进行文化交流演出；苏隽《一桥飞架伶仃洋》获全球微粤曲大赛首届作品创作赛金奖。年内，佛山市参赛者在2019广东省粤剧私伙局大赛中获金奖、银奖、铜奖各1个。

【文艺志愿者服务】 截至2019年底，由佛山市文学艺术界联合会统筹的文艺志愿服务组织63个，包括佛山市文艺志愿者服务团、11个市级文艺家协会志愿者服务队、51个区级文艺家协会志愿者服务队（禅城区8个、高明区10个、南海区8个、三水区10个、顺德区15个）。全年市文联系统开展文艺志愿服务活动超100场次。其中：在2019年春节期间，开展“我们的中国梦”——文化进万家系列活动，先后组织文艺志愿者走进狮山石门中学、石景宜艺术馆、石湾酒厂、高明区阮埇村、湛江市麻章区太平镇六坑村、南海区映月小学、三水区白坭文化中心广场、南海区广佛新世界、禅城区铂顿城商场等地方为市民写春联，走进高明区白石村开展文艺惠民演出；在第六个中国文艺志愿服务日前后开展“到人民中去”文艺扶贫及进基层活动，活动包括佛山市文艺志愿者服务团送演出进佛山启聪学校、市作家协会文艺名家走进贵州省安顺市举办文学讲座、市摄影家协会举办公益讲座、市舞蹈家协会承办第五届广东省中老年舞

2019年1月24日，“2019佛山红色文艺轻骑兵新春走基层”——佛山市文艺志愿者走进高明白石村惠民演出活动
（市文联供图）

蹈展演等；在持续开展的“红色文艺轻骑兵进基层”活动中，高明区文联联合市摄影家协会组成红色文艺轻骑兵小分队到广西壮族自治区富川瑶族自治县开展“送摄影下乡”活动，南海区文联开展作家进校园活动，市音乐家协会深入各区举办“2019年中国钢琴作品公益交流会”，顺德区文联举办“粤唱粤精彩”粤剧曲艺展演，市舞蹈家协会举办“激情岁月舞动人生”——佛山市舞蹈艺术精品展演活动，市文艺志愿者服务团走进湛江市麻章区太平镇六坑村开展慰问演出等。年内，禅城区公益摄影讲座“岭南风文化艺术沙龙”获全国“百姓喜爱终身学习品牌”称号，市书协被授予广东省2019年“道德春联进万家”志愿服务项目先进集体。

【红色题材文艺创作】 2019年，佛山市文学艺术界联合会举办佛山红色题材文艺创作动员会，南海区文联举办纪实文学《铁村风云》分享会暨红色革命历史题材创作座谈会，高明区举办谭平山红色题材绘画创作活动等；全市文联系统通过加强红色题材文艺创作立项指导等方式，继续组织和引导文艺工作者开展红色题材文艺创作。是年，由国家一级编剧、佛山市文联名誉主席尹洪波创作的多部戏剧作品在全国各大剧院集中创排上演，其中现代京剧《鹤舞云天》在北京长安大剧院上演、现代粤剧《抉择》在梧州市文化展览中心首演、潮剧《许包野》在广州友谊剧院上演、粤北采茶戏《51号信箱》在广东艺术剧院上演，其中潮剧《许包野》还入选广东省文化和旅游厅2019重点扶持剧目。年内，由尹洪波新创作的红色题材剧本还有《渡江第一船》《春来南粤》《千里渡轮》《独立团长》《盛典前夜》。

【石湾陶艺理论研究】 2019年，佛山市文学艺术界联合会注重加强具有地方特色的石湾陶艺理论研究，相继编辑出版《探秘梅山陶——19至20世纪广东石湾窑在越南南圻的传承》《当代石湾陶艺论稿》《陶瓷诗话》《石湾艺术陶瓷研究辑成》等石湾陶艺方面的文艺理论研究成果。《探秘梅山陶——19至20世纪广东石湾窑在越南南圻的传承》由佛山市文联组编，黎丽明、李燕娟、刘孟涵编著，于2019年10月由岭南美术出版社出版，该书描述博物馆和陶瓷艺术专家在2018年访问越南胡志明市的考察成果。该书从陶瓷艺术专业的角度，探讨华人文化向本地文化的转变过程，阐述在越华人的历史，思考文化传播和文化学习的可能性。《当代石湾陶艺论稿》由佛山市文联组编，杨凡周编著，该书是作者为佛山市文联策划组织的“石湾陶艺的现代转型”研究成果，对总结石湾陶艺的创作经验、构建石湾陶艺的理论体系、指导石湾陶艺的创作实践都具有开创性的意义。《陶瓷诗话》由佛山市文联组编，申家仁编著，该书对历代吟咏陶瓷的诗歌和陶瓷器上的诗歌进行搜集、整理，并将陶瓷诗加以分类介绍和鉴赏，对中国古陶瓷研究有所助益。《石湾艺术陶瓷研究辑成》由佛山市文联组编，纪文瑾编著，该书探讨清末民初以来与石湾窑相关的诸多研究，涉及到石湾窑历史文化研究、石湾窑的民间文化持续发展力、石湾陶塑的现当代发展等关键课题。

【“石湾陶艺现代转型”系列展览暨研讨】 2019年，佛山市文学艺术界联合会推出“窑窑相望”系列展览及研讨，推动石湾陶艺传承发展。开展“石湾窑—枫溪窑”学术交流，举办“枫溪流彩——潮州瓷绘名家作品邀请展”及“潮州瓷艺对佛山陶艺发展的启示”研讨会。开展“石湾窑—景德窑”学术交流，举办“陶风·陶韵——陶瓷书画作品四人展”、“抱朴——陈长生、齐东根瓷绘作品展”和“景德镇瓷绘对石湾陶艺的启示”研讨会。开展“石湾窑—梅山窑”学术交流，举办佛山石湾窑瓦脊特展暨论坛，邀请北京市、广州市、佛山市、香港特别行政区及越南的专家学者、收藏家、陶艺界人士共同探讨佛山石湾窑瓦脊的历史与创新，在越南的发展及在古村落活化和美丽乡村建设的应用等话题。

【庆祝中华人民共和国成立70周年系列文艺活动】 2019年，佛山市文学艺术界联合会主办和参与组织系列庆祝中华人民共和国成立70周年文艺活动5场次。活动包括与市委宣传部、市教育局等部门联合举办“我和我的祖国”主题征文征集活动，主办“我和我的祖国”佛山市书法作品展、“我和我的祖国”佛山市第七届摄影艺术作品展览、“我和我的祖国”匠心巧作——佛山民间工艺精品展、“我和我的祖国”佛山美术作品展等。

【《春江水暖——佛山文艺40年作品选粹》丛书首发】 2019年10月23日，由佛山市文学艺术界联合会编辑、岭南美术出版社出版的《春江水暖——佛山文艺40年作品选粹》首发式在佛山市文联会议室举行。该丛书自2017年6月开始征集，从征集到出版历时2年多。丛书收录1978年1月1日至2017年底在佛山生活、工作的文艺创作者出版、发表的作品。丛书共12册，包括小说、诗歌、散文、戏剧、报告文学、评论、音乐、美术、书法、摄影、民间工艺等各种体裁和艺术门类。其中，包括小说、散文、报告文学、文艺评论作品259篇，诗歌414首，剧本16部，音乐作品198首，美术、书法、摄影、民间艺术作品957件。12册书合计400多万字，收录近1100名作者、1844件作品。

（霍锦莹）

佛山市归国华侨联合会

【市侨联组织概况】 佛山市归国华侨联谊会是佛山市归国华侨联合会的前身，于1951年12月5日正式成立。1957年3月1日，为与全国和广东省侨联的组织名衔统一，佛山市归国华侨联谊会更名为“广东省佛山市归国华侨联合会”。1984年1月，佛山市（含佛山市城区、石湾区、中山市、南海县、顺德县、三水县、高明县）召开第一次侨代会，选举产生第一届侨联委员会。1994年3月，佛山市直机关实施机构改革，市侨联于同年挂靠在市人民政府侨务办公室，实行一套人马，两个牌子。2001年8月起，佛山市侨联单独设置，设办公室和宣传联络部2个科室。

【侨胞联络联谊】 2019年，佛山市归国华侨联合会先后接待美国、英国、法国、加拿大、澳大利亚、南非、阿根廷、委内瑞拉等国社团组织。包括：接待由美籍华人陈灿培带队，美国洛杉矶社区学院董事会主席方树强、美国加利福利亚州米尔布雷市市长李伟忠任团长的美国加利福尼亚州友好访问团；接待美国华人华侨联谊会创会主席、全美华人福利总会罗省分会主席马树荣一行访问团等。与市贸促会联合组织经贸代表团，出访"一带一路"沿线国家俄罗斯、白俄罗斯和格鲁吉亚，加强与当地华人华侨社团和重点侨领、企业和商会的联系，助力"一带一路"建设。与市政协经济科技委员会、市外事局组成访问团，前往巴西、阿根廷进行为期8天的访问，拜访巴西中国商会、巴西广东同乡总会、巴西华人协会，以及阿根廷华侨兴化（莆田）同乡联谊总会、阿根廷广东广西华侨商会、阿根廷粤商会和阿根廷福清同乡联谊会等侨团组织，拓展与当地华侨交流合作渠道，挖掘海外乡亲资源，促进佛山海外侨务工作开展。是年，佛山市各区侨联开展海外联谊工作。其中：禅城区侨联接待美国纽英仑佛山禅城联谊会访问团到访；南海区侨联接待马来西亚霹雳南海会馆、霹雳中医中药联合会、霹雳中华医院、霹雳中医药学院一行50人到南海区参观考察；顺德区侨联与顺德区侨界青年联合会联合主办"寻味顺德·寻根顺德·恳亲之旅"。

【侨界群众工作】 2019年，佛山市归国华侨联合会开展侨界群众工作，参与社会建设。

"党建带侨建" 9月，在"侨胞之家"组织开展庆祝中华人民共和国成立70周年百姓宣讲和主题党日活动。10月，与佛山爱尔眼科医院共同开展"侨爱心·光明行"白内障复明公益活动，为10多名白内障患者进行手术治疗。11月，结合在职党员进村报到工作，联合佛山市第一人民医院骨科、康复科党组织，在顺德区乐从镇路州村举办"宪法、侨法宣传暨'不忘初心、牢记使命'党员服务日活动"，现场解答法律咨询、提供法律咨询服务、为群众免费、筛查骨科疾病等，并入户走访慰问病困侨界群众。

"侨胞之家"阵地建设 继续加强"侨胞之家"阵地建设，2019年11月29日，禅城区祖庙街道的铁军社区"侨胞之家"成立。截至2019年底，全市有各级"侨胞之家"6个，其中区级1个、镇（街道）级2个、村（社区）级3个。

关爱归侨侨眷 春节、中秋节前，拨出专款慰问70岁以上老归侨和归侨特困户，慰问长者归侨近600名、重点和困难归侨家庭100余户。4月，组织归侨侨眷和留学生代表赴深圳参观"大潮起珠江——广东改革开放40周年展览"，并组织学习习近平总书记视察广东重要讲话精神。中秋、国庆期间，组织各区归侨侨眷代表、留学生代表、侨资企业代表等300多人举办庆祝中华人民共和国成立70周年茶话会，增强广大归侨侨眷的归属感和侨联组织凝聚力。年内，对广东省财政下达佛山市2019年贫困归侨扶贫救助补助资金提出具体分配方案，并根据资金分配方案协助市财政局把资金下发各区落实。

【侨界文化交流】 2019年，佛山市各级侨联开展对外文化交流活动，推广岭南优秀传统文化走向海外。市侨联连续8年邀请海外乡亲参加佛山秋色欢乐节系列活动；向南非开普敦华星艺术团赠送的花车和2对夜光狮，用于"2019年开普敦嘉年华"狂欢节巡游活动，收到中国驻南非开普敦总领馆和南非开普敦华星艺术团的感谢函；主办"2019中国广东佛山文化之旅·海外华侨华人舞龙舞狮教练春季集训营"，20名来自英国、南非、新西兰、新加坡、缅甸、尼日利亚等6个国家的华人华侨和外国友人龙狮教练参加集训；与顺德区侨联和世界顺德联谊总会书画艺术俱乐部联合主办顺德海内外书画名家展；与英国朴茨茅斯中文学校高级教师何国真开展华文教育交流座谈，促进海外华文教育推广。同年6月，"寻味凤城——'世界美食之都'顺德美食品鉴夜"在英国伦敦举办，中国驻英国大使馆公使马辉，英国上议院议员、终身贵族迈克·贝茨，中国新华社驻英国伦敦分社社长顾震球等出席晚宴，当地不少华人社团、媒体代表，以及华人华侨代表等参加活动。

【侨界参政议政】 2019年，佛山市归国华侨联合会加强全市侨界政协委员的相互交流，提高侨界政协委员参政议政能力。推荐3名本市户籍的侨界人员旁听佛山市第十五届人民代表大会第四次会议；

2019年11月，佛山市侨联举办"宪法、侨法宣传暨'不忘初心、牢记使命'主题教育党员服务日活动"
（市侨联供图）

邀请3名海外华侨华人列席市政协十二届四次会议工作。是年5月，市侨联组织侨联界别政协委员、列席政协会议的海外人士等对佛山市招商引资政策落实及新兴产业发展状况开展专题调研，市政协委员关永霭，美国华侨进出口商会广东分会会长陈恩安，西班牙广东（粤港澳）同乡会常务副会长范润其等15名委员及海外侨领参加专题调研活动。

【侨联改革】 2019年，佛山市配合全市机构改革，承接原市外事侨务局海外华侨华人社团联络联谊工作职能，机构编制由原来7人增设为9人。五区侨联也相继召开侨代会，选举产生新一届侨联领导班子，不断推进基层侨联组织建设。

【佛山侨联系统组团参加广东省第十一次归侨侨眷代表大会】 2019年12月29—31日，广东省第十一次归侨侨眷代表大会在广州市召开。佛山有蔡国雄等28名归侨侨眷代表参加会议。会上，佛山市侨联和顺德区侨联获“广东省侨界贡献奖”称号；禅城区侨联常委何狄强，南海区大沥镇盐步第三初级中学教师、归侨张琼芳，高明区明城镇民政局职员、侨眷李敬红，三水区南山镇漫江社区党委委员、副主任、侨眷冼连兴等4人获“广东省归侨侨眷先进个人”称号。

【佛山市侨联第六届四次全体委员会议】 2019年9月26日，佛山市侨联第六届四次全体委员会议在佛山迎宾馆举行。会议通过由蔡国雄代表市侨联第六届三次委员会所作的工作报告。会议选举蔡国雄担任第六届委员会主席，增补常委9人、委员21人。中共佛山市委常委、市委统战部部长李政华出席会议并讲话，市侨联主席蔡国雄，副主席费红玉，副调研员曾文斌以及市直、各区的委员及列席会议人员等50多人参加会议。

【佛山首家涉侨纠纷诉调对接工作室成立】 2019年1月23日，佛山市归国华侨联合会、市中级人民法院举行佛山市涉侨纠纷诉调对接工作签约仪式，并为双方联合共建的涉侨纠纷诉调对接工作室揭牌。这是佛山市首家涉侨纠纷诉调对接工作室。工作室设置在市中院诉讼服务中心，由市中院指派的工作人员、市侨联派驻的调解员（市侨联调解库成员或特约律师）及秘书组成。工作室接受法院委派（委托）或受邀，协助市中院对相关涉侨纠纷在诉前和诉中进行调解，并在诉后为当事人做好答疑、释法等。

（石越男）

佛山市残疾人联合会

【市残联组织概况】 佛山市残疾人联合会于1989年10月批准成立，是全市性残疾人事业团体，具有“代表、服务、管理”的职能：代表残疾人的共同利益，维护残疾人的合法权益；团结教育残疾人，为残疾人服务；履行政府委托的部分行政职能，管理和发展残疾人事业。主要业务有残疾人康复、教育、就业、扶贫、盲人按摩、宣传文体、法制建设和综合服务设施建设等。2019年，佛山市残疾人联合会机关内设办公室和综合业务科2个科室，下属事业单位有：市残疾人综合服务中心、市重度残疾儿童少年康复教养学校、市新希望康复门诊部、市听觉语言康复中心、市残疾人用品用具供应服务站。据2006年第二次全国残疾人抽样调查推算，佛山市有残疾人22.36万人，占全市总人口5.8%。截至2019年底，佛山市核发残疾人证70766个，发证率29.5%。

【残疾人康复服务】 2019年，佛山市残疾人联合会继续推进残疾人康复服务。截至10月，佛山市接受残疾人康复救助2385人，其中低视力儿童康复训练44人、助视器装配1人、听力语言残疾儿童康复训练148人、助听器装配157人、脑瘫儿童康复训练138人、智障儿童康复训练701人、孤独症（自闭症）儿童康复训练964人、假肢矫形器装配232人，人数较上年有大幅增加。年内，市残联推动《佛山市残疾儿童康复救助实施办法》出台，改善残疾儿童康复状况、促进残疾儿童全面发展，保障力度居全省前列。开展残疾人康复救助定点服务机构审计，通过聘请第三方审计机构和省级专家组成审计组，完成对10家残疾人康复救助定点服务机构专项审计。开展残疾人康复救助非定点服务机构调研，通过走访、座谈等形式，深入全市13个非定点康复服务机构，实地调研康复服务机构现状。推进社区康园中心项目，推进南海区新建的1个社区康园中心和顺德区新建的2个社区康园中心项目（均计划2020年投入使用）。加强社区康园中心管理，8月起，全市在运营的40个社区康园中心全面启用省托

2019年3月29日，澳门利民会与佛山市残联开展粤港澳大湾区交流工作。图为利民会到禅城区永安康园中心调研并合影

（市残联供图）

养信息管理系统，实现科学管理。加强精神障碍患者社区康复排查，配合市综治办等部门做好肇事肇祸等严重精神障碍患者专项摸排工作。加强精神障碍患者社区康复服务，以康园中心为基础，建立康复档案，提供免费服药服务，完善康园中心服务功能，通过爱心课室等开展辅助性就业。落实残疾人家庭无障碍改造项目，确保完成省下达的目标任务。举办2期自闭儿童康复机构师资培训班，培训400人次。

【残疾人教育服务】 2019年，佛山市残疾人联合会继续做好普通高考残疾学生申请登记和录取工作，全市残疾考生48人，达本科线13人、达大专线29人。做好中考残疾考生服务，协助市招生办为15名中考残疾考生申请考试合理便利。配合市教育局做好未入学适龄残疾儿童少年调查登记及入学安置，登记2395人。落实“南粤扶残助学工程”，为39名残疾大学生申请助学金。年内，市重度残疾儿童少年康复教养学校在2018年启用的基础上发展完善：基本完成学校装修改造，相关设施不断完善；加强队伍专业化建设，招聘8名教师及2名骨干，派员跟岗学习30人次；开设特色康复课程，根据66名学生障碍类别，分设4部8个班；创建全国示范家长学校，开展家长心理健康教育；对接市图书馆，建立“联合图书馆”，根据本校特点专门设立绘本阅览室；成立志愿服务队，开展校园志愿服务活动。

【残疾人就业】 2019年，佛山市残疾人联合会继续加强残疾人就业服务，促进残疾人就业。截至2019年底，全市就业残疾人10696人（其中新增就业772人，包括新增城镇就业394人、农村就业378人），新增培训482人，职业能力评估239人，雇主培训企业142家，超额完成任务。

残疾人就业政策制定 形成《佛山市残疾人就业办法》征求意见稿，向各区征求意见。协助市人社局制定《就业困难人员认定管理办法》。向财政部门申请预算经费21万元，推动智力、精神残疾人支持性就业政策和项目有效落地，为全市智力、精神残疾人开展支持性就业帮扶服务，将残疾人200人纳入帮扶计划。

残疾人就业服务体系建设 调整残疾人职业能力评估流程，根据残疾人就业意愿分设专项、综合评估。增设身体机能评定，引进康复人才。通过引入康复师，根据87名残疾人耐受力等情况提供职业康复、辅具等方面建议，实现评估与职业康复接轨。制定安全意识测试，提高残疾人职业适应性和企业招用残疾人信心。通过防火安全、用电安全等五大模块测评，帮助34名残疾人树立安全意识，助其就业。拓宽就业资源。联合机构、商会，运用“五位一体”就业帮扶平台，开发适合残疾人工作岗位25个。联合心智障碍者家长协会等组织，挖掘具备就业能力的残疾人，为建立全市残疾人人才信息库打好基础。重点围绕心智障碍者开展支持性就业服务。吸纳北京市、台湾地区等先进做法，通过调研罗村展能中心等机构了解心智障碍者及企业需求，制定完整支持性就业服务流程及16套表格，为10名心智障碍者量身定制帮扶服务。联合家长、雇主建立长效机制，实施个性化支持服务，助其融入企业，实现稳定就业。

残疾人职业技能培训 依托培训机构、实训基地等社会资源，开展面点制作、手工制作等多种技能培训，培训938人次（市级88人次）。结合市场需求，开展就业定向岗位技能培训。与溏元餐饮等企业合作，为21名心智障碍者开设后厨辅工等岗位职前技能培训，安排辅导员、社工跟进支持性就业服务。培训后过渡至竞争性就业成功率60%，参与社区辅助性就业的实现增收。组织盲人参加保健按摩培训。结合需求，举办“正骨手法”特色入门培训班，组织18名盲人参加。做好盲人医疗按摩继续教育工作，组织9名盲人参加相关培训。

多部门协作促进残疾人就业 开展残疾人就业年审，配合税务、财政部门做好残疾人就业保障金征收。办理就业年审单位有5438个，核定安排残疾人就业13672人（含外地户籍），为4个用人单位办理保障金免缴审批。配合人社部门开展“就业困难人员援助月专场招聘会”活动，举办招聘会8场，进场企业87家，提供岗位505个，600多名残疾人参加，167人达成就业意向，45人实现就业。走访残疾人家庭2600户，帮助508名残疾人享受扶持政策。

【残疾人宣传文体】 2019年，佛山市残疾人联合会通过举办活动和利用媒体宣传，加强助残扶残公益理念传播。举办“自强脱贫 助残共享”为主题的全国助残日活动，并针对“爱耳日”“爱眼日”等不定期开展残疾预防等知识宣传。与佛山电台合作录制《美丽人生》节目，邀请12位残疾人（助残人）讲述“不一样”的故事（共12期）。举办残疾人书画培训，邀请佛山扶贫对口甘孜州得荣县残疾人参加，学员29人。选送作品参加全省特教学校文艺作品、全国和平海报、第五届“南粤金影奖”广东公益微电影等比赛。至11月底，通过微信公众号推送信息437条、传统媒体报道约300条，通过电视台播放公益广告469次、手语节目52期，通过电台播放公益广告1095次。是年，佛山市残疾人运动员在国内外比赛中，获金牌14枚、银牌26枚、铜牌6枚，破2项全国纪录。在第十届全国残疾人运动会上，佛山有22名残疾人运动员代表广东省参赛，参加项目包括田径、游泳、乒乓球等6个大项和特奥羽毛球项目，获金牌10枚、银牌20枚、铜牌5枚，并破2项全国纪录。在国际赛场上，佛山残疾人运动员也获多个奖项：世界残疾人场地自行车锦标赛，赖善章、梁伟聪获1金1银1个第五名；加拿大公路自行车世界杯，梁伟聪获1银1铜。荷兰公路自行车世锦赛，梁伟聪获得男子公路个人计时赛第五名；世界残奥田径大奖赛（北京站）暨第七届全国残疾人田径公开赛，梁燕芬获2金1银；斯洛文尼亚残疾人乒乓球国际公开赛，潘嘉敏获2枚银牌；残疾人乒乓球亚洲锦标赛，潘嘉敏获1金1银。8月，佛山市举办2019年残疾人田径、游泳锦标赛，90名运动员参赛，完成田径62小项、游泳18小项赛事，决出金牌80枚。年内，市残联配合做好省聋人篮球（男）佛山基地训练及后勤保障，还组建176人体育健身指导员队伍，免费向残疾人提供指导，

2019年5月17日，佛山市残联在禅城区铂顿城举办全国助残日活动。图为活动结束后有关领导与演出人员等合影　（市残联供图）

推动全市残疾人群众性体育运动发展。

【残疾人信息数据录入】 2019年，佛山市残疾人联合会统筹推进佛山市残疾人信息数据录入工作。截至11月30日，完成登记表68713份（辖区已分配残疾人70412人），完成率为97.59%，其中入户调查67536人、电话调查1177人，入户率为98.29%。已调查人员中，6种异常状态（查无此人、已搬迁、空挂户、外出、注销、迁移）人员占2.47%，略低于上年同期，其中查无此人37人、已搬迁109人、空挂户162人、外出316人、注销1060人、迁移15人。统一采用移动终端录入，应用程序（APP）采集率100%。

【残疾人安全维稳】 2019年，佛山市残疾人联合会利用市残联大院既有场地资源，专门建设约60平方米的救助站，并配套完善相关区域设施及信访、法律救助等相关工作制度，为残疾人提供法律救助和信访服务。是年，对全市残疾人康复机构、托养机构、康园中心等开展专项排查，及时介入处理矛盾；接待处理日常残疾人来信来访，妥善处理残疾人有关诉求。

【残疾人机构转制】 2019年，佛山市残疾人联合会推进市残疾人用品用具供应服务站、市新希望康复门诊部、市听觉语言康复中心等3家下属公益三类事业单位转制工作。转制后，3家机构成为民营性质的单位。

【全国助残日主题活动】 2019年5月17日，佛山市残疾人联合会举办主题为“自强脱贫　助残共享”佛山第二十九次全国助残日主题活动禅城区铂顿城举行。活动现场进行残疾人文艺表演，并播放8个助残扶残的微电影，还举行佛山电台公益栏目《美丽人生》开播仪式（该栏目由市残联与佛山电台合作推出）。活动现场还设有禅城区残疾人就业招聘会，13家企业提供50个残疾人工作岗位，并设有多个爱心义卖、义诊摊位。

【《佛山市残疾儿童康复救助实施办法》出台】 2019年7月1日，《佛山市残疾儿童康复救助实施办法》印发实施。与以往有关政策相比，该“办法”有5个方面提升：对象范围扩大，康复训练年龄放宽至14周岁；项目增加人工耳蜗植入、肢体残疾矫治2项，并在省补助标准基础上提高耳蜗植入补助5000元、提高肢体残疾矫治补助4000元，最高补助增加至每人20000元；补助标准提高，视力康复训练为每人每月2000元，增加800元；听力、言语、智力、肢体残疾（脑瘫）和孤独症（自闭症）康复训练，全日制为每人每月3000元，非全日制为每人每月2000元，增加500元；费用免去个人承担部分，由市财政负担20%，区、镇（街道）负担80%；简化审批流程，将市、区、镇三级审批调整为区级一级审批。

（吴新来）

中国国际贸易促进委员会佛山市委员会

【市贸促会组织概况】 中国国际贸易促进委员会佛山市委员会成立于1986年8月。1988年，根据中国贸促会的通知，经佛山市政府同意，佛山市贸促会同时使用佛山国际商会名称，实行1个机构2个牌子。1993年12月20日，“中国国际贸易促进委员会佛山市委员会、中国国际商会佛山商会会员大会”在华侨大厦召开，选举产生第一届委员会。佛山市贸促会秉承中国贸促会的宗旨和部门职能，结合本地实际，开展有关促进对外贸易、促进利用外资、促进引进国外先进技术、促进各种形式的经济技术合作“四个促进”的工作和相关的外事活动。历任负责人有甄劲之、盘碧霜、杨乃可、周婉芬、罗悦棠、邹国祥、张建辉、谢伟雄、马湘雨。2019年，佛山市贸促会内设（机构）有办公室、展览信息部、商事法律事务部（出证认证部）。有区级贸促分支机构3个。

【对外贸易投资交流活动】 2019年，中国国际贸易促进委员会佛山市委员会先后3次组团分别出访美国、日本、韩国，俄罗斯、白俄罗斯、格鲁吉亚、巴拿马、哥斯达黎加和巴西等全球4个洲9个国家，参访人员41人次，在境外期间组织9场大型企业对接洽谈会，700多名中外企业家参加活动。其中1个团组赴美国、日本、韩国开展系列贸易交流活动，1个团组赴俄罗斯、白俄罗斯、格鲁吉亚开展系列贸易交流活动，1个团组赴巴拿马、哥斯达黎加和巴西开展系列商务活动。通过拜访当地工商机构和行业协会，调研当地市场，组织佛山推介会、企业配对交流洽谈会等，宣传推介佛山营商环境及产业优势，为佛山企业开拓市场、发掘商机搭建平台，有6家企业通过活动达成8笔实际交易和意向。做好出访成果后续跟进工作，包括接待巴西马兰雍州工业外贸和能源厅长率企业到佛山参观第五届“互联网+”博览会并举办双边洽谈会，邀请多家美国高新智能制造企业组成展团参加第五届“互联网+”博览会并举办“中美资本运作和科技应用合作论坛”。

【经贸促进联络与交往】 2019年，中国国际贸易促进委员会佛山市委员会开展国内外经贸促进联络与交往，搭建国际国内交往平台，共接待国内外经贸访问团组9批次。在境外代表团到访佛山期间，市贸促会与来自以色列、卢旺达、巴西、美国等相关机构合共组织企业对接洽谈活动4场次，双边与会人数680余人次。年内，市贸促会还拜访埃塞俄比亚、斯里兰卡、巴拿马等国驻广州总领事馆，加强各国与佛山双方的相互了解与经贸合作交流，为促进双方友好交往和商贸合作打下基础；邀请哥伦比亚驻华大使路易斯・蒙萨尔韦、波哥大投资促进局局长胡安・加布里尔、哥伦比亚驻广州总领事馆总领事马贺南等一行7人参加2019年第五届“互联网+”博览会开幕式并参观展会。

【贸促系统出证认证】 2019年，佛山市贸促系统出证认证业务总量92364份。其中一般原产地证67462份［离岸价（FOB）货值504428万美元］、优惠原产地证5812份［离岸价（FOB）货值13551万美元，为企业减负约677万美元］、国际商事证明书17455份、代办领事认证1608份、货物免税进口护照（ATA单证册）27份。签证量前五位的目的国依次为印度、阿联酋、俄罗斯、沙特阿拉伯、孟加拉国。涉及产品前五类为陶瓷、卫浴产品、铝钢建材、家具及家居用品。受惠产品前三类为陶瓷、铝钢建材、家具及家居用品，受惠货物总值约677万美元。从3月1日起，市贸促会免费为小微企业快递货物原产地证书，做到让企业足不出户即可申请并领取证件。

【代言工商】 2019年，中国国际贸易促进委员会佛山市委员会应对中美贸易摩擦，配合国家贸促会及省贸促会到佛山市调研，3次召开相关商协会及企业代表调研座谈会，向上反映企业情况。其中：7月15日，配合中国贸促会商事中心开展的企业原产地规则及自贸协定（FTA）利用现状调查研究工作，做好本地区所辖注册企业的调研上报，并助力企业顺利申领电子原产地证书（ECO）；9月，在深圳市举办佛山市首次外向型企业家培训班，其间组织佛山企业代表到松禾资本管理有限公司、中国电信国家双创能力开发服务基地、高新技术民营企业比亚迪股份有限公司等优秀企业开展实地观摩、调研；是月，接待广东省贸促会党组成员、秘书长敖妍带领省贸促会调研组一行到佛山市围绕如何有效帮助企业应对中美贸易摩擦，履行好贸促会“代言工商”职能，做好“六稳”（稳就业、稳外贸、稳投资、稳金融、稳外资、稳预期）工作等内容进行调研。

2019年4月17日，佛山市举行佛山市——卢旺达“一带一路”企业家交流合作对接会
（市贸促会供图）

【涉外商事法律服务】 2019年，中国国际贸易促进委员会佛山市委员会举办4期国际商事大讲堂，邀请国内外相关专家分别就“广东经济形势报告会佛山市专场活动”“中美商事法律沙龙”“居安思危、自立转型、智胜未来——商事大讲堂”“2019年度出证认证业务暨‘单一窗口’推广培训班”等专题给有关企业人员作辅导，多角度多领域助力企业有效应对当前复杂多变的国际形势。联合佛山电台继续推出《国际商事二十二条军规》节目，邀请市贸促会涉外商事法律服务志愿团成员为企业解析珠江三角洲企业“走出去”中的外贸案例，继续帮助企业掌握国际贸易游戏规则，防范和化解涉外法律风险。在佛山电台创演中心举行《打开隐藏的边界》新书发布会暨国际商事服务座谈会，为企业家及社会各界人士讲解国际贸易过程中容易遇到的法律陷阱。组织涉外台商事法律调解员代表一行10人，前往浙江省温州市、义乌市、绍兴市3地的贸促会及涉外纠纷诉调对接中心等单位进行考察调研和学习培训。

【国际国内会展论坛平台促进对外贸易与交流】 2019年，中国国际贸易促进委员会佛山市委员会发挥贸促系统强大的国际国内资源优势，借助国际国内会展、论坛为广大企业“走出去”“引进来”搭建平台。举办“第七届中国中小企业创新服务大会”平行论坛——“中国中小企业‘走出去’50人论坛”，近200名企业家代表到会，围绕中国中小企业“走出去”的相关话题发表精彩演说，交流经验。组织18家企业赴澳门参加2019年澳门国际环保展，在展会现场设立162平方米的“佛山环保产业专区”，展示佛山大气和水体检测、污染治理，绿色节能建材，环保家电、服装等系列产品。与市工商联共同举办佛山市—卢旺达“一带一路”企业家交流合作对接会，卢旺达驻华大使查尔斯·卡勇加率领30余家卢旺达企业代表与佛山市60余名中外企业嘉宾进行对接洽谈，促进佛山市企业了解卢旺达营商环境。与广东省不锈钢材料与制品协会主办第十三届华南不锈钢·金属材料展览会，展出传统管材、板材、专属化精工定制产品等高附加值不锈钢精品，以及一批智能化、自动化、精度高的不锈钢新技术新设备和优质系列配套产品。指导佛山天安数码城举办“2019年佛山天安数码城国际贸易产业高峰论坛”，外贸领域专家、律师和企业家等80多人出席活动。组织19家佛山企业40人参加第二届中国国际进口博览会。

【经贸信息服务】 2019年，中国国际贸易促进委员会佛山市委员会网站总点击量66149人次，总独立访客17522人次，累计发布文章和信息862篇。市贸促会与中国贸促会和广东省驻境外代表处建立互通联系，将更多境外优质项目信息转发到佛山市贸促会网站“投资贸易机会”栏目，让企业自行匹配对接，全年转发境外优质项目信息17条。利用微信公众号每天推送最新最热的政策及外贸信息，拓宽企业信息获取渠道，全年通过公众号推送信息737条。

【佛山市首次外向型企业家培训班】 2019年9月3—5日，由中国国际贸易促进委员会佛山市委员会、佛山国际商会组织，香港管理学院承办的佛山市首次外向型企业家培训班在深圳举行，有35名佛山知名外向型企业家参加培训。培训班邀请凤凰卫视资深时事评论员何亮亮、中央政府驻港联络办深圳培训调研中心副处长陈玉如、中银香港研究部高级研究员王春新等专家分别就“中美贸易战下两国经济与跨境投资何去何从”“香港近代史”“粤港澳大湾区下香港与内地经济贸易合作的机会与发展”等主题为参训企业家授课。其间，培训班主办单位还组织佛山企业代表到松禾资本管理有限公司、中国电信国家双创能力开发服务基地、高新技术民营企业比亚迪股份有限公司等优秀企业开展实地观摩、调研。

（刘泽团）

佛山市红十字会

【市红十字会组织概况】 佛山市红十字会（救伤会）成立于1909年，2007年3月起单独设置。市红十字会辖禅城、南海、顺德、高明、三水等5个区红十字会。红十字会有9项主要职责，主要业务包括“三救”（紧急救援、备灾救灾、应急救护）、“三献”（无偿献血、遗体和人体器官捐献、造血干细胞捐献）、国际人道援助、志愿服务、红十字青少年，其他还有依法开展募捐、兴办社会福利事业等。市红十字会在实际工作中分为办公室和综合业务室运作。

【红十字应急救护】 2019年，佛山市红十字会系统不断推进全民应急自救互救知识与技能普及工作。出台《佛山市2019年群众性应急救护培训工作方案》和《佛山市关于加强2020—2022年群众性应急救护培训工作的实施意见》，明确市、区两级红十字会的培训目标和任务，制定详细工作计划，并通过纳入年度预算等途径解决培训经费。开创应急救护培训新模式，构建“佛山市红十字会网上应急救护培训平台”，将线上微信公众平台与线下应急救护培训相结合，实现微信报名、学习、理论考核等功能。推进“红十字应急救护培训基地”项目和佛山市红十字会“自动体外除颤器（AED）公共场所投放项目”，促进应急救护培训工作向高层次、高水平、高科技方向发展。推动顺德区红十字会在顺德长鹿旅游休博园按照“旅游景区红十字救护站建设标准”建设红十字救护站，为游客提供人道救护与服务，并成立景区红十字博爱救援队，开展经常性培训、应急救护演练活动和志愿服务，提升旅游景区处理突发意外事故的能力。推进应急救护知识进机关、进社区（村）、进企业、进学校，开展培训讲座及宣传活动260场次，普及群众84688人次。开展应急救护员培训，举办应急救护员培训班374期，培训红十字救护员18148人次。

【红十字社会救助】 2019年，佛山市红十字会系统继续开展“红十字博爱送万家活动”“佛山市红十字会人道救助资金”“小天使基金”等项目。在元旦、春节、儿童节、中秋节、重阳节等节日期间，组织红十字志愿者、爱心企业代

2019年，佛山市红十字会开展《珍惜生命，预防溺水》亲子活动安全教育讲座

（市红十字会供图）

表等到困难家庭、孤寡老人家中探访慰问。全年帮扶、探访1104人次，发放救助金159.52万元。

【红十字备灾救灾】 2019年，佛山市红十字会通过与市防灾减灾协会合作，参与开展防灾避险知识“进学校、进社区、进企业”宣教活动7场次。在5月12日第十一个全国防灾减灾日，市红十字会备灾救灾中心组织志愿者参与市应急管理局主办的大型综合应急救援演练。

【无偿献血·器官捐献·造血干细胞捐献】 2019年，佛山市红十字会及各区红十字会继续通过多种形式开展“三献”（无偿献血、遗体和人体器官捐献、造血干细胞捐献）宣传活动，推动“三献”工作有效开展。无偿献血100%满足临床用血需求。器官组织捐献32例，其中眼角膜14例、心脏9例、肝脏30例、肾脏55例、肺脏3例。造血干细胞捐献方面，市红十字会全年跟进造血干细胞捐献志愿者初筛170例、高分20例、体检20例、成功捐献9例（历年累计捐献38例）。是年，市红十字会获评为广东省“2019年度造血干细胞捐献工作优质工作站”。

【红十字志愿服务】 2019年，佛山市红十字会采用政府购买服务的方式，推动红十字志愿服务发展。红十字志愿者全年参加造血干细胞捐献、灾后慰问、社区探访慰问、贫困先心病儿童救助、防灾减灾宣传、应急救护培训、世界献血者日活动、红十字博爱送万家等活动志愿服务254场次，参与志愿服务1405人次，服务时长8382小时。

【红十字青少年服务】 2019年6月，佛山市红十字会召开2019年学校红十字会专题工作会议，研究部署2019年度工作。年内，市红十字会自筹经费，围绕“小手拉大手，安全一起走”主题，在5个学校同时开展群众性救护培训、应急演练、学校安全教育与体验活动、亲子讲座和主题宣传等活动，举办培训和宣传活动21场次，促进红十字青少年应急救护知识普及。

【佛山市博爱医院学校教学与服务】 2019年，佛山市博爱医院学校有8所分校10个校区，免费为义务阶段教育患病住院的学生提供语文，数学，英语和心理辅导。全年服务住院学生1813人（截至2019年，学校累计服务学生11880人）。3月28日，市博爱医院学校召开第二届董事会预备会议，会议通过市博爱医院学校第二届董事会董事名单并选举产生第二届董事会秘书长、副董事长、董事长。召开市博爱医院学校第二届董事会第一次会议，会上汇报佛山市博爱医院学校2018年度工作情况、审议《佛山市博爱医院学校2018年度财务报告》《佛山市博爱医院学校2019年度预算》，并研究修订《佛山市博爱医院学校董事会管理办法》。年内，市博爱医院学校接待青海省人大调研组等调研组来访考察。

【红十字养老服务】 2019年，佛山市红十字会继续与佛山市千禧乐善敬老协会签订《佛山市红十字会养老服务项目合作协议书》，以购买服务的方式，在志愿服务、护理员培训、人道救助等方面开展养老服务工作，建立1支200多人的红十字志愿服务队伍进社区、进养老院、进农村，并定期开展志愿服务。市红十字会养老服务中心联合“吉利贸易千禧关爱长者爱心基金”管理单位，通过“走访、评估、改造、回访”方式，对社区内存在安全隐患的独居困难老人家居环境进行安全改造，全年适老化改造独居困难老人家居环境25户，投入资金30余万元。年内，市红十字会养老服务中心组织开展多场救护员培训，培训护理员50人次。

【红十字公益宣传活动】 2019年，佛山市各级红十字会继续以“世界红十字日”“防灾减灾日”“世界急救日”“世界献血者日”“世界艾滋病日”“世界防治麻风病日”等活动为契机，开展各类形式多样的公益宣传活动。活动包括：联合FM94.6频道节目组对红十字会工作进行全方位策划包装，录制宣传声带每日定时播放；组织200余人红十字会方阵参加“温爱佛山——元宵慈善文化人人行”活动；围绕“红十字博爱周、爱心相伴‘救’在身边”主题，在佛山电视台《小强热线》集中播出红十字业务宣传短片，并在微信公众号推出《红十字运动沙画》；联合市卫生健康局主办“定期参与无偿献血，人人享有安全血液——佛山市庆祝第十六个‘世界献血者日’暨无偿献血表扬活动”；围绕“急救，关注易受损群体”主题，开展预防溺水亲子讲座，在市老年干部大学投放自动体外除颤器，在禅城区莲花广场进行公益宣传；等等。

（梁恒镖）

2019年2月19日，佛山市举行2019“温爱佛山——元宵慈善文化人人行”系列活动
（市红十字会供图）

外事·侨务·台港澳事务

外　事

【概况】 2019年，佛山市接待外宾90批次1083人次，其中副部级以上重要外宾8批次246人次、“一带一路”沿线国家85批次1042人次，包括瓦努阿图瓦库党主席兼副总理鲍勃·拉夫曼一行、加纳新爱国党总书记博阿杜一行、德国联邦副议长汉斯–彼得·弗里德里希一行、利比里亚临时参议长团一行、菲律宾总统杜特尔特一行、印度尼西亚投资协调委员会主席一行等6批高级访问团组的接待。全市审发外国人来华邀请核实单182份，邀请外国人290人次。截至2019年底，佛山市及各区缔结国际友好城市16对。

【国外代表团到访】 2019年，佛山市加强对接交流，深化对外合作，全年接待国外代表团90批次1083人次。2月22日，中共佛山市委书记鲁毅会见瓦努阿图瓦库党主席、副总理鲍勃·拉夫曼一行，进一步加强双方沟通对接，拓展合作领域，深化务实合作。9月26日，佛山市市长朱伟会见联合国开发计划署代理代表戴尔德一行，双方就“氢能产业大会”“促进中国燃料电池汽车商业化发展项目”等联合国计划开发署与佛山合作项目进行交流。10月，佛山市副市长谭萍会见印度尼西亚投资协调委员会主席托马斯一行，双方就搭建交流平台、促进国际产业合作进行探讨。

佛山市及各区缔结友好国际城市关系一览表

中　国	外　国		缔结时间
	友城名称	国家/地区	
佛山市	伊丹市	日本	1985年5月8日
	路易港市	毛里求斯	1989年1月27日
	斯托克顿市	美国	1994年3月4日
	波塞雄市	留尼汪（法属）	1997年4月11日
	汤斯维尔市	澳大利亚	2006年7月28日
	圣乔治市	格林纳达	2010年4月23日
	因戈尔施塔特市	德国	2014年1月22日
	斯达洛加勒德市	波兰	2014年6月10日
	纳罗福明斯克区	俄罗斯	2017年2月27日
	维拉港市	瓦努阿图	2017年6月12日
	奥什市	吉尔吉斯斯坦	2019年6月13日
禅城区	梅德韦市	英国	2010年3月2日
	福遍郡	美国	2012年11月28日
南海区	雷诺市	美国	1994年7月18日
	沃尔夫斯堡市	德国	2016年8月27日
顺德区	高嘉华市	澳大利亚	2012年12月11日

注：截至2019年12月，佛山市缔结16对友城关系

【佛山市代表团出访】 2019年，佛山市深度融入和服务国家总体外交。4月，佛山市市长朱伟率领政府代表团赴韩国、日本、美国开展招商引资、友城交流活动。6月11—14日，中共佛山市委书记鲁毅率团访问吉尔吉斯斯坦，与奥什市市长萨雷巴邵夫共同签订两市建立友好城市关系协议书。8月22—29日，佛山市政府副秘书长张兵率团对瓦努阿图开展友好访问。其间，代表团拜会驻瓦努阿图大使馆，举办“送医上岛”启动仪式，以及拜访当地华人社团。8月24日至9月4日，佛山市医疗卫生队前往瓦努阿图开展医疗卫生交流合作。医疗卫生队在卢甘维尔市（桑拖岛）北方医院和维拉港市社区诊所开展巡诊，为当地民众免费看病问诊、赠医送药，服务维拉港市及周边地区的病人及民众，配合

2019年8月26日，佛山市代表团赴瓦努阿图访问，并举行佛山医疗队赴瓦努阿图送医上岛启动仪式
（市委外办供图）

中国派驻瓦努阿图医疗队相关工作。

【涉外事件处理】 2019年，佛山市健全市委外事工作委员会沟通研判机制，建立市直单位及各区外事联络员机制，密切关注及研判重大外事热点敏感问题，防范化解外事领域风险。引导境外媒体的报道方向，争取宽松的国际舆论环境。参与省、市相关部门关于中美贸易摩擦的调研活动，提高"走出去"企业的风险和责任意识，采取各项措施应对中美贸易摩擦。

【预防性海外领事保护】 2019年，佛山市围绕国家安全、预防性领事保护、因公出国管理、亚太经合组织（APEC）商务旅行卡申办及外国人来华业务培训等内容，组织开展全市外事工作培训1期，约80人参加。举办"2019佛山企业走进东非投资贸易经验交流会"等活动，引导企业建立健全海外安保机制，为企业提供信息咨询、政策指引和风险预警，维护企业合法利益。开展领保知识进高明区中山社区活动，通过面对面宣讲领保知识、观看安全出行短片、设置领保宣传架及派发宣传品，加深社区人员对海外出行的安全防范意识与应急处理能力。

【涉外管理】 2019年，佛山市进一步加强因公出国管理，调整工作流程和审批权限，严把审核审批关，对新报批的出访团组目的、任务和时间进行统筹协调，完善"双审批"（指经分管组团单位的市领导和分管外事工作的市领导分别审批）制度。严格遵循"因事定人、人事相符"和"有保有压、保证重点"的原则，重点倾斜招商引资、经贸团组，确保围绕新兴产业发展、项目引进等重点团组出访。强化因公出国团组行前教育，建立健全部门间的协调联动机制，联合国安部门对重点部门、高校等组团单位开展行前教育，从出国纪律、保密纪律、出访安全、出访行程注意事项等方面强调在境外出访期间应如何严守纪律，妥善应对突发事件，确保团组出访期间各项活动规范，完成预定任务。简化申办亚太经合组织（APEC）商务旅行卡材料及审核项目，加强外国人来华邀请核实单管理工作，做好涉外人员管理工作。是年，全市外事部门为29家企业31人次办理亚太经合组织（APEC）商务旅行卡；审发外国人到华邀请核实单182份，邀请外国人290人次。

【佛山与吉尔吉斯斯坦奥什市缔结友好城市】 2019年6月11—14日，中共佛山市委书记鲁毅率团访问吉尔吉斯斯坦，开展相关友好交流活动。当地时间6月13日，在中国和吉尔吉斯斯坦两国元首的共同见证下，佛山市委书记鲁毅和奥什市市长萨雷巴邵夫交换双方正式签署的建立友好城市关系协议书。至此，佛山市及各区缔结国际友好城市达16对。佛山市和奥什市将以缔结友好城市为契机，在"一带一路"倡议和上海合作组织发展框架下，加强在经贸、科技、文化、教育、体育、卫生等领域交流合作，促进共同发展、共同繁荣。

【佛山市委外事工作委员会第一次会议】 2019年4月18日，佛山市委外事工作委员会第一次会议召开。中共佛山市委书记、市委外事工作委员会主任鲁毅主持会议，市长、市委外事工作委员会副主任朱伟出席会议。会议审议并原则通过《中共佛山市委外事工作委员会工作规则》《中共佛山市委外事工作委员会办公室工作细则》等相关文件。会议强调，要发挥佛山的优势和作用，进一步扩大高水平对外开放，围绕国家总体外交布局和全省重大工作部署，抢抓粤港澳大湾区建设的重大机遇，坚定不移推动深化改革开放，深度参与"一带一路"建设，推进各领域对外交流合作取得新进展。是年，为重点加强和完善市委对外事工作的领导，改革完善对外工作体制机制，成立市委外事工作委员会，发挥市委外事工作委员会办公室宏观谋划、政策研究、外事管理、检查督办等方面的作用。

【多国代表团参加首届佛山国际交流文化周】 2019年，佛山市外事局在2019年广东（佛山）非遗周暨佛山秋色巡游活动举办之际，筹划首届佛山国际交流文化周，邀请日本伊丹市、瓦努阿图维拉港市、俄罗斯纳罗福明斯克市、德国因戈尔施塔特市等友城和韩国大邱市等友好交流城市组派代表团访问佛山，为佛山与友城人民增进了解、促进交流和加强合作架起广阔友谊桥梁。

（蒋淑君）

侨　务

【概况】 2019年，祖籍佛山的海外华

侨华人约80万人，分布在世界70多个国家和地区。佛山市归侨人数约2800人，以越南、印度尼西亚、马来西亚、印度、新加坡等归侨为主。其中：各区散居归侨人数约1200人，主要分布在禅城区、南海区、顺德区；聚居归侨约1600人，以越南归侨为主，聚居地在三水区南山镇。全年全市接待到访华侨华人63批次1228人次。举办“寻根中国·菁彩佛山”2019英国华裔青少年佛山夏令营等，联络乡情乡谊，促进佛山与海外交流。是年，佛山市侨务工作部门发挥侨务资源独特优势，以汇聚侨力、以侨为“桥”、引资引智为重要抓手，服务全市经济社会发展。“汇侨力”方面，推动成立第五个佛山字号商会柬埔寨佛山总商会，支持柬埔寨、澳大利亚佛山总商会在佛山设立经贸办事处。“引侨智”方面，依托5个佛山市引进海外高层次人才工作站引进高层次人才项目资源。“聚侨心”方面，邀请侨领列席佛山市人大会议，举办华侨华人代表人士座谈会，密切联谊交流，助力佛山建设。“育侨菁”方面，加强对归国留学人员创新创业的引导和支持，组织开展专题调研，并通过组织夏令营邀请青年海外侨胞体验岭南文化，加深其对祖（籍）国与家乡的认识。“惠侨益”方面，开展暖侨心送温暖活动，贯彻落实《广东省华侨权益保护条例》。

【侨务引智】 2019年，佛山市侨务局依托市海外高层次人才工作站推动人才项目落户。经美国纽约、英国伦敦、澳大利亚悉尼、南非约翰内斯堡和新加坡等地设立的海外引才工作站引荐，接洽10批次13个海外高层次人才团队到访，其中美国维讯公司的高端金融服务项目、新加坡银杉科技公司的干货匣子项目分别落户南海区、禅城区。与意大利、英国高校探讨高等教育项目合作计划，接待新加坡科研局博士团队到访佛山，探讨未来合作与发展的空间。

【侨务促佛企“走出去”】 2019年，佛山市侨务局协助开展多场大型合作交流活动。协助举办2019佛山企业走进东非投资贸易经验交流会，邀请在卢旺达、乌干达、肯尼亚、坦桑尼亚等非洲国家拥有成功投资经验的侨商代表向与会的150多家佛山企业代表分析在东非市场投资的机遇与挑战，分享在当地投资的经验。以深化“一带一路”合作为主题，协助印度尼西亚投资协调委员会访问团一行与佛山家具企业举行产业投资洽谈会，推动佛山企业“走出去”开拓海外市场。在马来西亚新山中华总商会商贸考察团到访佛山期间，推动佛山与马来西亚新山两地商团交流并签订两地商会合作备忘录。拓展海外侨务资源，推动成立第五个佛山字号商会柬埔寨佛山总商会，逐步打造佛山海外侨团体系。支持柬埔寨、澳大利亚佛山总商会在佛山设立经贸办事处。

【侨胞联谊】 2019年，佛山市侨务局接待到访华侨华人63批次1228人次。通过加强与海外侨胞的联系交流，联络乡情乡谊，开展佛山海外高层次人才引进、经贸发展、中餐繁荣等方面的合作交流。邀请8名海外侨领列席佛山市第十五届人民代表大会第四次会议，听取“一府两院”（市政府和市法院、市检察院）工作报告。并举行华侨华人代表人士座谈会，鼓励华侨华人代表人士为佛山进一步对外开放、推动海外侨胞助力佛山企业开拓海外市场、引进海外人才等方面建言献策。在2019年佛山秋色城市展示活动期间，举办“创享秋色·才聚佛山”活动和佛山市海外华侨华人助力粤港澳大湾区建设座谈会，邀请53名来自美国、英国、澳大利亚、马来西亚、新加坡等国家的海外华商代表、侨团代表出席，推介佛山的发展成果和未来计划，推动佛山与海外华侨华人、重点社团之间的互动交流以及合作往来。组织佛山市海外重点侨领出席由广东省人民政府、国务院侨务办公室联合主办的首届华侨华人粤港澳大湾区大会。组织举办“菁彩佛山”系列夏令营，邀请英国华裔青少年在佛山体验剪纸、狮头扎作、粤剧和武术等岭南传统文化和深入了解佛山人文风貌和发展现状，增进海外华裔新生代对祖（籍）国、家乡佛山发展的认识，强化其对祖（籍）国“根”的情结，促进侨务工作可持续发展。助力海外社团持续发展，资助美国旧金山南侨学校100周年校庆、奥地利两广同乡会组建狮艺队、英国中文教育促进会教学用品等。

【侨务文化宣传】 2019年，佛山市侨务局发挥海外侨胞影响力，以文化活动为载体，结合“粤菜师傅”工程和打造“世界功夫之城”目标，推动文化“走出去”，提升佛山城市的知名度和美誉度。协助南海（海外）留学生联盟新加坡工作站应邀出席圣约翰国际首长理事

2019年3月22日，2019佛山企业走进东非投资贸易经验交流会吸引众多佛山企业参与

（市委统战部供图）

会议晚宴，并展演佛山岭南醒狮，对外推介岭南文化。以出访活动为契机，向国际美食家协会、荷兰中厨协会等海外社团组织推介佛山粤菜、功夫文化。在文化交流、经贸合作等活动中，主动融入佛山功夫文化，加强武术文化的对外交流互动。

【爱侨护侨】 2019年，佛山市侨务局开展“暖侨心送温暖”活动，赴三水区迳口华侨农场慰问归侨侨眷。配合市人大开展佛山市《广东省华侨权益保护条例》实施情况执法检查，并对留学归国人员创新创业情况进行调研，实地考察留学生创办的公司。组织主流媒体对留学生创新创业情况进行专访，并将采访成果形成建议向市委及省人大代表报送。形成《关于吸引海外留学人才到佛山创新创业专题调研报告》报送省委统战部，并获2019年度全省统战理论政策研究创新成果二等奖。支持举办佛山市归侨侨眷“迎中秋·庆国庆”茶话会，与归侨侨眷代表、留学生代表、侨资企业代表共同庆祝中华人民共和国成立70周年和中秋佳节。依法依规办理涉侨事务，全年开具报考普通高校“三侨生”(指归侨青年、归侨子女、华侨在国内的子女)证明22份，受理华侨回国定居申请3件，成功办理3件，接信接访接电50多人次，为归侨侨眷、海外侨胞解决困难。

【佛山市海外华侨华人助力粤港澳大湾区建设座谈会】 2019年11月1日，佛山市举行海外华侨华人助力粤港澳大湾区建设座谈会。11个国家的53名侨领参加座谈会，主要围绕人才发展、城市品牌建设和经贸文化交流等3个方面，为助力粤港澳大湾区建设建言献策。多名侨领表示，人才是发展的第一要素，要以项目引领引进更多的海外人才，促进粤港澳大湾区建设。

(周嘉雯)

台湾事务

【概况】 2019年，佛山市接待台湾到访客人16批次341人次，赴台开展基层交流7批次76人次，全年受理公职人员赴台团组32批次231人次、公司商务赴台团组71批次152人次。新设立台资企业44家，累计1371家。新设立台资企业涉及合同台资2601.27万美元、实际台资2341.69万美元，累计合同台资54.6亿美元、累计实际台资61.7亿美元。

【佛台交流】 2019年，佛山市突出佛山特色，强化民间交流，与台湾开展文化、艺术、教育交流，促进两岸关系发展。

对台民间交流　全年接待台湾到访客人16批次341人次。亲民党主席宋楚瑜首次率团到佛山参访。中国国民党黄复兴党部以及嘉义等县、市党部，高雄市议会、金门县议会等团组相继到访佛山。全市赴台开展基层交流7批次76人次，市、区相关领导率队赴台，推动佛台经济文化青年交流合作。全年受理公职人员赴台团组32批次231人次、公司商务赴台团组71批次152人次。

佛台青年交流　继续推行2011年起实施的佛山青年台商“十年名校”培训计划，在南京大学举办2019年佛山青年台商研修班。继续邀请台湾有关青年商会代表到佛山参访(已连续4年邀请该商会代表到佛山参访)，以此为契机，举办大湾区考察、青年创业项目路演、篮球友谊赛等佛台青年系列交流活动，促进佛台青年交流合作。

引导鼓励台湾同胞参与大湾区建设　推动佛山科学技术学院与台湾有关机构、高校进行产学研合作，设立佛山科学技术学院粤台人工智能学院，引入15名台湾高学历青年教师人才。承办国台办经济局、商务部台港澳司、省台办、省政协港澳台委员会“台商一起来，融入大湾区”主题活动，来自台湾工商团体、台商台企、台湾青年，以及两岸媒体代表西线考察团100多人到佛山考察，举办佛山投资环境推介会，增进台商台胞对粤港澳大湾区机遇的认识。

【台湾青年创新创业平台搭建】 2019年，佛山市搭建台湾青年创新创业和就业服务平台。举行第八届中国创新创业大赛港澳台赛，参赛项目413个，其中台湾项目278个。在禅城区岭南天地简氏别墅挂牌成立佛港澳台青年融创基地。佛山市南海区整合港澳台及海外留学生青年资源，出台《南海区港澳台及留学青年创新创业服务中心及基地扶持办法(试行)》，在千灯湖创投小镇成立南海区港澳台及留学青年创新创业服务中心，有3个台湾青年创业团队入驻。

【台企台商服务】 2019年，佛山市建立台资企业定期走访机制，每月至少走访2家以上重点台资企业，慰问重点台商台胞，并定期走访有关部门单位，及时沟通协调有关问题诉求。面向重点台商台企，市委台港澳办联合市税务局举办专场税务政策宣讲，帮助加深台商台企对税务政策理解。处理好台商台胞救助案件，全年全市受理有关台港澳权益保护案件153件，结案141件，结案率92.1%，对佛山台胞就医、就学、出入境证件办理，以及生活便利等问题，及时妥善解决。妥善处置台资企业飞将实业有限公司陈请事等上级督办转办案件，维护社会稳定。支持台商参与社会事务，首次推荐张丽丝等4名台湾妇女代表参加佛山市妇女第十三届代表大会。

【佛山市青年台商会五周年庆典暨粤港澳大湾区推介活动】 2019年11月15日，佛山市举办佛山市青年台商会五周年庆典暨粤港澳大湾区推介活动。佛山市政协主席熊志翔、市青年台商会会长詹正兴，以及全国台企联、省内各地市青年台商会、市各青商友会等代表出席活动。佛山市青年台商会成立5年来，发挥桥梁纽带作用，在团结凝聚台湾青年、帮助青年台商成长、助力台资企业转型升级、推动佛台青年交流合作等方面做大量工作，成为佛台青年交流合作的重要平台。粤港澳大湾区推介活动向参会台商推介粤港澳大湾区建设情况，鼓励台商台胞尤其是台湾青年抢抓历史机遇，融入粤港澳大湾区建设。

(市委台港澳办)

港澳事务

【概况】2019年，佛山市按照《实施〈粤港合作框架协议〉2019年重点工作》和《实施〈粤澳合作框架协议〉2019年重点工作》相关要求，推动佛山、香港、澳门在经济、贸易、科技、文化、青年等领域合作。全年佛山与香港贸易额464.5亿元、与澳门贸易额4.3亿元。新批香港直接投资项目228个，实际港资37.31亿元；新批澳门直接投资项目33个，实际澳资9841万元。新增对香港直接投资企业14家，新增内地协议投资额5710.71万美元。年内，佛港澳高层实现多次互访，香港特别行政区长官林郑月娥率领香港特区政府代表团到访佛山。全年佛山市围绕国情教育、港澳青创、传承文化等主题组织佛港澳交流活动160场次。

2019年8月5—9日，由佛山市委台港澳办和香港康乐及文化事务署联合主办的“逐梦湾区·乐享佛山”2019年佛港澳台青少年“功夫”交流夏令营在佛山市举行

（市委台港澳办供图）

【港澳青年创新创业平台建设】2019年，佛山市出台《佛山港澳青年创业孵化基地建设实施方案》，推进佛山港澳青年创业孵化基地建设，拓展香港、澳门青年就业创业空间，优化港澳青年在佛山的创新创业环境。佛山港澳青年创业孵化基地以原有的佛山市创业孵化示范基地为主园区，并选址南海区三山新城、顺德区顺德港建设分园，形成“一基地两园区”格局。截至2019年底，基地主园区涌现多个港澳青年创新创业示范典型，其中佛山工合空间成为广东省首批授牌的粤港青年创新创业基地，是伯克利天台加速器（Skydeck）“全球创新伙伴计划”第一个合作伙伴。发挥港澳及本地青年社团桥梁作用，推动成立佛港澳台青年融创基地、禅港澳青年交流基地、国际青年发展联盟佛山基地。

【佛港澳高层互访】2019年，佛山市加强与香港和澳门政府部门的交流。全年接待港澳官方、半官方等团组6批次151人次，先后接待香港特别行政区长官林郑月娥所率香港特区政府代表团、澳门立法会参访团、香港公务员内地专题考察团等重点团组。佛山市市长朱伟出席在香港举办的《粤港澳大湾区发展规划纲要》宣讲会；中共佛山市委书记鲁毅出席澳门回归20周年纪念活动。加强与港澳专业界别社团的交流。全年接待港澳专业人士团组9批次246人次，包括香港总商会、香港工程师学会会长联谊会、香港测量师学会内地事务委员会等重点团组5批次121人次，各到访团组分别实地参观佛山市金融、环保、创新科技等产业项目，促进佛港澳各领域业务交流。

【佛港澳青年学生交流】2019年，佛山市围绕国情教育、青创、传承文化等主题，与香港、澳门组织开展多领域、全方位青少年交流，组织交流活动160场次，参加交流活动的香港青年7769人次、澳门青年2611人次。围绕“我和我的祖国”主题，承办共青团广东省委主办庆祝中华人民共和国成立70周年暨粤港澳大湾区青年节交流活动，约1000名粤港澳青年参加。举办第七届佛港澳台青年国情教育活动，组织50多名港澳青年参观红色教育基地、特色文化创新项目和历史文化项目等。举办十二届佛港澳青年经济交流会，上百名佛港澳台及海外青年共同交流研讨。举办2019佛港澳青年交流会，300名来自香港、澳门及佛山三地优秀青年代表参加。组织118名18至22岁香港青年学生到佛山知名企业机构开展为期8周的实习。首次组织港澳高校师生参加“魅力佛山行”高校师生佛山体验营活动。举办佛港澳台青少年功夫夏令营，有来自香港40多名青少年参加。与各港澳联谊会、社团等开展多批次学校间互访交流活动，邀请港澳师生“进校园、进课堂、进家庭”，开展各类体验式交流。

【佛山与香港科大共建香港科技大学（佛山）创新中心】2019年4月1日，在南海区政府与香港科技大学的合作基础上，佛山市政府、香港科技大学、佛山市南海区政府共同签署产学研合作备忘录，设立香港科技大学佛山智能制造研究院，合作共建香港科技大学（佛山）创新中心，以“研究院”和“创新中心”为平台，以基础科研及应用科研项目为核心，全面推动加强技术协作和成果转化，在发光二极管（LED）、新一代电子信息、新材料、生物医药、新能源等领域加强技术合作和成果转化，实行双中心平行运营、创新“离岸孵化”的合作模式。

（市委台港澳办）

地方立法

【概况】 2019年，佛山市第十五届人民代表大会常务委员会第三十五次主任会议通过年度立法工作计划，地方立法工作安排正式项目3个、“预备项目”3个。市人大常委会审议地方性法规2件（通过1件、待续审1件），对4件政府规章、24件规范性文件进行备案审查。《佛山市排水管理条例》于2019年3月28日广东省第十三届人民代表大会常务委员会第十一次会议批准。（详见77页《人大立法》）

【《佛山市养犬管理条例》表决前评估】 2019年11月7日，佛山市人大常委会组织开展对《佛山市养犬管理条例》表决前评估工作，对即将进行第三次审议并表决的《佛山市养犬管理条例》进行表决前评估，对条例的行为规制、体例创设、具体条文内容，由第三方评估机构市委党校进行客观分析，并针对可能存在的问题有针对性地提出对策建议，表决前评估工作于是年12月6日结束。市委党校经评估认为，《佛山市养犬管理条例（草案修改二稿建议稿）》符合设区的市地方立法权限，不存在与上位法相抵触的条款；条文设计总体上科学合理、具体明确，具有较强的可操作性和现实可行性；建议稿对群众普遍关注的热点问题予以有效回应，符合佛山新型城镇化和养犬现状，具有佛山特色。

【立法智库作用发挥】 2019年，佛山市人大常委会注重发挥立法专家、地方立法研究基地、基层立法联系点的智力支撑和桥梁纽带作用，促进科学立法。发挥基层立法联系点深入群众、密切联系群众的优势，依托其开展立法调研工作，全年委托基层立法联系点开展立法调研活动20次，召开座谈会20余场次，收集意见建议200余条。发挥地方立法研究基地的学术优势，调动立法基地参与立法工作的主动性，全年委托立法基地开展立法专项调研3次，委托开展规范性文件备案审查数十件。发挥立法咨询专家的专业优势，邀请立法咨询专家参与年度立法工作计划论证工作、立法调研活动和法规审议修改活动，全年组织10余名立法咨询专家，参与立法活动20余场次。

【政府规章与规范性文件备案审查】 2019年，佛山市人大常委会继续落实常委会听取和审议规范性文件备案审查工作报告制度，做好政府规章与规范性文件备案审查工作。按照“有件必备、有备必审、有错必纠”的要求，进一步规范规范性文件的接收、登记、分送、存档和审查流程。强化人大常委会备案审查工作机制，加强《广东省各级人民代表大会常务委员会规范性文件备案审查条例》和全省统一的规范性文件备案审查信息平台的培训、实施和应用，提高备案审查效能。年内，市人大常委会报省

2019年8月29日，佛山市第十五届人大常委会第二十三次会议召开。会议听取市政府关于《佛山市养犬管理条例（草案）》的说明　（徐丽清　摄）

人大常委会备案规范性文件1件，备案登记政府规章4件、规范性文件24件。

【立法意见建议征集】 2019年，佛山市人大常委会继续推进“开门立法”。通过发布公告公开征求社会公众立法工作意见，发布公告4次，收到反馈意见3400多条。专文向在佛山市的全国人大代表、省人大代表和市人大代表征求立法意见建议3次，收到反馈意见200余条。向市各有关部门、单位，以及在佛山市的全国人大代表、省人大代表和市人大代表征集2019年立法项目建议9条。深入各区基层开展立法工作调研45次，召开立法座谈会110场次。

（龙福汉）

政法工作

【社会治理】 2019年，佛山市开展“飓风2019”专项行动，总体绩效排名全省第一名。推广智慧新巡防，推进智慧新警务建设，运用警务云平台协助抓获违法嫌疑人900余人。建立全市“1+3+X”（“1”指设立一个群众诉求服务平台；“3”指3个分平台，即信访诉求服务平台、诉前和解平台、公共法律服务平台；“X”指相关职能部门的诉求服务平台）群众诉求服务体系，搭建市级社会治理云平台，排查矛盾纠纷20861件、调处10741件，成功率97.6%。营造共建共治共享良好氛围，被中央政法委信息中心首批授予“长安剑”称号。

【扫黑除恶专项斗争】 2019年，佛山市先后侦办“东平2号”“春晖”等大要案，打掉一批涉黑恶犯罪团伙，查处一批涉黑恶腐败分子。建立新型犯罪研究联席会议制度，加强对“套路贷”等新型犯罪打击力度，打掉“套路贷”团伙48个。对全市659个商品交易市场开展排查整治行动，查处市场违法案件73件，创新开展10个无“黑恶乱”市场示范点创建工作；重拳治理货运超限超载乱象，全市高速公路货车超载现象比上年下降9.6%；对全市47个软弱涣散村（社区）党组织开展整顿，推动41个提前“摘帽”；推进全市村（社区）党组织书记、村（居）委会主任、村级集体经济组织负责人三个职位“一肩挑”比例提升至94.6%。

【法治建设】 2019年，佛山市政法各部门围绕“双区”（建设粤港澳大湾区和中国特色社会主义先行示范区）国家战略，继续推进国际一流法治化环境建设，促进佛山高质量发展。市委政法委会同市发展改革局统筹推进全市产权司法保护工作，开展涉政府产权纠纷专项治理；市法院设立广州知识产权法院佛山巡回审判法庭、佛山市中级人民法院知识产权高新区巡回审判法庭，审结知识产权案件8701件，惩治侵权知识产权犯罪148件；市检察院突出打击破坏市场经济秩序犯罪，依法逮捕971人、起诉757人。市法院加强破产审判工作，运用“市场化+法治化”重整模式，帮助金型重工等5家民营企业重整；市检察院加强对民营经济的平等保护，同时与市工商联建立联席会议制度，加大向民营企业提供司法服务工作力度；市司法局成立“一中心两团”（民营企业法律服务中心、民营企业律师服务团和民营企业法律服务讲师团），组织律师服务团提供法治体检、纠纷调解等法律服务活动。市公安局深化“放管服”改革，投入使用“智慧办证大厅”，66项预约业务由自建平台申报受理；市法院深化涉港澳民商事诉讼程序简化改革，提高涉外审判效率。

【政法领域全面深化改革】 2019年，佛山市政法各部门全面落实广东省政法领域全面深化改革工作部署和要求。市委政法委加强统筹，明确全市19个牵头单位，按照时间节点、目标任务、责任单位和责任人，以精细管理推动改革项目精准落地。在全国率先成立市、区两级诉前和解中心，配备专职调解员40人、行业调解员492人、特邀调解员255人，调解结案12507件、结案9627件、调解成功3793件。深化司法体制综合配套改革，坚持完善司法责任制，探索建立员额履职评价机制，严格执行员额进退流转制度；推进认罪认罚从宽、听证式审查逮捕工作机制等改革试点工作；深化智慧法院建设，全面提升审判智能化水平。

（王 伟）

全面依法治市

【概况】 2019年，佛山市召开市委全面依法治市委员会第一次会议，深入学习贯彻习近平新时代中国特色社会主义思想、习近平总书记关于全面依法治国重要论述以及省委全面依法治省委员会第一次会议精神。开展党政主要负责人履行推进法治建设第一责任人职责述职评议工作。推进科学民主依法立法，聚焦经济社会发展重点领域推动立法工作。是年，《佛山市排水管理条例》和《佛山市机动车和非道路移动机械排气污染防治条例（修正案）》报请省人大常委会获批准，并正式实施；佛山市人大常委会审议通过《佛山市养犬管理条例》和《关于修改〈佛山市历史文化街区和历史建筑保护条例〉等三部法规的决定》；佛山市政府出台《佛山市供用电安全管理办法》等4部地方政府规章。截至2019年，佛山市累计出台6部地方性法规和8部地方政府规章，立法数量稳居全省新取得地方立法权的地级市前列。将合法性审查作为推进法治建设的重要抓手，对市、区政府及部门规范性文件提出审查意见210件次。加强法治社会建设，公共法律服务平台达802个，接待群众来电来访来信39.2万人次，提供各类法律服务18.3万件次。有省级“民主法治村（社区）”762个、“全国民主法治示范村（社区）”10个。年内，佛山市6个单位获评2018年省级“法治文化主题公园”，数量位居全省第一。

【法治建设组织领导】 2019年，佛山市加快组建依法治市工作机构，加强人员配备，建立健全工作机制，构建起全面依法治市工作新格局。召开依法治市委员会第一次会议，开展党政主要负责人履行推进法治建设第一责任人职责述职评议工作。获邀在全省司法行政工作会议上围绕“强化统筹协调，推进法治建设”作经验交流。召开市委全面依法治市委员会会议2次、委员会办公室会议2次，学习传达上级精神，审议法治建设重要文件，研究法治建设重大事项。召开法治广东考评整改、法治化营商环境专项督察、法治政府示范创建、2019年度依法治市工作任务协调督办会等专项工作会议，部署并推动重点工作落实。出台市委全面依法治市委员会相关规则、细则和各个协调小组工作规则，以及《佛山市党政主要负责人履行推进法治建设第一责任人职责述职评议工作规程》《关于做好法治信息报送工作的通知》等一批制度性文件。建立健全定期会议制度、述职评议制度、督察考评制度、调研制度、法治建设重大事项报备制度、信息报送制度等机制，促进全面依法治市工作制度化、规范化建设。组织开展法治佛山建设专题调研，形成《关于加强佛山市法治建设的调研报告》《多部门联动协同的法治政府建设路径研究》《加强法律服务资源整合为推进大湾区建设提供法治保障》等一批高质量调研成果。先后开展全市食品药品监管执法司法督察、优化法治化营商环境保护民营企业发展专项督察、法治广东考评整改落实工作专项督导、法治政府建设专项督查、全市执法案件评查等，并将督察反馈落实情况、考评问题整改落实情况纳入绩效考评内容，推进全面依法治市各项决策部署落地落实。

【司法体制改革】 2019年，佛山市推进司法体制改革，促进司法公信力提升。法院系统构建以“司法责任制6大体系+综合配套改革5大机制+特色工作4大项目”（司法责任制6大体系：监督管理体系、类案同判工作体系、新型团队办案体系、绩效考核体系、责任追究体系、职业保障体系；综合配套改革5大机制：破解“案多人少”工作机制、司法职权配置工作机制、专业化审判工作机制、司法服务工作机制、改革协同工作机制；特色工作4大项目：创新党建工作机制、健全人才培养机制、推进法院文化建设、推进智慧法院建设）为核心的改革体系，推进法院内设机构改革，基层法院共精简内设机构15个；深化繁简分流机制改革，组建6个“1+1+2+N”（即1个法官+1个法官助理+2个书记员+N个调解员或办案秘书或法警）专门速裁团队，平均审理周期11.72天；加强智慧法院建设，提升信息化服务群众和干警效能，“e改革”模式受邀在全国法院信息化建设会议上作经验介绍。是年，检察机关立足法律监督，保障民营经济健康发展。组建民企法律服务小分队，“一对一”对接帮助企业解决具体法律问题；成立检察官宣讲团，开发知识产权保护、预防涉企职务犯罪等系列课程，向全市民营企业提供菜单式、定制化的法治宣讲服务。司法行政机关推进刑罚执行一体化工作。加强社区矫正日常监管，建立健全“1+1+1+1”（专职工作者+派驻警察+专业社工+志愿者）工作队伍模式，全面建成社区矫正远程督察系统，实现在管社矫对象接收率、建档率均为100%，全市矫正对象2320人无漏管、脱管；统筹推进佛山监狱以政治改造为统领的五大改造新格局，全面打好整治安全隐患、强化警察直接管理和规范现场管理“三大攻坚战”，确保场所安全稳定；推动市强戒所践行治本安全观，全面落实应收尽收（有戒毒人员617人）；推进“四区五中心一延伸”（“四区”指生理脱毒区、教育适应区、康复巩固区和回归指导区；“五中心”指戒毒医疗中心、教育矫正中心、心理矫治中心、康复训练中心和诊断评估中心；“一延伸”指做好戒毒人员出所衔接工作，实现强制隔离戒毒工作从“墙内”向“墙外”的延伸）司法戒毒模式，“四区、五中心”全部挂牌实体运作。

【法治社会建设】 2019年，佛山市营造普法守法社会氛围。落实“谁执法谁普法”责任制，完成对市直单位“谁执法谁普法”责任制落实情况考评，高标准开展履职评议活动。加强宪法法律学习宣传，组织开展2019年国家宪法宣传周暨首届法治文化节，推进宪法进校园、进宾馆、进景区活动，《佛山普法之歌》获广东省首届法治文化节“十佳法治歌曲”。重视普法阵地建设，全市有6个单位获评2018年省级“法治文化主题公园”，4个法治教育基地获2018年省级“青少年法治教育实践基地”称号，数量居全省前列。巩固拓展普法平台，在电视、广播、报纸等传统媒体制作专栏和专题节目17个，开辟普法微信、微博等新媒体平台16个，“南海普法”微信公众号作为全国司法行政系统唯一县级单位新媒体入选中央政法委优秀政法新媒体榜单。创新社会治理机制。推进警调、访调、诉调、检调“四个对接”，开展线上“网格+调解”、线下“接待+调解”工作模式。在全省率先在市、区两级退役军人服务中心设立老兵调解工作室和法援工作站；在市、区两级建立“诉前和解中心”，探索“一牵头四对接”（“一牵头”指党委牵头，“四对接”指机构、程序、资源、平台全面对接）多元解纷新模式，进一步完善多元化纠纷解决体系，改革探索获最高法院肯定，相关经验被《法制日报》刊发。推进公共法律服务平台向群众提供专业法律服务，接待群众来电来访来信39.2万人次，提供各类法律服务18.3万件次。优化公证办证流程，推出互联网公证、周末公证、24小时预约公证等便民服务。开展刑事案件律师辩护全覆盖试点工作，为被告人提供律师辩护1199件次、法律服务4525人次。加强基层法治建设，全市有6个法治文化公园获评2018年省级“法治文化主题公园”，“全国民主法治示范村（社区）”达10个。

【法治化营商环境优化】 2019年，佛山市打造法治化营商环境高地，提升城市国际竞争力。强化大湾区建设法律服务。在全省率先出台《关于为推进粤港澳大湾区建设提供优质高效法律服务的实施意见》，提出创新措施为区域发展提供法律服务15项；实施涉港澳审判精品战略，全市法院组建专业化涉外商事审判团队6个共43人；建立健全涉港澳纠纷诉调对接工作机制，设立涉侨、涉外纠纷诉调对接工作室；成立涉外（粤港澳大湾区）商事法律服务志愿团，组建粤港澳大湾区（一带一路）法律服务人才库，提升服务粤港澳大湾区建设能力水平。加大知识产权保护力度。加快知识产权服务业集聚发展，创建“国家知识产权服务业集聚发展示范区”；举办知识产权保护研讨会等多场专题活动，组织编写《民营企业常用法律知识100问》等法律实务指引，不断提升企业法律风险防范能力；设立广州知识产权法院佛山巡回审判庭、佛山市法院知识产权高新区巡回审判庭，构建“跨区域、跨部门、跨层级”的知识产权保护圈，审结知识产权案件8701件，惩治侵犯知识产权犯罪案件148件。强化产权保护的法治保障。开展涉政府产权纠纷问题专项清理行动；开展全市营造法治化营商环境保护民营企业发展专项督察，成立“一中心两团”（民营企业法律服务中心；民营企业律师服务团、民营企业法律服务讲师团），主动参与企业公司治理和经营风险防范等法律服务活动；发布《加强民营经济司法保护暨民营企业法律风险提示白皮书》，公布民营企业商事审判保护十大典型案例。

【佛山市委全面依法治市委员会第一次会议】 佛山市委全面依法治市委员会第一次会议于2019年3月22日召开。会议深入学习贯彻习近平新时代中国特色社会主义思想、习近平总书记关于全面依法治国重要论述以及省委全面依法治省委员会第一次会议精神。中共佛山市委书记、市委全面依法治市委员会主任鲁毅主持会议并讲话。会议要求，要坚持目标和问题导向，突出工作重点，对标最高最好最优推进全面依法治市工作，全力推动佛山法治建设走在全省前列。深入贯彻实施宪法，广泛开展宪法宣传教育活动，弘扬宪法精神，让宪法家喻户晓、深入人心。聚焦改革发展中的突出问题、人民群众关心的热点问题，积极推进科学立法，更好发挥立法的引领和推动作用。加强法治政府建设，进一步转变政府职能、提高效率，加大依法行政工作力度。深入推进司法体制改革，推动形成侦查权、检察权、审判权、执行权相互制约、相互配合的体制机制，确保公正司法。着力推进法治社会建设，学习创新发展新时代“枫桥经验”，探索推进社会治理智能化、科学化、精准化，加快实现社会治理法治化。全面推进数字政府建设，加强知识产权司法保护，不断优化法治化营商环境。做好粤港澳大湾区建设法治服务保障。

（陈 哲 张 彬）

公 安

【概况】 截至2019年底，佛山市设市级公安局1个、区级公安分局5个，设公安派出所52个。2019年，佛山市公安机关坚持以做好中华人民共和国成立70周年、澳门回归祖国20周年安保维稳为主线，以开展“践行新使命、忠诚保大庆”主题实践活动为载体，以深入实施“粤警行动计划”和智慧新警务建设为抓手，完成中华人民共和国成立70周年、澳门回归20周年、“行通济”、“秋色巡游”、大湾区功夫电影周等重要时间节点安保维稳工作。纵深推进扫黑除恶专项斗争，开展“飓风2019”、破“小案”、护航金融“利剑”等专项行动，健全完善公共安全管理机制，整治道路交通安全隐患。群众关注强烈的“两入”（入室盗窃、入屋盗窃）警情比上年下降25.9%，交通事故死亡人数下降9.89%，道路交通安全形势保持平稳。强化火灾防控，12月5日，高明凌云山附近山体起火，全市公安机关累计出动警辅力量14200余人次，参与山火扑救、交通疏导、维护秩序等工作，疏散周边群众1381人，清除复燃隐患50余处。智慧新警务建设初见成效，视频云应用对接智慧警务前端，协助抓获全国在逃人员100余人。以创建全国禁毒示范城市为目标，推进社区戒毒、社区康复“8·31”工程和青少年毒品预防教育“6·27”工程建设。以黄岐派出所创建全国首批“枫桥式公安派出所”为契机，推进公安基础工作建设。全面实施出入境证件“全国通办”便利措施，建成“智慧办证大厅”并投入使用，有序推进出入境自助办证服务进社区。年内，围绕“飓风2019”、扫黑除恶、打击电信诈骗等重大案件侦破召开新闻发布会11次，举办反诈、禁毒、消防户外宣传724场，服务群众近110万人次。是年，佛山市公安局110指挥调度大楼建成并启用。佛山市反恐防暴综合训练基地正式动工建设。全年全市公安机关立集体二等功17个、集体三等功225个，获集体嘉奖257个；获个人一等功（含追记）3人次、个人二等功（含追记）45人次、个人三等功442人次，个人嘉奖1337人次。

【刑事犯罪侦查】 2019年，佛山市公安机关刑侦部门开展“飓风2019”专项行动，严厉打击涉枪爆、涉电信诈骗、涉盗抢等各类突出违法犯罪，夯实刑事技术基础，构建扫黑攻坚、破小案、精勘快检等工作机制，专案攻坚能力持续提升。

扫黑除恶专项斗争　深入部署打击新型黑恶犯罪专案行动、集中统一收网行动（2次）、“铁网”追逃行动（2次）和欺行霸市专项打击行动等，先后组织侦办“东平2号”“曙光行动”等一批涉黑恶专案。全年打掉涉黑恶团伙309个，扣押涉案资产48.12亿元。。

“飓风2019”专项行动　围绕追逃、电信诈骗、盗抢、涉枪、偷越国（边）境、黄赌毒、招投标等多个领域，组织发起参与全省“飓风号”集群专案49个，比上年增长2.8倍。年内，立为刑事案件的数量比上年上升4.4%，逮捕下降3.1%。

命案侦办　坚持“命案必破”方向不动摇，完善命案快破工作机制，全年侦破命案现案59宗，破案率100%，破命案积案12宗。配合市委政法委召开全市命案防范工作会议，推动各职能部门加强矛盾纠纷排查化解，消除命案隐患，命案防控工作取得积极成效。全市命案发案数比上年下降16.9%。

打击涉盗抢骗犯罪　参与全省多起“飓风”涉盗抢集群专案，形成规模化打击效应，侦破盗销货车燃油系列案、盗抢车内财物系列案等一大批盗窃专案。持续加强街头“两抢”（抢夺、抢劫）犯罪打击，破案率93.5%。

智慧侦查　佛山市公安局协同作战

平台的“服务大厅”累计为基层实战部门提供各类查询服务6041次。组建建模专班，其中“碰瓷终结者”模型在第二届广东公安智慧新警务大数据建模大赛中斩获多项荣誉，整个项目以优异的成绩获评“全省经典模型”，主创人员周骏发获得“全省建模能手”的称号，建模团队获评“全省优秀建模团队”称号。“油鼠克星”模型持续输出盗窃燃油团伙线索16条，涉案45人，案件67宗。

刑事技术　全市十类刑案及盗抢骗案件勘查率、现勘合格率均达100%；刑事案件地理坐标采集率100%、未知名尸体信息采集录入率100%。全市各区刑事科学技术室全部保持一级以上，南海公安分局刑事技术室被推荐参评全国示范刑事科学技术室。顺德区公安刑事技术部门培育的“精斑PSA定量检测仪及配套试剂盒”等2个项目参加首届全国公安刑事技术“双十计划”攻关创新大赛。

【治安管理】 2019年，佛山市公安机关治安部门以做好中华人民共和国成立70周年大庆安保维稳工作为主线，以深入实施粤警行动计划和智慧新警务战略为抓手，提升感知预警、风险化解、治安防控、重点打击、管理服务能力，社会治安形势总体稳定。

治安防控体系建设　稳步推进派出所、社区警务、治安信息员、重点场所管理、治安巡防等14项建设任务，实现全市群众性大型活动安保工作“零差错”，实现治安重点人、场、物管控“零事故”。全年治安防控体系建设绩效考评居全省前列。

治安突出问题整治　以“飓风”专项行动为抓手，客观研判各区扫黄禁赌工作形势，明确打击效能指标任务，实施常态化高压打击整治。年内，全市破获“飓风26号”“飓风27号”“飓风29号”“飓风30号”等特大黄赌团伙专案5起，“飓风”行动黄赌专项绩效考评居全省前列。

大型活动安保　区分政府活动、群众性活动和商业活动，按照“谁审批、谁监管，谁承办、谁负责”的原则，推动承办方和监管方履行公共安全主体责任。年内，全市举办大型活动990场次，其中1万人以上活动217场次，累计参与群众1103万人次，投入安保力量13.6万人次。

治安风险排查管控　继续加强列管在册高危患者管控，年内列管在册的高危患者“零”肇事肇祸。严格落实特种行业场所管理制度，依法从严查处旅馆、沐足等从业单位违法违规活动。严格落实物流寄递“三个100%”（寄运物品100%先验视后封箱；寄递物流活动100%实名制；邮件快件100%通过X光机安检）制度，严密防范利用物流寄递渠道实施违法犯罪。

【户政管理】 2019年（根据公安部的统一部署，2019年年度人口统计时点为10月31日24时），全市户籍人口总户数140.80万户，户籍人口461.28万人。全年办理居民身份证46.98万张（其中佛山市内41.02万张、省内其他城市1.63万张，省外4.33万张），办理港澳台居民居住证8811张。

【道路交通管理】 2019年，佛山市公安机关交警部门深入开展各类交通整治行动，推动重点对象隐患清零。全市实际发生一般程序交通事故3745宗、造成死亡565人、受伤3483人，比上年分别下降4.66%、9.89%、7.95%，死亡人数创近十年新低。农村亡人交通事故宗数、死亡人数，比上年分别下降32.27%、39.18%。佛山预防道路交通事故工作综合考评居全省前列。

道路交通治理　查处涉酒驾驶16852宗（已连续四年查处过万宗），工作成效继续居全省前列。组织开展逆行、飙车、失驾等重点交通违法整治统一行动。建立交通违法举报平台，鼓励市民举报21类交通违法行为，从源头上管控交通违法行为。排查出全市亡人事故多发“十大镇街”“十大路段”和源头管理风险突出“十大企业”，制定验收标准，挂牌督办推进治理。将道路隐患排查治理纳入交警日常勤务工作，消除占道施工安全隐患88个，治理易积水易塌方隐患路段96条、国道和省道农村集贸市场隐患路段10条，挂牌治理三级督办隐患路段23条。深入分析研判每宗亡人交通事故特点，在事故路段安装警示灯246个。

交管服务改革　全面落实“放管服”改革措施，全年办理车管业务611万宗。推进交警支队车管所创建高等级车管所，建设全省首个智控“通道式”车辆查验场、全省首个农村地区警保邮车管便民服务站和全市首个24小时交警自助服务

2019年10月23日，佛山公安交警部门开展酒驾查处专项整治行动

（市公安局供图）

厅。建成三水区小型汽车全科目考场，考试业务向县级下放率达75%。

智慧交通管控　加强顶层设计，制定全市交通信号配时优化3年（2019—2022年）规划，分三个阶段对全市626个路口实施数字化管控和优化。出台全市“智能斑马线”等技术指导意见，统一标准、统一规范。禅城、南海、顺德交警大队在人流密集路口试点建设智慧发光斑马线，在9处车流密集路口实施全方向待行、左转待行、直行待行交通组织，道路通行能力提升15%以上。

【经济犯罪侦查】 2019年，佛山市公安机关经侦部门推进对经济犯罪精确打击、高效打击和规模化打击。年内全市经济案件立案数、破案数分别比上年上升42.6%、4.8%；刑拘人数、逮捕人数分别上升16.2%、20.7%。先后收到公安部、省公安厅等上级部门贺电10次、嘉奖令2次，经侦支队获全国“猎狐”工作先进集体。

打击食药环犯罪　打好污染防治攻坚战和食品药品安全保卫战两大战役。“飓风78号”专案打掉系列假烟犯罪团伙，涉案总金额超6000万元；“飓风134号”专案打掉制售伪劣动物疫苗、兽药团伙，涉案总金额超5000万元。

打击涉税犯罪　组织开展“会战六号”收网行动，共捣毁窝点9个，缴获假发票18173份、假票软件7套、假公章1123枚。对“飓风68号”专案、谢某府等人虚开骗税案、梁某兰等人虚开发票案等涉税案件开展收网行动，涉案总金额超40亿元。

【公安禁毒】 2019年，佛山市公安机关禁毒部门打掉三人以上团伙143个，侦破公安部目标案件3件、省公安厅目标案件25件，缴毒523千克，查处吸毒人员7724人。清查娱乐场所1344个次，其中查封涉毒场所8个、查处吸毒人员36人。依托吸毒人员“四化”（规范化、信息化、社会化、专业化）帮管服平台，将本地户籍吸毒人员纳入网格管理。加大戒毒康复人员就业帮扶和防复吸工作，64个戒毒康复人员就业帮扶点有序开展戒毒康复人员就业帮扶，相关人员就业率在90%以上。

【网络安全监管】 2019年，佛山市公安机关网络安全部门开展“净网2019”专项行动，推进互联网秩序整治，排查网络安全隐患日志46万条。组织开展全市网络安全执法检查行动，整改安全隐患6254处，下架应用程序（APP）366个；推动全市574个信息系统完成等级保护工作，比上年增长54%；侦破涉网案件380件，打掉犯罪团伙96个。

【出入境管理】 2019年，佛山市公安机关出入境管理部门推进“放管服”改革和智慧新警务建设，推动佛山市移民和出入境工作实现新突破。4月1日起，全面实施出入境证件“全国通办”便利措施，年内受理外省户籍居民申请出入境证件90492人次、港澳台签注127529人次。全市有18个村（社区）启用自助办证设备，建成46个24小时自助服务区，投入运行自助设备近300台，为市民提供24小时“不打烊”的出入境办证服务。推动出入境“智慧办证大厅”建成启用，共受理各类业务26563人次，其中新证申请4682人次，智慧受理2188人次（占比近50%）。

【走私违法犯罪侦办】 2019年，佛山市公安机关打私部门持续开展“破网除链”，破获以“4·26”专案为代表的一大批大要案件，年内查办涉走私案件比上年上升82.95%，涉案金额53.81亿元，增长6倍多。

【黄岐派出所获全国首批“枫桥式公安派出所”命名】 2019年11月28日，公安部命名100个派出所为全国首批“枫桥式公安派出所”，佛山市公安局南海分局黄岐派出所成为全省四个之一、全市唯一获命名的派出所。（详见434页《黄岐派出所获全国首批“枫桥式公安派出所”命名》）

【禅城公安分局破“小案”工作经验获全国推广】 2019年7月，公安部领导专门批示肯定佛山市公安局禅城分局破“小案”工作“五促十快”工作机制，并向全国各地介绍以供借鉴，受到省内外同行关注。2018年6月，佛山市公安局禅城分局组建全省首支破“小案”便衣大队，并逐渐形成破“小案”“五促十快”工作机制。“五促十快”工作机制的“五促”指以打促防、以打促管、以打促控、以打促建、以打促服，“十快”指快指令、快处警、快共享、快比对、快合成、快抓捕、快倒查、快处罚、快挽损、快总结。2019年10月29日，全省公安机关破“小案”集中攻坚现场会在佛山举行。

【佛山市公安局“110”指挥调度大楼建成启用】 2019年9月，佛山市公安局“110”指挥调度大楼正式启用，新建成的作战指挥大厅包含智能综控系统、高清视频指挥调度系统、可视化指挥调度平台，积极对标省公安厅智慧新指挥考核要求，具备日常作战、重大安保、合成作战等8大功能，并在10月1日完成国庆安保联勤保障任务，为佛山市公安局指挥中心智慧新指挥建设提供支撑。

【佛山公安出入境“智慧办证大厅”建成启用】 2019年10月15日，佛山市公安局出入境“智慧办证大厅”竣工，并对外服务。“智慧办证大厅”启用至年底，受理各类业务26563人次，其中新证申请4682人次，智慧受理2188人次，占比近50%，大幅度提升工作效率。12月中下旬，各区出入境“智慧办证大厅”先后启用，佛山是广东省首个完成市、区（县）出入境“智慧办证大厅”建设的地级市，获省公安厅领导肯定。

【佛山首个智控“通道式”车辆查验场投入使用】 2019年11月，佛山市公安局交警支队建成佛山首个智控“通道式”机动车查验场，首推智控“通道式”机动车查验新模式，实现“一站式”智能控制机动车查验业务。查验场总面积5000多平方米，设置待检区、查验区、业务受理大厅3个功能区以及6条待检通道。软件上，各系统业务数据互联互通，实现预约、受理、智能导办、查验等信息一体化流转，各环节紧密衔接。平均每宗查验类登记业务受理时间，从原来2小时，缩

2019年11月，佛山首个智控“通道式”车辆查验场投入使用。图为小车查验区
（市公安局供图）

短到40分钟，真正实现“数据多跑路、群众少跑腿”，大大缩短办事时间。

（王胜昆）

检　察

【概况】 2019年，佛山市有市、区两级检察院6个，其中市级检察院1个、区级检察院5个。全市有检察人员701人，其中员额检察官302人。是年，市检察机关以检察办案为主线，聚焦法律监督，推进内设机构改革、捕诉一体办案模式、“派驻+巡回”监管场所监督机制等有关司法体制综合配套改革，助力刑事检察、民事检察、行政检察、公益诉讼检察“四大检察”全面协调发展。全年批准和决定逮捕各类刑事犯罪嫌疑人12580人，提起公诉17093人；对不构成犯罪或证据不足的，决定不捕1418人、不诉482人；审查民事检察案件380件；审查行政检察案件89件；办理公益诉讼案件637件，发出诉前检察建议482件。

【刑事检察】 2019年，佛山市检察机关受理审查逮捕各类刑事犯罪嫌疑人14740人，受理审查起诉20306人。经审查，批准和决定逮捕12580人，提起公诉17093人。故意杀人、故意伤害、抢劫等暴力犯罪继续呈下降趋势，受理审查起诉人数比上年下降17.50%，全市呈现平安建设态势。危险驾驶、盗窃等犯罪仍呈高发态势，共起诉7928人，占全市案件总数的46.38%。完善监检衔接机制，起诉职务犯罪98人，办理省检察院指定管辖的职务犯罪案件12件，办案中加强教育感化，促使被告人认罪、悔罪，巩固反腐败成效，实现政治效果、法律效果和社会效果的统一。

【民事检察】 2019年，佛山市检察机关受理审查民事检察案件380件，比上年上升19%。民事抗诉力求精准，提出抗诉或再审检察建议12件，对依法不支持监督申请的273件案件的当事人做好服判息诉工作。开展民事虚假诉讼专项监督，重点监督民间借贷、离婚等领域，审查虚假诉讼民事申诉案件9件，起诉虚假诉讼犯罪13人，推动社会诚信体系建设。强化民事执行监督，受理民事执行监督案件62件，对拒不执行判决裁定构成犯罪的，起诉31人。

【行政检察】 2019年，佛山市检察机关践行“双赢多赢共赢”理念，坚持监督与支持、维稳与维权、纠错与止争相结合，在维护司法公正、促进依法行政与维护行政相对人合法权益之间寻求最大公约数，受理审查行政检察案件89件，做好释法说理，维护政府依法行政公信力和人民法院裁判权威。开展行政争议实质性化解专项活动，运用协调手段妥善化解行政争议，推动“程序空转”问题系统治理。开展行政非诉执行专项监督，受理相关案件43件，提出检察建议26件。依托“两法衔接”（行政执法与刑事司法相衔接）工作平台，审查行政执法案件938件，推动解决有案不移、以罚代刑等问题。

【公益诉讼检察】 2019年，佛山市检察机关办理公益诉讼案件637件，其中涉及生态环境和资源保护案件263件、食品药品安全案件319件、国有财产保护等案件55件。把诉前实现维护公益目的作为最佳状态，办理诉前程序案件569件，发出诉前检察建议482件，采纳率95.2%，提起公益诉讼34件。通过办案，督促治理被污染毁损的耕地、林地、湿地等16.67公顷（250亩），督促清理固体废物、危险废物、生活垃圾等1780余万吨，督促清理制售假冒伪劣食品药品商户409户，督促追收国有财产300余万元，追偿修复生态、治理环境费用1437万元，让违法者为受损公益“买单”。

【刑事诉讼活动监督】 2019年，佛山市检察机关坚持罪刑法定、疑罪从无，对不构成犯罪或证据不足的，决定不捕1418人、不诉482人。坚决纠正有案不立、有罪不究、插手经济纠纷等问题，对侦查违法行为制发各类监督意见523件，监督侦查机关立案17件，监督撤案35件，纠正漏捕55人、漏罪127人，对120人开展重大案件侦查终结前讯问合法性核查。强化审判监督，全市两级院检察长列席同级法院审判委员会38次，并发表检察意见，保障法律统一正确适用。贯彻“宽严相济”刑事政策，降低审前羁押率，对没有逮捕必要的，决定不捕629人，对犯罪情节轻微的，决定不诉1600人。

【刑事执行检察】 2019年，佛山市检察机关审查减刑、假释、暂予监外执行案件2987件，出席减刑假释庭审892件，对监狱提请的减刑幅度和假释提出不同意见85件，均得到法院采纳，有效维护监管秩序和被监管人合法权益。加强羁押必要性审查，提出变更强制措施建议731件，被采纳率89.47%，办理的李某羁押必要性审查案被最高检评为精品案件。执行中央关于特赦罪犯的决定，依法对特赦案件进行监督。推进维护在押人员合法权益、财产刑执行及判处实刑罪犯未执行刑罚3个专项检察监督活动，督查、指导全市刑执部门深入开展3个专项活动。加大社区矫正检察监督力度，及时更新、核对社区矫正数据，掌握有关人员动向，严防脱管漏管，服务维护社会安全稳定。

【控告申诉检察】 2019年，佛山市检察机关接待群众来访2931批4194人次，受理控告申诉1078件，办理群众来信594件，接听群众来电2703次，受理网络信访100次。受理刑事申诉案件65件，国家赔偿案件88件，国家赔偿复议案件3件，国家司法救助22件。做好群众信访“7日内程序回复、3个月内办理过程或结果答复”工作，采取领导包案、挂牌督办、优化工作流程等系列措施，实现到期回复率、答复率、办结率3个100%。开展保障律师执业权利专项监督活动，在司法行政部门和律师协会的支持下，完善值班律师代理刑事申诉制度，保障合法合理诉求依照法律规定和程序得到合法合理的结果。

【未成年人检察】 2019年，佛山市检察机关从严惩处伤害、性侵等侵害未成年人合法权益的犯罪，批捕434人，起诉471人，办理的整治雇佣童工案入选广东省未成年人检察十大典型案例。完善“捕诉监防”一体化模式，对未成年人严重犯罪，该严惩的绝不放纵，依法起诉428人；对未成年人中的初犯、偶犯，依法决定不捕105人、不诉86人；封存380名未成年人的犯罪记录材料；落实帮教措施532人。市、区两级检察院检察长均担任学校法治副校长，带头送法进学校，检察官宣讲团深入校园开展法治宣讲160余场。“岭南春雨”涉罪未成年人观护基地被最高检确定为全国未成年人检察工作创新实践基地。落实最高检“一号检察建议”，联合公安、教育、

2019年10月9日，佛山市人民检察院与市工商联联合举办的“送法入企业入商会活动”在中南铝车轮制造（佛山）有限公司启动 *（市人民检察院供图）*

共青团、机关工委等职能部门，构建家庭、学校、社会、司法等多方参与的预防性侵学生工作机制，用法治力量护航未成年人健康成长。

【检察机关扫黑除恶专项工作】 2019年，佛山市检察机关落实“是黑恶犯罪一个不放过，不是黑恶犯罪一个不凑数”要求，严格审核把关，批捕涉黑恶犯罪145人，起诉236人，依法办理了“307”涉黑专案、“810”套路贷专案等一批重特大案件。开展“破网打伞”行动，移送保护伞线索22条，研判案件情况提出检察建议，推动铲除黑恶势力滋生土壤。以专项斗争为牵引，开展惩治涉枪涉爆、严重暴力、“两抢一盗”等严重影响群众安全感的犯罪，批捕4429人，起诉4361人，助力平安佛山建设。

【检察环节“三大攻坚战”工作】 2019年，佛山市检察机关围绕防范化解重大金融风险，重点惩治涉众型经济犯罪，批捕112人，起诉179人，办理涉案金额约23亿元、被害人1500余人的李某东等2人集资诈骗案。围绕污染防治和生态保护，严厉打击破坏环境资源犯罪，批捕168人，起诉209人。围绕精准脱贫，推动司法救助与精准扶贫衔接，及时救助因案致贫的被害人及其近亲属34人，发放司法救助金112万元。

【检察环节保障民营经济发展】 2019年，佛山市检察机关强化对民营经济平等保护，依法严惩侵害企业权益犯罪，批捕677人，起诉754人，办理的卡门公司立案监督案件入选全国检察机关知识产权司法保护典型案例。审慎办理涉民营企业从业人员的刑事案件，对可捕可不捕的依法不捕42人，可诉可不诉的依法不诉33人。开展非公经济涉案人员羁押必要性审查专项工作，对30人变更强制措施，最大限度减少司法办案对市场主体的不利影响。

【检察环节社会治理】 2019年，佛山市检察机关参与扫黄禁毒专项行动，起诉“黄赌毒”犯罪2092人，起诉网络犯罪、侵犯公民个人信息等犯罪628人。持续开展刑事犯罪年度报告工作，及时提出预防犯罪对策建议，结合办案向相关部门发出检察建议211件，做到以案促治、以案促建。

【检察机关内设机构改革】 2019年，佛山市市、区两级检察院形成内设机构改革方案上报省检察院、省编办，明确各部门职责职能，构建科学规范、运行高效的检察机关内设机构职能体系。10月，市人民检察院按照内设机构改革方案，将内设机构、人员调整到位，内设机构改革基本完成并试运行。根据方

案，市人民检察院设立第一至第八检察部、案件管理与法律政策研究室、检务督察部、政治部、办公室（法警支队）、计划财务装备科共13个部门，明确内设机构职能分工，完成人员调整，按照新的机构职能开展各项工作。年内，禅城区、南海区、顺德区、高明区、三水区5个区检察院的内设机构改革工作同步推进。

【“捕诉一体”办案模式改革】 2019年，佛山市人民检察院召开全市“捕诉一体”改革部署会，要求全市检察机关发挥主观能动性，在工作中以新的检察官办案组织实行“捕诉一体”办案机制。向市公安局发出《关于佛山市检察机关刑事案件管辖的函》，正式启动佛山市“捕诉一体”改革；与佛山市公安局联签《佛山市人民检察院　佛山市公安局关于刑事案件移送工作的意见》，与市中级人民法院达成共识后形成《佛山市人民检察院受理刑事案件范围（试行）》，确保刑事案件提请逮捕、移送审查起诉与审判管辖相一致。在审判机关和公安机关的配合下，完成“捕诉一体”办案模式改革，实行一个案件由同一办案组或同一检察官负责到底，统一履行审查逮捕、审查起诉、诉讼监督等职能。

【“派驻+巡回”监管场所监督机制改革】 2019年，佛山市人民检察院推进派驻监管场所监督机制改革，综合运用“派驻+巡回”方式，完成对市内3所监狱的首轮巡回检察，对其中发现的问题进行监督整改。是年，全市检察机关监督纠正刑事执行和监管活动不当情形244件次，处理在押人员控告、申诉、检举、信访信件929件；联合监管场所召开联席会议及狱情分析会80次；开展安全防范检察监督103次。

【“307”涉黑专案】 2019年，佛山市检察机关依法办理“307”涉黑专案，该案是全国扫黑除恶办、公安部挂牌督办的重大涉黑专案。以谢某忠为首的39人黑社会性质组织在汕头市盘踞多年，长期把持农村基层政权从事走私犯罪，以黑护私、以私养黑，严重破坏当地经济社会秩序。省检察院指定佛山市检察院办理该案。佛山市检察院指控谢培忠黑社会性质组织实施犯罪事实16起，涉及12个罪名，指控“黑财”6000多万元，均得到法院生效判决的确认。办案中，佛山市检察院还配合省监察委打掉“保护伞”3人。

【“青春与法同行”普法行动】 2019年，“青春与法同行”预防性侵害未成年人普法行动，被广东省司法厅、广东省普法办评为广东省国家机关“谁执法、谁普法”十大创新创先项目。该项目由佛山市、区两级检察院联动，从2018年至2019年在全市范围内开展，通过菜单式精准普法、互动体验式普法、立体式普法、制作原创微动漫视频等方式开展系列普法宣传活动，在佛山市范围内开展法治宣讲、检察开放日、模拟情景剧等各类普法宣传活动共152场次，发放宣传资料上万册，受众5万余人次，动漫微视频受众120多万人，促进了佛山市未成年学生及家长、老师的防性侵意识，提升了未成年人的自护能力，获得学校师生及家长的好评，取得了普法宣传成效。

【“岭南春雨”观护机制】 2019年，位于佛山市顺德区的“岭南春雨”涉罪未成年观护基地被最高人民检察院确定为第二批全国未成年人检察工作创新实践基地。“岭南春雨”多元化涉罪未成年人观护帮教机制，是佛山市检察机关基于所办理案件中非佛山户籍未成年人犯罪占未成年人犯罪总数近90%的特点，积极转变观念，本着“拯救并举，救字当先”的原则，启动社会化治理模式，以检察机关为主导，各方力量充分参与，结合佛山实际探索开展的观护帮教机制，具有规范化、可持续发展以及多元化的特点，通过开展检企合作、检校合作、检社合作、检所合作、检检合作多元化的观护帮教工作，充分链接资源，丰富观护基地类型，加强对观护基地的职能任务、建设标准、管理制度、效能评估的指导。编织一张家庭、学校、社会共建共治共享的社会治理网络。实现对涉罪未成年人的精准帮教、平等帮教与有效帮教，为检察机关探索未成年人司法保护提供“佛山样本”。

【整治雇佣童工案入选全省未成年人检察十大典型案例】 2019年，整治雇佣童工案入选广东省十大未成年人检察典型案（事）例。2018年，佛山市高明区检察院未成年人检察工作办公室在审查案件中发现区内一公司可能涉嫌非法雇佣童工，在佛山市院的指导下，高明区院深挖线索、调取入职情况表、工资条等证据，确认雇佣童工的事实，并于2018年7月向佛山市高明区人力资源和社会保障局制发《检察建议》，提出对重点行业加强巡查等3项具体建议。被监督单位迅速调查、认真处置，联合区检察官召开座谈会、进行联合执法，依法作出处罚决定，并对餐饮、网吧等200多家单位开展排查，同时强化宣传，向用人单位发出共3000份《关于禁止和查处利用暑期非法使用童工行为的通知》，该次监督获得被监督单位的支持、配合、认可，实现双赢多赢共赢的监督实效，切实加强对未成年人全面综合的司法保护。

【卡门公司立案监督案件入选全国检察机关知识产权司法保护典型案例】 广东广州卡门实业有限公司销售假冒注册商标的商品监督撤案，是佛山南海区人民检察院承办的一起涉民营企业的法律监督案件。南海区检察院考虑到卡门公司快消性的商业模式及被扣押服装应季性的特点，监督立案后加快审查，把握办案时效，仅用53天办结案件。2018年8月3日，佛山市南海区人民检察院发出《通知撤销案件书》，要求公安机关撤销案件；8月10日，佛山市公安局南海分局撤销立案，并将扣押的货物发还卡门公司。最终，卡门公司被扣押的9万件服装及时出售，卡门公司挽回经济损失上千万元。该案被评选为最高人民检察院2018年度检察机关保护知识产权典型案例、2019年度广东检察机关保障和服务民营企业十大典型案例、2019年度广东检察机关保护知识产权十大典型案例。

（刘　杰）

法　院

【概况】 2019年，佛山有市、区两级法院6个，其中，市级法院1个、区级法院5个。全市基层人民法院派出人民法庭30个。全市法院受理各类案件300283件，审结265819件，法官人均结案382件，分别比上年增长20.4%、24.2%和15.1%。其中，佛山市中级人民法院受理案件30140件，审结28301件，分别比上年增长4.3%和5.3%。

【刑事审判】 2019年，佛山法院依法履行刑事审判职责。审结各类刑事案件14208件，判处罪犯21085人，552人被判处5年以上有期徒刑至死刑。维护社会治安持续平稳，依法严惩危害公共安全以及故意杀人、故意伤害、抢劫等严重暴力犯罪案件5862件6214人，审结毒品犯罪案件666件881人。严厉打击污染环境、恶意欠薪、侵害妇女儿童合法权益等群众反映强烈的犯罪，审结该类案件500件649人。维护市场经济秩序，审结“806”走私案以及非法吸收公众存款、非法集资等经济领域犯罪案件754件1526人。净化网络空间，审结网络犯罪案件307件861人，审理余某某等31人网络诈骗案。保持惩治腐败高压态势，审结“百名红通”王某某受贿等职务犯罪案件123件138人。依法裁定特赦，办理减刑、假释案件2944件。

【民商事审判】 2019年，佛山法院依法履行民商事审判职责。审结民商事案件127732件，比上年增长22.1%，标的额532.9亿元。依法保障民生权益，审结涉食品药品案件137件，审理全市首例食品安全公益诉讼案。保障群众居住权益，审结房屋买卖、物业管理等涉房地产案件19665件。促进家庭和睦，审结家事案件5231件，发出人身安全保护令16份。构建和谐劳资关系，审结劳动争议案件6448件，印发女职工权益和农民工工资保障问答小册子。开展根治欠薪冬季攻坚行动，追回拖欠工资2482.9万元。出台专项司法保障意见10条。防范化解金融风险，审结金融案件22523件，标的额120.5亿元。发送金融风险预防建议，与中国人民银行佛山中心支行建立金融纠纷多元化解机制。服务创新驱动发展，审结知识产权案件16575件，设立知识产权高新区巡回法庭，发布知识产权司法保护白皮书，与市市场监管局加强知识产权协同保护。服务供给侧结构性改革，审结破产案件153件，依法推动140家企业退出市场，出清“僵尸企业”63家；发挥（政）府（法）院破产协调机制作用，促成负债超47亿元的金型重工公司等10家企业重整成功。

【行政审判】 2019年，佛山法院依法履行行政审判职责。依法审结行政诉讼案件2640件，审查行政非诉案件4840件，依法审理涉村级工业园整治、“三旧”（旧城镇、旧厂房、旧村庄）改造、轨道交通等行政案件389件，保障重点项目、重点工程有序推进。发布行政案件司法审查报告，开展法治讲座19场次，联合市司法局建立领导干部旁听庭审制度，支持行政机关依法行政。

【法院扫黑除恶专项工作】 2019年，佛山法院深入开展扫黑除恶专项斗争，依法审结“307”“东平一号”等黑恶势力犯罪案件115件893人。坚决铲除黑恶势力经济基础，对507人判处没收财产或罚金，开展涉黑恶案件财产刑专项执行行动。依法严惩“套路贷”犯罪，审理涉套路贷犯罪案件13件92人。会同市检察院、市公安局出台《关于办理黑恶势力犯罪案件指导意见》，深化办案协作机制。针对审理涉黑恶案件中发现的基层组织建设、出租屋管理等问题发出司法建议。

【案件执行】 2019年，佛山法院执结案件109228件，执行到位金额178.1亿元，分别比上年增长40%和13.1%。综合治理执行难大格局更加完善，执行联动成为常态。强化执行规范，完善执行全流程信息化平台建设，智慧执行模式入选中国法院信息化发展法治蓝皮书。综合运用执行强制措施，开展“南粤执行风暴”专项行动，惩处失信被执行人127359人次，促使16737人自动履行债务20.2亿元。是年，“活封厂房案”“腾退异地房产案”分别入选全国善意文明执行和全省十大执行攻坚典型案例，禅城法院被评为全国法院“基本解决执行难”工作先进单位。

【法院普法】 2019年，佛山法院落实“谁执法谁普法”普法责任制，发挥司法裁判指引评价作用，发布法治宣传教育案例616个，发出司法建议73份并均被采纳，邀请社会公众参观法院、旁听庭审等3448人次。开展弘扬宪法精神、“走近佛山政法人”等主题宣传，在省级以上媒体刊发法治报道498篇次，法官送法165场次，市法院“晓法姐姐”普法品牌获评全省优秀项目。打击虚假诉讼，判处刑罚13人。加强未成年人司法保护，开展反欺凌、抵制毒品、预防性侵等校园法治教育29场次。

【诉讼服务】 2019年，佛山法院完善诉讼服务体系。健全“厅网线巡”立体化诉讼服务渠道，为群众提供“一站式”诉讼服务59.1万次。推行跨省市立案，全年网上立案、跨域立案153937件。向当事人推送案件节点流程信息593897条，公布裁判文书114102份，开展庭审网络直播2486场。加大司法救助力度，依法为经济困难当事人发放救助金651万元，缓减免诉讼费742万元。

【法院系统司法改革】 2019年，佛山法院深化改革创新，不断提升司法效能。强化审判监督管理，完善审判委员会工作规则，发挥统一法律适用职能，分类印发裁判指引、典型案例，进一步加强裁判文书标准化说理文库建设。组建案件质量评查专家队伍，评查案件2055件。制定发改案件预瑕疵评定及处理实施办法，规范瑕疵案件预先评定、异议申辩和责任追究等各环节。院（庭）长依职权监督“四类案件”（涉及群体性纠纷，可能影响社会稳定的；疑难、复杂且在社会上有重大影响的；与本院或者上级法院的类案判决可能发生冲突的；有关单位或者个人反映法官有违法审判行为的）93件，加大对长期未结案件清理力度。深化案件繁简分流，统一全市法院速裁工作规程，规范简易案件办理制度，配套推进要素式立案、庭审、文书等改革，适用小额诉讼和简易程序审结案件91802件，38个速裁团队法官人均结案793件，实现简案快审。完善专业法官会议制度，召开专业法官会议688次，讨论疑难复杂案件2104件，实现繁案精审。优化人员分类管理，完善法官遴选机制，从法官助理中遴选初任法官23人，佛山市中级人民法院首次从基层法院遴选法官。完成首批劳动合同制司法辅助人员按期等级晋升，建立专门奖惩机制。健全审判绩效考核制度，在全省率先实行执行工作单独绩效考核，各类人员业绩评价体系更加精细。

【市、区两级诉前和解中心同步建成】 2019年6月6日，佛山市市、区两级诉前和解中心同步建成。该中心设在法院之外，配备专门制度机制和人员，是独立建制的诉前调解机构，形成“专业解纷”实体。中心联合工会、妇联、行业协会、商会等多元主体，组建由专职调解员、行业调解员、特邀调解员构成的787名“三员”调解员队伍，成立物业纠纷、金融保险等调解团队39个，凝聚“多元解纷”合力。全市法院发挥对诉前解纷的参与、推动、规范和保障作用，统一诉前调解和诉讼裁判标准，强化对中心的业务指导，中心调解成功法院当天司法确认，调解不成速裁快审，实现“协同解纷”一体。中心开发矛盾纠纷多元化解平台，推行线上调解，打造“智能解纷”模式。中心建设的做法被最高人民法院专文刊发，被佛山市委纳入贯彻落实十九届四中全会精神的重要内容，并获《法制日报》等重要媒体报道。

【道路交通事故纠纷一体化处理工作机制全面推进】 2019年，佛山市中级人民法院深入推进道路交通事故纠纷一体化处理工作机制改革。联合市司法局、银保监佛山分局等制定《关于推动鉴定机构上线交通事故一体化处理中心的规定（试行）》，建立统一委托鉴定制度，组织上线交通事故一体化处理平台的12个鉴定机构签订《拒绝接受当事人单方委托鉴定的承诺书》，明确鉴定应由交通事故一体化处理中心统一委托。市法院受邀在最高人民法院组织的道路交通事故损害赔偿纠纷“网上数据一体化处理”工作会议上介绍佛山市道交一体化处理工作相关经验。道路交通事故一体化中心自成立以来，佛山法院受理的道路交通诉讼案件呈现逐年下降趋势［2017年（机制建立前）全市法院受理道路交通案件5972件，2018年受理5371件，2019年受理3313件］。

【佛山市破产管理人协会成立】 2019年9月24日，佛山市破产管理人协会在佛山新城中欧中心正式成立。该协会是佛山辖区内破产管理人组成的行业自律组织，有32个成员单位。佛山市中级人民法院作为业务主管单位对协会进行指导监管。协会以加强管理人履职能力、打造专业化管理人队伍为目标，对内提供业务培训、执业保障、同业监督等服务，对外则承担信息交流、业绩评价等多项工作。

【佛山市涉外涉港澳台商事纠纷诉调对接工作室成立】 2019年6月28日，佛山市中级人民法院与中国国际贸易促进委员会佛山市委员会签署《涉外涉港澳台商事纠纷诉调对接工作方案》，并为双方联合共建的佛山市涉外涉港澳台商事纠纷诉调对接工作室揭牌。佛山市涉外涉港澳台商事纠纷诉调对接工作室设在佛山市诉前和解中心，是佛山市首家涉外涉港澳台商事纠纷诉调对接工作室。根据工作方案，涉外涉港澳台商事纠纷诉调对接工作室的工作人员由佛山中院指派的工作人员与佛山市贸促会派驻的调解员及秘书组成。工作室成立后，将协助佛山中院对相关商事纠纷在诉前和诉中进行调解，并在诉后为当事人做好答疑释法等工作。

【《知识产权协同保护合作框架协议》签订】 2019年11月20日，佛山市中级人民法院与佛山市市场监督管理局（市知识产权局）签署《知识产权协同保护合作框架协议》，为优化营商环境提供有力司法保障。佛山中院与佛山市市场监督管理局（市知识产权局）在诉中委托调解制度和商标侵权纠纷行政调解协议司法确认制度等方面加强合作，通过建立诉调对接、立案信息便捷查询、行政司法衔接绿色通道等机制，共同推进知识产权司法、行政协同保护体系建设。

【《佛山劳动争议审判白皮书（2008—2018年）》发布】 2019年，佛山市中级人民法院发布《佛山劳动争议审判白皮书（2008—2018年）》，对外通报佛山法院2008—2018年11年间劳动争议案件的审判情况，并提出相关对策及建议。11年来，佛山市两级法院审结劳动争议案

2019年6月6日，佛山市市、区两级诉前和解平台揭牌成立　（市法院供图）

件82602件，每年结收比均超100%，结案率超95%。

【涉外民商事案件诉讼文书公证送达试点】 2019年2月18日，佛山市中级人民法院与佛山市南海公证处签订《委托送达涉外民商事案件诉讼文书合作协议》，试点开展委托送达涉外民商事案件诉讼文书项目，解决涉外案件中，大部分涉外当事人在国内没有住所，送达难度大、送达周期长，影响涉外审判效率的问题。截至2019年底，市法院委托南海公证处送达涉外民商事案件诉讼文书22件，其中直接送达涉外当事人12人次，成功送达9人次，成功率为75%。

2019年2月18日，佛山市中级人民法院与南海公证处代表在完成送达涉外民商事案件诉讼文书项目签约后合影留念 （市法院供图）

【佛山市涉侨纠纷诉调对接工作室揭牌】 2019年1月23日，佛山市中级人民法院与佛山市侨联举行佛山市涉侨纠纷诉调对接工作签约仪式，并为双方共建的设于市法院诉讼服务中心的涉侨纠纷诉调对接工作室揭牌。（详见135页《佛山首家涉侨纠纷诉调对接工作室成立》）

【“307”专案审理】 2019年5月20—26日，佛山市中级人民法院一审公开开庭审理被告人谢培忠等39人组织、领导、参加黑社会性质组织一案。该案是全国扫黑办督办案件，主犯谢培忠组织、领导黑社会性质组织，形成固定黑恶势力团队，长期在汕头市龙湖区实施故意伤害、聚众斗殴、聚众冲击国家机关、寻衅滋事、走私、非法采矿等多起犯罪，严重扰乱当地经济社会秩序。10月24日，市法院一审以12项罪名决定对谢培忠执行有期徒刑25年，并处没收个人全部财产，对其他38名被告人分别决定执行有期徒刑20年至1年6个月不等，并共处罚金2215.4万元。该案后经广东省高级人民法院二审维持原判。

【金型重工系列企业破产重整成功】 2019年，佛山市中级人民法院运用“市场化+法治化”重整机制，成功重整负债总额逾47亿元的金型重工系列企业，让严重资不抵债企业恢复生产、实现新生。2014年7月，市法院依法裁定受理金型系列企业破产重整申请。金型重工系列破产重整案涉及债权人人数多，范围广，负债总额巨大，7家企业负债总额达473664万元，在职职工超600人，拖欠工资、社保达3688万元。2014年至2016年上半年期间，受整体经济环境不景气、经济下行周期性影响，金型系列重整项目难以找到合适的投资意向人，加之债权人意见难以统一，重整工作一度陷入僵局。为顺利推进该系列案件，市法院在重整过程中创新运用多种审理方法，在全省范围内首次采取关联企业并案审理模式、首次指定律师事务所和会计事务所为联合管理人，充分发挥府院联动效应，协调多部门，提高工作效率、节约重整成本。同时，还开创了分公司整体营业事务转让的处置新方法，让新的承接人延续分公司原有业务的经营，使企业得以“重生”。该案对外债务总额、破产债权清偿总额、成功处置对外债权单笔成交额均为佛山地区近年审理的破产案件之最。

（易可欣）

司法行政

【概况】 2019年，佛山市有地市级司法局1个、区级司法局5个、镇（街道）司法所32个、强制隔离戒毒所1个（佛山市强制隔离戒毒所）。全市有律师执业机构340个，比上年增长3.65%，其中合伙所190个、个人所109个、分所21个、代表处1个、公司机构7个、公职所6个、法援处6个；有公证处8个、司法鉴定机构15个、各类人民调解组织1456个、基层法律服务所21个；有司法行政机关工作人员1300余人；有律师执业人员3470人，其中社会律师2970人、公职律师429人、法援律师49人、公司律师22人；有公证员72人、司法鉴定人134人、人民调解员11828人、基层法律服务工作者71人。

【公共法律服务体系构建】 2019年，佛山市有公共法律服务平台802个［市级1个、区级5个、镇（街道）32个、村（社区）764个］，建成覆盖城乡、功能完备、便捷高效的四级公共法律服务网络。推进基层公共法律服务平台高质量发展，完成9个镇（街道）示范性公共法律服务工作站和48个村（社区）示范性公共法律服务工作室建设，完成率100%。是年，全市公共法律服务平台接待群众来访来电咨询39.2万人次，为群众办理法律服务事项18.3万件次；全市办理认罪认罚5487件，受援人5487人；为犯罪嫌疑人、被告人提供律师辩护4394件。启用佛山市律师信息管理系统（律师“一卡通”），在全省率先实现与公检法部门工作对接；完成国家统一法律职业资格考试组织实施工作；以宪法学习宣传为统领，推进宪法进校园、进宾馆、进景区活动；挂牌设立佛山市唐翠法治文化公园；举行“宪法宣传周”暨法治文化节，全市开展活动100多场次，其中4个主题活动获“学习强国”学习平台转发点赞。

【社区矫正对象等重点人员管理】 2019年，佛山市新接收社区矫正对象2821人，撤销缓刑14人。全年开展远程会见502次。建立社区矫正教育基地6个、社区服务基地39个、就业基地27个。建立安置帮教基地37个，解决刑满释放人员和社区服刑人员的过渡安置、就业等问题。全市在管社矫对象2238人，电子监控率97.41%，均无脱管、漏管等现象。全年办理法定不批准出入境报备1974人，完成出入境证件注销、报备、边控措施296人次。开展震撼教育、国学教育等6300多人次。完成国庆安保、特赦报请、刑罚执行一体化建设等专项工作，全市裁定特赦社矫对象33人。

【人民调解】 2019年，佛山市继续发挥人民调解职能作用，开展社会矛盾排查、就地化解矛盾纠纷，全年开展矛盾纠纷排查28489次、调处15683件，调处成功率97.9%，实现54.06%以上纠纷在村一级得到解决。是年，佛山市推动多元化解矛盾纠纷，创新发展新时代“枫桥经验”，在全省率先在市、区两级退役军人服务中心设立老兵调解工作室和法援工作站，建立市公共法律服务中心人民调解委员会和5个区级调解中心，新建个人调解工作室35个，人民调解网络进一步覆盖完善。推进警调、访调、诉调和检调“四个对接”，建立在线司法确认平台，开展线上“网格+调解”、线下“接待+调解”工作模式。将“枫桥经验”贯穿到行政复议案件办理全过程，全市行政复议案件调撤率36.02%。

【基层法律服务机构年度检查及人员执业证注册注销】 2019年，佛山市完成9个基层法律服务所年度检查、28名基层法律服务工作者执业证年度注册工作，办理高明区4名法律服务工作者和4个基层法律服务所、4名基层法律服务工作者的执业证注销手续。

【律师服务】 2019年，佛山市发挥律师在法律咨询、法律服务（调解）、法治宣传教育方面的专业作用。全年办理刑事诉讼案件6548件、民事诉讼案件38774件、行政诉讼案件1562件、非诉讼法律事务10550件、仲裁业务1109件。全市有529名律师担任村（社区）法律顾问，服务对象103706人次，提供法律服务23452件次。以防范风险为导向，组织开展全面“法治体检”，以民营企业律师服务团律师为基础，组织律师服务团体，深入重点、中小微民营企业提供“一对一”法治体检服务，为600多家民营企业出具《法治体检报告》，记录和分析民营企业生产经营状况、法律风险以及提出意见建议。启动律师服务“三进”（进企业、进工业园区、进商协会）工作，从“企业有事找上门”变为“律师服务送上门”，民营企业法律服务中心组织律师服务团、律师所先后走进企业、工业园区、商协会400多个，开展法律咨询、法律宣讲、法律培训300多场次，提供法律意见建议600多条。强化对律师党员的管理，发挥党员律师的先锋模范工作。全市律师行业成立党委3个、党总支3个、律师所党支部138个，有党员律师1394人，占律师总人数40.17%。全市有市级律师行业党建工作示范点3个、市“两新”组织（指新经济组织和新社会组织）党支部规范化示范点1个、市级社会组织党建工作综合监测点2个、市律师行业党建规范化建设示范点17个。深化“一村（社区）一法律顾问工作”，组织党员律师到四级公共法律服务平台值班，为市民提供各类法律服务。

【法律援助】 2019年，佛山市法律援助机构接待来电来访法律咨询24469人次，承办法律援助案件20538件。其中：民事案件10333件，占50.31%；刑事案10082件，占49.09%；行政案件123件，占0.6%。是年，加大对弱势群体和犯罪嫌疑人、被告人的法律援助力度，推进刑事辩护全覆盖试点工作和认罪认罚从宽制度，扩大刑事案件法律援助范围，保障没有委托辩护人的刑事被告人能依法获得法律援助机构指派的律师为其提供辩护或法律帮助，实现“应援尽援”。开展农民工工资支付法律援助专项宣传活动，助力法律援助为农民工维权工作。在全省率先设立派驻退役军人服务中心法律援助工作站和老兵调解工作室，依法保障退役军人的合法权益。继续强化法律援助业务培训和案件质量监督及规范化管理，提高法律援助服务水平。佛山市司法局与四川大学联合举办2019年佛山市法律援助业务培训班。佛山市法律援助处与市律协公职与法律援助律师工作委员会在市律协共同为法律援助律师举办一场刑事辩护专题讲座。年内，组织开展2019年度全市法律援助案件质量评估活动，抽查各类法律援助案件114件，其中民事案件60件，刑事案件52件，行政案件2件，优良率85%，没有不合格的案件。加强省法律援助信息管理系统使用和督导，推进法律援助信息化建设。全年全市各级法律援助机构受理案件全部录入广东省法律援助信息管理系统。扩大法律援助宣传覆盖面，增强宣传效果，法律援助信息工作亮点突出。全市各级法律援助机构进一步加强法律援助宣传工作，采用线上线下多种方式，组织开展一系列法律援助宣传和法律咨询活动，扩大法律援助宣传覆盖面，丰富法律援助宣传载体、深化宣传效果。多篇法律援助信息被省司法厅信息简报刊登采用。

【普法宣传】 2019年，佛山市推动组织保障机制建设，召开市守法普法协调小组第一次会议并审议出台相关制度和常态化活动意见。推动普法责任制落实，开展第三届“谁执法谁普法”履职报告评议和绩效考核工作。推动宪法宣传活动，深入推进宪法进校园、进宾馆、进景区活动。“宪法宣传周”暨法治文化嘉年华期间举办各类活动100多场次，其中4个主题活动获“学习强国”学习平台转发点赞。全市开展人民调解、法律援助、公证等公共法律服务宣传活动逾5600场次，组织相关培训510多场次。推动重点对象普法，开展“宪法教育大课堂”活动进校园、领导干部庭审旁听、年度国家工作人员学法考试等。推动普法平台阵地建设，新建佛山市唐翠法治文化公园，升级佛山市青少年法治教育实践基地，继续办好佛山电视台《法治佛山》、佛山电台《全民普法》等普法栏目，不断扩大公共法律服务社会影响力。推动多层次法治创建活动，继续推进“法治建设”四级同创，广泛开展“民主法治村”创建。

【公证服务】 2019年，佛山市办理公证案件99751件（含高明区公证处不动产继承公证法律意见书3102件、涉外公证案件17043件、涉港澳台公证案件2232件），公证收费5167.62万元。进一步充实和发展公证队伍，全市有公证员72人，其中年内新任命公证员5人、外市调入1人。各公证机构的公证员人数均不少于3人，其中有3 ~ 9人的公证处4个、有10人以上的公证处3个。各公证机构建立党支部6个，有中共党员53人。开展全市公证机构执业风险防范活动，进一步增强公证人员遵守职业道德和执业纪律的意识。坚持自查、互查和交叉检查的公证质量检查机制，开展2019年公证机构“双随机一公开”监督抽查工作，及时向受检机构和社会公布抽查情况和抽查结果，接受社会监督，达到抽查一部分、警示一大片、规范全行业的良好效果。组织开展全市公证案卷质量自查和集中封闭交叉检查活动，检查全市7个公证机构各种类型公证案卷270个，受检案卷合格率100%，良好率91.85%，满分率35.92%，均按照办证程序依法办理，内容真实符合要求，未发现错假证案卷。加强分类培训，组织公证员参加2019年全国公证行业涉外涉港澳台公证业务培训班、全省执业公证员业务培训班及到西南政法大学学习，组织开展外事服务专题讲座，提升全市公证人员的业务能力。

【法律职业资格考试】 2019年，佛山市完成国家统一法律职业资格考试佛山考场的组织实施工作，实现工作“零差错”和“零投诉”。2019年客观题考试报名人数2955人，比上年报名人数少85人。最大考生年龄57岁，最小考生年龄20岁。客观题考试设置顺德职业技术学院1个考点，有25个正式考场、1个备用考场，有1478个考试机位，分2天2批次考试。主观题考试报名人数1246人（其中102人在广州参考），设置顺德职业技术学院1个考点，有21个正式考场、1个备用考场，有1144个考试机位。2019年客观题考试通过人数788人，通过率26.66%。主观题考试通过人数577人，通过率46.3%。

【司法鉴定机构管理】 2019年，佛山市新增司法鉴定人6人，延续司法鉴定人执业3人，注销执业证3人，增加司法鉴定人执业项目1人，变更执业机构7人；延续机构执业1件，变更机构住址3家；每季度按时报送司法鉴定报表，年内报送司法鉴定案例25件。指导和组织佛山市12个司法鉴定机构（占全市司法鉴定机构的80%）上线“交通事故一体化处理平台”，更好地服务群众及缩短案件处理周期，加强对上线机构的行政监管，规范鉴定活动。结合全省司法鉴定质量大检查活动，加大检查频次和力度，组织对全市司法鉴定机构的质量大检查行动，针对司法鉴定投诉及违法违规行为及时开展专题会议和专项整治行动，对发现涉嫌违法违规司法鉴定机构及鉴定人报送省司法厅处理5件，对司法鉴定人进行诫勉谈话3人次，逐步形成严格准入、严格监管态势。

【强制隔离戒毒管理】 2019年，佛山市强制隔离戒毒所全年收治391人（其中新收病残戒毒人员46人，占11.76%），办理所外就医事项30人次。落实“规范管理到位、教育关怀到位、医疗保障到位”理念，加强对病残戒毒人员关心关爱，确保场所安全稳定。是年，市强戒所深化推进统一戒毒模式，教育戒治持续向好。按照上级要求完成“四区”（生理脱毒区、教育适应区、康复巩固区和回归指导区）“五中心”（戒毒医疗中心、教育矫正中心、心理矫治中心、康复训练中心和诊断评估中心）建设和实体化运作；注重引入多方力量参与戒毒工作，提高收戒收治率。强化工作延伸，总结提炼南海区社区戒毒（康复）经验，增派干警向各区拓展。落实推行“运动戒毒”戒治模式，与市围棋协会合作，对戒毒人员实施“脑功能”恢复训练。完成省干校原用地的征收工作、强戒人员伙房建设、市强戒所配电房迁移工程建设等，做好所内卫生和传染病防控工作，推进强戒所与医疗系统的“医联体”建设。强制隔离戒毒场所连续26年实现生产安全“无事故”。

【佛山监狱正式收归省级直管】 2019年12月26日，佛山监狱收归省级直管移交仪式在佛山监狱举行。广东省司法厅党

2019年12月26日，佛山监狱正式收归省级直管。图为移交仪式现场（市司法局供图）

委委员、监狱管理局党委书记、局长李景言与佛山市副市长陈小坚分别代表省司法厅、佛山市政府在移交接收书上签字，佛山监狱正式收归省级直管。省委编办、省人力资源社会保障厅、省财政厅，市委编办、市财政局、市司法局等有关职能部门负责人，佛山监狱领导及警察职工代表参加移交仪式。移交仪式上，省监狱管理局政委张道坤宣读有关佛山监狱收归省级直管方案。陈小坚代表佛山市政府致辞。1992年10月，根据省政府有关通知要求，佛山监狱由省直管划归市管。在市管27年里，佛山市委、市政府高度重视监狱工作，给予人力、物力、财力保障，促进监狱工作的发展。佛山监狱由科级单位升格到正处级单位；佛山财政供给逐年增加，1992年到2019年增长100多倍；突出监狱硬件设施建设，修筑道路、监舍、办公楼等，美化监狱周边的环境，监狱硬件设施不断完善，监区环境处于全省监狱前列。监狱曾连续21年实现监管安全、连续23年实现生产安全。

【佛山市律师信息管理系统（律师“一卡通”）启用】 2019年8月27日，佛山市律师信息管理系统（律师“一卡通”）启用仪式在佛山市顺德区看守所举行。该系统由佛山市司法局、市律师协会开发，首先在市中级法院、市检察院、顺德区看守所等3个单位推行。系统主要由律师身份认证系统、会员管理系统、数据交换系统等3大子系统组成。其中，律师身份认证系统可以与公安、检察院、法院实现对接互通，通过律师现场刷卡、人脸识别，实现律师安检和身份核实。会员管理系统则实现对律师从取得法律职业资格证、申请实习考核，到申请执业等环节数据的信息化管理。数据交换系统可以与公检法等部门的工作系统实现数据交换，实现“远程视频会见”“网上预约会见”“网上阅卷”“网上电子文书收送”以及其他网上诉讼服务功能。

【北滘司法所获评全国模范司法所】 2019年，在全国司法行政系统表彰大会上，佛山市顺德区司法局北滘司法所被评为全国模范司法所。北滘司法所把坚持和发展“枫桥经验”作为促和谐保稳定的关键抓手，开展社会矛盾纠纷全链条多元化调解工作，发挥人民调解优势作用，推行“一村（社区）一专职调解员”、人民调解“以案定补”工作机制，开展矛盾纠纷预研预判和排查预警，就地化解矛盾纠纷，近3年调解案件2891件，促成6623名群众握手言和，协议涉及金额6273.15万元。同时，不断完善镇、村（社区）两级公共法律服务实体平台软硬件建设，在临街单独设立北滘镇公共法律服务中心，安排律师顾问、专职人民调解员、社工、社矫辅助警察进驻服务。组织各类文体普法宣传活动，组建遍布各村（社区）的普法大队伍。辖区内共建成法治文化宣传阵地27个，法治文化宣传阵地实现镇内村（社区）全覆盖。增强现代科技在社区矫正工作中的应用，启用定位监控手环，强化对社区服刑人员的监管力度，实现电子监控率100%。引入社工组织对特定人群开展心理矫治、教育帮扶，提升社区矫正管理水平和矫治效果，全镇连续保持社区矫正人员重新犯罪“零记录”。

（王　松）

仲　裁

劳动人事争议仲裁

【概况】 2019年，佛山市各级劳动人事争议仲裁机构立案受理劳动人事争议案件15941件，比上年增长33.65%，涉及劳动者人数23620人。其中10人以上劳动争议案件337件。所有劳动人事争议案件中，当期结案15857件，年度累计结案率93.7%，一裁终局率48.78%。此外，佛山市劳动人事争议调解受理劳动争议案件18071件，比上年增长29.71%，涉及劳动者人数49714人，当期调解方式结案15234件，劳动人事争议调解成功率为65.19%。

【劳动人事争议案件数量分析】 2019年，佛山市处理劳动人事争议案件34012件，比上年增长31.54%。从区域来看，各区案件总量均有大幅度增加，其中顺德区立案受理案件6090件，比上年增长47.6%，在5个区中增长最多。除部分中小型企业经营困难，出现裁减员工等情况导致案件增加外，更重要的原因是实践中劳动仲裁和劳动监察部门权责区分不明，自2017年7月《劳动人事争议仲裁办案规则》出台后，劳动仲裁在劳资纠纷处理过程中日显重要，2019年一裁终局率为48.78%，表明近一半的案件在60天以内可以结案并申请法院强制执行，优于劳动监察所需的6个月，导致许多本应通过劳动监察处理的案件被引导到劳动仲裁程序中，部分律师或劳动者也倾向于直接通过劳动仲裁解除纠纷。

【劳动人事争议案件类型分析】 2019年，佛山市劳动人事争议主要争议类型依然是劳动报酬、解除或终止劳动合同、社会保险争议等。其中：劳动报酬争议案件6180件，占当期受理案件的38.77%；解除或终止劳动合同争议案件4049件，占当期受理案件的25.4%。劳动报酬争议和解除或终止劳动合同争议2类案件占劳动人事争议案件受理总数的64.17%，该2类案件较多是因企业经营困难或管理不规范，引发劳动报酬及解除或终止劳动合同争议。是年，确认劳动关系争议1925件，比上年增长34.43%，主要是受社会保险政策调整及社会保险征缴、住房公积金管理部门影响，为补缴社会保险或住房公积金而申请确认劳动关系。

【劳动人事争议调解】 2019年，佛山市做好劳动人事争议调解工作，坚持“案前调解、庭前调解、庭后调解”，推进社会力量参与基层劳动争议调解，争取为双方当事人减少维权时间，降低维权成本。市各级劳动人事争议仲裁机构当期审结的15941件劳动人事争议案件中，以调解方式结案的有7061件。市劳动争议调解组织或单位当期调解结案的16793件案件中，达成调解协议及和解的案件有13207件。全年全市以调解方式解决的案件15234件，调解成功率65.19%，调解比例比往年有所提高，说明调解仍是佛山市处理劳动人事争议的主要方式。

【劳动人事争议仲裁结果】 2019年，佛山市劳动人事争议案件立案结案中，劳动者胜诉3818件，占结案总数的24.07%；双方部分胜诉6580件，占结案总数的41.5%；用人单位胜诉1597件，占结案总数的10.07%。与上年相比，各比例基本持平。

【劳动人事争议仲裁效能提高】 2019年，佛山市出台《佛山市劳动人事争议仲裁员管理办法》和《佛山市劳动人事争议仲裁案件质量评查办法》等多项仲裁规则，促进调解仲裁工作规范化、标准化建设。加强镇（街道）劳动人事争议仲裁庭建设，全市新增五星级劳动人事争议仲裁庭2个，分别是顺德乐从仲裁庭和南海西樵1号仲裁庭。完善劳动人事争议仲裁建议书制度，并将该制度纳入年度农民工工资支付考核中，全市发出仲裁建议书近200份，督促和建议企业依法用工。

（卢文韬）

商事仲裁

【概况】 2019年，佛山仲裁委员会受理案件1133件，案件标的额32亿元，涉及50多种案件类型。其中，银行借款合同案件206件、民间借贷合同案件228件、买卖合同（含商品房买卖合同）案件262件、物业服务合同案件93件、建设工程合同案件72件、租赁合同案件37件、委托合同案件72件、居间合同案件23件、服务合同案件37件、其他类型案件103件。全年受理涉中国香港案件8件、涉中国澳门案件3件、涉中国台湾案件3件，受理涉美国籍当事人的案件1件、涉加拿大国籍当事人的案件1件、涉韩国籍当事人的案件1件、涉南非籍当事人的案件1件、涉印度尼西亚籍当事人的案件1件。全年协助当事人办理财产保全175件。全年结案1006件，其中裁决结案695件、调解结案101件、当事人达成和解后撤诉208件、驳回仲裁申请2件。截至2019年底，佛山仲裁委员会有在册仲裁员393人，仲裁办案秘书人员11人。

【仲裁多元化纠纷解决机制】 2019年，佛山仲裁委员会与佛山市保险行业协会、市小贷协会及相关小额贷款公司、市版权协会、市知识产权协会、市房地产行业协会、市建筑业协会、市物业管理协会、南海区人民法院、中国顺德（家电）知识产权快速维权中心等部门和机构沟通协作，加强商事仲裁宣传，促进商事仲裁与商事调解、行业协会或商会调解、司法调解的有机联动和衔接，多渠道、多元调解并举，及时化解各类商事纠纷。佛山仲裁委员会全年办结的1006件案件中，调解结案101件、当事人达成和解后撤诉208件，以调解和撤诉方式结案的比例为31%。

【知识产权仲裁业务推广】 2019年2月14日，佛山仲裁委员会与佛山市知识产权保护中心举行专门座谈会，就双方拟签订战略合作协议的内容、仲裁员和调解员的学习培训等问题进行充分交流和讨论。5月28日，佛山仲裁委员会与佛山市知识产权保护中心签订《协同解决知识产权纠纷合作协议》，并举行“佛山仲裁委员会佛山市知识产权保护中心知识产权纠纷调解与仲裁对接服务窗口”揭牌仪式。10月28日，佛山仲裁委员会办公室全体党员与市知识产权保护中心党支部全体党员及佛山市质量标准化研究院部分党员开展“一支部一品牌创建活动”，集中讨论确定佛山仲裁委、市知识产权保护中心知识产权纠纷调解与仲裁对接的办事指南、规程。同时，佛山仲裁委员会办公室党支部与市知识产权保护中心党支部进行党建工作交流座谈，探讨协商党员在协同解决知识产权纠纷中的积极作用及担当。

【仲裁机构进驻佛山市公共法律服务中心】 2019年9月，佛山仲裁委员会正式进驻佛山市公共法律服务中心，并设立仲裁（调解）室，为群众提供仲裁咨询、指引服务，以及仲裁业务资料。此次佛山仲裁委员会入驻市公共法律服务中心是完善公共法律服务体系、促进公共法律服务供给主体多元化、服务营商环境优化的一项重要举措，也是实践习近平新时代中国特色社会主义思想、贯彻十九大精神、落实全国“两会”（全国人民代表大会人民政治协商会议）精神和加快推进公共法律服务体系建设的具体体现。完善佛山市公共法律服务平台建设、提升整合法律服务资源能力，拓展创新法律服务领域，满足广大人民群众对公共法律服务的新需求、新期盼，为佛山市经济社会持续稳定健康发展作出积极贡献。

2019年5月28日，佛山仲裁委员会佛山市知识产权保护中心知识产权纠纷调解与仲裁服务窗口揭牌

（仲裁委供图）

【《协同解决知识产权纠纷合作协议》签订】 2019年5月28日，佛山仲裁委员会与佛山市知识产权保护中心签订《协同解决知识产权纠纷合作协议》，双方合作建立知识产权调解仲裁协同保护机制，并在保护中心设立知识产权纠纷调解与仲裁对接服务窗口。通过保护中心专利纠纷人民调解委员会调解的专利纠纷，达成的调解协议可以向佛山仲裁委员会申请仲裁。仲裁后的调解协议将具有强制执行力，可以向人民法院申请强制执行。这一举措将便于纠纷当事人解决调解协议的履行问题，更有效地化解专利纠纷。

（梁咏童）

链接

合作协议纠纷仲裁案件

2018年8月29日，被申请人侯某与案外人赖某签订《经销合同书》，约定被申请人与赖某各出资60000元于合作项目。9月30日，申请人丘某（乙方）与被申请人侯某（甲方）签订《合作协议书》，约定双方于广西贵港市、柳州市合作经营涂料项目，乙方出资50000元，合作期限自2018年10月1日至2021年9月30日，按年将合作项目总利润的30%分配给乙方，双方约定合作终止后全数返还乙方的出资。协议签订后，申请人出资30000元。后双方项目没有开办成功，申请人主张回收全部出资，遂于2019年1月10日向佛山仲裁委员会申请仲裁。

本案依法组成独任仲裁庭，由一名法学教授（曾长期从事民商事审判工作）担任独任仲裁员。

仲裁庭认为，关于申请人与被申请人的法律关系问题，在以出资合作为名交付相关款项的情况下，区分民间借贷与合伙投资关系主要可从投资回报是否固定、投资人是否实际参与经营管理两方面进行判断。从双方签订的合作协议的内容看，申请人享有保底的投资回报，但该投资回报并非完全固定。结合协议中有关经营利润的分配，协议期内经营利润的30%归申请人所有，可以推定余下的70%即归被申请人所有，若出现亏损则由经营合作财产偿还，该约定本质上与项目经营收益状况直接相关，而以投资为名进行的民间借贷，收益是不与经营状况挂钩的，故本案与民间借贷的特征有所不同。且根据在案证据，申请人亦有参与部分合作项目的前期经营管理。综合而言，应认定申请人与被申请人之间为合伙关系。

关于合作协议中约定的保底收益条款是否有效的问题。被申请人主张，合作协议中约定保底收益条款违反了最高人民法院《关于审理联营合同纠纷案件若干问题的解答》中关于保底条款无效的认定精神，且违反了民法通则关于合伙人之间应共担风险的规定。对此，仲裁庭认为，个人合伙不同于联营合同。联营合同是指企业之间或企业、事业单位之间联营，组成新的经济体对外从事民事活动，个人合伙则是自然人之间形成的合作关系，对于个人合伙协议中的保底条款效力的认定不能直接套用联营合同的相关规定。法无明文禁止即可为，且合伙人之间内部约定保底条款并不能排除对外承担连带责任，该条款仅在个人合伙内部产生效力，并不能以此对抗合伙体的债权人，该条款并未违反合伙人共担风险的规定。合伙内部的权利义务划分，应遵从意思自治原则，故应认定本案的保底收益条款为有效。

关于本案合作协议的履行问题。庭审中，双方均主张因对方的违约行为导致合作项目失败。综合在案证据，足以认定申请人与被申请人所合作经营的项目，系以被申请人的名义与案外人赖某于贵港市合作开设项目。查明以赖某作为经营者的A经营部现存续在业经营，结合在案证据，该经营部应为本案申请人与被申请人拟合作开设的项目。根据赖某向仲裁庭出具的情况说明，被申请人并未向该项目出资，项目当中并无申请人或被申请人的份额。

在被申请人与赖某的合作关系中，其应履行协议中约定的出资义务。被申请人提交了其向装修人员支付的装修款等材料，拟证明其获得的申请人的出资均已投入项目经营，若被申请人所支付的装修款来源于申请人的出资，本案案外人不可能主张被申请人对经营项目不享有份额。被申请人提供的材料，仅能证明其对合作项目投入了劳动，难以证明其向装修人员支付的装修款均系申请人的出资且其在合伙事务执行过程中已尽善良管理人之义务。鉴于被申请人在其与申请人的合伙关系中享有合伙事务的执行权，综合双方提交的证据和庭审中的陈述，仲裁庭无法采信被申请人有关申请人未足额出资系合作项目失败之根本原因的主张。

当事人之间依法订立的协议应予履行，鉴于双方合作协议实质上已无法继续履行，双方应各自履行协议终止后的权利义务。申请人依约履行了一定的出资义务，被申请人应依约履行相应的承诺义务。现双方合作终止，申请人主张被申请人返还出资款，应予支持。

关于利息部分，由于双方为合伙关系而并非借贷关系，申请人主张自仲裁申请之日起计至实际付清日止，按中国人民银行同期贷款利率计算利息，符合法律规定，应予支持。

最后，仲裁庭作出如下裁决：（一）被申请人于本裁决书送达之日起10日内向申请人返还出资款30000元及利息；（二）本案仲裁费由被申请人承担。

中国人民解放军佛山军分区

【概况】 2019年，佛山军分区坚持以习近平强军思想为指导，牢固思想根基、大抓练兵备战、提升动员能力、着力夯实基础、依法从严治军、狠抓正风肃纪，各项工作有力有序推进落实，全面建设稳步向好发展。

政治建设　坚持把维护核心、看齐追随作为最核心最根本要求摆在首位，推动军分区学习贯彻习近平新时代中国特色社会主义思想和习近平强军思想持续兴起热潮、不断引向深入，坚定部队建设正确方向。组织“不忘初心、牢记使命”“传承红色基因、担当强军重任”2项主题教育和党委理论学习中心组4个专题学习及党的十九届四中全会精神学习讨论，深入学习贯彻军委主席负责制，深扎忠诚于党、维护核心、看齐追随的思想政治根基。

国防教育　在佛山电视台推出《老兵·英雄本色》革命传统教育片，利用国防教育微信公众号开展系列教育，联合市委宣传部举办“我和我的祖国——八一军旗红”专场朗诵和“赞颂辉煌成就、军民同心筑梦”国防教育专题比赛活动。中共佛山市委常委、佛山军分区政治委员吴金龙为佛山科学技术学院新生进行“开学第一课”国防讲座。

兵员征集　贯彻落实全国、全省征兵工作会议精神，坚持“以兵员质量为核心、以高学历青年为主体、以廉洁征兵为底线”，完成全年兵员征集任务。佛山军分区“五率”（报名率、上站率、合格率、择优率、退兵率）量化考评为优秀，被评为“全省征兵工作全优单位”。市征兵办召开高校征兵工作座谈会，专题研究推动高校大学生征兵工作，市政府和军分区联合出台《关于新形势下加强征兵工作的若干意见》，每年给予高校征兵工作经费。并根据征集情况给予奖励，为大学毕业生提供入伍奖励金，给予外地户籍大学生同等优待标准。南海区征兵体检站建设获省征兵办好评，被广东电视台报道。

双拥共建　召开佛山市军政座谈会，坚持形势分析、联席会议、定期走访3项工作制度，协调做好转业干部考核赋分、随军家属安置和军人子女入学入托等工作。协调银行推出“民兵保障卡”，与中石化合作推出“加油惠军卡”，设立关爱困难优抚对象专用基金，组织退役军人公益创投大赛。举办退伍军人暨随军家属专场招聘会、佛山市“最美军嫂”评选、“优秀退伍军人事迹分享会”、军地青年联谊会等。开展“法律进军营”活动，协调办理涉军案件，维护军人军属合法权益。

军事战备　组织干部、战士、文职人员、职工和民兵5类队伍训练考核，派出2批参谋人员参加省军区集中学习训练活动，结业考核总评均为优秀。着眼“全年度、分批次、基地化、整建制”，统筹组织民兵集中训练，组织开展防汛抢险军地联合演练和佛山市民兵应急营成立授旗暨集中点验。参加省军区无人机抗洪抢险课目和民兵应急连连长比武竞赛，取得优异成绩。

国防动员　狠抓国防后备力量建设，推进深化民兵调整改革，按照军委国防动员部新颁发的“实施办法”，注重上下联动、军地合力，联合成立领导小组，深挖潜力、优化编组、组建新质力量，突出抓好民兵编配，完成基干民兵编组任务，通过省军区的检查验收。组织各区民兵参加佛山市抢险救灾军地联动演练。全年多批次组织民兵集中训练。探索专武干部军地联管、联训、联考和联认“四联”制度机制，推进专武干部资格认证工作，联合市委组织部组织全市专武干部和国动委业务骨干赴延安市集训，提高党管武装意识和动员业务能力。

部队正规化建设　常态抓好安全防范，加强敏感时节尤其是中华人民共和国成立70周年的安全管控。贯彻落实省军区“两个规范性”法规文件，狠抓安全制度落实和正规化建设。开展“条令学习月”、“百日安全”和保密专项检查等活动。召开安全形势分析会，及时消除安全隐患。组织开展军队高等教育自学考试和学生军训工作。严格规范学生军训教官资格考核，完成辖区4所大学、83所高中阶段学校83168名学生军训任务。

【佛山市委议军会】 2019年11月15日，佛山市委议军会在佛山军分区召开。中共佛山市委书记、佛山军分区党委第一书记鲁毅参加会议并讲话，会议传达学习习近平总书记关于国防和军队建设重要讲话精神及广东省委议军会议精神。会议分析佛山市武装工作形势，研究关于党管武装工作考评、加强全民国防教育、进一步推进“十三五”期间民兵调整改革、加强国防动员建设等重点问题。会议部署深入推进国防动员和后备力量建设议，争创全国双拥模范城“九连冠”等工作。

【佛山军分区党委第一书记党管武装工作述职会】 2019年12月30日，佛山军分区党委第一书记党管武装工作述职会举行。中共佛山市委书记、佛山军分区党委第一书记鲁毅出席会议并讲话。会议深入学习贯彻习近平新时代中国特色社会主义思想和习近平强军思想，全面落实党中央和广东省委关于党管武装工作的决策部署，书面传达学习广东省军分区（警备区）党委第一书记党管武装工作述职会议精神，听取顺德区、高明区、三水区等3个区人武部党委第一书记关于党管武装工作述职报告，研究部署党管武装工作。会议强调各级党委要紧跟佛山经济社会发展步伐，主动适应新形势新任务新要求，强化责任担当，狠抓工作落实，推动党管武装工作实现新发展。

【佛山军分区第十次党代表大会】 2019年12月31日，佛山军分区第十次党代表大会举行。中共佛山市委书记、佛山军分区党委第一书记鲁毅出席并讲话。会议以习近平新时代中国特色社会主义思想和习近平强军思想为指导，全面贯彻党的十九大和十九届二中、三中、四中全会精神，贯彻落实中央军委党的建设会议精神，总结军分区第九次党代表大会以来的工作，研究以改革创新精神全面加强军分区部队党的建设、提高有效履行使命任务能力问题，选举产生军分区第十届党的委员会和新一届纪律检查委员会。

【“12·5”山火救援】 2019年12月5—10日，佛山市高明区凌云山发生森林火灾，佛山军分区按照广东省军区指示和佛山市委、市政府的统一指挥，组织现役官兵和民兵力量参加救援行动，出动兵力、车辆、装备器材，执行侦查火情、扑救山火、疏散群众、开辟通路、运送物资、清理火场等任务，持续作战5天5夜。协助消防专业救援队伍运送铺设水带37千米、扑灭大小明火暗火835处、疏散转移附近村民53户、输送物资1200余件（箱），清理并固守火场14处面积866.67公顷。扑火过程中，军分区带领部队和民兵队伍执行命令指示坚决、指挥精准高效、兵力动员快速、人员编配科学、保障及时到位，完成省军区和市委、市政府安排的任务。

（林　邦）

武警佛山支队

【概况】 2019年，武警佛山支队坚持以习近平新时代中国特色社会主义思想为指导，深入学习贯彻习近平强军思想，科学统筹部队各项建设，推进重点工作落实，部队建设呈现向上、向好态势。完成临时警卫、重大活动安保、春运执勤、武装巡逻、武装押解、烈士公祭、国庆升旗等勤务170余起，出动兵力4万余人次，行程1.8万千米押送监管对象6000余人次，为60余万名旅客返乡保驾护航、维护近80万名游客“行通济”现场秩序，抓获全国在逃人员2人、吸毒人员4人，支队17名官兵因完成任务出色被记功嘉奖。深入调研部队建设规律和措施对策，研究破解制约支队发展的瓶颈难题，13篇调研实践成果和言论文章在《解放军报》发表。是年，武警佛山支队被武警总部表彰为“密码工作先进单位”（已连续16年获此称号），政治工作处被武警总部评为“新闻工作先进单位”；4个单位被评为基层建设标兵（先进）单位，所属执勤一中队、南海中队被评为标兵中队（其中执勤一中队已连续5年获评标兵）；13名干部被评为先进基层干部，1人被武警部队评为“优秀指挥员”，5人被省总队评为“执勤训练标兵”，2人被评为个人标兵，1人被省总队评为“优秀教练员”，1人被省总队评为优秀共产党员。

思想政治建设　是年，武警佛山支队始终把“坚定理想信念、铸牢忠诚之魂”摆在突出位置，确保部队绝对忠诚可靠。开展“不忘初心、牢记使命”和“传承红色基因，担当强军重任”2项主题教育，学、思、践、悟习主席训词精神实质，自觉将学习成果转化为“三个维护”（维护党中央权威、维护核心、维护和贯彻军委主席负责制）的实际行动。拓展线上和线下2种资源，线上采取“全媒体+”的形式，用好“学习强国”学习平台和强军网学习专栏、部队公众号等辅助学习，线下注重利用驻地红色资源，先后组织参观三谭纪念馆、西海抗日陵园，担负各区烈士公祭日升旗及敬献花篮活动，让官兵在耳濡目染中赓续红色血脉、争做强军先锋。进一步凝聚意志、理清思路、推动落实，研究构建党委中心组带机关辐射基层的抓学模式，挖掘宣扬强军精武先进典型和事迹，全年有30多篇反映基层官兵教育训练工作的报道被军内外媒体刊载。

实战化训练　是年，武警佛山支队严格落实武警总部、总队关于备战打仗一系列指示精神，推进实战化训练。严密组织开展“修方案、学方案、推方案”活动，贴近中心、贴近属地与任务对接、向末端延伸。投入资金推进支队“一室一站”建设，补充购买战备器材，建设综合战备库室，2次协调公安局装备补充到特战排、应急班和支队战备库室，装备建设水平有新提升。定期组织不打招呼拉动演练，围绕增强担负第一梯队处置任务的应急班、巡逻小组处置能力，加深任务理解、组织现地勘察、细化行动方案。畅通与公安指挥中心建立常态联系机制，引入公安“天网”系统重要地段摄像头到支队值班室，及时全面掌握社会面动态，建立健全预警通报机制。做好抗洪抢险任务准备，组织召开抗洪抢险誓师动员大会，夯实官兵“守驻地热土、为驻地贡献”的血性根基。是年，支队特战排参加片区“魔鬼”周训练，成绩名列前茅。

【城市武装巡逻、设卡】 2019年春节、国庆等重要时间节点期间，武警佛山支队出动兵力，协助佛山市公安局完成年度城市武装巡逻及临时设卡勤务。在佛山5个重点区域（市政府、祖庙周边、佛山汽车站、南海区永润广场和嘉洲广场）武装巡逻任务中，支队指派分管领导带队到各巡逻区域派出所实地走访，会同市巡警支队研究武装联勤模式，协调公安、交管等部门为部队开展法律法规等业务常识培训，开展以警戒、封控、设卡、堵截、抓捕、查缉为重点的专勤训练，严格落实指挥员、班组长和执勤人员考核上岗。是年，支队执勤官兵牢记使命，文明执勤，体现高度的责任心、使命感，维护社会面稳定，增强人民群众安全感，营造和谐稳定社会环境，以实际行动向社会展示武警部队“威武之师、文明之师”良好形象，获地方党委、政府和人民群众好评。

2019年2月19日，武警佛山支队官兵执行“行通济”民俗文化活动安保任务

（武警佛山支队供图）

【武警“春运”执勤】 2019年1月9日至23日，武警佛山支队派出官兵进驻佛山火车站和佛山西站，担负春运执勤任务。支队党委召开专题会议、进行任务部署，联合各站点现地勘察，制定方案，确保各项工作部署到位、对接及时、管控到位。按照“新老搭配、强弱搭配、依岗配备”原则，进行勤务编组，落实“上哨前有要求、到位后有报告、上勤时有组织、执勤时有检查、下哨后有讲评”的要求。一线执勤官兵始终贯彻“依法、理性、平和、文明、规范”执勤理念，充分发扬英勇善战、吃苦耐劳战斗精神，忠实履行职责使命，严守执勤纪律。支队执勤官兵以饱满热情、严整军容和务实作风战斗在执勤一线。先后协助火车站工作人员疏导旅客60万余人，化解旅客危机36次，救助旅客300余人次。

【武警“行通济”安全保卫】 2019年2月19日16时00分至20日凌晨3时00分，武警佛山支队派出兵力执行佛山市元宵节“行通济”安全保卫任务。支队党委高度重视，提出“精心谋划、严密组织、科学用兵、树好形象、确保安全”的具体要求。支队执勤官兵牢记职责、紧紧把住安全底线发扬顽强的战斗作风，在岗位上连续奋战11个小时、疏导客流量近80万人次，协同公安干警以及工作人员维护通济桥周边各主要路段交通秩序任务，做到依法执勤，文明执勤，以严谨的作风、良好的形象，获佛山市委、市政府和人民群众好评。

（谭世泉）

人民防空

【人防工程审批服务】 2019年，佛山市人民防空办公室在人防工程审批服务工作中贯彻落实“放管服”（简政放权、放管结合、优化服务）改革要求，提高审批服务质量。完成省、市有关部门下达的行政审批改革各项任务，包括政务服务清单、审批标准化、“一门式一网式”、中介超市建设、电子证照等方面内容。根据国家、省人防办的统一安排，核查、统计、填报佛山市人防工程2017年7月以来安装的人防过滤吸收器有关情况，全部合格。根据省人防办安排，对广东立德建设监理有限公司和广东中晟人防建筑设计有限公司两家拟开展人防业务企业的资质进行核查，两家公司符合从业要求，核查工作认真、仔细、客观、公正。

【人防行业整治】 2019年，佛山市人民防空办公室按照属地管理的原则，做好人防行业整治。对注册地在佛山市的9家人防设备厂进行资质核查。对由广东省人防办抽选的位于佛山市范围内的人防工程进行质量复查。通过复查，提升佛山市人防设备厂的从业能力，促进佛山市人防工程建设的质量。

【早期人防工事整治】 2019年，佛山市人民防空办公室提出早期人防工事开发利用理念，推进早期人防工事整治和开发利用工作。完成位于老城区部分主干道的早期人防工事整治项目初步设计及经费概算。11月7日，市委常委、常务副市长蔡家华组织市人防办、市发改局、市财政局、市住建局、禅城区政府和佛山地质局召开早期人防工事整治工作会议。会议明确早期人防工事作为蓝色风险点危险源，属特殊应急整治工程，应加快整治，尽早消除安全风险隐患。

【人防训练演练活动】 2019年，佛山市人民防空办公室通过有序组织、严格训练，提高遂行任务能力。6月26—28日，参加广东第一组人防机动指挥所区域协同训练，8人参训；9月21日，参加广州市牵头的“羊城天盾-2019”城市人民防空演习，佛山市出动演习人员38人、车辆4辆；11月11—15日，参加全省人防机动指挥所区域协调野外拉练训练，7人参训。全年佛山市组织市、区人防机动指挥所互联互通训练5次。

【“9·18”防空警报试鸣】 2019年9月18日11时30分至11时45分，为加强国防教育，增强市民防空意识，佛山市举行防空警报试鸣。全市固定警报器按照预先警报、空袭警报和解除警报信号的顺序准确鸣响，佛山电视台、佛山电台同步发放警报信号。

【人防宣传教育】 2019年，佛山市人防办结合“9·18”防空警报试鸣，组织市、区两级人防办开展人防宣传教育和疏散演练活动。高明区人防办在海天调味食品有限公司开展防空疏散演练暨人防技能宣讲活动。三水区人防办在西南中心小学开展人防疏散演练暨人防知识宣传教育进校园活动。市人防办通过佛山电视台、佛山电台、《佛山日报》举办多种形式的公益宣传活动，提高群众关注度。通过警报试鸣和宣传教育、疏散演练活动，增强广大市民国防观念、居安思危意识、人民防空意识和提高防空技能。是年，市人防办参加由市减灾委统一组织的防灾减灾宣传活动，通过现场发放宣传资料、咨询、提问等方式，宣传灾害的基本知识和避险办法，普及防灾减灾知识和基本技能；联合禅城区人防办、市第三人民医院在澜石中学开展防灾减灾宣传活动，并组织师生进行人防应急疏散演练。

【人防系统安全生产】 2019年，佛山市人防办开展“今冬明春”火灾防控、风险点危险源排查、“防风险保平安迎大庆”、“安全生产月”和“安全生产万里行”等活动。2月22日，组织节后复产安全生产培训，60余人参加。3月11—12日，对全市人防设备厂进行安全生产情况现场检查。6月19—20日，联合三水区、南海区人防办对辖区人防设备厂进行安全生产情况现场检查。7月23日、10月6日，2次对宏安丰、金盾、佛盾、华运等4家人防设备厂进行安全生产情况现场检查。6月18日，联合市人防协会组织区人防机关有关工作人员和市人防设备厂安全生产负责人到祖庙街道办消防体验中心参观学习。组织人员对直接管理的早期人防工事、人防物业的安全状况进行多次巡查检查，及时排除隐患。

【人防工程业务综合管理系统完成建设】 2019年12月，佛山市人防工程业务综合管理系统完成建设，实现与佛山市政务服务、“一门式一网式”等系统对接。该项目于2018年12月启动，是佛山市人防办为提升人防工程业务管理效率和水平而实施的信息化项目。佛山市人防工程业务综合管理系统以人防工程全生命周期管理为概念，围绕人防工程管理中的工程报建、竣工验收、统计抽查与企业诚信管理4个核心工作进行系统建设。重点功能模块包括工程报建管理模块、工程台账模块、综合统计分析模块、企业管理与业务抽查模块、执法管理模块和后台管理模块等6个模块。该系统提高工程审批效率，优化人防部门政务服务效能，实现业务线上不见面审批及发证，减少人民群众“跑腿”的次数，同时使政务审批更加阳光透明。

（郑　铭）

国防教育

【国防教育系列活动】 2019年，佛山市以中华人民共和国成立70周年为主线，组织开展形式多样的国防教育活动。4月4日，在顺德区第一中学外国语学校举行佛山市“我们的节日·清明”祭英烈活动，同时各区按照全市统一部署组织开展网上签名寄语，及各类线下祭奠活动。4月23日，组织市直单位部分党员领导干部集中观看优秀国防教育影片《守边人》。6月24日，在高明区西江新城第一小学举办佛山市“我和我的祖国”童心向党歌咏活动，组织学校中小学生现场演唱歌颂党、歌颂祖国、歌颂新时代的优秀歌曲和童谣，带动全市童心向党歌咏活动全面铺开。6月26日，在南海区里水镇举行庆“七一”红歌汇暨国防教育进校园宣传活动，全镇中小学1000多名师生传唱《长城谣》《歌唱祖国》等爱国歌曲，唱响爱党爱国爱社会主义的主旋律。7月25日，邀请中国人民解放军国防大学战役教研部知名教授房兵，以“国庆大阅兵”为题，为市委理论学习中心组成员和市直单位领导干部作专题辅导报告。9月23日，禅城区以佛山市实验学校为主场，开展“我爱祖国　同唱国歌”活动，引导中小学校升国旗、唱国歌，逾13万名市民群众参与。12月12日，确定禅城区铁军公园、南海区国防教育训练基地、顺德区西海抗日烈士陵园、顺德区博物馆、三水区邓培故居等5个单位为佛山市国防教育基地。

【国防宣传】 2019年，佛山市将征兵宣传与国防教育宣传相结合，在《佛山日报》、佛山电台、佛山电视台、《珠江时报》、《珠江商报》、佛山市新闻网、佛山文明网、“文明佛山”微信公众号刊播国防教育内容报道354篇（条）。以第十九个全民国防教育日为契机，组织主流媒体的记者，到佛山科学技术学院、顺德职业技术学院采访学生军训情况，开展“国防教育日”专题报道，刊播新闻报道和短视频6篇（条）。

【广东省国防教育专题演讲比赛在佛山举行】 2019年8月，由广东省委宣传部、广东省教育厅、广东省军区政治工作局、广东省国防教育办公室主办，佛山市委宣传部、佛山市国防教育办承办的广东省“时代新人说——我和祖国共成长”演讲大赛之“赞颂辉煌成就、军民同心筑梦”演讲比赛决赛在佛山市举行。来自全省各地的34位选手围绕国防教育主题，讲述与祖国共成长、与新时代齐奋进的励志感人故事。黎剑、张文芳、高辉和王艺露获得该次演讲比赛一等奖，佛山、广州、惠州分获“优秀组织奖”。

【“文明佛山诵起来”首场活动走进军营】 2019年8月1日，“文明佛山诵起来”系列活动之“我和我的祖国——八一军旗红”主题朗诵会在佛山市三水区某军营举行。这是“文明佛山诵起来”系列活动的首场活动。活动以诗歌、歌曲等形式歌颂、致敬军人，庆祝中国人民解放军建军92周年。

（何伟军）

经济监督管理

手机扫码阅读

发展规划管理

【概况】 2019年，佛山市发展和改革局落实高质量发展要求，加强发展规划管理，提升规划编制质量。开展佛山市国民经济和社会发展"十四五"规划（指第十四个五年规划）前期研究，出台佛山市关于贯彻落实《粤港澳大湾区发展规划纲要》的实施方案、广佛肇清云韶经济圈发展规划、新能源汽车产业发展规划、人口发展规划等长期规划，制定并实施2019年国民经济和社会发展计划、重点项目建设等年度计划，发挥规划计划战略导向作用。

【佛山市"十四五"规划前期研究】 2019年，佛山市启动国民经济和社会发展第十四个五年规划前期研究工作，面向社会、各区及市有关单位广泛征集佛山市"十四五"规划前期研究课题建议70余条，经过筛选并报市政府同意，确定全市38项前期研究课题，其中综合课题8项，专项课题30项。课题重点围绕全面深化改革、扩大高水平对外开放、推动经济高质量发展、建设现代化经济体系、加快建设面向全球制造业创新中心、提高发展平衡性和协调性、构建共治共享社会治理格局等方面的新任务新要求，从全市中长期发展的战略高度出发，着眼于经济社会发展的关键环节和重大问题展开研究，为科学编制"十四五"规划提供支撑。

【《佛山市人口发展规划（2018—2030年）》印发】 2019年，佛山市发展和改革局牵头编制《佛山市人口发展规划（2018—2030年）》（简称《规划》），并以市政府名义印发实施。《规划》详细介绍佛山人口的现状，并提出主要目标。到2020年，生育水平适度提高，出生率和出生人口继续增加，人口素质逐年提升，人口结构逐步优化，非户籍人口转化成户籍人口进程加快，人口分布和迁移流动更加合理；到2030年，人口与社会经济、资源环境的协调性增加，基本形成人口均衡发展的态势。《规划》提出推动人口规模合理增长、促进人口系统结构优化、加快人口综合素质提升、引导人口空间分布合理、促进重点人群共享发展等主要任务。

【2019年国民经济和社会发展计划】 2019年，佛山市发展和改革局起草《佛山市2018年国民经济和社会发展计划执行情况与2019年计划草案的报告》和《佛山市2019年上半年国民经济和社会发展计划执行情况的报告》，并分别提交市十五届人大四次会议、市十五届人大常委会二十二次会议审议通过。《佛山市2018年国民经济和社会发展计划执行情况与2019年计划草案的报告》主要内容包括2018年国民经济和社会发展计划执行情况、2019年国民经济和社会发展计划安排意见等2部分，总结2018年经济社会发展主要指标完成情况和经济运行、产业发展、创新驱动、深化改革、开放合作、城市建设、民生保障等领域重点工作任务完成情况，对2019年国民经济和社会发展计划提出安排意见。

【《粤港澳大湾区发展规划纲要》贯彻落实实施方案出台】 2019年，佛山市发展和改革局牵头制订并印发《中共佛山市委 佛山市人民政府关于贯彻落实〈粤港澳大湾区发展规划纲要〉的实施方案》（简称《实施方案》）。《实施方案》包括总体要求、发展目标、主要任务和保障措施等4个部分。其中，发展目标按照"三步走"的安排推进粤港澳大湾区建设。第一步，到2020年，成为推进粤港澳大湾区建设的先锋队、高质量发展的先行区；第二步，到2022年，成为推进粤港澳大湾区建设的主力军、高质量发展的示范市；第三步，到2035年，协同广州成为粤港澳大湾区建设极点、引领粤港澳大湾区建设富有活力和国际竞争力的一流湾区和世界级城市群。主要任务提出携手广州建设粤港澳大湾区发展极点、协同建设国际科技创新中心、协同构建现代化基础设施体系、协同构建具有国际竞争力的现代产业体系、协同建设粤港澳大湾区美丽家园、协同建设宜居宜业宜游的优质生活圈、加快形成全面开放新格局和发展特色合作平台等8方面的工作任务，推进粤港澳大湾区发展规划蓝图变成现实。

【重点项目建设年度计划与实施】 2019年，佛山市安排重点建设项目295个，总投资7751.77亿元，年度计划投资855.55亿元。其中：安排省重点建设项

2019年8月29日，佛山市2019年下半年重大项目集中开工投产正式启动。图为启动仪式现场
（市重点项目工作局供图）

目89个，总投资5183.44亿元，年度计划投资445.92亿元；安排市重点建设项目206个，总投资2568.33亿元，年度计划投资409.62亿元。截至2019年底，全市重点项目完成投资1057.37亿元，占年度计划投资的123.59%，超时间进度23.59个百分点。其中：省重点项目完成投资580.39亿元，占年度计划投资的130.15%，超时间进度30.15个百分点；市重点项目完成投资476.98亿元，占年度计划投资的116.44%，超时间进度16.44个百分点。

【《广佛肇清云韶经济圈发展规划（2019—2025年）》编制】 2019年，广（州）佛（山）肇（庆）清（远）云（浮）韶（关）经济圈市长联席会议办公室（设在6个市的发展改革部门）牵头开展《广佛肇清云韶经济圈发展规划（2019—2025年）》（简称《规划》）编制工作。8月，佛山市组织召开专家评审会，专家组同意通过《规划》评审。11月，形成送审稿提请市政府审定，由6个市的市政府办公室联合印发。《规划》分10章，主要包括发展基础和环境、总体要求、发展格局、主要任务、实施保障机制等内容，提出经济圈的4个战略定位：粤港澳大湾区与战略腹地融合发展示范区、落实省“一核一带一区”（珠三角核心区、沿海经济带、北部生态发展区）区域发展战略先行区、科技产业协同创新高地、高铁经济带合作试验区。结合粤港澳大湾区发展规划纲要、广东省关于构建“一核一带一区”区域发展新格局促进全省区域协调发展的意见中的发展目标以及时间节点设计，分别描绘2022年、2025年、2035年3个时间节点的发展蓝图。提出创新、产业、基础设施、公共服务、开放合作、生态文明等6个方面的主要任务。

【《佛山市新能源汽车产业发展规划（2019—2030年）》印发】 2019年11月4日，佛山市发展和改革局印发《佛山市新能源汽车产业发展规划（2019—2030年）》（简称《规划》）。《规划》包括发展基础与环境、总体要求与目标、发展重点与空间布局、重点任务、规划实施保障5部分，并附有《新能源汽车产业重点支撑项目》和《近期行动计划（2019—2021年）任务分工》。《规划》提出把佛山市建设成为具有国际竞争力的新能源汽车产业集群和氢燃料电池技术创新中心之城的总体定位，确立发展新能源汽车产业的基本原则和总体路径，明确到2020年、2025年、2030年新能源汽车产业在产值产能总量、企业培育、推广应用等方面的发展目标。为实现发展目标提出包括培育壮大产业集群、强化技术创新能力、加强车辆示范推广、完善基础设施配套、促进产业协作发展、优化产业发展环境6方面重点任务。

（王　英）

国有资产监督管理

【概况】 2019年，佛山市国有经济保持稳定发展态势。截至2019年底，全市被纳入监管的国有企业598家，其中市属企业342家、区属企业256家。全市国有企业资产总额4046.12亿元，比上年增长6%；所有者权益总额1876.77亿元，增长8.8%；营业收入430.16亿元，增长26.1%；利润总额45.03亿元，下降8.6%。市属国企资产总额1951.58亿元，比上年增长10%；所有者权益总额617.94亿元，增长18.8%；营业收入291.36亿元，增长35.2%；利润总额24.88亿元，增长33.3%。

【国有企业固定资产投资】 2019年，佛山市市属国企承担23个重大投资项目，年度计划投资189.72亿元，涉及基础设施建设、房地产开发、股权投资及社会民生事业项目等4个领域，实际完成投资190.17亿元，完成年度投资计划的100.24%，实际完成投资额比上年增长29.09%。

【国有企业改革】 混合所有制改革　2019年，佛山市国资委制定规范市属企业混改的政策措施，注重以“混”促“改”（国有资本与其他所有制资本有机结合、形成合力，共同推动国企改革），促进混改企业完善治理结构、完善选人用人机制、优化激励约束，激发混合所有制企业的活力。全年市属企业新增混合所有制企业5家，混合所有制企业144家，占市属企业总户数42%。

“僵尸企业”处置　2019年，佛山市国资委加强“僵尸企业”（已停产、半停产、连年亏损、资不抵债，主要靠政府补贴和银行续贷维持经营的企业）月度动态监测。全市全年完成“僵尸企业”市场化处置100家，累计完成市场化处置353家，处置率82.1%。其中，通过司法出清处置247家（市属135家、各区112家），司法出清处置率为70.2%。在全省国有“僵尸企业”处置暨“三供一业”分离移交（国企将家属区水、电、暖和物业管理职能从国企剥离，转由社会专业单位实施管理）工作会议上，佛山市作为3个先进地市代表之一在会上作交流发言。

资本运作　2019年，佛山市国资委加大资本运作力度，鼓励支持企业并购上市。市属国企上市公司新增1家，累计3家。市公用事业控股有限公司完成对松德智慧装备股份有限公司（股票简称：智慧松德）第二次股权收购，成为智慧松德的第一大股东。佛山市水业集团有限公司取得中国证监会关于核准发行境外上市外资股的批复。市佛燃能源集团股份有限公司（股票简称：佛燃能源）通过资本运作有效推进综合能源项目、拓展异地城市燃气市场，实现异地管道燃气业务和天然气工程业务快速增长。

改革任务全面推进　2019年，佛山市国资委继续推进现代国有企业制度改革，完成国有企业公司制改制5家，全市被纳入广东省考核的17家国有企业全部完成改制。继续推进国有企业“三供一业”分离移交工作，供电、供水设施分离移交改造完成100%，物业管理分离移交完成90%。推动佛陶股票等历史遗留问题的解决取得实质性进展。10月，市公盈投资控股有限公司委托佛山市亿信股权托管服务有限公司代为收购广东佛陶集团股份有限公司内部职工股和法人股。截至2019年底，佛陶集团内部职工股和法人股共办理转让户数15982户，转让股份16268.2万股，发放转让款项11648.9万元。

国资布局持续优化　2019年，佛山市国资委不断优化国有资本布局。其中，市公用事业控股有限公司拓展水、电、气上下游产业链，打造智能化、绿色化、资源化高端环保产业；市路桥建设有限公司基本完成六大战略平台间的股权划转和业务整合重组，逐步形成以建设和服务城市高快速路网为一体的战略布局；市铁路投资建设集团探索“城市轨道+城市更新”“城市轨道+氢能源”等相关产业的布局和开发；市建设开发投资有限公司在发展城市更新产业的同时，开拓住房租赁、物业管理、铝锭铝棒等相关产业链；市公盈投资控股有限公司发展教育、文旅、服务业等产业，推进“粤港澳大湾区高端服务业总部基地——三山云谷”等项目，提高企业存量资源的配置效率；市中力经营管理有限公司在开展“僵尸企业”出清等不良资产处置和经营的同时，开展资产托管、档案整理、破产清算等业务；市粮食集团在确保市级储备粮食安全和供给的前提下，开展粮食加工、贸易等业务。

【国有资产监管】　2019年，佛山市国资委推进国有资产监管职能转变，草拟《佛山市国资委以管资本为主推进职能转变工作意见》，完善《精简的市国资委监管事项（2019年版）》，建立监管权责清单动态调整机制，试运行“佛山市国有资产监督管理业务信息平台”。加强负债约束，落实佛山市打好防范化解重大风险攻坚战三年行动计划措施，编制防范化解重大风险调研报告和专项调研方案，并通过完善资产负债约束管理制度、建立资产负债监测与预警体系、引导企业设置风险防控部门或岗位等，实质性降低资产负债率，市属企业平均资产负债率下降至68.34%，比上年下降2.3个百分点。强化风险防控，全面梳理排查市属企业所涉各类重大风险，强化重点领域监管，为市属国有企业发展提供保障。

【国资系统信访维稳】　2019年，佛山市国资委推进市属国资系统信访维稳工作。研究推动全市约2万名国有企业退休人员社会化管理工作。重点解决被列入国资系统领导包案计划的4件信访积案，妥善处理佛陶集团集资清退和股票回购。全年接待来访群众101批333人次，接听电话252人次，处理网络发言人平台反映问题21个，处理信访件85件，办结率100%。

【国有企业安全生产】　2019年，佛山市国资系统有序推进安全生产、应急管理和平安创建工作。全年派出安全生产检查组1165个，出动检查人员6753人次（其中市国资委领导和企业领导带队检查256人次），检查企业和场所2314个，发生整改通知单262份，排查治理隐患1319个，隐患整改率100%。

（王　娟）

【佛山市公用事业控股有限公司】　佛山市公用事业控股有限公司（简称“公控公司”）成立于2006年，注册资本22亿元，是由佛山市国资委监管的国有独资公司。公司主营业务有水、电、气、环保投资等公用事业项目的投资、建设、运营，开拓发展高新技术、智能装备等新兴产业。2019年，公控公司拥有上市公司2家，省、市级企业工程技术中心11家，高新技术企业28家，专利数729

2019年4月15日，佛山市公用控股有限公司与中国移动签订“互联网+”战略合作协议

（市公控公司供图）

件。员工6018人，其中大学以上学历占比63.1%，硕士238人、博士29人、在站博士后8人；具有高级职称技术骨干251人，中级职称的有753人。是年，公司资产市值718亿元，合并营业收入177亿元。

优化产业布局　2019年，公控公司完成对上市公司松德智慧装备股份有限公司（股票名称：智慧松德）第二次股权收购，实现控股，该公司总部落户到佛山市禅城区，进军先进智能装备产业领域。推进重大民生环境项目建设。高明生活垃圾资源化项目完成前期工作，开工建设；恒益电厂西南水都园区的热电联产集中供热项目投产供汽；中国电信开普勒项目进入二期开发；异地城市燃气资产并购项目继续拓展，天然气贸易业务顺利开展；高明区、清远市两地城市矿产智慧制造中心有序推进；国通公司引入新战略投资，实现优势互补。

推进发展模式　2019年，公控公司探索“资本运营驱动战略”发展模式和管理“上市公司/混改公司”治理模式，引入各类资本促进企业发展，完成“资本运营实现高速发展设计”项目成果验收。进一步修订权责清单，编制2020—2022年人力资源战略规划，优化人力资源配置。

实施创新驱动　2019年，公控系统引进博士10人，新增高新技术企业8家、专利212件、创新发展平台1个。实现饮用水深度处理技术、农村污水处理技术等一批科技成果的转化。全面开展智慧企业建设，上线“桌面云”（指可以通过客户端或者其他任何与网络相连的设备来访问跨平台的应用程序，以及整个客户桌面）850台，覆盖主要下属企业33家。市水业集团建设供水智慧管网，实现远程智能抄表，数据准确率99.9%以上，用水异常发现周期从15天缩短到2天。市电建集团将供热改造燃煤机组纳入热电联产管理和在线监测，这一管理创新在省内属首例。市燃气集团打造在全国同行业处于领先水平的“e网通智能客服移动综合平台”。

（艾晓晖）

【佛山市公盈投资控股有限公司】　佛山市公盈投资控股有限公司（简称“公盈公司”）于1998年8月25日成立，经营范围包括接受委托对公有资产经营、管理、产权转让、交易等。2019年，公盈公司管理全资及控股的在运营企业24家，其中包括新投公司、教育公司、佛陶集团、骏承公司、恒汇盈公司、口岸发展公司、电子口岸公司、大健康公司等二级平台企业8家。是年，公盈公司营业额比上年增长27.89%，利润总额增长208.43%，资产总额83.92亿元。

历史问题有序解决　2019年，公盈公司在确保社会稳定的前提下，分步推进解决佛陶股票、集资本息、历史债务等历史遗留问题，基本解决佛陶职工集资问题，佛陶集团内部职工股和法人股收购专项工作取得阶段性成果。出清“僵尸企业”16家，超额完成2019年出清工作任务，并完成7家企业123名退休人员的安置或量化移交工作。

产业布局持续优化　2019年，公盈公司应对新常态，做优做实主营业务，探索发展新模式，持续调整收入结构，开拓新经济产业。完成2019年度4个重点项目投资额。

项目发展初见成效　2019年，公盈公司重点发展教育、大健康、跨境电商等产业，园区运营等。加快融入粤港澳大湾区建设，引入合作方共同建设的“粤港澳大湾区高端服务业总部基地——三山云谷”项目。加快教育产业并购项目平稳过渡，产业品牌效应持续增强。加强跨境电商线下、线上平台建设，提高通关效率，降低通关成本。保持混改产业项目良性运转，通过引入新的合作方共同经营的方式使民间艺术社、旋宫酒店等焕发新活力。

（潘云飞）

【佛山市路桥建设有限公司】　佛山市路桥建设有限公司（简称“路桥公司”）是于2003年3月3日成立的国有独资企业。2019年，路桥公司辖中策高速公路投资管理有限公司、建盈发展有限公司、高速公路营运管理有限公司、交通发展有限公司、路桥资源开发有限公司、交通科技有限公司、公共交通管理有限公司等7家二级企业，二级企业辖中策广明高速公路有限公司等12家三级企业，及佛山市佛江高速公路有限公司等7家三级控股企业。是年，路桥公司以高速公路建设、“一环”高速化改造及“一环”西拓等市级统筹项目建设为重点，实现广明、佛清从、佛江、广佛肇、佛江北等5条高速公路并网收费，推进构建覆盖全市域、通达粤港澳大湾区的高快速公路网。

市级统筹项目建设　2019年，路桥公司承担佛山“一环”西拓北环段、“一环”西拓南环段、番海大桥等3个在建项目和龙翔大桥及引道、富龙西江特大桥、禅西大道南延线、“一环”西拓旧

2019年9月4日，佛山市富龙西江特大桥工程动工　（市路桥公司供图）

路改造及金石大道西延线、云勇公路等5个新开工项目的建设，完成年度投资32.96亿元。截至2019年底，“一环”西拓北环段除金港路至桂丹路公路工程外全部建成通车。

高速公路建设及“一环”高速化改造 2019年，路桥公司承担广明、佛江、佛清从、广佛肇、佛江北等5条高速的建设任务，完成年度投资51.25亿元。截至2019年底，“一环”高速化改造主体工程完成，全线设51个收费站142个出入口，开通收费站42个，连接沿线交通要道的出入口均开通；全线计划开通辅道226千米，开通216千米，完成率95.6%。

高速公路运营服务 2019年，路桥公司做好高速公路营运服务。12月31日24时，借道“一环”主线进行高速化改造的佛江高速公路（江珠高速北延线佛山段）、佛江高速公路（和顺至陈村段）、广佛肇高速公路广州石井至肇庆大旺段、佛清从高速公路南段、广明高速公路陈村至西樵段等5条高速同步接入全国高速公路联网收费系统收费。年内，路桥公司协助中国公路学会举办2019全国高速公路取消省界收费站管理及技术研讨会；结合收费管理需求，推出动静态交通大数据平台“佛山易行”，并获广东省智能交通优秀项目案例奖。

科技创新 2019年，路桥公司将创新研发中心转为企业化运作，组建佛山市交通科技有限公司，建立健全科技创新体制机制，以项目为依托，推进超高性能混凝土（UHPC）产业研发。

（邹靓涛）

【佛山市铁路投资建设集团有限公司】 佛山市铁路投资建设集团有限公司（简称“铁投集团”）成立于2009年，属国有独资企业。主要负责佛山市城市轨道交通项目的投资、建设、运营和资源开发管理等。2019年，铁投集团资产总额491.15亿元，比上年增加11.8%；所有者权益191.75亿元，增加13.3%，营业收入12555.03万元。

地铁3号线工程 2019年，铁投集团承担的佛山地铁3号线项目完成年度投资50.22亿元，投资额累计完成165.11亿元，占总概算的38.8%。截至2019年底，全线21个车站实现主体结构封顶；全线36个区间中，7个区间双线洞通、10个区间17台盾构机进行掘进施工。

地铁2号线一期工程监管 2019年，铁投集团加强佛山地铁2号线一期工程监管，组织4次季度安全质量监督检查并完成监管报告，开展2次特许经营项目动态现场考核。是年，2号线一期工程完成投资27.71亿元，占年度计划的100.8%。

轨道交通运营筹备及监管 2019年，铁投集团做好轨道交通运营筹备及监管工作。发布《佛山市城市轨道交通建设运营交接管理办法》等市级标准3项，发布技术标准43项、工作标准10项、管理标准175项。编制《广佛两市城市轨道交通互联互通专题研究》，并通过专家评审。是年，世界首条商用氢能源轨道交通线路——高明有轨电车示范线开通初期试运营，这是铁投集团自主运营的第一条轨道线路；广佛线二期开通扫码功能，城市轨道交通自动售检票系统（AFC系统）接入广州地铁多元化平台。是年，地铁广佛线累计开行列车159611列，安全运送旅客19354.67万人次，日均客运量53.03万人次，列车正点率99.9%。截至2019年底，广佛线实现安全运营3346天。

轨道交通配套业务 2019年，铁投集团全资下属子公司佛山市佛铁实业有限公司在做强出租车运营主业的同时，探索拓展汽车租赁、劳务派遣、地铁部分营运外包及充电站建设等业务。合资公司佛山中车四方轨道交通车辆公司承揽广州地铁售后项目，完成佛山地铁2号线10列、广佛线增购14列共计116辆列车的生产。合资公司佛山轨道交通设计研究院有限公司深入拓展多元化业务，年内新签合同额1.45亿元。全资子公司佛山市佛铁投资发展有限公司推进地铁上盖物业开发工作。合资公司佛山三水城际轨道实业有限公司全力推进持有的6.22公顷（93.28亩）土地二级开发前期筹备工作。

（黄　婷）

【佛山市金融投资控股有限公司】 佛山市金融投资控股有限公司（简称“金控公司”）于2013年12月在佛山市投资控股有限公司的基础上组建而成，是市区金融资源联动聚合共同支持产业转型的实施平台。2019年，金控公司拥有佛山火炬创新创业园有限公司（简称“火炬园公司”）、佛山市禅本德资产管理有限公司（简称“禅本德公司”）、佛金香港有限公司、佛山市富思德基础设施投资有限公司、佛山市创新创业投资有限公司等5家子公司，拥有广东中盈盛达融资担保投资股份有限公司（简称“中盈盛达”）、广东耀达融资租赁有限公司（简称“耀达公司”）、佛山市科技风险投资有限公司、佛山南方产权交易所有

2019年3月15日，佛山市地铁3号线首个区间双线贯通　　(市铁投集团供图)

限公司等4家控股公司。是年，金控公司资产总额126.68亿元，实现经营收入8.99亿元，利润总额3.93亿元，净利润3.03亿元。

服务实体经济　2019年，金控公司通过融资、融智助力佛山经济高质量发展。政策性基金（专项资金）扶持企业643家，其中佛山市上市企业市级通济基金完成一项总标的为6亿元的纾困项目，撬动社会资本1.2亿元参与纾困。耀达公司投放41.21亿元，为102家实体企业提供融资租赁服务。中盈盛达为3000多家中小微企业提供约138亿元的融资服务。

拓宽金融服务链　2019年，金控公司新增管理一支首期规模3.3亿元的佛山市融资担保基金。代表市政府参与出资国家制造业转型升级基金、国家先进制造产业投资基金。代表市政府参与以东莞市为主体组建的丝路信用保险公司。推动佛山农村商业银行股份有限公司定向募股方案落地。开展并购证券、期货公司，设立小额再贷公司的可行性探索。拟定辐射全省的小额再贷款公司设立方案。

引领行业发展　2019年，耀达公司发行总金额为3亿元的以项目所属的资产为支撑的证券化融资方式（ABS）产品，并发起成立广东省首个地市级融资租赁行业协会。禅本德公司推进设立佛山市金融债权及特殊资产管理协会工作。中盈盛达获中国金融机构金龙奖"年度最佳科技创新担保公司"称号。

（张晓云）

【佛山市建设开发投资有限公司】　佛山市建设开发投资有限公司（下称"市建投公司"）成立于2012年2月，注册资本11亿元，是佛山市国资委管理的市属一级企业，主体信用评级为AA+，评级展望为稳定。市建设公司着眼于佛山城市升级，聚焦城市建设，打造具有全产业链能力的城市建设平台。经营范围：城市基础及公共设施投资管理；物业资产的投资经营管理；建筑安装工程；工程项目投资咨询、财务咨询；物业管理服务；工程设计及工程咨询、管理服务；上述经营项目的上下游相关产业投资。2019年市建投公司下属佛山建投城市建设有限公司、佛山建投城市发展有限公司、佛山建投置地有限公司、佛山建投置业有限公司4家二级企业。是年，市建投公司实现营业收入82.06亿元，比上年增长15%；利润总额7.71亿元，增长3%；净利润5.54亿元，增长3%。

做强城市更新平台　2019年，市建投公司立足佛山，聚焦城市更新主业，做强平台。与碧桂园集团合作竞得广佛里智慧慢城特色小镇启动区33.87公顷（508亩）地块并开工建设。与中建三局组成联合体以接近市场底价竞得禅城区绿岛湖远大地块。通过增资扩股获得佛山市高明嘉明物业投资有限公司70%股权，合作开发金湾旭日项目。是年，东亚西区项目（花曼沁园）开工建设、彩管项目（璀璨天城）继续建设和销售、东亚东区项目（花曼丽舍）住宅售罄、湛江恒俪湾项目销售态势良好。

培育装配式建筑核心竞争力　2019年，市建投公司下属佛山建装装配式建筑基地被广东省住房和城乡建设厅评为"广东省装配式建筑（教育培训类、科技研发类）产业基地"，自主设计、生产构件并施工安装的科研办公大楼获评AAA级装配式建筑（最高级别），成为佛山市首个AAA级装配式建筑。

创新住房租赁模式　2019年，佛山建投置业有限公司下属企业市建鑫住房租赁有限公司增加569套租赁住房房源。探索桂城东二村项目"城市更新+租赁住房+商品房"的开发模式。与佛山农业银行签署3处物业收购合同。推动乐从镇葛岸村项目（建鑫家园）一期工程总承包（EPC）进场开展工作。

（刘宝龙）

【佛山市中力经营管理有限公司】　佛山市中力经营管理有限公司（简称"中力公司"）成立于2001年9月11日，原为佛山市工业投资管理有限公司的属下企业，以提供档案管理、破产清算服务为主营业务，承担处置市属国资系统不良资产、解决历史遗留问题、"僵尸企业"清理退出等职能任务。2019年，中力公司辖佛山市东平资产经营有限公司、佛山市新元资产管理有限公司、佛山市至顺企业清算服务有限公司、佛山市力承企业清算服务有限公司、佛山市华承企业清算服务有限公司、佛山市天启企业破产清算服务有限公司、佛山市档案管理中心有限公司、佛山市资产托管中心有限公司等8家二级企业。是年，中力公司围绕公司五年发展战略规划，立足资产处置平台定位，履行管理职能，推动企业实现扭亏为盈的历史性跨越。

经济指标扭亏为盈　2019年，中力公司主营收入比上年增长21.08%，18年来首次实现扭亏为盈。档案整理业务收入创历年新高，增长3倍；国资破产清算业务接案办案能力水平不断提升，清算业务利润总额增长152%。中力公司探索医疗、校企合作、"物业出租+委托建设"等项目合作模式，综合竞争力得到提升；采取引入第三方以"承租+投入改造"等出租模式破解闲置资产运营低效难题，实现租金翻倍。

推进"僵尸企业"出清　2019年，中力公司继续承接"僵尸企业"出清资产处置工作。截至2019年底，累计完成出清"僵尸企业"132家，其中关停企业125家、特困企业7家。"僵尸企业"出清总任务完成率76%，取得阶段成效。

保稳定促和谐　2019年，中力公司信访件比上年减少13%，信访回复率100%，年度积案结案率100%；群众服务窗口全年接待人事档案查阅3202人次，接待企业档案查阅200人次。截至2019年底，累计完成退休人员移交社区管理19279人。

（卢焕妍）

【佛山市粮食集团有限公司】　佛山市粮食集团有限公司（简称"佛粮集团"）由佛山市储备粮管理总公司于2019年改制后更名而来，主要履行储备粮管理职责，发挥市级储备粮保供稳价、惠及民生的职能。佛粮集团作为佛山市国资委下属八大平台之一，接受市国资委与市发展改革局双重领导。2019年，佛粮集团有分支机构1家、下属企业5家，分别是佛山市粮食集团有限公司南海储备分公司、广东佛山国家粮食储备库有限公司、佛山直属粮食储备库有限公司、佛山市粮油物业有限公司、佛山市粮油食品有限公司以及佛山市面粉厂有限公司。主营业务为粮食储备、粮食及食品加工和粮食贸易。全年实现营业收入8.53亿元，比上年增长17.01%；实现利润总额818.20万元，比上年增长20.19%。

储备轮换任务落实　2019年，佛粮集团根据储备粮的品种、年限、品质等，科学制订全年轮换计划，密切关注粮食市场行情，确保市级储备粮常储常新，完成年度储备轮换任务。完成全国政策性粮食库存大清查，巩固提升粮食管理工作。

企业改制完成　2019年，佛粮集团完成企业改制工作。8月，完成工商变更登记，由佛山市储备粮管理总公司改制成为佛山市粮食集团有限公司。9月，完成佛山市粮食集团有限公司南海储备分公司的设立登记，推动新粮库各项工作。12月，佛粮集团全面完成本部及下属企业公司制改制，配齐配强下属企业董事、监事、高级管理人员架构。

重大项目建设　2019年，佛粮集团重点投资的粮食仓储设施及小麦应急加工生产线建设项目获广东省企业投资项目备案，后续工作稳步推进。谋划建设大米加工厂，提高优质大米供给能力和完善粮食加工应急体系。

粮食购销　2019年，佛粮集团结合“十四五”规划前期研究，加强对粮食经贸业务板块的前瞻性探索，把握市场机遇，开展粮食购销工作，业务范围覆盖江苏、河南、河北、山东、广东等主要省份。落实中国建设银行、中国农业银行等银行的资金授信，提高融资能力，降低融资成本。

（朱志锋）

统　计

国家统计

【统计调查】2019年，国家统计局佛山调查队坚持高质量完成住户常规调查，高标准推进价格新增调查，落实直接走访督导，创新调查手段应用，强化基层统计调查队伍能力建设，强化统计调查基础建设和提升统计调查数据质量。

专业调查　执行国家调查方案和规范化要求，完成全年城乡一体化住户调查、农民工监测调查、农民工市民化进程动态监测和低收入居民家庭收支调查；完成居民消费价格指数（CPI）、佛山低收入居民基本生活费用价格指数和工业生产者价格指数（PPI）的编制，完成固定资产投资统计制度改革试点工作并开展调查，全力开启房地产价格调查（新增）；完成主要畜禽监测、月度劳动力调查、农民工监测调查、农产量遥感测量、采购经理调查、新设立小微企业跟踪调查等专业，加强与样本企业和调查点的沟通联系，及时查询、反馈、修正企业报表错误，保证按时准确上报报表，加强数据审核管理，执行数据修正登记等痕迹化管理手段，杜绝踩红线和不规范问题。

数据质量检查　结合日常业务工作开展情况和数据报送情况，通过多种方式开展数据质量检查和走访。全年检查1585次，其中实地走访、检查214次，电话检查1203次，收取记账册、会计资料和问卷168次。

调查手段创新　继续推进住户调查专业的电子采集，全市一体化住户调查电子记账率95.9%。C问卷、农民工监测E调查和农民工市民化调查100%使用掌上电脑（PDA）进行电子采集。完善无人机农产量遥感测量工作机制，完成秋冬播、春播农产量遥感测量。

基层统计调查队伍能力建设　采取市队选派业务骨干到各区会场授课指导的方式，促进培训更有针对性、操作性，提高基层统计人员依法统计意识和规范操作水平。全年组织集中业务培训30余场，培训1200余人次。开展优秀统计员、优秀辅助调查员和优秀记账户评选，达到激励后进目的。

【统计服务】2019年，国家统计局佛山调查队开展经济民生热点快速调研、统计调查资料编印等工作，服务国民经济建设。

经济民生快速调研　组织完成节后企业用工情况、小微企业融资情况、减税降费对企业的影响情况等约稿调研，开展农民工权益保障、“互联网+政务服务”、大学生就业情况等快速调查，结合党建工作组织乡村振兴专题调研活动等。完成《佛山在粤港澳大湾区建设中的产业对接研究》《广东不同户籍居民的消费差异研究——以深圳、佛山、东莞为例》《佛山营商环境满意度及存在短板分析》《一条鳗鱼引领村民走向富裕之路》等课题和分析报告。挖掘数据资源，组织撰写《2018年佛山民生各领域发展情况分析》《献礼七十年　佛山市城乡居民生活谱写新篇章》等一批专题研究报告。全年撰写统计调查信息87篇，被中央两办，国家统计局，广东调查总队，省、市两办采用107篇次，获国家统计局领导、省领导、市领导批示25篇。

统计资料编发服务　与市统计局联合公布《佛山市国民经济和社会发展统计公报》，独立编印《佛山市社会经济调查报告》《佛山调查与监测》等调查资料。做好政务网站和政务微博的常态运营与维护，面向社会主动发布并及时更新居民收支数据、价格数据及解读55次；在佛山市数据资源共享平台上传主要调查数据10次，与各政府部门共享数据信息。定期对外发布主要调查数据及解读，根据需要在新闻媒体发布新闻稿60篇次，并通过“佛山发布”和广东调查总队官方微信平台发布统计信息和数据解读，部分信息转载阅读超10万次。

【统计法治】2019年，国家统计局佛山调查队印发《2019年佛山调查队统计法治与设计管理工作要点》，建立领导干部干预统计工作记录机制，开展“统计造假，弄虚作假”专项整治，纠正违反统计法精神文件的做法。

统计执法　根据调查专业需求，向有关调查企业发送《统计法律事务告知书》632份。制定《2019年“双随机”统计执法检查工作计划》，按照抽查双随机、专业全覆盖原则，成立检查组4个，到各区开展统计执法检查。全年检查调查对象24个，其中“双随机”抽查调查对象13个，占执法检查总数的54.2%，

2019年12月20日，国家统计局佛山调查队普法宣传活动

（国家统计局佛山调查队供图）

并针对提供不真实统计资料的1家统计违法企业进行立案调查、对1家调查企业开展查询并责令改正。“双随机”集中执法检查完成后，印发统计执法检查情况反馈意见，到各区进行实地反馈、交流，提出整改要求并加强跟踪监督。选派人员参与国家统计执法工作，更新“双随机”的样本库和人员库，建立完善市县队联合执法的工作机制。

统计普法　组织第十届中国统计开放日系列活动，制作“我和我的祖国”主题宣传视频，邀请佛山市主流媒体记者，联合南海区统计局、顺德调查队、三水调查队及部分辅助调查员，开展主题宣讲、实地跟访和调查体验活动。以执法检查专题培训、专业培训会和“不忘初心、牢记使命”主题教育座谈会、专题党课等为契机开展法治培训，全年培训1024人次。与顺德队组队参加广东国家调查队系统统计法律法规现场知识竞赛，获一等奖。以市直机关开展“绿色徒步”活动为平台和契机，在起、终点设置普法宣传展台，制作“我用奔跑告诉你：依法统计，永远在路上”等宣传标语条幅和普法宣传展板，并派发《中华人民共和国统计法》和统计调查业务动漫宣传折页等宣传资料和宣传品3000余份。

（李荣欣）

【新增统计调查项目】 房地产价格调查于2019年新增佛山为调查城市。该调查包括新建住宅销售价格调查和二手住宅销售价格调查，每月实地走访10个在售楼盘和15家房产中介，调查点每月更换。从2019年1月开始对房地产企业、楼盘和中介机构开展直接走访调查，全年开展重点房企和经纪机构门店问卷调查277次，有效推进房价调查业务顺利实施。该调查用于了解全国重点城市房地产价格变动情况，分析研究房地产价格变动对社会经济发展的影响，满足国家宏观调控的需要。

（国家统计局佛山调查队）

地方统计

【概况】 2019年，佛山市统计局贯彻执行2019年国家、省、市有关统计工作的方针政策、方法制度和法律法规，拟定本市统计工作规划和统计调查计划；承担组织和协调全市统计工作，确保统计数据真实、准确、及时的责任；监督检查统计法律、法规和制度的实施，指导全市统计工作。拟定地方统计报表制度，组织实施全市国民经济核算制度，统一核算全市及各区地区生产总值，汇编提供国民经济核算资料，管理全市各区国民经济核算工作。组织实施农林牧渔业、工业、建筑业、批发和零售业、住宿餐饮业、房地产、能源、投资、科技、资源环境、人口、劳动力、社会发展基本情况等统计调查，收集、汇总、整理和提供有关调查的统计数据，综合整理和提供地质勘查、旅游、对外经济、交通运输、邮政、教育、卫生、社会保障、公用事业等全市性基本统计数据。对国民经济、社会发展等情况进行统计分析、统计预测和统计监督，向市委、市政府及有关部门提供信息和咨询建议。依法审批或者备案全市各区、各部门统计调查项目，指导专业统计基础工作、统计基层业务基础建设，组织建立服务业统计信息管理制度，建立健全统计数据质量审核、监控和评估制度，开展对重要统计数据的审核、监控和评估，依法监督管理全市涉外调查活动。指导全市专业技术队伍建设，会同有关部门组织全市统计专业技术资格考试、职务评聘、从业资格认定工作。建立并管理全市统计信息化系统和统计数据库系统，指导各区各部门统计数据库和网络的基本标准和运行规则的实施工作，指导全市统计信息化系统建设。承办市人民政府和省统计局交办的其他事项。年内，市局在职干部33人，职工2人，雇员3人。专业统计主要通过国家一套表系统和抽样调查进行数据的收集、汇总。

【统计调查】 2019年，佛山市统计局有序推进各项调查工作，常规统计高质量开展、统计名录库建设深入推进、“小升规”工作取得进展。

常规统计　完成农业、工业、建筑、能源、固定资产投资、贸易、服务业、城乡住户等专业2018年统计年报报表和2019年定报报表。完成人口变动情况调查、规模以下工业企业创新调研、妇女儿童发展规划监测评估等。核查工业企业5万多家、村（社区）1100多个，整理国家样本企业抽样框，为国家样本的抽样轮换奠定基础。核查疑似生产目录产品的规模以下工业企业2万多家。

统计名录库建设　继续将统计名录库建设作为“一号统计工程”，推进市、区、镇（街道）三级联动的综合审批及市区两级专业联审，定期通报入库进度。加强对各区批发业、零售业和餐饮业的入库工作引导，多次与禅城区、顺德区及市工业和信息化局联合开展“四上”企业（指规模以上工业、有资质的建筑业、限额以上批发和零售业、限额以上住宿和餐饮业、房地产开发经营业、规模以上服务业法人单位）培育政策及入库流程宣讲。落实“两防”（防弄虚作假、防少统漏统）措施，加强税务数据比对，开展“四上”企业核查，提高在库企业数据质量，截至12月上旬，佛山市在库非一套表法人单位229072个，“四上”企业在库13652家，与2013年第三次全国经济普查数据相比，分别增长156%、40.9%。

“小升规”企业统计　落实各项“小升规”（小微工业企业转型升级为规模以上企业）入统（纳入国家一套表统计范围）工作举措，市、区、镇（街道）三级统计部门协同联动推进，确保逐月推进小微工业企业转型升级为规模以上企业登记入库。加强对各区新增、净增和退库企业数量的核查，促进各区抓好企业入库、退库工作，确保应统尽统。年内，“小升规”净增2294家，其中工业企业1272家、批零住餐业企业684家、服务业企业211家、房地产建筑业企业127家。

【统计服务】2019年，佛山市统计局继续做好地方经济运行监测和丰富统计服务产品，服务地方经济社会发展。

经济运行监测　创新完善日报制度，围绕规模以上工业增加值、固定资产投资、商品房销售面积等重点指标，多角度、多频度动态监测报送进度和数据质量，促进经济运行监测能力提升。完善部门统计机制，重点围绕部门统计24项指标，厘清部门统计职责，强化部门统计指标监测，形成统计数据齐抓共管格局。完善经济运行月监测机制，全年组织召开由市分管领导主持的月度监测分析会6次、市政府主要领导主持的季度经济运行分析会3次，并协作组织多次书记专题会、市长碰头会，促进对全市经济运行研判更精准高效。

统计服务产品开发　围绕佛山市委、市政府对标先进、支撑全省、放眼全国及推进佛山经济高质量发展的决策部署开课题调研展，形成《佛山市高质量发展综合评价测算结果分析报告》《佛山生态文明建设年度评价专题报告》等20余篇深度统计分析报告。依托广东统计信息网、佛山市统计信息网等，编制并及时发布佛山统计动态、佛山经济运行情况，全年发布统计政务信息58条，在省统计局发布统计信息20条。编制并面向社会及时发布《2018年佛山市国民经济和社会发展统计公报》《2018年佛山市统计年鉴》《佛山统计月报》等统计产品，并向市委、市政府报送《佛山统计报告》20期。提高市统计局微博、微信运行效率，为社会各界快速了解统计数据提供快捷渠道，全年推送微信公众信息40条、发布微博信息49条。

【统计改革】2019年，佛山市统计局强化对部门统计工作的统筹力度，研究建立佛山市经济增长重要指标数据统筹制度，调动与国内生产总值（GDP）核算有关的24项基础性指标相关部门的积极性、主动性，促进全市经济统筹发展，实现稳增长目标。强化对各区统计工作统筹，整合市、区、镇（街道）统计资源，加强对各区统计工作的指导、管理和监管，形成分工合理、管理规范、优势互补、信息共享的协同机制。理顺沟通协作工作机制，各区、各部门加强沟通协作，共同加强对经济运行态势的综合分析研判水平，提出有针对性的稳增长措施，促进2019年各季度经济增长稳中有进、稳中向好。协调推进佛山高质量发展，组织开展高质量发展统计监测，并牵头研究制订佛山市绿色发展指标体系、佛山市生态文明建设考核目标体系。加强与市科技、工信、工商、税务等部门沟通，与科技部门联动开展研发统计改革业务培训，研究企业研发年报制度改革相关举措，并围绕研发重点指标数据、指标框架改革情况对45家规模以下企业开展研发调查填报。推动上级统计部门统计方法革新，协调国家、省统计局解决顺德村级工业园固定资产投资统计、研究与试验发展（R&D）统计难题。发挥统计监督职能作用，推进统计依法独立行使调查、独立监督职能。建立健全统计执法监督机构，增强统计执法检查力量，配备统计执法装备，强化统计业务培训，全年全市有4人通过国家统计局统计执法资格考试，累计有14人获统计执法资格证。落实专业统计审核工作责任，完善细化各专业统计数据指标审核工作指引的相关操作细则，提升统计数据审核工作的规范性和科学性。先后建立或完善落实防范和惩治统计造假责任制问责制、统计违法案件移送、领导干部集体学法等制度，促进统计工作在法律框架下规范、有序、透明、高效运行。

【统计法治】2019年，佛山市统计局推进统计法治文化建设，开展统计造假专项整治，促进依法治统。

统计法治文化建设　推动各级党委、政府，以及各级统计部门领导干部学习统计有关纲领性文件，参与学习的各级党委、政府厅级、处级干部有330余人，参与学习的各级统计部门领导干部212人。开展统计人员防范和惩治统计造假、统计法律法规、统计业务培训和职业道德教育，市、区统计专业培训119场次、4880人。将统计法治宣传教育融入经济普查、专项统计调查等各项工作，全年开展统计法规宣传57次、18300多人次参加、发放普法宣传材料15100余份。组织开展“两防”（防弄虚作假、防少统漏统）统计专项“双随机”（指随机抽取检查对象、随机选派执法检查人员的“双随机”抽查机制）执法检查，抽选禅城区石湾镇街道办事处和顺德区北滘镇作为样本，并抽取50家“四上”企业（指规模以上工业、有资质的建筑业、限额以上批发和零售业、限额以上住宿和餐饮业、房地产开发经营业、规模以上服务业法人单位）和固定资产投资项目进行执法检查。

统计造假专项整治　开展统计造假专项整治自查，将统计造假作为“不忘初心、牢记使命”主题教育专项整治重要内容，梳理五大类24项问题，并落实整治措施。落实统计数据审核责任，针对基层源头数据质量频繁出现的问题，进一步完善各专业主要指标数据的审核规则，细化国家和省的审核公式，新增加审核模板5个、审核公式65条，对规模以上工业企业293条数据、76家规模以下工业抽样企业数据和62103家国家样本框企业进行核查。全面清理纠正违反统计法律法规、国家统计政令的文件和做法，全市清理相关文件134份。建立健全统计违法举报和核查机制，市、区统计部门均通过在门户网站上公布的举报电话、电子邮箱，对所有举报线索进行全面登记、核实和处理，顺德区建立“顺德区统计局办理统计违法举报工作规程”。

【第四次经济普查任务完成】 2019年1月1日零时，第四次全国经济普查现场登记工作正式启动。从2019年1月至2019年5月第四次经济普查期间，佛山市根据国家、省的统一部署，组织近8000名普查人员携带掌上电脑（PAD）设备，采取“地毯式”上门登记方式开展普查登记，完成26.3万个单位的经济普查填报，得到1套全面真实反映佛山市经济发展状况的基础数据。经济普查过程中：佛山统计部门利用电视、报纸、广播、户外广告等媒体多渠道开展经济普查宣传动员，全市播放电视视频500多次、悬挂宣传横幅1200多条、张贴宣传海报4万余张、发放普查“告知书”60多万份、发送宣传短信130万条；先后建立定点联系制度、日监测制度、工作例会制度业务答疑制度、关键时间节点集中攻艰制度等一系列规章制度，以制度保障工作进度和质量；加强普查数据质量控制，出台《主要数据质量控制办法》，细化工作流程，强化经济指标审核，对基层上报的经普数据从平衡关系、逻辑关系、对比关系等方面进行严格审核把关，共核实、修改错误6.3万笔；配合完成国务院经济普查办对三水区、省经普办对南海区的事后质量抽查，组织完成市级事后质量抽查，分别对禅城、顺德、高明区的109个法人单位、21户个体户的关键指标进行重点核实。

（赵培培）

审　计

【概况】 2019年，佛山市市、区两级审计机关完成审计项目76个，查出主要问题金额1002224.20万元，其中违规金额10863.50万元、损失浪费金额4034.79万元、管理不规范金额987325.90万元。审计发现非金额计量问题553个，审计期间整改金额17563.60万元。为国家增收节支21847.38万元，减少财政拨款或补贴326万元，归还原渠道资金8316.83万元。审计后挽回（避免）损失363.74万元。审计移送处理事项22项。出具审计报告和专项审计调查报告98篇，提交信息、审计专题、综合性报告185篇。向被审计单位或有关单位提出审计建议297条，促进建立健全规章制度204项。向社会发布审计结果公告11篇。完成上级审计机关和各级党委、政府及有关部门交办、配合事项61项。

【重大政策措施落实情况跟踪审计】 2019年，佛山市市、区两级审计机关重点围绕中央、省有关减税降费、“六个稳”（稳就业、稳金融、稳外贸、稳外资、稳投资、稳预期）相关政策、“三大攻坚战”（防范化解重大风险、精准脱贫、污染防治）、粤港澳大湾区建设、重点领域改革推进、支持实体经济发展、优化营商环境等政策措施落实情况开展跟踪审计，审计抽查单位204个，发现问题涉及金额8.72亿元。市审计局向市政府提交3份专题审计报告，提出4个方面深化“放管服”改革的审计建议，市政府召开专题会议，印发《市政府会议纪要》，部署落实整改措施。

【财政审计】 2019年，佛山市市、区两级审计机关对43个单位进行预算执行和决算审计，延伸审计单位392个。审计发现拨付公司用于增资的16434万元未发挥效用；市本级财政2年以上结转结余项目资金1183.99万元、4个市级单位账户24个结转2年以上结转结余项目资金2106.08万元未及时清理收回统筹；对企业扶持类的财政专项资金管理使用情况审计，发现4个项目推进不理想、未能发挥效益等问题。通过审计，促进财政资金发挥更大效用和完善财政管理制度。成立佛山市市级财政预决算审计全覆盖办公室，加强全市财政审计统筹协调，建立完善财政审计制度建设全覆盖，推进“横向到边、纵向到底”的财政审计全覆盖，强化对“四本预算”（一般公共预算、政府性基金预算、国有资本经营预算、社会保险基金预算）的审计监督。

【经济责任审计】 2019年，佛山市市、区两级审计机关围绕加强法治政府建设，坚持以问题为导向，强化对权力运行的制约和监督。对16个单位责任人进行经济责任审计，审计查出违规金额2096.92万元，提交审计报告和审计结果报告41篇。组织全市审计机关对6个镇（街道）党政主要领导干部开展任期经济责任审计，重点检查贯彻落实国家宏观经济政策、推动区域经济社会科学发展、重大经济决策、自然资源资产管理和生态环境保护方面的具体部署、执行进度、实际效果等情况，审计期间21名镇（街道）干部被追究党纪政纪责任，落实整改金额796.88万元。是年，佛山市审计机关组成审计组，参与广东省审计厅开展的深圳市宝安区党政主要领导干部经济责任异地同步审计项目。

【政府重大投资项目审计】 2019年，佛山市市、区两级审计机关对重点交通建设领域的审计监督，对市城市轨道交通3号线、佛山“一环”西拓工程等工程项目的资金筹集使用和建设管理情况等12个项目进行审计，审计查出主要问题金额38415.43万元。审计揭露工程招标、工程质量、征地拆迁等方面存在问题。对市妇女儿童医院开展全过程跟踪审计，出具审计意见单29份，提出345项审计建议，防范潜在的问题与风险。对审计发现的工程质量等方面的问题，向市政府提交专报，促进完善工程项目管理制度4项。

【国有企业审计】 2019年，佛山市审计局围绕市2019年国资、国企的重点改革领域，重点关注资产负债损益真实性完整性，资金安全性，风险投资决策规范性、合理性等。对2家市属国有企业资产负债和损益情况进行审计，揭示下属企业违规虚增利润801.23万元、投资项目风险较高，企业受托管理的政策性基金和资金投资效率较低等问题。审计反映企业投资基金监管不到位的问题获市领导重视，批示主管部门完善监管办法，促进国有资产保值增值。

【民生审计】 2019年，佛山市审计局组织对保障性安居工程资金投入和使用情况进行审计，重点关注社保基金预算编制、预算收支合规性、完整性等情况。开展住房公积金管理情况审计，发现在发放贷款、业务审批和信息公开方面存在的一些问题。通过审计，从住房公积金归集和使用等角度揭示体制机制中存在的深层次问题，推动惠民政策落到实处。组织对全市污水处理设施建设和运行效能情况开展专项审计调查，重点围绕污水处理厂运营和污水管网建设、配套和生活污水处理效果等，通过审计调查，找出佛山市污水处理存在的难点、痛点问题，提出政府统筹管理、推进污水治理效益和能力提升等针对性和操作性强的建议。

【审计整改监督】 2019年，佛山市审计局将市本级审计项目的整改情况全部纳入整改监督范围，实现审计发现问题“全覆盖”。对整改难点进行重点督查，调查分析未整改落实到位的原因，对症下药，定期回访，持续跟踪，促进整改落实。全年对6个镇（街道）、17个部门单位，共542个问题，进行实地跟踪督查整改落实。审计整改率79.3%，涉及整改问题金额68.77亿元，制订完善制度190项。对2018年度审计工作报告反映的问题进行逐条逐项核查整改落实情况，确定审计查出的突出问题和重点整改的部门单位，协助市人大进行跟踪调研和监督检查，促进突出问题整改落实。通过政府网站等媒体向社会公开审计发现突出问题的整改报告，督促11个单位自行向社会公告整改情况，推动各单位主动晒问题、找差距、自觉接受社会监督。

【内部审计监督指导】 2019年，佛山市审计局履行对内审工作监督指导职责，把内审工作作为审计监督工作的重要组成部分。推动《审计署关于内部审计工作的规定》《广东省内部审计工作规定》贯彻落实，组成调研组围绕内部审计机制建设、内部审计法规学习、内部审计工作开展情况、困难与问题、意见和建议等5个方面内容，对佛山市5个区审计局及5个镇（街道）开展内部审计工作情况调研，指导监督基层内部审计工作。通过调研，为加强各区审计局内部审计指导监督工作，推动镇（街道）基层内部审计工作开展，提供帮助和指引。为市直机关单位、国有企业等单位255名内部审计人员作内部审计监督专题讲座，促进提高内审人员的审计工作能力。

【审计干部培训】 2019年，佛山市市、区两级审计机关组织干部参加高校审计业务培训，组织有关部门审计人员、各镇（街道）内审人员共同学习，举办党性教育、审计专业技能培训等，全年全市审计机关累计举办和组织参加各类培训班316期，培训审计干部1393人次。市审计局搭建审计业务指导和交流平台，组织召开审计业务培训研讨会，推广工作经验，探讨解决问题。实行审计干部工作“导师制”，实施“以审代训”“边审边训”“岗位练兵”等方式，帮助审计干部弥补短板弱项，适应岗位要求，提升新进人员业务能力和实干本领。禅城区审计局组建产学研小组，搭建“听”“说”“评”“学”“议”平台，开展各项研学、团队建设、宣传导学等活动。顺德区审计局打造“顺德审计讲坛”平台，定期开展学术讨论、政策宣讲、业务交流、案例分析等学习交流。

【市、区党委审计委员会办公室挂牌成立】 2019年2月1日，中共佛山市委审计委员会办公室挂牌。中共佛山市委组建市委审计委员会，作为市委议事协调机构，办公室设在市审计局，接受市委审计委员会直接领导，负责处理委员会日常工作。同年，佛山市5个区的审计委员会及其办公室相继设立。各级审计委员会对审计领域重大工作统筹协调、整体推进、督促落实，审议审计项目计划、审计工作报告等重要事项，加强审计项目和审计组织方式“两个统筹”，优化审计资源配置，探索推进审计全覆盖的实现路径和具体措施。年内，建立市、区党委领导审计工作的制度机制，制定市委审计委员会工作规则、市委审计委员会办公室工作细则。市委审计委员会办公室协调各方，衔接顺畅、保障有力、配合有效的工作格局基本形成。

（沈淑珍）

2019年2月1日，中共佛山市委审计委员会办公室在佛山市政府大院8号楼挂牌成立。图为揭牌仪式

（市审计局供图）

物价管理

【概况】 2019年，佛山市围绕“保持价格总水平基本稳定”这一中心任务，加强价格调控，持续深化价格机制改革力度，推进市场在资源配置中的决定性作用，推进价格和收费改革，为全市经济社会发展营造良好的价格环境。印发《佛山市2019年年度价格调控目标实施措施》，提出具体实施措施20条。是年，佛山市居民消费价格累计上涨2.9%，总体平稳，涨幅控制在3%以内，完成年度价格预期调控目标任务。

【价格改革】 2019年，佛山市加强对出租车运价、天然气定价等重要民生领域的价格改革。

巡游出租汽车运价形成机制调整 优化巡游出租汽车运价项目，于11月1日执行全市统一运价标准，巡游出租车运价项目包括基准运价项目和非基准运价项目，基准运价项目由起步价和里程价组成，其中起步价调整为10元/2.5千米；非基准运价由返空费、候时费、夜间服务费、附加费组成。建立较为灵活的运价动态调整机制，提高巡游出租车企业的竞争力。

非居民管道天然气定价机制改革 按照“管住中间、放开两头”的思路，根据“准许成本加合理收益”的原则核定全市非居民管道天然气价格，建立最高限价与气源价格联动机制，全市综合加权平均单位气源价格比基期平均单位气源价格变动幅度超5%且时间超3个月时，由市价格主管部门核定并调整公布销售价格的最高限价。从7月1日起，按用户年用气量分3档确定最高限价：年用气量1500万立方米以上为3.28元/立方米；年用气量500万~1500万（含）立方米为3.65元/立方米；年用气量500万（含）立方米以下为3.85元/立方米。最高限价处于全省较低水平，计划每年可减轻非居民用户用气负担3.9亿元。

【收费改革】 2019年，佛山市完善物业服务收费政策，从5月1日起，佛山市前期物业服务收费实行分类分档最高限价，为2.70元/平方米/月。加强教育收费管理，重新制订全市幼儿园管理文件，对幼儿园的定价权限、收费项目、收费退还及收费公示等进行规范。为规范殡葬服务收费，清明前对全市花圈租用进行最高限价管理，制定全市纸（绢）花圈租用价格，直径90厘米（含）以下的20元/次、90厘米至110厘米（含）的25元/次、110厘米以上的30元/次，新制定的价格比原市场价有较大降幅。针对省定价目录将有线电视服务收费管理权限重新下放市、县级管理的情况，对全市有线电视收费政策进行重新明确，包括政府定价范围、收费标准以及优惠措施等，规范有线电视服务收费行为。

（谢玉婷）

市场监督管理

【概况】 2019年，佛山市新登记各类市场主体18.5万户，比上年增长17.8%，其中新登记民营商事主体占比超95%。截至2019年底，各类市场主体总数达82.1万户，其中食品生产企业（含保健食品）1069家、食品添加剂企业34家、食品加工小作坊351个、食品销售经营主体66424个、食品餐饮服务单位64145个（含单位食堂3813个）、药品生产企业51家（含6个厂外车间）、药品批发和零售连锁企业84家、零售药店4330家、化妆品生产企业128家、医疗器械生产企业433家。

是年，“2018年度广东省守合同重信用企业”公示中，佛山市企业4130家，比上年增加1251家、增长43.45%。佛山市2家企业获2019年度广东省政府质量奖。截至2019年底，佛山市累计13家企业获广东省政府质量奖，数量居全省首位；累计4家企业获中国质量奖提名奖，在全省地级市中排第一名；累计获批创建“全国知名品牌示范区”13个，数量居全国地级市第一。

是年，佛山市继续开展细分行业龙头企业认定和培育工作，新增认定细分行业龙头企业128家，累计认定细分行业龙头企业498家；推动企业参与制（修）订国际、国家、行业标准新增140项，累计1914项，数量位居全省地级市第一；推动企业完成202项产品标准“对标达标”工作，佛山市工业产品质量监督抽查综合合格率95.52%，比上年增长0.92%。全年新建“明厨亮灶”餐饮单位28333家、餐饮服务食品安全A级单位592家，全市累计建成“明厨亮灶”餐饮单位59527个、餐饮服务食品安全A级单位1640个、食品（食用农产品）快速检测点1442个。全年全市市场监管部门受理市民投诉举报81084件，比上年增长11.2%，其中受理消费投诉61187件，为消费者挽回经济损失10200.22万元。

【国家食品安全示范城市创建】 2019年，佛山市明确年度重点工作任务32项，深入推进食品安全示范城市创建。由市领导带队开展食品领域风险调研，逐个风险点研究制订防控举措。继续将食品安全工作纳入对各区及市直部门进行的绩效考核，占比分别3分和4分，均为单项全市最高分。根据机构改革情况调整市食品安全委员会架构，增加市教育局、市公安局、市农业农村局、市卫生健康局为市食品安全委员会办公室副主任单位，出台《佛山市食品安全委员会工作规则》《佛山市食品安全委员会成员单位食品安全监管事权清单》，明晰食品安全工作职责。开展2019年创建国家食品安全示范城市自查评估、学校食堂食品安全管理风险评估和佛山市群众食品安全满意度调查，采取针对性措施解决存在问题和补强薄弱环节。成立第四届佛山市食品安全专家委员会，发挥专家智囊作用。加强食品安全宣传、科普，普及群众食品安全知识，增强群众食品安全意识。

【商事登记制度改革】 2019年，佛山市继续优化商事登记服务，商事登记、公章刻制、申领发票等企业开办全流程平均用时缩短至1天内。推进“企业开办全程网上办”改革，完善24小时智能商事登记系统，率先在全国构建登记窗口、自助办照终端、手机微信端、个人

2019年5月30日，香港市民通过佛山市南海区铺设在香港的自助服务终端，在港远程成功办理首张内地营业执照　　（戴嘉信　摄）

电脑（PC）端“四位一体”的全方位、全天候、立体化智慧便民的商事登记服务体系。5月，佛山市以南海区为试点，在全国首次实现“跨境通办”营业执照，香港、澳门市民可以通过设置在港澳的自助服务终端办理登记住所在南海区的营业执照。11月，佛山市“证照联办”改革被广东省政府确定为向全省复制推广的11项改革创新模式之一，“证照主题联办”成为全省企业开办类唯一的入选项目。年内，佛山市自主研发的“证照联办”审批平台（证照通）上线运行并在全市范围内统一推出16项主题联办事项，禅城区作为试点地区上线推出69项主题联办事项。

【“互联网+名厨亮灶”（阳光餐饮）工程建设】 2019年，佛山市继续推进“阳光餐饮”工程，继续打造集“明厨亮灶”、信息公开、公众参与、主体责任、智慧监管，以及大数据分析等功能为一体的社会共治信息化平台。通过该平台，消费者可查看餐饮单位的后厨实况和相关食品安全信息，企业每日、每周落实主体责任，监管部门履行监管责任。打造“九宫格”餐饮服务食品安全信息公示栏，启用食品安全监管“一店一码”（每一个餐饮企业有一个二维码，扫码可以看到该餐饮单位的后厨实况和相关食品安全信息），完善信息公示机制，倒逼企业落实食品安全主体责任。开展网上巡查制度，实行闭环管理，确保智慧监管精细化、高效化。截至2019年底，累计14420个餐饮单位上线佛山“阳光餐饮”平台。推进全市学校（含托幼机构）食堂上线“佛山教育食安”应用程序（APP），1545家学校食堂和73个养老机构食堂实现“互联网+明厨亮灶”。

【“2019年佛山市放心消费肉菜市场”建设活动】 2019年，佛山市开展“2019年佛山市放心消费肉菜市场”建设活动，并认定市内27个农贸市场为“2019年度放心消费肉菜市场建设点”。“2019年佛山市放心消费肉菜市场”建设活动结合“放心消费试点城市”创建工作，由佛山市市场监督管理局监督指导，由佛山市品牌发展研究院具体组织开展。通过“放心消费肉菜市场”建设活动，提高农贸市场开办者履行管理责任和经营者履行食品安全主体责任的积极性，提高农贸市场销售环节肉类、蔬菜等食品农产品质量安全水平。按照《佛山市2019年支持放心消费体系建设专项资金使用方案》，该次被认定为“2019年佛山市放心消费肉菜市场建设点”的农贸市场可获5万元补贴。

【医药产业发展】 2019年，佛山市推进仿制药一致性评价和仿制药转型升级，完成首个品种的仿制药质量和疗效一致性现场核查、首个境外和境内共线生产的仿制药的注册生产现场核查。推动中国中药控股有限公司在佛山发布“龙印中国药材”品牌战略，促进佛山中药行业又快又好发展。探索零售药店远程审方试点，对接互联网医院电子处方，统筹企业药学服务资源，促进药品零售集约化、规范化发展。在全省率先探索建立医疗器械质量安全第三方抽查制度，按照监管与服务相结合的原则，委托第三方专业机构对全市公立二级以上医疗机构的医疗器械质量安全风险状况进行

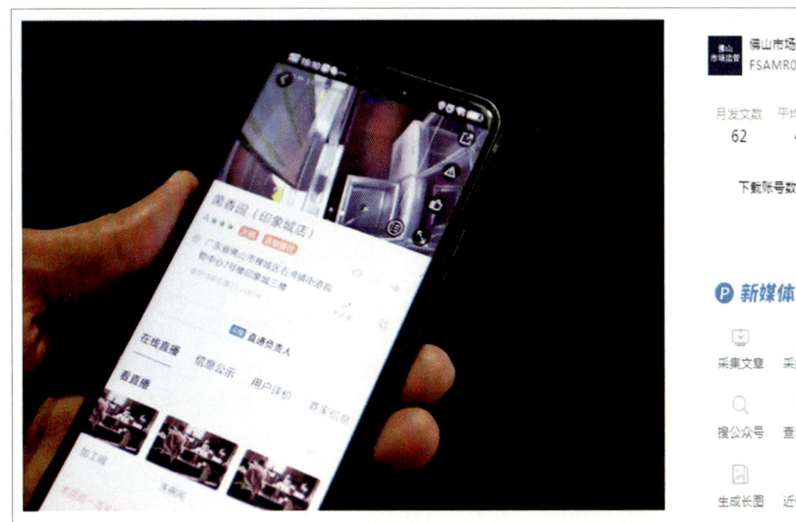

“阳光餐饮”应用程序（APP）平台界面　　（市市场监管局供图）

评价评估，梳理和研判风险点，协助和指导使用单位提升管理能力。加强二、三类医疗器械生产企业在国家医疗器械不良事件监测信息系统注册维护监督，全市二、三类医疗器械生产企业在国家医疗器械不良事件监测信息系统注册维护完成率100%。

【食品药品抽检】 2019年，佛山市开展食品安全抽检，各级市场监督管理部门食品抽检财政经费投入9696.98万元，完成食品抽检53328批次［抽检率6.96批次/每千人口（按常住人口765.67万人计）]，抽检合格52154批次（合格率97.8%），及时对抽查不合格产品开展核查处置，并及时将抽检结果和不合格核查处置情况通过政府信息公开渠道向社会公开和按要求记入食品生产经营者信用档案。开展药品安全抽检，完成药品（含化妆品、医疗器械）抽检1429批次，合格率97.3%，药品抽检数量和合格率比上年分别增长6.2%和0.4%，药品零售环节抽检合格率增长1.6%、药品使用环节合格率增长3.9%。

【工业产品质量监管】 2019年，佛山市市场监督管理局对重点产品开展质量监督抽查4913批次，抽查企业4274家，综合合格率95.52%。开展生产许可证证后审查和飞行监督检查。开展产品质量专项整治，组织开展电动自行车、塑料制品、安全帽、儿童玩具、学生用品、智能门锁等产品专项整治和流通领域来源不明产品专项清查行动。开展产品质量安全“问诊治病”及产品质量问题“清零”等行动，先后为消毒柜、电风扇、空调器、家具等行业约200家企业进行产品质量安全“义诊”。实施质量比对研究提升工程，完成智能马桶盖、燃气灶具、空气能热泵热水器和铝合金建筑门窗等4类重点产品质量比对研究提升。开展消费品质量安全“进社区、进校园、进乡镇”消费者教育活动。

【特种设备安全监管】 2019年，佛山市在册特种设备24.7万台（套），另有压力管道800千米、气瓶约380万个，特种设备数量居广东省地级市首位。是年，佛山市市场监督管理局强化风险管控，加强监督抽查，有效处置区域性、系统性安全风险，全年发生特种设备事故2起，死亡1人，伤1人，比上年分别下降60%、66.7%、50%。全市组织开展特种设备专项整治行动15项，出动检查人员23514人次，检查企业8324家次，发现并消除安全隐患4967个，立案查处特种设备案件216件，全年特种设备检验机构检验特种设备116355台（套）。推进气瓶安全监管改革，完成二维码标签安装和录入信息并上传气瓶安全管理信息系统的气瓶约250万个，推动充装单位购买252万个气瓶安全责任保险，完成全部液化石油气充装秤智能化升级改造。深化电梯安全监管体制改革，全市新装电梯实现100%确权，全市90.1%（74081台）在用电梯购买电梯责任险。

【计量监管】 2019年，佛山市市场监督管理局强化计量监管，将强检计量器具专项检查、法定计量检定机构监督检查等7项计量行政检查列入“双随机”事项清单，全年组织检查市场主体1993个次，市、区两级法定计量检定机构检定强检计量器具52.3万台（件），包括完成对564个集贸市场、371个基层医疗卫生单位共52574台（件）计量器具的强制检定。成立氢能源产业计量和能源计量服务小分队，深入16家企业开展计量调研和服务工作。组织佛山市质量计量监督检测中心完成广东省铝型材产业计量测试中心筹建工作。统筹计量标准建设，截至年底，佛山市累计有社会公用计量标准691项，数量居全省地级市首位。推动计量管理体系建设，全市有效期内的测量管理体系认证企业115家，数量全省排第一名。

【广告和网络市场监管】 2019年，佛山市市场监督管理局继续加强广告和网络市场监管，完成市整治虚假违法广告联席会议、网络市场监管部门联席会议成员单位及组成人员调整。做好违法广告行为查处，全市全年查处违法广告案件803件，比上年增长24.11%，相关案件入选国家市场监管总局2019年虚假违法广告典型案件。在全省率先运用“互联网+智慧监管”模式开展户外广告监测监管工作，创新户外广告治理模式。继续做好广告业统计年报，实现连续4年广告业统计年报率100%。牵头开展2019年“网剑行动”，查处网络虚假违法广告、刷单炒信、商标侵权、假冒伪劣等侵害群众利益的违法行为，全市市场监管系统办结网络违法案件751件，比上年增长59.45%。创新宣传方式，在全省率先制作并发布电子商务法宣传动漫视频，在“11·11”等重要节点利用线上线下多渠道集中宣传。

【认证认可监管】 2019年，佛山市市场监督管理局推广建立健全质量管理体系，举办3期中小企业质量管理体系认证培训班；全年全市共有2679家企业新获质量管理体系认证证书，全市企业累计获质量管理体系认证证书9050个，累计数比上年增长超10%；强化对获质量管理体系认证企业的扶持培育，对符合条件的767家企业给予每家1万元资金扶持。对辖区内2家认证机构进行监督检查；市级层面对60家强制性产品生产企业进行“双随机”监督检查，对13家经销商强制性产品认证产品九大类78个批次开展监督检查，重点加强电动自行车和电风扇产品督导。市级层面对60家检验检测机构进行“双随机”监督检查。出具免予办理强制性产品认证证明520张。

【检验检测平台建设】 2019年，佛山市市场监督管理局推动检验检测认证互联互通互认公共服务平台建设，配合推进国家中心和省级服务平台建设。广东省饮料及食品添加剂检验站进驻佛山市三水区。佛山市质量计量检验检测中心新增认证认可检测项目51个和认可校准扩项项目62个，认证认可检测项目累计4160个、认可校准项目累计524个、1069检定项目累计授权370个、校准项目累计授权466个、定量包装项目累计6个、中国计量认证（CMA）授权项目累计5个。佛山市食品药品检测检验中心通过广东省资质认定扩项评审，增加452项资质，累计具备各品类检验检测

佛山市国家级、省级产品质量监督检验机构名录

序　号	机构名称
国家级：13个	
1	国家燃气用具产品质量监督检验中心（佛山）
2	国家陶瓷及水暖卫浴产品质量监督检验中心
3	国家汽车质量监督检验中心（广东）
4	国家铝型材及门窗制品质量监督检验中心（广东）
5	国家涂料产品质量监督检验中心（广东）
6	国家食品质量监督检验中心（广东）
7	国家机械产品安全质量监督检验中心
8	国家太阳能光伏产品质量监督检验中心（广东）
9	国家电梯质量监督检验中心（广东）
10	国家低温容器质量监督检验中心（广东）
11	国家工业锅炉质量监督检验中心（广东）
12	国家家具产品质量监督检验中心（广东）
13	国家工业机器人质量监督检验中心（广东）
省级：15个	
1	广东省质量监督摩托车检验站
2	广东省质量监督电光源产品检验站
3	广东省质量监督工业气体检验站（佛山）
4	广东省质量监督不锈钢建筑装饰材料检验站（佛山）
5	广东省质量监督塑料管材管件检验站
6	广东省质量监督饲料检验站
7	广东省质量监督饮料及食品添加剂产品检验站（佛山）
8	广东省质量监督高分子材料及制品检验站（佛山）
9	广东省质量监督风光电新能源产品检验站（佛山）
10	广东省质量监督生态纺织品检验站（佛山）
11	广东省质量监督转基因食品及食品毒害物质检验站
12	广东省质量监督工业机器人检验站（顺德）
13	广东省质量监督3D打印及纳米材料检验站（顺德）
14	广东省质量监督家用空调器检验站（顺德）
15	广东省质量监督特种设备节能产品检验站

注：资料截至2019年底

资质4677项（其中食品、药品、化妆品分别为4247项、115项、275项）；通过中国合格评定国家认可委员会（CNAS）的评审并获批67类食品“CNAS”资质1081项；通过中国农产品检测实验室（CATL）资质考核并获考核合格证书；取得广东省实验动物使用许可证。市食品药品检测检验中心加入粤港澳实验动物创新与共享服务联盟，与原力生命科学技术有限公司联合建立院士实验室，推进科研工作。

【全国首创“人工智能+双随机”精准监管】 2019年，佛山市市场监督管理局突破传统信用风险监管模式，依托佛山市市场监管服务信息化平台，在全国首创“人工智能+双随机”监管方式。该监管方式是采用人工智能技术，通过对市场主体进行违法概率计算自动定向寻找高风险市场主体，以实施靶向性、差异性“双随机”抽查，协同构筑风险监管、智慧监管、精准监管的信用监管新机制。是年，佛山市市场监管局将计算研判的2.9万户高风险市场主体纳入部门“双随机”抽查计划，完成检查8213户，发现存在问题的市场主体7049户，预测精准度85%。“人工智能+双随机”监管模式可广泛延伸到各领域，具复制推广价值。

【质量强市战略】 2019年，佛山市质量强市工作领导小组办公室印发《佛山市2019年创建全国质量强市示范城市工作方案》，做好10个“全国质量强市示范城市”示范点的培育建设。组织企业申报广东省政府质量奖，2家企业获奖。开展第四届佛山市政府质量奖评选，6家企业获奖。组织开展2019年佛山市细分行业龙头企业认定工作，新认定细分行业龙头企业128家，细分行业龙头企业累计498家。举办首届佛山市企业质量管理小组成果大赛，评选出优秀成果20项。开展佛山市企业质量文化优秀成果案例征集活动，评选出优秀成果案例15个，并予以奖励，形成《佛山市企业质量文化优秀成果案例汇编》。组织开展2019年市民质量满意度测评，2019年佛山市市民质量满意度评价得分为88.07

2019年佛山市新增市级社会公用计量标准情况表

序　号	建标单位名称	计量标准名称
1	佛山市质量计量监督检测中心	温度数据采集仪校准装置
2	佛山市质量计量监督检测中心	干体式温度校准器校准装置
3	佛山市质量计量监督检测中心	温度显示仪校准装置
4	佛山市质量计量监督检测中心	时钟测试仪校准装置
5	佛山市质量计量监督检测中心	医用乳腺X射线辐射源检定装置
6	佛山市质量计量监督检测中心	高压高阻检定装置
7	佛山市质量计量监督检测中心	热重分析仪检定装置
8	佛山市质量计量监督检测中心	带弹簧管压力表的气体减压器校准装置
9	佛山市质量计量监督检测中心	液位计检定装置w
10	佛山市质量计量监督检测中心	基桩动态测量仪检定装置
11	佛山市质量计量监督检测中心	弹簧冲击器校准装置
12	佛山市质量计量监督检测中心	交流电量变换为直流电量电工测量变送器检定装置
13	佛山市质量计量监督检测中心	热像仪校准装置
14	佛山市质量计量监督检测中心	水泥胶砂振动台检定装置
15	佛山市质量计量监督检测中心	金相显微镜检定装置
16	佛山市质量计量监督检测中心	总磷总氮水质在线分析仪检定装置
17	佛山市质量计量监督检测中心	塑料管材耐压试验机校准装置
18	佛山市质量计量监督检测中心	箱式电阻炉校准装置
19	佛山市质量计量监督检测中心	引伸计检定装置
20	佛山市质量计量监督检测中心	带表卡规校准装置
21	佛山市质量计量监督检测中心	激光投线仪检定装置
22	佛山市质量计量监督检测中心	温湿度标准箱校准装置

分，相较于2018年的86.31分，上升1.76分。其中市民满意度得分87.47分，市民知晓度87.22分，市民参与度89.53分，三者与上年相比均有所提升。邀请市民代表、人大代表、政协委员、社会监督员等人员参加市民座谈会，编发7期《佛山市创建全国质量强市示范城市工作简报》。

【技术标准战略】 2019年，佛山市市场监督管理局加快构建新型标准体系，推动企业参与制（修）订国际、国家、行业标准，佛山企业参与制（修）订国际、国家、行业标准新增140项，累计1914项，累计参与制（修）订国际、国家、行业标准数量排全省地级市第一名。推动企业完成202项产品标准“对标达标”工作，数量位居全省第二。鼓励企业参加企业标准“领跑者”评选，新增18个企业获评企业标准“领跑者”，新增数量居全国地级市首位。推动实施联盟标准，发挥联盟标准纽带作用，推动产业升级发展，全年新增制订并发布联盟标准86项，其中佛山氢能产业标准联盟制订的6项联盟标准填补国内空白。年内，顺德区发布首批20道“粤菜师傅”工程特色菜品标准，发布全国首个“顺德鱼生”全产业链管控技术规范团体标准。

佛山市获得2019年度广东省政府质量奖企业名单（2家）

企业名称
佛山市顺德区美的洗涤电器制造有限公司
广东伟业铝厂集团有限公司

2019年佛山市政府质量奖获奖企业名单（6家）

企业名称
广东新宝电器股份有限公司
佛山欧神诺陶瓷有限公司
佛山市海天（高明）调味食品有限公司
广东金意陶陶瓷集团有限公司
佛山维尚家具制造有限公司
广东华昌铝厂有限公司

佛山市细分行业龙头企业数量汇总表

区　域	第一批（家）	第二批（家）	第三批（家）	合　计（家）
禅城区	27	19	13	59
南海区	52	72	43	167
顺德区	40	74	46	160
高明区	18	15	8	41
三水区	17	36	18	71
合　计（家）	154	216	128	498

【国际标准化组织IEC/TC72/WG13“智能家电控制器工作组”落户美的集团】 2019年，国际标准化组织IEC/TC72/WG13“智能家电控制器工作组”落户美的集团。该工作组是工业电热和电磁加工领域内首次由非欧美国家主导成立的IEC国际标准工作组，标志着中国家电行业在国际标准化工作取得新突破。

【市场监管执法】 2019年，佛山市市场

2019年佛山市新增联盟标准名录

序　号	联盟标准编号	联盟标准名称	发布时间	实施时间
1	FSLB/SJ 01-2019	放心消费旅游景区评定规范	2019年1月2日	2019年1月2日
2	FSLB/SJ 02-2019	汽车外观件塑料注射模具技术条件	2019年4月30日	2019年5月10日
3	FSLB/SJ 03-2019	食品包装用PET瓶吹塑成型模具技术条件	2019年4月30日	2019年5月10日
4	FSLB/SJ 04-2019	电梯安全物联网平台管理规范	2019年1月1日	2019年3月1日
5	FSLB/SJ 05-2019	电炖锅能效限定值及能效等级	2019年4月30日	2019年5月27日
6	FSLB/SJ 06-2019	多功能套餐机评价规范	2019年4月30日	2019年5月27日
7	FSLB/SJ 07-2019	家用和类似用途煎烤机	2019年4月30日	2019年5月27日
8	FSLB/SJ 08-2019	活动隔断墙安装技术规程	2019年1月1日	2019年4月1日
9	FSLB/SJ 09-2019	活动隔断墙售后服务规范	2019年1月1日	2019年4月1日
10	FSLB/SJ 10-2019	装配式玻璃隔断墙技术要求	2019年1月1日	2019年4月1日
11	FSLB/SJ 11-2019	加氢站站控系统技术要求	2019年7月25日	2019年8月12日
12	FSLB/SJ 12-2019	加氢站视频安防监控系统技术要求	2019年7月25日	2019年8月12日
13	FSLB/SJ 13-2019	车用氢燃料电池离心式空压机	2019年7月25日	2019年8月12日
14	FSLB/SJ 14-2019	室内照明LED射灯	2019年8月25日	2019年8月25日
15	FSLB/SJ 15-2019	LED面板灯	2019年8月25日	2019年8月25日
16	FSLB/SJ 16-2019	电火锅	2019年8月30日	2019年9月20日
17	FSLB/SJ 17-2019	家用和类似用途多头电灶	2019年8月30日	2019年9月20日
18	FSLB/SJ 18-2019	风冷冰箱风道效率测试方法	2019年9月20日	2019年9月30日
19	FSLB/SJ 19-2019	家用电动洗碗机快速洗的测试评价与分级	2019年9月20日	2019年9月30日
20	FSLB/NHWY 1-2019	定制卫浴FRP防水底盘	2019年3月20日	2019年3月20日
21	FSLB/NHWY 2-2019	聚氨酯增强塑料压克力浴缸	2019年3月20日	2019年3月20日
22	FSLB/NHWY 6-2019	LED庭院灯	2019年4月26日	2019年5月6日
23	FSLB/NHWY 7-2019	LED日光灯	2019年3月20日	2019年3月20日
24	FSLB/NHWY 8-2019	LED灯带	2019年3月20日	2019年3月20日
25	FSLB/NHWY 9-2019	LED洗墙灯	2019年3月20日	2019年3月20日
26	FSLB/NHWY 10-2019	LED投光灯	2019年5月7日	2019年5月17日
27	FSLB/NHWY 11-2019	LED吸顶灯	2019年5月7日	2019年5月17日
28	FSLB/NHWY 12-2019	铝合金建筑型材	2019年5月20日	2019年5月21日
29	FSLB/NHWY 13-2019	全铝家具　衣柜	2019年5月23日	2019年5月27日
30	FSLB/NHWY 14-2019	全铝定制家居产品服务规范	2019年5月23日	2019年5月27日
31	FSLB/NHHISA 1-2019	高新技术企业服务工作指引	2019年5月27日	2019年5月27日
32	FSLB/NHHISA 2-2019	高新技术产业财税管理规范	2019年5月27日	2019年5月27日
33	FSLB/NHHZ 1-2019	社区社会团体规范运作指南	2019年5月22日	2019年5月23日
34	FSLB/NHHZ 2-2019	社区民办非企业单位规范运作指南	2019年5月22日	2019年5月23日
35	FSLB/CC 01-2019	综合管廊用应急电源	2019年5月5日	2019年5月15日
36	FSLB/CC 02-2019	不间断电源远程监控系统规范	2019年5月5日	2019年5月15日

（续　表）

序　号	联盟标准编号	联盟标准名称	发布时间	实施时间
37	FSLB/CC 03-2019	医养机构老年病患生活护理服务规范	2019年6月11日	2019年6月11日
38	FSLB/CC 04-2019	医养机构老年病患生活护理服务满意测评规范	2019年6月11日	2019年6月11日
39	FSLB/CC 05-2019	社会救助社会工作服务指南	2019年7月15日	2019年7月25日
40	FSLB/CC 07-2019	社区矫正社会工作服务指南	2019年10月8日	2019年10月18日
41	FSLB/CC 06-2019	生态针织面料	2019年10月24日	2019年10月24日
42	FSLB/SS 01-2019	陶瓷废渣烧结砖	2019年10月14日	2019年10月20日
43	LB/DBDB 1-2019	铝合金建筑型材	2019年5月20日	2019年5月21日
44	FSLB/SD 57-2019	工业机器人视觉系统技术规范	2019年1月15日	2019年1月15日
45	FSLB/SD 58-2019	工业机器人培训服务规范	2019年1月15日	2019年1月15日
46	FSLB/SD 59-2019	集北水蛇粥	2019年5月16日	2019年5月29日
47	FSLB/SD 60-2019	勒流生晒鱼干	2019年5月11日	2019年5月29日
48	FSLB/SD 66-2019	凤城野鸡卷	2019年9月29日	2019年10月10日
49	FSLB/SD 67-2019	大良炒牛奶	2019年9月29日	2019年10月10日
50	FSLB/SD 68-2019	双皮奶	2019年9月29日	2019年10月10日
51	FSLB/SD 69-2019	集北水蛇粥	2019年9月29日	2019年10月10日
52	FSLB/SD 70-2019	均安烧猪	2019年9月29日	2019年10月10日
53	FSLB/SD 71-2019	均安鱼饼	2019年9月29日	2019年10月10日
54	FSLB/SD 72-2019	四基头菜蒸肉饼	2019年9月29日	2019年10月10日
55	FSLB/SD 73-2019	古法彭公鹅	2019年9月29日	2019年10月10日
56	FSLB/SD 74-2019	容桂大盘鱼	2019年9月29日	2019年10月10日
57	FSLB/SD 75-2019	蚬肉生菜包	2019年9月29日	2019年10月10日
58	FSLB/SD 76-2019	伦教糕	2019年9月29日	2019年10月10日
59	FSLB/SD 77-2019	鸳鸯桂鱼	2019年9月29日	2019年10月10日
60	FSLB/SD 78-2019	莱远炒水蛇片	2019年9月29日	2019年10月10日
61	FSLB/SD 79-2019	煎焗西江鲥鱼	2019年9月29日	2019年10月10日
62	FSLB/SD 80-2019	顺德拆鱼羹	2019年9月29日	2019年10月10日
63	FSLB/SD 81-2019	顺德烧鹅	2019年9月29日	2019年10月10日
64	FSLB/SD 82-2019	凤城小炒皇	2019年9月29日	2019年10月10日
65	FSLB/SD 83-2019	家乡酿鲮鱼	2019年9月29日	2019年10月10日
66	FSLB/SD 84-2019	家乡炒蚕蛹	2019年9月29日	2019年10月10日
67	FSLB/SD 85-2019	粉葛鲮鱼赤小豆猪踭粉肠汤	2019年9月29日	2019年10月10日
68	FSLB/SD 86-2019	家用燃气快速热水器	2019年10月15日	2019年10月23日
69	FSLB/SD 87-2019	家用燃气快速热水器热水供应品质评价	2019年10月15日	2019年10月23日
70	FSLB/SD 88-2019	家用和类似用途嵌入式电烤箱能效限定值及能效等级	2019年9月23日	2019年10月29日
71	FSLB/SD 89-2019	智能冰箱图像识别率测试方法	2019年9月23日	2019年10月29日
72	FSLB/SD 90-2019	家用和类似用途嵌入式电烤箱烹饪性能评价	2019年9月23日	2019年10月29日

（续 表）

序 号	联盟标准编号	联盟标准名称	发布时间	实施时间
73	FSLB/SD 91–2019	家用和类似用途水槽式电动洗碗机	2019年9月23日	2019年10月29日
74	FSLB/SD 92–2019	家用电动洗碗机强力洗的测试评价与分级	2019年9月23日	2019年10月29日
75	FSLB/SD 61–2019	电冰箱鲜肉类保险要求及测试方法	2019年8月1日	2019年9月1日
76	FSLB/SD 62–2019	家用和类似用途破壁搅拌机	2019年8月1日	2019年9月1日
77	FSLB/SD 63–2019	家用电火锅评价规范	2019年8月1日	2019年9月1日
78	FSLB/SD 64–2019	家用和类似用途电水壶能效限定值及能效等级	2019年8月1日	2019年9月1日
79	FSLB/SD 65–2019	家用和类似用途电蒸汽烤箱	2019年8月1日	2019年9月1日
80	FSLB/SS 02–2019	三水乡村文化旅游服务规范	2019年11月12日	2019年11月15日
81	FSLB/KQQC 001–2019	牙科高速气涡轮手机	2019年12月2日	2019年12月13日
82	FSLB/KQQC 002–2019	牙科直手机和弯手机	2019年12月2日	2019年12月13日
83	FSLB/SD 93–2020	橱下式反渗透净热一体机	2019年12月25日	2020年1月3日
84	FSLB/SD 94–2020	家用和类似用途微泡水清洗机	2019年12月25日	2020年1月3日
85	FSLB/SD 95–2020	非清洗型除农残器具技术要求及测试方法	2019年12月25日	2020年1月3日
86	FSLB/SD 96–2020	电冰箱冷冻室高湿保鲜技术要求及测试方法	2019年12月25日	2020年1月3日

监管部门办结经济违法案件7601宗。参加全国各项市场监管联合执法行动，其中：在全国联合整治“保健”市场乱象百日行动中，佛山全市立案数和结案数均居全省第一，2宗案件入选全国执法典型案例，2宗案件入选广东省十大执法典型案例；在全国“守护消费”暨打击侵害消费者个人信息违法行为专项执法行动中，佛山全市查办案件数居全省第一，1宗案件获评全国十大典型案件，2宗案件入选全国典型案例；在全国整治食品安全问题联合行动中，佛山市市场监管部门与市公安、市教育等13个部门联合行动，查办案件立案数居全省前两名。开展肉品整治百日行动、医疗器械“清网行动”、打击非法经营含可待因药品制剂等专项行动。开展医药领域价格监管，检查医疗机构71个，立案查处2宗。对佛山市生产销售的家用电器、儿童用品及纺织服装组织开展线上买样送检专项产品质量执法，联合公安机关成功查处1宗制售假冒伪劣产品案，涉案货值高达1000万元。开展银行收费和货运口岸等涉企收费监管检查，清理规范转供电收费，全市清退电费1604万元。保持打击传销高压态势，2宗案件入选广东省六大网络传销典型案例。查处网络违法行为和违法广告行为，全年查处网络违法案件和违法广告案件比上年分别增长59.45%、24.11%。组织开展打击“洋垃圾”、成品油、冻品、象牙等四大重点商品专项行动，查处案件58宗。

【放心消费创建试点城市建设】 2019年，佛山市制订系列放心消费创建团体标准和联盟标准17个，在全国率先制订“消费维权服务站联盟标准”，填补消费维权网络领域标准空白。开发“佛山市放心消费数据分析应用系统”，搭建数据管理、信息公示、消费诉求热点、应用决策分析等四大重点功能模块31个应用功能，为服务政府决策、市场监管、消

2019年12月18日，广东省放心消费环境创建工作交流座谈会在佛山市举行
（市市场监管局供图）

费引导和助力社会监督提供支撑。搭建“放心消费城市创建评价指标体系”并开展主客观测评，推动创建工作开展。实现放心消费创建工作全覆盖，在消费集中的相关行业、领域培育1批放心消费示范单位（点），全市32个镇（街道）100%参与放心消费创建、与百姓生活密切相关的34个行业近30万市场主体100%参与放心消费创建，市级放心消费创建示范单位（点）449个。是年，佛山放心消费创建经验在全省放心消费环境创建工作交流会上获全省推广；“广东佛山‘五个聚焦’构筑放心消费环境社会共建共治共享生态圈”入选全国第二届市场监管领域社会共治优秀案例；在佛山市消费者委员会委托第三方机构对佛山市放心消费环境进行的评价中，佛山市“放心消费环境”综合评分87.6分、佛山市三年“放心消费试点市创建”工作综合评分96.5分。

【市场监管领域扫黑除恶】 2019年，佛山市市场监督管理局利用广东省扫黑除恶专项斗争线索信息综合管理平台等渠道深挖市场监管领域涉黑涉恶涉乱线索，全年全市各级市场监管部门摸排涉黑涉恶涉乱线索257条，其中涉黑涉恶线索29条（7条移送公安机关）、涉乱线索229条。加强市场监管领域扫黑除恶宣传，全年全市各级市场监管部门针对市场主体发送宣传短信30万余条次、组织专题宣传活动233场次、编发工作简报18期、制作横幅和滚动标语1520条、张贴宣传海报2.4万张、发布显示屏广告1713处、发放宣传单张等13.8万份。

【市场监管法治建设】 2019年，佛山市市场监督管理局坚持法治思维开展工作。出台《行政处罚案件审核工作暂行制度》《行政处罚案件局负责人集体讨论工作制度（试行）》等工作制度，统一执法文书，规范案件审核和办理。在广东省率先推出“双容”工作机制，制定“保障市场监管行政执法人员依法履职容错制度”和“市场主体轻微违法违规经营行为包容审慎监管清单”，为中小企业、新业态、创新型企业等在发展初期提供更加宽容的制度环境，并获《人民日报》《中国市场监管报》等报道推广。

【“12315”投诉举报】 2019年，佛山市市场监督管理局畅通12315投诉举报渠道，通过12315热线电话、全国12315平台等渠道接收处理市民消费投诉和经济违法行为举报。全年全市市场监管部门受理投诉举报81084件，受理量比上年增长11.2%。其中受理消费投诉61187件，为消费者挽回经济损失10200.22万元；查处经济违法行为举报19897件，罚没金额26.91万元。

【佛山市成为全国首个公司类简化版香港公证文书跨域邮寄送达城市】 2019年9月12日，佛山市市场监督管理局与中国法律服务（香港）有限公司、中国委托公证人协会有限公司达成协议，约定公司类简化版香港公证文书采取由中国法律服务（香港）有限公司以跨域邮寄方式送达并将简化版香港公证文书全面应用于开办企业，标志着佛山成为全国首个公司类简化版香港公证文书跨域邮寄送达城市。简化版香港公证文书以便民高效为原则，保留采集公司基本情况的最终信息，不再关注企业名称、编号、地址、股东和董事等的变更过程及投资者年报信息，最大程度地压减证明文件和节省企业办理公证费用。市场监管部门与其他用证部门达成一致，确保简化版公证文书在佛山市各相关领域通行有效，使香港居民或企业在佛山市开办公司流程更加便捷快速。

【《“顺德鱼生”全产业链管控技术规范团体标准》发布】 2019年12月25日，“顺德鱼生”全产业链管控技术规范团体标准发布会举行。会上发布全国首个针对生食淡水鱼生养殖、物流及加工操作全链条规范管控的团体标准。该标准为“顺德鱼生”全产业链提供明确的管控技术规范指示。在养殖环境上，进一步规范养殖场生活区与养殖区分离，首次把质量管控的“暂养净化”要求写入标准，细化“土塘暂养”“非土塘净化”“拉网锻炼”及“水质指标”等技术规程，明确“鱼生鱻”集体商标作为认证合规养殖场的标识。针对运输和加工环节，标准规定活鱼运输需使用充氧水运输，细化起运前水温控制操作规程，并进一步明确顺德鱼生在餐饮环节加工制作过程的具体要求，全程实现电子追溯。发布会上，顺德区饮食协会及首批执行团体标准餐饮企业代表签署“顺德鱼生”全产业链管控技术规范团队标准，生生农业集团等食材供应商现场签订供需协议，多方共同传承和保护顺德特色美食文化，保障“顺德鱼生”食用安全。会上，第一批19个执行“顺德鱼生”团体标准餐饮单位获颁“顺德鱼生”岗位资格证书。

（胡　茹）

2019年12月25日，《“顺德鱼生”全产业链管控技术规范团体标准》发布会举行

（市市场监管局供图）

财政·税务

手机扫码阅读

财　政

【概况】 2019年，佛山市地方一般公共预算收入完成731.62亿元，比上年增长4.03%，为年初各级人大通过预算的98.47%。在宏观经济下行及落实国家减税降费政策背景下，增速有所放缓，比上年下降2.29个百分点，仍保持在合理区间。其中：地方税收完成521.22亿元，增长0.57%；非税收入完成210.37亿元，增长13.73%。全市地方一般公共预算支出完成941.32亿元，比上年增长16.69%，为年初各级人大通过预算的113.62%。全市地方财政收支运行平稳有序，收入总量继续位居全省第三。全市财政“八项支出”（公共服务、公共安全、教育、科学技术、社会保障和就业、医疗卫生与计划生育、节能环保、城乡社区8项民生支出）实现比上年增长17%，全市民生支出占一般公共预算支出比重71.24%，为全市经济社会稳定发展发挥积极促进作用。

【财政收支管理】 2019年，佛山市各级财政部门面对经济新形势、新变化，统筹推进稳增长、促改革、调结构、惠民生、防风险、保稳定，做好各项财政收支管理。牢固树立“大财政、大预算”理念，加强财税部门对接联动，合力抓好税收组织工作，落细落实税源分析与监控，依法征税、应收尽收，提高税收征管质量，提升税源转化效率。挖掘非税收入增长潜力，通过盘活各类政府资源资产、加强收入统筹缴库等措施，有效拓宽非税收入渠道，充分发挥非税收入对财政增收的补充作用。坚持有保有压，严控和压减一般性支出、“三公”经费（政府部门人员因公出国（境）经费、公务车购置及运行费、公务招待费），加强差旅伙食费和市内交通费规范管理，盘活存量财政资金，保障“三保”（保工资、保运转、保基本民生）支出和重点领域支出。抓财政支出进度，利用财政综合管理平台实现支出进度实时监控。针对各区各部门预算执行薄弱环节，加大督促指导力度，及时纠偏，确保支出均衡性和及时性。

【财政促进经济高质量发展】 2019年，佛山市财政部门落实积极财政政策，多措并举贯彻新发展理念，经济内生动力不断增强。

支持粤港澳大湾区建设　加强交通基础设施互联互通，助推佛山融入大湾区“1小时生活圈”，全年全市投入财政资金超150亿元，重点保障广佛线二期、广州地铁7号线西延顺德段以及高快速路网等建设。支持国际化人才聚集，制定《佛山市关于实施粤港澳大湾区个人所得税优惠政策财政补贴管理暂行办法》，明确对在佛山工作的境外高端人才和紧缺人才，以财政补贴的方式给予个税优惠。助力科技创新发展，全年全市科技支出98.16亿元，比上年增长79.61%。支持三龙湾高端创新聚集区、佛山高新区、珠三角国家自主创新示范区建设，重点保障季华实验室、清华大学佛山先进制造研究所等一批科技创新平台建设，推动前沿和关键核心技术攻关、科技成果转化，支持培育高端装备制造、新能源、新材料等一批战略性新兴产业。

持续降低实体企业成本　落实减税降费政策，组织召开减税降费“千人大会”，将降低增值税税率、扩大受惠企业范围等税费优惠政策宣传和落实到位，同时持续降低企业人工成本、融资成本、用能用地成本。全年为企业减负459.19亿元。

提升开放经济水平　全年全市安排稳外贸增长专项资金1.2亿元，支持佛山市企业开拓多元化国际市场，抱团港澳企业“拼船出海”，深度参与“一带一路”建设。同时，落实利用外资高质量发展政策措施，支持佛山市招大商、招好商，引进国内外优质企业和资源。

【财政民生保障】 2019年，佛山市财政部门继续重视人民群众关切的民生问题，在增收承压的情况下，强化支出统筹，加大薄弱环节投入，兜牢基本民生底线。全年全市民生支出完成670.76亿元，占一般公共预算支出的比重达71.24%。全市落实省“十件民生实事”支出30.99亿元，完成年初计划的136.76%。

提高底线民生保障水平　加大财政投入力度，提高全市城乡居民基础养老金发放标准、居民医疗保险补助标准、孤儿基本生活最低养育标准、困难残疾人生活补贴、重度残疾人护理补贴、全市最低生活保障标准等多项民生指标水平。全市最低生活保障标准由每人980元/月提高至每人1060元/月，孤儿基本生活最低养育标准从每人2000元/月提高至每人2200元/月，居民医疗保险补助标准提升32.95%。

促进教育资源均衡发展　全年全市教育支出159.71亿元，比上年增长7.75%。调整完善学前教育生均经费拨款制度，实行按星级分类扶持。推进实施义务教育阶段学校基础设施五年提升行动计划，建立公办普通高中生均公用经费制度。支持加快高等教育发展，参与北京科技大学研究生院、香港理工大学等优质高等教育资源引进工作，及时落实佛科院北院新校区建设资金，支持佛科院建设高水平理工大学。

支持“健康佛山”建设　全年全市卫生健康支出101.45亿元，比上年增长14.58%，基本公共卫生服务人均标准达73.48元，位居全省第二。加强基本医疗卫生服务保障，支持高水平医院建设“登峰计划”，保障市妇女儿童医院、市第二人民医院新院区、市第三人民医院心理大楼等公立医院重点项目顺利推进。建立市级医疗救助资金统筹制度和医疗救助预付款等制度，推进医疗救助“一站式”结算，减轻困难群众医疗费用负担。

提升就业保障水平　贯彻落实“促进就业九条”等政策措施，全年发放失业稳岗补贴资金1.32亿元，返还企业失业保险费1.91亿元，推动创业资助、就业补贴、职工培训补贴等政策及时细化落地，强化公共就业服务。

推动打造“文化佛山”　落实“文化佛山”三年行动计划，2019年市级财政安排1亿元，培育扶持文化创新工程和示范项目建设，助力打造“世界美食之都”“世界功夫之城”“陶艺之都”等特色文化品牌。同时，支持举办“2019中国（佛山）大湾区功夫电影周”等重大文化宣传推广活动。

支持精准扶贫　全年全市对外扶贫援建方面累计投入资金18.86亿元。支持对口支援新疆维吾尔自治区伽师县、西藏自治区墨脱县、四川省凉山彝族自治州和甘孜藏族自治州乡城县和德荣县、黑龙江省双鸭山市、重庆市巫山县，以及对广东省湛江、云浮两市精准扶贫，推动落实省“十三五”期间扶贫工作计划，帮助各受援地因地制宜发展产业，加快补齐民生短板。是年11月，在佛山市财政局等单位的对口帮扶和自身努力下，云浮市郁南县罗顺村各项发展指标达到标准，退出广东省相对贫困村。

促进绿色发展和城乡协调发展　全年全市节能环保支出20.85亿元，重点支持打好“蓝天保卫战”“碧水攻坚战”“净土防御战”，支持佛山市建设大湾区高品质森林城市，加快建设“美丽佛山”。推动城乡协调发展，加快补齐乡村发展短板，全年市级财政安排5.6亿元支持高明革命老区振兴、三水乡村振兴战略综合改革试点建设。

【财政改革】 2019年，佛山市各级财政部门深化财政管理改革创新，提升财政治理能力。

预算编制执行监督管理改革　出台14份市级改革文件，明晰财政与业务部门的预算管理权责，加快转变财政管理重心，建立健全财政预算管理体制机制。预算编制方面，从2020年开始，市级预算实行预下达额度控制模式，同时通过优化项目入库审批机制，形成政府定额度、部门排项目的预算编制新格局。预算支出方面，进一步简政放权，扩大财政授权支付范围，放开基建项目预算和结算审核环节，并全面退出专项资金分配使用具体事务，加快预算执行进度。预算绩效方面，开展市级预算绩效指标库建设，出台全面实施预算绩效管理实施意见，逐步构建具有佛山特色的“三全”（全方位、全过程、全覆盖）预算绩效管理体系。各区均出台区级改革纲领性文件，其中南海区在全省区县一级率先启动预算编制执行监督管理改革。

完善财政绩效评价激励机制　出台《佛山市财政管理工作绩效评价激励办法》，从预算执行、收入质量管理、盘活财政存量资金和库款管理等多个方面对各区的财政管理工作进行评价考核，建立起年终考核结果与转移支付相挂钩的激励机制和考核结果定期通报机制，进一步激发各区财政部门提升财政管理工作水平的主动性和积极性，促使各区加快完善预算管理制度，提高财政资金使用效益。

财政电子票据管理改革　深化财政领域“放管服”改革，率先推出全省首张非税财政电子票据，推出继续教育财政电子票据，推出全省地级市首张医疗财政电子票据，实现通过自助终端机或扫描二维码等方式，自助获取财政电子票据。

完善国有金融资本管理　牵头做好2018年度国有金融资本产权登记，研究制订佛山市完善国有金融资本管理相关实施方案，理顺国有金融资本管理体制机制，推进财政部门依法依规履行国有金融资本出资人职责。

2019年11月5日，广东省地级市首张医疗电子票据在佛山市中医院开出
（市财政局供图）

【财政监管】 2019年，佛山市财政部门履行财政监督职责，在重点领域强化监管力度，确保财政安全运行。

财政监督检查　组织开展“小金库”（是指违反法律法规及其他规定应列入而未列入符合规定的单位账簿的各项资金及形成的资产）、“三公”经费、“私车公养”、镇（街道）财政资金安全、公务卡使用、预决算信息公开、会计信息质量、会计执业质量等方面专项检查，及时发现存在问题并督促落实整改。持续完善和落实财政内部控制体系，发挥廉政风险科技防控平台信息化优势，提高预算执行动态监控效率。

基建评审管理　出台《市级财政基本建设财务管理实施办法》，完善基建财务管理制度。改进市级基建投资计划编报工作，加强全过程信息互通互用。完成新一期工程造价咨询机构招标，优化调整中介管理和考评机制。全年全市完成审核工程概、预、结项目982个，完成审核金额599.38亿元，核减不合理工程费用34.84亿元。

债务和隐性债务管理　常态化开展政府债务和隐性债务统计监测，开展防范地方政府债务风险专题“深调研”，优化调整防范化解存量隐性债务风险实施方案。规范政府和社会资本合作模式（PPP模式）运用，建立健全PPP项目入库审查机制，坚决堵住违法违规举债融资的“后门”，确保全市债务风险可防、可控、可化解。

【佛山市成功申报财政支持深化民营和小微企业金融服务综合改革试点城市】 2019年10月31日，财政部公布2019年度财政支持深化民营和小微企业金融服务综合改革试点城市名单，佛山市成为全国首批59个试点市（州、区）之一。作为试点城市，佛山获得由中央提供的普惠金融发展专项资金3000万元，用于城市金融机构的民营和小微企业信贷风险补偿或代偿等。年内，佛山市财政局出台《佛山市财政支持深化民营和小微企业金融服务综合改革试点城市工作方案》，加快探索民营和小微金融服务创新。

【佛山市融资担保基金成立】 2019年11月27日，佛山市融资担保基金成立，担保基金起始规模为3亿元，采用市场化方式对佛山市符合条件的民营企业，尤其是中小企业进行融资担保增信，担保费不超过2%，远低于3% ~ 4%的市场费率。在此基础上，佛山市率先在广东省内探索政府融资担保国家、省、市三级合作模式，配套对接国家融资担保基金扶持政策，通过建立再担保机制直接分散融资担保机构担保业务风险，构建政、银、担（保）共同分担风险担保机制，建立支持民营中小微企业融资发展的长效机制，破解融资难、融资贵、融不到资的问题。

【佛山市扶持政策标准化改革试点启动】 2019年8月16日，佛山市组织召开扶持政策标准化改革试点启动会议，在禅城区正式启动扶持政策标准化改革试点。此次扶持政策标准化改革试点以“政策阳光兑现　暖企全年无休”为主题，以深化“放管服”改革、优化营商环境为目的，在佛山扶持通平台（2018年5月正式上线）基本实现“一网通办”的基础上，充分利用禅城区政务服务优势，大幅压减政策兑现时间，促进平台更好发挥惠民利企作用。改革试点首批推出6个标准化政策事项，政策兑现时间全部压缩在2个月以内，最短的只需20个工作日，企业申报政府扶持资金更加便捷高效。截至2019年底，佛山扶持通平台企业注册量超1.2万家，累计发放扶持资金超14.3亿元。

（罗雅泉）

税　务

【概况】 2019年，佛山市税务局组织税收收入1670.03亿元，比上年增长2.6%；剔除海关代征税收后，组织国内税收1552.30亿元，增长3.5%。其中，中央级收入706.77亿元，增长5.3%；省级收入325.29亿元，增长4.7%；市县级收入520.24亿元，增长0.4%。国内增值税收入672.55亿元，增长3.8%，增收24.34亿元；企业所得税收入381.80亿元，增长17.0%，增收55.49亿元。全年办理出口退（免）税326.3亿元，比上年增长1.7%。

【税收特点】 2019年，佛山市税收增速稳中趋缓，税收总体规模稳居广东省第四位，国内税收（不含海关代征税收）规模突破1500亿元大关。佛山市国内税收和市县级税收分别增长3.5%和0.4%。从全省排名来看：国内税收收入增速排全省第六，高于全省平均水平0.7个百分点；市县级收入增幅在全省排第十二。

各级次收入均实现预期目标　全年全市各级次税收收入均完成广东省税务局和佛山市委市政府下达的收入预期目标。

2019年8月16日，佛山市扶持政策标准化改革试点启动会议在禅城区举行

（李向楠　摄）

其中：受国内增值税、国内消费税和企业所得税增长拉动，国内中央级收入比上年增长5.3%；省级收入受国内增值税、企业所得税和土地增值税增收拉动增长4.7%；市县级收入在土地增值税和契税增长推动下，增长0.4%。

第三产业税收比重扩大　第二、第三产业国内税收结构由上年的42.5 ∶ 57.4调整为41.8 ∶ 58.2，第三产业比重再次扩大。第二产业实现税收697.75亿元，比上年下降4.9%。其中占佛山市税收比重36.3%的税收支柱行业制造业实现税收606.46亿元，下降6.4%。第三产业实现税收971.89亿元，增长8.9%，增收79.65亿元。其中作为第三产业税收主力的房地产行业入库税收414.72亿元，增长10.7%，增收39.92亿元，占佛山市税收总量的24.8%，贡献了94.1%的税收增量。

各区税收稳定增长　禅城区税务局通过强化企业所得税日常管理、加大房产交易税收管理工作力度、优化契税纳税服务，促进国内税收和市县级双双增长；南海区税务局集中解决土地增值税清算难题，全年土地增值税清算收入33.19亿元，占佛山市比重达75.0%；顺德区税务局细化大企业管理，骨干企业逆势增长成为企业所得税大幅增收主要推动力量；高明区税务局和三水区税务局显著提升房地产业税收征管质效，企业所得税汇算清缴收入大幅提升，国内税收均实现双位数快速增长。

【税源特点】2019年，佛山市税务局建立多部门联动研讨机制，强化关键时间节点收入形势预判，确定2019年组织收入方向为主抓现税收入，稳定主体税种，深挖地方性税源，合理发挥免抵调库的调整作用，逐步收窄收入跌幅。全面推广实施“集中清算、分段审核”的土地增值税清算新模式，集中开展土地增值税清算工作，全年清算收入44.24亿元，比上年增长28.5%。推动土地增值税收入119.81亿元，增长9.3%，增收10.18亿元；契税增长15.0%，增收10.03亿元，促进收入缺口收窄。落实组织收入原则，坚决防范收过头税费、虚收空转等违规行为，保障税费征管质量。坚决打击虚开骗税违法行为，及时挽回国家税款损失。

【减税降费】2019年，佛山市税务局将落实减税降费作为年度首要政治任务和第一工作主题，全年全市减税降费235亿元，其中新增减税204亿元、新增社会保险费及非税收入减免31亿元。年内，市税务局党委成立落实减税降费工作领导机构，制定政策落实、征管核算、综合分析、纪检问责等制度。多次向佛山市委、市政府汇报沟通，推动建立市、区两级减税降费工作联席会议制度，完善与财政、银行等部门联动机制，承办召开佛山市减税降费“千人大会”。推出“减税宝”平台，率先破解小额税费退库难题，减轻征纳负担。编制《税费优惠政策一本通》(电子书)，帮助纳税人用足用好优惠政策。开展宣传辅导，全年举办减税降费直播课程9场、现场培训1071场，参训215.64万人次。开展借减税降费服务乱收费行为专项排查整治，与各级纪委监委建立对接机制联合执纪，促进政策稳妥落地。

【税收营商环境优化】2019年，佛山市税务局推进税收领域“放管服”改革，优化税收营商环境。提升办税服务便利化，智能办税网络覆盖全市，9大类662项业务实现无纸化、无障碍流转；办税“一次不用跑”、车购税“一站式”办理、不动产办税登记“一窗受理”等便民举措得到落实，平均办税时间和等候时间分别比上年降低27%、37%。作为省试点建立大企业首席联络员制度，率先推出“上市涉税业务指南”。深入开展“暖企活动”，走访、座谈34.2万户企业纳税人，其中对7类11976家重点企业实行100%面对面走访。推出信用预警提醒服务，深化“银税互动”，全年推动为1.2万家企业发放贷款70亿元。以顺德区为试点搭建“税商互动平台”，为纳税人提供精准服务。出台《佛山市进一步优化税收营商环境试点三年行动方案》，落实5方面21项70条措施。联合市工商联签署支持服务民营企业发展壮大框架协议，明确9项合作内容。继续开展“便民办税春风行动”，推动12类54项便民办税措施落地。召开佛山市税务系统提升纳税人满意度暨优化税收营商环境试点工作会议，印发整改方案，对照短板制定8类27项整改措施。

【税收征收管理】2019年，佛山市税务局先后上线掌上税务局、自然人税收管理系统、代开增值税电子普通发票平台、增值税电子发票公共服务平台等信息系统，并完成掌上税务局、代开增值税电子普通发票平台的试点上线工作，提升纳税人办税体验和获得感。落实上级关于进一步简化纳税户注销程序的相关规定，全年办理注销6.2万户，其中即办注销约5万户(包括84户破产企业，促进该类企业加快退出市场)，即办注销比例比上年提升14个百分点，至第四季度完全杜绝超期注销现象。全面收集整理各区对电子档案系统的意见和建议，分2次向广东省税务局提出83条优化建议，基本于市内归档需求向广东省税务局申请增加特有事项清单47项，并强化电子档案系统操作专题培训，提高基层电子档案系统操作熟练程度和归档效率。与市统计局、市工业和信息化局建立联动协作机制，强化数据共享和宣传辅导，全年向市统计局、市工业和信息化局提供相关税收数据105次共34万条，举办专题培训34场，培训人员近5800人，推进小微企业升级为规模以上企业(“小升规”)工作开展。

【智能办税】2019年，佛山市税务部门全面推广智能办税服务厅，在2018年创新试点打造广东省首个“云交互”智能办税服务大厅的基础上，建成2个智能办税服务厅、3个智能办税服务点，共配置13台智能办税设备，并组建18人的后台服务团队，佛山市智能办税服务网络初步形成。年内，佛山市智能办税服务网络办理各类业务14687笔，单月办理量从年初的513笔提升至2000多笔。推进办税服务厅规范化建设，每周通报办税厅服务质效监测情况，发布监测报表216期；邀请第三方对办税厅进行明察暗访，发布调查报告3期；规范办税厅专窗管理，保留49个清税注销业务专窗、37个优惠政策落实咨询服务岗，其他专窗予以取消。年内，在广东省税务局检查中，佛山市税务局被检的办税厅全部达标，其中实地检查的2个办税厅和视频抽检的7个办税厅中有5个办税厅均取得双100分的成绩。推进办税服务便利化，完成预约系统整合，优化预约规则，缓解纳税人预约难和排队等候时间长的问题，全年“在线导税”服务逾4万人次，受理办税预约154万人次，办税时间和等候时间分别为14.8分钟和6.3分钟，低于广东省平均值的15.5分钟和8.6分钟。

【税务服务“一次不用跑”政策落实】 2019年，佛山市税务局成立由局党委委员牵头的“一次不用跑”专项工作领导小组，加强统一指挥，做好人力统筹、硬件调配、部门协调等。制定发布专项工作实施方案，明确任务安排、应急职责分工及处理原则，同时明确“一次不用跑”业务规范指引。组建办税厅“党员服务队”，号召党员先锋“守初心、担使命”，提升纳税人的办税体验。全面推行电子化、智能化退税，实现退税业务“一次不用跑”。结合粤港澳大湾区建设，搭建“国际汇税通”平台，联通企业、银行、税务、外汇管理部门4方数据，对外付汇业务办理效率比上年提升近90%，实现由“跑马路”到“跑网路”转变。推广电子税务局，引导纳税人培养电子办税习惯，截至2019年底，票种核定、跨区域涉税事项、纳税证明开具等业务网上办理替代率达100%。通过新闻媒体、办税服务厅等多种方式广泛宣传新兴办税渠道及5类128项“一次不用跑”清单，及时发布跨区报验、票种核定等高频业务的网上操作指引，提升纳税人电子办税体验。对照“一次不用跑”服务要求，建立问题自查台账，对标对表销号，做到动态清零，同时由纳税服务、征收管理等部门开展样本分析，深挖问题根源，解决风险隐患。健全意见反馈机制，畅通微信群、对外公开电话、纳税人学堂、下户走访等诉求征集渠道，由专人跟进回复问题建议，确保“件件有着落、次次有回应”。打造“服务提升工程”，组织税务人员针对纳税人咨询较多的“一次不用跑”政策热点集中学习，定期开展理论和模拟测试，提高应对解决问题能力。

【纳税信用体系建设】 2019年，佛山市税务部门推进纳税信用体系建设。联合佛山市银保监分局以及20个银行业金融机构共同召开“银税互动”联席会议，更新签订“银税互动”合作协议。年内，佛山地区线上“银税互动”项目发放贷款金额70亿元，惠及企业11515家，贷款企业数及金额位列广东省第三。率先于10月25日试点上线“纳税信用管理广东管控信息化平台”，截至2019年底，累计向25613户纳税人推送短信预警信息。加强涉税专业服务机构的监管，加大《涉税专业服务监管办法》及配套管理制度的解读和培训，做好税务总局“12366”纳税服务管理平台每月涉税中介栏目公告，召开佛山市涉税专业服务机构座谈会。

【佛山市落实减税降费宣讲工作会】 佛山市落实减税降费宣讲工作会于2019年4月3日召开。会议由佛山市政府牵头，佛山市税务局、佛山市财政局等35个职能部门共同参与，市、区、镇（街道）3级相关部门联动，邀请超1000名企业代表参加。会议介绍佛山市减税降费工作基本情况，减税降费最新政策措施，传递政策利好信号，增强企业前进的底气和信心。会议由佛山市委常委、常务副市长蔡家华主持，佛山市市长朱伟出席会议并讲话。

【《上市涉税业务指南》发布】 2019年5月8日，在佛山市税务局召开的“减税降费促发展　税企共治谱新篇”大企业税企高层见面会上，市税务局现场发布《上市涉税业务指南》，为辖区51家大企业送上税务服务的个性化专属服务。《上市涉税业务指南》是佛山市税务局针对已上市和准备上市的大企业常见涉税行为编制的业务指南，内容涵盖相关税收政策依据、税务处理、风险提示、案例分析、政府扶持政策等内容，以全税种、全业务、全方位的展示方式，解决企业重组、股权转让、股权激励等涉税问题。

【“国际汇税通”在佛山率先上线】 2019年5月30日，佛山市税务局和外汇管理局佛山中心支局联合举行“国际汇税通”佛山上线发布会。佛山市大湾区办、市金融局、市商务局等部门及100多家佛山企业代表参加发布会。佛山市委常委、常务副市长蔡家华出席发布会。“国际汇税通”是集税收、付汇、金融为一体的一站式服务平台，系统集成企业、税务、外管、银行4方数据，可对接全球174个国家（地区）的常见贸易活动类型。纳税人依托该平台办理付汇业务，只需在线填写备案表，数据即可自动传递至银行、税务部门及外汇部门，智能化完成对外付汇和纳税申报，实现业务办理“零跑动”，相较之前办理速度提升90%。

（周　鹏）

2019年5月30日，“国际汇税通”在佛山市率先上线。图为“国际汇税通”上线发布会

（刘　华　摄）

综 述

【概况】 2019年，佛山市有银行机构47个（包含分支机构）、保险机构75个、证券期货机构152个。有地方类金融机构（法人机构）118个，其中融资性担保公司10家、小额贷款公司37家、融资租赁公司34家、典当行29家、商业保理公司2家。全年全市实现金融业增加值499.10亿元，比上年增长10.5%，增速提高6.6个百分点。金融业增加值增速创近5年（2015年至2019年）新高，占地区生产总值比重4.6%，增加0.2个百分点。年末，金融机构本外币各项存款余额16948.1亿元，增长10.3%，增速较上年提高0.8个百分点，分别略低于广东省平均水平（11.7%）及珠江三角洲地区平均水平（12.1%）1.4个和1.9个百分点。全年本外币各项贷款余额12175.2亿元，增长16.4%，创近5年（2015年至2019年）新高。金融机构本外币存款余额和贷款余额均居地级市首位。全年保费收入606.6亿元（位居全省第三），增长32.6%，高于全省平均增速14个百分点，增速位居全省第一。其中，人身险保费收入416.59亿元，增长26.12%，高于全省平均增速7个百分点，增速排名全省第一；财产险保费收入189.99亿元，增长49.36%，增速排名全省第一。全年证券交易成交总额（不含权证）为39346亿元，增长26.1%，成交总额在全省（含深圳市）排名第三。

【金融业稳健发展】 2019年，佛山金融系统把服务实体经济作为根本出发点和落脚点，推进金融改革创新，提升金融服务效能。印发《广东（佛山）中小微企业信用信息和融资对接平台升级改造实施方案》，强化佛山市融资服务基础设施建设，破解中小微企业信息不对称、信用不充分等问题，满足民营和小微企业的融资便利和贷款需求。“中国融资租赁业高质量发展峰会”于5月在佛山市南海区广东金融高新区举行，6家国内金融租赁机构与佛山市政府签订战略合作协议，4家本地市内融资租赁机构与佛山企业进行项目合作签约。同时，全国首个地级市融资租赁协会——佛山市融资租赁行业协会揭牌成立。修订《佛山市政策性小额贷款保证保险实施方案》和《佛山市政策性小额贷款保证保险实施细则》，提高对企业和个体工商户的贷款额度，并增加对企业和个体工商户的保费补贴，提高企业和个体工商户利用该方法进行融资的积极性。年内，佛山获批成为全国首批财政支持深化民营和小微企业金融服务综合改革试点城市。佛山农商银行成功吸收合并高明农商银行和三水农信联社，是全省首个采用吸收合并方式，且资产规模最大，涉及股东人数最多、处置变现涉政抵债资产最多的机构合并案例；顺德农商行入选贷款市场利率（LPR）报价行，为全国两家入选的农商行之一。

（刘嘉颖）

2019年5月24日，佛山市融资租赁行业协会在南海区广东金融高新区揭牌

（市金融工作局供图）

【金融改革】 2019年，中国人民银行佛山市中心支行推动金融机构改革，增强金融供给能力。支持佛山农商行、高明农商行、三水农信联社等3个法人机构合并，支持顺德农商行、南海农商行上市融资，指导设立科技支行17家，支持广东（南海）金融高新区创新发展，金融后援基地初步形成，众创金融示范区建设有序推进。

银企信息互联互通　创新搭建广东（佛山）中小微企业信用信息和融资对接平台，建立集16个政府部门信用信息和征信信息于一体的信用信息数据库，打破金融供给与需求信息壁垒，推广信用为本的融资模式，平台企业注册数14831家，达成融资10017笔、金额1135.6亿元。

金融科技创新　指导辖区金融机构精准对接多样化金融需求开展金融创新，形成银行、保险、基金等金融供给合力，发挥综合经营优势，探索投贷联动、供应链金融新模式，破解初创期、成长期科技企业金融服务难题。持续推动金融科技创新，推动金融IC卡、移动支付、跨境支付在交通、医疗、教育等民生领域运用，截至2019年底，累计实现7000辆公交车支持移动支付；联合市人力资源社会保障局推出佛山市电子社保卡；建设700多个移动支付示范项目。

“放管服”改革　引导金融机构优化金融服务，简化办事流程，助推佛山优化营商环境。争取自贸区政策在佛山率先复制；率先开展“国际汇税通”平台试点和货物贸易收付汇便利化改革试点；与市税务局联合推出“减税宝”平台，实现减税退库工作提速；全面实施取消企业银行账户行政许可。

（沈婷婷）

【多层次资本市场】 2019年，佛山市在政策及服务方面加大对企业上市的支持力度。组织修订《佛山市进一步促进企业利用资本市场发展的实施意见》，各区、镇（街道）也以资本市场改革为契机，修订完善企业上市扶持政策，形成市、区、镇（街道）三级扶持体系。佛山市企业上市促进会成立，促进上市及拟上市企业资源整合。全年全市新增境内外上市企业3家，实现首家科创板企业上市、首家外地上市公司迁入；至年底，佛山上市公司累计61家，累计融资超过1800亿元，上市公司市值1.28万亿元，在全国城市中排名第七。年内，佛山市境内18家上市企业开展并购29笔，涉及金额60.7亿元。截至2019年底，广东股权交易中心累计挂牌佛山企业481家，比上年增长16.75%；累计注册展示企业3241家，增长50.46%；累计融资额833.47亿元，增长1%。

新三板　全年全市新增新三板挂牌企业8家，挂牌企业累计117家，其中有1家企业入围创新层。

债券市场　落实《佛山市促进债券融资发展扶持办法》，通过财政扶持的方式加强对债券融资相关主体的引导作用，2019年度共有21家发行债券的企业和中介机构符合扶持标准，扶持资金总额601.7万元。支持辖内金融机构申报债券承销资格，顺德农商银行2019年发行10亿元创新创业债；引导企业把握政策机遇，丰富债券融资品种，碧桂园发行全市第一期资产支持票据。上市公司广东新劲刚新材料科技股份有限公司完成发行定向可转债购买资产的登记工作，标志着全国范围内定向可转债产品落地实施。年内，文灿股份公司、金银河股份公司可转债也分别获得中国证监会批准。全年佛山市非金融企业在全国性债券市场发行各类债券45期，融资金额385.67亿元，分别比上年（22期，188.88亿元）增长104.55%和104.19%，创历史新高。

股权投资行业　围绕珠江西岸创业投资中心建设，落实股权投资扶持政策，制定外商投资股权投资政策，吸引外商投资股权投资企业集聚发展。全年全市新增股权投资类机构181个，新增注册资本及募资规模178亿元，分别比上年增长81%、41.27%。截至年底，全市股权投资基金公司（创投公司）总数667家，注册资本超806亿元。千灯湖创投小镇开园，建成国内首个创投大数据、区域性金融产业大数据可视化展厅——千灯湖创投小镇大数据展厅，率先提出中国股权投资市场指数。

【华特气体上交所上市】 2019年12月26日，广东华特气体股份有限公司（股票代码：688268）在上海证券交易所科创板上市，成为佛山第一家登陆科创板的民营企业。位于佛山市南海区里水镇的华特气体，是国内领先的综合性气体公司，专注特种气体研发、生产及销售，为客户提供气体一站式综合应用解决方案。其生产的特种气体产品有230余种，

2019年12月26日，广东华特气体股份有限公司（股票代码：688268）在上海证券交易所科创板上市，成为佛山第一家登陆科创板的民营企业。图为华特气体上市仪式

（市金融工作局供图）

广泛应用在集成电路、新型显示面板、光伏能源、航空航天、深海装备等新兴行业。

【千灯湖创投小镇开园】 2019年8月28日，位于佛山市南海区的千灯湖创投小镇开园。创投小镇占地面积1.8平方千米，是广东省首批省级特色小镇创建对象中唯一一个金融类的特色小镇。创投小镇核心区主要分为“四区三中心”，即金融集聚区、创新孵化区、生活服务区和商业配套区，以及院校交流中心、路演交流中心和展示服务中心。创投小镇作为佛山打造珠江西岸创投中心的重要物理载体，致力于发展天使投资、创业投资、股权投资、私募证券、公募基金、中介服务等新兴金融业态，构建以基金机构为核心的风险投资产业生态系统，在技术、资本、创意、人才与珠三角制造业实现全方位合作，助力国家制造业创新中心建设。截至2019年底，创投小镇范围集聚私募基金类机构602个，募集与投资资金规模超726亿元。创投小镇开园当天，粤科、深创投、IDG、中银粤财、中科科创、清控银杏、国信证券等一批项目签约落户创投小镇。

（刘嘉颖）

金融监督管理

【货币信贷管理】 2019年，中国人民银行佛山市中心支行落实好存款准备金率框架，指导辖区法人金融机构下调存款准备金率4次，为金融机构支持实体经济提供长期资金。加快再贷款再贴现政策落地，向金融机构发放支小再贷款23.5亿元（惠及市场主体648个），办理再贴现36.8亿元（惠及市场主体459个）。督促落实好贷款市场报价利率（LPR）改革完善，疏通货币政策传导渠道，促进融资成本下降。是年12月，佛山市银行机构新发放企业贷款加权平均利率为5.08%，较上年高点下降72基点；新发放普惠口径小微企业贷款加权平均利率为6.15%，较上年高点下降98基点。

【外汇管理】 2019年，国家外汇管理局佛山市中心支局共办理61笔全口径跨境融资签约备案业务，备案金额、提款金额分别为8.37亿美元、7.15亿美元，业务量居全省前列。

推动“国际汇税通”平台建设在佛山地区先行先试，佛山市作为省内首个试点市落地便利新政，办税效率提高90%以上，惠及2400家服务贸易企业。推进货物贸易便利化试点顺利落地，全年通过贸易便利化模式办理货物贸易外汇收支1485笔，金额8.7亿美元。推广应用国家外汇管理局政务服务网上办理系统，全年佛山通过该系统办理业务1590笔。贯彻落实新修订国际收支申报制度规定，加强非现场数据核查，申报率100%、准确率99.99%，数据质量排名排全省前列。

（沈婷婷）

【地方金融监管】 2019年，佛山市围绕防范化解重大风险攻坚战以及“稳金融”的战略部署，履行地方金融监管和风险防控职责，维护金融和社会大局平稳安定。与省地方金融风险监测防控中心签订合作协议，向其采购省地方金融风险防控平台基础定制服务，将“7+4+1”类（包括小额贷款公司、融资担保公司、典当行、融资租赁公司、区域性股权市场、商业保理公司、地方资产管理公司、地方各类交易所、投资公司、开展信用互助的农民专业合作社、社会众筹机构、P2P网贷机构）地方金融业态逐步纳入监测范围，实现对地方金融风险的线上监测、评估、预警和防控。开展地方金融风险现场检查，组织各区并聘请会计师事务所对辖内29个典当法人机构开展现场检查，督促各区落实对小额贷款和融资担保2类机构进行现场检查。推进互联网金融风险专项整治，全市在运营P2P（个人对个人）网贷机构由年初8个压减至1个，互联网金融从业机构野蛮增长势头得到有效压制，实现辖区内P2P平台总数、业务总规模、投资人人数，以及每个P2P平台投资者数量、业务规模以及借款人数“双三降”。推进非法集资专项整治，全年全市公安机关立非法集资（包括非法吸收公众存款和集资诈骗）案件87件，涉案金额41166.89万元；破案53件，刑拘60人，逮捕59人，起诉95人。妥善处置欧浦小贷事件以及个别机构信访投诉，未出现重大风险问题。推动金融诚信体系建设，引导辖区金融机构优化信贷结构，营造良好金融生态环境。是年，在省地方金融监管局组织的2018年度小额贷款公司和融资担保公司监管履职评价中，佛山市获总分96.14分，全省排名第二。

（刘嘉颖）

【银行业监管】 2019年，佛山银保监分局履行对辖内银行机构的监管职责，守住辖内不发生重大案件风险的底线，同时督促引导辖内银行机构深入开展市场乱象整治、不断规范业务经营、推进改革创新、进一步加强金融服务。

金融风险防控　持续引导推动银行机构通过组建债委会、建立联合授信机制，妥善应对单体风险并切实防范多头授信。同时，推动辖内银行业机构处置不良贷款合计超50亿元，截至年底，佛山市银行业不良贷款率保持下降并控制在0.92%的水平。组织辖内银行机构开展“巩固治乱象成果　促进合规建设”等15项现场检查，涉及银行机构28个，促进辖内银行机构合规经营。协同市金融局、市公安局等部门推进网贷机构平稳退出、扫黑除恶专项斗争、打击电信网络新型违法犯罪等工作，打造清朗的外部经营环境。

金融服务实体经济　引导推动银行机构加强对重点建设项目的信贷支持力度，辖内银行业机构对佛山市2019年下半年开工及在建重点建设项目的信贷投放金额超80亿元。加强制造业贷款工作督导，截至年底，辖内银行业机构制造业贷款余额1942.42亿元，其中，中长期制造业贷款在制造业贷款总额中的占比超1/4。落实小微企业信贷目标要求，截至年底，辖内银行业机构普惠型小微企业贷款余额突破1000亿元，超额完成信贷增量计划，法人银行业机构整体完成“两增两控”目标要求。

银行业改革发展　推进法人银行机构改革实现新突破，佛山农商行完成对高明农商行、三水农联社的吸收合并，南海农商行、顺德农商行先后提交上市申请并获得受理，顺德农商行入选贷款市场利率（LPR）报价行。支持银行机构业务创新取得新进展，顺德农商行发行创业创新专项金融债、海晟金融租赁公司获批发行金融债，银行机构在科学有序终止个别网点营业的同时加快推进网点智能化转型。

【保险业监管】 2019年，佛山银保监分局推进辖内保险业防控金融风险、服务实体经济和深化保险业改革，推动保险业高质量发展。

保险业金融风险防控　推进车险竞争乱象整治，组织辖内保险机构开展“巩固治乱象成果　促进合规建设”工作，对9家保险机构开展现场检查。全年全市保险机构车险综合成本率、手续费用率和综合费用率均较全省平均水平低，车险累计实现利润超7亿元，承保利润率比全省平均水平高5个百分点。持续巩固保险业市场乱象整治成果，推动辖内保险机构回归主业、合规经营，促进行业盈利水平提升。全年全市保险业保费收入超600亿元，比上年增长30%。

保险业服务实体经济　推动保险机构为落实“六稳”政策保驾护航，截至2019年末辖内保险机构采取保险方式支持银行机构发放政策性小额贷款超20亿元、受益企业超1000家，同时为近3000家进出口企业提供出口信用保障。引导保险机构深度参与公共健康与医疗事业，辖内保险机构为超500万人提供大病保障，协同佛山医保局支持和指导平安养老推出“平安佛医保”商业补充医疗保险。引导保险机构参与和助推现代社会治理，拓展各类责任保险业务，为1000多个单位提供食品安全责任保险，为1万多个单位提供安全生产责任保险服务。

保险机构业务创新　辖内保险机构落地实施首单香蕉种植气象指数保险，并加快调研探索巨灾保险、工程质量潜在缺陷保险（IDI）、护理险及创建养老社区家园等新保险业务。

（佛山银保监分局）

金融服务管理

【概况】 2019年，佛山市推动金融支持实体经济发展，解决企业融资难题。支持企业融资专项资金效能加快释放，全年新增融资专项资金转贷资金269.70亿元（共2731笔，惠及企业1561家），转贷资金比上年增长49.48%，融资专项资金累计转贷730.64亿元（共7379笔，惠及企业4159家）。发挥政策性小额贷款保证保险助贷作用，全年新增贷款18.65亿元（比上年增长131%），新增授信户数851户（比上年增长148%），企业累计获得贷款28.29亿元，累计授信企业1032家。发挥科技信贷专营机构作用，推动全市科技信贷较快增长，全年全市科技支行发放企业贷款授信96.68亿元，其中科技型企业贷款47.69亿元（占科技支行全部企业贷款的49.32%），全市科技支行（2016年10月至2019年12月，全市认定科技支行17家）累计向企业2311家（次）发放贷款151.05亿元（其中科技型企业贷款占科技支行全部企业贷款的52.87%）。设立规模3.3亿元的市融资担保基金，加快政策性融资担保体系建设，构建政府（基金）、放贷机构、担保（或保险）机构共同支持民营中小微企业和“三农”（农村、农业和农民）融资发展长效机制。

推进“粤信融”广东（佛山）中小微企业信用信息和融资对接平台升级改造，企业注册累计14087家、融资9412笔、融资金额1064.33亿元。推广应用广东省中小企业融资服务平台，实现市扶持资金综合服务平台（佛山扶持通平台）与省中小企业融资服务平台对接。推动供应链金融发展，全市金融机构通过中征应收账款融资服务平台累计开展应收账款融资业务710笔，累计成交金额499.21亿元。加强与中企云链（北京）金融信息服务有限公司、无锡物联网产业研究院开展合作，探索金融科技手段服务实体经济新路径。

（刘嘉颖）

【2019年中国人民银行广州分行平安金融工作会议在佛山举行】 2019年4月25日，中国人民银行广州分行2019年平安金融工作会议在佛山市举行。分行有关业务部门领导、人民银行佛山市中心支行领导，以及20个地市中心支行、分行直属支行代表等50多人参会。会议传达习近平总书记关于新时代金融行业综合治理和平安建设的重要指示精神和广东政法工作会议精神；总结2018年全省金融综治工作责任体系更趋完善、风险防控能力不断提高、惩治犯罪力度不断加强、创新调研水平不断提高、宣传教育扎实有效的发展特点；对2019年持续做好全省金融系统综合治理和平安金融工作进行研究部署。会议集体观看《喜迎改革开放四十周年　谱写平安金融和谐新篇》宣传片。佛山、珠海、惠州、江门等市中心支行代表在会上作平安金融工作经验介绍。

【佛山市金融讲师课堂演绎及校园体验式活动设计大赛】 2019年8月13日在南海农商银行举行。大赛由中国人民银行佛山市中心支行、市金融局、市教育局指导，由佛山市金融消费权益保护协会承办。该次大赛设个人赛和团体赛2个环节，有“1元财商大挑战”活动、防范金融诈骗短视频制作大赛、“货币穿越之旅”校园助学活动等6个富有创意和可行性的金融讲师课堂演绎及校园体验式活动设计方案参赛。大赛活动现场，佛山市金融消费权益保护协会与南海农商银行签订关于共建佛山市网点金融读书角的协议，确定双方将在辖下网点选址建立金融读书角，面向广大金融消费者开放。

【“防风险、知权益、话金融，守住我的钱袋子”金融主题书法比赛】 2019年6月26日在佛山开放大学举行。该活动由中国人民银行佛山市中心支行、佛山开放大学、佛山市金融消费权益保护协会、兴业银行佛山分行联合主办。活动以金融读书角为平台，结合老年人群体兴趣爱好，以“比赛+讲座”的形式进行。比赛环节，有40多名书法爱好者参赛，现场创作“普及金融知识　守住‘钱袋子’”活动系列口号相关书法作品。讲座环节，兴业银行佛山分行的讲师为参赛者作《普及金融知识，守住你的“钱袋子”》主题宣讲，向参赛者普

2019年9月25日，2019年金融素养教育创新发展交流会暨佛山金融知识普及教育提升国民金融素养工作成果展在佛山新城中欧中心举行　（人民银行佛山市中心支行供图）

及金融风险防范知识。

【2019年金融素养教育创新发展交流会暨佛山金融知识普及教育提升国民金融素养工作成果展】 2019年9月25日在佛山新城中欧中心举行。活动由中国人民银行佛山市中心支行、市教育局、市金融局、市金融消费权益保护协会共同主办。中国人民银行有关业务部门领导、佛山市有关部门领导，以及国内金融素养教育领域专家学者、学校和金融机构代表等250多人参加活动。活动设主题分享、圆桌论坛和教育成果展等环节，邀请北京师范大学财经素养教育研究中心教授张红川，广东教育督导学会教育监测与评估专业委员会副秘书长许世红，中国人民银行广州分行营业管理部副主任、广东省金融消费权益保护联合会常务副会长兼秘书长张劲作主题演讲，分享金融素养教育在理论、形式以及在实践中的创新；围绕“把脉金融素养教育的佛山实践”进行圆桌对话；等等。活动获《南方日报》等多家权威媒体关注和报道。

（沈婷婷）

银行业

【概况】 截至2019年底，佛山市有银行业金融机构41个，其中政策性银行1家、国有大型银行5家（包括邮储在内）、股份制银行12家、城商行5家、外资银行9家、农村金融7家、非银机构2个。银行业机构网点数1825个，银行业从业人员31068人。

各项存款增速前高后稳。全年佛山市各项存款增速在4月攀升至全年最高点后整体呈现下滑趋势。截至年底，佛山市金融机构本外币各项存款余额16948亿元，比上年增长10.2%，增速比上年同期增加0.8个百分点，较全省和珠三角平均增速分别低1.5和2.0个百分点，增速在珠三角地级市中次于珠海市、东莞市，位于第三位。佛山市新增存款1568亿元，比上年增加238亿元，占全省新增存款的6.4%，存款增量在珠三角地级市城市中比东莞少698亿元，排在第二位，分别比珠海、惠州多65亿元、1182亿元。

各项贷款保持平稳高速增长。截至年底，佛山本外币各项贷款余额12175亿元，规模位居珠三角地级市首位，比上年增长16.4%，增速比上年同期增加4.9个百分点，比全省及珠三角平均增速分别高0.7和0.6个百分点，增速慢于珠三角其他地级市；比年初增加贷款1667亿元，占全省整体增量的7.6%，比上年多增586亿元，在珠三角地级市中仅比东莞少增134亿元，排名第二位，比珠海、惠州分别多增571亿元、732亿元。

【银行业金融服务创新】

交通银行佛山分行开发“工程管家”系统　2019年，交通银行佛山分行开发佛山“工程管家”系统，对接禅城区国土城建与水务局的“佛山市禅城区建设领域管理应用信息平台”，可以及时对工人工资支付分账专用账户异常情况进行预警，实现对工人工资支付分账专用账户监管。

农业银行南海分行创新“三农”金融服务模式　2019年，农业银行南海分行以“惠农e商”“惠农e付”“惠农e贷”三大主力“三农”（农业、农村和农民）互联网金融产品为载体，运用大数据构建线上信贷模型，推出针对里水花卉产业基地小微农企、农户的“花卉e贷”线上融资产品，实现园区内花卉生产农户线上申请贷款、系统自动审批、随借随还、享受利率优惠，截至年底，该项目投放41笔（金额588.3万元）。加强与政府及保险公司合作，创新“三农”融资担保模式，对接南海区政府《佛山市南海区“政银保”合作农业贷款风险补偿专项资金管理办法》，联动中国人民保险公司佛山分公司，推出三方共担风险模式“南银保”产品，截至年底，投放700万元，支持农企3家；“惠农e贷”余额18亿元，比年初增加12.3亿元。

中国银行佛山分行推动绿色金融业务发展　2019年，中国银行佛山分行推动绿色贷款占比逐步提升，促进绿色金融业务持续健康发展。加强环境与社会风险管理，关注环保、能耗、安全、质量等标准的提高，以及各区域明确淘汰落后产能任务对产业转型升级和产能过剩行业的影响，对未通过能评、环评审查的项目，不提供任何形式的新增授信支持。截至年底，中行佛山分行支持绿色信贷产业的存量授信客户4户，余额2.8亿元，投向为城市轨道交通项目、垃圾处理及污染防治行业、节能服务、环保服务各1户。

建设银行佛山分行支持高新技术和“小微快贷”　2019年，建设银行佛山分行有针对性地加大高新技术制造业信贷资源支持力度，截至年底，建设银行佛山分行高新技术企业贷款余额40.39亿元，其中制造业信贷客户贷款余额35.02亿元。推进解决小微企业“融资难融资贵”问题，小微企业贷款利率较2018年下降164个基点。截至2019年末，建设银行佛山分行系列大数据“小微快贷”产品累计服务小微企业超过15000户、累计支持金额380亿元，其中“云税贷”服务小微企业超7850户、累计支持资金137亿元。

广发银行佛山分行落地“智慧城市”项目　2019年，广发银行佛山分行成功落地“智慧城市”项目73个。“智慧医院”项目方面，与广州中医院大学顺德医院、佛山市南海区第五人民医院、佛山市南海区六人民医院完成智慧医院开展“智慧医院”合作，通过开发、推动以线上平台为主的智慧医院系统，解决患者“三长一短”（挂号、就诊、缴费排队时间长、看病时间短）的问题，提高医院的工作效率；“智慧校园”项目方面，与南海外国语学校、罗村实验小学达成合作，帮助学校解决现金管理问题。

广州农商银行佛山分行推出“连连贷”产品　2019年，广州农商银行创新推出流动资金贷款品种配套“连连贷”产品。流动资金贷款品种配套“连连贷”后，合同期内每笔借款借据到期时无需偿还到期本金、无需重新审批和办理担保、无需额外支出费用，由银行通过在合同项下直接新贷还存量，实现贷款资金自动延续使用。截至年底，发放“连连贷”业务19.48亿元。

平安银行推广应用平安好链（应收链）平台　2019年，平安银行佛山分行推广应用平安银行总行开发的、能够提供线上应收账款转让及管理服务的平台产品——平安好链（应收链）平台，年内上线佛山区域核心企业12家，通过平台服务支持供应商用户11户，平台交易量10亿元。该平台以客户为中心，全方位覆盖中小企业基于应收账款的交易流转、管理、融资需求。

招商银行佛山分行核心战略客户改革　2019年，招商银行佛山分行启动核心战略客户深化改革。改革后，核心战略客户直接由分行直营团队深度经营维护，企业的相关业务问题还可直接获得分行领导层的支持和指导。直营团队的专业专注经营，有助于核心战略客户的行业认知能力提升。同时，该行协助企业梳理优化经营生态圈中存在的问题，为企业提供针对性的包括供应链金融、投行业务、财资管理、票据业务等在内的一揽子金融服务。

南海农商行星级网点升级改造　2019年，南海农商银行对15个网点进行升级改造，通过迁址或原址改造等方式提升网点服务。创新搭建智慧网点场景，利用人脸识别技术，推出刷脸取款和客户身份识别功能；构建“金融+行政+便民”应用场景，满足个人客户常规业务自助化办理需求；利用金融科技强化营销手段，提供一站式投资理财服务；通过互动体验方式进行产品展示和宣传，增加手机银行扫码功能以实现产品的销售购买，打通线上线下一体化的宣传和交易通道。

【浦发银行佛山分行与千灯湖创投小镇签署战略合作协议】 2019年8月28日，浦发银行佛山分行与广东金融高新区千灯湖创投小镇签署战略合作协议，双方将推动“区域链+”在金融、制造业、贸易、民生项目等方面有效结合，在服务实体经济、促进资本市场健康发展等方面开展深入合作，共同提升千灯湖创投小镇产业发展的活力和规模，打造金融服务实体经济样本，助推粤港澳大湾区建设。为充分对接服务创投小镇“产业链、创新链与资金链‘三链融合’”，浦发银行佛山分行打造三大创新路径：瞄准佛山智能制造、节能环保、信息技术、高端设备制造、新能源等新型战略性产业，通过“线上+线下、融资+融智”的有效结合，为佛山小微和民营企业提供高效、便捷的综合金融服务；创新融资模式，以控股权溢价交易、引入战略投资者、赋能式资本运作一体化业务联动模式，推荐对接投资人及优质项目，实现投贷联动、贷贷联动，充分满足客户金融需求，拓宽融资渠道，并为民营企业提供全流程融资辅导；以丰富的公司业务、金融市场业务、个人业务等创新产品体系以及优化企业账户开户流程、提升整体服务效率的“组合拳”，全方位提供针对粤港澳大湾区企业和居民的优质金融服务。

【佛山农商行合并改制完成】 2019年8月8日，佛山农商行合并成功发布会在佛山新城中欧中心举行。佛山农商银行由原佛山农商银行、高明农商银行、三水农信联社合并，组建完成后的佛山农商银行资产规模超过1400亿元。合并后的佛山农商银行服务范围将全面覆盖禅城区、高明区、三水区15个镇（街道）及152个行政村，服务辐射302个村、居委会，网点规模达211个，服务范围覆盖1988平方千米，银行服务人员规模超3000人。佛山农商银行将有助于完善

2019年8月8日，佛山农商银行宣布合并组建完成，合并后的佛山农商银行资产规模超1400亿元。图为佛山农商银行合并发布会　　（市金融工作局供图）

佛山市金融服务组织体系，进一步做大做强地方法人金融机构，改善佛山市民营、小微企业及“三农”的融资环境，为佛山市经济社会发展提供更有力的金融支撑。作为广东全省首个采用吸收合并方式、资产规模最大的农村银行金融机构合并案，佛山农商银行的成功合并组建将为全省农村金融机构深化改革提供宝贵的经验样本。

【中国农业银行顺德分行获评“2019年度最具口碑银行”】 2019年12月13日，在“创新金融 护航智造”2019佛山金融口碑榜发布暨银企对接活动上，农行顺德分行获评“金融服务实体经济标杆”和“最具口碑银行”。是年，农行顺德分行推动数字化转型，培育持续发展新动能，发展线上信贷产品、加快场景建设步伐、发挥科技生产力作用。将“链捷贷”“数据网贷”等线上产品打造成普惠金融服务重要手段，并在全省率先上线“家装e贷”网捷贷装修场景化业务和“房抵e贷”，全年累计投放微捷贷23.4亿元、供应链融资5.6亿元、网捷贷6.68亿元。全年累计开发和上线29个项目，包括现代筑美数据网贷、法院执行款扫码缴款、ETC裂变营销管理、智慧校园等重点项目，为全省农行数字化转型工作提供参考和借鉴。

（沈婷婷）

保险业

【概况】 2019年，佛山市有保险机构74个，新增产险公司1家。其中产险公司31家、寿险公司43家。保险服务网点576个，其中产险公司网点342个、寿险公司网点234个。全市保费收入606.58亿元（占全省14.76%），比上年增长32.58%，保费收入居全省地级市首位，增幅全省第一。其中：财产险保费收入189.99亿元，比上年增长49.36%；人身险保费收入416.59亿元，增长26.12%。有保险从业人员77864人。全年赔付支出135.57亿元，比上年增长11.88%。其中：财产险公司赔付支出81.00亿元，增长21.89%；人身险公司赔付支出53.57亿元，下降0.62%。

【安全生产责任险】 截至2019年，佛山安全生产责任险累计为社会提供风险保障金额规模超3208.94亿元，全市参保安全生产责任险企业13042家次、保障覆盖573985人次，为9546家次企业提供事故预防风控服务，累计赔付金额9390.72万元。

【政策性农业保险】 2019年，佛山市政策性育肥猪保险承保300头，承担风险24万元；政策性肉鸡保险承保33万羽，承担风险396万元；政策性水稻保险承保面积471.49公顷（7072.3亩），承担风险640.4万元；能繁母猪保险承保10425头，承担风险948万元；承保政策性农村住房保险544026户，承担风险保障4352208万元。各类农业险累计赔款约620万元。保险支持发放三农（农村、农业和农民）贷款3.02亿元，受益农户952户。

【政策性小额贷款保证保险】 2019年，佛山市政策性小额贷款保证保险项目服务中小微企业849家，比上年（391家）增长1.17倍；为企业发放低息贷款896笔，共18.69亿元，比上年（8.25亿元）增长1.27倍。

【大病保险】 2019年，佛山保险业继续参与社保体系建设，发挥保险业风险管理技术和网点人员等优势，为政府和人民群众提供大病保险经办服务。大病保险项目经办服务覆盖全市5个区80家驻院医管办、165家定点医院，提供政策咨询、基本医疗保险及大病保险医疗巡查、医疗审核等报销服务，保障人群531.02万人，赔款总额1.39亿元，理赔近7.67万人次。

【保险消费者权益保护】 2019年，佛山市保险行业协会保险纠纷调解处置专业委员会接到保险类纠纷咨询及投诉988件。其中：受理投诉690件，处置成功665件；受理调解29件，调解成功19件。是年，市保险行业协会保险纠纷调解处置专业委员会派出11名专职人民调解员，分别在禅城、南海、高明、三水等4个区道路交通事故损害赔偿纠纷一体化处理中心的6个调解点驻点为道路交通事故当事人提供调解服务，把矛盾纠纷化解在事故发生的最前沿。全年4个区的一体化处理中心有效受理道路交通事故纠纷4859件，调解成功2431件，成功率50%，调解涉案金额5.1亿元。

【轻微道路交通事故快处快赔服务】 2019年，佛山市保险机构和交警部门深入推行交通事故处理和保险理赔的“事故e处理”快处快赔服务，全年接处指引轻微道路交通事故25.7万宗，完成快处快赔9.8万宗。警保合作推进农村交通安全劝导站建设，将“警保联动，快处快赔”模式向农村延伸，借助农村地区“一长二员”（楼栋长或居民组长，信息员和调解员）合作共建队伍，实现保险公司的服务职能和交警部门的管理职能深度融合，全年建成农村交通安全劝导站26个（规划建设30个）。

【佛山保险业服务粤港澳大湾区建设论坛】 2019年6月25日，佛山保险业服务粤港澳大湾区建设论坛在佛山希尔顿酒店举行。该次论坛由佛山市银保监分局指导，市保险行业协会主办，邀请广东省社科院经济学研究员丁力、李政明作为分享嘉宾，200多名嘉宾及业界代表参会。论坛深入交流探讨佛山保险业在服务大湾区发展过程中如何发挥自身的功能与作用，共谋行业改革创新发展新路径。

【首届粤港澳大湾区保险产业创新前沿发展大会】 2019年12月3—4日，首届粤港澳大湾区保险产业创新前沿发展大会在佛山市禅城区举行。中国精算师协会、广东保险行业协会、广东保险中介行业协会、澳门保险中介行业协会、香港保险中介行业协会、深圳保险中介行业协会、佛山市保险行业协会等粤港澳大湾区主要保险行业协会，以及人保财险、中融人寿、国任财险、大童保险等全国知名保险（中介）机构、金融载体、重点企业的300多名嘉宾、代表参会。大会以“连接共生，智造未来”为主题，围绕“保险创新，科技赋能，大湾区发展，粤港澳互联”展开讨论与学习。大会上，7个全国知名保险中介机构和科技机构现场签约落户禅城，其中全国总部3个、华南区域总部2个、粤港澳大湾区子公司2个。

（张妙玲）

证券期货业

【概况】 截至2019年底，佛山市有证券机构138个（家），其中地区分公司15家、省级分公司1家、综合类证券营业部66个、轻型营业部56个，有期货营业部15个。2019年，佛山市证券交易成交总额（不含权证）39360亿元，比上年增长26.2%；全市证券成交总额占全省（除深圳市）比重为11.6%，占比较上年增加0.3个百分点，在省内排名第三。禅城区证券交易总成交金额13071亿元，增长27.9%，占全市市场总成交金额的33.2%；南海区证券交易总成交金额10783亿元，增长48.4%，占全市市场总成交金额的27.4%；顺德区证券交易总成交金额13646亿元，增长12.2%，占全市市场总成交金额的34.7%；高明区证券交易总成交金额515亿元，增长10.8%，占全市市场总成交金额的1.3%；三水区证券交易总成交金额1345亿元，增长25.5%，占全市市场总成交金额的3.4%。全年全市证券机构手续费收入13.3亿元，增长40%；证券机构手续费收入占全省（除深圳市）的13.9%，占比较上年增加0.5个百分点。全年全市期货成交金额9976亿元，增长21%；期货成交总额占全省（除深圳市）比重为9%，占比较上年减少1个百分点。

【企业上市】 2019年，佛山市通过首次公开募股（IPO）、借壳上市、并购等多途径促进企业上市。佛山市公用事业控股有限公司于1月完成对松德智慧装备股份有限公司的控股权收购，12月27日完成注册地迁址佛山；广东爱旭科技股份有限公司通过借壳上市方式登陆资本市场，并于9月底实施完成；广东华特气体股份有限公司于12月26日在科创板挂牌上市，成为佛山市第一家科创板企业。全年全市新增境内外上市企业3家。截至2019年底，全市上市企业累计61家，在全省地级市中排名第一，累计融资超1800亿元；上市公司市值1.28万亿元，在全国城市中排名第七。“添翼行动”重点上市后备企业38家，完成股份制改造企业387家；涉足多层资本市场的企业近4000家。从市内各区看，顺德区、南海区上市企业家数位居前列，其中顺德区新增1家小家电电商类上市公司

2019年佛山各区证券交易量及占比

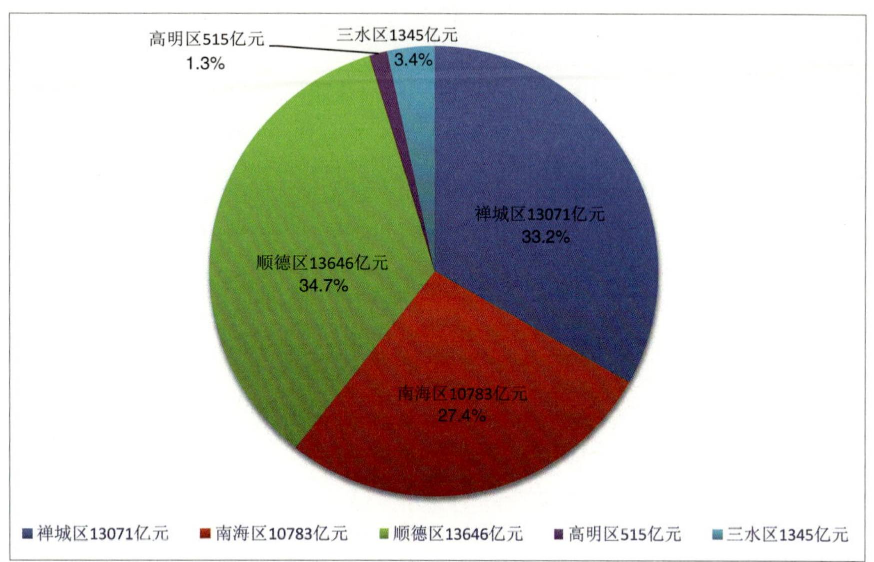

2017—2019年佛山市证券手续费收入趋势

计量单位：亿元

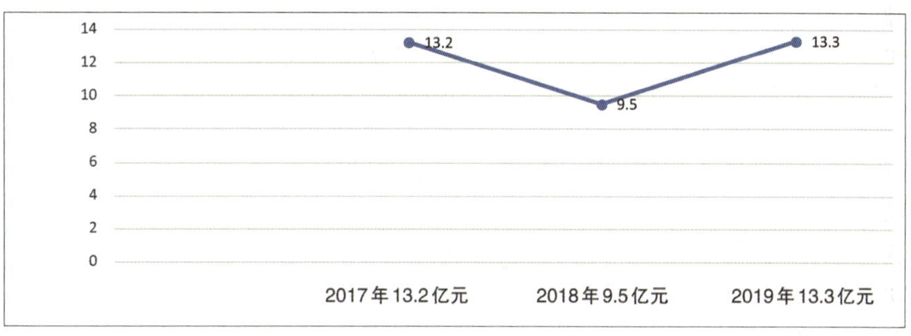

1993—2019年佛山市企业上市情况

计量单位：家

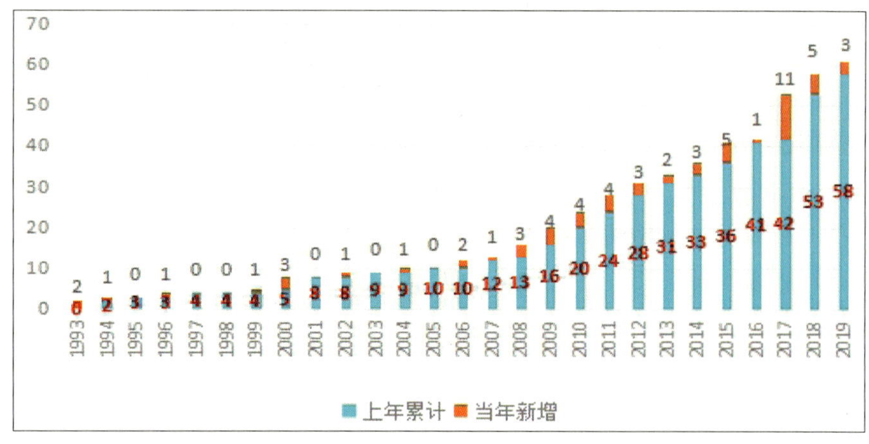

佛山市上市公司名录

企业名称	股票代码	上市日期	所属行业	所属区域	企业地址	上市地
中国中药有限公司（原盈天医药）	HK.00570	1993年4月7日	生物医药	禅城区	广东省佛山市禅城区魁奇二路2号	香港主板
美的集团股份有限公司	000527	1993年11月12日	电气机械	顺德区	佛山市顺德区北滘镇美的大道6号美的总部大楼B区26—28楼	深圳主板
佛山电器照明股份有限公司	000541（B200541）	1993年11月23日	电气机械	禅城区	佛山市禅城区汾江北路64号	深圳主板
威灵控股有限公司	HK.00382	1993年12月20日	白色家电	顺德区	佛山市顺德区北滘镇工业园十五、十六、十七区	香港主板
广东万家乐股份有限公司	000533	1994年1月3日	白色家电	顺德区	广东省佛山市顺德区大良街道顺峰山工业区	深圳主板
海信科龙电器股份有限公司	000921	1999年7月13日	橡胶和塑料制品	顺德区	广东省佛山市顺德区容桂街道容港路8号	深圳主板
佛山佛塑科技集团股份有限公司	000973	2000年5月25日	白色家电	禅城区	广东省佛山市禅城区汾江中路85号	深圳主板
佛山华新包装股份有限公司	B200986	2000年7月6日	造纸和纸制品业	禅城区	佛山市禅城区季华五路18号	深圳主板
瀚蓝环境股份有限公司	600323	2000年12月25日	燃气水务	南海区	佛山市南海区桂城南海大道建行大厦	上海主板
中国兴业控股有限公司	HK.00132	2001年9月28日	酒店、餐饮	南海区	-	香港主板
广东科达洁能股份有限公司	600499	2002年10月10日	专用设备制造业	顺德区	广东省佛山市顺德区陈村镇广隆工业园环镇西路1号	上海主板
南方包装集团有限公司	SouthernPkg（T77）	2004年11月12日	工业设计	南海区	广东省佛山市南海区桂城街道佛平四路9号	新加坡
广东德美精细化工股份有限公司	002054	2006年7月25日	化学原料和化学制品制造	顺德区	广东省佛山市顺德高新区科技产业园朝桂南路	深圳中小板
广东雪莱特光电科技股份有限公司	002076	2006年10月25日	电气机械	南海区	广东省佛山市南海区狮山工业科技工业园A区	深圳中小板
碧桂园控股有限公司	HK.02007	2007年4月20日	房地产	顺德区	-	香港主板
兴发铝业控股有限公司	HK.00098	2008年3月31日	金属	禅城区	佛山市禅城区南庄镇人和璐23号	香港主板
德奥通用航空股份有限公司	002260	2008年7月16日	白色家电	南海区	广东省佛山市南海区松岗松夏工业园工业大道西	深圳中小板
志高控股有限公司	HK.00449	2009年7月13日	白色家电	南海区	佛山市南海区里水镇胜利工业区	香港主板
星期六股份有限公司	002291	2009年9月3日	纺织服装	南海区	广东省佛山市南海区桂城街道庆安路2号	深圳中小板
广东精艺金属股份有限公司	002295	2009年9月29日	有色金属冶炼	顺德区	顺德区北滘镇西海工业区	深圳中小板
南方风机股份有限公司	300004	2009年10月30日	专用设备制造业	南海区	佛山市南海区小塘三环西路（狮南段）31号	深圳创业板

（续 表）

企业名称	股票代码	上市日期	所属行业	所属区域	企业地址	上市地
德宝地产开发有限公司	K2M	2010年4月12日	房地产	南海区	–	新加坡
中国联塑集团控股有限公司	HK.02128	2010年6月23日	建筑材料	顺德区	–	香港主板
广东盛路通信科技股份有限公司	002446	2010年7月13日	通信设备制造业	三水区	佛山市三水区西南工业园进业二路4号	深圳中小板
佛山市国星光电股份有限公司	002449	2010年7月16日	光学光电子	禅城区	佛山市禅城区华宝南路18号	深圳中小板
开易控股有限公司	HK.02011	2011年1月12日	服饰配件	南海区	–	香港主板
广东万和新电气股份有限公司	002543	2011年1月28日	白色家电	顺德区	佛山市顺德高新区（容桂）建业中路13号	深圳中小板
松德智慧装备股份有限公司	300173	2011年2月1日	机械设备	禅城区	广东省佛山市禅城区季华六路17号五座3301—3310室	深圳创业板
大自然地板控股有限公司	HK.02083	2011年5月26日	建筑材料	顺德区	佛山市顺德区大良街道五沙顺昌路3号之一	香港主板
广东东方精工科技股份有限公司	002611	2011年8月30日	专用设备制造业	南海区	佛山市南海区狮山镇强狮路2号（办公楼、厂房A、厂房B）	深圳中小板
广东德联集团股份有限公司	002666	2012年3月27日	化学原料和化学制品制造	南海区	广东省佛山市南海区小塘狮山新城开发区	深圳中小板
广东国盛金控集团股份有限公司	002670	2012年4月16日	电气机械	顺德区	佛山市顺德区容桂街道华口昌宝东路13号	深圳中小板
广东顺威精密塑料股份有限公司	002676	2012年5月25日	橡胶和塑料制品	顺德区	佛山市顺德区高新区（容桂）科苑一路6号	深圳中小板
中国集成金融集团控股有限公司	HK.03623	2013年11月13日	金融	禅城区	佛山市禅城区汾江南路37号财富大厦B座13、14楼	香港主板
广东新宝电器股份有限公司	002705	2014年1月21日	白色家电	顺德区	佛山市顺德区勒流街道政和南路	深圳中小板
欧浦智网股份有限公司	002711	2014年1月27日	仓储物流	顺德区	佛山市顺德区乐从镇路州村委会第二工业区乐成路七号地	深圳中小板
佛山市海天调味食品股份有限公司	603288	2014年2月11日	食品制造业	禅城区	佛山市文沙路16号	上海主板
广东伊之密精密机械股份有限公司	300415	2015年1月23日	专用设备制造业	顺德区	佛山市顺德高新区（容桂）科苑三路22号	深圳创业板
佛山市南华仪器股份有限公司	300417	2015年1月23日	仪器仪表制造业	南海区	佛山市南海区桂城街道夏南路59号	深圳创业板
广东星徽精密制造股份有限公司	300464	2015年6月5日	金属制品业	顺德区	佛山市顺德区北滘镇工业园兴业路7号	深圳创业板
中国顺客隆控股有限公司	HK.00974	2015年9月10日	商业零售	顺德区	佛山市顺德区乐从镇河滨北路60号	香港主板
中盈盛达融资担保投资股份有限公司	HK.01543	2015年12月23日	金融	禅城区	佛山市禅城区汾江中路215号创业大厦二十二楼2202—2212单元	香港主板

（续　表）

企业名称	股票代码	上市日期	所属行业	所属区域	企业地址	上市地
节能元件有限公司（广东普福斯节能元件有限公司）	HK.08231	2016年10月7日	半导体	顺德区	佛山市顺德区北滘镇北滘居委会工业园三乐东路18号A座4楼	香港创业板
煜荣集团控股有限公司（佛山市顺德区莱利达工程设备有限公司）	HK.01536	2017年1月11日	专用设备制造业	顺德区	佛山市顺德区大良街道五沙居委会顺番公路五沙段31号之三	香港主板
广东雄塑科技集团股份有限公司	300599	2017年1月23日	橡胶和塑料制品	南海区	佛山市南海区九江镇龙高路敦根路段雄塑工业园	深圳创业板
佛山市金银河智能装备股份有限公司	300619	2017年3月1日	专用设备制造业	三水区	佛山市三水区西南街道宝云路6号一、二、四、五、六、七座	深圳创业板
广东新劲刚新材料股份有限公司	300629	2017年3月24日	金属制品业	南海区	佛山市南海区丹灶镇五金工业区博金路6号办公楼及车间	深圳创业板
博实乐教育集团（广东碧桂园教育投资管理有限公司）	BEDU	2017年5月18日	教育服务	顺德区	佛山市顺德区北滘镇碧江大桥侧顺德碧桂园社区西二十路广东碧桂园学校	美国纽交所
佛山市顺德区万成金属包装有限公司	HK.08291	2017年7月18日	建筑建材	顺德区	佛山市顺德区容桂街道高新技术产业开发园华达路3号	香港创业板
广东天安新材料科技股份有限公司	603725	2017年9月6日	橡胶和塑料制品	禅城区	佛山市禅城区南庄镇吉利工业园新源一路30号	上海主板
广东海川智能机器股份有限公司	300720	2017年11月6日	仪器仪表制造业	顺德区	佛山市顺德区北滘镇顺江居委会工业园置业路8号	深圳创业板
佛山市燃气集团股份有限公司	002911	2017年11月22日	燃气生产和供应业	禅城区	佛山市禅城区季华五路25号	深圳中小板
蒙娜丽莎集团股份有限公司	002918	2017年12月19日	非金属矿物制品业	南海区	广东省佛山市南海区西樵轻纺城工业园	深圳中小板
广东伊戈尔电气股份有限公司	002922	2017年12月29日	电气机械和器材制造业	南海区	广东省佛山市南海区简平路桂城科技园A3号	深圳中小板
美的置业集团有限公司	HK.03990	2018年10月11日	房地产	顺德区	–	香港主板
科顺防水科技股份有限公司	300737	2018年1月25日	非金属矿物制品业	顺德区	广东省佛山市顺德区容桂容奇大道十五号天诚大厦三楼	深圳创业板
广东文灿压铸股份有限公司	603348	2018年3月14日	通用设备制造业	南海区	佛山市南海区里水镇和顺里和公路东侧（白蒙桥）地段	上海主板
碧桂园服务控股有限公司	HK.06098	2018年6月18日	物业服务业	顺德区	–	香港主板
佛山市云米电器科技有限公司	VIOT	2018年9月25日	互联网零售	顺德区	佛山市顺德区伦教街道办事处霞石村委会新熹四路北2号（1号楼第二层、7号楼第四层）	美国纳斯达克

（续 表）

企业名称	股票代码	上市日期	所属行业	所属区域	企业地址	上市地
小熊电器股份有限公司	002959	2019年8月23日	家用电器	顺德区	佛山市顺德区勒流街道富裕村委会富安集约工业区5—2—1号地	深圳创业板
广东华特气体股份有限公司	688268	2019年12月26日	化工	南海区	广东省佛山市南海区里水镇和顺逢西村文头岭脚东侧	上海科创板

小熊电器、南海区新增1家科创板上市企业华特气体，两区上市企业数分别为28家和19家；禅城区上市企业12家；高明区、三水区正扩充上市后备企业梯队。

（张晶晶）

【企业新三板挂牌】 截至2019年底，佛山市新三板挂牌企业87家，全年新增8家，占广东省（1322家）新三板挂牌企业数的6.6%，其中创新层挂牌企业1家。对标珠三角城市，广州323家（创新层23家）、深圳489家（创新层37家）、东莞136家（创新层4家）、珠海71家（创新层8家），佛山新三板挂牌企业数仅多于珠海，远低于广州、深圳、东莞，同时创新层挂牌企业也少，其原因在于经历2015年的挂牌热潮后，部分本地企业对挂牌新三板趋于理性，更为关注挂牌后的融资功能和品牌拓展，同时有少量企业申请摘牌。

【广东证券期货业协会佛山片区宣讲暨调研交流活动】 2019年8月27日在佛山举行。佛山全市证券机构负责人及合规岗工作人员260人参加学习交流。活动包括2018年证券公司分支机构分类监管现场检查问题评析、《广东证券期货业协会会员公约》宣讲、反洗钱专题培训等环节。活动旨在宣讲和学习交流，提高佛山全市证券机构自觉贯彻执行《广东证券期货业协会会员公约》、增强反洗钱及合规意识、防范各类金融风险、加强会员间交流、增强行业凝聚力、促进行业健康向好发展。

【“走进上市公司”系列活动】 2019年，佛山市证券期货协会组织“走进上市公司”系列活动，对话管理层，感受高质量发展，落实金融服务实体经济。11月12日，佛山市证券期货协会联合梅州商会组织会员单位、投资者近100人走进小熊电器股份有限公司；11月15日，联合南海区上市促进会、佛山市基金业协会组织会员单位、投资者近50人走进广东伊之密精密机械股份有限公司；11月26日，联合南海区上市促进会、禅城区金融产业促进会组织会员单位、投资者近50人走进广东海川智能机器股份有限公司。通过走进上市公司活动，认识上市后企业运作要更加规范化、企业管理相应也更高要求；企业要坚守初心，深耕主业，扎实做好本质工作的基础上不断加大研发，突破创新，掌握核心技术。

【中国国际期货2019年有色金属企业风险管理报告会】 2019年7月20日在佛山举行。该报告会针对有色金属产业客户的实际需求，重点围绕有色金属行业，从宏观经济形势、行业基本面、贸易企业套保和套利、期权知识和策略等4个方面，分析经济形势和金属价格走势，介绍企业利用期货衍生品工具进行风险管理。随着经济的飞速发展，企业对于风险管理的需求已经由原来的简单套保，变成个性化和综合化的服务需求。佛山期货公司不断转型升级，从原来的单一经纪业务，发展到现在以传统经纪业务为基础，各类创新业务、资产管理业务、风险管理业务并行的多元化业务模式，务求为客户提供更加精准的服务。

（张晶晶）

2019年对标珠三角部分城市新三板挂牌情况

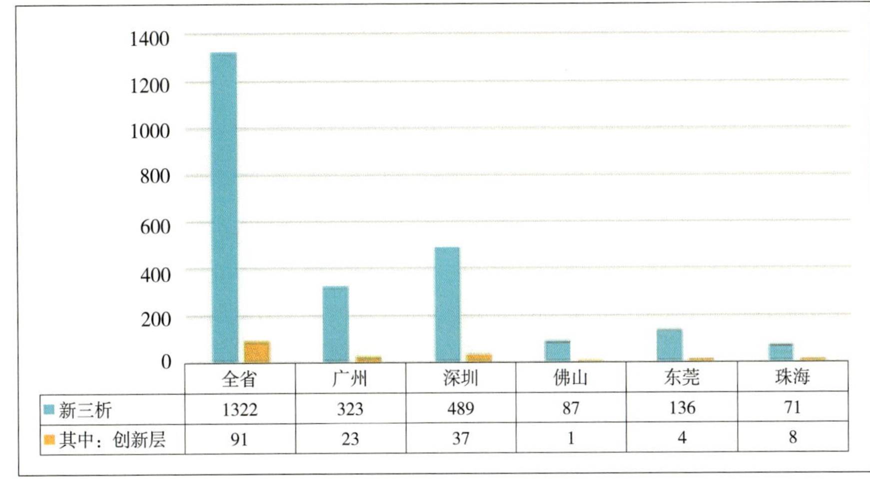

	全省	广州	深圳	佛山	东莞	珠海
新三析	1322	323	489	87	136	71
其中：创新层	91	23	37	1	4	8

地方类金融

【概况】 截至2019年底，佛山市“7+4+1”类（包括小额贷款公司、融资担保公司、典当行、融资租赁公司、区域性股权市场、商业保理公司、地方资产管理公司，地方各类交易所、投资公司、开展信用互助的农民专业合作社、社会众筹机构、P2P网贷机构）地方金融机构273个，其中法人机构118个、分支机构155个。

小额贷款 截至2019年底，全市有地方法人小额贷款公司37家，其中禅城区3家、南海区22家、顺德区10家、高明区和三水区各1家。地方法人小额贷款公司从业人员555人，其中高管187人；注册资本合计54.05亿元，平均每家1.46亿元，其中0.6亿元为国有资本，其余均为民营资本；资产总额61.62亿元，负债总额7.36亿元；贷款余额为58.7亿元，比上年下降2.3%，平均单笔贷款额120万元；不良贷款余额9.12亿元，增长84.6%，不良贷款率15.53%，增加7.32个百分点；营业收入4.52亿元，营业支出2.56亿元；应计提风险损失准备金6.71亿元，实际计提2.78亿元，充足率为41.43%；全年缴纳所得税5199万元，实现净利润1.46亿元。

融资担保　截至2019年底，全市有持证融资担保法人机构10个（禅城区5个、南海区1个、顺德区3个、三水区1个），比上年减少9个；分支机构3个（南海区1个、顺德区2个），比上年减少4个。持证融资担保法人机构及分支机构从业人员310人；注册资本总额29.25亿元，资产总额41.63亿元，净资产32.88亿元；在保余额155.09亿元，比上年增长14.45%，其中融资性在保余额91.91亿元，比上年增加39.87亿元，增长76.61%；放大倍数为2.8倍，比上年增1.47倍；融资性担保代偿金额2.79亿元，代偿率1.61%；上缴所得税2388.74万元，净利润0.91亿元。

典当　截至2019年底，全市有典当机构32个，其中法人机构29个（禅城区5个、南海区9个、顺德区10个、高明区2个、三水区3个）、分支机构3个（南海区2个、顺德区1个）。典当机构注册资本5.53亿元，从业人员200人；典当余额4.2亿元，比上年增长20%；典当总额14.1亿元（涉动产典当总额4.7亿元、涉房地产典当总额8亿元、涉财产权利典当总额1.5亿元），增长42.55%；利润总额0.1亿元。

融资租赁　截至2019年底，全市各类融资租赁企业有174家（禅城区74家、南海区74家、顺德区18家、高明区2家、三水区6家），其中法人机构34个（28个为外资、6个为内资），分支机构140个。34个法人机构注册资本人民币36.1亿元、美元1.97亿元。其中加入行业协会的14个法人机构资产总额100.6亿元，融资租赁合同余额85.82亿元。

商业保理　截至2019年底，全市有商业保理机构10个，其中法人机构2个、分支机构8个。2个法人商业保理机构注册资本合计1亿元，资产总额2.72亿元，全年发放商业保理融资款本金1.93亿元，有客户29个，营业收入370.69万元，缴纳税收6.5万元。

交易场所　截至2019年底，全市有各类交易场所5个（禅城区2个、南海区1个、顺德区2个），其中产权交易所3个、大宗商品交易所2个。5个交易场所中，3个产权交易所仍正常运营、2个大宗商品交易所已成为“僵尸企业”。2019年，3家产权交易所挂牌项目合计2304个，挂牌金额72.84亿元；成交项目1802个，成交金额59.33亿元；营业收入合计3300万元，净利润合计1418万元。

P2P网贷机构　截至2019年底，全市在营P2P（个人对个人）网贷机构1个，借贷余额1.27亿元，借款人138人，出借人603人，机构数量、借贷余额、借款人数及出借人数分别比年初下降87.5%、58.22%、84.37%、72.07%，风险得到进一步管控。

【企业上市业务培训】　2019年9月26日，佛山市金融工作局联合市税务局举办佛山市重点上市后备企业涉税专题培训班，针对全市上市后备企业反映的涉税热点难点问题进行讲解，对相关税收优惠政策进行宣讲，为企业人员讲解股权及股权激励相关个人所得税、资本公积转增资本税务问题等实操知识，近140名重点上市后备企业代表参加专业培训。3月20日，市金融工作局联合市科技局举办企业科创板上市专题培训会，以“资本引领·创新驱动”为主题，有针对性地为高新技术企业及有意向在科创板上市的企业代表进行科创板配套制度解读以及上市流程讲解等，市、区金融及科技政府部门、企业和中介机构300余人参加培训。9月18日，市金融工作局联合中信证券举办佛山市上市公司资本运作专题培训活动，围绕国内外宏观经济形势变化、佛山优势行业如何借助资本市场做大做强展开培训，佛山市上市公司、重点上市后备企业等代表60余人参加培训。8月20日，市金融工作局联合深圳证券交易所举办重点上市后备企业上市IPO审核专题培训及一对一答疑活动，分别从财务和法务审核角度，讲解境内发行审核制度的变革、审核制度市场化法制化常态化等案例，并就上市主体资格、股改转制、同业竞争、关联交易等问题进行解答。

【中国融资租赁业高质量发展峰会在佛山举行】　2019年5月24日，2019年中国融资租赁业高质量发展峰会在佛山市南海区广东金融高新区举行。峰会以“中国制造与租赁担当”为主题，来自全国各行业协会、各融资租赁机构和企业代表约300人出席活动，行业专家和企业代表等围绕融资租赁服务粤港澳大湾区制造业高质量发展、融资租赁如何助力中国制造“走出去”、融资租赁服务中小微企业路径等议题展开探讨，并为佛山融资租赁业发展建言献策。峰会上，民生金融租赁、国银金融租赁、中铁建金融租赁、广东粤财金融租赁、佛山海晟金融租赁、河南九鼎金融租赁等6个机构与佛山市政府签订战略合作协议，支持佛山打造珠江西岸融资租赁区域中心，另有4个佛山融资租赁机构与佛山企业进行项目合作签约。

【佛山市融资租赁行业协会成立】　2019年5月24日，佛山市融资租赁行业协会在南海区广东金融高新区揭牌成立。协会的成立，有利于通过加强行业内业务、人才培训，助推行业实现规范发展，推动行业内企业抱团取暖、共谋发展。协会创始会员21家，是全国首个地级市融资租赁协会。

【佛山市企业上市促进会成立】　2019年3月20日，在佛山市金融工作局联合市科技局举办企业科创板上市专题培训会上，佛山市企业上市促进会揭牌成立。促进会由美的物业、佛山水业、蒙娜丽莎、乐华家居、顺控发展等30家企业发起，旨在加强政企互动和企业互助，提升企业、人才的凝聚力与竞争力，搭建协作沟通平台，引导更多企业上市、帮助上市企业解决融资和资本运作等难题，促进企业利用多层次资本市场做大做强。

（刘嘉颖）

城乡建设与管理

手机扫码阅读

城乡规划

【概况】 2019年，佛山市立足广东省“一核一带一区”区域发展新格局开展空间规划，整体谋划市域国土空间开发保护格局，统筹全市空间资源高效配置，探索生态文明新时代佛山转型发展新路径。开展《“1+4”广佛高质量发展融合试验区建设总体规划》编制工作，在广佛两市接壤的区域划定5个各具特色的片区，打造“1+4”广佛高质量发展融合试验区，包括1个先导区和荔湾-南海、花都-三水、白云-南海、南沙-顺德4个试验平台，总面积629平方千米，深化广佛两市交通基础设施、产业发展、科技创新、环境保护、社会民生领域合作。完成《佛山市碧道建设总体规划》编制工作，开展佛山市东平河水轴线规划编制，塑造湾区级城市滨水区、滨水景观示范段，并统筹水轴线建设计划，为高品质建设东平河一河两岸景观提供建设实施标准。印发《佛山市“一环创新圈”战略规划》和《佛山三龙湾高端创新集聚区综合规划》。加快编制《广佛两市道路衔接规划修编》，开展《佛山市城市轨道交通线网规划修编》编制，启动《佛山市综合交通规划修编（2019—2035）》《佛山市城市更新专项规划（2020—2025）》编制招标及前期工作，组织《年度佛山市交通模型维护及交通年报编制（2019）》项目，开展《佛山市地下管线专项规划数据规整》和《佛山市地下管线数据共建共享及应用研究》项目。开展佛山市控规（控制性详细规划）制度改革与创新研究，逐步制定完善相关控规改革配套文件，开展中心城区的控规整合（二期）规划编制。截至2019年底，全市已批控规面积1434平方千米，控规覆盖率接近70%。

【《佛山市“一环创新圈”战略规划》发布】 2019年6月26日，《佛山市“一环创新圈”战略规划》发布，该规划整合佛山市创新资源，构建一体化的创新体系，打造具有国际影响力和吸引力的科技创新圈。规划提出构建“一核五平台多节点”的创新体系，以三龙湾高端创新集聚区为创新极核，以南三产业合作区、广东金融高新区、佛山军民融合创新示范区、南海电子信息产业园和空港经济区为五大创新平台，打造具有国际影响力和吸引力的科技创新圈，集聚高水平科技创新要素、构建具有世界竞争力的产业技术体系、营造国际水准的创新生态、构建现代化交通支撑体系、营造活力开放的生活环境、维育绿水青山的生态环境、塑造高品质创新环境，走“世界科技+佛山智造+全球市场”的创新发展之路。

【《佛山三龙湾高端创新集聚区综合规划》发布】 2019年6月26日，《佛山三龙湾高端创新集聚区综合规划》发布。三龙湾高端创新集聚区以创新、协调、绿色、开放、共享的发展理念为指导，坚持生态为纲、文化为魂、宜居适度原则，高起点规划、高标准建设，使“山水林田湖文”交相辉映、相互促进，提高对创新创业人群特别是青年一代的吸引力。着力引进和培育国家级重点实验室、高端科技创新团队和人才、高新技术企业。规划建设成为创新资源密集、创新人才聚集、创新成果富集，国际高端、国内一流的生态宜居创新发展区、粤港澳大湾区创新增长极、践行新发展理念的示范区。

（郭　庆）

城市建设与管理

市政建设

【城市供气】 2019年，佛山市天然气供气总量22.02亿立方米，供应能力达43亿立方米。天然气通气居民用户数94.64万户，比上年增长9.5万户。天然气供气范围覆盖全市5个区，供应主要来源为：大鹏LNG接收站、现货LNG、海油气电、中石油西气。储气能力5635万立方米。全市新增天然气管网343千米，累计建成天然气管网5390千米。全市有建成运行的储配站4座、调压站11座、门站4座。有瓶装液化石油气企业23家、液化石油气储配站23座、瓶装液化石油气供应站286座，全年全市液化石油消费量51.52万吨。

（周晓晨）

【城市供水】 2019年，佛山市有城镇水厂21个，总设计供水规模约476万立方米/日，管径75毫米以上供水管道约11075千米，全年供水量14.2亿立方米，城市自来水普及率100%。有供水龙头企业3家。其中，佛山市水业集团有限公司主要负责禅城、高明和三水区的供水服务，瀚蓝环境股份有限公司主要负责南海区的供水服务，广东顺控发展股份有限公司主要负责顺德区的供水服务。有1家采用“活性炭+浸没式超滤膜”深度水处理工艺的优质水厂（佛山新城优质水厂，规模为1.5万立方米/日），其余城镇自来水厂均采用常规净水工艺。有国家级水质监测站1个、省级监测站2个，具备《生活饮用水卫生标准》（GB5749-2006）出厂水106项指标的检测能力，并通过计量认证。区级供水企业均具备42项指标的检测能力。是年，佛山市住建部门对17家主要水厂的出厂水和管网水的45项水质指标进行检测，并实行月度公布45项、年度公布106项水质检测数据。实施水质月度公告监测的水厂监测指标合格率100%。

（黄汝辞）

【城市供电】 2019年，佛山电网运行正常，全年放开用电，电力供应充裕。全年供电量681.22亿千瓦时，比上年增长5.27%；售电量661.54亿千瓦时，增长4.55%；第三方客户满意度达90分；综合线损率2.89%；未发生事故和有责任事件，连续安全运行2922天。全年全社会用电量中，第一产业31.52亿千瓦时（下降4.3%），第二产业445.26亿千瓦时（下降1.84%），第三产业130.33亿千瓦时（增长10.48%），第一、第二、第三产业所占总电量比重分别为4.49%、63.37%、18.55%。居民用电量95.54亿千瓦时，比上年增长10.66%。是年，佛山市不断优化电力营商环境。出台政策支持，优化电力外线工程审批流程，将串联审批改为并联审批，审批时限为5个工作日。取消对办电的前置条件，提高客户办电效率，签订送电约定协议156宗，签订协议报装容量合计14.35万千伏安，签订容量全省排名第一。深化客户潜在需求管理，全年提前收集客户需求3342宗，占实际报装送电宗数的86%，共782万千伏安。降低客户接用电成本，全年为电力客户节约投资成本6.64亿元。实行200千伏安及以下小微企业（工商）客户低压供电，全年实施656宗，容量8.74万千伏安。落实国家清退临时接电费政策，全市共清电费3.2亿元。构建“互联网+网格化经理”服务模式，融入政府社会治理体系；推进“互联网+用电”融合，实现22项办电业务“一次都不跑”；推广南网统一服务平台，电力互联网业务比例达99.3%。助力国家5G发展战略，出台全省首个“5G通信基站建设用电业务办理工作指引”，全年完成667个5G基站改造，数量居全省第一。是年，佛山供电局“获得电力”得分在国家能源局南方监管局评价中排名广东电网公司第一。

（赵　岚）

2019年12月27日，佛山市第六座500千伏变电站——凤城变电站在顺德区投产。该变电站是顺德区第二座500千伏变电站，将可满足顺德未来8～10年的新增用电需求

（耿爱伦　摄）

【城镇生活污水处理】 2019年，佛山市投入城镇生活污水处理设施建设资金约48亿元，建设污水管网1080.8千米，其中禅城区210.2千米、南海区352.7千米、顺德区345.5千米、高明区52.0千米、三水区120.4千米。新（扩）建城镇生活污水处理厂8家，整合或关停3家，新增污水处理能力16万吨/日。截至年底，全市有正式投入运营的污水处理厂60家，设计污水处理总规模为284.5万吨/日。全年全市污水年处理总量8.26亿吨，城镇污水处理率为99.17%；污水处理厂产生污泥按80%含水量折算共29.61万吨，采用焚烧、填埋、堆肥、综合利用等方法实现无害化处理处置。

【城区内涝治理】 2019年，佛山市各级排水部门投入约9600万元，开展易涝点整治、管网清疏维护和汛期排水应急处置，确保排涝安全。全市统计的7处主要低洼易涝点中，完成长效整治1处，未完成长效整治的6处（禅城区1处、顺德区1处、三水区3处、高明区1处）。未完成长效整治的6处主要低洼易涝点均落实临时治理措施，4处长效整治项目开工，2处长效整治项目处于前期阶段。全年全市共检查、清疏、维护排水管网约850千米。是年汛期，全市城区未发生特别严重内涝灾害。

（杨永春）

【地下综合管廊】 2019年，佛山市实际建设综合管廊长度5.52千米，任务完成率55.2%，截至年底，“十三五”期间累计建成综合管廊38.01千米。全市投入运营的综合管廊长度18.5千米，入廊管线类型主要是电力、给水、通信光缆等。

（潘兆能）

【城市园林绿化】 2019年，佛山市开展增绿建设，加快推进大型公园绿地、社区公园、村级公园建设，促进公园绿地资源均等化。新建王借岗森林公园（二期一标段）、人民公园、三山森林公园（一期）、橹尾撬水道景观提升工程（三期）、顺德华侨城欢乐海岸主题公园、沧江龙舟主题公园、云东海国家湿地公园（野生稻田区）、乐平儒家天下文化公园等大型公园，完成顺德区新城中轴线、顺峰山公园、禅城区大雾岗遗址－小雾岗公园、石湾公园、南浦公园等公园升级改造工作。全年完成公园绿地面积304.93公顷，其中新增171.27公顷、改造133.66公顷。推进桥梁立体绿化工作，完成桥梁立体绿化升级改造工程32项，绿化长度40千米。推进绿道升级工作，完成新建或改造绿道49.19千米。印发《美丽佛山五年绿化行动计划（2019—2023）》。建成区绿化覆盖率45.09%，绿地率42.50%，人均公园绿地面积17.78平方米。

（黄丽英）

【城市环卫】 2019年，佛山市加快生活垃圾处理设施建设，推进一期3000吨/日规模的生活垃圾资源化处理提质改造项目，建成1500吨/日规模的南海生活垃圾焚烧发电厂提标扩能项目，生活垃圾焚烧发电处理能力达7500吨/日，生活垃圾无害化处理率达100%。加快厨余垃圾和大件垃圾收运处理设施建设，顺德、高明、三水区分别建成300吨/日、28吨/日、120吨/日的集中式厨余垃圾收运处理设施，三水区建成4座大件垃圾处理中心。推进生活垃圾分类工作，全市开展218个生活垃圾分类试点。加强城市道路洒水降尘工作，全年出动人员394.92万人次，机械设备107.24万车次，总洒水量890.06万吨。组织开展“清扫垃圾，清洁乡村”农村生活垃圾治理专项行动，改善农村人居环境卫生。

（彭　杰）

【海绵城市建设】 2019年，佛山市继续以禅城区绿岛湖和奇槎片区、南海区三山新城片区、顺德区佛山新城核心区和中心城区片区、高明区西江新城片区、三水区云东海片区共7个海绵城市建设试点区域为建设试点，推进海绵城市建设，并顺利完成海绵城市建设试评估工作考核。截至年底，全市有海绵城市建设项目692个，海绵城市建设面积80.22平方千米；已建海绵城市项目587个，已建海绵城市面积71.1平方千米，在建海绵城市项目105个，在建海绵城市面积9.12平方千米。海绵城市建设项目总投资488.92亿元，已完成投资304.19亿元。

（程佩雯）

城市更新

【概况】 2019年，佛山市新组建佛山市城市更新局，统筹推进“三旧”改造、城市治理、中心城区城市形态提升、村级工业园综合整治提升等各项工作，为佛山高质量发展提供支撑。推动“三旧”改造向城市更新转变，出台《佛山市深入推进城市更新三年行动方案（2019—2021年）》。完成年度省下达佛山市改造任务。全年全市新增实施项目面积1120公顷，完成改造项目面积720公顷。其中完成旧城镇改造70.73公顷、旧厂房改造292.53公顷、旧村居改造146公顷、其他类型项目214公顷。完成城市治理三年行动计划阶段任务，全年完成投资额933.68亿元（截至2019年底，城市治理三年行动计划市统一部署的74大类968个项目，从2017年起累计完成投资额3554.54亿元、累计完工项目552个，已开工项目324个、已启动项目39个）。推进城市形态提升，全年完成投资137.57亿元（截至2019年底，中心城区城市形态提升的50个项目，完工项目7个，已开工项目28个，项目累计完成投资550.2亿元）。推进村级工业园综合整治提升，全年新增完成村级工业园土地整理2673.33公顷（2018—2019年累计完成村级工业园土地整理3160公顷，包括工改工、复垦复绿和功能转变类）。是年，普君片区建设提升成效显著、人民公园投入使用、卫国路东延线、岭南大道北延线道路贯通通车、佛山新港正式关闭、澜石港停止运营、佛山市妇女儿童医院投入使用、梁园重新对外开放、石湾文创园一期建设完工、百顺道到华阳桥区段景观提升（龙舟广场二期工程）完成。

【城市更新政策体系建设】 2019年，佛山市印发《佛山市人民政府关于深化改革加快推动城市更新（“三旧”改造）促进高质量发展的实施意见》，针对“三旧”改造存在的问题，提出26条改革措施，其

2019年，佛山市深入实施《佛山市村级工业园整治提升实施方案（2018—2020年）》，村级工业园改造全面铺开。图为南海区九江镇中兴新城项目拆除现场

（市自然资源局供图）

中7条为结合佛山市实际的改革完善措施。通过政策优惠和机制优化，多措并举推进土地供给侧结构性改革，优化“三旧”改造市场化运作机制，加快推进城市更新进程。同时参与“三旧”改造立法和省“三旧”改造税收政策制订，所提意见获省自然资源厅采纳。以典型城市更新模式为借鉴，推广成熟经验提高实施效率，总结提炼能参考、可复制、可推广改造模式，如顺德村改六种模式、南海混合开发和整村改造协议出让模式、禅城挂账收储和旧城镇整体出让净地移交等。编印《佛山市城市更新模式总结借鉴》，集成“操作指引”和“典型案例”。

【城市更新全流程审批管理】 2019年，佛山市制定《佛山市城市更新（“三旧”改造）全流程管理操作细则》及工作流程图。印发《佛山市城市更新局关于进一步规范我市“三旧”改造地块标图建库管理工作的通知》规范统一审核标准，加强人员培训提高审批能力，通过一系列举措提高审批服务效率。是年，全市审核标图建库169宗，通过115宗，总面积888.12公顷；审核通过“三旧”用地8宗40.9公顷；审核改造方案2宗。全年退回各类不符合条件报批件57宗。

【佛山市城市更新局成立】 2019年2月，佛山市城市更新局正式组建成立。该局为佛山市政府工作部门，副处级，由佛山市自然资源局统一领导和管理。佛山市城市更新局机构职责为：组织开展城市更新和“三旧”改造调查研究，起草相关规范性文件，负责纳入城市更新计划项目的土地管理和城乡规划管理，制定全市城市更新地价计收和补偿标准。负责制定城市更新项目的供地方案。负责城市更新项目的土地整备工作；组织编制市城市更新和“三旧”改造总体工作方案、专项规划及年度实施计划。负责各区城市更新专项规划和年度实施计划的审查和备案工作。负责组织实施全市城市更新常态化管理；承接省政府委托市政府行使的“三旧”改造涉及土地征收的审批职权，包括旧村庄集体建设用地转为国有建设用地、完善土地征收手续、“边角地、夹心地、插花地”农用地转用和土地征收以及完善集体和国有建设用地手续等审批事项；承接省下放的“三旧”改造地块纳入标图建库动态调整的审批和备案，组织省“三旧”改造项目监管系统备案工作；负责组织开展城市治理行动计划专项工作。组织开展中心城区城市形态提升行动计划专项工作。组织开展全市村级工业园整治提升专项工作。

【《佛山市深入推进城市更新三年行动方案（2019—2021年）》出台】 2019年11月26日，佛山市印发《佛山市深入推进城市更新（“三旧”改造）三年行动方案（2019—2021年）》。该方案围绕佛山市中心城区城市中轴线、滨河区、城中村、旧城镇、城市轨道站点周边、主要道路沿线，三龙湾高端创新集聚区、佛山高新区等重大平台，高速公路、铁路沿线及高铁站、高速公路出入口门户，产业保护区内旧厂房特别是村级工业园等区域，以项目为抓手，统筹推进全市城市更新深入实施。方案计划在2019—2021年间，全市启动改造整治提升面积6666.67公顷（10万亩）以上，其中旧村居面积不低于30%，旧城镇面积不低于5%；中心城区范围内市统一部署推进108个城市更新重点项目，总面积3803.27公顷，其中旧厂房60个，面积1713.13公顷；旧村居40个，面积1823.87公顷；旧城镇8个，面积272.27公顷。

（郭　庆）

城市管理与综合执法

【概况】 2019年，佛山城管执法围绕“干净、整洁、有序、美化”的要求，不断加强城市管理执法能力，城市管理执法各项重点工作取得阶段性成绩。全年全市城管执法部门受（处）理案件50.62万件，其中教育纠正48.79万件，立案1.83万件，罚款7463万元。全年完成违法建设治理面积2105.95万平方米（其中拆除1243.14万平方米，拆除比例59.03%），完成治理目标任务（1950万平方米）的108%。

（杨新霞　兰　岚）

【市容市貌整治】 2019年，佛山市开展城管考评有机结合专项整治工作，解决部分城市管理中的黑点、难点问题，提升城市环境，改善城市面貌。通过开展村（社区）“六乱”（乱搭乱建、乱堆乱放、乱设摊点、乱拉乱挂、乱贴乱写乱画、乱扔乱吐）专项整治，助力全市乡村“三清理”（清理村巷道生产工具、建筑材料乱堆乱放；清理房前屋后和村巷道杂草杂物、积存垃圾；清理沟渠池塘溪河淤泥、漂浮物和障碍物等）、“三拆除”（拆除危旧房、废弃猪牛栏及露天厕所茅房；拆除乱搭乱建、违章建筑；拆除非法违规商业广告、招牌等）、“三整治”（整治垃圾、乱扔乱放；整治污水乱排乱倒；整治电力、电视、通信线乱搭乱接）环境整治任务推进。通过开展农贸市场及周边市容环境卫生专项整治，提升全市农贸市场及周边市容环境卫生秩序，并逐步形成长效管控机制。通过开展城市公厕专项整治，提高公共厕所管理精细化水平，为“厕所革命”工作打下坚实基础。2019年，在南海、三水区的引领下，全市投入1.5亿元资金，提升改造和新建公厕1124间，并通过重点提升改造农村公厕设施、新建农村公厕等措施，解决农村公厕少、旧、简等问题。

【户外广告整治】 2019年，佛山市开展夜间户外广告美化亮化专项整治工作，加强对违规设置的公益横幅广告的整治和考核力度，整治可移动灯箱广告和墙面广告违规设置、霓虹灯缺字破损等违规户外广告1600多处。截至年底，全市主、次干道违规设置的公益类横幅基本清理完毕，违规设置商业横幅类案件数量比年初下降20%。是年，全市下派预扣分事项505个，有439件得到及时整改，整改率87%，比上年提升9个百分点。

（卢嘉仪）

【城市管理法制建设】 2019年，佛山市城市管理和综合执法局与佛山市司法局共同起草《佛山市养犬管理条例》，经佛山市人大常委会3次审议通过并呈报广东省人大常委会。是年，佛山市城市管理和综合执法局完成《佛山市城市市容和环境卫生管理规定》和《佛山市违法建设查处暂行办法》修订工作，通过修订对机构改革后的部门名称和职责进行全面梳理，修改个别条文规定以更符合深化营商环境综合改革的要求。

（刘宇波）

【建筑垃圾运输车辆整治】 2019年，佛山市出动渣土运输车辆整治工作执法人员71231人次、执法车辆32289辆次。渣土运输车辆整治工作中，检查工地50459个次、处罚违规工地959个、处罚金额1097.93万元，并对20个房建工地进行诚信扣分；检查渣土运输车辆7598辆次、处罚违规车辆1131辆、处罚金额637.34万元；处罚违规运输企业41家、处罚金额34.45万元；对未经核准的消纳场立案68件，处罚金额28.5万元；处理市督导组移交案件402件。截至2019年底，全市已登记注册新型建筑垃圾运输车3100辆，其中3041辆安装车载智能终端系统，2748辆完成与智能管理平台对接，2545辆获取“准运卡”。145家建筑垃圾运输企业办理“佛山市建筑垃圾处置证”（运输）。

（赵书军）

【数字城管建设】 2019年，佛山市数字城管系统立案约268万件，日均处置案件7335件，按期结案率约98%，其中全年公众投诉案件和咨询约12万件（办结率约97%）。加强数字城管标准化、规范化管理，修订《数字城管考评标准》，完善数字城管规范指引，制定《佛山市数字化城市管理案件立案、处置和结案标准（村居）》，实现数字城管案件办理从城镇扩展到村（社区）。组织数字化城市管理考评，以考评督促各类城市管理问题的整改落实，对公众投诉突出的152个如施工扰民、酒吧噪音、店外经营、无照经营游商等问题进行考评督办。加强“12319”城管热线队伍建设，举办全市数字城管坐席员话务培训，提高坐席员服务技能和质量。启动开展公众投诉市民满意度调查，7—12月平均公众投诉市民满意度93.33%。进一步推进建筑垃圾智能管理信息系统运行应用，统筹建筑垃圾运输车车载终端检验工作，加强终端检验督导，147家运输企业共2748套终端通过检验并接入系统。建立建筑垃圾处置基础信息数据库，通过信息系统核发出运输证145个、排放证241个、消纳证175个。编制系统操作人员岗位职责及工作指引，完善“佛山市建筑垃圾智能管理信息系统”应用程序（APP）。全面实施环卫作业车辆智能化管理，推广至全市5个区32个镇（街道），全市1584辆环卫作业车均按要求安装卫星定位设备；全年通过24轮暗检、5轮明检，抽查环卫作业车661辆，各区达标情况良好。推进数字城管平台信息化建设，完成数字城管指挥大厅升级改造及数字城管信息管理系统升级。筹建佛山市养犬管理服务信息系统，开展市养犬管理服务信息系统项目前期调研、立项及采购。完成“佛山数字城管”微信公众号向“佛山城管执法”微信公众号转换。实现市数字城管系统与省数字城管系统数据对接。

（黄　萍）

乡镇建设与管理

【中心镇建设】 2019年，佛山市有中心镇10个，分别是：南海区里水镇、西樵镇，顺德区北滘镇、龙江镇、乐从镇，高明区明城镇、更合镇、杨和镇，三水区乐平镇、芦苞镇。中心镇镇域总面积1652.14平方千米，镇域总人口216.33万人，镇域暂住人口114.08万人；建成区面积137.03平方千米，建成区户籍人口36.06万人，建成区暂住人口42.95万人。村镇建设管理人员423人，其中专职人员257人。

【城镇村庄建设】 2019年，佛山市设建制镇21个、行政村327个，已编制村庄规划的行政村249个，占全部行政村的76.15%。建制镇镇域面积23.40万公顷，镇域户籍人口246.10万人，常住人口471.02万人。其中：建成区面积28552.39公顷，建成区户籍人口98.26万人，常住人口231.24万人；村镇建设管理人员787人，专职人员575人。

【宜居城乡建设】 2019年，佛山市深入开展宜居城镇、宜居村庄、宜居社区、绿色村庄创建活动，27个社区、9个村庄分别获佛山市“宜居社区”“宜居村庄”称号，85个村庄获佛山市“绿色村庄”称号。截至2019年底，佛山市累计有11个城镇、78个村庄、225个社区分别获广东省“宜居示范城镇”“宜居示范村庄”“宜居社区”称号，1个项目获中国人居环境范例奖，18个项目获广东省宜居环境范例奖；19个城镇、313个村庄和369个社区（含村改居社区）分别获佛山市“宜居城镇”“宜居村庄”“宜居社区”称号，246个村庄获佛山市“绿色村庄”称号。

（潘兆能）

佛山市获评中国传统村落名单

第一批获评古村落：
佛山市南海区西樵镇松塘村
佛山市三水区乐平镇大旗头村
佛山市顺德区北滘镇碧江村
第二批获评古村落：
佛山市南海区桂城街道茶基村
第四批获评古村落：
佛山市禅城区南庄镇罗格村委孔家村
佛山市南海区九江镇烟南烟桥村
佛山市顺德区乐从镇沙滘村
佛山市顺德区杏坛镇逢简村
佛山市顺德区杏坛镇马东村
佛山市三水区白坭镇岗头村
佛山市三水区芦苞镇长岐村
佛山市高明区明城镇罗稳村委深水村
第五批获评古村落：
佛山市南海区丹灶镇仙岗社区
佛山市南海区狮山镇高边社区璜溪村
佛山市南海区狮山镇狮岭村黎边村
佛山市南海区里水镇汤村村汤南村
佛山市南海区里水镇赤山村赤山村
佛山市三水区芦苞镇独树岗村
佛山市高明区荷城街道上秀丽村阮埇村
佛山市高明区荷城街道照明社区榴村村
佛山市高明区荷城街道江湾社区上湾村
佛山市高明区更合镇新圩社区朗锦村

2019年9月14日—16日，佛山市三水区乡村振兴中部党委秋色狂欢月系列活动暨乐平秋色嘉年华在乐平镇大旗头古村举行　　*（三水区供图）*

【古村活化升级】 2019年，佛山市深入推进古村落活化保护。推进第三批10个古村落活化升级工作，全年建设项目195个，总投资28948.27万元。市住房城乡建设局联合市委督查室、市文广旅体局对第三批10个古村落活化升级工作进行验收并通报验收情况。加快启动第四批10个古村落（禅城区南庄镇罗元村，南海区里水镇小布村、狮山镇黎边村、丹灶镇棋盘村，顺德区杏坛镇古朗村、乐从镇路州村、伦教街道羊额村，高明区更合镇洞心村，三水区西南街道木棉黄竹坑村、大塘镇六一梅花村）活化升级项目，出台《佛山市第四批特色古村落一村一品活化升级策划指引》，发挥规划示范引领作用。组织中国传统村落保护和发展专题培训班，邀请相关专家授课并部署佛山市入选中国传统村落的后续保护和发展工作。是年，佛山市新增10个古村落列入中国传统村落名录（第五批），被列入中国传统村落名录的佛山市古村落累计22个。

（黎　玮）

重点项目建设

【概况】 2019年，佛山市安排重点建设项目295个，总投资7751.77亿元，年度计划投资855.55亿元。其中：安排省重点建设项目89个，总投资5183.44亿元，年度计划投资445.92亿元；安排市重点建设项目206个，总投资2568.33亿元，年度计划投资409.62亿元。全市全年重点建设项目完成投资1057.37亿元，为年度计划投资的123.6%，超过时间进度23.6个百分点。其中：省重点项目完成投资580.39亿元，为年度计划投资的130.2%，超过时间进度30.2个百分点；市重点项目完成投资476.98亿元，为年度计划投资的116.4%，超过时间进度16.4个百分点。

【市本级政府投资项目计划】 2019年，佛山市安排市本级政府投资项目62个，总投资2438亿元，年度财政计划投资118.29亿元。其中：续建项目22个，总投资952.9亿元，年度财政投资103.98亿元；新开工项目19个，总投资42.74亿元，年度财政投资11.83亿元；预备前期项目21个，估算总投资1442.36亿元，年度财政投资2.48亿元。是年，全市41个续建及新开工项目完成投资151.43亿元，为年度计划投资的114.4%。

【重大项目集中开工投产活动】 2019年，佛山市开展上、下半年重大项目集中开工投产活动。全年佛山市安排集中开工重大项目260个，总投资5607.07亿元，年度计划投资1010.33亿元，全年开工234项（开工率90%），完成投资1081.57亿元（为年度计划投资的107.1%）。全市安排集中投产重大项目143项，总投资663.49亿元，全年投产138项（投产率96.5%），累计完成投资581.5亿元（为总投资的87.6%）。

【招商引资工作计划】 2019年，佛山市计划引进重大产业项目57个，总投资额850亿元以上，包括一类项目14个（投资总额200亿元以上）、二类项目12个（投资总额240亿元以上）、三类项目41个（投资总额410亿元以上）。全年全市重大产业招商签约项目54个，签约投资总额987.03亿元，完成年度目标任务的109.7%。其中：签约一类项目3个、二类项目20个、三类项目31个；内资项目48个，签约投资总额928.93亿元，外资项目6个，签约投资总额8.58亿美元；现代农业项目2个、工业制造业项目39个、现代服务业项目13个；实体项目数量为22个、平台类项目数量为32个；新引进项目45个、增资扩产项目9个。

【政府投资项目全链条统筹机制】 2019年，佛山市印发《佛山市纳入市级统筹项目决策管理机制》文件，加强对区级政府投资项目的统筹，要求各区参照市级政府投资项目年度计划进行规范的规划编制工作，并向市级报备。创新开展2020年市级财政预算基建资金的基本建设项目投资计划草案编制工作，重点突出交通、水利、市政基础设施建设，生态环境保护和修复、社会发展和公共服务设施建设等公共领域的项目，集中资金保障民生和重点建设项目，优先安排续建项目，合理安排新开工项目，适度考虑前期工作项目。做好2020年省、市重点建设项目计划编制发挥重点项目引领带动固定资产投资增长的作用。

【重点项目日常协调督导】 2019年，佛山市围绕重点项目时间进度的目标要求，坚持突出重点、注重实效的原则，丰富日常管理手段，提高协调督导效能，建立健全运行机制。建立各区重点项目日常管理沟通联络渠道，及时沟通项目进度报送、项目现场实地调研等工作。编制《佛山市项目建设工作简报》，整合原有分类报告，融合各地先进经验，简明扼要报告全市重大项目进展情况和问题分析，全年编报7期。开发项目管理信息系统和应用程序（APP），建立全市统一的重点项目数据库和项目管理平台，利用信息技术手段提高管理效能。

【招商引资统筹】 2019年，佛山市围绕重点培育发展的装备制造、家居、汽车及新能源、智能制造装备及机器人等八大先进制造业产业集群和战略性新兴产业发展方向，结合各区发展目标，修订佛山市招商联席会议制度，组织编制《佛山市重大产业招商项目指引》《佛山市招商引资重大产业项目专项资金管理办法》《佛山市重大产业项目招商引资专项资金申报指南》《佛山市重大产业项目招商引资工作手册》等，为全市招商引资工作提供技术支撑和工作指引。制定《佛山市招商引资重大产业项目前期评估和后评价工作指引》，对招商项目质量进行评价，推动形成招引高质量项目氛围。建立健全重大产业项目招商引资考评机制，将重大产业项目招商目标任务完成情况以及项目落地情况等纳入各区、各部门年度绩效考核指标体系，考评指标不及格的单位在年度绩效考核中不得评为第一档次。

（朱志强）

水　利

【概况】 佛山市地处珠江三角洲中部河网区，西江、北江分流的各水道贯穿其中，河流纵横交错，水网密布，主要河流及分支包括西江、北江、顺德水道、潭洲水道、陈村水道、佛山水道、容桂水道、高明河、芦苞涌、西南涌等，主要江河长度704.4千米。截至2019年底，全市有146个湖泊、水库，总库容13660.84万立方米，河湖水面积347.04平方千米，约占全市总面积的10%；有堤围87个，总长1148.17千米；有水闸572个，固定泵站1264个，总装机容量34.3万千瓦；有水电站7个，其中停产5个，在运行2个，在运行水电站装机容量2010千瓦。

2019年，佛山市供用水量30.88亿立方米。在供水量中，地表水源占99.99%；在用水量中，以工业用水为主，占44.83%，农业用水占22.24%，生活用水占30.38%，生态环境补水占2.54%。全市人均综合用水量384.49立方米，万元地区生产总值用水量28.73立方米，万元工业增加值用水量24.04立方米，农田灌溉亩均用水量633.07立方米，居民人均生活用水量228.9升/日。

【水利工程建设】 2019年，佛山市加强防洪保安工程、排涝闸站工程补短板建设，打造高质量工程建设项目。全年全市重点推进61项在建水利工程，工程总投资46.44亿元，完成年度投资12.92亿元。其中，纳入2019年市政府重点工作任务的20项重点民生水务工程如期完成建设任务。全年全市完成36个水利工程建设项目竣工验收工作，其中包括3个中央、省投资的中小河流治理项目和10个三水区中小河流治理试点县和水系连通项目区，省重点项目验收完成率86.67%，竣工验收完成率达标。

【水利建设市场管理】 2019年，佛山市推进水利建设市场信用秩序的建立，提高水利建设诚信经营氛围。全市1058个市场主体及全部13589名从业人员，均在水利工程建设管理系统上办理登记备案，形成完善的水利建设市场主体信用信息基础数据库。市、区两级水利主管部门严格执行《佛山市水利建设管理巡查制度》，会同水利工程质量监督部门、项目法人、行业协会等有关部门采取“工程项目随机、巡查专家随机，巡查结果公开”的方式，对市内水利工程开展建设管理巡查，按照市每季、区每月、项目法人每周一次的频率，对全市各类水利工程进行随机抽查，并对巡查发现的不良行为进行通报处理。市水利部门利用科技手段解决水利建设市场农民工欠薪难题，开发利用佛山市水利工程建筑用工实名制管理系统，通过人脸识别进行考勤管理，对工地情况实时视频监控，并配套开发基于“佛山水利”官方微信公众号的人脸识别及定位功能，以考勤管理结合农民工劳动（劳务）合同的工资标准，规范农民工工资管理工作。

【水利工程安全监管】 2019年，佛山市水利部门统筹组织开展“安全月”“汛期”“重大节日”“岁末年初”等关键时期安全生产大检查以及建筑施工安全治理、有限空间作业、应急演练全覆盖等专项行动，全年开展安全生产专项行动27项次、出动执法人员372人次、开展有检查记录的安全生产检查107次。是年，全市水利建设领域未发生生产安全事故，安全生产形势总体良好。对29项在建水利工程进行质量监督飞行检测，抽检原材料、中间产品及建筑物实体等项目123个次，抽检合格项目116个、不合格项目7个，及时通知参建单位按照有关技术规范要求对不合格项目进行处理，消除工程质量隐患。对全市五宗水利工程开展稽察工作，针对项目前期和设计工作、项目建设管理、投资计划与执行、资金使用与管理、工程质量与安全等方面进行核查，对存在问题进行整改。通过稽察、巡查、巡检等措施，督促工程参建单位建立健全安全质量保证体系，促进工程项目安全质量体系有效运行。佛山市山根电排站、林广电排站等2项工程分别获得省优质工程一等奖、二等奖。

【节水型社会建设】 2019年，佛山市建立健全全面推进节约用水工作联席会议制度，重点统筹推进全市节约用水各项工作。推进公共机构节水型单位建设，开展党政部门、教育、卫生部门的节水型单位创建，完成各公共机构的水平衡测试工作和管网改造，达到公共机构节水型单位标准。开展节水型企业创建，结合工业企业清洁生产，重点推进火电、钢铁、纺织染整、造纸、石油炼制等高耗水行业的规模以上企业进行节能改造，提高企业的工业用水重复利用率和回用率。推进高标准农田以及高效农业示范区建设，推广喷灌、滴管等节水灌溉技术，以水肥一体化、智能控制等先进技术提高农业用水效率。年内，佛山各区推进节水型载体建设。其中：禅城区完成13家节水型企业验收，完成15个居民小区的创建，完成32个节水型公共机构验收，启动实施第四批15个单位创建；南海区梳理重点用水行业企业，82个公共机构、5个小区、4家企业通过验收；高明区34个单位通过公共机构节水型单位建设验收。是年，佛山市全年用水总量、万元地区生产总值用水量降幅、万元工业增加值用水量降幅、农田灌溉水有效利用系数、水功能区水质达标率等5个指标值均达省考核目标值要求。

【水政执法巡查】 2019年，佛山市水利部门通过无规律的密集执法巡查，维护水事秩序。全年开展水政监察执法巡查876次，出动执法人员2788人次，出动执法车船920辆次，检查过往运输船1650艘次，立案查处水行政案件34宗，其中违法运砂案件24宗、违法堆砂案件3宗、其他水事违法行为7宗，处罚款123.5万元，没收河砂23919立方米，拍卖河砂19838.8立方米、拍卖没收的采砂船1艘，拍卖款293.6万元全数上缴国库。是年，佛山市、肇庆市水利部门签订《关于联合打击整治西北江流域水事违法行为合作备忘录》，建立执法资源信息共享机制，推动市际交界河段执法问题解决。

【河长制、湖长制推行】 2019年，佛山市在市、区、镇、村四级河长制基础上，设立由区领导担任的10位片区流域长，强化上下游、左右岸、全流域协同治水，并出台《佛山市关于强化河长责任打赢黑臭水体剿灭战的意见》，明确各级河长在完成黑臭水体整治任务前原则上不得调整。全市1619名河湖长巡河合计11.79万次，市级河长先后批示95次，发现问题20854个，整改问题18997个。年内全部整改完成经省认定的361个乱占、乱采、乱堆、乱建“四乱”问题；清理漂浮物10万余吨，清理河流长度4576千米，清理水域面积319平方千米；清淤河道322条，清淤393千米；纳入省级入河排污口680个，全部完成整改。是年，佛山市建立完善监督考核和明督暗访机制，对发现的问题形成督察报告向各区反馈，并及时开展“回头看”，年内累计下发“一区一单”督办函、督办通知等49件，责令整改事项260项，整改完成242项，完成率93%。年内，佛山市启动《佛山市碧道建设总体规划》编制工作。

【“流域长”制创新设立】 2019年4月18日，在2019年佛山市河长制湖长制工作会议上，佛山市宣布创新设立10位以主干河涌为片区的流域长，加强“全域治水”。其中，禅城区设立广佛跨界河流流域长、吉利涌流域长，南海区设立雅瑶水道流域长、里水河流域长，顺德区设立桂畔海流域长、眉蕉河流域长，高明区设立高明河流域长，三水区设立西南涌流域长、漫水河流域长和樵北涌流域长。各区片区流域长在区总河长的领导下，履行片区流域的河长职责，负责统筹推进主干河涌片区流域内河湖管理保护、水环境综合治理等工作；协调解决上下游、左右岸、干支流、江河交汇处和交界跨界等复杂河湖治理管理重点、难点以及群众反映强烈的突出问题；研究落实片区流域整治方案、系统治理措施、推进实施以及人财物等保障事项。

【“绿水行动”开展】 2019年3月22日，2019年度“世界水日”·“中国水周”“绿水行动”启动大会暨佛山“美丽水乡行”多元主体助推佛山河湖长制公益联合行动在禅城区南庄镇罗园村开展。活动由佛山市水利部门联合共青团佛山市委员会、南方日报社驻佛山办事处、广东省绿盟公益基金会主办，以“节约水资源、保护水生态”为主题，有近1000名来自政府机关、公益组织、企业、护河志愿者及市民群众的代表参加活动。“绿水行动”启动大会上，广东省绿盟公益基金会和热心企业代表对西南涌流域等试点河涌进行公益捐赠；佛山“河小清志愿服务队”宣誓成立，该服务队由团市委组织管理，引入机关、企业、学校等社会民间力量共同守护河流，实现多元主体河道共巡、生态共治、成果共享。启动大会后，佛山市河长办举办首次部门、高校、企业与基层河长“面对面对接会”。同时，佛山市水利部门组织带领政府机关、企业、社会组织和热心市民代表环绕罗园村内的罗园涌碧道开展“美丽水乡行”徒步活动，亲身感受罗园村通过多元主体助推河湖长制的方式所取得的河湖生态景观整治成效。活动旨在打造全民参与、政社合作的“共建、共治、共享”治水新格局。

（罗惠栅）

2019年3月22日，2019年度“世界水日”·“中国水周”“绿水行动”启动大会暨佛山“美丽水乡行”多元主体助推佛山河湖长制公益联合行动在禅城区南庄镇罗园村举行

（市水利局供图）

资源·环境

手机扫码阅读

自然资源管理

【国土空间用途管制】 2019年，佛山市保障重点基础设施项目立项和用地用林需求。是年，广东省下达佛山市奖励指标426.87公顷、复垦周转指标333.33公顷，截至年底，全市受理95个批（件）次涉及用地面积1328.05公顷，市政府已审批64个批次用地面积930.7157公顷（其中仅只转不征93.46公顷，使用省级保障指标217.18公顷）。广东省下达佛山市林地定额指标102公顷，截至年底，全市受理17个批（件）次涉及用林52.13公顷，省已审批12批次38.73公顷，满足一批项目用林需求，包括南海区体育中心工程、顺德区右滩水厂DN1600给水管道工程、佛山市富龙西江特大桥工程（三水段）；完成170个项目用地预审和选址意见书办理，包括广湛高铁、第二人民医院、高明区苗村环保项目。

【耕地保护】 2019年，佛山市根据《自然资源部　农业农村部关于加强和改进永久基本农田保护工作的通知》，开展永久基本农田储备区划定工作，全市划定永久基本农田储备区695.8公顷，其中禅城区7.23公顷、南海区173.92公顷、顺德区9.12公顷、高明区198.77公顷、三水区306.73公顷。推进耕地项目核查整改，全市纳入储备补充耕地核查项目76个，项目涉及新增耕地面积约2000公顷，其中顺德区项目13个、高明区项目43个、三水区项目20个，截至年底，76个核查项目全部通过省复核，提交自然资源部终审。实行城乡建设用地增减挂钩，开展低效存量建设用地复垦工作。截至年底，佛山市批复增减挂钩项目12个，复垦区规模105.24公顷；申请农村建设用地拆旧复垦项目备案3个，拆旧规模9.78公顷。加强农用地管理，从落实和完善用地政策、简化生猪养殖用地办理程序、加强政策宣传和监管几方面推进落实生猪养殖用地保障。

【不动产统一登记】 2019年，佛山市发布新的《佛山市不动产登记办事指南》，将原不动产办理事项128项（包含情形230项），合并简化为55项（包含情形135项）。全面优化不动产登记流程，市自然资源局、市税务局、市住房城乡建设局、市政务服务数据管理局联合上线不动产登记"一窗通办"系统，在政务服务大厅或不动产登记大厅设立综合受理窗口并制订"一窗通办"服务事项的申请清单，将原有单项、串联办理的业务改为并联、批量办理，申请材料在同一个系统同一个收件平台上进行录入，收件材料在综合受理窗口收件时一并扫描成为电子材料，收件信息、资料自动分发给登记、交易和税务部门进行审批，审批信息共享互通，提升审批效率。通过一系列措施，佛山市不动产登记效率进一步提高，部分业务办理时限压缩到1至3个工作日。截至2019年底，佛山市累计登簿发证4065311份，其中颁发不动产权证书1805066份、不动产登记证明1719980份。

【土地市场】

土地出让　2019年，佛山市国有建设用地使用权出让成交158宗，成交面积765.36公顷，成交价款762.42亿元。与上年比，土地成交面积下降3.56%，成交价款下降14.8%。

土地节约集约利用　2019年，佛山市加强经批准建设用地供地工作，截至2019年底，佛山市近5年（2014—2018年）经批准建设用地9580.12公顷，已供地6154.94公顷，实现近5年（2014—2018年）平均供地率达64.25%，达到国家要求"近五年平均供地率不低于60%"的标准。继续推进2009—2016年批而未供土地消化处置，截至2019年底，全市累计消化处置2009—2016年批而未供土地面积619.50公顷，处置率17.0%，达到省要求消化2009—2016年形成的批而未供的比率要达15%以上的要求。是年，全市消化处置闲置土地任务（未经人工认定）99.71公顷，处置率31.8%，超过省要求闲置土地处置率要达15%以上要求。

集体经营性建设用地入市改革试点　截至2019年底，佛山市南海区累计入市地块135宗，土地面积220.41公顷，成交总金额116.5亿元；抵押融资地块53宗，抵押土地使用权面积70.2公顷，抵押价值34.1亿元；整备地块5宗，面积18.87公顷；片区综合整治项目2个，面积达323.87公顷。

利用集体建设用地建设租赁住房试点政策　2019年，佛山市印发实施《佛山市利用集体建设用地新建租赁住房土地供应管理实施办法（试行）》《佛山市利用集体建设用地新建租赁住房建设运营审批与产权登记管理实施办法（试行）》《佛山市关于推进村级工业园连片改造提升配建集体租赁住房的实施意见（试行）》《佛山市城中村存量房源规模化租赁管理试行办法（试行）》，指导利用集体建设用地建设租赁住房工作有序开展，从土地供应、建设运营审批、产权登记、存量房屋租赁、村级工业园连片改造配建租赁住房等环节全面规范指导。

【地质灾害防治】 2019年，佛山市登记在册地质灾害隐患167处，全年未接报达到标准的地质灾害灾情险情，全年排查新增隐患点16处。5000多人次对全市重要监测点进行专业巡查监测，开展突发性地质灾害应急险情调查10次。全年发出地质灾害预警67次，其中四级预警45次、三级预警22次。至2019年，佛山市地质灾害防治实现连续13年“零伤亡”。佛山市被广东省自然资源厅列为城市地质工作7个试点城市之一。

【测绘管理】 2019年，佛山市完成地方法规《佛山市测绘地理信息管理办法》立法任务并正式实施。制定《佛山市联合测绘市场监管规定（试行）》，规范测绘市场行为和强化监管措施。加强测绘资质管理，全年办理包括新单位注册、资质申请、基本信息变更、补充和修改数据、业务范围变更、资质升级在内的各项测绘资质审批业务163宗，办理测绘技术从业人员作业证核发事项71项，巡查测绘单位27个。

【执法监督】 2019年，佛山市动态巡查上线时间66875.3小时，巡查距离114.68万千米。开展“大棚房”专项清理整治工作，全市排查设施农业用地面积1000公顷，排查设施农业项目4951个，发现“大棚房”问题255个，面积17.29公顷，另发现5宗一般违法违规用地，所有问题均整改完毕，并经过国家和省级验收。2018年全市共核查卫片图斑5493个2972.23公顷，经拆分合并后认定违法用地812个185.93公顷，占用耕地40.93公顷，其中立案处理432宗，非立案处理380宗，已全部查处整改到位，落实行政罚款1152.2万元，依法没收建筑物24.1万平方米，依法拆除违法建（构）筑物13.9万平方米，完善用地手续27宗13.21公顷，复耕复绿土地22.47公顷。

【土地储备开发】 2019年，佛山市新增入库土地3宗，面积22271平方米；供应储备土地1宗，面积31054平方米。截至年底，市级储备土地存量54宗，面积124.2万平方米。是年，佛山市加强储备土地整理，保障政府土地供应，完成禅城区东升乡鲤鱼沙禅德针织企业有限公司18809平方米土地的收回及地上建筑物补偿工作。对已出让的禅城区东风路15号、工农路13号土地地下电缆进行迁移，确保该土地交地开工。开展南海水泥厂及诚通纸业地块出让有关工作。推进储备土地置换移交使用，保障市民政局养老院及禅城区教育、道路用地等项目落地实施。

【矿产管理】 2019年，佛山市完成佛山市高明福山矿泉水的绿色矿山建设，提前一年完成省下达的3个绿色矿山建设任务（2018年建成2个绿色矿山）。开展针对矿产资源领域的廉政防控整改，清查审批档案25份，检查矿山29个次，出动检查人员131人次，排查发现涉嫌越界开采线索2条，补设、重设界桩80个。督导全市11个开采项目和2个勘查项目进行信息填报和公示，并随机和专项抽检3个采矿项目进行现场检查和核实。

【《佛山市利用集体建设用地建设租赁住房试行办法》出台】 2019年1月7日，佛山市印发《佛山市利用集体建设用地建设租赁住房管理办法（试行）》。该办法明确国土、规划、住建、农业等政府部门职能分工，以及市、区职能部门、镇人民政府（街道办事处）、村（居）民委员会、农村集体经济组织的职责分工，建立市、区、镇（街道）、村（社区）四级服务体系，加快建立多主体供应、多渠道保障、租购并举住房制度体系，稳慎有序开展利用集体建设用地建设租赁住房试点工作。

【佛山市不动产登记“一窗通办”系统上线】 2019年12月13日，佛山市不动产登记“一窗通办”系统由佛山市自然资源局、市税务局、市住房城乡建设局、市政务服务数据管理局联合上线。该系统上线，使群众在房产买卖过程中跑3个部门、跑3个窗口、提交3套资料方可完成交易、缴税、登记业务办理的时间大大减少。在政务服务大厅设立综合受理窗口，制定“一窗通办”服务事项的申请清单，统一受理，一次性收件和录入，将原有单项、串联办理的业务改为并联、批量办理，自动分发申请资料到登记、交易和税务部门进行审批，审批信息共享互通，提升审批效率，压缩办理时间。

（郭　庆）

环境质量

【大气环境质量】 2019年，佛山市二氧化硫（SO_2）年均浓度9微克/立方米，二氧化氮（NO_2）年均浓度41微克/立方米，可吸入颗粒物（PM_{10}）年均浓度56微克/立方米，细颗粒物（$PM_{2.5}$）年均浓度30微克/立方米，一氧化碳（CO）浓度的第95百分位数为1.3毫克/立方米，臭氧日最大8小时滑动平均浓度（O_3-8h）的第90百分位数为185微克/立方米。其中：$PM_{2.5}$浓度远优于省下达的目标任务，继续达到二级标准（已连续2年达到二级标准），为有监测数据历史以来的最低值；工业污染标志性污染物二氧化硫浓度首次进入“个位数时代”；二氧化硫（NO_2）和臭氧日最大8小时滑动平均浓度（O_3-8h）超出国家二级标准限值。全市优良天数占全年有效天数的78.9%，比上年下降7.4个百分点，全市共出现63天轻度污染、14天中度污染，无重度污染和严重污染。全年空气质量首要污染物最多为臭氧日最大8小时滑动平均浓度（占首要污染物比例为50.2%），其次是二氧化氮（占首要污染物比例为34.9%）。降水pH值为5.12，比上年下降0.03个pH单位；全年酸雨频率40.8%，下降0.9个百分点，酸雨污染总体较上年略有缓和。

【水环境质量】 2019年，佛山市环保部门对16个水源地开展监测，饮用水源地水质总体保持优良。除杨梅水厂、合水水厂水质达到地表水Ⅲ类标准外，其余断面水质均达地表水Ⅱ类标准、水质状况为优。佛山市各饮用水源地水质的综合污染指数在0.12 ~ 0.25之间，与上年相比，九江水厂、均安水厂和高明水厂水源地水质综合污染指数持平，右滩水厂水源地水质综合污染指数有所上升，其余水源地水质综合污染指数都有不同程度的下降。西江干流、顺德水道、平洲水道、容桂水道、东海水道、高明河水质达地表水Ⅱ类标准，水质状况为优。顺德支流水质达到地表水Ⅲ类标准，水质状况为良。佛山水道（横滘断面）年度水质均值达地表水Ⅳ类标准，综合污染指数为0.48，比上年下降23.57%，各项指标有改善。西南涌（和顺大桥断面）年度水质均值达地表水Ⅳ类标准，综合污染指数为0.61，比上年下降40.16%，各项指标有改善。芦苞涌（独树岗桥断面）年度水质均值达地表水Ⅲ类标准，综合污染指数为0.33，比上年下降43.9%，除溶解氧外，其他水质指标有改善。水口水道设西航道入境处、泌冲大桥、黄岐3个断面，年度水质均值达地表水Ⅴ类标准，综合污染指数为0.58，比上年下降26.51%，各项指标有改善。

【声环境质量】 2019年，佛山市区域环境噪声昼间平均等效声级为58.4分贝（A），与上年持平，达城市区域环境噪声总体水平的昼间三级水平，总体评价为“一般”。佛山市道路交通噪声昼间平均等效声级为68.4分贝（A），较上年下降0.8分贝（A），达道路交通噪声强度等级的昼间二级水平，总体评价为“较好”。全市功能区噪声昼间点次达标率为86.5%，夜间点次达标率为53.5%。全市功能区噪声昼间点次达标率较上年有所上升，夜间点次达标率较上年有所下降。

【辐射环境质量】 2019年，佛山市辐射环境安全状况正常，无放射性污染事故发生。全市有核技术应用设备2526枚（台）：密封性放射源1583枚，其中Ⅰ类源142枚、Ⅱ类源1枚、Ⅲ类源12枚、Ⅳ类和Ⅴ类放射源1428枚；射线装置943台，其中Ⅱ类射线装置89台、Ⅲ类射线装置854台。核技术应用项目主要分布于辐照加工、金属压延、医疗卫生及饮料生产等行业。

（周欢年）

高明区深步水水库 （黄文锋　摄）

环境综合整治

【大气污染防治】 2019年，佛山市大气环境整治工作继续坚持工业源、生活源、农业源“三源共治”，科学实施大气分级管控，关键性指标细颗粒物（$PM_{2.5}$）、二氧化硫（SO_2）都取得新突破。

工业污染整治 完成194家市控重点挥发性有机物（VOCs）企业“一企一策”深化治理。完成30台10蒸吨以上高污染燃料锅炉整治。全年清理取缔证照不齐全、环保手续不完善的家具制造生产企业243家。

移动源污染防治 实行国六排放标准。印发《佛山市公众举报黑烟车奖励办法》，抓拍处罚黑烟车闯限行违法行为3318宗。推进机动车固定遥感监测点建设，全市机动车固定遥感监测点位达6个。开展非道路移动机械摸底调查和编码登记。全面完成柴油公交车淘汰，购置新能源公交车超4700辆，建成投运加氢站10座、公交充电站51座、公交充电桩694支。

扬尘污染防治 推进扬尘污染联防联治，市住建、交通运输、水利、城管、轨道交通、自然资源等相关负有扬尘污染防治责任的单位按照职责分工落实工地扬尘污染防治管理工作，确保《佛山市扬尘污染防治条例》（2018年1月1日起实施）实施到位。年内，市环境保护委员会办公室发出扬尘督查通报10份、督办通知书2份、专项通报2份。

大气分级管控 10—12月，全市启动大气污染轻度防范预警56.5天、中度防范预警3.5天。在启动预警期间，整改企业1393家，限、错峰生产1747家次，处罚工地208个，保洁道路6.47万条次（合计243.87万千米），查处超标排放车辆306辆、渣土车和泥头车撒漏行为338宗。

【水污染防治】 2019年，佛山市以改善水环境质量为核心，推进全市水污染防治工作，阶段性完成水环境质量目标，广佛跨界河流水质呈明显改善趋势。

饮用水源保护 通过实行管理体系流程化、监测预警科学化、划定建设标

准化、巡查检查常态化、水质公开定期化“五化”管理，饮用水源继续得到严格保护，水质达标，在全国地级城市集中式饮用水水源环境状况评估中获100分和优秀等级（已多年获得100分和优秀等级）。坚持把主要的饮用水源整合布局在西江、北江干流上，并通过“西北江双水源、互为备用”的供水格局来确保供水安全，截至2019年底，佛山市水源保护区有16个。结合饮用水水源保护区优化调整，完成水源保护区的规范化建设。严格落实《佛山市供水系统专项规划修编（2014—2020）》，全市一盘棋优化整合供水格局，先后调整、关停18家水厂。留存20家供水水厂，总供水能力484.1万吨/日，水厂均由佛山水业、南海瀚蓝、顺德顺控3家大型国有控股企业运营。配合珠江三角洲水资源配置工程，推进水源保护区划定工作。

黑臭水体整治　建成区8条黑臭水体均消除黑臭，其中禅城区鄱阳环村涌、顺德区英雄河、高明区围拳涌、三水区大棉涌通过市级“长制久清”初步验收，南海区三圣河和五胜涌、禅城区深村（田心）涌、顺德区石洛涌通过市级“初见成效”验收并开始推进“长制久清”工作。推进205条城乡黑臭水体整治，全年完成验收143条，完成比例69.7%。印发《佛山市农村黑臭水体治理工作方案》，全市排查出195条农村黑臭水体，分年度分批次推进农村黑臭水体整治。

农村分散式污水处理设施建设　推进分散式生活污水处理设施建设，明确污水管网延伸不到的地区，生活污水暂无法集中到污水处理厂的，建设分散式生活污水处理设施。截至2019年底，全市分散式生活污水处理设施达573个。

生活污染治理　截至2019年底，全市建成运营的集中式生活污水处理厂有57座，处理能力达269.4万吨/日，累计建成管网6236千米。其中，2019年新增12万吨/日处理能力，新建污水管网1080千米。年内，市属的13个监所完成截污整改工作；118宗楼盘截污整改完成81宗，已开工19宗，完成率70%。

农业污染治理　推动畜牧业转型升级，依法依规清理不规范畜禽养殖场户，对规模化养殖场进行整治，扶持建设大型畜禽养殖企业，完善污染设施治理和农业废弃物配套利用。推进水产养殖污染防治，持续发挥全市已建成的8个生态健康养殖示范小区、5个生态推水循环养殖示范点、13.33公顷广佛跨界区域水产养殖环境水质改良示范点的示范带动作用。

入河排污口清理整治　出台《佛山市2019年入河排污口清理整治工作方案》，以佛山水道、西南涌、水口水道、芦苞涌等广佛跨界主要河流为试点，按照“河长领治、部门联动、广泛监督”的原则，通过“查、溯、测、治”等工作，摸清底数、查找源头、分类整治、树牌公开，并建立长效机制规范管理。全年完成356个直排口清理或整治。

【土壤污染防治】2019年，佛山市印发《佛山市2019年土壤污染防治工作方案》，更新公开28家土壤重点监管企业名录，督促28家土壤重点监管企业开展自行监测、隐患排查并完成20家土壤重点监管企业周边的监督性监测。完成全市1507家重点行业企业用地土壤污染状况调查第一阶段基础信息调查、风险筛查结果纠偏及成果，集成“一图一表一报告”，确定166家初步采样调查企业名单，完成15家重点行业企业用地土壤污染状况详查采样布点方案专家评审。

【固体废物污染防治】2019年，佛山市开展危险废物处理处置布局研究，发动当地企业投资危险废物处理产业，自主建设专业门类危险废物处理项目，各个突破逐一解决产生量大的危险废物种类。全市危险废物处理处置设施能力取得突破，全年新增约24万吨处理能力，危险废物收集试点贮存单位达8个，初步构建危险废物收集网络体系。制定佛山市危险废物规范化监管服务评估体系，每月抽查一定数量的危险废物产生企业，对其进行考核评分。通过深入推进危险废物规范化管理，加强对危险废物产生、收集、运输和处理处置的全过程监管，指导企业规范管理，提升危险废物规范化管理水平。开展佛山市一般工业固体废物处理处置布局研究，摸清重点行业一般工业固体废物数量、种类、去向等情况，为解决佛山市一般工业固体废物的处理处置提供指导；鼓励开展污泥资源化利用，推进污泥处理处置设施建设，逐步解决生活污水处理厂污泥难以在市内有效处理处置的问题。

（周欢年）

环境监管

【“网格化+双随机”环境监管制度全面落实】2019年，佛山市生态环境局全面落实“双随机、一公开”制度，不断推进执法规范化，精准执法。印发《佛山市生态环境局关于进一步推进“双随机、一公开”抽查工作的通知》，在原有抽查事项清单、检查对象名录库、执法检查人员库、抽查工作细则的基础上进一步调整完善，逐步形成“一单两库一细则”体系。结合污普、环统、排污申报、总量、在线等数据，分析企业用水、废水废气排放情况，治理设施运行情况，生产设备运行情况等，及时发现存在偷排漏排隐患的企业。加强在线环境监控，起草自动监测设备运用管理规范，编制重点排污单位安装联网工作计划表，出台《污染源自动监测数据严重超标认定规则（暂行）》，加大自动监测数据超标查处力度。加强环境执法信息化工作，推动移动环境执法平台数据库建设，从横向和纵向打通移动执法业务“闭环”，继续推进污染物全过程监控。编制环境执法和处罚指引，推进依法行政。

【生态环境保护“党政同责、一岗双责”责任制考核】2019年，佛山市环境保护委员会办公室印发《2019年佛山市各区党委、人民政府生态环境保护“党政同责、一岗双责”责任制考核计分方法及操作细则》和《2019年市有关单位生态环境保护“党政同责、一岗双责”责任制考核计分方法及评分表》，继续以考核推动各级党委、政府及部门对生态环境保护工作齐抓共管。是年，全市年度生态环境保护“党政同责、一岗双责”责任制考核中：禅城区被评为“合格”、南海区“合格”、顺德区“合格”、高明区“良好”、三水区“良好”；8个重点考核单位中，市生态环境局、市城管执法局被评为“优秀”，市住房城乡建设局等6个单位被评为“合格”；31个一般考核单位中，市纪委监委、市审计局、市公安局被评为“优秀”，市委政法委等28个单位被评为“合格”。

【排污权交易试点】 2019年，佛山市深入推进排污权有偿使用和交易试点改革，持续优化制度体系，出台《佛山市排污权政府回购实施细则（试行）》，受理、办理、办结445家企业新、改、扩建新增排污指标交易业务，涉及排污权交易出让金约480万元。排污权交易业务量比上年增长11%，呈现明显增长趋势。年内，佛山市排污权交易试点工作被列为广东省“改革再出发”系列报告典型案例、《21世纪经济报道》广东治污改革样本、改革开放40周年广东公共资源交易改革让企业“最多只走一次”十大创新经典案例。

【排污许可证改革】 2019年，佛山市生态环境局编制并印发《2019年全市排污许可改革工作要点》，并按国家出台行业排污许可证申请与核发技术规范，分行业印发年度核发行业工作方案。全年全市核发国家排污许可证1013张，变更国家排污许可证137张。截至2019年底，全市累计核发国家排污许可证1773张，核发数量高居全省榜首。

【环境保护督查】 2019年，佛山市全面梳理中央环保督察及“回头看”督察、固体废物专项督察整改、省级督察反馈意见整改措施清单共75项，运用“督办提醒、督办通知、挂牌督办、市委书记市长环保督查令”四级督办体系重点对督察整改任务等滞后事项开展督办，全年全市发出督办提醒函82份、督办通知69份、书记市（区）长令6份，进行挂牌督办3项，对市路桥公司和南庄镇政府等11个单位进行约谈。

【环境保护执法】 2019年，佛山市出动环境执法人员100791人次，现场检查企业43198家次，立案1652宗，罚款18489.1万元，查封、扣押案件92件，移送行政拘留案件89件，移交涉嫌环境犯罪案件69件。

【环境影响评价审批】 2019年，佛山市生态环境局配合省、市重点项目建设，强化重点项目环境影响评价审批服务，优化审批流程，通过全市统一规范环境影响评价审批流程、压缩审批时限、实行“最多跑一次”、容缺受理和并联审批制度，增强政务服务能力。全年审批建设项目环境影响评价文件36个。

【企业环保自律】 2019年，佛山市生态环境局开展环境信用评价及第三方环保服务机构“黑名单”评价。筛选出污染物排放总量大、环境风险高、生态环境影响大的企业342家，并将其纳入佛山市环境信用评价企业名单进行管理。定期抽查企业自主验收情况，严查企业及第三方环保服务机构在自主验收中弄虚作假的行为；围绕“简政放权、放管结合、优化服务”转变工作职能，指引建设单位科学规范开展验收工作。草拟《佛山市建设项目环境保护事中事后监督管理暂行办法》，建立完善以排污许可证制度为核心的执法监管模式，按照排污许可“谁核发、谁监管”和污染源“双随机、一公开”、重点建设项目定点检查的要求，对生产经营单位实施分类监管。

【生态环境领域民生实事办理】 2019年，佛山市推出新一轮65项生态环境领域民生实事，其中大气污染防治任务9项、水环境整治任务27项、固体废物管理任务7项、日常监管22项。截至年底，58项已完成，4项未完成，3项延期。对于未完成和延期的项目，市环境保护委员会专项通报并要求责任单位及时抓好整改，尽快完成。

【生态环境领域扫黑除恶】 2019年，佛山市生态环境局开展生态环境领域扫黑除恶专项斗争，联动执法，严查环境犯罪行为。成立环境犯罪案件工作组，完善信息共享和协商机制，开展线索排查，强化线索研判，开展“一案三查”（指查办涉黑恶案件，既要查办黑恶势力，又要追查黑恶势力背后的“关系网”和“保护伞”，还要倒查党委、政府的主体责任和有关部门的监管责任），做好扫黑除恶中央督导“回头看”迎检准备工作，配合公安部门开展“净土”专项行动，深入开展行业治乱，推进环境影响评价制度改革，规范危险废物流转市场、村级工业园整治，强化对提供环境服务的第三方市场的管理。

【环保文化建设】 2019年，佛山市生态环境局开展生态环境普法宣传，先后组织生态环境法律法规宣讲活动、“环保进校园”活动、“贯彻落实习近平生态文明思想，履行环保责任，主动防范环境违法风险”专题培训，派发《企业环保法律风险及其防范》宣传册。推进水、大气、土壤污染防治攻坚战宣传，组织市内外媒体参与全市重要环保会议、行动等，讲好佛山生态环境故事，传播佛山生态环境声音，全年市内外各类媒体报道佛山市环保工作约500条，《佛山攻坚克难　全力守护绿水青山》《不忘初心，治水惠民》等信息获“学习强国”平台采用。在春节、“地球一小时”、世界水日、清明节等时间节点，向市民倡导绿色环保生产生活方式。配合省生态环境厅开展广东省2019年纪念“6·5”环境日公益宣传活动，牵头开展广佛小记者环保行活动及环保设施公众开放活动。持续开展环保进企业、进社区、进校园活动，提升公众环保意识。及时排查意识形态领域存在的风险，每天向市、区相关领导及局领导发送涉及佛山市的环保报道；推动绿色学校、绿色社区、环境教育基地创建，全年新增“广东省绿色社区”4个、“广东省环境教育基地”2个。发挥“佛山生态环境”政务微信作用，粉丝数量增至60607人，全年推送图文消息531条，平均阅读量2143人次/条。

【环境信访和环境违法行为有奖举报】 2019年，佛山市生态环境局开展生态环境领域信访矛盾化解攻坚专项行动，每月对群众反映强烈的问题进行排查梳理，开展课题调研，建立问题整改清单，解决环境热点、难点问题，做好矛盾纠纷和风险隐患化解工作，探索建立长效监管机制，补齐“邻避”问题防范与化解工作短板。按照维稳安保相应等级工作机制落实值班、研判和“零报告”制度，保障重大节日和敏感时期环境安全。印发《佛山市生态环境局环境违法行为举报奖励办法》，明确适用举报行为、举报方式、奖励条件、奖励标准、奖励程序等。召开媒体通气会，对1起案件线索举报人现场奖励10万元，创下佛山市环境违法行为举报奖励单笔最高纪录。

【生态环境保护工作会议】 2019年2月20日，佛山市召开全市生态环境保护工作会议，市领导鲁毅、朱伟、熊志翔、李子甫、区邦敏、黄志豪、郭文海、梅河清、杨朝晖、许国、赵海以及市委秘书长、市政府秘书长、分管副秘书长、各区区委书记、区长、市各相关部门主要负责人参加会议。会议指出，在落实“放管服”改革要求、推动环境保护服务高质量发展方面，佛山市要加大对守法合规企业的正向激励，严禁“一刀切”，保护合法合规企业的正当权益。会议明确，佛山市将以优化企业服务为导向，不断提升环境保护服务基层和企业的水平。这是继佛山市“两会”之后召开的第一个全市性综合大会。

【“十四五”生态环境保护规划编制筹备及前期研究工作启动】 2019年，佛山市生态环境局从“制造业城市生态文明创新之路研究”的前期研究课题为切入点，启动“十四五”（第十四个五年规划，起止时间为2021至2025年）生态环境保护规划编制筹备及前期研究工作。组织召开3次专题会议，与省生态环境厅多次沟通对接，初步确定“十四五”生态环境保护规划编制的时间安排、研究总体方向及研究专题设置，并明确“要充分考虑未来五年全市生态环境保护形势，长短结合，分阶段科学设置指标体系及任务措施，提高规划的可行性、科学性及前瞻性”的规划编制要求。同时，将粤港澳大湾区生态环境保护的工作要求与佛山市“十四五”生态环境保护规划衔接。

【非道路移动机械编码登记政策开始实施】 2019年11月12日，佛山市印发《关于对我市非道路移动机械实施编码登记的通知》，对佛山市在用非道路移动机械实施编码登记。佛山市非道路移动机械环保登记号码由1位排放阶段代号和以“KE”开头的8位机械环保序号组成，排放阶段代号与机械环保序号以短横分隔符相连。机械主获得环保登记号码模纸和二维码后，需在5天内自行使用白色涂料将号码喷涂在已登记的机械左右两侧，并粘贴二维码。

【第二次全国污染源普查全面完成】 2019年，佛山市全面完成第二次全国污染源普查工作。佛山生态环境部门按照国家、省的工作部署，高质量完成近8万个普查对象的普查。创新形成纵向“四级一对一”［佛山市建立市—区—镇—第三方机构四级“一对一”质控机制，由上至下分派1名（或多名）工作人员和1名（或多名）第三方普查机构技术骨干，负责组织协调和监督指导入户调查工作，实现问题反馈—跟进整改—效果评估的快速响应］和横向“三个一”（严格按照普查对象准备一套佐证材料，普查人员熟悉一张工艺图表，入户人员核实一圈企业现场的“三个一”要求，规范入户流程，保障前端数据采集质量）的质量控制机制，编制形成11个典型行业入户样表和10个典型行业核算样表，为全省提供普查经验。以“评分制”量化数据质量控制，建立驻点督导工作机制，实施多维度全过程数据审核方案，全方位保障各阶段普查工作细致到位，普查数据达国家定库标准。

【广佛跨界流域涉水企业专项执法行动】 2019年4月11日，佛山市生态环境局统一部署，南海区、三水区生态环境分局配合，在南海区开展广佛跨界流域涉水企业专项执法行动，出动3个组51人，在南海区狮山镇、里水镇开展执法检查。行动共检查企业12家，发现其中6家企业存在环境违法行为，市生态环境局南海区分局均对其进行立案调查。

（周欢年）

生态保护

【国土绿化】 2019年，佛山市继续推进实施《佛山市自然生态文明建设专项规划》和《佛山市建设大湾区高品质森林城市工作方案（2018—2022年）》，广泛开展大规模国土绿化行动，打造佛山市“三屏、六楔、两脉、两环、两网”多层次生命协同的自然生态格局。继续推进数据库管理系统建设。全市自然生态文明建设项目的25类任务与高品质森林城市建设的九大重点生态工程优化整合为四大行动计划27类任务，建立起“一个项目库、一套工作机制”来推进工作落实。全年全市计划完工项目535个，实际完工项目529个；完成年度投资额65.86亿元，占年度任务104%；完成新增绿化面积1933.33公顷，超额完成年初目标任务。对接落实《粤港澳大湾区发展规划纲要》以及《绿美南粤三年行动计划》，编制《佛山市大湾区高品质森林城市建设规划（2018—2022年）》。多部门联动开展，提质增绿，加快搭建城市绿网，编制《美丽佛山五年绿化行动计划》。加快实施一环生态圈，出台《佛山市一环快速化绿地调整方案》，分层次、分区域强化佛山“一环”绿带管控，落实道路红线两侧各300米范围内的规划绿地。实施佛山“一环”高速化改造绿化景观提升，完成绿化提升面积96公顷，全线绿化提升将与佛山一环高速化改造工程同步完成。推进万亩千亩公园建设，开展公园命名和标识征集工作，截至年底，有10个万亩公园和10个千亩公园启动建设。全面推进南海金沙岛、三水云东海国家湿地公园试点建设工作，顺利推进王借岗公园、三龙湾南海片区“两山一湖一岛”城市景观轴线、海上田园项目（青岐现代水产园区）等城市绿心项目建设。西樵国家生态公园万亩桑基鱼塘建设项目加快推进，取得修建性详细规划初步成果，实施区域内河涌综合整治、河道岸线生态绿化建设工程，新建淡水鱼生态健康养殖示范基地和桑蚕文化农产品展示中心。佛山植物园建设加快实施，完成《佛山植物园总体规划（2018—2028年）》编制。年内，南海区里水镇、顺德区龙江镇、三水区芦苞镇、高明区杨和镇获评“广东省森林小镇”。

链接

佛山市“三屏、六楔、两脉、两环、两网”多层次生命协同自然生态格局

2018年3月30日，佛山市第十五届人大常委会第十一次会议通过《佛山市自然生态文明建设专项规划》，该规划显示，佛山市将构建“三屏、六楔、两脉、两环、两网”多层次生命协同的自然生态格局，把佛山建设成为高品质绿色城市。

三屏——三处生态屏障：三水区内北江干流西侧连绵林地生态板块、高明区西江支流南部的连绵林地生态板块、顺德区南部河网密集地区生态板块。

六楔——六条楔形绿地：三水区塘西大道两侧生态廊道、芦苞涌两侧生态廊道，高明区凌云山沿广明高速两侧生态廊道、皂幕山至南海区西岸之间生态廊道，顺德区乐龙路和顺番公路两侧生态廊道、“一环”南延线两侧生态廊道。

两脉——两条滨水生态廊道：沿北江、西江干流和东平水道、顺德水道形成的两条滨水生态廊道，滨水生态廊道按常水位后退300—500米进行控制。

两环——两个森林环：沿西南涌、佛“一环”北线、北江、顺德水道形成城郊万亩郊野森林环，滨水两侧绿地宽度不少于300米；沿佛山水道、东平水道和潭洲水道形成城区千亩城市公园环，滨水两侧绿地宽度不少于100米。

两网——都市蓝绿网：沿城市内部的河流水系两侧规划滨水绿地，形成城市蓝网；沿重要的交通干道规划防护绿地，形成城市绿网。

佛山市森林小镇名录

序　号	名　称	所在县（区）	获评年份
1	南山镇森林小镇	三水区	2017年
2	明城镇森林小镇	高明区	2017年
3	西樵镇森林小镇	南海区	2018年
4	里水镇森林小镇	南海区	2019年
5	龙江镇森林小镇	顺德区	2019年
6	杨和镇森林小镇	高明区	2019年
7	芦苞镇森林小镇	三水区	2019年

【**林业生态修复**】 2019年，佛山市全面加强森林经营，全市3个国有林场森林经营方案编制工作完成。深入开展森林碳汇重点生态工程建设，加大对桉树纯林的改造攻坚，全年全市完成缩桉1701.83公顷，2018—2019年以来全市累计完成缩桉3733.33公顷。引导林农开展桉树替代树种种植，全市种植澳大利亚坚果、金花茶、降香黄檀等特色经济林果、珍贵优质大径级树种400余公顷。完善生态公益林补偿机制，加大省级生态公益林效益补偿力度，是年，佛山市省级生态公益林补偿标准由每年每亩120元提高至每年每亩250元，补偿标准全省最高。

【**河心岛生态修复**】 2019年，佛山市继续实施《佛山市河心岛生态修复工作方案》和《佛山市全面推进河心岛岛长制实施工作方案》，按照“一岛一策”生态修复方案，组织修订《佛山市河心岛生态修复工作市级年度验收评价和评分要求》，加大拆违复绿（拆除违法建构筑物，并在拆除后的土地上种植植物或农作物）工作力度。截至年底，全市河心岛生态修复累计拆除违建13.54公顷、实施复绿71.66公顷。佛山市加强生态修复工作总结和经验推广，策划开展系列宣传活动，形成保护河心岛的社会共识，并获《南方日报》《中国自然资源

修复后的鲤鱼沙岛　　（市规划城建档案馆供图）

报》等主流媒体关注报道。河心岛生态修复入选广东省首届国土空间生态修复十大范例。年内，完成17个河心岛“一岛一策”生态修复方案编制。

（郭　庆）

【“广东省绿色社区”“广东省环境教育基地”创建】 2019年，佛山市开展绿色创建工作，推动绿色社区、环境教育基地创建工作，不断深化环境教育内涵，积极发挥环境教育基地的作用。由市、区两级生态部门组成检查组，对顺德区均安镇生活污水处理厂和御翠豪苑小区、伦教街道三洲社区“678文化街”、勒流街道江义社区、乐从镇平步社区开展省级绿色创建指导工作，通过听取汇报、实地考察等形式对绿色创建单位进行详细检查与指导。是年，佛山市新增“广东省绿色社区”4个：顺德区均安镇御翠豪苑小区、顺德区乐从镇平步社区、顺德区勒流街道江义村、顺德区伦教街道三洲社区；新增“广东省环境教育基地”2个：禅城区南庄镇紫南村、顺德区均安镇生活污水处理厂。

（周欢年）

节能减排

【节能目标责任超额完成】 2019年，佛山市继续优化能源管理，以机构改革为契机，在原属市发展和改革局其他能源管理职能保持不变的前提下，将市工业和信息化局节能管理职责和市机关事务管理局的公共机构节能管理等行政职能整合入市发展和改革局，形成能源管理“一条线、一手抓”的集约高效统筹局面。是年，佛山市能耗“双控”（能源消费总量和强度“双控”）年度、进度目标任务均完成。其中：单位国民生产总值（GDP）能耗同比下降率超省下达的年度指标（下降3.5%）1.4个百分点；年度新增能源消费52.4万吨标准煤，低于省下达的年度指标（消费80万吨）27.6万吨标准煤。能源消费总量得到有效控制，增速趋于放缓。佛山市在广东省2018年度地级以上市人民政府节能目标责任评价考核中排名前列，为“超额完成”等级。

【节能管理】 2019年，佛山市完成年度节能目标任务考核工作，编制年度节能工作报告，节能工作获全省通报表彰，在2018年度地级市“双控”目标考核中获评“超额完成”等级。有序开展重点节能工作。按时按质完成全市178个重点用能单位2018年度节能考核，超额完成省下达的2019年度节能监察任务；季度发布全市能源节能目标完成情况晴雨表、开展重点用能单位能源利用状况报表审核及通报，实时监控能源利用状况、及时预警异常数据、分析研判目标完成情况。履行公共机构节能管理主责，制定2019年度节能工作要点，分解落实2019年度人均综合能耗、单位建筑面积能耗、人均用水量的下降指标至各区及市直相关单位；举办各类节能宣传、培训活动35场次，参与人数3800人次，组织开展节能宣传周活动；组织开展佛山市2019年工业节能培训班和公共机构节能培训；推进佛山市图书馆、佛山科学馆、佛山市顺德区人民法院等3个单位创建2019—2020年节约型公共机构示范单位；完成公共机构名录库更新工作；承办2018年度全省公共机构能源资源消费数据统计培训暨会审工作会议。

【能源规划研究】 2019年，佛山市编制全市能源发展报告，全面摸清佛山能源消费、效率、供给、投资、改革、发展水平对比等情况，把握能源发展形势及存在问题，提出下一步能源工作的开展方向。开展佛山市能耗“双控”与煤炭总量控制策略研究，明晰全市“双控”（能源消费总量和强度“双控”）工作现状、问题，挖掘全市能源节约潜力，预判“十三五”（指佛山市国民经济和社会发展第十三个五年规划）能耗“双控”主要指标完成情况，为完成全市“十三五”能耗“双控”指标打好基础。开展佛山市“十四五”（指佛山市国民经济和社会发展第十四个五年规划）能源发展规划前期研究。对接国家、省能源发展最新举措，引领全市能源未来发展方向。

（马　川）

【绿色建筑管理】 2019年，佛山市沿用3家第三方评价机构受理标识申报机制，通过网上评审实现设计标识评价“零跑动”。绿色建筑高星级标识项目创历年新高，其中取得三星级设计标识项目3个。佛山市绿色建筑工作任务为1000万平方米，实际完成新建绿色建筑项目1361万平方米。其中取得绿色建筑运行标识项目1个，面积9.96万平方米。举办“走读绿色建筑”活动，募集100名佛山市民到环湖小学东校区及碧桂园天盈花园2个三星级绿色建筑项目参观学习。组织年度绿色循环发展与节能降耗资金补助项目申报，全市有6个项目符合条件并获补助资金。组织新型墙体材料和建筑节能材料认定，截至年底，佛山市建筑节能材料和新型墙体材料目录共有建筑节能材料6项和新型墙体材料81项。万家乐热水厨电科技产业园等7个项目成功申报2019年度省建筑业新技术应用示范工程（立项），海天办公楼工程等2个项目通过省住房城乡建设厅组织的新技术应用示范工程专项验收。住房和城乡建设部科技与产业化发展中心主办的“绿色建筑高质量发展研讨会暨建筑产业品质提升现场交流会”在南海区万科金域蓝湾西项目举行。省住房城乡建设厅主办的广东省2019年建筑领域节能宣传月启动仪式在佛山新城中欧中心举行。

（张海东）

【减排】 2019年，佛山市深入分析年度总量减排潜力，印发《佛山市“十三五”主要污染物排放总量控制计划》，在《佛山市打好污染防治攻坚战两年行动计划（2019—2020年）》中分解各区2019—2020年主要污染物总量减排目标。以“一岗双责”、100项环保民生实事等事项为契机，将重点减排项目纳入重要考核内容，大力督促各区和有关部门加强对重点减排工程的建设和运营。2019年佛山市化学需氧量、氨氮、二氧化硫和氮氧化物排放量分别比2015年下降10.8%、8.4%、7.4%和10.5%，完成省政府下达佛山市的年度主要污染物总量减排目标任务。

（周欢年）

区域合作·扶贫开发

手机扫码阅读

粤港澳大湾区合作

【概况】 2019年，佛山市继续贯彻落实《粤港澳大湾区发展规划纲要》，加快广佛同城化建设，发挥广佛极点带动作用，强化与粤港澳大湾区城市间的合作力度，构建全面开放新格局。与广州市共同签署《共建广佛高质量发展融合试验区备忘录》，围绕197千米边界线，谋划打造“1+4”（“1”指广州南站－佛山三龙湾片区；“4”指五眼桥－滘口、大岗－五沙、白云－南海、花都－三水片区）广佛高质量发展融合试验区新格局。推进401个重点项目总体建设，完成投资1100多亿元，完成年度投资计划。推进大湾区建设国际科技创新中心取得新成效，全市各级财政科技投入98.16亿元，比上年（54.65亿元）增长79.6%。推进国家制造业转型升级综合改革试点，部署实施推动制造业高质量发展“六大工程”（强核工程、立柱工程、强链工程、优化布局工程、品质工程、培土工程），规模以上工业增加值保持全国城市第六位、湾区城市第二位。加强与港澳合作，与香港理工大学签署合作办学框架协议。获批中国（佛山）跨境电商综合试验区，投资贸易便利化水平进一步提升。参与“一带一路”建设，对沿线国家和地区进出口比上年增长10.9%。推动重要交通枢纽设施建设，珠三角枢纽（广州新）机场前期工作有序推进（已完成选址报告并按程序上报待批），佛山西站和三水南站至直达香港西九龙的高铁列车开通。推动交通基础设施互联互通，地铁2号线一期、3号线建设加快推进，高明氢能源有轨电车上线，“一环”高速化改造主线接入省高速公路网、辅道基本拉通，“一环”西拓北环段建设基本完工。优化提升信息基础设施，新建5G基站超1700个。是年，佛山市与澳门贸易额4.3亿元，增长12.01%；与香港贸易额464.5亿元。

链接

佛山至香港高铁列车开通

按照全国铁路实施的新列车运行图暨暑期运行图，从2019年7月10日起，途经佛山市开往香港西九龙的高铁列车分别有G6579次列车和G417次列车。其中：G6579次列车为从肇庆东出发，途经三水南、佛山西、广州南、虎门、深圳北、福田后，开往香港西九龙站，当天往返；而G417次列车为从南宁东出发，途经梧州南、佛山西、广州南、深圳北，开往香港西九龙站，当天往返。随着佛山西和三水南至香港西九龙高铁列车的开通，佛山火车站开往香港红磡的“佛九直通车”亦从7月10日起暂停服务。

【广佛合作成果】 2019年，广州市、佛山市推动在规划、交通、产业、科创、环保、社会治理等多方面协同发展。召开2019年度广佛同城化党政联席会议，部署2019年广佛同城化合作工作。制定“广佛同城化2019年重点工作计划”，包含52个广佛同城化事项，覆盖经济社会生活的各方面。

交通基础设施互联互通　广佛两市继续深化交通基础设施规划衔接，在原来广佛轨道交通一体化衔接通道基础上，提出广佛轨道18条衔接通道方案。《广佛两市道路交通衔接规划修编》编制工作启动，从高速公路和城市道路2个角度强化两市通道功能和层次上的规划融合。轨道交通建设进一步推进，广湛高铁先行段2019年9月动工，广佛环线（佛山西站至广州南站段）计划2020年运营通车，佛山市城市轨道交通2号线一期全线17个车站中16个车站主体结构封顶，首列车辆完成交车进站，广州地铁7号线西延顺德段全线7个车站4个车站主体结构封顶。跨市路桥项目建设提速，海华大桥佛山段、五丫口大桥大中修工程等一批项目完工，番海大桥、广佛肇高速二期、珠江大桥放射线接广佛新干线（广佛出口放射线二期）项目建设稳步推进，持续推动多年的沉香大桥、大坦沙大桥系统工程取得突破性进展。

现代化产业体系共建　启动建设4个万亿级产业集群，出台共建先进装备制造、汽车、新一代信息技术、生物医药与健康4个万亿级产业集群工作方案，加快推进广佛产业集聚提升。引导中小企业到广东股权交易中心挂牌融资，截至2019年底，赴广东股权交易中心挂牌的佛山企业481家，数量全省排第二名。

协同高效区域创新格局建设　开展科研技术攻关合作，2019年佛山市市级核心技术攻关立项的27个项目中，有16个项目有广州高校、科研院所参与，占59.3%，《关于推进广佛科技创新合作的工作方案》编制工作有序推进。合作共建新型研发机构，2019年经省科技厅认定的省级新型研发机构中，有6个为佛山与广州高校和科研机构共建。推动广佛两地科技成果转化，华南理工大学国家大学科技园顺德创新园区促成华南理工大学与佛山企业达成技术合作项目59个，合同总额2620万元，促成学校与佛山企业共建联合实验室2个，投入经费800万元。吸引广州人才团队创新创业，2019年佛山科技创新团队申报项目包括中山大学、华南理工大学、中科院广州能源研究所等广州地区高校和科研院所在内的团队提交的项目256个，其中带头人来自广州地区的有53个，涵盖新型电子信息、新材料、生物医药、新能源等领域。

社会治理一体化　优化广佛政务跨城通办服务，推广"市民之窗"自助服务终端设备，并推动相关服务延伸至实体大厅，实现广佛跨城通办事项1846个，较上年增加420个，广佛两地2019年业务量9230件，累计51433件。深化公共服务合作对接，5月，广佛两市人力资源社会保障局签订"深化广佛同城化战略合作框架协议（2019—2022年）"，推动广佛人才战略合作；11月，两市医疗保障局与广州公共资源交易中心签订广佛药品跨区域联合集团采购框架协议，佛山市加入广州药品集团采购平台，联合开展药品集团采购。推进南海区卫生职业技术学校，顺德区中等专业学校、龙江职业技术学校，三水区理工学校等与广州卫生职业技术学院、广州科技贸易职业学院、广州华夏职业学院对接，获广东省教育厅关于开展中高职衔接试点工作的批准，并与广州教研院初步达成同课异构等教研合作意向。推动文体资源互惠共享，启动两市公共图书馆"广佛通"合作项目，广佛两地实现读者证互认、两地市民互认、文献资源互通。佛山市引进广州市优秀文化艺术演出节目，全年琼花大剧院、佛山大剧院等从广州市引进10个演出项目26场演出。开展体育"群体通，通广佛"，实现93个佛山场馆，超过500个广州市场馆集体上线，两地市民均可通过平台互订场地或了解两市赛事活动信息。加强"平安广佛"交流合作，开展2次"三非"（非法就业、非法入境和非法居留）外国人联合整治行动并查获"三非"人员96人。

【"深圳创新+佛山产业"合作发展】2019年，佛山市制订"佛山支持深圳建设中国特色社会主义先行示范区的行动方案"，明确与深圳市全方位对接合作的具体目标任务。加强与深港科技创新合作区、光明科学城等创新平台的交流合作，推动佛山知识产权保护中心与中国（深圳）知识产权保护中心高效联动，主动承接深圳电子信息、装备制造、新能源、新材料等产业溢出，合力打造"基础研究+技术攻关+成果产业化"全过程创新生态链。推动佛山市实体经济与深圳市金融资源对接，加强广东金融高新区与深圳前海深港现代服务业合作区等平台联动，促进更多佛山市优质企业在深交所上市融资。截至2019年底，佛山市在深交所上市企业33家，融资规模约667亿元，总市值约5500亿元。对接深中通道、南沙大桥，推动佛山"一环"南线东延高速、佛山至中山高速、广珠西线高速对接中山东部外环高速规划建设，畅通佛山和深圳的快速联系，加快形成佛深"1小时经济圈"。

（赵冬竹）

【佛港澳经贸合作】2019年，佛山市强化贸易往来，将港澳重点展会列为重点鼓励支持展会目录，组织佛山市企业参展，在香港"贸发网"设立"佛山专区"。香港皇权集团与深圳市国有免税商品集团合作，在顺德区乐从镇共同建设国际时尚产业城，打造国际进口贸易商集聚地。全年佛山与香港贸易额464.5亿元、与澳门贸易额4.3亿元。加大港澳资本引进力度，参加2019粤港澳经济技术贸易合作交流会、2019第四届香港"一带一路"高峰论坛等重大活动，在港澳举办各种形式的投资环境推介活动。全年新批香港直接投资项目228个（实际利用港资37.31亿元）、新批澳门直接投资项目33个（实际利用澳资9841万元），全市新增对香港直接投资企业14家（新增内地协议投资额5710.71万美元）。推进服务外包合作，全年承接港澳服务外包业务合同数738份（比上年增长43.02%），承接港澳服务外包合同执行金额7.04亿美元（比上年增长70.5%）。

【佛港澳科技合作】2019年，佛山市强化与香港、澳门在科技方面的合作。佛山市政府以"1号文"的形式出台《佛山市促进科技创新推动高质量发展若干政策措施》，明确允许港澳地区高校（科研机构）牵头或独立申报市财政科技创新资金项目、减轻在佛山市工作的港澳高层次人才和紧缺人才工资薪金所得税税负等。佛山市政府、香港科技大学、佛山市南海区政府共同签署产学研合作备忘录，设立香港科技大学佛山智能制造研究院，合作共建香港科技大学（佛山）创新中心，促成南海区企业与香港科技大学合作项目6个、引进香港创业团队3个、评选出佛山香港科技大学专项项目17个（资助金额3500万元）。广东博智林机器人有限公司与香港科技大学合作设立"香港科技大学·博智林联合研究院"，联合香港科技大学、佛山市顺德区政府成立"港澳青年创新创业（佛山顺德）基地"，推动省重点项目机器人谷建设。

【佛港澳文化旅游合作】2019年，佛山市加强与香港、澳门在文化产业、非遗传承等方面的交流合作，共同传承中华传统优秀文化。深化粤剧等非遗文化交流合作，佛山粤剧传习所应邀赴澳门参演第三十届澳门艺术节，与澳门文化局联手打造大型粤剧《镜海魂》，向中华人民共和国成立70周年、澳门回归20周年献礼。组织澳门文化产业青年促进会佛山非遗文化探索交流团数次到佛山市非遗传承人考察学习。引进优质国画、书法展览，第三届"美好大湾区·美丽粤港澳"大型书画展首度落户佛山，展出上百件港澳书画名家作品。探索文化产业合作，联合港澳影视业界，探索影视文化体制改革经验，共建粤港澳大湾区影视产业合作试验区。联合举办粤港澳大湾区“‘食在广东’佛山（顺德）美食文化周”，并在美食文化周期间由粤港澳三地餐饮协会联合发出共建“世界美食之都”倡议书；举办“湾区味道·佛山食法——2019年粤港澳大湾区亲子佛山美食研学游”活动，面向港澳以及其他湾区城市亲子家庭开展一系列佛山美食研学游活动；与香港有关机构开展“一程多站”文旅宣传推广，开拓旅游线路、互推旅游资源，计划设计多条特色线路，组织更多香港游客到佛山过夜游。

（市委台港澳办）

【粤港澳大湾区仲裁业务交流合作】 2019年1月11日，香港中联办法律部及香港法律界人士访问团到访佛山仲裁委员会，参观佛山仲裁委办案场地，就“粤港澳大湾区建设中的商事仲裁及法律服务”与佛山仲裁委员会代表进行座谈。2月21—22日，佛山仲裁委员会应邀分别参加广州仲裁委员会举办的“粤港澳大湾区仲裁联盟”闭门会议和工作会议，与粤港澳大湾区“9+2”（广州、佛山、肇庆、深圳、东莞、惠州、珠海、中山、江门9市和香港、澳门特别行政区）城市仲裁机构代表签订“粤港澳大湾区仲裁联盟”备忘录。5月26日，澳门中联办法律部及澳门律师公会考察团到访佛山仲裁委员会，随后与佛山仲裁委员会、佛山市律师协会联合举行座谈会，就涉外及涉港澳仲裁案件类型、仲裁调解与商事调解的异同、内地关于仲裁管辖权的法律规定等与澳门律师进行互动交流。11月2日和12月27日，佛山仲裁委员会分别以“《仲裁法》修改理想与现实及涉港澳跨境商事纠纷解决”和“国际民商事争议解决司法合作的新起点——海牙2019年《承认与执行外国民商事判决公约》”为主题，举办2期“粤港澳大湾区建设与商事仲裁发展仲裁员培训会”，帮助仲裁员、律师及法官、其他法律工作者了解掌握国际民商事争议解决司法合作的最新动态和国际立法状况。

（梁咏童）

【佛山与周边城市合作】 2019年，佛山市继续加强与肇庆市、清远市、韶关市、云浮市等周边地市合作，共同建设广佛肇清云韶经济圈。加强与深莞惠（深圳市、东莞市、惠州市）、珠中江（珠海市、中山市、江门市）经济圈协作互动，提升佛山区域核心竞争力。加强与中山市、江门市、珠海市、阳江市在制造业方面合作，共同打造珠江西岸万亿装备制造业产业带。10月，“读懂中国”广州国际会议上，佛山市副市长蔡家华在世界湾区市长圆桌会上向与会嘉宾讲述大湾区建设中的佛山特色。11月，在首届华侨华人粤港澳大湾区大会上，蔡家华作佛山专题推介，与侨胞叙乡情、谋发展。

（赵冬竹）

2019年5月26月，澳门中联办法律部及澳门律师公会考察团到访佛山。图为考察团与仲裁委员会人员合影

（市仲裁委供图）

粤桂黔滇高铁经济带合作

【概况】 粤桂黔高铁经济带自2014年启动建设以来，经济带合作试验区广东园、广西园、贵州园相继设立，搭建起以高铁为依托的新型跨区域合作模式，促进沿线区域人流、物流、资金流的流动与融合。2019年，粤桂黔高铁经济带扩展到云南省，成员由原来的13个市（州）增加到21个，区域面积达41.64万平方千米、涵盖人口超9519万人。粤桂黔高铁经济带合作试验区（广东园）是2015年9月22日启动建设，该园区以佛山国家高新区南海园为主体区，面积约92平方千米；核心区即佛山西站枢纽新城，面积8.58平方千米。

2019年，佛山西站枢纽新城从1.0版本“建站”向2.0版本“造城”迈进。是年，佛山市致力于将西站枢纽新城打造为湾区西门户、广佛未来城。委托中国（深圳）综合开发研究院开展佛山西站枢纽新城两业融合试验区产业发展规划，明晰产业发展方向。举办佛山西站枢纽新城未来城市发展研讨会暨城市设计深化成果发布会，对外发布佛山西站枢纽新城城市设计深化成果及智慧城市研究成果。推进佛山西站枢纽新城核心区3号地块的出让工作，完成片区首例地块土地出让。引入建设占地面积13.33公顷（约200亩）、投资总额约50亿元的腾讯（佛山）工业互联网生态产业园。提速佛山西站配套工程建设进度，南侧站房加紧建设，南下沉广场主体结构完成施工，西站南路贯通；对环站东路、环站西路出入口以及主要道路平交口等门户节点进行美化，加强对一期路网以及佛山西站周边绿化带的日常养护管理；增补站场内标识指引，对东停车场进行改造完善及优化交通流线，增设网约车“即上即走”上客点，加强对“黑车”的监管与治理。解决项目落地的用地问题，截至2019年底，佛山西站及其片区共征收土地463公顷（6945亩），办理用地手续343.67公顷（5155亩）。

【第五届粤桂黔滇高铁经济带合作联席会议在桂林召开】 2019年10月18—19日，第五届粤桂黔滇高铁经济带合作联席会议暨粤桂黔滇高铁经济带合作试验区（桂林）广西园建设工作现场会在桂林开幕，国家有关部委领导、粤桂黔滇4个省区有关领导、沿线21个市（州）政府领导及知名企业、行业协会代表参加会议。佛山市委常委、副市长蔡家华代表佛山市委、市政府和倡议城市首先发言，通报2018—2019年粤桂黔高铁经济带合作工作推进情况。与往届相比，该届会议由粤桂黔三省（自治区）扩展到粤桂黔滇四省（自治区），成员由原来的13个市（州）增加到21个，区域面积41.64万平方千米、涵盖人口超9519万人。会议以“推进全域旅游合作，打造最美高铁经济带”为主题，全面增强旅游发展新动能，探索全国跨省（区）全域旅游合作发展新模式。21个与会市（州）审议通过《粤桂黔滇高铁经济带合作联席会议章程》《粤桂黔滇高铁经济带全域旅游合作共同行动倡议》，签订《粤桂黔滇高铁经济带全域旅游合作协议》，推出一系列旅游惠民新政策。

【佛山西站枢纽新城未来城市发展研讨会暨城市设计深化成果发布会】 2019年11月4日，佛山西站枢纽新城未来城市发展研讨会暨城市设计深化成果发布会在佛山市南海区举行。会上发布佛山西站枢纽新城的城市设计深化、智慧城市研究成果，并邀请来自国内外的专家、学者共同探讨未来城市的发展模式。会议首次从战略定位、发展理念、城市规模、空间布局等多个维度向社会展示佛山西站枢纽新城“湾区西门户、广佛未来城”的发展蓝图。根据规划，佛山西站枢纽新城将逐步成为大湾区辐射带动泛珠三角区域发展的西门户，广佛大都市区面向未来城市的样板间，粤港澳大湾区制造业和服务业融合创新试验区。

（刘开慧　区智颖）

2019年11月4日，2019佛山西站枢纽新城未来城市发展论坛暨城市设计深化成果发布会在佛山市南海区举行
（佛山高新区管委会供图）

对口支援及对口合作

【对口支援西藏墨脱县】 2019年，佛山市对口支援西藏自治区墨脱县工作继续有序推进。省统筹后投入援建墨脱资金5737万元，其中佛山市财政筹集5186万元，援建项目8个。是年，广东省完成第九批驻墨脱工作组交接轮换工作，轮换援藏干部人才9名，其中佛山选派党政干部3人、专业技术人才5人。

项目建设　安排2742万元用于保障和改善民生，实施墨脱县县城道路立面改造等9个子项目。截至2019年底，三年（2017—2019年）计划内资金15967万元规划建设的十大类24个项目全部竣工。截至2019年底，计划外资金建设的4个项目（2018年续建）中，佛山市支持3000万元建设的多卡、龙列、岗玉3个地质灾害频发村异地搬迁项目完工，并于3月交付使用；广东省支持建设3个边境小康村项目，德尔贡边境小康示范村竣工、地东边境小康示范村完成总进度的70%、西让边境小康示范村完成总进度的50%。

民生事业　驻墨脱县工作组精准对接受援地教师专业能力发展需求，协调选派69名教师和大学生赴墨脱县支教，开展公开课、示范课、指导课15场。佛山8所学校（幼儿园）与墨脱10所中小学（幼儿园）、顺德区教育局与墨脱县教体局结对帮扶，实现教育部门、学校、科组、教师四级帮扶全覆盖。驻墨脱县工作组与恒大足球学校达成多项合作共识，恒大足球学校拟在墨脱新建的公共体育设施挂牌设立青训基地，并派教练和管理人员到墨脱培训当地足球人才。背崩乡卫生院项目、墨脱县人民医院创建二级甲等医院项目等稳步推进。佛山选派6名柔性医疗人才到墨脱县卫生服务中心工作，帮扶6个临床科室，传帮带医护人员30余名。改建墨脱县人民医院急诊科并开展24小时急诊服务，首次开展心肺复苏（AHA-BLS）培训及腹腔镜手术，医疗服务质量得到提高。7月，佛山市中医院再次与墨脱县人民医院签署3年帮扶协议，继续开展对口帮扶。此外，援藏医疗专家多次开展义诊和培训活动，惠及墨脱县干部群众1300余人次。

产业发展　安排2995万元用于产业发展，实施墨脱县城道路配套设施、墨脱县农产品展销中心、墨脱县旅游宣传配套设施、墨脱县茶产业研发中心等8

2019年8月18日，中国·新疆第九届伽师瓜文化旅游节在佛山市对口支援的伽师县开幕
（市发展革改局供图）

个子项目，主要涉及旅游、产业配套设施建设和茶叶种植等领域，提升县城的旅游价值和品位，扩大茶叶种植面积，促进墨脱茶产业的形成和发展，带动当地群众增收脱贫。截至2019年底，墨脱全县建成高标准高山有机茶园56个，总面积1128.42公顷（约16926亩），可采摘面积338.69公顷（约5080亩）。2019年，采摘茶青12.5万千克，群众增收606万元，惠及6个乡镇23个行政村832户3677人（其中包括建档立卡户163户663人），户均增收13400元，人均增收3000余元。

【对口支援新疆伽师县】 2019年，佛山市对口支援新疆维吾尔自治区伽师县工作继续有序推进。广东省统筹后投入援建伽师资金61200万元，其中佛山市财政筹集20496万元，建设项目24个。推动伽师县到2019年底实现72个贫困村退出、9012户35103人脱贫，贫困发生率降至3.8%。5月，佛山市人大常委会副主任李子甫率团到伽师县对接交流。6月，广东省副省长张虎率团到喀什地区调研对口援疆工作，佛山市委常委、常务副市长蔡家华参加活动。同月，佛山市委常委、市纪委书记、市监委主任梅河清率队赴伽师县专项巡察佛山市对口支援工作。8月，佛山市教育局局长商学兵率队赴伽师县，开展对口援助工作。12月，第九批37名援伽师干部人才完成选拔并按程序报中央和省审批，援疆骨干于2019年底进疆开展压茬交接，其中佛山市选派党政干部17人、专业技术人才13人。

项目建设　省统筹后安排对口支援伽师县援疆资金61200万元，以交支票形式实施六大类24个项目。24个项目全部属于基层范畴类项目，占年度援疆资金投入100%。24个项目中属民生范畴类项目19个，援疆资金投入51300万元，占年度援疆资金投入83.82%。截至2019年底，24个援疆项目全部完成，项目完成率和资金拨付率实现“两个百分百”。

产业发展　安排产业就业援疆计划项目3个，投入援疆资金10200万元，产业带动就业5828人，其中贫困户1667人；推动建成卫星工厂164家，开办卫星工厂156家，累计培训及促成就业9438人，其中贫困户3694人；推动2019年度伽师县疆内跨地州有组织转移就业1084人，其中贫困户526人；疆外有组织转移就业305人，其中贫困户136人。全年走访各地各类企业200多家，接待超90家企业到伽师实地考察，吸引企业签约总投资21.18亿元，计划提供就业岗位2.85万个。

民生事业　安排涉援疆扶贫领域项目14个，援疆资金44700万元（不含计划外资金），通过实施援疆项目及援疆工作服务帮助当地建档立卡贫困户转移就业22420户31882人。安排援疆资金22656万元，实施教育援疆类项目7个，选派援疆教师129人，为伽师县教育系统培训骨干教师2000余人次。选派5名医疗专业人才及10名柔性援疆人才医疗援疆，开展医院新技术新项目49个，举办科内讲座82次，开展院内培训40场次，帮助指导接诊门诊病人超19960人次，主刀和指导手术量2300台。安排援疆资金7659万元，建设安居房7440户，截至2019年底，全部竣工并入住，基本实现安全住房全覆盖。

【对口支援新疆生产建设兵团第三师41团】 2019年，佛山市驻新疆生产建设兵团第三师41团（简称“41”团）工作队组织行业协会及企业前往草湖镇对接考察6次，组织招商引资活动5次，参加的行业协会及企业近600家。5月，兵团第三师在广东省东莞市组织召开粤兵组团式合作共建第一次联席会议并开展招商推介活动，佛山市委常委、常务副市长蔡家华出席并讲话，佛山15家企业参加招商推介活动。同月，佛山市人大常委会副主任李子甫，佛山市委常委、市纪委书记、市监委主任梅河清分别率队考察41团。7月，佛山市商务局会同顺德家电商会组织佛山、广州两地17家知名家电企业到41团和图木舒克市园区考察。11月，41团在广州市中国大酒店举办（冬季）招商推介会。是年，41团草湖镇草湖产业园实现签约项目16个，总投资17.62亿元，可新创造就业岗位3675个。截至2019年底，佛山市有13家企业或行业协会表示有意向投资草湖镇，其中9家提交投资计划或者签订框架协议，41团草湖镇草湖产业园注册企业55家，其中生产性企业有16家。

【对口支援四川省甘孜州】 2019年，佛山市向广东省财政上解对口支援四川省甘孜藏族自治州乡城县、得荣县资金8000万元（每县4000万元），2018年至2020年增加支持两县共2000万元（每县1000万元）资金用于8个民生项目建设。

2019年11月，佛山市政协副主席骆毓林率佛山市政协委员一行到得荣县对接调研对口支援工作并捐赠22万元用于得荣县贫困家庭助学　　（市发展改革局供图）

是年，乡城县被四川省政府批准退出贫困县序列，得荣县通过贫困退出的州级和省级验收，待公示通过后摘帽。6月，佛山市人力资源社会保障部门与两县人力资源社会保障部门联合签订劳务合作协作书，通过“佛山人才网的扶贫专页”平台，建立双方劳务对接机制，提供佛山企业招聘信息，实现精准服务。7月，中共佛山市委书记鲁毅作为广东省党政代表团成员赴甘孜对接交流，其间，鲁毅书记慰问佛山援建干部并听取工作汇报。7—8月，共青团佛山市委员会与得荣县共同举办“佛山·得荣汉藏亲子家庭结缘之旅”和“格桑蚕花的情缘——得荣·佛山汉藏家庭友谊之约”活动，促进佛山、得荣两地的交往交流交融和民族团结。8月，佛山市委常委、常务副市长蔡家华率领市发展改革局、市财政局、市农业农村局、市援疆援藏办等有关部门负责人组成的政府代表团赴甘孜州乡城县、得荣县开展对接交流，并在两县分别举行对口支援工作座谈会暨佛山市支持当地民生项目建设资金支票交接仪式；佛山市、顺德区关心下一代工作委员会一行到甘孜州乡城县、得荣县开展交流和“关爱行动”助学活动。10月，佛山市红十字会一行到甘孜州乡城县、得荣县对接交流，并举行爱心物资及善款捐赠仪式，捐赠物资价值30.32万元、贫困家庭大病救助项目善款每县各8万元。11月，佛山市政协一行到得荣县对接调研对口支援工作并举行捐赠仪式，捐赠22万元用于得荣县贫困家庭助学。

项目建设　广东省援川前方工作组统筹安排乡城县、得荣县计划内援建资金各2332万元。安排乡城县、得荣县计划外援建资金分别为1000万元、600万元。建设计划内项目12个，其中乡城县5个，得荣县7个；计划外项目3个，其中乡城县1个，得荣县2个。

产业发展　乡城县引进深圳市锐影志科技有限公司、深圳市非梵精品酒店投资有限公司等2家企业投资；得荣县引进江苏康佳雅汉麻生物科技有限公司、佛山惟微居贸易有限公司、广东佰睿传媒公司等3家企业投资。佛山市邀请乡城县、得荣县“零费用”参加第二十七届广州博览会脱贫攻坚展会、佛山对口地区农产品产销对接会、广东（佛山）安全食用农产品博览会等展会，推介两县农特产品，支持特色农业发展。

民生事业　佛山市南海区里水镇官窑麻奢小学与乡城县城关小学结对，并组织城关小学学生赴佛山市开展“手拉手、心连心”活动；佛山市顺德区顺峰小学与得荣县曲雅贡片区寄宿制学校结对，曲雅贡片区寄宿制学校选派1名教师赴佛山市挂职学习，2名教师带领8名学生到佛山市开展交流活动。乡城县、得荣县共4名党政干部到佛山挂职，4名医疗技术人员和2名教师到佛山市医院、学校跟班学习。

对口支援甘孜县公安局工作　佛山市公安局根据甘孜县公安局实际需求，支援甘孜县公安局200万元用于建设动态人脸识别系统。甘孜县公安局安排3批次90名民（辅）警到佛山市公安局跟班学习培训，加强两地警务交流。

【佛山市与双鸭山市对口合作】　2019年，佛山市、双鸭山市主要领导带队互访交流2次，各区（县）、部门进行互访对接，举办各类招商会、恳谈会、商贸展销会等活动7次。6月，中共广东省委副书记、省长马兴瑞率团到黑龙江开展对口合作交流活动，在哈尔滨市召开黑龙江·广东对口合作及经贸交流座谈会暨签约仪式，中共佛山市委副书记、市长朱伟率团参加活动，冠牌不锈钢管材制造及不锈钢交易中心项目在两省政府主要领导见证下签约，北大荒米高农业年产8万吨高效钾肥项目作为两省对口合作成果在哈尔滨进行展示。同月，佛山市委副书记、市长朱伟带领佛山市政企考察团一行49人到双鸭山市对接考察。其间，举行“双鸭山市·佛山市对口合作第五次联席会议暨签约仪式”、“双鸭山市与佛山市企业对接推介会”。在“双鸭山市·佛山市对口合作第五次联席会议暨签约仪式”上，中共双鸭山市委书记宋宏伟与佛山市委副书记、市长朱伟进行佛山市支持双鸭山市民生及基础设施建设第二批资金1.1亿元支票交接，两市签约合作项目10个，签约金额5.4亿元。在“双鸭山市与佛山市企业对接推介会”上，双鸭山市各县区、各界企业家与佛山市冠牌不锈钢有限公司、广东明珠众达商业开发有限公司、佛山市南海区粮油总公司、佛山市中科企业孵化器有限公司、广东志高集团、广东碧桂园农业控股有限公司、广东万和集团、佛山市海天（高明）调味食品有限公司等16家企业进行对接，签约合作项目2个，签约金额4500万元。是年，佛山市制定“2019年佛山市与双鸭山市对口合作工作计划”。双鸭山市在佛山市成立双鸭山珠三角合作服务中心，主要负责双鸭山市与珠三角地区对接合作的日常工作。

干部人才交流培训　按照建立“全方位、多层次、常态化”的双向干部交流和人才培育机制的要求，佛山与双鸭山两市干部人才交流培训工作不断深化。5月，双鸭山市第三批9名副处级以上干部到佛山市开展为期4个月的挂职锻炼。全年两市组织各类企业家、年轻干部、机关工作人员互访培训交流2批次，累计培训75人。

支持双鸭山市民生及基础设施项目建设　佛山市按照2018年至2020年支持双鸭山市3.8亿元建设10个民生及基础设施项目的相关协议，继续为双鸭山市提供支持项目建设资金，截至2019年底，累计向双鸭山市划拨资金2.32亿元。其中，四方台区污水处理厂提标改造项目完成基本建设及设备安装；四方台区南环路、连接路于10月全线贯通；双山全民健身中心、双鸭山市城市科技馆、四方台区紫云岭公益性公园建设项目（一期）、四方台区紫云岭科普园项目建设按计划推进；四方台区紫云岭公益性公园建设项目（二期）花海种植区完成种植土置换，山上栽植树坑完成15000余处；饶河县季华健康公园项目开始进行场地平整；四方台区背街巷路改造建设工程项目开始办理前期手续。

粮食产销合作　佛山市举办“2019年双鸭山市粮食领域好粮油进佛山宣传品鉴推介会”，精选2个农民种植合作社、2家加工企业的10个品种、18款系列近2吨产品在佛山市南海区桂城粮油超市上架销售。双鸭山市饶河县粮食局与佛山市顺德区粮食局签订粮食销售合同并达成战略合作伙伴关系，第一批精装大米（20吨）运达顺德区粮食局销售。

旅游合作　佛山市与双鸭山市旅游合作营销推广不断加强。佛山市文化广电旅游体育局制定支持对口支援与对口合作城市（含双鸭山市）旅游营销推广的优惠政策。南海区富盈假期旅行社与哈尔滨观光国际旅行社达成合作协议，向南海区当地游客推介双鸭山旅游产品，组织当地旅游团队到双鸭山旅游。双鸭山市推出哈尔滨冰雪大世界、双鸭山青山国家森林公园、北大荒农机博览园、圣洁摇篮山滑雪场、七星山国家森林公园双飞7天研学游线路。1月，佛山市第一中学研学旅行交流团一行52人赴双鸭山市第一中学研学旅游交流。5月，双鸭山市文化广电和旅游局相关工作人员到佛山市对接交流，与佛山市文化广电旅游体育局、旅游协会和部分旅行社就组织游客赴双鸭山旅游的旅游线路、旅游产品开发、优惠政策等进行协商，并取得初步合作意向。11月，双鸭山市集贤县东极国旅组织佛山市商务旅游团到双鸭山市旅游观光。

（韩　毅）

扶贫开发

【省内脱贫攻坚对口帮扶湛江、云浮市】 2019年，佛山市推进新时期精准扶贫省内脱贫攻坚对口帮扶湛江市、云浮市工作［按照省委、省政府部署，新时期精准扶贫从2016年开始，到2020年与全国同步进入小康社会，佛山市对口帮扶湛江、云浮所属12个县（市、区）的254个相对贫困村、2.69万户8.88万名相对贫困人口］。是年，对口帮扶湛江市、云浮市投入财政专项资金3.58亿元，其中省定教育补助配套资金9422.46万元、市财政额外安排的专项扶贫资金2.54亿元，党政代表团访问交流捐赠的扶贫资金1000万元。截至2019年，对口帮扶的254个省定相对贫困村，退出253个，退出率为99.6%；相对贫困户退出23833户79390人，退出率为99.38%。帮扶的254个相对贫困村居民2019年的年人均可支配收入为17678.10元，达到全省农村居民可支配收入60%（11022元）以上。

组织领导　2019年，中共佛山市委、市政府共11次研究部署对口帮扶工作。8月16日，中共佛山市委书记鲁毅率市党政代表团赴湛江市，深入省定贫困村调研，对接新时期精准扶贫对口帮扶工作。11月28日，市委书记鲁毅、市长朱伟率市党政代表团赴云浮市对接对口帮扶工作暨召开佛山对口帮扶云浮2019年第二次党政联席会议。12月31日，朱伟率队前往湛江吴川市樟铺镇下村村调研脱贫攻坚工作。9月12日召开全市脱贫攻坚工作推进会暨扶贫干部培训会。

产业帮扶　截至2019年底，佛山市帮扶湛江、云浮两市过程中累计扶持培育农民专业合作社254个，以合作社链接大市场。累计捐赠152辆农用皮卡车用于合作社生产经营，助推农产品销售。累计帮扶254个相对贫困户建立1420个产业增收项目，项目投入资金15.66亿元，其中扶贫资金投入11.58亿元，带动3311名贫困劳动力就业，带动3839户相对贫困户发展生产。2019年，贫困群众从帮扶建立的产业增收项目中获得分红4199万元。

消费扶贫　2019年，佛山市出台《关于运用政府采购政策助推消费扶贫工作的通知》，要求各预算单位确定并预留食堂采购农副产品总额的一定比例（不低于20%）定向采购贫困地区农副产品，并遴选一批经营受援地扶贫产品企业。组织扶贫产品经营企业参加广东脱贫攻坚展，销售扶贫产品近150万元。举行佛山—湛江对口帮扶消费扶贫工作座谈会，现场签订两地农业产销合作框架协议。在第五届广东（佛山）安全食用农产品博览会期间，举行佛山对口帮扶对口援建对口合作城市农业产销对接会。

就业扶贫　2019年，佛山市各级人力资源社会保障部门联合湛江、云浮两市人力资源社会保障部门先后组织21场佛山企业专场招聘会。印发《关于进一步做好对口帮扶湛江市云浮市劳动力转移就业工作的通知》，推广以奖代补做法，明确对贫困劳动力进行转移就业补贴，每年每人一次性补贴1000元。在落实以奖代补推进对口帮扶湛江市云浮市劳动力转移就业工作过程中，发放就业资补金1072.18万元，有6975名贫困劳动力享受就业奖补政策。截至2019年底，佛山市对口帮扶湛江、云浮两市的254个相对贫困村有14395名贫困劳动力通过劳动力转移就业措施实现就业（其中到珠江三角洲地区就业10800人），有12499名贫困劳动力通过产业扶贫项目、扶贫车间、开发公益岗位等帮扶项目实现就近就地就业。

保障扶贫　2019年，佛山市协助对口帮扶相对贫困村全面落实五保、低保、孤儿、残疾人补助政策，确保应保尽保。全面帮扶贫困户购买城乡居民医保、养老保险，贫困户城乡居民医疗保险、养老保险参保率100%。对长期居住危房且危房为唯一住所的建档立卡贫困户，在帮扶期限内实施危房改造的，在省和当地配套补助（每户补助4万元）的基础上，佛山市再给予每户2万元以下补助，全年帮扶完成危房改造546户，额外追加补助519.32万元。继续以村为单位，每村投入10万元启动资金，帮扶各村成立助医助学互助金。截至2019年，254个省定相对贫困村中，有113个村建立“慈善互助金”，资金规模1453.64万元，发放救助金528.39万元，有7625人受益。

2019年，四川省凉山彝族自治州三河村的显眼处写着“凉山佛山一家亲”
（容铸华　摄）

【东西部扶贫协作对口帮扶四川凉山】2019年，佛山市继续开展东西部扶贫协作工作，对口帮扶四川省凉山彝族自治州11个国家重点贫困县。在2019年全国东西部扶贫协作考核中获评最高等次“好”，并在2019年全国脱贫攻坚奖表彰大会暨首场脱贫攻坚先进事迹报告会获颁全国脱贫攻坚奖“组织创新奖”。截至2019年底，佛山向凉山派出党政干部38名、专业技术人才208名，累计投入财政援助资金7.27亿元，捐款捐物8766万元，援建安全住房4890套、为16058名住房困难户解决住房问题，引导54家企业投资落地29亿余元，帮助贫困群众销售1.28亿元农特产品，累计实现1772个贫困村退出，80.1万名贫困人口脱贫。

组织领导　2019年7月14—16日，中央政治局委员、中共广东省委书记李希率党政代表团赴四川省考察，并召开广东·四川扶贫协作和对口支援联席会议；8月8日，中共佛山市委书记鲁毅率党政代表团赴凉山州召开两地党政联席会议；9月1日，凉山州委书记林书成率党政代表团赴佛山召开两地党政联席会议。是年，佛山市委常委会议、市政府常务会议、市扶贫开发领导小组会议先后12次专题研究扶贫协作工作。

人才支援　2019年，佛山市派驻凉山州开展扶贫协作干部38名，完成协议数的131.03%。派出208名医疗、教育、建设等专业技术人才到凉山开展支医、支教等技术援助，完成协议数的472.72%。投入财政援助资金532万元，举办35期党政干部培训班，培训凉山州各级党政干部1709人，比上年增长127.26%。投入财政援助资金272万元，开展专业技能培训90期，培训凉山州教师、医生、护士、村幼辅导员等专业技术人员11876名，比上年增长39.24%。

资金支持　2019年，佛山市对口凉山州扶贫协作财政援助资金7.27亿元，完成协议数的165.28%，比上年增长6.13%，占佛山市一般公共预算收入的1.03%。全年动员企业、社会组织和个人向凉山州捐款7412万元，捐物价值1354万元。社会帮扶资金总额比上年增长51.86%。

产业合作　2019年，佛山市引导广东投资者在凉山州注册企业29家（比上年增长20.83%），实际投资额合计29.11亿元（增长106.45%），落地企业带动贫困人口脱贫24121人（增长13.32%）。推动佛山机关事业单位、企业和社会各界通过“以购代捐”开展消费扶贫行动，全年通过各类渠道帮助凉山销售农特产品1.28亿元（增长16.36%），生产扶贫产品的企业通过吸纳就业或利益联结机制带动贫困人口增收4279人（增长436.89%）。

劳务协作　2019年，佛山市帮助凉山州籍贫困人口到佛山市就业6488人，完成协议数的589.82%；帮助凉山州籍贫困人口到广东省就业并工作3个月以上的共9657人，比上年增长151.55%。通过产业合作、扶贫车间、公益性岗位以及开展培训等方式帮助凉山州籍贫困人口实现就近就业并工作3个月以上的共3388人，完成协议数的677.60%，比上年增长105.71%。全年安排佛山对口凉山州财政援助资金1638.08万元用于凉山州新型农民素质提升工程劳动技能培训，培训贫困人口28816人。通过培训帮助凉山州籍贫困人口到广东省、四川省以外其他地区就业并工作3个月以上的1034人。

结对帮扶　2019年，佛山市各区领导到凉山州的结对县调研对接携手奔小康工作，并分别与结对县召开区县党政联席会议。新增佛山、凉山两地乡镇结对11对、村村结对8对、村企结对110对、社会组织结对12对、学校结对12对、医院结对11对。佛山在凉山举办创业致富带头人培训班23期，培训1547人，其中创业成功64人，带动贫困人口增收684人。

（赖永逸）

高新技术产业开发区

手机扫码阅读

综　述

【概况】 佛山国家高新技术产业开发区是1992年经国务院批准建设的首批国家级高新区，是佛山推动粤港澳大湾区建设的重大战略平台、珠三角国家自主创新示范区的主体园区、粤桂黔滇高铁经济带合作试验区（广东园）的主要载体，也是国家创新型特色园区、国家知识产权试点园区、广东省金融科技产业融合创新综合试验区、珠江西岸装备制造产业创新基地。2019年，佛山市对佛山高新区进行体制机制优化调整，佛山高新区由委托南海区委、区政府管理调整为由市委、市政府直接管理。实行“市统筹、区建设、齐分享”的管理体制和“一区五园”（“一区”指佛山高新区，“五园”指禅城园、南海园、顺德园、高明园、三水园）、“统一规划、分园管理、创新服务”的管理模式，核定管理面积为470.72平方千米。2019年，佛山高新区实现地区生产总值1649亿元，占全市15%；工业总产值4098亿元；营业收入4451亿元；出口总额698亿元，占全市19%。是年，在人民日报社举办的第十八届中国经济论坛上，佛山高新区获“2019年中国创新榜样奖”；根据科技部火炬中心通报情况，佛山高新区全国综合排名为第二十九名。

【高新区产业体系】 2019年，佛山继续推动高端装备制造、智能家居、新材料三大主导产业智能化发展，促进电子核心、生物与健康、生产性服务业三大特色产业高端化发展，发展机器人、增材制造、新能源汽车、工业互联网等新产业、新业态，加快构建具有国际竞争力的现代产业体系。东方精工收购西班牙企业Tiruña，进一步提升瓦楞智能包装设备全产业链整体解决方案的能力；国星光电股份有限公司的发光二极管（LED）芯片性能指标达到国内领先水平，获评“2019年度国家知识产权示范企业”。工业机器人、新能源汽车、生物医药等新产业新业态加速涌现。美的集团以37亿欧元收购德国库卡机器人公司，打造美的库卡智能制造科技园，机器人年产量超5000台；碧桂园集团投资800亿元打造机器人谷。“仙湖氢谷”加快建设，聚焦打造氢能产业“硅谷”，一汽-大众投资118亿元启动新能源汽车项目。广东生物医药产业化基地集聚一大批生物医药企业，由钟南山团队投资的佛山安捷健康产业园启动建设。截至2019年底，佛山高新区拥有制造业企业超1万家，高端装备制造占全市的50%。

【高新区科技创新】 2019年，佛山国家高新技术产业开发区财政科技支出18.2亿元，占高新区财政支出的13%。全社会研发投入超100亿元，创投资金4.6亿元。季华实验室（先进制造科学与技术广东省实验室）、仙湖实验室（先进能源科学与技术广东省实验室佛山分中心）、清华大学华南（佛山）新材料研究院、中科院苏州纳米所广东（佛山）研究院、国家增材制造创新中心佛山分中心、美国美容牙科学会中国代表处等科研平台加快建设。截至2019年，佛山高新区逐步建立起以企业为主体、以高校和科研院所为依托的产学研合作模式，先后引进大院大所合作组建新型研发机构62个（占全市的67%）、省级及以上创新平台411个（占全市的44%）、博士后科研站36个（占全市的59%）、院士工作站36个（占全市的53%），为高新区创新发展提供支撑。2019年，国星光电股份有限公司联合申报的“高光效长寿命半导体照明关键技术与产业化”、佛山市南海奔达模具有限公司联合申报的“大尺寸铝合金车轮成型关键技术及应用”分别获2019年度国家科学技术进步奖一等奖、二等奖；富利包装机械公司自主研发的“FL-2800-5-S五层瓦楞纸板生产线”被认定为国家级首台（套）重大技术装备；世界首条氢能源有轨电车在高明园投入商业运营。

【高新区人才引进】 2019年，佛山国家高新技术产业开发区继续完善产业人才扶持政策整体布局，以政策引领为导向，出台《佛山高新区创新驱动发展若干意见》，加大对“硬科技”人才团队资助力度，其中对新引进的省创新创业团队，按省财政资助金额的25%给予配套。通过省、市合作方式建设佛山市人才驿站、佛山高层次人才产业园，设立“大湾区国际人才一站式服务窗口”“广东高层次人才服务专区佛山分区”，中科院深圳先进技术研究院、中科院云计算中心等

2019年12月10日，佛山市人才驿站、佛山高层次人才产业园揭牌仪式在佛山高新区管委会举行。图为仪式现场（市档案馆供图）

12个单位成为战略合作单位，首批12个高精尖项目入驻佛山市人才驿站。是年，高新区新增省"珠江人才计划"创新创业团队4个，累计总量达9个，占全市省科技创新团队总量的82%；新增佛山市"科技创新团队"28个，总量达109个。

【高新区创新创业升级】 2019年，佛山国家高新技术产业开发区继续推进特色载体建设，9个获中央财政支持的特色载体基本完成建设工作，在科技部火炬中心组织的中期评价中获A类评价。依托15家国家级孵化器（占全市的69%）、13家国家级众创空间（占全市的65%）等载体，完善孵化育成体系，打造"研发—孵化—加速—产业化"的全链条创新支撑空间。重点打造"百千万"高端创新载体，以"高新区百亩极核——佛山创新灯塔社区"为主要抓手，全力建设"山水胜境、科创核芯"的标杆社区，成为全市乃至大湾区创新发展的"灯塔"；加快推进南海园、禅城园2个"千亩产业加速器"建设；三水园"万亩产业园"坚持高标准开发，探索"山水林田湖"皆优、"城产人文乡"共荣的"湖畔经济"新模式。企业培育成效显著，是年，高新园区净增工商注册企业12412家，平均每个工作日新增50家。启动2019年度高科技高成长企业培育专项行动，最终遴选"瞪羚企业"62家、"单打冠军企业"22家和"种子独角兽企业"6家，形成以"高企""瞪羚""单打冠军""独角兽"等高科技高成长企业为引领的创新发展格局。佛山高新区全年举办创新创业活动488场次，承办第八届中国创新创业大赛港澳台赛、中国·佛山人工智能与智能制造国际合作发展大会、中国—意大利创新创业大赛暨最佳项目路演总决赛、2019年第八届中国创新创业大赛（广东佛山赛区）、火炬中心科技成果直通车（佛山站智能制造领域）活动。

【高新区国际合作】 2019年，佛山国家高新技术产业开发区推动国际合作向深层次拓展。建设新加坡创新中心和人才驿站、滑铁卢大学（佛山）技术转移转化中心。设立北美联络处、硅谷创新中心、美国美容牙科学会中国代表处。与俄罗斯科学城发展联盟签订合作备忘录。与中国国际科技合作交流协会共建华南工作站，举办"科技之家大使、外交官2019佛山行"活动。吸引来自美国、加拿大、英国、俄罗斯等国家10批次共61个项目与团队到高新区路演对接。

（邓国燊）

佛山高新区禅城园

【概况】 佛山国家高新技术产业开发区禅城园核准总体规划面积6.5平方千米，其中城南园4平方千米、城西园2.5平方千米，拥有智慧新城、华南创谷、佛山新媒体产业园、欧洲工业园、佛山生命科学园、基德福产业园、零壹科技园、东成立亿产业园、同向工业园等主要园区。2019年，禅城园对园区进行调整，将城西园向周边区域拓展，新增涵盖佛山科学技术学院、佛山创意产业园和禅城陶谷小镇（石湾片区），形成片区一；保持城南园区域范围不变，形成片区二。调整后，禅城园包括2个片区，即片区一11.7平方千米、片区二4平方千米，合计15.7平方千米（禅城园在对园区进行调整过程中，将南庄绿岛湖片区纳入拓展区域）。2019年，禅城园火炬纳统企业共219家，实现地区生产总值148.94亿元，工业总产值311.18亿元，营业收入441.70亿元，出口总额77.76亿元，上缴税费总额18.74亿元。

【高新区禅城园产业发展】 2019年，佛山国家高新技术产业开发区禅城园继续通过创新驱动，发展装备制造、汽配装备业、电子信息产业、科技服务业、互联网针织服装业等特色产业，加快智能制造产业集聚。截至2019年底，禅城园拥有规模以上工业企业105家。其中：装备制造业龙头企业有安德里茨（中国）有限公司、腾龙光学（佛山）有限公司、佛山市康思达液压机械有限公司、佛山华国光学器材有限公司、佛山市三技精密机械有限公司等；汽配装备业代表企业有佛山市丰富汽配有限公司、佛山市优达佳汽配有限公司、市光法雷奥（佛山）汽车照明系统有限公司、丸一金属制品（佛山）有限公司等；电子信息产业主要有佛山市国星光电股份有限公司、佛山市蓝箭电子股份有限公司、佛山市金辉高科光电材料有限公司等。

【高新区禅城园科技平台建设】 截至2019年底，佛山国家高新技术产业开发区禅城园拥有高新技术企业189家。拥有国家级科技企业孵化器3家、国家级众创空间2家、国家地方联合实验室（工程中心）2个、市级科技企业孵化器4家、各类研发机构119个（其中大学1所、研究院所20个、博士后科研工作站10个、

2019年9月9日，华南创谷全球运动布料快速反应中心在佛山高新区禅城园举行奠基仪式

（佛山高新区禅城园供图）

国家工程技术研究中心1个、国家认定企业技术中心2个、国家地方联合工程研究中心2个、省级工程技术研究中心61个、省级及以上重点实验室2个、省级企业技术中心8个、市级企业技术中心7个；新型产业技术研发机构5个）。

（陈　曦）

佛山高新区南海园

【概况】 佛山国家高新技术产业开发区南海园是佛山国家高新技术产业开发区“一区五园”（“一区”指佛山高新区，“五园”指禅城园、南海园、顺德园、高明园、三水园）体系的重要组成部分。根据2019年12月25日佛山市印发的《关于优化调整佛山高新技术产业开发区“一区五园”管理范围的通知》要求，在“优化调整后园区总体不得超过3个片区”的原则下，南海园的管理范围由403.36平方千米（包括狮山镇全辖区和丹灶镇北部）优化调整为267.2平方千米，分三个片区：“片区一”狮山、丹灶连片183.6平方千米，“片区二”桂城、大沥连片45.2平方千米，“片区三”里水片区38.4平方千米，基本按市的要求覆盖佛山“一环创新圈”上南海区范围内的创新节点，新调入三龙湾高端创新集聚区（南海）、广东金融高新区、里水电子信息产业园、和桂工业园、仙湖氢谷等重要创新资源集聚的区域。2019年，南海园以实体经济、民营经济为主。实现全年地区生产总值608.49亿元，规模以上工业总产值1421.48亿元，出口总额222.62亿元，全社会固定资产投资203.13亿元。

【高新区南海园产业发展】 2019年，佛山国家高新技术产业开发区南海园坚持招大商、重创新，促进产业创新发展。通过赴福建省晋江市陆地港，以及江苏省昆山市平谦国际（昆山、迈高）现代产业园、常熟市平谦国际（常熟）现代产业园、太仓市平谦国际（太仓）现代产业园等地招商考察调研，主动对接意向投资者，挖掘潜在项目资源。是年，佛山高新区南海园初步对接福建陆地港集团落户南三产业合作区、平谦国际集团选址佛山高新区南海园，协助引进超亿元项目9个，总投资额约58亿元，其中广东海德利森一氢科技项目、广东恒利智建科技项目、中国科学院苏州纳米技术与纳米仿生研究所广东（佛山）研究院项目等超10亿元重大产业项目总投资额40.45亿元。推进佛山南海电子信息产业园的建设，协助完善产业园的供水、燃气、截污等配套工程，并协助跟进产业园澜海瑞芯电子（8英寸晶圆）项目环评报批问题以及后续化学需氧量（COD）指标增量、项目立项、用地指标和留用地办证等问题。截至2019年底，南海园形成汽车整车及零部件制造、高端装备制造、光电、新材料、智能家电、生命健康等高新技术产业集群，建有中国（广东）机器人集成创新中心、广东生物医药产业基地、广东新光源产业基地等特色产业园，集聚世界500强投资企业30家、上市及新三板挂牌企业35家、高新技术企业970家。

【高新区南海园科技创新】 截至2019年底，佛山国家高新技术产业开发区南海园与中国工程院、中国科学院、清华大学等大院名校合作，建设有深圳清华研究院佛山创新中心、佛山智能装备技术研究院、广工大数控装备研究院、东软华南IT创业园、广东3D打印应用技术创新中心、广东国防科技工业技术成果产业化应用推广中心、佛山中国空间技术研究院创新中心、广东省医学科学院（南海）转化医学中心等一批创新创业载体，集聚国家级孵化器8家、国家级众创空间6家、省级及以上工程技术研究中心185个、省级及以上企业技术中心47个。是年，南海园发动科技园区、投融资机构、龙头企业参加2019中国·佛山人工智能与智能制造国际大会暨第二届智能制造产业国际合作发展论坛、2019“Deep-Tech”佛山高新区海外人才创新创业大赛项目对接活动等，营造良好的创新创业环境。发动70家企业申报2019年度“瞪羚企业”、40家企业申报2019年度“单打冠军企业”，经认定，南海园2019年度“瞪羚企业”38家、2019年度“单打冠军企业”7家。做好扶持资金发放，全年向园区56家企业及科技企业孵化器发放扶持资金共2700万元。

（张　健）

佛山高新区顺德园

【概况】 2019年，佛山国家高新技术产业开发区顺德园开展管理范围优化调整工作，总面积扩展至84.49平方千米，形成北部、西北部和东部三大片区，以智能制造、智能家电、机器人、机械装备四大产业为主，辖区范围包括大良、容桂、北滘、陈村、杏坛5个镇（街道），其中，预留杏坛西南部片区6.65平方千米作为拓展区。是年，顺德园营业收入1567.52亿元，比上年增长75.23%；工业总产值1501亿元，增长76.44%；实现净利润95.15亿元，增长218.28%。有高新技术企业384家，增长28%；各类国家级研发机构数32个，增长33%。

【高新区顺德园升级改造】 2019年，佛山国家高新技术产业开发区顺德园围绕高质量发展体制机制改革创新实验区实施方案，以村级工业园改造工作为契机，推动园区企业高质量发展。大良五沙工业园鼓励企业增资扩建，合理提高现有地块容积率和建筑密度，增加土地产出，全年新增建筑面积接近206万平方米。容桂村级工业园升级改造工程，全面淘汰落后产能园区，全年完成清退拆除面积66.67公顷（1000多亩），新增建设面积60万平方米，持续推进南入口新兴产业园、顺德集成电路产业园（四基）等项目。广东博智林机器人公司在北滘打造10平方千米的机器人谷全产业链服务平台，从人才培养、核心技术、本体研发、核心零部件和本体生产制造、各类场景系统集成和实践应用方面为机器人产业提供全方位的支持，首开区的105万平方米于11月交付使用，聚集国内外优秀研发人才超过3000人。

【高新区顺德园产业发展】 2019年，佛山国家高新技术产业开发区顺德园重点企业发展形势良好。海信家电集团开发扩容新产品，增加市场占有率，全年工业总产值超166亿元；万和集团全年产值53亿元，比上年增长约9%，并与华为技术有限公司、中国电信集团有限公司合作打造“万和5G创新基地”，研究智能制造应用、人工智能产品的硬件和软件解决方案。广东美的暖通设备有限公司继续扩展海内外市场，专注产品研发，全年产值约156亿元；广东伊之密精密注压科技有限公司全年产值近20亿元，建设全球创新中心，与华为技术有限公司、中国联合网络通信集团有限公司合作建设人工智能平台，研发设计5G专业生产设备；昇辉控股有限公司建设总部基地，全年产值近35亿元。是年，顺德园开展各项建设投产项目工作。其中：村田新材料、富多新材料、万家乐厨电产业园等项目竣工验收；伊雪松机器人、顺杉智能家电、阿波罗环保新材料、华腾科技城等项目基本建成；小熊电器、康雅电器、多维新能源、琅美地毯、科贝隆注塑设备等项目在建设阶段。是年，顺德园引进12个项目投资总额超1000亿元，包括集成科创园、蚬华电风扇厂一期改造、顺德机器人谷等。截至2019年底，顺德园有高新技术企业384家，比上年增长28%。

【高新区顺德园营商环境优化】 2019年，佛山国家高新技术产业开发区顺德园坚持提升企业服务品质，优化营商环境。通过发挥各镇（街道）、各类平台、园区、科技服务机构的力量，全年组织各类培训宣讲会40余场次，服务企业1000多家次。成立佛山国家高新技术产业开发区（顺德园）行政服务中心，为企业提供“一站式、一窗式”政务服务，中心首批承接市级45项行政审批事项。落实佛山高新区扶持政策，全年顺德园有4家企业获“独角兽企业”认定、3家企业获“单打冠军企业”政策扶持、9家企业获研发机构资金扶持、11家符合条件申报科技创新项目，全年企业获得佛山高新区政策奖补900余万元。完善政策体系，加快新旧动能转换。北滘镇出台《商业招商扶持办法》《促进广东工业设计城扩容提质高质量发展扶持办法》《促进小微工业企业上规模发展扶持办法》，容桂街道出台《促进中小微企业升级发展扶持办法》，陈村镇出台《企业信贷风险补偿金管理办法》《利用资本市场扶持办法》《深化产业创新发展实施办法》《加快总部经济发展实施办法》《促进小微企业上规模扶持专项资金管理办法》等，大良街道编制《顺德汽车产业高质量发展示范区规划》。

【高新区顺德园创新平台建设】 2019年，佛山国家高新技术产业开发区顺德园探索发展新模式，以省、市研发机构、孵化器（基地）特色载体项目申报为契机，引导有条件的机构加快创新创业平台建设。利用各级政府出台的“小升规”（小微工业企业升级为规模以上工业企业）扶持政策，全年上规升级企业36家。广东工业设计城全年服务收入约10亿元，引进国内外企业280多家，包括44家设计高新技术企业，获评广东省家电工业设计研究院和全国创业孵化示范基地。新增顺德绿色制造环境与安全检测认证公共服务平台，为辖区内企业提供环保、安全检测认证等服务。推动9个省级研发机构平台向国家级孵化器发展。截至年底，顺德园有各类国家级研发机构数32个，比上年增长33%。

（佛高区顺德园）

佛山高新区高明园

【概况】 2019年，佛山国家高新技术产业开发区高明园进行园区优化调整，在原沧江工业园核心区基础上增加高明富湾工业园6.13平方千米，园区总面积达18.33平方千米。2019年，高明园总体经济运行形势稳中向好，全年营业收入313.76亿元，工业总产值312.08亿元，园区火炬纳统企业总资产利润率26.21%，园区火炬纳统企业营业收入净利润率17.21%。是年，高明园实现地区生产总值233亿元，规模以上工业总产值1096亿元，实际上缴税费总额25.7亿元，进出口总额37亿元。

【高新区高明园产业发展】 2019年，佛山国家高新技术产业开发区高明园固定投资工作和“小升规”（小微企业规范升级为规模以上企业）工作超额完成全年任务。全年引入工业项目18个，投资额27.44亿元。截至2019年底，高明园有各类企业1242家，其中“四上”企业（指规模以上工业、有资质的建筑业、限额以上批发和零售业、限额以上住宿和餐饮业、房地产开发经营业、规模以上服务业法人单位）173家、规模以上工业企业140家、工业企业661家。形成以健康食品、智能制造、电子信息（电器）、“三新”产业（新材料产业、新能源产业、新能源汽车及零部件产业）四大优势产业集群。健康食品产业企业有佛山市海天（高明）调味食品有限公司、佛山市高明鸿鹰果仁食品有限公司，其中佛山市海天（高明）调味食品有限公司2019年产值超156亿元、税收达18.30亿元。智能制造产业企业有广东睿住优卡科技有限公司、本田金属技术（佛山）有限公司、广东万和电气有限公司等，工业产值超100亿元。电子信息（电器）产业企业有佛山市毅丰电器实业有限公司、佛山电器照明股份有限公司等。“三新”产业企业有中车四方股份公司、广东泰极动力科技有限公司、佛山市石金科技有限公司等，其中中车四方股份公司研制的氢能源有轨电车于2019年12月30日在高明上线载客，标志着世界首条氢能源有轨电车正式投入商业运营。

【高新区高明园配套设施建设】 2019年，佛山国家高新技术产业开发区高明园推进沧江工业园EPC项目，完善配套设施，保障道路周边企业、群众的切身利益，改善出行条件及解决安全问题；实施兴民路照明工程、园区部分路段路灯照明提升工程、园区交通标线完善工程、海天桥引道修复工程、高明大道以北三洲片区排水管网清淤及改造工程等项目；推进高明园核心区规划面积约2000平方米的产业社区服务中心建设。该计划设置企业服务区、党建服务区、公益性服务区，致力打造成为集展示、参观、服务、路演于一体的开放式、多功能、专业化的产业服务工作综合阵地。

（陈嫦明）

佛山高新区三水园

【概况】 佛山国家高新技术产业开发区三水园位于佛山市三水区乐平镇内，东至芦苞涌，南至西南涌，西至塘西大道—南边片、白水涡，北至乐平镇与芦苞镇镇界，占地85平方千米。截至2019年底，三水园累计引入企业500多家，有国内外500强企业投资的项目42个（其中世界500强项目25个、中国500强项目17个），有光伏太阳能、汽车整车和汽车零部件、医疗器械、电子电器、自动化机械及设备等主导产业。三水园邻近机场和港口，高速公路密集，铁路、轻轨、高铁齐全，水电汽能源充足，通信网络完善，生活配套设施齐备，土地资源丰富，是珠江三角洲内利用丘陵地带连片开发规模最大的工业区。2019年，三水园实现地区生产总值比上年增长7.8%；工业总产值1196.93亿元，增长8.79%；固定资产投资增长3.5%；地方一般公共预算收入7.4亿元，增长1.1%；财税入库36.37亿元，增长10.7%。规模以上工业总产值1172.85亿元，比上年增长8.76%；工业销售收入1164.79亿元，增长8.98%；工业增加值232.75亿元，增长8.89%；企业利润总额80.18亿元，增长14.14%；税收21.99亿元，增长17.3%。111家珠江西岸装备制造业工业企业实现工业总产值439.96亿元，比上年增长3.71%；增加值94.74亿元，增长6.98%；行业创税7.16亿元，占园区税收总比重21.05%。

【高新区三水园招商引资】 2019年，佛山国家高新技术产业开发区三水园新增日本、泰国海外招商点，实现招商引智全球覆盖。采取“头雁”招商、全球驻点招商、科技招商、人才招商4大招商策略。在加拿大温哥华举办首场海外招聘会。举办智造新动能工业展、海外优质项目路演，以及佛高区三水园与上海外企合作发展对话会。启动广府文化体验基地建设。全年新签项目58个，实现招商引资额163.7亿元，其中超10亿元项目5个、超亿元项目27个。市重大产业项目招商任务完成率451.05%，其中投资33亿元的邦普新能源项目成为全市最大制造业项目。实际利用外资2.93亿元。

【高新区三水园科技创新】 2019年，佛山国家高新技术产业开发区三水园坚持创新驱动发展，科技创新事业取得进步。年内，国家增材制造创新中心首个地方分中心落实，俞梦孙院士工作站成立实体公司，空间超1.5万平方米的科技企业孵化器“摘星楼”载体落成。高新技术企业、省工程中心、省技术中心、市级人才团队、专利、企业孵化、科技奖等多项科技指标居三水区各镇（街道）首位。5家企业上榜市标杆高新技术企业50强，普拉迪数控科技有限公司、恒洁卫浴有限公司等11家企业入选“2019年度国家知识产权优势企业公示名单”。富利包装机械有限公司研发出“国家级首台（套）装备”，成为三水区首个研发出“国家级首台（套）装备”的企业。邦普循环科技有限公司获广东省科技进步奖一等奖的企业。欧神诺陶瓷股份有限公司获年度市政府质量奖。

【高新区三水园营商环境优化】 2019年，佛山国家高新技术产业开发区三水园在全市镇（街道）层面首推重大技术攻关项目、知识产权质押融资贴息、文化旅游产业发展扶持政策，升级“双创”科技创新行动，构建“2.0升级版”扶持政策体系，兑现科技扶持政策资金1923万元。加大人才引进力度，建设博士公寓。推进“智博荟”工程，收集专家建言献策260条，为3家龙头企业提供科研“硬骨头”解决方案。成立三水区首个镇级人才驿站，引进人力资源服务机构25个。深化产业项目投资联席会议制度，召开联席会议31场次，深入开展领导班子挂钩服务，帮助解决企业重难点问题98个。是年，三水园新增“四上”（指规模以上工业、有资质的建筑业、限额以上批发和零售业、限额以上住宿和餐饮业、房地产开发经营业、规模以上服务业法人单位）工业企业35家，新增“个转企”160家、细分行业龙头企业8家、“瞪羚企业”12家、制造业“单打冠军企业”5家。

【高新区三水园园区发展】 2019年，佛山国家高新技术产业开发区三水园把握粤港澳大湾区建设机遇，高标准规划万亩核心产业园，其中基础设施项目总投资额约428亿元。推进“花都—三水”高质量发展融合试验平台，划定9平方千米连片开发范围。是年，乐平大道拓宽改造全线通车、乐平涌景观提升工程竣工、餐厨垃圾和大件垃圾处理中心建成、市政环保管网动态信息化排查修复工作有序开展，城市功能不断完善。年内，三水园25亿元“大环保”工程完成率81%，水环境综合污染指数全市排名上升至第二十五名，5条河涌7个考核断面历史首次全部达标。

（钟　洁）

开放型经济

手机扫码阅读

对外贸易

【货物贸易】 2019年，佛山市实现外贸进出口总值4828亿元，比上年增长5%，对广东省外贸增量贡献率位居第二，增速高出全省增速5.2个百分点，位居珠江三角洲九市第一名。其中，出口3727.7亿元，增长5.7%；进口1099.9亿元，增长2.6%。一般贸易进出口稳定增长，主导作用继续强化，全年佛山一般贸易方式进出口2600.5亿元，增长5.3%。外贸新业态动能显著增强，通过海关跨境电商管理平台进出口77.4亿元，增长1.3倍；以市场采购贸易方式出口868.4亿元，增长14.9%；外综服务企业进出口57.8亿元，增长7%。民营企业主力军作用继续增强，全年进出口2972.2亿元，增长10.8%，占外贸进出口比重的61.6%。东盟、欧盟、美国为前三大主要市场，其中对东盟进出口837.4亿元，增长15.8%；对欧盟进出口632.3亿元，增长10.2%；对美国进出口614.2亿元，下降3.9%。全市对“一带一路”沿线国家和地区进出口1546.9亿元，发展势头良好，增长10.3%，超过同期佛山市外贸整体增速5.3个百分点。

【市场采购贸易发展】 2019年，佛山市继续推进亚洲国际家具材料交易中心市场采购贸易方式试点工作（试点于2018年12月20日在顺德区龙江镇启动），利用佛山“泛家居”产业集群优势，吸引本地家具、陶瓷、家电等产品进驻。优化市场采购资金扶持政策，建立健全市场采购出口商品价格监管机制，协调降低市场商户入驻租金，协助市场主体解决税务身份认证、商户注册等问题，激发市场主体参与积极性。解决海关跨直属关区市场采购通关一体化停止问题，确保企业继续在广州、深圳重点口岸通过市场采购出口，保持市场采购试点竞争力。是年，佛山以市场采购贸易方式出口868.4亿元，比上年增长14.9%，其中通过佛山亚洲国际平台市场采购报关超23万票。

【顺德区五金制品基地成为国家级外贸转型升级基地（五金制品）】 2019年12月4日，在东莞市举行的2019年新认定的国家级外贸转型升级基地授牌仪式上，“广东佛山顺德区五金制品基地”获颁“国家外贸转型升级基地（五金制品）”牌匾。商务部此批新认定65个国家级外贸转型升级基地，其中广东省5个入选。顺德区五金制品基地是佛山市唯一入选的基地。按照商务部外贸转型升级基地专项支持政策，对基地在区域品牌建设、产业及产品推介服务、公共展示服务、促进产品质量提升等方面均有配套资金支持。

> 链接
>
> **佛山市国家级外贸转型升级基地**
>
> 截至2019年底，佛山市国家级外贸转型升级基地共5个，分别为：广东省佛山市国家外贸转型升级基地（建筑陶瓷）、广东省佛山市国家外贸转型升级基地（金属型材）、广东省佛山市顺德区国家外贸转型升级基地（家电）、广东省佛山市顺德区国家外贸转型升级基地（家具）、广东省佛山市顺德区国家外贸转型升级基地（五金制品）。

【南非泛家居品牌非洲展示体验馆成为国家级国际营销服务公共平台】 2019年10月9日，商务部发布《关于认定首批国家级国际营销服务公共平台的通知》，博达泛家居品牌非洲（南非）展示体验馆等6个平台被认定为首批国家级国际营销服务公共平台。博达泛家居品牌非洲（南非）展示体验馆由佛山市广东博达科技有限公司建设，位于南非约翰内斯堡，占地面积约1万平米，可为入驻企业提供融资、报关清关、物流仓储、展示销售等多样化服务，信息化系统可帮助入驻企业及时掌控从下单到境外入库的供应链全流程。馆内展示经营的产品包括瓷砖、五金、家电、快消、日用百货、家具等，在南非合作的当地经销商大客户2000多家，覆盖南非的9个省，并通过保税仓将产品销售辐射到南部非洲的纳米比亚、博茨瓦纳、津巴布韦等国。

（史　阳　罗明艳）

利用外资

【概况】 2019年，佛山市新批外商直接投资项目702个，比上年下降6.52%；合同外资114.90亿元，增长32.45%；实际使用外资51.13亿元，增长11.81%。全年全市引进世界500强项目4个，其中新设项目2个，分别为三井物产投资的佛山宏聚光伏电力有限公司、LG Display公司投资的广东智美云创科技有限公司；增资项目2个，分别为中国五矿集团［外方为村田（中国）投资有限公司］投资的佛山村田五矿精密材料有限公司，三井物产投资的佛山宏聚光伏电力有限公司。截至2019年底，累计有65个世界500强企业在佛山投资122个项目，涉及投资总额118.26亿美元。全年全市新增超1000万美元外资项目42个，涉及投资总额29.56亿美元，合同外资12.31亿美元。其中，新批项目20个，涉及投资总额13.16亿美元，合同外资7.21亿美元；增资项目22个，涉及投资总额16.40亿美元，合同外资5.10亿美元。合同外资金额较大的项目有：东丽膜科技（佛山）有限公司，合同外资金额1.15亿美元；奥创科技（佛山）有限公司，合同外资金额1.01亿美元；丝路咖精机（佛山）有限公司，合同外资金额1亿美元。

【制造业成为外资流入最主要行业】 2019年，佛山市外商投资制造业项目90个，比上年增长21.62%，涉及合同外资33.37亿元，增长35.99%；制造业实际使用外资26.1亿元，增长91.89%。项目质量和体量明显提升，新增世界500强投资企业2家、投资项目3个，全年超1000万美元项目42个，增长7.69%。

【重点区域及重点产业招商】 2019年，佛山市商务局谋划重点区域招商，赴日本、韩国、德国等地开展产业招商，主动对接阿基里斯、川崎技研等日韩重点企业，巩固原有投资者关系，吸纳潜在投资者，挖掘合作机会。以先进制造业为重点开展精准招商，瞄准电子信息、智能装备、新能源等新兴产业，举办第五届珠江西岸先进装备制造产业带投资合作大会、“发现佛山·全球路演（美因茨站）”投资环境推介会、佛山（洛杉矶）经济合作交流会等产业招商活动。

【佛山市获评“2019中国投资环境质量十佳城市”】 2019年12月28日，由《环球时报》社主办的在北京举行的2019中国国际化招商引资合作与发展论坛暨“第九届环球总评榜”发布典礼上，佛山市因在全面提升城市功能品质，不断深化开放与合作，营造适宜新经济成长的高质量发展等方面发展成效显著，获评第九届环球总评榜“2019中国投资环境质量十佳城市”。“第九届环球总评榜”意在从国际视角出发，客观梳理中国城市、重点都市圈和城市群、行业领袖等在国际竞争中的得与失，助力中国城市新时代、新经济的国际化之路，提升城市国际核心竞争力。

【“发现佛山·全球路演”首站走进德国美因茨】 2019年4月，“发现佛山·全球路演（美因茨站）”暨第一届中德健康产业大会在德国美因茨（Mainz）举行，这是“发现佛山·全球路演”活动在全球的首次路演。大会以生物医药为主题推介佛山投资环境，共谋合作新发展。中国和德国的生物医药、医疗器械、健康管理等领域的众多专家学者和企业家参会。活动期间，佛山中德工业服务区与博特罗普市政府友好合作项目、中德特色文化推广合作项目进行现场签约；佛山市与德国美因茨市就两市在经济、文化、人文等方面合作进行广泛交流，并举行“佛山投资促进联络处（德国美因茨）”揭牌仪式。

（史　阳　谢晓加　肖浩鸣）

对外经济合作

【对外投资】 2019年，佛山市新增对外直接投资企业（含机构）45家，比上年下降8.16%；新增中方协议投资总额1.53亿美元，下降44.96%。全市企业对外投资中，新增中方协议投资额超1000万美元的项目4个，合计中方协议投资总额8610.8万美元，占中方协议投资总额的56.23%。包括广东邦普循环科技有限公司在印度尼西亚设立印尼普循环科技有限公司、广东伊之密精密机械股份有限公司出资在印度设立伊之密先进成型技术私人有限公司等。全市企业对外投资中，新增在“一带一路”沿线国家和地区直接投资企业（含机构）19家，比

2019年4月，“发现佛山·全球路演（美因茨站）”暨第一届中德健康产业大会在德国美因茨（Mainz）举行。图为美因茨市市长致辞　　（市商务局供图）

上年增长23.07%；新增中方协议投资额7019万美元，增长67.5%。是年，佛山市签订对外并购项目8个，新增中方协议投资额1714.16万美元。其中，佛山市南海区连丰盛寝饰用品有限公司出资54万美元并购马来西亚连丰寝具有限公司90%股权。

【对外经济贸易发展专项资金落实】2019年，佛山市3家企业获中央财政外经贸发展专项资金（促进对外投资合作事项）376.48万元，5家企业获得广东省促进经济发展专项资金（双向投资方向）约1650万元。市商务局继续组织企业申报2019年佛山市促进对外经济合作专项资金，9家（次）开展对外投资与承包工程企业获专项扶持资金（对外投资合作部分）957.73万元；28家参加佛山市商务局组织的经贸活动的行业协会和企业获专项扶持资金（经贸活动部分）32.73万元。

【越南、柬埔寨、马来西亚商务考察活动】2019年8月27日至9月5日，佛山市商务局组织家电、铝型材、农业等领域32家企业赴越南、柬埔寨、马来西亚实地对接考察，考察团拜会中国在当地投资的企业和商会，参观当地工业园区及中资的工业园，访问佛山市南海新爱迪鞋业有限公司在柬埔寨的项目，了解境外投资的经验与教训，为佛山市企业赴东南亚开展投资贸易合作拓宽渠道。

【俄罗斯阿拉布加经济特区代表到访佛山】2019年11月20日，俄罗斯最大的工业生产型经济特区阿拉布加经济特区副总裁特鲁申·叶甫根尼一行到佛山市访问，俄罗斯联邦鞑靼斯坦共和国驻华商务代表叶甫根尼·戈尔什科夫陪同访问，佛山市商务局局长苏岩接待到访的俄罗斯客人，并与俄罗斯客人开展友好交流洽谈。俄罗斯客人介绍阿拉布加经济特区的概况、发展计划及经济特区的优惠政策，并表示欢迎佛山的汽车配件、家具、家电、卫浴等企业到俄罗斯阿拉布加经济特区进行考察投资。

【马来西亚东海岸经济特区推介会】2019年12月13日，佛山市商务局与马来西亚东海岸经济特区举办马来西亚东海岸经济特区推介会。会上，马来西亚东海岸经济特区石油天然气与化工集群主任莫哈末·阿菲尼、制造业与重工业集群主任陈卓理介绍投资营商环境。

（吴晓荧）

对外贸易促进

【概况】2019年，中国国际贸易促进委员会佛山市委员会广泛开展对外联络，搭建国际国内交往平台，3次组团出访4个洲9个国家，参访人员41人次，组织大型企业对接洽谈会9场，有700多名中外企业家参加活动。接待包括来自以色列、卢旺达、巴西、美国等9批次经贸团组到访。在海外代表团到访佛山期间，组织企业对接洽谈活动4场次，双边与会人数680人次。是年，佛山市完成外贸进口总额4827.6亿元，比上年增长5%；外贸出口总额3727.7亿元，增长5.7%。

（刘泽团）

【贸易平台建设】2019年，佛山市商务局强化与中央、省级各相关部门的沟通对接机制，加快推进综合保税区、国家级经济技术开发区、国家级服务外包示范城市以及国家自贸试验区等“国字号”开放平台的申报工作，并于2019年12月成功获批设立跨境电商综合试验区。优化佛山泛家居海外展示馆运营，南非泛家居品牌非洲展示体验馆被国家商务部认定为国家级国际营销服务公共平台，为广东省唯一一家。获批国家级外贸转型升级示范基地（五金制品），佛山国家级外贸转型升级示范基地5个。

（史　阳　肖浩鸣）

【外贸市场开拓】2019年，佛山市商务局引导和组织企业组团参加广交会、进博会，从出口、进口双线开拓新兴贸易市场。组织超900家次佛山企业参加第一百二十五、一百二十六届广交会，为参会企业提供全程保障服务。组织超300家佛山企业参加第二届中国国际进口博览会，充分利用进博会溢出效应，引导企业与参展商开展深度合作。开拓“一带一路”市场，与省商务厅联合举办广东（越南）商品交易会、广东（马来西亚）商品交易会等，组织企业参加南非国际贸易博览会、巴西消费电子展等多个全球重点展会。

【《佛山市推进外贸高质量稳定发展若干措施》出台】2019年12月，佛山出台《佛山市推进外贸高质量稳定发展若干措施》，从拓展多元化国际市场、构建海外自主营销网络、打造外贸高质量发展平台、提升企业国际竞争能力、推进佛货回归、加大进口工作力度、提升跨境贸易便利化水平、强化财税金融支持、加强贸易风险防范应对、加强服务保障措施等10个方面，加强对外贸进出口企业全方位、全流程支持及服务，促进外贸高质量发展。

（史　阳　罗明艳）

【佛山市政企代表团赴美、日、韩开展经贸科技交流】2019年5月22—31日，由佛山市贸促会牵头组织的佛山市国际贸易投资促进代表团对美国、韩国、日本开展为期10天的经贸系列活动。其间，佛山市政企代表团分别在美国旧金山（圣弗朗西斯科市）、日本川崎市举办佛山整体营商环境及“互联网+”推介会暨双边企业对接洽谈会。在旧金山的推介会上，近50名中外企业家就智能制造、高新技术、互联网金融、生物医药等多个产业及项目进行交流，佛山市国际贸易投资促进代表团代表在会上着重介绍佛山市三龙湾高端创新集聚区及其招商引资优惠政策，并邀请海外企业家组团到佛山市考察营商环境。在美国旧金山期间，代表团考察英特尔集成电子有限公司，并与该公司平台事业部主管彭肯恩博士就如何通过高新技术促进佛山传统产业转型升级及中美贸易进行交流。在韩国期间，代表团拜访韩国国会议员元惠荣，对接韩国先进技术以及一流人才，促进佛山企业携手韩国企业共谋发展；代表团还拜访大韩商工会议所会长金準东，双方就中韩经贸合作展开交流。在日本期间，在川崎市举办中国佛山—日本经济贸易合作交流会暨第五届中国（广东）国际“互联网+”博览会招商会，吸引日本横滨银行、日本瑞穗银行、Achilles株式会社等日本知名企业在内的近60家中日企业参会，促进双方产业交流，增强双方企业投资合作信心；代表团还考察日本电话通信株式会社（NTT），向日本电话通信株式会社代表介绍佛山三龙湾高端创新集聚区规划建设情况以及招商引资优惠政策，就促进日本电话通信株式会社全球数据容灾备份基地落户佛山一事进行磋商。

【佛山贸易促进代表团赴俄罗斯、白俄罗斯、格鲁吉亚开展经贸活动】 2019年6月30日至7月9日，由佛山市政府副秘书长卢建华带队，佛山市贸促会组织的市贸易促进代表团赴俄罗斯、白俄罗斯、格鲁吉亚开展为期10天的系列对接交流活动，帮助企业参与“一带一路”建设和商机拓展。其间，佛山代表团举办推介对接活动4场，平均每场推介对接活动参加人员50人以上，广泛宣传佛山投资营商环境和优势产业基础，代表团的企业代表推介路演企业的背景、产品、资质、专利技术，展示企业品牌价值和品质的吸引力。通过系列对接交流活动，促进海外客商了解佛山制造，认同佛山质造、佛山智造，深化双边交往对接，为双方共谋发展，实现合作共赢奠定基础。

【佛山贸易促进代表团赴巴拿马、哥斯达黎加、巴西开展经贸交流】 2019年7月23日至8月2日，由佛山市政府副秘书长陈锋带队，佛山市贸促会牵头组织的市贸易促进代表团赴巴拿马、哥斯达黎加、巴西开展系列经贸活动。代表团分别在巴拿马、哥斯达黎加和巴西举办3场企业推介对接洽谈活动，逾200名海外客商参与其中。在巴拿马期间，代表团一行会见中国驻巴拿马大使馆参赞刘波，拜访巴拿马工商部部长拉蒙·马丁内斯，促进佛山和巴拿马双方交流合作，扩大贸易往来；代表团还走访中建美国巴拿马公司（美国总部），就中国企业在巴拿马开展业务的现状和前景进行深入交流探讨；参加拉丁美洲及加勒比海地区巴拿马国际照明及建材五金展，展会展出产品包括建筑五金、五金工具、建筑材料等。在哥斯达黎加期间，代表团拜访哥斯达黎加进口商会，与该会主席何塞·曼努埃尔及会员企业进行交流，共同探讨在促进企业贸易对接、为企业提供市场咨询等领域开展合作；代表团企业家还走访当地专业产品市场，深入了解哥斯达黎加经销产品的需求和研究市场发展变化趋势，寻求合作契机。在巴西里约热内卢期间，代表团考察当地专业建材和五金市场，拜访2016年里约世界杯和里约奥运会的重要合作伙伴——里约中小企业协会。在巴西里约热内卢期间，代表团一行还参加巴西圣保罗国际消费电子及家电博览会及广东（巴西）商品展览会。

【“2019佛山国际贸易年度人物”评选活动】 2019年，在佛山市商务局和市贸促会指导下，佛山国际商会开展佛山市第二届“佛山国际贸易年度人物”评选活动，通过评选，王响林、王清平、朱小梅等10人获授“2019佛山国际贸易年度人物”称号。该活动评选表彰一批敢于担当、善于作为的国际贸易企业人士，旨在发挥典型的示范和引领作用，提振信心，促进佛山市国际贸易健康可持续发展，不断推进佛山市在形成全面开放新格局上走在全国前列。

（刘泽团）

2019佛山国际贸易年度人物

单 位	职 务	姓 名
佛山市亚洲国际家具材料交易中心有限公司	总经理	王响林
佛山市利升光电有限公司	董事长	王清平
广东新宝电器股份有限公司营销	副总裁	朱小梅
广东博达科技有限公司	副总裁	吕谋笃
广东星星制冷设备有限公司	总经理	杨 文
佛山市迅亚建材有限公司	董事长	罗广灶
广东阳晨厨具有限公司	董事长	姚中沃
广东远华新材料实业有限公司	董事总经理	夏冠明
广东精准德邦物流有限公司	广东区总经理	梁日福
佛山瑞龙纺织有限公司	总经理	黄瑞龙

2019年，佛山市举行第二届“佛山国际贸易年度人物”评选活动。图为颁奖典礼现场

（市贸促会供图）

海关·口岸·边检

海　关

【概况】 2019年，佛山海关监管进出口货物2429万吨，货值3773.8亿元，征收税款140.7亿元。全年办理简易程序案件60件，涉检一般程序案件8件，罚没收入9.7万元，取消备案资质1件。检验检疫出入境货物20.7万批、123.5亿美元，截获动植物疫情疫病165种次；查验出入境人员40.9万人次，其中健康检查4578人次、艾滋病监测4578人次，发现病例562人次，预防接种122人次。

【海关助推佛山地区外贸稳定增长】 2019年，佛山海关支持口岸转型开展跨境电商业务，全年佛山通过海关跨境电商管理平台进出口77.4亿元，比上年增长1.3倍。支持市场采购贸易方式试点，全年市场采购868.4亿元，比上年增长14.9%。推动铝材、家具、陶瓷、家电等佛山优势产业出口，分别比上年增长3.2%、10.5%、7.0%、4.1%。推进佛山“制造业转型升级综合改革试点城市”建设，出口高新技术产品比上年增长13.2%，高出同期佛山整体出口增速6.5个百分点。全年全市进口消费品90.8亿元，比上年增长22.8%，其中医药品增长2.2倍、化妆品增长1.4倍、水果增长38.1%、酒类增长5.8%。全年佛山外贸进出口值4827.6亿元，比上年增长5%，增速位居珠江三角洲9市第一名，较同期全国外贸、广东省外贸增速分别高出1.6个百分点、5.2个百分点。

【通关提效降费】 2019年，佛山海关通过提效和降费改革，优化佛山营商环境。在提效方面，通过先行先试整合申报、合规压缩申报前时间、推广关税保证保险试点、“一对一”研究异常和超长报关单等措施，压缩整体通关时长。12月，佛山关区进口整体通关时间17.5小时（较2017年的90.5小时压缩80.7%），出口整体通关时间2.1小时（较2017年的10.6小时压缩80.4%），进、出口整体通关时间均快于广州海关平均水平。在降费方面，通过协调佛山市政府将查验配套服务费改革的免除范围覆盖检验检疫作业，开展原产地签证业务改革，推出签证敏感清单，完善价格承诺原产地证相关制度和做法，健全签证管理，挖掘原产地证破除贸易壁垒功能，为出口企业争取国外关税优惠。全年佛山海关签发各类出口货物原产地证书14.6万份、62.5亿美元，为企业获得国外关税优惠13.9亿元。其中，签发自贸区产地证10.5万份、42.8亿美元。

【海关业务改革】 2019年，佛山海关继续推进海关业务改革。进一步简化口岸验核证件和随附单证，优化税收征管、简单简易案件办理流程，全面推广电子报关委托、出口原产地证网上申报自助打印、“海关专用缴款书”企业自行打印等无纸化改革，减少非必要作业环节。全面推广“提前申报”模式及汇总征税、关税保证保险业务，减轻企业资金周转压力。以涵盖海关全部新作业（包括检验检疫作业）的“一张表”向上级财政报送数据，实现关区免除查验无问题吊装、移位、仓储等海关作业费用全覆盖。开展专项调研，先后形成外贸及口岸营商环境、跨境电商发展、中美贸易摩擦对佛山建筑陶瓷出口影响、市场采购等多篇报告。综合运用正面监管、专项督查、专项稽查、联防联控等手段，做好快件和跨境电商渠道走私进口象牙制品风险防控及严禁“洋垃圾”进境，加强进口固体废物监管，保持打击走私高压态势，严守国门安全。开展打击假冒伪劣“清风行动”和知识产权保护“龙腾行动”，查发知识产权案件4件。

【海关技术性贸易措施研究】 2019年，佛山海关发挥综合技术中心技术能力，依托“中国WTO/TBT-SPS国家通报咨询中心陶瓷产品技术性贸易措施研究评议基地”“国家建筑卫生陶瓷检测重点实验室”“广东出口陶瓷与建筑材料公共技术服务平台”等优势资源，开展技术性贸易措施研究。针对沙特993Rev.1号通报，撰写的特别贸易关注被当时参加瑞士日内瓦召开的世贸组织技术性贸易壁垒（WTO/TBT）委员会例会的中国代表团采纳；全年向佛山出口企业提供免费和优惠检测1678批次，减免检测费约200万元，举办各类培训20余场；自主研发并享有自主知识产权的“全自动陶瓷砖尺寸变形一体化检测装置”获广东省轻工业联合会科技进步二等奖。是年，在中国技术性贸易公共信息服务平台家电自平台发布家电产业各类风险、技贸信息等400多条，针对沙特官方实验室检测

2019年，佛山海关深化口岸动植物检疫规范化建设。图为佛山海关关员检疫查验出口种苗
（佛山海关供图）

结果负偏差、产品召回方面不透明不规范等问题提出的特别贸易关注，在世界贸易组织TBT第七十九次和第八十次例会上连续被中国代表团采用。

【口岸疫情疫病监控防控】 2019年，佛山海关深化口岸动植检规范化建设，推进质量安全风险监管体系建立，全年截获植物疫情疫病165种次。建立有害生物标本数字档案，并发挥分子生物学实验室作用，利用脱氧核糖核酸（DNA）条形码技术自行鉴定，提升口岸媒介生物监测工作效能。佛山海关与佛山农业部门做好联防联控，应对非洲猪瘟疫情，强化疫区国家（地区）的进境寄递物和旅客携带物、运输工具的查验，运输工具上的动植物性废弃物、泔水等一律在海关监督下作除害处理。

【佛山海关综合技术中心成为首批通过新版实验室认可的检测机构】 2019年11月8日，佛山海关综合技术中心（简称“技术中心”）收到中国合格评定国家认可委员会签发的实验室认可证书，成为首批符合国际化标准组织（ISO）/国际电工委员会标准（IEC）17025：2017运作要求的实验室。技术中心通过ISO/IEC 17025：2017新版的认可，标志着技术中心切换到国际互认的行列。技术中心下设国家级建筑卫生陶瓷检测重点实验室、国家级生态纺织品检测重点实验室、国家级金属与金属材料重点实验室、国家级电气安全检测重点实验室、广东消费品安全检测中心实验室、食品安全检测实验室等6个专业实验室，能对200多类商品的6000多个项目进行检测，检测范围包括地面材料、建筑卫生陶瓷、日用陶瓷、轻工消费品、纺织、金属与金属材料、机电产品、电光源、食品、化妆品等。

（邱　铖）

口　岸

【概况】 2019年，佛山市有经国务院批准对外开放的一类口岸4个，分别为佛山铁路客运口岸（经国家口岸办批复同意自7月10日起临时关闭）、南海港口岸三山港区、顺德港客运口岸、高明港客运口岸。有经省政府批准对外开放的二类货运口岸12个，分别为禅城区的新港（新港码头于6月30日起停止运作）、澜石港（澜石码头于12月31日起停止运作），南海区的九江、平洲、北村口岸，顺德区的容奇港、北滘港、勒流港、了哥山港口岸，高明区的珠江口岸（含食出码头作业区），三水区的三水港、西南口岸。是年，佛山市口岸进出口货运量1822.31万吨。全年全市口岸进出境旅客29.75万人次，其中入境14.68万人次、出境15.06万人次。

（黄海欣）

【口岸建设】 2019年，佛山海关牵头继续推动“智慧码头”建设，协调地方政府全面提升口岸信息化水平，主动融入“智慧海关”建设，实货监管项目进入复制推广阶段。“智慧码头”项目首期功能于2019年4月1日上线，实现货物查验、放行信息推送和集装箱动态预警等多项业务功能。推动佛山综合保税区申报，及时建言献策，佛山申请综合保税区文件上报至国务院。协调加强口岸基础设施及信息化、智能化建设，顺德新港启用，三水港进口粮食指定口岸通过总署考核验收，物流运转效能进一步提升。坚持“数据+调研”模式，将佛货外流指标作为佛山外贸运行监测预警分析的重要指标，联合口岸经营单位和政府部门提振企业信心。

（邱　铖）

【口岸收费目录清单动态管理】 2019年，佛山市市、区两级清理口岸收费工作小组督促各收费主体按照收费模板对口岸收费目录清单进行规范完善，并在经营场所显著位置和国际贸易“单一窗口”网站动态更新公布。截至年底，全市140多家企业在中国（广东）国际贸易“单一窗口”中公示收费目录清单。

【国际贸易“单一窗口”新上线功能推广应用】 2019年，佛山市市、区口岸主管部门联合海关、海事、边检、税务、市贸促会等单位深化国际贸易“单一窗口”新上线功能应用，推进往来港澳小型船舶公共信息平台并入国际贸易“单一窗口”申报、原产地证书自助打印、减免税申报、出口许可证、报关代理委托、预约通关、转关申报、智能卡口、通关无纸化网上三方签约、集中申报功能、出口退税等新上线功能的推广应用，成功申报国际贸易“单一窗口”标准版减免税业务全国推广第一票、出口许可证全国第一票、出口退税功能（外贸全国版）全省第一票，组织举办推广培训14场次，培训企业390多家次，提高国际贸易“单一窗口”标准版企业知晓率和应用率。截至2019年底，佛山市通过国际贸易“单一窗口”标准版申报业务单量达465.55万票，国家标准版应用的13大项基本功能全部上线，其中货物申报、舱单申报、运输工具申报等主要应用项目覆盖率达100%。

【了哥山港口岸正式对外开放】 2019年4月16日，佛山港了哥山港口岸正式对外开放，为二类货运口岸。佛山港了哥山港区位于顺德区西江干流杏坛南华岸线，拥有岸线长度438米，陆域堆场18.4万平方米，4个3000～5000吨级的多用途泊位，年通过能力件杂货200万吨，集装箱50万标准箱（TEU）。了哥山港区是招商局港口控股有限公司和广东顺德控股集团有限公司联合打造的第一个内河港口。2017年12月6日，经广东省口岸办批准，滘口口岸搬迁至顺德区了哥山港。2019年3月21日，广东省口岸办组织海关总署广东分署、广东海事局、广州边检总站、佛山海关驻顺德办事处组成联合验收组对佛山港了哥山港区对外开放启用前准备工作进行验收，并于3月25日批复同意了哥山港对外开放。

【佛山“智慧码头”公共服务系统上线】 2019年4月1日，佛山“智慧码头”公共服务系统上线试运行，首批上线试用的码头分别是三山港、三水港、容奇港、北滘二期和高明珠江码头。“智慧码头”公共服务系统是依托中国（广东）国际贸易“单一窗口”佛山分平台，以嵌入佛山分平台的方式，实现海关与佛山市所有口岸码头系统自动对接与数据共享利用，具有公共数据交换功能、综合查询服务功能及口岸物流监控预警功能的公共服务系统。

（黄海欣）

边　检

【概况】 2019年，佛山出入境边防检查站主要担负佛山铁路旅检口岸（从2019年7月10日起临时关闭）1个一类口岸和佛山东平河水道及西江沿岸的佛山新港（从2019年7月1日起关闭）、佛山澜石港（从2019年12月31日起关闭）、三水港、三水西南港等4个二类货检口岸的出入境人员和交通运输工具的检查监护管理任务。是年，佛山出入境边防检查站查验出入境人员33043人次，其中出入境旅客8589人次、员工24454人次；查验出入境交通运输工具2946艘（列、架）次，其中佛九直通列车378列次、航行港澳小型船舶2564艘次、飞机4架次；发现处理违法违规人员6起。完成中华人民共和国成立70周年、澳门回归20周年庆典安保和全年边防检查工作任务，口岸保持安全稳定畅通。

2019年1月1日，佛山出入境边防检查站由现役武警边防部队集体转制为职业制移民管理警察。图为民警开展口岸限定区域巡查　　（佛山出入境边防检查站供图）

【边检通关服务】 2019年，佛山出入境边防检查站对接佛山市政府改革创新工作部署，推进边检“放管服”改革，落实广州出入境边防检查总站服务粤港澳大湾区建设9项措施，推出4类13项措施对接佛山市外贸工作，优化口岸通关环境。全面启用智能验证台和旅客自助验放通道，提升通关效率，并为旅客提供有针对性的“贵金属特别监护”（在火车站候检区域划设特别监护区，为贵金属加工企业业务员提供优先通关服务，保障贵金属在口岸期间绝对安全）、“老弱病残孕优先检查”等服务，中国公民出入境排队不超过30分钟，旅客通关最快只需5秒钟。全面推行国际贸易“单一窗口”平台申报，实施“联检部门联合登临”制度，畅通“绿色速航通道”，往来港澳小型船舶100%无纸化申报、100%24小时随报随检、100%通关“只跑一次”，“一站式”。

2019年，佛山出入境边防检查站全面启用智能验证台和旅客自助验放通道提升通关效率，旅客通关最快只需5秒钟。图为旅客在智能验证台前验证通关

（佛山出入境边防检查站供图）

【佛山出入境边防检查站完成改制转隶】 2019年1月1日，佛山出入境边防检查站举行集体换装仪式，由现役武警边防部队集体转制为职业制移民管理警察，单位名称由原“中华人民共和国佛山边防检查站”变更为“中华人民共和国佛山出入境边防检查站”，隶属于国家移民管理局和广州出入境边防检查总站垂直领导管理。完成人员落编定岗、勤务调整和警力部署，做到工作不断、队伍不乱、标准不降、要求不改，各项工作平稳运行。佛山边防检查站（改制前名称）成立于1992年，为二类边检站，正团级建制，隶属公安部边防管理局和广东公安边防总队垂直领导管理，主要担负佛山火车站（国家一类口岸）和佛山新港、澜石港、三水港、三水西南港以及广州滘口港（2013年1月停航）5个码头（国家二类口岸）的出入境旅客、员工和交通运输工具的检查管理任务。

（刘斯芬）

民营经济

综　述

【概况】 2019年，佛山市有民营企业32万家，比上年增长13.5%；个体工商户46.7万户，增长14.8%。规模以上民营工业完成工业增加值3559.45亿元，比上年增长8.3%，增幅高于全市工业1.3个百分点。民营工业占全市工业增加值73.2%，对全市工业增长的贡献率85.2%，拉动全市工业增长6个百分点。重点民营企业队伍不断扩大，新增主营业务收入超100亿元企业2家、累计22家，增加规模以上工业企业1272家、总数7347家；细分行业龙头企业达498家，“专精特新”企业（指具有“专业化、精细化、特色化、新颖化”特征的工业中小企业）610家。

【民营经济高质量发展“1+N”政策体系形成】 2019年，佛山市形成促进民营经济高质量发展“1+N”（“1”是总纲，即《佛山市关于促进民营经济高质量发展的若干意见》，于2019年2月21日印发。“N”是围绕“1”制定的具体政策措施）政策体系。截至年底，佛山市制定促进民营经济高质量发展的文件5个。分别为：《佛山市降低制造业企业成本支持实体经济发展若干政策措施（2018年修订）》，围绕解决企业税负、用地、社保、用能、融资等成本难题进行细化和创新；《佛山市金融促进民营经济高质量发展若干政策措施》，从支持企业直接融资、帮助企业间接融资、支持上市公司纾困、营造良好的金融生态环境等4个方面，帮助企业攀越“融资的高山”；《关于依法保护民营企业家人身和财产安全的若干意见》，从坚持“一个原则”（坚持罪刑法定、疑罪从无原则）、做到“两个尊重”（尊重佛山市情和历史，尊重改革和发展规律，用历史和发展的眼光客观看待民营企业发展过程中的不规范行为）、严格“三个区分”（把干部在推进改革中因缺乏经验、先行先试出现的失误和错误，同明知故犯的违纪违法行为区分开来；把上级尚无明确限制的探索性试验中的失误和错误，同上级明令禁止后依然我行我素的违纪违法行为区分开来；把为推动发展的无意过失，同为谋取私利的违纪违法行为区分开来）、把握“四个慎重”（慎重选择办案时机，慎重对企业负责人采取留置、拘留、逮捕等措施，慎重查封、扣押、冻结涉案企业财物，慎重发布影响企业声誉的报道）、继续“五个严打”（严厉打击侵犯民营企业家人身权利的犯罪，严厉打击破坏市场竞争秩序的经济犯罪，严厉打击侵犯民营企业财产权利的犯罪，严厉打击国家工作人员利用职务之便向民营企业索贿、受贿的犯罪，严厉打击黑恶势力向民营企业收取“保护费”以及欺行霸市、强买强卖等违法犯罪行为）、区分“六个界限”（严格区分经济纠纷与经济犯罪的界限、个人犯罪与企业违规的界限、企业正当融资与非法集资的界限、经济活动中的不正之风与违法犯罪的界限、执行和利用国家政策谋发展中的偏差与钻改革空子实施犯罪的界限、合法经营收入与违法犯罪所得的界限）等6个方面，加强对民营企业的保护；《佛山市进一步扩大对外开放实现利用外资高质量发展若干政策措施》，从财政、土地、金融、人才等各方面加大对外资项目的支持力度；《佛山市全面建设国家创新型城市促进科技创新推动高质量发展若干政策措施》，旨在以全面建设国家创新型城市为总目标，促进科技创新，推动高质量发展，为粤港澳大湾区建设具有全球影响力的国际科技创新中心作出贡献。

【佛山市促进中小企业（民营经济）发展工作领导小组成立】 2019年，佛山市成立以市长为组长，各区政府、市直相关部门主要领导为成员的佛山市促进中小企业（民营经济）发展工作领导小组。主要职责为：贯彻落实党中央、国务院和省委、省政府的决策部署以及市委、市政府关于推动和加强中小企业（民营经济）发展的工作安排，加强对相关工作的组织领导和政策协调，统筹指导和督促各区、各单位落实促进中小企业（民营经济）发展任务，统筹跟踪落实全市“企业暖春行动”等工作，协调开展各项重要工作任务和解决重大问题。

【“企业暖春行动”】 2019年3—5月，由中共佛山市委、市人大常委会、市政府、市政协主要领导以及市委常委、市政府副市长分别带领17个工作组，针对市领导挂点企业和“2+2+4”先进制

2019年3月13日，中共佛山市委书记鲁毅带队进行"企业暖春行动"。图为到科力远混合动力有限公司调研，了解企业相关情况（市发展改革局供图）

造业产业集群（指力争到2020年培育形成装备制造、家居2个超万亿先进制造业产业集群，到2025年培育形成汽车及新能源、军民融合及电子信息2个超5000亿元产业集群，智能制造装备及机器人、新材料、食品饮料、生物医药及大健康4个超3000亿元产业集群）相关重点企业深入调研，宣传贯彻习近平总书记在民营企业座谈会上的重要讲话精神和佛山市促进民营经济高质量发展"1+N"（"1"是总纲，即《佛山市关于促进民营经济高质量发展的若干意见》；"N"是围绕"1"制定的若干具体政策措施）政策体系以及相关企业适用扶持政策，收集并解决企业生产经营中的困难和问题。"暖春行动"期间，市领导调研企业67家次，解决企业问题206个。向企业派送《佛山市促进民营经济高质量发展政策汇编》和《佛山市企业适用扶持政策汇编（2019）》22000本。各区、镇（街道）参照市"暖春行动"的做法，由区、镇（街道）领导带队调研辖区内企业，让全市更多企业享受到"暖春行动"的成效。市、区、镇（街道）共调研企业1453家次，办结企业问题1188个。

【服务民营企业合作框架协议签订】2019年5月17日，国家税务总局佛山市税务局与佛山市工商联签订服务民营企业发展壮大合作框架协议，推动相关政策举措落地生根，实现民营经济高质量发展。合作框架协议分9个方面，主要从建立双方协调联络工作制度、落实和完善民营企业减税降费措施、不断优化税收营商环境、畅通民营企业涉税诉求和意见快速响应通道等方面，形成相互支持、通力合作、重点推进、共促发展的合作机制，营造支持民营经济高质量发展的税收服务环境。

（陈　枫）

民营骨干企业发展

【概况】2019年，佛山市落实市、区、镇（街道）三级领导挂点联系大型骨干企业制度，将挂点企业覆盖至主营业务收入超10亿元企业，进一步明确挂点领导责任，细化服务措施，推动重点企业做优做强。2019年全市超100亿元企业新增2家，达22家，超50亿元企业达36家。在8月23日全国工商联发布的2019年中国民营企业500强榜单（榜单以企业2018年营业收入为评选指标，入围门槛为185.86亿元）中，佛山市有7家企业上榜，分别为碧桂园控股有限公司、美的集团股份有限公司、佛山市兴海铜铝业有限公司、美的置业集团有限公司、广东联塑科技实业有限公司、利泰集团有限公司和广东格兰仕集团有限公司。在2019年广东制造业500强评选中，

佛山市入围2019年广东省制造业500强前100企业名单（11家）

排名	单位名称
5	美的集团股份有限公司
18	海信家电集团股份有限公司
24	中国联塑集团控股有限公司
30	广东格兰仕集团有限公司
38	佛山市海天调味食品股份有限公司
57	广东兴发铝业有限公司
64	广东新宝电器股份有限公司
76	广东万和新电气股份有限公司
82	广东东方精工科技股份有限公司
86	广东科达洁能股份有限公司
93	广东精艺金属股份有限公司

佛山市入围2019年中国民营企业500强企业名单（7家）

排名	单位名称
7	碧桂园控股有限公司
16	美的集团股份有限公司
79	美的置业集团有限公司
246	佛山市兴海铜铝业有限公司
360	广东联塑科技实业有限公司
404	利泰集团有限公司
415	格兰仕集团

佛山入选企业数量为65家，入选企业数量在广东省21个地市总排名第四名，入选重点企业中，美的集团排名第五名、海信家电排名第十八名、格兰仕集团排名第三十名、海天排名第三十八名。

（陈　枫）

【碧桂园控股有限公司】碧桂园控股有限公司（简称"碧桂园"）总部位于顺德区，成立于1992年，是一家以房地产为主营业务，涵盖建筑、装修、物业管理、酒店开发及管理、教育等行业的综合性企业集团，是中国房地产十强企业。辖国家一级资质建筑公司、国家一级资质物业管理公司、甲级资质设计院等专业公司。20年多来，碧桂园直接提供就业岗位5万多个，间接创造就业

2019年7月，碧桂园博智林机器人谷总部大楼A栋完工 （何玉能　摄）

岗位逾20万个。2019年，碧桂园再次明确地产、机器人、现代农业“三驾马车”的业务架构。企业定位升级为“为全世界创造美好生活产品的高科技综合性企业”。房地产方面，碧桂园以8630.3万平方米，位列2019年中国房地产销售面积第一位。机器人方面，截至2019年底，碧桂园研发37款建筑机器人，其中9款进入项目现场进行试运作。现代农业方面，碧桂园集团下属全资子公司碧桂园农业控股有限公司于2019年9月与黑龙江省建三江管理局在碧桂园总部签订合作备忘录，双方将联手在黑龙江二道河农场建设1000公顷的无人作业示范农场。全国工商联于2019年8月发布的《2019年中国民营企业500强报告》中，碧桂园以3790.8亿元的营业收入排第七名。据集团业绩报告，全年实现总收入约4859亿元。

【美的集团股份有限公司】 美的集团股份有限公司（简称“美的集团”）成立于1968年，总部位于佛山市顺德区，是一家消费电器、暖通空调、机器人与自动化系统、智能供应链（物流）的科技集团，提供多元化的产品种类与服务。主营业务包括以厨房家电、冰箱、洗衣机、及各类小家电为核心的消费电器业务，以家用空调、中央空调、供暖及通风系统为核心的暖通空调业务，以库卡集团、美的机器人公司等为核心的机器人及自动化系统业务，以安得智联为集成解决方案服务平台的智能供应链业务。2019年，美的集团坚持“产品领先、效率驱动、全球经营”三大战略主轴。产品领先方面，以用户为中心，用心做好产品，利用全球创新中心打造研发规模优势，建立企业独特性，以技术驱动产业升级和布局，打造国际化研发能力，实现全球产品拓展。效率驱动方面，美的集团将积累的制造业知识，与旗下库卡、高创的技术优势结合，加上在工业仿真等核心领域领先的软件实力，美的集团成为国内首家自主兼备“制造业知识、软件、硬件”三位一体的工业互联网平台服务商，并牵头组建“广东省工业云制造业创新中心”和承担国家工业互联网《家电行业标识解析二级节点》建设任务，利用自身优势推动制造业共同发展。全球经营方面，截至2019年底，海外营收占比超43%，在全球布局34个生产基地和28个研发中心，其中海外17个基地和18个研发中心，率先在美国硅谷、路易斯维尔建立人工智能研发中心，持续完善全球化制造及研发布局。全国工商联于2019年8月发布的《2019年中国民营企业500强报告》中，美的集团以2618亿元的营业收入进榜第十六名，位居电气机械和器材制造业第一名。据美的集团2019年报告，实现营业收入2794亿元，比上年增长6.71%。

【美的置业集团有限公司】 美的置业集团有限公司（简称“美的置业集团”）是一家以房地产开发为主，涉足高端住宅、精品写字楼、五星级酒店、专业高尔夫球会经营、物业管理、高档餐饮、园林绿化、建筑施工等领域的综合性现代化企业。2019年，美的置业集团成功迈入房地产行业新梯队，实现规模跨越的同时，保持利润稳健增长、杠杆持续下降，实现经营品质、产品品质、财务品质和组织品质均衡发展，综合实力不断增强。全国工商联于2019年8月发布的《2019年中国民营企业500强报告》中，美的置业以411.39亿元营业收入排第七十九名。

【佛山市兴海铜铝业有限公司】 佛山市兴海铜铝业有限公司从事铜、铝、锌等有色金属的国内国际贸易，业务范围覆盖全球，连续5年营业额均超100亿元。2018年，该公司主营业务收入超311亿元，入选“2017—2018年度广东省重点支持大型骨干企业”“佛山市优秀民营企业100家”“中国民营企业500强”。为做好供应链服务的深度延伸，公司与广交所合作建设“龙汇供应链管理服务有限公司”，专注铜、铝、锌、铅等有色金属大宗商品现货电子交易，以及提供供应链金融、仓储、物流、质检等各项交易服务，是年，该公司交易平台实现交易额超2000亿元。全国工商联于2019年8月发布的《2019年中国民营企业500强报告》中，佛山市兴海铜铝业有限公司以311亿元营业收入排第二百四十六名。

【广东联塑科技实业有限公司】 广东联塑科技集团（简称“联塑集团”），创建于1986年，是中国最大的塑胶管道及塑料挤出生产设备的制造企业之一。公司国内总部位于广东顺德龙洲路联塑工业村，有员工3800人。拥有广东顺德塑胶、湖北武汉塑胶、广东鹤山塑胶、贵州贵阳塑胶、东北大庆塑胶、河北任丘塑胶、江苏南京塑胶、越南河内塑胶及广东顺德机械、郁南机械十大生产基地。厂房面积达80万平方米，拥有国际领先水平的管材挤出生产线及注塑机600多台。年塑料加工生产能力25万吨，塑料机械生产能力150多台套。作为一家集团化、现代化的高新技术企业，联塑集团的主要产业为塑胶管道、塑料机械和建筑电器，还从事化工材料的贸易及国际投资等领域。公司业务遍及中国各大城市和世界20多个国家和地区。2019年5月，联塑集团旗下品牌“领尚环球”泰国曼谷、加拿大多伦多、美国洛杉矶、中东迪拜、印度孟买和新德里、马来西亚吉隆坡等全球7个服务中心开业。中国联塑在美国、加拿大、澳大利亚、泰国、印度尼西亚、阿联酋等国家有13处物业储备。全国工商联于2019年8月发布的《2019年中国民营企业500强报告》，广东联塑科技实业有限公司以237.3亿元营业收入排第三百六十名。2019年实现收入超120亿元。

【利泰集团有限公司】 利泰集团有限公司（简称“利泰集团”）成立于1998年，总部位于广东省佛山市，是一家涵盖汽车和金融两大业务板块企业，拥有进出口经营权的综合性企业集团。利泰集团汽车板块以“您的汽车专家”为企业定位，以汽车销售、售后服务、汽车零部件制造、汽车模具制造为主，以汽车快修、二手车经营、汽车租赁、汽车零部件和汽车养护品销售、汽车驾驶培训等相关经营为辅。经营范围涵盖广东、湖北、江西、安徽、云南5个省23个地区。2019年，利泰集团位列广东企业500强第八十九名、广东民营企业100强第三十三名、广东流通业100强第十名、中国百强汽车经销商第十八名，连续多年被评为广东省最佳诚信企业、广东省诚信示范企业、广东省最佳雇主企业。全国工商联于2019年8月发布的《2019年中国民营企业500强报告》中，利泰集团有限公司以232.84亿元营业收入排第四百零四名。

【格兰仕集团】 格兰仕集团是一家综合性白色家电品牌企业，是中国家电业龙头企业之一。格兰仕集团自1978年9月28日创立以来，从轻纺明星企业，到微波炉“黄金品牌”，再到综合性白色家电集团，一直是中国制造在国际市场上的“一张名片”。格兰仕产品销往全球近200个国家和地区，并创造更简单有趣的“G+智慧家居”解决方案，满足世界各地人民日益增长的美好生活需要和不断变化的消费升级需求。2019年，格兰仕集团进入芯片、边缘计算技术、无线电力技术等3大技术领域，计划未来将3大技术应用在格兰仕产品上。格兰仕计划从硬件、软件、电力3个方面，解决物联网家电发展的难题。硬件方面，格兰仕与Si Five公司合作，共同研发针对智能家电的芯片，发布名为“细滘”、“狮山”的物联网家电（AIOT）芯片。软件方面，格兰仕集团与德国BRAGI公司合作，发力边缘计算技术，实现家电产品的人工智能（AI）化。电力方面，格兰仕集团致力于无线电力技术，使无线电力设备镶嵌进家电产品中，实现家电的互联互通，为指定设备充电。全国工商联于2019年8月发布的《2019年中国民营企业500强报告》中，格兰仕集团以营业收入212.44亿元排第四百一十五名。

（市工商联）

中小微企业发展

【概况】 截至2019年底，佛山市有企业超35万户，其中95%以上是中小微企业。根据佛山市425家中小企业12月向“中国中小企业生产经营运行监测平台”报送的生产经营监测数据，佛山市中小企业2019年全年运行情况总体向好：工业总产值283.2亿元，比上年下降0.2%；企业用电量9.8亿千瓦时，增长11.6%；从业人数62433人，增长10.7%。1—12月利润总额29.5亿元，比上年增长13.4%，落实减税降费扶持政策成效明显，推动利润明显增长。是年，佛山市促进小微工业企业上规模工作，实现新增规模以上工业企业1664家、净增规模以上工业企业1272家，完成省、市下达的目标任务。支持中小企业向“专精特新”（专业化、精细化、特色化、新颖化）方向转变，全年全市组织开展第二批“专精特新”企业入库工作，实现对企精准服务，推动企业加快转型升级。2019年全市新增“专精特新”企业304家，累计达610家。

【小微工业企业上规模工作】 2019年，佛山市加强引导和加大政策扶持力度，促进小微工业企业升级为规模以上企业。中共佛山市委书记鲁毅、市长朱伟、副市长赵海等领导多次召开会议研究部署指导“小升规”工作，找准压实区、镇（街道）责任，要求镇（街道）领导班子全员挂钩联系后备企业，并多次赴各区及有关镇（街道）企业开展调研及督导，激发区镇（街道）工作的积极性和主动性，促进“小升规”后备企业的培育工作。佛山市以市税务局数据为基础，在统计、工商部门的协助下，准确建立升规企业后备库，制订《佛山市2019年促进小微工业企业上规模工作实施方案》，明确部门责任、工作进度要求，合理分配各区的目标任务；及时制定政策提高奖励资金额度，鼓励各区加大扶持力度；由市工业信息化局会同市统计局、税务局组成联合工作组，提前介入、加强指导、持续共同推进“小升规”的相关工作。实施包干制度，落实责任到人，镇（街道）领导联系“小升规”后备企业全覆盖；由区领导挂点联系镇（街道），实时掌握升规进度，及时研究工作的方向方法；由镇（街道）领导深入掌握每家包干联系企业的生产经营情况，帮助企业解决发展中的困难和问题，分类施策，助力后备企业做大做强，加快升规的步伐。对2019年达到规模以上企业标准并自愿登记入统的工业企业，给予每家不少于70万元的资金扶持，其中广东省给予扶持资金20万元、市给予扶持资金20万元、各区给予扶持资金累计不少于30万元。深入开展后备企业培育的政策宣贯培训活动，市及各区工业和信息化部门通过单独主办、联合有关单位共同主办、支持或协办等形式，累计开展“小升规”企业培育公益培训活动超54场次，惠及企业近5400家次；开展“助力专精特新企业融资服务”活动，强化金融服务，拓宽“小升规”企业的融资渠道，联合中国银行佛山分行联合举办银企对接活动3场次，与超300家企业现场对接，针对新升规及后备企业等重点扶持对象新核准贷款授信企业179家以上，放款83笔，总金额超1.77亿元；借力商（协）会、服务机构等共同开展小微企业培育工作，组织多场银企融资对接活动，发动20多家银行、股权交易中心等金融机构与700多家企业面对面沟通交流对接，重点宣传金融机构、服务机构等专门为“小升规”企业开发的特色产品和专属服务。是年，佛山市实现新增规模以上工业企业1664家、净增规上工业企业1272家，完成省、市下达的目标任务。

【中小微企业服务】 2019年，佛山市加强对中小微企业的服务，促进中小微企业发展。发放中小微企业服务券，对中小微企业购买国家级、省级中小企业公共服务示范平台和市级合作服务机构的人才培训、投资融资、技术创新、管理咨询、市场开拓等服务给予补助，每家中小微企业可领取服务券2万元。全年全市发放服务券1280万元，实际兑现金额1124.632万元，受惠中小微企业594家次。开设8期2019年佛山市服务机构能力提升研修班，围绕政策宣讲、安全生产、财税、科技创新、金融信用等主题进行培训，累计受惠机构约400个，通过培训聚集服务机构力量，提升机构服务能力和水平，更好地支持、帮助佛山市中小企业转型升级、创新发展。

【第七届中国中小企业创新服务大会在佛山举行】 2019年1月4日，第七届中国中小企业创新服务大会在佛山市举行。大会由中国中小企业国际合作协会、工业和信息化部中小企业发展促进中心和佛山市人民政府共同举办。大会以“互助成长、互利共赢、协同服务、创新发展”为办会理念，同期举办“中国中小企业‘走出去’”“智能制造驱动企业转型升级”“中小企业商业模式创新”等3个平行主题论坛，多角度、全方位展开探讨，为中小企业的创新发展指明方向。大会期间，中国经济领域知名专家学者、优秀企业家以及企业国际化合作组织负责人围绕各论坛主题发表演说，交流经验。大会设置展示对接专区，聚集优质服务资源，展示服务创新实践成果，针对新常态下中小企业创业创新痛点难点问题和服务新需求，利用最新科技手段，通过现场演示、交互式体验等多种形式，为参会的佛山市中小企业提供精准服务，搭建信息互通、项目合作对接平台。

【2019年“创客中国”广东省中小企业创新创业大赛暨第三届“创客广东”大赛决赛在佛山举行】 2019年8月29日，2019年“创客中国”广东省中小企业创新创业大赛暨第三届“创客广东”大赛决赛在佛山市南海区举行，来自全省各地市中小企业主管部门代表、小企业创业创新基地代表、龙头企业的企业家、投资机构代表、各地中小企业代表及创业者等500多人参加。大赛活动从4月启动，收到2115个参赛项目，参赛项目主要以先进制造业、新一代信息技术、生物医药、绿色低碳、数字经济、新材料等6个战略性新兴产业等领域为主，经过10场地市赛、12场专题赛和6场省行业复赛，遴选出12强入围在佛山市南海区举行全省总决赛。最终，来自惠州市日进科技有限公司的“超声波显示屏/玻璃切割技术”项目和深圳市湖图塔信息技术有限公司的“Data Thinker：新型大数据基础软件体系”项目分别获企业组和创客组的一等奖。

（陈　枫）

个体私营经济

【个体经济】 2019年，佛山市新登记个体工商户11.48万户，比上年增长19.29％。截至2019年底，佛山市有个体工商户46.71万户，比上年增长14.77%。全市个体工商户行业分布：农、林、牧、渔业2425户，制造业54108户，建筑业2368户，批发零售业263371户，交通运输、仓储和邮政业5022户，住宿餐饮业73357户，信息传输、软件和信息技术服务业1779户，房地产业1590户，租赁和商务服务业16040户，科学研究和技术服务业2962户，居民服务、修理和其他服务业37528户，教育912户，文化、体育和娱乐业3093户，其他1444户。

【私营经济】 2019年，佛山市新登记私营企业6.14万家，比上年增长9.43%。截至2019年底，佛山市有私营企业32.01万家，比上年增长13.47%。全市私营企业行业分布：农、林、牧、渔业1863家，制造业78916家，建筑业13610家，批发零售业115126家，交通运输、仓储和邮政业7181家，住宿餐饮业6247家，信息传输、软件和信息技术服务业8546家，金融业1798家，房地产业9725家，租赁和商务服务业30979家，科学研究和技术服务业28735家，水利、环境和公共设施管理业974家，居民服务、修理和其他服务业7444家，教育1055家，文化、体育和娱乐业6838家，其他110家。

（胡　笳）

2019年8月29日，2019年“创客中国”广东省中小企业创新创业大赛暨第三届“创客广东”大赛决赛在佛山市南海区举行　*（南海区经济促进局供图）*

农业·农村

综　述

【概况】 2019年，佛山市农地面积7.4万公顷（111万亩），约占市域总面积的19.5%，农地产出率0.18万元/公顷（2.7万元/亩），为全省最高。农业结构中，渔业产值占43%、种植业产值占29.5%、畜牧业产值占19.8%，其他占比7.7%。花卉种植、水产养殖是佛山农业的优势产业，水产养殖面积3.49万公顷（52.33万亩），年产值136.5亿元，淡水养殖产量在全省排第一；花卉种植面积0.68万公顷（10.2万亩），年产值约47亿元。全市第一产业增加值156.92亿元，增长3.0%。全市已划定的粮食功能区面积0.89万公顷（13.36万亩），全年粮食产量4.39万吨，比上年增长2.6%；蔬菜播种面积3.31万公顷（49.7万亩），年产量84.63万吨，增长1.7%。

截至2019年底，佛山市有大型农贸批发市场9个，年批发额491亿元。有市级"菜篮子"基地63个、省级"菜篮子"基地18个，认定首批粤菜师傅优质食材供应基地18个。有市级现代农业园区45个，总面积2.09公顷（31.4万亩），入驻企业1199家。有市级农业龙头企业120家、省级农业龙头企业50家、国家级农业龙头企业2家。有省农产品出口示范基地4个。全市农民专业合作社293家，市级示范社38家。建立家庭农场75家，评定市级示范家庭农场9家。有"三品一标一名牌"（无公害农产品、绿色食品、有机产品、地理标志农产品、农业类广东省名牌产品）认证产品224个，其中无公害农产品127个、绿色食品6个、有机产品8个、地理标志农产品3个、省级名牌产品（农业类）80个。有全国名特优新农产品2个、广东省名特优新农产品库的农产品37个。有新型职业农民培训基地43个，累计培训农户近20万人次。全市1025个村级工业园区改造持续推进，累计完成村级工业园土地整理2673公顷（4.01万亩）。

佛山市农业龙头企业——三水健叶蔬菜基地。图为收菜现场　（市农业农村局供图）

【农业产业体系与经营体系优化】 2019年，佛山市出台《佛山市创建省级现代农业产业园工作方案》。正式启动第二批省级现代农业产业园创建工作。组织开展2019年星级现代农业园区认定和监测复评、2019年广东农业公园申报等工作。是年，广东佛山基塘农业系统入选第五批中国重要农业文化遗产公示名单，项目总面积710.6公顷（10659亩）；三水黑皮冬瓜被纳入2019年全国名特优新农产品名录；顺德区陈村镇获评2019年省级"一村一品、一镇一业"专业镇。截至2019年底，全市有AAAA级广东农业公园5个、佛山农业公园30个、农业专业示范镇13个、"一村一品"专业村53个、地理标志登记农产品6个、"三品一标一名牌"认证产品254个。

【农业标准化生产】 2019年，佛山市加快推进高标准农田建设。完成高标准农田建设工作职能由自然资源部门向市农业农村局划转，按计划推进6286公顷（9.43万亩）高标准农田建设。全面落实“菜篮子”市长负责制，划定粮食生产功能区8886公顷（13.33万亩），建成粤港澳大湾区菜篮子基地11个，认定首批市级粤菜师傅“佛味鲜生”优质食材供应基地18个，开展“菜篮子”基地提质增量工程。改善渔业养殖环境，出台水产养殖禁养区、限养区、养殖区划定政策文件，启动养殖池塘标准化改造五年计划（2019—2023年），完成水域滩涂养殖规划编制。截至2019年底，全市水产健康养殖示范场、质量安全示范点、良种场等达110个，三水区现代渔业产业园第一期鱼塘提升工程完成，鱼塘标准化改造和河涌提升改造等项目加快推进。

【畜牧业转型升级】 2019年，佛山市强化非洲猪瘟等重大疫病防控。紧抓动物防疫部署、强制免疫注射、动物疫情监测等重点工作。组织开展“春防”工作专项检查，存栏家禽免疫率保持动态100%。及时调整非洲猪瘟防控政策，开展生猪及其产品违法违规调运、生猪屠宰、餐厨剩余物（泔水）整治专项行动和非洲猪瘟等动物防疫集中大消毒行动，全面落实各项防控工作机制。重点开展生猪稳产工作，制定推动畜牧业转型发展、生猪稳产保供等政策文件，加快大型生猪养殖项目落地建设。推进养殖废弃物资源化利用，创建省级现代化美丽牧场1个。

【广东农业科技示范市创建】 2019年，佛山市继续推进广东农业科技示范市创建工作。启动实施新一批农业科技项目，成立珠三角基塘农业研究中心，谋划推进首个佛山市现代农业研究中心建设，实施市院合作项目20个，累计开展科技下乡110次、技术培训33次，获农业农村部农牧渔业丰收奖二等奖1项、范蠡科技进步二等奖1项、省农业技术推广奖3项。开展职业农民培训，认定新型职业农民培训基地38个，组建116人职业农民培训讲师团，开展职业农民培训1.5万人次以上，认定新型职业农民2400多人。推动农业机械化、信息化，发放农机购置补贴资金174.6万元，补贴机具3874台，水稻耕种收综合机械化率72.02%。推进信息进村入户工程，益农信息社建设任务基本完成。

【产业融合发展】 2019年，佛山市建立农业招商引资工作机制，全面摸清涉农企业现状，建立招商引资“一名录两库”，召开首届佛山市农业招商引资推介会，成立佛山市农业产业联合会，现场签订系列农业项目7个，签约总金额16.35亿元，其中寿桃（中国）绿色食品园项目投资额达10亿元（为佛山市近年来最大的农业投资项目）。发展休闲农业和乡村旅游，建设休闲农业与乡村旅游省级示范镇3个，规划省级乡村旅游精品路线4条，培育一批休闲农业和乡村旅游示范点。开通佛山市“菜篮子”基地直通车和乡村旅游路线20多条。强化现代农业、美丽乡村推介力度，举办2019年农民丰收节、第五届广东（佛山）安全食用农产品博览会和第十三届农业良种良法展示推广月活动，组织开展“走进乡村看振兴”系列活动11场，全面展示特色农产品、优质食材、农业科研成果和美丽乡村面貌。

【农业环保与生态修复】 2019年，佛山市继续深入推进农业环保与生态修复工作，2018—2019年累计清理畜禽养殖场6049个（其中广佛跨界河流域5200个），推动畜牧业转型升级。统筹推进河长制相关工作任务落实，加强农业面源污染防治。开展受污染耕地安全利用，完成2019年省对市受污染耕地安全利用责任书目标任务，持续跟进全市57个土壤重金属国家级长期监测点的采集农产品、土壤样品检测等工作。

【农产品质量监管】 2019年，佛山市在农产品生产环节抽样检查571245份，抽样检查的农产品合格率99.97%。全市有106个生产经营主体、191个农产品入驻国家农产品质量安全追溯平台。全市400个农药经营店100%实现电子台账登记。年内，佛山市推进农药包装废弃物回收处置试点工作，红火蚁疫情、草地贪夜蛾危害得到有效控制；开展农作物种子、植物检疫、农业转基因生物安全执法监督工作，检查种子等相关经营店38个，检查花卉种苗繁育、草皮种植基地等10个，抽查种子样品11个，对检查中发现的套牌侵权、未审先推、无证经营等违法行为依法处以罚款33733元。

【农业法制建设与行政审批改革】 2019年，佛山市农业农村部门强化规范性文件清理，制定《佛山市农业农村局公平竞争审查制度》，组织干部参加党章党规党纪和法律知识微考学、国家工作人员学法考试等，提高依法履职能力水平。全面摸清涉农矛盾问题底数，接处信访案件117件，全部依法依规办结。推进农业农村系统行政审批改革，完成政务服务事项标准省、市对应关系梳理，重点优化“一门式、一网式”政务服务流程，在生产经营准入、公共服务供给等审批事项方面继续推进简政放权、放管结合、优化服务。

【农业综合执法】 2019年，佛山市大力开展农业综合执法（含渔政）和安全生产检查活动。组织开展农资打假、水生野生动物保护等执法行动，出动执法人员7924人次，检查生产经营主体3362家（次）。组织开展农业综合执法培训，对“双随机”监管抽查名录库进行核实。全面落实农业安全生产监管责任，检查企业和各类场所1216个，发现安全隐患253个。加强渔业行政监管，查处非法涉渔各类案件112件，其中非法电鱼案46件、违反禁渔期规定非法捕捞案28件、无证捕捞案3件、水产品质量安全案件15件，各类案件共计刑拘68人；结合禁渔期和渔政“亮剑”行动，开展“渔业捕捞领域黑恶势力百日行动”等一系列联合执法行动，查获渔业资源领域涉黑涉恶案件18件，其中移送公安案件5件、移送海事部门案件1件。

【农民丰收节活动】 2019年，佛山市按照“1+4+X”（“1”是指9月23日在禅城区南庄镇罗南村举办的佛山市庆祝2019年中国农民丰收节活动暨“佛味鲜生”优质食材品鉴活动；“4”是指南海区、顺德区、高明区、三水区组织指导举办的庆丰收活动；“X”是指9月中下旬至10月上旬，各地有关部门举办的庆祝农民丰收节活动）的模式在全市5个区同步开展2019年中国农民丰收节活动，举办庆祝活动10场，参与人数超1万人。其中，佛山市庆祝2019中国农民丰收节活动暨“佛味鲜生”优质食材品鉴活动入选2019年“中国农民丰收节”100个乡村文化活动，亦是全省13个特色专场庆丰收活动之一。此外，各区结合乡村振兴开展喜闻乐见的庆丰收活动，比如庆丰收消费季、庆丰收宣传活动、微视频平台农民风采展示活动等，有关镇（街道）、农业公园、农业龙头企业、农民专业合作社等农业经营主体亦同步开展庆丰收活动。

【广东（佛山）珠三角基塘农业研究中心成立】 2019年3月28日，广东（佛山）珠三角基塘农业研究中心在佛山市农业科学研究所挂牌成立。研究中心联合广东省农业科学院、中国科学院地理研究所等单位，以基塘农作物和水产品品种选育与布局优化、基塘系统水陆相互作用、基塘农业文化保护与传承、生态效益与经济效益兼顾的基塘农业发展创新模式等为研究方向，形成政、产、学、研合作机制，推动全佛山现代农业尤其是渔业发展，助力佛山实施乡村振兴战略。研究中心在顺德区、南海区、高明区和三水区4个区设工作站，形成“一个中心四个工作站”发展模式。基塘农业系统是珠江三角洲人民创造的一种高效的农业物资循环利用模式。作为基塘农业系统的典范，佛山基塘农业通过不断完善基塘农业种植方式，形成系统的农业生产技术，并衍生出独特的农耕、生态和人文文化。

（廖毅雯）

种植业

【概况】 2019年，佛山市农作物总播种面积59830公顷，实现种植业产值94.20亿元（现价），比上年增长7.6%。全市粮食作物播种面积8266.7公顷、减少13公顷，总产量43864吨、增加100吨。其中水稻种植面积5599公顷、减少101公顷，总产量32095吨、增加800吨。全市蔬菜（含菜用瓜）播种面积33133公顷，增加573公顷；油料作物播种面积857.5公顷，增加84.2公顷；水果种植面积2018.8公顷，减少47.9公顷；花卉种植面积6614.6公顷，增加1834.6公顷。是年，佛山市继续抓好强农惠农政策落实，全市发放耕地地力保护补贴4080.62万元；深入推进“菜篮子”基地建设，新认定市级“菜篮子”基地3个（累计达63个），“菜篮子”基地直销点亮标经营和产品监测信息系统建设不断完善；推进高标准农田建设，全市高标准农田建设面积2366.7公顷，全部完工。

2019年3月29日，广东佛山珠三角基塘农业研究中心在佛山市农科所挂牌成立
（市农业农村局供图）

【粮食作物种植】 2019年，佛山市主要粮食作物是水稻、玉米与薯类。水稻种植分布：高明区种植面积5170公顷，产量29445吨；三水区种植面积191公顷，产量1124吨；南海区种植面积238公顷，产量1526吨。豆类分布：高明区种植面积74.5公顷，产量241吨；三水区种植面积88.2公顷，产量318吨；顺德区种植面积1.67公顷，产量8吨。薯类分布：高明区种植面积952.5公顷，产量19883吨；三水区种植面积404.2公顷，产量8846吨；南海区种植面积126公顷，产量1409吨；顺德区种植面积8.7公顷，产量102吨。

【蔬菜（含菜用瓜）种植】 2019年，佛山市禅城区蔬菜种植面积123.2公顷，产量2803吨；南海区蔬菜种植面积12545.6公顷，产量303931吨；顺德区蔬菜种植面积4982.1公顷，产量91740吨；三水区蔬菜种植面积7932.8公顷，产量276978吨；高明区蔬菜种植面积7549.5公顷，产量170866吨。推广应用水肥一体化、滴喷灌技术。截至2019年底，市级“菜篮子”基地达63个，“菜篮子”基地直销点亮标经营和产品监测信息系统建设不断完善。

【油料作物种植】 2019年，佛山市油料作物是花生。种植区域分布：三水区种植面积345.3公顷，产量978吨；高明区种植面积512.2公顷，产量1733吨。

【水果种植】 2019年，佛山市水果种植品种主要有香（大）蕉、龙眼、荔枝、火龙果等。种植分布：南海水果种植面积83.4公顷、产量2891吨，其中香（大）蕉种植面积17公顷、产量788吨；顺德区水果种植面积216.6公顷、产量8689吨，其中香（大）蕉种植面积205.4公顷、产量8537吨；三水区水果种植面积

852公顷、产量20749吨，其中香（大）蕉种植面积402公顷（产量17050吨）、龙眼种植面积281.6公顷（产量446吨）；高明区水果种植面积866.86公顷、产量11840吨，其中香（大）蕉种植面积232公顷（产量5575吨）、龙眼种植面积203公顷（产量347吨）。

【花卉种植】 2019年，佛山市花卉种植面积6614.6公顷，品种主要是绿萝、蝴蝶兰、国兰、桂花树、白（红）掌、百合、菊花、兰花类。种植分布：南海区花卉种植面积3135.2公顷，其中蝴蝶兰92公顷、绿萝476公顷；顺德区花卉种植1356.86公顷，其中国兰203公顷、蝴蝶兰78公顷、桂花树37公顷、嘉宝果39公顷；三水区花卉种植面积1120.8公顷，其中蝴蝶兰21公顷、白（红）掌12公顷；高明区花卉种植面积1001.7公顷。是年，佛山市花卉种植继续向专业化、设施化、大棚种植及三次产业融合方向发展，其中南海花卉博览园项目以花卉生产、科技示范、观光旅游为主导产业，通过三产融合，推动农业和旅游业融合，发展“农游合一”的新业态，打造佛山市重点互联农业示范区。是年，佛山市继续鼓励符合条件的花卉企业申报市级农业龙头企业，采用以奖代补、代款贴息等方式扶持花卉企业发展，截至2019年，佛山市市级农业龙头企业中有花卉企业13家。

（范忠武）

林　业

【概况】 2019年，佛山市有林业用地面积6.41万公顷，森林覆盖率20.65%，森林蓄积486.34万立方米；有自然保护地类型（包括自然保护区、风景名胜区、地质公园、森林公园和湿地公园）65处（含重叠），面积3.48万公顷，其中自然保护区1处、风景名胜区1处、地质公园1处、森林公园40处、湿地公园22处。全年参加义务植树335.73万人，445.95万株。全年完成山上造林866.67公顷。全市林业产业产值1115.3亿元，其中第

佛山市自然保护地名录（2019年）

序　号	自然保护地名称	自然保护地类型	自然保护地级别
1	佛山高明合水桫椤县级自然保护区	自然保护区	县级
2	广东西樵山国家级风景名胜区	风景名胜区	国家级
3	广东西樵山国家地质公园	地质公园	国家级
4	广东西樵山国家森林公园	森林公园	国家级
5	佛山云勇省级森林公园	森林公园	省级
6	佛山海景省级森林公园	森林公园	省级
7	佛山三水九道山市级森林公园	森林公园	市级
8	佛山三水龙山市级森林公园	森林公园	市级
9	佛山禅城王借岗市级森林公园	森林公园	市级
10	佛山三水县级森林公园	森林公园	县级
11	佛山三水大南山县级森林公园	森林公园	县级
12	佛山三水大坑县级森林公园	森林公园	县级
13	佛山顺德伦教县级森林公园	森林公园	县级
14	佛山顺德勒流县级森林公园	森林公园	县级
15	佛山顺德大金山县级森林公园	森林公园	县级
16	佛山顺德翠湖县级森林公园	森林公园	县级
17	佛山顺德象山县级森林公园	森林公园	县级
18	佛山顺德都宁岗县级森林公园	森林公园	县级
19	佛山顺德锦屏山县级森林公园	森林公园	县级
20	佛山顺德陈村县级森林公园	森林公园	县级
21	佛山顺德顺峰山县级森林公园	森林公园	县级
22	佛山顺德马宁山县级森林公园	森林公园	县级
23	佛山顺德马岗县级森林公园	森林公园	县级
24	佛山顺德龙峰山县级森林公园	森林公园	县级
25	佛山三水昆都山区级森林公园	森林公园	区级
26	佛山南海三山区级森林公园	森林公园	区级
27	佛山南海展旗岗区级森林公园	森林公园	区级
28	佛山南海狮山区级森林公园	森林公园	区级
29	佛山南海西岸区级森林公园	森林公园	区级
30	佛山南海象岗山区级森林公园	森林公园	区级
31	佛山高明三洲区级森林公园	森林公园	区级
32	佛山高明凌云山区级森林公园	森林公园	区级
33	佛山高明南蓬山区级森林公园	森林公园	区级
34	佛山高明山下区级森林公园	森林公园	区级
35	佛山高明明阳塔区级森林公园	森林公园	区级
36	佛山高明泰康山区级森林公园	森林公园	区级

（续　表）

序　号	自然保护地名称	自然保护地类型	自然保护地级别
37	佛山高明皂幕山区级森林公园	森林公园	区级
38	佛山高明茶山区级森林公园	森林公园	区级
39	佛山高明虎房区级森林公园	森林公园	区级
40	佛山高明西坑区级森林公园	森林公园	区级
41	佛山高明香山区级森林公园	森林公园	区级
42	佛山高明鹰塘区级森林公园	森林公园	区级
43	佛山高明鹿洞山区级森林公园	森林公园	区级
44	广东云东海国家湿地公园	湿地公园	国家级
45	广东金沙岛国家湿地公园	湿地公园	国家级
46	佛山禅城半月岛县级湿地公园	湿地公园	县级
47	佛山禅城绿岛湖县级湿地公园	湿地公园	县级
48	佛山三水北江凤凰区级湿地公园	湿地公园	区级
49	佛山三水芦苞涌区级湿地公园	湿地公园	区级
50	佛山南海丹灶区级湿地公园	湿地公园	区级
51	佛山南海千灯湖区级湿地公园	湿地公园	区级
52	佛山南海听音湖区级湿地公园	湿地公园	区级
53	佛山南海外滩区级湿地公园	湿地公园	区级
54	佛山南海孝德湖区级湿地公园	湿地公园	区级
55	佛山南海怡海区级湿地公园	湿地公园	区级
56	佛山南海文翰湖区级湿地公园	湿地公园	区级
57	佛山南海桑基鱼塘区级湿地公园	湿地公园	区级
58	佛山南海翰林湖区级湿地公园	湿地公园	区级
59	佛山禅城东平河石湾区级湿地公园	湿地公园	区级
60	佛山顺德智谷区级湿地公园	湿地公园	区级
61	佛山顺德桂畔湖区级湿地公园	湿地公园	区级
62	佛山顺德玉带区级湿地公园	湿地公园	区级
63	佛山高明明湖区级湿地公园	湿地公园	区级
64	佛山高明智湖区级湿地公园	湿地公园	区级
65	佛山高明海滨区级湿地公园	湿地公园	区级

一产业27.1亿元，第二产业1086.2亿元，第三产业2.0亿元。

【云勇林场扩面提质】 截至2019年底，佛山市云勇林场扩面工程［2018年6月，佛山市印发《关于佛山市云勇林场实施扩面工作事项》，启动佛山市云勇林场扩面工程，通过长期租赁形式将云勇林场周边农村1000公顷（1.5万亩）林地纳入云勇林场管理范围，实行统一改造和管护］完成租赁土地测量957.79公顷，确认林地租赁合同面积759.2公顷，完成林木采伐审批735.1公顷，完成687.47公顷林地租赁奖励金发放，完成土地交接343.6公顷，累计发放租赁奖励金412.48元万元（涉及林地687.47公顷）。完成扩面提质项目可行性报告编制和作业设计，扩面提质森林林分改造项目（第一期）标段A（57.93公顷）、标段B（56.67公顷）、标段C(51.67公顷）完成招投标。

【野生动植物资源保护】 2019年，在广东省林业局的统一部署下，省、市、区同步举办以“展现野性之美　共绘绿水青山”为主题的野生动物宣传月活动，免费向市民派发科普宣传册、单张，宣传秋冬季野生动物保护知识。佛山市自然资源局在三水区大南山森林公园放生黑水鸡、夜鹭、苍鹭、牛背鹭、珠颈斑鸠等10种陆生野生动物110多只；组织对禅城金龙动物园、佛山市南海凯鹏贸易有限公司和佛山正佳生物养殖有限公司、南丹山等存在动物展演或交易量较大单位进行安全生产检查，严防伤人事故和疫病传播。

【松材线虫病防治】 2019年，佛山市开展全市松材线虫病秋季普查，发现死亡松树3167株（其中高明区3060株、南海区和三水区零星分布），采集173个样品送检，检出59个送检样品存在松材线虫病。通过核查，发现全市松材线虫病发生面积173.8公顷，其中新发面积28.06公顷。进行松材线虫病防治作业，全年安装松材线虫诱捕器99套，完成防治面积152.55公顷、清理面积33.83公顷，清理枯病死树1582株、1568.54立方米。开展疫木检疫执法专项行动，全市开展检查和培训等活动17次，出动检疫人员、森林公安干警、林政执法人员196人次，检查松木110批次、4597立方米。疫木检疫执法专项行动过程中，作出行政处罚7宗，并对8家企业发出责令改正违法行为通知书。

【佛山市在全省率先启动乡镇林场改革】 2019年，根据《佛山市人民政府办公室关于推进佛山市乡镇林场改革的实施意见》《佛山市人民政府办公室关于建立佛山市乡镇林场改革工作联席会议制度的通知》部署，佛山市在全省率先启动乡镇林场改革工作，建立工作联席会议制度，旨在通过改革，稳定乡镇林场林权，健全乡镇林场机制，加大乡镇林场投入，提高全市国有林场占比，实现生态得保护、林场得发展、职工生活得保障，确保林场和谐稳定的总体目标。推进南海西樵西岸、顺德大良顺峰山和龙江龙峰山等权属清晰、生态区位重要的乡镇林场改革为区属生态公益型国有林场。

【佛山市2019年森林防火暨自然资源保护管理工作培训班】 2019年9月24—25日，佛山市2019年森林防火暨自然资源保护管理工作培训班在南海区西樵镇举行。佛山市自然资源局及各分局、市公安局森林分局、市林科所、云勇林场和各区属林场，以及各重点镇（街道）林业工作站分管领导、业务负责人等55人参加。培训班就森林火灾预防和火场应急避险进行授课，并组织全体学员现场考察南海区森林消防大队西樵中队建设情况。

（郭　庆）

畜牧业

【概况】 2019年，佛山市生猪饲养量108.34万头、比上年下降37.8%，存栏量4.24万头、下降92.6%，出栏量104.1万头、下降10.8%；家禽饲养量8662.9万羽、增长15.4%，出栏量6625.7万羽、增长12.1%，存栏量2037.2万羽、下降27.7%。

【畜禽养殖废弃物资源化利用】 2019年，佛山市转发《广东省畜禽养殖粪污处理与资源化利用技术指南（试行）》，指导各区做好畜禽养殖粪污处理与资源化利用工作。编制《佛山市种养循环发展规划（2018—2020年）》，并下发到各区，以环境承载指标为依据推动种养循环。是年，佛山市畜禽粪污综合利用率89.92%，规模养殖场粪污处理设施配套装备率99.78%。

【饲料生产管理】 2019年，佛山市完成省委托的佛山市饲料生产许可证核发工作（单一饲料、浓缩饲料、配合饲料、精料补充料），核发饲料生产许可证42个。组织开展饲料产品质量安全监测项目，抽检饲料、饲料添加剂52批次、饲料原料17批次，产品质量抽样合格率96.05%。是年，佛山市饲料总产量407.91万吨，位居全省第二。

【非洲猪瘟防控】 2019年，佛山市农业农村局组织检查组对各区“春防”工作落实情况进行专项检查2次。及时调整全市防控政策并指导各区落实各项防控政策，收集和上报有关重要工作及数据指标，撰写日报189篇、周报39篇。组织相关从业人员和行政管理人员参加非洲猪瘟防控专题培训。开展为期3个月（1—3月）的生猪及其产品违法违规调运、生猪屠宰、餐厨剩余物（泔水）专项整治行动和动物防疫大消毒行动，组织购买并向各区发放消毒药品54.92吨。指导各区组织开展年度突发重大动物疫情应急演练4次。

【畜禽强制免疫与疫情监测】 2019年，佛山市抓好畜禽强制免疫工作，春防期间全市完成免疫接种的家禽达643.586万羽（家禽疫病抗体总体合格率93.5%），全年累计使用禽流感疫苗制剂4148.25万毫升，存栏家禽免疫率始终保持动态100%。每月定期开展主要动物疫病监测与流行病学调查工作，科学指导防控工作开展，全年全市累计检测家禽血清样品2609份、家禽病原学样品2325份，抗体效价总体达到合格标准，病原学检测未发现阳性样品。

【动物卫生监督】 2019年，佛山市农业农村局通过开展培训和加强指导，推动基层动物防疫监督机构有效承担监管职责。重点抓好强制免疫、场所消毒，疫病监测、检疫监督、防疫巡查、以及病死畜禽无害化处理等工作。在交易环节疫病检测中，全年检测生猪99.63万头、家禽19696万羽。在屠宰环节疫病检测中，全年检测生猪633万头、牛羊疫病检测19万头、家禽疫病检测250万羽。全年对染疫或疑似染疫的30746头生猪进行无害化处理。

【兽医医政行政管理】 2019年，佛山市有宠物诊疗机构159个，有注册执业兽医师305人、备案执业助理兽医师8人。是年，市农业农村局向全市执业（助理）兽医师开展法律法规和技术培训班12场，培训约400人次。开展对动物诊疗机构专项检查。

【兽药生产经营监管】 2019年，佛山市有兽药生产企业9家、兽药经营单位350个。是年，市农业农村局安排药品生产质量管理规范（GMP）观察员协助省农业农村厅做好兽药药品生产质量管理规范认证验收，指导区级开展兽药药品经营质量管理规范（GSP）认证验收和兽药经营许可证核发工作，加强对生产、经营企业监督检查，严格证后监管，强化兽药产品准入管理，做好兽药产品批准文号核查。做好兽药产品追溯管理工作，强化兽药风险管控，提升兽药质量安全水平。全市350个兽药经营单位实现100%系统注册入网，上传兽药产品出入库信息。

【屠宰行业监管】 2019年，佛山市开展省级屠宰企业标准化创建，推荐6家屠宰企业。开展2019年佛山市生猪屠宰监管“扫雷行动”和佛山市2019年屠宰环节“瘦肉精”监督检测行动，全市肉品市场秩序良好，全年全市屠宰生猪652.8万头、菜牛11.2万头、活羊11.4万头。抓好屠宰企业“两项制度”（实施屠宰环节非洲猪瘟自检和官方兽医派驻制度）落实，完善企业“三证”（工商营业执照、组织机构代码证和税务登记证）信息上报，全部定点屠宰企业通过农业农村部公示。委托佛山市肉类行业协会负责2019年农业部畜禽屠宰统计监测业务系统管理相关工作，促进畜禽屠宰统计监测周报质量提高。

（卢志进　李为群）

水产养殖业

【概况】 2019年，佛山市水产养殖面积34590.89公顷，其中鱼塘养殖面积33914公顷。优质鱼养殖面积13526.66公顷，占鱼塘面积的39.88%。水产品总产量69.23

2019年，佛山市举行水产养殖传统技艺大赛——数鱼花比赛。图为参赛者正在数鱼花（市农业农村局供图）

万吨，比上年增长3.48%；水产品总产值134.52亿元，增长6%。

【绿色渔业发展规划计划】 2019年，佛山市出台绿色渔业发展规划编制和工作方案，促进绿色渔业发展。出台《佛山市划定养殖水域滩涂禁养区、限养区、养殖区和规范水产养殖管理的实施方案》，明确到2020年，佛山5个区“三区”（养殖水域滩涂禁养区、限养区、养殖区）划定方案得到落实，水源一级保护区等区域的水产养殖基本清理完成，水产养殖业发展空间得到优化。出台《佛山市水产养殖池塘标准化改造规划（2019—2023年）》，明确完成限养区和养殖区3.33公顷（50亩）以上规模水产养殖情况的普查，提出近期（2019—2023年）在全市要按照“池塘规整、深度事宜、灌排配套、设施先进、功能完善、生态优美”的改造要求完成标准化池塘改造0.67万公顷（10万亩），优先在广佛跨界流域开展养殖池塘标准化改造；远期（2024—2030年）拟开展养殖池塘标准化改造面积为1.2万公顷（18万亩）。同时配套出台《佛山市养殖池塘标准化改造五年工作方案（2019—2023年）》。

【渔业创新发展】 2019年，佛山市财政扶持广东五洲八达水产有限公司等4家企业完成安全鲜活水产品产销对接项目，提升佛山市水产品质量安全监管能力和水平。推动广东省青岐现代渔业产业园区首期建设项目完成第一期鱼塘标准化改造工程和部分道路建设。截至2019年底，佛山市有农业农村部水产健康养殖示范场13个、省级水产养殖质量安全示范点35个、省级水产健康养殖示范场24个、水质改良示范点8个、生态健康养殖小区12个。

【水产良种体系建设】 2019年，佛山市生产各类种苗3101亿尾。是年，市级财政安排200万元在全市开展4个水产良种保种选育项目，承担水产良种保种选育项目的广东梁氏水产种业有限公司等4家企业通过项目验收，企业保种、繁育及选育能力进一步提升，其中广东梁氏水产种业有限公司培育的“优鲈三号”经全国水产原种和良种审定委员会鉴定为水产新品种。截至2019年底，佛山市有注册种苗企业197家，已建立省级良种场2个、市级水产良种场23个、区级良种场31个，佛山市三水顺华源水产有限公司、广东梁氏水产种业有限公司的省级良种场筹建工作进入省验收阶段。

【科技兴渔】 2019年，佛山市梁氏水产种业有限公司与中国工程院院士中山大学林浩然教授签约共建院士工作站。广东省农科院佛山分院、佛山市农科所挂牌成立广东佛山珠三角基塘农业研究中心，支撑推进珠三角基塘农业系统申报中国重要农业文化遗产。市农业农村局与华中农业大学建立全面战略合作关系，双方在人才培育、科研实验资源共享与现代渔业产业技术平台等领域进行全方位合作。年内，佛山市重点引进池塘“零排放”绿色高效圈养技术，通过在传统鱼塘内打造养殖槽圈养系统，实现“零排放”绿色生态养殖。

【名优淡水鱼种质创新院士工作站成立】 2019年1月25日，在广东青岐现代渔业产业园，佛山市梁氏水产种业有限公司与林浩然院士专家团队签订产学合作协议，共建广东省水生经济动物良种繁育重点实验室产学研基地、名优淡水鱼种质创新院士工作站。双方将围绕淡水名优养殖动物现代种业构建核心技术攻关、人才培养、企业创新平台建设、科研项目申报等领域开展全面合作。

（庄宇君）

农业科技

【概况】 2019年，佛山围绕“共建广东农业科技示范市”启动10个市院合作项目和10个市农业科技服务项目，遴选11

个储备项目。各级农业农村部门开展新型职业农民认定培训1500多人，开展农业科技、经营管理培训1.5万人次。全市各企事业单位获广东省农业技术推广奖一等奖6个、二等奖3个、三等奖4个，获农业农村部农牧渔业丰收奖二等奖1个，获中国水产学会范蠡科技进步二等奖1个。

【农业科技市院合作项目建设】 2019年，佛山市以农业科技示范市建设为抓手，推进市院（佛山市政府与省农科院）合作项目。成立广东（佛山）珠三角基塘农业研究中心。健全市院合作资金管理制度，制定广东省农业科学院佛山分院市院合作专项资金管理办法。围绕与省农科院“共建广东农业科技示范市”，安排市财政专项资金993万元，用于农业科技合作项目、基塘农业项目、专家服务团队项目等20个市院合作项目。组织农业科技专家服务团队针对产业发展、乡村建设等开展调研60多次，为农业产业发展、现代农业产业园建设、农业技术难点等提供服务，并助推佛山乡村振兴战略实施。在全省率先开展氢农业示范推广，市财政安排190万元财政专项资金，支持市农科所联合南京农业大学、省农科院等开展富氢水在农业领域的应用和研究，并制定符合佛山实际的氢农业生产技术规程。开展2019年广东省农业科技示范市建设资金项目申报和评审，对农业科技成果奖、市级现代农业研究中心等3个项目给予扶持，扶持总金额160万元，推动播恩生物科技有限公司建设成为佛山市首个市级现代农业研究中心。

【农业技术推广】 2019年，佛山市通过市院（佛山市政府与省农科院）农业科技合作项目和农业科技服务团队，推动“一十百千万”［建设一个农业高新技术产业示范区、每年启动10个研发（推广）项目、建立百位专家服务团队、服务千家产业化组织、培训指导万名农业骨干］产研直联工程实施，组织农业科技专家服务团队针对企业发展、乡村建设等开展科技服务、产业调研60多次。围绕水稻、蔬菜、水产、果树、花卉、农产品加工等当地主导产业和农业生产问题，开展农业科技下乡咨询服务及良种良法宣传推广活动，全年开展技术培训33次，派技术专家、技术员科技下乡110场次，派发各式资料2万余份，为农户培育种苗50万株，示范推广水稻新品种种植面积6万公顷（90万亩）以上。向基层发布53个农业主导品种和22项主推技术，建立健全市、区、镇、村四级技术推广体系，通过“专家+农业技术人员+科技示范户+辐射带动户”的技术服务模式，加快农业科技进村入户和良种、良法推广应用。在开展基层农技推广工作中，全年出动农业科技人员300多人次，接待咨询人员2000多人次，发放各类农科资料、手册3.12万份，免费派送高效低毒病虫防治农药1.1万包、水稻配方肥及优质肥料20多吨、优质种子和种苗1.2万包（株）等。

【第十三届农业良种良法展示会】 2019年12月3日，由佛山市农业农村局主办，佛山市农科所、广东省农科院佛山分院承办的佛山市第十三届农业良种良法展示会在佛山市农科所举行。该届展示会以“乡村振兴　科技引领”为主题，以现代农业为基础、以农业科技为支撑、以乡村文化为纽带、以乡村旅游为特色，有贴合佛山产业实际、突出农业新技术、突出互动性等特点。展示会总面积8公顷（120亩），其中良种展示区4公顷（60亩）、采摘体验区1.33公顷（20亩）、创意农业展示区0.67公顷（10亩）、桑基鱼塘展示区2公顷（30亩），展示绿色优质农作物品种近800个，展示推广水肥一体化精准滴灌技术、农作物物联网应用技术、岩棉番茄种植技术、农作物测墒自动灌溉技术、水培蔬菜种植技术、农作物病虫害绿色防控技术等多项实用技术。

（李　典）

农村经济

【概况】 2019年，佛山市农村集体资产达968.85亿元（不含土地作价），集体经济总收入206.03亿元，人均分红为4750.02元。全市进入农村集体资产交易平台交易的资产5.2万宗，涉及合同标的金额303.7亿元。

【农业农村领域扫黑除恶专项斗争】 2019年，佛山市推进农业农村领域扫黑除恶专项斗争工作。自查摸排涉黑涉恶线索27条，完成中央交办的全部46条线索的调查复核工作。在全市范围内开展打击渔业非法捕捞行动，打掉一批非法电

2019年12月3日，第十三届佛山市农业良种良法展示推广月活动启动仪式在佛山市农科所举行

（徐懿君　摄）

鱼犯罪团伙。推进集体经济行业治乱工作，南海区累计有388人次主动退地或补缴拖欠集体资金，获退回侵占的集体土地3.643公顷，追回拖欠承包款、滞纳金等各类资金5560.6万元；顺德区追回村集体资金8260.9万元；高明区获退回侵占的集体土地62.4公顷、追回集体资金215.7万元；三水区累计有768人次补缴拖欠集体资金，追回拖欠承包款等各类资金约2340万元。

【集体产权制度改革整市试点工作】2019年，佛山市继续推进农村集体产权制度改革国家整市试点工作（2018年佛山市获确定为农村集体产权制度改革国家整市试点单位）。完成集体资产清产核资工作，并根据省、市两级在检查验收中反馈的问题，及时进行整改完善。部署各区全面开展农村集体经济组织登记赋码工作。继续推进农村土地承包经营权确权登记颁证数据库完善、档案归档等扫尾工作，对省、市数据汇交存在的问题进行核查和修改。推进高明区经营性资产股份合作制改革，212个有经营性资产股份合作制改革任务的社（组）全部完成改革，158个其他类型的社（组）也同时开展股份合作制改革，全区共有370个社（组）完成改革工作。对已完成股份合作制改革的禅城、南海、顺德和三水4个区，坚持因地制宜、分类施策的原则重点抓好完善提升。

【农村集体资产交易管理】2019年，佛山市出台《关于进一步推进农村集体资产“应上必上”平台公开交易管理的意见》，对集体资产交易范围、立项审核、监督机制等作进一步理顺和完善，推进集体资产“应上必上”平台交易。编印派发《佛山市农村集体资产“短小零散”交易项目操作指引》《佛山市农村集体资产交易管理操作常见问题解答》各1万份和交易管理政策宣传折叠单张2万张，为基层操作人员提供指引。委托技术公司对佛山市农村集体资产交易平台软件进行升级，调整优化审批系统，简化优化操作流程，增设“短小零散”交易模块，加快推进电子化合同试点探索和推广工作，进一步强化和完善集体资产平台公开交易机制。2019年，全市进入平台交易资产5.2万宗，涉及合同标的金额303.7亿元。

【休闲农业与乡村旅游建设】2019年，佛山市加强休闲农业与乡村旅游示范镇建设，均安镇以“东海情人岛”、陈村镇以花卉特色小镇为核心区域的休闲农业示范项目建设总体进展顺利，太子农庄、田园歌生态园、陈村花卉世界、花卉产业园等一批示范点影响力逐渐显现。组织开展全市休闲农业与乡村旅游发展状况专题调研，调研结果显示：全市规模较大的休闲农业与乡村旅游项目76个，总投资约222亿元，直接从业人数7300多人，2018年总营业收入超40亿元，接待游客近1500万人次；其他具有休闲农业功能和特色的中小型休闲农业项目点超500个，具体类型包括农业公园、农家乐、采摘园、垂钓园、观光农园、民宿等。起草《佛山市创建国家级、省级休闲农业与乡村旅游示范镇（点）三年行动计划（2020—2022年）》。成立农业旅游公司，开通佛山市“菜篮子”基地直通车和乡村旅游路线20多条。在广东省文化和旅游厅公示的首批100条乡村旅游精品线路中，佛山市入围4条，分别是南海区九江镇特色文化体验乡村游线路，顺德区水乡文化游，高明区乡村研学体验两日游，三水区探百年古村、品北江河、泡罕见氡温泉、寻觅蔬菜基地之旅。

【农村财务监管】2019年，佛山市开展全市村委会、居委会“白条账”（即经济业务发生后，款项支付不以正规票据入账，而以正规票据以外的其他形式入账）全面摸底排查。经统计，2018年1月1日—2019年6月30日，全市各村（社区）两委（农村集体经济组织）使用“白条单”入账的开支占总开支数的13.21%，“白条单”支出金额占开支金额总数的0.86%。开展村级债务调研，对2015—2018年佛山市各村（社区）、集体经济组织负债情况进行全面梳理统计，了解债务构成情况，分析债务形成和增长原因，研究进一步加强农村债务管控的措施。部署各区通过加强农村“三资”（资金、资产、资源）平台监管、健全财务管理制度等措施，进一步完善全市“第三方”代管的农村财务管理机制。佛山市农业农村局和佛山市财政局联合转发广东省财政厅、广东省农业农村厅《关于进一步加强农村财务管理工作的通知》，要求各区压实农村财务管理主体责任，进一步健全财务制度，规范账务处理，加强资产管理。禅城区率先开展试点，探索财务、资产“两平台”整合为“一个平台”运作，避免存在数据壁垒的问题；南海区针对完善财政专项资金管理模块和工程项目管理模块功能，进一步优化农村财务监管平台系统升级；顺德区在容桂、乐从开展农村“三资”综合管理平台建设试点，开发“年度预算监控”“农村集体资产公开交易合同管理与租赁收入监控”“财务支出实时监控”“三资档案数字化管理”等功能，提高预算编制、支出监控和超预算预警能力，收据核销和防伪的管理能力，集体资产、合同与收入追缴联动能力，大额开支的事前审批监控能力；三水区交易合同电子化工作试运行，进一步规范合同管理。

【新型农业经营主体培育】2019年，佛山市做好农民专业合作社、农业龙头企业、家庭农场等农业经营主体的培育发展工作。在鼓励发展的同时，对不符合要求的“空壳社”进行全面清理和整顿，对监测发现达不到标准的示范社、龙头企业予以摘牌，进一步规范农业经营主体的运作。2019年度市级农业龙头企业摘牌6家、农民专业合作社市级示范社摘牌18家。落实省、市对农业经营主体的各项扶持政策，安排省级资金扶持合作社项目4个，共160万元；省级资金扶持省级龙头企业5个，共150万元；市级资金扶持市级龙头企业25个，共250万元。加强对农业经营主体的引导与服务，邀请相关领域专家对全市农业经营主体进行经营管理业务授课，并推进农邮合作。截至2019年底，全市有农民专业合作社293个，其中市级示范社38个；有市级农业龙头企业120家，其中国家级2家、省级50家；有家庭农场75个，其中市级示范家庭农场9个。

（何懿子）

综　述

【概况】 2019年，佛山市完成工业总产值23209.7亿元，比上年增长7.0%；实现规模以上工业增加值4874.23亿元，增长7%，增幅高于广东省（4.7%）2.3个百分点。民营工业完成工业增加值3559.45亿元，比上年增长8.3%，增速高于全市工业增加值增速1.3个百分点。民营工业增加值占全市工业增加值比重73.2%，对全市工业增长的贡献率达85.2%，拉动全市工业增长6.0个百分点。主营业务收入超100亿元的民营工业企业达10家。规模以上大、中、小型工业企业分别完成工业增加值1781.90亿元、1517.11亿元、1560.47亿元，分别比上年增长9.8%、7.1%、4.0%。大型企业增速比中、小型企业分别高2.7和5.8个百分点。装备制造业完成工业增加值1514.01亿元，比上年增长7.6%，全年全市新引进装备制造业超亿元项目80个、新开工装备制造业超亿元项目77个、新投产超亿元装备制造业项目64个。先进装备制造业实现增加值992.42亿元，占全市装备制造业增加值的65.5%。

2019年佛山市各区工业总产值情况

区名称	工业总产值（亿元）	比上年增长（%）	占全市工业生产总值比例（%）
禅城区	1922.18	3.5	8.28
南海区	6757.01	6.8	29.11
顺德区	7639.77	7.3	32.92
高明区	3278.88	7.3	14.13
三水区	3611.87	7.1	15.56

2019年7月1日，国家增材制造创新中心佛山分中心正式成立。图为成立仪式现场
（佛山国家高新区供图）

【工业产业结构调整】 2019年，佛山市产业结构进一步优化。一是先进制造业发展势头较好，先进制造业完成工业增加值2423.7亿元，比上年增长8.7%。二是高技术制造业稳中有升，高技术制造业完成工业增加值293.12亿元，增长5.6%。三是轻重工业按相对均衡比例协调发展，轻工业完成工业增加值2324.42亿元，增长8.4%。重工业完成工业增加值2535.07亿元，增长5.8%。

装备制造业产业规模稳步壮大　装备制造业实现增加值1514.01亿元，比上年增长7.6%。一汽－大众MEB电动汽车整车项目与MEB高压电池自制项目、季华实验室、传感器及电喷系统项目等重大项目开工。碧桂园机器人谷启动区项目、顺德智能制造科技园、广东省智能制造产业示范基地创新合作模式建设项目、美的库卡智能制造科技园项目（一期）等重大项目投产。佛山市莫森环境工程有限公司、佛山希望数码印刷设备有限公司、佛山市宏石激光技术有限公司、富利包装机械等公司的项目被认定为国家级首台（套）重大技术装备。

先进制造业集群培育　印发广（州）佛（山）产业协作实施方案，在先进装备制造、汽车、新一代信息技术、生物医药与健康等4个产业领域和广州市开展产业协作。与广州市、惠州市联合以超高清视频和智能家电产业集群参加工信部首批先进制造业集群竞赛，成为工业和信息化部先进制造业集群首批培育对象。

智能制造发展　修订《佛山市推动机器人应用及产业发展扶持方案（2018—2020年）》，加大力度扶持引导企业广泛应用机器人及智能装备、开展机器人本体制造及系统集成，对全市362个机器人应用及产业发展项目给予支持。是年，佛山市开展智能化改造示范的企业32家，新增应用机器人3020台，新认定5家市级机器人应用示范企业。

绿色经济发展　天安新材料股份有限公司等10家企业获国家第四批“绿色工厂”称号，南海经济开发区获省“循环化改造试点园区”称号，朗德万斯照明有限公司等46家企业获省级“清洁生产企业”称号，金意陶等5家企业入选2019年度省级工业固废综合利用示范项目。开展广佛跨界河流域“散乱污”整治，市工业和信息化局会同市生态环境局完成广佛跨界河流域全部1404家“散乱污”工业企业（场所）整治工作，任务完成率100%。

【工业企业自主创新能力提升】 2019年，佛山市进一步提升自主创新能力。加快优势传统产业转型升级，在用好国家和省技术改造奖补政策的基础上，出台《佛山市工业企业技术改造固定资产投资奖补实施方案（2019—2021年）》，对在库规模以上工业企业按工业技术改造投资额的5%进行事后奖补，对非在库法人按3%进行事后奖补，鼓励和促进企业开展技术改造固定资产投资，调动企业技术改造的积极性，全年全市开展技术改造企业1302家次。加快制造业创新中心建设，广工大数控装备协同创新研究院“广东省半导体智能装备和系统集成创新中心”、美的集团“广东省工业云制造创新中心”申报成为广东省制造业创新中心。推进“机器换人”工作，加大力度扶持引导企业广泛应用机器人及智能装备、开展机器人本体制造及系统集成，对全市362个机器人应用及产业发展项目给予支持，新认定市级机器人应用示范企业5家。

【《中国制造业转型升级—佛山攻略》发布】 2019年1月12日，2019中国制造论坛在佛山市举行。中国机械工业联合会专家委名誉主任、国家制造强国建设战略咨询委员会委员朱森第作为课题组代表发布《中国制造业转型升级—佛山攻略》。这是佛山继2018年1月首次发布《中国制造2025—佛山样本》报告并取得巨大社会影响后，再次成立专项课题组，通过走访69家企业和8个行业协会，深入挖掘佛山乃至中国制造业的转型升级瓶颈，并针对瓶颈找到切实可行的发展路径，给出政策建议和企业发展建议。报告《中国制造业转型升级—佛山攻略》有8个章节，其中8个章节围绕佛山制造业转型升级的经验展开，另外8个章节对佛山制造业的机遇与挑战、佛山制造的先行与前景进行分析。报告认为，佛山积蓄有限资源、破解制度困局、完善金融生态、激发民企动能、焕发创新活力，可为中国制造业转型升级探索新攻略。

（陈　枫）

机械装备制造业

【概况】 2019年，佛山市通用设备制造业实现工业增加值316.31亿元，比上年增长12.2%；专用设备制造业实现工业增加值200.91亿元，增长0.9%。

通用设备制造业方面，截至2019年，佛山市拥有利迅达机器人系统有限公司、中南机械有限公司、普拉迪数控科技有限公司、广东锻压机床厂有限公司、星联精密机械有限公司、菱王电梯有限公司等一批代表企业。其中，中南机械是一家大型专业机械设计和精密机械制造集团企业，成为世界顶级公司西门子、ABB、三菱重工等的合作伙伴，公司研制的“船用柴油机共轨单元”打破国外技术壁垒，填补国内空白，并成功应用在雪龙号科考船等大型船舶上；利迅达公司产品“机器人打磨拉丝系统”和“机器人智能焊接系统”被评为广东省高新技术产品；广东锻压机床厂是华南地区最大的集专业设计、研究开发、制造、服务于一体的锻压设备生产企业，产品技术水平处于国内领先或先进，部分产品达到国际先进水平。专用设备制造业方面，佛山专用设备多是以“工作母机”与本地优势传统产业配套，主要包括陶瓷机械、塑料机械、木工机械、玻璃机械、印刷包装机械、化工机械、纺织机

广工大数控装备研究院　（佛山国家高新区供图）

械等行业领域。截至2019年，佛山市拥有科达洁能股份有限公司（陶瓷机械）、仕诚塑料机械有限公司（塑料机械）、威德力机械实业股份有限公司（木工机械）、亿海自动化设备有限公司（玻璃机械）、东方精工科技股份有限公司（印刷包装机械）、金银河智能装备股份有限公司（化工机械）、广东丰凯机械制造有限公司（纺织机械）等骨干代表企业。佛山市专业机械装备制造业产品在国内占有重大份额，其中陶瓷机械、木工机械约占全国市场的85%和50%，塑料机械、压力机械约占广东市场的30%和40%，陶瓷机械、塑料机械、金属成形机械等一批装备制造业细分行业逐步占领行业中高端。佛山市先后被授予“中国建筑卫生陶瓷特色产业基地”“中国建筑卫生陶瓷出口基地”“中国陶瓷名都”等称号，形成全球最大的陶瓷专业市场群落，并有“中国佛山（国际）陶瓷博览交易会”“中国佛山（国际）陶瓷工业展览会”“中国（石湾）陶艺文化节”等知名展会。顺德区伦教街道是国内木工机械行业最大的制造基地，有150多家木工机械制造企业，其产销量占广东60%、全国国内市场份额的40%。

【第15届中国（佛山）机械展】 2019年10月16—19日，第15届中国（佛山）机械展在佛山市顺德区陈村顺联国际博览中心举行。展会由中国机械工业联合会主办，顺联国际机械城承办。展出面积2.5万平方米，设1000多个国际标准展位，分3个主题展区，有近400家国内知名机械装备企业参展，其中佛山本土企业仍为参展的主力军。参展品牌有台湾协鸿、派森机械（津上精机）、百盛激光、中南机械、南方机床等知名企业品牌。展出产品和设备种类实现多样化，囊括金属加工领域的机械产品，包括数控机床、加工中心、车床、铣床、激光/火焰切割机床等装备。

【第五届珠江西岸先进装备制造业投资贸易洽谈会】 2019年9月20—22日，第五届珠江西岸先进装备制造业投资贸易洽谈会在佛山市广东（潭洲）国际会展中心举行。工业和信息化部总经济师王新哲、广东省副省长陈良贤、中共佛山市委书记鲁毅出席开幕式并致辞。省长马兴瑞等广东省领导，国家有关部委领导及佛山、珠海、韶关、中山、江门、阳江、肇庆、云浮等8个城市主要领导出席开幕式并见证现场签约。17个省直部门主要负责人及珠江西岸8个城市分管副市长出席开幕式。该届洽谈会以“珠西智造、装备未来”为主题，聚焦工作母机、机器人、新能源汽车等9大重点领域，展示总面积3万平方米，有197家装备企业721件展品参展，其中佛山有37家企业参展，展出有代表性的装备128件。该届洽谈会组织签约项目234个，总投资额约1983亿元，其中投资超100亿元项目3个、投资超10亿元项目57个、超5亿元项目88个。与往届洽谈会相比，第五届珠江西岸先进装备制造业投资贸易洽谈会展品更具针对性，出现很多与前沿科技结合的智能化、高端化和数字化装备，一些产品从跟随式创新走向突破性、引领性创新。

（陈　枫）

智能装备及机器人

【概况】 2019年，佛山市新增智能化技改示范企业32家，新增机器人应用3020台。截至2019年底，佛山市工业企业应用机器人13307台，智能制造发展取得成效，产业转型升级呈现加速态势。2019年，佛山市对《佛山市推动机器人应用及产业发展扶持方案（2018—2020年）》进行重新修订，加大力度扶持引导企业广泛应用机器人及智能装备、开展机器人本体制造及系统集成，对全市362个机器人应用及产业发展项目给予支持。继续开展市级机器人应用示范企业认定，新认定市级机器人应用示范企业5家，市级机器人应用示范企业累计达10家。

【2019佛山未来技术技能国际挑战赛】 2019年11月6—9日，佛山未来技术技能国际挑战赛在佛山市广东（潭洲）国际会展中心举行。挑战赛是为转化南非未来技能挑战赛和喀山未来技能大赛的比赛成果，提升中国“未来技能国际训练基地”专家整体水平，进一步探索中国未来技术技能国际大赛发展线路图而举办。大赛分12个赛项，分别为移动应用开发、工业设计技术、机器学习和大数据、逆向工程、物联网、人工智能技术与应用、移动机器人、工业机器人、区块链、虚拟和增强现实、快速原型制作、无人机。有来自国内，以及俄罗斯、巴西、南非、印度等国家的300余人参赛，其中国内参赛者240余人、国外参赛者58人。俄罗斯的参赛者的参加赛项有移动应用开发、工业设计技术、机器学习和大数据、逆向工程、工业机

机器人产业　　（佛山国家高新区供图）

器人、区块链、虚拟和增强现实、无人机、量子技术等；巴西的参赛者的参加赛项有移动应用开发、工业设计技术、机器学习和大数据、逆向工程、移动机器人、区块链、虚拟和增强现实、快速原型制作等；南非的参赛者的参加赛项有人工智能技术与应用等。

【2019智能制造国际合作发展论坛在佛山举行】 2019年10月22日，2019智能制造国际合作发展论坛在佛山市举行。该论坛由商务部投资促进事务局与佛山市人民政府主办，智能制造产业国际合作委员会及佛山高新技术产业开发区管理委员会承办，中国工控网、上海市增材制造协会等单位协办。活动以“国际、专业、高效、务实”为主题，深度对接国内智能制造领域知名国际专家、世界500强、跨国公司、海外“隐形冠军”，共同拓展全球视野、了解技术前沿、探讨共性问题、磋商务实合作，推动佛山、大湾区乃至全国智能制造通过国际合作实现高水平发展。商务部投资促进事务局局长刘殿勋，佛山市委常委、常务副市长蔡家华，佛山高新区管委会主任潘东生等领导出席大会。为推进务实合作，大会设置企业展示咨询区，安排中外企业精准对接环节。该次论坛有来自国内，以及德国、日本、法国、英国、瑞士、韩国、意大利、美国、奥地利、荷兰、加拿大等国家的近150家企业、商协会和国际机构参加。

【2019年中国（佛山）人工智能与智能制造国际合作发展大会】 2019年10月21—23日，中国（佛山）人工智能与智能制造国际合作发展大会举行，有来自国内，以及美国、德国、韩国、白俄罗斯等国家的院士和专家参加，探讨人工智能与智能制造赋能制造业。大会以“新智造·新未来”为主题，安排包括院士、专家组成参观调研组实地考察佛山，国际大会座谈论“智”，现场签约，圆桌论坛，以及精品项目路演等活动，通过多种形式来推动人工智能与佛山实体经济的结合，推动佛山制造向“智造”的转型升级。大会期间，主办方设立科技成果精品展示区，并分为智能服务和智能制造两大类，展示企业的“高精尖”人工智能科技成品，帮助企业对接和沟通，以便各方资源对接，推进科技成果转化落地。其中，包括迎宾机器人、智能眼镜等人工智能产品在会场展示。

【第九届中国教育机器人大赛总决赛在佛山举行】 2019年10月16—17日，以“智汇佛山　科创未来”为主题的第九届中国教育机器人大赛总决赛在佛山市广东（潭洲）国际会展中心举行。该届大赛由中国人工智能学会主办，佛山中德机器人学院有限责任公司、全童科教（东莞）有限公司承办。来自东南大学、南京大学、华中科技大学、西安科技大学等在内的100多所学校、300多支队伍、1000多名学生参加总决赛。大赛设立大学本科组、大专高职组、中职组，以及中小学研学活动等20多个项目。其中，来自佛山科学技术学院的2支参赛队伍分别获搬运码垛、灭火与救援2个比赛项目的一等奖。

【2019中日韩人工智能研讨会在佛山举行】 2019年9月24日，2019中日韩人工智能研讨会在佛山机器人学院举行。有中国、日本、韩国三国政府官员，专家学者，以及人工智能产业相关企业代表等300余人参会，围绕推进人工智能领域的务实合作展开深入广泛的交流。会上，赛迪顾问人工智能产业研究中心总经理王晓宁等中日韩三国专家围绕人工智能的创新发展，依次发表主旨演讲。中日韩三方企业代表还举行闭门研讨会。研讨会开幕前一天，中日韩三国专家组成的调研团队曾到佛山市内的广东博智林机器人有限公司、广东嘉腾机器人自动化有限公司开展实地考察。

（陈　枫）

汽车及零部件制造业

【概况】 2019年，佛山市汽车制造业实现工业增加值236.35亿元，比上年增长9.9%。佛山市是广东省第三大汽车生产基地。全市有从事汽车及零部件制造规模以上企业173家，具备以整车生产为主，汽车关键零配件生产、汽车市场服务，以及其他相关行业兼备的完整汽车产业链条。有一汽-大众、北汽福田等9家整车生产企业以及本田变速箱、丰田工机以及中南铝车轮公司等一批汽配企业。其中，新能源汽车产业表现突出，佛山新能源汽车锂离子动力电池产业基地、科力远混合动力汽车示范项目、华南新能源汽车集成创新产业园、燃料电池及氢源技术国家工程研究中心华南中心等平台项目促进产业集聚发展。

2019年，佛山市继续推动“佛山制造”向“佛山智造”转型。图为贝斯特陶瓷智能制造车间
（高明区经济科技促进局供图）

【2019联合国开发计划署氢能产业大会在佛山举行】2019年10月26日，2019联合国开发计划署氢能产业大会在佛山市南海区举行。大会以“氢联世界　氢创未来”为主题，举办主题论坛10场，同期举办第三届中国（佛山）国际氢能与燃料电池技术及产品展览会，以及仙湖氢谷参观考察等活动。有来自政府相关部门负责人、国内外氢能与燃料电池汽车产业组织机构代表、权威专家学者、企业领袖等众多嘉宾参加。大会上，《氢燃料电池汽车安全指南》（2019版）正式发布。UNDP氢能经济职业技术培训研究院宣布成立。同时，主办地佛山市南海区进行南海加氢站投入运行仪式，这是全国首批投入运行的高密度商业化标准化加氢站。

【2019中国（佛山）国际汽车博览会】2019年4月30日至5月4日，2019中国（佛山）国际汽车博览会（春季）在佛山市广东（潭洲）国际会展中心举行。该次车展在办展规模、参展品牌、展具规格和媒体关注度等方面有新突破。展会整体规划设置四大展馆，涵盖高级豪华品牌、合资品牌、国产自主品牌等丰富多样的乘用车全系品牌。车展室内展出面积4万平方米，吸引60多个乘用车品牌、500多款车型参展，同时新增室外体验活动，进一步增强市民的观展体验。

【第11届电动汽车标准法规国际研讨会在佛山举行】2019年11月12—13日，第11届电动汽车标准法规国际研讨会在佛山市高明区举行。该次研讨会由中国汽车技术研究中心有限公司和全国汽车标准化技术委员会主办，来自国内外电动汽车整车及动力电池企业、检验机构及科研院所等100多个单位的专家代表参加会议。清华大学教授王贺武、欧洲汽车工业协会中国首席代表戴麟（Dominik）等国内外专家学者，围绕电动汽车发展的机遇与挑战、全球电动汽车标准法规进展等进行演讲，并同与会人员就行业关注的热点问题展开深入探讨和交流。电动汽车标准法规国际研讨会为电动汽车的管理、研发、标准化等相关单位、企业、科研机构搭建沟通桥梁，是国际上该领域交流规模最大、最有影响力的平台。

【佛山新能源客车行业应用与技术交流会】2019年10月15日，2019年佛山新能源客车行业应用与技术交流会在佛山市南海区举行。行业专家、整车和核心部件生产企业代表、公交运营企业代表和行政管理人员围绕新能源客车应用进行研讨交流。来自广东省燃料电池重点实验室的廖世军、广东省氢能技术重点实验室的刘志祥和中国汽车技术研究中心的张妍懿分别作题为《新能源公交——绿色出行的必然选择》《燃料电池技术与氢能汽车》《品质保障发展——谈新能源商用车性能评价》的专题报告。交流会现场还展示数款国内外技术最为成熟、样式最为新颖的新能源公交样车。

（陈　枫）

家用电器制造业

【概况】2019年，佛山市家用电器制造业实现工业增加值696.24亿元，比上年增长12.2%。佛山市家用电器制造业在全国乃至全世界均有较大影响力。佛山市有18家家电企业2019年营收规模超过10亿元，其中美的、海信、格兰仕、万和等4家集团公司营收规模超过100亿元，海尔电器、新宝电器等2家企业营收规模在50亿～100亿元，云米电器、志高空调等6家企业营收规模在20亿～50亿元。

佛山市顺德区家电产业规模占广东省比例超过30%，家电制造业的产值占全国家电产值的15%以上。佛山市不仅是空调、冰箱、热水器、抽油烟机、消毒碗柜等大型家电和厨房电器的全国主要生产基地，也是微波炉、电饭锅、电风扇等众多小家电产品的全球最大供应地。占全球25%的电饭煲、33%的抽油烟机、43%的热水器、48%的微波炉从佛山出口到全球210个国家和地区。在主要家电整机品牌生产企业的引领带动下，佛山市集聚从家电产品的核心家电控制器、压缩机、电机到简单的五金配件等产业，形成全国乃至全球规模最

2019年佛山市营收规模超10亿元家电产业企业名单

2019年营收规模	企业名称
100亿元及以上（4家）	美的集团股份有限公司
	海信家电集团股份有限公司
	广东格兰仕集团有限公司
	广东万和集团有限公司
50亿～100亿元（2家）	佛山市顺德海尔电器有限公司
	广东新宝电器股份有限公司
20亿～50亿元（6家）	佛山市云米电器科技有限公司
	广东志高空调有限公司
	广东万家乐燃气具有限公司
	广东松下环境系统有限公司
	佛山海尔滚筒洗衣机有限公司
	广东万和电气有限公司
10亿～20亿元（6家）	小熊电器股份有限公司
	东芝家用电器制造（南海）有限公司
	广东志高暖通设备股份有限公司
	广东康宝电器股份有限公司
	广东惠而浦家电制品有限公司
	广东万和热能科技有限公司

大、品类最齐全的家电配件产业链。顺威精密是全球最大的空调风扇叶制造商，华声电器是全国最大的空调连接线生产商，美芝压缩机在行业内的产销规模稳居全球第一。

【2019中国（广东）国际家用电器博览会在佛山举行】 2019年10月24—26日，2019中国（广东）国际家用电器博览会在佛山市广东（潭洲）国际会展中心举行。中国家用电器协会理事长姜风，美的集团副总裁、首席技术官胡自强等出席活动。该届博览会以“智享融合，智造未来”为主题，设品牌形象馆、厨卫电器馆、生活电器馆、智能智造馆、家电产业馆等五大展区，展览区域面积5万平方米。博览会期间还举行中国家用电器技术大会、2019中国家电智慧零售创新峰会等活动。广东省70%以上的大中型家电企业参加该次博览会，其中美的集团参展面积达522平方米，美的物联网公司（IoT）在博览会上展出一系列智能家电设备及创新技术。

【第16届中国国际中小企业博览会智能家电展在佛山举行】 2019年3月4—6日，第16届中国国际中小企业博览会智能家电展在佛山市广东（潭洲）国际会展中心举行。该届展会展览面积5万平方米，分5个展区（包括智能制造、工业设计馆，厨电馆，集成灶、洗碗机、净水、空调、移动空调、风扇馆，小电、配件、配套、智能制造馆，卫浴、智能家电、五金、灯饰、水暖馆），设国际标准展位1609个，有包括海尔、美的、海信、创维、万和、格兰仕、志高等知名家电品牌企业在内的503家企业参展，专业买家超过4万人。

（陈　枫）

2019年3月13日，中国电子科技集团有限公司代表团一行到美的集团考察

（市档案馆供图）

建筑材料业

【概况】 2019年，佛山市建筑材料行业实现工业增加值479.72亿元，比上年增长10.5%。其中：非金属矿物制品业实现工业增加值323.66亿元，增长3.6%；建筑、安全用金属制品制造实现工业增加值154.78亿元，增长29%。佛山市是“中国建筑卫生陶瓷特色产业基地”“中国陶瓷名都”。佛山市陶瓷产品涵盖抛光砖、仿古砖、微晶砖、内墙砖、外墙砖、广场砖、马路砖等品类，有瓷砖生产、装备制造、化工制造、产品研发、物流运输等完整的产业链。佛山陶瓷占中国陶瓷产品出口总量的70%～80%。佛山禅城区南庄镇、石湾镇街道是广东省陶瓷专业镇，拥有佛陶集团、蒙娜丽莎、东鹏等大批龙头企业。

【2019佛山国际陶瓷装备与材料展览会】 2019年5月30日至6月2日，以“价值发现　绿色共生”为主题的2019佛山国际陶瓷装备与材料展览会在佛山市广东（潭洲）国际会展中心举行。来自国内，以及意大利、西班牙、德国、英国、印度尼西亚等国家的200多个专业品牌参展，展出全球领先的陶瓷整线装备、窑炉、压机、原辅料、色釉料、墨水、机械配件、耐热耐磨设备以及智能自动化、环保装备技术等上下游产品和相关服务。其中，西斯特姆（中国）科技有限公司展示拣选打包机、数码喷墨打印机等先进设备，科达洁能股份有限公司展示可集中控制的智能深加工整线、绿色建材发泡陶瓷体验区、陶瓷大板复合发泡陶瓷板，等等。为期4天的展览会观展人数逾7万人。

【第34届佛山（国际）陶瓷及卫浴博览交易会】 2019年10月18—21日，以“创新　体验”为主题的第34届佛山（国际）陶瓷及卫浴博览交易会举行。该届陶博会分别在中国陶瓷城展馆、中国陶瓷总部展馆、佛山国际会议展览中心展馆等三大展馆进行，800多家知名企业参展。参展商覆盖国内各大陶瓷产区，还有来自意大利、德国、美国、日本、新加坡、西班牙、墨西哥、埃及等10多个国家的知名品牌企业。展出的产品除传统的仿古砖、大理石瓷砖、木纹砖、抛釉砖等产品展示外，还包括绿能板、特色水磨石、陶瓷大板、发泡陶瓷、防滑砖、瓷抛石、生态石、岩板等2万多件新产品。其中，功能性瓷砖的发展成为讨论焦点。

【第二届“陶瓷行业新材料、新装备、新技术论坛”在佛山举行】 2019年6月1日，由广东陶瓷协会与佛山市陶瓷学会共同主办、广东陶瓷协会专家委员会承办的第二届“陶瓷行业新材料、新装备、新技术论坛”暨2019中国（佛山）陶瓷装备制造业先进技术交流会在佛山市广东（潭洲）国际会展中心举行，广东省建材协会创会、广东陶瓷协会、佛山市陶瓷学会等有关负责人以及来自陶瓷生产企业的管理与技术人员、相关技术企业人员、媒体记者等200多人参论坛活动。论坛围绕陶瓷行业智能制造相关领域，对未来陶瓷的制造技术进行展望，对陶瓷智能工厂的建设、工业机器人的应用进行探讨，对新材料在陶瓷产品及生产中的创新应用进行解读。

（陈　枫）

纺织服装业

【概况】 2019年，佛山市纺织服装业实现工业增加值304.76亿元，比上年增长7.6%。佛山市布产量约占广东省总产量的25%。全市纺织服装业有若干个广东省特色产业专业镇，其中，禅城区张槎街道是广东省针织业专业镇、祖庙街道是广东省童装专业镇，南海区西樵镇是广东省纺织服装专业镇、大沥镇是广东省内衣制造专业镇、里水镇是广东省袜业专业镇，顺德区均安镇是广东省牛仔服装专业镇。溢达纺织有限公司是全球最大纺织制衣跨国集团之一和全球领先纺织品和服装制造商，纯棉衬衫出口总额国内第一。

【第九届均安（国际）牛仔博览会】 2019年，以“科技创新·高质发展”为主题的第九届均安（国际）牛仔博览会以全年展的方式举行，博览会系列活动包括3月11日在上海市举办的第九届均安（国际）牛仔博览会开幕式暨第三届“均安牛仔杯”全国大学生牛仔设计大赛启动仪式，年内组团参加的中国国际纺织面料及辅料春夏博览会、深圳时尚展、中国国际纺织面料及辅料秋冬博览会、中国“广东”工业设计产业博览会等展会，12月6日在佛山市顺德区均安镇举办的第九届均安国际牛仔博览会闭幕式暨第三届“均安牛仔杯”全国大学生牛仔设计大赛总决赛，等等。闭幕式活动中，均安牛仔设计师俱乐部揭牌。

（陈　枫）

食品饮料业

【概况】 佛山市是中国豉香型白酒产业基地，拥有三大酒厂——九江酒厂、石湾酒厂和顺德酒厂。佛山市三水区及其西南街道分别是中国饮料之都和广东省饮料食品技术创新专业镇。2019年，佛山市食品饮料行业实现增加值210.6亿元。佛山市食品饮料行业增加值占全省该行业增加值的15.3%。全年全市食品饮料行业实现产值932.7亿元，全市食品制造业实现增加值96.4亿元，占全市食品饮料全行业增加值的45.8%，酒、饮料和精制茶制造业实现增加值58.6亿元，农副食品加工业实现增加值55.6亿元。全市现有规模以上食品饮料企业189家。

【佛山食品饮料行业企业增资扩产】 截至2019年底，佛山市拥有海天味业、维他奶、百威啤酒、红牛、健力宝等一批食品饮料龙头企业。是年，佛山在食品饮料重点项目建设方面，有投资11亿元的海天味业增资扩产项目一期已投产，计划年产220万吨调味品产品；有投资2.4亿元的佛山市嚼乐福食品有限公司的开心果、壳杏仁、核桃、夏威夷果等坚果加工生产项目已投产；有投资2亿元的和润乳制品厂华南区乳制品研发及生产基地项目正加快建设，项目达产后，年产液体乳8000吨、干酪200吨、奶油400吨、含乳饮料2700吨。全市有6家食品饮料行业2019年营收规模超过10亿元。

【三水水都小镇建设】 2019年，佛山三水加快建设现代产业体系，打造大湾区活力之区。作为三水重要的产业载体，水都基地加速向“城产人文”共融的水都小镇升级进阶，为城市三水高质量发展提供更大支撑。其中，广州益力多乳品有限公司佛山工厂于是年3月28日试产，该项目是三水引进的首个日资饮料企业项目，投资5亿元，总用地面积4.36公顷（65.38亩），投入7条生产线，产能可达280万瓶/日。

【工业旅游助力食品饮料产业转型升级】 2019年，海天味业建成“娅米的阳光城堡”，将海天酱油“智能工厂”与百年酱园文化作为参观重心，展示海天酱油的生产过程，通过工业旅游的带动，进一步加强品牌影响力。九江酒厂、顺德酒厂等企业加入佛山市工业旅游标准联盟成员工业旅游景点。从厂区到旅游景区，水都基地通过整合水乡文化、龙舟运动文化，构建“体验水都韵律，享受健康生活”的品牌形象，打造以产业为基、文化为魂、旅游为体的特色小镇。

（陈　枫）

2019年佛山市营收规模超10亿元食品饮料产业企业名单

2019年营收规模	企业名称
100亿元以上（1家）	佛山市海天（高明）调味食品有限公司
20亿～50亿元（3家）	广东南兴天虹果仁制品有限公司
	广东红牛维他命饮料有限公司
	百威（佛山）啤酒有限公司
10亿～20亿元（2家）	广东白燕粮油实业有限公司
	佛山市海航饲料有限公司

生物医药业

【概况】 2019年，佛山市医药制造业实现工业增加值55.36亿元，比上年增长15.7%。佛山市顺德区乐从镇是市内生物医药行业主要集聚区，搭建有国际创新转化生物产业孵化中心、顺德生命科技产业园、广东省创新转化生物产业园等产业平台。凯川医药科技有限公司、汉腾生物科技有限公司等企业通过创新创业，成长为市内重要的生物医药企业。

广东生物医药产业基地　　　　*（佛山国家高新区供图）*

【第十届中英桥开放创新项目对接会佛山顺德大会】 2019年7月13日，以“生命质量和老年健康技术”为主题的第十届中英桥开放创新项目对接会佛山顺德大会在佛山市中欧中心举行。会上，佛山市顺德区人民政府、英国布拉德福德大学、易创科技国际有限公司、中国科学院生物物理研究所佛山分所集中签约，共建“中英生物科技和健康创新成果转化中心·佛山顺德”。同时，中英桥佛山顺德办公室、中英生物科技和健康创新成果转化中心·佛山顺德揭牌。中英生物科技和健康创新成果转化中心·佛山顺德可以为生物科技和健康领域的创新企业提供技术研发、临床中试、GMP生产、销售推广、资本对接等服务，以实现中（国）英（国）合作项目的商业化和产业化。

（陈　枫）

家具制造业

【概况】 2019年，佛山市家具制造业实现工业增加值152.99亿元，比上年增长7.9%。佛山家具制造业主要产品包括板式家具、实木家具、软体家具、玻璃金属家具、现代竹藤家具、绿色环保家具，以及新型高分子塑料家具等多类产品。2019年，佛山市有家具制造规模以上工业企业472家。企业主要集聚在南海区和顺德区。顺德区龙江镇是省级家具行业的专业镇。佛山市家具制造业拥有一批综合实力强的龙头企业。佛山市维尚家具制造有限公司是广东省工业设计示范企业，通过抢占大数据和信息技术的制高点，运营起以品牌影响力为核心的品牌输出模式，实施智能化改造，实现从前端设计、生产制造再到末端物流配送的全生产链自动化，满足家具产品个性化定制的需求。广东联邦家私集团有限公司、佛山市南海金富雅家具有限公司、佛山联邦高登家私有限公司、佛山中至信家具有限公司等多家企业为中国家居产业百强企业。

【第16届中国国际中小企业博览会国际家具展】 2019年3月17—20日，第16届中国国际中小企业博览会国际家具展在佛山市广东（潭洲）国际会展中心举行。展会由佛山市人民政府、广东省工业和信息化厅指导，中国国际中小企业博览会组委会秘书处和全国工商联家具装饰业商会主办。有关领导、各地商协会代表、各企业代表500多人出席开幕式。南非、埃及、马来西亚、哈撒克斯斯坦、吉尔吉斯斯坦等“一带一路”沿线国家驻华大使商务参赞到会观摩。该届国际家具展以“家居新场景，产业新生态”为主题，旨在把家具制造产业向家具设计、家居服务全产业链延伸，打造“海、陆、空”全市场化平台。展会面积5万多平方米，设有国外馆、国内馆和设计馆等5个馆，有索菲亚家居股份有限公司、月星集团有限公司等来自国内外的200多家知名企业参展。展会期间还举办“一带一路”国际家居业合作论坛暨商协会大会、“渠道突围，新大商之道”全国经销商培训大会、“设计服务——美好生活”主题论坛、第四届中国家居人群英会、“活力创新，资本赋能”——中国家居业青年企业家论坛、2019年春季泛家居展销采购会等系列活动。

（陈　枫）

石化及精细化工业

【概况】 2019年，佛山市石油化工产业实现工业增加值205.4亿元，比上年增长12.8%。佛山市石油化工产业增加值占全省该产业增加值的10.1%。2019年，全市石油化工产业实现产值近1200亿元，其中，化学原料和化学制品制造业实现产值1070.7亿元，占全市石油化工产业产值比重90%，精炼石油产品制造实现产值122.4亿元。全市化学原料和化学制品制造业主要集中在三大领域，涂料、油墨、颜料及类似产品制造（增加值76.9亿元），合成材料制造（增加值41.7亿元），以及专用化学产品制造（增加值52.3亿元），其中涂料年产量达181.1万吨。

【石化产业布局和重点企业发展】 2019年，佛山市石油化工产业有规模以上企业409家，企业主要分布在南海区（83家）、顺德区（87家）和三水区（89家）。规上企业主要以化学原料和化学制品制造业企业（57家）为主，全市有15家企业从事精炼石油产品制造。重点企业有瑞丰石化燃料、德美精细化工等。其中，瑞丰石化燃料是珠三角地区最大的非国营石油企业之一，也是广东地区最大的炼油企业之一；德美精细化工是广东省高新技术企业、国家火炬计划重点高新技术企业，拥有国家级企业技术中心，产品销量多年居于同行业前列。

【奇化网打造直播基地】 2019年，奇化网打造直播基地助推产业发展，奇化网是全球日化行业最大的资源整合赋能平台之一，为助推产业发展，联合商协会和媒介平台多方合作打造的电商产业直播基地，以直播赋能，吸引和集聚行业专家智库、国内优质直播机构、供应链及产业链上下游等优势资源，通过直播电商服务、选品供应链平台、智能云仓、金融配套等一站式服务，形成全新的直播销售模式，推动平台内传统制造企业数字化转型升级，截至年底，平台累计交易额达数百亿元规模。

（陈　枫）

新材料制造业

【概况】 佛山市有南海新材料产业基地、高明新材料产业基地、顺德新型建材产业基地等3个省市共建战略性新材料产业基地。新材料行业的重点企业有佛塑科技集团股份有限公司，企业的塑料包装薄膜在国内行业中处于龙头地位。2019年，全市新材料制造业实现增加值296.3亿元，比上年增长4.3%。

【全省半数以上铝材产自佛山】 2019年，佛山市铝材产量达271.3万吨，占全省铝材产量的57.7%。在产业投资项目方面，有投资7.5亿元的德方纳米科技四期扩建项目加快推进，计划增设30条生产线，年产纳米磷酸铁锂1.5万吨；有投资11.8亿元的广东兴发精密制造有限公司新材料及精密智造项目进行主体建设，投产后将计划年产13万吨新型高端铝型材与电子配件产品、新能源汽车配件产品；有投资5亿元的南海南新扩建项目二期工程于2019年10月完成联合验收，设备投产后预计产业用纺织品产能约20000吨。是年，邦普循环科技投资33亿元的研发生产新能源汽车用动力电池高镍正极材料项目计划有序推进中。尊贤行不锈钢与邦普循环科技出资1.07亿美元、1810.5万美元在印度尼西亚分别设立海外公司。

【佛山纳米产业生态圈初步形成】 2019年，佛山纳米产业有德方纳米、安亿纳米等企业，在此基础上，佛山牵手中国科学院苏州纳米技术与纳米仿生研究所共建佛山研究院，带来苏州纳米产业集群发展的优秀经验，通过“纳米加工平台+研究中心+育成中心”的运营模式，同步布局产业链、创新链、投资链、服务链、人才链，招引来华研（佛山）纳米材料有限公司、新型印刷电子及纳米材料等重点项目，加快构建纳米技术产业生态圈。

（陈　枫）

电子信息制造业

【概况】 2019年，佛山市电子信息制造业实现工业增加值178.08亿元，比上年增长1.6%。佛山拥有佛山光电显示产业基地、佛山物联网和云计算产业基地2个省市共建战略性新兴产业基地（高端新型电子信息）。有佛山群志光电有限公司、广东盛路通信科技股份有限公司等骨干企业。群志光电是全球前三大液晶电视面板供货商。盛路通信是国内规模最大、技术最先进的（民用通信）天线和微波（通信天线）设备制造商之一。佛山市电子元件及电子专用材料制造实现增加值70.3亿元，电子器件制造实现增加值65.7亿元，二者合计占全市电子信息制造业增加值的76.2%。在电子信息整机领域，2019年佛山市计算机制造实现增加值7.8亿元，通信设备制造实现增加值9.9亿元，非专业视听设备制造实现增加值11.0亿元，广播电视设备实现增加值3.6亿元，智能消费设备制造仅实现增加值0.44亿元。佛山市现有规上电子信息制造业企业276家。佛山市生产电子元件19.8亿只、半导体分立器件728.5亿只、光电子器件883.7亿只，其中光电子器件占全省光电子器件产量的14.6%。

【6家电子信息企业2019年营收规模超过10亿元】 2019年，佛山市有营收规模超过10亿元电子信息企业6家。其中，群志光电营收规模超过100亿元。产业重点项目方面，投资3亿元的金溢科技项目已启动智能交通射频识别与电子支付产品生产基地建设；投资2亿元的南海区液晶显示面板生产线（一期）项目已投产；投资1.25亿元的佛山市粤海信通讯有限公司无线射频天线项目开始建设；投资1亿元的佛山澳信科技有限公司年产250万套无线射频网络设备建设项目有序推进建设。

【三水布局电子通信产业体系打造中国（佛山）电子通信产业园】 2019年，佛山市三水区基本形成以通信天线为中心，上、中、下游配套齐全的产业链，成为国内通信天线制造企业最集中的县域地区。截至2019年底，三水通信产业园集聚盛路通信、健博通等优质企业，并成功引入联信、粤海信、澳信等企业以及中国科学院南京移动宽带通信技术研发中心5G技术转移中心等平台型项目，加快建设“全国电子通信产业知名品牌创建示范区”。

（陈　枫）

2019年佛山市营收规模超10亿元电子信息产业企业名单

2019年营收规模	企业名称
100亿元及以上（1家）	佛山群志光电有限公司
20亿～50亿元（2家）	广东昇辉电子控股有限公司
	佛山市顺德区顺达电脑厂有限公司
10亿～20亿元（3家）	广东瑞德智能科技股份有限公司
	全亿大科技（佛山）有限公司
	腾龙光学（佛山）有限公司

建筑业·房地产业

建筑业

【概况】 2019年，佛山市建筑业总产值617.10亿元，比上年增长10.3%，实现建筑业增加值290.19亿元。全市建筑企业612家，比上年增长18.1%；年末建筑业从业人员9.45万人，增长7.6%；建筑企业劳动生产率65.31万元/人，增长2.5%。全市新报建项目1969个，面积4252.63万平方米（比上年增长0.41%），工程造价888.71亿元（比上年下降0.98%）。截至2019年底，佛山市在建房屋建筑工程累计4603项，总建筑面积10081.9万平方米。

【建筑市场管理】 2019年，佛山市通过市建筑行业诚信平台登记企业1028家次，注销企业20家次。是年，佛山市强化市场主体信用监管，促进行业规范有序发展。落实“双随机一公开”要求，加强对建筑市场各方责任主体市场行为的动态检查。严格建筑行业企业资质核准，受理企业资质申报、变更852家。做好工程建设领域专业技术人员职业资格“挂证”专项整治工作，完成整改数据9244条，完成整改“挂证”人员8671人，整改完成率为98.43%。依法查处未报先建、违法分包等违法违规行为140宗，涉及企业71家，罚款金额1121.46万元。加大对失信行为的扣分力度，全年全市建筑行业被扣分企业2779家次（比上年增长21.4%），共扣17742分（比上年增长22.5%）。截至2019年底，全市被列入诚信黑名单企业13家、红名单企业250家。加强标后市场行为的动态监管，对全市各区在建房屋建筑工程各方责任主体的市场行为进行随机抽查，抽查26个在建工程、78家企业，诚信扣分56宗，发出《整改处理告知书》23份，按照“双随机一公开”的工作要求发布随机抽查的情况通报；按照行政执法公示制度制作案卷76卷，经市司法局案卷评查，案卷评级为“优秀”。严把评标专家入库审核关，对79名佛山市建设工程评标专家库初审专家资料进行复审，同意入库54人、不同意入库25人。办理招投标投诉5宗，作出行政处理决定，维护当事人的合法权益，推进工程项目实施。推进以保函替代保证金工作，扶持建筑行业“四上”企业（指规模以上工业、有资质的建筑业、限额以上批发和零售业、限额以上住宿和餐饮业、房地产开发经营业、规模以上服务业法人单位）发展，鼓励和支持本地建筑业企业发展壮大，推进建筑工地工人实名制和分账管理的实施。推进行业优秀企业及个人评选，市建筑行业协会评选出2018年度市优秀施工企业45家、市优秀项目经理15人、市优秀工程监理企业10家、市优秀总监理工程师31人、市优秀专业监理工程师58人、市优秀监理员30人、市优秀混凝土企业6家、市混凝土行业优秀企业家7人、市示范工地46个、市建设工程优质奖17个、市优秀建筑装饰工程奖14个。

（陈丽华）

【勘察设计质量管理】 2019年，佛山市完成盐步中心小学墨轩楼建设工程、新城医院建设项目等57项大中型建设工程初步设计审查，办理海天集团大楼等9项超限高层建筑工程抗震设防审批。发布《佛山市住房和城乡建设管理局关于房屋建筑和市政基础设施工程施工图设计文件审查管理的实施意见》，将市外施工图审查机构纳入诚信管理，可在佛山市承接审查业务，截至2019年底，在佛山市已办理诚信登记的施工图审查机构25个。推动大中型建设工程初步设计审查事项改革，从行政许可调整为社会服务（事后备案），办理时限压缩至1个工作日。推进房屋建筑和市政基础设施工程联合审图工作，联合市消防救援支队、市人防办印发《佛山市建设工程施工图审查要点》，实现线上审图全覆盖。开展《佛山市无障碍设施建设管理办法》的修订工作，完成2次征求意见工作。

（张海东）

【建设工程造价管理】 2019年，佛山市发布《佛山市建设工程计价依据（2018）》，进一步明确佛山市执行《广东省建设工程计价依据（2018）》的实施细则。协助做好《广东省建设工程计价依据（2018）》宣贯交底工作，组织全市建筑行业协会举办专题培训班2期，启动《佛山市建设工程补充综合定额（2018）》编制工作。完成《佛山市建设工程材料设备询价采购管理办法》的规范性文件流程申报、正式颁布工作及配套“询价采购网络服务平台”的开发建设，召开全市《佛山市建设工程材料设备询价采购管理办法》宣贯暨平台操作培训会议，参会单位有430余个。完成计价依据解释、合同造价纠纷调解等书面咨询约110项，现场咨询解答41次，电话咨询430余次，其间多次组织讨论会、现场调研及专家会审。发布《佛山市住房和城乡建设局印发关于切实做好建设工程项目概算价、最高投标限价、合同价和竣工结算价电子化备案工作的通知》《佛山市建设工程造价成果文件标准格式》。市工程合同与造价监管信息平台完成备案设计概算价204项、最高投标限价218项、合同价46项、结算价10项，业绩备案210项，累计有注册企业1514家；施工合同管理信息系统施工合同网签1023份，累计注册的单位4598个。

（邹　锦　周国亮）

【建筑工程质量安全管理】 2019年，佛山市住建系统出动31219人次，检查12218项房屋建筑工程，发出5062份质量安全整改通知书，对检查发现的违法违规企业处以行政罚款247宗，罚款1393.8万元；对违法违规个人处以行政罚款59宗，罚款35.8万元。是年，佛山市建筑工程质量稳步提升，住宅工程质量验收合格率100%，其他工程一次验收合格率100%，获广东省建设工程优质结构奖22项，获广东省建设工程优质奖8项，获广东省优秀建筑装饰工程奖9项、金匠奖3项、詹天佑故乡杯1项。

【房屋建筑工程安全生产】 2019年，佛山市住建部门推进安全生产及质量管理标准化、监督工作规范化和监管信息化工作，深入开展“建筑施工安全生产巡查”“建筑施工起重机械专项检查”“建筑施工有限空间作业专项治理”“安全生产百日攻坚战”以及“安全生产月”活动等工作，强化安全生产隐患排查和危大工程管控，确保全市建筑施工安全生产形势总体平稳。举办佛山市2019年建筑施工“安全生产月”和“安全生产万里行”活动，组织企业和人员参加2019年佛山市安全生产知识竞赛。获得省、市房屋市政工程安全生产文明施工示范工地称号的项目分别有14个和47个。

【散装水泥推广】 2019年，佛山市散装水泥供应量909.2万吨，预拌混凝土使用量1180.68万立方米，预拌砂浆（普通）使用量112.8万吨，完成省住建厅下达的目标任务。年内，市住建部门印发《预拌混凝土质量管理办法》和《关于加强对预拌混凝土管理工作的通知》，加强对预拌混凝土质量管理，在2019年广东省“红墙杯”预拌混凝土（砂浆）行业检验能力大对比中，13家混凝土生产企业获全优单位、8家混凝土生产企业获优胜单位。

（白成生）

2019年6月1—2日，广东省2019年建筑施工“安全生产月”和“安全生产万里行”活动启动仪式暨碧桂园总部三期项目现场观摩交流会在佛山市碧桂园总部举行。图为观摩交流会现场

（官　权　摄）

【佛山市工程材料设备询价采购网络服务平台上线运行】 2019年7月1日，佛山市工程材料设备询价采购网络服务平台正式上线运行。该平台集中买卖双方线上实时交易，实现比质、比价全流程科学透明，既保证采购质量，又明确询价采购行为的责任和义务。采购方和供应商按照有关法律法规规定在平台上进行询价采购、报价、评判和交易，充分体现采购方的主动优势和买卖双方的交易自由。供采双方可进行网上互评，为诚信参与市场竞争的供应方提供展现其实力的平台，促进市场健康运行。该平台询价采购结果可以作为项目工程预算、结算和造价审查的依据。截至2019年底，该平台有约400家用户通过注册认证入驻。

（周国亮）

【装配式建筑】 2019年，佛山市印发《佛山市装配式建筑专项规划（2018—2025年）》《佛山市推广装配式建筑实施办法》《佛山市住房和城乡建设局　佛山市自然资源局关于在新出让和划拨国有建设用地中落实推广装配式建筑要求的通知》，进一步明确佛山市装配式建筑的推广目标，在全市重点实施区域将实施装配式建筑的相关要求纳入土地出让公告或相关批文，并落实到土地出让合同或划拨决定书中。组织开展装配式建筑设计阶段技术评价工作。是年，佛山建装装配式绿色建筑基地2#业务用房等3个项目经专家评审，在设计阶段评价为装配式建筑，其中佛山建装装配式绿色建筑基地2#业务用房项目装配率93.96%，获评为AAA级装配式建筑。年内，佛山市入选广东省第二批装配式建筑示范城市，碧桂园控股有限公司等7个项目获评“广东省装配式产业基地”，佛山建装装配式绿色建筑基地1#PC构件厂房等4个项目获评广东省装配式建筑示范项目。

【佛山市装配式建筑协会注册成立】 2019年10月30日，佛山市装配式建筑协会注册成立。该协会业务主管单位为佛山

2019年5月30日，佛山市住房和城乡建设局在顺德区杏坛镇万科金域学府项目举办佛山市装配式建筑现场观摩活动 （市住房城乡建设局供图）

市住房和城乡建设局，会长单位为佛山科学技术学院，副会长单位包括预制构件生产、房地产开发、设计、施工、建材等代表单位11个，会员单位涵盖装配式建筑多个产业链。协会整合各界资源，推进装配式建筑学研对接，以信息化管理、智能化应用为核心，结合发展需要开展装配式建筑关键技术研发与引进，推动技术进步和技术创新，建立佛山市装配式建筑项目库，定期发布建设项目相关信息。协会为佛山市装配式建筑的技术创新提供支撑。

（张海东）

房地产业

【概况】 截至2019年底，佛山市有房地产开发企业1202家。其中，一级资质企业4家、二级资质企业19家、三级资质企业63家、四级资质企业760家、暂定资质企业356家。全市在佛山市房地产行业诚信管理平台进行诚信登记的房地产经纪机构有2156家。2019年，佛山市房地产开发投资2146.84亿元，比上年增长6.3%，房地产开发投资占佛山市固定资产投资的比重为54.2%，房地产行业税收总额占全市税收总额的24.83%。房地产市场交易总量分别为商品房2640.28万平方米，商品住房1944.91万平方米，非商品住房695.37万平方米。新建商品住房成交面积占商品住房总量的67.48%，存量商品住房成交面积占商品住房总量的30.61%。新建非商品住房成交面积占非商品住房总量的62.11%，存量非商品住房成交面积占非商品住房总量的37.88%。新建商品房累计新上市面积2173.20万平方米，比上年增长10.37%。其中，新建商品住房累计新上市面积1632.40万平方米，增长5.56%。新建商品房销售面积1781.57万平方米，比上年下降4.97%，销售量仍然位居广东省首位，大于广州、深圳2市销售量总和。其中，新建商品住房销售面积1349.65万平方米，下降8.44%。新建商品房成交均价12323.81元/平方米，比上年增长15.36%。其中，新建商品住房成交均价13410.46元/平方米，增长24.60%。新建商品房库存处于合理空间，截至2019年12月底，佛山市新建商品房月末累计可售面积2057.99万平方米，去化周期13.89个月。其中：新建商品住房月末累计可售面积1077.36万平方米，去化周期9.54个月；新建非商品住房月末累计可售面积980.63万平方米，去化周期27.52个月。存量商品房交易呈现量缩价升态势，成交面积858.71万平方米，比上年下降21.31%；成交均价8458.39元/平方米，增长22.34%。其中，存量商品住房成交面积595.26万平方米，下降28.36%；成交均价10155.43元/平方米，增长27.88%。

【房地产市场业务监管】 2019年，佛山市住建部门对佛山市房地产市场信息系统的一手交易模块与二手交易模块进行升级改造，引入“实名认证”“电子签章”，保障交易双方权益。强化存量房交易管理，修订《佛山市存量房网上交易规则》，出台《佛山市存量房交易资金监管办法》，维护二手房交易当事人合法权益。强化房地产中介监管，全面开展房地产中介市场日常经营秩序巡查，全年全市住建部门共巡查中介门店953家，通报曝光不规范经营的房地产经纪机构200多个。

【房地产行业管理】 2019年，佛山市房地产行业协会加强中介从业人员实名登记、挂牌上岗工作，提升中介从业人员的执业能力和服务水平，引导中介企业标准化服务。截至2019年底，佛山市有9987名中介从业人员在“佛山市房地产中介从业人员信息平台”实名登记，其中，7075名人员通过考核领取市房协颁发的“佛山市房地产中介从业人员执业工作牌”并挂牌上岗。继续推进房地产中介行业红黑名单制度实施，发布第二批3家“房地产中介行业红名单”企业。参与市“放心消费行业协会创建”工作，获得“放心消费行业协会”称号。

（雷发娟）

【住房租赁管理】 2019年，佛山市加快培育和发展住房租赁市场，探索政策创新，制定《佛山市国有专业化住房租赁企业购买房屋用于住房租赁的指导意见》等配套政策文件6份。加快推进租赁住房示范项目建设，探索集体留用地合作开发模式。开展住房租赁中介机构乱象专项整治，结合“不忘初心、牢记使命”主题教育活动，严厉打击侵害住房租赁当事人合法权益的行为，排查住房租赁中介机构1206个，通报曝光违法违规行为409宗。

（李启林）

2019年佛山市及各区新建商品房上市及成交情况表

		累计上市面积（万平方米）	比上年增长（%）	累计成交面积（万平方米）	比上年增长（%）	成交均价（元/平方米）	比上年增长（%）
商品房	佛山市	2173.20	10.37	1781.57	-4.97	12323.81	15.36
	禅城区	347.19	44.73	250.91	-10.06	14680.59	22.25
	南海区	496.19	3.43	459.58	-5.26	14186.40	17.19
	顺德区	727.08	14.18	570.72	-8.05	12507.60	13.63
	高明区	258.87	27.88	172.34	-7.27	8605.37	11.62
	三水区	343.87	-16.18	328.02	7.85	9545.33	14.31
商品住房	佛山市	1632.40	5.56	1349.65	-8.44	13410.46	24.60
	禅城区	213.85	27.97	166.55	-16.59	16618.90	33.74
	南海区	390.45	-5.56	344.87	-7.26	15905.16	33.98
	顺德区	484.35	27.62	381.95	-14.70	14485.14	22.17
	高明区	239.63	26.72	159.21	-7.87	8705.13	13.60
	三水区	304.11	-23.45	297.07	5.36	9855.56	18.94
非商品住房	佛山市	540.80	27.96	431.91	7.80	8928.25	-14.04
	禅城区	133.34	83.22	84.36	6.37	10853.66	-0.94
	南海区	105.74	59.55	114.71	1.31	9018.75	-29.96
	顺德区	242.73	-5.66	188.77	9.17	8506.43	-3.42
	高明区	19.24	44.34	13.12	0.66	7394.92	-11.20
	三水区	39.75	206.89	30.96	39.42	6568.38	-28.36

注：由于各区统计数值只保留到小数点后两位，故各区累计数与全市统计数值略有出入

2019年佛山市新建商品房上市情况

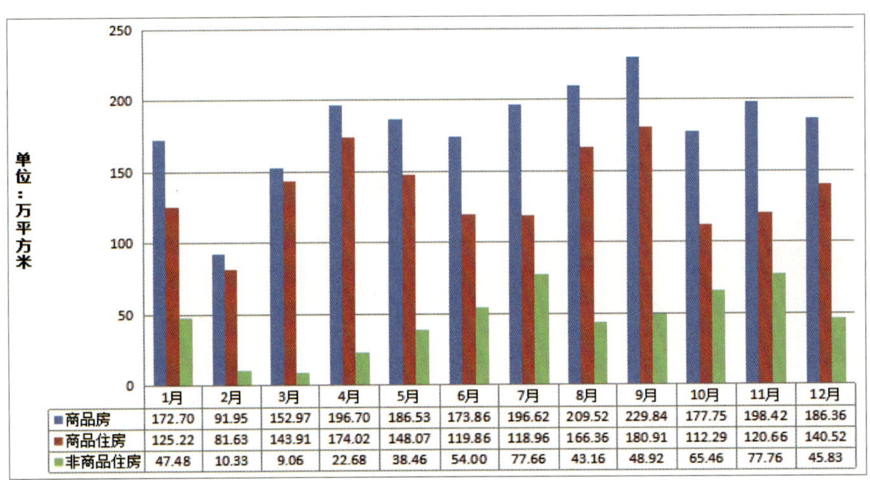

注：由于商品住房、非商品住房数值只保留到小数点后两位，故累计数与商品房统计数略有出入

【房屋征收管理】 2019年，佛山市国有土地上房屋征收工作依法依规有序开展。全年各区发出征收决定13宗，涉及征收面积25.27万平方米，征收户数516户。办理拆迁许可证延期5宗。市住房城乡建设局和各区住房城乡建设局继续做好征收拆迁信息的公开，及时做好房屋征收、拆迁信访的咨询、解释和回复。

（冯铭坚）

【物业管理】 2019年，《佛山市住宅物业管理条例》通过佛山市人大常委会第二轮审议。截至2019年底，佛山市实行物业管理项目2079个，其中住宅项目1737个、非住宅342个；物业管理项目面积23751万平方米，其中住宅项目面积19276万平方米、非住宅项目面积4475万平方米。全市商品住宅专项维修资金年末归集169.53亿元，年末使用1.38亿元，年末增值18.74亿元，年末账面余额186.89亿元。

（杨志荣）

【佛山市房地产中介行业红黑名单制度及第二批“红名单”发布会】 2019年11月27日，佛山市房地产业协会在顺德区潭洲国际会议展览中心举办“佛山市房地产中介行业红黑名单制度及第二批红名单发布会——暨中介机构‘不忘初心、牢记使命、守法经营、诚信服务’承诺宣誓仪式”，近1000名中介从业人员参加发布会。会上发布第二批“房地产中介行业红名单”企业，共3家，分别为佛山汇诚鸿图房地产顾问有限公司，佛山领先丰地产顾问有限公司，佛山市顺德区家家乐投资有限公司。宣誓仪式上，市房地产业协会中介代理专业委员会的全体委员上台，代表佛山市所有中介企业带头进行宣誓，并在在场领导和嘉宾的见证下签署“诚信服务自律承诺书”。

（雷发娟）

链接

佛山市房地产中介行业第一批“红名单”企业

2018年8月，佛山市房地产业协会发布佛山市房地产中介行业第一批“红名单”，共4家企业入选，分别为佛山市合富置业房地产顾问有限公司、广东链家房地产经纪有限公司佛山分公司、Q房网（佛山云房数据信息技术有限公司）、佛山市乐有家房产经纪有限公司。

交通运输业·邮政业

手机扫码阅读

交通综述

【概况】 2019年，佛山市抢抓粤港澳大湾区建设机遇，加快交通基础设施互联互通，构建现代化的综合交通运输体系，全年完成交通基础设施投资202.61亿元。是年，利用佛山一环高速公路及其延长线进行改造的5条高速公路和220余千米新（改、扩）建“一环”辅道基本完工。佛山“一环”西拓北环段首期约26千米建成通车；南环段龙翔大桥及其引道工程、富龙西江特大桥工程开工建设。佛山市新打通20条“断头路”（指某一特定中小范围区域内没有接入其他相应成型路网的道路）。珠三角新干线机场前期工作有序开展。截至年底，佛山市境内公路通车总里程5462千米，其中高速公路545千米、一级公路1614千米。城市道路总长7018千米。港口货物年吞吐量9636万吨。全年公路水路运输生产总体平稳增长，完成公路水路客运量4358.72万人次、客运周转量57.88亿人千米；全年完成公路水路货运量3.33亿吨、货运周转量336.53亿吨千米。佛山机场开通航线12条，全年保障进出港航班5787架次。地铁广佛线全年发车15.96万列，运送旅客1.94亿人次。佛山火车站全年累计发送旅客98.99万人次。佛山西站全年累计发送旅客562.16万人次。

是年，根据广东省委、省政府批准的《佛山市机构改革方案》，佛山市轨道交通局挂牌成立。佛山市推进深化交通综合行政执法改革，交通运输领域在市辖区范围内由市级统一执法，组建4个局机关执法科室和5个综合执法支队。佛山市深化公交共同体模式（公交TC）改革，推动成立佛山市公共交通管理有限公司，推进全市公交运营一体化。

【综合交通运输体系规划】 2019年，佛山市交通运输局统筹编制5项重点综合交通运输体系规划及公路、水路、港口等发展战略、专项规划等，发挥重大交通规划对引领行业发展和深化行业改革的作用。抓住《广东省高速公路网规划（2018—2035年）》编制的时间窗口机遇，启动《佛山市高快速路网规划（2019—2050年）》编制工作。完成《佛山市高速公路网规划布局方案》，推动进一步形成广佛极点中心区快速通道，构筑衔接跨珠江口东西两岸的横向通道，完善珠三角枢纽（广州新）机场高速集疏运规划体系。印发实施《佛山市交通发展“十三五”规划实施情况中期评估》，调整优化“十三五”后半期发展目标与策略，为重大项目落地实施提供规划保障。提前谋划，启动《佛山市交通发展“十四五”规划》编制工作。开展《珠三角枢纽（广州新）机场综合交通枢纽集疏运体系规划》研究编制工作，完善集疏运体系布局思路和布局体系，战略阶段研究成果运用于新机场选址报告。

【区域交通一体化建设】 2019年，佛山

2019年2月2日，佛山市轨道交通局揭牌 *（市轨道交通局供图）*

市推动“粤港澳大湾区”“广佛同城化”“广佛肇经济圈”等交通基础设施互联互通，建设粤港澳大湾区西部枢纽城市。完成《粤港澳大湾区背景下佛山与周边城市交通一体化规划研究》编制工作，推进佛山市交通建设发展全面融入“粤港澳大湾区”国家发展战略。以广泛推进“广佛同城化”交通基础设施建设为重点，定期与广州市交通运输局对接项目情况，推动解决重点项目建设过程中存在的困难问题。是年，佛江高速公路（江珠高速北延线佛山段）、佛江高速公路（和顺至陈村段）、广佛肇高速公路广州石井至肇庆大旺段、佛清从高速公路南段、广明高速公路陈村至西樵段等5个高速公路工程建设项目基本完成，开通收费站42个；海华大桥（佛陈路东延线接番禺新桂路工程）佛山段、五丫口大桥大中修工程等一批项目完工；番海大桥（魁奇路东沿线接南大干线）、广佛肇高速二期、珠江大桥放射线接广佛新干线（广佛出口放射线二期）项目建设稳步推进；佛山“一环”南线东延线、增佛高速通道、花莞高速西延线通道、广昆高速东延线、广明高速城区段等广佛之间谋划新增高速公路通道规划对接顺利；沉香大桥、大坦沙大桥系统工程合作建设框架协议达成意向，待广佛两市交通运输部门代表两市进行签署；碧江大桥系统工程、同心桥（含海北沿江路）改造工程、南顺大桥工程、龙溪大道快速化改造等项目前期工作继续推进。

【智能交通系统发展】 2019年，佛山市智能公交平台得到进一步推广应用，“佛山车来了”应用程序（APP）用户量突破720万人，日活量超41万人次。智能交通运输综合执法体系建设有序推进，高速公路全天候、全路网科技治超体系初步建立，普通干线公路科技治超网络正示范铺开，截至2019年底，全市有21个普通公路科技治超点投入使用、31个治超点建设有序推进。网约车监管平台、交通工地扬尘监控系统投入使用，停车场管理系统通过验收。智能视频监控报警装置得到推广应用，促进交通运输车辆事中事后安全监管。汽车维修电子健康档案系统建立，汽车维修行业规范化服务水平得到提升。交通大数据治理和共享工作继续推进，持续深化交通运输数据挖掘分析，编制专业研究成果，开展重点节假日交通运行监测，为城市交通治理和规划发展提供专业化的数据支撑和决策支持。

【2019年春运】 2019年春运期间，佛山市累计发送旅客（含地铁）2103.48万人次，日均发送旅客52.59万人次，比上年同期增长49%；不含地铁累计发送旅客361.13万人次，下降4%。春运累计发送旅客数量中，航空累计发送7.17万人次；水运累计发送5.63万人次，比上年同期下降30%；公路累计发送250.67万人次，下降19%；铁路累计发送97.66万人次，增长66.4%。铁路累计发送旅客数量中，佛山火车站累计发送12.06万人次，比上年同期下降8.7%；佛山西站累计发送85.6万人次，增长88.3%；地铁累计发送1742.15万人次，增长68.2%。

2019年，建设中的广佛肇高速北江大桥 （市交通运输局供图）

【交通运输综合执法】 2019年，佛山市推进深化交通综合行政执法改革，取消原市交通综合行政执法局，组建4个局机关执法科室和5支综合执法支队，全部以市交通运输局名义执法。其中，局机关执法科负责指导、协调、监督和实施全市交通综合行政执法工作，各综合执法支队负责所辖区域内的交通运输综合执法工作。是年，现场执法方面，全市交通综合行政执法立案9101件，其中班车包车案件2598件、非法营运案件65件、危运案件176件、出租车（网约车）案件227件、驾培维修案件354件、路面联合治超案件4687件、“一超四罚”案件（指一旦查获超载超限车辆，货运车辆、车辆驾驶员、运输企业、货运场所经营者将分别受到处罚）45件、路政案件138件、港口水路案件6件、其他类型案件805件，案件总量较上年增加272件。非现场执法方面，全年处罚普通公路科技治超案件26777件、高速公路治超非现场案件982件。“一超四罚”方面，处罚为车辆超标准装载、配载货运源头单位58个次、个人20次，处罚依法停业整顿1年内违法超限运输车辆超过本单位货运车辆总数10%的道路运输业户20户，吊销营运车辆营运证4个。是年，佛山市交通运输市场秩序总体平稳有序。

【佛山市成为全国绿色货运配送示范工程创建城市】 2019年12月19日，在2019年全国城市绿色货运配送示范工程交流研讨会暨第三届城市新能源物流车应用发展研讨会上，佛山市入选全国第二批城市绿色货运配送示范工程创建城市名单。佛山市在货运配送枢纽和网络建设规划先行、整合配送资源、设立专项资金加大扶持力度、加快培育企业发展特别是民营企业壮大、新能源配送车辆应用特别是氢燃料电池车辆等方面走在全国前列，共同配送、夜间配送等先进的组织模式得到一定的应用，为城市绿色货运配送体系建设奠定坚实的实践基础。截至2019年底，佛山市投入新能源货车1412辆（其中纯电动货车963辆，氢能源货车449辆）。2019年，佛山市飞驰汽车制造有限公司完成100辆氢燃料电池物流车的交付工作。氢燃料电池物流车采用3人宽体驾驶室，可载货空间达17立方米，额定载货质量3.5吨，一次加氢续航里程超300千米，特别适合市内配送及支线多频次的运输任务。佛山市开通至云浮市、至中山市等运营线路，与“菜篮子工程”项目、物流配送、日常用品、医药健康、家居建材行业客户合作完成试运营。

（李丹心）

公路交通运输

【概况】 截至2019年底，佛山市境内公路通车总里程5462千米，每百平方千米公路密度143.8千米。境内通车公路中，高速公路545千米、一级公路1614千米。城市道路总长7018千米，建成区道路网密度12.38千米/平方千米。2019年，佛山市在公路交通基础设施建设方面统筹推进14个重点路桥项目（包括续建“一环”西拓工程项目和7个开工的项目、6个在推进前期工作的项目），推进被纳入省2019年度高速公路建设责任目标任务的4个高速公路建设项目的建设，完成330.23千米国道和529.22千米省道的干线公路路网命名编号标志牌改造工程，按计划推进20条“断头路”连通工程建设等。

【重点路桥工程】 2019年，佛山市统筹推进的重点路桥项目，包括续建的“一环”西拓工程项目，以及龙翔大桥及引道工程、富龙西江特大桥、禅西大道南延线工程、佛山“一环”智能交通系统升级改造工程、云勇公路工程、佛山“一环”西拓旧路改造和景观提升工程、金石大道西延线工程等7个开工的项目和季华路西延线工程、塘西大道三期（桃园路—省道263广云路段）工程、塘西大道三期南延线（省道263广海大道—进港路段）工程、广明高速公路金白互通立交工程、西二环高速公路桃园互通立交工程、广佛高速公路广佛新干线互通立交工程等6个在推进前期工作的项目。“一环”西拓工程分北环段和南环段，项目总投资149.49亿元。“一环”西拓工程北环段包括佛山市桂花岛至仙湖段改造工程，国道321线三水区云东海跨线桥工程，塘西大道跨线桥、水都路跨线桥及白金线改造工程，佛山市金港路至桂丹路公路工程，三水二桥至进港大道匝道工程等5个项目；南环段包括高明大桥至富龙大桥公路、龙翔大桥及引道工程、富龙西江特大桥工程3个项目。截至2019年底，“一环”西拓北环段主体工程基本完成，计划2020年1月建成通车；“一环”西拓南环段的龙翔大桥及其引道工程、富龙西江特大桥工程分别于2019年7月、9月开工建设。

2019年12月3日，佛山“一环”西拓北环段塘西大道主线完工 （市交通运输局供图）

【高速公路建设】 2019年，佛山市被纳入省高速公路建设责任目标任务的高速公路建设项目有4项，分别是佛（山）江（门）高速公路佛山段二期工程、佛（山）清（远）从（化）高速公路南段（官窑至乐平段）、佛（山）清（远）从（化）高速公路南段（乐平至官坑段）和广佛肇高速公路广州石井至肇庆大旺段（佛山段）二期工程。截至2019年底，各项目关键节点均按计划推进。其中：佛（山）江（门）高速公路佛山段二期工程、佛（山）清（远）从（化）高速公路南段（官窑至乐平段）、佛（山）清（远）从（化）高速公路南段（乐平至官坑段）等3个项目已基本完工；广（州）佛（山）肇（庆）高速公路广州石井至肇庆大旺段（佛山段）路基工程完成80%、桥梁工程完成53%、路面工程完成55%。

【“断头路”连通工程】 2019年，佛山市继续实施“断头路”（指某一特定中小范围区域内没有接入其他相应成型路网的道路）连通五年行动（2017—2021年），按计划推进“断头路”连通工程20项，分别是佛江高速公路和顺至陈村段工程，佛清从高速公路南段二期工程，广明高速公路陈村至西樵段二期工程，“一环”西拓北环段，张槎站TOD开发周边配套市政道路（规划五路）工程，镇安东路道路工程，卫国路东延线，岭南大道北延线（卫国路—同济路）道路工程，东西大道、庆云大道改造工程，狮山镇城市快速一号路辅道建设工程二期，海华大桥工程，佛陈路东延线，菊花湾大桥，华阳南路—环互通立交，高明区培正街道路硬底化建设工程，恒良路、兴浩路工程，丽江路建设工程，建设大道工程，三水新城启动区纵九路（东二路—虹岭路段）、东一路、东二路工程，西二环西辅道（顺业路—乐源路）段道路及市政工程。截至2019年底，“断头路”连通工程全部完成主体工程，大部分已开放交通。

【公路养护】 2019年，佛山市完成国省干线公路路网命名编号标志牌改造工

“四好农村路”三水区白坭镇村道171白沙线（潘孝发　摄）

程，其中国道里程330.277千米、省道里程529.22千米。完成国省道示范服务区——高明区国道359佛富线白洞服务区建设，通过利用弃置的白洞道班，优化资源配置，建设干线公路服务区。推进《佛山市建设“四好农村路”三年行动计划（2018—2020年）》有关项目建设，完成《佛山市“四好农村路”发展规划（2018—2027年）》编制。是年，佛山5个区开展“四好农村路”（指把农村公路建好、管好、护好、运营好）示范点和示范路建设，以点带面，树立农村公路管养及运营的典型；全市全年打造富有佛山特点及岭南文化特色的“四好农村路”示范路11条；里水镇、西樵镇、乐平镇、白坭镇和明城镇获评“四好农村路”市级示范镇。截至2019年底，全市累计完成农村公路提档升级72.83千米。

【城市道路和桥梁】 2019年，佛山市城市道路新增通车里程30千米，城市道路里程达7018千米。在养城市桥梁737座，全年完成隐患桥梁提升改造12座。是年，佛山市20个“断头路”连通项目（城市道路项目占12个）均完工并具备通车条件。年内，市交通运输局启动《佛山市城市桥梁检测和养护维修中长期规划（2020—2030）》《佛山市公路桥梁和城市道路桥梁养护管理办法》的修编工作。

【营运车辆保有量】 2019年，佛山市在册营运货车3.76万辆、48.47万吨位。在册营运客车2082辆、9.12万客位。其中：客运班车582辆、2.46万客位；包车客车1500辆，6.66万客位。城市公交车辆6831辆，公交线路670条，运营线路总长度1.48万千米，年客运量55851.38万人次；出租汽车3302辆，年客运量4643.6万人次。

【道路运输经营业户及从业人员】 2019年，佛山市在册经营道路客运业户52户，从业人员0.98万人；道路货运业户9545户，从业人员3.82万人；道路运输相关业务经营业户6507户，从业人员8.67万人。道路运输相关业务经营业户中，机动车维修业户6328户，其中汽车维修业户4644户（一类101户、二类581户、三类3962户）、摩托车维修业户825户。

【普通道路货运车辆检验检测“三检合一”改革】 2019年，佛山市继续推进落实普通道路货运车辆检验检测“三检合一”改革［指道路货运车辆（不含危货运输车辆）在“三检合一”检测机构检测只需1次上线检测，就可以同时出具综检、安检、环检3份报告，实现“一次上线、一次检测、一次收费”］。是年，佛山市有具备“三检合一”资格的检测机构20个，其中禅城区5个、南海区4个、顺德区6个、高明区1个、三水区4个，超额完成省下达的指标任务并达到区域配置合理目标。

【驾驶培训行业管理】 截至2019年底，佛山市有驾驶员培训机构63个、教练车7408辆、教练员9206人、训练场193个（训练场总面积267.91万平方米）。2019年，佛山市驾驶员培训机构招收培训学员31万人，比上年增长29.2%。根据《广东省交通运输厅　广东省公安厅关于推进省级驾驶培训监管服务平台与交通安全综合服务管理平台联网对接工作的通知》要求，自2019年4月1日起，佛山市驾驶员培训监管平台与省平台成功对接，实现学员培训教学日志实时上传，实现驾驶培训与考试信息共享，确保培训与考试有效衔接。

【汽车维修电子健康档案系统建设】 2019年，佛山市交通运输局组织开发市级交通运输部门管理平台，按照“接口规范”接收各汽车维修企业上传的汽车维修档案电子数据，并实现与省、部级平台互联互通。组织运营企业根据市场需求，开发汽车维修服务平台，为公众提供汽车市场有关服务。截至2019年底，全市一类、二类维修企业在市级交通运输部门管理平台注册率为86.41%，联网对接率为64.87%，已建立健康档案车辆74507辆，市级平台接收维修记录数12.24万条。

【市际班车公交化调整】 2019年，佛山市贯彻落实《粤港澳大湾区发展规划纲要》精神，推进大湾区城际客运公交化运营。是年，开通7条佛山市至广州市和1条佛山市至江门市的公交化客运班线，为市民出行提供方便，助力粤港澳大湾区一体化发展。

【道路客货运输量】 2019年，佛山市道路运输客运量完成4330万人次，比上年下降13.21 %；旅客周转量完成57.54亿人千米，下降10.65%；道路货运量完成29150万吨，增长6.05 %；货物周转量完成240.6亿吨千米，增长8.03%。

【客货运站场】 2019年，佛山市有经营性客、货运站场22个，其中货运站场1

个、等级客运站场18个、简易站及招呼站3个，平均日发车3622班次。

【汽车综合性能检测站及检测量】 2019年，佛山市有汽车综合性能检测站19个，年完成检测量6.63万辆次，其中维修竣工检测221辆次、等级评定检测3.81万辆次。

（李丹心）

水路交通运输

【概况】 2019年，佛山市有生产用码头泊位271个，码头泊位长度17775米，泊位年通过能力1.14亿吨。市辖内河航道通航里程1075千米。是年，佛山市水路完成货运量4161万吨，比上年下降11.05%；水路货运周转量95.93亿吨千米，下降5.07%。水路客运量完成28.72万人次，比上年下降57.53%；水路客运周转量3389.05万人千米，下降56.51%。

【船舶保有量】 2019年，佛山市拥有水路运输机动船舶314艘，总载重量约57.67万吨位，功率17.33万千瓦。其中：客船6艘，载客量727客位；货船302艘，总载重量57.62万吨（包括集装箱船28艘，总载重量6.29万吨位，4634个国际标准集装箱位）。

【港口吞吐量】 2019年，佛山港完成货物吞吐量9636万吨，比上年增长7.4%。进出港货物主要为矿建材料、钢铁、煤炭、油品。外贸货物吞吐量2318.4万吨。其中，出口主要货物为陶瓷、机械电器设备，进口主要货物为工业原材料、木材等。集装箱吞吐量444万标准箱（TEU），比上年增长11.1%。港口旅客吞吐量28.96万人次，下降49%。

【港口污染防治】 2019年，佛山市完成岸电（指专门针对船上、岸边码头等高温、高湿、高腐蚀性、大负荷冲击等恶劣使用环境而特别设计制造的大功率变频电源设备）设施建设134套，实现普货码头岸电全覆盖。新建岸电设施全部通过验收审核，并下拨补贴资金402万元。推广岸电使用，简化港口岸电使用费用结算流程，岸电使用费结算均可支持微信等网络支付方式，提高船舶使用便利性。推进码头机械“油改电”（柴油动力改成电能驱动）。是年，顺德新港、北滘港和南海三山港等主要港口逐步开展新能源港口机械（电能）试用和改造。通过新能源港口机械的推广使用，努力建设环境友好型的港口。

【港航管理】 2019年，佛山市引导水运企业规模化发展，鼓励水运企业新增江海直达、大型船舶，全市新增船舶运力2万载重吨。推广内河船型标准化工作，鼓励企业进行船舶改造升级。内河船型标准化工作开展后，全市有25艘单壳油船申请改造为双壳油船、12艘船舶申请拆解、34艘船舶申请生活污水处理装置改造。开展2019年国内水路运输及其辅助业核查工作，对39家水路运输企业进行核查，其中通过核查的有38家，核查通过率97.4%；对294艘营运船舶进行核查，其中通过核查的有291艘（340513总吨、792客位），核查通过率98.98%。委托第三方安全机构对64家危险货物码头、水运企业开展安全隐患排查，发现各类问题、隐患275个，并及时督促指导企业开展整改，消除安全隐患。

（李丹心）

铁路交通运输

【概况】 截至2019年底，佛山市区域内有已开通运营的国铁城际线路7条，分别是广茂铁路（设佛山站、三水站），广珠铁路（设丹灶站、官窑站、西樵站），武广铁路客运专线（未设站），贵广铁路，南广高铁（设佛山西站、三水南站），广珠城际（设碧江站、北滘站、顺德站、顺德学院站、容桂站），佛肇城际（设佛山西站、狮山站、狮山北站、三水北站、云东海站）。中国铁路佛山局管内铁路营业里程321.41千米，地方铁路53.28千米。佛山高铁运营里程268.14千米。全年完成旅客发送量1269万人次。有在建铁路项目2个，分别为广佛环城际（佛山西站至广州南站）、南沙疏港铁路。有已规划国铁城际线路6条，分别为深南高铁、珠江肇高铁、柳广铁路、广佛环线（佛山西站—广州北站段）、肇顺南城际和广佛江珠城际。

（洪健海）

【佛山西站运营】 2019年，佛山西火车站开行列车7.29万列，到发旅客1173.76万人次（发送562.16万人次、到达611.6万人次）。日均开行列车213列（其中

佛山西站轨道 *（市交通运输局供图）*

日均始发终到车22对），比上年增长16.48%；日均到发旅客3.22万人，增长43.38%。春运期间（1月21日至3月1日共40天），佛山西站到发旅客167.1万人次，其中到达旅客81.5万人次，发送旅客85.6万人次。到达客流高峰（2月11日），到达客流4.9万人次；发送客流高峰（1月28日），发送客流4.6万人次。

（区智颖）

【广湛高铁动工建设】 2019年9月30日，广湛高铁项目先行段在茂名市动工建设，其他建设段按计划于2020年内动工。广湛高铁是国家“八纵八横”［“八纵”通道包括沿海通道、京沪通道、京港（台）通道、京哈—京港澳通道、呼南通道、京昆通道、包（银）海通道、兰（西）广通道。“八横”通道包括绥满通道、京兰通道、福银通道、青银通道、陆桥通道、沿江通道、沪昆通道、厦渝通道、广昆通道］高速铁路网沿海铁路客运大通道的重要组成部分，是粤港澳大湾区对外联系的主要通道之一，是落实粤港澳大湾区发展战略的重要项目。根据项目工程可行性研究方案，广湛铁路正线全长400.1千米（不含联络线长度），其中佛山段全长71.4千米（不含联络线长度），广湛高铁途径广州、佛山、肇庆、云浮、阳江、茂名及湛江七市，其中在佛山市境内途径禅城区、南海区、高明区、三水区4个区，在佛山市境内拟设佛山站和新干线机场站2个站。

【广东南海一汽大众铁路专用线工程开工】 2019年12月11日，由中铁设计集团总承包的广东南海一汽大众铁路专用线工程开工仪式在佛山市南海区狮山镇举行。南海区有关领导及参建单位代表参加开工仪式。该项目线路长8.9千米，在广珠铁路官窑站北侧，与车站平行布置，官窑站增建到发线2条、预留1条，新建牵出线1条，有效长850米，新建机待线1条，货物线装卸线设置3束5线，其中贯通式4条、尽头式1条。该项目计划2022年12月建成。该项目作为广东省地方铁路专用线的重点项目，是珠三角地区西翼经贸中心和综合交通枢纽、南三合作产业园、官窑货场物流园枢纽的重要组成部分，对于提升佛山国家级骨干联运枢纽地位，落实“广佛肇经济圈”“珠江—西江经济带”等区域战略建设具有重大意义。

（洪健海）

民航交通运输

【佛山机场恢复运行】 2019年，佛山机场开通航线12条，分别飞往东营、信阳、浦东、海口、汉中、温州、合肥、鄂尔多斯、襄阳、石家庄、福州、沙县，保障进出港航班5787架次，旅客总吞吐量885907人次，其中出港旅客444565人次、进港旅客441342人次。累计保障进出港货物362.59吨，其中出港0吨、进港362.59吨。航班架次和旅客吞吐量创下历史新高。

【珠三角枢纽（广州新）机场工程建设指挥部成立】 2019年10月29日，广东省政府网站发布《关于印发广东省重大工程建设项目总指挥部组建方案的通知》，公布《广东省重大工程建设项目总指挥部组建方案》，提出全省成立10个重大项目专项指挥部，“珠三角枢纽（广州新）机场工程建设指挥部组成方案”在列，佛山市市长朱伟担任指挥长，省发改委副主任陈志清、佛山市委常务副市长蔡家华、省机场集团总经理蔡治洲任副指挥长。

【珠三角枢纽（广州新）机场建设前期工作新闻通气会】 2019年10月31日，佛山市高明区政府召开新闻通气会，对珠三角枢纽（广州新）机场建设前期工作进行解读。新闻发布会上介绍，佛山已落实珠三角枢纽（广州新）机场预选址范围土地综合管控，并协助推进方案设计、项目报批等工作，为新机场尽快确定选址、启动建设创造条件。同时，佛山也在加快编制新机场集疏运体系规划，争取将周边高铁、城际轨道、地铁、高速公路等重大基础设施引入机场，构建“水陆空铁”无缝对接、便捷转乘的现代综合交通集疏运体系。新闻发布会上还介绍，珠三角枢纽（广州新）机场定位为“与广州白云机场共同形成国际航空枢纽，主要服务珠三角中西部及周边地区，发展国内国际航空客货运输”，计划总投资350亿元，将建设2条远距跑道，飞行等级4F，为最高等级，设计年客流量为3000万～5000万人次，在广东将仅次于白云机场、深圳机场。

（李丹心）

城市公共交通运输

【概况】 2019年，佛山市继续推进全市公交共同体模式（公交TC）改革，组建市公共交通管理有限公司，继续推进公交都市示范城市创建工作，建立健全公交共同体模式下公交可持续发展的体制机制，推广新能源公交车应用，做好重大活动的公交保障，完成顺德、高明区公交线网优化及高明区公交共同体模式（公交TC）改革，新开通骨干公交线路3条，形成中心城区“六纵十横”骨干公交网络，新推出辅助公交线路17条，新建公交场站15个（面积7.73公顷），建成充电站29个，完成新能源公交车购置3096辆，全面提升公交行业运营效能和服务水平。截至2019年底，全市有常规公交线路670条，公交车6831辆。日均公交客运量153.02万人次。

【新能源公交推广】 2019年，佛山市新购置新能源公交车3096辆。新建公交场站15个，面积7.73公顷。2019年底全市共有公交充电桩1328个，比上年增加394个。全市建成加氢站13个。截至年底，新能源和清洁能源公交车比例达100%。

【公交路权优先】 截至2019年底，佛山市累计建成公交专用道157.2千米，其中禅城区72.2千米、南海区79千米、顺德区6千米，中心城区的公交专用道初步成网，并配套建成抓拍设备360套，对违法占用公交车道行为进行监控和处罚。在岭南大道季华路口增设全时段公交专用道。2019年，佛山市公交线路网通勤日高峰期平均运行速度为19.20千米/小时，比上年的21.39千米/小时下降10.3%。

【公交线网优化】 2019年，佛山市进一步加强中心城区公交骨干线路建设，新开通3条骨干线路，形成中心城区“六纵十横”骨干公交网络［包括G1、G3、G5、G6、G7、G8、G9、G10、G11、G12、G13、G14、G15、G17、G18（340）、G19（330）等公交线路］；新推出辅助公交17条，进一步加强与广州公交服务对接。截至2019年底，全市开通骨干线路16条、累计开通辅助公交41条。是年，顺德区、高明区对公交线网进行深度优化，按照骨干线路、支撑线路、接驳线路优化区域公交线网。

链接

辅助公交

辅助公交是处于常规公交与出租车之间的，可采用固定、非固定、固定与非固定相结合的站点、线路和时刻表，可根据客流需求灵活组织或量身定制的一种交通服务方式。

【智能公交建设】 2019年，佛山市依靠公交智能平台、实时公交查询软件、手机信令等大数据平台，逐步构建开放、先进的智能公交信息管理模式。实时公交查询软件全市普及且可靠应用。微信、支付宝等第三方支付在公交全面普及。是年，佛山市新增发行全国一卡通智能卡19.12万张，发行量全省排名第三；挖掘应用手机信令大数据，构建“大数据+规划”“大数据+管理”“大数据+服务”的现代化公交系统。是年，佛山公交非现金支付率82.36%，中心城区非现金支付率达89.46%。

【网约车与出租车服务管理】 2019年，佛山市辖区内经营的网约车、出租车企业28家，其中网约车企业12家、出租车企业16家。是年，佛山市修订《佛山市网络预约出租汽车经营服务管理办法》，进一步明确公安部门对驾驶员和车辆进行安全背景审查的职责，完善各部门相关联合监管机制，规范网络预约出租汽车经营行为，确保网约运营安全和各方合法权益。截至2019年底，全市累计受理网约车业务件90463件，许可网约平台公司12家，核发7013张网约车运输证和34094张驾驶员证。佛山市许可的网约平台公司12家分别为武汉斑马快跑科技有限公司佛山分公司、神州优车（福建）信息技术有限公司佛山分公司、杭州优行科技有限公司佛山分公司、深圳万顺叫车云信息技术有限公司佛山分公司、北京东方车云信息技术有限公司佛山分公司、滴滴出行科技有限公司佛山分公司、重庆呼我出行网络科技有限公司佛山分公司、上海久柏易游信息科技有限公司佛山分公司、广州易点智慧出行科技有限公司佛山分公司、昆明盛智易联科技有限公司佛山分公司、广东粤运发展有限公司佛山分公司、上海路团科技有限公司佛山分公司。

【《关于进一步推进公交优先发展战略实施的决定》获市人大常委会审议通过】 2019年7月26日，佛山市第十五届人大常委会第二十二次会议通过《关于进一步推进公交优先发展战略实施的决定》。该决定指出要大力推进“公交都市”示范城市创建和进一步提升公共交通引领城市发展意识、加快建立公共交通引领城市发展机制、深化公共交通体制机制改革、强化公共交通基础设施建设和管理、提升公共交通的营运服务质量、完善轨道交通站点配套接驳设施建设、加快以氢能公交车为重要特色的新能源汽车推广、保障公共交通财政投入、加强公共交通的法制研究、加强对公交优先发展战略实施情况的监督。

【佛山市公交TC改革总体实施方案出台】 2019年8月2日，佛山市政府印发《加强全市统筹深化公交TC改革总体实施方案》。方案提出，到2022年基本理顺全市公共交通运营管理体制和财政投入机制，建立完善佛山市城市公共交通发展的理论体系和制度体系，构建以氢能源和纯电动为主题的绿色低碳、以TC模式体制机制为主线的公交都市示范城市，形成政府财政可持续、行业发展有动力、市民出行有保障的新局面，构建覆盖全市、通达湾区的现代化公共交通服务系统，使公共交通成为市民出行首选。方案提出全面开展8个“一体化”工程，即“TC管理架构一体化、财政投入一体化、运营规划一体化、场（站）

岭南大道公交枢纽站 *（市交通运输局供图）*

链接

TC

TC（Transport Community）即交通共同体模式，一种由政府决策层、运营管理层和公共汽车运营企业层构成的公共交通共同体。

路设施一体化、票制票价一体化、出行服务一体化、标准规范一体化、智能应用一体化”。

【佛山市公共交通管理有限公司成立】2019年9月12日，佛山市公共交通管理有限公司（佛山市TC公司）注册成立，为佛山市市属重点二级企业，注册资本2亿元，致力于推动佛山市公共交通事业优先发展。该公司主要承担佛山全市公交运营服务监管考核、票款清收与结算、运营服务计划制定和运营成本核算、公共交通线路优化、联乘设计、公交出行品质服务研究、公共交通行业智能化技术研发及推广应用、公共交通大数据中心建设及数据应用、5G基站资源开发及行业场景应用试点与研究、智能网联公交（辅助或无人驾驶）应用试点合作与研究、公交广告和充电（加氢）设施经营、TC模式技术输出等职能。

（李丹心）

邮政业

【概况】2019年，佛山市邮政行业完成业务总量155.89亿元，比上年增长51.92%；业务收入（不包括邮政储蓄银行直接营业收入）累计完成110.00亿元，增长42.94%。其中：快递业务总量6.91亿件，增长45.03%；业务收入累计完成94.90亿元，增长46.83%。国际及港澳台快件业务量890万件，比上年增长52%。行业“小包裹”服务“大民生”，推动流通转型、促进消费升级。

【邮政行业监管】2019年，佛山市邮政管理部门加强邮政行业监督管理，推动行业高质量发展。

邮政行业政策保障　与市公安局、市交通运输局联合印发《佛山市规范快递专用电动三轮车管理工作方案》，快递专用电动三轮车获准上路通行。与市住房城乡建设局、市自然资源局联合印发《佛山市推进邮政智能包裹柜建设工作实施意见》，为破解“最后一公里”投递难提供政策支持。截至2019年

2019年7月9日，佛山市邮政管理局与市公安局交警支队共同举办全市快递行业交通安全宣讲活动暨安全防护装备配发仪式（市邮政管理局供图）

底，全市智能投递终端4330组，格口43万个，箱投率15%。落实行业内国家有关财税政策，助力企业减税降费。

邮政快递放心消费工程　全年处理邮政快递行业消费者申诉6788份，其中有效申诉213份，挽回经济损失97万元，消费者满意率98.90%。市邮政管理局获评广东省“扫黄打非”工作先进集体；佛山邮政公司获评“2019年全国市场质量信用等级·服务类用户满意AA级”称号，获“广东省五一劳动奖状”；苏宁、圆通等11家快递企业获“佛山市放心消费示范点”称号；顺丰、德邦和跨越3家快递企业获评2019年佛山市3A级以上物流企业。

邮政行业绿色发展　开展学习习近平总书记对行业绿色发展指示精神的专题培训，宣传贯彻《快递封装用品》系列国家标准。联合环保部门在社区环保小屋上搭载快件投递和包装回收功能。推行绿色配送，新能源配送车辆超450辆。行业主要网络型快递企业电子面单使用率99%；家电类产品基本不进行二次包装，综合全品类的电商快件二次包装率不足30%；分拨中心全面推广使用可循环中转袋；快递末端网点包装回收装置设置超150个。

【邮政普遍服务】2019年，佛山市有邮政营业场所185个，总体数量与上年持平。其中城市自办营业场所28个、委代办营业场所18个，农村自办营业场所57个、委代办营业场所82个。有电子化作业营业场所185个，全部开办信函、业务开办信件、单件重量不超5千克的印刷品、单件重量不超10千克的包裹的寄递以及邮政汇兑业务。有办理国际及港澳台邮件业务的邮政营业场所48个，确保全市各县级行政区内至少有1个开办国际及港澳台邮件业务的邮政营业场所。

邮政服务民生　全市327个建制村直接通邮，直接通邮率100%。邮政邮乐购站点412个，覆盖238个行政村。各区全面推行邮政代办交管业务，设置“警医邮”网点4个，“警邮”网点34个。投入使用自助寄件服务终端“小黄筒”30个，实现全天候寄递。

邮政营业场所审批备案　市邮政管理局受理邮政企业撤销普遍服务场所申请2个，受理邮政企业提交的邮政普遍服务营业场所备案申请163个，其中邮政普遍服务营业场所迁址备案31个、邮政营业场所信息变更备案21个、暂时停止或限制办理邮政普遍服务业务备案102个、新增网点2个、恢复开办业务7个。

邮政普遍服务监管　市邮政管理局全年检查邮政营业场所97个，开展法定业务专项检查250人次，开展扫黄打非、网点安全、收寄验视、机要通信、邮票发行等其他普遍服务业务监督检查

475人次，下发通报6份，下达责令整改通知书10份。推进信报箱验收，实地核查住宅项目117个，检查住宅户数59931户，新建住宅楼信报箱安装率100%。

【快递市场】 2019年，佛山市有独立许可快递企业188家、分支机构731个，有备案的快递末端网点776个。全市已录入快递人员管理系统的快递行业从业人员28269人。

快递市场准入　全年完成37家企业快递许可申请现场协查；办理增设分支机构30个、变更20个、撤销7个；办理快递末端网点备案295个，完成年度报告164份。

寄递渠道安全　推动“收寄验视+实名收寄+过机安检”三项制度落实，全年实名收寄6.89亿件，实名收寄登记率99.75%。协助全市网络型寄递企业总部成立安全生产委员会，明确专人负责安全生产。指导企业健全安全生产台账，组织开展应急演练，协调辖区企业与总部之间的沟通联络，落实部分地区寄递服务的预警报告。组织企业开展安全专题培训，受训超600人次。

快递市场执法检查　全年出动检查执法人员214人次，检查企业和场所104家（个）次，下达责令改正通知书11份；办理行政处罚案件13件，罚款28万元，其中2件案件适用《中华人民共和国反恐怖主义法》。

【佛山市首个快递员职工服务站成立】 2019年11月6日，佛山市首个快递员职工服务站——禅城区快递员职工服务站在禅城区华辉大厦佛山市苏宁易购祖庙店揭牌，正式投入运行。服务站配备电视机、电脑、沙发、桌椅、按摩椅、微波炉等设施，可为快递员提供宣传教育、休闲娱乐、自我增值等服务。

（李晓敏）

【佛山邮政公司业务发展】 2019年，佛山邮政的邮政企业、邮储分行实现业务收入23.17亿元，比上年增长7.9%。其中，中国邮政集团公司佛山市分公司（简称“佛山邮政公司”）获“广东省五一劳动奖状”“2019全国市场质量信用AA级企业”等称号，中国邮政储蓄银行股份有限公司佛山市分公司（简称“佛山邮储银行”）获评“2019年度金融服务实体经济标杆银行”。

邮政基础能力　全市有邮政普遍服务网点85个，邮储网点103个（含一类网点31个、代理金融网点72个），邮政代办所100个，邮政服务亭（报刊亭）26个。寄递事业部设揽投部（站）75个，投递道段1467条。全市有信报箱群6.33万个（格口121.16万个），全市城区信报箱平均覆盖率90.2%；投放便民信包箱38个。

邮政网络运行及投递能力　通过梳理全市邮运网络处理模式，实现邮件的科学规划，全市处理邮件能力提升至42万件/天。开展自提系统推广工作，全市建有自提点1.8万个，快递包裹全年自提量1050万件，自提占比24%。

邮务类业务　全年函件量2633.4万件（国内函件616.95万件、国际函件2016.45万件）；国内普通包裹9.18万件；盲人读物及义务兵信件0.0017万件；机要件3.3万件。全市有集邮预订户10894户，集邮协会会员23150人，青少年集邮组织108个、青少年邮局10家、全国青少年集邮示范基地4个，报刊预订户13.61万户。

寄递业务　全年收寄邮件5837万件。标快（标准快递）业务上，深化与各级政府部门开展合作，创新便民服务合作模式，全年收寄政务邮件376万件，比上年增长7%，其中智慧网办中心全年线上业务量32万件。国际业务上，继续发挥企业在佛山跨境电商领域中的推动作用，以综合型电商客户为目标，实现产品服务由单一产品向集小包裹寄递、小批发寄递、海外仓头程运输、海外仓储等多元化服务于一体的产品线升级。快包业务上，加强进驻顺德家电、禅城童装、南海母婴等区域集群市场，服务地区产业链，业务量比上年增长39%。

邮政金融业务　佛山邮储银行创新“三农金融服务”，推进农机购置补贴贷款等7大类38项涉农产品。与广东省农业信贷担保有限责任公司合作推出专项农业担保助农贷款产品“农担贷”。与“码上服农”平台开展合作，为入驻平台的农户提供融资服务。为科技型中小企业量身订制“科技贷”，提升小微企业金融服务质效。参与市、区政府各项中小企业风险补偿基金等项目，加入佛山市知识产权质押融资风险补偿专项资金项目。创新推出“小微易贷”“税贷通”“发票贷”“医院贷”“学校贷”“邮信贷”，满足小微企业多样化金融需求。参与辖内地铁项目的银团组建，支持珠三角城际轨道交通段广州至佛山段二期工程、佛山轨道2号线一期、佛山轨道3号线项目。与市人社部门合作发放“再就业担保贷款”，为创业团体、个人提供免息担保贷款。

（顾丽冰）

2019年11月6日，佛山市首个快递员职工服务站揭牌　（谢建雄　摄）

信息业

工业信息化

【概况】 2019年，佛山市组织各区继续发动辖区信息化基础比较强的企业申报广东省2019年两化融合管理体系贯标试点企业（“两化融合”指信息化和工业化深度融合），推动企业运用互联网改造提升，促进提质增效降本。全年佛山市新增两化融合管理体系贯标试点企业23家，累计超170家。对全市工业互联网展开专题调研，明确佛山市工业互联网建设的重点，起草《佛山市深化“互联网+先进制造”发展工业互联网的若干政策措施》。是年，佛山市智慧云图平台通过专家验收会，进入维护阶段。

【信息基础设施建设】 2019年，佛山市抢抓机遇推动5G基站建设。建立5G发展工作联席会议制度，编制出台5G网络建设规划，组织实施5G发展行动计划。加快打造5G应用标杆。制定佛山市5G网络建设规划和5G发展行动计划，5G应用场景迅速推开。美的厨电“5G+工业互联网”应用示范园区入选广东省第一批“5G+工业互联网”应用示范园区，美的厨电5G内网改造项目成功中标工信部2019年工业互联网创新发展工程。推广工业互联网标识应用。广东鑫兴科技公司与香港货品编码协会、中国信息通信研究院签署合作备忘录，共同推进中国工业互联网标识解析体系与国标标准GS1体系互认互通。美的集团联手鑫兴科技有限公司，中标2019年工业互联网创新发展工程的工业互联网标识解析二级节点（家电行业服务平台）。

【信息产业园区载体建设】 2019年，佛山市推进信息产业园区载体建设。应佛山市广东福能大数据产业园和广东省健康医疗大数据产业园实际的建设需求，向省工业和信息化厅上报园区建设项目变更的请示，并协助省工业和信息化厅开展变更申请的评审工作。组织佛山市内园区申报省级“5G+工业互联网”应用示范园区，其中顺德区的“美的厨电‘5G+工业互联网’应用示范园区”入选广东省第一批“5G+工业互联网”应用示范园区。

【工业企业上云上平台】 2019年，佛山市推动工业企业上云上平台。开展2018年“上云上平台”服务券兑现审核工作，并配合省工业和信息化厅做好部分企业现场抽查工作，兑现2018年“上云上平台”服务券171张，合计兑现3085.48万元；2018年“上云上平台”（补发）服务券18张，合计兑现364.72万元。开展2019年工业企业“上云上平台”服务券申领工作，相关工作有序推进。开展2020年省级促进经济高质量发展专项资金工业互联网标杆示范项目入库工作，经企业申报、各区推荐，收到33个项目申报材料，经专家评审、公开答辩和现场核查，市工业和信息化局向省推荐威特真空电子制造有限公司的基于工业互联网的数据采集与工业机器人应用、伊之密精密机械股份有限公司的模压成型装备全生命周期管理云平台等19个项目，19个项目均成功入选省工业互联网标杆示范项

“5G+工业互联网”应用——智慧工厂 （佛山电信供图）

目库。开展工业互联网供应商入库工作，新增全塑联科技有限公司、睿江云计算股份有限公司、腾一科技有限公司、天泽腾龙科技有限公司、鑫兴科技有限公司、徐工汉云工业互联网有限公司等20家企业入选省工业互联网产业生态供给资源池，佛山市入选企业累计27家，为佛山市工业企业信息化、数字化、网络化转型提供支撑。推进工业互联网产业集群建设，围绕模具、装备制造、注塑、家电等佛山重点行业，以产业集聚区为抓手，在南海、顺德等地组织9场工业互联网走进产业集群活动，推动工业互联网在制造行业深度应用。组织由广东徐工汉云工业互联网有限公司牵头申报的佛山有色金属行业集群及由广东全塑联科技有限公司牵头申报的塑料加工产业集群申报省产业集群工业互联数字化转型试点，推动产业集群数字化转型，促进制造业高质量发展。

【经济科技发展资金（信息技术部分）项目申报】 2019年，佛山市开展2019年市经济科技发展专项资金（信息技术部分）项目申报，扶持信息新技术应用、工业互联网平台和大数据技术应用3个方向。经企业申报、各区推荐等环节，收到17个项目申报材料。经专家书面评审、公开答辩、现场核查，有6个项目获扶持，扶持金额合计250万元。

【软件和信息服务业与电子信息制造业统计】 2019年，佛山市开展软件和信息服务业与电子信息制造业统计工作。为推动国家软件产业税收优惠政策落实，同时配合做好2019年度全省软件和信息服务业统计工作，举办2019年软件和信息服务业统计报表制度、软件产业相关政策培训会，培训内容包括软件产业相关政策、2019年度软件和信息技术服务业统计报表制度、税收优惠政策等。按省工业和信息化厅有关工作要求，委托第三方机构协助做好2019年电子信息和软件服务业统计年报，并开展2019年电子信息和软件服务业统计工作。2019年电子信息和软件服务业统计年报显示：2019年度佛山市软件业务收入总额为139.49亿元，比2018年度软件业务收入增长61.56%，其中，软件产品收入21.87亿元，信息技术服务收入50.49亿元，信息安全收入0.43亿元，嵌入式系统软件收入66.70亿元。

【信息产业调研与政策研究】 2019年，佛山市工业和信息化局委托第三方机构开展各区信息产业发展现状及信息产业各细分领域发展情况调研，系统、全面地梳理各区及各细分领域情况，并编制《2019年佛山市信息产业发展白皮书》。委托第三方机构开展全球信息产业发展趋势和中国信息产业发展情况调研，梳理全球信息产业发展趋势和中国信息产业发展情况，系统分析佛山信息产业发展现状，理清佛山市信息产业发展思路，谋划产业发展重点方向、部署实施重点任务，编制《佛山市信息产业发展政策研究（2019—2025年）》。

【信息技术领域重点项目开展】 2019年，佛山市推动信息技术领域重点项目开展。南海区与腾讯公司合作，在佛山西站枢纽新城共建腾讯工业互联网粤港澳大湾区基地，将建设占地面积13.33公顷（约200亩）、投资总额约50亿元的腾讯（佛山）工业互联网生态产业园。由美的集团牵头，以美的工业互联网平台为基础，美云智数科技有限公司、新明珠陶瓷集团、广东工业大学、无锡小天鹅股份有限公司、佛山科学技术院等单位联合参与建设广东省工业云制造创新中心，组成产学研用联合法人“实体+创新”联盟，打造引领全国的工业互联网平台。以5G技术提升佛山顺德机器人谷建设，广东博智林机器人有限公司、华为技术有限公司和佛山市顺德区人民政府签署三方战略合作协议，依托博智林公司在智慧建造和机器人方面、华为在通信设备和信息化解决方案方面的优势，在机器人谷打造以智慧建造为特色、应用场景驱动的“5G+工业互联网”应用示范园。

（陈　枫）

政务服务数据管理

【概况】 2019年，佛山市成为第一批省市区数据一体化试点地级市，完成全省首个离岸数据区部署，下沉24项共3058万条省级数据；完善市级数据共享平台，以政务信息资源共享目录为基础，依托共享协议推动政务数据跨区域、跨层级、跨部门整合共享，累计签订共享协议124份，平台汇数据数量超17亿条，主题数据达1000多项，为社会信用、综合治税、市场监管、佛山“涉企一张网”、“互联网+监管”等业务提供数据支撑。继续深化政务服务改革，全市政务服务事项“一窗通办”率78%，100余项高频热门事项实现“零跑腿”，通过“粤省事”办理政务服务事项517个，建设工程审批全程减少材料提交率60%，减少表单录入量48%。改革成果获广东省市直机关第七届“先锋杯”工作技能大赛决赛服务创效类第一名；佛山市公共资源信息化综合平台入选“2019年度先进电子化平台”。是年，佛山市成立大数据创新应用赋能“数字政府”改革建设工作领导小组，加快云计算、大数据、区块链技术在各项改革建设中的创新应用，推进社会综合治理云平台、大数据平台、“四标四实”（指标准地址、标准作业图、标准建筑物编码、标准基础网格和实有人口、实有房屋、实有单位、实有设施）基础信息采集平台、协同办公平台等项目的建设；更新修订《佛山市政务信息资源共享目录》《佛山市政务数据开放目录》等8份标准；完成《佛山市政务数据资源管理办法》修订并通过市政府常务会议审议。在腾讯研究院发布《数字中国指数报告（2019）》中，佛山以8.16的分数位列“数字中国总指数城市100强”榜第十四，位列“数字政务分指数城市100强”的第七位，排全国地级市首位。在2019数字政府服务能力暨第十八届中国政府网站绩效评估结果发布会上，佛山以91.9分的总成绩登上全国政府网站绩效评估地级市榜首，禅城区、顺德区分别获区县政府网站评估第二、第六名。

【“佛山市协同办公平台”建设与运行】 2019年，佛山市完成全新的“佛山市协同办公平台”（简称“协同OA”）建设，实现稳定上线运行，并逐步实现与各市直单位业务系统、粤政易·移动办公平台（简称“政务微信”）、省统一身份认证平台、省电子印章平台等省级系统的无缝对接，提高公务人员线上办公、移动办公的便利性及体验感。截至2019年底，佛山市上线协同OA的单位370个，其中使用协同OA进行内部公文审批的单位80个；协同OA用户6898个，协同OA移动端用户2111个，日平均在线用户251个；使用协同OA进行办文（包括收文和发文）的文件总数867879件，在办文件232735件（收文195856件、发文36897件），办结文件635144件（收文483119件、发文152025件）。

【政务数据资源管理创新】 2019年，佛山市推进政务数据共享开放和开发应用，对2006年发布《佛山市政务数据资源管理办法》进行修订。修订后的《佛山市政务数据资源管理办法》创新性地将政务数据共享与信息化项目审核有机结合，明确规定对于未按要求共享数据资源或者重复采集数据的政务信息系统，不安排运行维护经费，项目建设不得新建、改建、扩建政务信息系统；将邮政、电信、供电、供水、燃气、有线电视和公共交通等公共服务提供机构，在提供公共服务过程中获得的数据资源采集、存储、共享、开放和利用等行为，及其相关管理活动纳入政务数据资源管理范畴进行统一管理。

【“佛山城市通”APP体验版试运行】 2019年10月16日，“佛山城市通”应用程序（APP）体验版启动试运行。“佛山城市通”是一个集“政务服务+公共服务+商事服务+民生服务+媒体服务”于一体的城市综合服务平台。围绕市民“衣、食、住、行、娱”等需求，“佛山城市通”体验版优先上线市民关注度高、办理频次高的政务办事、交通出行、教育等民生服务，包括预约办事、公交信息查询、附近停车场查询等。

（蒙浩荣）

网络与信息安全

【概况】 2019年，根据《佛山市机构改革方案》，原中共佛山市委网络安全和信息化领导小组调整为中共佛山市委网络安全和信息化委员会，领导小组办公室调整为委员会办公室，对外加挂市互联网信息办公室牌子。是年，市委网信办开展网络安全建设，规范全市网络安全检查，初步组建网络应急支撑队伍，指导相关区和部门开展网络安全应急演练。发布佛山市信息安全等级保护2.0新标准，加强关键信息基础设施安全保护工作，有序推进信息系统等保测评和网络安全罩平台建设。推进网络综合治理，全年全市清理违法信息超10万条，会同政法、公安等开展网络生态专项整治行动10余次。网络与信息安全形势总体平稳。

【中共佛山市委网络安全和信息化委员会第一次全体会议召开】 2019年6月26日，中共佛山市委网络安全和信息化委员会召开第一次全体会议，深入学习贯彻习近平总书记关于网信工作的重要论述，落实省委网络安全和信息化委员会第一次会议要求，总结2018年佛山市网络安全工作情况，审议有关文件，研究部署佛山市网信工作。中共佛山市委书记、市委网络安全和信息化委员会主任鲁毅主持会议并讲话，市委网络安全和信息化委员会成员单位相关负责人参加会议。会议指出，要构建“大网信”工作格局，压实网络意识形态和网络安全工作责任制，形成真抓严管的良好氛围；坚持正能量是总要求、管得住是硬道理、用得好是真本事，聚焦重点领域和关键工作，推动互联网这个“最大变量”变成佛山市网信事业发展的“最大增量”；要唱响网络宣传主旋律，构筑网上网下同心圆；坚持底线思维，防范化解网络意识形态风险；增强网络保障能力，筑牢网络安全屏障；发挥信息化驱动作用，让网信事业更好惠及人民群众。

【信息安全等级保护2.0国家标准宣贯会】 2019年7月31日，由佛山市委网信办指导，市公安局和市政务服务数据管理局主办的佛山市网络安全等级保护制度2.0国家标准宣贯会在佛山联通大厦举行。佛山市政府副秘书长赖紫宁、市公安局副局长林干、市政务服务数据管理局局长陈伟锋等出席会议。市直各单位、各区政务服务数据管理局、国资企业信息安全相关负责人150多人参加。会议发布等级保护2.0新标准，明确网络安全新形势下的等级保护制度标准、参数及相关要求，并对等级保护2.0政策、网络安全法、测评要求等内容进行全方位宣贯与解读。

【第六届佛山市网络安全宣传周活动】 2019年9月16—22日，佛山市举行第六届佛山市网络安全宣传周活动，活动由市委宣传部、市委网信办、市工业和信息化局等13个部门联合举办，围绕“网

2019年9月16—22日，佛山市举行第六届佛山市网络安全宣传周活动

（市档案馆供图）

络安全为人民，网络安全靠人民”主题，通过开幕式、网络安全知识宣传普及活动、主题日活动普及网络安全知识和技术，增强广大民众网络安全防范意识，提升网络安全防护技能。开幕式进行图文直播，吸引近7万名网民围观。其间，创新开展《全面守护》——佛山网络安全卫士挑战赛，设置“网络安全知识知多D”环节，提升网安知识宣教趣味性。同时，全市各区、各相关部门开展形式多样、丰富多彩的主题日活动，包括校园日、法治日、电信日、金融日、青少年日、个人信息保护日六大主题日活动。第六届佛山市网络安全宣传周活动获《佛山日报》、佛山电台、佛山电视台、佛山新闻网、《广州日报》等多家媒体关注报道，并吸引网络媒体转载。

（姚　倩）

通信业

【概况】 2019年，佛山市完成邮电业务总量1055.74亿元，比上年增长50.2%。其中：邮政业务总量155.89亿元，增长51.9%；电信业务总量899.85亿元，增长49.9%。年末佛山市电话用户195.89万户，比上年减少10.03万户；移动电话用户1334.96万户，减少117.8万户；（固定）互联网用户288.28万户，减少13.05万户。

【无线通信网络站址资源开发】 2019年，佛山市为5G网络建设打下良好基础，继续推动社会现有公共建筑、绿化用地、物业资源等的免费开放，并以市政府的名义每年向各通信运营企业和铁塔公司公布，给无线通信网络建设提供便利、创造条件。截至2019年底，全市范围内开放公共建筑类资源1583处、开放公共用地类资源205处、开放公共杆塔类资源172710根。

（陈　枫）

【全球首个2.1GHz频段4G/5G动态频谱共享站点在佛山开通】 2019年，中国电信广东公司联合华为公司在佛山成功开通全球首个2.1GHz频段4G/5G双模站点，创新采用4G/5G动态频谱共享关键使能技术，通过4G/5G动态共享2.1GHz 20MHz带宽方式，以TTI（传输时间间隔）毫秒级时间粒度为周期，对RB（若干相邻子载波组成的资源块）资源按需智能调度，在同一套基站上同时支持4G和5G业务，实现4G/5G毫秒级的动态频谱共享，保证4G和5G网络有效协同。

【佛山市通信行业协会成立】 2019年11月21日，佛山市通信行业协会在中国电信佛山分公司信息大厦正式宣布成立。该协会是由中国电信佛山分公司牵头，中国移动佛山分公司、中国联通佛山分公司、中国铁塔佛山分公司等单位共同发起成立的社会团体，旨在充分发挥桥梁纽带作用，协助政府加强和改善行业管理，参与制定行业标准、产业政策，有效促进行业自律，开展行业发展状况和趋势研究，为会员单位提供行业咨询，推动佛山市通信事业高质量发展。

（季　轩）

【佛山电信】 中国电信股份有限公司佛山分公司（简称“佛山电信”）主要经营基础电信业务、增值电信业务、IPTV（交互式网络电视）传输服务，以及与通信、信息业务相关的综合信息业务，拥有佛山市规模最大的宽带互联网络和技术领先的移动通信网络，具备为广大客户提供跨地域、全业务的综合信息服务能力和客户服务渠道体系。截至2019年底，公司拥有各类服务网点超3500个，手机用户超270万户，宽带用户超160万户，年业务收入超50亿元。2019年9月，佛山电信被人力资源社会保障部、国务院国资委联合授予“中央企业先进集体”称号。

新一代信息基础设施建设　2019年，佛山电信建设千兆光网城市，借助“三旧”改造和村级工业园改造提升，同步推进通讯基础设施改造提升，全市光端口覆盖能力提升至530万户，实现4853个自然村100%光网覆盖。加快5G和窄带物联网（NB-IoT）网络建设及普及步伐，5月成功实现5G高清语音和视频通话，9月在佛山成功开通全球首个2.1GHz频段4G/5G双模站点，同时，全面推进IPv6（互联网协议第6版）规模部署，优化布局数据中心等云计算基础设施，推动电信开普勒等本地数据中心“云化”，促进数据互联互通，全力构建高速、移动、安全、泛在的新一代信息基础设施，夯实网络强市之基，全面支撑佛山数字经济发展。

5G推广应用　2019年，中国电信获颁5G牌照。佛山电信结合佛山市产业特色，加快5G新技术推广应用步伐，在政务、制造、教育、医疗、商贸、物流、能源、金融等各场景中快速创新，推动产业转型升级。其中，中国电信、华为公司协同赋能的美的集团5G智慧工厂项

2019年11月21日，佛山市通信行业协会成立　　（佛山电信供图）

目，在智能安防、车间看板、制造执行系统（MES）扫码、设备数据实时采集、机器人实时控制、物流自动驾驶、基于AR（增强现实）的工业辅助等领域取得成果，项目入选广东省第一批“5G+工业互联网”应用示范园区（佛山唯一入选园区），以及中标工信部2019年工业互联网创新发展工程项目，是粤港澳大湾区5G智能制造的合作典范，也是工业互联网创新的国家级名片。2019年9月，三方公司联合发布《5G+智能工厂网络及应用白皮书》，对5G智能制造规模化复制与推广，具有借鉴意义。

推出“智能宽带”新服务，打造300个千兆示范小区　2019年5月，佛山电信推出具有智能连接、智能电视、智能组网、智能应用和智能服务等五大内涵的“智能宽带”新服务。作为一项新承诺，“智能宽带”颠覆传统意义上普通家庭宽带的功能，在通信、数据、网络等方面具有更丰富的应用，能为广大企事业单位和市民提供更高品质的综合信息服务，至此，以光纤网络技术为核心的智能家居生态在佛山进入新的时代。以普及“智能宽带”为起点，2019年，佛山电信进一步扩大千兆光纤网络覆盖面，优先升级实现10GPON（最新一代宽带无源光综合接入标准）网络接入，推动千兆网络进家庭、进社区，打造300余个千兆示范小区，让更多市民的生活提速升级。

（季　轩）

【佛山移动】 中国移动通信集团广东有限公司佛山分公司（简称“佛山移动”）于1999年1月注册成立，是中国移动通信集团广东有限公司在佛山设立的分支机构。2019年，中国移动佛山分公司通信客户数超850万户、4G用户数超600万户、宽带用户数超100万户、4K高清电视用户超60万户，全年运营收入超71亿元。

信息基础设施建设　2019年，佛山移动新增频分双工（FDD）站点4687个、载波15225个，升级改造全球移动通讯系统（GSM）基站247个、4G站点1.8万个、窄带物联网（NB-IoT）站点1800个，网络覆盖率全省领先；新增传输机房276个、管道293管程千米、光缆1180皮长千米。宽带端口提升至262万个，宽带用户300MB以上宽带用户超40%；IP城域网出口容量扩容至5700GB，互联网数据中心（IDC）出口容量扩容至2640GB，互联网数据中心机柜增加至3106个。是年，佛山移动全面部署5G建设，建设5G站点1155个，实现主城区75%连续覆盖，延伸至发达镇的核心片区，重要战略发展区域连片、连线，密切广佛联系带，打造三龙湾高端创新聚集区、佛山高新区（各区中心园区）、佛山祖庙东华里片区、南海千灯湖广东金融高新区片区、顺德顺峰山片区、顺德美的工业园片区等6个精品区，推动三龙湾大道、季华路、岭南大道、海八路等20条重要道路、36个核心商业区及549个用户流量热点连续覆盖。

2019年4月4日，由中国电信佛山分公司和云米全屋互联网家电公司联合创立的“5G家庭场景应用联合实验室”揭牌

（佛山电信供图）

5G应用推广　2019年，佛山移动完成三龙湾智慧大道无人公交项目、5G电网试点项目、顺德隆深机器人项目、碧桂园博智林机器人项目、顺职院5G虚拟现实（VR）教学试点项目、市一医院5G智慧诊疗项目等重点5G项目保障。落实“5G+计划”，成立佛山5G产业联盟，联合300多家5G产业链上下游企业；举办超20场5G战略合作签约，在“5G+智慧城市”领域与三龙湾管委会、北滘镇政府签署战略合作协议；累计开展13个5G行业应用合作，其中与美的集团合作的5G智慧工厂项目是佛山第一个垂直行业的5G应用对外展示项目。移动5G正式商用，用户规模超10万户。

客户服务及重大通信保障　2019年，佛山移动完善辖区携号转网机制，开放线下营业厅及线上渠道提供携转服务，携号转网服务有序落地；客户满意度领先行业，工信部申诉总量比上年下降70%；加入佛山市消费维权行业自律大联盟，创建首家“消费维权服务站”。禅城区“行通济”民俗活动期间，佛山移动扩容16个站点共37载波、开通2个3D-MIMO站、投入3部应急通信车参与通信保障，活动期间上行流量897.36GB、下行流量2813.44GB、总流量3710GB；8月31日至9月8日，2019年篮球世界杯（佛山赛区）比赛举行期间，佛山移动启动重大政治经济活动四级响应，其间全球移动通讯系统（GSM）话务量1052.69Brl、总流量6.8GB，LTE总流量3568.5GB、峰值在线用户达21845个；12月，佛山市高明区荷城街道凌云山荫岗水库附近山体发生山火期间，佛山移动启动市四级通信保障，累计出动保障人员88人次、抢险车辆20辆次、通信车5台次，累计恢复退服基站8个，其间整体网络稳定。

（袁冰逸）

【佛山联通】 中国联合网络通信有限公司佛山市分公司（简称“佛山联通”）作为中国联通在佛山市设立的唯一分支机构，是中国联通重点地市分公司，广东联通一类分公司，拥有覆盖全省、结构合理、技术先进、功能强大的现代通信网络，主要经营移动通信业务，国内、国际固定电话网络与设施（含本地无线环路），语音、数据、图像及多媒体通信与信息服务，电信增值业务，IP电话业务等国家批准的其他业务，以及与通信及信息业务相关的系统集成等业务。截至2019年底，佛山联通有自有营业厅71家，精品社区店76家，渠道网点超2500个，手机用户规模超250万户，服务企业约4万家。

信息基础设施建设 2019年，佛山联通做好5G商用准备工作，加大投资完善4G网络覆盖和质量，新建LTE站点1394个，打造成一张全网连续覆盖，价值区域感知优良的4G网络，形成佛山联通4G/5G协同发展新格局。全网开通长期演进语音承载（VoLTE）并商用，开展“丽音行动”，语音网覆盖、用户接通时延和通话质量都得到明显提升。聚焦新国标小区、乡镇新增市场及百村升级专项，在移网用户集中的区域，拓展光纤网络覆盖，端口规模增加5.8万个，光纤覆盖接入能力达428万户，网络覆盖、网络容量均进一步提升。极速扩大5G覆盖，建成810个5G基站，基本覆盖核心城区人流密集场景，以及自有或重要合作营业厅、营销场所。年内，佛山联通在三龙湾、西站新城、三山新城等重点发展区域提前部署5G网络，探索智慧城市、5G车联网和智慧医疗等场景的5G应用示范。部署在三山新城的5G基站投入使用，成为“三龙湾”高端创新集聚区第一个5G连片覆盖区域。三山通信楼主体建设基本完成，采用先进的技术设计施工，可作为未来佛山市DC、5G、传输网、数据网、城域网等多张网络的核心节点，是佛山联通安全性最高、容量最大、最环保节能的综合性局房。SD-OTN政企精品专网建成投产，并入大湾区一体化的全光网络，为客户提供“超大带宽，极低时延，极致可靠，自主服务”四大领先业务优势。

5G应用推广 2019年，佛山联通以“产业互联网运营专家”品牌为引领，提升5G和行业融合能力，推动行业升级转型。聚焦数字政府、工业互联网、医疗健康、新媒体、交通、教育、金融、旅游等重点行业领域，打造5G标杆项目175个。助力佛山市政务大数据平台建设，打造全省首个市级的政务大数据平台，建设全国首个消防大数据平台，打造全国首个“人工智能+双随机”的管理模式，建成全省首个监管大数据资源库，建成人口通大数据平台等等。发挥5G大带宽低时延的特性结合MEC边缘云本地分流和计算能力，融合碧桂园集团传统工地与物业提供创新服务，打造全球首个“5G+MEC”项目；同时还为佛山照明、维尚家居、万家乐、伊之密等多家本土企业打造“5G+工业互联网”标杆示范应用。以“5G+智慧医疗”应用服务，打造全国首个结核病管理5G应用样板工程，助力院方实现“生命全周期，治疗全流程，管理全方位”的服务体系，对接省卫健委远程医疗平台，实现医疗专家资源的远程会诊服务。

客户服务保障 2019年，佛山联通全面开展“心系用户·放心消费”创建活动。推进5G建设和套餐资费优化，截至2019年底，佛山联通4G/5G用户户均流量达15.4GB，比上年提升57%，超200万用户畅享提速降费带来的实惠。在宽带领域结合5G及智慧家居数字化智能应用，加快打造千兆光纤智慧小区，针对不同市场群体，持续推出差异化的家庭泛融合优惠政策，带给市民更优质的智慧家庭宽带体验与家庭信息化产品服务。提高窗口服务标准，加快投诉处理时限，修订账单、优化销户、转套餐等服务流程及时效；提升服务体验，打造“周周有惊喜——超级星期五”品牌，为用户输送权益，开展客户服务日活动，以美妆沙龙、观影会、防诈宣传等拉近与客户的沟通距离。落地“携号转网”惠民工程，完善服务流程，确保用户“携得了、转得快、用得好”。

（殷守江　苏巨坤　张舒玮）

“5G+工业互联网”应用——巡视机器人　（佛山电信供图）

商贸流通业

手机扫码阅读

批发零售业

【概况】 2019年，佛山市实现社会消费品零售总额3685.27亿元，比上年增长7.0%。按经营单位所在地分，全市城镇消费品零售额2803.31亿元，比上年增长7.3%；乡村消费品零售额713.02亿元，增长5.6%。按消费类型分，全市实现商品零售额3140.46亿元，比上年增长7.0%；餐饮收入375.87亿元，增长6.8%。其中限额以上单位商品零售分类看，粮油、食品类零售额38.6亿元，比上年增长18.1%；服装、鞋帽、针纺织品类零售额19.2亿元，下降14.0%；日用品类零售额36.1亿元，下降2.9%；家用电器和音像器材类零售额84.8亿元，下降1.1%；中西药品类零售额17.4亿元，下降3.1%；石油及制品类零售额132.7亿元，下降5.6%；汽车类零售额496.9亿元，下降2.6%。

【商贸流通业专项资金扶持】 2019年，佛山市财政安排2000万元的专项资金扶持商贸流通业创新发展，全市170个项目获得该专项资金的扶持。该专项资金的使用采用以奖代补和项目竞争性分配相结合的方式，原则上集中支持商贸流通业创新发展的项目建设，包括支持大型商贸流通企业（商城）多业态发展、支持商贸流通企业开展经营模式创新、鼓励引入商贸流通企业总部（区域总部）进驻、支持商贸流通企业做大做强、支持商贸流通行业连锁经营发展、支持实体商贸流通企业线上线下融合发展、支持举办各类促消费活动等。该专项资金还分支持引进总部企业发展、支持连锁企业发展、支持老字号商贸流通企业发展、支持政府+商会+企业共治共管的商圈管理模式发展、支持商品交易市场信息直报、支持商务部统计监测系统信息报送、支持批发、零售、餐饮企业做大做强、支持商贸流通企业升级改造、支持开展各类促消费活动、支持商品交易市场转型升级等专题。

【扩内需促消费活动】 2019年，佛山市商务局通过组织企业参加各类展会和经贸活动，组织开展跨区域、跨部门、跨行业的促消费活动，扩内需，促销费。组织企业参加2019广州国际照明展览会、2019广州陶瓷工业展、第二十五届中国国际纺织面料及辅料博览会、第四十三届中国国际家具博览会等品牌展销活动，推介各类佛山特色、品牌产品。开展2019年佛山市春季促消费暨“汽车消费节”活动、2019年佛山市促消费（夏季）暨“家520”购物节活动、粤港澳大湾区“食在广东”佛山（顺德）美食文化周活动、2019年佛山市促消费（冬季）暨“123买年货”活动等，通过省、市、区三级联动，结合季节特点，促进消费。

（黄晓波　余　炯）

2019年，佛山市组织开展扩内需促销费活动。图为粤港澳大湾区“食在广东”佛山（顺德）美食文化周活动现场

（梁文生　摄）

拍卖业

【概况】 2019年，佛山市拍卖成交额8.05亿元，比上年下降18.2%；拍卖场次274场次，增长2.24%。从拍卖标的分类来看，其他类拍卖成交额最高、占比最多，成交额5.24亿元、占总成交额的65.10%；从拍卖委托部门来分，其他机构委托拍卖成为拍卖业务的主要来源，成交额6.79亿元，占总成交额的84.35%；从拍卖场次来看，个人委托、其他机构委托、政府部门委托（包括土地、海关、公安、工商、税务、检察等）占据部门委托拍卖的前三位，场次分别为123场次、84场次、50场次。

【司法委托拍卖】 2019年，佛山市司法委托拍卖为零成交、零场次。从2016年开始，受司法拍卖政策影响，佛山市法院委托拍卖业务的成交额、拍卖场次呈现断崖式下降，从2016年成交额39.05亿元、632场次，到2017年成交额15.50亿元、99场次，再到2018年成交额0.03亿元、6场次，至2019年成交额0元、0场次。

【破产清算组委托拍卖】 2019年，佛山市破产清算组委托拍卖为零委托、零成交、零场次。从2016年开始，受企业经营状况影响，佛山市破产清算组委托的拍卖业务变化较大，2016年该类委托业务的成交额26.08万元、5场次，2017年成交额7309.96万元、4场次，2018年、2019年连续两年没有该类委托业务发生。

【房地产拍卖业务】 2019年，佛山市房地产拍卖业务下降明显。2016—2019年，佛山市房地产的年拍卖场次分别为607场次、104场次、65场次、67场次，年成交额分别为10.13亿元、2.09亿元、2.06亿元、2.22亿元，拍卖场次、成交额下降趋势明显，2019年的拍卖场次、成交额仅分别占2016年的11.04%、21.92%。

（黄晓波　余　炯）

会展业

【概况】 2019年，佛山市有广东（潭洲）国际会展中心、佛山国际会议展览中心、中国陶瓷城、龙江前进汇展中心、顺联国际机械博览中心、佛山顺德罗浮宫国际家具博览中心、南海国际会展中心等会展，有佛山成展展览服务有限公司、佛山市有诚展览有限公司、佛山市慧聪展览有限公司、佛山市运高展览有限公司等会展机构。年内，佛山市依托陶瓷、家电、家具、机械、花卉、钢铁等产业优势举办各类大型知名展会，包括第五届珠江西岸先进装备制造业投资贸易洽谈会、第五届中国（广东）国际“互联网+”博览会、GME广东机床展、2019中国（广东）国际家用电器博览会、佛山陶瓷及卫浴博览交易会、顺德国际珠宝展、佛山陶瓷装备与装备材料展览会、佛山国际汽车博览会、2019广东工业设计产业博览会暨顺德设计周、第三十七届国际龙家具展览会、第二十七届亚洲国际家具材料博览会、陈村花卉旅游文化活动月、第十五届佛山国际艺术博览会、2019佛山婚庆博览会等。全年全市举办专业展览超30场，展会数量增长15%；展览面积160万多平方米，增长16.5%；展会及相关活动总数超80个，涉及机械装备、互联网、陶瓷、花卉、艺术、纺织、文化、汽车、家电、家具、有色金属等多个行业。年内，草拟的《佛山市进一步促进会展业发展若干政策措施（试行）》，进入征求意见阶段。

【第五届珠江西岸先进装备制造业投资贸易洽谈会】 2019年9月20—22日在佛山市举办。展区总面积约3万平方米，分3个展馆，采用专业论坛、体验式展示等多重场景展示展品，全面呈现行业领先的机器人、智能制造、新能源汽车等产业的新技术、新业态和新模式。展会开幕式上举办2019年珠江西岸先进装备制造业重大投资项目签约仪式，展会期间举办珠江西岸先进装备制造产业带投资合作大会、装备制造业投融资对接交流会、知识产权助力珠江西岸先进装备制造业高质量发展研讨会。（详见257页《第五届珠江西岸先进装备制造业投资贸易洽谈会》）

【2019中国（广东）国际家用电器博览会】 2019年10月24—26日在广东（潭洲）国际会展中心举行，由中国家用电器协会主办。该次展会聚集家电行业、消费电子行业巨头，全方位展示全球家电最新科技潮流，突出用户体验意识，用创纪录的规模和最前沿的新品，为全世界带来高水平展览体验，引领传统产业转型升级；聚集全球家电、消费电子行业专家，全面探讨互联网时代全球家电、消费电子行业发展趋势。展会期间，还举办创新推动家电消费升级国际

2019年10月24—26日，2019广东工业设计产业博览会暨顺德设计周在广东（潭洲）国际会展中心举行。图为参展的勒流五金家电展区　（顺德区供图）

高峰论坛和制造升级国际高峰论坛等一系列活动。（详见260页《2019中国（广东）国际家用电器博览会在佛山举行》）

【2019广东工业设计产业博览会暨顺德设计周】 2019年10月24—26日在佛山市顺德区广东（潭洲）国际会展中心举行。展会以“新设计·新动能”为主题，由行业市场主体主办、市场化运作。展览面积约3万平方米，广东东方麦田工业设计股份有限公司、深圳市浪尖设计有限公司、大业设计集团等312家企业参加展会，展出各类创新设计成果超1万项。展会开设主题馆、产业馆、交易体验馆三大展馆，围绕工业设计的产业链、创新链和价值链，设置30多专题展区，全景展现工业设计产业化路径。其间，还举办DWE设计创新大会、全球家电创新峰会、国际体验设计论坛等前沿性高层级论坛峰会20多场次。

（何道哲）

2019年佛山市主要展会一览表

序列	展会名称	举办地点	主办方	展会时间	展会面积（平方米）	行业
1	中博会智能家电展	广东（潭洲）国际会展中心	佛山市慧聪展览有限公司	3月4—6日	50000	家电
2	第三十七届龙家具展览会暨第三十七届国际龙家具材料展览会	顺德区龙江镇前进汇展中心	佛山市顺德区人民政府、顺德区龙江镇人民政府	3月17—20日	40000	家具
3	第十六届中国国际中小企业博览会国际家具展	广东（潭洲）国际会展中心	中国国际中小企业博览会组委会秘书处、全国工商联家具装饰业商会	3月17—20日	50000	家具
4	第十七届佛山（陈村）春季茶业博览会	顺德区陈村花卉世界展览中心	佛山市顺德区陈村花卉世界展览中心	4月12—16日	10000	茶叶
5	第三十三届中国（佛山）陶瓷与卫浴博览交易会	中国陶瓷城、中国陶瓷总部、佛山国际会议展览中心	中国建筑卫生陶瓷协会、中国陶瓷工业协会	4月18—21日	39500	陶瓷产品
6	2019中国（佛山）陶瓷与卫浴产品展览会	广东（潭洲）国际会展中心	佛山中陶联盟有限公司	4月19—22日	50000	陶瓷产品
7	第十三届华南不锈钢-金属材料展览会（华南不锈钢展）	顺德区陈村花卉世界展览中心	广东省不锈钢材料与制品协会、中国国际贸易促进委员会佛山委员会	4月21—23日	8000	建材
8	第九届中国（佛山）红木家具博览会	顺德区陈村花卉世界展览中心	佛山市顺德区陈村花卉世界展览中心	5月23—27日	10000	家具
9	2019中国（佛山）国际陶瓷装备与材料展览会	广东（潭洲）国际会展中心	佛山中陶联盟有限公司	5月30日—6月2日	50000	陶瓷设备
10	2019中国家具智造供需链交易会	广东（潭洲）国际会展中心	顺德中富盈展览服务有限公司	6月21—23日	20000	家具
11	第十五届佛山国际艺术博览会	顺德区陈村花卉世界展览中心	佛山市顺德区陈村花卉世界展览中心	7月5—8日	10000	艺术
12	第五届珠江西岸先进装备制造业投资贸易洽谈会	广东（潭洲）国际会展中心	佛山市人民政府、广东省经济和信息化委员会	9月20—22日	45360	机械装备
13	第十五届中国（佛山）机械装备展览会	顺德区陈村顺联国际博览中心	中国机械工业联合会	10月16—19日	25000	机械装备
14	2019第五届中国（广东）国际“互联网+”博览会	广东（潭洲）国际会展中心	中国国际贸易促进委员会广东省分会	10月16—19日	50000	O2O
15	第三十四届中国（佛山）国际陶瓷及卫浴博览交易会	中国陶瓷城、中国陶瓷总部、佛山国际会议展览中心	中国建筑卫生陶瓷协会、中国陶瓷工业协会	10月18—21日	39500	陶瓷产品
16	第十八届佛山（陈村）秋季茶业博览会	顺德区陈村花卉世界展览中心	佛山市顺德区陈村花卉世界展览中心	10月25—29日	10000	茶叶

（续 表）

序列	展会名称	举办地点	主办方	展会时间	展会面积（平方米）	行业
17	2019华印国际瓦楞展	广东（潭洲）国际会展中心	上海华印展览服务有限公司	10月28—30日	20000	建材
18	第四届顺德国际珠宝展	顺德区伦教街道保发珠宝产业中心	顺德区人民政府、伦教街道办事处	11月1—4日	5000	珠宝
19	2019第十届中国（佛山）红木家具博览会	顺德区陈村花卉世界展览中心	佛山市顺德区陈村花卉世界展览中心	11月14—18日	10000	家具

商贸物流业

【概况】 2019年，佛山市第三产业增加值4549.48亿元，比上年增长8.1%，在第三产业中，交通运输、仓储和邮政业增长7.4%。全年公路和水路运输完成货运量33311万吨，增长3.6%。其中，公路运输29150万吨，增长6.1%；水路运输4161万吨，下降11.1%。完成货物周转量336.53亿吨千米，增长3.9%。其中，公路运输240.60亿吨千米，增长8.0%；水路运输95.93亿吨千米，下降5.1%。全年主要港口完成货物吞吐量9636.27万吨，增长7.4%。全年全市快递服务企业快递业务量完成69114.65万件，增长45.03%。

截至2019年，佛山市有A级物流企业17家，其中AAAAA级1家、AAAA级12家、AAA级4家，主要开展大宗运输、汽车物流、冷链物流、电商物流、快递物流等专业物流业务。有符合冷库建设施工及生产运营国家标准（GB 28009-2011）的冷库超50个，年运输量上万吨的企业超20家。冷链物流企业以广东何氏水产有限公司、佛山市鼎昊冷链物流有限公司、佛山顺德国通物流城有限公司、佛山市南海区大沥桂江冷库储存配送有限公司等为代表，其中广东何氏水产有限公司属于商务部认定的“农产品冷链流通标准化试点企业”。有德邦物流、南储仓储、南海国际货柜码头、广东何氏水产、国通物流城、吉宝物流、佛汽集团、小冰火人网络等一批现代第三方物流企业。第三方物流企业利用全球定位（GPS）和射频识别（RFID）技术等互联网、物联网创新经营模式和优化管理流程，开展电子商务物流、跨境物流、冷链物流、现代仓储、物流信息平台交易管理等新业态。有九江港口物流基地、官窑货场物流园区、顺德区国通冷链物流基地、大沥广佛物流园、易运物流基地等一批布局合理、产业集聚、功能集成的物流园区，为城市配送提供有效的节点布局。是年，佛山众陶联供应链服务有限公司、广东美的制冷设备有限公司、佛山市海天调味食品股份有限公司等3家国家供应链创新与应用试点企业继续开展供应链创新与应用试点。

【物流信息化】 2019年，佛山物流企业引入和改善物流信息系统、物联网技术等，通过运用现代信息技术和先进适用设备开展技术改造，降低物流企业的运营成本，提升企业的生产效率和管理水平，提高企业的核心竞争力。涌现出一批开展电子商务物流、跨境物流、物流金融、冷链物流、现代仓储、物流信息平台交易管理等新业态的现代第三方物流企业。佛山市培育出以佛山市海天调味食品股份有限公司为代表的快消品供应链企业、以广东何氏水产有限公司为代表的水产品供应链龙头企业。发挥供应链体系辐射带动周边的作用，形成城市间联动互动局面，促进提质增效降本以及供应链上下游相衔接，推动物流链的单元化、标准化，以及标准托盘或标准周转箱及其循环共用中能够发挥积极有效的牵头作用。南储仓储集团的大宗商品商务平台上线运营，打造一个集商流、物流、信息流和资金流“四流合一”的综合性服务平台。广东何氏水产有限公司利用“互联网+”推出活鱼供应链管理平台，在活鱼供应链上建立质量安全可追溯系统，实现冷链物流的信息可追溯，配送网络遍及北京、上海、福建、南京、郑州、西安等30多个城市及港澳地区。广东美的制冷设备有限公司结合工业互联网的推广和应用，开展智慧供应链系统的探索及应用，对供应安全、供应成本、订单周期进行全面数字化、智能化的管控，在外部市场环境存在诸多不确定的情况下，有效保障供应链资源的稳定性。

【《佛山市农村物流建设发展规划（2019—2023年）》编制】 2019年，佛山市开展《佛山市农村物流建设发展规划（2019—2023年）》编制工作。该规划由市商务局牵头，联合市发展改革局、市自然资源局、市农业农村局等共同完成。该规划针对农村物流物流仓储用地困难、农村物流发展不均衡等问题，通过完善农村物流服务网络体系、推进农村物流与农村电商融合发展、推动农村物流发展模式创新、推动农产品冷链物流发展等，建成满足现代农村居民生活需求、与现代农业及其他农村产业发展相适应、节点布局合理、区镇村物流衔接高效畅通的农村物流服务网络体系，为推进佛山市城乡融合发展，构建粤港澳大湾区宜居宜业宜游的国际化中心奠定基础。是年，佛山市推进农村物流网络节点体系建设，优化农村物流运输组织方式，进一步完善农产品流通链条和布局。

（何道哲）

电子商务

【概况】 2019年，佛山市实现电子商务交易额10300亿元，比上年增长16.69%，其中，禅城区2686亿元、南海区2802亿元、顺德区3618亿元、高明区505.38亿元、三水区688.62亿元。全市企业对企业（B2B）电子商务交易额7189.4亿元，比上年增长14.86%；网络零售交易额2842.8亿元，增长18.15%；线上到线下（O2O）、消费者到企业（C2B）、商家到政府（B2G）等生活服务电商交易额267.8亿元，增长65.41%。

【跨境电商】 2019年，佛山市跨境电商交易额160.49亿元，比上年增长32%。其中，禅城区40.62亿元，占总交易额的25.31%；南海区55.50亿元，占总交易额的34.58%；顺德区59.77亿元，占总交易额的37.24%；高明区及三水区4.6亿元，占总交易额的2.87%。

【网络零售】 2019年，佛山市网络零售电子商务交易额2842.8亿元，比上年增长18.15%。禅城区610亿元，占总交易额的21.46%；南海区611.87亿元，占总交易额的21.52%；顺德区1168.77亿元，占总交易额的41.11%；高明区192.01亿元，占交易总额的6.75%；三水区260.15亿元，占总交易额的9.15%。

【佛山市获批设立跨境电商综合试验区】 2019年12月24日，国务院发布关于同意在石家庄等24个城市设立跨境电子商务综合试验区的批复，正式同意在佛山市设立跨境电子商务综合试验区，具体实施方案由城市所在地省级人民政府分别负责印发。批复要求，跨境电子商务综合试验区建设将复制推广前三批综合试验区经验做法，对跨境电子商务零售出口试行增值税、消费税免税等政策，开展探索创新，推动产业转型升级，开展品牌建设，推动国际贸易自由化、便利化和业态创新，为推动全国跨境电子商务健康发展探索新经验、新做法，推进贸易高质量发展。按计划，佛山市建设跨境电子商务综合试验区，将重点从建立制造业跨境电商新模式和跨境电子商务综合监管服务体系两方面为国家探索可复制、可推广的经验。

【商务部电子商务司司长骞芳莉一行到佛山走访调研】 2019年11月19日，商务部电子商务司司长骞芳莉一行3人赴佛山走访调研，走访佛山众陶联供应链服务有限公司和广东金融高新技术服务区，调研佛山市电子商务发展情况。在广东金融高新技术服务区，调研组一行先后走访广东金融高新区服务中心、广发金融中心、毕马威共享服务中心、广东凯捷商业数据处理服务有限公司和欧时商业服务中心，与企业相关负责人进行交流，了解广东金融高新区的发展情况和服务外包以及跨境电商行业在业务发展方向、人员招聘培训等方面的情况。佛山市副市长乔羽、市商务局局长苏岩参加调研。

（游雅静）

粮油流通

【概况】 2019年，佛山市粮食总供给量667.4万吨，粮食总需求量654.4万吨，全年粮食需求量比上年下降14.6%。全市粮油市场总体平稳，粮源充足，没有出现过断供断档、抢购粮食的现象。在广东省开展的2018年度粮食安全责任考核中，佛山获评全省优秀等次（连续第三年获评全省优秀等次）。

【政策性粮食库存大清查完成】 2019年，佛山市按照国务院和省关于做好全国政策性粮食库存数量和质量大清查工作部署，完成大清查系统填报、企业自查、质量扦样、督查和市级普查5个阶段工作。全市检查时点实际库存显示，辖区内政策性粮食库存粮食数量充足；扦取检验样品143个，没有食品安全指标不及格样品，辖区内政策性粮食库存粮食质量良好。

【粮食安全监管】 2019年，佛山市建立由粮食部门牵头，物价、国资、农发行、佛粮集团，以及第三方价格监督机构共同参与的佛山市市级储备粮油联审会议制度，会议主要讨论审定市级储备粮油的每批次采购和轮换的交易底价，以及如何做好市级储备粮油管理的事项。建立完善粮食流通监督管理机制，抓好生产安全和储粮安全，全面落实粮食企业安全生产主体责任，加大第三方机构和部门“双随机”监督检查力度。监督政策性粮食仓储单位对政策性粮食库存大清查普查中发现的164个问题进行整改，截至年底，全部问题整改完成。

【粮食应急保障】 2019年，佛山市围绕优化整合粮食应急供应网点布局，建立“招之即来、来之能战”的应急保障队伍，提升粮食应急保供能力。截至年底，全市粮食应急保障网点155个，其中应急供应网点124个、加工企业21家、储运企业4家、配送中心6个，全面覆盖全市市、区及镇（街道）。

【等级粮库评定】 2019年，佛山市根据广东省粮食和物资储备局关于“等级粮库”评定工作部署，组织专家小组开展市级初审工作，并经过广东省粮食和物资储备局组织评审专家省级复评，其中获“AAA”等级称号企业2家（南海区粮食储备库小塘库、顺德储备粮管理总公司中心库），“A”等级称号1家（佛山市南海区粮油总公司盐步仓）。

【粮食产销合作】 2019年，佛山市与黑龙江省双鸭山市举办“2019年双鸭山市好粮油进佛山展销会”，以双鸭山市将辖区内好粮油通过委托南海区桂城粮油超市代销的模式，实现两地企业达成展销合作，截至2019年底，佛山市与双鸭山市产销合作采购小麦5500吨、稻谷3545吨、大米6000吨，合同总金额4984.5万元；展销平台销售各类粮食产品1759千克，总金额6.2万元。加强与河南省、江苏省等地粮食产销合作，组织市、区两级粮食部门，国有粮食企业和民营企业代表40余人赴河南省郑州市参加第二届全国粮食交易大会，并赴河南省开封市、新乡市，以及江苏省靖江市等地对产区2019年小麦生产、品种质量以及粮油物流设施建设等情况进行调研，与河南省封开和新乡两市分别签订粮食产销合作协议，为佛山粮食优质粮源打下坚实的基础。

（梁汝钰）

旅游业·住宿餐饮业

旅游业

综　述

【概况】 2019年，佛山市有国家AAA级以上旅游景区25个，其中AAAAA级旅游景区2个、AAAA级旅游景区15个、AAA级旅游景区8个；有旅游星级饭店40家，其中五星级旅游饭店9家、四星级旅游饭店15家；有旅行社133家，其中出境游组团社37家；有持证导游员4441人，其中中级导游147人、高级导游16人。全年全市接待国内外游客6226万人次，比上年增长14.79%；接待国内外过夜游客1933万人次，增长14.01%；景区接待国内外游客5031万人次，增长10.06%；旅游总收入891.86亿元，增长10.23%。全年全市没有发生旅游安全生产责任事故，旅游市场秩序保持和谐良好。

【黄金周旅游】 2019年春节假日期间，佛山市共接待游客557.46万人次，比上年增长31.13%。全市实现旅游收入25.39亿元，比上年增长13.37%，其中全市景区接待游客426.81万人次，增长6.36%。

2019年国庆期间，佛山市旅游市场供应充分，需求旺盛，假日旅游市场火

佛山市AAA级以上旅游景区名录

序　号	名　称	级　别	地　址	评定时间	类　型
1	佛山市西樵山风景名胜区	AAAAA	佛山市南海区西樵镇	2013年	自然景观
2	佛山市长鹿旅游休博园	AAAAA	佛山市顺德区伦教三洲建设东路	2014年	主题游乐
3	佛山市祖庙博物馆	AAAA	佛山市禅城区祖庙路	2012年	历史文化 文博院馆
4	佛山市南风古灶旅游区	AAAA	佛山市石湾镇街道高庙路6号	2009年	历史文化 文化遗迹
5	佛山市南海湾（西岸）森林生态园	AAAA	佛山市南海区西樵镇西岸	2011年	自然景观
6	平洲玉器街	AAAA	佛山市南海区桂城街道永安路	2014年	工业旅游
7	中央电视台南海影视城	AAAA	佛山市南海区狮山镇松岗影视城大道	2016年	休闲度假
8	佛山市南海梦里水乡景区	AAAA	佛山市南海区里水镇滨江东路	2018年	乡村旅游
9	佛山市清晖园	AAAA	佛山市顺德区大良街道清晖路	2007年	历史文化 文博院馆
10	佛山市（顺德区）陈村花卉世界	AAAA	佛山市顺德区陈村花卉世界牡丹路	2012年	其他
11	佛山市顺德罗浮宫国际家具艺术博览中心景区	AAAA	佛山市顺德区乐从镇	2012年	工业旅游
12	佛山市乐从国际会展中心景区	AAAA	佛山市顺德区乐从镇乐从大道	2014年	工业旅游

（续　表）

序　号	名　称	级　别	地　址	评定时间	类　型
13	史努比缤纷世界	AAAA	佛山市顺德区大良街道龙盘西路	2018年	主题游乐
14	佛山市皂幕山旅游风景区	AAAA	佛山市高明区杨和镇	2012年	自然景观
15	佛山市广东盈香生态园	AAAA	佛山市高明区荷城街道西安冼村	2014年	度假休闲
16	佛山市三水荷花世界	AAAA	佛山市三水区西南街道南丰大道	2006年	主题游乐
17	佛山市三水森林公园	AAAA	佛山市三水区云东海大道	2006年	自然景观
18	佛山市禅城区柏林艺术馆	AAA	佛山市禅城区跃进路	2016年	其他
19	佛山市九江双蒸博物馆	AAA	佛山市南海区惠民路	2017年	文博院馆 工业旅游
20	佛山市顺德区南国丝都丝绸博物馆	AAA	佛山市顺德区观绿路	2016年	历史文化 文博院馆
21	佛山市顺德区杏坛逢简水乡	AAA	佛山市顺德区杏坛逢简村	2015年	历史文化 古村古镇
22	佛山市顺德区周大福珠宝文化中心	AAA	佛山市顺德区伦教街道伦福路	2014年	其他
23	碧江金楼	AAA	佛山市顺德区北滘镇碧江泰宁路	2018年	历史文化 古村古镇
24	陈太吉酒庄	AAA	佛山市禅城区石湾镇街道太平街	2019年	文博院馆 工业旅游
25	容桂渔人码头景区	AAA	佛山市顺德区容桂街道	2019年	文化创意

注：资料截至2019年底

爆。全市接待游客583.17万人次，按可比口径比上年同期增长9.78%，其中过夜游客55.4万人次，增长8.82%，实现旅游收入19.5亿元，增长10.26%。国庆假期期间，佛山未发生旅游安全事件，无旅游服务质量投诉情况。全市开展旅游市场检查87次，出动检查人员313人次，检查旅游企业136家，检查团队导游5人次。整个国庆假期，全市旅游行业安全有序、疏导有力，执业规范、经营良好，旅游市场保持安全、稳定、有序态势。

【2019“最岭南之佛山过大年”旅游系列活动】 2019年1—2月，2019“最岭南之佛山过大年”旅游系列活动举行，系列活动以浓浓的年味为主线，市、区联动，展现佛山最热闹的年俗活动，安排包括“最岭南之佛山过大年”启动仪式暨里水镇2019岭南新春水上花市、第十届佛山（禅城）岭南年俗欢乐节、2019年“文翰樵山”岭南新春民俗文化节暨赏花欢乐节、2019狮山镇桃花节、乐安花灯会、大湾区创意集市、第35届陈村迎春花市、“城市三水　悦动湾区”2019年西南迎春民俗文化欢乐节等40多项活动。1月25日上午在南海区

2019年1—2月，2019“最岭南之佛山过大年”旅游系列活动举行。图为“最岭南之佛山过大年”暨里水镇2019岭南新春水上花市开埠仪式　　（市文广旅体局供图）

里水镇梦里水乡景区富寿公园和艺术河畔举行的2019“最岭南之佛山过大年”暨里水镇2019岭南新春水上花市开埠仪式上，发布里水南部乡村旅游精品路线和十大里水食品手信（淋糖糕、挂耳咖啡、沙琪玛、孔君宝腊味、南瓜手撕包、广记手撕鸡、3合1即溶奶茶、轩宝可福鸡仔饼、香煎御皇糕和黑椒维也纳风味肠）。

【佛山组队参加“花城杯”百名广东旅游推广大使评选活动】 2019年3月24日，由广东省文化和旅游厅指导，广东省旅游协会主办的“花城杯”百名广东旅游推广大使评选活动在广州市举行，佛山市组织贾锐、杨兴湖、区赞英、徐春辉、邓蔚莹、黄晓茵、黄方、姜君、刘炳旭、郑肖薇等10名导游参赛，讲述佛山故事，展示佛山独特魅力，并获团体一等奖。佛山代表队还获优秀组织奖。杨兴湖、姜君、徐春辉获“广东省金牌导游”称号。佛山代表队10名导游全部获评“百名广东导游推广大使”。

【2019“友城之夜”文艺晚会】 2019年11月3日，2019“友城之夜”文艺晚会在佛山琼花大剧院举行。为佛山市首次举办“友城之夜”文艺晚会，晚会由佛山市外事局、市文化广电旅游体育局主办。参加2019年佛山秋色巡游表演的俄罗斯、德国、韩国3支海外艺术团受邀参加晚会。俄罗斯纳罗福明斯克市副市长塔马尔金·维塔利、库兹涅索娃·艾莉娜、韩国驻广州副总领事金樟南、佛山市有关领导等现场观看晚会。晚会上，俄罗斯纳罗福明斯克市“百合歌剧院”声乐团表演《丑角》《莫斯科郊外的晚上》等7个经典歌舞节目，西樵民乐小学、顺德区胡锦超职业技术学校等表演团队也在晚会上表演节目。

（梁　艺）

2019年11月3日，2019“友城之夜”文艺晚会在佛山琼花大剧院举行

（市文广旅体局供图）

旅游行业管理

【旅游人才建设】 2019年，佛山市文化广电旅游体育局举办2019年佛山市新考导游人员岗前服务规范系列培训班，有266名新导游参加培训；举办佛山专职导游业务技能继续培训班，约700名导游人员参加培训；举办星级饭店业务培训班，市、区旅游行业主管部门，旅游协会、星级饭店负责人等约60人参加培训。还举办佛山市旅行社“防风险、除隐患、遏事故”安全工作会议、文广旅体系统安全生产培训班、禁毒知识培训班等，强化旅游行业安全管理，提升各级旅游管理部门安全监管水平，提高全市旅游企业安全生产责任人的履职能力。全年培训旅游行业从业人员和导游人员1966人。

【旅游行政审批制度改革】 2019年，佛山市严格按照“放管服”改革对行政审批的要求，实行承诺件限期办结的工作制度，要求申请人在旅游服务监管平台全面填报各项企业信息，通过平台完成各项审批与备案手续并提交承诺书（承诺材料真实性并符合法定许可条件，并对此承担相应的法律责任）。是年，市、区两级审批业务1095宗，其中经营国内和入境旅游业务旅行社设立审批14宗、旅行社经营许可证事项变更备案27宗，还包括依法办理18家旅行社因降低质保金数额50%、多存、撤减分社减交、业务变更减交、解散撤销清算等情形的质保金退还。在“全国旅游监管服务平台”完成对1036人次提出的导游证申请、导游变更旅游局申请、导游变更所在机构申请和满3年到期换证申请等电子导游证业务申请进行审核，全部按法定要求提前或按时办结，全市文广旅体市场行政审批实现“零投诉”“零警告”。把好市场准入关，加强事中、事后监管中的“现场检查”，企业取得行政许可后，市文广旅体局定期或不定期会同区旅游部门对旅行社开展现场检查，督促旅行社加强安全生产管理，并对经许可后被发现违反承诺或不符合法定许可条件的旅行社采取责令限期改正、依法撤回或撤销行政许可措施。

【放心消费旅游行业协会与放心消费景区创建】 2019年，佛山市文化广电旅游体育局把旅游安全管理工作与市场监管及打造优质旅游密切结合，扶持和培育放心消费行业协会，努力建立监管部门、旅游景区和游客联动机制，研制放心旅游消费标准。与市标准院合作，结合佛山市旅行社行业实际，制定放心消费行业规范，建立健全消费维权机制、消费预警机制、权益保障机制，开展消费者权益保障培训。制定放心消费旅行社团体标准，推行先行赔付消费保障机制等，让佛山市放心消费旅行社创建有法可依、有章可循。年内，佛山市旅行社协会成功创建为放心消费行业协会。继续开展放心消费景区创建，陈太吉酒庄、梁园、中央电视台南海影视城、广东史努比缤纷乐园、罗浮宫国际家具博览中心、陈村花卉世界、海天·娅米的阳光城堡、皂幕山、三水侨鑫生态园、荷花世界等成功创建为佛山第二批放心消费景区。

【文明安全旅游宣传】 2019年，佛山市文化广电旅游体育局联合市委宣传部等单位举办“文明旅游　你我同行”佛山市文明旅游主题活动，派发安全旅游、文明旅游宣传单张约6000份。利用“两微一端”（佛山市文化广电旅游体育局微信公众号、佛山市文化广电旅游体育局官方微博、佛山市文化广电旅游体育局政务网站）和佛山旅游网等新媒体定期推送文明旅游、安全出行知识、放心消费行业规范和理性消费维权知识。结合全市旅游行业实际，借力全市“安全生产月”活动、“安全生产万里行”活动、“迎大庆，保平安”安全生产百日攻坚行动，开展“防风险保平安迎大庆”主题安全宣传活动，推动旅游安全宣传进机关、进企业、进公共场所，并通过电视、电台、报纸、网站、微信微博和宣传栏、场馆多媒体终端等载体宣传安全生产知识和组织多场现场互动活动。在市应急管理局、市消防支队具体指导下开展全市旅游行业消防安全大宣传、大培训、大警示活动，采取法规宣讲、以案说法、反思讨论等方式剖析典型事故和灾害案例，做到举一反三，严防类似事故。督促各旅行社、旅行社协会加强对导游从业人员禁毒防毒知识的教育培训，提高导游从业人员拒毒、防毒意识。发挥导游的宣传员作用，利用导游从业人员接待游客，带团出游之机，在介绍当地风土人情、景区景点和宣传当地民俗文化的同时，对游客进行禁毒、防毒知识的宣传，提醒人们“珍爱生命，远离毒品”。

【2019年佛山市新考导游人员岗前服务规范系列培训班】 2019年4月9—10日，佛山市文化广电旅游体育局举办为期2天的2019年佛山市新考导游人员岗前服务规范系列培训班，有266名新导游参加培训。培训班上，主办单位派发《导游管理办法》、《佛山情书》、佛山各区导游词、导游规范服务知识教材、应变技巧知识教材、文明旅游及安全旅游警示材料等学习资料，邀请资深佛山民俗专家、省级旅游专家，以及佛山市的导游精英，通过课堂教学、案例分析和实操训练结合的方式对新考导游人员进行培训。

（梁　艺）

旅游市场监管

【概况】 2019年，佛山市全面推进文旅市场综合执法一体化建设，探索建立审批监管处罚“三合一”立体执法体制。严把审批关、生产监督关、执法关，强化监管，时刻绷紧文广旅体安全弦，加强日常巡查，开展文广旅体市场专项整治、“扫黄打非”集中行动、“百日整治”行动、“迎大庆保平安”、“奋战50天”、扫黑除恶专项斗争系列工作，增强重大、跨区案件协调督办能力，严厉打击各种违法违规行为，确保全市文广旅体市场平安稳定、健康有序发展，维护全市群众生命财产安全。全年全市出动旅游市场执法人员29520人次，检查旅游市场经营场所2362个次，排查安全隐患和经营秩序问题线索256条（均跟踪落实整改并落实相应管控措施）。受理旅游类举报投诉320件，立案查处15件，罚款金额6.7万元，没收违法所得7494元。

【旅游执法管理体制改革】 2019年，佛山市文化广电旅游体育局根据《佛山市机构改革方案》，将旅游市场执法职责和队伍整合划入文化市场综合执法队伍，统一行使文化、出版、广播电视、电影、旅游市场、体育行政执法职责。（详见349页《文化市场监管体系建设》）

【旅游安全监管】 2019年，佛山市加强旅游行业安全监管。市、区两级旅游部门建立一系列旅游行业安全监管责任制度，对旅游安全工作专门进行安排部署，细化市、区局安全工作领导小组职责分工，明确各级各部门安全管理责任。年内，市文广旅体局出台“佛山市旅游行业2019年节后复产安全培训教育行动工作方案”“全市旅游安全生产专项整治行动方案”“强化安全生产监管压减各类生产安全事故工作方案”“2019年‘安全生产月’和‘安全生产万里行’活动方案”等一系列旅游安全相关工作方案，推进旅游安全工作有序开展。在安全特别保护期、暑期和重大节假日期间，联合各部门，重点开展旅游包车、旅游景区高风险项目、特种设备安全以及景区流量控制治理情况等检查，重点对旅游企业运营资质、服务规范、安全提示、安全教育、安全预案和安全演练以及旅游合同、旅游购物、低价游等内容进行专项检查，并提请市领导带队进行2019年文化广电旅游体育行业国庆节前安全生产暨市场秩序督导和全市文广旅体行业节前（2020年元旦）安全生产暨市场秩序督导，同时组织开展春节、“五一”劳动节、端午节、暑期、汛期、国庆节、“国庆七十周年特别防护期”、“安全生产活动月”、“安全生产大检查”、“今冬明春安全生产大检查”、“岁末年初”等一系列旅游市场执法和旅游安全检查活动。探索建立玻璃桥、滑道管理办法，建立以旅游、住建、交通、应急、公安、市场等部门共同参与的监管体系，督促企业组织自查并督促各区政府加强对玻璃桥等高危项目的监管，高明区盈香生态园玻璃桥项目安全综合评定工作做法获省文化和旅游厅肯定。全年全市没有发生旅游安全生产责任事故，旅游市场秩序保持和谐良好。

【在线旅游监管】 2019年，佛山市文化广电旅游体育局依法依规将在线旅游纳入监管范围，建立符合在线旅游经营服务规律的市场检查制度，并会同市市场监管局、市公安局、市网信办和电信主管部门等开展市场监督检查和联合执法，打击违法违规经营行为。全年查处在线旅游违法行为（无资质通过微信公众号组织旅游活动）案件4件，罚款5.2万元，没收违法所得4708元。

【旅游安全生产培训】 2019年，佛山市文化广电旅游体育局继续加强旅游行业安全生产监督，督促所属企业落实安全生产主体责任。在市应急管理局、市消防救援支队具体指导下，开展全市旅游行业消防安全大宣传、大培训、大警示活动，于3月15日组织全市文化广电旅游体育系统安全工作会议暨生产安全事故应急条例宣讲活动，并于下半年组织全市旅行社开展“防风险、除隐患、遏事故”安全培训，组织全市A级景区、星级饭点、旅行社等行业场所负责人和导游代表开展禁毒知识培训，组织各区文广旅体局、行业协会相关负责人，A级旅游景区、星级饭店、旅行社等单位和企业代表开展安全生产管理能力提升培训，组织市、区旅游行业主管部门，旅游协会、星级饭店负责人开展全市2019年度星级饭店业务培训活动。同时，市、区旅游管理部门、各直属单位和广大旅游企业，开展不同层级、形式多样、多部门协调联动的应急救援演练，提高防灾减灾和应急处置能力。

2019年6月27日，佛山市促进全域旅游发展扶持政策宣讲会举行。图为市文广旅体局为2018年度佛山市优秀地接旅行社颁奖
（市文广旅体局供图）

【旅游市场信用体系建设】 2019年，佛山市文化广电旅游体育局继续推进“黑名单”制度落实，梳理完善“双随机、一公开”工作，建立旅游经营服务不良信息记录和公示等制度。要求各区做好信用信息的政务公开和“双公示”工作，并对各区旅游市场主体和从业人员实施相应的“黑名单”管理制度。通过市文广旅体局官网、市政务大数据平台、全国旅游监管服务平台等渠道发布文化旅游市场信用信息，构建“一处失信，处处受限”的信用联合惩戒格局。运用大数据手段，依托公共信用信息平台对监管对象实行分类服务和监管。依法依规对严重失信主体列为重点监管对象，采取行政性约束和惩戒措施。推进建立信用分级分类监管制度，将文旅市场主体信用级别按照守法诚信度设置信用等级，采取分类监管措施。是年，评定佛山宾馆有限公司（佛山皇冠假日酒店）为“红名单”单位，并联合市应急管理局通过市政府网站等网站主动公开佛山宾馆有限公司（佛山皇冠假日酒店）的优良信用信息，并在各类旅游活动中重点推介该酒店，实现诚信市场主体的差别化激励。年内，市文广旅体局还加强法治宣传和诚信守法宣传，于9月17日组织由50多名旅游企业代表组成的“佛山旅游方阵队”参加2019年佛山市公民道德宣传日活动，于12月17日组织7家企业参加信用修复培训会，企业自愿签订《信用修复承诺书》。

【旅游投诉工作机制】 2019年，佛山市文化广电旅游体育局健全全国旅游监管服务平台投诉举报功能，完善受理工作机制，拓宽举报受理途径，结合平安建设及扫黑除恶宣传工作，向社会公布“12301”热线等24小时举报投诉热线平台，实行专人受理、跟进、回复市民群众举报投诉。全年全市旅游行政管理部门接到旅游类举报投诉339件，受理320件，通过全国旅游监管服务平台接到投诉102件，各类旅游投诉赔偿金额共计67288元。

【文化旅游体育市场百日整治行动】 2019年7月9日至10月15日，佛山市文化广电旅游体育局组织市、区旅游执法部门联合开展佛山市文化旅游体育市场百日整治行动，严查非法经营旅行社业务、“不合理低价游”、非法港澳游等旅游市场违法违规行为。行动期间，全市进行文旅体市场执法检查826次，出动检查人员3121人次，检查文旅体市场企业1096家次，其中旅游市场检查旅行社186家次、A级景区及星级酒店48家次。行动期间，旅游市场违法违规经营查处立案11件，其中未经许可经营旅行社业务案件5件、未经许可经营出境游业务案件2件、未与旅游者签订合同案件2件、提供设施或者服务低于实际获得质量等级案件1件、网点未备案案件1件，罚款1.5万元，没收违法所得2786元。

【2019年佛山市文广旅体系统旅游景区突发事件应急救援综合演练】 2019年11月19日，佛山市文化广电旅游体育局在佛山高明盈香生态园景区组织开展旅游景区突发事件应急救援综合演练。有关市直部门领导、各区有关负责人、全市A级景区相关负责人及新闻媒体等约130人参加活动。该次演练旨在检验佛山文广旅体系统突发事件应急预案的科学性、适用性和可操作性，指导、规范景区开展应急救援演练工作，进一步提高文广旅体系统应对突发事件的快速反应和应急救援处置水平。该次综合演练包括泳池救生演练、“冲上云霄”机动游戏故障应急演练、玻璃桥应急疏散救援演练等。其中，玻璃桥应急疏散救援演练引入直升机紧急救援服务演练环节。活动现场，市文广旅体局与上海金汇通用航空股份有限公司签订协议，共同保障佛山市文化广电旅游体育系统应急救援工作。

（梁　艺）

住宿餐饮业

【概况】 截至2019年底，佛山市有旅游星级饭店40家，其中9家五星级饭店分别为佛山宾馆（佛山皇冠假日酒店）、恒安瑞士大酒店、保利洲际酒店、哥顿酒店、财神酒店、华美达酒店、金太阳酒店、三水花园酒店、高明碧桂园酒店，还有万豪、洲际、喜来登、汉威等知名酒店品牌和豪华型商务、度假酒店，以及城市客栈、7天连锁等经济酒店，还有已建成的各类民宿127家。佛山市持证食品餐饮服务单位64145个（含单位食堂3813个）。食品餐饮服务单位量化分级覆盖率98%，有A级餐饮服务单位1640个，全市1890个学校食堂全部为B级以上，其中A级840个。全市92.8%的餐饮服务单位实施“明厨亮灶”，学校食堂（含托幼机构食堂）、中央厨房、集体配餐单位全部实施“明厨亮灶”。全市有省级食品安全示范街14条、市级食品安全示范街21条、小餐饮集中经营提升区9个、食品摊贩规范管理提升点13个。全市在第三方平台登记入网的餐饮服务单位2.7万个，入网餐饮服务经营者持证率、公示率分别为99.45%、98.25%。绝大部分餐饮服务单位配备食品安全管理员，食品安全管理人员配备率98.6%。全市有14420个餐饮单位上线佛山“阳光餐饮”平台。

（招卓婷　胡　茹）

【民宿业发展】 2019年，佛山市扎实推进全市民宿产业发展各项工作，做好民宿扶持，鼓励民宿开发建设；做好宣传推广，提升佛山民宿品牌整体影响力和美誉度。推动成立佛山市民宿发展协调小组，制定《佛山市民宿发展协调小组工作制度》，召开全市民宿发展现场推进会、民宿发展协调小组工作会议等，明确民宿发展的治安、消防、商事登记、房屋安全鉴定、土地及房屋性质、权属等问题解决方案，明确各类不同民宿主体的申办条件。市文化广电旅游体育局联合佛山日报社开展民宿LOGO设计大赛，并确定了以“悦岭南、宿佛山”为主题的佛山民宿官方标识。

（易云鹍）

【“粤菜师傅”系列职业技能竞赛】 2019年，佛山市职业技能竞赛新增10个“粤菜师傅”工程类竞赛项目，同时将佛山旅游、陶艺、武术等文化元素融入竞赛中，通过以赛代训、以赛促学的方式，为从业人员搭建切磋厨艺、展现风采的舞台，并多方位展现佛山粤菜文化的传承和发展新面貌，弘扬粤菜粤厨文化。同年，佛山市举办首届“佛港澳粤菜师傅技能竞赛”，通过饮食文化交流、厨艺技能比拼，选拔一批具有大湾区影响力的粤菜方面技艺高超的技能人才；组织佛山代表队参加第二届粤港澳大湾区“粤菜师傅”技能大赛，获粤菜精品第一名和第三名、中式烹调师第三名和第五名、优秀组织奖等成绩。

【粤菜文化品牌活动】 2019年，佛山市先后举办“粤港澳大湾区亲子佛山美食研学游”、“以食为媒10万港人游佛山”、2019广东省促消费（秋季）暨第二届“食在广东”国际美食文化活动启动仪式、粤港澳大湾区“食在广东”佛山（顺德）美食文化周等活动。同年8—9月，分别在杭州市和福州市举办“岭南味·佛山品”——2019佛山旅游资源（政策）推介暨美食推介会专场活动，向杭州和福州的游客市民展示佛山丰富的美食产品。

【优质粤菜食材建设】 2019年，佛山市认定市级首批“佛味鲜生”优质食材供应基地18个，其中外延基地1家；顺德绿源水产、三水劲农蔬菜等9个生产基地被认定为粤港澳大湾区“菜篮子”基地。佛山市三水黑皮冬瓜被纳入2019年全国名特优新农产品名录，这是三水黑皮冬瓜继2016年11月获农业部颁发的“农产品地理标志”后又一国家级荣誉。

【粤菜师傅“1+5”系列工程实施方案发布】 2019年6月13日，佛山市在实施粤菜师傅“1+5”系列工程建设推进会暨新闻发布会上公布《佛山市粤菜师傅工程建设实施方案（2019—2021年）》。该方案在省总体要求的基础上，围绕“民生、经济、形象”，将“粤菜师傅”工程的内涵进一步扩大和延伸，以“粤菜师傅”工程为切入口，将餐饮、商贸、旅游、农业、文化等产业串珠成链，促消费、促转型、稳增长。推出“1+5”“粤菜师傅”模式，围绕1个总方案，提出实施“厨出佛山”粤菜师傅培育工程、“寻味佛山”粤菜美食体验工程、“佛味鲜生”优质粤菜食材建设工程、“佛味秀世界”粤菜粤厨走出去工程和“佛游味劲”文旅餐饮融合发展工程等5大子工程，打响“岭南味·佛山品”品牌，将佛山打造成世界知名的“粤菜粤厨名城”。

“厨出佛山”粤菜师傅培育工程 《“厨出佛山”粤菜师傅培育工程行动方案（2019—2021年）》明确，佛山市加快培育“粤菜师傅”技能人才目标任务，每年培训粤菜师傅3000人以上，至2021年底，选拔认定30名佛山市粤菜名厨，建立10个佛山市“粤菜师傅”培训基地，建立20个佛山市“粤菜师傅”大师工作室。

佛山市首批“佛味鲜生”优质食材供应基地名录（18个）

所在县（区）	基地名称
南海区	勇记水产供应基地、何氏水产优质水产品食材供应基地
顺德区	广东顺德绿源水产有限公司、广东顺德均健现代农业科技有限公司、清远英农生猪养殖基地、佛山市顺德区杏坛镇东村联丰农场、顺德兄弟水产养殖基地
高明区	佛山市高明诚品蔬菜生产基地、丽堂无公害蔬菜基地、高明鸿丽蔬菜生产基地、佳果园蔬果种植园、高明诚荣蔬菜生产基地、高明禾田蔬菜生产基地
三水区	广东劲农蔬菜生产基地、佛山市三水区大塘镇兆利丰惠农蔬菜专业合作社、利达隆蔬菜基地、三水千沣蔬菜生产基地、佛山市三水芦苞独树岗白土联合健叶无公害蔬菜基地

“寻味佛山”粤菜美食体验工程 《“寻味佛山”粤菜美食体验工程行动方案（2019—2021年）》明确，佛山市将全力打造8条以上的美食集聚街区，培育出年经营额超5000万元的龙头餐饮企业15家以上、国家钻级酒家8家以上，争取至2021年，佛山市实现餐饮业零售总额达500亿元，年均增长10%。

“佛味鲜生”优质粤菜食材建设工程 《“佛味鲜生”优质粤菜食材建设工程行动方案（2019年—2021年）》提出，以蔬菜、水产、畜禽、生鲜奶等食用农产品为主导产业，至2021年，新增食用农产品类市级农业龙头企业6家，“菜篮子”基地3个，在对口扶贫（帮扶）地区发展外延食用农产品基地1个，培育农业品牌6个。

“佛味秀世界”粤菜粤厨走出去工程 《“佛味秀世界”粤菜粤厨走出去行动方案（2019—2021年）》提出，至2021年底，推动一批佛山餐饮名店、名厨、名菜和特色食材、食品走出去，提升“岭南味、佛山品”品牌在国内和国际上的美誉度，把佛山市建设成为在国内外具有较大影响力和吸引力的“粤菜粤厨名城”。

“佛游味劲”文旅餐饮融合发展工程 《“佛游味劲”文旅餐饮融合发展工程行动方案》提出，至2021年，佛山市打造一批各具粤菜餐饮特色的博物馆、文化产业园、旅游景区、特色文旅小镇、文旅融合发展示范基地、休闲农业与乡村旅游示范点、特色旅游古村落。2021年实现旅游产业总收入突破1000亿元、年均增长速度10%，全年接待游客超6000万人次，其中过夜游客1800万人次，旅游业增加值占地区生产总值（GDP）比重3.85%。

【2019广东省促消费（秋季）暨第二届“食在广东”国际美食文化活动启动】 2019年9月10日，2019广东省促消费（秋季）暨第二届“食在广东”国际美食文化活动在佛山市顺德区启动。该活动由广东省商务厅、广东省文化和旅游厅、佛山市人民政府联合主办，由佛山市商务局、佛山市顺德区人民政府、广东省餐饮服务行业协会、龙的餐饮服务公司协办。此次国际美食文化活动持续到年底。活动首站在“世界美食之都”佛山市顺德区举办，与佛山市实施粤菜师傅“1+5”系列工程深度融合。活动中，佛山市与各区签订粤菜美食集聚区建设责任书，在佛山全市各区打造11个美食餐饮集聚区；顺德区人民政府、大良街道办事处、华侨城三方签订美食活动合作协议。

【首批20道“粤菜师傅”菜品标准发布】 2019年10月14日，第五十届世界标准日，广东省2019年世界标准日暨“粤菜师傅”工程特色菜品标准发布活动在佛山市举行。活动由广东省市场监督管理局、省人力资源和社会保障厅、省商务厅、佛山市人民政府联合主办，广东省标准化研究院、佛山市市场监督管理局承办。佛山市以顺德区为先行区制定发布首批20道特色菜品标准，包括双皮奶、均安烧猪、顺德拆鱼羹等顺德经典美食。现场还举行佛山顺峰山庄饮食有限公司等10家特色菜品标准示范单位授牌仪式。

【顺德美食博物馆开馆】 2019年9月，顺德美食博物馆开馆。顺德美食博物馆位于顺德欢乐海岸广场1栋一楼，建筑面积约3700平方米。顺德美食博物馆常设展览主题为“不可思议的顺德”，以美食为线索，探寻美食与人和城市的关系，呈现和还原顺德美食背后的“不可思议”的社会变迁、文化传承与时代精神。展览分为4个展区，包括“鸡有鸡味，鱼有鱼味”“识饮识食，人生积极”“做食，有得食”“顺德滋味，世界知味”。

（史 阳 何道哲）

【2019佛山市民宿发展现场推进会】 2019年11月14日，佛山市民宿发展现场推进会在顺德逢简水乡召开。会上，首批30家佛山民宿企业获颁授“佛山民宿标识牌”，其中顺德15家，禅城1家，南海3家，三水1家、高明10家。推介会现场，主题为“悦岭南、宿佛山”的“佛山民宿”官方LOGO也正式向社会公开。

【佛山民宿品牌LOGO设计大赛】 2019年6—9月在佛山市举办。2019年9月30日，经过为期3个月的征集、筛选、网上投票、专家评分，佛山民宿品牌LOGO设计大赛最终获奖名单颁布。11件作品获奖，包括一等奖1名、二等奖2名、三等奖8名，分别获得10000元、3000元、800元的奖金及荣誉证书。该设计大赛由佛山市文化广电旅游体育局联合佛山日报社共同主办。

（易云鹍）

2019年10月14日，广东省2019年世界标准日暨“粤菜师傅”工程特色菜品标准发布宣传活动中，佛山的“中国烹饪大师”们进行特色菜品展示 （倪玉洁 摄）

教 育

手机扫码阅读

综 述

【概况】 2019年，佛山市各级各类学校1715所，其中幼儿园1016所、小学417所、初中152所、普通高中60所、中职学校（含省属中职和技工学校）44所、特殊教育学校7所、普通高校（含省属驻佛山高校校区、民办高校）13所、成人高校6所。各级各类学校在校生约153万人，其中基础教育在校生（包括幼儿园、中小学、中职学校）137万人。各级各类学校教职工约12万人，其中基础教育教职工11.8万人、专任教师超9万人、基础教育专任教师8.8万人。

【教育发展成效】 2019年，佛山市先后出台《佛山市促进学前教育普惠健康发展行动方案》《佛山市普惠性幼儿园星级分类认定工作指引（试行）》《城镇小区配套幼儿园治理工作方案》等系列政策文件，修订《佛山市非户籍常住人口子女入读义务教育公办学校实施办法》，全市教育事业呈现统筹综合、协调推进、同向发力、质效并举的发展态势。是年，佛山市教育经费总投入281.46亿元，比上年增加26.65亿元，其中国家财政性教育投入186.72亿元，国家财政性教育经费占教育总投入比例达66.34%，为教育改革发展提供保障。各级各类教育协调发展，学前教育公益普惠发展加快推进，全市公益普惠性学前教育覆盖率达78.6%，规范化幼儿园占比98.23%。城乡义务教育一体化发展深入实施，新增义务教育优质学位3.7万个，义务教育标准化学校100%，教育基本公共服务均等化水平全省领先。高中阶段教育向多元化、特色化发展迈进，普通高中优质学位达100%。职业教育、民办教育、终身教育等各类教育体系日益完善，高水平学习型城市初步建成。实施大规模的“建校建园行动”，全年新建、改（扩）建义务教育阶段学校30所，幼儿园51所；新市民随迁子女入读公办学校人数28.7万人，占比68%，综合成效居全省领先水平；特殊教育实现“零拒绝”“全接纳”，视力、听力、智力残障“三残”儿童义务教育阶段入学率100%，义务教育阶段适龄残疾儿童少年入学率95.17%；教育扶贫实现从学前教育到高等教育全覆盖，各类学校受助学生4万人次，资助金额8256万元。南方高等教育名城建设成效初显，与香港理工大学达成合作办学共识，双方签订框架协议，全面推进香港理工大学（佛山）筹建工作。佛科院高水平理工科大学建设成效明显，学校综合实力大幅提升。与华南师范大学签订合作协议，共建华南师范大学南海校区。引进东北大学在佛山设立研究生院，打造研究生培养与产学研协同创新平台。全面提升职业教育办学质量，佛山市以“优秀”等次在全省率先通过现代职业教育综合改革示范市验收。举办全省高校科技成果转化系列活动，推动科研成果在佛山落地转化。创建规范化家长学校经验受到中国关爱下一代工作委员会

2019年1月19日，佛山理工大学筹建咨询委员会成立大会暨第一次会议在佛山中欧中心举行
（市教育局供图）

肯定，佛山市获命名为“全国规范化家长学校实践基地”。

【德育工作】 2019年，佛山市教育局坚持育人为本、德育为先、全面发展。把社会主义核心价值观教育融入教育教学全过程，着力提升学生思想素质和道德品质。推进大中小幼德育一体化，形成学校、家庭、社会互相融合的德育体系，构建全员全过程全方位的“三全育人”（全员育人、全程育人、全方位育人）格局。是年，佛山市举办“我心中的榜样”征文、中小学生“小舞台大自信　创建文化自信城市”演讲、中学生“礼·德·美——你的美”主持人展示、中小学生廉洁家书评选等活动；开展“传承红色基因　坚定文化自信”“为祖国点赞”、向国旗敬礼、新时代好少年、佛山小当家、“廉洁家书·培育家风”等系列主题活动；推进德育品牌项目、“书香校园”、心理健康教育特色学校、文明校园、中小学生讲品德故事等创建评选活动。组织2019年佛山市中小学“心理健康教育月”活动及心理健康教育课教学研讨活动，完成第一批中小学星级心理辅导室申报工作；举办心育教师专业能力大赛，提升专、兼职心理教师心理辅导能力；在第三届广东省中小学心理教师专业能力大赛上，佛山市4名心理教师获个人综合一等奖。继续推进“全国规范化家长学校实践基地”建设。启动实施思想政治课建设“九个一”行动（即通过党政领导干部为师生上好1堂思想政治理论课、召开1次思政课建设工作座谈会、举办1次全市学校思政课建设工作推进会暨培训活动、启动1批学校思政课科研课题研究项目、评选1批思政课精品课例、打造1支教学能力强和素质高的思政课教师队伍、举办1次专题研讨活动、举办1次思政课建设成果展示活动、开展1次专项督导活动等9项行动），立项专项研究课题，全面提升思政课质量。

【教师队伍建设】 2019年，佛山市教育局起草《中共佛山市委　佛山市人民政府关于全面深化新时代教师队伍建设改革的实施意见》（送审稿），引领和加快佛山教师队伍建设改革发展。开展师德建设主题教育月活动，落实新时代教师职业行为十项准则，开展师德师风建设重点问题自查自纠。继续推进基础教育人才培养计划，引进基础教育高层次人才2人，组织开展市级“三名人才”[名校（园）长、名班主任、名教师]评审认定。深化教师管理体制机制改革。深入推进“区管校聘”（“区管”即建立编制岗位总量控制、动态调整、统筹使用的新机制，合理配置区域内教师资源；“校聘”则指建立中小学、幼儿园教师按岗聘用、竞争择优、强化考核的新机制，落实中小学用人自主权），促进教师从“学校人”向“系统人”转变。开展教师轮岗交流制度，优化教师资源配置，重点推动名优校长和骨干教师向偏远和相对薄弱学校流动，完成义务教育公办学校教师每年交流轮岗5%的任务，形成义务教育学校教师、校长交流轮岗工作制度化、规范化长效机制。全面开展中小学教师资格考试和定期注册改革，实施中小学职称制度改革，构建能上能下的用人机制和正常退出教师队伍机制。提高教师社会地位和福利待遇。建立教师工资福利与当地公务员工资福利同步增长机制，基本实现教师工资收入水平“两相当”（县域内中小学教师平均工资水平与当地公务员平均工资水平大体相当，县域内农村中小学教师平均工资水平与城镇中小学教师平均工资水平大体相当）。是年，佛山市顺德区中等专业学校获评全国教育系统先进集体，佛山市华英学校陈彩云、大沥镇中心小学林观有、顺德职业技术学院徐言生3人获评“全国优秀教师”，禅城区启智学校马善波、陈村职业技术学校江存志2人获评“全国模范教师”（享受省部级表彰奖励获得者待遇）。全市基础教育领域拥有国家“万人计划”教学名师2人、国务院特殊津贴5人、国家级杰出人才3人、省级领军人才63人、省级各类名师名校长52人、正高级教师54人、省特级教师110人。

【平安校园】 2019年，佛山市学校幼儿园没有发生安全责任事故、恶性案件和群体伤亡事故，校园安全工作平稳有序。是年，佛山市强化校园安全综合治理，进一步健全校园安全责任体系，整合法制、禁毒、交通、消防“四校长”工作职责，制定《佛山市中小学幼儿园校园安全评估办法》，层层压紧压实安全责任。狠抓校园安全工作重点，开展消防安全、校园食品安全、学生防溺水、校车安全、暑期安全等隐患排查和专项整治，确保校园和师生安全，营造阳光和谐的育人环境。成立全市高校禁

2019年1月6日，在北京召开的全国规范化家长学校实践活动总结交流会上，佛山市获评“全国规范化家长学校实践基地”
（市教育局供图）

毒联盟，推动禁毒教育向高校延伸。超额完成省要求的300所毒品预防教育示范校建设工作。开展扫黑除恶治乱专项斗争，协同推进“校园贷”、网络电信诈骗、校园欺凌、“扫黄打非”等违法犯罪行为，铲除黑恶势力滋生土壤。建立局际联席会议制度，开展“回头看”，重点对培训机构比较集中的中心城区进行集中清理整治，进一步巩固校外培训机构专项治理工作成效，构建起校外培训市场规范有序、健康发展的良好局面。年内，佛山一中、高明明城小学、南海技师学校通过国家禁毒委对申报全国禁毒示范城市的学校台账抽检，获专家组好评，教育线获满分，受到国家禁毒委通报表扬。

【创新创客教育】 2019年，佛山市打造“学科融合+文化传承+佛山智造”的创新创客教育品牌，佛山18项教育创新成果获推荐参加第五届中国教育创新成果公益博览会，占广东省推荐参展项目的三分之一，其中4项成果被推荐到广东展区参展、14项在全省唯一一个地级市专属的佛山展区参展。在2100项参评成果中，佛山市“‘学科融合+文化传承+佛山智造’的创新创客教育实践项目”获“SERVE奖”提名奖，顺德区机关幼儿园“融合共生教育模式实践研究”获中国学前教育创新成果提名奖。开展基础课题和重大课题研究，获评“广东省基础教育研究实验基地学校”27所，名列全省第一。完成150名教育创客培养计划和50名教育创客导师培养工作。是年，佛山市的6个案例获第二届城市教育装备工作创新论坛一等奖，全省科学实验操作与创新技能大赛获历史佳绩，吸引上海等地同行到佛山市考察学习创新创客教育成果。

【教育信息化】 2019年，佛山市100%中小学校实现“校校通”（学校通互联网），100%教室配备多媒体教学平台，人机比5∶1、师机比1∶1。全市中小学实现“网络通、信息通、管理通、资源通、教学通”，并通过宽带接入佛山教育城域网。100%学校建成校园网络，100%学校实现“宽带网络校校通”“优质资源班班通”，97%师生实现“网络学习空间人人通”。是年，佛山市印发《中小学信息化教学创新项目管理指导意见》，推动信息技术支持教学创新。推进“三通两平台”（“三通”指宽带网络校校通、优质资源班班通、网络学习空间人人通”；“两平台”指教育资源服务平台、教育管理服务平台）建设，确保全市教育信息网络安全。举办第十八届全国大学生机器人大赛（南部赛区）、第三届全市中小学机器人竞赛。推进“一师一优课、一课一名师”活动，提升师生信息技术融合创新能力和水平。继续实施“互联网+教育”行动计划，经验获向全国推广。

【教育装备发展】 2019年，佛山市中小学校（含公办、民办）教学仪器设备总值32.46亿元，其中实验设备9.5亿元。有多媒体教室2.9万间。建校园网学校645所，校园网建成率100%。全市中小学校有计算机22.27万台。年内，市教育局主办佛山市教育装备管理人员领导力提升培训班，各区、镇（街道）教育装备分管局领导代表，市、区、镇（街道）电教站站长（装备中心主任）及市、区直属学校校长或教育装备分管校长等合计35人参加培训。

【依法治教】 2019年，佛山市加强学校章程建设，市属高校、中小学校和幼儿园全面完成“一校一章程”制定工作，逐步落实依照章程自主办学。以开展依法治校示范校、达标校为抓手，推进现代学校制度建设，推进学校依章程自主办学。是年，全市90%以上的学校达到省级依法治校的标准，有102所学校获授予“广东省依法治校达标校”称号，20所学校获“佛山市依法治校示范校”称号，其中13所学校获“广东省依法治校示范校”称号，包括佛山科学技术学院、三水区西南街道第十一小学、惠景小学、荣山中学、南海区里水镇旗峰小学、南海区狮山镇沙坑小学、高明区杨和镇杨梅小学、佛山市实验学校、南海区桂城街道南海师范附属小学、顺德区聚贤小学、顺德区乐从中学、顺德区陈村职校、顺德区容桂中学。截至2019年底，全市累计创建依法治校达标校610所，完成率94.28%，其中三水区、高明区的完成率为100%；全市累计有67所学校成为省依法治校示范校，占10.42%。

【教育交流合作】 2019年，佛山市推动粤港澳教育交流合作。与香港理工大学高起点合作举办佛山校区；完善港澳居民子女在佛山就读政策，为港澳居民子女来佛山就读提供便利条件，保障港澳居民子女享受同等教育权利；举办第二届粤港澳大湾区发展与教育创新高端论坛，打造湾区高端交流平台，为大湾区教师队伍建设改革提供学术助力，协同推进教育合作发展；实施“粤港”“粤澳”姊妹学校计划，累计与港澳学校缔结姊妹学校80对，规模数量位居全省第三。截至2019年底，6000多人次港澳师生前来佛山市进行各种交流活动。完成由中国孔子学院总部——国家汉办和美国大学理事会共同组织“汉语桥——美国校长访华之旅”交流访问工作，南海区教育发展研究中心与美国3个学区签订合作谅解备忘录，27所学校与美国学校（学区）签订46份合作谅解备忘录。是年，佛山市统筹推进与对口帮扶和交流合作地区优势互补、融合发展。派出28名教师赴云浮、16名教师赴清远跟岗交流；派出教师赴凉山彝族自治州支教69人次，招收190名凉山州学生到佛山市8所中职学校注册入学，并将生均经费补助从每生每年1万元提高到1.6万元；派出56名教师前往新疆维吾尔自治区喀什地区伽师县支教，并捐赠图书121万册、图书款62万元，完成1万套校服援疆任务；派出5名教师赴西藏自治区支教，佛山市16所中小学与墨脱县19所中小学开展结对帮扶和交流合作。加强与双鸭山市、延安市对口合作交流，顺德职业技术学院与双鸭山职业教育集团签订合作交流协议，全市分别接收双鸭山市20名校长和教师、延安市10名校长到佛山市跟岗学习。

【佛山市教育大会】 2019年5月8日，佛山市召开全市教育大会。会议深入学习贯彻习近平总书记关于教育的重要论述和全国、全省教育大会精神，研究部署全市教育工作。会议以电视电话会议方式召开，在各区设分会场，中共佛山市委书记鲁毅、市长朱伟、省教育厅副厅长朱超华出席会议。会议强调要以市委落实省委、省政府“1+1+9”（第一个“1”指以推进党的建设新的伟大工程为政治保证，第二个“1”指以全面深化改革开放为发展主动力，“9”指推进9方面重点工作）工作部署的深化教育领域综合改革为主抓手，全面提高教育现代化水平，开创新时代佛山教育事业高质量发展新局面。

【佛山获命名为“全国规范化家长学校实践基地”】 2019年1月6日，全国规范化家长学校实践活动总结交流会在北京召开，佛山市创建规范化家长学校经验获中国关心下一代工作委委员会肯定，并获命名为“全国规范化家长学校实践基地”。佛山创建全国规范化家长学校实践基地工作实现6个100%：全市中小学幼儿园100%建有家长学校、100%建立家长委员会、100%创建规范化家长学校、100%通过规范化家长学校验收、100%家长学校采用市教育局自编教材、100%班主任能开展“案例教学”。

【“魅力校园艺彩飞扬”艺术展演】 2019年10月17日，“魅力校园　艺彩飞扬”佛山市教师文艺晚会在佛山大剧院举行，以此庆祝中华人民共和国成立70周年，展示新时代佛山教师队伍蓬勃向上的职业风采，激励和动员全市教师不忘初心、牢记使命、砥砺前行。同年12月13日、18日、19日，佛山市教育局在琼花大剧院举行2019年佛山市中小学生艺术展演合唱器乐、语言戏剧、舞蹈综合3场专场活动。3个专场活动有来自全市各中小学校的1000余名师生参加，分别用器乐、戏剧、舞蹈来展示佛山学校美育成效，展现全市广大师生良好精神风貌和艺术素养。

【首届佛山市中小学校园武术操大赛】 2019年5月25—26日，由佛山市教育局主办，南海区教育局承办，西樵樵北中学协办的2019年佛山市中小学校园武术操大赛举行。该大赛以学校为单位组队参加，分为小学组、初中组和高中组3个组别。全市5个区的30支队伍（小学组16支、初中组9支、高中组5支）的1600名师生参加比赛。其中有6所小学（南海区西樵镇民乐小学、南海区石门实验小学、三水区乐平镇范湖小学、顺德区勒流裕源小学、佛山市黄飞鸿国际文武学校、顺德区李介甫小学）、5所初中（南海区樵北中学、顺德区容桂兴华初级中学、高明区沧江中学、南海区里水镇和顺一中、顺德区第一中学外国语学校）、3所高中（佛山市实验中学、佛山市黄飞鸿国际文武学校、顺德区勒流中学）获一等奖。

（林建娜）

2019年12月13日，佛山市教育局在琼花大剧院举办2019年佛山市中小学生艺术展演合唱器乐专场　　（*市教育局供图*）

基础教育

【学前教育】 2019年，佛山市有幼儿园1016所，招生11.3万人，学龄儿童毛入园率139.48%，在园幼儿31.8万人。是年，佛山市实施“5080”攻坚计划（公办幼儿园在园幼儿占比达50%，公办及民办普惠性幼儿园在园幼儿占比达80%），全年投入1.5亿元发展学前教育；安排1598.6万元实施学前教育补贴，惠及17.36万名佛山市户籍在园幼儿；印发《佛山市促进学前教育普惠健康发展行动方案》，建立有差别化的星级普惠性幼儿园生均拨款制度，对未评级至四星级普惠性幼儿园分别给予1000~2500元的生均拨款；设立幼儿园建设专项经费1345万元，支持各级政府、企事业单位、村集体、社会力量等举办普惠性幼儿园。召开全市学前教育现场推进会，部署全年学前教育工作。印发《城镇小区配套幼儿园治理工作方案》，对小区配套幼儿园规划、建设、移交等环节开展专项治理。加大公办和普惠性幼儿园建设力度，2019年新改扩建幼儿园51所，增加学位2.04万个，超额完成11.1%。截至2019年底，全市公办幼儿园在园幼儿占比39%，普惠性幼儿园在园幼儿占比78.6%，完成年度目标任务。全市660所幼儿园办园行为督导评估达标，占比65.67%。

【义务教育】 2019年，佛山市有小学417所，招生11.7万人，在校学生61.66万人，小学毕业升学率100%；初中152所，招生8.4万人，在校学生23.56万人，初中毕业升学率99.57%。是年，佛山市印发《佛山市推进义务教育优质均衡发展行动方案》，重点解决学位不足和新市民入学政策调整，全面消除大班额和超大班额。完成21所新建学校义务教育标准化学校评估工作。继续实施大规模的义务教育阶段学校基础设施五年提升计划（2016—2020年），全年完成新改扩建学校30所，新增学位3.7万个，超额完成19.3%。开展中小学校课后服务，全市476所中小学校开设校内课后服务，开设率86.4%，参与课后服务学生61.1万人，覆盖率76.4%，获省教育厅肯定。修订《佛山市非户籍常住人口子女入读义务教育公办学校实施办法》，保障新市民子女接受义务教育权利，全市85.2万义务教育学校在校生中，有42.1万新市民子女（占比49.45%），28.7万新市民子女入读公办学校（占比68%），综合成效居全省前列。

【普通高中教育】 2019年，佛山市有普通高中60所，招生4.2万人，在校学生12万人，普通高中毕业升学率97.79%。是年，佛山市推动普通高中优质特色多样化发展，继续推进普通高中分类改革，全市核拨专项资金4350万元，推动学校改善办学条件，提升办学质量和水平。开展普通高中学生综合素质评价，指导督促全市普通高中完成高一年级学生综合素质评价写实记录填报，生成综合素质评价档案。是年，佛山市普通高考报考人数53676人，比上年增加2000多人。录取50731人，其中本科录取28744人、专科录取21987人，录取率94.51%。

【内地西藏班教育】 2019年，佛山市有佛山市第一中学、南海区艺术高级中学、佛山市实验中学、顺德区江义初级中学等4所学校开办内地西藏班，在校生528人。佛山市各级政府不断加大对内地西藏班建设的财政投入，其中内地西藏班每年生均教育经费拨款超过2万元，超过国家规定的1.2万元标准。率先落实民族班特殊岗位津贴制度，为内地西藏班的任课教师在绩效工资中按该校教职工年平均工资的25%单列核增津贴。是年，顺德区江义中学组织西藏班学生开展“赏桃花　品年俗”实践活动；佛山一中先后组织西藏班学生开展“绿色发展之旅”的社会实践、参观佛山科学馆活动；南海区艺术高级中学举行“情浓思乡月，汉藏一家亲”中秋节古诗词朗诵比赛；佛山市实验中学相继举办“民族团结进步月”系列活动、西藏部金秋文化节。

（林建娜）

高等教育

【概况】 2019年，全市普通高等学校13所，其中市属普通高校3所，省属普通高校、校区、民办高校10所。普通高等教育全日制在校生129945人，其中研究生1273人、本科59740人、专科68932人。

佛山市普通高等学校名录（含省属普通高校、校区、民办高校）

1	佛山科学技术学院
2	广东东软学院
3	佛山职业技术学院
4	顺德职业技术学院
5	广东职业技术学院
6	广东环境保护工程职业学院
7	南方医科大学顺德校区
8	广东财经大学佛山三水校区
9	华南师范大学南海校区
10	广州工商学院三水校区
11	广东轻工职业技术学院南海校区
12	广东舞蹈戏剧职业学院
13	广东理工职业学院南海校区

【高等学校建设】 2019，佛山市与广东省教育厅联合召开省属驻佛山高校（校区）校地合作座谈会，助推高校参与地方经济转型与城市发展。推进佛山科学技术学院高水平理工科大学建设，大学排名由2016年的第507名上升到2019年的第284名。继续推进与南方医科大学、广东财经大学、广州美术学院合作建设全学段校区。与华南师范大学签署四方（广东省教育厅、佛山市人民政府、佛山市南海区人民政府、华南师范大学）共建协议，建设服务佛山产业发展需求的新工科和交叉学科专业。引进东北大学在佛山市设立研究生院，打造研究生培养与产学研协同创新平台。加快推进理工大学筹建工作，具体方案正在按申办大学的要求开展论证。

【高校科研成果转化】 2019年，佛山市推进高校科技成果转化。举办广东高校科技成果转化路演大赛，吸引51所高校170个项目参赛，75个项目入围初赛、35个项目入围决赛。正式启用广东高校科技成果转化中心场地。举办2019年广东省高校科技成果转化系列活动，累计逾1000人参加。截至年底，全市组织各类转化活动27场，参与高校200所、企业超1000家、参加人员5000人次以上，促成项目落地19个，金额3821万元；广东高校科技成果转化中心确认高校科技成果近1万个，整理企业技术需求1000余项，直接对接项目124个，转化项目13个。

【2019年广东省高校科技成果转化系列活动在佛山举行】 2019年12月5—7日，2019年广东省高校科技成果转化系列活动在佛山市举行。该活动由广东省佛山市教育局和广东高校科技成果转化中心共同主办。系列活动包含2019广东高校科技成果转化路演大赛决赛、高校科技成果转化对接活动、省属驻佛山高校（校区）校地合作座谈会以及系列产学研对接专题活动等。来自省内高校代表和一线科研工作者、众多佛山龙头企业、企业技术研发和投融资专家、科技成果转化第三方服务机构等数百名代表参加活动。

【全国大学生机器人大赛分区赛比赛在佛山举行】 2019年5月16—19日，第十八届全国大学生机器人大赛Robo Master2019机甲大师南部分区赛比赛在佛山市举行。比赛活动由共青团中央、全国学联主办，大疆创新科技有限公司发起并承办。大赛以“RM机甲大师赛”机器人对抗射击为主题，旨在打造全球性大学生机器人竞技平台。参赛的38支机甲战队主要由来自广东省、福建

2019年5月16—19日，第十八届全国大学生机器人大赛Robo Master2019机甲大师南部分区赛在佛山举行。图为华南理工大学获得南部分赛区冠军　（市教育局供图）

省、浙江省等10个省份1000多名高校的学生和青年工程师组成，通过比赛产生晋级全球总决赛的6个名额和3个复活名额。

（林建娜）

【顺德职业技术学院成为联合国教科文组织"城市社区学习中心（CLC）能力建设项目"首批实验点】 2019年4月9日，在苏州吴江召开的终身学习理念下新时期社区教育创新发展研讨会暨城市社区学习中心（CLC）能力建设项目开题会上，顺德职业技术学院（顺德区社区学院）等16个单位获评为"联合国教科文组织城市社区学习中心（CLC）能力建设项目"实验点，并获颁授牌匾。城市社区学习中心（CLC）能力建设项目，是中国教科文全委会秘书处和联合国教科文组织驻华代表处立项，由中国成人教育协会承担实施的国际项目，主要瞄准了解城市社区教育现状和问题、开展各类创新性的实验教育活动、培育主体精神和可持续发展思想等目标，促进城市社区教育的国际交流，讲好中国故事，与国际社会分享中国的经验与成果。

（李伟春　肖道东）

【佛山科学技术学院】 起源于1958年创办的佛山师范学院和华南农学院佛山分院。佛山师范学院后更名为佛山师范专科学校。1986年2月，在佛山师范专科学校基础上创建佛山大学。华南农学院佛山分院也先后更名为佛山兽医专科学校和佛山农牧高等专科学校。1995年3月，佛山大学和佛山农牧高等专科学校合并组建佛山科学技术学院，升格为本科院校。2005年2月，佛山职工医学院和佛山教育学院并入佛山科学技术学院。学校于2013年经国务院学位委员会批准为硕士学位授予单位、2015年列入广东省高水平理工科大学建设单位、2016年成为广东省第六批博士后创新实践基地、2017年经广东省学位委员会批准为博士学位授予立项建设单位。

截至2019年底，学校有仙溪、江湾、河滨3个校区（分别位于南海区和禅城区），校园占地面积33130.5公顷。设有研究生学院和16个二级学院。有本科专业68个。有硕士学位授权一级学科点6个和硕士专业学位授权类别5个。有教职工1675人，其中专任教师1081人。学校全日制在校本科生22470人、硕士研究生1032人、联培博士38人、成人学历教育学生8148人、留学生136人。学校获教育部授予的"2019年度全国创新创业典型经验50强高校"称号。

2019年，学校通过本科教学工作审核评估。强化课程思政，建设一流课程（含在线开放课程）。建设一批具有示范和开放作用的高水平课程，打造若干门有影响力的国家级、省级"金课"，带动课程建设水平总体提升。学校建有优质课程96门、校级精品资源开放课程63门，17门培育为省级精品资源开放课程和一批"翻转课堂"教改立项项目课程；完成2019年校级精品在线开放课程建设立项工作，遴选首批20门校级精品在线开放建设课程，遴选推荐2019年线下、线上线下混合式、社会实践国家级一流本科课程等工作。依托24个"产业学院"，开设"机器人产业班""新材料产业创新班"等13个"产业特色班"。获教育部、省产学合作协同育人项目60多个；获广东省2019年高等教育教学成果一等奖3项，二等奖2项。2019年上半年中华工程教育学会（IEET）认证委员会确认材料化学、光电信息科学与工程和土木工程3个专业通过工程教育专业认证，认定有效期3年。学校成为广东省率先通过IEET认证的地方高校。广东省研究生联合培养基地（佛山）先后2次受邀在全国性专业学位研究生培养改革大会作经验分享，基地联合培养成果获广东省高等教育成果奖二等奖。

2019年，学校光学工程在软科中国最好学科排名继续提升，由2018年的第四十七位提高到2019年的第四十四位；兽医学在2019年《广州日报》大学一流学科排行榜中进入全国前50名；艾瑞深校友网《2019中国双一流学科建设评价报告》显示，学校环境科学与工程学科在全国197所高校中排名第七十六位，地区排名第七。2019年获批"粤台人工智能学院""环境工程专业本科教育项目"2个中（境）外合作办学项目。学校与法国高等影视学院成立中法国际影视技术学院，以"1（国内预科）+3（法国本科）"的合作模式共同培养影视技术创作人才。

2019年，学校科研总经费超5亿元。全校全年获国家自然科学基金立项39个、科技部重大专项1个；授权专利895件，其中发明专利授权96件。共孵化培育82家企业申报高新技术企业。与高校、研究所、医院、企业共建产学研基地、联合实验室等各类合作基地平台11个。共转化成果72个，转化金额

1349.88万元。其中技术成果转化60个，转化金额1333.382万元；专利成果转化12个，转化金额16.5万元。学校先后获批“广东省氢能技术重点实验室”和“广东省动物分子设计与精准育种重点实验室”。学校科技园获批“国家级科技企业孵化器”并成功入选第三批国家级“星创天地”。在第23届全国发明展览会中获“发明创业奖·项目奖”11项，获省部级奖励8项，获2019年度全国产学研合作创新奖7项，获“中国产学研合作促进奖”（已连续5年获该奖）。首次发现阿龙山病毒（ALSV）并刊登在国际顶级医学期刊《新英格兰医学杂志》。氢能研究的成果转化促进氢能源有轨电车在佛山高明上线。材料学科特聘教授古睿智获得中国政府友谊奖。

（张 琳）

【佛山职业技术学院】 佛山职业技术学院于2000年6月挂牌成立，是一所全日制公办普通高等职业技术院校，为广东省示范性高等职业院校、广东省一流高职院校建设单位。2019年，学校有6个二级学院，37个专业，2个优势专业群（智能制造、光电技术），2个特色专业群（汽车技术、信息技术），5个省级重点专业（机械设计与制造、光伏工程技术、汽车检测与维修技术、物流管理、数控技术），9个省级品牌专业［电气自动化技术、工业机器人技术、物联网应用技术、电子信息工程技术、光伏工程技术、汽车整形技术、国际贸易（跨境电商）、大数据技术与应用、酒店管理等］。主持3个国家级专业教学资源库项目（新能源类专业教学资源库、智能控制技术专业教学资源库、机械设计与制造专业教学资源库）。有教师540人，在校学生9327人。2019届毕业生初次就业率为98.09%，在全省18所一流校建设单位中排名第八。在广东省第三批10所示范性高等职业院校建设单位终期验收中，佛职院是唯一通过验收的单位。

2019年，佛职院成功承办2019（第五届）中国职业教育国际合作峰会。获多个国家级、省级项目建设立项，其中机械设计与制造专业教学资源库获2019年国家级职业教育专业教学资源库立项。是年，在教育部公布的《高等职业教育创新发展行动计划（2015—2018年）》项目认定名单中，佛职院成为全国156所上榜五类项目及以上的高职院校之一，其中入选骨干专业4个、生产性实训基地2个、“双师型”教师培养培训基地3个、虚拟仿真实训中心1个、协同创新中心1个。在2019年度全国职业院校“双师型”（同时具备理论教学和实践教学能力）教师队伍建设典型案例（高等职业院校）100强评选中，佛职院案例进入前50强。年内，佛职院还有2个专业获评为省高职教育二类品牌专业建设点、13个项目获省教育教学改革研究与实践项目立项，2门课程获省精品在线开放课程立项、5个基地获认定为省级校内实践教学基地、5个基地获认定为省级大学生校外实践教学基地。

2019年，佛职院新增国家级成果5项、省级标志性成果8项，佛山职业技术学院-法国克莱蒙商学院国际管理本科“2+2”项目正式开班启动。学校人才培养质量不断提升，在2019年全国职业院校技能大赛职业院校技能大赛中获二等奖2个、三等奖3个，在2019年“高教社杯”全国大学生数学建模竞赛中获专科组一等奖，在第五届中国“互联网+”大学生创新创业大赛，获2个银奖、3个铜奖，在2019年全国机械行业职业院校技能大赛“百匠杯”工业产品创新设计与3D打印技术技能赛项中获一等奖，在第15届“挑战杯”广东大学生课外学术科技作品竞赛终审决赛中获特等奖、一等奖共8个奖项，在省教育厅主办的第九届广东省大学生职业规划大赛中获一等奖。

2019年，佛职院申请各类专利209件，获授权119件，根据国家知识产权局官网显示，佛职院授权发明专利数在全国高职院校排名第二十九。成功引进吴开明院士团队、俞梦孙院士团队。组织参加第23届全国发明展览会，获银奖3个、铜4个。推动物联网应用技术协同创新中心获教育部立项和广东省教育厅质量工程项目立项，诺尔贝应用技术协同创新中心、饶宝莲剪纸技能大师工作室获得广东省教育厅质量工程项目立项。组织申报国家示范职教集团和国家级高技能人才培育基地。深化校企合作，与华为技术有限公司签订合作协议，共建ICT学院。获批成为佛山市新型职业农民培训基地。全年完成非学历社会培训项目195个，到账经费260万多元；完成社会培训63500人次、技能鉴定5043人次。

（张 展）

【顺德职业技术学院】 顺德职业技术学院（简称“顺德职院”）成立于1999年3

2019年5月19日，广东省职业教育活动周启动仪式在佛山顺德职业技术学院举行

（市教育局供图）

月，是经国家教育部批准成立、由广东省人民政府领导管理，省市共建、顺德政府投资兴建的地方高职院校，是国家骨干高等职业院校。2019年，顺德职院有11个二级学院，招生专业49个，全日制在校学生16028人。有继续教育学院和创业培训学院，成人学历教育在读学员2781人，非学历培训39500多人次。有教职工933人，其中专任教师731人、副高以上职称250人。有国家级教学团队1个、国家级教学名师2人、广东省高等学校教学名师6人、广东省“特支计划”教学名师5人、全国优秀教师1人、南粤优秀教师6人。主持建设国家级职业教育资源库项目2个。年内，学校作为院校代表在全国深化职业教育改革电视电话会议上发言，办学经验受到国务院副总理孙春兰肯定；入选“优质专科高等职业院校建设”认定名单；入围“双高计划”（中国特色高水平高职学校和专业建设计划）30强。

“创新强校工程”稳步推进 2019年，顺德职院推动“广东-亚琛工业4.0应用研究中心”建设取得阶段性成果；完成与广东美的厨房电器有限公司共建“美的微波炉总装工业4.0示范工厂”项目任务；与国际知名企业海克斯康就共建校内示范车间与示范工厂达成协议；与碧桂园博智林建筑机器人公司就碧桂园博智林建筑机器人项目开发达成协议；推进德国教育本地化工作，举办德国职业教育教学方法培训班、工业4.0技术应用培养与研讨会。年内，学校26个项目获《高等职业教育创新发展行动计划》认定，项目数量位居全国第二。截至2019年，学校有科研平台32个（其中政校企合作共建科研平台5个），累计获得市厅级以上科技奖励74项，各级各类纵向科研项目1234个、横向科研项目1147个，到账经费6123.82万元。

厨师培训成学校教学品牌 2019年，顺德厨师学院四川凉山州“精准扶贫美姑班”、“乐从镇厨师提高班”、“精准扶贫金阳班”、“碧桂园-粤菜师傅培训（雷州班）”等陆续开班，为贫困户提供免费厨艺培训。学校与雷州市樟树湾大酒店联手建立粤菜师傅工程雷州培训基地。捐赠30万元，与甘肃山丹培黎学校合作设立“顺德厨师学院培黎分院”。建立“烹饪大师工作室”，实现对凉山州的精准帮扶。为传承与弘扬粤菜文化，“顺德厨师学院碧桂园‘粤菜师傅’工程第一期培训班”“容桂餐饮协会高级研修班”开班，培养粤菜高端人才，并协助新华社拍摄“开放中国”系列微视频——顺德厨师学院。

应用型人才的培养高地建设 2019年，顺德职院举行广东省职业教育活动周启动仪式，成立姚美康创新设计技能大师工作室和徐言生制冷空调工程技能大师工作室2个国家级工作室，周彝馨广府古建筑技能大师工作室获省级认定。学校全年承办学生技能大赛国赛1项（烹饪赛项）、省赛4项，以及承办全国职业院校教师教学能力比赛“课堂教学”赛项省级比赛。

国际教学交流合作 2019年，顺德职院与广东中辰钢结构有限公司签订战略合作协议，联合在海外挂牌建立化学材料研究中心、培训基地；成立“意大利语学习与文化交流中心”；与马来西亚商会就在海外建立电商行业培训中心及学生带薪实习等项目达成合作意愿，共同服务一带一路建设。年内，学校获评联合国教科文组织“城市社区学习中心（CLC）能力建设项目”首批实验点，获评广东省高等院校对外交流与合作先进集体。

“5G+智慧校园”建设 2019年12月，顺德职院与中国移动佛山公司进行“5G+智慧校园”合作，打造顺德首个“5G+智慧校园”优秀范本。“智慧校园”建设包括智慧管理、智慧教学、智慧服务等内容，是“中国特色高水平高职学校和专业建设计划”（“双高计划”）建设的重要内容。

（李伟春　肖道东）

【佛山开放大学】 佛山开放大学前身为佛山广播电视大学，2017年7月更名为佛山开放大学，是由佛山市政府举办、以现代信息技术为支撑、服务全民终身学习的新型高等学校，辖南海、顺德、高明、三水4所区级开放大学。学校坚持学历教育与非学历教育协调发展，构建开放教育、网络教育、社区教育、第三年龄教育（老年教育）、职业培训“五位一体、协调发展”办学新格局。2019年，学校在编教职工77人，其中教授和副教授14人、硕士研究生34人。学校开设专业28个，注册在读学生3000多人。截至2019年底，累计培养本、专科毕业生3万余人。

学历教育 2019年，在校学生2393人，毕业学历教育学生726人。是年，学校被评为国家开放大学示范性考点。全年共19名教师，28门课程参与“线下+线上”教学模式改革，重塑教育教学形态，提升高等教育教学质量；学校教师参加各类教学竞赛15项，79人次获奖。是年，学校获佛山市社科联课题立项6项，广东开放大学课题立项4项，中国教育发展战略学会终身学习专业委员会、中国成人教育协会社区教育专业委员会课题立项各1项。学校还积极开展重点专业建设。2019年，学校与佛山市室内设计协会共同探索校企合作的人才培养模式，成立佛山开放大学室内设计专业工作室、共建实习实训基地、创新创业基地，并承办“设计有约”设计师沙龙活动。

社区教育 2019年，学校获广东省“社区教育与老年教育”教育教学成果二等奖，并正式发布“佛山学习地图”，正式开放使用“佛山新市民融入教育第一课堂”；在第四、第五届NERC杯全国社区教育优秀微课程评比中，11个微课作品获奖；获评全国“2019年优秀成人继续教育院校”和全国“2019年事迹特别突出的优秀成人继续教育院校”。是年，学校“最美家教通”家庭教育公益讲座等项目获2019年全国“终身学习品牌项目”。是年，佛山市全民终身学习活动周启动仪式在学校举行。

第三年龄教育（老年教育） 2019年，学校第三年龄教育学习班开设18个专业课程，有71个班级，招生1816人。公开出版第三年龄教育教材《第三年龄英语》和《乐龄微信全教程》。其中，《第三年龄英语》在高校第三年龄大学联盟一届四次理事大会上获优秀教材二等奖。是年，“广东老年大学佛山学院”揭牌。

职业培训 2019年，学校新增低压电工（新证）培训班、AOPO无人机证

书培训班，签署银行、基金、证券从业资格推广培训合作协议和蒙台梭利幼师培训合作协议等。年内，独立办班或合作办班18个（期），学员近1200人，其中包括首次独立举办“2019年佛山市档案人员业务培训班”。

合作办学　2019年，学校各类学历教育招生1189人。年内，学校与佛山市消防支队联合开办“火焰蓝”学院，首批招收102名指战员；与南庄镇合作成立佛山开放大学南庄学习中心；配合团市委开展圆梦计划招生工作。

（刘春水）

职业教育

【概况】 2019年，佛山市中等职业学校和技工学校44所，比上年减少1所，其中国家中等职业教育改革发展示范学校5所、国家重点学校6所、省级重点学校11所。全市中等职业学校全日制在校生64974人，招生数27862人，毕业生数21139人，与上年相比，整体规模略有增大。

【现代职业教育体系发展】 2019年，佛山市深化产教融合、校企合作、工学结合，全面提高职业教育办学质量。以优秀等次首批通过全省现代职业教育综合改革示范市验收。深化现代学徒制人才培养模式改革，进一步提升校企精准对接、精准育人水平，促进人才培养的供给侧和产业发展的需求侧结构要素全方位融合。落实上级关于高职扩招和中职招生任务，扩大优质高等职业教育资源供给，保持高中阶段普职比大体相当，市属高职院校100%完成省下达高职扩招任务，中职招生完成率超过全省平均水平4个百分点，完成年度招生任务。举办第五届中国职业教育国际合作峰会，搭建产教融合交流平台。与广东省教育厅共同举办首次全省职业教育活动周活动。年内，顺德职业技术学院成为中国特色高水平高职学校建设单位。

2019年8月18—20日，第五届中国职业教育国际合作峰会在佛山市举行，现场举行产教融合（教育创新）项目签约仪式，80多家企业与职业院校达成深度合作意向

（佛山职业技术学院供图）

【2019（第五届）中国职业教育国际合作峰会在佛山举行】 2019年8月18—20日，由中国职业技术教育学会、中国劳动学会作为指导单位，国泰安职业教育与产业发展研究院、佛山职业技术学院、中国高等教育学会职业技术教育分会联合主办的2019（第五届）中国职业教育国际合作峰会在佛山市举行。有100余名来自国内外职教领域、产业界嘉宾，超过1000名来自德国、美国、新加坡等国家和中国台湾、中国香港等地区的职教工作者、政府主管部门领导、企业家，以及主流媒体记者代表等参与峰会。峰会以“产教深度融合发展，新科技赋能新职教”为主题，围绕“人工智能时代，职业教育面对的挑战与应对策略”“如何留住新生代产业工人——有效的技术技能培训与素质的提升”“当工业互联网遇到5G，中国制造业的未来”等热点话题展开对话。

（林建娜）

成人教育

【概况】 2019年，佛山市有成人高校6所，成人高等教育在校生2.6万人，全市成人高考报考人数23224人，比上年增加5838人。自学考试新生报名22703人，比上年增长30.5%；报考35687人次、79372科次，分别增长23.7%和20.4%。自学考试毕业人数2769人。

【全民终身学习活动周】 2019年11月5—9日，佛山市2019年全民终身学习活动周活动举行，启动仪式在佛山开放大学举行。活动主题为“推动全民终身学习，加快建设学习大国”。佛山各区在活动周期间及更长一段时间里为市民免费提供包括有志愿培训、专题讲座、公益教育、技能培训、学习体验活动等1183项学习资源。启动仪式上，“佛山学习地图”正式启用，并为2019年获全国“百姓学习之星”、全国“终身学习品牌项目”等荣誉的单位和个人颁奖。

（林建娜）

特殊教育

【概况】 2019年，佛山市有特殊教育学校7所（市直属2所、5个区各1所）、普通学校附设特殊教育班12个、特殊教育资源教室53个、特殊教育随班就读基地学校34所、特殊教育支援服务中心6个。全市在册残疾学生（含幼儿）2851人，其中特殊教育学校在校生1141人、随班就读学生1184人、实施送教上门服务的重度残疾儿童526人。

【特殊教育整体提升】 2019年，佛山市继续落实《佛山市第二期特殊教育提升计划》，建成学前融合教育试点园3所，推动特殊教育公平融合发展。引入“平台+教育”的模式，应用信息化手段通过电脑和移动端对全市特教情况统计、师生管理、教师在线培训、教学资源共享、送教上门、随班就读等业务进行统一的管理，推动残疾儿童信息档案数据管理平台建设，对未入学适龄残疾儿童少年进行实名制登记，实现“一人一案”，开展适龄残疾儿童入学评估工作，完善特校就读、随班就读和送教上门多元安置机制。组建全市特殊教育专家库，开展教师专项技能培训。截至2019年底，全市“三残”（视力、听力、智力残障）儿童少年义务教育阶段入学率100%，实现“三残”学生义务教育“零拒绝”“全接纳”。

【佛山市启聪学校】 佛山市启聪学校由佛山市政府于1992年9月兴办，以听障、智障、视障三类残疾儿童青少年为教育对象，涵盖学前教育、义务教育、中等职业教育的体系完整的综合性特殊教育学校。学校占地面积17719平方米，建筑面积约23200平方米。校内有学生职业教育楼、学前教育楼、教学楼和综合楼，内设与教育教学相配套的多种专用场室以及各类生活用室，包括茶艺室、律动室、陶艺室、美工室、烹饪室、面点室、美容美发室、清洁室、烘焙室、居家饮食室、客房服务室、手工皂室、物流室等。2019年，学校有学生430人（其中送教上门学生46人）；有在编教职工128人，其中高级职称教师25人（包括正高级2人）、特级教师1人、特殊教育专业毕业教师38人（占比38%）。

（林建娜）

民办教育

【概况】 2019年，全市有基础教育阶段民办学校762所，占基础教育学校总数的比例为45%。其中：民办幼儿园641所，占幼儿园总数的63.09%；民办小学47所，占小学总数的11.24%；民办初中49所，占初中总数的32.24%；民办普通高中16所，占普通高中总数的26.67%；民办中职学校（含技工学校，下同）9所，占中职学校总数的20.45%。基础教育阶段民办学校在校学生43万人，占基础教育学生总数的比例为31%。其中：民办幼儿园在园幼儿20万人，占在园幼儿总数的62.86%；民办小学在校生14.2万人，占小学在校生总数的22.98%；民办初中在校生5.9万人，占初中在校生总数的25.10%；民办普通高中在校生2.2万人，占普通高中在校生总数的18.33%；民办中职在校生1万人，约占中职在校生总数的12%。基础教育阶段民办学校专任教师3万人，约占专任教师总数的33%。其中：民办幼儿园专任教师1.5万人，占幼儿园专任教师总数的63.82%，民办幼儿园专任教师大专以上学历的占86.59%；民办小学专任教师8062人，占小学专任教师总数的24.61%，民办小学专任教师本科以上学历的占69.88%；民办初中专任教师4209人，占初中专任教师总数的24.71%，民办初中专任教师本科以上学历的占94.42%；民办普通高中专任教师1553人，占普通高中专任教师总数的16.58%，民办普通高中专任教师研究生以上学历的占24.98%；民办中职学校专任教师约500人，约占中职学校专任教师总数的10%。

2019年，新办的佛山市南海区西樵镇听音湖实验学校开始秋季招生。图为该校七年级学生在操场进行拔河比赛（听音湖实验学校供图）

【民办教育规范特色发展】 2019年，佛山市落实《广东省民办学校规范达标提升和品牌提升计划（2019—2022）》，培育一批品牌民办学校和民办学校品牌项目。加大办学经费扶持力度，投入75.37亿元，提升城乡免费义务教育政府拨款标准（小学1370元、初中2276元）；建立差别化的星级普惠性民办幼儿园生均经费拨款制度；继续完善民办学校财务制度和收费管理。印发《2019佛山民办初中招生工作意见》，严禁民办学校提前抢生源，进一步规范民办学校招生和学籍管理。继续保障民办学校教职工权益，教津贴标准和骨干教师岗位奖补平均每人每月不少于1000元。加强对校外培训机构的监管，印发《佛山市教育局关于建立佛山市规范校外培训机构发展局际联席会议制度的通知》，建立局际联席会议制度，组建联合执法队伍，用“过筛子”的方法进行拉网式排查，摸查全市1036个校外培训机构；建立校外培训机构白名单制度，推广使用《广东省校外培训机构培训服务合同（示范文本）》；印发《给全体中小学生和家长的一封信》，帮助广大学生家长正确认识校外培训机构，增强维护自身合法权益意识。

（林建娜）

科学技术

综　述

【概况】2019年，佛山市坚持“创新是第一动力”，全面实施创新驱动发展战略，以创新引领经济高质量发展，深化创新机制改革、集聚创新资源、加强创新主体培育、推动全市创新能力提升。全年全市财政科技投入98.16亿元，比上年增长79.62%，占公共预算支出10.43%，带动全社会研发投入超300亿元，佛山市创业引导基金总规模达90.7亿元、投资项目超100个。高新技术企业总量4834家，比上年增长22.41%，增加885家。获评省“珠江人才计划”创新创业团队4个，位列全省第三。获评省科技创新领军人才等4人。获国家、省科技奖项的数量和质量均创历史新高，其中获国家科技进步奖2个（一等奖1个、二等奖1个）、获省科技奖12个。20个项目获国家、省重点科研项目立项支持，获支持经费2.72亿元，比上年增长312%。全年全市技术合同成交金额12.01亿元，比上年增长60.78%，其中技术交易额11.17亿元，增长59.12%。全市累计科技企业孵化器105家，众创空间74家，其中国家级孵化器22家。重点实验室累计27个，省级新型研发机构26个。累计引进市科技创新团队124个、市领军人才231人。是年，全市完成工业技术改造投资金额603.45亿元。

【科技创新政策体系】2019年，佛山市

2019年度佛山市获国家科学技术奖项目名单

序号	项目名称	参与单位	区属
国家科技进步一等奖（1项）			
1	高光效长寿命半导体照明关键技术与产业化	佛山市国星光电股份有限公司	禅城
国家科技进步二等奖（1项）			
2	大尺寸铝合金车轮成型关键技术及应用	佛山市南海奔达模具有限公司	南海

2019年度佛山市获广东省科学技术奖项目名单

序号	项目名称	完成单位	区属
科技进步奖一等奖（1项）			
1	高能量密度动力电池镍钴锰三元正极材料的合成技术	广东邦普循环科技有限公司	三水
科技进步奖二等奖（10项）			
2	高速风机品类家用电器噪声控制关键技术研究及应用	广东美的制冷设备有限公司	顺德
3	蒸汽技术在家电产品中的应用及产业化	广东美的厨房电器制造有限公司	顺德
4	PERC单面/双面电池（管式PECVD）量产技术	广东爱旭科技有限公司	三水
5	隧道嵌装式全工况高效能空调系统	广东申菱环境系统股份有限公司	顺德
6	高性能双动环梁海上平台升降系统	广东精铟海洋工程股份有限公司	南海
7	卫生洁具高效生产的机器人集成智能产线关键技术与应用	佛山科学技术学院	市直
8	高压架空输电线路智能巡检机器人及其应用示范	广东科凯达智能机器人有限公司	顺德
9	基于电子束辐照复合薄膜的研究和应用	广东天安新材料股份有限公司	禅城

（续　表）

序号	项目名称	完成单位	区属
10	新型功能性防水透湿薄膜及其复合织物的关键技术与应用	佛山金万达科技股份有限公司	三水
11	智能生产模式及集成检测体系在中药配方颗粒中的创新应用	广东一方制药有限公司	南海
技术发明二等奖（1项）			
12	偏心扰流智频破壁关键技术创新及产业化	广东美的生活电器制造有限公司	顺德

围绕科技治理体系现代化、制度化的要求，以深化科技领域“放管服”改革为着力点，持续完善科技创新政策体系。先后出台《佛山市促进科技创新推动高质量发展若干政策措施》《佛山市财政科技创新资金管理办法（试行）》《佛山市科技创新项目管理办法（试行）》《佛山市科技领域重大风险防范化解工作方案》《佛山市建设国家创新型城市实施方案》《佛山市全面建设国家创新型城市促进科技创新推动高质量发展若干政策措施》《佛山市科学技术局关于促进科技成果转移转化实施细则》《佛山市技术经纪特派员工作方案》《佛山市技术经纪特派员工作评价方案》等政策措施，并加快修订市创新创业引导基金、人才团队、科技创新券等方面的扶持政策，深入营造“松绑+激励”的创新环境，加速释放佛山创新潜能，支撑和推动佛山科技创新体系从点的突破向系统提升转变。

【科技金融融合】2019年，佛山市继续做好原市场化子基金政策，吸引风险投资、创业投资机构和资本流入佛山，营造佛山创投机构集聚、创投氛围突出、创投业务活跃的社会氛围，草拟《佛山市创新创业引导基金管理暂行办法（征求意见稿）》。运行佛山市创新创业引导基金，拓展科技型企业融资渠道，引导风投创投机构加大对各类科技型企业的投入力度，特别是投向种子期、初创期科技企业。截至2019年底，佛山市创新创业引导基金设立合作子基金9只，投资项目100个，总规模90.7亿元，实现财政投资资金放大13.27倍，其中投资佛山地区项目29个（投资额9.64亿元）。搭建科技企业路演平台，依托广东股权交易中心，联合深圳证券信息有限公司，设立佛山市科技金融路演中心，通过“现场路演+网上路演+手机APP”方式，组织佛山市科技企业与国内创投机构、银行、上市公司等实现直接对接。全年举办路演12场次，有效服务企业50家，促成2家路演企业获得融资800万元，协助辅导80余家企业完善路演商业计划书。探索“投补联动”等方式，适当调整财政扶持方式，探索财政资金股权投资，由引导基金对部分重大平台、重点项目、高层次人才团队、重大专项成果转化等进行投资，通过阶段性持有股权、适时退出、循环使用的方式，实现财政资金的良性循环和叠加放大效应。

（何国华）

科学研究与技术创新

【概况】2019年，佛山市加大对科学研究的支持力度，促进科技创新。推动先进能源科学与技术广东省实验室佛山分中心挂牌成立，并同步启动佛山仙湖实验室建设。通过广东省基础与应用基础研究基金佛山市联合基金立项支持青年基金项目168个、重点项目10个。推荐76个优质项目申报省重点领域研发计划，18个项目（含佛山科学技术学院1项）获立项。立项支持“全电动智能化挤出吹塑中空成型机的研发及产业化”等27个市级核心技术攻关项目。遴选标杆高新技术企业50强。给予10家新建孵化器和10家众创空间资金资助1100万元。全年新增高新技术企业885家，新增省企业重点实验室2个、省级新型研发机构3个、市工程中心106个。

【创新平台建设】2019年佛山市加快推进季华实验室、佛山仙湖实验室、华南（佛山）新材料研究院等一批重大创新平台建设。佛山季华实验室一期工程A区3栋实验楼于11月封顶，科研人员规模达600人，其中全职院士1人、兼职院士9人，国家杰青、长江学者、政府特殊津贴专家等领军人才23人。先进能源科学与技术广东省实验室佛山分中心于11月挂牌，佛山仙湖实验室建设同步启动，与广东武汉理工大学氢能产业研究院实行“三块牌子，一套人马”模式，计划3年内投入11.6亿元，围绕核心技术攻关、产业共性技术攻关建设13个实验中心，3年内形成不少于200人常驻科研团队、远期形成500人以上常驻科研

链接

佛山季华实验室

佛山季华实验室是广东省省委省政府启动的首批省实验室之一，对标国家实验室，打造先进制造科学与技术领域国内一流、国际高端的战略科技创新平台，首任理事长和主任由全国科协教科卫体委员会副主任、科技部原副部长曹健林担任。选址于佛山市三龙湾高端创新集聚区，距离华南地区最大的交通枢纽广州南站4.3千米。占地66.67公顷（1000亩），其中科研区16公顷（240亩）、产业区50.67公顷（760亩）。计划2020年6月30日前完成，2021年6月科研区全部投入使用。自授牌以来，在省实验室中首个制定系列规章制度、开展大规模人员招聘，首个启动基建施工、确立不动产权，首个获国家和省重大科技专项立项支持、面向区域产业需求启动科研项目。季华实验室参与国家、省重点项目累计获超4亿元专项经费支持，其中获国家科技重大专项（02专项）重点课题1项6600万元，获省重点领域研发计划2项合计1.48亿元的经费支持。

2019年11月21日，先进能源科学与技术广东省实验室佛山分中心挂牌暨佛山仙湖实验室成立大会在佛山市举行　　（市科技局供图）

团队规模，计划5年后建成氢能与燃料电池领域国家重点实验室，打造新能源领域国内一流、国际领先的战略科技创新平台。

【科技创新项目推进】 2019年，佛山市继续推进基础与应用基础研究、重点研发项目、核心技术攻关等科技创新项目工作。

基础研究项目　加强基础与应用基础研究，与广东省科技厅、省基础研究与应用基础研究基金委员会签约共同出资设立广东省基础与应用基础研究基金佛山市联合基金。该基金自2019年至2021年，省市每年投入资金4000万元，其中佛山市每年投入3000万元、省科技厅每年投入1000万元，围绕佛山市经济社会创新发展中的重大科学问题开展基础与应用基础研究，提升佛山原始创新能力。该基金2019年受理项目申报460个，获立项支持青年基金项目168个、重点项目10个，立项支持资金2680万元。

重点研发项目　鼓励全市各类创新主体申报重大科技项目，全年累计推荐76个优质项目申报省重点领域研发计划，18个项目（含佛山科学技术学院1项）获得立项，立项率23.7%，立项经费2.66亿元，比上年增加1.86亿元，增长233%。

核心技术攻关项目　围绕支柱企业、骨干企业急需的核心技术、关键零部件、关键原材料和重大装备等加强协同创新，提高全市重点领域的竞争力。立项支持“全电动智能化挤出吹塑中空成型机的研发及产业化”等27个市级核心技术攻关项目，获支持经费合计12650万元。

【企业创新体系建设】 2019年，佛山市加快企业创新体系建设。

高新技术企业培育　实施高新技术企业树标提质计划，把高企数量优势转化为质量发展优势，全市高新技术企总量达4834家，比上年增长22.41%，增加885家，增量居全省地市级首位。建立多部门协同机制，遴选标杆高新技术企业50强，给每家标杆高新技术企业奖励200万元，为培养“瞪羚企业”和“独角兽企业”打下良好基础，全市标杆高新技术企业累计100家，入库科技型中小企业1357家。全市高新技术企业中，规模以上的有2727家，占比56.41%。

企业研发机构建设　推动技术创新中心、重点实验室、工程技术研究中心建设，引导全社会广泛建立研发机构。新增省企业重点实验室2个、省级新型研发机构3个、市工程中心106个。全年申请加计扣除研发费用的企业3861家，减免税额超10亿元，为具有研发活动、产生研发投入的企业减轻成本，激发企事业单位整合自身科研资源、建设研发机构的热情。

2019年佛山市标杆高新技术企业50强名单

序　号	企业名称	数　量	所属区	技术领域
1	佛山东鹏洁具股份有限公司	6	禅城	新材料
2	全亿大科技（佛山）有限公司		禅城	新材料
3	日丰企业集团有限公司		禅城	新材料
4	安德里茨（中国）有限公司		禅城	先进制造与自动化
5	佛山市三技精密机械有限公司		禅城	先进制造与自动化
6	航天柏克（广东）科技有限公司		禅城	先进制造与自动化
7	佛山市伟邦电子科技有限公司	13	南海	电子信息
8	广东天波信息技术股份有限公司		南海	电子信息
9	广东华昌铝厂有限公司		南海	新材料
10	广东时利和汽车实业集团有限公司		南海	新材料

（续 表）

序 号	企业名称	数 量	所属区	技术领域
11	广东新劲刚新材料科技股份有限公司	13	南海	新材料
12	广东世纪达建设集团有限公司		南海	高技术服务
13	广东中筑天佑美学灯光有限公司		南海	高技术服务
14	广东高而美制冷设备有限公司		南海	新能源与节能
15	广东志高暖通设备股份有限公司		南海	新能源与节能
16	瀚蓝绿电固废处理（佛山）有限公司		南海	资源与环境
17	佛山市南海奔达模具有限公司		南海	先进制造与自动化
18	佛山市南海蕾特汽车配件有限公司		南海	先进制造与自动化
19	佛山市新鹏机器人技术有限公司		南海	先进制造与自动化
20	佛山市顺德区美的电热电器制造有限公司	18	顺德	电子信息
21	广东康宝电器股份有限公司		顺德	电子信息
22	国药集团广东环球制药有限公司		顺德	生物与新医药
23	广东阿格蕾雅光电材料有限公司		顺德	新材料
24	广东联塑科技实业有限公司		顺德	新材料
25	广东前进牛仔布有限公司		顺德	新材料
26	广东博意建筑设计院有限公司		顺德	高技术服务
27	广东美芝精密制造有限公司		顺德	高技术服务
28	泛仕达机电股份有限公司		顺德	新能源与节能
29	佛山市顺德海尔电器有限公司		顺德	新能源与节能
30	广东美的暖通设备有限公司		顺德	新能源与节能
31	广东美芝制冷设备有限公司		顺德	新能源与节能
32	广东万和热能科技有限公司		顺德	新能源与节能
33	广东万家乐燃气具有限公司		顺德	新能源与节能
34	海信容声（广东）冰箱有限公司		顺德	新能源与节能
35	广东东箭汽车用品制造有限公司	18	顺德	先进制造与自动化
36	广东威灵电机制造有限公司		顺德	先进制造与自动化
37	小熊电器股份有限公司		顺德	先进制造与自动化
38	佛山市毅丰电器实业有限公司	2	高明	电子信息
39	广东天进新材料有限公司		高明	新材料
40	广东盛路通信科技股份有限公司	11	三水	电子信息
41	佛山市迪赛纳科技有限公司		三水	新材料
42	佛山市三水新明珠建陶工业有限公司		三水	新材料
43	佛山市三水燃气有限公司		三水	新能源与节能
44	广东邦普循环科技有限公司		三水	资源与环境
45	佛山海尔滚筒洗衣机有限公司		三水	先进制造与自动化
46	佛山市恒力泰机械有限公司		三水	先进制造与自动化
47	佛山市普拉迪数控科技有限公司		三水	先进制造与自动化
48	广东合和建筑五金制品有限公司		三水	先进制造与自动化
49	广东乐华家居有限责任公司		三水	先进制造与自动化
50	广东肯富来泵业股份有限公司		三水	先进制造与自动化

【孵化育成体系建设】 2019年，佛山市继续推进全市孵化育成体系建设，开展各级科技政策解读、科技企业孵化器从业人员培训、国家级科技企业孵化器和众创空间遴选辅导、广东省科技孵化育成体系高质量发展专项解读等各类培训，进一步提升对该市孵化载体的引导和管理水平。组织2019年度孵化器培育和众创空间培育项目申报，给予10家新建孵化器和10家众创空间资金资助1100万元，助推全市孵化载体的体系建设和提质增效，为培育国家级、省级孵化器和众创空间奠定基础。是年，全市科技企业孵化器达105家（其中国家级22家、省级8家），众创空间74家（其中国家级20家、省级11家），全市孵化器在孵企业3235家，当年毕业企业422家。

佛山市省级以上科技企业孵化器名单

序号	孵化器名称	运营单位	认定级别	认定时间	认定级别	认定时间
1	佛山国家火炬创新创业园	佛山火炬创新创业园有限公司	省级	2012年	国家级	2013年
2	南海瀚天科技企业孵化器	佛山市创智汇投资发展有限公司	省级	2012年	国家级	2013年
3	佛山新媒体产业园国家级科技企业孵化器	广东新媒体产业园发展股份有限公司	省级	2013年	国家级	2014年
4	广东工业设计城	广东同天投资管理有限公司	省级	2013年	国家级	2014年
5	南海生物医药科技企业孵化器	中国科学院南海生物医药科技产业中心	省级	2012年	国家级	2015年
6	广东物联天下科技企业孵化器	广东物联天下产业园有限公司	省级	2014年	国家级	2015年
7	芯光源孵化器	佛山市南海光明智汇新光源投资发展有限公司	省级	2014年	国家级	2015年
8	深圳清华大学力合（佛山）科技园	广东力合创智科技有限公司	省级	2014年	国家级	2015年
9	德美新材料创新科技园	广东德运创业投资有限公司	省级	2014年	国家级	2015年
10	广工大研究院	佛山市南海区广工大数控装备协同创新研究院	省级	2015年	国家级	2015年
11	顺德创意产业园	广东顺博创意产业孵化器有限公司	省级	2013年	国家级	2016年
12	广东省（佛山）软件产业园	佛山市盈赛投资发展有限公司	省级	2015年	国家级	2016年
13	佛山天安科技企业孵化器	佛山天安科技企业孵化器有限公司	省级	2016年	国家级	2016年
14	佛山创意产业园	佛山创意产业园投资管理有限公司	省级	2016年	国家级	2016年
15	佛山市三水高新创业中心	佛山市三水高新创业中心有限公司	省级	2014年	国家级	2017年
16	东软华南IT创业园	广东睿道共创科技有限公司	省级	2017年	国家级	2017年
17	SKG硅谷孵化园	广东艾诗凯奇智能科技有限公司	省级	2017年	国家级	2017年
18	高明沧江工业园科技企业创业中心孵化器	高明沧江工业园科技企业创业中心	省级	2017年	国家级	2017年
19	C时代南海互联网产业园	佛山市凯泰创展科技园有限公司	省级	2015年	–	–
20	佛山东星陶瓷科技企业孵化器	佛山东星陶瓷产业总部基地发展有限公司	省级	2015年	–	–
21	佛山泛家居电商创意园	佛山石湾贝丘投资有限公司	省级	2016年	–	–
22	顺德创客中心科技企业孵化器	佛山市聚客家园投资有限公司	省级	2016年	国家级	2019年
23	中欧科技创新转化中心	佛山新城投资发展有限公司	省级	2017年	–	–
24	慧聪城市创新基地	广东慧聪家电城投资有限公司	省级	2017年	–	–

（续　表）

序号	孵化器名称	运营单位	认定级别	认定时间	认定级别	认定时间
25	中峪智能机械智能装备孵化中心	广东中南机械智能孵化器有限公司	省级	2018年	国家级	2019年
26	广东顺德军民融合创新产业园	广东顺德军民融合创新产业园有限公司	省级	2018年	–	–
27	车载电子信息产业孵化园	佛山好帮手知行科技有限公司	省级	2018年	–	–
28	瀚蓝环保产业孵化器	广东瀚蓝环保科技有限公司	省级	2018年	–	–
29	力合星空·728创域	佛山南海力合星空孵化器管理有限公司	省级	2018年	国家级	2019年
30	佛山科学技术学院大学科技园	佛山科学技术学院大学科技园有限公司	–	–	国家级	2019年

注：资料截至2019年底

佛山市省级以上众创空间名单

序号	众创空间名称	运营单位	认定级别	认定时间	认定级别	认定时间
1	工匠创客汇	佛山市南海区广工大数控装备协同创新研究院	省级	2015年	国家级	2015年
2	广东工业设计城·创客空间	广东同天投资管理有限公司	省级	2015年	国家级	2015年
3	易客工场	佛山市易客商业投资管理有限公司	省级	2015年	国家级	2015年
4	广东创业工场	广东顺德创业工场信息技术股份有限公司	省级	2015年	国家级	2015年
5	顺德创客汇	广东物联天下产业园有限公司	省级	2015年	国家级	2015年
6	智造佳众创空间	广东广佛智城商业地产投资有限公司	省级	2015年	国家级	2016年
7	广东创业工场南海站	广东南海创业工场企业孵化器有限公司	省级	2015年	国家级	2016年
8	纳米空间	佛山市高明沧江工业园科技企业创业中心	省级	2015年	国家级	2016年
9	顺德创意产业园·创意文化艺术街	广东顺博创意产业孵化器有限公司	省级	2015年	国家级	2016年
10	德美众创邦	广东德运创业投资有限公司	省级	2016年	国家级	2016年
11	顺德创客中心	佛山市聚客家园投资有限公司	省级	2016年	国家级	2016年
12	广东3D打印应用技术创新中心众创空间	佛山市中科高新增材制造产业创新中心	省级	2016年	国家级	2016年
13	创业18mall	广东东软学院	省级	2016年	国家级	2016年
14	广东省青年创新创业试验区–U+inno创业中心	广东力合创智科技有限公司	省级	2016年	国家级	2016年
15	Medical–X众创空间	广东顺德南方医大科技园有限公司	省级	2016年	国家级	2016年
16	英诺创新空间	佛山市厚德众创科技有限公司	省级	2016年	国家级	2017年
17	乐孵众创空间	佛山创意产业园投资管理有限公司	省级	2017年	国家级	2017年

（续 表）

序号	众创空间名称	运营单位	认定级别	认定时间	认定级别	认定时间
18	T+SPACE创客大本营	佛山天安科技企业孵化器管理有限公司	省级	2017年	国家级	2017年
19	佛山极客社区	广东新媒体产业园发展股份有限公司	省级	2017年	国家级	2017年
20	华南IT创业园	广东睿道共创科技有限公司	省级	2017年	国家级	2017年
21	广东智造创新工场	广东三水合肥工业大学研究院	省级	2017年	–	–
22	柠檬客裂变式创业社区	佛山市柠檬客科技投资有限公司	省级	2017年	–	–
23	创业南方	佛山市创业南方信息技术管理咨询有限公司	省级	2017年	–	–
24	无境众创空间	佛山无境电子商务	省级	2017年	–	–
25	恰和中心	佛山市怡欣投资有限公司	省级	2017年	–	–
26	阳光教育众创空间	佛山市禅城区阳光教育培训中心	省级	2017年	–	–
27	北大数研航遥园区	广东北大数研园区运营管理有限公司	省级	2017年	–	–
28	SKG众创空间	广东艾诗凯奇智能科技有限公司	省级	2017年	–	–
29	珠江西岸橙子众创空间	华南智能机器人研究院	省级	2017年	–	–
30	淼城创客空间	佛山市三水区乐平镇产业服务创新中心	省级	2017年	–	–
31	揽月一号众创空间	佛山揽月一号科技有限公司	省级	2018年	–	–

注：资料截至2019年底

【科技创新团队培养】 2019年，佛山市推荐18个团队申报广东省“珠江人才计划”，并对重点项目辅导培训，经同行评审、现场答辩，4个团队获省团队立项，取得佛山市历史最好成绩。是年，全市科技创新团队项目有效申报256个，比上年增长43.8%，其中院士类团队6个，计划引进高端团队42个。获立项的团队均具有国际国内领先水平，主要从事机械装备、新能源、新材料、生物医药等前沿技术的研究。

【科技创新人才引进】 2019年，佛山市依托中国科学院产业技术研究院，围绕生物医药、新材料、先进制造、电子信息4大领域，完成10个产业化团队的甄选工作，立项金额约8000万元；依托季华实验室，陆续引进高中级人才406人，启动博士硕士招才行动，录用博士155人、硕士180人；依托广东工业大学佛山研究院等新型研发机构，精准引进高端人才。是年，佛山市组织各区科技局及企业参加第十七届中国国际人才交流大会、2019中国海外人才交流大会暨第二十一届中国留学人员广州科技交流会、首届海外博士博士后南粤行等活动，展出重点人才引进项目，重点宣传佛山市人才扶持政策、产业布局及营商创业环境。支持中国创新创业大赛和中国创新创业大赛港澳台赛在佛山举办，吸引获奖团队落地佛山（比赛报名团队近600个，部分优秀团队计划落户佛山）。开设便民服务窗口、下放审批权限到5个区，为外国人来华就业提供高效便捷的政务服务，全年批准外国高端人才到佛山工作许可202人，办理外国专业人才到佛山工作许可1999人。

（何国华）

科技成果与应用

【概况】 2019年，佛山市加大科技奖励力度，落实国家和省科技奖配套资助，完善省科技奖培育项目入库，引导和鼓励更多社会力量设立科技奖，营造崇尚创新的良好氛围。全年佛山市获国家、省科技奖项的数量和质量均为创历史最好成绩，市企事业单位作为参与单位获国家科技进步奖2个（一等奖1个、二等奖1个），作为第一完成单位获省科技奖12个，作为参与单位获省科技奖5个。年内，佛山市组织开展2019年广东省科学技术奖培育项目入库工作，有25项优秀科技成果进入省科技奖培育库；继续支持和指导社会科技奖，其中季华实验室、中国发明成果转化研究院、市科技人才协会等获得省科技奖提名资格。发挥技术交易市场在优化配置科技资源中的基础性作用，强化技术合同登记服务，在全市5个区建立合同登记点10个，构建政府、高校、科研院所、行业协会、企业共同参与的技术合同登记服务格局。全年技术合同成交金额12.01亿元，比上年增长61%，其中技术交易额1117亿元、增长59.3%。

【国家科技重大专项成果转移转化工作会议在佛山举行】 2019年4月28—29日，2019年国家科技重大专项成果转移转化工作会议在佛山市举行，各省、自治区、直辖市及计划单列市科技厅（委、局），新疆生产建设兵团科技局，各专项技术总师、副总师及实施管理办公室，科技部相关司局、事业单位等有关人员参加会议。会议总结重大专项攻坚克难、加快成果转移转化落地过程中实践出的创新方法和宝贵经验，系统谋划新时代新形势下重大专项的工作思路和重点任务。会议还展示科技部重大专项项目情况，开展项目对接。同时也展示佛山市在新能源汽车、增材制造（3D打印）技术、工业互联网、智能机器人、量子科学等重要领域取得的优秀成果。

【半导体集成电路零部件产业佛山峰会】 2019年9月3日，佛山市举行中国首个半导体集成电路零部件产业峰会。峰会以“抢抓机遇，协同创新，共谋发展”为主题，共同探讨中国半导体集成电路零部件产业的发展态势和策略，来自地方政府、国家科技重大专项、全国160多家企业的400余名负责人、专家、学者参加峰会。会上，首个“JHL”（季华实验室）品牌产品——大功率微波电源发布。大功率微波电源是集成电路装备核心零部件，可广泛适用于等离子体应用，具有输出功率大、精确可调、不间断输出、故障实时反馈、操作简便、响应速度快等特性。

（何国华）

科技合作与交流

【概况】 2019年，佛山市进一步强化与广州市的创新平台合作，鼓励两地高校、科研机构与大型骨干企业合作共建共享创新平台，共同推广佛科技成果转化，截至2019年底，佛山市开展的包括核心技术攻关、产学研专项资金、院市合作（科技创新）在内的合作项目超300个，其中来自广州的高校、科研院所作为参与单位的超110个。组织第三届佛山企业“走进清华”活动，搭建企业家与高校专家面对面交流平台。组织12批次74人次清华大学校内专家到佛山市开展调研、对接活动，对接企业69家、项目49个。开展科研合作项目专项资金申报工作，促进清华大学校内创新资源与该市企业开展合作，全年收集引导启发类专项58项和重大专项3个，涵盖智能制造、电子信息、能源环保、生物医药等4个重点领域。组织参加在香港举办的创科博览会，对接香港特区科创资源，推介佛山市科技创新、人才创业环境。开展佛山市香港科技大学产学研合作专项活动，吸引来自全国10多个地区近130个项目报名参赛，并对评选出的17个项目进行资助，总资助金额3500万元。

【佛山与大院大所深化合作】 2019年，佛山市继续与大院大所深化合作，围绕源头供给、技术提升、人才引进、产业培育等方面，加快推进重大创新平台建设进度。推进佛山（华南）新材料研究院、中国科学院苏州纳米技术与纳米仿生研究所广东（佛山）研究院、广东省科学院佛山产业技术研究院、湘潭大学绿色智造研究院、华南高等研究院的建设工作，陆续完成注册、启动基础建设和装修工作。推进中国电科大湾区创新中心建设，协商通过中国电科大湾区创新中心建设方案。继续保持与北京理工大学、武汉理工大学、中山大学等高校的联系，持续推进校地合作，截至年底，与中国科学院、中国工程院、中山大学等国内外重点院校合作组建各类科研创新载体93个。

【第五届中国（广东）国际“互联网+”博览会】 2019年10月16—19日，第五届中国（广东）国际“互联网+”博览会在佛山市广东（潭洲）国际会展中心举行。博览会以“工业互联、数字智造”为主题，展会面积5.5万平方米，设置“互联网+”前沿技术、数字化商业、数字化生活、创新创业、智能制造、机器人、机器人大赛及展示等七大主题展区，呈现工业互联网时代各种新兴业态和应用模式。有800余家国内外知名企业参加。博览会重点展示工业互联网和智能制造的相关技术与解决方案，带动产业向高端迈进。博览会期间举办专业

2019年4月28—29日，2019年国家科技重大专项成果转移转化工作会议在佛山市举行

（市科技局供图）

论坛与高峰赛事25场，包括第二届中德智能制造合作大会、2019中国教育机器人大赛、2019年度广东省职工工业机器人职业技能竞赛、无人机竞速表演赛、第三届“互联网+中国智造”高峰论坛暨首届轻工外贸电商选品大会、智能制造研讨会、新工科机器人教育与产业发展论坛、2019中国无人机产业发展高峰论坛等。

【第八届中国创新创业大赛（广东佛山赛区）、第七届珠江杯科技创新创业大赛暨佛山农商银行杯创新创业大赛】 2019年5月24日，第八届中国创新创业大赛（广东佛山赛区）、第七届珠江杯科技创新创业大赛暨佛山农商银行杯创新创业大赛启动，历时5个月，于2019年10月18日在广东（潭洲）国际会展中心举行总决赛。该次大赛吸引219家企业报名参赛，其中进入市复赛项目90个、进入市半决赛项目36个、进入市总决赛项目12个，包括成长组、初创组企业各6家。总决赛以“8+7”的现场路演+答辩形式（即参赛企业陈述8分钟、答辩7分钟）开展，最终由广东德同环保科技有限公司及佛山华铕光电材料股份有限公司分别获得成长组及初创组冠军。

【“科技之家大使、外交官·2019佛山行”活动】 2019年12月3—4日，“科技之家大使、外交官·2019佛山行”活动在佛山市举行。活动以“聚智谋远、共话未来”为主题，邀请12名中国前驻外大使、12名前驻外科技参赞等外交官到佛山市，与佛山政府部门、季华实验室、佛山科技人员及企业家共商共议推进大湾区建设，为佛山科技中心建设高端、国际研发平台建设以及佛山市国际化进程中的能力建设等问题献计献策。先后举行圆桌对话交流会、现场考察等活动。

（何国华）

2019年12月3—4日，“科技之家大使、外交官2019佛山行”活动在佛山市举办。图为科技参赞圆桌对话会议现场

（市科技局供图）

知识产权

【概况】 2019年，佛山市专利申请总量81011件，其中发明专利申请量16887件；专利授权总量58747件，比上年增长15.17%，其中发明专利授权量4582件、实用新型授权量35475件、外观设计授权量18690件；PCT国际专利申请总量853件；有效发明专利量23045件，增长18.20%。全年新增获国家知识产权示范企业11家、国家知识产权优势企业132家、广东省知识产权示范企业117家，新增通过知识产权贯标认证企业482家。全年专利质押融资登记115件，专利质押融资金额19.26亿元。截至2019年底，佛山市累计有效注册商标总量35.88万件（每万户市场主体拥有注册商标4373件），其中有中国驰名商标162件（数量居全国地级市首位）、马德里体系国际注册商标721件（数量排广东省第三）、集体商标134件、地理标志商标7件、地理标志产品5个。

2019年佛山市专利申请、授权情况表

计量单位：件

各区	申请				授权				有效发明专利	PCT国际专利申请
	发明	实用新型	外观设计	合计	发明	实用新型	外观设计	合计		
禅城	1741	3261	2252	7254	490	2565	1580	4635	2848	34
南海	5053	15362	8052	28467	856	12436	6405	19697	4972	69
顺德	8255	17877	11796	37928	2648	17118	9769	29535	12037	716
高明	697	1519	350	2566	284	1302	291	1877	1519	14
三水	1141	2682	973	4796	304	2054	645	3003	1669	20
合计	16887	40701	23423	81011	4582	35475	18690	58747	23045	853

佛山市各区累计有效注册商标量统计图

计量单位：件

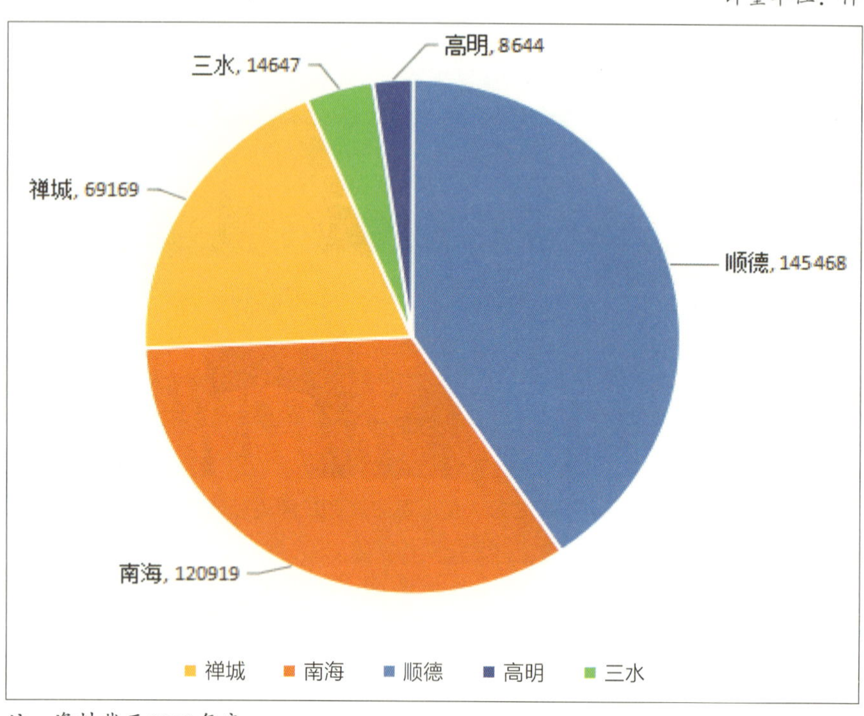

注：资料截至2019年底

【知识产权行政执法】 2019年，佛山市市场监督管理局开展“溯源”“铁拳”“蓝天”等大型专项执法行动，加大侵权假冒行为惩戒力度，处理电商类专利侵权纠纷案件992件，占全市专利行政执法案件数的96.3%。从专利类型看，涉及实用新型专利的案件数量最多，占全市专利行政执法总量的72.3%。调处展会侵权案件2件，立案查处商标侵权、假冒专利违法案件215件，罚没金额176万元。制定佛山市重点知识产权保护名录入库标准，将驰名商标企业、知识产权优势示范企业、行业龙头企业等200家企业纳入重点知识产权保护名录，配套五大措施全方位加强行政保护力度。发挥商标预警监测平台作用，实现对山寨商标“一键识破”功能，全年通过预警系统发出抢注预警516份、续展预警5734份，商标被异议预警1268份，商标被宣告无效预警461份，商标被撤销预警1055份，商标被撤销事项决定预警86份，企业国际商标注册保护建议书2556份。全市首宗在最高人民法院审理的知识产权侵权纠纷行政诉讼案终审获胜。

【知识产权投融资发展】 2019年，佛山市重新修订《佛山市知识产权质押融资风险补偿专项资金管理办法》，投入2000万元市财政资金扩大资金池规模，扶持更多拥有知识产权的中小企业融资发展，继续推动南海区、顺德区专利质押融资示范区建设，探索知识产权证券化运营。全市知识产权质押融资风险补偿资金池规模1.2亿元，全年全市专利权质押获得融资金额19.26亿元。加强知识产权质押融资风险补偿资金池管理，通过政府招标确定广东股权交易中心股份有限公司为风险补偿资金的资金管理人，确定中国银行等15个金融机构为风险补偿资金合作机构。推进国家专利保险试点，发挥中国人民财产保险股份有限公司在知识产权保险方面的引领带动作用，开发佛山“IP快维保”全新普惠型专利保险，设计符合企业需求的保险险种，扩大知识产权保险支持范围和力度，及时调处投保知识产权纠纷案件。

【知识产权业务宣传与培训】 2019年，佛山市开展知识产权业务宣传，在“4·26世界知识产权日”举办主题宣传活动暨知识产权工作推进会上，发布2018年佛山市知识产权报告，公布知识产权十大案例，解读知识产权专题政策。开展知识产权业务培训研讨活动，9月20日举办第五届珠江西岸先进装备制造业投资贸易洽谈会知识产权主题交流活动。开展知识产权业务培训研讨活动，12月3日举办首次佛山市中日知识产权研讨会，12月23日举办日本知识产权实务（广东）研讨会和佛山市WIPO国际知识产权体系巡回研讨及海外知识产权维权能力培训研讨会，加强与世界知识产权组织中国办事处的合作，对接和引进港澳知识产权服务业资源。全年举办各类知识产权专题培训和讲座40余场。

【佛山2016—2018年知识产权十大典型案例发布】 2019年4月26日，由佛山市市场监督管理局（知识产权局）主办的知识产权工作推进会在佛山市知识产权保护中心举行。政府相关职能部门、行业精英以及企业代表等出席会议。会上，佛山市知识产权局正式发布2016—2018年知识产权十大典型案例。案件类型既有行政执法案件，又有司法案件，充分展示佛山各部门在打击知识产权违法工作中取得的成效。在量刑结果上，有的涉案当事人因5年内实施2次以上商标侵权行为，被予以从重行政处罚；有的涉案当事人因被侵权人商标或企业字号知名度高，而故意“傍名牌”，令人造成混淆或误认，既构成商标侵权又构成不正当竞争，故被判决停止侵权行为、发表取消影响声明及赔偿被侵权人200多万元；有的涉案当事人因违法金额较大，触犯《中华人民共和国刑法》，具有一定的社会恶劣性，经检察院批准被执行逮捕。此次发布知识产权典型案例，向全社会表明佛山市依法严厉打击知识产权侵权违法行为的坚定态度和决心。

【中国（佛山）知识产权保护中心业务调整】 2019年，佛山市知识产权保护中心面向智能制造装备和建材产业开展协同保护工作，调整可受理的IPC分类号

链接

佛山市2016—2018年知识产权十大典型案例

1.佛山市顺德区某生活电器有限公司侵犯苏泊尔注册商标专用权案

"SUPQBR"是香港注册成立的"蘇汨爾生活電器（浙江）股份有限公司"的注册商标，而"SUPOR 苏泊尔"是浙江苏泊尔股份有限公司的注册商标。本案当事人经香港"蘇汨爾生活電器（浙江）股份有限公司"授权许可使用"SUPQBR"商标，但当事人一是擅自以"商标+企业名称"的形式组合使用，显然是想通过"苏泊（或汨）尔生活电器（浙江）股份有限公司的字号来混淆和误导消费者，存在主观故意傍名牌的情形、傍"SUPOR 苏泊尔"的情形；二是超出商标注册申请时核定使用的商品种类。不规范使用注册商标，改变了商标的使用形式，是不会受到法律的保护的，而且当事人因五年内实施两次以上商标侵权行为，因此对本案当事人予以从重行政处罚，罚款44.5万元及没收涉案侵权产品。

2.佛山市南海区某汽车配件经营部侵犯奔驰注册商标案

"✇"和"MERCEDES-BENZ"为DAIMLER AG的注册商标，经查证，戴姆勒股份公司授权的上海拓凡商标代理有限公司向市监部门出具的《鉴定书》，本案当事人用于销售的标有"梅赛德斯奔驰商标LOGO"和"MERCEDES-BENZ"注册商标的商品非戴姆勒股份公司授权生产、加工、仓储、销售的商品，是假冒相关注册商标标识的侵权商品。

当事人在明知上门推销的刹车片、皮带、干燥器、气缸垫、滤清器、点火线圈、转向灯、刹车盘、控制臂、汽油格等商品为侵犯"梅赛德斯奔驰商标LOGO"和"MERCEDES-BENZ"注册商标专用权的侵权商品的情况下，仍在其经营的经营部内销售上述商品，并且在2015年因侵犯注册商标专用权已被处罚过一次依然再犯，属于五年内实施两次以上商标侵权行为，影响比较恶劣。本案是一宗典型的流通领域侵犯国际知名商标的商标侵权案例，社会影响较大，而涉案当事人存在知法犯法的主观故意，因此对当事人予以从重行政处罚，罚款17.6万元及没收、销毁涉案侵权产品。

3.佛山市海天调味食品股份有限公司诉淮安某饮品有限公司等侵害商标权及不正当竞争纠纷案

佛山市海天调味食品股份有限公司是"海天"文字及图形商标的注册人。两商标核定使用商品均包括第30类的醋、酱油、调味酱、调味品等商品。海天公司的"海天"商标及产品获得多项荣誉，具有极高知名度。本案7名当事人作为经营食品的企业，理应知晓海天公司的"海天"商标的知名度，在此情况下仍在生产、销售的商品上故意使用"海天"文字及图形商标标识，构成商标侵权。其次，当事人在被控侵权产品及外包装、网站宣传、名片上使用带"海天集团"字样的企业名称，以及注册使用带"海天"字样的企业名称容易使相关公众误认为本案当事人与海天公司存在某种特定关系，容易引起消费者误解。再者本案当事人利用网站、广告等方法，对商品性能、生产者等作引人误解的宣传亦构成虚假宣传，经过二审终审后认定本案7名当事人构成商标侵权及不正当竞争，判决当事人停止侵权行为、发表取消影响声明，其中3名当事人需向海天公司连带赔偿经济损失及合理开支共计200万元，3名当事人需为本案所确定的债务中的100万元承担连带赔偿责任，漯河某天公司需向海天公司赔偿经济损失及合理开支10万元。

4.腾讯科技（深圳）有限公司诉广东某互联网服务有限公司等侵害商标权与不正当竞争纠纷案

腾讯科技公司在第9类计算机软件等商品上注册"微信及图"商标，并将该商标用于其"微信"软件上，"微信及图"注册商标在计算机软件商品上已具有较高的知名度。本案当事人广东某互联网服务有限公司为从事计算机软件相关行业的企业，其在办公场所、公司网站上使用"广东微信"字样，还开设有公司网站和微信公众号"双创平台"。当事人在登记成立时应当知悉"微信"商标的知名度，其将"微信"注册为其企业字号，其主观上明显具有攀附腾讯科技公司商标商誉的故意。本案当事人经营范围与计算机软件存在一定的关联关系，而且实际所提供的服务与腾讯科技公司使用"微信"注册商标的软件也存在密切关系。考虑到腾讯科技公司在计算机软件等商品上注册的"微信及图"商标具有较高的知名度，本案当事人在从事软件和信息技术服务相关的经营活动过程中，尤其是在提供与腾讯科技公司"微信"软件相关服务的过程中，使用带"微信"二字的企业名称，容易使相关公众认为其所提供的服务与腾讯科技公司存在特定的关联关系，造成相关公众混淆或误认，其行为违反了经营者在市场竞争过程中所应遵循诚实信用原则，因此构成不正当竞争，经终审后判决本案当事人需向腾讯科技公司赔偿相关损失。

5.佛山海关查获某公司出口电动推剪侵犯"WAHL"商标案

某公司向佛山海关驻南海办事处申报出口化妆箱等货物一批至马来西亚巴生港，经查验发现其中有标有"WAHL"商标的电动推剪。对于上述货物，权利人美国华尔推剪公司确认属于侵犯其商标专用权的商品，提出采取知识产权保护措施申请并提交经海关总署核准的总担保通知。该公司出口的货物标有"WAHL"商标，事先未经商标权利人许可，也无法提供合法使用上述商标的证明文件，根据《中华人民共和国商标法》，该货物属于侵犯"WAHL"商标专用权的货物。本案处理关键点在于如何确定侵权货物价值。当事人仅提供收款收据和同类产品互联网销售参考价格，不属于法定的能证明市场中间价的价格凭证，而权利人提供的其他海

链接

关查获同类侵权货物价值，因已被生效的行政处罚文书作为定案处罚基准，可以作为本案侵权货物市场中间价的参照，故而确定本案当事人出口侵权货物价值。佛山海关对该公司的商标侵权行为作出没收侵权产品及罚款的处罚决定。

6.佛山市某知识产权服务有限公司商标违法案

为澳蒋公司服务的某知识产权服务公司在知道或者应当知道委托人澳蒋公司的“澳蒋AJ”商标使用在先的情况下，利用自身的专业优势，用本公司股东个人名义，将“澳蒋AOTSEUNG”商标提交注册。而“澳蒋AOTSEUNG”商标与商标“澳蒋AJ”在主要的文字部分完全相同，应认定为近似商标。某知识产权服务公司，违背诚信原则，实行恶意代理、恶意抢注等行为不仅侵犯被代理人权益的行为，还违反《商标法》第十九条第（三）款的规定，属于以不正当手段抢先注册他人已经使用并有一定影响力的商标的违法行为。本案不仅对本案当事人及其直接负责的主管人员作出罚款等行政处罚，也让当事人撤回以不正当手段抢先注册的他人商标。本案对规范商标代理行业的行为具有积极的指导作用，对公众保护自身权益、防范不法商标代理有深刻的警示意义。

7.佛山市顺德区杏坛镇某珠宝金行销售侵犯香奈儿股份有限公司注册商标专用权商品案

佛山某福珠宝金行销售的5款产品虽然商品本身带有的标签所标注的标识为“周六福”，但外观造型与商标权利人香奈人股份有限公司的注册商标图样基本一致，而当事人并未取得香奈儿股份有限公司CHANEL的授权许可，销售带有与其“ↃC”注册商标近似的商品装潢的商品，根据《商标法实施条例》第七十六条规定：在同一种商品或者类似商品上将与他人注册商标相同或者近似的标志作为商品名称或者商品装潢使用，误导公众的，属于商标法第五十七条第二项规定的侵犯注册商标专用权的行为。本案中，商标权利人的“ↃC”商标非常知名，拥有广泛的市场知晓度和美誉度，与权利人香奈儿股份有限公司之间具有显著的关联性和识别性，而当事人所售卖的首饰商品外观造型与“ↃC”商标图样基本一致，虽然商品的吊牌上标注“周六福”的标识，但是也很容易使消费者对该商品与香奈儿公司之间建立起某种关联关系，造成消费者的混淆误认，故而构成商标侵权，因此对其商标侵权行为作出没收侵权产品及罚款等行政处罚。

8.某陶瓷有限公司涉嫌侵犯注册商标案

本案当事人从山东省某建陶公司购进标有“DONGPENGSHIDAI东鹏时代”的瓷砖商品，未经商标注册人的许可，在其营业场所内销售侵犯注册商标专用权的商品的行为，构成侵犯注册商标专用权的违法行为。合法来源是商标侵权案件中销售方抗辩免除赔偿责任的重要手段。虽然当事人坚称供货商为山东某建陶公司，但当事人无法提供经查证属实或者供货单位认可的有供货单位合法签章的供货清单、货款收据、进货合同、合法进货发票及其他能够证明其合法取得涉案商品的证据。本案中，涉案当事人无法提供有力证据证明自身销售的涉嫌侵犯注册商标的商品属于合法取得的情况，不属于《中华人民共和国商标法实施条例》第七十九条规定的能证明该商品是自己合法取得的情形，因此无法免除赔偿责任，对涉案当事人作出没收侵犯注册商标专用权的瓷砖及罚款的行政处罚。

9.某汽车股份有限公司、某瑞汽车销售有限公司侵犯吉尼斯世界纪录有限公司商标权及不正当竞争纠纷案

“吉尼斯”“GUINNESS”作为吉尼斯公司的企业字号经过长时间的大量使用，已具有较高的知名度，且吉尼斯公司在中国在第35和41类上依法享有“吉尼斯”“吉尼斯世界纪录”“GUINNESS WORLD RECORDS”注册商标专用权。而某汽车销售有限公司在佛山等多个城市举办的多场汽车特技挑战巡演活动中、公司官方网站等多处使用与吉尼斯公司注册商标和企业字号相同的“吉尼斯”“GUINNESS”标识，容易使相关公众认为涉案活动所涉的挑战项目是吉尼斯公司参与组织的或与吉尼斯公司认证的世界纪录存在联系，造成混淆或误认，其行为构成商标侵权。其二，吉尼斯公司的企业字号因其较高知名度可认定为反不正当竞争法第五条第三项规定的“企业名称”，本案当事人的行为违反了经营者在市场竞争中所应遵循的诚实信用原则，构成不正当竞争。其三，当事人关于其车队为中国屡创吉尼斯世界纪录的宣传缺乏事实依据，构成虚假宣传。因此经过终审后判决当事人停止侵权行为、发表取消影响声明、赔偿吉尼斯公司经济损失及合理开支共计212万元。

10.佛山市某酒厂有限公司侵犯马爹利股份有限公司持有的系列注册商标专用权案

佛山市某酒厂有限公司未经马爹利股份有限公司许可，在其生产销售的“奔锐拿破仑白兰地”酒外包装上使用与马爹利股份有限公司注册商标相近似的图标；在“积利丰白兰地”酒产品外包装上使用马爹利股份有限公司注册商标作为包装装潢，其行为构成《中华人民共和国商标法》第五十七条第（二）项指的侵犯注册商标专用权行为。在案件调查过程中，当事人提出其生产销售的“奔锐拿破仑白兰地”酒外包装酒瓶瓶形及瓶身主视图的文字、图形、字体颜色等排列组合的整体图标为批准取得《外观设计专利证书》的外观设计专利，属于正当使用，没有构成侵权。但根据《国家工商行政管理总局关于如何处理商标专用权与外观设计专利权冲突问题的批复》有关规定，由于当事人所取得的外观设计专利与马爹利股份有限公司持有注册商标相近似，该外观设计专利的使用已对马爹利有限公司在先使用的注册商标专用权构成侵害，因此对其商标侵权行为作出没收侵权产品及罚款等行政处罚。

为66个，调整洛迦诺分类号为20个，接收专利快速预审申请645件，获授权136件，新增专利快速预审备案企业407家，发明和实用新型审查周期控制在10个自然日以内，外观设计审查周期控制在3个自然日以内。邀请国家知识产权局专利局复审和无效审理部到该中心开展3场专利无效巡回口审，首次实现当庭宣布审查决定。开展专利导航与预警工作，发布《工业机器人新应用领域专利导航报告》和《AGV专利导航与预警报告》。与广州知识产权法院、佛山市中级人民法院建立诉调对接机制。与佛山仲裁委员会建立知识产权纠纷调解仲裁对接机制。与佛山市公安经侦部门、市版权局、佛山海关建立知识产权保护协作机制。建立"国家知识产权局广州代办处佛山服务站"，设立版权登记与知识产权公证服务窗口。与佛山市12个行业协会、商会共建行业知识产权维权援助机制。

【知识产权助推珠江西岸先进装备制造业高质量发展研讨会】 2019年9月20日在位于顺德区北滘镇的广东（潭洲）国际会展中心举行。研讨会由佛山市市场监督管理局（知识产权局）主办、国家知识产权运营公共服务平台承办，是第五届珠江西岸先进装备制造业投资贸易洽谈会的重要活动之一。该研讨会集聚知识产权智力资源，助力珠江西岸先进装备制造业快速发展。全市有200多家企业参加研讨会。会上，佛山市市场监督管理局与国家知识产权运营公共服务平台签署战略合作协议，发挥国家平台的资源优势，通过全链条的知识产权运营公共服务，促进佛山市知识产权保护运用。

【佛山市WIPO国际知识产权体系巡回研讨暨促进知识产权工作高质量发展推进会】 2019年11月20日在佛山质安培训中心举行。佛山市知识产权工作联席会议成员单位，各区、镇（街道）负责知识产权工作的负责人及企业知识产权负责人共200人参加研讨会。会上，佛山市市场监督管理局与广州知识产权法院、佛山高新区签署《知识产权诉调对接合作机制框架协议》，与佛山中级法院签署《知识产权协同保护合作框架协议》，在推进建立知识产权侵权纠纷案件行政调处制度、诉中委托调解制度、商标侵权纠纷调解协议司法确认制度、案件信息共享制度、生效行政处理决定和司法裁判文书执行协作等方面开展深入合作，为构建知识产权纠纷多元化解决机制奠定基础。2份合作框架协议的签署，标志着佛山市在知识产权保护领域初步建立起较为完整的行政与司法相衔接的工作机制。

（胡　茹）

气象事业

【概况】 2019年，佛山市气象部门做好全年气象防灾减灾和重大活动保障。严格执行24小时值班制度和一线带班制度，完成50次强对流、台风等灾害性天气过程的保障服务，发布各类预警信号772次、快报171份、服务短信1263次。完成"中国（佛山）大湾区功夫电影周""男篮世界杯"等11次重大活动气象服务保障。推进气象灾害防御知识"进社区、进学校、进企业"，全市累计气象科普学生和群众22万多人次。公共气象服务满意度居全省地级市前三。

提高预警信息发布覆盖面。完善《佛山市突发事件预警信息发布管理办法》。与市三防办、市自然资源局等18个政府部门建立数据共享。与应急管理部门联合集中培训全市173名气象信息员。将全市7000多家气象灾害重点防御单位、危化品企业、高风险重点工贸企业安全生产责任人，以及全市42380个铁皮屋、工棚等临时建（构）筑物安全生产责任人纳入佛山预警信息靶向发布系统。

开展龙卷等强对流天气监测与研究。完成4台单偏振相控阵天气雷达建设，大幅提升强对流天气监测能力。推进X波段雷达数据应用，X波段雷达在汛期和春运期间数据业务可用率96%。建立广东省龙卷历史档案，完善龙卷灾害调查工作机制，全年开展7次疑似龙卷灾情调查。推进研究论文发表，全年在《科学引文索引》（SCI）期刊、核心期刊发表论文19篇。与高校、科研院所加强合作，组建龙卷研究科技创新团队，"广东龙卷风识别与预警关键技术研究"项目入选省科技厅重点项目。在全省地级市培养首位气象正研级高级工程师，3人获高级工程师资格。

做好生态文明建设气象保障。完善与市环境监测中心秋冬季节联合值班制度，建立常态化的每日会商制度，联合开展短期空气质量预报、中长期空气质量潜势预报。建立以大气扩散条件为先导的大气污染防治分级管控方案，启动管控后每天制作空气质量专报，为佛山大气污染精准防控提供决策参考。

依法履行气象安全监管，优化营商环境。落实气象安全行政检查"双随机一公开"制度，全年出动1381人次，对1476个易燃易爆重点行业和气象灾害防御重点单位进行排查，易燃易爆、危化品企业等重点场所防雷检测实现全覆盖。继续推进气象灾害防御重点单位管理，全市新增重点单位89个，全年无发生相关气象安全事故。深化"放管服"改革，推进全流程无纸化审批，统一容缺办理流程，防雷行政许可实现"全程网办"。

【气候特征】 2019年，佛山市总体天气气候特征是：气温偏高，高温天数多；降水总体偏多，阶段性变化明显；开汛异常偏早；初台偏晚，台风偏少。全市年平均气温23.8℃，比常年偏高1.2℃，为有气象记录以来最高；年内平均高温日数44.7天，比常年偏多23.9天，位居历史第二位。全市年降雨量1894.3毫米，比常年偏多12%。年内降雨分布不均匀，3月降雨量比常年异常偏多1倍，1月、11月、12月异常偏少90%以上，龙舟水期间累计降雨量比常年偏多13%。前汛期没有台风进入佛山市台风警戒防区，后汛期有10个台风进入佛山市台风警戒防区，其中"韦帕""白鹿"造成明显影响。

【主要天气气候事件】

2月出现冬季暴雨　2019年2月18日8—14时，佛山市出现大雨到暴雨，并伴有8～9级阵风，禅城区南庄镇录得最大阵风21.3米/秒（9级），顺德区勒流街道录得最大累积雨量58.2毫米。2月21日15—20时，全市出现大雨到暴雨，并伴有强雷电、7～8级阵风和局地冰雹，南海区大沥镇录得最大阵风19.8米/秒（8级），高明区荷城街道录得最大累积雨量57.1毫米。

开汛早，4月强对流天气频繁　2019年3月上旬，佛山市区域受冷空气和切变线共同影响，大部地区出现大雨到暴雨、局部大暴雨，导致开汛，比常年平均开汛日期（4月6日）偏早近1个月。4月11日8时至16日14时，全市普降大暴雨。4月19日2—20时，佛山市中北部镇（街道）有大雨到暴雨、局部大暴雨，并伴有8～10级阵风。4月27日8—16时，佛山市普降暴雨、局部大暴雨，并伴有强雷暴和7级左右阵风。

"龙舟水"持续时间长，降雨强度大，空间分布不均　2019年，佛山市"龙舟水"期间（5月21日至6月20日）平均降雨量338.1毫米，比常年同期（298.1毫米）偏多13%，并具有"持续时间长，降雨强度大，空间分布不均"的特点。5月25日8时至27日8时，佛山市降雨频繁，全市有27个自动气象站雨量超50毫米、1个自动气象站雨量超100毫米。5月28日和29日，佛山市连续2天出现暴雨、局地大暴雨。27日20时至29日14时，全市有109个自动气象站雨量超50毫米、39个自动气象站雨量超100毫米、2个自动气象站（2个自动气象站分别在南海区大沥镇和狮山镇）雨量超200毫米。6月10—13日，佛山市出现连续性强降水天气，其中10日和11日有暴雨、局部大暴雨，12日有大雨，13日有暴雨。

6月底至7月强对流天气持续　2019年6月24日5—15时，佛山市出现暴雨、局部大暴雨，全市有37个自动气象站雨量超100毫米、113个自动气象站雨量50～100毫米。受强雷雨云团影响，7月14日16—19时，佛山市出现强雷雨天气，局地伴有短时强降水和8～11级阵风，全市有19个自动气象站录得8级以上阵风。7月21日12—17时，佛山市出现强雷雨，并伴有8～9级阵风，全市有13个自动气象站雨量超50毫米，有2个自动气象站录得9级阵风、7个自动气象站录得8级阵风，高明区明城镇录得最大阵风23.5米/秒（9级）。

初台晚，台风少　2019年，佛山市受台风影响较晚，影响佛山的台风较少。全年西北太平洋和南海有29个台风生成，比常年偏多3个（常年西北太平洋和南海生成台风的个数为26个）。年内仅有2个台风（"韦帕""白鹿"）登陆或严重影响广东省，比常年偏少（常年登陆或严重影响广东的台风个数为5.3个），均为登陆海南省或福建省后进入广东省。2019年第7号台风"韦帕"8月1日凌晨1时50分前后在海南省文昌市沿海首次登陆，登陆时中心附近最大风力9级，17时40分以热带风暴级在湛江市坡头区沿海登陆，登陆时中心附近最大风力9级。受台风"韦帕"外围环流影响，7月31日8时至8月2日16时，佛山市出现持续性强降雨和7～9级阵风，高明区更合镇录得过程最大阵风21.4米/秒（9级），全市有102个自动气象站雨量超100毫米、101个自动气象站雨量50～100毫米。2019年第11号台风"白鹿"8月25日7时25分前后以强热带风暴级在福建省东山县沿海地区二次登陆，登陆时中心附近最大风力10级。受台风"白鹿"环流影响，8月25日16时至8月26日12时，佛山市出现暴雨到大暴雨，全市有75个自动气象站雨量超100毫米、97个自动气象站雨量50～100毫米，有2个自动气象站录得8级以上阵风，南海区狮山镇录得全市最大阵风22.0米/秒（9级）。

10月局地强降雨袭击，雨强大，降雨集中　2019年10月8日19时至9日10时，受强雷雨云团影响，佛山市普遍出现大雨到暴雨、局部大暴雨，全市有11个自动气象站雨量超100毫米、72个自动气象站雨量50～100毫米。

秋冬干燥少雨　2019年，佛山市降水阶段性明显，前多后少。9月以前降水偏多，9月以后降水持续偏少。特别是10月中旬以后，佛山市持续出现干燥少雨天气，平均降雨量仅0.6毫米，其中11月降雨量为历史同期最少。

（吴　斌）

防震减灾

【概况】 2019年，佛山市发生1.5级以上（含1.5级）地震2次，即2月28日南海区发生的2.3级轻微地震和9月5日高明区发生的1.6级轻微地震。受10月12日广西壮族自治区玉林市北流市发生5.2级地震影响，佛山市启动地震应急响应1次。是年，佛山市地震局组织全市防震抗震救灾工作联席会议成员单位和市、区防震减灾工作业务骨干进行现场专业培训1场，对市内地震灾害风险点危险源进行排查2次，开展全国防震减灾科普示范学校创建工作、智慧安全城市、防震减灾现代化试点建设等调研活动9次，在全市开展防震减灾知识宣传活动超80场，出台《佛山市推进防震减灾现代化试点市建设实施方案》。年内，佛山市地震科普展馆接待5000多人次，佛山市地震台获评2019年度国家防震减灾科普教育基地。

【防震减灾检查】 2019年，佛山市地震局对市内存在的1个地震风险点危险源——道达尔石化（佛山）有限公司进行安全检查2次，确保危化企业地震风险监管到位。开展《中国地震动参数区划图》执行情况检查，在各区专家库中随机抽取专业工程师组建检查组，对各区随机抽取的2个建设工程的抗震设防要求执行情况和建设工程地震安全性评价实施情况进行监督检查。

【地震监测预报和台网建设】 2019年，佛山市地震局正式启动"佛山市地震综合监测台网地震台站升级改造"项目，对台站观测基础设施（机柜、井盖、配电箱、防盗监控摄像机等）进行升级改造，同时配备智能安全供电系统（智能供电控制器、智能重合闸保护器）和智能监控监测软件，提升整体台网系统的智能性、安全性和稳定性。完成省市共建的"佛山市地震深井综合观测站建设项目"设备集成，填补佛山市深井观测空白，是广东省第一个地震深井综合观测系统。完成安装一体化深井综合仪器探头，配置地震深井综合服务器及软件，实现地震深井综合观测。

【基层防震减灾应急宣传】 2019年，佛山市地震局以防震减灾现代化试点建设为契机，推进防震减灾科普进基层。以“5·12”汶川大地震纪念日、“7·28”唐山大地震纪念日、安全教育月、国家宪法日等重要时间节点为契机，组织开展主题宣传活动。开展防震减灾知识“七进”（进企业、进学校、进机关、进社区、进农村、进家庭、进公共场所）活动，全年组织防震减灾知识“七进”活动26场，通过地震应急疏散演练、科普大篷车、模拟体验、宣传讲座等形式，向社会普及防震、避震、自救、互救等地震应急知识在广佛地铁全线广告窗口更新播放“黄飞鸿”形象地震系列宣传动画小视频，宣传受众每日逾30万多人次。在“民生直通车”微信公众平台进行防震减灾科普宣传知识推送，面向“民生直通车”微信公众平台10万名受众宣传防震减灾科普宣传知识。在佛山科学技术学院组织开展第二届“防灾减灾，知识先行”安全知识竞赛。

【防震减灾培训管理】 2019年，佛山市地震局组织6期防震减灾志愿者培训班，约300名防震减灾志愿者参加应急救护、自救互救专业技能、应急救护专业、户外素质拓展等培训。组织全市防震抗震救灾工作联席会议成员单位和佛山市、区防震减灾工作业务骨干约20人赴四川省北川羌族自治县开展防震减灾业务能力提升现场教学培训，学习地震灾害救援经验，提升佛山抵御突发地震灾害的综合防范能力。举办减隔震技术应用讲座2场，邀请市地震系统与建设系统的工作人员，施工图审查机构、建筑设计单位等相关技术人员约400人参加讲座。联合市应急管理局举办综合减灾示范社区相关工作人员专业培训班，市内五区共计超过40名社区代表参加培训。与省地震局联合举办2019年防震减灾业务能力提升培训班，组织佛山市防震抗震救灾工作联席会议成员单位和市、区防震减灾工作业务骨干约20人赴四川北川开展防震减灾业务能力提升现场教学培训。

【地震安全评估】 2019年，佛山市地震局委托中国地震局地壳应力研究所开展活断层活动性鉴定及地震危险性评价工作，形成《佛山市活断层探测与地震危险性评价可行性研究报告》，并呈报佛山市政府，其中信息化建设部分通过市自然资源局和市政务服务数据管理局的审批。加强全市重大建设工程地震安全强制性评估工作监管，协调建设工程主管部门落实全市建设工程抗震设防要求，并做好相关政策法规宣传。

【地震应急】 2019年，佛山市地震局根据地震监测和上级信息通报，及时做好地震应急响应工作。6月17日22时55分，四川省宜宾市长宁县发生6.0级地震，震源深度16千米，四川省、重庆市、云南省、贵州省多地有感。地震发生后，佛山市地震局向市、区政府，各有关单位和市、区应急地震系统发布震情短信，实时关注灾区动态，接受佛山电视台、佛山新闻网、《广州日报》等新闻媒体采访等，及时响应市民诉求。10月12日22时55分，广西壮族自治区玉林市北流市发生5.2级地震，对佛山造成轻微有感影响。地震发生后，佛山市地震局立即启动地震突发事件响应，向市政府、市应急管理局、各区地震部门报送震情信息，及时在“110”平台和“12345”市民热线平台向公众通报震情信息，先后收到相关部门、媒体、市民咨询电话50余次。

（郑永麟）

2019年7月26日，防灾减灾进佛山泛家居工业园，地震疏散演练现场转播

（市地震局供图）

科学技术普及

【概况】 2019年，佛山市创新科普工作机制，新增省级科普教育基地3个、市级科普教育基地11个。截至年底，全市有市级以上科普教育基地60个。是年，佛山市组织“广东省科技进步活动月”以及“大手拉小手——科普报告希望行”活动，举办“舌尖上的科技”科技食品艺术展、“奇趣大自然之生命奥秘科普展”以及科普送校园和科普下乡活动，开展科普实验课程，并首次参与组织青少年科技类比赛。

【佛山科学馆运营】 2019年，佛山科学馆以四大常设主题展厅为主平台，进一步提高科普教育资源，建立完善设备维护机制，不断完善公共服务质量。全年接待游客87万人次，其中接待团队120个约5万人次，散客82万人次，全年馆

2019年5月10日，2019年广东省“全国科技活动周、防灾减灾日”暨“全省科技进步活动月”主场活动在佛山市举行 （邹淑敏 摄）

内日均接待量超4000人次。立体影院和动感影院全年播放1100场次。是年，科学馆以科普教育“走出去”战略为理念，开展形式多样的科普教育活动19场次，由单一的常设展览到举办大型科普展览、“馆校结合”科普进校园、科普下乡、科普讲座，以及首次组织科技大赛，受众面由学校覆盖到乡镇基层社区，服务市民15万人次。

（何国华）

【科协科普】 2019年，佛山市科学技术协会发挥职能，推进科学技术普及，促进全民科学素质提高。

公众科普活动　联合市直有关单位及各区科协在“广东省科技进步活动月”期间举办送科技到基层活动3场次，累计发放宣传手册2万多册，派发新品种蔬菜瓜果种子1000多份。联合有关单位举办首届佛山科普嘉年华活动，通过佛山日报社“佛山+”应用程序（APP）平台对活动进行现场直播，视频直播点击量超10万人次。联合承办2019年广东省“全国科技活动周、防灾减灾日”暨“全省科技进步活动月”主场活动，弘扬时代新风科普行动，助力科技创新强省建设。

青少年科普工作　举办“大手拉小手——科普报告希望行”活动，邀请中科院老科学家科普演讲团9名科学家，在佛山市中、小学校举办科普报告75场次。开展“佛山科普快车”进校园活动，全年累计完成科普宣讲报告30多场次。举办4期“佛山市科技辅导员创新沙龙”，科技辅导员参与活动300多人次。举办第三十五届佛山市青少年科技创新大赛暨第12届佛山市青少年动漫赛，2454个作品参赛和展出。与市教育局联合举办2019年佛山市科技教育教师培训班和第二届佛山市中小学生机人竞赛活动，与有关单位联合举办“2019年佛山市青少年航空模型、航海模型、车辆模型和建筑模型”4项科技体育竞赛活动。组织佛山市青少年科技教师和青少年科技活动组织工作者参加全省、全国性培训与交流30多人次，组织青少年学生参加第三十四届广东省青少年科技创新大赛、第三十四届全国青少年科技创新大赛、第十九届广东省青少年机器人竞赛、第十九届中国青少年机器人竞赛、第七届广东省青少年科技创新实践成果交流活动（即原广东省青少年科技实践能力挑战赛）等比赛，以及中国科协、教育部主办的2019年全国青少年高校科学营活动。首次尝试以在全市学校铺开方式招募广东省“英才计划”新生，40人参加全省遴选，其中9人入选2020年广东省“英才计划”。

科普基础设施建设　新增省级科普教育基地3个、市级科普教育基地11个。举办2019年全市科普教育基地经验交流会。组织发动群众走进科普教育基地，参与各类科普活动。

（汪元龙）

2019年佛山市市级以上科普教育基地名录

序　号	基地名称	市级命名年度	命名层级			备　注
1	佛山科学馆	2019—2023	市级	省级	国家级	新增市级
2	佛山市林业科学研究所	2018—2022	市级	省级	国家级	–
3	广东邦普循环科技有限公司环保科普教育基地	2018—2022	市级	省级	国家级	–
4	盈香生态园	2018—2022	市级	省级	国家级	–
5	佛山市海天（高明）调味食品有限公司	2018—2022	市级	省级	国家级	–
6	佛山地震台地震科普展馆	2018—2022	市级	省级	–	–

（续　表）

序　号	基地名称	市级命名年度	命名层级			备　注
7	佛山电力体验馆	2018—2022	市级	省级	–	–
8	佛山市南海丝厂有限公司	2018—2022	市级	省级	–	–
9	南国丝都丝绸博物馆	2018—2022	市级	省级	–	–
10	陈村花卉世界	2018—2022	市级	省级	–	–
11	霭雯教育农庄	2018—2022	市级	省级	–	–
12	三水荷花世界	2018—2022	市级	省级	–	–
13	侨鑫生态园	2018—2022	市级	省级	–	–
14	佛山市南海区广工大数控装备协同创新研究院	2016—2020	市级	省级	–	–
15	里水消防科普公园	2018—2022	市级	省级	–	–
16	南海固废处理环保产业园	2016—2020	市级	省级	–	新增省级
17	佛山市高明泰康山生态旅游度假区	2016—2020	市级	省级	–	新增省级
18	北大青少年创客教育中心	2018—2022	市级	省级	–	新增省级
19	佛山市气象台（气象监测预警中心）	2018—2022	市级	–	–	–
20	佛山市禅城区金龙动物园	2018—2022	市级	–	–	–
21	广东石湾陶瓷博物馆	2016—2020	市级	–	–	–
22	佛山市南海区联合广东新光源产业创新中心	2016—2020	市级	–	–	–
23	狮山镇健康体验馆	2016—2020	市级	–	–	–
24	九江双蒸博物馆	2016—2020	市级	–	–	–
25	广东长鹿旅游休博园	2018—2022	市级	–	–	–
26	广东智能制造示范中心	2016—2020	市级	–	–	–
27	佛山三水供电局电力节能展厅	2018—2022	市级	–	–	–
28	广东（佛山）现代农业科技园	2018—2022	市级	–	–	–
29	南丹山森林王国	2018—2022	市级	–	–	–
30	小农街	2016—2020	市级	–	–	–
31	佛山市劲农农业科技有限公司	2016—2020	市级	–	–	–
32	佛山市公安消防支队特勤大队一中队	2018—2022	市级	–	–	–
33	佛山市禅城区知隐博物馆	2018—2022	市级	–	–	–
34	祖庙街道消防体验中心	2018—2022	市级	–	–	–

（续 表）

序 号	基地名称	市级命名年度	命名层级			备 注
35	南庄镇城市运行安全综合体验馆	2018—2022	市级	–	–	–
36	广东万顷园艺世界	2018—2022	市级	–	–	–
37	梦里水乡百花园	2018—2022	市级	–	–	–
38	乐8小城美的店	2018—2022	市级	–	–	–
39	顺德区容桂街道消防安全教育体验中心	2018—2022	市级	–	–	–
40	鹏鹄蘑菇产业园	2018—2022	市级	–	–	–
41	高明区杨和镇消防体验馆	2018—2022	市级	–	–	–
42	利达隆农业科普教育基地	2018—2022	市级	–	–	–
43	兆利丰鲜摘果园	2018—2022	市级	–	–	–
44	宝苞农场	2018—2022	市级	–	–	–
45	佛山市岭南酒文化博物馆	2018—2022	市级	–	–	–
46	广东小镰刀创客空间	2018—2022	市级	–	–	–
47	源田睡眠文化博物馆	2018—2022	市级	–	–	–
48	广东（大沥）3D打印协同创新平台	2018—2022	市级	–	–	–
49	佛山市博通光电天文科普教育基地	2018—2022	市级	–	–	–
50	佛山市机器人科普教育基地	2018—2022	市级	–	–	–
51	中国建陶小镇展示厅	2019—2023	市级	–	–	新增市级
52	北京同仁堂佛山连锁汾江中路药店中医药文化科普教育基地	2019—2023	市级	–	–	新增市级
53	桂城食品药品安全科普基地	2019—2023	市级	–	–	新增市级
54	马岗青年营	2019—2023	市级	–	–	新增市级
55	海立方海洋文化科普基地	2019—2023	市级	–	–	新增市级
56	史努比缤纷世界	2019—2023	市级	–	–	新增市级
57	广东顺德新地农场	2019—2023	市级	–	–	新增市级
58	隆深机器人科普教育基地	2019—2023	市级	–	–	新增市级
59	蚂蚁谷文化科普教育基地	2019—2023	市级	–	–	新增市级
60	佛山市三水区气象科普基地	2019—2023	市级	–	–	新增市级

社会科学

手机扫码阅读

政策咨询和发展研究

【佛山养老事业发展研究】2019年，佛山市社会科学界联合会依托与广东财经大学共建的大数据与佛山经济运行研究中心，成立“佛山市养老事业发展研究”课题组，围绕“佛山市养老事业发展”进行课题研究，并形成《超前谋划 整合资源 打造佛山养老服务发展新格局》报告。课题组以佛山市养老事业发展的基础和成效为支撑，运用统计学、产业经济学、区域经济学、信息经济学与博弈论、时间序列、大数据、案例分析等历时性与共时性、理论分析与实证分析相结合的方法对佛山养老问题进行研究，进而提出佛山整合养老资源，构建居家、社区、机构“三位一体”的养老服务体系，满足佛山老年人对多样化、多层次养老服务需求，打造具有佛山特色的养老服务业的拳头产品和知名品牌，提出佛山市争当全省地级市养老服务事业发展的领头羊的总体思路和对策建议。

2019年11月21日，“凝心聚力守初心 培根铸魂担使命”2019年佛山市社科普及周启动仪式和社科展览暨社科咨询活动在禅城区东方广场举行　（市社科联供图）

【佛山市区域均衡协调发展研究】2019年，佛山市社会科学界联合会依托与佛山日报社共建的佛山传媒智库，成立“佛山市区域均衡协调发展研究”课题组，围绕“佛山市区域均衡协调发展”进行课题研究，并形成《佛山市区域均衡协调发展调研报告》。课题组采取实地调研和文献大数据挖掘等方法，探寻佛山各区发展不平衡的内在原因：市级统筹区域协调发展机制不够健全；各区发展基础、市场环境存在差异；区位条件以及交通基础设施布局影响区域协调发展；土地利用情况不同造成区域发展不平衡；人口数量以及人口结构对区域发展产生影响；思想解放的程度不一影响各区发展水平。对在粤港澳大湾区建设视野下佛山区域均衡协调发展路径，课题组建议推动三大统筹、五大协调，具体实施六大行动。并以成都市、苏州市等国家城乡一体化战略试点城市为坐标，梳理总结国内相关城市先进经验。为佛山区域协调发展提供决策参考，推动佛山在更高起点上实现更高质量、更高效率的发展。

【佛山民营企业文化建设研究】2019年，佛山市社会科学界联合会依托与佛山科学技术学院共建的佛山文化产业发展智库，成立“佛山民营企业文化建设研究”课题组，围绕“佛山民营企业文化”进行课题研究，并形成《佛山民营企业文化建设调查报告》。课题组通过对佛山市民营企业派送调查问卷，根据数据对佛山市民营企业的文化建设进行调查并分析影响民营企业文化的因素：社会环境对于民营企业文化的影响、传统文化民营企业文化的影响、现代企业文化对民营企业文化的影响、家族文化对民营企业文化的影响、民营企业家对于企业文化的影响。提出佛山民营企业文化建设的对策与建议：提升佛山民营企业家自身管理能力，提升自身素质，培养企业家精神；要正确处理企业制度与企业文化建设的关系，注重制度的落实；要重视社会责任，把社会责任融入在企业文化建设的过程中；通过加强企业文化的建设来打造国际人才梯队；推动民营企业党建高质量发展，从思想上加强企业党建工作的认知，在制度上规范企业的党建工作，从方法上创新企业党建工作。

【佛山媒体融合改革研究】 2019年，佛山市社会科学界联合会依托与佛山日报社共建的佛山传媒智库，成立“佛山媒体融合改革研究”课题组，围绕“佛山媒体融合改革”进行课题研究，并形成《合而为一，融为一体——佛山媒体融媒体改革研究报告》。课题组提出通过“两个分步走”，推动佛山融媒改革，实现习近平总书记要求的合而为一，融为一体目标，具体就是，顶层设计与基础融合分步走，分别一体化与整体一体化分步走。阐述合而为一、融为一体、融合效应。从而形成具有走在全省全国前列创新价值的“佛山模式”：融合层级实现一体化贯通和延展，五级覆盖，全民链接，具有全国性模式价值；融合内容实现内在升级，建设三大矩阵，既是自上而下的信息传感器，又是自下而上的治理处理器；有效解决内容生成、三级审核、管理考核、全端分发、数据开发五位一体化生产管理与经营发展的系统融合；有效解决事业产业化发展的可持续经营问题；制度改革释放巨大资源溢出效应。

（曹嘉欣）

社科研究

【概况】 2019年，佛山市社科规划项目申报收到市内外40余个单位的申报材料562份（比上年增长26.6%），最终对174个项目进行立项（比上年增长22.5%）。其中，对“佛山实体经济如何提质增效”等4个项目以“重大项目”进行立项，对“‘一带一路’背景下大力推进岭南特色人文交流的思考”等13个项目以“重点项目”进行立项，对“佛山扩大固定资产投资的思路与对策研究”等37个项目以“青年项目”进行立项，对“佛山市科技型小微企业成长特征分析及精准扶持对策研究”等120个项目以“共建项目”进行立项。立项项目均围绕市委、市政府中心工作和基础理论研究方向，项目内容涉及哲学、经济学、法学、教育学、文学、历史学、管理学、艺术学等学科门类。截至年底，完成结项171个，结项率98%。对结项项目进行的等级评定中，优良项目93个，占比53.4%。

【社科学报编辑与出版】

《佛山科学技术学院学报（社会科学版）》 2019年出刊6期，载文67篇，栏目《广府文化研究》获“全国高校社科期刊特色栏目”奖。该刊创刊于1983年，由佛山科学技术学院主管、主办，中国国内外公开发行的社会科学学术期刊。该报主要栏目有《广府文化研究》《科技文化研究》《哲学研究》《经济学研究》《法学研究》《历史学研究》《政治学研究》《社会学研究》《文学研究》《语言文字研究》《教育研究》《图书与档案研究》等，是全国人文社科学报中文核心期刊、历届全国优秀社科学报、全国地方学报十佳学报、全国期刊网全文收录期刊、中国学术期刊综合评价数据库来源期刊、中国核心期刊（遴选）数据库来源期刊。截至2019年底，该刊出版文献3702篇、总下载585127次、总被引8620余次，（2019版）复合影响因子为0.198、综合影响因子为0.109。

《顺德职业技术学院学报》 2019年出刊4期，载文70篇。该刊创刊于2003年，由广东省教育厅主管、顺德职业技术学院主办，中国国内外公开发行的综合性学术期刊。该刊主要栏目有《科技与应用》《经济与管理》《高职教育研究》《英语园地》《文·史·哲研究》《珠三角研究》等，是“万方数据—数字化期刊群全文收录期刊”“CNKI中国期刊全文数据库收录期刊”“中国核心期刊（遴选）数据库收录期刊”“中文科技期刊数据库（全文版）收录期刊”“中国期刊网、中国学术期刊（光盘版）全文收录期刊”“中国科技论文在线收录期刊”等。该刊每期约90页，采稿率为8.8%。

【《佛山经济发展及其战略选择》出版】 2019年12月，佛山科学技术学院经济管

2019年佛山市社科专著出版情况一览表

序　号	著作名称	第一作者	出版单位	出版时间
1	网络社会环境下易班教育的理论与实践研究	余俊渠	中国矿业大学出版社	2019年1月
2	《东方杂志》与中国新文化运动	赵黎明	人民出版社	2019年1月
3	机构投资者参与公司治理的理论与实证研究	李　静	经济科学出版社	2019年1月
4	烟草大王简照南研究	吴新奇	中山大学出版社	2019年3月
5	文学与文化批评	姚朝文	暨南大学出版社	2019年3月
6	动漫影视创作之数字音频设计与制作	刘　星	清华大学出版社	2019年4月
7	中国开放发展模式之佛山样本研究	吴彩容	九州出版社	2019年6月
8	大数据时代思想政治教育新探	刁生富	知识产权出版社	2019年6月
9	现代企业管理	王　昕	中国财富出版社	2019年7月
10	境遇与态度：“90后”县域青年的社会学研究	黄勤锦	九州出版社	2019年8月
11	越南如清使汉文文学研究（上）	严　艳	台湾花木兰文化出版社	2019年9月

（续 表）

序 号	著作名称	第一作者	出版单位	出版时间
12	越南如清使汉文文学研究（下）	严 艳	台湾花木兰文化出版社	2019年9月
13	背俗独往——《抱朴子外篇》思想研究	管丽珺	九州出版社	2019年9月
14	基本农田保护经济补偿政策实施效果评估与政策创新——基于广东省的跟踪研究	罗 锋	中国农业出版社	2019年9月
15	家庭心理情感能量场	唐雄山	中山大学出版社	2019年11月
16	重估人工智能与人的生存	刁生富	电子工业出版社	2019年11月
17	南海醒狮的历史、文化与技艺	谢中元	光明日报出版社	2019年12月
18	黎峒文化	夏代云/阎根齐	南方出版社	2019年12月
19	治理视域下社区共同体的复归：佛山样本	梁绮惠	中山大学出版社	2019年12月
20	佛山经济发展及其战略选择	李 军	西南财经大学出版社	2019年12月
21	网络舆情与思想政治教育创新：中学与大学比较研究	刁生富	知识产权出版社	2019年12月

理学院教授李军著的《佛山经济发展及其战略选择》由西南财经大学出版社出版。该书以“改革开放40年”为主题，以“佛山经济社会发展”为主线，对改革开放40年来佛山经济社会发展历程进行全面、系统的描述和回顾，详细阐述改革开放以来佛山经济社会发展取得的主要成就，总结佛山经济社会发展经验，并从政府和市场关系、增长模式、产业结构、产业集群、城乡一体化和富民强镇等方面探讨佛“佛山模式”的内涵与特征。

（曹嘉欣）

社科学术活动

【2019广东省社会科学学术年会佛山分会场活动】 2019年11月15日，由广东省社会科学界联合会、佛山科学技术学院主办，佛山市社会科学界联合会、佛山科学技术学院社会科学界联合会、佛山科学技术学院人文与教育学院、《学术研究》杂志社、南方智库承办的2019广东省社会科学学术年会分会场活动在佛山科学技术学院仙溪校区举行。该分会场以“粤港澳大湾区特色文化资源调查与数字化保护”为主题，收到学术论文征文70多篇。分会场设4场分论坛，分别以“岭南非遗调查与研究”“粤港澳特色文化资源保护与发展”“岭南文学与艺术”“粤港澳历史与文献”为主题，每个分论坛有16名专家学者发言。

【在线课程建设与混合教学应用研讨会在佛山举行】 2019年12月29日，在线课程建设与混合教学应用研讨会暨2019年广东省普通本科应用型人才培养高校教务处长联盟理事长会议在佛山科学技术学院仙溪校区举行。共同研讨广东高校在线课程与混合教学应用，提升本科课程的高阶性、创新性和挑战度。来自广东医科大学、汕头大学等30余所本科高校的领导和代表出席大会，华南理工大学广州学院等10余所民办高校应邀派代表参加。

【佛山职业技术学院成为教育部“人文交流经世项目”首批入选院校】 2019年12月16日，在北京市举行的教育部中外人文交流中心“人文交流经世项目”首批“经世国际学院”入选院校工作会议上，佛山职业技术学院获颁“人文交流经世国际学院”牌匾，成为教育部中外人文交流中心“人文交流经世项目”首批入选院校之一。“人文交流经世项目”由教育部中外人文交流中心联合北京华晟经世信息技术有限公司共同实施，旨在将产业界的创新创造及时地转化为教育技术新产品和学校教学资源；推进智慧校园建设；促进校企有效合作、产教深度融合；加快和扩大教育对外开放，为中国企业“走出去”提供适用人才，促进中外人文交流和民心相通。

（曹嘉欣）

2019年11月15日，2019广东省社会科学学术年会分会场活动在佛山科学技术学院仙溪校区举行（市社科联供图）

公共文化

【概况】 2019年，佛山市有区（县）级以上公共图书馆6家，有联合图书馆成员馆339个，总藏书量1140.99万册；有博物馆25个（含禅城2个分馆），全市已备案登记博物馆藏品总数11.64万件；有文化馆6个；有美术馆（艺术馆）83个；有“三上”（规模以上文化制造业、限额以上文化批发零售业、规模以上文化服务业）文化企业495家，有市级以上文化产业示范园区12个，聚集中小微文化企业超3000家。全年全市开展群众文艺演出等各类活动10318场，参加活动人数435.32万人，群众文艺作品获奖551个。

【公共文化服务体系建设工作计划制订】 2019年，佛山市正式获“国家公共文化服务体系示范区”称号。为进一步巩固深化示范区创建成果，更好推进机构改革成果转化，佛山市文化广电旅游体育局起草《佛山市公共文化服务体系高质量发展行动计划》《佛山市建设“世界功夫之城”实施意见》等政策文件，突出以项目化方式推动系列重点工作落实。其中，计划作为后续推进国家公共文化服务体系示范区系列工作重要依据的《佛山市公共文化服务体系高质量发展行动计划》完成征求意见、专家论证等环节工作，并上报佛山市政府。

【文化体制机制改革】 2019年，佛山市文化广电旅游体育局持续深化文化体制机制改革。推进文化单位法人治理结构建设，完成市图书馆、市文化馆等直属单位改革。其中，市图书馆在“局长放权、馆长让权”思路指引下，建设“决策型”理事会，成立临时党支部、监事会、专业委员会等，“决策型”理事会拥有“业务绩效考核权、班子任免建议权、中层干部竞聘方案审议权、业务经费预算审核权、建设发展规划权”等5项权力。100%完成总分馆制建设，全市有图书馆总馆5个、分馆36个、服务点395个，有文化馆总馆5个、分馆45个、服务点221个。其中，禅城区总分馆在成为全国典型基础上，探索“馆校联盟”体系建设，实现禅城区公共图书馆服务体系与学校图书馆跨界整合，资源共建共享，不断扩容禅城区联合图书馆服务体系，满足学校和社会公众的文化阅读需求。持续推进公共文化设施联盟建设，依托“马克思主义文化工作者培养工程”，举办村（社区）文体协管员培训班、全民健身大讲堂系列讲座、武术套路裁判员培训班等培训活动，参加培训1200多人。筹划组建佛山市公共文化服务促进会，并计划成立公共文化服务专家委员会，通过打造发展研究、监督评估、资源整合和交流互动等4个平台，推动全市公共文化服务创新发展取得新成效。

【“百千万”产业工人发声行动】 2019年，佛山市文化广电旅游体育局发挥“文群共建”机制效用，与市总工会、团市委联合举办“百千万”产业工人发声行动，重点打造100个职工朗读角、开展1000场服务活动、服务1万名产业工人。并与社会组织联动开展系列朗读培训，同时上线网上发声平台，满足线上线下产业工人发声学习、练习和展示需求。从10月18日“百千万”产业工人发声行动启动起至是年年底，共举办各类朗读培训110多场，参加活动人员1万多人次，在园区间、企业间形成良好的活动氛围；网上发声平台经审核上线作品114件，获访问约6万人次、点赞约9000人次。

【“邻里图书馆”建设】 2019年，佛山市文化广电旅游体育局围绕全民阅读全民参与，推进“邻里图书馆”建设，引领市民成为阅读“火种”，让市民爱上阅读，也为阅读推广输出服务，进一步活化家庭藏书资源、增进邻里交流、助推基层治理。围绕“到2020年末，全市建成1000个以上‘邻里图书馆’，服务1万个家庭，辐射超5万名市民”目标，推进“图书馆+家庭”的服务体系建设，活动覆盖各区图书馆，同时通过开展“阳光校园”“书香家庭”评比、“阅读有奖进企业”等系列活动，营造良好的全民阅读氛围。截至年底，全市“邻里图书馆”达803个，累计从图书馆借书13万册，转借图书给邻里3.8万册次，开展活动703场次。是年，佛山市文化志愿服务社会化、专业化水平不断提高，“社工+文化志愿者”联动体系形成，全市文化志愿者队伍达67支，登记在册18057人。

（郑铿志）

文化名城建设和文化遗产保护

【概况】 截至2019年底，佛山市有已建成的博物馆（纪念馆、名人故居）79家、已建成的美术馆（艺术馆）81家。全市民办博物馆、美术馆共139家，占全市博物馆、美术馆总数的64.4%。全市有全国重点文物保护单位8处、省级文物保护单位54处，市级文物保护单位280处；有国家级非遗项目14个、省级非遗项目50个、市级非遗项目131个；有国家级非遗传承人15人、省级非遗传承人58人、市级非遗传承人163人；有国家级非遗生产性保护示范基地1个、省级生产性保护示范基地7个、研究基地1个、市级非遗传承基地（含传习所）80个。是年，佛山市推进文化与城市融合，佛山市人民政府与广州美术学院签定战略合作协议，在佛山共建艺术修复学院、岭南画派纪念馆（佛山分馆）及在禅城区梁园建设艺术创作和实习平台。年内，开展第四批（10个）古村活化升级工作。

【文化遗产保护传承】 2019年，佛山市文化遗产保护传承取得新成果。推荐西樵山采石场遗址成功入选第八批全国重点文物保护单位，该遗址是粤港澳大湾区内首个水下考古项目。推动谭平山故居等5个文物点成功入选第九批广东省文物保护单位。开展东华里古建筑群、大旗头村古建筑群等21处文物点的保护工程，编制及公布市级文物保护单位以上文保单位的保护规划。推动文物活化利用，佛山市10处文物保护活化工作被纳入省10件民生实事，其中东华里古建筑群一期修缮完成，并引入日本、法国和中国香港等地高端展览进行活化。推进文物旅游开发，按省统一部署，开展3条粤港澳大湾区文化遗产游径建设，并于先期建设南风古灶游径，同时推进作为全域旅游载体的南风古灶、鸣石花园等7个文保单位的环境整治工程。深入实施革命文物保护利用工程，做好谭平山故居、陈汝棠故居、高明县立三小旧址等多个红色文物点的保护与活化，并在高明区串联各类红色文物点及博物馆打造“粤中红色革命文化游径”，形成一批高质量的爱国主义教育基地。配合做好桑园围申报“世界灌溉工程遗产”工作，做好区域内的文物资源普查，并着手编制资源开发规划。推动咏春拳等3个本地非遗项目申报国家级非遗项目，项目申报工作进入由省向国家推荐阶段。开展第七批市级非物质文化遗产项目评选，新增市级非遗项目30个。开展第六批市级非物质文化遗产代表性传承人评选，评选结果计划于2020年初公布。组织开展2019年度市级非物质文化遗产保护专项资金申报，11个非遗项目、15个非遗传承基地、3个非遗传习所、102名市级传承人共获扶持资金100万元。

【博物馆建设】 2019年，佛山市文化广电旅游体育局组织召开全市博物馆之城建设工作会议以及博物馆之城政策宣讲会，鼓励社会各界特别是民办馆主办者、企业家、知名藏家积极建馆、规范办馆、有效活化。截至2019年底，全市有已建成及在建博物馆（纪念馆、名人故居）133个、美术馆（艺术馆）83个，比上年分别增加13个和7个。（详见25页《博物馆之城建设》）

【“文化佛山”三年行动收官】 截至2019年底，“文化佛山”行动计划75个项目全部完成三年目标任务，其中54个项目已建成投入使用，累计完成投资478.7亿元，占计划投资额的101.7%。“文化佛山”三年行动是佛山市委、市政府提出从城市升级向城市升值、全力打造“国家制造业创新中心”的过程中，按照建设文化导向型城市的发展战略，立足文化升级两年行动实施基础而开展的城市文化建设行动。该建设于2017年启动，计划到2019年，佛山将基本建立网络完善、运行高效、供给丰富、保障有力的现代公共文化服务体系，并在标准化、均等化、社会化、数字化、效能化建设上成果凸显，旅游文化创意产业增加值占地区生产总值比重达8%以上。

【“佛博坊”系列活动】 2019年，“佛博坊”举办“小手拉大手　大城小工匠”2019佛山秋色赛会活动、“乐享中国节”活动、“成长体验营”活动、“传统文化进校园”活动等系列文化活动。“小手拉大手　大城小工匠”2019佛山秋色赛会活动组织13个非遗传承基地（或学校）举办课程，300多个亲子家庭参与，新增3个1分钟抖音网络课程，打破课程的地域和时间限制。“乐享中国节”活动开展5期次，近200个家庭参加，内容为结合春节、端午节等传统节日开展写春联、印木版年画、制作彩灯、做粽子等节庆

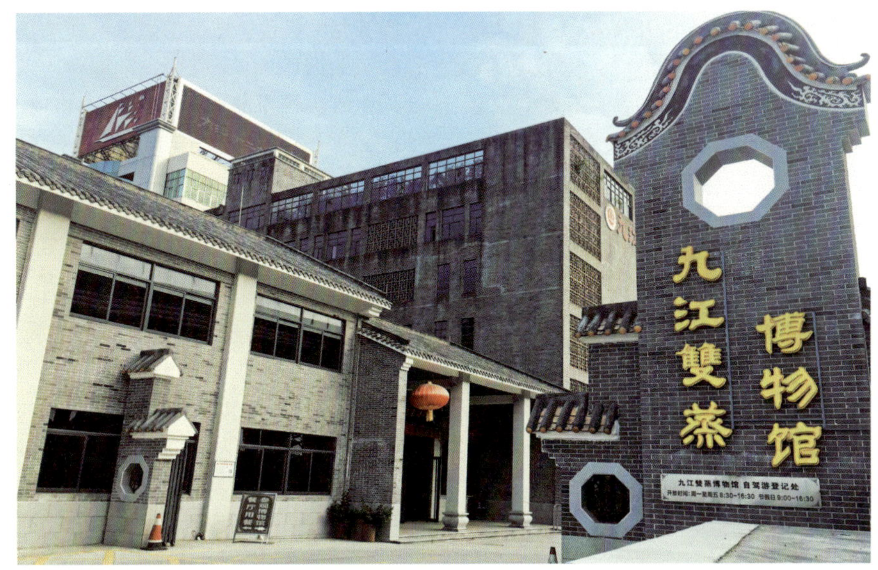

2019年，佛山市开展博物馆之城创建工作。图为九江双蒸博物馆

（市文广旅体局供图）

活动。“成长体验营”组织中小学生参观博物馆、非遗传承基地，开展3期次，近100个家庭参与。“传统文化进校园”走进5所中小学，通过举办图片展、讲座和邀请传承人、艺术家“上阵”教学等方式，让学生感受佛山传统文化魅力。

【佛山文化遗产保护宣传月活动】 2019年5月18日，2019年佛山市文化遗产保护宣传月活动启动，并持续至7月。活动包含各类精品展览、非遗体验、公益讲座、免费鉴宝等特色活动30余场次，参与群众1.6万人次。

【文博精品展览】 2019年，佛山市博物馆举办“年画重回春节——冯氏佛山木版年画复业二十周年纪念展”“祈福迎祥——佛山木版年画展”“岭南风物——佛山木版年画精品展”“石湾是个美陶湾”展览“丝路华彩——佛山民间收藏广彩瓷器展”“我和我的祖国　匠心巧作——佛山民间工艺精品展”等展览；市祖庙博物馆举办“大道至简——宋帝国瓷器艺术展”“茶器·物语——陈荣先生藏品捐赠展”“东方华彩——明清时期的外销艺术品展”等8个主题展览。（详见352页《佛山市博物馆》、354页《佛山市祖庙博物馆》）

【佛山博物馆文化周活动】 2019年12月27—29日，2019年佛山博物馆文化周活动举行。活动以“主会场+分会场”立体全覆盖模式，由开幕式、文博名家对话、佛山博物馆文博展、“博文启今”主题展暨数字博物馆展、家有藏宝暨鉴宝活动、“博游佛山”市民体验游活动、“镜头中的博物馆”市民互动活动、佛山博物馆美术馆联展等八大版块组成。（详见25页《博物馆之城建设》）

2019年10月31日至11月4日，佛山市举行2019广东(佛山)非遗周暨佛山秋色巡游活动。图为非遗周非物质文化遗产活化展示活动中的“佛山狮头”展示

（市文广旅体局供图）

【广东（佛山）非遗周暨佛山秋色巡游活动】 2019年10月31日至11月4日，2019年广东（佛山）非遗周暨佛山秋色巡游活动举行。活动包括非物质文化遗产项目活态展示、佛山祖庙秋祭、乡饮酒礼、非遗传承人对话、秋色赛会、友城之夜、佛山粤剧周、秋色巡游、秋色大舞台等九大板块。非遗活态展示精选泛珠江三角洲区域8个省份、港澳台，以及广东省内各市的优秀非遗项目48项，在禅城区岭南天地进行集中展示，并创新利用“非遗寻宝图”手机小程序以及打卡换取消费券的形式，设置非遗知识小问题环节，增加活动趣味性和互动性。一连4天的非遗活态展示活动共计20万人次参与其中。祖庙秋祭邀请省内外嘉宾、海外友人，侨领、港澳乡亲及社会各界代表约500人参加。乡饮酒礼邀请社会各个阶层、国际友人、海外同胞和港澳同胞约400人参加，搭建联络国际友人、海外同胞和港澳乡亲情谊的桥梁。非遗传承对话围绕“非遗新时代的佛山武术传承与发展”主题于11月2日在佛山祖庙万福台举行，来自武术界代表约150人出席活动，探寻新时代背

佛山市全国重点文物保护单位名录（8处）

序　号	名　称	地　址	文物形成或建造时间	类　别
1	佛山祖庙	禅城区祖庙街道祖庙路21号	明洪武五年（1372年）	古建筑
2	南风古灶、高灶陶窑	禅城区石湾镇街道高庙路6号	明代	古遗址
3	东华里古建筑群	禅城区祖庙街道福贤社区福贤路	清代—民国时期	古建筑
4	康有为故居	南海区丹灶镇银河社区苏村敦仁里	1858—1927年	近现代重要史迹及代表性建筑
5	古椰贝丘遗址	高明区荷城古椰村鲤鱼岗侧	新石器时代	古遗址
6	清晖园	顺德区大良街道清晖路23号	清代	古建筑
7	顺德糖厂	顺德区大良街道顺峰社区沙头村	1935年投产	近现代重要史迹及代表性建筑
8	西樵山采石场遗址	南海区西樵镇西樵山碧云村石燕岩	明代、清代	古遗址

注：资料截至2019年底

佛山市省级文物保护单位名录（54处）

序号	名称	地址	文物形成或建造时间	类型
1	河宕贝丘遗址	禅城区石湾镇街道雾岗路	新石器时代	古遗址
2	梁园	禅城区祖庙街道先锋古道93号	清嘉庆、道光年间（1796—1850年）	古建筑
3	简氏别墅	禅城区祖庙街道人民路臣总里17号	清代—民国时期	近现代重要史迹及代表性建筑
4	兆祥黄公祠	禅城区塔坡社区福宁路95号兆祥公园内	1920年	近现代重要史迹及代表性建筑
5	林家厅及古民居群	禅城区石湾镇街道高庙路6号	清代	古建筑
6	霍氏古祠建筑群	禅城区石湾镇街道石头西便村东街三巷13号南侧	明代—清代	古建筑
7	文会里嫁娶屋	禅城区祖庙街道祖庙大街文会里36、38、40号	清代	古建筑
8	西樵山遗址	南海区西樵镇西樵山	新石器时代	古遗址
9	北涌亭	南海区里水镇新联社区沿江公园东侧	明弘治十八年（1505年）	古建筑
10	鱿鱼岗遗址	南海区西樵镇百西社区水边村鱿鱼岗	新石器时代	古遗址
11	崔氏大宗祠	南海区九江镇沙头社区民康路3号对面	明嘉靖四十四年（1565年）	古建筑
12	绮亭陈公祠	南海区西樵镇简村社区幼儿园东侧	清光绪十三年（1887年）	古建筑
13	曹氏大宗祠	南海区大沥镇滘北村一巷6号	明崇祯九年（1636年）	古建筑
14	慈悲宫牌坊	南海区九江镇翘南村新龙路探花公园旁	明万历年间	古建筑
15	良二千石牌坊	南海区九江镇下西社区大稔村北边	明万历二十六年（1598年）	古建筑
16	云泉仙馆	南海区西樵镇樵园社区西樵山白云洞风景区白云峰西北麓	清乾隆四十二年（1777年）	古建筑
17	平地黄氏大宗祠	南海区大沥镇平地社区平地村新市大街3号	清乾隆二十年（1755年）迁建	古建筑
18	象林塔	南海区西樵镇樵园社区西樵山白云洞风景区内	清康熙五年（1666年）	古建筑
19	九江吴家大院	南海区九江镇儒林社区人民路40号	民国时期	近现代重要史迹及代表性建筑
20	方献夫墓	南海区丹灶镇良登村孔边村孔边岗	明代	古墓葬
21	钟边村钟氏大宗祠	南海区大沥镇钟边村钟边大道11号侧	清代	古建筑
22	西华寺遗址	南海区里水镇草场社区石门山南麓西华村西华街13号	五代南汉大宝元年（958年）	古遗址
23	西樵山四峰书院遗址	佛山市南海区西樵镇西樵山寺边村	明嘉靖二年（1523年）	古遗址
24	仙岗仙迹丹泉	佛山市南海区丹灶镇仙岗社区	东晋	古建筑
25	烟桥何氏大宗祠	佛山市南海区九江镇烟南村	清代	古建筑
26	金楼及古建筑群	顺德区北滘镇碧江社区泰宁路6号	明代—清代	古建筑
27	右滩黄氏大宗祠	顺德区杏坛镇右滩村新村社五巷1号	始建于明代，清咸丰和同治年间、1931年、2005年重修	古建筑
28	明远桥	顺德区杏坛镇逢简村潭头坊	明代	古建筑
29	尢列故居	顺德区杏坛镇北水村新基大街2号	清代—民国时期	近现代重要史迹及代表性建筑
30	沙滘陈氏大宗祠	顺德区乐从镇沙滘南村沙滘小学旁	清光绪二十一年（1895年）	古建筑

（续　表）

序　号	名　称	地　址	文物形成或建造时间	类　型
31	沙边何氏大宗祠	顺德区乐从镇沙边村沙边大街28号	清康熙四十九年（1710年）	古建筑
32	西山庙	顺德区大良街道文秀社区文秀路西山山麓	始建于明嘉靖二十年（1541年），清光绪二十一年（1895年）、1985年重修	古建筑
33	青云塔	顺德区大良街道苏岗社区神步岗上	始建于明万历三十年（1602年），清道光十一年（1831年）、光绪十四年（1888年）重修	古建筑
34	贞女桥	顺德区龙江镇世埠社区长路村	南宋嘉定四年至八年（1211—1215年）建桥，明嘉靖二十八年（1549年）建牌坊	古建筑
35	尊明苏公祠	顺德区北滘镇碧江社区泰兴大街	始建于明嘉靖年间，清代重修	古建筑
36	报功祠	顺德区北滘镇桃村村桃源大道22号	始建于宋末，明天顺四年（1460年）、清康熙四十年（1701年）、道光十九年（1839年）、光绪八年（1882年）仲夏、1947年冬季重修	古建筑
37	冯氏贞节坊	顺德区北滘镇林头社区始平巷牌坊街7号前	清康熙三十七年（1698年）	古建筑
38	逢简刘氏大宗祠	顺德区杏坛镇逢简村	始建于明永乐十三年（1415年），明天启年间、清嘉庆年间、2002年重修	古建筑
39	七乡蟠龙水闸	顺德区乐从镇良村村	清道光二十八年（1848年）	古建筑
40	真武庙	顺德区容桂街道红星社区狮山东路大神庙街6号	明万历九年（1581年）重建，清乾隆十四年（1749年）重修	古建筑
41	聚奎阁	顺德区容桂街道振华社区文塔公园内	清乾隆五十九年（1794年）	古建筑
42	梅庄欧阳公祠	顺德区均安镇仓门社区华庙街	清光绪八年（1882年）重建	古建筑
43	冰玉堂	顺德区均安镇沙头社区鹤岭大街29-2	1950—1951年	近现代重要史迹及代表性建筑
44	察院陈公祠	顺德区龙江镇新华西村北华村华楼路	清代	古建筑
45	大街苏氏大宗祠（杏坛苏氏大宗祠）	顺德区杏坛镇杏坛社区	明代	古建筑
46	千里驹故居	佛山市顺德区伦教街道三洲社区	民国时期	近现代重要史迹及代表性建筑
47	胥江祖庙	三水区芦苞镇	始建于南宋嘉定年间，历经元、明、清各代多次修葺	古建筑
48	白坭银洲贝丘遗址	三水区白坭镇银洲村	新石器晚期	古遗址
49	大旗头村古建筑群	三水区乐平镇大旗头村	清光绪年间	古建筑（群）
50	梁士诒墓	三水区白坭镇岗头村九亩墩	1933年	近现代重要史迹及代表性建筑
51	魁岗文塔	三水区西南街道	明万历三十年（1602年）	古建筑（塔）
52	大岗山窑址	高明区荷城街道沿江路283号	唐代	古遗址
53	灵龟塔	高明区荷城街道沿江路283号灵龟公园龟峰山顶	明万历二十九年（1601年）	古建筑
54	谭平山故居	佛山市高明区明城镇明阳村	清光绪十二年（1886年）	近现代重要史迹及代表性建筑

注：资料截至2019年底

佛山市市级文物保护单位名录（280处）

序 号	名 称	地 址	文物形成或建造时间	类 型
1	祖庙大街店铺	禅城区祖庙街道祖庙大街麒麟社1号之2	清代	古建筑
2	龙塘诗社	禅城区祖庙街道文明里68号	民国时期	近现代重要史迹及代表性建筑
3	孔庙	禅城区祖庙街道祖庙路21号	清宣统三年（1911年）	古建筑
4	花王庙	禅城区祖庙街道燎原路弼头街38号	清乾隆五十七年（1792年）	古建筑
5	忠诚当铺	禅城区祖庙街道福贤路禄丰大街53号	清代—民国时期	近现代重要史迹及代表性建筑
6	仁寿寺塔	禅城区祖庙街道祖庙路5号	1935年	近现代重要史迹及代表性建筑
7	李可琼故居	禅城区祖庙街道莲华巷15号	清1765—1846年	古建筑
8	莲花巷土府	禅城区祖庙街道莲花巷4号	明代	古建筑
9	基督教赉恩堂	禅城区祖庙街道莲花路27号	1923年	近现代重要史迹及代表性建筑
10	李众胜堂祖铺	禅城区祖庙街道祖庙大街18号	民国时期	近现代重要史迹及代表性建筑
11	隔塘霍氏家庙建筑群	禅城区祖庙街道隔塘大街85、86号	清代	古建筑
12	傅氏家庙	禅城区祖庙街道隔塘大街28号	1916年	近现代重要史迹及代表性建筑
13	黄祥华如意油祖铺	禅城区祖庙街道祖庙大街文明里77号	清咸丰年间（1851—1861年）	古建筑
14	简照南佛堂	禅城区祖庙街道祖庙大街文会里51号	民国时期	近现代重要史迹及代表性建筑
15	陈铁军故居	禅城区祖庙街道福贤路善庆坊6号	1904—1928年	近现代重要史迹及代表性建筑
16	戢园	禅城区祖庙街道福贤路居仁里139号、福贤路131号	民国时期	近现代重要史迹及代表性建筑
17	居仁里土府	禅城区祖庙街道福贤社区居仁里38号	明代	古建筑
18	蓝田冯公祠	禅城区祖庙街道六村正街29号	明代	古建筑
19	区家庄	禅城区祖庙街道福贤路居仁里区巷1—20号	清乾隆年间（1736—1795年）	古建筑
20	石路巷古民居群	禅城区祖庙街道福贤路纪纲街石路巷1—16号	明代—清代	古建筑
21	季华女子小学旧址（铁军小学）	禅城区祖庙街道田心里17号	1933年	近现代重要史迹及代表性建筑
22	泰和当铺	禅城区祖庙街道福贤路石巷37、39号	1924年	近现代重要史迹及代表性建筑
23	适安里古建筑群	禅城区祖庙街道松风路适安里19、22、24、26号	清代—民国时期	古建筑
24	培德里古建筑群	禅城区祖庙街道松风路培德里40—50号	清代—民国时期	古建筑
25	高庙	禅城区石湾镇街道办事处忠信巷10号	清代	古建筑

（续　表）

序　号	名　称	地　址	文物形成或建造时间	类　型
26	叶家庄	禅城区祖庙街道市东上路宝善坊6—20号	清代	古建筑
27	任围	禅城区祖庙街道乐安里23至48号、任映坊1—17号	清代	古建筑
28	国公庙	禅城区祖庙街道福宁路新安街46号	清代	古建筑
29	太上庙	禅城区祖庙街道福宁路祥安街15号	清康熙二年（1663年）	古建筑
30	塔坡庙和井	禅城区祖庙街道福宁路京果街2号	唐代—清代	古建筑
31	中山公园（含中山公园牌坊、亦乐亭、李氏牌坊）	禅城区祖庙街道中山路12号	民国时期	近现代重要史迹及代表性建筑
32	佛山精武体育会会址	禅城区祖庙街道中山路12号	1935年	近现代重要史迹及代表性建筑
33	华英中学旧址	禅城区祖庙街道文沙路25号市一中内	1933年	近现代重要史迹及代表性建筑
34	青云街当楼	禅城区祖庙街道筷子路向前街3号	清代—民国时期	古建筑
35	李大夫家庙	禅城区祖庙街道新风路33号	清光绪二十三年（1897年）	古建筑
36	秀岩傅公祠	禅城区祖庙街道卫国路86号第三中学内	1916年	近现代重要史迹及代表性建筑
37	经堂古寺	禅城区祖庙街道新风路49号	清光绪七年（1881年）	古建筑
38	苏氏书塾	禅城区祖庙街道庆源坊69号	民国时期	近现代重要史迹及代表性建筑
39	吴勤烈士陵园	禅城区祖庙街道岭南大道北57号	1951年	近现代重要史迹及代表性建筑
40	沙岗张氏大宗祠	禅城区石湾镇街道沙岗村镇中路沙岗文化中心西侧	清代	古建筑
41	丰宁寺	禅城区石湾镇街道莲峰社区镇中二路北侧	清代	古建筑
42	莲峰书院	禅城区石湾镇街道莲峰社区镇中二路北侧	清康熙五十七年（1718年）	古建筑
43	大雾岗遗址	禅城区石湾镇街道莲峰社区大雾岗	唐代	古遗址
44	海口庞氏大宗祠	禅城区张槎街道海口村南新村1号侧	清光绪二年（1876年）	古建筑
45	谭仙观	禅城区张槎街道大富村小布东街16巷1号侧	清道光二十九年（1849年）	古建筑
46	绿瓦亭	禅城区石湾镇街道黎冲村黎冲上村绿瓦亭公园内	1920年	近现代重要史迹及代表性建筑
47	状元井	禅城区石湾镇街道黎冲村黎涌上村排坊三巷3号北侧	五代南汉	其他
48	黎涌陈氏大宗祠	禅城区石湾镇街道黎冲村藜涌下村大宗公园内	清代	古建筑
49	邓群岗遗址	禅城区南庄镇吉利村邓群村邓群岗	新石器晚期	古遗址
50	陈盛故居	禅城区祖庙街道衙旁街39号	1864—1926年	近现代重要史迹及代表性建筑

（续 表）

序 号	名 称	地 址	文物形成或建造时间	类 型
51	鸿胜祖馆	禅城区祖庙街道衙旁街15号	清光绪年间（1875—1908年）	近现代重要史迹及代表性建筑
52	酒行会馆	禅城区祖庙街道祖庙大街22号	清道光十一年（1831年）	古建筑
53	李广海医馆	禅城区祖庙街道忠义路平政桥侧	清末民初	近现代重要史迹及代表性建筑
54	集贤坊古民居群	禅城区祖庙街道红风大街3、5、7、9、21号，勤俭街21、23、25、27号	清代—民国时期	古建筑
55	隆庆陈氏宗祠及古官道	禅城区南庄镇罗南村隆庆村隆新大街七巷口	清嘉庆二十二年（1817年）	古建筑
56	三华罗氏大宗祠	禅城区南庄镇紫洞村三华村	清康熙三十四年（1695年）重建	古建筑
57	廖家围	禅城区石湾镇街道建国路建国二巷1、2、4号	清乾隆年间（1736—1795年）	古建筑
58	康宁聂公祠	禅城区石湾镇街道深村村东升村大街3号	明万历四十七年（1619年）始建	古建筑
59	平兰陈公祠	禅城区石湾镇街道湾华村西华村2号	清宣统三年（1911年）	古建筑
60	石梁梁氏家庙	禅城区石湾镇街道石梁村石梁二街1号	明代—清代	古建筑
61	永新社学	禅城区张槎街道弼唐村西便村13号侧	清光绪十六年（1890年）	古建筑
62	张槎仙槎书院古建筑群	禅城区张槎街道张槎村	清代	古建筑
63	张槎东岳庙	禅城区张槎街道张槎村上南村大街张槎中学北侧	清代	古建筑
64	大江罗氏宗祠	禅城区张槎街道大江村罗联村	明嘉靖元年（1522年）	古建筑
65	大沙杨氏大宗祠	禅城区张槎街道大沙村弘农大道3号	清康熙二十五年（1686年）	古建筑
66	叶生生堂	禅城区祖庙街道筷子路12号	清末至民国初期	近现代重要史迹及代表性建筑
67	众义国术体育馆旧址	禅城区祖庙街道筷子路44号	民国时期	近现代重要史迹及代表性建筑
68	探花桥	南海区九江镇翘南村新龙路探花公园旁	始建于明万历四十七年（1619年），清代重修	古建筑
69	魁星塔	南海区九江镇下北社区铁滘村东南方	清嘉庆五年（1800年）	古建筑
70	冯氏家族墓	南海区九江镇水南社区迎安大道东边	宋代	古墓葬
71	玉廪峰、大科峰、金鼠塱摩崖石刻组	南海区西樵镇西樵山	明代—清代	石窟寺及石刻
72	大石桥	南海区里水镇洲村社区里横路东侧	清道光二十八年（1848年）	古建筑
73	中共南三花工委旧址	南海区里水镇北沙村沈村村	1945—1949年	近现代重要史迹及代表性建筑
74	蔡道可、蔡子华墓	南海区里水镇逢涌村文头岭西麓	宋代	古墓葬
75	文头岭窑址	南海区里水镇逢涌村文头岭南麓	唐代—宋代	古遗址
76	李子长墓	南海区西樵镇西樵山云路村云路峰下	明嘉靖五年（1526年）	古墓葬
77	翠岩摩崖石刻	南海区西樵镇西樵山碧云村翠岩景区	清代	石窟寺及石刻

（续 表）

序 号	名 称	地 址	文物形成或建造时间	类 型
78	泗源郑公祠	南海区里水镇贤僚村西一村文明一街13号	清光绪年间重修	古建筑
79	遁叟江公祠和江头江氏宗祠	南海区桂城街道叠南社区江头村	清代	古建筑
80	黄少强故居	南海区狮山镇群岗社区小江二村九巷	清光绪二十七年（1901年）至1942年	近现代重要史迹及代表性建筑
81	古岗桥	南海区狮山镇永安社区古岗村	明代	古建筑
82	七甫陈氏宗祠	南海区狮山镇铁网坊南侧	明弘治十二年（1499年）	古建筑
83	福星桥	南海区狮山镇大榄涌上	清宣统元年（1909年）重修	古建筑
84	中共南海县委旧址	南海区狮山镇显纲村中和里234号	1927年	近现代重要史迹及代表性建筑
85	通窿岩采石遗址	南海区狮山镇石泉村南国桃园平顶岗通窿岩	明代—清代	古遗址
86	珠江纵队独立第三大队队部旧址	南海区狮山镇黄洞村东一区1号	1945年1月—1945年9月	近现代重要史迹及代表性建筑
87	伦文叙墓	南海区狮山镇芦塘社区长安墓园棋子岭西南麓	明代	古墓葬
88	义民纪念碑	南海区狮山镇狮中村陈洞村旧村东南方	1947年	近现代重要史迹及代表性建筑
89	树本善堂	南海区狮山镇狮北村银岗狮山第一小学旁	清光绪十四年（1888年）	近现代重要史迹及代表性建筑
90	奇石窑址	南海区狮山镇新境村奇石村、西门村	唐代—宋代	古遗址
91	华平李氏大宗祠	南海区狮山镇狮西村华平村	清嘉庆年间（1796—1820年）	古建筑
92	邹特夫墓	南海区大沥镇泌冲社区后海村长青墓园内	清同治八年（1869年）	古墓葬
93	叶正简夫人墓	南海区狮山镇黎岗村豸下村后山	南宋	古墓葬
94	陈宁墓	南海区狮山镇黎岗村豸下村梅花地	北宋	古墓葬
95	骆秉章墓	南海区狮山镇芦塘社区雅三村东面山岗	清同治六年（1867年）	古墓葬
96	联星江氏宗祠	南海区狮山镇联星社区上三村吉祥巷1号北侧	清光绪三十年（1904年）重建	古建筑
97	三山三眼桥	南海区桂城街道东区社区禾仰村	清嘉庆二年（1797年）	古建筑
98	奎光楼	南海区西樵镇樵园社区西樵山白云洞风景区	清乾隆四十二年（1777年）	古建筑
99	白云古寺	南海区西樵镇樵园社区西樵山白云洞风景区	清乾隆四十九年（1784年）	古建筑
100	字祖庙	南海区西樵镇樵园社区西樵山白云洞风景区	清乾隆四十二年（1777年）	古建筑
101	第弍洞天牌坊	南海区西樵镇樵园社区西樵山白云洞风景区	清乾隆年间（1736—1795年）	古建筑
102	湖山胜迹门楼	南海区西樵镇樵园社区西樵山白云洞风景区	清咸丰三年（1853年）	古建筑
103	小云亭	南海区西樵镇樵园社区西樵山白云洞风景区	清咸丰八年（1858年）	古建筑
104	光分亭	南海区西樵镇樵园社区西樵山白云洞风景区	清道光二十八年（1848年）	古建筑
105	枕流亭	南海区西樵镇樵园社区西樵山白云洞风景区应潮湖旁边	清乾隆五十四年（1789年）	古建筑

（续 表）

序 号	名 称	地 址	文物形成或建造时间	类 型
106	白云洞摩崖石刻	南海区西樵镇樵园社区西樵山白云洞风景区	明代至中华人民共和国	石窟寺及石刻
107	龙母庙	南海区西樵镇樵园社区西樵山蟠龙洞内	1938年	近现代重要史迹及代表性建筑
108	吉水窦	南海区西樵镇西樵社区吉水大道牌坊前	清光绪二十年（1894年）重建	古建筑
109	泮阳李公祠门楼	南海区狮山镇罗村社区寨边村村前街八巷1号	明代	古建筑
110	张浚家族墓	南海区狮山镇大榄社区大榄林场大旗岭	宋代	古墓葬
111	娥媚坑竹西岗汉墓群	南海区桂城街道林岳社区娥媚坑竹西岗	汉代	古墓葬
112	叶正简墓	南海区狮山镇颜峰社区人和村葫芦岗	南宋	古墓葬
113	方道隆墓	南海区丹灶镇良登村孔边村孔边岗	元代	古墓葬
114	通心岗遗址	南海区丹灶镇良登村	新石器时代	古遗址
115	三元桥	南海区九江镇儒林社区船栏街侧	清道光年间（1821—1850年）	古建筑
116	朱子襄墓	南海区九江镇下西社区太平村龟岗西南麓	清光绪八年（1882年）	古墓葬
117	李卓峰墓	南海区九江镇南方社区忠良岗	1926年	近现代重要史迹及代表性建筑
118	破排角遗址	南海区九江镇沙口社区文昌路沙口社区卫生站对面	南宋	古遗址
119	凤池曹氏大宗祠	南海区大沥镇凤池社区凤西村凤西公园旁	清代	古建筑
120	大沥“二·七”革命纪念碑	南海区大沥镇沥苑社区沥园路大沥文化公园内	1958年	近现代重要史迹及代表性建筑
121	吴氏八世祖祠	南海区大沥镇沥东社区荔庄村东区一巷1号	清代	古建筑
122	阴骘井	南海区丹灶镇仙岗社区苏坑村村尾	宋代	古建筑
123	贞烈牌坊	南海区丹灶镇仙岗社区苏坑村村口	清康熙年间（1662—1722年）	古建筑
124	颜氏大宗祠	南海区大沥镇河西社区颜边村新街76号	清道光十三年（1833年）重修	古建筑
125	傅氏山庄	南海区西樵镇西樵山碧云村	1932年	近现代重要史迹及代表性建筑
126	朝议世家邝公祠	南海区大沥镇大镇社区四中村	明代—清代	古建筑
127	邝氏始祖墓	南海区大沥镇大镇社区四中村北侧	南宋乾道九年（1173年）	古墓葬
128	铁屎墩冶炼遗址	南海区西樵镇百西社区大地村	清代	古遗址
129	三眼桥	南海区大沥镇河东社区穗盐路	明代	古建筑
130	杜氏大宗祠	南海区大沥镇白沙社区白沙村中心路涌边一巷12号侧	清乾隆五十九年（1794年）	古建筑
131	潡表李氏宗祠	南海区大沥镇黄岐社区潡表村环村东路	清代始建，1921年重建	古建筑
132	黄岐梁氏大宗祠	南海区大沥镇黄岐社区岐南村岐西大街65号侧	清代	古建筑
133	冯夏威墓	南海区西樵镇樵园社区蟠龙洞洞口	清光绪三十一年（1905年）	近现代重要史迹及代表性建筑

（续 表）

序 号	名 称	地 址	文物形成或建造时间	类 型
134	九龙岩摩崖石刻	南海区西樵镇西樵山寺边村九龙岩景区	明正德十二年（1517年）	石窟寺及石刻
135	霍韬夫人墓	南海区西樵镇西樵山寺边村	明代	古墓葬
136	西樵山抗日阵亡将士暨死难同胞纪念碑	南海区西樵镇东碧社区碧玉洞内	1947年	近现代重要史迹及代表性建筑
137	松塘东山祖祠	西樵镇上金瓯社区松塘村文昌圩22号侧	清代	古建筑
138	松塘甘井	西樵镇上金瓯社区桂阳坊42号侧	宋代	古建筑
139	松塘汇川家塾	西樵镇上金瓯社区松塘村桂香坊13号	清代	古建筑
140	松塘见五大夫祠	西樵镇上金瓯社区桂香坊	清光绪七年（1881年）	古建筑
141	松塘六世祖祠	西樵镇上金瓯社区松塘村桂香坊	清代	古建筑
142	松塘培元书舍	西樵镇上金瓯社区松塘村忠心坊4号B侧	清代	古建筑
143	松塘翘秀园	西樵镇上金瓯社区松塘村华宁坊1号	清代	古建筑
144	松塘区氏宗祠	西樵镇上金瓯社区松塘村桂香坊	清宣统二年（1910年）	古建筑
145	松塘世大夫家庙	西樵镇上金瓯社区松塘村文昌圩22号侧	清代	古建筑
146	松塘司马第	西樵镇上金瓯社区松塘村桂香坊126号	晚清	古建筑
147	松塘太史第	西樵镇上金瓯社区松塘村华宁坊59号侧	清光绪三十二年（1906年）	古建筑
148	松塘塘西六世祖祠	西樵镇上金瓯社区松塘塘西坊61号侧	清光绪二十一年（1895年）	古建筑
149	西樵山百步云梯	西樵山石牌村金钗峰北麓	明正德十二年（1517年）	古建筑
150	西樵山无叶井	西樵镇西樵山碧云村村口	明代—清代	古建筑
151	西樵山紫姑井、仙姑亭	西樵镇西樵山寺边村九龙岩景区	清代	古建筑
152	西樵山蟹眼泉	西樵镇西樵山碧云村翠岩风景区	清代	古建筑
153	百西潘氏大宗祠	西樵镇百西社区幼儿园侧	清乾隆二十六年（1761年）	古建筑
154	禄舟万寿堂	西樵镇岭西村禄舟村20号	清乾隆四十九年（1784年）	古建筑
155	信存何公祠	南海区桂城叠北东胜坊东约	清道光年间（1821—1850年）	古建筑
156	东联吴氏大宗祠	南海区丹灶镇东联社区水口村村前街西二十巷1号侧	清代	古建筑
157	南沙陈氏宗祠	丹灶镇南沙社区新村街十四巷1号	清乾隆三十九年（1774年）	古建筑
158	恒德徐公祠	丹灶镇西联社区五甲村五巷1号	清光绪八年（1882年）	古建筑
159	沙水翰林步头	丹灶镇劳边社区沙水村西街坊南乔公祠前	清代	古建筑
160	荔庄泰岭书舍	南海区大沥镇沥东社区荔庄村东区一巷1号	清代	古建筑
161	区梦觉故居	南海区西樵镇上金瓯社区华宁坊69号	清光绪三十二年（1906年）	近现代重要史迹及代表性建筑
162	上东岑局楼	南海区九江镇上东社区上东沙村红旗421—422号	1932年	近现代重要史迹及代表性建筑
163	冼光墓	顺德区乐从镇大罗村北万松原	明代	古墓葬

（续 表）

序 号	名 称	地 址	文物形成或建造时间	类 型
164	何彦墓	顺德区杏坛镇西登村小金山北端	明代	古墓葬
165	陈岩野墓	顺德区大良街道北区社区观光市场内	清道光和咸丰年间、1933年、1987年冬重修	古墓葬
166	连氏始祖古墓群	顺德区勒流街道富裕村沙富岗山麓沙富环山路旁	明代	古墓葬
167	北街古村落	顺德区杏坛镇桑麻村北街	清代	古建筑
168	黎氏家庙及民居群	顺德区杏坛镇昌教村昌教小学右侧	清代	古建筑
169	南村牧伯里民居群	顺德区乐从镇沙滘社区南村牧伯里	清代	古建筑
170	西村低地民居群	顺德区乐从镇沙滘社区西村低地中街	清代	古建筑
171	龙江石龙里民居	顺德区龙江镇龙江社区石龙里	清代	古建筑
172	克勤堂古民居群	顺德区龙江镇仙塘村朝阳农场朝阳大街	清代	古建筑
173	碧江泰兴大街祠堂群	顺德区北滘镇碧江社区泰兴大街	清代	古建筑
174	碧江村心祠堂群	顺德区北滘镇碧江社区村心大街	清代	古建筑
175	莘村曾氏大宗祠	顺德区北滘镇莘村村武城街7号	明代、清光绪十五年（1889年）	古建筑
176	莘村梁大夫祠	顺德区北滘镇莘村村义学街2号、3号	清代	古建筑
177	桃村袁氏大宗祠	顺德区北滘镇桃村村怡谋街3号	清代	古建筑
178	林头郑氏大宗祠	顺德区北滘镇林头社区粮站街42号	清康熙五十九年（1720年）	古建筑
179	广教杨氏大宗祠	顺德区北滘镇广教社区林港路西	清代	古建筑
180	宋参政李公祠	顺德区杏坛镇逢简村名园塘头街1号	清代	古建筑
181	漱南伍公祠	顺德区杏坛镇古朗村世祖巷1号	清代	古建筑
182	北水尤氏大宗祠	顺德区杏坛镇北水村北昌东	清雍正三年（1725年）	古建筑
183	杏坛梁氏大宗祠	顺德区杏坛镇光华村德彦大道牌坊边	清代	古建筑
184	豸浦胡公家庙	顺德区均安镇鹤峰社区豸浦玉堂街54号	清乾隆年间	古建筑
185	上村李氏宗祠	顺德区均安镇鹤峰社区上村大街	清光绪五年（1879年）	古建筑
186	星槎何氏大宗祠	顺德区均安镇星槎村兴隆小组天市街	清代—民国时期	古建筑
187	南浦李氏家祠	顺德区均安镇南浦村天期路	清光绪年间	古建筑
188	良教祠堂群	顺德区乐从镇良教村	清代	古建筑
189	路州黎氏大宗祠	顺德区乐从镇路州村东头坊	始建于明崇祯十三年（1640年），清同治六年（1867年）和宣统元年（1909年）重修	古建筑
190	路州周氏大宗祠	顺德区乐从镇路州村塘边大街4号	清代—民国时期	古建筑
191	大墩梁氏家庙	顺德区乐从镇大墩村玉堂北便街5号	明代—清代	古建筑
192	梅氏大宗祠与陈氏宗祠	顺德区龙江镇陈涌社区小陈涌路2号	清代	古建筑
193	张氏九世祠	顺德区龙江镇坦西社区坦田大街	清同治、光绪年间	古建筑

（续 表）

序号	名称	地址	文物形成或建造时间	类型
194	大良罗氏大宗祠	顺德区大良街道文秀社区蓬莱路本原幼儿园内	清代	古建筑
195	月池何公祠	顺德区伦教街道羊额村连州街	清朝初年	古建筑
196	松庄仇公祠	顺德区陈村镇石洲村隔基坊路	始建于清康熙四十年（1701年），清光绪九年（1883年）重建。	古建筑
197	桃村报功祠古建筑群（含金紫名宗、黎氏三世祠）	顺德区北滘镇桃村村上街6号	始建于明代，清乾隆四十三年（1778年）重修	古建筑
198	冯氏六世祖祠	顺德区容桂街道马冈村江佩直街41号	清道光九年（1829年）	古建筑
199	扶闾廖氏宗祠	顺德区勒流街道扶闾村社祥街	清光绪三年（1877年）	古建筑
200	锦岩庙	顺德区大良街道北区社区锦岩公园内	明代—清代	古建筑
201	绿榕古庙	顺德区容桂街道容里社区华容三路六巷51号	清光绪二十一年（1895年）	古建筑
202	众涌天后庙（天后宫）	顺德区勒流街道众涌村高巷大街2号	清代	古建筑
203	福善堂	顺德区乐从镇腾冲社区海边坊海边大街5号	清光绪三十年（1904年）重修	古建筑
204	龙母庙（孝通殿）和五龙庙	顺德区杏坛镇龙潭村圩庙前大街5号	始建于南宋咸淳元年（1265年），明嘉靖年间，清乾隆四十四年（1779年）和道光五年（1825年）重修	古建筑
205	巨济桥	顺德区杏坛镇逢简村逢简圩入口处	1929年	近现代重要史迹及代表性建筑
206	金鳌桥	顺德区杏坛镇逢简村根小组大地街	清康熙三十六年（1697年）	古建筑
207	爱日桥	顺德区杏坛镇龙潭村古粉牌坊前200米	明代	古建筑
208	跃龙桥	顺德区杏坛镇上地村前街	清代	古建筑
209	洛阳桥	顺德区容桂街道四基社区大市沿河路旁	明弘治年间	古建筑
210	广孝桥	顺德区勒流街道黄连社区基尾	明弘治四年（1491年）	古建筑
211	见龙桥	顺德区勒流街道西华村见龙门牌坊旁	清康熙年间	古建筑
212	德云桥	顺德区北滘镇碧江社区民乐公园	清嘉庆年间	古建筑
213	垂虹桥	顺德区陈村镇旧圩社区水沆基路段	清咸丰元年（1851年）重修	古建筑
214	御波桥	顺德区伦教街道三洲社区文明东路	始建于清咸丰年间，清光绪十一年（1885年）重修	古建筑
215	百岁坊	顺德区杏坛镇古朗村天市街卫生站侧	清乾隆十七年（1752年）	古建筑
216	节孝坊	顺德区杏坛镇古朗村排牙坊	清嘉庆三年（1798年）	古建筑
217	昇平人瑞坊	顺德区杏坛镇上地村石狮巷4号左前方	清同治六年（1867年）	古建筑
218	简竹居牌坊、六角亭	顺德区北滘镇北滘社区简岸路北侧	1934年	近现代重要史迹及代表性建筑
219	马姓回甦井	顺德区乐从镇水藤村先扬马巷	元代	古建筑
220	漱玉泉	顺德区龙江镇沙富村长流大街	明代—民国时期	古建筑
221	周鉴井	顺德区大良街道苏岗社区太平山麓	明代	古建筑

（续 表）

序 号	名 称	地 址	文物形成或建造时间	类 型
222	麦孟华、麦仲华故居	顺德区杏坛镇吉祐村爱日名关二巷4号	1874—1956年	近现代重要史迹及代表性建筑
223	伍宪子故居	顺德区杏坛镇古朗村竹林二巷2号	清代—民国时期	近现代重要史迹及代表性建筑
224	李小龙祖居	顺德区均安镇鹤峰社区上村大街小龙巷12号	民国时期	近现代重要史迹及代表性建筑
225	罗家树民宅	顺德区均安镇沙浦村海珠巷1号右侧	民国时期	近现代重要史迹及代表性建筑
226	梁廷枏故居	顺德区伦教街道常教社区藤花巷聚星里4号	清代	古建筑
227	鸣石花园	顺德区伦教街道羊额村丰埠坊	民国时期	近现代重要史迹及代表性建筑
228	刘氏宅第	顺德区乐从镇腾冲社区掘涌大街25号	1933年	近现代重要史迹及代表性建筑
229	冯立夫祖宅	顺德区龙江镇旺岗村大树里6号	民国初年	近现代重要史迹及代表性建筑
230	钟楼	顺德区大良街道文秀社区钟楼公园内	始建于明嘉靖三年（1524年），清代重修	古建筑
231	更楼	顺德区乐从镇葛岸村教德坊	1925年	近现代重要史迹及代表性建筑
232	昌教乡塾	顺德区杏坛镇昌教村昌教村委会旁	始建于清同治五年（1866年），光绪二十四年（1898年）重建	古建筑
233	合兴当铺	顺德区杏坛镇龙潭村	清代	古建筑
234	西海抗日烈士陵园	顺德区北滘镇西海村	1980年	近现代重要史迹及代表性建筑
235	四基天主教堂	顺德区容桂街道四基社区新圩路清波直街9号	清代—民国时期	近现代重要史迹及代表性建筑
236	大光明碾米厂	顺德区龙江镇龙江社区隔海桥旁海边街3号	民国时期	近现代重要史迹及代表性建筑
237	人民礼堂	顺德区大良街道文秀社区文秀路梯云岗上	1958年	近现代重要史迹及代表性建筑
238	龙潭水闸	顺德区杏坛镇龙潭村齐杏联围顺德支流涌口	清道光二十年（1840年）	古建筑
239	北水水闸	顺德区杏坛镇北水村齐杏联围顺德支流北水涌口	清道光二十一年（1841年）	古建筑
240	龙江新闸	顺德区龙江镇龙江社区东海河道上	民国时期	近现代重要史迹及代表性建筑
241	太平塔	顺德区大良街道苏岗社区太平山上	始建于明代，清道光十一年（1831年）、光绪十四年（1888年）重修	古建筑
242	七层文塔	顺德区勒流街道勒北村	始建于清乾隆二十九年（1764年），清道光二十四年（1844年）重修	古建筑
243	傅氏墓碑	顺德区勒流街道黄连社区基尾石龟一巷	明弘治四年（1491年）、明正德元年（1506年）	石窟寺及石刻

（续 表）

序 号	名 称	地 址	文物形成或建造时间	类 型
244	朗锦祠堂群	高明区更合镇新圩社区朗锦村	明代—清代	古建筑
245	深水古民居群	高明区明城镇罗稳村深水村	清代	古建筑
246	艺能严氏宗祠	高明区荷城街道南洲村塘肚村	清代	古建筑
247	文昌塔	高明区明城镇明城社区明七路	明万历十二年（1584年）	古建筑
248	梁发故居	高明区荷城街道罗西村西梁村	清代	古建筑
249	西梁梁氏宗祠	高明区荷城街道罗西村西梁村	清代	古建筑
250	高明县立三小旧址	高明区更合镇合水社区南水路13号	民国时期	近现代重要史迹及代表性建筑
251	陈汝棠故居	高明区更合镇高村村	民国时期	近现代重要史迹及代表性建筑
252	谭天度故居	高明区明城镇明阳村七社村	民国时期	近现代重要史迹及代表性建筑
253	海口塔	高明区荷城街道育才社区海口村	民国时期	近现代重要史迹及代表性建筑
254	文选楼	高明区更合镇小洞村塘角村	清代	近现代重要史迹及代表性建筑
255	把门岗贝丘遗址	三水区白坭镇周村村莘村	新石器晚期	古文化遗址
256	郑绍忠墓葬	三水区乐平镇大旗头村老虎岗	清光绪二十二年（1896年）	古墓葬
257	何维柏墓	三水区西南街道洲边村芦坑村罗盘岗西北坡	明万历十五年（1587年）	古墓葬
258	梁鹤鸣墓	三水区白坭镇周村村龙池村龙池岗	明万历十六年（1588年）	古墓葬
259	范湖邝氏大宗祠	三水区乐平镇范湖社区赤东村	清光绪二十年（1894年）	古建筑
260	绿堂	三水区芦苞镇四合村李家村中部	清光绪年间	古建筑
261	洪圣庙	三水区芦苞镇独树岗村	始建于明万历四十五年（1617年），清嘉庆五年（1800年）重修	古建筑
262	居德林公祠	三水区大塘镇六和蒲坑村	清光绪年间	古建筑
263	奉正大夫家庙	三水区大旗头村古建筑群的南面	清光绪年间	古建筑
264	裕仁郑公祠	三水区乐平镇大旗头村南一区	清光绪年间	古建筑
265	郑大夫家庙	三水区乐平镇大旗头村北一区	清光绪二十二年（1896年）	古建筑
266	西南武庙	三水区西南街道云秀社区	清嘉庆十三年（1808年）	古建筑
267	南边宝月堂（又称六祖庙）	三水区乐平镇南边社区宝月圩	始建于唐龙朔元年（661年）以前，历代重修	古建筑
268	昆都山五显古庙	三水区西南街道江根村昆都山脚	清道光十九年（1839年）重建	古建筑
269	芦苞关夫子庙（关帝庙）	三水区芦苞镇刘寨村青云路	始建于清嘉庆初年，清光绪二十一年（1895年）、民国初年两次重修	古建筑
270	西村陈氏大宗祠	三水区云东海街道杨梅村西村	清代	古建筑
271	陈金釭起义旧址	三水区乐平镇范湖村青湖村	清咸丰四年（1854年）	近现代重要史迹及代表性建筑

（续　表）

序　号	名　称	地　址	文物形成或建造时间	类　型
272	邓培故居	三水区云东海街道石湖洲村邓关村	1883—1927年	近现代重要史迹及代表性建筑
273	三水烈士陵园	三水区云东海街道三水森林公园内	1958年	近现代重要史迹及代表性建筑
274	海天书屋（梁士诒生祠）	三水区白坭镇岗头村	民国初年	近现代重要史迹及代表性建筑
275	横涌村头厅农民协会旧址	三水区云东海街道横涌村上横涌村	1926—1927年	近现代重要史迹及代表性建筑
276	半江桥	三水区西南街道河口社区	1936年	近现代重要史迹及代表性建筑
277	杜之英母墓（李氏）	三水区白坭镇周村	1932年	近现代重要史迹及代表性建筑
278	芦苞水闸旧址	三水区北江下游左岸芦苞涌口	1921年动工，1923年完成	近现代重要史迹及代表性建筑
279	广三铁路三水站	三水区西南街道河口内	清光绪二十四年（1898年）	近现代重要史迹及代表性建筑
280	三水旧海关大楼	三水区西南街道河口街北江边	清宣统元年（1909年）	近现代重要史迹及代表性建筑

注：资料截至2019年底

佛山市市级以上非物质文化遗产代表性项目名录

级　别	批　次	项目名称
国家级（4批共14项）	第一批（6项）	粤剧、剪纸（广东剪纸）、佛山木版年画、石湾陶塑技艺、狮舞（广东醒狮）、龙舟说唱
	第二批（7项）	彩扎（佛山狮头）、香云纱染整技艺、庙会（佛山祖庙庙会）、十番音乐（佛山十番）、龙舞（人龙舞）、灯彩（佛山彩灯）、中秋节（佛山秋色）
	第三批（无）	
	第四批（1项）	锣鼓艺术（八音锣鼓）
省级（7批共50项）	第一批（8项）	粤剧、剪纸（广东剪纸）、佛山木版年画、石湾陶塑技艺、狮舞（广东醒狮）、龙舟说唱、中秋节（佛山秋色）、庙会（佛山祖庙庙会）
	第二批（11项）	十番音乐（佛山十番）、龙舞（人龙舞）、灯彩（佛山彩灯）、彩扎（佛山狮头）、香云纱染整技艺、八音锣鼓、粤曲星腔、佛山木雕、佛山春节习俗、行通济、乐安花灯会
	第三批（4项）	石湾玉冰烧酒酿制技艺、九江双蒸酒酿制技艺、官窑生菜会、陈村花会
	第四批（13项）	高明花鼓调、藤编（大沥、里水）、石湾龙窑营造与烧制技艺、金箔锻造技艺、中医养生（源吉林甘和茶）、蔡李佛拳（佛山）、咏春拳（佛山、叶问宗支）、赛龙舟（九江传统龙舟）、中医传统制剂方法（冯了性风湿跌打药酒）、端午节（盐步老龙礼俗）、粤绣（广绣）
	第五批（4项）	粤曲（市直）、庙会（大仙诞庙会）、真步堂天文历算、民间信俗（观音信俗）
	第六批（5项）	粤曲（南海、顺德）、糕点制作技艺（九江煎堆制作技艺）、民间信俗（关帝侯王出游）、端午节（龙眼点睛习俗）
	第七批（5项）	鹰爪拳（佛山鹰爪拳）、奶制品制作技艺（双皮奶制作技艺）、洪拳（顺德洪拳）、中医正骨疗法（佛山伤科正骨）、庙会（胥江祖庙庙会）

（续　表）

级　别	批　次	项目名称
市级（7批共131项）	第一批（29项）	木鱼书、三字经、广东音乐、佛山十番、八音锣鼓柜、岗雕乐（高明花鼓调）、广东醒狮、人龙舞、粤剧、龙舟说唱、南音、粤讴、粤曲星腔、赛龙舟、佛山木版年画、佛山剪纸、石湾陶塑技艺、佛山木雕、佛山狮头、佛山彩灯、佛山海天酱料制作技艺、刺绣、佛山铸造技艺、香云纱、佛山秋色、行通济、祖庙北帝诞、官窑生菜会、乐安花灯会
	第二批（18项）	佛山水乡农谚、花鼓调、大头佛、蔡李佛拳（佛山）、龙形拳、白眉拳、南海灰塑、石湾玉冰烧酒酿制技艺、佛山盲公饼制作技艺、九江双蒸酒酿制技艺、民间竹编、冯了性风湿跌打药酒、源吉林甘和茶、佛山春节习俗、大仙诞庙会、陈村花卉习俗、高明濑粉节、龙舟说唱（南海、扩展项目）
	第三批（13项）	三山咸水歌、岭南古琴艺术、咏春拳、九江传统龙舟、石湾龙窑技艺、佛山饼印、九江煎堆制作技艺、南海藤编、西樵传统缫丝技艺、金箔锻造技艺、上元舞火龙习俗、盐步老龙礼俗、广东醒狮（禅城、扩展项目）
	第四批（9项）	麦边舞龙、粤曲、南海竹编、三水龙舟制作、三水玉雕、蔡李佛鸿胜功夫推拿、华光诞、胥江祖庙庙会、广东醒狮（市直、扩展项目）
	第五批（10项）	佛山少临南家拳、佛山鹰爪拳、佛山酝扎猪蹄制作技艺、佛山砖雕、香云纱（坯纱）织造技艺、西樵大饼制作技艺、佛山伤科正骨、佛山伤科制药技艺、佛山祖庙春秋谕祭、大江龙舟习俗
	第六批（22项）	九江灯谜、丹灶葛洪炼丹传说、佛山十番（同乐堂十番）、龙形拳、熊氏少林大易筋经、华岳心意六合八法拳、叠滘弯道赛龙船、岭南盆景（佛山）、高明花灯、高明扎狮、石湾琉璃瓦制作技艺、龙舟制作技艺（三水洲边）、佛山酱料制作技艺（西南抽油）、石湾艺术釉（三水南山五彩）、佛山红模铸造工艺（高明）、扒草艇（湖涌）、祠堂祭祖（平地黄氏冬祭）、黄岐龙母诞、北村生菜会、烧番塔（松塘）、烧番塔（仙岗）、赤山跳火光习俗
	第七批（30项）	粤曲（顺德）、洪拳（顺德）、洪拳（南海）、黄连龙虱游艺、侠家拳、岭南书法艺术（佛山）、广绣（石硝）、唢呐制作技艺、广式家具制作技艺、平洲传统玉器制作技艺、九江传统鱼花技艺、均安蒸猪制作技艺、礼饼制作技艺（顺德伦教）、伦教糕制作技艺、大良鱼灯制作技艺、顺德红米酒酿造技艺、牛乳制作技艺（顺德大良）、陈村粉制作技艺、煎堆制作技艺（顺德龙江）、萨琪玛制作技艺（三水）、疍家菜制作技艺（三水）、佛山纸扑、奶制品制作技艺（双皮奶制作技艺）、龙潭龙母诞、黄连仓沮信俗、扒龙舟（高明）、真步堂天文历算、民间信俗（观音信俗）、端午节（龙眼点睛习俗）、民间信俗（关帝侯王出游）

注：截至2019年10月，国家级、省级、市级项目分别为4批、7批、7批。

佛山市市级以上非物质文化遗产代表性传承人名单

级　别	批　次	传承人	
		名　称	姓　名
国家级（5批共15人）	第一批（2人）	佛山木版年画	冯炳棠
		石湾陶塑技艺	刘泽棉
	第二批（2人）	龙舟说唱	伍于筹
		龙舟说唱	尤学尧
	第三批（4人）	剪纸（广东剪纸）	陈永才
		灯彩（佛山彩灯）	邓　辉
		彩扎（佛山狮头）	黎　伟
		香云纱染整技艺	梁　珠
	第四批（3人）	石湾陶塑技艺	黄松坚
		石湾陶塑技艺	廖洪标
		灯彩（佛山彩灯）	杨玉榕

（续 表）

级 别	批 次	传承人	
		名 称	姓 名
国家级（5批共15人）	第五批（4人）	佛山十番	何汉沛
		龙舟说唱	陈振球
		广东醒狮	黄钦添
		佛山秋色	何 信
省级（6批共58人）	第一批（21人）	十番音乐（佛山十番）	何汉然
		狮舞（广东醒狮）	关润雄
		八音锣鼓	梁兆帝
		龙舞（人龙舞）	苏求应
		龙舟说唱	伍于筹
		龙舟说唱	尤学尧
		粤曲星腔	李月友
		剪纸（广东剪纸）	陈永才
		佛山木版年画	冯炳棠
		佛山木雕	何耀辉
		灯彩（佛山彩灯）	邓 辉
		灯彩（佛山彩灯）	陈棣桢
		灯彩（佛山彩灯）	杨玉榕
		石湾陶塑技艺	刘泽棉
		石湾陶塑技艺	黄松坚
		石湾陶塑技艺	廖洪标
		香云纱染整技艺	梁 珠
		香云纱染整技艺	黄田胜
		彩扎（佛山狮头）	黎 伟
		彩扎（佛山狮头）	黎婉珍
		中秋节（佛山秋色）	何 信
	第二批（6人）	狮舞（广东醒狮）	黄钦添
		龙舞（人龙舞）	林普宣
		剪纸（广东剪纸）	何 燕
		石湾陶塑技艺	梅文鼎
		石湾陶塑技艺	钟汝荣
		中秋节（佛山秋色）	何洁桦

（续 表）

级 别	批 次	传承人	
		名 称	姓 名
省级（6批共58人）	第三批（8人）	十番音乐（佛山十番）	何汉沛
		龙舟说唱	陈振球
		蔡李佛拳（佛山）	黄镇江
		灯彩（佛山彩灯）	梁达光
		酿造酒传统酿造技艺（九江双蒸酒酿制技艺）	何松贵
		酿造酒传统酿造技艺（石湾玉冰烧酒酿制技艺）	郭 波
		石湾陶塑技艺	潘柏林
		中医传统制剂方法（源吉林甘和茶）	陈云鹄
	第四批（12人）	咏春拳（叶问宗支）	叶 准
		蔡李佛拳（佛山）	梁伟永
		赛龙舟（九江传统龙舟）	朱石明
		剪纸（广东剪纸）	饶宝莲
		佛山木版年画	冯锦强
		藤编（大沥）	梁灿尧
		石湾陶塑技艺	刘国祥
		石湾龙窑营造与烧制技艺	蒙文德
		金箔锻造技艺	吴深龙
		端午节（盐步老龙礼俗）	邵钜熙
		粤绣（广绣）	阮贤娥
		真步堂天文历算	蔡伯励
	第五批（8人）	锣鼓艺术（八音锣鼓）	黄干洪
		龙舞（人龙舞）	林惠宣
		狮舞（广东醒狮）	何狄强
		粤剧	李淑勤
		粤曲	沈曼梨
		石湾陶塑技艺	刘 炳
		中医传统制剂方法（冯了性风湿跌打药酒传统组方及工艺）	谭 珍
		中医传统制剂方法（源吉林甘和茶）	杨雄辉
	第六批（3人）	狮舞（广东醒狮）	夏志成
		石湾龙窑营造与烧制技艺	苏乃灌
		糕点制作技艺（九江煎堆制作技艺）	胡伯伦

（续 表）

级 别	批 次	传承人	
		名 称	姓 名
市级（5批共163人）	第一批（61人）	佛山十番	何汉然 何汉耀 何汉沛 何汉镐 何庆良 马达明
		八音锣鼓	梁兆帝 麦牛冠 周途科
		广东醒狮	关润雄 黄桂平 黎念忠 张志华 黄钦添 吴向荣 陈幼民 夏志成 易孝安 何狄强 梁伟永 刘汉庭 梁泰豪
		人龙舞	苏求应 林普宣
		粤剧	李淑勤
		龙舟说唱	伍于筹 尤学尧 梁桂芬 陈振球
		粤曲星腔	李月友
		佛山木版年画	冯炳棠 冯锦强
		佛山剪纸	陈永才 何 燕
		佛山木雕	何耀辉
		佛山狮头	黎 伟 黎婉珍
		石湾陶塑技艺	刘泽棉 廖洪标 黄松坚 梅文鼎 钟汝荣 潘柏林 黄志伟 梅晓山 刘雪玲 刘健芬 刘国祥 冼艳芬
		佛山彩灯	邓 辉 陈棣桢 杨玉榕 林润深 唐洁容 辛丽贤 梁达光 杨小燕
		香云纱染整技艺	梁 珠 黄田胜 陈伟明
		佛山秋色	何 信 何洁桦
	第二批（21人）	大头佛	邓波棠 邓炽棠 关辉洪
		蔡李佛拳（佛山）	黄镇江 梁伟永
		佛山剪纸	吴子洲 邓春红
		佛山彩灯	陈荣昌 林燕华 黄宏宇
		南海联表灰塑	关劲荘
		广绣	招惠珠
		石湾陶塑技艺	刘 炳 霍家荣 潘振辉 杨锐华
		石湾玉冰烧酒酿制技艺	郭 波 谢 敏
		九江双蒸酒酿制技艺	何松贵 崔汉彬
		源吉林甘和茶	陈云鹄
	第三批（29名）	岭南古琴艺术	梁 球
		广东醒狮	陈汝安
		粤剧	梁智理

（续　表）

<table>
<tr><th rowspan="2">级　别</th><th rowspan="2">批　次</th><th colspan="2">传承人</th></tr>
<tr><th>名　称</th><th>姓　名</th></tr>
<tr><td rowspan="38">市级
（5批共163人）</td><td rowspan="18">第三批
（29名）</td><td>咏春拳</td><td>郭伟湛　叶　准</td></tr>
<tr><td>蔡李佛拳（佛山）</td><td>黄文佳　梁旭勇</td></tr>
<tr><td>龙形拳</td><td>马国辉</td></tr>
<tr><td>白眉拳</td><td>黄新健</td></tr>
<tr><td>九江传统龙舟</td><td>刘永成　朱石明</td></tr>
<tr><td>佛山剪纸</td><td>茹新梅　饶宝莲　赵丽达</td></tr>
<tr><td>石湾陶塑技艺</td><td>庞文忠</td></tr>
<tr><td>石湾龙窑技艺</td><td>苏乃灌　陈　钊　蒙文德</td></tr>
<tr><td>佛山饼印</td><td>杨海成</td></tr>
<tr><td>民间竹编</td><td>曹健荣</td></tr>
<tr><td>传统缫丝技艺</td><td>黎雪芬</td></tr>
<tr><td>南海藤编（里水）</td><td>何日成</td></tr>
<tr><td>南海藤编（大沥）</td><td>梁灿尧</td></tr>
<tr><td>金箔锻造技艺</td><td>吴深龙</td></tr>
<tr><td>九江煎堆制作技艺</td><td>邹珍珠</td></tr>
<tr><td>源吉林甘和茶</td><td>钱碧坤</td></tr>
<tr><td>冯了性风湿跌打药酒</td><td>邬威尧</td></tr>
<tr><td>大仙诞庙会</td><td>冯腾飞</td></tr>
<tr><td>盐步老龙礼俗</td><td>邵钜熙</td></tr>
<tr><td rowspan="19">第四批
（21人）</td><td>广东醒狮</td><td>朱绍英　梁启钊　庞兆升</td></tr>
<tr><td>麦边舞龙</td><td>张志华</td></tr>
<tr><td>粤剧</td><td>莫增平</td></tr>
<tr><td>曲艺</td><td>沈曼梨</td></tr>
<tr><td>咏春拳</td><td>梁伟志　姚忠强</td></tr>
<tr><td>蔡李佛拳（佛山）</td><td>何焯华　吴伯泉</td></tr>
<tr><td>九江传统龙舟</td><td>朱贤勤</td></tr>
<tr><td>佛山彩灯</td><td>罗志环</td></tr>
<tr><td>佛山剪纸</td><td>陈嘉彦</td></tr>
<tr><td>佛山木版年画</td><td>郑太昌</td></tr>
<tr><td>南海藤编（里水）</td><td>何丽容</td></tr>
<tr><td>刺绣</td><td>劳惠然</td></tr>
<tr><td>南海竹编</td><td>甘惠玲</td></tr>
<tr><td>三水玉雕</td><td>钱贵根</td></tr>
<tr><td>源吉林甘和茶</td><td>杨雄辉</td></tr>
<tr><td>冯了性风湿跌打药酒</td><td>谭　珍</td></tr>
<tr><td>盐步老龙礼俗</td><td>邵灿贤</td></tr>
</table>

（续 表）

级 别	批 次	传承人	
		名 称	姓 名
市级 （5批共163人）	第五批 （31人）	广东醒狮	邓伟杰 叶仲铭 谢伯森
		蔡李佛拳（佛山）	李伟峰 潘成光
		咏春拳	梁湛声 麦耀明 钟伟华
		佛山少临南家拳	梁伟焯
		佛山鹰爪拳	曾 坤 陈健志
		剪纸（广东剪纸）	邓燕平
		灯彩（佛山彩灯）	吴光钜 李文涛 陈志棠
		佛山木雕	罗荣操 黄卓浩
		佛山木版年画	刘钟萍
		南海藤编	陆凯文
		佛山铸造技艺	庞耀勇
		石湾玉冰烧酒酿制技艺	何国良
		刺绣（广绣）	陈新妹
		佛山砖雕	张汉泉
		石湾陶塑技艺	霍然均
		金箔锻造技艺	吴炜全
		西樵大饼制作技艺	陈柱卫
		九江煎堆制作技艺	胡伯伦
		香云纱（坯纱）织造技艺	张绍锦 张绍景
		三水龙舟制作（新沙）	关群苏
		中秋节（佛山秋色）	梁凤英

注：截至2019年底，国家级、省级、市级传承人分别为5批、6批、5批

景下佛山武术传承与发展的路径。秋色巡游于11月1日、2日连续2晚举行，45个表演项目、8辆彩车参加巡游。

【西樵山采石场遗址成为全国重点文物保护单位】 2019年10月16日，国务院印发《关于核定并公布第八批全国重点文物保护单位的通知》，佛山西樵山采石场遗址入选第八批全国重点文物保护单位。西樵山采石场遗址位于佛山市南海区西樵山狮脑峰东南，包括“天窗格”“石屏风”“石祠堂”等几处遗址，距今3000～6000年前曾是珠江三角洲最重要的石器制造场，出产的霏细岩是制作细石器的主要原料，是广东最古老、延续时间最长、最具代表性的石器原料采集和加工中心。1973年，著名考古学家贾兰坡将西樵山采石场遗址与山西省怀仁县的鹅毛口遗址列为中国新石器时代南北方两个大规模的石器制造场。2002年7月，广东省人民政府将其公布为广东省文物保护单位。2015—2016年，当时的南海区文化体育局会同广东省文物考古研究所对西樵山采石场遗址开展2个阶段的水下考古调查，国家文物局水下文化遗产保护中心也于2016年立项广东西樵山石燕岩水下洞窟遗址调查项目。西樵山采石场遗址是国内保存最好的水下采石场遗址，是国内少有的因突发事件定格的历史遗存，是凝固的古代采石场工业遗存，是解读珠三角石构建筑的一把钥匙，具有重大的历史价值及科学价值。

（张紫林）

文艺创作

【美术创作】 2019年，佛山市艺术创作院持续组织开展庆祝中华人民共和国成立70周年、粤港澳大湾区、岭南魅力城

市等主题文艺创作，鼓励艺术家参加国内外重要展览，为佛山争取荣誉。全年艺术创作院艺术家有70多件（幅）作品入选市级以上美术展览，包括3个国际展览、11个国家级展览、34个省级展览、45个市级展览，在国外举办展览1个。其中：在职及院聘艺术家有10件作品入选“庆祝中华人民共和国成立70周年——第十三届全国美术作品展览”，2件作品获评“进京作品”；雕塑家简锡昭作品入选“我和我的祖国——庆祝中华人民共和国成立70周年广东优秀美术作品展”；王永才作品入选第十二届中国艺术节全国优秀美术作品展；邱大尉作品入选粤港澳大湾区美术作品展、庆祝中华人民共和国成立70周年——广东省美术作品展览、赴法国文化交流活动粤剧主题画展。

【文学创作】 2019年，佛山市文学创作活动活跃。其中，报告文学集《禅商有道——新时代禅商启示录》和长篇小说《关东匪事》出版；长篇小说《闯广东》入选2019年度广东最具价值版权作品，并由广东省作家协会推荐参评第十届茅盾文学奖；周崇贤长篇小说《风叩门环》获广东重大现实与历史题材创作选题扶持；盛慧《岭南的乡愁》获评佛山市民最喜爱图书；多篇散文、诗歌、短篇小说发表或入选国内重要报刊，其中散文《岭南说根脉》被《散文海外版》2019年第1期转载、散文《时光练习本》入选《广东当代优秀作品选（蒙文版）丛书》、短篇小说《你看你看欠揍的脸》入选《四十年文艺精品选辑——广东小说卷》。

【粤剧创作】 2019年，佛山粤剧传习所（佛山粤剧院）先后开展粤剧《大国灯匠》修改提升，推进大型粤剧《镜海魂》《七十二家房客》创排和《小周后》复排，并举行相应演出。粤剧《大国灯匠》在吸收专家及上级部门对剧情、人物性格、舞美等方面的建议完成修改提升后，先后在佛山市顺德区、南海区、高明区、三水区、禅城区及广州文化公园中心台进行惠民巡演，该剧最大的特色就是本土化，从编剧、导演、演员、舞台到表现题材都来自佛山本土。大型粤剧《镜海魂》由佛山粤剧院与澳门文化局联合打造，由同名京剧移植改编而来，创排完成后于6月1日应邀赴澳门参加第三十届澳门艺术节，在澳门文化中心公演。大型粤剧《七十二房客》由佛山粤剧院于2019年下半年正式完成舞台创作，先后在广（州）佛（山）两地演出5场次。粤剧《小周后》由佛山粤剧院于是年上半年复排，于7月应邀赴香港演艺学院举行一连5天的专场演出。

【文化与文艺理论研究】 2019年，佛山市艺术创作院先后完成《佛山人与现代中国》、《佛山韵律文学艺术丛书》（2018年卷）、《西江清流——区大相》等图书的编撰。完成国家重点课题“社会转型中的传统工艺美术”子课题“香云纱的现代变迁”“社会转型中的石湾陶艺”结题报告。申报“文学刊物与地方文化生态——以《佛山文艺》为中心的考察”课题并获市社科规划青年项目立项。策划或参与“新时代戏曲的创作与发展·粤剧篇”研讨会、纪念粤剧“世遗”十周年“粤韵流芳——佛山粤剧周”系列专题研讨会、当下香港电影发展现状学术研讨会暨第一届港台电影博士论坛、“中国文学研究与教学七十年”研讨会、佛山市文化旅游融合与可持续发展专题培训班等学术活动和专题培训。市艺术创作院主办的内部刊物《佛山艺文志》继续编印，作为佛山市专家学者及文化界人士理论探索与争鸣的平台，以及文化艺术研究与交流的载体，截至2019年底累计出版32期。年内，市艺术创作院文艺工作者有10余篇学术论文、文艺评论和作家访谈发表或收录于《学术评论》《佛山科学技术学院学报》《佛山文艺》《佛山研究》《佛山艺文志》《春江水暖：佛山文艺40年作品选粹》《佛山韵律文学艺术丛书》《中国艺术研究院研究生院建院40周年论文集》等刊物。

【《佛山韵律文学艺术丛书》（2018年卷）出版】 2019年8月31日，《佛山韵律文学艺术丛书》（2018年卷）由花城出版社出版。丛书由佛山市文化广电旅游体育局和佛山市文学艺术界联合会共同策划，由佛山市艺术创作院牵头担纲并联合文联各协会参与统筹、组稿和编辑。丛书内容包括文学、戏剧、文艺评论、美术、书法、摄影、民间工艺7大艺术门类，共8卷。丛书作为佛山2018年度优秀文艺作品汇编，主要收录2018年度获得省级以上奖励或在省级以上公开发行报刊发表的作品，包括23篇小说、29篇散文、59首（组）诗歌、14篇剧本、46篇文艺评论、314件美术作品、182件书法作品、200多幅（组）摄影作品、近200件民间工艺作品，集中展示2018年全市文学艺术最新成果。

（郑　蔚）

文化产业

【概况】 截至2019年底，佛山市有“三上”（规模以上文化制造业、限额以上文化批发零售业、规模以上文化服务业）文化企业495家，有市级以上文化产业示范园区12个，其中市级园区6个、省级园区6个，聚集中小微文化企业超3000家。

【文化产业扶持政策】 2019年，佛山市印发《佛山市关于加快文化产业发展的若干政策措施》，明确在鼓励企业做大做强、鼓励融合发展等10个方面的奖励措施，还明确佛山将重点发展4K产业、动漫游戏、创意设计、高端文化装备制造。按照该政策措施精神，符合条件的企业最高可获1000万元补贴。为了推进该政策措施落实，市文广旅体局印发《2019年度佛山市文化产业扶持资金竞争性分配项目申报指南》，并做好政策宣传，通过短信、微信等方式向全市400家“三上”文化企业发送政策信息，并先后两次召开政策宣讲会，为400多名企业代表作政策解读。年内，有62个项目进行扶持资金竞争性分配申报，其中有44个项目符合基本条件，最终29个项目获总额1410万元资金扶持。

【岭南特色民宿产业发展】 2019年，佛山市文化广电旅游体育局推进佛山市民宿产业发展各项工作，促进岭南特色民宿产业发展。推动成立佛山市民宿发展协调小组，制定“佛山市民宿发展协调小组工作制度”，召开全市民宿发展现场推进会和民宿发展协调小组工作会议，明确民宿发展的治安、消防、商事登记、房屋安全鉴定、土地及房屋性质、权属等问题解决方案，并明确各类不同民宿主体的申办条件。联合佛山日报社开展民宿LOGO设计大赛，评出11件优秀作品，并确定以“悦岭南、宿佛山”为主题的佛山民宿官方标识。

【文化产业招商】 2019年，佛山市在文化产业招商过程中，接待包括深圳华侨城、香港银都机构、伟光汇通、泉州功夫动漫、博纳影业、深圳洛克特、腾竞体育、宝琳创展、华体体育等共15批次的投资者到佛山投资考察，接触洽谈项目19个。6月，保利集团和南方报业传媒集团签订合作协议，在毗邻广州南站的佛山三龙湾高端创新集聚区核心区域投资建设建筑面积35.5万平方米、投资超20亿元的粤港澳大湾区电竞文创中心，将引入数十家电竞、文创产业上下游企业及配套企业进驻，引领大湾区电竞产业迈向新台阶。

【佛山“展翅行动”入选国家级文旅创客行动】 2019年，佛山“展翅行动”入选文化和旅游部产业发展司“2019年文化和旅游创客行动地方实施项目名单”，成为佛山市首个政府主导，并通过项目路演、提供文创沙龙与培训等创业服务推动初创文创企业发展的国家级文旅创客行动。9月23日，2019年佛山“展翅行动”正式启动。整个活动吸引500多人次参与，165家企业和团队报名，26家企业进入路演环节，10家企业获得扶持。同时，由市文广旅体局授牌、广东股权交易中心承办的文化金融服务中心也于2019年“展翅行动”启动仪式当天揭牌运营，引导和发动文创企业到区域性股权市场展示挂牌，为文创企业提供涵盖品牌提升、融资服务、投融路演、规范培训、政策关怀等资本市场服务。

（易云鹍）

文化行业监管

【概况】 2019年，佛山市有歌舞娱乐场所402个，游艺场所346个，互联网上网服务营业场所536个，全市文广旅体市场繁荣和谐稳定，无发生群体性事件，无形成负面社会热点问题，无发生重特大安全事故。是年，佛山市文化广电旅游体育局深化文旅市场综合执法改革，全面推进文旅市场综合执法一体化建设，探索建立审批监管处罚三合一立体执法体制。严把审批关、生产监督关、执法关，强化监管，时刻绷紧文广旅体安全弦，加强日常巡查，深入开展文广旅体市场专项整治、“扫黄打非”集中行动、“百日整治”行动、“平安娱乐文化场所”建设、“迎大庆保平安”、“奋战50天”、扫黑除恶专项斗争系列工作，严厉打击各种违法违规行为，确保全市文广旅体市场平安稳定、健康有序发展。

【文化市场监管体系建设】 2019年，佛山市文化广电旅游体育局成立安全生产领导小组，并明确文广旅体系统2019年安全生产工作要点，全面开展文广旅体系统安全生产管理工作。对照“三定”（定职能、定机构、定人员编制）方案中明确的各科室职责，将文化体育场馆、文物保护单位、文化体育活动、重大体育赛事、文化娱乐场所、文化营业性演出、互联网上网营业服务、旅行社、A级景区、星级饭店、广播电视播出和传输安全、经营高危险性体育项目等安全责任明确落实到各领导和科室，形成全局统筹、各司其责、齐抓共管的局面。市文广旅体局设文广旅体市场综合执法机构综合执法一科、综合执法二科2个执法科室，统一负责市辖区范围内执法工作，承担全市文化市场执法监督、组织专项行动、案件审核、人员培训等工作。在各区设置执法分支机构，撤销各区原文化市场综合执法大队，组建佛山市文化广电旅游体育局禅城综合执法支队、南海综合执法支队、顺德综合执法支队、高明综合执法支队、三水综合执法支队，为市文化广电旅游体育局正科级派出机构，以市文广旅体局名义承担所辖区域内的综合文化市场行政处罚工作。市文广旅体局对全市文广旅体系统行政处罚案件办理流程、执法办案文书、重大行政执法决定法制审核、集体讨论制度等进行规范，强化工作要求和执行标准，确保行政执法公示、执法全过程记录、重大执法决定法制审核等制度的贯彻落实。

【文化市场专项整治活动】 2019年，佛山市文化广电旅游体育局结合佛山市文广旅体市场实际，开展一系列的专项整治活动，净化文广旅体市场环境。开展2019年“平安文化娱乐场所”建设活动，在各区建设“平安文化娱乐场所”示范点。查处歌舞娱乐场所超时经营、网吧（咖）违规接待未成年人、电子游艺机室非国家假日期间违规接纳未成年人等违法经营行为，全年全市文广旅体系统出动执法人员12913人次，检查文化市场经营场所4589个次，立案查处互联网上网服务场所案件5件、娱乐场所案件5件、出版物市场案件12件，共罚款22300元，没收违法所得554元，勒令停业整顿经营场所2个，吊销许可证经营场所1个，取缔黑网吧11个，收缴电脑98台（套）、显示器17个，收缴非法出版物（印刷品）2401余份（张、册），取缔非法销售非法出版物游商地摊5个。加强春节、五一劳动节、端午节、国庆节等重大节假日期间文广旅体市场安全生产监督，包括开展五一劳动节节前安全生产检查、端午节前安全生产暨市场秩序检查联合执法、2019年“防风险保平安迎大庆”消防安全暨中秋节前安全生产联合检查、文广旅体行业国庆节前安全生产暨市场秩序督导、全市文广旅体行业节前安全生产暨市场秩序督导等节前安全生产监管活动。年内，市文广旅体局还在全市文广旅体系统深入开展七类重点行业领域安全生产专项整治行动、市文旅体市场百日整治行动、扫黑除恶专项斗争工作、扫黄打非、风险点危险源安全生产大检查、消防安全领域专项整治、“安全生产月”和“安全生产万里行”活动、“防风险保平安迎大庆”消防安全执法检查、“奋战50天全年保平安”、“今冬明春火灾防控工作”等专项活动。

【文化市场行政审批制度改革】2019年，佛山市市、区两级文化广电旅游体育部门推进“放管服”改革。将意识形态工作与文化市场放管工作结合起来，实行“意识形态工作责任制”，制定“佛山市演出市场引入社会义务监督员工作实施方案”，将日常巡查与开展文化市场专项整治相结合、网上检查与网下监管相结合、严厉打击与强化宣传引导相结合，确保意识形态领域安全。深化对演出活动的监管，继续探索演出市场引入社会力量参与监督新机制，从2017年演出市场引入社会义务监督员工作实施以来至2019年，全市累计出动义务监督员531人次，实施监督531场次。实行文旅体审批业务承诺件限期办结工作制度，全年市、区两级文旅体审批业务1480宗。全年市、区两级文旅体审批业务全部按法定要求提前或按时办结，全市文旅体市场行政审批实现“零投诉”“零警告”。

【佛山市广播电视安全播出和网络安全应急演练】2019年9月10日，佛山市文化广电旅游体育局联合市委宣传部、市委政法委、市委网信办，在佛山广电网络安全播出指挥中心主会场及各区6个分会场举行迎接中华人民共和国成立70周年佛山市广播电视安全播出和网络安全应急演练。佛山市广播电视系统安全播出领导小组和安全播出指挥中心全体成员，市、区有关部门负责人，有关企业负责人等200多人参加演练活动。应急演练设置网络遭遇恶意攻击和骨干光缆遭遇恶意破坏被非法插播这两大演练科目，现场应用佛山广电网络的网络安全罩和态势感知通报预警系统、应急广播体系、融合视频平台及光缆在线监测系统处置突发情况，并采用视频直播方式，实时呈现演练实景和全过程。

（梁 艺）

图 书

【概况】截至2019年底，佛山市有区（县）以上公共图书馆6家，均为国家一级馆。佛山市联合图书馆共有成员馆339家，总藏书量1140.99万册，其中佛山市图书馆及其所属成员馆藏书量312.44万册、禅城区属成员馆藏书量148.72万册、南海区属成员馆藏书量281.21万册、顺德区属成员馆藏书量232.48万册、高明区属成员馆藏书量57.21万册、三水区属成员馆藏书量108.93万册。

（严 慧）

2019年11月24日至12月7日，佛山市图书馆举办“南风讲坛25周年成果展”，市图书馆历任馆长及讲坛主要负责人参加活动并合影 （市图书馆供图）

【佛山市图书馆】2019年，佛山市图书馆有主馆和祖庙路分馆2个馆舍，总建筑面积5.3万平方米，拥有近300万册图书、近3000种中外报刊、200万册电子图书，有多个大型数据库以及3000个阅览座位、200多台读者使用终端，无线网络覆盖范围100%，为市民提供智能化、数字化、网络化的多维阅读体验。

图书馆基础服务　全年采购纸质图书31.3万册、期刊1662种、报纸172种、音像2556盒、电子图书13.6万种、电子期刊4.21万种、电子报纸700种。全年进馆读者282万人次。年文献流通量300.98万册次。全年新增办证3.8万个，累计办证量达50.91万个；新增纸质文献34.95万册，累计馆藏纸质文献298.18万册。全年读者到馆咨询、电话咨询、微信咨询等24万人次，为党政部门、企事业单位提供定题服务115项，出版信息刊物300期。全年接待同行交流、读者团体参观78批次4023人次。推出《港澳读者服务指南》和“公共图书馆广佛通”合作项目，港澳读者持“港澳居民居住证”即可到佛山市联合图书馆各成员馆免费开通借阅功能，广佛两地实现读者证互认、两地市民互认、文献资源互通。是年，主馆少儿阅读乐园于11月起开放夜间服务；祖庙路分馆全年进馆

2019年佛山市国家一级图书馆一览表

序　号	名　称	地　址
1	佛山市图书馆	佛山市顺德区乐从镇华康道11号
2	佛山市禅城区图书馆	禅城区石湾榴苑四街四座
3	佛山市南海区图书馆	广东省佛山市南海区桂城街道天佑三路106号
4	佛山市顺德区图书馆	佛山市顺德区大良碧水路
5	佛山市高明区图书馆	佛山市高明区荷城街道文昌路56号
6	佛山市三水区图书馆	佛山市三水区西南街道文锋东路21巷

读者110万人次，新增办证量7573个，文献流通量50.42万册次。

阅读推广　通过阵地建设、服务升级、社会联动，推动多个阅读推广品牌持续发展，并开展“庆祝中华人民共和国成立70周年”系列活动、“佛山韵律　书香怡城”全民阅读系列活动、“百千万”佛山产业工人发声行动、广佛同城系列活动、佛山网络诵读大赛、家庭阅读季、邻里图书馆阅读嘉年华等大型活动。全年开展公益阅读推广活动2525场次，读者参与72万人次。年内，邻里图书馆发展至803家，组织开展阅读推广活动703场次，服务市民读者超1.9万人次，“千家万户”阅暖工程——邻里图书馆获第三批广东省公共文化服务体系示范项目创建资格；佛山阅读联盟成员发展至77家；公共文化设施联盟定期推出的《佛山韵律　文化生活导航》成为佛山最全最实用的文化信息导航地图。

文献研究　征集入藏地方文献7000余册。编制馆藏族谱、木鱼书、地方文献（1949年以前）三大特色文献目录。编撰《中华古籍总目·广东卷》。完成佛山市图书馆馆藏族谱数据库建设与佛山历史人物辑录数据库结构功能设计。

服务系统技术升级　佛山市图书馆应用软件系统（系统拥有7大平台，21个子系统）项目建设取得突破性进展，完成测试、试运行、培训、正式运行、验收等全过程工作。公共数据中心、微信门户、网站门户、统一新媒体客服系统、OA系统等正式上线运行，为读者提供更加便捷、人性化服务。年内，推出网上办证和微信扫码借书功能。

联合图书馆体系建设　“一个市级中心馆、五个区级总分馆体系、全市通借通还”的服务网络基本建成，同时，全市智能图书馆综合管理平台基本建成。联合图书馆成员馆发展至339家，其中普通成员馆80家、智能图书馆256家、馆外新书借阅点3个。全年图书流通量858.36万册次。新增办证量13.50万个，累计办证量144.77万个，全市常住人口持证率超18.3%。新增文献146.76万册，累计馆藏纸质文献1140.99万册。移动智能图书馆外出行程1.67万千米，上门服务280次。

数字图书馆建设　采购各类型数据库26个，佛山市联合图书馆数字资源共建共享平台拥有外购商业数据库38个、试用数据库75个、自建数据库12个，资源容量高达260TB，全年平台年访问量42万余人次，平台累计访问量283.3万人次。建成市支中心1个、区支中心5个、基层服务点1130个，实现城乡100%全覆盖。全馆公共电子阅览室有上网机185台，全年上机次数4.9万人次。佛山市图书馆微服务大厅上线，“数字悦读”栏目作为移动数字资源服务的主阵地，全年访问量53万人次。电视图书馆资源总量为1046G，覆盖超150万户广电网络电视用户家庭。

文化志愿服务　佛山市图书馆文化志愿者服务队结合服务与活动建立“市民馆长”团队、“蜂蜂家族”讲故事团队、服务视障读者的“佛图朗读者”团队、公共教育团队、书法团队、文史沙龙团队等特色志愿者团队服务成效显著。新增志愿者1455人，累计志愿者人数4262人，开展活动917场次，参加活动的志愿者6000余人次。

佛山市图书馆理事会运作　佛山市图书馆理事会充分发挥其决策与监督管理职能。表决通过屈义华理事的辞职申请，提名黄百川为佛山市图书馆馆长人选；审议通过《2019年佛山市图书馆绩效考核方案》《佛山市图书馆2020年经费预算（草案）》；对佛山市图书馆重大业务决策如理事会专业委员会设置、邻里图书馆建设作出指示要求。

（柯　静）

【佛山市新华书店】 2019年，佛山市新华图书发行有限公司（增挂：佛山市新华书店）有职工108人，辖下惠景书城、石湾书店、报刊发行部3个图书销售门店，总营业面积8700平方米，主要经营项目是销售图书、报纸、杂志、音像制品、文化体育用品、工艺美术品、集邮票品、多媒体电脑软件等，陈列图书、报纸期刊、电子音像出版物15万种。全年销售出版物3683616册。其中，一般图书、音像1033064册，教材教辅2635947册，期刊杂志14605册。

文件、文献及重点主题出版物发行　把中宣部、国家新闻出版广电总局公布的重点主题出版物和其他重点出版物纳入销售必备目录，在卖场突出位置设立专柜专架陈列，做好展示展销。文件、文献及重点主题读物全年销售1775种117835册，其中销量排第一位的《习近平新时代中国特色社会主义思想学习纲要》小字本销售34275册、大字本销售8172册。

一般图书销售　把弘扬社会主义核心价值观、弘扬中华优秀传统文化的优秀大众读物作为一般图书，实行全开架

2019年3月8日至5月31日，佛山市惠景书城参与和协助禅城区教育局发动区内63所中小学、幼儿园师生为新疆伽师县、四川凉山彝族自治州国家级深度贫困地区募集捐赠一批适合中小学生使用的图书、工具书和教师用书，共686包38570册　（曾汉南　摄）

售书。全年一般图书陈列15万种，销售1018064册（比上年下降5.6%）。一般图书销售中人文社科类21373册、经济管理类19367册、法律类147428册、文化教育类464468册、文学艺术类178170册、少儿读物类159477册、科学技术类26598册、综合性图书1183册。

图书网络发行　通过微信公众号进行新书和畅销书荐读、各类重点图书出版信息和书单推介。利用网站、微商城等网络平台推动网上业务发展。全年通过淘宝、亚马逊、独立网站等网络发行渠道销售图书40769册。

读者服务　扩大惠景书城供读者阅读场地空间，增加书台和座椅，为市民读者提供更舒适优良的购书阅读环境。继续协助佛山市图书馆在惠景书城设立图书免费借阅服务点，上架图书11818种35454册，借出图书6706种20118册，还回图书14326种42978册，其中包括帮佛图联合馆收还书7620种22860册，借阅人次2515人次，新办读者借书证461个。全年开展包括禅城区东升小学阳光书市、2019年狮山志阅文化节系列活动之官窑图书馆宣传服务周流动售书、佛山市图书馆邻里图书馆选书大会、2019年佛山市社科普及周优秀社科读物展销活动等流动售书活动4次。建立“百姓点单”图书配送模式，配合中共佛山市委宣传部对禅城区5家改革创新建设的农家书屋进行图书更新，配送图书2823册。继续举办中小学生“我读一本好书”征文活动，向禅城区100所中小学校学生推荐100种优秀读物。全年举办作者签售阅读分享会3场，与其他单位联合举办的现场互动活动9场、作家进校园活动7场，主题图书专架推荐17次，主题图书展销促销活动75次。

（梁全旺）

博　物

【概况】　截至2019年底，佛山市有博物馆25个（含禅城2个分馆），比上年增加3个，其中国有博物馆11个、非国有博物馆14个；国家二级博物馆1个、国家三级博物馆2个；全市实行免费开放的博物馆22个。全市已备案登记博物馆藏品总数11.6376万件。

（张紫林）

【佛山市博物馆】　佛山市博物馆成立于1959年，原与佛山祖庙为一体，2008年市博物馆与佛山祖庙机构分设。2019年，市博物馆藏品以地方文物为主，有瓷器、陶瓷、玉器、字画、木雕、端砚、钱币，以及佛山地方民俗文物等11955件（套），其中珍贵文物5943件（套）。

市博物馆新馆建设　2019年，市博物馆新馆土建及初装修有序推进，智能化项目及绿化、外围廊桥等工程有序开展。场馆装修全面启动，全年新馆立项6个项目（项目总金额476.8万元），其中5个项目完成采购、1个项目开始挂网招标。陈展大纲继续优化，新馆固定展览1个（佛山历史基本陈列展）、专题展览3个（石湾陶、非遗、馆藏绘画展）

2019年佛山市博物馆一览表

序号	总馆名称	分馆名称	市	县（市、区）	具体地址	级别	是否免费
1	佛山市博物馆	–	佛山	禅城区	汾江中路43号	无级别	是
2	佛山市祖庙博物馆	–	佛山	禅城区	祖庙路21号	三级	否
3	佛山市禅城区博物馆	–	佛山	禅城区	松风路先锋古道93号	无级别	否
4	佛山市禅城区博物馆	广东粤剧博物馆	佛山	禅城区	兆祥路兆祥公园内	–	是
5	佛山市禅城区博物馆	佛山鸿胜纪念馆	佛山	禅城区	福宁路祥安街15号太上庙	–	是
6	佛山市南海区博物馆	–	佛山	南海区	西樵镇西樵山南门入口处东侧	三级	是
7	佛山市高明区博物馆	–	佛山	高明区	荷城街道沧江路420号	无级别	是
8	佛山市三水区博物馆	–	佛山	三水区	云东海街道纪元路	无级别	是
9	佛山市顺德区博物馆	–	佛山	顺德区	大良新城区碧水路北侧	二级	是
10	佛山市顺德区清晖园博物馆	–	佛山	顺德区	大良街道清晖路23号	无级别	否
11	广东石湾陶瓷博物馆	–	佛山	禅城区	石湾镇街道高庙路5—6号	无级别	是
12	佛山市岭南酒文化博物馆	–	佛山	禅城区	石湾镇街道太平街106号	无级别	是
13	佛山市禅城区知隐博物馆	–	佛山	禅城区	华远西路12号佛山市第二中学校园内	无级别	是

（续 表）

序号	总馆名称	分馆名称	市	县（市、区）	具体地址	级别	是否免费
14	佛山市禅城区同庆石湾公仔博物馆	–	佛山	禅城区	石湾东风路17号佛山市新石湾美术陶瓷厂有限公司内	无级别	是
15	佛山市南海区九江双蒸博物馆	–	佛山	南海区	九江镇沙口工业区惠民路12号	无级别	是
16	佛山市南海区玄憬龙博物馆	–	佛山	南海区	九江镇梅圳中和村正路坊95号	无级别	是
17	佛山市南海区福厚博物馆	–	佛山	南海区	西樵镇樵高路四季康城夏彩园101号首层	无级别	是
18	凯仕乐医疗保健器械养生博物馆	–	佛山	南海区	九江镇奇腾路13号	无级别	是
19	佛山市高明区世纪钱币博物馆	–	佛山	高明区	沿江路285号灵龟公园门口	无级别	是
20	南国丝都丝绸博物馆	–	佛山	顺德区	顺德区大良新城区观绿路	无级别	是
21	佛山市南海区九江侨乡博物馆	–	佛山	南海区	九江镇人民路40号	无级别	是
22	广东大观博物馆	–	佛山	南海区	桂城街道灯湖西路28号	无级别	是
23	佛山市岭南金融博物馆	–	佛山	南海区	桂城街道灯湖西路28号	无级别	是
24	佛山市南海区汤南私塾博物馆	–	佛山	南海区	里水镇和顺汤村汤南古村	无级别	是
25	佛山市顺德区茂和钱币博物馆	–	佛山	顺德区	伦教街道三洲社区678文化古街文明西路45、47号	无级别	是

进一步完善，全年围绕陈展大纲召开市内专家论证会2场、市民代表座谈会及师生代表座谈会各1场。另外，新馆安防建设项目可研报告通过专家评审和市政务服务数据管理局批准实施；智慧博物馆项目可研报告编制有序推进；库房门采购项目完成编制用户需求书，进入立项程序；公共区域设施设备、办公家具采购用户需求书编制工作启动；其他项目进入前期调研阶段。

馆藏文物保护与藏品征集 2019年，市博物馆全年修复馆藏珍贵书画27幅，馆藏纸本藏品2批次77件（套）共659件。整理临时库房堆放的旧家具等文物636件，并计划开展维修工作。整理入编文物、资料共1296件。其中，整理近年征集及接受捐赠的陶瓷、民间工艺、地方文献、书画等719件，整理入编区士民捐赠第三批地方文献577件。年内征集文物藏品17批次615件（套）共777件，包括海外回流的清代至民国广州制作银器、广彩、木雕、广绣及清末佛山本地生产的铜凿剪纸等文物1批，清代、民国石湾窑精品1批，当代石湾陶塑大师们在上世纪八、九十年代创作的原作、精品1批，佛山清代铸造的铁钟、铁锅等1批，民国时期到1950年佛山年画等2批。接收市民捐赠的竹木、地方文献、瓷器、木版年画、杂参、书法等具有一定价值的文物和资料10批次37件（套）共57件。

文博展览展示活动 2019年，市博物馆举办“年画重回春节——冯氏佛山

2019年12月23日，“玉见美好——佛山民间收藏玉器展”在佛山梁园开展，展出200多件（套）民间收藏古代玉器和现代翡翠艺术品　（市博物馆供图）

木版年画复业二十周年纪念展”，期间举办“年画重回春节——冯氏佛山木版年画复业20周年研讨会”，以及5场“年画里的春节故事”专题活动、14场接财神印年画体验活动。举办“丝路华彩——佛山民间收藏广彩瓷器展”“玉见美好——佛山民间收藏玉器展”两大民间收藏系列展览。举办“我和我的祖国 匠心巧作——佛山民间工艺精品展”展出，期间举办《佛山韵律文学艺术丛书·2018年民间工艺卷》首发式。“祈福迎祥——佛山木版年画展”在大连博物馆展出、“岭南风物——佛山木版年画精品展”在河北廊坊博物馆展出、“石湾是个美陶湾”展览在大连博物馆展出。配合“2019年‘岭南味 佛山品’首届佛山文旅欢乐季系列活动之广东（佛山）非遗周暨佛山秋色巡游”活动，开展非遗活态展示、非遗传承人对话活动。其中：非遗活态展示精选泛珠三角区域8个省份、港澳以及广东省内各市的优秀非遗项目48项参加；非遗传承人对话活动以“非遗新时代的佛山武术传承与发展”为主题，为新增项目。此外，先后组织佛山非遗项目参加2019年“文化和自然遗产日”非遗主会场活动开幕式展演和活态展示、广东省非物质文化遗产展示系列活动暨2019“茶园游会”、湾区花正开——首届粤港澳大湾区文化艺术节东莞分会场系列活动启动暨东莞非遗墟市粤港澳大湾区城际联盟成立仪式、“华风大地——海峡两岸传统工艺精品推介会”等活动。

学术研究　2019年，市博物馆出版《佛山非遗2018年刊》《年画重回春节——冯氏佛山木版年画复业二十周年纪念展》图录；完成《汾水遗珍——佛山市第一次全国可移动文物普查成果展图录》《白云双甲故乡情——黄君璧黄湘詅父女作品联展图录》样稿校对；编辑完成《佛山非物质文化遗产系列丛书》之《行通济》等。

品牌文化活动开展　2019年，市博物馆举办“佛博坊”系列活动，其中“小手拉大手 大城小工匠”2019佛山秋色赛会活动组织13个非遗传承基地举办课程、“乐享中国节”开展5期、“成长体验营”开展3期、“传统文化进校园”走进5所中（小）学校。统筹佛山市9家国有博物馆、14家非国有博物馆开展持续1个月的文化遗产保护宣传月活动，举办精品展览、非遗体验、公益讲座、免费鉴宝等活动多场。“博物论坛”活动全年举办12期。

“佛山传统文化符号数据库”一期上线　2019年5月18日，国际博物馆日，“佛山传统文化符号数据库”一期上线上线。数据库一期包括“传统建筑”“传统建筑构件与装饰”2部分，有元素115项，形成彩绘图、线描图330幅。

（邝倩华）

【佛山市祖庙博物馆】 佛山市祖庙博物馆辖区包括祖庙古建筑群、佛山祖庙历史文化陈列展览馆、孔庙、黄飞鸿纪念馆、叶问堂等。其中祖庙供奉道教真武玄天上帝，始建于北宋元丰年间（1078—1085年），是全国重点文物保护单位，于1958年正式对外开放。馆藏文物以道教文物及佛山地方民俗文物为主。基本陈列充分展示佛山祖庙历史文化、道教文化、武术文化、佛山民间工艺等，并有春节祈福、佛山祖庙庙会（“三月三”北帝诞）、春秋谕祭、乡饮酒礼等影响深远的民俗文化品牌活动。

文物保护与藏品征集　2019年，祖庙博物馆建立人防、技防、物防等多方位联合安全机制，完成佛山孔庙、褒宠牌坊、祖庙碑廊修缮工程，完成办公大楼内巷安全隐患改造工程，推进佛山祖庙保护规划（国家级）编制，文物安全零事故。完善木器保护修复管理制度，升级修复场地的设备机械与安全保护措施，完成纸质类、木器类文物保护修复项目25个，编写完成《民国镶石酸枝木椅几一批木质类藏品保护修复方案》等4个文物修复方案，新增陶瓷类文物修复资质与场地的筹备工作进展良好。全年新入藏藏品1158件（套），主要为石湾窑茶器、实用器、景德镇陶瓷人物像、道教专题文物等。

特色民俗文化活动　2019年4月7—9日，祖庙博物馆策划举办以“北帝巡·保太平”为主题的“三月三”佛山祖庙庙会（2008年佛山祖庙庙会正式入选国家级非物质文化遗产名录）。北帝出巡过程中，北帝仪仗队由八音锣鼓开路，106件头牌仪仗跟随，8个表演方阵共800人组成巡游演出队伍。9月28日，为纪念孔子诞辰2570周年，举办“礼敬孔子、传承文脉”民俗文化活动。该活动是祖庙博物馆自2012年全面恢复孔诞以来，首次全民参与的一次孔诞活动。11月1日，举办“祈福岭南·礼赞中华”佛山祖庙秋祭及乡饮酒礼活动。祖庙秋祭作为“2019广东（佛山）非遗周暨佛山秋色巡游”活动的开场活动，以传承祖庙北帝文化为特色，遵循旧典、恢

2019年9月28日，佛山市祖庙博物馆为纪念孔子诞辰2570周年举办主题为“礼敬孔子、传承文脉”的民俗文化活动。图为参与活动的学生在孔庙前朗诵孔子语录

（市祖庙博物馆供图）

复传统。是年，日常举行的粤剧曲艺表演、醒狮表演、武术表演全年为市民游客免费演出1249场次。其中，武术、醒狮1112场次，粤剧137场次。

文博精品活动　2019年，祖庙博物馆举办《大道至简——宋帝国瓷器艺术展》《茶器·物语——陈荣先生藏品捐赠展》《东方华彩——明清时期的外销艺术品展》等主题展览8个。是年，正式成立佛山祖庙书画院，并举办“馆藏书画名家作品展”。同年，还组织第二届“印象·千支彩笔绘祖庙”绘画比赛，开展包括《女神首饰DIY制作活动》、“5·18”国际博物馆日《制茶器，叙茶事，习茶礼》等融知识性与趣味性为一体的教育推广活动等。

特色文创产品开发利用　2019年，祖庙博物馆挖掘佛山的城市文化元素，深化博物馆6大系列文创产品的开发设计。参加2019年中国特色旅游商品大赛，选送的黄飞鸿醒狮系列文创产品获由国家旅游协会颁发的“2019中国特色旅游商品大赛”银奖。

智慧博物馆建设　2019年，祖庙博物馆首次运用三维仿真模拟的数字化技术，重构以清代佛山古镇为背景的祖庙北帝出巡盛况；推进“声活博物馆”项目，完成馆藏重点文物增强现实（AR）等的制作。

游客接待　2019年，祖庙博物馆相继完成旅游厕所改建提升、游客母婴室建设等公共文化服务设施工程，启动佛山市祖庙博物馆报告厅装修改造筹备工作。为满足人民群众多元化消费需求，岁末年初之时每周五、六以及法定节假日18：00～21：30试行夜间开放。是年，市祖庙博物馆购票参观人数突破160万人次，比上年增长19%，创30年来新高。

（唐丽婵）

传播媒体

新闻出版与版权管理

【概况】2019年，佛山市出版版权和“扫黄打非”管理职能划归市委宣传部统一管理。是年，佛山市有报刊出版单位11家、网络出版单位2个、音像出版单位1个。有印刷企业2277家，工业总产值348.31亿元，其中5000万元以上规模印刷企业82家。有出版发行单位652个，出版物销售总额6.5亿元。全年核发连续性内部资料准印证375个，一次性内部资料性出版物准印证71个。资助版权登记3212件，惠及全市293家企业单位和109个自然人。全市一般作品版权登记量突破7500件，比上年增长18.95%，占全省比例由11.92%增长至15.26%，居全省第二。是年，全市查处“扫黄打非”案件65件，建成镇（街道）、村（社区）和重点区域“扫黄打非”工作站点1456个，组织开展“扫黄打非”进社区、进企业、进校园宣传教育活动超100场次。

【佛山获批创建“全国版权示范城市”】2019年8月，佛山市以市政府名义向中共广东省委宣传部（省版权局）提出创建“全国版权示范城市”申请。9月10日，广东省版权局正式向中央宣传部（国家版权局）提出佛山创建申请。10月22—23日，中央宣传部国家版权管理局调研组到佛山开展专题调研。是年12月20日，中宣部（国家版权局）正式批复同意佛山开展创建工作。佛山申请创建“全国版权示范城市”工作实现年内谋划、年内申报、年内获得创建资格。

【出版行业管理】2019年，佛山市对全市十八大以来的图书出版情况进行摸底统计。2013—2019年，佛山市各区各单位出版图书630多种。其中：文化、科学、教育、体育类占比28%，排第一；工业技术类图书出版数量占比22%，排第二；文学类图书占比14%，排第三。对全市约3000个出版、印刷、发行单位进行年度核验，对不符合条件、存在违法情况的经营单位或个人进行整顿清理。经年检年报统计，全市652个出版物发行单位出版物销售总额6.5亿元；全市印刷企业2277家（数量居全省第二），工业总产值348.31亿元（产值居全省第三），5000万元以上规模印刷企业82家（数量居全省第四）。在“两会”（人大会议、政协会议）、国庆等重要时间节点强化监管，抓好安全防范工作，组织对全市2600多个印刷发行单位开展专项检查。出台“2019年印刷复制暨内部资料性出版物管理风险防控方案”，加强印刷复制暨内部资料性出版物管理风险防控。完善出版物审读机制，组织审读专家把控报刊导向，开展主题审读。开展非法出版物鉴定工作，鉴定非法出版物387种，为18件违规案件查办提供执法依据。

【版权登记保护】2019年，佛山市在广东省率先发布版权登记白皮书，系统梳理2011年以来佛山市版权登记数量、作品类别、地区分布、对比数据等，进行对策研究，并公布佛山市典型版权案例10件。进一步完善版权行政执法与刑事司法衔接机制、“剑网”打击网络侵权盗版专项行动协调机制、版权纠纷人民调解等一系列制度。对《佛山市作品著作权登记资助办法》《佛山市版权示范单位、园区、基地和优秀版权作品认定资助办法》进行修订，提升作品著作权登记资助额度，首次开展市级版权示范单位（园区、基地）的认定资助，形成从版权相关产业到版权核心产业、从行业到企业、从企业到个人的政策扶持体系。在工艺美术、建筑陶瓷、家居、珠宝玉器等5个行业协会和南海区狮山、大沥2个镇设立版权基层服务站。与保险公司合作推出版权维权保险。是年，全市一般作品版权登记量突破7500件，居全省第二。佛山市摩力克家居布业有限公司获评2019年“广东省版权兴业示范基地”，戏剧《穷孩子富孩子》等3个作品获评2019年“广东省最具价值版权作品”，全市“广东省版权兴业示范基地”8个、“广东省最具价值版权作品”7个，数量均居全省地市前列。全年立案查处版权侵权行政案件8件，佛山市“6·27”存储销售盗版图书案专案组5人被国家版权局评为“查处侵权盗版案件有功个人”一等奖。是年，珠三角版权保护协作会议在佛山市召开，广东省版权局对佛山市版权管理和行政执法对接机制予以肯定。

【版权产业发展】2019年，佛山市版权

相关产业呈现良好的发展态势。核心版权产业稳步提升，是年，报刊出版、广播电视等经营收入近9亿元；软件和信息服务业发展迅速，行业产值123亿元；影视产业崭露头角，相关企业1700家，产值达26亿元。部分版权产业集聚发展，纺织服装业实现工业增加值304亿元，花布产量占全省的25%；陶瓷行业实现工业增加值327亿元。版权产业逐步成为佛山实现高质量发展的重要动力。

【新闻出版领域“扫黄打非”】 2019年，佛山市深入开展“扫黄打非”五大专项行动（即“清源”“固边”“护苗”“净网”“秋风”五大专项行动），完善“扫黄打非”工作联席会议制度。建立有害出版物数据库，提升执法精准度。对物流仓储点、宗教活动场所、中小学校园周边等重点部位开展市场专项巡查。开展不良信息常态化网络监测，实施快递和出入境查验制度。建立“扫黄打非”优秀基层站点培育库，建成镇（街道）、村（社区）和重点区域“扫黄打非”工作站点1456个，基本实现中小学校“扫黄打非”站点建设全覆盖。开展2019年“绿书签行动”暨版权宣传月活动，组织开展“扫黄打非”进社区、进企业、进校园宣传教育活动超100场次。在全市中小学校推广“护苗·网络安全课”系列课件视频，受众超10万人次。面向全市大中专学校征集“扫黄打非”宣传海报和短视频248篇（条），建立佛山市“扫黄打非”宣传资源库。全年全市查处“扫黄打非”案件65件，形成严厉打击非法出版活动和传播有害信息的高压态势。

【2019年珠三角地区版权保护协作会议在佛山举行】 2019年9月11日，2019年珠三角地区版权保护协作会议在佛山市举行。中共广东省委宣传部（省版权局）及广州、深圳、珠海、佛山、惠州、东莞、中山、江门、肇庆等9个城市版权保护和文化执法部门有关负责人，省公安厅、省法院、省通信管理局，以及有关高等院校、版权协会、律师事务所专家参加会议，就版权行政执法体制机制问题和多元纠纷解决机制问题展开研讨。佛山以该次会议为契机，学习借鉴各市先进经验，将版权保护工作与推动高质量发展、与争创全国一流文明城市和打造法治化、便利化、国际化营商环境结合起来，推进版权工作争先创优。

（雷郎才）

传媒集团经营管理

【概况】 2019年，佛山传媒集团旗下有《佛山日报》《珠江时报》《珠江商报》《广佛都市报》《珠江青少年》《佛山文艺》等报纸、杂志；有佛山电视台及所属分台共5个电视频道、佛山电台及所属分台共6个广播频率；有由佛山新闻网、各媒体网站、“两微一端”（微博、微信及新闻客户端），以及“醒目视频”“花生FM”“畅驾”“佛山+”等应用程序（APP）和各媒体官方微博、微信公众号等组成的新媒体矩阵（共有各类平台176个）。集团在职员工2781人，其中35岁及以下员工数1202人、拥有大学本科及以上学历的职工数1817人、取得专业技术资格人员1125人。是年，“两微”（微信、微博）粉丝数超1226万人。年内，佛山传媒集团统筹策划全国“两会”报道、“庆祝中华人民共和国成立70周年”报道、“榜样的力量”先进典型深度报道、“制造业高质量发展”年度观察报道，以及“大力弘扬企业家精神　争当高质量发展领头羊”“乡村振兴”“河心岛修复”“扫黑除恶”“创文迎省检”“新时代文明实践中心”等系列专题报道及重大主题宣传。

【报刊出版】 2019年，佛山传媒集团主要有《佛山日报》《珠江时报》《珠江商报》等3种党报，以及《珠江青少年》和《佛山文艺》等期刊。3种党报均为日报，其中《佛山日报》日均16版、《珠江时报》日均12版、《珠江商报》日均16版。期刊中，《珠江青少年》全年出版36期，《佛山文艺》全年出版发行12期、增刊1期。

【广播电视播放】 2019年，佛山人民广播电台有FM94.6、FM92.4、FM98.5、FM90.1、FM90.6、FM88.3等6套调频广播频率，全年播出时长52560小时。佛山电视台拥有综合频道、公共频道、影视频道、南海频道、顺德频道等5套频道，全年播出时长32380.11小时。是年，在多个在佛山市落地的电视频道中，佛山电视台频道整体收视份额排名靠前。

【全国“两会”全媒体融合报道】 2019年3月，佛山传媒集团派出包括报纸、电台、电视台、网站等多类媒体骨干共35人组成的全媒体融合报道团队，进行全国“两会”期间专题报道。集团全媒体发稿2380篇、全网阅读901万人次、新媒体移动端浏览702万人次，“‘四个走在全国前列’的佛山答卷”等多项融媒创新产品获省委宣传部新闻阅评组表扬；开设《2019全国两会特别报道》《新时代中国风向标》《高端访谈》《全民议案》《在现场》《声音》《代表日记》《代表走基层》《两会“议”起来》《壮丽70年　奋斗新时代》《爱国情　奋斗者》《我和我的祖国》等多个专栏；利用传统媒体与新媒体融合报道手段，创新传播形式，采取图文、动漫、视频、H5、全息全景、评论等多种手段，探索引入新华社“媒体大脑”智能平台等融媒应用技术，推出一批原创新媒体作品。全国“两会”期间，集团旗下的《佛山日报》《珠江时报》《珠江商报》3家纸媒共推出版面98个，佛山电视台推出融媒体产品《人民的来信》和融媒体深度时事评论节目《观点佛山》，佛山电台推送稿件500余篇（其中原创融媒稿件30篇），佛山新闻网发布稿件近1300篇。此外，集团通过中国佛山英文网发布全国“两会”相关英文报道22期，在美国、英国、爱尔兰、南非、印度和新加坡等15个国家和地区获得阅读总量超8万人次。

【“不忘初心、牢记使命”主题教育报道】 2019年，佛山传媒集团把握舆论导向，为“不忘初心、牢记使命”主题教育营造浓厚氛围。分批派出60余名骨干，深入新疆维吾尔自治区伽师县、西藏自治区墨脱县、四川省凉山彝族自治州和甘孜藏族自治州，以及省内的湛江市、云浮市等地，以脱贫攻坚先进典型、优秀村（社区）书记（第一书记）、全国人民满意公务员和佛山改革发展各行各业一线优秀代表为对象，采访脱贫攻坚一线团队31个、一线干部和当地干部群众近150人，推出“榜样的力量”“基层党组织先进典型”“人民满意的公务员”“身边的榜样”等系列报道。年内，集团下属各媒体“不忘初心、牢记使命”主题教育报道发稿近3000篇，全集团各类主题教育产品源点击阅读量超85万人次（不含市外媒体转载阅读量）。

【媒体融合发展】 2019年，佛山传媒集团坚持“移动优先”战略，加快推进媒体融合发展，加大力度推出媒体融合标杆项目和拳头产品。集团建成佛山传媒集团全媒体指挥中心，借助人工智能和大数据技术，实时监测全国全网热点信息和线索，并接入“12345”热线后台数据，及时反映民生关切问题。高明融媒体中心正式投入运营。佛山日报社推进“佛山+”融媒平台建设，以多样化的形式和手段开展新闻宣传报道。佛山电视台推出“醒目视频”应用程序（APP），于11月上线后，马上启动秋色巡游、中国龙舟大奖赛等大型5G+4K+VR移动直播，并推出政民互动新传播节目《镇长来了》。佛山电台粤语音频平台“花生FM”下载用户量1200万人次，6套频率节目在“花生FM”的收听量超3800万人次，成为2019年全省广电媒体融合发展先进典型，并入选中宣部国家文化产业发展项目库；“畅驾”应用程序（APP）下载量突破100万人次，成为佛山网络宣传的主阵地。佛山新闻网《这里是佛山》栏目以可视化内容打造佛山城市形象宣传平台，全年累计推送原创短视频120余条；《Amazing Foshan》栏目用英语推介佛山文化，全年推送原创作品45篇。

【媒体报道传播社会正能量】 2019年，佛山传媒集团开展社会正能量报道专栏专题，充分体现主流媒体的责任和担当。《佛山日报》开设《文明佛山》《公益正能量乐善花开时》《身边的红色榜样》《爱家爱森城》《新时代文明实践一起来》等专栏，全年刊登采访报道460多篇，报道正能量人物及事迹480多人次。佛山电台推出《佛山红色地标》《佛山制造七十年》《文艺佛山　名家风华》三大专栏61期，向全社会宣传佛山的革命传统、制造业的辉煌历史及传统陶瓷工艺的特色成就，还推出舞台版粤剧《72家房客》、曲艺音乐剧《小明星》和“问政佛山2019”系列微访谈。佛山电视台继续策划并执行“‘美丽佛山　一路向前’佛山五十公里徒步”活动，线上线下全媒体传播“佛山市广场舞大赛”“全民综艺大舞台”群众文化品牌项目，承办美德先进典型事迹分享会、佛山市庆祝中华人民共和国成立70周年文艺晚会、2019中国（佛山）大湾区功夫电影周开幕式和闭幕式晚会及系列活动。佛山新闻网改版升级《佛山网评》栏目，全年刊发原创网评60余篇；在各区策划开展系列爱国歌曲快闪活动，举办快闪活动20场次。此外，集团下属各单位加强向“学习强国”学习平台推送稿件，全年1493件作品获“学习强国”广东学习平台转发、380件作品获“学习强国”学习平台全国平台转发。

【传媒集团母子公司制改革】 2019年，佛山传媒集团“集团公司治理体系改革实施推进计划”第一阶段改革工作基本落实。6月，佛山传媒集团母子公司制改革基本完成“三报两台”（佛山日报社、珠江时报社、珠江商报社、佛山电视台、佛山电台）媒体平台子公司的组建。佛山珠江传媒广播有限公司率先于6月完成公司平台的搭建及业务的承接、人员劳动关系的调整转移。8月开始，佛山珠江传媒日报有限公司进行经营业务和人员正式实现平移。佛山电视台、珠江时报社、珠江商报社等3家媒体平台子公司在9月前也陆续完成承接相应媒体事业部剥离经营业务和人员的平移，正式开始经营各项业务。年内，集团以“不忘初心、牢记使命”主题教育为契机，由集团党委书记牵头负责开展“深化集团母子公司制改革，全面推进集团经营放权”的专题调研，推动集团进一步释放经营活力。

（方　菲）

2019年3月1日，佛山传媒集团举行全国“两会”全媒体融合报道团队出发仪式

（佛山传媒集团供图）

报　刊

【《佛山日报》】 前身为《珠江人民报》，创刊于1949年11月29日，是中共佛山市委机关报，佛山传媒集团的主报。2019年，《佛山日报》日均16版，主要栏目有《要闻》《政务》《大湾区经济观察》《理论周刊》《经济》《民生》《教育周刊》《健康周刊》《文化周刊》等。

宣传报道　2019年，佛山日报社围绕庆祝中华人民共和国成立70周年的主题主线，策划组织“壮丽70年　奋斗新时代”主题宣传报道，并开展庆国庆系列活动报道；全方位、多角度做好《粤港澳大湾区发展规划纲要》学习宣传报道；结合“不忘初心、牢记使命”主题教育，做好系列宣传报道，并推出“榜样的力量”脱贫攻坚先进典型系列深度报道，反映一批脱贫攻坚一线先进典型集体的感人事迹。同时，以创新形式和传播手段做好各级“两会”报道及市委全会报道，其中全国“两会”报道6次获广东省委宣传部通报表扬。围绕佛山城市发展中的重点、热点、难点问题，策划多个系列主题报道，深度观察城市发展进程，弘扬城市精神，为地方党委政府提供思考借鉴。其中包括“佛山·大城企业家”系列宣传报道、“佛山人才故事”系列宣传报道、“守护河心岛　共建美佛山”系列深度报道、“探寻绿道之美　共享绿色生态”融媒报道、“寻迹佛山博物馆”系列报道等。是年，《佛山日报》实施新一轮改版，推动报纸成为“思想纸”，实现《佛山日报》内容提质、流程提速。其中，重点推出《理论周刊》《大湾区经济观察》《文化周刊》等版面，深化完善原有的《深读》《五区观察》《教育周刊》《健康周刊》等报道板块，强化报纸平台的思想性和深度性。年内，《佛山日报》有3件作品分别获广东新闻奖一、二、三等奖，1件作品获中国人大新闻奖一等奖，数十件作品获广东省报纸副刊作品评选、中国城市党报新闻奖、中国地市报“新时代、新作为、新篇章”新闻业务交流竞赛等多个奖项。

媒体融合　2019年，佛山日报社推进“佛山+融媒平台”建设，以多样化的形式和手段开展新闻宣传报道，鼓励日常的时效性新闻、一般性社会类报道在新媒体平台优先发布。在媒体融合创新上，鼓励以社交化、视频化、智能化推动内容生产，提升视频制作能力，强化可视化设计类的能力打造，为新闻产品融合报道的需求提供有力支持。

（唐岭梅）

【《珠江时报》】 创刊于2004年5月12日，是整合原《南海日报》《佛山晚报》优势资源出版的都市类综合性日报。珠江时报社旗下有《珠江时报》纸媒、网站、微博、微信、手机移动客户端、梦之声电台、视频工作室等全媒体形态。2019年，《珠江时报》日均12版，以“今日南海”“今日禅城”“城市新闻”等三大板块的形式推出新闻报道，发行52000份，获“传媒中国年度融合创新十大移动传播品牌影响力区域报”“传媒中国年度融合创新团队”等奖项。

宣传报道　2019年，珠江时报社把深入学习贯彻习近平新时代中国特色社会主义思想作为宣传报道重点，开设《在习近平新时代中国特色社会主义思想指引下》《新时代、新作为、新篇章》《新发展理念》《学习贯彻十九届四中全会精神》等专栏，刊发稿件250多篇。在全国“两会”（人大会议、政协会议）召开期间，用好用活新华社的稿件，结合粤港澳大湾区建设等与佛山有关的内容，刊登全国“两会”专版33个版。推出中华人民共和国成立70周年系列报道，开设《奋斗70年　壮丽新时代》《奋斗情　爱国者》《我和我的祖国》专栏，刊发稿件183篇。围绕佛山市和南海区、禅城区党政中心工作，策划关于主题教育、市区全会、市区“两会”、乡村振兴、重点项目、改革发展、三龙湾、珠洽会、“互联网+”博览会、大湾区功夫电影周、创文等政治、经济、文化领域的重大活动专题报道。加大对好人好事、脱贫攻坚先进典型等报道力度，讲好佛山故事，刊发正面报道稿件101篇，宣传报道好人事迹151人次。组建深度报道组，继续保持对南海区、禅城区及镇（街道）的观察和报道力度，探索媒体多元服务方式，构建大宣传格局服务地方发展。善用“学习强国”学习平台，围绕佛山主题强化对外宣传，获“学习强国”学习平台全国平台转发稿件40多篇、“学习强国”广东学习平台转发稿件200余篇。在广东乡村微视频大赛中，有40条短视频入围、15件作品获奖，其中视频《咏春拳：从佛山走向世界的武林》获大赛一等奖。

媒体融合　2019年，珠江时报社打造“佛山+”南海频道、“南海+”、“禅城+”快速发布平台，建设包含报、网、微、端、屏的全媒体矩阵，总粉丝量超500万人，全年原创内容总阅读量超2亿次。是年，珠江时报社全媒体矩阵创意传播影响力持续提升，有3条微信公众号推文阅读量破10万次，有5条《珠江时报》报道经新媒体平台发布后获《人民日报》《新华社》《人民网》《央视网》等央媒微信公众号转载；创意产品生产能力增强，组建创意传播团队，全年制作H5、长图等创意产品超100条、短视频超300条，并全新推出《委员聚焦》《数看南海70年》《二十四节气》等品牌栏目、创意新媒体产品。

《新时代南海家书》特刊出版　2019年，《珠江时报》特刊《新时代南海家书》出版12期，发行840万份，配套的“南海家书”小程序互动新媒体产品总点击量超2700万次。《新时代南海家书》是立足于在南海区党委政府与群众之间传递信息、沟通服务的“家书”，每月发行1期，每期12版，设置“学习园地”“创先争优‘党旗红’”“新闻头条‘大家事’”“政策解读‘大声公’”“扶持政策‘有着数’”“文明实践‘有嘢睇’”等栏目，上至党和国家政策，下至南海区大事小情，让市民“只看一天报纸，读懂一月大事”。

（林星泉）

【《珠江商报》】 前身为《顺德报》，创刊于2004年7月29日，是顺德区域主流媒体。2019年，《珠江商报》日均16版，主要栏目有《要闻》《今日顺德》《综合》《经济》《民生》《周末得闲》等，全年报纸发行量4.4万份。有记者69人、编辑35人。

宣传报道　2019年，珠江商报社围绕全国“两会”（人大会议、政协会议）、党的十九届四中全会召开，中华人民共和国成立70周年，“不忘初心、牢记使命”主题教育开展等宣传重点，先后推出《全国两会特别报道》《爱国情·奋斗者》《壮丽70年　奋斗新时代》《守初心　担使命　找差距　抓落实——深入开展‘不忘初心、牢记使命’主题教育》《四中全会精神在基层》等专栏，刊发各类稿件500余篇，体现主流媒体担当，营造良好舆论氛围。其中，推出的《壮丽70年　奋斗新时代——顺德镇街发展成就巡礼特别报道》（共37版），通过鲜活的故事、亲历者的讲述等“小切

2019年1月29日，珠江商报社举行2018年度珠江商报总结表彰年会 （周焯杰　摄）

口”反映国家发展大主题，反映顺德70年来的发展成就。参与佛山市“两会”、珠江西岸先进制造业投资贸易洽谈会、中国（广东）“互联网+”博览会、2019年“佛山·脊梁企业”“佛山·大城企业家”宣传大会等宣传报道，还参与市传媒集团统一组织的“大力弘扬企业家精神　争当高质量发展领头羊”、“弘扬新时代工匠精神　争当高质量发展领头羊”、《对话》中国产业地标·佛山样本、“榜样的力量·聚焦脱贫攻坚先进典型”等专题报道。

媒体融合　2019年，珠江商报社用互联网创新传播手段，报道顺德区党代会、“两会”等重大会议，以及顺德区委、区政府中心工作，推出包括“两会”镇街现场访谈、顺德一分钟、航拍顺德、顺德70年定格动画、“顺德村改”系列视频等新媒体产品，汇集图文、视频、H5、航拍、动漫、一图读懂等多种形式，为顺德经济社会发展和区委、区政府中心工作推进营造良好的宣传氛围。其中，“顺德村改”系列视频报道近20条，在各类平台点击80万次。

（黄　晨）

【《佛山文艺》】 创刊于1972年，是佛山传媒集团旗下的文学期刊，由佛山期刊出版总社主管主办、编辑出版。1989年起，《佛山文艺》改为月刊以杂志的形式出版。《佛山文艺》以“贴近社会现实、抒写人间真情、关怀普通人生，体现时代风尚、追求人文价值”为办刊理念，曾获评“全国百佳重点期刊”。

2019年，《佛山文艺》出版发行12期（累计出版682期），全年发表小说132篇、散文56篇、诗歌42首、作家访谈12篇。全年纸质刊加电子刊销售12万册。作为广东省有影响力的代表期刊入选由中国期刊协会主办、中国期刊年鉴杂志社承办的“中华人民共和国成立七十周年精品期刊展”。

是年，《佛山文艺》进行本地化改版：取消沿用30多年来的美女系列封面，改为以具有佛山地域文化特色的陶瓷公仔作为创意底色、设计感强的封面；新辟《粤派实力》《作家十二邀》栏目；等等。《粤派实力》专门聚焦广东本土作家（佛山本土作家）以及新广东人（新佛山人）的小说，作品围绕珠三角当下的各种社会现状，呈现有南粤精神、本土元素、岭南特色、充满粤味的社会百态；《作家十二邀》每期对一名佛山代表性作家进行深度采访，从写作与时代和地域的关系、作者与作品以及读者之间的关系等角度，探讨作家在新时代的梦与惑。

是年，《佛山文艺》有12篇作品被转载。

（廖　琪）

广播·电视·电影

【佛山人民广播电台】 佛山人民广播电台于1988年9月28日正式开播。1991年8月，佛山人民广播电台在中国广播界率先实现全天24小时播音。2002年4月，佛山人民广播电台成为中国第一个实现地铁覆盖的电台。2019年，佛山人民广播电台拥有佛山人民广播电台综合广播、佛山人民广播电台音乐广播、佛山人民广播电台南海广播、佛山人民广播电台顺德广播、佛山人民广播电台三水广播、佛山人民广播电台高明广播等6套调频广播频率，全年共播出时长52560小时。在佛山地区，佛山人民广播电台以超80%的份额位列收听市场首位。

全国“两会”、国庆全媒体融合报道　2019年，佛山人民广播电台共派出由8名业务骨干（采编骨干6名，技术骨干2名）组成的报道团队，参加由佛山传媒集团组织开展的全国“两会”专题报道。全国“两会”期间，佛山人民广播电台6套频率全媒体平台推送相关稿件500多篇，其中原创融媒稿件30篇，阅读量超31万人次。佛山人民广播电台重点抓实广播与新媒体的融合，采用音视图文的全媒体报道形式，及时准确将全国“两会”精神传回佛山，扩大全国“两会”在佛山的宣传效果。佛山人民广播电台与中央级、省级媒体联动，借力新华社“媒体大脑”智能平台，在全国“两会”上讲好佛山故事。通过佛山人民广播电台官方微信、微博、佛山人民广播电台综合广播“民生直通车”微信，以及各节目在“花生FM”的音频直播、视频直播，并配合H5网络传输等综合新技术形式，宣传报道全国“两会”，展示佛山的全国人大代表履职尽责的风采。全国“两会”期间，佛山人民广播电台相继开设《奋进新时代》《代表走基层》《两会“议”起来》等多个报道专栏。佛山人民广播电台高度重视2019年中华人民共和国成立70周年的国庆安全刊播、生产以及意识形态安全工作。制定总体方案，成立全台重点安全保障期组织机构和工作机构，细化制定安全刊播保障配套方案，所有责任落实到人。9月，佛山人民广播电台各频率、部门重点围绕“播出安全”“技术及网络安全”“生产安全”“经营安全”等方面，每周进行一次自查。严格执行三审制度和重播重审制度，特别是从9月28日至

10月3日的重点保障期，全台执行提级审查制度，主要新闻版面由台主要领导执行四审，确保内容刊播安全。严格执行领导班子带头值班和带班制度，技术和网络安全以及安防安全等关键岗位实行24小时值班制度，各频率直播室执行“双岗制”，提升安全刊播的安全级别，确保各项值守及应急措施落实到位。10月1日，佛山人民广播电台各频率完成转播国庆阅兵式及联欢活动任务，电台106人直接参与该次转播任务。

媒体融合　2019年，佛山人民广播电台坚持“移动优先”战略，加快媒体融合发展，通过局部突破带动整体融合，通过特色服务打造竞争优势，一大批有影响力的融媒品牌项目相继呈现。佛山人民广播电台粤语音频平台——“花生FM”下载用户量达到950万人次，6套频率在“花生FM”收听量超3800万人次。“花生FM”成为2019年佛山市文化产业竞争性扶持项目，获评为2019年广东省广电媒体融合发展先进典型之优秀APP客户端，并被省推荐上报中宣部国家文化产业发展项目库；“畅驾”APP下载量突破100万人次，成为佛山网络宣传的主阵地。佛山人民广播电台还打造八大IP工作室（听世界工作室、邱静心理工作室、小苑广播剧工作室、同车时代工作室、花生音乐工作室、花生戏剧工作室、粤语故事工作室、花生视频工作室），由资深主持人、制作人牵头，致力于创作网络视听精品，以“花生FM首发+全网传播”方式对外传播佛山好声音，内容涵盖心理、历史、汽车、广播剧、戏剧、粤语讲古、音乐以及视频等多个领域。

媒体报道传播社会正能量　2019年，佛山人民广播电台开展社会正能量报道专栏专题，充分体现主流媒体的责任和担当。其中，佛山人民广播电台综合广播推出《佛山红色地标》31期，《佛山制造七十年》系列报道10篇，《文艺佛山　名家风华》系列报道20期，向全社会大力宣传佛山的革命传统、制造业的辉煌历史，以及传统陶瓷工艺的特色成就等内容，激发佛山广大听众爱乡爱国的热情。围绕佛山“博物馆之城”的重点建设，推出“唤醒佛山镇馆之宝”H5融媒产品，整体传播交互量超300万次；推出《缅怀红色追梦人》专栏，在微信连载15期，用图文、漫画和音视频相结合的方式，宣传佛山革命先辈的感人事迹，珍惜来之不易的幸福生活；推出诵读红色书信诗词系列活动，向广大听众尤其是广大青少年传播革命传统和中华优秀古典文化，获得全网120万人次的阅读和点赞。是年，佛山人民广播电台相继推出舞台版粤剧《72家房客》和曲艺音乐剧《小明星》，场场爆满；在2019年中国（佛山）大湾区功夫电影周活动中，由佛山人民广播电台策划落地的“功夫国潮馆”，实现跨媒体跨界的融合。推出“问政佛山2019”系列微访谈，组织佛山市直12个部门的“一把手”上线，与企业、市民互动交流并在佛山发布、佛山人民广播电台、“佛山+”、“花生FM”等主流新媒体平台全网推送，总阅读量达260万人次。

（佛山人民广播电台）

【佛山电视台】　佛山电视台成立于1987年。2019年，佛山电视台有综合频道、公共频道、影视频道、南海频道、顺德频道等5套频道。综合频道是重要的时政宣传平台，承担中央广播电视总台《新闻联播》和其他重要节目的转播任务，以及地方台主打新闻栏目的多维覆盖，是具有生活服务特色的传播平台。公共频道是佛山本地新闻及资讯的重要传播平台，是具有本地新闻资讯和岭南文化特色的电视频道。影视频道是包括电视剧、微电影等内容的专业频道。综合频道、公共频道、影视频道立体编排播出《六点半新闻》《观点佛山》《今晚报道》《小强热线》《经历》《佛山商道》《法治佛山》《美食搜通街》等知名自制节目。南海频道、顺德频道是县（区）级区域频道，立足本土，打造品牌，成为当地极具影响力的主流媒体。其中，南海频道拥有《南海新闻》《有话直说》《点行善》等知名节目，顺德频道拥有《顺视新闻》《顺商传奇》《顺德公话你知》等知名节目。5套频道全年播出时长32380.11小时。佛山在网落地频道中，佛山电视台频道整体收视份额和到达率排行前列。佛山电视台全年总收入38555万元（其中广告收入10453万元），有从业人员1045人。

主题主线新闻策划报道　2019年，佛山电视台聚焦重大新闻主题主线，强化策划提升宣传融合传播力，营造良好的舆论氛围。在庆祝中华人民共和国成立70周年期间，《六点半新闻》《今晚报道》等重点新闻栏目和新媒体平台，相继推出《壮丽70年　奋斗新时代》《爱国情　奋斗者》《我和我的祖国》等专栏。全国“两会”（人大会议、政协会议）期间，在北京设立全媒体演播室，开设“新时代中国风向标”专栏，策划推出《人民的来信》融媒体产品，内容集中在环保、教育、养老等民生热点，凝聚智慧为佛山城市发展出谋划策。继续办好作为佛山电视台新闻宣传提升计划重点的融媒体深度时事评论节目《观点佛山》，年内围绕粤港澳大湾区全面建设，以“青年港澳委员”为聚焦点，策划“对话8090港澳委员”的特别节目；围绕深化党和国家机构改革，策划推出“对话改革新部门”系列节目，形成既有新闻亮点又具权威性的“佛山问政”拳头产品。立足电视媒体传播特点，强化社会主义核心价值观、中国梦等主题和“讲文明树新风”创文公益宣传，策划编排系列公益广告在黄金时段播出，为佛山全国文明城市营造公益宣传氛围。

融媒体生态转型升级　2019年，佛山电视台践行“先网后台、移动优先”，市、区、镇（街道）三级电视机构升级移动互联网新传播模式。11月，“醒目视频”客户端上线标志着佛山电视台推动媒体融合向纵深发展、打造新型主流媒体迈出关键性的一步。“醒目视频”定位为“粤语视频领跑者”，汇聚佛山乃至粤港澳大湾区的优质视频内容，以“醒目视频”平台为支撑，通过“权威媒体+垂直定位”的产品制式，重建产品体系，重构生产流程。“醒目视频”上线后，马上启动对秋色巡游、中国龙舟大奖赛、佛山第一届镇（街道）龙舟争霸赛等大型活动开展5G（第五代移动通信技术）+4K（4096×2160的像素分辨率）+VR（虚拟现实）移动直播，推出政民互动新传播节目《镇长来了》，以及实施新闻资讯快

2019年8月8日，佛山网络正能量指数发布会举行。图为“共建网络诚信倡议书”签字仪式
（市委网信办供图）

速响应等新内容新运作。其中，《镇长来了》通过移动平台直播，镇长们在线实时回答群众提出的问题。

文化宣传提升　2019年，佛山电视台围绕中心工作和重点项目，主办品牌活动或承办党委政府主推项目。其中：“‘美丽佛山　一路向前’佛山五十公里徒步”活动，有34.5万人参加，成为佛山城市品牌和宣传名片；佛山市广场舞大赛作为广东省珠三角九市庆祝中华人民共和国成立70周年系列重点活动之一，线上线下全媒体创新传播方式；“全民综艺大舞台”群众文化品牌项目，把文化惠民工作和电视综艺创作结合起来，推动公共文化服务体系建设。同时，佛山电视台还承办美德先进典型事迹分享会，传递社会正能量，塑造城市风骨；承办佛山市庆祝中华人民共和国成立七十周年文艺晚会，2019中国（佛山）大湾区功夫电影周开幕式、闭幕式晚会及系列活动。

节目创新创优　2019年，佛山电视台以节目创新创优工作为示范引领，创作叫得响、传得开、留得住的优秀作品。纪录片《寻味顺德》获“2019年广东省广播电视媒体融合跨界文化产品类的先进典型”称号。纪录片《鳗鱼的故事》《永春“小六”》获评为省人民政府新闻办公室、省广播电视局2019“广东日”中国南派纪录片优秀作品，《人机战争的时代》获评为“好作品”。系列报道《观点零距离·乡村振兴》获省委宣传部、省广播电视局、省新闻工作者协会2019年度全省新闻战线“走基层、转作风、改文风”活动优秀作品三等奖。

（丁红兵）

【电影】2019年，佛山市拥有影院151个，比上年增长17%，影院银幕数886块；全市电影票房7.66亿元，增长7.43%；观影人数2229.9万人次，增长2.3%。是年，佛山市61家影院获得广东省电影局“2018年度放映国产影片成绩突出影院”奖励695万元。组织农村电影放映4205场次，观影达81万人次。

粤港澳大湾区影视产业合作试验区创建　佛山市抢抓“双区驱动”（指建设粤港澳大湾区和建设中国特色社会主义先行示范区）战略机遇，立足区位优势，全力创建粤港澳大湾区影视产业合作试验区，推动粤港澳影视合作，搭建三地影视文化产业交流合作平台，为粤港澳大湾区影视产业合作发展提供试验范例。形成《佛山市建设粤港澳大湾区影视产业合作试验区实施方案》及重点项目25个。试验区拟在行业准入政策、人才政策、税收与金融政策、版权与影视运营模式等方面进行体制、机制的创新性探索，在大湾区影视交流交易平台、文化创意平台、影视孵化平台、人才培训平台、投融资平台、产业服务平台等8个方向发力，为湾区城市群提供合作发展方向。

扶持电影产业发展　加快推动佛山影视产业发展，出台《2019年度佛山市影视产业专项资金申报指南》，2019年度影视专项扶持资金扶持36个项目约1446万元。打造影视产业园区10个，成功引进香港国艺、精鹰传媒等影视龙头企业和珠影星光城等项目。全年接待博纳影业集团、珠江影视制片公司、星王朝影视制作有限公司等40家影视企业到访，商讨合作参投《变化中的中国》《五朵金花》《邓小平小道》等优秀作品。

打造精品电影　出台《佛山市文艺精品专项扶持实施意见》等系列政策，配备文艺精品专项资金3000万元，文艺精品专项资金扶持电影《平安，中国》等项目。是年，由佛山市文化发展投资管理有限公司出品投资的电影《梦想之城》获广东省“五个一工程”奖［“五个一工程”指由中共中央宣传部组织的精神文明建设“五个一工程”评选活动，评选一部好的戏剧作品、一部好的电视剧（片）作品、一部好的电影作品、一部好的图书（限社会科学方面）、一部好的理论文章（限社会科学方面）等5个方面的优秀作品，1995年度起，将一首好歌和一部好的广播剧列入评选范围，“五个一工程”的名称不变］，佛山市投资的扶贫电影《南哥》（海外名为《平民英雄》）获第四届意大利中国电影节最佳影片，佛山精鹰传媒参与出品的7部网络电影作品《黄飞鸿之怒海雄风》《奇门遁甲》等在2019年上海国际电影节获奖，佛山企业立项制作的电影《天火》是华语银幕首部火山题材冒险动作电影并在戛纳国际电影节放映，佛山市参与投资的粤剧高清电影《刑场上的婚礼》上映，佛山市和光影视文化艺术有限公司参与制作的《回到围屋》获2019“广东日”中国南派纪录片优秀作品大赛“最佳导演奖”，佛山企业出品的电影《过昭关》获第二十八届金鸡百花电影节4项提名，佛山市参与联合投资的首部4K全景声粤剧电影《白蛇传·情》获海南岛国际电影节最佳技术奖。

（雷郎才）

网络传媒

【概况】 2019年，佛山市有网民600余万人，有备案网站近4万个，微信公众号近3万个，微博号近50万个。是年，佛山市开展网络正能量传播提升工程，佛山网络正能量综合展示平台“纷享佛山”、市委网信办官方公众号“网信佛山”正式上线，举行网络正能量总结活动。年内，市人社局的《对口凉山劳务协作就业服务扶贫平台》入选中央网信办2019年网络扶贫案例；在第四届“五个一百”（百名网络正能量榜样、百篇网络正能量文字作品、百幅网络正能量图片、百部网络正能量动漫音视频作品、百项网络正能量专题活动）全国网络正能量精品评选活动中，佛山新闻网作品《援疆行动》入选“百项网络正能量专题活动”，佛山市税务局作品《温度》入选“百部网络正能量动漫音视频作品”；在“广东省第六届网络文化精品”评选活动中，三水区委网信办选送的《淼城红色故事》入选“十佳专题精品”、市公安局选送的《长大后，我就成了您》入选“十佳视觉精品”、禅城区委网信办选送的《在禅城办事实在是太太太太太方便了》入选“十佳创新精品”。年内，佛山市互联网行业党委成立。

【庆祝中华人民共和国成立70周年网络宣传活动】 2019年9月18日，佛山市委网信办配合省委网信办组织以“壮丽70年·粤来粤好”为主题的庆祝中华人民共和国成立70周年大型网络主题采访佛山站活动。通过30余家网络媒体的视角，展现中华人民共和国成立以来，特别是党的十八大以来佛山在深化改革开放、推动高质量发展等方面取得的显著成效，宣传展示佛山打造珠江西岸先进装备制造产业带、加快建设面向全球的国家制造业创新中心的新进展新变化，为庆祝中华人民共和国成立70周年营造良好的网上舆论氛围。截至9月30日，全网涉“佛山”“粤来粤好”相关信息829条，其中客户端412条、微信24条、网页309条、微博72条、报刊12条。

【佛山政务新媒体联盟升级行动暨星级命名仪式】 2019年1月14日，“创新·融合引领·追梦”佛山政务新媒体联盟升级行动暨星级命名仪式在佛山中欧中心举行，全市200多家政务新媒体代表参加。活动授予136个佛山政务新媒体单位星级称号，并对政务新媒体作品创新优秀案例作经验交流分享及授牌。

【佛山市市长参加人民网“两会”视频访谈】 2019年3月12日，佛山市全国人大代表、市委副书记、市长朱伟应邀参加人民网全国“两会”视频访谈节目，畅谈在《粤港澳大湾区发展规划纲要》指引下，佛山在融入大湾区建设的工作思路，还在访谈中围绕实体经济、营商环境、“三大攻坚战”（指防范化解重大风险、精准脱贫、污染防治）、乡村振兴等话题与全国网友开展在线交流，谈思路、谈落实、谈成效。

【网络正能量指数发布机制建立】 2019年，佛山市开创性地开展网络正能量指数发布活动，并于8月8日举行首次佛山网络正能量指数发布会。佛山市依托“佛山+大数据”平台，基于大数据获取和运算的规则，构建以全网抓取、语义分析、权重分析为主的数据指标体系，实现全市网络正能量指数的统筹计算、数据分析、规范发布。每月定期发布佛山网络正能量指数报告，在年底举办网络正能量总结分享会，评析发布全年度的榜样人物、先进单位和精品力作，并发布年度佛山网络正能量指数白皮书。截至年底，佛山网络正能量指数覆盖71个市级单位、5个区及267个区级单位、32个镇（街道）。

（谢汉强）

地方志

【概况】 2019年，佛山市有市、区地方志管理机构6个。公开出版市、区地方综合年鉴6部，整理翻印3部不同时期的《佛山忠义乡志》，征集129种民国地方史料，拍摄制作10集《佛山方志影像·红色传承》微视频，组建佛山市、区两级地方志专家库（首批入库专家副高以上职称占比超60%）。截至年底，全市完成自然村落历史人文普查资源开发利用项目16个，出版《全粤村情》7册（共12册）。是年，南海区地方志办获“全国地方志工作先进集体”称号，《南海年鉴2018》获评全国一等年鉴、省一等奖，佛山市地方志数字化工作被省地方志办评定为优秀等次。

【志书编修】 2019年，佛山市志书编修扩面提质。顺德区作为全省第三轮修志试点单位，在乐从镇、顺德区教育局等单位开展修志示范点创建工作。顺德区地方志办对2018年以来收集到的约2万篇新闻报道、1000篇资料文献和800多篇专题资料进行分类整理。《佛山市政协志》《佛山市第三人民医院志》、禅城区《南庄镇志》启动编纂。顺德区《北滘镇志》《龙江村志全集》公开出版发行，《容桂街道志》完成终审并批准出版。三水区《芦苞镇志》《南山镇志》完成初稿编辑和审核。

【年鉴编纂】 2019年，佛山市公开出版的地方综合年鉴有6部，分别为市级的《佛山年鉴2019》和区级的《禅城年鉴2019》《南海年鉴2019》《顺德年鉴2019》《高明年鉴2019》《三水年鉴2019》。年内，市地方志办组织全市综合年鉴质量评价活动，推荐3部年鉴参加全省地方志优秀成果（年鉴类）评选，其中《南海年鉴2018》获评省一等优秀年鉴、《佛山年鉴2018》获评省三等优秀年鉴。在全国年鉴评选活动中，《南海年鉴2018》获评全国一等年鉴。

【自然村落普查开发利用】 2019年，佛山市地方志工作部门继续按照《佛山市自然村落历史人文普查资源开发利用工作方案（2018—2020年）》推进自然村落历史人文普查资源开发利用工作。5—9月，市地方志办举办主题为“走进乡村　品味佛山”的佛山市自然村落历史人文普查成果展，线上线下同步宣传，编辑宣传画册，设计网上展厅，传播量达5万人次。禅城区举办“不忘初心、铭记历史——禅城红色印记”主题展览。南海区举办“湾区古郡、乡情荟萃”乡情展。围绕中华人民共和国成立70周年和佛山解放70周年，市地方志办选取10个红色村落，拍摄制作《佛山方志影像·红色传承》微视频，节目于国庆节期间在佛山电视台播出，传播量超过100万人次。禅城区制作9个自然村落微视频。截至2019年底，全市完成自然村落历史人文普查资源开发利用项目16个（全市对普查成果开发利用计划项目数21个），完成率76.2%。佛山市普查成果开发利用工作受到省地方志办肯定，并于2019年4月获邀在全省地方志工作会议上进行经验交流分享。在2019年广东省多彩乡村主题教育实践活动中，市地方志办获优秀组织单位奖，禅城区地方志办获优秀组织单位奖和作品优秀奖。2016—2018年开展的佛山市自然村落历史人文普查中，全市纳入普查村落3366个，形成5卷12册的《全粤村情》调查文稿，截至2019年底，已公开出版发行7册。

【地方志数字化】 2019年，佛山市地方志办制作完成《千古江山》《航拍佛山》2个视频，完成《佛山旧八景》二维动画产品，完成《那些年那些事（2009—2018年）》10个短片的剪辑制作，录制《佛山故事》9个、《方言讲古》7期。南海区拍摄15期《岭南印记》微纪录片。市地方志办新媒体平台“佛山档案方志”微信公众号位列全省地级市地方志公众号排行榜第一位（9—12月），《佛山方志影像·红色传承》10集微视频在“方志广东”微信平台、省情网发布。截至年底，全市已出版志书、年鉴、地情书籍数字化率达100%。2019年，经省地方志办综合评价，佛山市地方志数字化工作获评优秀等次。

【地情资料收集】 2019年，佛山市地方志办翻印整理现存的3部不同时期的《佛山忠义乡志》。征集129种反映佛山经济、文化、革命斗争等各方面情况的地方史料，包括民国时期的《众歌药妙宜兴土赋》《拳术精华》《华南蚕丝业之调查》等。禅城区整理编印《禅城地区旧族（家）谱汇辑》，开展“禅城珍贵映像”历史照片有奖征集活动。顺德区完成编辑《顺德祠堂全集》。三水区完成谱牒资料数字化84册（种）。

【地方志文化宣传】 2019年，佛山市地方志工作部门编发的地情宣传文章获“学习强国”学习平台推送超20篇次。市地方志办策划的“方言讲古”活动，获《佛山日报》《珠江时报》等本土媒体，以及《羊城晚报》《南方都市报》等省级媒体报道。“南方+”客户端和“佛山+”客户端关于南海区“龙船上山”网络直播的观看人数达14.3万人。是年，市地方志办借助“12·4”国家宪法日，利用“佛山档案方志”微信平台，举办普法知识竞赛活动。

【地方志专家库建设】 2019年，佛山市地方志办出台《佛山市地方志专家库管理办法》，向社会公开遴选专家，市地方志办首批聘任专家18人、禅城区聘任专家11人、南海区聘任地情专家和协作专员20人。首批入库专家，副高以上职称占比超60%，涵盖省内多所高等院校的教授、民间文化机构的研究者、基层的乡土学者和具备志鉴编修或地情调研经验的从业者。

【地方志资政服务能力建设】 2019年，佛山市地方志办围绕建设文化导向型城市、推动高质量发展、粤港澳大湾区建设、佛山民营经济发展、区域协调管理运行机制、农村改革等中心工作，编撰《资政参考》6期，其中《建设“博物馆之城”的实践与策略研究——提升佛山文化的创造力量刻不容缓》一文获市委书记批示，并批转市有关职能部门研究。协助西藏自治区墨脱县评审《墨脱县志（2006—2015）》。协助新疆维吾尔自治区伽师县评审《伽师年鉴（2015—2016）》。为佛山城市形象宣传片的拍摄以及《广东革命老区历史贡献与发展成就图片展》《佛山市特色小镇宣传册》《陈铁军革命事迹展览馆》项目等提供素材及建议。配合新闻媒体开展中华人民共和国成立70周年系列报道。配合市住房城乡建设局开展全市古村普查。配合市委党史研究室开展全市红色遗址、遗迹普查。

【方志馆建设】 2019年，佛山市地方志工作部门整合档案方志资源，完善方志馆功能。举办《佛山市地方志成果展》《佛山足印——佛山发展历程展》等主题展览并继续丰富地情书籍馆藏，截至年底，阅览室在册图书6000余册，地方志库存副本图书5万余册。禅城区合理布局方志馆图书阅览区和地情文化展示区。南海区探索打造方志馆（区情馆）群。顺德区确定方志馆综合展室和历史展室的展示文本。高明区方志馆建设通过立项。三水区方志馆展厅布展工程可行性报告完成专家论证。

（市地方志办）

2019年7月5日，广东省地方志办主任陈华康率队到佛山市地方志办调研工作，并参观佛山地方志阅览室
（市档案馆供图）

卫生健康

手机扫码阅读

综述

【概况】 2019年，佛山市有医疗卫生机构2097个，其中，医院127家、基层医疗卫生机构1913个、专业公共卫生机构50个、其他卫生机构7个。全市有三级医院18个，其中三级妇幼保健院3个；二级医院40个，其中二级妇幼保健院1个，二级专科疾病防治院1个。全市医疗卫生机构在岗职工68092人，卫生技术人员58215人，每千常住人口卫生技术人员7.14人；执业（助理）医师20937人，每千人口执业（助理）医师2.57人；注册护士27108人，每千人口注册护士3.32人。全市医疗卫生机构拥有病床38085张，每千常住人口床位数4.67张。全市医疗卫生机构总诊疗8611.25万人次，其中入院138.88万人次、住院病人手术77.08万人次。全市孕产妇死亡率7.64/10万，婴儿死亡率2.01‰。

【现代医院管理制度建设】 2019年，佛山市成为全省建立健全现代医院管理制度两个试点城市之一，佛山市第一人民医院、佛山市中医院、佛山市妇幼保健院、禅城区中心医院4家医院成为省级试点医院。印发《佛山市建立健全现代医院管理制度试点工作方案》，遴选南海区、顺德区，以及佛山市第二人民医院等12家医院，作为佛山市建立健全现代医院管理制度的试点区和试点医院，进一步加强公立医院党建工作，完善医院内部管理机制。16家省、市试点医院全部完成医院章程制订，其中14家医院设置总会计师岗位。全市104个有住院业务的医疗机构全面推行疾病诊断相关分组（DRG）付费工作。

【卫生健康宣传教育】 2019年，佛山市卫生健康部门通过上线佛山电台专题访谈、召开新闻发布会、拍摄专题片等形式，策划“互联网”+医疗、检验检查结果互认、医师节、爱国卫生运动等新闻专题，加强卫生健康宣传，营造尊医重卫氛围，全年全市卫生健康系统医护正能量事迹报道获“学习强国”学习平台推送47次。推进健康促进区建设，其中，顺德区创建的广东省健康促进区通过省级专家评估。推进健康科普工作，组建574人的佛山市健康科普专家库。开展健康促进医院创建，新创建健康促进医院35家。是年，佛山市城乡居民健康素养水平为25.1%，高于广东省下达的22%目标水平，15岁及以上人群吸烟率为22.6%。

【佛山成为城市医疗联合体建设国家试点城市】 2019年8月，国家卫生健康委发布城市医疗联合体建设试点城市名单，确定佛山市等118个城市为城市医疗联合体建设国家试点城市。年内，市卫生健康局出台《佛山市深化医疗联合体建设实施方案》，重新规划医联体布局。截至2019年底，全市按行政区域网格化规划布局医疗联合体9个，实现32个镇（街道）全覆盖。佛山市第一人民医院医疗联合体、佛山市中医院医疗联合体建设取得明显成效，初步形成以城市三级医院牵头、基层医疗机构为基础，康复、护理等其他医疗机构参与的城市医疗联合体管理模式。佛山市二级、三级公立医院均参与医联体建设，与全部社区卫生服务中心建立稳定的合作关系，医联体覆盖的机构达127个。高明区加快推进建设紧密型医疗集团，将基层公立医疗卫生机构纳入区级统筹管理。

【高水平医院建设“登峰计划”实施】 2019年1月14日，佛山市举行高水平医院建设“登峰计划”新闻发布会，佛山市高水平医院建设“登峰计划”启动。1月2日，佛山市人民政府办公室以1号文的形式印发《关于实施高水平医院建设“登峰计划”的意见》，选定佛山市第一人民医院等11家医院作为“登峰计划”的建设医院（其中：佛山市第一人民医院、佛山市中医院、佛山市妇幼保健院3家医院为“登峰计划”重点建设单位；佛山市第二人民医院、佛山市第三人民医院、佛山市第四人民医院、禅城区中心医院、南海区人民医院、南方医科大学顺德医院、三水区人民医院、高明区人民医院8家医院为“登峰计划”培育建设单位），明确2019—2021年市、区两级政府财政投入16亿元重点建设这11家医院，建设单位全面启动在示范和推广高水平诊疗技术、建设高水平医学重点专科、加强医疗质量和服务管理、建设高水平临床科技创新平台、集聚和培养高层次医学人才、率先建立现代医院管理制度、发挥示范和带动作用提升区域医疗服务能力等七大重点方面的建设项目，实现创新发展。

（梁红飞）

公共卫生

【疾病预防控制】 2019年，佛山市法定传染病报告发病率1394.07/10万，死亡率0.46/10万。全市无甲类传染病报告；乙类传染病17种，报告病例数19849例，乙类传染病报告发病率251.07/10万，死亡率0.44/10万；报告丙类传染病90362例，发病率1143.00/10万，报告死亡病例1例。建立突发公共卫生事件风险评估月报告制度，加强对登革热、H7N9流感、手足口病、诺如病毒、艾滋病、结核病等传染病的监测预警和综合防控工作，全年传染病疫情总体平稳可控。成立南海区公共卫生医院，在医疗救治职能基础上增加慢性病、传染病防治和公共卫生职能，探索医防融合新模式。推进慢性病综合防治，加强精神卫生工作，全市严重精神障碍患者管理率95.7%、规范管理率91.51%。开展儿童青少年近视综合防控，适龄儿童国家免疫规划疫苗接种率均在98%以上。

2019年5月14日，以“医校合作，卫生应急进校园”为主题的2019年佛山市卫生应急进校园宣传周系列活动在禅城区南庄镇中心小学举行。图为启动仪式

（市卫生健康局供图）

【卫生应急】 2019年，佛山市卫生健康部门完善突发公共卫生事件信息报告制度，印发《佛山市突发公共卫生事件相关信息报告制度（2019年版）》。开展卫生应急进校园宣讲活动，全年在78所中小学校向逾3万名师生讲授心肺复苏、异物卡喉急救、外伤包扎止血处理、突发事件避险逃生、水上安全救生知识与技能等常见卫生应急自救互救知识。完成市级突发急性传染病集中隔离留验场所建设，并推进佛山市第一人民医院（定点收治医院）负压病房改造。启动广东省（佛山）突发中毒事件卫生应急队伍和广东（佛山）中毒急救分中心建设，组建民兵医疗救护排。开展卫生应急演练，各级卫生健康机构全年组织卫生应急演练39次，培训2429人。完成春运、50公里徒步、高考、2019国际篮联篮球世界杯（佛山赛区）、2019广东（佛山）非遗周暨佛山秋色巡游活动等23项重大活动的卫生保障，累计派出医护人员2000多人次、救护车163车次，为11900多人次提供医疗服务。年内，在高明区“12·5”森林火灾等突发事件中，紧急医学救援队反应迅速、保障有力。

【卫生监督】 2019年，佛山市卫生健康部门推进“放管服”改革，将“开办旅馆”和“开办美容美发店”2个事项纳入首批推进“证照联办”改革实施方案，提高审批效率，并于是年9月全面推行公共场所卫生许可告知承诺制，取消对新（改、扩）建的公共场所的选址和设计进行卫生审查和竣工验收。全面推行“双随机一公开”监督检查，加强事中事后监管，以案促管，全年查处案件1309件，罚没金额约216万元。完善执法制度，制定《佛山市卫生健康局行政执法公示管理制度》《佛山市卫生健康局行政执法全过程记录管理制度》《佛山市卫生健康局重大行政执法决定法制审核制度》，做好依法考评和执法全过程记录。承担广东省卫生健康委医疗卫生行业信用监管和社会参与监督机制试点。推进民营医疗机构信用评价、医疗机构不良执业行为记分管理，将不良执业行为记分与医疗机构校验挂钩，在“佛山市医疗服务信息平台”和“信用佛山”网公示。是年，佛山市卫生健康部门对全市935个民营医疗机构进行信用评价，其中优秀103个、良好593个、合格217个、不合格22个。佛山市民营医疗机构信用体系建设工作经验被国家卫生健康委推广。

【食品安全】 2019年，佛山市卫生健康部门联合市农业农村局、市市场监管局组织实施全市食品安全风险监测。全市设置食品监测点15个、食源性疾病哨点医院99家，食品污染物和有害因素监测网络向乡镇和农村地区延伸，食源性疾病监测实现各级各类医院全覆盖，达到创建国家食品安全示范城市的考核验收要求。全年全市卫生健康部门监测食品样品1691份，其中省下达监测样品341份。食品安全风险监测结果显示，佛山市食品安全形势总体稳定。

（梁红飞）

基层医疗卫生

【概况】 2019年，佛山市有社区卫生服务中心39个，社区卫生服务站343个；全市社区卫生服务机构有在岗职工5406人，其中执业（助理）医师2067人、注册护士2016人。全市居民电子健康档案建档率91.83%；高血压和Ⅱ型糖尿病患者规范管理率均达70%以上，严重精神障碍患者规范管理率和肺结核患者管理率分别为92.12%和98.83%；家庭医生签约服务中户籍人口、常住人口、重点人群签约覆盖率分别为50.26%、27.54%和77.35%。市财政全年投入800万元，支持基层医疗卫生机构基础建设和医疗设备配置。

【基本公共卫生服务】 2019年，佛山市卫生健康部门实施国家基本公共卫生服务项目，通过政府购买服务形式，由医疗卫生机构为佛山市常住居民免费提供国家基本公共卫生服务。加强培训督导，市卫生健康局举办管理专题培训1次、各类专业医疗卫生单位举办项目培训班12次。基本公共卫生服务人群覆盖面和服务质量得到提升，佛山市在广东省国家基本公共卫生服务项目绩效评估中获第三名。截至2019年底，全市累计建立电子健康档案706万份，建档率91.83%。高血压和Ⅱ型糖尿病患者规范管理率达70%以上、严重精神障碍患者规范管理率92.12%，肺结核患者管理率98.83%。

【基层医疗卫生能力建设】 2019年，佛山市进一步推进基层医疗卫生机构能力建设。出台《佛山市加快推进医疗卫生保基本、强基层、建机制实施方案》。推进社区医院建设试点创建，高明区更合镇中心卫生院成为2019年全市唯一的广东省社区医院试点单位。落实优质服务基层行活动，指导基层医疗卫生机构参加优质服务评审，截至年底，34个参评单位中19个达到基本标准。落实《佛山市社区卫生服务机构建设标准》，加快基层医疗卫生机构提档升级，全年确定补助12个基础建设项目190.3万元，补助38个基层卫生机构购置全科诊断套装600万元。

【家庭医生签约服务】 2019年，佛山市卫生健康部门落实《佛山市2018—2020年家庭医生服务团队培训实施方案》，加强家庭医生业务培训，提高家庭医生团队服务能力，完成15名市级骨干师资培训，通过“滚雪球”方式培训142名家庭医生团队成员。印发《关于调整佛山市家庭医生基本公共卫生服务包的通知》，按照每签约1人30元的标准，调整签约服务费，完善签约服务内涵和激励举措，加强慢性病人、老年人等重点人群签约服务。截至2019年底，全市有家庭医生团队1092个，有210多万名居民签订家庭医生服务协议，户籍人口签约覆盖率50.26%，常住人口签约覆盖率27.54%，重点人群签约覆盖率77.35%。抽取老年人、慢病患者等重点签约人群进行签约服务获得感满意度调查，满意度为81.17%。

（梁红飞）

中医药事业

【概况】 2019年，佛山市有中医（中西医结合）医院12家，其中公立5家。中医（中西医结合）医院床位5318张（其中公立4368张），占全市医院床位总数14.97%。综合医院（含妇幼保健院）中医床位数560张。每千常住人口公立中医类医院床位数0.54张。全市中医类别执业（助理）医师3225人，占全市执业（助理）医师总数15.4%，每千常住人口中医（中西医结合）执业（助理）医师数0.40人。全市98%的综合医院和专科医院设有中医科，100%的社区卫生服务中心和乡镇卫生院、91%的社区卫生服务站能够按标准要求提供中医药服务。全市有社会办中医（中西医结合）医疗机构212个，占佛山市医疗机构总数10.11%。全年全市中医总诊疗1933.62万人次、出院19.65万人次，分别占全市总量的22.45%、14.14%。

【中医专科建设】 2019年，佛山市加强中医重点专科建设，全市获认定省高水平临床重点专科6个，获认定广东省“十三五”中医药重点、特色专科建设项目23个。佛山市中医院的骨伤科、广东省中西医结合医院的肺病科等2项国家临床重点专科（中医专业）建设项目通过国家评估验收。佛山市中医院通过三级中医医院评审，并作为组长单位组建省级中医重点专科技术协作组。佛山市中医院治未病中心、广州中医药大学顺德医院治未病科通过省专家组治未病服务评级。

【中医药人才培养】 2019年，佛山市卫生健康部门组织开展为期3个月的佛山市中医护理骨干人才培训班，培训20人。举办1期中医临床技术骨干人才培训，20人参加。举办1期为期5天的中医药管理人才综合素质提升培训班，51人参加。组织开展省名中医师承项目年度考核，确认佛山片区省第三批名中医师承指导老师4人、学术继承人8人。组织开展第六批全国老中医药专家学术经验继承工作年度考核工作，确认佛山片区指导老师3人，学术继承人6人。省中药局公布佛山片区省第二批名中医师承项目继承人出师20人。

【中医技术创新】 2019年，佛山市获得国家自然基金科研项目1个、国家中医药管理局科研课题1个、省中医药局科研立项30项，获资助经费21.5万元。组织申报2020年广东省中医药局课题43项，通过立项26项，获资助经费15万元。

【2019年佛莞中医药技能竞赛】 2019年11月12日，2019年佛莞中医药技能竞赛在佛山电视台举办。竞赛由佛山市卫生健康局、东莞市卫生健康局共同主办，佛山市中医院、广东省中西医结合医院、广州中医药大学顺德医院，以及东莞市中医院、东莞市人民医院、东莞市茶山医院共同协办，由佛山电视台承办。技能竞赛由佛山和东莞两市各派出3支队伍参赛，每支参赛队伍由中医师、护士、中药师各1名组成。竞赛设置理论知识竞答和技能操作比拼等环节。竞赛活动还邀请两市各3名中医“老前辈”讲述中医故事，介绍中医药文化。

（梁红飞）

职业健康管理

【概况】 2019年，佛山市卫生健康部门完成市、区两级职业病监管职能调整，进一步完善职业病防治体制机制，推动落实职业病防治主体责任，逐步健全职业病防治责任体系。全市职业病防治工作实现平稳过渡，未发生群体性职业病危害事件。

是年，全市新增申报职业病危害企业2616家，全市累计申报职业病危害企业39174家、接触职业病危害劳动者80余万人。全年新报告职业病诊断病例199例。

【职业病防治制度建设】 2019年，佛山市卫生健康局围绕完善职业病“防”“治”“保”责任体系，印发《佛山市卫生健康局等八部门关于贯彻落实〈关于进一步加强职业病防治工作的意见〉的通知》，突出重点工作，细分任务指标，落实部门职业病防治职责。协调21个政府职能部门制定佛山市职业病防治联席会议制度。与市安全生产委员会办公室协调，继续将职业病防控工作纳入安全生产“党政同责、一岗双责”目标责任考核，推动各级党委政府和职能部门集中力量落实责任，促进职业病防治工作稳步发展。

【职业病防治技术支撑体系建设】 2019年，佛山市在全省地级市率先成立职业卫生技术服务质量控制中心、职业健康检查质量控制中心、职业病诊断质量控制中心。定期发布职业卫生技术服务质量控制标准和程序。建立职业卫生技术服务质量控制评价和考核体系。举办职业卫生技术服务质量控制培训班2期，培训职业卫生技术服务机构负责人及技术骨干、职业健康检查机构负责人及技术骨干等160多人。

【中央转移支付职业病防治项目】 2019年，佛山市推进中央转移支付的防治项目实施。通过重点职业病“5+3”［即矽肺、苯中毒及苯所致白血病、铅中毒、噪声聋5种规定监测的职业病和职业性尘肺病（除矽肺外）、手臂振动病、中暑3种自选监测的职业病］全覆盖监测模式，规范全市职业病监测、报告和统计管理。举办全市重点职业病监测与职业健康风险评估技术培训班。启动既往尘肺病病人随访工作，全年随访456例病人。完成319家企业职业病危害因素监测的数据采集、现场调查及现场检测数据的统计分析和审核。完成对339个放射诊疗机构的相关监测，内容包括放射诊疗机构基本情况、放射工作人员职业健康管理基本情况、医疗机构开展放射诊疗频度调查。完成91个非医疗机构工作单位工作概况及详细情况的信息，以及13个监测点放射诊疗机构设备信息、设备性能及防护检测结果的录入及上报；完成10514人次个人剂量检测并全部录入。

【2019年职业病防治法宣传周活动】 2019年4月25日至5月1日举行。活动由佛山市卫生健康局主办、市职业病防治所承办。有关部门的主要领导，以及全市职业病防治相关技术服务机构人员、用人单位职业卫生管理人员、职工代表等600余人参加宣传周开幕活动。开幕活动现场通过职业病防治知识技能闯关大挑战、职业健康主题小品剧、职业健康“专家补习班”、劳动卫生防护用品展示、义诊咨询等形式向劳动者传递职业病防治方针政策、法律法规和防护知识。整个宣传周期间，播放公益片《职业健康保护·我行动》和《昼警“矽”惕》10场，派发宣传图册8000余册。

【2019年佛山市职业健康发展专题培训班】 2019年11月6—8日，2019年佛山市职业健康发展专题培训班在顺德区举办。培训班由佛山市卫生健康局主办。市、区两级卫生健康主管部门人员、有关机构人员等150多人参加培训。培训班设置专题讲解、案例剖析、互动研讨等环节。培训内容包括新形势下职业卫生监管、放射卫生业务及监管、工作场所职业病危害监测、职业病危害申报、职业健康管理平台信息系统操作、职业病危害现状调查、职业健康检查机构备案细则解读、职业病危害预防控制技术等。

（梁红飞）

医政管理

【医疗服务】 2019年，佛山市加快推动落实临床检验结果互认制度实施，在全国率先建设检验结果互认技术平台。加强院前急救体系建设，筹备启动佛山市医疗急救指挥中心建设。组织13家三级公立医院参加全国三级公立医院绩效考核工作。加强医疗质量安全管理，组织召开全市加强医疗质量安全管理工作会议，副市长乔羽就加强医疗质量安全管理工作做部署要求。完善医疗质量管理控制体系和绩效评价机制，组织19个质控中心开展专科质量控制工作。开展佛山市医疗质量管理归纳总结模型（PDCA）主题竞赛和培训。开展全市医疗质量安全管理专项整治工作。加强五大救治中心的建设工作，9家胸痛中心通过国家认证，10家通过省级认证。建立完善全市各级医院感染管理质量控制网络，组织各级卫生健康行政部门与1400多家医疗机构签订《责任书》，督促各级各类医疗卫生机构全面落实医院感染防控措施。提升康复医学能力建设，组织康复医师、治疗师和护士进行培训。遴选10个基层卫生机构开展脑卒中患者社区健康管理和延伸上门服务。作为省9个“互联网+护理服务”试点城市之一，组织印发《佛山市开展“互联网+护理服务”试点工作实施方案》，年内，佛山市第一人民医院等9家医院顺利上线“网约护士”工作。开展安全合理用血工作，无偿献血100%满足临床用血需求。推动医疗废物处置项目建设，完成环评稳评工作，佛山环投公司与威立雅公司签署医废项目股权收购协议。加强医疗机构感染防控工作，妥善处置南方医科大学顺德医院新生儿感染事件，在全市部署开展医疗质量安全管理专项整治工作。首次组派医疗队前往瓦努阿图开展医疗卫生交流合作，推动多个粤港澳大湾区卫生健康合作项目，佛山市第一人民医院与香港中文大学医学院合作共建创新医学联盟。开展卫生帮扶，派出医疗卫生人员支援西藏自治区7人次、柔性支援新疆维吾尔自治区10人次、支援广东省云浮市61人次、支援四川省凉山彝族自治州81人次，同时对凉山彝族自治州喜德县人民医院和西藏墨脱县人民医院进行组团式帮扶。

【药事管理】 2019年，佛山市推动药学服务模式转型发展，南海区作为全国首个推广家庭药师的地区，其探索的家庭药师全程管理患者用药新模式，获评2019年广东省医改“十大创新典型”提名奖。开展公立医疗机构药品供应服务工作调研。推动基本药物制度实施，开展推进国家基本药物制度综合试点工作，确定南海区为佛山市整体推进国家基本药物制度综合试点区先行先试。举办佛山市医疗卫生机构“新基药粤健康”临床合理用药技能竞赛，25个医疗机构参赛，实现从基层社区卫生服务中心到三甲医院全覆盖。组队参加全省“新基药粤健康”临床合理用药技能竞赛，获团体三等奖和多项个人奖。研究出台市级重点监控合理用药目录，开展全市公立医疗机构药品配备使用监测，落实国家组织药品集中采购和使用试点扩围。

【妇幼卫生健康】 2019年，佛山市卫生健康部门完成市政府民生实事（免费筛查新生儿疾病），全年为10.48万名新生儿免费提供4种遗传代谢性疾病筛查。出台《佛山市孕产妇分类管理工作实施方案（2019年版）》和《佛山市高危儿分级管理工作方案》，实行妊娠风险等级“五色法”标识分类管理，规范全市高危儿保健服务流程。完成15例孕产妇、12例新生儿死亡病例评审，以评促改，进一步保障母婴安全。出台《佛山市消除艾滋病、梅毒和乙肝母婴传播项目实施方案（2019—2020年）》，实施免费孕前优生健康检查、地中海贫血防治及产前诊断、产前筛查等出生缺陷综合防治，全年为49181名群众提供免费孕前优生健康检查服务（目标人群覆盖率100%），孕产妇艾滋病、梅毒和乙肝检测率99%以上。推动妇幼卫生医疗机构等级申报评审，三水区妇幼保健院通过二级甲等妇幼保健机构评审。督导妇幼保健培训工作落实，培训基层医护人员1300多人。

【社会办医】 2019年，佛山市卫生健康部门出台《佛山市医疗机构设置审批办事指南（试行）》等6个办事指南，依法开展医疗机构、医疗广告行政审批。全年全市新注册社会办医疗机构314个。截至年底，全市非公立医疗机构1366个、医院73家、床位8309张；非公医疗机构门诊量1465.90万人次。

【卫生健康系统扫黑除恶】 2019年，佛山市卫生健康部门推动全市卫生健康系统扫黑除恶专项斗争向纵深发展，重点打击非法行医、黑诊所、医闹、医托、医疗欺诈。加强“平安医院”创建，出台《佛山市2019年深化平安医院创建工作实施方案》，发挥各成员单位职能作用，形成部门参与、社会协同、预防在先、法治保障的“平安医院”综合治理格局。牵头制订《佛山市医疗乱象专项整治行动方案》，印发《佛山市卫生健康局等6部门关于开展全市医疗乱象专项整治行动的通知》，联合公安、市场监管、医保、网信、发改等部门全面推进整治行动。全年全市各级卫生监督机构查处案件1306件，罚没金额228.3万元。其中，涉及医疗卫生方面案件145件，罚没金额39.2万元；涉及无证行医案件73件，罚没金额85.8万元。

【国内首个临床检验结果互认技术平台建设】 2019年3月18日，佛山市举行佛山市临床检验结果互认技术平台启动仪式，在全国率先建设临床检验结果互认技术平台。该平台由佛山市临床检验质控中心负责管理，每天实时监测各医疗机构的检验质量信息，通过建立质量保障机制保持各医疗机构检验结果一致性，为检验结果互认提供质量保障。定期公布互认的检验项目。截至2019年底，全市有61个医疗机构接入平台，覆盖全市5个区91.4%的二级及以上医院，检验项目室内质控精密度达标率提升至88.5%。

【佛山市医疗队赴瓦努阿图开展医疗卫生交流合作】 2019年8月24日至9月4日，佛山市首次组派医疗队前往瓦努阿图开展医疗卫生交流合作。在瓦努阿图维拉港市市政府会议室举行佛山市医疗队赴瓦努阿图巡诊项目启动仪式，并向瓦方赠送药品。佛山市医疗队在维拉港市和桑托岛两地开展内科、骨科及推拿巡诊，为当地民众免费看病问诊、赠医送药，服务维拉港市及周边地区的病人及民众，受到岛国人民欢迎。

【佛山市医疗急救指挥中心成立】 2019年8月4日，佛山市医疗急救指挥中心经中共佛山市委编委批准，正式成立，为佛山市卫生健康局所属公益一类事业单位，正科级。其主要职责为：承担全市“120”急救呼叫受理和指挥调度职责；负责协调指挥全市院前急救工作；负责协助构建全市立体化院前急救网络；承担定期向公众提供急救知识和技能的科普宣传和培训工作。

（梁红飞）

医学科研和卫生健康人才培养

【概况】 2019年，佛山市进一步提升医学基础研究和临床研究能力。全年获国家级科研立项31项（其中国家自然科学基金项目12个），获省部级科研立项23项，获批广东省卫生健康适宜技术推广项目11个、佛山市自筹经费类科技计划项目（医学类科技攻关）353项、佛山市医学科研课题立项446项。成立卫生健康局医学伦理委员会，完善伦理委员会备案工作，加强涉及人的生物医学研究伦理审查。

是年，佛山市开展佛山名医评选，认定首批30名“佛山名医”，每位名医获得30万元经费扶持，享受“优粤佛山卡”人才服务待遇。推进卫生健康系统继续教育工作，全年获批国家级继续教育项目41个、省级继续教育项目439个，佛山市级继续教育项目立项1092个。加强卫生人才培训，459名全科医生完成转岗培训。实施《佛山市加强基层卫生人才培训工作方案》，依托佛山市基层卫生人才培训中心，全年培训基层医务人员113人。提升住院医师规范化培训质量，组织开展2019年住院医师规范化培训基地评估。加强培训基地建设管理，佛山市第一人民医院成为广东省唯一入选全国“优秀全科专业住院医师规范化培训基地”单位。年内，佛山市卫生系列初级、中级专业技术资格考试通过3729人，护士资格考试通过353人。全市1318名专业技术人员通过2019年卫生系列高级专业技术资格评审。

【首批“佛山名医”获认定】 2019年11月9日，佛山市首批获认定的30名“佛山名医”名单在佛山市人才工作推进会上公布，会上同时为30名“佛山名医”

2019年11月9日，佛山市人才工作推进会召开。会上，长期致力于佛山卫生健康事业发展的30名专家被认定为佛山市首批“佛山名医”　　（市卫生健康局供图）

颁发证书。首批30名“佛山名医”享有佛山市“优粤佛山卡”人才服务待遇，并获得每人30万元的人才扶持资金。“佛山名医”在为期3年的扶持周期内将承担优质医疗服务和技术输出、科研创新、学科建设和人才团队培养等方面任务，助力佛山“登峰医院”（纳入“登峰计划”建设的高水平医院）建设，推动佛山卫生健康事业高质量发展。

（梁红飞）

链接

佛山市首批认定的30名“佛山名医”名单

王丽艳	王跃建	孔耀中	古伟光
田华琴	丘青中	冯彦林	刘国庆
刘效仿	李春阳	李逸群	杨　劼
杨希立	张盘德	陈国强	陈晓东
陈焕伟	陈舒华	郑玉华	晏世刚
高修安	高峻青	黄　浩	黄达鸿
梁健球	蒋开平	蒋丽霞	粟　漩
谭　峰	魏爱生		

卫生健康信息化

【概况】2019年，佛山市互联网医院建设取得突破性进展，全市有10家医院取得资质并以互联网医院为第二名称，为市民提供互联网诊疗服务，常见病、慢性病互联网诊疗成为现实，有效推进优质医疗资源下沉，缓解看病难、看病烦。“互联网+护理服务”试点有效推进，首批22家试点医院开展“互联网+护理服务”建设工作，加快专业护理服务向外延伸。“互联网+公卫服务”取得全面性突破，实现全市预约预防接种、血液信息移动查询、线上用血报销、移动学生健康监护、孕产妇线上预建档、线上家庭医生签约及服务等一批公共卫生服务，促进公共卫生服务效率和质量提升。佛山市临床检查检验结果互认技术平台以网络技术为依托、大数据分析为依据、质量控制为支撑，实现61家二级及以上医院临床检查检验结果互通互认，互认项目43个。

【广东省全国电子健康卡（码）佛山市首发活动】2019年3月26日，广东省全国电子健康卡（码）佛山市首发活动在佛山市第一人民医院举行。佛山市作为国家卫生健康委电子健康卡试点城市，落实国家有关试点工作要求，配合广东省卫生健康委信息便民“五个一”（建设居民电子健康码，实现医疗健康服务“一码通用”；建设两级健康信息平台，实现医疗卫生机构“一网联通”；优化再造服务流程，实现看病就医“一键诊疗”；推进远程医疗平台建设，实现远程医疗“一站会诊”；发展互联网医疗服务，实现线上线下“一体服务”）攻坚行动，推进电子健康码的试点应用，打造以电子健康码为唯一身份主索引的全市统一移动健康综合服务平台，着力建设“佛山卫生健康”微信服务号，推出统一规范的集“挂号、缴费、就诊、取药、报告查询”全流程线上“一健诊疗”服务及预约接种、献血、线上孕产妇预建档等公共卫生服务于一体的“一站式”全民卫生健康服务体系。截至2019年底，全市有35家二级及以上公立医疗机构全面实现电子健康码应用，市民主动申领电子健康码超100万张，实名预制电子健康码500万张。在2019中国卫生信息技术/健康医疗大数据应用交流大会上，佛山市电子健康码建设试点工作获评“全国电子健康卡普及应用优秀案例”。

（梁红飞）

爱国卫生运动

【概况】2019年，佛山市实行机构改革，市卫生健康局独立设置爱国卫生管理科（市爱国卫生运动委员会办公室）。是年，市爱卫办深入开展新时期爱国卫生运动，推进建设健康佛山工作。组织到各区调研爱国卫生和登革热蚊媒防制工作。建立佛山市卫生创建工作专家库，涵盖爱国卫生组织管理、健康教育、市容环境卫生等8大专业领域。组织开展以“迎新春，清蚊卵，除鼠害，保健康”为主题的冬春爱国卫生专项活动。开展以“共推‘厕所革命’共促卫生健康”为主题的第三十一个爱国卫生月活动。开展以防蚊灭蚊为重点的夏秋季爱国卫生运动，并在国庆前后开展清除垃圾、清除积水、清除蚊蝇孳生地的百日攻坚行动，切断登革热传播途径。是年2月，佛山市再次被全国爱国卫生运动委员会确认为“国家卫生城市”。

【卫生镇卫生村创建】2019年，佛山市爱国卫生运动委员会办公室继续推进卫生镇、卫生村创建。组织开展佛山市2019年卫生镇复审（创建）工作市级评审，三水区南山镇通过国家卫生镇创建工作市级初审和广东省“国家卫生镇”创建评估专家组的技术评估，并获全国爱卫会命名。禅城区南庄镇和南海区狮山镇通过国家卫生镇市级初审和广东省爱卫会组织的暗访检查。高明区杨和镇通过省卫生镇复审和暗访检查。开展省卫生村评审，组织对高明区、三水区申报的125个“广东省卫生村”进行材料审核、现场核查、综合审定，将122个达到“广东省卫生村”标准的村上报省爱卫办审定。

【“健康细胞”创建】 2019年，佛山市爱卫办组织开展健康村（社区）、“健康细胞”创建工作考核评估，促进“健康细胞”创建。截至2019年底，全市累计创建省卫生村1482个，省卫生镇4个（创建成国家卫生镇的镇，不再计算为省卫生镇），国家卫生镇20个（含三水区南山镇，已通过省的技术评估，等待国家统一命名）；全市累计创建不同星级健康村（社区）310个，1169个单位和106195个家庭获佛山市“健康细胞”称号。

【佛山通过2018年国家卫生城市复审】 2019年，全国爱国卫生运动委员会印发《关于2018年国家卫生城市（区）和国家卫生县城（乡镇）复审结果的通报》，佛山市再次被全国爱国卫生运动委员会确认为“国家卫生城市”；佛山市大沥镇、西樵镇、九江镇、丹灶镇、里水镇、北滘镇、陈村镇、龙江镇、容桂街道、乐从镇、均安镇、杏坛镇、伦教街道等13个镇（街道）再次被全国爱国卫生运动委员会确认为“国家卫生镇”。

（梁红飞）

人口家庭发展

【概况】 2019年，佛山市继续稳妥实施全面两孩政策，实行生育登记服务和再生育审批制度，将生育登记服务和再生育审批纳入市、区、镇（街道）三级行政服务中心的行政审批和政务服务标准化系统，全面推行网上办事，并开展人口监测统计分析。落实和完善计划生育家庭奖励扶助制度，印发推动计划生育服务转型实施方案，举办全市人口监测与家庭发展工作培训班，并探索推进母婴设施建设和婴幼儿照护服务发展。在全省2018年度计划生育目标管理责任制考评中，佛山市和南海区、顺德区、高明区获优秀等次，禅城区、三水区获良好等次。

【计划生育奖励扶助】 2019年，佛山市落实《佛山市城镇独生子女父母计划生育奖励办法》，扩大奖励对象范围，开展新增奖励对象审核和补发提高标准部分奖励金等工作，全市新增奖励对象约10万人，财政投入比上年增加2.3亿元。印发《佛山市卫生健康局 佛山市财政局关于提高我市农村部分计划生育家庭奖励标准的通知》，将农村奖励标准同步提高至每人每月200元，实现计划生育家庭奖励标准城乡一致。全年全市向16.1万人发放各项计划生育奖励扶助金4.35亿元。同年，佛山市继续通过多种形式加大对计生特殊家庭的扶助关怀力度：开展2019年春节期间走访慰问活动；出台《佛山市计划生育特殊家庭精准扶助实施方案》，明确为计划生育特殊家庭提供家庭医生等10项精准扶助服务内容；为计划生育特殊家庭购买综合保险和护理险，投保1081人，保费13.7万元，提供重大疾病、意外伤害（身故）、住院医疗、护理津贴等保险保障；等等。

【家庭发展】 2019年，佛山市以“70周年共奋进 齐心协力建新功”和“呵护婴幼儿成长 建幸福健康家庭”为主题，开展家庭发展促进月和计划生育协会“5·29会员宣传服务日”活动，活动投入469.85万元，举办宣传活动526场次、讲座及培训活动327场次，组织服务活动479场次、义诊196场次，服务群众20.54万人次。开展“生育关怀—青春健康”教育，新增省级项目点2个，顺德区伦教街道青春健康俱乐部被省确定为首批青春健康教育示范基地。推进计划生育家庭综合保险工作，全年全市参保32.8万人，投保金额2920万元，理赔2408人次、2940万元，投保额位列全省地级市第二。开展整治“两非”（非医学需要的胎儿性别鉴定和选择性别人工终止妊娠）专项行动，印发专项行动方案，将打击“两非”和非法行医、日常管理和专项整治结合起来，加强对民营医疗机构的巡查，依法严厉查处违法行为。

（梁红飞）

2019年5月29日，佛山市家庭发展促进月启动仪式暨计划生育协会“5·29会员宣传服务日”活动在禅城区亚艺公园举行。图为活动现场有关单位向计划生育困难家庭捐赠保险

（市卫生健康局供图）

竞技体育

【概况】2019年，佛山市有运动健将4人、一级运动员77人、二级运动员273人；输送省体工队、省体校集训队员32人；输送省体工队4人，获省体校吸收11人。佛山市运动员参加世界大赛获第一名6个、第三名1个。其中：李绘代表国家参加第七届世界军人运动会摔跤比赛，获女子自由式摔跤57公斤级冠军；郑鹏飞代表国家参加2019皮划艇世界杯波兰站和德国站比赛，获男子双人皮划艇500米和男子双人皮划艇1000米冠军，创造项目世界最好成绩；陈清晨代表国家参加苏迪曼杯世界羽毛球混合团体锦标赛，获冠军。是年，佛山市承办欧洲高尔夫挑战巡回赛佛山公开赛、2019年国际篮联篮球世界杯（佛山赛区）、第二届全国青年运动会体校组男子排球（A组）和全国青少年体育俱乐部联赛攀岩赛（华南区域）、中国拳击协会"金拳套"U系列俱乐部巡回赛（佛山站）等多项国际国内体育赛事。

【青少年体育】2019年，佛山市加强全市各级各类体校建设，推进4个国家高水平后备人才基地、20个省高水平单项后备人才重点基地（重点班）建设工作。开展青少年体育竞赛，组织17项全市性青少年锦标赛和6项小学生体育比赛，参赛人数超6500人次。加强青少年体育俱乐部建设，提高全市27家省级青少年体育俱乐部的建设质量。加强体教融合，加强传统校、网点校的课余训练和服务指导，提高全市91所传统校（网点校）训练质量。加强青少年体育工作从业队伍和裁判队伍建设，选派管理干部、教练（教师）参加国家和省的各类业务培训102人次；选派9个项目63人参加省级以上新规则学习班和裁判员晋升班；举办佛山射击、篮球、游泳裁判员培训班，培训153人；推动7人申报一级裁判员、2人申报国家级裁判员；选派乒乓球、羽毛球等18个项目138人次参加省级以上赛事裁判工作。加强足球试点城市建设，26所学校获评全国青少年校园足球特色学校、55所学校获评省级校园足球推广学校。加强足球对外交流和合作，推进与德国因戈尔施塔特市青少年足球合作项目。备战第十六届广东省运动会，初步落实7所体校、8所中小学、3个协会共26个项目42支队伍进行备战，与备战第十五届省运会相比，单位增加8个、项目增加5个、队伍增加10支。

【2019年国际篮联篮球世界杯（佛山赛区）赛事】2019年8月31日至9月8日佛山国际体育文化演艺中心举行2019年国际篮联篮球世界杯（佛山赛区）比赛。佛山赛区承办D组6场小组赛和4场16强淘汰赛，共10场比赛。其中8月31日举行的塞尔维亚队对安哥拉队的比赛是2019年国际篮联篮球世界杯揭幕赛。赛事期间，佛山赛区接待菲律宾总统杜特尔特等外事人员15批次267人次；接待国家副主席王岐山，以及国家体育总局、中国篮协、省体育局领导有关领导等各级领导20多人次；接待教练员、运动员约240人；接待新闻媒体记者2000人次。赛事期间，佛山赛区有83980名观众到场观赛，微信粉丝关注超500万人次，全市接待游客超200万人，其中中国香港游客89372人、中国澳门游客8980人、中国台湾游客5372人、国外游客108941人。篮球世界杯期间，佛山赛区比赛票务销售总金额1809万元，赛区投入各项经费合计7626.88万元，直接带动消费6亿多元。

为做好赛事组织工作，篮球世界杯佛山赛区组委会组建包括外联处、竞赛处、场地保障处、接待处等15个办事机构，按照既定的时间表、路线图和任务清单，保障各项筹备工作有序开展。赛事期间，佛山市组建市、区两级卫生医疗团队，派出16家医院医护人员313人次进驻场馆、酒店和球迷活动区，进行医疗救护、传染病防治、病媒生物控制等各项卫生保障；出动食品卫生安全执法人员200余人次，抽检食品821批次；出动城市管理综合执法人员1315人次，车辆473台次，纠正占道经营468起，整治乱堆放162起，整治乱摆卖155起，清理乱张贴90起；出动保供电人员170人次、车辆50台次、现场指挥车9台次。赛事期间，招募参与服务保障工作的赛事志愿者476人，投入安保力量1.6万人次。

【中国拳击协会"金拳套"U系列俱乐部巡回赛（佛山站）比赛】中国拳击协会"金拳套"U系列俱乐部巡回赛（佛

山站）比赛于2019年7月16—20日在佛山市体育运动学校举行。比赛由中国拳击协会、佛山市文化广电旅游体育局联合举办。赛事分为13至14岁年龄组与11至12岁年龄组，广东省11个地市共13支队伍、超100名运动员参赛。赛事期间还举办中国拳击协会首届拳击技能大赛，比赛项目包括跳绳、拳击技术对练、拳击敏捷梯以及花式手靶。该比赛是2019年中国拳击协会“金拳套”U系列俱乐部巡回赛的首站赛事。中国拳击协会“金拳套”U系列俱乐部巡回赛首次在佛山举行。

【第二届全国青年运动会体校组男子排球（A组）预赛】 2019年4月10—17日，第二届全国青年运动会体校组男子排球（A组）预赛在佛山市高明区体育中心举行。该赛事由国家体育总局排球运动管理中心与中国排球协会主办，由佛山市文化广电旅游体育局、佛山市高明区文化广电旅游体育局承办。此次比赛有11支代表队、187名运动员参赛，分2个组别A（1）组和A（2）组。比赛决出A（1）组第一名北京木樨园体校、第二名河南洛阳体校、第三名江苏仙林体校，A（2）组第一名河北廊坊体校、第二名上海静安青少年业余体校。该赛事是佛山市首次承办的国家级青少年排球赛事。

【全国青少年体育俱乐部联赛攀岩赛（华南区域）比赛】 2019年4月5—6日，全国青少年体育俱乐部联赛攀岩赛（华南区域）比赛在佛山市岭南明珠体育馆内的蓝天攀岩馆举行。这是全国青少年俱乐部联赛首次设立攀岩赛项目，也是国家级青少年攀岩赛事首次在佛山举行。该赛事由中国登山协会与佛山市文化广电旅游体育局联合主办，禅城区文化广电旅游体育局、佛山中奥广场管理有限公司与珠海蓝天体育文化传播有限公司共同承办。此次比赛有200名运动员参赛，年龄均在7岁至15岁之间，按年龄分为8个组别进行比赛，争夺进入该赛事总决赛的名额。

【第一届中国龙舟大奖赛暨2019佛山（国际）龙舟嘉年华】 2019年11月2—3日，第一届中国龙舟大奖赛暨2019佛山（国际）龙舟嘉年华在佛山市顺德区顺峰山公园桂畔湖举行。比赛由国家体育总局社会体育指导中心、中国龙舟协会主办，市文化广电旅游体育局、顺德区人民政府承办。来自全国各地的42支队伍近900名运动员参赛。比赛分公开男子组（22人龙舟）、公开女子组（12人龙舟）、青少年男子组（12人龙舟）、青少年女子组（12人龙舟）4个组别，有200米直道赛、500米直道赛、800米直道赛三大类别赛事。根据赛事规则，2019中华龙舟大赛职业组及2019中国龙舟公开赛的优胜队伍才有参赛资格。该赛事是继中华龙舟大赛、中国龙舟公开赛之后，由中国龙舟协会主办的第三个全国性高级别龙舟赛事。

（黎　康）

【2019年定向世界杯决赛暨南粤古驿道定向大赛分站赛在佛山举行】 2019年10月26、27、29日，2019年定向世界杯决赛暨南粤古驿道“天翼4K高清杯”定向大赛（第五站）分3个比赛日分别在佛山市南海区西樵山、南海影视城、松塘村举行。赛事由国际定向运动联合会主办，国家体育总局航空无线电模型运动管理中心、中国无线电和定向运动协会、广东省体育局等承办，佛山市文化广电旅游体育局、南海区文化广电旅游体育局等执行承办。中国内地和港澳地区，以及澳大利亚、奥地利、比利时、加拿大、克罗地亚、捷克、丹麦等37个国家及地区的260人参赛。赛事设中距离赛、短距离赛及短距离接力赛。这是定向世界杯决赛首次在中国举行。

（叶军强）

群众体育

【概况】 2019年，佛山市组织群众体育赛事活动331项［含区、镇（街道）组织的群众体育赛事活动］，参与人数255万人次。全市人口中，每周参加1次及以上体育锻炼的占93.8%。有各类体育场地19195个，人均体育场地面积2.52平方米。公共体育场馆免费或低收费开放的有51个，开放率100%。每万人足球场地数1.04块、每万人体育社会组织数0.58个、每千人公益社会体育指导员数2.3人。全年组织参加全国性以上的群众体育赛事与活动44项。其中，参加世界大赛获第一名11个，第二名10个，第三名10个；参加各类全国群体赛事获第一名100个，第二名65个，第三名34个。

【全民健身环境建设】 2019年，佛山市新建社会足球场地13个，新建和改造提升社区体育公园29个，新建标准篮球场30个、羽毛球场25个、乒乓球台29张、健身路径23条、健身广场851平方米。推动学校体育场地设施向公众开放，向社会公众开放体育场地设施的各区及市直属学校有242所，向社会公众开放学校体育场地场馆的示范学校有16所。推进公共体育场馆免费或低收费开放，全市公共体育场馆免费或低收费开放的有51个，开放率100%。

【全民健身活动】 2019年，佛山市组织各类群众体育赛事活动331项［含区、镇（街道）组织的群众体育赛事活动］，参与人数255万人次。其中包括举办佛山“50公里徒步”（参与人数30.8万人）、佛山市第六届镇（街道）男子篮球超级联赛、2019年佛山市村（居）际男子篮球赛暨“万科杯”2019年佛山市南海区百村（居）男子篮球赛、2019年佛山市首届百村（居）龙舟赛、佛山市第一届镇（街道）龙舟争霸赛等30多场全市性群众赛事，承办2019年定向世界杯决赛暨南粤古驿道定向大赛分站赛、中国龙舟大奖赛暨2019佛山（国际）龙舟嘉年华活动等一批国际、国家级赛事。

【社会体育组织发展】 2019年，佛山市有市级体育团体62个、区级社会体育组织199个、镇（街道）社会体育组织201个，全市32个镇（街道）全部拥有5个以上晨（晚）练健身点。年内，市社会体育指导员协会、市龙狮运动协会、市龙舟协会完成换届；市篮球协会、市咏春拳协会、市老年人体育协会、市游泳协会、市太极拳协会经过申报和评审获市级体育类社会组织发展专项资金扶持。

【体育公共服务】 2019年，佛山市推进全民科学健身服务进机关、进企业、进社区，全年为3000多名市民进行体质测定。在全市开展全民健身公益大讲堂下机关、下企业、下社区活动，举办全民健身公益大讲堂活动20场，印发全民健身手册2万册。开展二级社会体育指导员培训和再培训，分别培训145人和200人；开展三级社会体育指导员培训，培训1891人。推动佛山市体育场馆上线“佛山群体通”全民健身公共服务平台，截至2019年底，“佛山群体通”累计上线惠民社会场馆93个，覆盖5个区，包括羽毛球、足球、篮球、网球、乒乓球、游泳6大运动项目，“佛山群体通”应用程序（APP）和微信公众号累计提供佛山区域内订场服务5000多次。

【“世界功夫之城”建设】 2019年，佛山市继续推进“世界功夫之城”建设。继续开展“武术进校园”活动，其中开展“武术进校园”的学校有80余所，全市习武学生达30万人。组织举办和承办各类武术主题体育赛事和活动，包括国际蔡李佛功夫大赛、第七届世界太极拳健康大会、国际武联首届咏春拳大赛、广东省武术精英大赛、全国散打职业联赛、全国泰拳职业联赛、第二十届“体育节”暨2019佛山功夫嘉年华系列活动、2019佛山功夫舞台表演创作大赛、2019佛山国际武林大会等武术赛事活动。

【佛山市第六届镇（街）男子篮球超级联赛】 佛山市第六届镇（街）男子篮球超级联赛于2019年6月28日至8月9日举行。联赛以“喜迎篮球世界杯，我和祖国共成长”为主题，由佛山市文化广电旅游体育局、能兴（控股）集团有限公司主办，各区文化广电旅游体育局和市篮球协会承办，佛山农商银行冠名赞助。开幕式于6月28日在三水区明富昌体育馆举行。全市32支镇（街道）代表队参赛，进行78场比赛。小组赛分8个小组在佛山各区进行，前8强球队采用主客场赛制，总决赛与第三、第四名决赛，在中立场一场定胜负。在8月9日进行的决赛中，顺德区均安队获冠军。

【佛山市首届百村（居）龙舟赛】 佛山市首届百村（居）龙舟赛于2019年8月24日在高明区沧江水上综合运动基地举行。赛事由佛山市文化广电旅游体育局主办，高明区文化广电旅游体育局承办，是佛山首个市级村居龙舟比赛。竞赛项目为男子标准龙500米直道竞速，分设村居组和公开组2个组别。村居组以社区与行政村为单位组队，而公开组没有条件限制。有99支队伍约2600名运动员参赛，其中村居组参赛队伍29支、公开组参赛队伍70支。公开组参赛队伍分别来自广州、珠海、东莞、中山、江门等大湾区城市。广州恒志体育会1队获公开组冠军，瓯粤九江璜矶队获村居组冠军。

（叶军强）

2019年11月30日，第四届蔡李佛功夫佛山锦标赛总决赛在佛山体育馆举行

（市文广旅体局供图）

体育产业

【概况】 至2019年底，佛山市有体育产业法人和活动单位3171个，“四上”体育企业（“四上”企业指规模以上工业、有资质的建筑业、限额以上批发和零售业、限额以上住宿和餐饮业、房地产开发经营业、规模以上服务业法人单位）31家，国家体育产业示范基地1个。有在售体育彩票投注站970个，全年全市筹集体育彩票公益金4.01亿元。年内，佛山市组织举办和承办一系列体育赛事，促进体育赛事经济发展。其中，2019年国际篮联篮球世界杯（佛山赛区）赛事期间全市接待游客超200万人，赛事票务销售总金额1809万元，直接带动消费6亿多元。

【电竞产业取得突破】 2019年，佛山市电子竞技体育产业取得突破，腾讯电竞和网易电竞先后在佛山举办高级别电竞赛事。其中：4月21日，由腾讯电竞主办的2019英雄联盟LPL春季赛决赛在佛山国际体育文化演艺中心举行，佛山成为广东省内第一个落户英雄联盟职业联赛（LPL）赛事的城市，正式走进国内乃至世界玩家的视线；11月1—18日，网易电竞在佛山市岭南明珠体育馆举办“网易NeXT2019秋季赛”线下赛，覆盖游戏注册用户2亿多人，赛事报名10万人，线下参与人数超20000人，线下选手超500人。

【体育彩票销售】 2019年，佛山市实现体育彩票销量14.616亿元，比上年下降7.56%（全省销量比上年下降19.36%），代扣个人偶然所得税3539.75万元，开出1000万元以上大奖2个、500万～1000万元大奖2个、100万～500万元大奖16个、20万～100万元大奖84个。全市在售体育彩票投注站970个，提供就业岗位2000多个。全年全市筹集体育彩票公益金4.01亿元，其中禅城区0.91亿元、南海区1.34亿元、顺德区1.34亿元、高明区0.22亿元、三水区0.2亿元，完成筹集任务率101.84%。

（易云鹏）

社会民生

重点人群

【妇女儿童】 2019年，佛山市适龄儿童全部免费接受义务教育。有幼儿园1016所，招生11.33万人，在园幼儿31.85万人，学龄儿童入园率100%。小学417所，招生11.75万人，在校学生61.66万人，小学毕业升学率100%。截至年底，佛山市有妇女儿童权益维权工作站38个、"佛山融爱"妇女创业创新基地7个、"粤港澳大湾区（广东）妇女创新创业基地"1个、"妇女之家"822个、儿童活动园地779个。

（莫宏谦）

【青年】 根据广东省统计局2015年调查数据，佛山市青年（14～28周岁）常住人口数为179.58万人。截至2019年10月，佛山共青团团建系统覆盖团员222145人。2019年，全市各级团组织实施"展翅计划"，为在校大学生、应届毕业生提供优质实习、见习岗位3895个，同时联合人社部门在佛山人才网设置"青年就业实习（见习）专题页"，促进青年就业实习（见习）与企业招聘有机结合。全年开展就业技能培训和岗位见习实训等培训活动近30场次，直接服务青年超1000人次。全年开展婚恋交友活动70余场次，服务青年6000人。

（林玥廷）

【老年人】 截至2019年底，佛山市60岁以上户籍老龄人口79.10万人，占户籍人口17.05%。全市户籍老年人口中60～69岁老年人口基数最大，有43.78万人，70～79岁、80～89岁、90～99岁老年人口基数则分别为24.38万人、9.24万人、1.61万人。全市有百岁老人767人，其中南海区百岁老人最多，有338人，禅城区、顺德区、三水区、高明区百岁老人则分别为111人、108人、112人、98人。全市民政部门登记、备案养老机构77个（公办养老机构42个、社会办养老机构35个），提供养老床位17165张（公办养老机构床位8252张、社会办养老机构数及床位8913张），全年收住老年人11585人，收住人数与上年基本持平。2019年，全市投入养老服务体系建设资金40079.27万元。2019年1月1日起，佛山市城乡居每人每月保基础养老金增加40元，增加后佛山市城乡居保基础养老金月人均达260元。

（黄国添）

【残疾人】 据2006年第二次全国残疾人抽样调查推算，佛山市残疾人22.36万人，占全市总人口5.8%。2019年底，全市持二代残疾人证的残疾人70766人（其中一级、二级28019人，三级、四级42747人）；就业年龄段残疾人2.96万人，已就业10696人（其中年内新增就业772人）；培训1113人次，其中年内新增培训482人。2019年，佛山市有康复服务需求的残疾人7760人，得到康复服务残疾人7141人，基本康复服务覆盖率为92%。

（吴新来）

民族·宗教

民族事务

【民族概况】（详见7页《民族》）

【民族团结进步创建活动】 2019年，佛山市通过组织以"同唱一首歌·共圆中国梦——'我和祖国的故事'"为主题的文艺汇演、少数民族进城务工人员语言文化政策培训班、新疆驻粤工作组佛山党支部与禅城区张槎街道纯阳社区党支部建立党组织结对共建等活动为载体，开展民族团结进步宣传教育，促进各民族交流交往交融。年内，对到佛山市经商务工的少数民族代表人士以及有生活困难的少数民族群众定期开展走访慰问。

【佛山市组织龙舟队参加全国少数民族传统体育运动会】 2019年9月，佛山市组织男、女龙舟队参加在河南省郑州市举行第11届全国少数民族传统体育运动会，佛山市代表广东省参加所有12项龙舟竞赛项目，获5枚金牌、7枚银牌。在该次运动会上向社会展示佛山市少数民族文化，促进民族交流交往交融，促进民族团结。

【少数民族进城务工人员语言文化政策培训】 2019年，佛山市开展少数民族进城务工人员语言文化政策培训工作，以提高少数民族流动人口的综合素质和融入能力，提升城市民族工作水平，推动民族团结进步。培训对象主要为全市5个区的新疆维吾尔自治区少数民族进城务工人员，设禅城区、南海区、顺德区等3个培训点，三水区和高明区的新疆籍少数民族群众分别在禅城区和南海区培训点接受培训。培训班开设习近平新时代中国特色社会主义思想、党的十九大精神、党的民族宗教政策法规、城市管理知识以及国家通用语言等课程，授课120课时，培训少数民族人员近2000人次。

（顾　楠）

宗教事务

【宗教概况】（详见7页《宗教》）

【宗教活动场所规范化管理】 2019年，佛山市有各类宗教活动场所54个，其中佛教寺院15个、道教宫观6个、天主教堂12个、基督教堂21个。是年，佛山市进一步落实《佛山市宗教活动场所规范化管理实施办法（试行）》，开展宗教活动场所管理，强化对宗教界的指导和管理，各种工作以宗教活动场所为着力点，通过开展“四进”（中华人民共和国国旗进场所、宪法和法律法规进场所、社会主义核心价值观进场所、中华传统优秀文化进场所）活动等，发挥宗教活动场所学习宣传党和国家政策法规，引导宗教界人士和信教群众爱国爱教、服务社会重要阵地作用，推动宗教中国化进程。对仁寿寺进行调研，加强对仁寿寺改造提升工程的规范化建设。全年开展宗教活动场所安全大检查5次。

【佛教、道教商业化问题治理】 2019年，佛山市继续开展佛教道教商业化治理工作，纠正商业资本介入宗教场所建设的行为，将宗教活动场所包括民间信仰场所等纳入拉网排查范围，对全市21个佛教、道教场所和1642个民建信仰场所进行全面排查，责令责任单位及时对排查出的问题进行整改，并开展多次“回头看”，确保不反弹、不复发。

【宗教团体建设】 2019年，佛山市有市一级宗教团体5个、区一级宗教团体8个。是年，佛山市继续开展以“中华人民共和国国旗进场所、宪法和法律法规进场所、社会主义核心价值观进场所、中华传统优秀文化进场所”为主要内容的“四进”活动，推动宗教界继承和发扬爱国爱教的优良传统，自觉做引领宗教中国化方向的先行者、社会主义核心价值观的积极倡导者和传播者。首次对全市性宗教团体给予工作经费补助并纳入财政预算。全年举行宗教界人士培训班3批次。其中：在南京金陵神学院举办市基督教坚持中国化方向培训班，全市33名基督教教职人员参加培训；举办2019年佛山市宗教活动场所安全生产培训班，全市54个场所108人参加培训。

【宗教界社会服务】 2019年，佛山市各级民族宗教部门支持宗教界发挥自身优势，开展公益慈善活动，帮助社会弱势群体改善生活，为促进社会和谐作出贡献。参与“广东扶贫济困日”活动，全市宗教界捐赠金额28.69万元。仁寿寺全年捐送物资49.46万元，开展慈善活动163场次，惠及群众26230人次。

【中央统战部调研组到佛山市开展民间信仰调研】 2019年5月17日，中共中央统战部十二局副巡视员吴国生率调研组一行到佛山市开展民间信仰工作调研，听取佛山市民间信仰工作情况汇报，实地考察顺德区杏坛镇龙潭村龙母庙、容桂街道白莲池观音堂和真武庙等民间信仰活动场所。调研组对佛山市民间信仰工作及顺德区试点工作给予肯定。

（顾　楠）

人力资源

【概况】 2019年，佛山市新引进全职领军人才25人、博士642人、硕士3124人、高级职称专业技术人才531人，其中全职院士的引进实现零突破；公开招聘事业单位工作人员120人、事业单位雇员237人。截至2019年底，佛山市累计引进行业领军人才232人、博士2890人、硕士研究生2.84万人、高级职称专业技术人才2.9万人、引进省创新创业团队10个；全市有博士后科研工作站61个，博士后科研工作站分站和博士后创新实践基地63个，设站总数在全国地级市中位居前列。

【事业单位人事管理】 2019年，佛山市人力资源和社会保障系统组织开展市直事业单位公开招聘2次，参加公开招聘的单位43个，招聘岗位94个，公开招聘事业单位工作人员120人，公开招考机关事业单位雇员237人。调整事业单位岗位设置19个，办理事业单位岗位变

2019年3月12日，佛山市领导到佛山市实验中学调研民族工作。图为调研后合影

（市委统战部供图）

动1355人次。

事业单位管理简政放权　市人力资源社会保障局下放干部管理权限，授权高等院校自主选拔中层领导干部和公开招聘高级人才。高等院校自主选拔任用中层领导干部，通过直接考核招聘高级人才，为佛山市境内的高校和科研实验室提供人才支撑。

职称制度改革　市人力资源社会保障局鼓励佛山市的龙头企业、行业组织、高等院校参与研究制定相应专业职称评价的分类细化标准。根据佛山市产业特点以及企业人才队伍建设情况，选取美的集团股份有限公司、海天调味食品股份有限公司、蒙娜丽莎集团股份有限公司等3家企业作为试点，指导企业制订企业人才主体系列自主评审工作方案、办法和标准。支持季华实验室组建正高级及以下职称评审委员会，强化职称评审监管服务等工作。

职称评审组织　市职称评审委员会会同相关行业组织、行业主管部门组织开展建筑系列和机电高级职称申报政策宣讲会，参加培训专技人才超3000人次。截至2019年底，佛山市各级评委会评审工作基本完成。

公立医院薪酬制度改革试点　市人力资源社会保障局联合市财政局、市卫生健康局印发《关于开展佛山市公立医院薪酬制度改革试点工作的通知》，在全市公立医院开展薪酬制度改革试点工作，规范公立医院的薪酬结构、扩大公立医院的内部自主分配权、保障医务人员薪酬总体水平设置更加合理。

事业单位工作人员收入水平调整　佛山市调整事业单位年终奖励性绩效、年终慰问金、住房维修金及雇员绩效考核奖，事业单位人员人均收入大幅增加，机关事业单位工作人员收入差距进一步缩小。

【人事考试软硬件配套】2019年，佛山市人力资源和社会保障部门继续提升和完善人事考试定点考场的软硬件配套。加强人事考试工作人员纪律教育，提升人事考试工作人员业务水平。推进签约考点学校考场电子监控系统建设，全年新增安装电子监控系统学校5个，截至2019年底，全市88%签约考点学校完成考场电子监控系统安装。推进考场电子监控指挥中心建设，完成佛山开放大学、佛山市第三中学初中部等12个定点考场监控服务器安装。

【人才引进与交流】2019年，佛山市推进2018年出台的《佛山市人才发展体制机制改革实施意见》落实，出台并实施《佛山市关于实施粤港澳大湾区个人所得税优惠政策财政补贴管理暂行办法》《佛山市创新领军人才、创业领军人才和青年拔尖人才选拔认定实施办法》《佛山市新引进高等教育教学科研骨干人才安家费工作实施细则》《优粤佛山卡服务管理暂行办法》等配套政策文件。全年发放人才扶持资金1.2亿元。佛山市高层次人才服务专区开展活动近40场次，参与高层次人才约950人次。佛山市人才驿站、佛山高层次人才产业园在佛山高新技术产业开发区揭牌成立。

国内高校人才引进　全市企事业单位组团外出开展高校招聘活动35场次，累计接洽高校人才1.2万人次，达成意向约4000人。市人社部门举办“魅力佛山行”2019年全国部分高校师生体验营活动，邀请国内30多所高校的约150名师生代表到佛山市走访参观，加强对接。继续推进国内高校人才驿站建设，新建4个高校人才驿站（累计在全国各高校建有高校人才驿站9个），并推动各高校人才驿站以公益服务的方式向各类企事业单位开放，拓宽佛山市引才空间。

博士后引进　佛山市获全国博士后管理委员会批准，在佛山企业博士后工作站下增设季华实验室、广东省高智新兴产业发展研究院、佛山市广科产业技术研究院有限公司、佛山市陶瓷研究所集团股份有限公司、日丰企业集团有限公司、广东省九江酒厂有限公司、佛山高富中石油燃料沥青有限责任公司等7家佛山企业博士后工作站分站。全年全市各博士后工作站建站单位新增博士后进站160人。在站博士后研究人员141人，博士后课题研究项目110个。

海外人才引进　市人力资源社会保障局组织佛山市博士后工作站参加第17届中国国际人才交流大会香港分会场人才交流活动，发布佛山市50多个博士后需求，与香港多个高校的30多名博士洽谈对接。全年引进多个海外国家级科研院所和高校高层次人才团队。

高端学术交流对接活动　市人力资源社会保障局组织全市重点单位参加在上海举办的第十届高层次人才创新创业大会，推动人才与政府、高校、资本的深入对接。促进浙江省海创技术交流研究院院长孙威（博士）与佛山市高新区产业项目的对接。主办首届“链接未来趋势——城市产业互联网思想研讨会”，探讨产业智能升级、企业产品创新和人才引进培育，为佛山带来前沿城市产业“互联网+”的战略思维。

人才政策宣传　市人力资源社会保障局发布《佛山人才发展环境宣传片》、《佛山人才政策扶持宣传片（动画版）》。联合市委组织部拍摄制作《高质量的人才宣传片（中英文版）》，立体展示佛山社会发展基础、产业发展机遇。从人才政策、人才载体、人才服务、人才访谈等角度展示佛山人才发展环境。制作派发人才宣传资料，编印《佛山人才故事》专刊。从11月起，每月10日采取市区联动方式开展“人才政策宣传日”系列活动。

【年度薪酬调查和人工成本监测】2019年，佛山市完成人力资源和社会保障部、省人力资源和社会保障厅下发的930家薪酬调查样本企业的数据填报审核工作，其中数据涵盖6个职业大类、64个职业中类、300个职业小类，547个职业细类，涉及职工203208人，并最终形成佛山市2019年人力资源市场指导价位。按时完成部级86家企业、省级700家企业人工成本监测数据的审核报送，填报指标涉及利润总额、从业人员平均人数，成本费用总额、人工成本总额、从业人员劳动报酬总额等内容。

【人事档案管理】2019年，佛山市依托“佛山人才网”开通个人、机构人事档案服务在线预约功能，提供出具存档证明、复印档案材料、提取档案等业务线上预约服务，实现办事人员线上预约，工作人员后台处理，现场凭身份证即来即取的高效办事模式。全年为单位和存档人员提供各类人事档案公共服务2.7万人次，其中接收人事档案14505份、转出人事档案4680份、档案资料归档1178份、借档案98人次、借档案资料372人次、查阅档案857人次、复印档案资料1314人次、出具证明292份、接待各类咨询4000多人次。

【人力资源服务业发展】 截至2019年底，佛山市人力资源服务企业和机构总数300多家，人力资源服务产业形成一定规模。2019年，市人力资源社会保障局印发《佛山市关于加快发展人力资源服务业的意见》，推动佛山市人力资源服务业发展。是年，佛山市人力资源服务产业园（绿岛湖园、季华园）成功推荐人才126人次，组织线下招聘会10场，吸引求职者2万余人次，发布网络招聘岗位信息35万条、求职信息64万条；为200多家企业提供劳务派遣服务8273人次；举办900多个各类培训班，培训103249人次；为1100人次提供人才测评服务，全年服务人员12.84万人次；园区全年营收5.18亿元。

【“优粤佛山卡”发放】 2019年11月9日，在佛山市机关小礼堂举行的佛山市人才工作推进会上，佛山市向全市顶尖人才代表发出首批“优粤佛山卡”A卡。“优粤佛山卡”是佛山市人才享受优惠便利服务的凭证。“优粤佛山卡”将申领对象分为四个类别：A卡（尖端人才）、B卡（高级人才）、C卡（中初级人才）、T卡（特色人才）。持卡人才不受国籍、户籍、身份和年龄等限制，可享受“政务+创业+医疗+住房+商旅+联谊”六位一体服务和人才扶持政策、资金发放“一条龙”在线办理。“优粤佛山卡”服务平台建立“市级统筹+各区定制”机制，实现服务资源“一区整合、全市共享”和服务信息数据实时统计分析。

【广东（佛山）博士和博士后人才交流与科技项目对接会】 2019年11月17—19日，广东（佛山）博士和博士后人才交流与科技项目对接会在位于佛山市顺德区北滘镇的广东（潭洲）国际会展中心举行。大会以“博揽天下英才，共创人才湾区”为主题，以坚持推动博士和博士后人才交流合作，服务博士和博士后科技成果转化为宗旨，吸引世界各地近1200位博士、博士后与省内高校、科研机构、省重点实验室、博士后科研工作站等60个单位（其中佛山市20个）交流洽谈。大会围绕创新驱动和粤港澳大湾区发展战略，聚焦博士和博士后人才交流和项目洽谈，并结合佛山市经济社会发展和企业的需求，设置人才交流、项目对接、峰会论坛、推介发布、实地考察等五大核心板块。对接会共征集到博士博士后人才需求3900多人，博士和博士后创新成果1116项。对接会开幕式上，汇集广东省100位博士和博士后创新人物，100项博士和博士后创新成果，100个博士和博士后创新平台的《广东省博士博士后创新样本》发布。

【佛山市人才驿站成立】 2019年12月10日，佛山市人才驿站在佛山市高新技术产业区揭牌成立。驿站面积8000平方米，是由省市共同建设的柔性引才引智公共服务平台。驿站内设高层次人才流动办公室、博士工作站、院士工作站、会议室等功能区域，可为入驻驿站的人才提供会议、培训、讲座、洽谈、展览展示等服务。同日，以人才驿站为载体成立的高层次人才科研成果转化示范基地——佛山高层次人才产业园挂牌成立。

【佛山市首个对外扶贫博士站挂牌成立】 2019年5月24日，由佛科产业技术转化研究院、广东养本堂农业科技有限公司、昭觉县天屹农业开发有限公司三方合作共建的“农林牧业博士工作站”在四川省凉山彝族自治州昭觉县挂牌成立，是凉山彝族自治州首个博士工作站，也是佛山市首个对外扶贫博士工作站。工作站的驻站博士团队将为昭觉县研究制定农业产业发展规划、提供战略咨询并为当地培育不少于10个特色农产品或中药材品种，同时依托合作企业优势成立“润生农商学院”，为当地培养农业骨干人才、开拓农产品销售渠道。

【“对口凉山劳务协作就业服务扶贫平台项目”入选2019网络扶贫案例】 2019年10月，佛山市“对口凉山劳务协作就业服务扶贫平台项目”入选由中央网信办信息化发展局指导、中国网络社会组织联合会主办的2019网络扶贫案例征集活动（活动旨在征集来自脱贫攻坚一线、扶贫成效显著、受到群众认可的网信企业和网络社会组织真扶贫、扶真贫的典型案例）评选出的“2019网络扶贫案例”名单。“对口凉山劳务协作就业服务扶贫平台项目”是佛山市人力资源社会保障局结合佛山市与四川省凉山彝族自治州实际情况，依托信息惠民系统，建设的劳务协作就业服务扶贫平台项目，具体包括服务平台、经办平台、移动应用程序（APP）、硬件平台等4部分内容。

（卢文韬）

劳动就业

【概况】 2019年，佛山市城镇新增就业8.7万人、失业人员再就业3.6万人、就业困难人员实现再就业0.7万人，分别完成省人力资源和社会保障厅下达任务的112%、109%和140%。年末城镇登记失业率为2.28%，控制在3%的目标以内，就业形势总体稳定。佛山市生源应届高校毕业生就业率95%，其中“双困”（双困是指有经济上的困难和心理上的困难）高校毕业生就业率100%；促进创业9249人，带动就业27701人。审核发放创业担保贷款586笔，发放金额1.2亿元。稳岗补贴单位3890个，稳岗补贴金额2.06亿元。

【就业监控】 2019年，佛山市人力资源社会保障部门加强就业监控，及时全面掌握全市用工情况。做好500家失业动态样本企业、700家用工定点样品企业、75家重点出口样本企业的监测工作；开展春运期间异地务工人员流动情况监测以及企业用工情况调研工作；牵头协调部、省、市专项调研3场次，并向佛山市政府上报《关于配合中美经贸摩擦一周年影响调查的汇报材料》。

【春季招聘与就业服务】 2019年，佛山市市、区、镇（街道）公共就业人才服

2019年10月30日，佛山市知名企业（单位）组团到长春工业大学举行校园招聘会
（市人力资源社会保障局供图）

务机构举办招聘会872场，累计参会单位3.86万个，提供招聘岗位67.32万个，入场总人数57.4万人次，达成意向10.12万人。其中“三春”行动（“春运期间组织异地务工人员有序流动工作”“春风行动”“南粤春暖”就业服务系列活动）期间，佛山市各级公共就业服务机构举办公益性招聘会约150场，1.1万家企业参与招聘，提供就业岗位20万个，进场应聘人数近19万人次。派发“春风卡”、就业优惠政策、劳动法律法规等相关宣传资料累计超8.6万份。

【高校毕业生就业创业】 2019年，佛山市有高校生源毕业生39443人，其中理科毕业生有19138人（占49%）、文科毕业生有20305人（占51%）。佛山市生源应届高校毕业生就业率为94.5%，“双困生”就业率100%。全年发放部省市属高校毕业生就业创业补贴651.78万元，惠及毕业生2801人。其中：发放求职创业补贴249.4万元，惠及毕业生1247人；发放创业培训补贴38.7万元，惠及毕业生387人；发放应届高校毕业生到基层就业补贴348.9万元，惠及毕业生1123人；发放灵活就业社保补贴0.7万元，惠及毕业生4人；发放高校毕业生基层就业岗位补贴14.08万元，惠及毕业生40人。

【就业困难人员就业】 2019年，佛山市开展“就业援助月”活动，市各级人力资源社会保障部门走访就业困难人员家庭886户，未发现零就业家庭；登记认定的未就业困难人员151人，其中残疾就业困难人员33人；帮助279名就业困难人员实现就业，其中残疾就业困难人员12人；帮助1155名就业困难人员享受相关扶持政策，辖区内招用就业困难人员并享受扶持政策的企业有85家。在第29次全国助残日期间，佛山市、区相继举办专场招聘会、残疾人康复及就业政策咨询、残疾人职业技能培训登记等一系列贫困残疾人就业帮扶活动。

【对口凉山彝族自治州劳务协作】 2019年，佛山市人力资源社会保障部门部门分别在四川省凉山彝族自治州昭觉、金阳、美姑、雷波、盐源、甘洛、喜德、越西、布拖等地组织面向贫困劳动力的招聘会20场，参与招聘企业187家，现场提供招聘岗位9236个，其中现场达成就业意向1792人。全市向凉山州发放各项岗位补贴、岗前培训补贴361.21万元，惠及3197人。全市接收凉山籍务工人员4318人，其中建档立卡户3675人，就业满3个月以上的有2222人，任务完成率137.08%（2019年任务数3150人）。

【创业带动就业】 2019年，佛山市促进创业人数9249人，带动就业27701人；发放创业担保贷款586笔，金额1.2亿元。印发《关于佛山市创业担保贷款担保基金和贴息资金管理办法》，从失业保险基金中提取2.4亿元用于创业担保贷款和贴息，同时，加强全市统筹，进一步加强创业担保贷款担保基金和贴息资金管理，加大对初次创业企业和小微企业的融资支持力度。组织2019年优秀创业项目申报遴选工作，遴选25个优秀创业项目并按规定给予总额250万元的一次性资助。发挥佛山市创业孵化示范基地作用，促进创业就业，截至2019年底，基地项目进驻率100%，有63家创业团队（其中已完成工商注册28个）约220人入园创业，此外线上孵化人数约300人。举办“双创年”活动，全年举办“双创”系列活动近500场。

【农村电商促就业】 2019年，佛山市印发《佛山市农村电商培训推动创业就业工作方案》，明确加大农村电商技能人才院校培养力度、大规模开展农村电商从业人员职业技能培训、提升农村电商初次创业人员创业能力等12项主要任务。建立多层次培训体系，推动有条件的村至少扶持1个农村电商品牌，实现“一村一品、一镇一业”。认定4个新型职业农民创新创业服务中心，依托新型职业农民创新创业服务中心和其他社会培训机构开展农村电商培训，推进全市农村电商发展，打通农村电商发展全链条，激发释放农村电商在扶持创业、吸纳就业、脱贫增收等方面作用。全年全市开展农村电商培训1200人次以上，带动农村电商创业就业2500人以上。

【职业技能竞赛】 2019年，佛山市组织开展包括“粤菜师傅”工程类、特色陶艺等职业技能竞赛在内的市级以上职业技能竞赛17项，近6000人报名参赛，131名优秀选手获“佛山市技术能手”称号。组织开展2019年佛山市突出贡献高技能人才选拔认定活动，对认定的50名突出贡献高技能人才给予每人一次性工资外津贴2万元。年内，佛山选手陈奇亮获第45届世界技能大赛珠宝加工项目比赛银牌。

【“南粤家政”工程】 2019年，佛山市人力资源社会保障部门出台《佛山市实施“南粤家政”工程促进就业工作实施方案》，其中，创新提出“建立全市联网的线上线下综合服务平台，逐步实现区域内家政服务信息互联共享”和“以佛山市技师学院为载体，创新打造立足佛山、领先华南、服务湾区的‘佛山南粤家政学院’”两大特色工作。将“南粤家政”人才培训纳入职业技能提升培训年度计划，全年全市组织“南粤家政”职业技能培训9357人次，系统内发放补贴8086人次，发放1306.3万元。与云浮市人力资源和社会部门签订《深化两市“南粤家政”工程对口帮扶合作框架协议》，约定云浮市每年定期负责向佛山市输送至少500名家政从业人才，佛山市扶持在云浮市当地建立“南粤家政人才流动服务站”并按规定给予奖补。

【“粤菜师傅”工程】 2019年，佛山市组织7545人完成“粤菜师傅”餐饮人才技能培训。完成省、市两级“粤菜师傅”培训基地和大师工作室认定评审，其中被评为省级“粤菜师傅”培训基地3个、省级“粤菜师傅”大师工作室3个、市级“粤菜师傅”培训基地7个、市级“粤菜师傅”大师工作室11个。深入推进“粤菜师傅”精准扶贫班，截至2019年底，佛山市“粤菜师傅”培训基地接收近350名来自广东省湛江市、云浮市和四川省凉山彝族自治州等对口帮扶地区的贫困学员，免费提供厨师技能培训与就业创业帮扶，助力实现“一人学厨、全家脱贫”目标。开展“粤菜师傅送教上门”活动，佛山市技师学院与新疆维吾尔自治区喀什地区伽师县签订对口帮扶协议，在当地挂牌“粤菜师傅培训基地”，并组织学院老师到当地技工学校开展烹饪等专业的技能帮扶。

【劳动监察】 2019年，佛山市各级人力资源社会保障部门检查用人单位20163个，立案309件、办结案件296件，其中办结欠薪违法案件139件，法定审限内结案率100％。向公安机关移送恶意欠薪犯罪案件54件，公安机关立案28件。向社会公布18家违法企业，在“信用佛山”网站公布4家“黑名单”企业，维护农民工权益。全年劳资形势平稳可控，未发生30人以上群体性劳资纠纷事件，没有发生欠薪引起的群体性事件和重大恶性事件。

年内，佛山市人力资源和社会保障局开发完成劳动保障监察预警分析系统，实现大数据对劳资纠纷的提前预警预防，并将企业的用电欠费信息纳入预警信息来源。通过法院涉诉信息、社保缴费异常信息、就业登记异常信息、安全生产黑名单信息对92家企业进行预警排查。启动劳动保障监察指挥中心远程指挥执法视音频记录（单兵）系统立项工作，提高执法工作规范化、标准化。在各区组织开展保障农民工工资支付、清理整顿人力资源市场秩序、高温天气劳动保护、打击非法使用实习生和童工、用人单位遵守劳动用工法律法规、根治欠薪夏季、冬季攻坚行动等专项行动，严厉打击企业的欠薪等违法行为。推动实名制、分账管理、工资保证金等制度的落实，促进劳动关系和谐稳定。印发《2019年佛山市预防处置企业重大劳资纠纷风险工作方案》，完善源头预防、动态监管、违法查处相结合的劳资纠纷预防化解机制。开展佛山市和谐劳动关系样板工程建设项目创建行动，5个区各选取10个工程项目创建示范点。出台《佛山市建设领域工人工资支付保证金差异化缴存管理办法》和《佛山市建设领域工人工资支付专用账户管理制度》，进一步细化工资分账流程，明确保证金存缴方式与存缴比例，对保证金的存缴方式和程序进一步优化。

【广东“众创杯”创业创新大赛之技能工匠争先赛在佛山举行】 2019年8—9月，2019年广东“众创杯”创业创新大赛之技能工匠争先赛在佛山市举行。有549个项目（团队组442个、企业组107个）报名参赛，50个项目（团队组30个、企业组20个）入围复赛，27个项目（团队组15个、企业组12个）入围决赛，最终决出12个获奖项目（团队组6个、企业组6个）。12个获奖项目可分享共计121万元的资助奖金。佛山市参赛项目获金奖2个、银奖2个、铜奖4个、优胜奖3个，其中企业组金、银、铜奖均为佛山市项目。

【佛山港澳青年创业孵化基地建设】 2019年7月，佛山市以位于禅城区智慧新城的佛山市创业孵化示范基地为载体，挂牌成立佛山港澳青年创业孵化基地，并于11月挂牌成立佛山市港澳青年就业创业服务中心，完成“三步走”建设佛山港澳青年创业孵化基地的第一步。是年6月6日，佛山市印发《佛山港澳青年创

2019年9月25—26日，2019年广东“众创杯”创业创新大赛之技能工匠争先赛复赛、决赛在佛山市举行
（市人力资源社会保障局供图）

业孵化基地建设实施方案》，明确将按照“三步走”建设佛山港澳青年创业孵化基地：2019年，以市创业孵化示范基地为载体，前期挂牌成立佛山港澳青年创业孵化基地，设立港澳青年就业创业服务中心；2020年至2022年，打造“一基地两园区”格局，定位三龙湾高端创新集聚区，选址南海区三山新城、顺德区顺港城，以季华实验室等重大项目为载体，建设佛山港澳青年创业孵化基地分园并投入运营，并建立港澳青年人才大数据库，实现港澳青年入驻基地常态化；2023年至2025年，助力全省布局“1+12+N”孵化平台载体，推动佛山港澳青年创业孵化基地设施、制度保障、公共服务三项落地，基地运营体制和机制2项合作共融，打造更具活力和竞争力的创业创新生态链。

【广东工业设计城获评全国创业孵化示范基地】 2019年4月，根据《人力资源社会保障部关于公布全国创业孵化示范基地复评和认定结果的通知》，佛山市顺德区广东工业设计城获评第四批全国创业孵化示范基地，为广东省第三家、佛山市首家全国创业孵化示范基地。广东工业设计城依托区域产业优势，集聚发展，基地内相继建成创新设计研究院、工业设计园、设计广场、国际设计中心、设计城博物馆、长者幸福生活体验馆等重点项目，孵化面积6万平方米，入孵企业268家，聚集设计研发人员8345人，带动就业超2万人。

（卢文韬）

社会保障

社会保险

【概况】 截至2019年底，佛山市参加基本养老保险438.43万人、基本医疗保险576.14万人、失业保险283.23万人、工伤保险316.51万人、生育保险283.32万人。2019年，佛山市社会保险基金收入554.46亿元、支出481.88亿元，当期结余72.58亿元、滚存结余942.94亿元。

【养老保险】 截至2019年底，佛山市参加基本养老保险438.43万人。其中：城镇职工基本养老保险（含离退休人员）385.55万人，比上年减少39.95万人；城乡居民基本养老保险52.88万人，减少1.53万人。2019年，佛山市城镇职工基本养老保险基金总收入350.99亿元，支出304.33亿元；城乡居民基本养老保险基金收入14.24亿元，支出17.41亿元。城乡居民基本养老保险符合领取长期待遇人员31.35万人，比上年减少0.4万人。从2019年1月1日起，城乡居保基础养老金标准由每人每月220元提高至每人每月260元；企业退休人员基本养老金人均增加160元，调整后全市企业退休职工月人均基本养老金3360元。

【医疗保险】 截至2019年底，佛山市基本医疗保险参保人数576.14万人，其中城镇职工基本医疗保险347.70万人、城乡居民基本医疗保险228.44万人。2019年，佛山市基本医疗保险基金总收入155.91亿元，支出126.25亿元。基本医疗保险参保人享受基本医疗保险待遇3831.95万人次。其中：城镇职工医疗保险在职人员门诊大病104.00万人次，住院21.98万人次；城镇职工医疗保险退休人员门诊大病261.82万人次，住院20.80万人次；城乡居民医疗保险参保人员门诊大病212.81万人次，住院43.90万人次；全市参保人（含职工和居民）普通门诊3166.64万人次。是年，佛山市提高大病保险自付部分医疗费用补偿待遇，调整6种重性精神疾病床日平均定额结算标准，提高部分门诊特定病种年度限额标准，新增4个门诊特定与门诊慢性病种。

【失业保险】 截至2019年底，佛山市参加失业保险人数283.23万人，比上年增长7.28%。2019年，佛山市失业保险基金收入8.19亿元，支出9.39亿元。领取失业保险金人数3.69万人，失业保险金标准为1548元/月；领取一次性失业保险金和生活补助人数10140人，人均3795.15元/人。是年，佛山市将死亡失业人员一次性丧葬补助金和抚恤金提高至60219元，增幅为19.5%；全年向近7000家企业发放稳岗补贴2.62亿元、向12家受影响企业返还失业保险费4160万元。

【工伤保险】 截至2019年底，佛山市参加工伤保险人数316.51万人，比上年增长19.57%。2019年，佛山市工伤保险基金收入8.35亿元，支出11.46亿元。享受工伤保险待遇16221人，享受伤残津贴609人，享受生活护理费275人，因工死亡195人，供养亲属1459人。年内，佛山市将一次性工亡补助金调升至785020元，增幅为7.84%；完成2019年工伤浮动费率实施工作和阶段性下调费率工作，为全市用人单位减负2亿元。

【生育保险】 截至2019年底，佛山市参加生育保险人数283.32万人，比上年增长7.16%。2019年，佛山市生育保险基金收入16.80亿元，支出13.05亿元。生育保险参保人享受生育保险待遇130396人次。生育保险待遇中，生育的医疗费用5146.81元/人次、生育津贴15681.65元/人次、计划生育津贴2388.58元/人次。

【“打造惠民社保品牌　提升社保经办管理服务”行动】 2019年，佛山市社会保险基金管理局继续推进“打造惠民社保品牌　提升社保经办管理服务”行动，26项重点任务及各大社保品牌塑造工作取得进展，部分任务项目提前完成。惠民社保方面：2019年，提高全市退休人员养老待遇，惠及退休人员超90万人；提高医保待遇，包括提高大病保险自付部分医疗费用补偿待遇、调整6种重性精神疾病床日平均定额结算标准、提高部分门诊特定病种年度限额标准、新增4个门诊特定与门诊慢性病种提高工伤、失业、养老保险死亡待遇，平均增幅近9%；减少企业社保费负担，为企业减负近5亿元；推进社会保险扶贫，为1.2万名贫困人员代缴城乡居民养老保险费，代缴社保费近110万元，并实现省内、跨省异地住院医疗救助“一站式”结算。社会保险便民服务方面：推动佛山市入选国家疾病诊断相关分组（DRGs）付费试点城市，开展国家疾病诊断相关分组（DRGs）付费试点工作；减证便民，医疗、生育保险业务高频事项精简材料101份，平均精简率超过73%，部分待遇申办实现“只需一张表”；推广以信息比对为主，人脸认证、现场认证为辅的社保待遇资格认证新模式，通过信息比对为近29万名企业退休人员完成养老待遇资格认证，通过佛山社保“i社保”应用程序（APP）、支付宝城市功能等渠道完成人脸认证进行失业金签收超过1.5万人次。社会保险智能监管方面：建立佛山市社保业务基础数据应用分析系统、全市定点医药机构管理系统、基金财务分析与基金收支预测信息管理系统，不断完善稽核内控风险平台、医疗费用信息监管系统、财务系统等功能，建立社会保险基金核心财务内控管理制度体系。社会保险形象提升方面：在由市行政服务中心开展的第三方测评中，市社会保险基金管理局政务服务满意度综合评价量化总得分96.7分，综合评价结果为“满意”（最优档次）；在由佛山日报社主办的“佛山口碑榜”评选中，获评“特色榜口碑单位”“互联网+服务最佳口碑单位”。

2019年6月10日，佛山市社会保险基金管理局举行全市电子社保卡签发暨应用推广活动
（市社会保险基金管理局供图）

【社保卡服务】 2019年，佛山市社会保险基金管理局出台《提升佛山市社会保障卡服务能力专项行动工作方案》《全面推进佛山市电子社会保障卡应用工作方案》，推动社保卡服务能力提升。在实体社保卡应用方面，全市近50个网点实现5分钟内自助式发卡，完成“2019年年底前每个区至少有2个快速制发卡网点”的工作目标。是年，佛山市推出电子社保卡，在全国社保系统内率先依托银联渠道实现线下电子社保卡扫码支付医保个账，利用电子社保卡落实人力资源与社会保障领域102项应用和推动社保信息互联互通走在全国前列。截至2019年底，佛山市电子社保卡签发量123万张，超过11万人利用电子社保卡完成医保个账扫码支付33万多笔，消费总额4260万元。

【社保“互联网+”应用】 2019年，佛山市社会保险基金管理局“i社保”应用程序（APP）新增参保证明下载、医保个账扫码支付等10个新功能，广东省民生服务微信小程序“粤省事”佛山板块新增城镇职工养老保险缴费记录查询、职工医保个账划拨查询等9项新业务。市社会保险基金管理局印发《关于做好2019年佛山市养老金领取资格确认工作的通知》，构建以信息比对为主的养老待遇资格认证服务模式；印发《关于做好农民工和就业创业人员异地就医备案工作的通知》，加快解决特殊群体难点堵点问题，致力打通异地就医直接结算的“最后一公里”，全年增加上线跨省异地结算平台的市内医疗机构15个（累计78个），纳入省内异地联网结算系统的市内医疗机构84个。年内，佛山市加快工伤协议医院联网结算的接口改造，47家协议医院完成与省集中式工伤保险业务管理系统联网结算。

【社保业务改革】 2019年，佛山市落实社会保险费征收职责划转工作，根据国务院、广东省人民政府关于社会保险费征收职责划转的有关要求，机关事业单位在编人员社会保险费和职业年金从1月1日起由市税务部门征收，城乡居民养老保险及城乡居民医疗保险费也分别于2月、3月起由市税务部门征收。推进机关事业单位养老保险制度改革，全面启用省集中式系统经办机关事业单位养老保险业务，将市地质局、佛山海事局、市税务局、市邮政局、佛山海关等5个中央、省属单位纳入佛山市机关事业单位养老保险范围，并完成所有市属单位养老保险制度改革准备期清算工作。实施工伤保险省级统筹，按照“广东省工伤保险基金省级统筹实施方案”要求，从7月1日起，全面落实向省上解原佛山市累计结余额中12%的调剂金至省级统筹工伤保险基金，和预留全市3个月周转金。

【社保业务调研】 2019年，佛山市各级社会保险部门针对佛山市社会保险事业发展不平衡不充分问题开展调查研究，形成《关于赴南充市考察学习社保卡“一卡通”应用的调研报告》《赴成都考察学习社保政务服务改革专题调研报告》等调研成果。围绕提升便民服务水平、推动社保工作高质量发展以及党的建设等中心工作任务，确定9个调研课题，深入全市9个企业、1个村、11个镇（街道）行政服务中心、8个社保办事处等基层一线了解情况。是年，佛山市社会保险调研转化成果4项：打破社保卡制卡周期长的制约，由原来的制作1张社保卡平均需时4个月时间，压缩至平均需时1个月，缩减时限75%，部分银行实现5分钟内完成实时办卡与激活；建成电子社保卡线下扫码支付体系和线上认证体系，丰富社保服务渠道；创新养老保险待遇领取资格认证新模式，取消集中认证，通过大数据比对进行认证，推出社会化服务认证，方便佛山市在港澳地区居住的退休人员办理认证手续；开发“i社保”和支付宝平台相关功能，参保人能足不出户办理失业金签收手续。实现失业保险金签收“掌上办、指尖办”。

【社保基金监管】 2019年，佛山市社会保险基金管理局通过开展“拉网式”排查全面梳理社保经办服务全流程的各个风险点，形成佛山社保经办领域重大风险点清单以及防范和化解佛山社保经办领域重大风险点工作台账，全年核查疑点数据8.7万条，追回金额48.22万元。利用医疗费用信息监管系统对住院医疗费用进行事后审核，全年通过监管系统核查发现属应拒付金额69.84万元、属应重新结算1.47万元，实际挽回71.31万元。

【社保依法行政】 2019年，佛山市社会保险基金管理局印发《关于规范权责清单和事项标准动态管理工作规定》《佛山市社会保险基金管理局依法分类处理群众诉求清单》《关于规范性文件管理规定》等文件。受理依申请政府信息公开23件，答复23件，未引起行政诉讼。妥善处理咨询热线、网络发言人、书面信访、电子监察系统投诉等信访类业务2694件。

【佛山市社会保险单位缴费比例和缴费基数调整】 2019年5月1日和7月1日，佛山市分别对佛山市社会保险单位缴费比例和缴费基数进行调整。其中按照公务员法管理的单位、参照公务员法管理的机关（单位）、行政类和公益一类、二类事业单位（简称“机关事业单位”）在编人员的基本养老保险单位缴费比例从20%下调为16%；5—6月机关事业单位在编人员基本养老保险的缴费工资下限调整为3469.2元，即按2017年全省全口径城镇单位就业人员平均工资5782元的60%；上限为17346元，即按2017年全省全口径城镇单位就业人员平均工资5782元的300%。7月起机关事业单位在编人员基本养老保险的缴费工资下限调整为3803元，即按2018年全省全口径城镇单位就业人员平均工资6338元的60%；上限为19014元，即按2018年全省全口径城镇单位就业人员平均工资6338元的300%。5—6月企业职工基本养老保险的缴费工资上限调整为2017年度全省全口径城镇单位就业人员平均工资5782元的300%，即17346元。7月起企业职工基本养老保险的缴费工资下限为3376元，即按2018年广东省第二类片区全口径从业人员月平均工资5626元的60%；上限为19014元，即按全省全口径城镇单位就业人员平均工资6338元的300%。失业保险缴费基数下限按佛山市最低工资调整，为1720元；上限为20073元，即按市在岗职工月平均工资6691元的300%。机关事业单位在编人员失业保险缴费基数继续按原标准。佛山市工伤保险缴费基数不设上下限。

（潘智锟）

医疗保障

【概况】 截至2019年底，佛山市基本医疗保险参保人员576.14万人，其中职工347.7万人、居民228.44万人。2019年，佛山市医保基金收入155.9亿元，支出126.2亿元。基金支出中统筹基金支出91.6亿元、个人账户基金支出34.6亿元。医保基金当期结余29.7亿元。

【医保改革】 2019年2月2日，佛山市医疗保障局挂牌成立，整合市人力资源和社会保障局的城镇职工和城乡居民基本医疗保险、生育保险、药品和医用耗材集中采购管理职责，以及市发展和改革局的药品和医疗服务价格管理职责，市民政局的医疗救助职责，为正处级市政府工作部门。同时设立佛山市医疗保障局禅城分局、南海分局、顺德分局、高明分局、三水分局，作为市医保局的派出机构（正科级），实行垂直管理。无所属事业单位。是年，佛山市推进体系建设和“三医联动”（医疗、医保、医药改革联动）改革，在疾病诊断相关分

2019年佛山市医保基金筹资标准

身　份	类　别	缴费标准（1—9月）		缴费标准（10—12月）	
职工	用人单位	212.07元/月		196.91元/月	
	个人	一档	30.3元/月	一档	28.13元/月
		二档	90.89元/月	二档	84.39元/月
居民	个人缴费	596元/年			
	财政补助	1283元/人/年			

说明：1.以职工身份参保的，缴费基数是广东省第二类片区上年度全口径从业人员月平均工资（截至2019年底为5626元/月），用人单位缴费费率是3.5%，职工个人一档缴费费率0.5%、二档缴费费率1.5%。2.以居民身份参保的，缴费基数是佛山市上上年度居民可支配收入（截至2019年底为49630元/年），个人缴费费率是1.2%

2017—2019年佛山市基本医保参保人数及基金收支、结余情况

年　份	参保人数（万人）			基金收入（亿元）	基金支出（亿元）	当期结余（亿元）
	职　工	居　民	合　计			
2017	303.0	214.8	517.8	122.5	102.8	19.7
2018	324.7	222.0	546.7	143.3	113.3	30.0
2019	347.7	228.4	576.1	155.9	126.2	29.7

组（DRG）付费国家试点改革、药品和医用耗材供应链改革、维护医保基金安全、推行佛山市商业补充医疗保险“平安佛医保”，构建多层次医疗保障体系等多项改革中取得新突破。其中：在疾病诊断相关分组（DRG）付费改革试点方面，佛山市被国家医疗保障局评为“进度优秀”和“经办管理较完善”试点城市；药品和医用耗材供应链改革方面，新一轮药品和医用耗材集中采购中标价格较上年整体分别下降约11%、21.8%，为全市公立医疗机构节省5.04亿元。年内，市医疗保障局组织开展系列调研活动28次，实地走访调研医疗机构27个、相关单位15个，与参保人及家属、医护人员面对面交流，先后赴10个城市学习考察，完成子课题调研任务9个，创造性提出“两保两建两创新”[“两保”是指保障全市人民医疗保障待遇高度稳定与持续提升和较好地满足保障重点人群（长期卧床慢性病患者+失能失智人员+老年人+残疾人）医养康养服务需求；“两建”是指建立多层次医疗保障机制和立以政府资源和医保基金为引导、社会资源良性介入的多元化民生保障机制；“两创新”是指创新“基本医疗保险+大病医疗保险+商业补充医疗保险+慈善捐助+医疗救助”高度衔接的医疗保障模式和创新多部门资源高效整合，同向发力、同向考核、相向而行的重点人群统筹管理服务模式]的改革思路。

【医保基金管理】 2019年，佛山市印发《佛山市医疗保障行政处罚案件办理暂行规定》《佛山市打击欺诈骗取医疗保障基金行为举报奖励实施细则（试行）》《佛山市定点医药机构监督检查记录表》《佛山市医疗保障监督意见书》《佛山市医疗保障行政处罚文书格式范本》等13份制度文件。全年组织开展法制培训活动4场、集中警示教育活动7场，举行主题为“打击欺诈骗保，维护基金安全”的现场宣传咨询活动6场，组织党员代表、业务骨干深入村（社区）开展政策宣讲6场，推送打击欺诈骗保信息34条，重点策划推出《以案说法》节目10期。开展“打击欺诈骗保，维护基金安全”专项行动，检查定点医疗机构310个，发现存在违法违规行为的定点医疗机构84个，解除1个存在违法违规行为的定点医疗机构的服务协议，追回医保基金324.6万元、处违约金401.04万元，收缴金额合计725.64万元，收缴金额比上年增长12倍。持续升级医疗费用信息监管系统，利用大数据分析实行精准监控，对违反医保支付有关规定的医疗费用予以拒付，全年拒付金额69.84万元、重新结算1.47万元，实际挽回基金71.31万元。

【医保政策调整】 2019年，佛山市将孤儿纳入重点医疗救助对象，开通重点医疗救助对象参保“绿色通道”，全年全市救助各类医疗救助对象83919人次，支付医疗救助金额4493.39万元。将门诊慢性（特定）病种保障范围从38种扩至42种。将器官移植术后抗排斥、血友病治疗年度支付限额分别提升为7.2万元、30万元。将大病保险报销比例提高至90%，起付标准由2万元降低至1.5万元，年度支付限额由30万元提高至40万元。将职工基本医疗保险单位缴费费率从4%下调至3.5%，全年为全市企业减负约10亿元。是年，佛山市启用跨省及省内异地住院医疗救助“一站式”结算，取消异地就医和医疗救助所有盖章手续，通过手机应用程序（APP）、网站、电话（传真）等方式进行备案登记，解决了参保人“垫支跑腿”问题，为参保人提供更加便捷高效的服务。

2019年2月2日，佛山市医疗保障局挂牌成立 *（市医保局供图）*

【商业补充医疗保险“平安佛医保”发布】 2019年12月23日，佛山市商业补充医疗保险“平安佛医保”在佛山市政府新闻发布厅正式发布。该保险由佛山市人民政府指导，市医疗保障局、市社会保险基金管理局主导，平安养老保险股份有限公司佛山中心支公司承保。该保险主要特点包括：不限年龄，人人可参保；不限医保目录，自费药也补偿；保费低，保额高；可用医保个人账户支付保险费；癌症特药保障；等等。该保险计划从2020年1月1日起实施，实行年度缴费，2020年缴费标准为每人每年185元，报销最高可至239.6万元。

【佛山成为疾病诊断相关分组（DRG）付费国家试点城市】 2019年5月，佛山市获国家医疗保障局确定为疾病诊断相关分组（DRG）付费国家试点城市，成为全国30个开展疾病诊断相关分组（DRG）付费国家试点工作的城市之一，是广东省唯一入选的试点城市。在国家医疗保障局2019年底的通报中，佛山市被评为疾病诊断相关分组（DRG）付费改革“进度优秀”试点城市和“经办管理较完善”试点城市。2019年，佛山全市疾病诊断相关分组（DRG）付费住院病例78.2万例，每人次平均费

2019年11月25日，佛山市医保局与广州市医保局、广州公共资源交易中心签订《广佛药品跨区域联合集团采购框架协议》，实现药品采购和使用“广佛同城同价”

（市医保局供图）

用为10388元，比上年下降1.07%。

【医药保障】 2019年，佛山市医疗保障局持续推进降药价工作，解决市民“看病贵”问题。在药品集中采购方面，新一轮药品集中采购中标价格较上年整体下降约11%，议价目录中标率较上一轮提高20%。截至2019年底，药品采购实际交易金额64.3亿元。在医用耗材采购方面，全年有119家企业、3297个医用耗材产品下调价格，为全市公立医疗机构节省采购资金5.04亿元。截至2019年底，耗材采购实际交易金额41.94亿元。在落实国家组织药品集中采购和使用试点扩围工作方面，市医保局组织全市公立医疗机构采购国家25个中选品种的药品，保障佛山市民享受到医改新政策红利。是年，市医保局与广州市医保局、广州公共资源交易中心签订《广佛药品跨区域联合集团采购框架协议》，佛山市加入广州药品集团采购平台，建立跨区域药品采购联盟，实现药品采购和使用“广佛同城同价”。

（石唯廷　张世渊）

社会救助

【最低生活保障】 2019年，佛山市继续提高低保标准和补差水平。全市每月人均低保标准统一提高至1060元，全市每月人均补差水平统一不低于603元。佛山市自2012年以来连续8年持续提高低保标准，增幅达146%。2019年12月，全市有低保对象5559户9546人，其中城镇低保对象2219户3817人、农村低保对象3340户5729人。全年发放低保救助金10746.79万元。

【特困人员供养】 2019年，佛山市提高特困人员供养标准。按照特困人员供养标准按照不低于当地低保标准的1.6倍，且不低于各区现行特困人员供养标准的规定，各区特困人员每月人均供养标准平均值为2023元，其中禅城区每月人均2445元，南海区每月人均2093元，顺德区每月人均2174元，高明区每月人均1696元，三水区每月人均1707元。2019年12月，全市有特困供养人员2651户2667人。全年发放特困人员供养金6134.99万元。发放照料护理补贴99.51万元。

【临时救助】 2019年，佛山市支出临时救助资金509.14万元，救助2894人次。年内，市民政局起草《佛山市临时救助办法》，将临时救助对象细分为支出型救助对象和急难型救助对象，并明确程序分类以及救助标准和方式，对遭遇突发事件、意外伤害、重大疾病或其他特殊原因导致基本生活陷入困境，其他社会救助制度暂时无法覆盖或救助之后基本生活暂时仍有困难的家庭和个人给予的应急性、过渡性救助。

【流浪乞讨人员救助】 2019年，佛山市加强和改进流浪乞讨人员救助管理，印发《佛山市加强流浪乞讨人员救助管理工作实施意见》，进一步厘清救助救治服务机构关系，强化街面巡查转介处置、行政执法、救助站安全秩序维护、救助服务供给和加强财政经费保障等。全年全市对生活无着的流浪乞讨人员救助资金实际支付金额3231.73万元，全年救助流浪乞讨人员2425人次。

流浪乞讨人员救助领导协调机制调整　及时调整市困难群众基本生活保障工作联席会议成员单位职责和成员名单，增加市城管执法局、市医疗保障局作为联席会议成员单位，建立政府负责人牵头的救助管理工作领导协调机制，并把生活无着的流浪乞讨人员救助管理工作职责纳入联席会议职责内容。

流浪乞讨人员救助相关机构管理监督　制定《佛山市民政局关于进一步加强和改进市救助站管理工作的实施方案》，全面加强和改进市救助管理站各项工作内容、工作措施、工作要求、风险点预判以及应急预案，规范接待、购票、入站、管理、宣教、巡查、离站等救助服务工作的各个细节，全面提升市救助管理站的管理能力和水平。截至年底，市救助管理站建立与市民政局的月度例会制度，实施安保人员每周应急应对训练机制，强化接待大厅接待群众服务和标准，购买第三方社工机构开展街面流浪乞讨人员巡查工作，聘请第三方专业机构开展站内消防安全生产工作，健全《佛山市救助管理站制度汇编》，编制救助管理工作流程图和编排上墙等工作。配合开展全省救助管理机构、托养机构和医疗机构交叉检查，以配合清远市民政局检查组对佛山市各机构进行检查的契机，对市救助管理站、南海区救助站、市受助人员托养中心以及市第三人民医院、南海区人民医院等7个医疗机构救助安置受助人员基本情况进行整体摸查和了解，促进全市流浪乞讨人员救助工作提高。

【社会救助改革】 2019年，佛山市通过开展社会救助改革项目的方式，探索政府和社会联动的“政社联动”救助模式。各区结合实际设立社会救助改革试点项目并顺利开展。

禅城区作为民政部社会救助综合改革试点区，在社会救助制度体系框架内，通过完善“救急难”体系，立足于“托底线、救急难、可持续”的目标，创新机制，探索路径，开展对遭遇各种急难情形导致基本生活暂时出现严重困难的群众及时救助和帮扶。安排财政资金189万元建立区级社会救助信息平台，推进禅城区社会救助业务工作标准化和规范化；推动社会救助业务的开展，解决“信息孤岛”“社会救助资源错配”等问题；为各项社会救助政策和项目的落地实施、救助对象的认定和救助资金的发放提供支持；基于社会救助数据的挖掘分析，能够掌握真实、全面的居民经济情况，为政府工作的科学决策提供数据支撑，促进业务政策的科学制定和有效落实；建立和完善禅城区社会救助信息共享机制，推进信息共享、互联互通的实现。拓展社区基金，引导社会力量参与社会救助，加快禅城区社会救助城乡统筹，破解制约禅城区社会救助发展瓶颈。社区基金立足基层，具有救助及时、便捷、使用灵活等特点，在促进社区扶贫助困、共享共治及“救急难”等方面起着重要的推动作用；计划3年内在禅城区145个村及社区全覆盖，投入及募集资金计划超652万元。推进党员结对帮扶工作，实现党组织帮扶禅城区困难群众覆盖率达100%，发放慰问金18万元；推动救助工作从物质型向服务型转变，实施购买社会救助社工服务项目；结合禅城区多年开展社会救助社工服务的经验，在省内首次制定社会救助社工标准，公开发布《社会救助社会工作服务指南》通过标准化的制定为其他地区开展社会救助工作提供重要的参考。

南海区推行政府购买社会救助服务，结合社会救助对象的实际情况，选定具体的购买服务内容，并负责组织实施购买社会救助服务工作，具体项目包括大沥镇彩虹社会救助服务项目、狮山镇个案管理服务项目、“向阳花开”里水镇特殊家庭社会救助支持计划、九江镇困难对象（低保、特困、低保临界对象）跟进服务、“以爱唤爱心灵护航”——丹灶镇困境家庭社会提升计划、西樵镇心理援助热线和桂城街道民政救助对象随访跟踪服务等7个项目，内容涉及个案跟进、生活帮扶、心理疏导、精神慰藉、资源链接、能力提升、社会融入、就业技能培训、政策宣传及服务及资源整合等，投入金额合计330.4万元。

顺德区为改善困难群众的居住环境，从“修缮一间房，温暖一个家”的初心出发，联系区慈善会，调动区、镇（街道）慈善资金，推出“安心善居”困难家庭房屋修缮计划（简称“安心善居”项目），为亟需修缮的困难家庭提供个性化的免费服务。项目计划3年投入2000万元，以“安全、便利”为目标，按照“适用、经济、安全”原则，为困难家庭提供免费居家环境提升改造服务。全年对全区4000多户困难家庭的住房情况开展排查工作，发现近1200户家庭因长期经济拮据而有修缮的需求，当中约600户需求较为迫切。“安心善居”项目首期工程全面竣工，三级慈善组织投入资金近600万元，为192户困难家庭免费进行房屋改造修缮。

高明区开展暖心行动。开展“微心愿”活动，区政府专项安排29万余元购置1234件家电、辅助器具及日杂物品，解决799户困难群众的“微心愿”；开展住房“微改造”活动，实施“一户一策”，对困难群众反映的住房渗漏、裂缝等问题，开展住房排查和改造工作，排查需要修缮住房96户，截至年底，完成32户、正在修缮5户；解决个案问题，对62户困难群众名下挂靠车辆问题开展专项处理，截至12月16日，完成审批10户、其余37户正在有序处理中，经评估不符合纳入救助政策范围的15户，并进行政策解释；优化多部门多层次的信息对接核查机制，印发《关于协助健全完善救助对象信息对接核查机制的函》，与自然资源分局、区交警大队、区社保基金局、区农业农村局和区市场监管局形成每月常态化线下核对机制，开展4次核查，线下核查困难对象2073人；开展三级联系困难群众活动。印发《关于开展党员干部结对联系困难群众活动实施方案》，建立对困难群众的三级帮扶工作机制［一户困难群众至少要求区、镇（街道）、村（社区）三级各1名党员结对联系］，结合实际推进“3对1”结对联系活动，明确党员领导干部结对联系困难群众工作责任，截至年底，有3867名党员与1289户困难群众结对。

三水区提升电子化水平，推行“互

2019年6月14日，佛山市民政局在祖庙街道开展“红色领航　共建幸福社区——2019年佛山市社会组织党员志愿服务活动”。图为市保险行业协会和市迎悦手工爱心帮扶协会准备分组上门走访慰问庆宁社区

（市民政局供图）

联网+救助”模式，着手研制档案电子系统，旨在搭建智慧社会救助信息化平台。平台以区、镇（街道）两级架构搭建用户和角色管理机制，镇（街道）操作人员负责信息录入、上传档案，区级民政部门操作人员负责信息审批和管理。采用“互联网+救助”的模式实现对项目申报、审批、归档、变更等情况的跟踪管理，方便查阅申报、审批过程中的任何历史记录，包括填写的表单及修改的文档，确保电子化社会救助文书合法、规范、标准。

【农村低保专项治理】 2019年，佛山市民政局结合扫黑除恶治乱专项斗争，继续联合多部门对全市农村低保工作中的腐败、作风和机制问题进行专项治理。6—12月，通过专项治理，清退不符合条件低保对象1168户、2101人；新纳入低保对象517户、854人。暂未发现涉黑涉恶人员和“村霸”非法把持农村低保申请、民主评议等村级事务的问题，也未发现财政供养人员和村（居）委会干部、低保经办人员存在吃拿卡要、优亲厚友等违法违纪问题。

【残疾人福利提高】 2019年，佛山市按照《佛山市财政局等三部门关于提高全市2018—2020年困难残疾人生活补贴和重度残疾人护理补贴标准的通知》标准，是年，困难残疾人补贴标准不低于每人225元/月，比上年增长12.5%；重度残疾人护理补贴不低于每人275元/月，比上年增长10%。

【2019年救助管理机构“开放日”活动】 2019年6月19日，佛山市在市救助管理站开展以“大爱寻亲、温暖回家”为主题的救助管理机构“开放日”活动。市民政、公安、城管等有关部门负责人以及志愿者、市民代表等100多人参加活动。采取现场致辞、观看宣传片、市民互动问答等方式介绍救助管理政策、救助程序、救助服务内容，向参与人员普及救助知识，近距离展示救助工作成效。同时，市救助管理站工作人员与参观的市民采取“市民提问，工作人员必答”的方式宣传救助知识。通过活动，提高全市流浪乞讨人员救助管理工作的透明度、公信力、满意度，并促进救助管理政策法规宣传。

【佛山市召开2019年困难群众基本生活保障工作联席会议】 2019年8月22日，佛山市召开2019年全市困难群众基本生活保障工作联席会议。会议深入贯彻落实省政府《广东省最低生活保障制度实施办法》和市政府加强流浪乞讨人员救助管理工作有关实施意见等文件精神，传达全省社会救助工作会议精神和市委、市政府有关工作部署，总结全市社会救助和流浪乞讨人员救助管理工作，研究部署下一阶段的工作任务。市公安局、城管执法局作关于流浪乞讨人员救助管理工作的经验介绍；禅城区社会救助综合改革试点工作、三水区政府购买服务加强基层社会救助经办服务能力工作情况汇报。副市长乔羽参加会议，市民政局局长梁志光主持会议，市困难群众基本生活保障工作联席会议成员单位负责人，各区政府分管副区长，民政局局长、分管副局长共60人参加会议。

（陈　瑶）

老龄工作

【概况】（详见374页《老年人》）

【老年福利】 2019年，佛山市落实老年人优待工作，全市发放老年人优待证111399张（其中外埠老年人优待证25635张），使用“老人优待证”享受免费优惠的10254.62万人次，享受半价优惠的1470.26万人次，两者享受优惠金额合计1.92亿元。落实长者高龄津贴发放，截至年底，累计发放长者高龄津贴286.02万人次，共计2.01亿元。

【养老服务】 2019年，佛山市有五星级养老机构3个、四星级养老机构5个、三星级养老机构9个、二星级养老机构3个、一星养老机构1个；有社区长者饭堂机构81个，其中禅城区10个、南海区39个、顺德区29个、高明区2个、三水区1个。是年，佛山市推动全市养老机构厨房安装监控设备并连接“佛山阳光餐饮”应用程序（APP），实现实时监控，提高养老机构食品安全质量。截至年底，全市完成摄像头的安装并连接“佛山阳光餐饮”的养老机构达74个。推广实施社区居家养老“大配餐”，通过引入社会力量参与运营长者饭堂和统一规范运营管理，逐步建立布局合理、均衡发展、满足要求、功能完善、精准高效、共建共享的“中心城区10 ~ 15分钟，外围城区20 ~ 25分钟”服务网络。

【老年人文化活动】 2019年，佛山市以弘扬敬老爱老的中华民族优良文化传统为主线，保障老年人基本文化权益，为老年人推出公益演出、公益培训、公益展览、公益讲座、业余文艺团队辅导培训、提供公益活动场地服务、文艺交流活动、文艺活动公益宣传及免费开放等基本服务项目，全年举办老年文体活动3428场次，累计参加人数11.3万人次。其中：组织参加于1月17日在广州中山纪念堂举行的“2019年广东省老年人春节联欢晚会”，《梨园武影》节目获活动金奖；组织80名老年人体育爱好者参加于5—11月举行的广东省老年人太极拳剑比赛，获3个单项第一名、4个团体第二名。

【老龄健康医养结合】 2019年，佛山市有医养结合机构19个（医疗机构提供养老服务医养结合机构4个、养老机构内设医院或护理院医养结合机构4个、养老机构内设医务室医养结合机构11个），提供养老床位（含医养结合床位）5267张。全市有与医疗卫生机构签订合作协议的养老机构53个。全市有378个医疗机构设置老年人绿色通道，占医疗机构总数的17.2%；12家二级以上综合医院开设老年病科，占二级以上综合医院总数的21.05%。全市65岁及以上老年人健康管理人数30.8万人，健康管理率64.26%；老年人中医药健康管理人数27.2万人，中医药健康管理服务率56.74%。

【银龄安康行动】 2019年，佛山市推进“银龄安康行动”自付费投保工作，截

2019年11月29日，佛山市老年文艺巡演"武术之乡"禅城专场暨老年文化节闭幕式在禅城区金马影剧院举行。图为《书简》节目表演　　（市老龄办供图）

至年底，全市银龄安康行动保费4792万元，自付费率28%，达到省下达的"自付费率达到25%"年度目标，自付费率居全省前列。推进"银龄安康行动"全市政府统保提标，提标方案进入征求各区意见阶段。是年，佛山市获2018年"银龄安康行动""达标优胜奖"和"卓越领航奖"称号。

【"敬老爱老"文化建设】 2019年，佛山市通过新闻媒体新闻报道、专题访谈、公益广告等形式，开展反映老年人生活、健康教育等方面宣传工作，营造尊老助老的社会氛围。其中：市老龄办开展"老龄健康周"专题宣传活动，其间播放声带宣传广告1800多次、进村（社区）宣传6次、派发宣传单张2万多张，其间制作的老龄健康节目实时点击收听110万人次；佛山电视台播出反映老龄工作、敬老爱老等新闻节目65次，对"最美佛山人"先进事迹、颐养院及新社会福利院筹建情况等进行宣传，营造尊老助老的舆论环境；佛山电台开展敬老爱老公益宣传，全年播出敬老爱老公益广告700多条次。

【老年人权益保障】 2019年，佛山市法律援助机构受理涉及老年人的法律援助案件208件，各级公共法律服务平台为老年人提供法律咨询3.2万人次。是年，佛山市加大针对老人消费产品违法行为的打击力度，全市受理办结涉及老年人保健品的投诉14件、举报38件，为消费者挽回经济损失19550元。

（黄国添）

【养老服务统筹发展】 2019年，佛山市以养老服务体系建设为突破口，聚焦养老服务业发展的突出问题，制定《佛山市养老服务体系建设提升三年行动计划（2020—2022年）》和城企联动普惠养老专项行动支持政策，出台《关于进一步做好我市居家养老服务补贴工作的指导意见》，完善全市养老服务体系，推动全市养老服务工作走在全省前列。截至2019年底，全市有养老机构75个，其中公办养老机构42个、公办民营机构3个、民办机构30个，全市各类收养性养老床位3.7万张。全市150平方米以上社区居家养老设施332个，其中建筑面积大于150平方米小于300平方米27个、建筑面积300平方米以上305个。

【公办养老机构建设】 2019年，佛山市加强公办养老机构建设，缓解公办养老机构"一床难求"现象，同时进一步强化公办养老机构托底保障作用，为失能、失智群体提供更多优质的养老床位。截至年底，三水区福利中心投入3000多万元扩建并将投入运营，新增床位300张；高明区筹建新医养结合机构；佛山市颐养院项目完成立项并于年底动工建设，计划新增护理型床位900张；佛山市新社会福利院项目推进立项，计划新增养老床位1000张；禅城区颐养院项目计划新增养老床位280张。

【养老信息平台建设】 2019年，佛山市继续推进2017年开始实施的"互联网+居家养老"计划，推动区级养老信息平台建设。截至2019年底，已建成并投入使用的区级养老信息平台有禅城区居家养老信息化平台、南海区智慧养老综合服务管理平台，顺德区、高明区、三水区（三水区原使用的广东省居家养老信息化服务平台已停用）养老信息平台的前期调研和构建工作有序推进。继续依托已建成并投入使用的养老信息平台推进佛山市老年人信息库建设，为老年人提供紧急呼援、"12349"热线咨询、定位服务、预约挂号等基础服务和生活照料、助餐服务、康复护理等服务，截至2019年底，佛山市老年人信息库入库长者约30万人。

【社区居家养老"大配餐"服务】 2019年，佛山市在2018年推广社区居家养老"大配餐"服务的基础上，继续推进整合居家养老服务中心、老年人活动中心等养老服务资源，优化社区场地设施，引入社会力量参与运营，引导慈善资金投入，统一规范管理，开展社区饭堂（长者饭堂）建设，有效解决高龄、孤寡、独居、空巢等老年人吃饭难问题。是年，佛山市新增长者饭堂或类似机构22个（累计建成长者饭堂或类似机构81个），全年为老年人提供就餐服务约90万人次。

【养老服务发展水平提升】 2019年，佛山市开展养老院服务质量建设专项行动，实施养老机构消防设施改造，截至年底，全市75家养老机构除1家正在进行消防安全提升工程外，其余全部完成独立感烟、喷淋装置的安装工作。推动养老机构开展评星评级，新增广东省星级养老机构10个，全市养老机构获评广东省星级养

2019年1月17日，佛山市选送节目参加由广东省老龄委在广州中山纪念堂举办的老年春晚活动，佛山市选送的节目《梨园武影》获得活动金奖 （市老龄办供图）

老机构累计达21个，其中五星养老机构3个。开展“阳光餐饮”行动，实时监控后厨操作情况，提高养老机构食品安全质量，全市除1家机构正在进行装修工程外，其余74家养老机构已完成摄像头的安装并连接“佛山阳光餐饮”应用程序（APP）。全市养老机构全部上线“佛山阳光餐饮”应用程序（APP）。统筹养老事业和养老产业协同发展，组织开展佛山市养老服务宣传推广日系列活动，推动粤港澳养老服务合作与共享。加强养老服务人才队伍建设，全年开展市级养老服务培训8期，培训约720人次。

【养老机构登记备案制全面实行】 2019年1月1日起，佛山市取消养老机构设立许可，实行养老机构登记备案制，降低开办养老机构的门槛，鼓励更多社会力量进入养老服务业。养老机构登记后即可开展服务活动，并向民政部门备案，真实、准确、完整地提供备案信息，填写备案书和承诺书，民政部门依法提供备案回执。市、区民政部门通过民政部门官方网站、微信公众号平台等渠道公开养老机构备案申请材料清单及样式、备案流程、办理时限等信息，确保养老机构登记备案工作推进。截至年底，原许可证到期改备案机构23家，新成立机构备案1家。

（陈　瑶）

儿童福利

【儿童福利机构】 截至2019年底，佛山市有独立儿童福利机构1家，综合型福利机构儿童院4家，福利机构有儿童377人。为在院儿童提供集生活照料、医疗保健、康复、教育和社会工作等于一体的服务，进一步完善设施设备，增强服务能力，优化机构管理，医疗康复等方面有较大的进步。

【孤儿最低生活养育标准提升】 2019年，佛山市财政局和市民政局联合印发《关于提高我市2018—2020年孤儿最低养育标准的通知》，将全市孤儿养育标准提升至每人2200元/月，比上年增长10%。截至年底，全市有孤儿460人，其中集中供养儿童362人、散居孤儿98人。全年发放孤儿基本生活保障金1214万元。

【事实无人抚养儿童生活保障】 2019年，佛山市按照每人1000元/月以上的标准，向符合标准的事实无人抚养儿童发放补贴。截至年底，佛山市事实无人抚养儿童133人。全年全市发放事实无人抚养儿童生活保障金159万元。

【收养登记管理】 2019年，佛山市收养登记工作依法有序开展，全年全市办理收养登记11宗，解除收养登记5宗。年内，禅城区开展向有收养登记记录可查的群众开具收养登记证明用于申领独生子女补贴工作，并与各镇（街道）有关部门沟通，对未有收养记录的部分群众先予以登记，待进一步沟通后再予以办理。全市福利机构先后制定收养评估方案，进一步完善收养程序，规范收养行为，保障被收养婴（童）的合法权益。

【困境儿童、留守儿童关爱保护】 2019年，佛山市深化完善关爱服务机制，加强关爱和帮扶力度，做好维护困境儿童和农村留守儿童合法权益等工作。根据《民政部办公厅关于印发“福彩圆梦孤儿助学工程”项目实施暂行办法的通知》，全市各级民政部门对37名年满18周岁符合资助对象的孤儿进行帮扶。6月，推动孤儿纳入市医疗救助“一站式”系统进行结算，方便全市460名孤儿就医。

（陈　瑶）

慈善事业

【概况】 截至2019年12月31日，佛山市有慈善组织61个，其中具有公开募捐资格的有18个。年内，佛山市重点助力凉山彝族自治州脱贫攻坚，拓宽公益创投范围，开展佛山慈善月活动、广东扶贫济困日活动等系列慈善活动。

【慈善机构助力凉山脱贫攻坚】 2019年，佛山市为助力东西部扶贫协作工作，参与中国脱贫攻坚主战场“三区三州”（三区指西藏自治区和青海、四川、甘肃、云南四省藏区及新疆的和田地区、阿克苏地区、喀什地区、克孜勒苏柯尔克孜自治州地区；三州指四川凉山州、云南怒江州、甘肃临夏州）的帮扶工作，自2018年1月起佛山市慈善会、广东省和的慈善基金会与凉山州政府签订凉山精准扶贫慈善项目框架协议，计划三年内投入3000万元，在凉山州开展医疗、教育和民生保障等领域的扶贫工作。2019年，佛山市慈善会·和的爱心基金支出1411.06万元在凉山开展慈善项目13个，具体内容包括饮水工程、浴室工程、医疗设备、教育系统培训、体育培训等，进一步助力凉山脱贫攻坚，切实促进凉山地区医疗、卫生、教育和民生保障等方面的发展。截至2019年底，佛山市慈善会在凉山地区投入2474.68万元开展慈善项目24个，为凉山实现“两不愁三保障”保驾护航，帮助凉山人民群众过上不愁吃、不愁穿，义务教育、基本医疗和安全住房有保障的生活。

【慈善公益创投】 2019年，佛山市以需求为导向，拓宽公益创投资助范围，资助范围从传统的扶贫济困领域拓展到环保、文化保育、社区营造等领域。增设持续性项目，服务范围覆盖佛山各区，服务对象包括视障人士、青少年社区矫正人员、异地务工人员、困难长者和儿童青少年等。2019年“创益合伙人计划”出资610.13万元，资助37个项目开展服务。

【2019年佛山市慈善月活动】 2019年9月，佛山市民政局开展“守法规·爱慈善·乐公益”2019年佛山市慈善月活动。慈善月活动主要包括慈善嘉年华、慈善法讲座、公益创投项目启动仪式、慈善开放日、慈善法线上问答游戏和凉山特产以购代捐等内容。活动通过丰富的“慈善+”方式，提高市民群众的参与性，打造全民慈善新格局，在社会营造“人人慈善、快乐公益”的良好氛围。

【福利彩票】 2019年，佛山市销售福利彩票17.62亿元。其中，电脑型彩票销售14.93亿元，网点即开票“刮刮乐”销售2.17亿元，“中福在线”视频票销售0.52亿元，全年共筹集公益金5.34亿元。

是年，市福利彩票发行中心把福彩系统的风险防范工作作为一个贯穿全年的重点工作来抓，强抓“政治风险、舆情风险、廉政风险、履职风险、安全生产风险”五大风险体系的防控工作，通过对中心各部门的工作环节进行排查梳理，查找风险和安全隐患，深度剖析其产生的原因，制定切实可行的风险防范措施，确保“人员、场所、资金、彩票”四大安全。

2019年，市福利彩票发行中心以打造公益品牌为切入点，通过慰问“南海区彩虹特殊儿童培训中心”、向顺德区慈善会捐款2000多万元设立“慈善发展专项基金”、“我的中国梦·青春七彩梦”福彩夏令营、开展“福彩公益　温暖你我”走进公益金活动等系列活动，弘扬福彩正能量，营造福彩好氛围，进一步重塑福彩良好形象。市福利彩票发行中心还通过多个媒体平台向社会公布2018年度福彩公益金收支情况，详细介绍2018年度市福利彩票发行中心在社会福利、公益事业等方面的工作成果。

【广东扶贫济困日活动】 2019年6月28日，2019年“广东（佛山）扶贫济困日”现场募捐活动在佛山市政府机关大院举行。中共佛山市委书记鲁毅，市委副书记、市长朱伟等带头捐款，拉开2019年广东佛山扶贫济困日活动的序幕。现场捐款总额40240元，善款将用于佛山市精准扶贫、精准脱贫及乡村振兴工作。6月30日，“广东（佛山）扶贫济困日”活动启动，活动主题是决战脱贫攻坚，助力乡村振兴。27个爱心单位代表在现场举牌认捐，现场认捐金额2481万元。佛山市慈善会作为2019“广东（佛山）扶贫济困日”善款接收单位，将继续接收社会各界捐赠的善款，为佛山市精准扶贫、精准脱贫及乡村振兴工作贡献力量。

【2019慈善文化进校园活动】 2019年11—12月，佛山市民政局开展慈善文化进校园宣传活动，走进禅城区儿童活动中心幼儿园、南海区城南小学、顺德区潭村小学、三水区云东海学校、西南街道第十一小学和高明区西江新城第一小学、西安实验小学等学校，通过赠送《慈善读本》、慈善故事分享、慈善口号征集和慈善知识问答等方式向幼儿园和中小学生传播公益慈善文化，在学生心中播撒爱心种子。活动累计直接受益人数2500人，间接受益人数15000人，推广公益慈善精神，传播社会正能量，社会反响良好；同期开展的慈善口号征集活动，截至2019年12月23日，共有252人参与，提交慈善口号655条。

（陈　瑶）

优抚安置

【抚恤补助标准调整提高】 2019年7月，佛山市印发《关于调整部分优抚对象等人员抚恤和生活补助标准的通知》，明确从2018年8月1日起，“三属”（烈士家属、因病牺牲军人家属、因公牺牲军人家属）、残疾军人、在乡复员军人、带病回乡退伍军人、“五老”（老堡垒户、老游击队员、老交通员、老苏区干部、老党员）人员、“两参”（参战退役人员和参加核试验军队退役人员）人员、老年烈士子女等优抚对象的抚恤补助标准均进行调整提高，其中将人数占比最大的“两参”人员生活补助由每月900元提高至950元。

【军转干部和退役士兵安置】 2019年，佛山市接收安置军队转业干部201人，实现军转干部、接收单位和部队“三满意”。推进军转干部进高校培训工作，选派49名专业不对口军队转业干部到佛山科学技术学院参加为期1年融入式的带薪脱产专业培训，帮助军转干部丰富专业知识，提升岗位适应能力，实现军队人才向地方人才的转变，是年佛山市军转干部进高校培训参训人数在全省各地级市中位列首位。推行军转干部导师制活动，通过业务骨干一对一传帮带，缩短军转干部适应地方工作时间。加强自主择业军转干部的管理服务，按时足额发放自主择业军转干部退役金。是年，佛山市做好退役士兵、自主就业退役士兵、复员干部接收安置工作。按规定发放退役士兵一次性经济补助金。印发《佛山市人民政府关于做好2019年度由政府安排工作退役士兵安置工作的通知》，采取量化考核评分与考试相结合的方式，按照不低于接收符合政策安置人数10%的比例落实事业编制，在省规定时限内完成安置任务，安置率100%。

【随军家属安置】 2019年，佛山市接收随军家属200多人，其中符合正团职领导和飞行员随军家属接收安置条件的10多人、随军前身份为公务员的随军家属近10人、随军前是事业单位在编人员的随军家属30多人、随军前是国企在编人员的随军家属1人、选择领取一次性安置补助金后自谋职业的100多人，接收的随军家属全部得到妥善安置。各区和各有关部门按照“先进后出、自然减员”的办法，抓好2019年度正团职领导和飞行员随军家属的接收安置工作。根据2015年出台的佛山市军人随军家属就业安置实施方案，做好随军前身份是公务员和事业单位在编人员的调动及招聘工作。根据佛山市自然增长机制，从2019年7月1日起，按照10.4%的增长幅度调整随军家属一次性安置补助金标准。

【光荣牌悬挂工作】 2019年，佛山市开展上门入户悬挂光荣牌工作，向全市的烈属、军属和退役军人及其家庭传递党和政府的温暖和关怀，向全社会传递尊重、尊崇退役军人的价值取向。全年全市为93214名烈属、军属和退役军人等家庭悬挂光荣牌，举办集中悬挂光荣牌仪式418场次，有1499名各级党政军领导参与挂牌。

【“传承·2019清明祭英烈”宣传教育活动】 2019年清明节期间，佛山市各地组织开展“传承·2019清明祭英烈”宣传教育活动，约10万人参加宣传教育活动。推动网上祭扫和线下瞻仰联动，创新网上祭扫活动形式，以英烈精神在身边为主题引导社会各界重温英烈故事。利用现有的烈士纪念设施、爱国主义教育基地、国防教育基地等红色资源和网络平台，倡导移风易俗，绿色祭扫，规范祭扫仪式和流程，丰富祭扫内容，寓宣传教育于祭扫活动之中，在全社会营造传承烈士精神，奋进新时代的浓厚氛围。

【烈士公祭活动暨向陈铁军烈士纪念碑敬献花篮仪式】 2019年9月30日，佛山市在禅城区铁军公园举行佛山市、禅城区烈士公祭活动暨向陈铁军烈士纪念碑敬献花篮仪式，佛山市五套班子及佛山军分区领导，禅城区几套班子领导，市各民主党派、工商联和无党派人士、市双拥工作领导小组成员单位代表、机关干部代表，烈属、军属、复退军人和各界群众、港澳爱国同胞代表，公安、消防、志愿者、学生代表及驻佛山解放军和武警部队官兵代表等约700人参加公祭活动。

（唐　诗　易欣晖）

双拥工作

【双拥共建交流活动】 2019年10月29日至11月1日，佛山市邀请共建部队“佛山舰”官兵代表到佛山市开展主题教育活动和双拥共建交流活动，深化双拥共建，并推动佛山市“不忘初心、牢记使命”主题教育走深走心走实。“八一”建军节期间，佛山市双拥办联合市总工会、军分区政治工作处举办“相约鹊桥，情系军营”2019佛山军地青年联谊交友活动，为200名军地未婚单身男女青年提供互动交流平台。

【军地需求“双清单”】 2019年，佛山市各级、各单位、各部门支持驻佛山部队建设改革，为部队解难事、办实事，在财政、交通、教育、卫生等多方面加大对部队和军人军属的支持与帮扶力度，解决好部队官兵关心的“三后”（后路、后院、后代）问题，全年为部队协调解决“双清单”事项5项，包括部分驻军部队的军人子女上学、军属工作调动、军营基础建设和修缮等；全年提出并统计上报地方需要部队支持解决重要事项6项，包括轨道交通建设和道路建设等。

【双拥走访慰问活动】 2019年，佛山市在春节、“八一”建军节等节日期间，由市委、市政府主要领导率领拥军慰问团，到佛山军分区、驻佛山片区空军、武警等驻军营区，看望部队官兵，了解部队情况并帮助部队解决实际问题，全年开展慰问活动41次。是年，佛山市还开展送文艺进军营活动，赴林芝市墨脱县慰问佛山市共建部队，在汛期探访慰问区防讯抗洪民兵集训点，以及开展魔鬼周极限训练的佛山武警某部集训队，组织银行、电信等企业到驻军开展“心系子弟兵，服务进军营”拥军优抚服务活动，开展书法家“进军营、写春联、贺新春、送祝福”活动。

【拥军支前工作】 2019年，佛山市重新构建拥军支前领导组织体系，拥军支前军地协调工作职能改由市双拥工作领导小组承担，并在市双拥工作领导小组中设置拥军支前工作专责小组。投入专项经费，用于部队营区和训练场所的建设维护。协调高速公路和公安、铁路部门开展拥军支前工作，为过境演练的某部做好机动沿途补给保障服务。向“佛山舰”官兵捐赠1批价值2万多元的保温水杯，并结合实际，在医疗、餐饮保障机构中选取3个优质单位作为“支前定点单位”。

【双拥宣传教育】 2019年，佛山市结合“八一”建军节、庆祝中华人民共和国成立70周年、春节等重要时间节点，因地制宜组织开展以爱国主义教育为核心的双拥宣传教育。在清明节、国家公祭日、烈士纪念日举行祭奠革命先烈活动。发挥电视广播、报纸、社区宣传栏、电子屏幕等传统媒介作用开展双拥宣传，在传统媒体宣传1600余次。探索利用手机短信、微博、微信、抖音等方式加大双拥宣传力度，在新媒体宣传次2200余次。通过公交车身、公交站亭、地铁工地围挡、路灯旗杆等户外广告渠道拓展双拥工作的宣传范围，在户外广告媒体宣传1.5万次。

【省检查考核组到佛山市检查创建双拥模范城（县）工作】 2019年12月23—24日，广东省创建第十一届双拥模范城（县）检查考核组到佛山市检查创建双拥模范城（县）工作，实地考察驻佛山某部队，以及南海区、禅城区双拥创建工作，并听取佛山市委副书记、市长、市双拥工作领导小组组长朱伟关于佛山市双拥工作情况汇报，以及市委常委、佛山军分区政委、市双拥工作领导小组副组长吴金龙关于佛山市驻军双拥工作情况汇报。检查考核组对佛山市创建双拥模范城（县）工作取得的成绩给予肯定。2016年以来，佛山市以争创全国双拥模范城“九连冠”为目标，以讲政治讲大局的高度将双拥工作列为长期的政治任务和重点工作抓好，推动全市双拥工作实现高质量发展。

（唐　诗）

住房保障

【公共租赁住房建设与管理】2019年，佛山市发放租赁补贴1099户，完成率142.7%；超额完成广东省下达佛山市年度发放租赁补贴770户的目标任务。完成与住建部公租房信息系统公租房数据和系统技术“双贯标”工作。

（李永强）

【住房公积金管理运作】

住房公积金缴存人数　2019年，佛山市住房公积金新增缴存职工22.74万人，缴存职工退休注销1.35万人、转移外地0.52万人，净增加20.87万人，净增长13.75%。截至2019年底，佛山市建立住房公积金制度的职工累计205.06万人，实缴职工（保有量）172.7万人，其中各类企业职工占比75.12%。

住房公积金缴存　2019年，佛山市住房公积金缴存额155.09亿元，比上年增长13.33%。截至2019年底，佛山市住房公积金累计缴存总额1089.63亿元，资金余额320.72亿元。

住房公积金提取　2019年，佛山市职工提取住房公积金113.82亿元，提取住房公积金购建住房新增3.94万套、面积458.08万平方米。截至2019年底，佛山市职工累计提取住房公积金768.91亿元，提取住房公积金购建住房累计41.85万套、面积4781.40万平方米。

住房公积金贷款　2019年，佛山市发放住房公积金贷款1.73万笔、金额88.10亿元，分别比上年增长89.80%和115.84%；职工通过住房公积金贷款购建房面积184.09万平方米。截至2019年底，佛山市累计发放住房公积金贷款15.59万笔、金额484.87亿元，贷款余额309.27亿元，职工累计通过住房公积金贷款购建房面积1619.74万平方米。

住房公积金业务收支　2019年，佛山市住房公积金业务收入9.53亿元；业务支出7.55亿元（支付职工住房公积金利息4.12亿元、支付年结转后的职工住房公积金存款补贴2.93亿元）；上划财政作廉租住房（公租房）建设补充资金1.01亿元，截至2019年底，累计上划廉租房建设补充资金17.28亿元。

住房公积金业务运作效率　2019年，佛山市住房公积金资金使用率98.95%，存贷款比率95.05%；办结各项住房公积金业务248.04万件，其中网上申办办结156.54万件，占全部业务的63.11%。各项业务网上申办办结的占比为：职工开设个人明细占73.47%，缴存额年度调整占41.93%，个人明细封存占66.68%，个人明细转移占58.55%，提取占90.40%。

住房公积金抵押贷款政策调整　2019年5月起，佛山市对住房公积金抵押贷款政策作出调整，最高可贷额增设一个档次，即累计缴存住房公积金满三年的最高可贷50万元／人（夫妻二人为100万元）。是年，根据上级对普通住宅面积认定为144平方米以下（套内面积120平方米以内）的规定，对超出上述面积的部分不给予贷款。确定每一位缴存职工申请住房公积金贷款的次数，不得超过2次。

住房公积金存款补贴　2019年，佛山市继续实施给予年结转后的职工住房公积金存款补贴，补贴率为1.2%／年。全年除根据国家和央行规定向个人住房公积金存款给予一年定期利率（1.5%／年）计息4.12亿元外，支付年结转后的职工住房公积金存款补贴2.93亿元。截至2019年底，累计给予职工补贴9.57亿元。

住房公积金租赁提取　2019年，佛山市继续响应国家“租购并举”精神。随着2018年、2019年连续两年提取政策向租赁住房倾斜，职工租赁提取人数从2017年的4.64万人增至2018年的13.99万人，2019年再增至19.78万人，比2018年增长41.39%；提取金额也从2017年的1.99亿元增至2018年的7.49亿元，2019年再增至10.36亿元，比2018年增长38.32%。

住房公积金为企业减负　2019年，佛山市住房公积金执行国家政策为企业减负6.39亿元。其中：改进住房公积金缴存机制，规范计缴基数，为企业减负3.22亿元；降低46家企业（涉及职工56653人）的缴存比例，减负3.17亿元。

住房公积金行政执法　2019年，佛山市住房公积金管理中心依法开展行政执法工作。行政强制措施立案2420宗，对仍不自觉遵守法规为职工缴存公积金的单位，作出行政处理决定310宗，申请法院强制执行7宗；对责令后仍不建立住房公积金制度的单位，作出行政处罚决定16宗，处罚金额21万元，其中申请法院强制执行4宗；单位或职工不服管理中心行政处理决定或行政处罚决定，提起行政复议的2宗，提起行政诉讼的一审55宗、二审23宗。

住房公积金业务承办银行考核情况　2019年，佛山市住房公积金业务

2019年11月20日，佛山市住房公积金管理中心业务窗口工作人员在向市民讲解手机网上办事大厅服务

（市住房公积金管理中心供图）

承办银行服务质量、管理质量和网络管理质量三类15项的考核排序次序及年度“出错率”为：中国银行佛山分行0.00%、建设银行佛山市分行0.00%、工商银行佛山分行0.03%、交通银行佛山分行0.11%、农业银行佛山分行0.52%，年度总“出错率”3.07%。

（王　淇）

社会事务

基层民主与社区建设

【概况】 2019年，佛山市加强城乡社区治理体系和治理能力建设，推进村级组织标准化建设，全面开展村规民约和居民公约修订工作，试点探索社区信息化建设，深化村民自治实践，完善“党建统领　三治融合”基层治理新模式，助力乡村振兴。截至2019年底，佛山市有村委会329个，其中禅城区53个、南海区66个、顺德区108个、高明区54个、三水区48个；全市有社区居委会458个，其中禅城区94个、南海区220个、顺德区97个、高明区23个、三水区24个。

【城乡社区治理机制建设】 2019年，佛山市出台《关于进一步加强和完善城乡社区治理的实施方案》，制定《佛山市民政局关于开展村民委员会标准化建设试点工作方案》《关于加强非户籍常住人口参与城乡社区治理的指导意见》《佛山市做好村规民约和居民公约工作行动方案》等文件，明确城乡社区治理工作目标以及工作任务和职责分工，形成党委领导、政府负责、社会协同、公众参与、法制保障的城乡社区治理体制。

【村民自治实践】 2019年，佛山市深入推进非户籍常住居民参与城乡社区治理、社区协商、三社联动（指在政府主导下，在社区治理中，以社区为平台、社会组织为载体、社会工作专业人才为支撑并实现“三社”相互支持、协调互动的过程和机制）、村规民约修订和村级组织标准化建设等工作，深入村民自治实践，做到民事民议、民事民办、民事民管，形成社区治理人人参与、人人尽责的局面。截至年底，全市在村（社区）层面普遍建立居民议事会、村组两级议事会等社区协商组织或平台，如禅城区的“家・禅城”议事厅、南海区的社区参理事会、顺德区的议事协商会、高明区的居民议事会、三水区的“四会联动”机制，为外出乡贤、非户籍常住人口等社区各界精英提供社区治理平台。全市有724个村（居）委会完成村规民约（居民公约）修订工作，修订率达92%，超额完成省定的2019年要完成60%修订率的硬指标。

【社区治理创新探索】 2019年，佛山市禅城区获确定为第四批“全国社区治理和服务创新实验区”，探索以信息化技术为支撑，建设覆盖区、街道、社区三级的社区微服务综合体系，实现宏观群体资源与微观个体需求精准对接。是年，顺德区开展广东省创新城乡社区治理专项改革试点工作，以党建为引领，加强“村改+农改”“双改”联动，推动“共建共治共享”“三共”齐抓，深化“自治、法治、德治、智治”“四治”协同，初步探索出一条有顺德特色的创新城乡社区治理之路。年内，禅城区祖庙街道“‘微服务中心’满足群众需求更精准”项目入选“2018年度广东省城乡社区治理十大创新经验”；禅城区南庄镇龙津村“实施党员村民代表责任制”项目、南海区“整合养老资源建设社区幸福院”项目、高明区“构建‘社区+业委会+志愿楼长’服务体系”项目入选“2018年度广东省城乡社区治理创新经验提名项目”。

【城乡社区专项治理】 2019年，佛山市开展村（社区）违规发放津补贴专项治理，通过省、市专项实地调研、自查自纠等形式，摸底梳理市、区、镇（街道）发放“两委”（村委会和居委会）成员薪酬待遇、绩效考核、专项补贴等文件59份，村（社区）发放津补贴三类24种，自查整改率100%。继续推进村（社区）书记、村（居）委会主任、村集体经济组织负责人三个职位“一肩挑”工作，截至2019年底，全市村（社区）书记、村（居）委会主任、村集体经济组织负责人三个职位“一肩挑”率达94.45%。全面开展正常离任村干部信息采集工作，成立市、区离任村干部信息采集工作领导小组，督促指导各区“精准、全面、及时、透明、规范”完成离任村干部信息采集。

【民政领域扫黑除恶专项工作】 2019年，佛山市民政局调整成立市民政局扫黑除恶专项斗争工作领导小组和工作专班，设立“农村低保专项治理行动组”“养老院服务质量建设专项行动组”“殡葬领域突出问题专项整治行动组”“打击非法社会组织专项行动组”“财务收支专项整治行动组”等5个民政行业领域治理专项行动小组。建立“情况报送、摸排、移交、转办和督查”等工作制度，出台《佛山市民政局扫黑除恶专项斗争2019年工作要点》《2019年佛山市打击整治非法社会组织专项行动实施方案》等实施方案。全面完成中央和省督导组交办线索复核复查，并全面办结。持续开展打击整治非法社会组织、农村低保专项治理等5个专项打击行动，全年查处“广东青年音乐联盟”、“广东省江苏宝应商会”和“佛山市禅城区远大职业培训学校”等13个涉嫌非法组织。推进问题村（社区）整治，联合市委组织部全面开展对受过刑事处罚、存在“村霸”和涉黑涉恶问题村干部等“三类人员”的清理整顿，全市排查出12名曾经受过刑事处罚的村（社区）干部（全部清理完毕并完成补选），查处问题村干部15人（全部清理完成并完成补选）。

【禅城区正式开展全国社区治理和服务创新实验】 2019年3月25日，民政部函发《民政部关于同意将北京市石景山区等单位确认为全国社区治理和服务创新实验区的批复》，确认31个单位为“全国社区治理和服务创新实验区”，佛山市禅城区名列其中，是全省唯一入选单位。禅城区实验主题为：打造社区微服务综合体系，提升社区治理和服务水平；实验内容为：以信息化技术为支撑，建设覆盖区、街道、社区三级社区微服务综合体系，实现宏观群体资源与微观个体需求精准对接；实验时间为2年。

（陈　瑶）

社会组织管理

【概况】 2019年，佛山市加强社会组织登记管理和社会组织培育扶持，开展打击整治非法社会组织专项行动，推进社会组织党组织建设，引导社会组织参与精准扶贫。截至2019年底，全市有社会组织7044个，比上年增长3.08%。社会组织中，有社会团体4188个，其中登记2527个、备案1661个；市级901个、禅城区796个、南海区856个、顺德区883个、高明区296个，三水区456个。有民办非企业单位2830个，其中登记2618个、备案212个；市级223个、禅城区341个、南海区975个、顺德区970个、高明区137个、三水区184个。有基金会26个，其中市级6个、顺德区20个。

【社会组织登记管理】 2019年，佛山市采用网上年检的方式，依法开展市级社会组织2018年度检查和年度报告。截至年底，已参加年检和年报工作的社会组织658个（应参加年度检查的社会组织740个），参检率为90.1%，合格率为99.7%。

开展社会服务机构登记管理自查自纠，完成对全市登记在册的2618个社会服务机构的排查（排查率达100%），并督促有关单位针对排查中发现的问题落实整改。

针对社会组织注销、法定代表人离任等情况，及时开展财务专项审计，具体审计社会组织会计报表、内部控制系统、财务核算、资产管理和投资管理等内容。截至年底，暂未发现重大违法违规行为。

理顺社会组织风险防控及处置措施，重新梳理社会组织管理工作中面临的政治、安全生产、廉政、履职及舆论等五大风险点，对应制定相关的防控措施和应急处置措施，确保出现问题时，能迅速处置。

强化社会组织综合监管，建立社会组织综合监管工作联席会议制度，明确各成员单位职责，形成合力，共同加强对全市社会组织综合监管工作的统筹协调。

开展社会组织等级评估，重新修订市级社会组织等级评估实施办法和评分细则，多渠道发动市级社会组织参与等级评估工作。全年有23个市级社会组织获评AAA以上等级，评出AAAAA社会组织12个。截至2019年底，全市累计获评AAA以上社会组织300家。其中，市级累计获评AAA以上社会组织96家。

推进社会组织诚信自律，推荐佛山市建材行业协会参与创建放心消费行业协会，随机抽查检查36个市级社会组织，公布一批佛山市社会组织异常活动名录，启动对一批“僵尸”社会组织的依法处置。

推进枢纽型社会组织建设，深化镇（街道）、社区枢纽型社会组织培育发展。截至年底，全市所有镇（街道）建立社区社会组织联合会、商会等枢纽型社会组织，有50%城市社区建立社区社会组织联合会等枢纽型社会组织。

2019年6月14日，佛山市民政局在祖庙街道开展“红色领航 共建幸福社区——2019年佛山市社会组织党员志愿服务活动”。图为志愿者在宣传社会组织登记工作

（市民政局供图）

【社会组织专项整治】 2019年，佛山市民政局联合市公安局继续开展打击整治非法社会组织专项行动工作，并协同教育、人社、市监等部门多次开展联合执法工作，加大对社会组织开展涉外交流和举办重大活动的审查力度，从根本上遏制了非法社会组织萌发增长，有效净化社会组织的发展环境，维护社会组织管理秩序的稳定。

【社会组织党建】 2019年，佛山市继续加强社会组织“两个覆盖”（党的组织覆盖和工作覆盖）工作，采取单独组建、联合组建等多种形式，加强社会组织党组织的组建。截至年底，全市组建党组织的社会组织有949个，其中：市级141个、禅城区45个、南海区479个、顺德区234个、高明区28个、三水区22个。在市级社会组织中，隶属市社会组织党委的党组织61个，管理党员310人，其中在册党员183人、流动党员127人。为全面抓好社会组织党建工作，贯彻落实《佛山市加强党的基层组织建设三年行动计划（2018—2020年）实施方案》部署，各级社会组织党组织以政治建设为重点，继续加强党支部规范化建设。全面开展“不忘初心、牢记使命”主题教育活动，通过组织党组织书记轮训、召开专题学习会议、党组织书记讲专题党课、开展党员志愿服务活动、参与扶贫济困活动等方式，使党员坚定理想信念、提升服务能力。开展社会组织党员志愿服务进社区活动，市社会组织党委组织50多个社会组织、100多名党员志愿者深入村（社）区为800多名居民提供便民服务，该活动获评为2019年全市最佳志愿服务项目。

【社会组织培育扶持】 2019年度，佛山市继续投入640万元的市级社会组织发展专项扶持资金支持公益慈善类、党建类、经济类、社科类、文化类、自然科学类、体育类等7大领域共47个项目，鼓励社会组织为全市经济、文化、民生、社会的发展贡献力量。截至年底，对审查过关的社会组织发放第一笔款项共计378万元，第二笔款项将依据扶持项目的绩效评价结果予以兑现。

举办社会组织各类能力培训活动。4月，组织举办市级社会组织2018年年度检查专题培训班，培训近260个社会组织，有效提升社会组织负责人的思想意识和年检业务水平。9月，举办市级行业协会商会负责人专题培训班，有55个市级行业协会商会负责人参加培训，提高行业协会商会的自律自治能力。10月，组织35家市级社会组织的负责人赴湖南大学开展政治引领专题培训，增强社会组织负责人的政治意识和责任担当意识。此外，针对社会组织的需求，委托市社会组织培育发展中心开办系列能力建设培训课程，全年开展有关社会组织公益筹款、社区动员、财务管理、志愿服务等多个主题的培训课程14次，累计近70学时，参训学员超1000人次。

【引导社会组织参与脱贫攻坚】 2019年，佛山市本级社会组织投入1312.24万元资金、开展58个扶贫项目，区镇级社会组织投入1030.53万元资金开展161个扶贫项目。市民政局引导16个社会组织参与广东省百家社会组织走进留守儿童和困境儿童“牵手行动”，引导10个社工机构对口广西开展“牵手计划”以及动员社会组织对接四川凉山、黑龙江双鸭山、西藏墨脱、新疆喀什、广东湛江和云浮等地的扶贫项目，展现全市社会组织的担当精神和社会责任感。

【佛山市社会组织党群服务中心成立】 2019年12月，佛山市社会组织党群服务中心挂牌成立。该中心依托市级社会组织孵化培育基地升级改造而成，为社会组织提供党群工作指导、活动场所、政策咨询、人员培训等服务，帮助社会组织链接党群工作资源，以此推动社会组织基层党组织建设。

（陈　瑶）

专业社会工作

【概况】 截至2019年底，佛山市注册登记民办社工机构179个，持证社工13006人，其中社会工作师2222人、助理社会工作师8088人、社工员2696人。每万人拥有持证社工16.45人，提前超额完成“到2020年每万人持证社工数达10人”的任务指标，社工持证人数及每万人持证社工数均位居全省前列。

【社工人才培养】 2019年，佛山市通过开展不同层次、多样化的培训，强化社工人才专业素质。全年全市社工培训超2.8万人次。佛山市市、区发动、鼓励市内符合条件的社会工作从业者报名参加2019年度全国社会工作者职业水平考试，并举办考前培训班，培训超6000人次。全年全市报名参加全国社会工作者职业水平考试人数6785人，比上年增加1000多人；通过社会工作者职业水平考试分数线人数1402人，位列全省第三。开展社工继续教育培训，全年市级针对青少年社工、禁毒社工、民政领域社工举办为期10天的培训班，培训青少年事务社工80余人、禁毒社工200人、民政领域的社工150人。开展社工督导人才提升培养，通过举办社工督导培训提升班，培养社工行业督导人才15人。

【社工专业服务】 2019年，佛山市社工机构聚焦群众关切，服务民生发展，多途径开展社工专业服务。推进社会工作服务站建设，新投入300多万元在乡镇（街道）设置5个社会工作服务站，招聘44名社工开展民政兜底性社工服务，围绕底线民生和基层社会治理，运用社会工作的理念和方法，为双低家庭、重点优抚对象、空巢与独居老人、高龄老人、困难残疾人等民政对象提供精准、有效的服务。推进“牵手计划”工作，赴广西壮族自治区开展“牵手计划”调研活动，实地了解项目开展情况、存在的问题和困难，为佛山市援派机构提供支持。通过与佛山市春晖社会工作服务中心合作，在云浮市千官镇旺玖村开展社工服务，为当地留守儿童、长者及残疾人等弱势群体解决困难。

【社工宣传活动】 2019年，佛山市在岭

2019年3月19日，佛山市民政局举办2019年佛山市岭南社工宣传周启动仪式暨2018年度佛山市社会组织建设成果嘉许礼。图为“佛山最美社工人”颁奖现场

（市民政局供图）

南社工宣传周期间，以“追梦新征程，社工在行动”为主题，举办2019年佛山市岭南社工宣传周启动仪式暨2018年度佛山市社会组织建设成果嘉许礼、开展寻找“佛山最美社工人”活动，并举行社会工作平行会议。9月19日，举办“佛山社工十年之路”影展暨“社工+慈善”主题分享会，影展活动包括佛山社工十年回顾、社工十年大事记、优秀社工人物展示以及慈善社工的未来期望等。

（陈　瑶）

地名与行政区域界线管理

【概况】 2019年，佛山市开展不规范地名清理整治，完善地名普查成果数据转化利用，推进地名文化建设，开展行政区域界线联合检查。全年全市审批建筑物、住宅区地名命名、更名158宗，道路地名命名、更名109条。

【不规范地名清理整治】 2019年，佛山市民政局有序开展不规范地名清理整治，联合公安、自然资源、住建、交通、市场监管、城管等6个部门印发《佛山市进一步清理整治不规范地名工作方案》。推动佛山市各房地产企业、单位自查自清建筑物、住宅区不规范地名。根据《广东省民政厅办公室转发民政部办公厅关于稳妥做好清理整治不规范地名工作的紧急通知》要求，佛山市结合正在开展的“四标四实”（“四标”是指标准地址、标准作业图、标准建筑物编码、标准基础网格；“四实”是指实有人口、实有房屋、实有单位、实有设施）基础信息采集工作，全面核实全市未命名、重名道路及建筑物、住宅区未规范使用标准地名情况，进一步加强与房地产企业、单位沟通，稳步推进地名标准化处理，适时向社会公布清理整治不规范地名情况。

【地名文化建设】 2019年，佛山市民政局制作佛山地名漫画，举办“佛山地名知识竞赛——寻找佛山地名达人挑战赛”答题活动。推进佛山市标准地名图录典志编纂工作，项目通过公开招标选定服务单位，正式开展编纂工作。

【地名普查】 2019年1月23日，广东省第二次全国地名普查领导小组办公室印发《关于佛山市各区第二次全国地名普查成果验收意见》，指出佛山市各区报送的第二次全国地名普查成果原则通过省地名普查办全面审核和入库验收，但仍需根据本次验收的成果数据检查情况进一步完善地名普查成果。

根据要求，市普查办迅速落实工作部署，要求各区普查办督促服务公司按照省普查办提出的修改意见开展整改，完善1∶10000比例尺成果数据。同时，要求各区普查办加快大比例尺地名普查工作进度，更好发挥地名普查成果在促进经济社会协调发展、方便人民群众生产生活等方面的基础作用。

6月，为检验各区地名普查办对1∶10000比例尺成果数据的整改效果以及验收大比例尺地名成果数据，市地名普查办印发《关于做好我市第二次全国地名普查成果数据整合和上报工作的通知》，要求各区做好成果数据复查，并报送市地名普查办验收。11月，市普查办完成全市1∶10000比例尺及大比例尺地名普查成果数据验收工作，各区均原则上通过验收。为进一步提高地名普查成果数据质量，市普查办在印发通知书的基础上，提出相关修改意见，促进各区地名普查办完善地名普查成果。

【行政区域界线管理】 2019年，佛山市民政局联合中山市民政局开展佛山市—中山市行政区域界线联合检查，完成方案制订、内业、外业检查、界线修测、总结验收等工作步骤，由双方市政府形成联检报告上报省政府备案。联合各区和相关市开展界线、界桩巡查，并及时对界桩进行补正维护，推进“平安边界”创建工作。

（陈　瑶）

2019年佛山市地名命名、更名情况表

序号	行政归属	标准地名	汉语拼音	类别	位置	原名	备注
1	禅城区	靖水路	Jìngshuǐ Lù	道路名	北起怡水一路，南至魁奇西路（规划路），呈南北走向	无	命名
2	禅城区	怡水二路	Yíshuǐ 2 Lù	道路名	西起规划路，东至禅城区看守所后，转折向南至怡水三路	无	命名
3	禅城区	景虹一街	Jǐnghóng 1 Jiē	街巷名	东起彩虹北三街，西止彩虹北一街	无	命名
4	禅城区	景虹二街	Jǐnghóng 2 Jiē	街巷名	东起规划路，西止彩虹北二街	无	命名
5	禅城区	科潮路	Kēcháo Lù	道路名	东起堤江路（规划路），西至紫洞北路	有	向西延伸
6	禅城区	智慧南一街	Zhìhuì Nán 1 Jiē	街巷名	位于智联花园西侧，北起智慧路、南至存院围路	无	命名
7	禅城区	智慧南二街	Zhìhuì Nán 2 Jiē	街巷名	位于智联花园东侧，北起智慧路、南至存院围路	无	命名

（续 表）

序号	行政归属	标准地名	汉语拼音	类别	位置	原名	备注
8	禅城区	宝源西街	Bǎoyuán Xījiē	街巷名	东起宝源路，西止规划路	无	命名
9	禅城区	建源北街	Jiànyuán Běijiē	街巷名	南起建源路，北止季华四路	无	命名
10	禅城区	湖园街	Húyuán Jiē	街巷名	南起绿景三路，北止仁伍村	无	命名
11	禅城区	溶洲东路	Róngzhōu Dōnglù	道路名	南起南庄大道，北止规划路	无	命名
12	禅城区	溶洲西路	Róngzhōu Xīlù	道路名	南起南庄大道，遇沈海高速立交后向东折曲200米，遇路口向北150米，遇路口向西100米后折北，北止规划路	无	命名
13	禅城区	星文路	Xīngwén Lù	道路名	北起南庄大道中，南止滨江路豪山瓷砖提货处	无	命名
14	禅城区	江渚路	Jiāngzhǔ Lù	道路名	西起佛开高速、东至禅西大道	无	命名
15	禅城区	龙光绿璟珑府	Lóngguāng lǜjǐnglóng Fǔ	建筑物名	佛山市禅城区石湾镇街道平远西街北侧	无	命名
16	禅城区	兴塱苑	Xìnglǎng Yuàn	建筑物名	佛山市禅城区张槎街道昌荣路西侧	无	命名
17	禅城区	龙光玖钻广场	Lóngguāng Jiǔzuàn Guǎngchǎng	建筑物名	佛山市禅城区南庄镇季华西路北侧	无	命名
18	禅城区	招商汀兰轩	Zhāoshāng Tīnglán Xuān	建筑物名	佛山市禅城区张槎街道江湾二路北侧	无	命名
19	禅城区	港威滨纷汇商业中心	Gǎngwēi Bīnfēnhuì Shāngyè Zhōngxīn	建筑物名	佛山市禅城区南庄镇南庄大道中南侧	无	命名
20	禅城区	朝安金茂悦公馆	Cháo'ān Jīnmào Yuègōngguǎn	建筑物名	佛山市禅城区祖庙街道兆祥路北侧	无	命名
21	禅城区	美的时光嘉园	Měidì Shíguāng Jiāyuán	建筑物名	佛山市禅城区南庄镇南庄大道中南侧	无	命名
22	禅城区	东建世纪锦园	Dōngjiàn Shìjì Jǐnyuán	建筑物名	佛山市禅城区张槎街道张槎四路南侧	无	命名
23	禅城区	金地海逸悦江台	Jīndì Hǎiyì Yuèjiāng Tái	建筑物名	佛山市禅城区南庄镇	无	命名
24	禅城区	鸿业季华天地大厦	Hóngyè Jìhuá Tiāndì Dàshà	建筑物名	佛山市禅城区石湾镇街道季华六路南侧	无	命名
25	禅城区	万科金域景园	Wànkē Jīnyù Jǐngyuán	建筑物名	佛山市禅城区南庄镇季华西路北侧	无	命名
26	禅城区	绿岛湖畔花园	Lǜdǎo Húpàn Huāyuán	建筑物名	佛山市禅城区南庄镇禅港东路西侧	无	命名
27	禅城区	朝安金茂悦公馆	Cháo'ān Jīnmào Yuègōngguǎn	建筑物名	佛山市禅城区祖庙街道兆祥路北侧	朝安金茂悦公馆	调整规模
28	禅城区	岭南天地怡廷园	Lǐngnán Tiāndì Yítíngyuán	建筑物名	佛山市禅城区祖庙街道燎原路南侧	无	命名
29	禅城区	越秀岭南悦公馆	Yuèxiù Lǐngnán Yuègōngguǎn	建筑物名	佛山市禅城区祖庙街道岭南大道北东侧	无	命名

（续 表）

序号	行政归属	标准地名	汉语拼音	类别	位置	原名	备注
30	禅城区	保利中交汇环广场	Bǎolì Zhōngjiāo Huìhuán Guǎngchǎng	建筑物名	佛山市禅城区南庄镇紫洞北路东侧	无	命名
31	禅城区	天禧华园	Tiānxǐ Huáyuán	建筑物名	佛山市禅城区石湾镇街道澜石二路北侧	无	命名
32	禅城区	泷景花园	Lóngjǐng Huāyuán	建筑物名	佛山市禅城区石湾镇街道星寓路南侧	泷景花园	第四次调整规模
33	禅城区	黎明嘉园	Límíng Jiāyuán	建筑物名	佛山市禅城区石湾镇街道澜石一路南侧	无	命名
34	禅城区	鄱阳汇创园	Póyáng Huìchuàng Yuán	建筑物名	佛山市禅城区石湾镇街道鄱阳	无	命名
35	禅城区	星星广场	Xīngxīng Guǎngchǎng	建筑物名	佛山市禅城区石湾镇街道镇荣路西侧	星星广场	第三次调整规模
36	禅城区	花曼沁园	Huāmàn Qìnyuán	建筑物名	佛山市禅城区张槎街道轻工二路北侧	无	命名
37	禅城区	华信能大楼	Huáxìnnéng Dàlóu	建筑物名	佛山市禅城区张槎街道五峰前街南侧	无	命名
38	禅城区	深村经联大厦	Shēncūn Jīnglián Dàshà	建筑物名	佛山市禅城区石湾镇街道文华中路西侧	无	命名
39	禅城区	江南印府	Jiāngnányìn Fǔ	建筑物名	佛山市禅城区南庄镇杏吉路北侧	无	命名
南海区							
40	南海区	明悦路	Míngyuè Lù	道路名	起：三环西路辅道；止：展业路	无	命名
41	南海区	东悦路	Dōngyuè Lù	道路名	起：三环西路辅道；止：首创悦洳园小区路	无	命名
42	南海区	新朗路	Xīnlǎng Lù	道路名	起：汾江河边水利一号泵站；止：新学路	无	命名
43	南海区	朗柏路	Lǎngbǎi Lù	道路名	起：朗沙大道；止：广茂铁路	无	命名
44	南海区	良安路	Liáng'ān Lù	道路名	起：工贸大道；止：罗下路（罗村）	无	命名
45	南海区	新学路	Xīnxué Lù	道路名	起：工贸大道；止：健祥路	无	命名
46	南海区	光源路	Guāngyuán Lù	道路名	起：工贸大道；止：沿江中路	无	命名
47	南海区	健祥路	Jiànxiáng Lù	道路名	起：朗沙大道；止：良安路	无	命名
48	南海区	康祥路	Kāngxiáng Lù	道路名	起：罗南大道；止：良安路	无	命名
49	南海区	学境路	Xuéjìng Lù	道路名	起：新学路；止：罗南大道	无	命名
50	南海区	科信路	Kēxìn Lù	道路名	起：罗务路；止：广茂铁路	无	命名
51	南海区	荣泰路	Róngtài Lù	道路名	起：祥达路；止：利众路	无	命名
52	南海区	旗文路	Qíwén Lù	道路名	起：保利紫山国际花苑一期北侧；止：里水展旗学校	无	命名
53	南海区	河塱沙路	Hélǎngshā Lù	道路名	起：丰岗桥脚；止：志高公寓	无	命名
54	南海区	大利围路	Dàlìwéi Lù	道路名	起：志高保障房；止：志高公寓	无	命名
55	南海区	康贤路	Kāngxián Lù	道路名	起：富康北路；止：佛山大道北	无	命名
56	南海区	康安路	Kāng'ān Lù	道路名	起：康贤路；止：广虹路	无	命名

（续　表）

序号	行政归属	标准地名	汉语拼音	类别	位置	原名	备注
57	南海区	康永路	Kāngyǒng Lù	道路名	起：草塘村北街；止：康安路	无	命名
58	南海区	东湖路	Dōnghú Lù	道路名	起：中南路；止：牡丹路	无	命名
59	南海区	湖林路	Húlín Lù	道路名	起：兴业路；止：湖阳路	无	命名
60	南海区	湖阳路	Húyáng Lù	道路名	起：湖林路；止：湖锦路	无	命名
61	南海区	湖锦路	Hújǐn Lù	道路名	起：兴业路；止：湖阳路	无	命名
62	南海区	尚学路	Shàngxué Lù	道路名	起：桃园东路；止：广云路	无	命名
63	南海区	启江路	Qǐjiāng Lù	道路名	起：樵江路；止：规划路	无	命名
64	南海区	晟盈公馆	Shèngyíng Gōngguǎn	建筑物名	佛山市南海区大沥镇广佛路盐步城区路段1号	无	命名
65	南海区	悦品公馆	Yuèpǐn Gōngguǎn	建筑物名	佛山市南海区九江镇大正路北10号	无	命名
66	南海区	万科荟光大厦	Wànkē Huìguāng Dàshà	建筑物名	佛山市南海区广东金融高新技术服务区B区中央大街以南、桂澜路以东地段	无	命名
67	南海区	琛宝来珠宝商业楼	Chēnbǎolái Zhūbǎo Shāngyèlóu	建筑物名	佛山市南海区桂城街平东社区新石路东侧	无	命名
68	南海区	保利紫山府	Bǎolì Zǐshān Fǔ	建筑物名	佛山市南海区里水镇沙涌村委会	无	命名
69	南海区	南信广场	Nánxìn Guǎngchǎng	建筑物名	佛山市南海区罗村街道乐安乐城二路北1号	无	命名
70	南海区	龙光紫尚苑	Lóngguāng Zǐshàng Yuàn	建筑物名	广东省佛山市南海区桂城南港路北侧C22街区	无	命名
71	南海区	丹青苑	Dānqīng Yuàn	建筑物名	佛山市南海区丹灶镇西城村西城股份合作经济社“龟山”地段	无	命名
72	南海区	弘阳山馨花园	Hóngyáng Shānxīn Huāyuán	建筑物名	佛山市南海区西樵镇听音湖片区樵韵路北侧，樵和路东侧	无	命名
73	南海区	珑裕商业中心	Lóngyù Shāngyè Zhōngxīn	建筑物名	佛山市南海区桂城金融B区A-08地块，海八路北侧、桂澜路西侧	无	命名
74	南海区	臻盛车生活广场	Zhēnshèng Chēshēnghuó Guǎngchǎng	建筑物名	佛山市南海区大沥镇盐步穗盐路以南佛山“一环”以西、华青路侧	无	命名
75	南海区	鸿伟公馆	Hóngwěi Gōngguǎn	建筑物名	佛山市南海区大沥镇谢边东义村“二级坦”地段	无	命名
76	南海区	佳洪铭大厦	Jiāhóngmíng Dàshà	建筑物名	佛山市南海区大沥镇黄岐段广佛路121号	无	命名
77	南海区	保利良溪花园	Bǎolì Liángxī Huāyuán	建筑物名	佛山市南海区桂城街道夏西社区良溪地段B、C地块	无	命名
78	南海区	智通广场	Zhìtōng Guǎngchǎng	建筑物名	佛山市南海区大沥镇广佛国际商贸城	无	命名
79	南海区	悦都会公馆	Yuèdūhuì Gōngguǎn	建筑物名	佛山市南海区大沥镇盐步环境北路97号	无	命名
80	南海区	天佑速泊停车楼	Tiānyòu Sùbó Tíngchēlóu	建筑物名	广东省佛山市南海区桂城街道天佑六路7号	无	命名

（续　表）

序号	行政归属	标准地名	汉语拼音	类别	位置	原名	备注
81	南海区	华昌大厦	Huáchāng Dàshà	建筑物名	佛山市南海区大沥镇广佛国际商贸城中心区	无	命名
82	南海区	保利良溪广场	Bǎolì Liángxī Guǎngchǎng	建筑物名	广东省佛山市南海区桂城街道夏西社区良溪地段	无	命名
83	南海区	朝富汇大楼	Cháofùhuì Dàlóu	建筑物名	佛山市南海区西樵镇崇南村第十八村民小组“罗家塘”地段	无	命名
84	南海区	邻里公馆	Línlǐ Gōngguǎn	建筑物名	佛山市南海区大沥镇钟边路2号	无	命名
85	南海区	合生悦公馆	Héshēng Yuègōngguǎn	建筑物名	广东省佛山市南海区大沥镇禅炭路地段	无	命名
86	南海区	时代太平熙园	Shídài Tàipíng Xīyuán	建筑物名	佛山市南海区大沥镇太平大道太平工业区地段	无	命名
87	南海区	悦禾广场	Yuèhé Guǎngchǎng	建筑物名	广东省佛山市南海区里水镇草场社区居民委员会草场村民小组（土名）“水松基”	无	命名
88	南海区	畅乐康体商业楼	Chànglè Kāngtǐ Shāngyèlóu	建筑物名	佛山市南海区狮山镇罗村村罗东“瓦窑整”地段	无	命名
89	南海区	众纺智园	Zhòngfǎng Zhìyuán	建筑物名	广东省佛山市南海区西樵镇大岸村地段	无	命名
90	南海区	德鸿广场	Déhóng Guǎngchǎng	建筑物名	南海区狮山镇穆院村“下濠”地段	无	命名
91	南海区	金域悦澜苑	Jīnyù Yuèlán Yuàn	建筑物名	广东省佛山市南海区桂城街平西社区聚龙振兴工业区地段	无	命名
92	南海区	智领商业广场	Zhìlǐng Shāngyè Guǎngchǎng	建筑物名	佛山市南海区里水镇和顺幸福大道以北地块	无	命名
93	南海区	佳兆业佳寓	Jiāzhàoyè Jiāyù	建筑物名	广东省佛山市南海区黄岐广佛一路169号	无	撤销命名
94	南海区	瑞昌轩	Ruìchāng Xuān	建筑物名	佛山市南海区狮山镇松岗城区	无	命名
95	南海区	里水嘉洲广场	Lǐshuǐ Jiāzhōu Guǎngchǎng	建筑物名	佛山市南海区里水镇甘蕉村和同小组（土名）“大转湾”地段	无	命名
96	南海区	弘阳湖滨尚苑	Hóngyáng Húbīn Shàngyuàn	建筑物名	广东省佛山市南海区狮山镇兴业路东博爱路南地块	无	命名
97	南海区	首创禧瑞花园	Shǒuchuàng Xǐruì Huāyuán	建筑物名	广东省佛山市南海区狮山镇兴业路东洞边地块	无	命名
98	南海区	金海钢铁机械物流中心	Jīnhǎi Gāngtiě Jīxiè Wùliú Zhōngxīn	建筑物名	南海区丹灶镇丹灶物流中心利众路地段	无	命名
99	南海区	西头商业楼	Xītóu Shāngyè Lóu	建筑物名	广东省佛山市南海区狮山镇刘边村西头股份合作经济社地段	无	命名
100	南海区	跃进轩	Yuèjìn Xuān	建筑物名	佛山市南海区大沥镇盐步跃进路24号	无	命名
101	南海区	丰登公馆	Fēngdēng Gōngguǎn	建筑物名	佛山市南海区罗村务庄穗丰村“塱仔”地段	无	命名
102	南海区	奥誉华庭	Àoyù Huátíng	建筑物名	广东省佛山市南海区西樵镇大岸村地段	众纺智园	更名

（续 表）

序号	行政归属	标准地名	汉语拼音	类别	位置	原名	备注
103	南海区	时代冠峰苑	Shídài Guànfēng Yuàn	建筑物名	广东省佛山市南海区里水镇洲村社区居委会“桥头围”、旧工业区“勿什围”地段	无	命名
104	南海区	小布商业楼	Xiǎobù Shāngyè Lóu	建筑物名	南海区大沥镇凤池村小布村	无	命名
105	南海区	君豪轩	Jūnháo Xuān	建筑物名	南海区大沥镇大沥城区振兴路	无	命名
106	南海区	广佳大厦	Guǎngjiā Dàshà	建筑物名	广东省佛山市南海区黄岐广佛一路169号	无	命名
107	南海区	金草轩	Jīncǎo Xuān	建筑物名	佛山市南海区里水镇草场村蟹坑地段	无	命名
108	南海区	西边商业楼	Xībiān Shāngyè Lóu	建筑物名	广东省佛山市南海区大沥镇凤池村西边股份合作经济社地段	无	命名
109	南海区	领创誉园	Lǐngchuàng Yùyuán	建筑物名	广东省佛山市南海区西樵镇大岸村地段	无	命名
110	南海区	众纺智园	Zhòngfǎng Zhìyuán	建筑物名	广东省佛山市南海区西樵镇大岸村地段	无	命名
111	南海区	晟盈金融中心	Shèngyíng Jīnróng Zhōngxīn	建筑物名	佛山市南海区大沥镇广佛路盐步城区路段1号	晟盈公馆	更名
112	南海区	下北商务楼	Xiàběi Shāngwù Lóu	建筑物名	广东省佛山市南海区狮山镇兴贤村下北股份合作经济社地段	无	命名
113	南海区	南海会展中心	Nánhǎi Huìzhǎn Zhōngxīn	建筑物名	佛山市南海区大沥镇广佛国际商贸城	无	命名
114	南海区	海北云翠轩	Hǎiběi Yúncuì Xuān	建筑物名	佛山市南海区大沥镇黄岐沙溪石角沙	无	命名
115	南海区	上坤美湖苑	Shàngkūn Měihú Yuàn	建筑物名	广东省佛山市南海区丹灶镇大金智地金智二路北侧地段地块	无	命名
116	南海区	盘龙现代产业中心	Pánlóng Xiàndài Chǎnyè Zhōngxīn	建筑物名	佛山市南海区狮山镇横岗村旋湾“红泥墩”地段	无	命名
117	南海区	丽日广场	Lìrì Guǎngchǎng	建筑物名	广东省佛山市南海区桂城街道季华东路27号	丽日广场	面积扩大
118	南海区	保利紫誉台	Bǎolì Zǐyù Tái	建筑物名	广东省佛山市南海区里水镇沙涌村展旗山“崩岗脚”地段	无	命名
119	南海区	华顺商园	Huáshùn Shāngyuán	建筑物名	佛山市南海区大沥镇钟边村北二股份合作经济社地段	无	命名
120	南海区	龙涌商业楼	Lóngchōng Shāngyè Lóu	建筑物名	广东省佛山市南海区大沥镇盐步村龙涌三股份合作经济社地段	无	命名
121	南海区	悦都会商业楼	Yuèdōuhuì Shāngyè Lóu	建筑物名	广东省佛山市南海区大沥镇盐步环镇北路97号	悦都会公馆	更名
122	南海区	养正坊农民公寓	Yǎngzhèngfāng Nóngmín Gōngyù	建筑物名	广东省佛山市南海区罗村沙坑养正村（土名）“荔枝塘”地段	无	命名
123	南海区	昆岗翠庭	Kūngǎng Cuìtíng	建筑物名	佛山市南海区桂城街平东社区大益路以南地段	无	命名
顺德区							
124	顺德区	信和路	Xìnhé Lù	道路名	西起民安路，东止金桂路	无	命名

（续 表）

序号	行政归属	标准地名	汉语拼音	类别	位置	原名	备注
125	顺德区	荔富路	Lìfù Lù	道路名	西起南苑西路，东止裕成南路	无	命名
126	顺德区	奇江路	Qíjiāng Lù	道路名	东起于105国道辅道，止于三洪奇裕丰堤边街交接处	无	命名
127	顺德区	尚兴路	Shàngxīn Lù	道路名	北起德胜东路，南止澄海东路	无	命名
128	顺德区	君兰大道	Jūnlán Dàdào	道路名	北起文海西路，南至桂新东路	无	命名
129	顺德区	庆熙路	Qìngxī Lù	道路名	东起尚文路，西至聚龙路	无	命名
130	顺德区	君兰大道	Jūnlán Dàdào	道路名	东起于105国道，西止天虹路雅居乐东侧规划路交界处	无	延长（已于2014年获得命名批复，现因道路开发，申请“君兰大道”命名范围变更，命名长度延长至102000米）
131	顺德区	景顺路	Jǐngshùn Lù	道路名	南起南涌路，北止工业横一路。	无	命名
132	顺德区	泰汇路	Tàihuì Lù	道路名	南起泰安路，北至镇阳路止	无	命名
133	顺德区	泰汇路一街	Tàihuì Lù 1 Jiē	街巷名	南起泰汇路南，北至泰汇路北止	无	命名
134	顺德区	泰汇路二街	Tàihuì Lù 2 Jiē	街巷名	南起泰汇路一街南，北至泰汇路一街北止	无	命名
135	顺德区	泰汇路三街	Tàihuì Lù 3 Jiē	街巷名	南起泰汇路，北至泰汇路四街	无	命名
136	顺德区	泰汇路四街	Tàihuì Lù 4 Jiē	街巷名	南起泰汇路三街，北至泰汇路止	无	命名
137	顺德区	泰汇路五街	Tàihuì Lù 5 Jiē	街巷名	南起泰汇路，北至镇阳路止	无	命名
138	顺德区	泰汇路六街	Tàihuì Lù 6 Jiē	街巷名	南起泰汇路五街，北至镇阳路止	无	命名
139	顺德区	泰汇路七街	Tàihuì Lù 7 Jiē	街巷名	东起镇阳路东，西至镇阳路西止	无	命名
140	顺德区	慧商路	Huìshāng Lù	道路名	北起325国道，南至南环路	无	命名
141	顺德区	展荷路	Zhǎnhé Lù	道路名	北起工展路，南止荷岳路交界处	无	命名
142	顺德区	容学路	Róngxué Lù	道路名	北起容山小学东门，南至德胜路	无	命名
143	顺德区	利和路	Lìhé Lù	道路名	南起外环路，北止东堤一路	无	命名
144	顺德区	保乐路	Bǎolè Lù	道路名	西起拥翠路，东止观绿路	无	命名
145	顺德区	钢铁世界西路	Gāngtiěshìjiè Xīlù	道路名	起于佛山“一环”南线辅道，止于藤湖路，呈南北走向	无	命名
146	顺德区	民和一街	Mínhé 1 Jiē	街巷名	北起民和一巷，南止民和二巷	无	命名
147	顺德区	民和二街	Mínhé 2 Jiē	街巷名	北起民和一巷，南止民和二巷	无	命名
148	顺德区	民和三街	Mínhé 3 Jiē	街巷名	北起民和一巷，南止民和二巷	无	命名
149	顺德区	民和一巷	Mínhé 1 Xiàng	街巷名	西起江村环村路，东止民和三街	无	命名
150	顺德区	民和二巷	Mínhé 2 Xiàng	街巷名	西起江村环村路，东止民和三街	无	命名
151	顺德区	荔广路	Lìguǎng Lù	道路名	道路南起伦教解放中路，北止伦教兴华南路	无	命名
152	顺德区	荔广路一街	Lìguǎng Lù 1 Jiē	道路名	道路东起荔广路，西止荔广西路	无	命名
153	顺德区	荔广路二街	Lìguǎng Lù 2 Jiē	街巷名	道路东起荔广路，西止荔广西路	无	命名
154	顺德区	荔广路一街一巷	Lìguǎng Lù 1 Jiē 1 Xiàng	街巷名	道路南起荔广路一街，北止荔广路二街	无	命名

（续 表）

序号	行政归属	标准地名	汉语拼音	类别	位置	原名	备注
155	顺德区	荔广路一街二巷	Lìguǎng Lù 1 Jiē 2 Xiàng	街巷名	道路南起荔广路一街，北止荔广路二街	无	命名
156	顺德区	荔广路一街三巷	Lìguǎng Lù 1 Jiē 3 Xiàng	街巷名	道路南起荔红路，北止荔佳路	无	命名
157	顺德区	荔广路一街四巷	Lìguǎng Lù 1 Jiē 4 Xiàng	街巷名	道路南起荔广路一街，北止荔广路二街	无	命名
158	顺德区	荔广路一街五巷	Lìguǎng Lù 1 Jiē 5 Xiàng	街巷名	道路南起荔广路一街，北止荔广路二街	无	命名
159	顺德区	荔广西路	lìguǎng Xīlù	道路名	道路南起荔红路，北止荔佳路	无	命名
160	顺德区	荔佳路	Lìjiā Lù	道路名	道路东起荔广路，西止荔广西路	无	命名
161	顺德区	荔红路	Lìhóng Lù	道路名	道路东起荔广路，西止荔广西路	无	命名
162	顺德区	荔广东路	Lìguǎng Dōnglù	道路名	道路南起北便基路，西止荔广东路	无	命名
163	顺德区	荔广东路一街	Lìguǎng Dōnglù 1 Jiē	街巷名	道路东起北便基路，西止荔广东路	无	命名
164	顺德区	荔广东路二街	Lìguǎng Dōnglù 2 Jiē	街巷名	道路东起北便基路，西止荔广东路	无	命名
165	顺德区	高黎荣兴东路	Gāolíróngxīng Dōnglù	道路名	道路西起荣安南路，东至英宝南路	无	命名
166	顺德区	拔萃科技大厦	Bácuì Kējì Dàshà	建筑物名	顺德区顺德新城创智城片区02-B-009号地块之四	无	命名
167	顺德区	珑桂蓝府	Lóngguì Lánfǔ	建筑物名	顺德区容桂红旗居委会容桂大道中以西	无	命名
168	顺德区	珑滨嘉园	Lóngbīn Jiāyuán	建筑物名	顺德区大良街道五沙工业园中11-2地块	无	命名
169	顺德区	中海云麓雅苑	Zhōnghǎi Yúnlù Yǎyuàn	建筑物名	顺德区龙江镇龙江居委会北华路以南、东华路以东地块	无	命名
170	顺德区	华润悦里公馆	Huárùn Yuèlǐ Gōngguǎn	建筑物名	佛山新城乐从镇新吉路以南、同庆道以东	无	扩大命名范围
171	顺德区	弘讯科技楼	Hóngxùn Kējì Lóu	建筑物名	顺德区大良街道顺德科技工业园A区北-2-2之三地块	无	命名
172	顺德区	顺德智创园	Shùndé Zhìchuàng Yuán	建筑物名	顺德西部生态产业区启动区D-XB-10-B-07-1地块	无	命名
173	顺德区	精智公馆	Jīngzhì Gōngguǎn	建筑物名	顺德区北滘镇林上路北滘居委工业区	无	命名
174	顺德区	星翠汇购物中心	Xīngcuìhuì Gòuwù Zhōngxīn	建筑物名	顺德区乐从镇佛山新城百顺道以东、裕和路以北B2地块	南丰汇购物中心	更名
175	顺德区	万科凌越商务中心	Wànkē Língyuè Shāngwù Zhōngxīn	建筑物名	顺德区北滘镇会展大道以南，会展中路以西	无	命名
176	顺德区	世友制造园	Shìyǒu Zhìzào Yuán	建筑物名	顺德区均安镇畅兴工业园智安北路19号	无	命名
177	顺德区	优仕汇公馆	Yōushìhuì Gōngguǎn	建筑物名	顺德区乐从镇葛岸大道13号	无	命名

（续 表）

序号	行政归属	标准地名	汉语拼音	类别	位置	原名	备注
178	顺德区	华皓楼	Huáhào Lóu	建筑物名	顺德区容桂华口居委会昌宝东路13号以北之二	无	命名
179	顺德区	华耀楼	Huáyào Lóu	建筑物名	顺德区容桂华口居委会昌宝东路13号以北之一	无	命名
180	顺德区	华荣楼	Huáróng Lóu	建筑物名	顺德区容桂华口居委会昌宝东路13号以北之三	无	命名
181	顺德区	天富来工业楼	Tiānfùlái Gōngyè Lóu	建筑物名	顺德区容桂容里社区居委会A17号地	无	命名
182	顺德区	云乐大楼	Yúnlè Dàlóu	建筑物名	顺德区北滘镇工业大道30号	无	命名
183	顺德区	融均园	Róngjūn Yuán	建筑物名	顺德区均安镇华丰路1号地	无	命名
184	顺德区	博智林机器人创研中心	Bózhìlín Jīqìrén Chuàngyán Zhōng xīn	建筑物名	顺德区北滘镇碧桂南路北侧地块	无	命名
185	顺德区	智景阁	Zhìjǐng Gé	建筑物名	顺德区新城创智城片区02-B-009号地块之五	无	命名
186	顺德区	嘉禹豪庭	Jiāyǔ Háotíng	建筑物名	顺德区勒流街道黄连黄中北路68号	无	命名
187	顺德区	美凯龙家居博览中心	Měikǎilóng Jiājū Bólǎn Zhōngxīn	建筑物名	顺德区乐从镇北围产业区西北片06-01-B-07、06-01-B-09号	无	命名
188	顺德区	顺德万洋众创园	Shùndé Wànyáng Zhòngchuàng Yuán	建筑物名	顺德区龙江镇仙塘宝涌工业区	无	命名
189	顺德区	金地新翠园	Jīndì Xīn Cuìyuán	建筑物名	顺德区北滘镇新城区BJ-C-18地块	无	命名
190	顺德区	富桥雅轩	Fùqiáo Yǎxuān	建筑物名	顺德区乐从镇汾江路西侧、建设路以南地块	无	命名
191	顺德区	扬杰楼	Yángjié Lóu	建筑物名	顺德区均安镇畅兴工业园A01-3地块	无	命名
192	顺德区	车创置业广场	Chēchuàng Zhìyè Guǎngchǎng	建筑物名	顺德新城创智城片区碧桂路以东、东乐路以南地块	无	命名
193	顺德区	均安蓝和碧桂园	Jūnān Lánhé Bìguìyuán	建筑物名	顺德区均安镇东堤路07-1号地块	无	命名
194	顺德区	车创智谷广场	Chēchuàng Zhìgǔ Guǎngchǎng	建筑物名	顺德新城创智城片区东乐路以南、创智路以东地块	无	命名
195	顺德区	联东科创园	Liándōng Kēchuàng Yuán	建筑物名	顺德区乐从镇新桂路以东、创富六路以北地块	无	命名
196	顺德区	自在苑	Zìzài Yuàn	建筑物名	顺德西部生态产业区启动区D-XB-10-02-A-05-01地块	无	命名
197	顺德区	国腾智能制造中心	Guóténg Zhìnéng Zhìzào Zhōngxīn	建筑物名	顺德科技工业园A区西-11-1之一地块	无	命名
198	顺德区	宏裕公馆	Hóngyù Gōngguǎn	建筑物名	顺德区陈村镇南涌居民委员会南涌工业区	无	命名
199	顺德区	领涛名轩	Lǐngtāo Míngxuān	建筑物名	顺德区勒流街道富安工业区7-3地块	无	命名
200	顺德区	龙江金集花园	Lóngjiāng Jīnjí Huāyuán	建筑物名	顺德区龙江镇中心区B-LJ-04-03-D-002之一地块	无	命名

（续 表）

序号	行政归属	标准地名	汉语拼音	类别	位置	原名	备注
201	顺德区	诚湾悦府	Chéngwān Yuèfǔ	建筑物名	顺德区高新区西部启动区商务配套区D-XB-10-01A-16-01-1	无	命名
202	顺德区	乐途公寓	Lètú Gōngyù	建筑物名	顺德区大良街道南区37-1-A地块	无	命名
203	顺德区	中集智能制造中心	Zhōngjí Zhìnéng Zhìzào Zhōngxīn	建筑物名	顺德区杏坛镇顺德高新区西部启动区D-XB-10-03-A-04-2地块	无	命名
204	顺德区	尚誉公馆	Shàngyù Gōngguǎn	建筑物名	顺德区容桂街道德胜居委会江南大道41号	无	命名
205	顺德区	碧悦广场	Bìyuè Guǎngchǎng	建筑物名	顺德区陈村镇横五路以北、陈村大道以东地块	无	命名
206	顺德区	悦翠广场	Yuècuì Guǎngchǎng	建筑物名	顺德区龙江镇龙洲路南侧	无	命名
207	顺德区	凤怡苑	Fèngyí Yuàn	建筑物名	顺德区容桂街道高黎居委会太澳高速以东建业路以北地块28、地块29	无	命名
208	顺德区	顺科置业大厦	Shùnkē Zhìyè Dàshà	建筑物名	佛山市顺德区大良街道逢沙村智城路3号	无	命名
209	顺德区	荣盛文博府	Róngshèng Wénbó Fǔ	建筑物名	顺德区杏坛镇顺德高新区西部启动区商务配套区D-XB-10-01B-05-02地块	无	命名
210	顺德区	玥云府	Yuèyún Fǔ	建筑物名	顺德区乐从镇荷岳路以北、永兴道以东地块	无	命名
211	顺德区	中海悦林熙岸花园	Zhōnghǎi Yuèlín Xīàn Huāyuán	建筑物名	顺德区北滘镇林上南路西南侧、同福路北侧	无	命名
212	顺德区	保利云启雅苑	Bǎolì Yúnqǐ Yǎyuàn	建筑物名	伦教荔村南苑东路以北、教育路以东地块	无	命名
213	顺德区	宏石总部大楼	Hóngshí Zǒngbù Dàlóu	建筑物名	顺德区北滘镇北滘工业园潭洲水道以西片06-a5-03地块	无	
				高明区			
214	高明区	金泽华府	Jīnzéhuá Fǔ	建筑物名	佛山市高明区更合镇白石工业区更合人民法庭南侧	无	命名
215	高明区	智和大厦	Zhìhé Dàshà	建筑物名	佛山市高明区荷城街道苏河路东侧	无	命名
216	高明区	勤天熹园	Qíntiān Xīyuán	建筑物名	佛山市高明区荷城街道怡乐路北侧	无	命名
217	高明区	泰丰华府	Tàifēng Huáfǔ	建筑物名	佛山市高明区荷城街道泰和路东侧	无	命名
218	高明区	恒大悦辰花园	Héngdà Yuèchén Huāyuán	建筑物名	佛山市高明区明城镇明七路北侧	无	命名
219	高明区	力高君熙华府	Lìgāo Jūnxī Huáfǔ	建筑物名	佛山市高明区荷城街道凤凰路西侧	无	命名
220	高明区	恒威悦莱华府	Héngwēi Yuèlái Huáfǔ	建筑物名	佛山市高明区荷城街道景华街8号	无	命名
221	高明区	金域西江府	Jīnyù Xījiāng Fǔ	建筑物名	佛山市高明区荷城街道沿江路东侧	无	命名
222	高明区	圆通泰广场	Yuántōngtài Guǎngchǎng	建筑物名	佛山市高明区荷城街道平山大道南侧	无	命名

（续　表）

序号	行政归属	标准地名	汉语拼音	类别	位置	原名	备注
223	高明区	清荃湾花园	Qīngquánwān Huāyuán	建筑物名	佛山市高明区荷城街道（富湾）沿江路北侧	无	命名
224	高明区	高明游艇商务广场	Gāomíng Yóutǐng Shāngwù Guǎngchǎng	建筑物名	佛山市高明区荷城街道（西江新城）沿江路东侧	无	命名
225	高明区	鑫创科技园	Xīnchuàng Kējì Yuán	建筑物名	佛山市高明区荷城街道荷富路西侧	无	命名
226	高明区	高明中南高科智能制造科技园	Gāomíng Zhōngnán Gāokē Zhìnéng Zhìzào Kējì Yuán	建筑物名	佛山市高明区荷城街道海田路东侧	无	命名
227	高明区	美的观澜府	Měide Guānlán Fǔ	建筑物名	佛山市高明区荷城街道文昌路东侧	无	命名
228	高明区	美的鹭园	Měide Lùyuán	建筑物名	佛山市高明区杨和镇鹭湖大道西侧	无	命名
229	高明区	绿地熙江广场	Lǜdì Xījiāng Guǎngchǎng	建筑物名	佛山市高明区荷城街道苏河路东侧	无	命名
230	高明区	聚发楼	Jùfā Lóu	建筑物名	佛山市高明区荷城街道祥福路宜丰街南侧	无	命名
231	高明区	朗晴苑	Lǎngqíng Yuàn	建筑物名	佛山市高明区荷城街道高明大道南侧	无	命名
232	高明区	珑熹水岸花园	Lóngxī Shuǐàn Huāyuán	建筑物名	佛山市高明区荷城街道纪念中学西侧	无	命名
233	高明区	泰华北路	Tàihuáběi Lù	道路名	南起平山大道，北至兴秀路	无	命名
234	高明区	观龙路	Guānlóng Lù	道路名	南起怡乐路，北至明湖南路	无	命名
235	高明区	平兴路	Píngxīng Lù	道路名	南起三杰路北侧支路，北至秀湾路	无	命名
236	高明区	丽润路	Lìrùn Lù	道路名	南起丽江路，北至大德北路	无	命名
237	高明区	学锦路	Xuéjǐn Lù	道路名	南起明湖北路，北至三杰路南侧支路	无	命名
238	高明区	礼云路	Lǐyún Lù	道路名	南起三杰路北侧支路，北至秀湾路	无	命名
239	高明区	秀湾路	Xiùwān Lù	道路名	东起汇智路，西至汇智路	无	命名
240	高明区	远晟路	Yuǎnshèng Lù	道路名	西起三富路，北至三杰路	无	命名
241	高明区	三杰路	Sānjié Lù	道路名	东起沿江中路，西至三富路	无	命名
242	高明区	鳌云路	áoyún Lù	道路名	南起怡乐路，北至兴秀路	无	命名
243	高明区	畔江路	Pànjiāng Lù	道路名	南起明湖北路，北至汇智路	无	命名
244	高明区	丽江路	Lìjiāng Lù	道路名	东起文昌路，西至大德路	无	命名
245	高明区	良言路	Liángyán Lù	道路名	南起怡乐路，在佛山市高明区市场监督管理局北侧折向西，止于鳌云路	无	命名
246	高明区	创基路	Chuàngjī Lù	道路名	南起丽江路，北至三杰路	无	命名
247	高明区	丽泽路	Lìzé Lù	道路名	南起丽江路，北至大德北路	无	命名
248	高明区	文澜路	Wénlán Lù	道路名	东起荷富大道，西至畔江路	无	命名

（续　表）

序号	行政归属	标准地名	汉语拼音	类别	位置	原名	备注
249	高明区	富湾沿江中路	Fùwān Yánjiāng Zhōnglù	道路名	位于西江以西河堤上，南起广明高速，北至荷城街道与高要交界处	无	命名
250	高明区	富湾文德路	Fùwān Wéndé Lù	道路名	南起明富路，北至富湾中学东南角	无	命名
251	高明区	海围路	Hǎiwéi Lù	道路名	南起丽中路北侧，北至明西路	无	命名
252	高明区	兴堂路	Xīngtáng Lù	道路名	南起惠福路，北至高明大道	无	命名
253	高明区	荷雨巷	Héyǔ Xiàng	道路名	南起荷美街，北至大镇岭南侧	无	命名
三水区							
254	三水区	博裕路	Bōyù Lù	道路名	乐平镇东起商务园纵四路（规划），西至范湖纵二路（规划）	无	命名
255	三水区	民裕路	Mínyù Lù	道路名	南山镇东起漫江大道，西至沿涌西路（暂用名）	无	命名
256	三水区	旭辉汇美家园	Xùhuī Huìměi Jiāyuán	建筑物名	佛山市三水区云东海街道鲁村路以东、韵丰路以北地块	无	命名
257	三水区	山宜水富家园	Shānyíshuǐfù Jiāyuán	建筑物名	佛山市三水区芦苞镇独树岗村民委员会“九十九岗”5号	无	命名
258	三水区	鸿安丽苑	Hōng'ān Lìyuàn	建筑物名	佛山市三水区西南街道建设大道南侧地块一	无	命名
259	三水区	文江路	Wénjiāng Lù	道路名	芦苞镇东起白鸽桥涌，西至奥特莱斯项目用地	无	命名
260	三水区	乐怡街	Lèyí Jiē	街巷名	乐平镇东起广乐颐景花园，西至宾馆路	无	命名
261	三水区	汇博路	Huìbō Lù	道路名	白坭镇东起山水龙盘侧地块，西至三水大道南	无	命名
262	三水区	西南大道	Xīnán Dàdào	道路名	西南街道东起口岸大道，西至文明路	无	命名
263	三水区	基塘路	Jītáng Lù	道路名	西南街道南起原321国道北至小望岗村道与大望岗村道交汇处	无	命名
264	三水区	桥头岗路	Qiáotóugǎng Lù	道路名	西南街道东起321国道西至北江边	无	命名
265	三水区	嘉平雅园	Jiāpíng Yǎyuán	建筑物名	佛山市三水区乐平镇新城区C区15号	无	命名
266	三水区	和乐花园	Hēlè Huāyuán	建筑物名	佛山市三水区云东海街道映海路以西地块	无	命名
267	三水区	江澜熙园	Jiānglán Xīyuán	建筑物名	佛山市三水区南山镇知青路（地块二）	无	命名

婚姻登记

【概况】2019年，佛山市办理结婚登记30340对（包括涉外、涉侨、涉港澳台304对），离婚登记12903对（包括涉外、涉侨、涉港澳台79对），补领结婚证7405对（包括涉外、涉侨、涉港澳台39对），补领离婚证860份（包括涉外、涉侨、涉港澳台13份）。

【婚姻登记管理】2019年，佛山市继续推进婚姻登记“全城通办”试点工作（2017年佛山市被省民政厅确定为婚姻登记“全城通办”试点市），修改完善全市“全城通办”工作方案，并提交市政府审

2019年10月26日，佛山市三水区民政局婚姻登记处在侨鑫生态园举办“幸福之旅 你我同行”夫妻户外拓展活动。图为参加活动的夫妻一起宣读《爱的誓言》

（市民政局供图）

批。开展“5·20”、七夕、“9·9”、国庆节等重点时间全市婚姻登记处集体颁证活动。其中，5月20日，在岭南天地禅城区婚姻登记处举行“5·20”集体婚礼颁证仪式，为新人现场颁证。5月20日全市有1282对新人领结婚证。

（陈　瑶）

殡葬管理

【概况】 2019年，佛山市继续巩固100%火化率和“无坟化”清坟成果，落实低收入群体殡葬基本服务免除费用政策，进一步规范殡葬服务单位建设和管理。妥善做好清明祭祀活动安保，各殡葬服务单位在清明节假日及周末期间接待扫墓群众440万人次。继续开展骨灰植树活动，推进绿色生态殡葬，被用于植树的骨灰累计1.17万份。开展殡葬领域突出问题专项整治“回头看”行动和违法违规私建“住宅式”墓地等突出问题专项摸排整治行动。全年火化遗体28929具，为群众免除殡葬基本服务费用1954万元。

【殡改宣传月及清明安保】 2019年清明期间，佛山市以确保广大群众祭祀活动“文明、安全、有序”为目标，保障清明节期间群众祭扫活动安全和顺利进行。在清明节假日及周末期间，全市各殡葬服务单位接待扫墓群众近440万人次、各种不同类型车辆近120万车次，出动保障工作人员4.35万人次。其中，4月5日当天接待拜祭群众178.79万人次、车辆47.66万车次，出动保障工作人员11696人次。清明期间全市未发生各种因群众祭祀活动产生的治安、交通安全事故。

【殡仪馆开放日活动】 2019年3月，佛山市各殡仪馆开展“殡仪馆开放日”活动，通过组织市民和媒体代表参观“无烟拜祭区”“环节体验活动”和座谈等方式，向社会各界展示殡葬服务。通过“殡仪馆开放日”活动，进一步增加社会对殡葬行业的理解。

【骨灰植树活动】 2019年4月20—21日，佛山市组织第15次骨灰植树活动，全市有672份骨灰回归自然（其中南海区91份）。截至2019年，佛山市有1.17万份骨灰进入“长青林”骨灰植树基地，相当于节约一个中型墓园的用地。

【殡葬基本服务费用免除政策实施】 2019年，佛山市继续实施殡葬基本服务费用免除政策，对佛山市户籍或在佛山市办理居住证半年以上，在佛山市行政区域内死亡且遗体在区内殡仪馆实行火化的，免除遗体接运、遗体存放（不超过3天）、遗体火化、骨灰寄存（寄存2年）、小型告别厅、遗体消毒、骨灰盒（盅）（不超过100元）等7个项目相关费用，最高减免1320元。全年全市为2.28万名群众免除殡葬基本服务费用1954万元。

（陈　瑶）

关心下一代工作

【关工委组织建设】 2019年，佛山市关心下一代工作委员会继续实行“党政领导担纲”的“双主任制”，由现职党委领导和退休老同志同时担任关工委主任，其中全市32个镇（街道）关工委由分管党群副书记兼任主任、766个村（社区）关工委（组）由党委书记任主任、企业与学校关工委（组）由党组织书记兼任主任。“党建带关建”关心下一代工作继续纳入到党委议事日程，大部分有关单位把关工工作业绩纳入党政领导干部年度政绩考核，全市有企业、园区、集团、商会、协会、社团等267家关工委实现“党建带关建”全覆盖。是年，市各级关工委结合班子调整，共开展关工委主任与“五老”（老干部、老战士、老专家、老教师、老模范）骨干培训班705场次，培训骨干30144人。是年，市关工委获“广东省离退休干部先进集体”称号。

【青少年校外实践基地建设】 2019年，佛山市关心下一代工作委员会与各区关工委联动、与镇（街道）和社区联动、与企业联动，建有罗登贤事迹展览馆、珠江纵队纪念馆、西海抗日烈士陵园等传承红色基因教育基地3个，有中联龙狮中华文化传承教育基地、青云中学法治教育进校园示范基地、顺德创意产业园青年创业培训基地等3个基地，并在顺德区建成广东省首个“关心下一代健康文化教育实践基地”。截至2019年底，全市累计建有各级各类青少年教育基地490多个，各类青少年教育基地成为青少年校外教育体验与实践大课堂。

2019年12月19日，佛山市关心下一代工作会议暨佛山市青少年传承红色基因教育基地挂牌成立
（市关心下一代工作委员会供图）

【青少年社会主义核心价值观主题教育活动】 2019年，佛山市关心下一代工作系统融合中国关工委“腾飞中国、辉煌70年”与省关工委“我为祖国点赞”教育重点，开展“腾飞中国　辉煌70年”主题系列教育活动。5月，市关工委启动“腾飞中国·辉煌70年”佛山市青少年爱国主义主题教育大巡讲活动，邀请党的十九大代表程祖彬、“改革先锋”胡小燕等作主题演讲，高明、禅城等区也相继开展区级大巡讲活动；8月，市关工委与佛山市艺术文化创新协会等联合在佛山影剧院举办大型“腾飞中国·辉煌70年”春之鸣交响管乐暨青少年交响音乐会；9月，市关工委与市教育局联合在南海执信中学举办“为祖国点赞·辉煌70年”展演活动。全年全市围绕主题开展各种形式教育活动6000多场次，教育100万多人次。是年，佛山市各级关工组织还通过组织佛山好人、大城工匠、人大代表、科学家进校园活动，加强“两个百年目标”奋斗精神教育，传承爱国情，弘扬报国志。暑假期间，全市各级关工组织单独或联合有关单位开展活动3000多场次，参与青少年30多万人次。另外，各区依托区域100多个党史国史基地资源开展红色专题教育近1000场次。

【“五老”关爱工程及“十百千万”工程活动行动开展】 2019年，佛山市关心下一代工作委员会继续联合社会各界爱心团体与企业开展“五老”（老干部、老战士、老专家、老教师、老模范）关爱工程活动及“十百千万”行动。到高明区、三水区革命老区开展“关爱成长　助学圆梦”活动，帮扶困境学生200多人；联合顺德区关工委以及顺德凤城慧妍会等团体，到佛山对口帮扶的四川省甘孜州开展关爱助学工作，支持对口帮扶的藏区民众等等。是年，市关工委融合各级关工委、社会团体与爱心企业资助贫困青少年7166人，助学资金916万元。截至2019年底，佛山市有377名“五老”参与青少年帮教工作，受帮教1892名青少年中成功转化1569人。

【青少年假日活动组织】 2019年，佛山市关心下一代工作委员会继续以“党委领导、社工支撑、义工参与、关工协同”三工联动工作机制，开展“160工程”活动（指党委、政府相关部门、社会各界组织青少年在寒假、暑假、周末、公休假约160天假期中的活动），将“童心向党”“学雷锋见行动”“关爱明天普法先行”“扶困助学、十百千万工程”“实践养成”等主题教育与社区各类文化教育活动融入“160工程”，并举行“160工程”之“辉煌70年”主题教育活动。截至2019年底，佛山市各种类型的假日学堂、四点半学校、社区乡村少年宫173所，“五老”（老干部、老战士、老专家、老教师、老模范）辅导员294人；各区、镇（街道）、社区建有关爱之家、留守儿童之家100所，有66名“五老”成为代理家长。

【佛山创建规范化家长学校经验成全国典型】 2019年1月6日，在北京市召开的全国规范化家长学校实践活动总结交流会上，佛山市创建规范化家长学校经验受到中国关心下一代工作委员会肯定，并获命名为“全国规范化家长学

2019年4月11日，佛山市“全国规范化家长学校实践基地”建设成果展示活动
（市关心下一代工作委员会供图）

校实践基地”。佛山全市家长学校实现“五有”，即有组织领导机构、有自编教材、有教员、有信息交流平台、有督查评价机制，并彰显家长培训普及性、自编教材完整性、培训内容科学性三大特点。佛山创建规范化家长学校实现“6个100%”，即全市中小学幼儿园100%建有家长学校；100%建立家长委员会；100%创建规范化家长学校；100%通过规范化家长学校验收；100%家长学校采用市教育局自编教材；100%班主任能开展“案例教学”。由于创建工作成绩突出，作为全国典型代表，佛山成为唯一一个派出2名代表在大会上发言的城市，市教育局局长商学兵和市教育局关工委主任马健超向来自全国各地的逾200名与会代表分享创建经验。

【全省关工委主任学习培训班暨基层关工委建设经验交流座谈会在佛山举行】 2019年2月26日，广东全省关工委主任学习培训班暨基层关工委建设经验交流座谈会在佛山禅城区紫南村举行，全省各市、县（区）关工委主任，省直机关、省教育系统、广铁集团、茂名石化公司关工委主任等200多人参加培训。佛山市委常委、组织部部长杨朝晖出席座谈会并致辞。活动期间，与会代表参观考察佛山市禅城区紫南村、南海大沥黄飞鸿中联电缆武术龙狮协会两个基层关工工作示范点。

【广东省首个“关心下一代健康文化教育实践基地”落户佛山】 2019年12月19日，广东省首个“关心下一代健康文化教育实践基地”授牌仪式在佛山市顺德区美的·翰诚嘉园举行。中国关工委副秘书长李幼林，中国关工委健康体育发展中心处长廖月华出席授牌活动。佛山美的·翰诚嘉园入住率高，三代同堂的家庭结构非常突出，小区内的小孩、老人比较多。为了服务好老人、小孩这两大群体，翰诚嘉园在社区里设置“红云学堂”，作为社区党建、文化建设的基地，开设有“四点半学堂”，孩子们放学后可以在红云学堂参与课外书阅读、画画等活动，解决社区学龄儿童从放学后到回家这段时间的托管问题。

（杜致坚）

应急管理

安全生产

【概况】 2019年，佛山市安全生产总体形势持续稳定好转。全市发生生产安全事故477起，比上年下降21.8%；死亡302人，下降9.3%；受伤288人，下降36.4%；直接经济损失3513.64万元，下降33.6%。发生较大生产安全事故3起，死亡9人、受伤1人，比上年事故起数增加1起，死亡人数下降52.6%、受伤人数下降90%，未发生重大及以上事故。3起较大以上事故分别是：高明区“4·14”较大道路交通事故，死亡3人、受伤1人；顺德区“6·5”在建污水处理工程较大事故，死亡3人；南海区“11·8”有限空间作业中毒较大事故，死亡3人。

【安全生产制度建设】 2019年，佛山市出台《佛山市安全生产风险管理办法》，加强普及安全生产风险防控工作理念，推动全市各级有关部门更加重视安全生产风险防控工作，提升全市生产安全事故防控工作水平。发布《佛山市危险化学品安全管理规定》，并于10月1日起施行，管理对象涵盖佛山市区域内的生产、储存、使用、经营、运输危险化学品和处置危废品的危险化学品单位。该规定是广东省第二部关于危险化学品监管的地方立法，应急管理部领导对此专门作出批示。印发《佛山市安全风险分级管控办法实施细则》（试行），构建“一系统、一图纸、一表格”的管控模式，深化对4689处风险点危险源的动态管理。印发《佛山市建设安全发展城市实施办法》，全面提升佛山城市安全源头治理、防控治理、监督管理和保障服务能力，实现共享共治的城市安全发展新模式，争创国家安全发展示范城市。

【安全生产责任体系建设】 2019年，佛山市建立市、区、镇（街道）三级安全生产“双主任”制度，由党委和政府主要负责人担任同级安委会主任，同级党委常委、政府常务副职分管安全生产工作，自上而下压实责任。市委常委会会议、市政府常务会议召开16次专题研究安全生产工作。市委派出由5名人大和政协领导挂帅的挂点督导组，到各区全天候督导安全生产工作，检查各级党委政府和部门99次、督办事项55项、提醒约谈50次，解决重大问题37项。以“市长督查令”对市级20项重大安全隐患进行挂牌督办。

【安全生产标准化建设】 2019年，佛山市按照国家、省有关安全生产标准化建设工作的文件要求，推进企业安全生产标准化创建工作。全市新增冶金等行业二级标准化企业183家，累计创建二级标准化企业541家，仍在有效期内的二级标准化企业280家；全市三级标准化企业年目标数9882家，实际评审数11445家，创建达标数10091家，累计创建64216家，有效期内的三级标准化企业有32745家。佛山市二级、三级安全生产标准化创建工作均在全省各地市中处于领先位置。

【安全生产信用分类分级管理】 2019年，佛山市应急管理部门深入贯彻落实《佛山市人民政府办公室关于印发佛山市安全生产信用分类分级管理办法的通知》要求，安全生产信用等级采取扣分制与条件制相结合的方式进行评定，实行“红名单”“普通信用主体”“黑名单”3个类别，每个类别分别实行A、B、C三级动态调整的“三等9级”制管理。评出安全生产“红名单”企业16家、“黑名单”企业2家、普通信用企业37398家。普通信用企业中，A级11207家、B级26045家、C级146家。

【安全生产技术服务机构】 2019年，佛山市鼓励安全生产社会化服务，安全生产技术服务机构全面发展。截至2019年底，在佛山市进行信息登记的安全生产技术服务机构126个，其中安全评价机构27个、标准化评审和帮扶机构68个、安全培训机构31个。全市有注册地在佛山市的机构116个，注册地在外市的机构85个。

【"智能制造、本质安全"示范企业创建】 2019年，佛山市继续投入4000万元推动开展产业发展与安全发展相融合的资金奖补项目。全市企业参与数量近8000家，比上年增长60%；通过市级审核并获得奖补的企业136家；企业投入生产装备改造和安全生产管理方面的总费用累计25.1亿元，增长118.3%。是年，为推进安全生产科技重大技术难题攻关、成果转化和推广应用，加快推动实施安全生产智能化、自动化技术改造，提升安全生产风险防控能力，佛山市应急管理部门公布实施《佛山市"智能制造、本质安全"示范企业奖补资金管理办法》，为常态化开展"智能制造、本质安全"示范企业创建奠定基础。

【安全生产责任保险】 2019年，佛山市安全生产责任保险参保企业数量持续增长。2016年各区试点以来至2019年底，全市安全生产责任保险累计保费规模29298.02万元，比上年增长8.41%；投保企业13042家（次），增长11.9%；覆盖企业从业人员573985人次，增长8.81%；保障额度3208.94亿元；投入政府财政补贴8411.67万元。累计提交保险事故报案10747件，其中已赔付案件9577件，实际赔付金额9390.72万元；处理中案件1170件，计划赔付金额5265.13万元。2019年，佛山市通过事故预防发现并协助企业整改事故隐患65536处，为9546家次企业提供事故预防风控服务。是年，国务院发展研究中心、中央党校调研组到佛山实地考察，并肯定佛山市安全生产责任保险取得的成效；应急管理部在新闻发布会上也肯定"为企业提供第三方贴心技术服务的'广东佛山模式'"。

【安全生产监管行动】 2019年，佛山市各级应急管理（安全监管）部门加强对各类生产经营单位的安全生产监管，对各类生产经营单位进行执法检查、事故隐患查处、行政处罚等。

执法检查 各级应急管理（安全监管）部门监督检查各类生产经营单位41535个，比上年增长13.42%；监督检查生产经营单位66179次，下降8.50%。其中：禅城区检查各类生产经营单位6954个，检查16668次；南海区检查各类生产经营单位17677个，检查21441次；顺德区检查各类生产经营单位13471个，检查18010次；高明区检查各类生产经营单位1102个，检查3548次；三水区检查各类生产经营单位2004个，检查6185次。

事故隐患查处 各级应急管理（安全监管）部门查处各类事故隐患110357处，比上年下降9.27%。其中，禅城区查处24721处、南海区查处27802处、顺德区查处29960处、高明区查处12725处、三水区查处13562处。

行政处罚 各级应急管理（安全监管）部门实施行政处罚2699次、实施经济处罚2635次、罚款6747.83万元，比上年分别上升8.57%、20.76%和4.54%。其中：禅城区处罚465次，罚款647.03万元；南海区处罚742次，罚款1843.2万元；顺德区处罚1112次，罚款2653.94万元；高明区处罚103次，罚款737.28万元；三水区处罚205次，罚款788.51万元。

2019年2月22日，佛山市安全生产委员会联合南海区委、区政府在南海区举办佛山市2019年安全生产暨节后复工誓师大会，近1000名企业代表和政府部门负责人参会
（市应急管理局供图）

【安全生产培训执法检查】 2019年，佛山市应急管理部门加大安全生产培训执法检查力度，打击假冒特种作业操作证，推动特种作业人员持证上岗，规范和完善特种作业操作证培训、考核的发放环境。检查企业50232家，发现处理假证或无证上岗人员418人次，责令整改企业5554家，罚款2649581元，移送公安机关10人。

【危险化学品、烟花爆竹监管】 2019年，佛山市加强对全市危险化学品、烟花爆竹的监管。开展全市危险化学品生产、经营、储存、运输、废弃处置等各个环节专项治理，全市各级应急管理（安全监管）部门检查危险化学品从业单位3872个次，排查隐患总数7571处，督查企业消除隐患7571处，隐患整改率100%，上传佛山市"智能应急"平台检查图片11713张，佛山市226家危险化学品生产、经营（带储存设施）企业在全省率先实现通过"智能应急"平台完成危险化学品生产企业风险研判与承诺公告。深入开展烟花爆竹"打非"联合排查执法行动，对非法经营、运输、储存、燃放烟花爆竹行为实施"地毯式"排查、全方位打击，全市出动执法人员5786人次，检查烟花爆竹单位3537个次，查处没收非法违法产品7573箱，没收非法违法产品5276千克，移送公安案件1件，拘留2人。

【安全生产月活动】 2019年6月，佛山市各级各部门组织开展以“防风险、除隐患、遏事故”为主题的各项活动和工作。在安全生产月期间，全市开展宣讲活动2550场次。组织举办安全发展论坛活动19场次，参与人员1529人次。开展“安全宣传咨询日”线上线下活动，其中安全宣传咨询日活动423场次，现场咨询互动达96459人次，发放各类宣传资料392633份；组织308家危险化学品企业开展“安全生产公众开放日”活动，现场参观人员3046人次，举办展览117场次；开展安全场馆体验活动522场次；开展网络公开课、专家访谈、网络直播等线上活动14次，线上参与人员99059人次。组织安全警示教育和科普宣传活动，其中开展警示教育活动740场次，受教育人员65299人次；举办危化品安全知识网络有奖答题比赛，参与人员27032人次；在新闻媒体开设安全科普专栏97个，报送科普作品114件；在公共场所电子显示屏播放科普短视频、安全提示、公益广告71751条次；开展安全知识技能竞赛64场次，参与人员4820人次。组织开展专项、综合应急预案演练以及跨地区、多部门、多层级参与的联合应急演练995场次，参与演练人员65293人次，出动各类装备7413台次。

【城市风险点危险源排查管控】 2019年，佛山市分析评估并录入佛山市安全生产风险管理地理信息系统的安全生产风险点危险源4660处，其中红色21处、橙色320处、黄色1513处、蓝色2806处；完成系统内所有风险点危险源的地理位置标注，构建监管责任人清单和监管措施清单；搜集和上传风险点危险源图片14745张，应急预案8011份；上传监管、检查、应急演练等工作计划261份，工作总结89份。全市有710家企业完成安全风险公告工作，其中南海区完成440家（占62%），顺德区红、橙两色等级风险点危险源100%实施安全风险公告。

【安全生产培训】 2019年，佛山市各级应急管理（安全监管）部门开展春节节后复产培训1300场次（比上年增长49%），直接培训各类企业负责人、安全管理人员逾9万人次（增长30%），覆盖培训从业人员71万多人次（增长6%）。全年全市完成三类人员（从业人员、安全管理人员、企业负责人）培训分别111.55万人次、5.52万人次、4.82万人次。

【佛山智慧安全城市建设】 2019年，佛山市启动“智慧安全佛山”项目，加快建设城市安全运行监测中心和城市安全运行监测物联网，初步运营市城市安全运行综合管理与应急指挥调度系统。其中，城市安全运行监测物联网中桥梁、燃气、排水、消防、电梯、轨道交通、交通运输、高风险企业等8个专项工程进入深化设计和试点安装阶段；佛山市城市安全运行综合管理平台录入监管企业、风险点危险源、应急救援队伍、专家、物资等数据10万余条，对接重点车辆、水雨风情、视频监控等实时数据接口24类。是年，佛山市编制《佛山市应急管理信息化建设规划（2019—2022年）》等文件，理顺市、区、镇（街道）三级应急指挥架构。11月21日，2019公共安全科技创新高峰会在佛山市召开，会议发布佛山智慧安全城市1.0版本项目成果，市应急管理局局长魏钰以“建设抵御风险的城市港湾”为主题，向全国顶尖的公共安全专家分享佛山建设智慧安全城市的经验。

（周结华）

2019年11月21日，2019公共安全科技创新高峰会在佛山市召开。图为市应急管理局局长魏钰以“建设抵御风险的城市港湾”为主题分享佛山建设智慧安全城市的经验

（市应急管理局供图）

防汛·防旱·防风

【台风洪涝灾害】 2019年，佛山市天气呈现开汛早、降雨偏多、降雨强度大、初台偏晚的特点。3月9日入汛以来，全市平均降雨量1655.2毫米，较常年（常年是指30年平均，2019年的30年平均数是指1981—2010年平均数。这个数每10年重新计算一次，到2020年将会计算下一个30年的数据，即1991—2020年的平均数）同期偏高约20%。入汛后，较为明显的强对流、降雨过程有28次，录得50毫米以上的暴雨天气有49天，录得8级或以上大风天气的有56天，其中最大日雨量出现在南海区狮山镇，有193.7毫米（6月23日20时至24日20时），最大时雨量出现在顺德区伦教街道，有97.7毫米（6月29日7时20分至8时20分）。前汛期“龙舟水”期间降雨具有“持续时间长，降雨强度大，空间分布不均”的特点。5月21日至6月20日全市平均降雨量338.1毫米，较常年同期偏多13%。后汛期“韦帕”和“白鹿”2个台风给佛山市带来较明显风雨。受“韦帕”影响，7月31日8时到8月2

日16时佛山市出现持续性降雨和7至9级阵风，全市102个自动气象站累积雨量超100毫米，高明区更合镇最大阵风9级。受“白鹿”影响，8月25日16时到8月26日12时佛山市出现暴雨到大暴雨，全市75个自动气象站累积雨量超100毫米，南海狮山最大阵风9级。江河来水量及龙舟水较为充沛，三水站、马口站4—9月平均水位分别为1.57米、1.54米，与上年同期平均水位相比分别偏高0.58米、0.70米。三水站、马口站分别于7月12日12时和12时35分分别出现4.47米和4.72米的洪峰水位。入汛以来，佛山市遭受多场暴雨，全市累计水浸226处，园林树木吹倒658棵，吹倒广告牌54块，农田、鱼塘、花卉、菜地受浸463.27公顷，受损车辆29辆，房屋、商铺、厂房受浸及受损49间，直接经济损失167.88万元，没有收到人员伤亡报告。

【“三防”应急制度建设】 2019年，佛山市为全面提升全社会抵御灾害和灾后修复的综合能力，根据佛山市的实际情况，修编或制定相关规章制度。市人民政府防汛防旱防风指挥部印发《佛山市防汛防旱防风信息报送和发布管理规定（试用）》《佛山市洪涝风灾害临灾涉险人员安全转移安置暂行办法》等文件，并对《佛山市防汛防旱防风防冻应急预案》《佛山市防汛防旱防风防冻应急预案操作手册》《北江大堤佛山市防守段抗洪抢险应急预案》《佛山市防汛防旱防风责任制管理暂行规定》等进行修编。市应急管理、发展改革、交通运输部门联合印发《关于建立市级救灾物资应急保障联动机制（试行）》。市减灾委员会办公室制定《佛山市自然灾害查灾核灾工作机制》《佛山市灾区民房恢复重建工作机制》。市森林防灭火指挥部印发《佛山市森林火灾应急预案》（试行）和《佛山市森林防灭火指挥部工作规则》。

【全国综合减灾示范社区创建】 2019年，佛山市按照《佛山市创建全国综合减灾示范社区工作规划（2016—2020年）》和省减灾委办公室的有关部署，继续推进全国综合减灾示范社区创建工作。全年新增全国综合减灾示范社区10个，其中禅城区、南海区、三水区各2个，顺德区3个，高明区1个。截至2019年底，全市有184个社区获“全国综合减灾示范社区”称号。

【“三防”应急宣传】 2019年，佛山市为促进社会公众深入认识防灾减灾工作，结合全国防灾减灾日、“龙舟水”防御、启动应急响应等重要节点，策划和开展多种形式的宣传活动，佛山传媒集团组织刊发“三防”（防汛、防旱、防风）宣传报道370余篇，市应急管理局组织22家新闻媒体发布“三防”信息58条，微信公众号推送“三防”信息25条。宣传《广东省防汛防旱条例》，组织宣传活动128次，广播电视、新媒体及网络等宣传556次，制作海报、专题展板1080块，派发宣传材料43793份，制作播放公益广告3371次。在“国际减灾日”期间，佛山市开展以“加强韧性能力建设，提高灾害防治水平”为主题的防灾减灾活动543场次，其中现场咨询21场次、专家宣讲392场次，参与人数28872人次，自创海报604份，发放宣传资料、防灾减灾知识手册23640份，电子显示屏滚动播放宣传标语2500余条，在各类新媒体推送的信息累计吸引10万名以上粉丝点阅。

【“三防”应急准备工作】 2019年，佛山市建立全市三防专家库，落实水利、住建、自然资源、交通、通信等三防专家57人。各级组建民兵轻舟队伍和各类应急抢险队伍1082支。三水区组建打桩队、潜水队、巡逻队和抢险突击队等各类防汛抢险队54622人。全市建有防汛物资仓库131个，救灾物资仓库336个。开展全市防汛安全大检查，派出6个督查组对各区防汛准备工作情况进行督导抽查，迎接省防汛防台风专项检查组的检查和调研2次。是年，市三防指挥部与气象、水文部门紧密联系会商，汛期启动防汛Ⅳ级应急响应2次，下发紧急通知29份。市三防指挥部对照14个重点行业建立防汛防台风临灾涉险受影响人员台账，排查统计容易受灾人员365982人次。各级各部门派出991个工作组，落实整改措施29813项。市国资系统派出“三防”（防汛、防旱、防风）工作检查组1052个，下发整改通知单262份。气象、水文部门发布预报预警决策信息2638条；水利部门加强水库超汛限水位监管工作；自然资源部门组织巡查4117人次，巡查地质灾害隐患点4188个次，组织转移群众817人次；住房城乡建设

2019年5月10日，佛山市在南海千灯湖市民广场举行“全国防灾减灾日”宣传周活动启动仪式暨综合应急救援演练活动。图为佛山市委常委、常务副市长蔡家华在宣传周启动仪式上致辞

（市应急管理局供图）

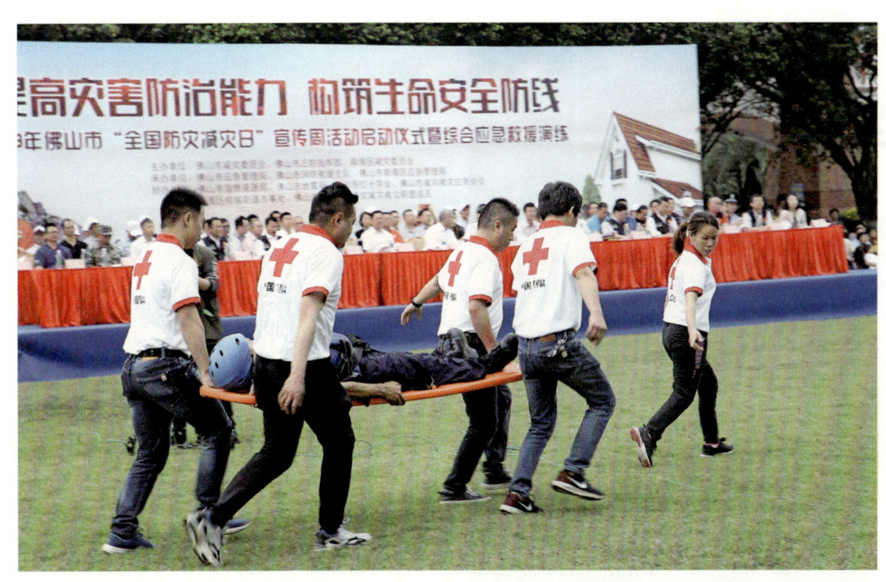

2019年5月10日，佛山市减灾委员会、市三防指挥部联合南海区减灾委员会组织政府和民间救援力量，开展"全国防灾减灾宣传周"活动启动仪式暨综合应急救援演练活动。图为演练现场

（市应急管理局供图）

部门检查指导建筑工地、危房、削坡建房、内涝防御措施落实情况；农业农村部门累计发送预警信息约2万条，提醒广大农户做好农作物防护措施；交通运输部门狠抓交通工程、道路运输以及客运港航等重点领域安全检查；市文广体旅部门发布旅游安全提醒及天气预警信息200余条。佛山移动、联通、电信分公司出动应急通信车、移动油机等153辆次；供电部门投入抢修队伍458人次；水利部门排涝泵站累计开机6471台次，出动抢排险设备2072台次。全市出动巡查及抢险人员59269人次，落实全市值守人员25783人次。

【"三防"工作责任制落实】 2019年，佛山市全面落实以行政首长为核心的各项"三防"（防汛、防旱、防风）工作责任制，市三防指挥部及时组织调整各级三防指挥机构、北江大堤前线抗洪指挥分部领导成员，实行各级三防指挥机构指挥长AB角制度。禅城区编制"三个联系一张图"（"三个联系"责任对接流程图，三个联系是指区领导联系镇、镇领导联系村、村干部联系户），搭建责任对接平台；顺德区部分镇（街道）搭建村（社区）视频会商平台。全市落实"三防"责任人12086人，签订责任书2143份，重点工程防汛责任人名单在《佛山日报》公示。

【台风洪涝灾害救灾演练培训】 2019年，佛山市各级三防指挥部成员单位组织演练292次，参演队伍513支1万余人。佛山市首次组建"党员+"应急救援突击队，禅城区应急管理局整合各主管行业和各类企业的应急救援队伍，建立禅城区三防义务抢险队、华昊化工队、佛山蓝天救援队等10支"党员+"应急救援突击队；顺德区组建涵盖39家企业、近180名队员的市政建设行业三防义务抢险队，配合政府部门开展应急排涝、抢险救灾、灾后处置等工作。是年，市三防指挥部组织市、区、镇三级防汛行政责任人1312人进行培训，促进各级防汛行政责任人三防指挥决策能力提升。市减灾委员会联合市三防指挥部、南海区减灾委员会在南海千灯湖市民广场举行"全国防灾减灾日"宣传周活动启动仪式暨综合应急救援演练活动，有8支救援队伍参与综合应急救援演练，展现应急救援队伍的联合作战水平和灾害事故的处置能力。市三防指挥部与佛山军分区联合在南海区丹灶镇仙湖水库举办"2019佛山市抢险救灾军地联动演练暨集结点验活动"，15支应急抢险队伍1160人参加演练，这是佛山市首次组织、规模最大的一次军地抢险设备及队伍集结点验，检验军地防灾救灾的联合力量以及应对突发灾害的应急能力。年内，市三防指挥部组织开展市、区、镇三级网络同步联动防台风应急预案桌面推演，检验各级各部门在指挥协调、信息传达、预案操作、职责定位、应急处置环节的应对能力，提升各级三防部门的协同组织指挥能力、应急抢险处置能力和信息技术保障能力。

（周结华）

消防安全

【概况】 2019年，佛山市发生火灾750起，死亡2人（2014年至2018年，全市火灾死亡人数分别为12人、14人、8人、11人和1人），受伤3人，直接财产损失5749万元，全市未发生较大以上火灾事故。是年，佛山市出台《佛山市行业系统消防安全标准化管理规定》，修订《佛山市消防安全违法行为举报奖励办法》，为消防安全提供制度保障。市委、市政府继续向各区派驻驻点督导组，由5名副厅级市领导担任组长，在各区全职全天候督导消防工作，全年提醒约谈60人次、检查各级党委政府和部门115次、解决重大问题45个、督办事项65个。市、区各级领导先后带队开展消防安全检查28次，召开消防工作会议、消防工作联席会议、专题会议等32场次，发文协调部署消防工作53次，组织协调多部门解决消防工作难题21次，挂牌督办火灾隐患重点地区5个、重大火灾隐患单位18个；全年全市检查单位2.5万个，查改隐患1.6万处，行政处罚单位309个，临时查封单位210个，采取"三停"（停产停业、停止使用、停止施工）措施单位151个，罚款626万元，行政拘留2950人。年内，市消防部门成功处置高明"12·5"山火等灾害事故，完成2019年国际篮联篮球世界杯（佛山赛区）等一系列大型活动消防安保任务。

【消防综合保障】 2019年，佛山市各级政府批复消防经费4.2亿元，其中市支队本级获批复2.04亿元，比上年增长41%，首次突破2亿元。全市投入消防装备建

2019年元宵节期间，佛山市消防指战员全力做好“行通济”活动消防安全保卫
（市消防救援支队供图）

设经费1.47亿元，购置消防车23辆、器材近8000件（套）；投入训练经费838万元，开展地震、水域等救援技术培训班5期，培训260余人。是年，市消防救援支队高标准建设全省水域救援分队，组建地震、高空等六大类型重大灾害事故专业救援处置机动队、开展各类实战演练66次，出台《各类灾害事故专业力量机动救援处置方案》；强化断网、断电等极端复杂恶劣环境下的应急通信保障能力，投入934万元补强通信器材装备；推进支队新指挥中心大楼建设，年内实现封顶，内部装修进展顺利。

【消防文化建设】 2019年，佛山市消防救援支队做好消防宣教培训，加强消防文化建设。邀请男篮国家队主教练杜峰和多位国内演艺人员为佛山消防宣传公益事业助力，联合团市委对全市86万名青年志愿者开展“线上”“线下”消防安全培训，将青年志愿者、燃气安检员、快递小哥、外卖小哥发展成为佛山“义务消防宣传员”，联合20余家省市级媒体开展消防宣传。年内，佛山市有11件消防科普作品在全国优秀消防科普宣传教育作品评选中获奖，佛山获奖作品数占该次评选获奖作品总数十分之一；在中央级媒体刊发佛山消防宣传稿件38篇次（中央电视台28条次），省级媒体刊发217篇次；全市32个镇（街道）消防体验馆全面开放，累计接待群众74万余人次。

【佛山市消防救援支队挂牌成立】 2019年12月31日，佛山市消防救援支队挂牌成立。自改革转制以来，国家综合性消防救援队伍主动对标应急救援主力军和国家队职能定位，着眼“全灾种、大应急”任务需要，着力从救援理念、职能、能力、装备、方式、机制等6个方面推动队伍转型升级，消防救援队伍在原有防火灭火和以抢救人员生命为主的应急救援任务基础上，承担起各类自然灾害和事故的应急处置任务。截至年底，全市各消防大队、消防站站全部挂牌。

【佛山消防在全省率先配发专业消防摩托车】 2019年1月21日，佛山市消防救援支队配发8辆专业消防摩托车到禅城、南海、顺德城区消防执勤站点，是广东省内首个配发专业消防摩托车的城市。该批消防摩托车安装有细水雾灭火系统、压缩空气气瓶和开门器等简易破拆工具，细水雾灭火系统的水箱可储存45升灭火药剂，利用压缩空气作为动力源，射程可达30米，使用时长5至8分钟，基本上能够满足紧急应对各种突发事故或扑灭初期火灾的消防救援需求。消防摩托车将应用于大型消防车因交通拥堵无法第一时间抵达的事故现场，以及电梯被困、马蜂窝扰民等民生类求助。

（叶晓忠）

物　价

【概况】 2019年，佛山市居民消费价格（CPI）呈现温和上涨态势，全年平均上涨2.9%，涨幅比上年扩大0.9个百分点。其中，食品烟酒价格上涨6.9%，涨幅比上年扩大4.5个百分点，是拉动CPI上涨的主要因素；服务价格上涨1.5%，工业品价格上涨0.6%，涨幅分别比上年减少0.4和1.1个百分点。由于2019年珠三角其他城市陆续进行医疗服务价格再次调整（佛山市未进行），佛山市CPI涨幅在珠三角九市中处于相对低位，居第八位，低于最高位东莞市0.6个百分点，高于最低位珠海市0.6个百分点。

月环比上半年温和上涨，下半年持续高位 从各月环比看，2019年在–0.7% ~ 0.9%区间运行。其中，受春节因素影响，1、2月环比均上涨0.7%，并在随后的3月出现环比下降；4—6月受鲜果价格上涨影响，环比逐步回升；

2019年佛山CPI八大类商品及服务价格涨跌幅度表

项目名称	涨跌幅（%）	对总指数影响（百分点）
居民消费价格总指数	2.9	—
一、食品烟酒	6.9	2.18
二、衣着	4.7	0.30
三、居住	1.2	0.28
四、生活用品及服务	0.1	0.01
五、交通和通信	–0.4	–0.05
六、教育文化和娱乐	0.7	0.08
七、医疗保健	0.7	0.05
八、其他用品和服务	2.5	0.08

2019年全国、广东省及佛山CPI各月环比走势图

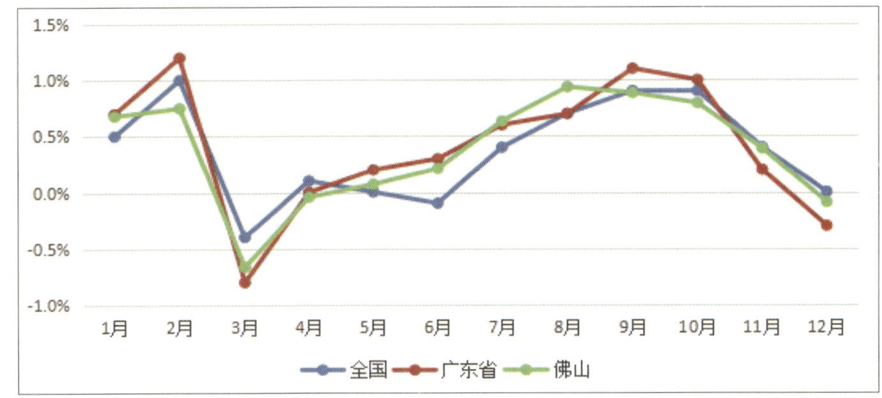

7—10月受猪肉及其替代品价格持续上涨影响，环比连续保持高位；11—12月随着猪肉价格走稳，环比出现回落。

月同比价格稳步上涨　从各月同比看，2019年受春节时间错位影响，节前1月同比温和上涨2.6%，节后的2月出现全年低点上涨1.5%，3—7月保持温和上涨走势，涨幅在2.0% ~ 2.5%之间；随后受猪肉及其替代品价格上涨影响，同比涨幅突破3%并呈逐步扩大走势，8—12月分别上涨3.0%、3.1%、4.0%和4.7%、4.6%。

八大类商品及服务价格“七涨一降”　从分类看，八大类中有三大类涨幅超过2%，交通和通信价格下跌0.4%。上涨的七大类按涨幅依次为：食品烟酒价格上涨6.9%，衣着价格上涨4.7%，其他用品和服务价格上涨2.5%，居住价格上涨1.2%，医疗保健、教育文化和娱乐各上涨0.7%，生活用品及服务上涨0.1%。

食品烟酒价格上涨明显　2019年佛山食品烟酒价格上涨6.9%，其中食品价格上涨8.4%。纳入调查的14类食品价格“十涨四降”。其中，畜肉、禽肉和干鲜瓜果等三类价格明显上涨。2019年上半年，鲜瓜果在供应淡季的4—6月出现大幅上涨，带动干鲜果类价格全年上涨13.4%；下半年，受猪瘟等因素影响，猪肉价格出现持续上涨，并带动替代品牛、羊、鸡、鸭肉价格上涨，全年畜肉类、禽肉类价格分别上涨25.8%和6.5%。菜、粮油、蛋奶等十一类价格小幅波动。除畜肉、禽肉和干鲜瓜果三类外的食品价格总体比较稳定，波动幅度较小。粮食价格保持稳定，价格涨幅为0.1%；菜、薯类、蛋类、糖果糕点类、水产品和其他食品类价格分别上涨2.6%、1.6%、1.3%、1.2%、1.1%、0.8%；而豆类、奶类、食用油和调味品价格分别下降0.4%、1.5%、2.9%和4.0%。烟酒和茶及饮料价格平稳波动。烟酒价格下降0.3%，茶及饮料价格上涨2.4%。在外餐饮价格保持涨势。随着猪肉、菜价的上涨，在外餐饮价格普遍上调，全年上涨5.3%。

服务价格平稳上涨　2019年佛山服务价格上涨1.5%。其中，家庭服务价格涨幅较大，全年上涨4.6%。其他保持平稳上涨的有：私房房租价格上涨1.7%，教育服务价格上涨1.3%，美容美发和养老服务价格分别上涨2.1%和1.8%；医疗服务、文化娱乐服务和物业管理费、金融保险价格持平。价格出现下降的有邮递服务、旅行服务、宾馆住宿，分别下降3.2%、2.7%和0.3%。

能源价格有所下降　能源价格下降2.4%，其中汽油、柴油价格分别下降5.9%和6.3%，液化石油气价格下降3.6%。

工业品价格平稳　工业品价格上涨0.6%，保持平稳。其中，涨幅较大的有：衣着价格上涨4.7%，家用器具价格上涨3.2%，其他文娱用品价格上涨5.6%。下降较多的有：文娱耐用消费品价格下降5.6%，个人护理用品价格下降4.2%，家庭日用杂品价格下降4.1%，交通工具价格下降3.4%。

（李荣欣）

【主要商品价格】

粮食价格　2019年，佛山市粮食价格平稳运行。粮食零售均价3.51元/500克，比上年（3.45元/500克）上涨1.74%。2019年粮食丰收，市场供应相对充足，加上小麦、稻谷等主要品种库存水平较高，而粮食消费较为稳定，促使粮食价格平稳运行。监测的7种粮食每500克零售均价在3.48元至3.83元之间微幅波动运行。

食用油价格　2019年，佛山市食用油价格偏弱运行。监测的2种食用油（5升桶装，下同）均价81.05元/桶，比上年81.99元/桶下降1.15%，月均价在80.16 ~ 81.97元/桶之间偏弱运行。2019年受中美贸易战影响，美进口大豆量减价升，但美国大豆库存高，加上南美大豆丰收，全球大豆供过于求局面持续，国内外油籽油脂供应充裕，品种丰富，全市食用油价格稳中偏弱运行。

蔬菜价格　2019年，佛山市蔬菜价格稳中有升。监测的30种蔬菜市场均价

2019年，佛山市蔬菜价格稳中有升　　（陈嘉文　摄）

为4.27元/500克，比上年3.99元/500克上升7.02%。2019年全市天气稳定，没有出现大范围冰冻寒冷或强台风等恶劣天气，蔬菜种植和运输受天气和季节因素影响较小。由于春节前后需求旺盛，佛山市1—3月的菜价持续走高，4月高位盘整，随后气温逐渐升高，加上2019年汛期佛山市的台风降雨较少，地产蔬菜供应增加，促使5月以后菜价总体呈稳中偏弱运行，但受猪肉价格飙升、当地蔬菜种植面积减少等因素影响，2019年佛山市蔬菜均价比上年呈小幅上升。

生猪及猪肉价格　2019年，佛山市生猪出场价和猪肉批发、零售价格均大幅上涨。生猪出场均价11.61元/500克，比上年6.88元/500克上升68.80%；仔猪出场均价28.06元/500克，比上年15.1元/500克上升85.89%；母猪出场均价26.41元/500克，比上年19.57元/500克上升34.95%；白条猪肉批发均价14.34元/500克，比上年8.86元/500克上升61.85%；猪肉（4种）零售均价22.78元/500克，比上年16.55元/500克上升37.64%。受环保禁养清退中小型养猪场、非洲猪瘟疫情蔓延、疫区生猪禁调等多重因素影响，2019年国内能繁母猪存栏量出现大幅下滑，生猪出栏量大幅减少，造成猪肉市场供需紧张，生猪价格持续上涨，佛山市生猪出场均价从5月7.19元/500克飙升至11月19.89元/500克的历史高位，比上年5月5.24元/500克的历史低位上涨279.6%。随后在进口猪肉增加，贸易商加大冻肉出库，中央储备冻肉集中投放，国家以及各地方一系列扶持生猪生产政策刺激生猪生产有所恢复等因素影响下，市场呈现缺猪不缺肉的态势，加上高肉价抑制终端消费增长，12月全市生猪出场价格出现震荡回落，结束5月份以来持续攀升的走势。受生猪价格大幅走高的推动，佛山市仔猪母猪出场价、白条猪批发价及猪肉市场零售价在下半年也持续攀升，均创2011年有监测记录以来的新高。

禽肉、鸡蛋价格　2019年，佛山市禽肉、鸡蛋价格均上升。监测的毛鸡批发均价10.80元/500克，比上年10.13元/500克上升6.57%。1月受春节节日效应影响，毛鸡批发价稳中有升，节后

2018—2019年佛山市7种主要粮食月均价走势图

计量单位：元/500克

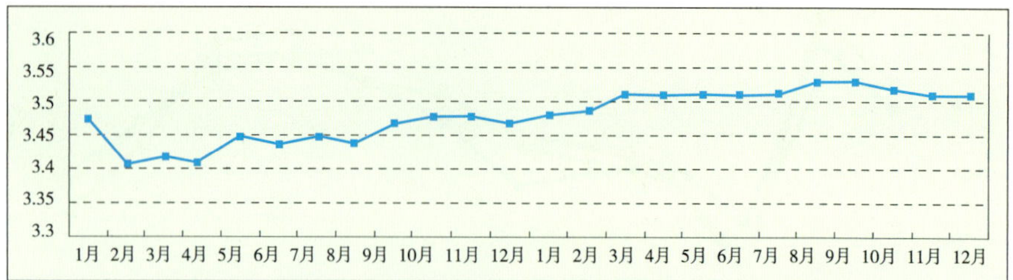

2018—2019年佛山市2种食用油月均价走势图

计量单位：元/桶

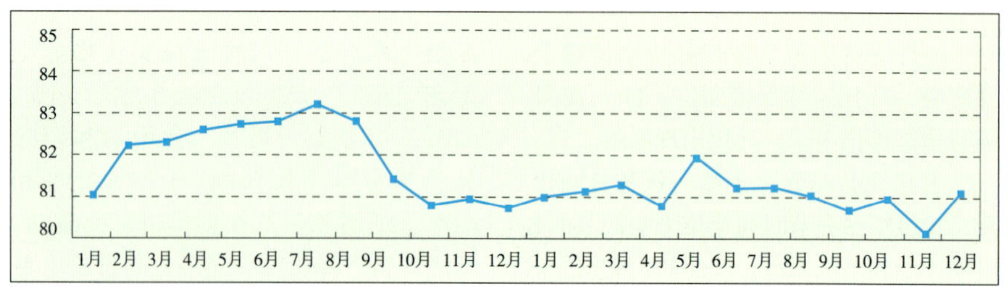

2018—2019年佛山市30种蔬菜月均价走势图

计量单位：元/500克

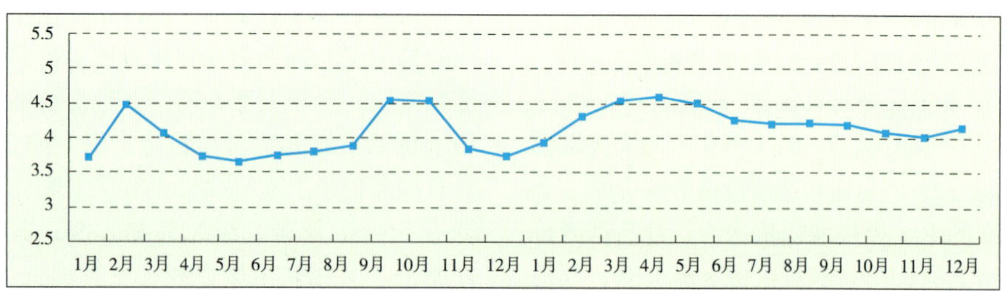

2018—2019年佛山市生猪出场均价、白条猪肉批发均价、猪肉零售均价走势图

计量单位：元/500克

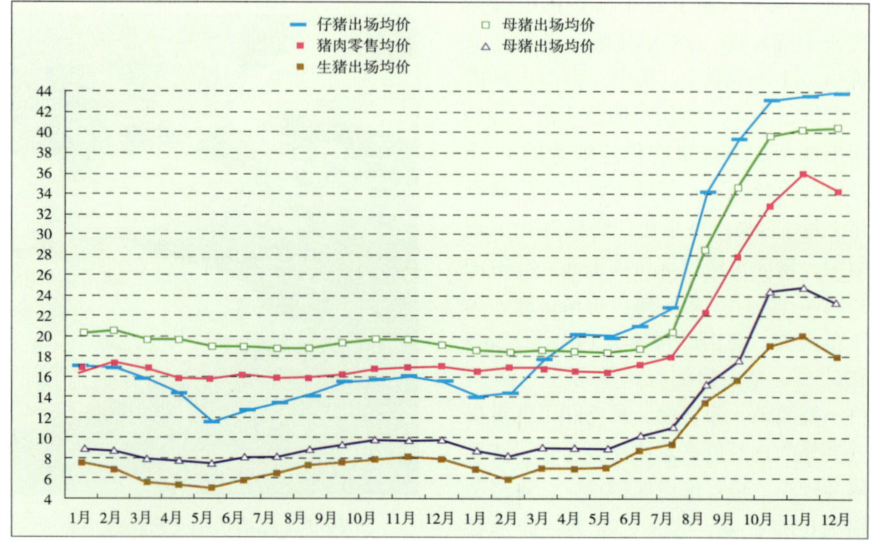

小幅回落，3月降至年内最低点9.44元/500克，随后在10元左右盘整运行。下半年受生猪猪肉价格大幅走高带动，禽类替代性消费需求增加，而夏季高温令肉鸡生长缓慢，市场供应减少，价格稳中有升，9月涨至13.18元/500克高位，国庆节后的价格随着活鸡供应量增加而有所回落。鸡肉（白条鸡）零售均价19.78元/500克，比上年17.08元/500克上升15.81%。受前期环保限养政策影响，2019年肉鸡养殖量下降，市场供应偏紧，加上猪肉价格持续走高的推动，佛山市鸡肉市场零售价格稳步上升。红壳鸡蛋批发均价4.94元/500克，比上年4.58元/500克上升7.86%。白壳、红壳鸡蛋零售均价6.8元/500克、6.12元/500克，比上年分别上升10.21%、6.43%。2019年佛山市鸡蛋批发和零售价格总体上升主要是受产能、季节性因素和消费需求增加影响，一季度受春节期间市场供应阶段性偏紧以及终端需求增加的影响，鸡蛋价格高位运行；二季度受气温回升，鸡蛋产量增加以及生猪猪肉价格持续上涨的综合影响，鸡蛋批零价格稳中有涨；三、四季度猪肉价格大幅攀升，市民消费转移至禽蛋、水产类，导致佛山市鸡蛋价格持续小幅上升，10月白壳鸡蛋零售均价升至7.6元/500克。

水产品价格　2019年，佛山市水产品价格稳中有降。水产品均价24.05元/500克，比上年24.48元/500克下降1.76%。2019年天气稳定，未出现寒潮、强台风等恶劣天气，佛山市的水产品养殖情况良好，淡水鱼供应和价格稳定，水产品零售均价在23.0元/500克至24.73元/500克之间波动运行。

食盐价格　2019年，佛山市食用盐批发价格微降，零售价格微升。食用盐市场品种丰富，销售稳定，批发价微降，零售价微升。其中：批发均价5482元/吨，比上年5946元/吨下降1.76%；农贸市场零售均价3.07元/500克，比上年上升1.99%；超市零售均价4.66元/500克，比上年上升0.22%。

饲料价格　2019年，佛山市饲料价格2.11元/千克，比上年下降3.21%，稳中有降。其中，玉米、豆粕、米糠、麦皮价格比上年分别上升2.84%、下降8.28%、上升8.96%、下降9.90%。

新建商品房价格　2019年，佛山楼市调控基调继续维稳，在坚持“房住不炒”方针下，主要围绕“一城一策”的调控思路优化，房地产市场表现温和，2019年佛山商品房市场总体成交呈现量缩价升的态势。成交量方面，市住建局统计数据显示，1—11月佛山市新建

2018—2019年佛山市家禽类批发、零售月均价走势图

计量单位：元/500克

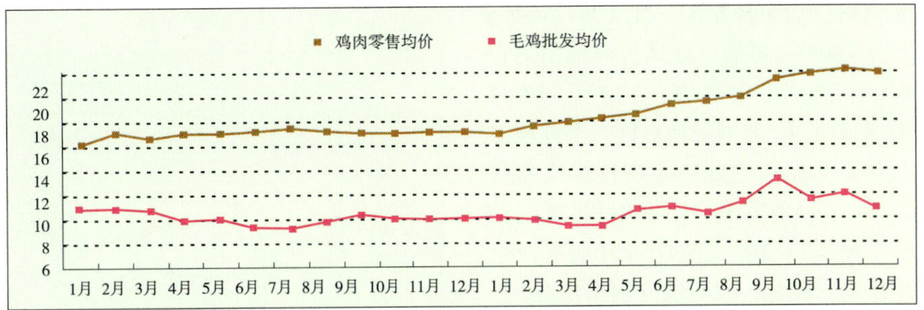

2018—2019年佛山市鸡蛋批发、零售月均价走势图

计量单位：元/500克

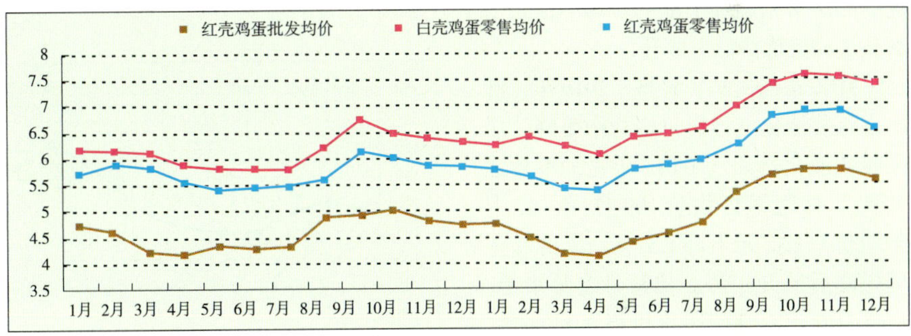

2018—2019年佛山市11种水产品月均价走势图

计量单位：元/500克

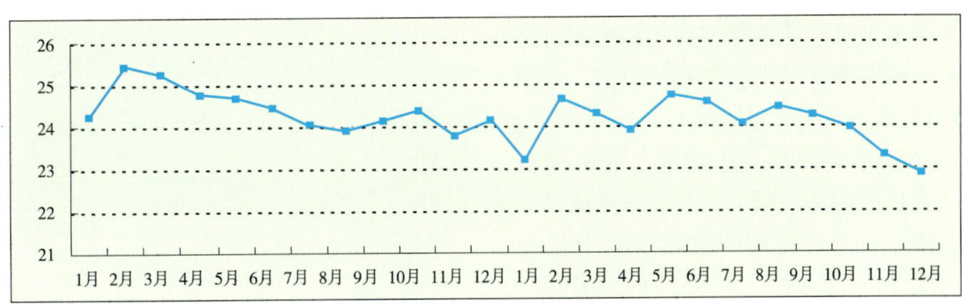

2018—2019年佛山市4种饲料原料月均价走势图

计量单位：元/公斤

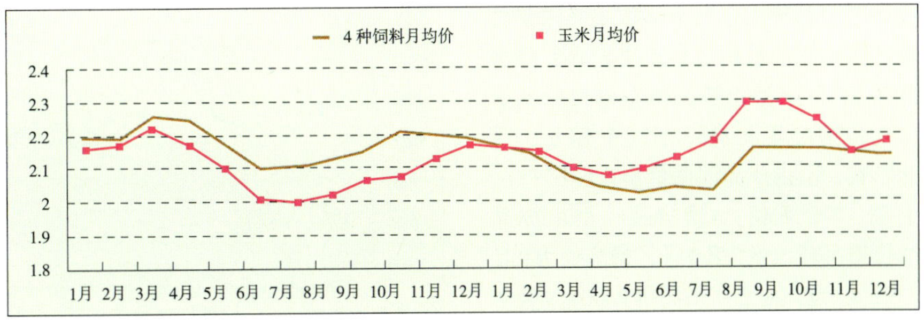

商品房累计销售面积1602.82万平方米，比上年下降3.96%，主要受整体市场预期回落、金融政策持续收紧的影响，市场呈逐步下行态势，计划全年商品房销售面积约1750万平方米，比上年下降6.6%。价格方面，监测的禅城区一类地段新建普通商品住宅2019年中位成交均价14383.9元/平方米，比上年13595.6上升5.80%，最低、最高价分别出现在4月（13700元/平方米）、10月（17011元/平方米）。监测的禅城区一类地段二手普通商品住宅2019年中位成交均价14854.1元/平方米，比上年14824.6元/平方米上升0.2%，涨幅比上年收窄21个百分点，最低、最高价分别出现在5月（13253元/平方米）、2月（17224元/平方米）。由于新建商品房市场热度不高，二手商品房市场活跃度出现下降，在新建商品房价格温和上涨的拉动下，二手商品房成交价格稳中微升。

瓶装液化气零售价格 2019年，佛山市瓶装液化气零售价格稳中略降。居民瓶装液化石油气（14.5千克，不含送气费）每瓶零售均价109.47元，比上年均价111.17元下降1.52%，价格总体呈先降后回升走势。从每月走势来看，1—5月液化石油气零售价格在113元左右的年内高位盘整、微幅下降；6—8月天气炎热，终端需求进入淡季，价格加速下行；9月微幅盘整，随后受国际原油价格上涨和秋冬季节市场需求回升影响，零售价自10月份起稳中有升，结束1月以来的弱势。

成品油价格 2019年，佛山市成品油价格稳中有降。监测的3种成品油2019年批发均价为6823元/吨，比上年均价7608元/吨下降10.32%。2019年，受石油输出国组织（OPEC）减产协议的履行和延长、委内瑞拉及伊朗等地缘政治局势恶化、沙特阿拉伯油田设施遇袭、美国石油库存和市场供求等因素影响，国际原油价格全年走出先升后降再涨的“N”字型走势，但布伦特原油全年均价约65美元/桶，比上年略低。受此影响，国内成品油调价窗口经历15次上调、7次下调、4次搁浅，全市成品油价格月环比呈7升5降，最高价为9月7395元/吨，比上年最高价9000元/吨下降17.83%，年均价比上年下降一成。

有色金属价格 2019年，佛山市有色金属价格下降。监测的6种有色金属均价60931元/吨，比上年61832元/吨下降1.46%。受全球经济增长放缓、地缘政治、国内有色金属市场总体需求减弱等因素影响，2019年佛山市有色金属价格稳中有降，其中镍价涨跌幅度较大，前期因受印度尼西亚禁矿消息助推，8—9月镍价大幅上升，随后印度尼西亚违规

2018—2019年佛山市禅城区一类地段普通商品住宅月均价走势图

计量单位：元/平方米

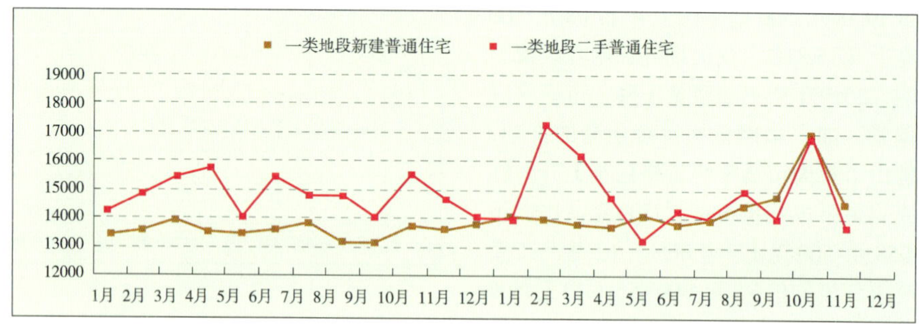

2018—2019年佛山市瓶装液化石油气零售月均价走势图

计量单位：元/瓶

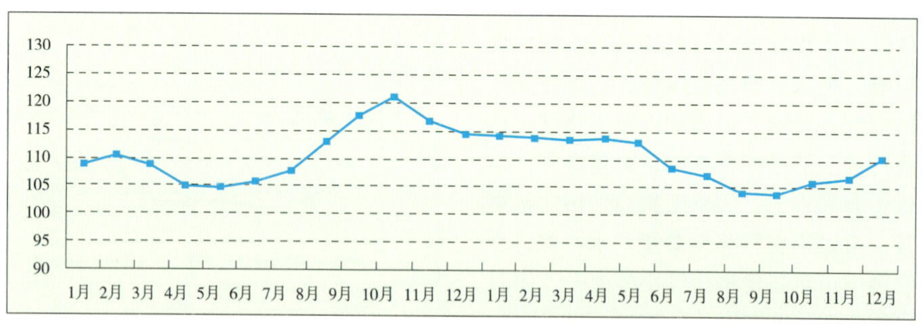

2018—2019年佛山市3种成品油批发均价走势图

计量单位：元/吨

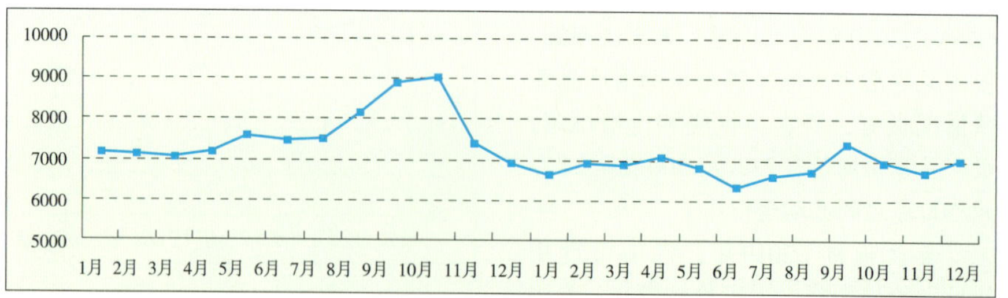

2018—2019年佛山市有色金属月均价走势图

计量单位：元/吨

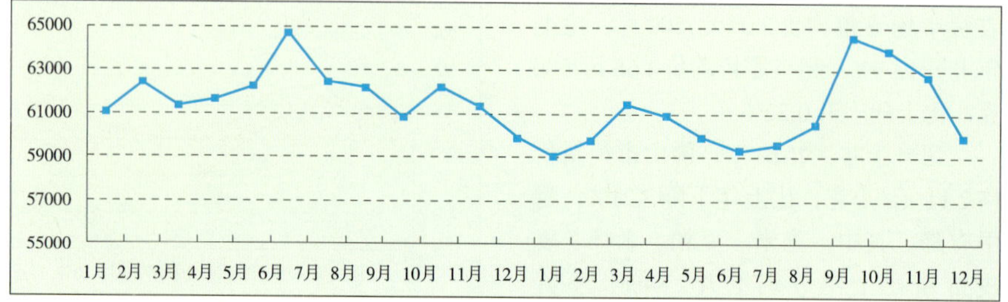

2018—2019年佛山市化工产品月均价走势图

计量单位：元/吨

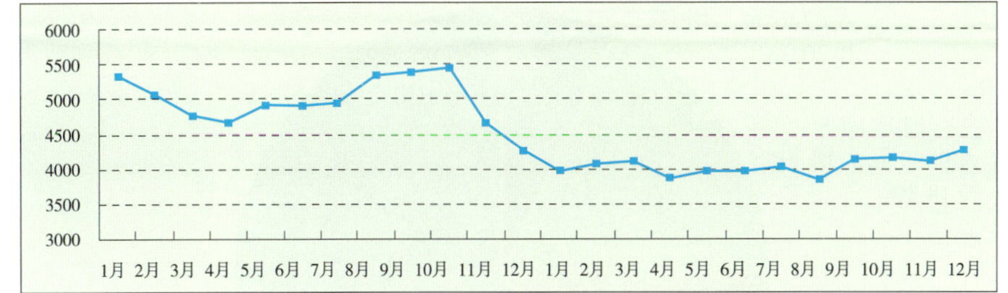

2018—2019年佛山市水泥、混凝土月均价走势图

计量单位：水泥（元/吨）
混凝土（元/立方米）

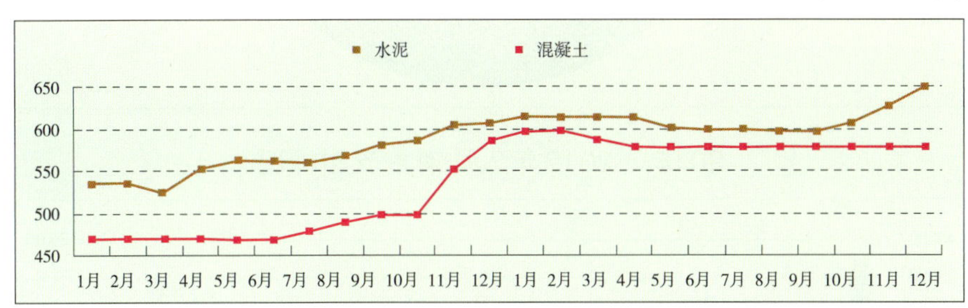

2018—2019年佛山市监测的十大行业劳动力市场价格和员工在岗人数走势图

计量单位：工资（元/月）
在岗人数（人/月）

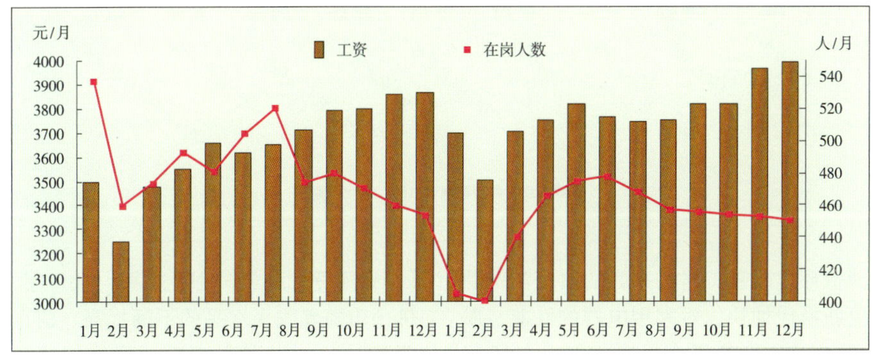

出口调查结束，镍矿恢复出口，市场供应增加，镍价大幅震荡回落，下降明显。

化工产品价格　2019年，佛山市化工产品价格下降。监测的2种化工产品2019年均价4067元/吨，比上年5003元/吨下降18.71%。受国际原油市场价格震荡下行走势、国内环保督察、化工行业安全整顿以及市场供需关系影响，2019年全市化工产品价格呈弱势盘整运行，总体处于近2年的低位。

建材价格　2019年，佛山市建材价格稳中有升。受国内供给侧改革和环保限产、督查等因素影响，水泥库存处于低位，而基础设施建设投资增加，导致2019年全市建材价格总体上涨，特别是砂石类因近2年环保整治限制，佛山砂石场大量关停，河沙、碎石开采量锐减，市场供应要从周边城市补充，价格上涨明显。监测的砂石均价233.9元/立方米，比上年168.4元/立方米上升38.9%；水泥均价611.9元/吨，比上年565.9元/吨上升8.11%；混凝土均价583.9元/立方米，比上年493.9元上升18.22%。

城市居民服务价格　2019年监测的零售、家政、建筑、快递等十大行业的劳动力平均月工资稳中有升，员工在岗人数下降。其中：劳动力平均工资3778元/月，比上年3643元上涨3.7%；员工在岗人数450人/月，比上年484人下降7.02%。

（陈嘉文）

收入与消费

【居民收入】2019年，佛山市坚持稳增长、惠民生的发展思路，推进各项惠民政策落实，居民收入和消费稳定增长，全体居民人均收入首次突破5万元大关，农村居民收入首次突破3万元大关，城乡居民收入差距和区域居民收入差距进一步缩小。根据国家统计局佛山调查队抽样调查数据显示，2019年，佛山市全体居民人均可支配收入为54043元，比上年增长8.9%，增速与全国、全省持平，扣除物价因素影响实际增长5.8%；全体居民人均生活消费支出37160元，增长9.1%，扣除物价因素影响实际增长6.0%（以下如无特殊说明，收支均为名义增速）。

城乡居民收入差距继续缩小　2019年，全市城镇居民人均可支配收入55233元，比上年增长8.9%；农村居民人均可支配收入首次突破三万元大关，达31503元，增长9.5%。农村居民收入增速快于城镇居民0.6个百分点，城乡居民人均收入倍差从上年的1.76倍继续缩小至1.75倍，城乡居民收入相对差距继续缩小。

区域居民收入差距持续缩小　从全市五区看，2019年禅城、南海、顺德、高明、三水区全体居民人均可支配收入分别为53209元、55281元、58820元、37578元、38762元，各区居民收入增长与经济发展均保持基本同步，其中禅城、南海、顺德全体居民收入增速与全市基本持平，高明、三水全体居民收入增速高于禅城、南海、顺德，区域收入差距继续缩小。

构成居民收入的四大类“三升一降”　2019年，在经济发展和各类增收政策带动下，构成居民收入的四大类项目中，工资性收入、财产净收入、转移净收入分别为33847元、9689元、3746元，分别比上年增长8.9%、18.3%、20.0%，占人均可支配收入比重为62.6%、17.9%、6.9%；受市场波动及环境整治影响，部分高污染的个体及小微经营户转行或退出，人均经营净收入下降6.4%，为6761元，占人均可支配收入的比重为12.5%。

2019年佛山居民人均可支配收入构成及增长情况

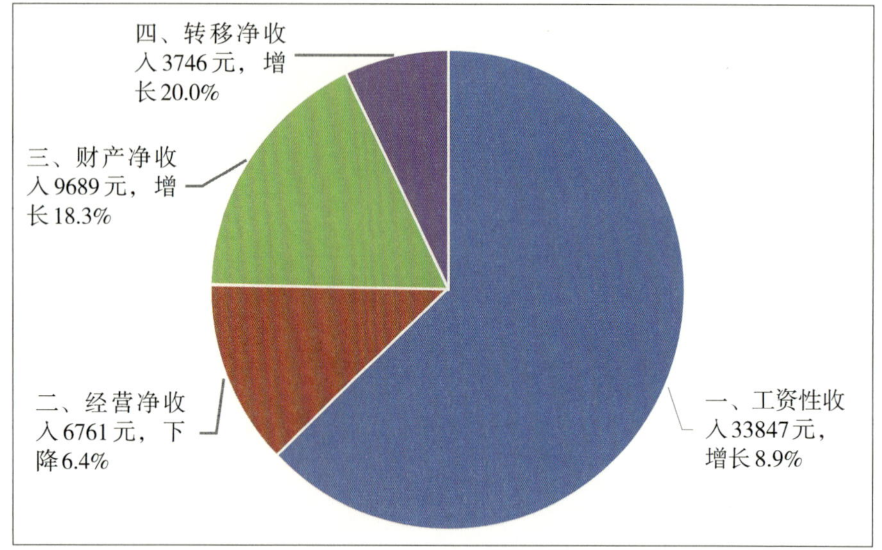

【居民消费支出增速加快】 2019年，佛山全体居民人均消费支出37160元，增长9.1%，比上年高4.8个百分点。其中，城镇居民人均消费支出37970元，比上年增长9.1%；农村居民人均消费支出28122元，增长9.6%。农村居民消费增长快于城镇居民0.5个百分点。

衣食消费趋于平稳，居住类上升明显　随着消费供给和居民生活水平的不断提高，居民消费从满足基本生存需求的生存型向满足自身发展需要的发展型消费转变，尤其是反映居民生活质量的恩格尔系数继续下降，同时居住消费质量提升。2019年，全体居民人均食品烟酒、衣着支出分别为11498元、1351元，比上年增长5.4%、4.9%，居住类支出8482元，增长21.5%；占总消费支出比重为30.9%、3.6%、22.8%。

2018—2019年人均消费支出情况

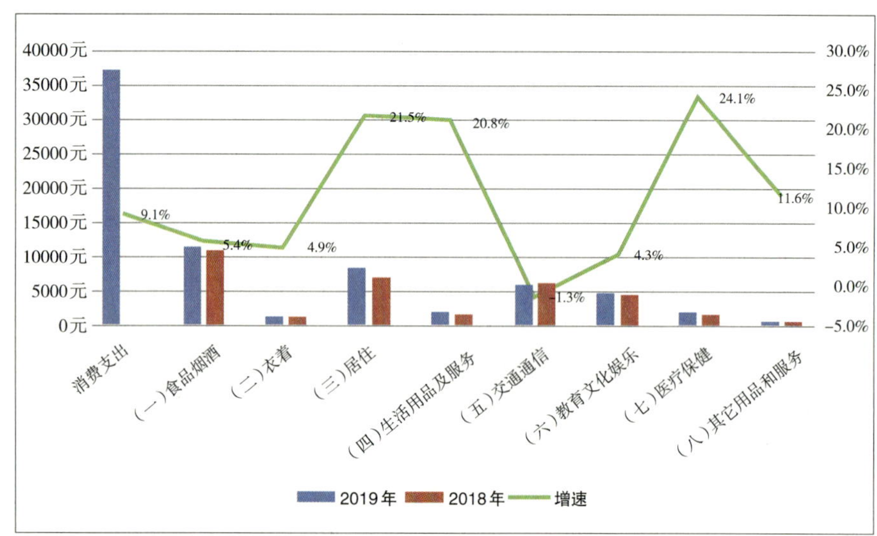

教育文娱有所增长，医疗保健继续升温　教育文化娱乐方面，随着收入增加和教育观念的转变，居民家庭多样化、多层次的教育需求得到释放，学龄儿童教育已从单一的课堂学习向各类培训班、兴趣班拓展；为提高自身素质的学历教育、技能培训等成人教育消费逐渐增多；快捷高效的网上学校、电子课程日益兴起。2019年，全体居民人均教育文化娱乐支出为4727元，比上年增长4.3%，占总消费比重为12.7%，其中人均教育支出为2838元，大幅增长21.4%。医疗保健方面，随着各项医疗保障制度的进一步完善和覆盖面提高，城乡居民更注重个人健康，2019年，全体居民人均医疗保健支出（含社保报销医疗费）2098元，增长24.1%，占总消费比重为5.6%。

生活用品换代加快，其他用品及服务保持增长　随着居民购买能力增强和消费环境改善，居民家庭的耐用消费品更新换代加快，对家用电器的性能、质量、品牌需求提高。2019年，全体居民人均生活用品及服务支出2009元，比上年增长20.8%，占总消费比重为5.4%；其他用品和服务支出804元，增长11.6%。

交通通信消费支出有所下降　2019全年人均交通通信支出6191元，比上年下降1.3%，占总消费比重为16.7%。主要原因：佛山居民家庭汽车保有量趋向饱和，加上城市交通拥堵及公共交通、共享出行方式兴起，交通消费支出有所下降；电信资费下降以及4G向5G转换期影响，通信类消费增长也有所放缓。

【居民家庭生活质量继续提高】 2019年，佛山市随着收入水平的不断提高、信息通信技术的发展和刺激消费政策的延续，居民消费潜力加速释放，家用电器升级换代，汽车、电脑、移动电话、智能家居等享受型高档消费品继续成为消费新宠。反映佛山居民家庭生活质量状况的主要耐用消费品拥有量稳步提升，从每百户居民家庭看，家用汽车拥有量为82.4辆，比上年增长7.0%；空调拥有量为267.4台，增长7.8%；接入互联网的移动电话拥有量为269.1部，增长8.4%；接入互联网的计算机拥有量为99.2台，增长2.8%。

（李荣欣）

禅城区

【概况】 禅城区位于珠江三角洲腹地，佛山市中部。辖区东、西、北面与南海区接壤，东南、南面与顺德区毗邻，南北长15607米，东西宽19393米，辖域面积153.88平方千米。禅城区是佛山市人民政府驻地，于2002年12月经国务院批准设立，行政区域由原佛山市城区、石湾区和原南海市南庄镇组成。2019年，辖南庄镇、石湾镇街道、张槎街道、祖庙街道，有94个社区和54个行政村。年末户籍人口71.03万人，常住人口120.87万人，人口自然增长率8.95‰。祖籍禅城区的中国香港、澳门同胞6.5万人。祖籍禅城区的海外华人、华侨约17万人。

禅城区建设用地使用面积1.19万公顷。建成区绿化覆盖率41.8%，建成区绿化覆盖面积比2018年增长1.2%。公园绿地面积增长6.7%。人均公共绿地面积（含暂住）增长4.3%。有绿道217.82千米，增长2.1%。禅城区位于北江下游，境内有顺德水道、潭洲水道、平洲水道、佛山水道、吉利涌、佛山涌等6条水道。其中：顺德水道全长约50千米，流经禅城区境内15.6千米；佛山水道全长33千米，流经禅城区境内13.7千米；潭洲水道全长31.5千米，流经境内18.4千米。辖区有内河涌166条，总长254.39千米。禅城辖区的新港码头、佛山火车站、澜石码头分别于2019年6月、7月、12月相继关闭。陆路口岸仅余2个，分别为佛山快件口岸和跨境电商物流园（佛山车场）。广佛、佛开高速公路和广湛铁路穿境而过，客运火车直通香港九龙，广佛地铁线贯穿市区。辖区拥有佛山市祖庙博物馆、南风古灶、梁园、广东粤剧博物馆、黄飞鸿博物馆、仁寿寺、佛山岭南天地、南庄绿岛湖、陈太吉酒庄等旅游景区。其中陶文化旅游资源尤为丰富，以南风古灶片区、1506创意城、公仔街、广东石湾陶瓷博物馆、佛山陶都工艺美术馆、北纬23度艺术空间、新石湾美术陶瓷厂、岭南酒文化博物馆为节点的“陶醉文化街区”成为旅游热点。正月十六行通济、三月三北帝诞、佛山粤剧华光诞、佛山秋色欢乐节、中国（禅城）岭南年俗欢乐节等民俗节庆活动成为当地旅游品牌。禅城区土特产品丰富，有佛山盲公饼、酝扎猪蹄（佛山扎蹄）、佛山柱侯鸡、石湾米酒、佛山应记云吞面、海天酱油、豉味玉冰烧等。特色旅游产品有石湾公仔。豉味玉冰烧和石湾公仔为国家地理标志产品。

禅城区是佛山市传统中心城区，是著名的陶瓷艺术之乡、民间艺术之乡、武术之乡、成药之乡和龙狮运动之乡。

全区有国家级文物保护单位3处、省级文物保护单位7处、市级文物保护单位67处，佛山老城历史文化核心保护区1个，市级历史文化街区1个。全区列入非物质文化遗产名录的非物质文化遗产共46项，其中石湾陶塑技艺、佛山木版年画、佛山剪纸、粤剧、佛山狮头、佛山彩灯、佛山秋色、佛山十番、佛山祖庙庙会被列入国家级非物质文化遗产代表作名录。禅城区人文荟萃、人才辈出，有状元简文会、伦文叙，历史名臣霍韬、庞嵩、李待问，名医李广海、谭次仲，岭南书画名家招宝莲，粤剧名家罗品超，粤剧编曲名家江誉镠（艺名南海十三郎），革命烈士罗登贤、吴勤、

佛山市三龙湾高端创新集聚区禅城奇槎片区 （王颖尧 摄）

2019年禅城区国民经济主要指标情况表

指　标	计量单位	绝对值	比上年增长（%）
地区生产总值	亿元	1920.46	6.4
第一产业增加值	亿元	0.27	-5.4
第二产业增加值	亿元	695.71	3.7
工业增加值	亿元	612.68	3.5
第三产业增加值	亿元	1224.48	8.3
人均地区生产总值	万元	16.05	4.3
规模以上工业总产值	亿元	1922.18	2.8
农林牧渔业总产值	亿元	0.53	-3.9
固定资产投资	亿元	640.98	2.4
社会消费品零售总额	亿元	869.34	7.0
外贸进口总额	亿元	955.7	3.2
外贸出口总额	亿元	780.70	4.0
实际利用外资直接投资	亿元	5.93	-36.6
地方一般公共预算收入	亿元	109.31	3.4
地方一般公共预算支出	亿元	126.02	2.8
城镇常住居民人均可支配收入	元	53209	8.8

2018—2019年禅城区社会事业主要指标情况表

指　标	计量单位	2018年	2019年
中等职业学校和技工学校	所	1	3
中等职业学校和技工学校在校学生	万人	0.54	0.59
普通中学	所	24	27
普通中学在校学生	万人	3.86	4.72
小学	所	73	75
小学在校学生	万人	8.20	8.57
幼儿园	所	144	147
在园幼儿	万人	4.54	4.73
医院、卫生院	家	34	36
医院、卫生院床位	万张	1.09	1.2
群众艺术馆、文化馆	个	27	27
公共图书馆	个	1	1
博物馆	个	12	11
国家档案馆	个	1	1

陈铁军、廖锦涛，商业巨子简照南、简玉阶兄弟，陶艺大师陈渭岩等。

2019年，禅城区实现地区生产总值1920.46亿元。全社会用电量80.23亿千瓦·时。全年科学技术财政投入10.63亿元，比2018年增长11.9%；教育事业财政投入20.74亿元，增长10.1%；文化体育与传媒财政投入2.58亿元，增长6.2%；医疗卫生财政投入12.61亿元，增长17.7%。年末城镇期末从业人员总数23.29万人，城镇登记失业人员约5000人，城镇登记失业率为2.1%。全年接收社会化管理退休人员161人，在册管理的社会化退休人员3.93万人。领取基本养老金退休人员14.20万人，享受失业保险待遇4.14万人次，享受工伤保险待遇3240人次。城市污水处理率98.2%，城镇生活垃圾无害化处理率100%。

2019年，禅城区位列全国综合实力百强区第十六位、全国科技创新百强区第八位、全国新型城镇化质量百强区第十名、全国绿色发展百强区第十三位、全国投资潜力百强区第十二位。禅城区“以基层党建为引领、以信息化为支撑形成禅城共建共治共享社会治理格局”获“2019年度中国十大社会治理创新”奖。禅城区入选全国社区治理和服务创新实验区。“以共享社区为抓手创新基层组织体系”案例入选全国“社会治理创新十佳案例”。禅城区入选首届（2019）珠三角营商环境十佳政务机构。

中共禅城区委书记：刘东豪（任至10月）；区人大常委会主任：马志强；区长：孔海文；区政协主席：殷辉；区纪委书记：植伟生。

【产业发展】 2019年，禅城区坚持“大招商、招大商”，通过建机制、造平台、优政策、拓渠道、强服务等，多渠道开展招商引资，全区新增意向、签约、动工项目（不含房地产项目）101个，投资总额351.118亿元，主要集中在金融业、现代服务业和高端装备制造等产业项目。其中超1亿元项目49个、超10亿元的重大项目14个、超1000万美元的外资项目5个、超1亿美元外资重大项目2个。新兴产业加快集聚，科力远CHS、宝光新宇、华研纳米材料等项目投产，国药集团总部大厦启用，禅城区被授予“中国汽车零部件制造基地”称号。

工业发展　全区实现工业总产值2145.61亿元，比上年增长3.3%；完成规模以上工业增加值375.13亿元，增长3.7%；完成工业投资52.26亿元，增长13%；完成工业技改投资34.44亿元，增长24.7%。完成技改企业100家。专精特新企业达67家。完成装备制造业投资额27.89亿元，下降5.8%；完成装备制造业增加值89.84亿元，增长0.7%。实现培育主营业务收入超100亿元企业4家，包括佛山市海天调味食品股份有限公司、利泰集团有限公司、佛山市公用事业控股有限公司和广东兴发铝业有限公司。实现培育50亿～100亿元企业4家，包括广东烟草佛山市有限责任公司、广东吉瑞科技集团有限公司、佛山市捷联诚金属材料有限公司和广东新明珠陶瓷集团有限公司。

商贸发展　全区实现全社会消费品零售总额869.34亿元，比上年增长7%。因消费升级浪潮的带动，禅城区消费市场的互动性、体验性和服务性不断提高，高品质、个性化的商品和服务不断增加，带动商品零售额实现815.71亿元，增长7.0%；餐饮收入53.64亿元，增长6.2%。举办“连锁100 创意无限”2019连锁品牌创新创业大赛和2019连锁企业品牌100盛典，发布全国首个团体标准——《导购服务规范》，营造连锁企业品牌效应。印发《佛山市禅城区粤菜师傅工程建设实施方案（2019—2021年）》《禅城区粤菜美食集聚街区发展规划方案》，促进禅城餐饮业发展。全年接待游客（含星级酒店及其他住宿设施与一日游）1597.94万人次，比上年增长9.12%。其中：接待境内外过夜游客486.26万人次，增长3.1%；实现旅游收入187.15亿元，增长10.4%。

服务业发展　全区电子商务产业迎来新发展，实现电子商务交易额2686亿元。举办广东佛山家居产业智慧创新高峰论坛暨禅&橙计划启动仪式、天猫国际商家交流大会暨行业招商大会、京东“双十一”招商交流大会暨佛山商家成长中心揭牌仪式活动、2019广东跨境电商高峰论坛等活动。对金融行业扶持政策进行全面修订，印发《佛山市禅城区支持企业融资专项资金管理办法（2019年修订）》《佛山市禅城区进出口企业贷款风险补偿资金管理实施办法》。全区金融业实现税收收入27.39亿元，与2018年基本持平，占全区税收收入的11.2%，其中纳税超500万元的金融机构47个，合计纳税24.9亿元。是年，商务部确认全国60家企业为首批线上线下融合发展数字商务企业，佛山众陶联供应链服务有限公司入选商务部确认的全国“首批线上线下融合发展数字商务企业（60家）”名单。

2019年7月26日，“连锁100创意无限”2019连锁品牌创新创业大赛在佛山市禅城区举行
（禅城区经济和科技促进局供图）

【全面深化改革】2019年，禅城区继续深化营商环境综合改革，深化“放管服”改革，统筹推进法人“一门式”、商事登记、工程建设项目审批制度、不动产登记等改革；实现80%以上高频公共服务事项网上申办，“零跑腿”材料“零提交”、商事经营主题办（证照联办）行业全覆盖、“多规合一”落地、全程无纸化审批；加快“数字政府”建设，构建“互联网+政务服务”体系，纵深推进区块链应用、惠企服务区、网上中介服务超市、社会信用体系建设；在全市率先开展扶持政策标准化改革，提高行政服务效率。

党政机构改革　2019年2月，禅城区委四届六次全会召开，动员部署区级机构改革组织实施工作。区委、区政府印发《佛山市禅城区机构改革方案》，完成机构改革区属相关单位班子成员调整配备，组织新部门挂牌、集中更换单位名称街牌。3月，区级机构改革培训会召开，印发部门机构编制职数框架文件，部署改革组织实施工作。改革后，区级设置党政机构29个。其中：党委机关9个，分别为区纪律检查委员会监察委员会机关、区委办公室（区人民政府办公室）、区委组织部、区委宣传部、区委统一战线工作部、区委政法委员会、区委政策研究室、区委机构编制委员会办公室、区委巡察工作领导小组办公室；政府工作部门20个，分别为区发展和改革局、区教育局、区经济和科技促进局、区民政局、区司法局、区财政局、区人力资源和社会保障局、区住房城乡建设和水利局、区交通运输局、区农业农村局、区卫生健康局、区退役军人事务局、区应急管理局、区审计局、区国有资产监督管理局、区市场监督管理局、区统计局、区信访局、区政务服务数据管理局、区城市管理和综合执法局。

“数字政府”建设　2019年，禅城区运用大数据提升治理现代化水平，实施“141”工程（即1个基础设施、4大应用领域、1批应用项目），编制《佛山市禅城区“数字政府”改革建设2019年工作要点》《佛山市禅城区大数据统筹管理三年规划（2019—2021年）》，确定一批具有示范性作用的全区大数据应用项目和相关推进计划，推进政务大数据在服务、决策、监管、创业等领域的创新应用。建设数字城市基础设施大数据平台、电子政务区块链基础平台、数据反哺平台、优化和谐共享社区应用程序（APP）。多维度应用区块链技术，建设“区块链+食品溯源”平台、“区块链+公证”平台、“区块链+工业设计”版权交易平台、“区块链+中小企业融资”平台。优化“区块链+社区矫正”平台，获评全国“智慧司法十大创新案例”。是年，禅城区在全国第三届数据标准化及治理优秀评选中获“数据治理优秀实践奖”，“时空大数据支持的城市治理新模式与关键技术研究”项目获全国“地理信息科技进步奖”二等奖。

扶持政策标准化改革　2019年8月16日，佛山市扶持政策标准化改革试点启动会在禅城区召开，市长朱伟出席并发表讲话。改革主要围绕“五个一”（一个窗口管服务、一套标准管政策、一个平台管审批、一套数据做评估、一支队伍做保障）改革目标，构建全区统一的惠企服务体系，梳理99项扶持政策并配置进惠企服务平台实现精准推送。在第二届（2019）中国营商环境评选活动中，禅城区政务服务数据管理局“禅城区惠企服务改革实践”获营商环境创新力奖。

【创新驱动发展】2019年，禅城区位列全国综合实力百强区第十六位、全国科技创新百强区第八位。禅城区新增市级众创空间3家、市级孵化器立项1家。全区累计拥有4个国家级、6个省级、12个市级科技企业孵化器。新增市工程技术研究中心2个、省级工程技术研究中心4个。建立公共创新平台4个，建立电子商务示范园区3个，建立院士工作站4个，建立博士后工作站16个，建立广东省博士后创新实践基地5个（比上年增加2个）。

高新技术企业培育　是年，禅城区落实《禅城区加快培育高新技术企业和推进企业研发机构建设行动方案（2015—2020年）》，安排174家企业扶持补助合计4215万元，引导企业高新技术创新，激励企业申报高新技术企业认定。147家企业获高新技术企业认定，153家企业为480个产品申报广东省高新技术产品认定。实施《佛山市禅城区高新技术企业树标提质行动计划（2018—2020年）》，支持高新技术企业上规模和高质量发展。佛山市国星光电股份有限公司、佛山佛塑科技集团股份有限公司、佛山电器照明股份有限公司、广东兴发铝业有限公司、广东科力远高科技控股有限公司、广东睿江云计算股份有限公司等13家企业被评为标杆高新技术企业。新增省级以上高新技术企业61家，增长15.4%，累计初步认定省级以上高新技术企业458家。是年，禅城区2项成果获2018年度省科学家技术奖、7项成果入库2019年省级以上科学技术奖培育库（含市直单位）。佛山市国星光电股份有限公司参与由中国科学院半导体研究所牵头研发的“高光效长寿命半导体照明关键技术与产业化”成果获2019年度国家科学技术奖一等奖。

科技型企业信用信息在线服务平台建设　科技型企业信用信息在线服务平台建设稳步推进，截至2019年底，全区注册的金融机构13个、区内企业200多家。平台率先开展企业互联网信用评级，向银行、担保机构等融资服务机构在为禅城区科技型企业提供各类融资服务时提供重要参考依据，全年有24家企业申请信用评级、有22家企业完成评级（评为A级的有18家、AA级的有4家）。是年获区科技企业信贷风险补偿基金项下贷款的171家次企业全部通过平台实现融资，融资金额6.18亿元。

知识产权工作　截至2019年底，禅城区有各级工程技术（研发）中心208个，比上年增加6个。其中，省级工程技术（研发）中心72个、市级工程技术（研发）中心114个、区级工程技术（研发）中心22个。全年签订技术合同194个，增长74.8%。全区具有知识产权优势企业53家，其中国家级26家、省级27家。知识产权示范企业28家，其中国家级5家、省级23家。省级企业技术中心30个，比上年增加2个。全年专利申请总量0.73万件，下降42.6%；专利授权量0.46万件，增长3.9%。有效发明专利拥有量0.28万件，增长6%。全区拥有获质量管理体系认证企业913家，增长2.5%；获得3C产品认证企业149家；获得资质认证的实验室58个，增长20.8%。

【民生事业发展】2019年，禅城区教育支出20.74亿元，比上年增长10.1%；医疗卫生支出12.61亿元，增长17.7%；社会保障和就业支出13.72亿元，增长40.4%。民生类支出76.37亿元，增长3.5%，占一般公共预算支出60.6%。

十件民生实事落实　禅城区城乡居民养老保险基础养老金提高至每人每月260元。完成市下达的住房保障工作任务，发放租赁补贴53户。城乡最低生活标准统一由每人每月980元提高至每人每月1060元，禅城区特困供养人员供养标准由每人每月2260元调整至每人每月2445元。搭建全民综合大舞台，开展文化进园区普惠性活动。推动王借岗森林公园、石湾公园等建设和改造提升，全区新增（改造）公园绿地面积83.33公顷（1250亩）。推进“阳光餐饮”工程，完成2600多个餐饮单位上线；消除一批路灯“黑灯”，全年安装路灯1100余套。推进校园“安全岛”建设，完成具备安装条件的公办小学的校园安全岛“防撞柱”、公办中学和公办幼儿园反恐防撞柱安装建设。实施“银龄健康守护计划”，为辖区65岁以上老年人群开展免费癌症和肺结核病筛查健康检查。实施居家养老服务扩面提标工程，把补贴标准从最高350元的旧标准调整为最低350元的新标准，并将长者们需求较大的“长者饭堂”新增为第五类补贴对象。

公共服务提质升级　推进教育基础设施建设，祖庙东华里小学奠基，培立实验小学开学（学位1920个），佛科实验小学开学（学位1440个）。禅城区中心医院与广州中医药大学合作，成立广州中医药大学佛山临床医学研究中心。祖庙街道形成全境“中央厨房（3个）+社区服务站（8个）+送餐上门入户”的特色长者饭堂运营模式。

【乡村振兴战略实施】2019年，禅城区召开实施乡村振兴战略推进会暨城市管理工作会议，提出按照“产业兴旺、生态宜居、乡风文明、治理有效、生活富裕”的战略要求，描绘乡村振兴的美好蓝图。出台《佛山市禅城区乡村振兴战略专项资金管理暂行办法》，建立乡村振兴专项资金保障机制。实施佛山市禅城区关于鼓励村组调研编制乡村振兴战略行动计划工作方案，鼓励各村开展村组调研，一村一策编制乡村振兴行动计划。召开美丽乡村建设工作推进会暨第三季度城市管理考评工作动员会，强调以“五个美丽”（美丽家园、美丽田园、美丽河湖、美丽园区、美丽廊道）为目标，推进禅城区美丽乡村建设。出台《佛山市禅城区推进乡村振兴战略实绩考核工作暂行办法》，发布《佛山市禅城区乡村振兴战略规划（2018—2022年）》。是年，南庄镇获评“全国乡村治理示范乡镇”，祖庙街道获“新时代·中国最美文化魅力小镇”，南庄村获评“中国乡村振兴先锋榜十大榜样”，紫南村获评“全国乡村治理示范村”和“新时代·中国最美乡村”，紫南村党委书记、村委会主任潘柱升获评“新时代·中国乡村振兴贡献人物”。是年，佛山市美丽乡村建设现场推进会在南庄镇紫南村举行，禅城区南庄镇南庄村、紫南村、罗南村和张槎街道大富村入选首批佛山市乡村振兴示范村建设单位。

2019年8月24日，佛山市禅城区启动全国社区治理和服务创新实验区创建

（禅城区民政局供图）

【禅城区入选全国社区治理和服务创新实验区】 2019年3月，禅城区入选民政部公布的新一批全国社区治理和服务创新实验区名单，成为广东省唯一入选的县区。禅城区制订《佛山市禅城区创建全国社区治理和服务创新实验区工作实施方案》，以“打造社区微服务综合体系，提升社区治理和服务水平”为实验主题，从建立微服务综合体系三级核心平台、统筹各方资源丰富微服务综合体系外延、加强党的领导激活居民有效参与、注重情感体验构建有温度的社区、健全微服务综合体系制度保障五大方面，划分17点具体工作，营造共建共治共享社会治理新格局。是年，禅城区祖庙街道“‘微服务中心’满足群众需求更精准”项目入选“2018年度广东省城乡社区治理十大创新经验”，南庄镇龙津村“实施党员村民代表责任制”项目入选“2018年度广东省城乡社区治理创新经验”提名项目。

【维稳示范点创建】 2019年，禅城区推进社会矛盾的主动治理、重点治理，做好涉农涉土、涉劳资纠纷、涉房地产、涉环保、涉众型金融等领域矛盾问题和历史积案的排查化解工作，全年组织镇（街道）、各职能部门排查并化解突出社会矛盾159宗。加强农村基层治理，构建“四民主两公开一规范”（民主管理、民主选举、民主决策、民主监督和村务公开、财务公开，合同文本规范）工作规程，通过“禅城农村集体经济数字云图”实现集体资产阳光透明。建立“直联制”“双联系”制度，选派115名公安民警担任村（社区）党组织副书记，强化基层矛盾排查和就地化解能力。发挥人民调解在矛盾纠纷化解中的作用，成立佛山首家专业人民调解中心，“一门式”受理各类矛盾纠纷调解，全年办理调解案件4133件，调解成功4039件，成功率98%。形成涵盖矛盾纠纷排查、信息报送、分析研判、交办督办的全链条工作制度，做到“早介入、早疏导、早平息”。创新打造“维稳工作管理系统”，建立健全一系列维稳工作机制制度，科学预警、智能指挥、精准管控的禅城模式获中共广东省委政法委员会通报并作推广。

【禅城区发布广东省首个“区块链+工业设计”版权交易平台】 2019年3月26日，禅城区发布全省首个“区块链+工业设计”版权交易平台。“区块链+工业设计”版权交易平台是禅城推动区块链在实体产业的第一个应用，区块链与知识产权保护的有效结合，促进传统版权保护中一些长期未能解决的痛点问题得到解决。4月9—11日，禅城区“区块链+工业设计”版权交易平台在“第七届中国电子信息博览会”上获评CITE2019区块链应用创新八大优秀案例之一，是全国唯一入选的县区级政府工作案例。

【禅城区高能激光应用推介暨特种光纤技术重大成果发布会】 2019年2月28日在佛山市高新区科技产业园举行。现场举行华南高能激光研究院揭牌仪式，并发布特种光纤领域2项拥有完全自主知识产权的核心技术成果，展示中国高能激光研究领域的最前沿科技。发布会上，华南高能激光研究院还与库卡机器人有限公司、科力远混合动力有限公司、中山大学信息技术国家重点实验室、华润电力控股有限公司签署战略合作协议，共同探索激光技术在激光通讯、工业自动化和汽车混合动力总成生产等领域的应用。华南高能激光研究院技术团队宣布“中国首根单纤万瓦级高功率光纤技术获得突破并在实验室拉丝试制成功”，为攻克国产100千瓦及以上高功率光纤激光器奠定基础。

【禅城区新的社会阶层人士联合会成立】 2019年10月15日，禅城区新的社会阶层人士联合会（简称“禅城新阶联”）成立典礼暨第一次会员大会在佛山泛家居电商创意园举行。会议选举产生禅城新阶联第一届理事会、监事会组成人员，闵宇当选为会长，程俊当选为常务副会长，李新胜当选为监事长。禅城区新的社会阶层人士约19万人。禅城新阶联是由民营企业和外商投资企业管理技术人员、中介组织和社会组织从业人员、自由职业人员、新媒体从业人员等新的社会阶层人士、团体自愿组成，具有统战性、联谊性、专业性等特点的非营利社会团体，首批发展会员有79人。禅城新阶联成立新媒体、信用管理、大数据3个专业委员会，以及泛家居电商创意园工作委员会，利用各自专业领域各展所长，服务社会。

【禅城区联合奖惩综合应用管理平台上线】 2019年10月起，禅城区联合奖惩综合应用管理平台上线。通过集纳国家和不同部门有关“红名单”“黑名单”信息，建立跨部门、跨地域的“联合奖惩”机制。联合奖惩管理平台根据国家部委梳理的42个联合奖惩备忘录，编制出能够在本地落地的信用联合奖惩措施清单及联合奖惩应用清单，覆盖全区9个部门、45个事项，整理出16个分类，入库红名单数量356.89万条、黑名单151万条，确认全区黑名单企业1317家、红名单企业5400余家。形成“让守信者一路绿灯、失信者寸步难行”的市场监管新格局，将诚实守信转化为市场竞争力。

【南庄镇】 位于禅城区西部，是革命先烈罗登贤、廖锦涛的故乡。全镇面积76.07平方千米，辖18个行政村和5个社区。2019年末，南庄镇常住人口约23万人，户籍人口约11万人，外来人口约12万人。南庄镇有“中国建陶第一镇”之称，有“中国陶瓷商贸之都”“国家级生态乡镇”“国家卫生镇”“广东省生态乡镇”“全国乡村治理示范乡镇”等称号。南庄镇是典型的岭南水乡，有东平水道、顺德水道、吉利涌流经，内河涌水域面积2.26平方千米，河岸线344.04千米，建成区绿化覆盖率36.8%。南庄镇交通发达，拥有佛山“一环”高速、佛开高速、广明高速、季华西路、南庄大道、魁奇路西延线、禅港西路、樵乐路等主干路网，在建的广佛地铁2号线在南庄设有3个站点，分别是南庄站、湖涌站及绿岛湖站。陶瓷产业是南庄镇传统产业。辖区内有省级经济开发区——广东佛山禅城经济开发区。禅城陶谷特色小镇（石湾—南庄）成为第一批全国特色小镇典型案例，禅城陶谷小镇（南庄片区）列入省级特色小镇创建对象创建工作优秀名单。2019年，南庄镇地区生产总值269.53亿元，比上年增长6.1%，一、二、三产业比例为0.1 ：47.69 ：52.21；工业总产值332.82亿元，增长4.7%。税收总额35.05亿元，增长12.3%。固定资产投资163.49亿元，增长4.9%。社会消费品零售总额92.62亿元，增长7.9%，产值超1亿元的企业68家，年纳税超1000万元的企业数量有47家。是年，南庄镇位列全国综合实力千强镇第一百二十三位。2019年，南庄镇聚焦产业链高端和价值链核心，新增落户项目8个，总投资42亿元，吸引佛山市国星光电股份有限公司、佛山金意陶陶瓷有限公司等公司进驻，绿岛湖·智荟“双创”平台累计引入460多家创新型企业。重点打造新能源汽车产业集群，龙头项目科力远CHS吸引科霸动力电池及芯材项目落户，以科力远为龙头的千亿级产业集群初步形成“虹吸效应”。扶持中小企业发展，协助企业获各级扶企惠企资金约6000万元，与佛山市农商银行签订5亿元资金授信额度的战略合作协议，设立1000多万元中小微企业扶持专项资金。加快“机器换人”技改步伐，完成技改企业40家，新增机器人应用70台。与移动、电信、联通实施5G技术战略合作，博士梦工场团队与新明珠陶瓷集团、东鹏陶瓷发展有限公司深度合作，助推新材料研发、智能制造、大数据与自动化创新发展。

佛山高新区科技产业园（总部园） （王颖尧　摄）

中国建陶小镇建设　2019年1月10日，南庄镇举行中国建陶小镇创建成果展示会，中国建陶小镇展示厅正式对外开放。举行中国建陶小镇服务平台的揭牌和建陶小镇创建示范点授牌仪式，商会大厦等项目签约。创建中国建陶特色小镇办公室联合佛山易运物流基地所属项目易运站平台，共建中国建陶小镇智慧物流产业示范点。是年，广东省现代旅游促进中心授予佛山市东鹏陶瓷发展有限公司等8家企业（机构）“2019—2021年度工业标杆（旅游）示范单位”称号，广东陶瓷协会授予瓷海国际陶瓷交易中心“广东省陶瓷大板应用技术孵化基地”称号。是年，广东省发展改革委员会对纳入省特色小镇创建库的第一批36个特色小镇开展“回头看”调研评价工作，南庄镇的中国建陶小镇（即禅城陶谷小镇南庄片区）成为全省十一个优秀创建单位之一。

南庄镇乡村振兴获多个全国性荣誉 2019年，南庄镇建设省级乡村振兴连片示范片和“百里芳华”乡村振兴示范带，并于年内获多个全国性荣誉。其中，南庄镇南庄村入选“2018中国乡村振兴先锋榜十大榜样”，龙津村获颁全国首块“全国家风文明示范村”牌匾，紫南村获“新时代·中国最美乡村”称号，紫南村党委书记、村委会主任潘柱升获“新时代·中国乡村振兴贡献人物”称号。

南庄镇乡村治理示范创新 2019年，南庄镇推进土地利用管理议事规程、农村重要事权清单管理、农村集体大额资金使用管理，全镇23个村（社区）、194个村民小组实行重要事权清单管理。18个行政村全部完成重要事权清单管理“1+2”民主表决工作。12月25日，在广东省城乡社区治理创新经验推广交流会上，龙津村党员村民代表责任制获选广东省城乡社区治理创新经验。12月31日，南庄镇获评全国乡村治理示范乡镇，紫南村获评全国乡村治理示范村。

【石湾镇街道】 位于禅城区东南部，是禅城区委、区政府所在地。辖区面积28.32平方千米。2019年辖12个行政村、28个社区。年末石湾镇街道常住人口35.89万人，户籍人口21.13万人，外来人口14.76万人。石湾镇街道交通发达，季华路、魁奇路、佛山大道、汾江路、文华路、南海大道等主干道贯境而过，在营、在建或规划中的地铁1号至6号线均覆盖石湾。辖区有三甲医院2家，有环湖小学、城南小学、实验小学、华英中学、佛山市第二中学、佛山市第三中学（高中部）等优质学校，以及大雾岗森林公园、亚艺公园、文华公园、石湾公园、半月岛湿地公园等大型公园。石湾有5000年的制陶史，有“石湾瓦，甲天下”美誉，是“中国十大魅力名镇”，拥有“南国陶都”“中国陶瓷之都”“中国陶瓷历史文化名城”“中国陶瓷艺术之乡”“中国民间文化艺术（陶艺）之乡”等称号，石湾陶塑技艺入选第一批国家级非物质文化遗产。辖区内文化旅游资源丰富，有全国重点保护文物单位——500年薪火不断的南风古灶，还有石湾陶瓷博物馆、莲峰书院、丰宁寺、公仔街，以及众多艺术馆、大师工作室等。石湾获评为2018—2020年度“中国民间文化艺术之乡”。石湾拥有陶瓷、不锈钢两大传统支柱产业。是世界最重要的建陶产销区之一，是中国现代建筑陶瓷的策源地，辖区有鹰牌、东鹏等陶瓷品牌企业总部，以及中国陶瓷城、中国马赛克城、佛山意美家卫浴陶瓷世界、沙岗陶瓷市场等一批专业交易市场。是全国唯一的不锈钢名镇、全国最大的不锈钢制品和材料集散地，是“中国不锈钢商城”“品牌中国不锈钢（国际）产业示范基地”。2019年，石湾聚焦泛家居、陶文商旅、大数据、大健康、泛金融、大汽贸等六大产业实施精准招商。全年引入重大项目11个，总投资53.12亿元。全年地区生产总值543.64亿元，比上年增长6.7%；规模以上工业总产值515.94亿元，增长6.3%。社会消费品零售总额259.91亿元，增长5.8%。税收收入63.02亿元，比2018年增收4.76亿，增长8.2%。第二、第三产业比重为29.1 ∶ 70.9。全年新增高新技术企业30家，高新技术企业累计108家。

2019年4月3日，禅城区2019年实施乡村振兴战略推进会暨城市管理工作会议举行
（王颖尧　摄）

中国陶谷小镇入选全国特色小镇建设典型案例 2019年4月19日，位于石湾镇街道的中国陶谷小镇入选2019年全国特色小镇高质量发展大会推荐案例，是全国15个获推荐的特色小镇案例之一，为佛山市唯一入选大会推荐案例的小镇。是年，石湾镇街道推进中国陶谷打造世界陶瓷创新中心、国家级文化产业示范园区建设，“一谷十园”新进驻企业220家。金环球园区、影视梦工场、南国陶源艺术设计创新工场完成建设，招商率均达80%以上。佛山市清美工业设计策略与原型创新研究所完成基于石湾泛家居产业的基础研究3项和各类专利13项。6月25日，国家发改委办公厅发布关于推广第二批国家新型城镇化综合试点等地区经验的通知，将佛山禅城中国陶谷小镇“开辟出传统产业转型升级的新路径”的经验推广到全国各地。

佛山首家陶文化主题文创设计孵化器落户石湾 2019年4月18日，南国陶源艺术设计创新工场在中国陶谷柒号仓成立。创新工场由广东陶源文化发展有限公司与中国陶谷联手共建，是佛山市首家陶文化主题文创设计孵化器，由创意研发区、艺术设计培训区、文创产品展示区、观光体验工场、精品展示交流区、艺术设计共享空间、艺术仓库、户外休闲公园等主要功能板块组成。为青年陶艺设计师和文创从业者提供一个集创作、研发、试验、生产、培训、展览、版权、营销、交易于一体的陶文化文创产业孵化生态链。南国陶源艺术设计创新工场成立当日，创新工场与首批10名青年陶艺设计师签订入驻协议，与日本电通集团签订文创产品开发合作协议，与国家级陶艺大师钟汝荣、庞文忠、周炳基等签订艺术导师聘请协议。

大雾岗森林公园对外开放　2019年7月3日，石湾镇街道大雾岗森林公园正式对外开放。大雾岗森林公园一期是中国陶谷2017—2020年行动计划中的重点配套项目，工程总投资7566万元，占地面积25.67公顷（385亩），包括大雾岗公园主体、丰宁寺和莲峰书院、佛山市化工机械厂、星光厂等山林绿地、历史文物和工业遗址。大雾岗山顶的宝峰塔再现旧石湾十景之一的"塔峰夕照"盛景，成为禅城区地标性建筑之一。

【张槎街道】 位于佛山市禅城区中西部，辖区总面积26.5平方千米。2019年辖15个行政村和9个社区。年末张槎街道常住人口28.85万人，户籍人口9.75万人，外来人口19.1万人。张槎处于珠江三角洲水网地带，西、北两侧被东平河和汾江水道半环抱，是典型的岭南水乡。辖区交通路网发达，佛开高速、佛山大道、季华路、禅西大道、广佛肇轻轨、佛山地铁2号线（在建）等重要交通干线穿越辖境，广佛环线在禅城的唯一站点设在张槎，规划与在建的佛山地铁2号线无缝换乘。张槎历史上曾有明代著名思想家庞嵩、清末"岭南第一美食家"江孔殷、粤剧大师"南海十三郎"江誉镠等知名历史人物，拥有杨氏大宗祠、太史第等上百座古建筑，醒狮、龙舟、剪纸、粤剧、饮食等传统优秀岭南文化得到保留和传承。张槎聚焦高端装备制造、电子信息、生物医药、时尚针织、现代服务等五大产业，发展先进制造业产业集群。辖区建有华南创谷、欧洲工业园、华南电源创新科技园、智慧新城、生命科学园等一批特色主题产业园区，有国家级科技企业孵化器3家、国家级众创空间2家及各类研发平台102个，还有"全国现代电源（不间断电源）产业知名品牌示范区"和"全国丝光棉针织服装产业知名品牌示范区"称号。张槎传统针织产业实力雄厚，有"中国针织名镇"称号，是全国最大的针织面料产业基地、丝光棉面料及丝光棉T恤产业基地、纱线贸易集散地，辖区针织生产企业逾4000家，有安东尼、东成立亿、嘉谦纺织等知名品牌企业，以及国内首个"针织运动面料示范基地""针织行业快速反应基地"，2019年"张槎针织"区域品牌估值达166亿元。2019年，张槎加快推动高端装备、新材料、大健康等新兴产业布局。引进福斯特流体、玉玄宫等超1000万元项目13个，总投资35.24亿元，其中超1亿元装备制造项目4个。引进广东创世纪保险代理有限公司等金融保险服务业企业17家。全年净增"四上"企业（指规模以上工业、有资质的建筑业、限额以上批发和零售业、限额以上住宿和餐饮业、房地产开发经营业、规模以上服务业法人单位）100家，累计723家。华南科技装备产业园启动建设，华南高能激光研究院一期、华研纳米材料实现试产，美世乐伺服、国星光电等增资扩产项目有序推进。全年实现地区生产总值486.17亿元，比上年增长6.1%。其中：第二产业增加值291.03亿元，增长4.2%；第三产业增加值195.14亿元，增长9.5%。社会消费品零售总额114.68亿元，增长8.1%。

绿能装备小镇建设　2019年，张槎街道加快建设佛山绿能装备小镇，全年完成投资11.47亿元，累计完成投资25.24亿元。是年，华南高能激光研究院落户，宝光新宇首条激光生产线投产，张槎特色小镇展厅建成投入使用，华研（佛山）纳米材料有限公司落户欧洲工业园C区，华南科技装备产业园（一期）、华南创谷协创中心"全球运动布料快速反应中心"启动建设，中国电信佛山开普勒大数据中心项目一期建成投入使用。

2019中国·张槎纺织原料纱线面料大会暨展会在张槎举行　2019年4月23—24日，2019中国·张槎纺织原料纱线面料大会暨展会在张槎街道举行，中国佛山织梦国际创新产业基地、国际运动面料交易展示中心、中恒纺织交易市场（广东）智能仓储项目落户张槎街道"织梦小镇"。大会暨展会期间，还举办中恒纺织交易市场（广东）智能仓储项目启动仪式、广东省纺织协会第六届第二次会员代表大会、2020中国（张槎）针织面料流行趋势发展峰会、2019棉纺行业产融结合高端论坛、张槎企业对接会等活动。展会汇聚全国主要纱线生产商，设置展位189个，利泰醒狮、百隆东方、如意控股、天虹纺织、东成立亿、安东尼等知名品牌企业参展。

中国针织行业快速反应基地落户张槎　2019年12月10日，2019中国纺织行业产学研发展峰会暨中国针织行业快速反应基地授牌仪式在张槎街道举行。中国纺织工业联合会授予广东中铭投资有限公司"中国针织行业快速反应基地"称号。中国针织行业快速反应基地项目位于沈海高速公路张槎出入口旁，一期总面积约6万平方米，展示交易区2万平方米。

【祖庙街道】 地处佛山市中心城区，位于禅城区的东北部，东至桂澜路、南沿季华路，西以佛山大道为界，北抵汾江河北岸，辖区面积20.86平方千米。2019年辖9个行政村和51个社区，祖庙街道常住人口43.11万人，户籍人口29.78万人，外来人口17.73万人。祖庙街道交通便利，广佛地铁横贯辖区。旅游景点有佛山祖庙（国家级文物保护单位）、东华里古建筑群（国家级文物保护单位）、梁园、仁寿寺、中山公园、岭南天地、广东省粤剧博物馆、精武馆等。辖区有祖庙商圈、东方广场商圈和季华商圈，商贸文化活动丰富。正月十六行通济、三月三北帝诞、粤剧华光诞、佛山秋色欢乐节等民俗节庆活动在辖区举行。2019年，祖庙街道全年实现地区生产总值621.11亿元，比上年增长6.7%。其中，第三产业实现增加值503.15亿元，增长8.3%，第二、第三产业结构比重为19.0 ∶ 81.0。规模以上工业总产值

禅城区祖庙街道城门头商业圈　　（王颖尧　摄）

148.90亿元，增长1.1%，其中规模以上工业增加值为35.56亿元（增长1.8%）。税收总额103.03亿元，增长5.32%。全社会固定资产投资156.65亿元，增长4.0%。社会消费品零售总额402.13亿元，增长7.2%。2019年，祖庙街道有国家级高新技术企业100家，企业研发机构33个，市级立项科技企业孵化器3个，入选国家众创空间备案众创空间1个，省众创空间2个。日丰企业集团有限公司被评为佛山市标杆高新技术企业，海天全球创新中心建成试运行，规模以上工业企业研发机构建有率达55%。2019年，祖庙街道依托万科金融中心、绿地金融中心、乐怡海创·文华荟等季华路沿线高端载体，对接大湾区金融资本，吸引聚集一批优质金融服务企业。截至2019年底，辖区新增市级及以上金融机构和协会共19个。

佛山古镇建设　是年，“佛山古镇”入选市级第二批特色小镇创建名单。祖庙商圈扩容升级，国瑞升平一期、岭南天地商业三期投入运营，东华里古建筑修缮工程一期启动招商，佛山粤剧院动工建设。国瑞升平、岭南天地2个市级美食集聚区加速建设，餐饮行业集聚发展。新兴文化产业加快发展，举办网易电竞NeXT秋季赛线下总决赛，电竞娱乐嘉年华生态初现萌芽；289米艇头PARK首期正式开园，引进项目120个，其中文化企业70余家；珠影·星光城项目签约启动，“数字+文创”融合发展亮点频现。

广东连锁品牌100（佛山）创新中心启用　2019年，祖庙街道鼓励发展连锁经营模式，推动广东连锁品牌100（佛山）双创中心落地建设并正式启用，阿里集团旗下盒马鲜生连锁品牌首次进入佛山落户祖庙街道，苏宁易购、苏宁小店通过直营连锁认定，连锁产业集聚化发展提速。丰收街·菁创聚园区全年新增企业120家，总数约560家，创造营收近25亿元，税收超5000万元，成功认定禅城区首个连锁经营行业总部基地（园区）。

网易电竞NeXT秋季赛线下总决赛在祖庙街道举行　2019年11月18日，“网易电竞NeXT 2019秋季赛”线下总决赛在佛山岭南明珠体育馆落幕。赛事囊括网易、暴雪、SNK旗下总计16款精品游戏，到现场观赛观众5万人次，参与玩家和观众人数均为历届新高。

（蔡婉静　曾洁莉　应　如）

南海区

【概况】 南海区位于佛山市中东部，东连广州市白云区、荔湾区，与广州市番禺区隔江相望，西邻三水区、高明区，南接顺德区，与江门市蓬江区、鹤山市隔西江相望，北濒广州市花都区，中南部与禅城区接壤。1992年撤县设市，由佛山市代管。2002年撤市设区。2019年辖桂城街道、九江镇、西樵镇、丹灶镇、狮山镇、大沥镇、里水镇等7个镇（街道），有220个社区、66个行政村，有1253个自然村，区政府驻地为桂城街道。辖区总面积1073.82平方千米。年末户籍人口160.06万人，常住人口303.17万人。人口自然增长率11.5‰。

2019年，南海区有粮食播种面积399.33公顷，粮食产量2118吨。林地面积0.52万公顷，森林覆盖率9.64%，活立木蓄积量56.41万立方米。人均公园绿地面积22.5平方米。土特产有九江桂花鱼、盐步秋茄、松岗桃花、石碣西瓜、谭边大顶苦瓜、罗村竹笋等。传统特色食品有九江双蒸米酒、九江煎堆、西樵大饼、平洲福肉饼等。是中国淡水鱼苗之乡。主要旅游景点有国家AAAAA级景区西樵山风景名胜区，国家AAAA级景区南海湾森林生态园、平洲玉器街、中央电视台南海影视城、梦里水乡景区，还有南国桃园、康园、黄飞鸿狮艺武术馆等特色景点。主要传统民俗活动有醒狮会、扒龙舟、乐安花灯会、官窑生菜会等。其中：“狮舞（广东醒狮）”“十番音乐（佛山十番）”被列入国家级非物质文化遗产名录；乐安花灯会、官窑生菜会、九江传统龙舟、盐步老龙礼俗、西樵大仙诞庙会被列入广东省非物质文化遗产名录。

2019年，南海区经济社会发展持续向好，名列全国中小城市百强区第二名，获评中国最具幸福感城市（县级），入选全国新型城镇化质量百强区、全国绿色发展百强区、全国投资潜力百强区、全国科技创新百强区、中国营商环境百佳试点县（区）、中国十大特色休闲县市。全年实现地区生产总值3176.62亿元，比上年增长6.9%。社会用电量269.12亿千瓦·时。全年科学技术财政投入20.97亿元（科技三项费用），增长36.36%；教育事业财政投入51.4亿元，增长8.1%；文化旅游体育与传媒财政投入7.2亿元，增长1.72%；卫生健康财政

2019年南海区国民经济主要指标情况表

指　标	计量单位	绝对值	比上年增长（%）
地区生产总值	亿元	3176.62	6.9
第一产业增加值	亿元	48.73	3.7
第二产业增加值	亿元	1746.12	6.2
工业增加值	亿元	1678.68	6.7
第三产业增加值	亿元	1381.77	7.9
人均地区生产总值	元	107016	2.5
规模以上工业增加值	亿元	1346.72	7.3
农林牧渔业总产值	亿元	90.03	—
固定资产投资	亿元	1186.98	7.3
社会消费品零售总额	亿元	1202.29	7.1
外贸进口总额	亿元	451.9	6.0
外贸出口总额	亿元	1017.2	5.2
实际利用外商直接投资	亿元	16.1	-4.6
地方一般公共预算收入	亿元	245.43	2.7
地方一般公共预算支出	亿元	253.09	7.6
全体居民人均可支配收入	元	55281	8.9
城镇常住居民人均可支配收入	元	55880	8.9
农村常住居民人均可支配收入	元	36606	9.3

2018—2019年南海区社会事业主要指标情况表

指　标	计量单位	2018年	2019年
中等职业学校	所	9	8
中等职业学校在校学生	万人	2.87	2.85
普通中学	所	72	78
普通中学在校学生	万人	12.91	13.73
小学	所	133	137
小学在校学生	万人	22.36	24.36
幼儿园	所	372	397
在园幼儿	万人	12.32	13
医院	家	23	23
医院床位	张	9174	9369
群众艺术馆、文化馆	个	1	1
公共图书馆	个	189	199
博物馆	个	10	10
国家档案馆	个	1	1

投入30.31亿元，增长11.53%。年末城镇登记失业人员总数5005人。全年领取企业职工养老金待遇退休人员19.18万人，享受医疗保险待遇1221.77万人次，享受生育保险待遇5.56万人次，享受工伤保险待遇0.54万人次。城镇生活污水集中处理率98%，城镇生活垃圾无害化处理率100%。

南海历史文化源远流长，是珠江文明的发祥地之一，也是岭南文化的典型代表。在5000多年前的新石器时代，就创造出以双肩石器为代表的西樵山文化，被考古学家誉为“珠江文明的灯塔”。自隋朝置县起，南海一直处于岭南的政治、经济、文化的中心地带，广府文化的核心区域，素有广东“首府首县”之称。南海自古文教之风昌盛。历代出文进士449人（其中状元3人），宰相、大学士、尚书10多人，翰林院编修50多人，有“南海衣冠”的美誉。近代以来，南海更是涌现出科学家、中国第一部摄影器研制者邹伯奇，清末大儒朱次琦，中国民族工业先驱陈澹浦、陈启沅，岭南武林一代宗师黄飞鸿、叶问，维新运动领袖、思想家康有为，革命家、政治活动家何香凝，中国第一枚国际体育金牌获得者陈彦，“家鱼人工繁殖之父”钟麟，世界举重冠军何灼强等名人。南海籍的中国科学院、中国工程院院士多达16人。

中共南海区委书记：黄志豪（任至7月），闫昊波（10月任职）；区人大常委会主任：赵崇剑；区长：顾耀辉；区政协主席：张辉明；区纪委书记：李伟成。

【产业发展】 2019年，南海区实现第一产业增加值48.73亿元，比上年增长3.7%；第二产业增加值1746.12亿元，增长6.2%（工业增加值1678.68亿元，增长6.7%）；第三产业增加值1381.77亿元，增长7.9%。是年，南海区引进投资超亿元项目161个，计划投资总额1220亿元。其中，计划投资50亿元以上项目2个、20亿元或2亿美元以上项目4个、10亿元以上项目12个。

现代农业加快发展　全年实现农林牧渔业总产值90.03亿元，其中，农业产值43.88亿元，林业产值0.08亿元，牧业产值6.87亿元，渔业产值33.20亿元，农林牧渔服务业产值6.01亿元。是年，南海区推进畜牧业转型升级，清理“小、散、乱”养殖场500多个。加快水产生态健康养殖示范建设，扶持九江镇3个水产生态健康养殖示范小区和西樵镇鱼塘标准化改造项目建设，建设面积52.27公顷；完成里水镇水产养殖环境改良示范点建设项目并通过区级验收，建设面积31.99公顷。加强现代农业产业园、农业园区、农业公园等载体建设，新增省级现代农业产业园1个（南海区花卉园艺产业园）、省级农业公园1个（翰林湖农业公园）。培育新型农业经营主体，新增国家级农业龙头企业1家、市级农业龙头企业3家、区级农业龙头企业4家。截至年底，有区级以上农业龙头企业42家，其中国家级2家、省级11家、市级14家、区级15家；区家庭农场3个。

“两高四新”产业加速崛起　与联合国开发计划署合作举办氢能产业大会，仙湖氢谷集聚广东探索汽车有限公司、广东爱德曼氢能源装备有限公司、广东广顺新能源动力科技有限公司等30多家氢能企业，核心项目计划投资额超200亿元。举办2019中国安全产业大会，安全产业大会永久会址落户大沥镇，打造智慧安全特色小镇，带动全区安全产业规模达300亿元。引入华南遗传工程小鼠资源共享平台，中国中药健康产业园正式落户。翔海光电成功投产，8英寸半导体晶圆（MEMS）项目入驻佛山南海电子信息产业园。东丽无纺布、南新无纺布二期项目竣工投产，带动东丽水处理膜项目加快建设。引进清华（华南）新材料研究院项目、美国联合矿产新材料项目等项目，美国莱卡公司先进纺织品创新中心及日本旭化成创新中心开业。举办2019年中国（佛山）大湾区功夫电影周，宋城·佛山千古情景区正式动工，观心小镇、希尔顿欢朋酒店建成营业。

传统优势产业转型升级　启动实施“腾云计划”，56家企业被评为首批“腾云计划”重点扶持企业。获颁“广东省大数据综合试验区”牌匾，分别与阿里云、京东云合作建设阿里云创新中心（佛山）和京东云（佛山）产业创新中心，引进腾讯工业互联网粤港澳大湾区基地、工业互联网安全公共服务平台项目、华南工业互联网（南海）集成创新中心项目，推动超800家企业“上云上平台”。广东鑫兴科技有限公司、广东徐工汉云工业互联网有限公司等6家企业入选全省工业互联网供给资源池，瀚蓝环境股份有限公司联手阿里云成功开发首个垃圾焚烧炉管理人工智能（AI）。企业加速拥抱资本市场，广东华特气体股份有限公司成为全市首家科创板上市企业，全区上市企业和新三板挂牌企业分别增至19家和43家。持续加大企业技术改造力度，全年投入技改资金188.4亿元，比上年增长14.7%。推进“机器换人”，实现应用机器人982台，广东一方制药有限公司成为全区首家国家技术创新示范企业。做好企业服务工作，成立隐形冠军研究院，开展“暖企”行动，推动756家中小微企业上规升级，帮助企业融资24.5亿元，实现规模以上民营工业增加值942亿元。

现代服务业蓬勃发展　金融服务实体经济与支持创新创业能力持续增强，举办首届粤港澳大湾区金融论坛，广东金融高新技术服务区全年引进中国工商银行集约运营中心、瑞致达集团共享服务中心等项目268个，比上年增长70.7%，新增注册资本超225亿元。“区块链+”金融科技产业快速发展，出台“区块链+金融科技十条”措施，建设运营省内首家“区块链+”金融科技产业孵化中心，引导设立“区块链+”金融科技领域的私募股权投资基金，成立“区块链+”金融科技专家库，发布广东金融高新区投资联盟链、中机联工业智能联盟链以及粮食流通和安全溯源联盟链——“粮通链”。年内，广东金融高新区吸引40多家金融科技创新团队进驻，其中10家企业经认定为“区块链+”金融科技企业。电子商务在赋能传统产业、推进民生服务、促进产业融合、激发创新活力等方面成效显著。全年电子商务交易额2802亿元，比上年增长15.31%，其中企业与企业（B2B）电子商务交易额2084.93亿元、网络零售电子商务交易额611.87亿元、农村电子商务零售额69.57亿元。

【全面深化改革】　2019年，南海区完成区级机构改革，政府统筹协调能力进一步提升。深化行政服务审批制度和政府采购制度改革，打造更加公平高效的营商环境。深入推进农村土地制度改革，探索农村集体经营性建设用地整备制度，创新“混合出让”模式，为国家土地管理法修订提供借鉴经验。

区级机构改革　完成区级党政机构改革任务，改革后的新部门全部正式运作，完成各部门“三定”规定（指对部门主要职责、内设机构和人员编制等所作的规定），人员划转到位。为充分发挥党建引领作用，新设立的机构迅速建立新的机关党组织，主导新旧机构平稳过渡。在设有党委的部门增设机关党委专职副书记职数，加强党建工作力量。建立优化协同高效的机构职能体系。严格按照上级要求设置机构，主要机构设置与上级基本对应。同时，因地制宜设置地方发展需要的机构，增加发展动力。将编制资源向新设部门、职责强化部门倾斜，累计为重点部门增加编制70人。解决功能划分不清、职能定位交叉的突出问题，进一步厘清部门分工，解决存在问题16项。推进承担行政职能的事业单位改革，将档案局、政务办、公路局等部门承担的行政职能划转至相关党政机构，重新明确机构名称、职责任务，理顺政事关系，实现政事分开。

政务服务改革　全年全区行政审批服务办件量超941万件。率先实现行政审批湾区通办，以自助终端为突破口，将政务通办领域从市内和广州市拓展到深圳、珠海、惠州、东莞、中山、江门和肇庆等珠三角城市。截至年底，在大湾区各城市铺设终端超2000台，可办理业务100多项。5月，在香港、澳门分别铺设第一台“市民之窗”自助终端和智能柜台并投入使用，可办理商事登记等18大项140多小项服务事项。扩大广佛跨城行政审批通办范围，年内分别与广州市番禺区、南沙区开启两地行政审批业务的互通互办。截至年底，南海与广州市荔湾区、白云区、花都区、番禺区和南沙区等5个区政务实体大厅跨城通办事项达1200个。实施证照联办改革，全年推出3批共54个“证照联办”主题，实现企业登记许可“一窗收件、内部流转、同步审批、统一发证”。推进工程建设项目审批制度改革，全面应用佛山工程建设项目审批管理一体化平台。全年南海区建设项目平均审批用时23.34个工作日，为佛山各区最短。推行工程建设“模拟审批”改革，大幅缩短项目从确定到开工的前期工作周期。

农村土地制度改革试点工作　2019年出台政策文件48份，并通过“三个一”（一条宣传片、一套宣传展板、一本宣传册）相结合，展示农村土地制度三项改革试点创新做法、成果成效。集体经营性建设用地入市方面，截至年底，全区入市地块158宗，土地面积252.35公顷，成交总金额148亿元；抵押融资地块57宗，抵押土地使用权面积83.39公顷，抵押价值40.5亿元；另外有整备地块5宗、片区综合整治项目2个、产业载体项目6个。推进征地制度改革，建立征地协议数据库和征地报批数据库，形成《国内典型地区农村土地征收制度改革调研报告》《南海区农村土地征收制度改革主体调研报告》等文章，为改革试点的政策制定提供理论支撑。自2015年承担改革试点任务起，全区协商征地项目56个（土地面积1326.67公顷），城市更新项目自愿申请“集转国”项目28个（土地面积967.05公顷）。3个先批后征基础设施项目［粤桂黔高铁经济带合作试验区（广东园）中线公路工程博爱路段一期项目、博爱路段二期项目、信息大道北延线项目］取得用地批文，在全国起到先行先试的效果。

预算编制执行监督管理改革　率先启动预算编制执行监督管理改革，通过财政部门聚焦预算编制和监督、业务部门落实预算执行责任的“两转变”，项目审批事项和财政资金拨付流程的“两精简”，促进各方积极性和资金使用效益的“两提高”，推动政府职能转变和行政效率效能提高。制定8项改革配套制度，采取两级项目库建设、扩大授权支付范围、区街共建基建工程审批权限下放等一揽子举措，使财政资金使用效益和政府效率效能进一步提升。出台《南海区预算编制执行监督管理办法》，加强多部门联动，形成监管合力，逐步构建多层次全方位立体化的大监督格局。

【创新驱动发展】　2019年，南海区入选全国科技创新百强区。全社会科技研发费投入（R&D）92.25亿元，占地区生产总值的2.9%。高技术产品及高技术服务产值超3000亿元，规模以上高技术产业增加值94.1亿元。

创新载体建设　推进季华实验室、清华大学华南新材料研究院、中科院苏州纳米所广东（佛山）研究院等重大平台建设。季华实验室一期实验楼封顶，引进全市首位全职院士，获批国家、省级重大科研项目5个，启动“顶天立地”科研项目27个。强化与大院大所、科研机构合作，引入先进能源科学与技术广东省实验室佛山分中心、赛迪（广东）机器人创新中心等一批高端科创平台，总数增至42个。佛山市香港科技大学LED中心升级为香港科技大学科技成果转化中心，“南海科大专项”升级为“佛山市香港科技大学产学研合作专项”。清华大学华南新材料研究院助力华兴玻璃开展技术攻关，中科院苏州纳米所与国星光电联合申报省级研究项目，洛客华南研发与供应链中心携手区内企业达成69项合作，科创平台与企业需求实现精准对接。

人才引进和培育　举办高层次人才项目对接系列活动，引进国家重大人才工程入选者8人，吸引63个海内外高端人才团队与镇（街道）及园区载体进行对接。“蓝海人才计划”新增30个团队项目，核心团队成员中有博士79人。引进11名“科技镇长”到各镇（街道）挂任，对接26名清华大学博士到区内企业开展科研实践服务，并与中科院达成“博士进企业”合作项目。新增挂牌“博士服务站”企业12家，累计建立“博士服务站”43家，对接高端博士人才团队17个，促成校企共建省级重点实验室1个。开展首批“特色人才”评定，突破学历、年龄、户籍、身份等限制，评定特色人才59人。加快人才认定审批，全年认定5个批次共7493名人才。

企业科技创新　印发《南海区推进高新技术企业高质量发展专项扶持奖励办法（修订）》，新增高新技术企业418

南海区大沥广佛智城夜景　　（南海区供图）

家，高新技术企业数量1931家，占全市总数的40%；新增佛山市50强标杆高企13家，标杆高企总数27家。规模以上企业研发机构覆盖率56%。新增省工程研究技术中心29个、市工程研究技术中心45个，省、市两级工程技术中心总量分别为216个和426个；新增区工程技术研究中心100个，总量增至597个。新增国家级科技企业孵化器2家，截至年底，全区有国家级科技企业孵化器11家、国家级科技企业孵化培育单位11个、国家级众创空间9家。专利申请总量28467件，比上年增长5.1%；专利授权量19697件，增长20.5%，其中发明专利授权856件，下降15.5%。佛山市南海奔达模具有限公司获国家科学技术进步奖二等奖，广东一方制药有限公司、广东精铟海洋工程股份有限公司获省科学技术进步奖二等奖。

【乡村振兴战略深入推进】 2019年，南海区投入12.9亿元深入推进乡村振兴工作，获批为全国乡村治理体系建设首批试点单位。开展农村人居环境整治，推进“三清三拆三整治”［“三清”包括重点清理村巷道及生产工具、建筑材料乱堆乱放；清理房前屋后和村巷道杂草杂物、积存垃圾；清理沟渠池塘溪河淤泥、漂浮物和障碍物。“三拆”包括拆除危旧房、废弃猪牛栏及露天厕所茅房；拆除乱搭乱建、违章建筑；拆除非法违规商业广告、招牌等。“三整治”包括整治垃圾，落实“门前三包”（包卫生、包绿化、包秩序）责任制，建立保洁队伍，健全村庄卫生24小时保洁机制；整治污水，建污水处理设施，重点推进农户改厕，实行雨污分流、污水排放暗渠化；整治畜禽污染，建设栅栏圈围，实现人畜分离、家禽集中圈养］、“厕所革命”和田头棚治理，创建省级宜居村（社区）21个、市级宜居村（社区）35个、市级美丽文明村（社区）30个。加快佛山市“百里芳华”乡村振兴示范带建设，重点打造连片示范区和特色精品示范村（社区），涌现出大沥大镇社区、西樵儒溪村和里水南北两大连片示范区等一批样本工程。铁腕开展“两违”（违法占地、违法建设）查治，拆除违法建设893万平方米，超额完成市下达任务。加速村级工业园整治提升，拆除整理土地1066.67公顷，建成产业载体43万平方米，九江临港国际产业社区、大沥创客小镇、桂城爱车小镇等项目成为千亩连片村级工业园改造标杆。整村改造取得重大突破，桂城夏北5个村全部完成表决并确定土地整理商。

【南海区获批建设“广东省城乡融合发展改革创新实验区”】 2019年7月31日，中共广东省委全面深化改革委员会批复同意南海区建设“广东省城乡融合发展改革创新实验区”，成为全省唯一的省级城乡融合发展改革创新实验区。8月14日，南海区召开建设广东省城乡融合发展改革创新实验区动员会，全面谋划推动城乡融合发展各领域的系统改革。9月25日，里水镇发布《里水镇建设南海区城乡全面融合发展标杆镇实施方案》，成为首个启动建设的城乡全面融合发展标杆镇。

【南海区重点平台建设指挥部成立】 2019年5月31日，南海区召开全区重点平台建设工作会议，宣布组建南海区重点平台建设指挥部，由区长顾耀辉担任总指挥长，区委常委、常务副区长蔡汉全任常务副总指挥，区政府党组成员黄文富任执行总指挥。重点平台指挥部以统分结合的管理模式加强对全区重点平台、重点项目、重大资源的统筹配置，推动各重点平台加速建设、错位发展、优势互补、资源共享，实现各重点平台与区镇良性互动，从而促进全区产业经济、城市形态的升级提升。指挥部下设综合事务部、发展规划部、招商统筹部，实行“三个专”（专门架构、专业团队、专注发展）运作模式。其中佛山高新区南海园、千灯湖北拓D区、南三产业合作区、南海电子信息产业园由指挥部直接统筹、重点推进；西樵山风景名胜区、广东金融高新区、佛山西站枢纽新城、三龙湾南海片区，其城市规划、产业发展、重大招商引资项目等重大事项由指挥部统筹决策。

【佛山三龙湾高端创新聚集区管委会南海片区建设局成立】 2019年6月，经中共广东省委机构编制委员会批准，佛山中德工业服务区管理委员会加挂三龙湾高端创新集聚区管委会牌子，统筹推进中德工业服务区、三龙湾高端创新集聚区工作。南海片区建设局作为三龙湾管委会内设部门挂牌成立，负责协调推进三龙湾南海片区的开发建设及招商引资工作。佛山三龙湾南海片区位于桂城街道东部，毗邻广州市，规划面积30.3平方千米，包括三山片区、林岳片区、平洲工业园、平南工业园、平胜片区。作为三龙湾高端创新集聚区的核心区，南海片区是粤港澳合作高端服务示范区

2019年1月7日，首届粤港澳大湾区金融发展论坛在南海区举行　（方智恒　摄）

“一区双核”中的“一核”，也是广佛高质量发展融合试验区的重要组成部分，将围绕“一轴一带三板块”（“一轴三板块”是从港口路由北向南串起三山北、文翰湖、林岳南三大板块，构建起孵化、加速、服务的科创全链条；“一带”是把三龙湾大道由东往西共400公顷的村级工业园打造成为高端制造、智能制造、非标定制等生产性产业集聚的制造产业带）的产业布局，打造成为“广佛科技城、湾区第一站”。截至2019年底，南海片区引进季华实验室、三山科创中心、丰树国际创智园等一批高端科研创新平台，聚集广东星联科技有限公司、广东广特电器有限公司、佛山市南华仪器股份有限公司等一批“高精尖”领军企业。拥有粤港澳大湾区电竞文创产业中心、碧+文化产业园、富罗恩斯广场佛罗伦萨小镇等高端文化创意产业载体。引进香港城、澳门城、永旺梦乐城名古汇三山商业项目等大型商业综合体、TOD综合体。

【千灯湖创投小镇开园】 2019年8月28日，千灯湖创投小镇正式开园。创投小镇位于广东金融高新区核心区。（详见194页《千灯湖创投小镇开园》）

【中国安全产业大会永久会址落户南海】 2019年11月20—22日，中国安全产业大会在南海区举办，工业和信息化部副部长王志军，广东省副省长陈良贤，中国工程院院士范维澄、刘大响和北京理工大学生命学院院长、国际宇航科学院院士邓玉林等出席开幕式。大会期间举办相关活动、峰会和论坛21场次，发布《国家安全产业示范园区创建白皮书》《中国安全产业高质量发展战略研究报告》《2019汽车新四化安全趋势白皮书》等权威报告。会上确定中国安全产业大会永久会址选址于南海区大沥镇，会址总占地面积4.93公顷，计划总投资额26.8亿元，规划建筑总面积20万平方米，计划建设成以安全产业为主题，集会议展览、企业总部、研发、孵化、商务配套于一体的国际化会展中心，并计划以永久会址所在的大沥镇为主体，打造集安全产品研发设计、展览推广、检测检验、设备租赁、融资担保等服务于一体的高品质安全服务产业集聚区。

【国际二维码产业发展大会在南海举行】 2019年8月23—25日，以“‘码’联世界、智创未来——迎接全球数字经济新时代”为主题的2019国际二维码产业发展大会在南海区举行，诺贝尔奖学者、科学院院士及国内外知名专家学者、相关协会机构代表、行业内企业代表等500多人参加，围绕二维码的标准化、产业化、聚集化、全球化发展等重要课题进行分享、交流。会议期间，正式成立国际二维码产业合作组织筹备委员会，发布国际二维码白皮书、码标白皮书等行业研究成果，完成多个国际战略合作、政府合作和本地合作项目签约。

2019年8月28日，千灯湖创投小镇正式开园 （方智恒 摄）

【南海大城工匠命名活动】 2019年3月15日，南海区大城工匠命名活动启动，发动全区举荐新一届大城工匠人选，推动在全社会形成举匠、崇匠、育匠、学匠的“匠心文化”。南海大城工匠命名活动每两年举办一届，该次命名活动主办方收到推荐表格335份，报名人数比上一届增长14.3%。4月26日，南海大城工匠命名大会举行，向30名新晋南海大城工匠颁发证书。佛山市和南海区有关领导，以及市、区两级大城工匠，企业家代表，商协会代表和各镇（街道）、各部门代表等1100多人参加大会。大会还邀请全国“改革先锋”、践行“工匠精神”的优秀代表许振超为南海大城工匠颁发证书并发表主题演讲。

【西樵山采石场遗址成为全国重点文物保护单位】 2019年10月7日，第八批全国重点文物保护单位名单公布，西樵山采石场遗址入选，成为全国重点文物保护单位。（详见347页《西樵山采石场遗址成为全国重点文物保护单位》）

【黄岐派出所获全国首批“枫桥式公安派出所”命名】 2019年11月28日，公安部公布首批100个“枫桥式公安派出所”名单，佛山市公安局南海分局黄岐派出所名列其中。黄岐派出所坚持以党建为引领，将队伍建设与坚持和发展“枫桥经验”紧密结合，提炼出“忠诚担当、不怕苦累、敢打必胜、乐于奉献”为内涵的“黄岐公安精神”。在黄岐的11个社区，48名社区民警和200多名社区辅警坚持落实法制宣传到户、调解纠纷到户、暖心回访到户“三到户”，两年来化解群众矛盾纠纷超1000宗。2018—2019年，黄岐派出所以平安南海大巡讲活动为平台，组织民警进社区、进企业、进学校等开展现场法律和安防知识宣讲。2019年，黄岐派出所开展各类安全防范宣讲活动264场，覆盖群众2万多人次。利用巡讲契机，民警还组建98个安全防范微信群，提供

24小时在线服务咨询。辖区内有外国人900多人，为做好外国人管理服务，2019年，黄岐派出所在中海金沙湾小区建立大沥镇外国人服务中心，整合居委会、黄岐派出所外国人管理服务站、小区物业管理公司及其他社会资源，定期向合法居住的外国人提供社区资讯传播、基础汉语教学等服务。

【桂城街道】 位于南海区东部，是南海中心城区，东西两翼分别与广州市荔湾区、佛山市禅城区相连，南部接壤顺德区和广州市番禺区。辖区总面积84.16平方千米，辖45个社区，有118个自然村。2019年，常住人口近100万人，其中户籍人口33.8万人。是全国珠宝玉石首饰特色产业基地、广东机械装备专业镇、全国文明单位、广东省村务公开民主管理示范街道、全国规范化家长学校实验区和全国社区教育示范镇。2019年，桂城街道通过国际安全社区评审。2019年，桂城街道规模以上工业增加值92.16亿元，农业总产值4.27亿元，固定资产投资293.01亿元，社会消费品零售总额398.6亿元，实际利用外资6.17亿元。

乡村振兴 建立健全乡村振兴工作制度体系，将乡村振兴工作纳入社区干部年终绩效考核范畴。坚持挂图作战，推进“三清三拆三整治”[“三清”包括重点清理村巷道及生产工具、建筑材料乱堆乱放；清理房前屋后和村巷道杂草杂物、积存垃圾；清理沟渠池塘溪河淤泥、漂浮物和障碍物。“三拆”包括拆除危旧房、废弃猪牛栏及露天厕所茅房；拆除乱搭乱建、违章建筑；拆除非法违规商业广告、招牌等。“三整治”包括整治垃圾，落实“门前三包”（包卫生、包绿化、包秩序）责任制，建立保洁队伍，健全村庄卫生24小时保洁机制；整治污水，建污水处理设施，重点推进农户改厕，实行雨污分流、污水排放暗渠化；整治畜禽污染，建设栅栏圈围，实现人畜分离、家禽集中圈养］工作，全年清理环境黑点2.8万个，清理垃圾超6.4万吨，整治“三线”（乡村电力线、通信线、广播电视线）超2000千米，启动并推进夏南一、平东、夏东、叠南、叠北、凤鸣6个示范点建设，以示范引领农村人居环境整治。村（社区）党组织书记挂帅开展乡村振兴工作，全年逾7万人次参与人居环境整治行动。出台“桂城街道‘乡村振兴’建设工作实施方案”，进一步优化乡村振兴建设工程管理工作，整合各类扶持资金、政策和资源，促进基础设施向社区延伸、社会公共服务向社区覆盖。修订完善22个农村社区村规民约，规范社区管治，在全区率先启动“五星文明家庭”评选工作，有超1万户家庭进行申报。夏南二、夏西简池、石硝“六亩围”“黄柏围”、叠北爱车小镇地块完成上平台交易进入实操阶段。

桂城街道通过国际安全社区评审 2019年12月5日，桂城街道通过国际安全社区现场评审。评审组认为桂城街道实现跨部门、跨领域的合作，形成自上而下和自下而上的安全发展氛围，其模式和经验值得向全球推广。自2016年10月启动安全社区建设起，桂城街道通过“跨界合作、资源整合、全员参与、持续改进”，以问题为导向，精准开展38个安全促进项目，并编制《桂城街道安全发展三年规划（2018—2020年）》，推进50个安全促进项目，使城市安全环境和管理水平得到有效提升。

怡海湖花海提升工程启动建设 2019年5月，怡海湖花海提升工程启动建设。怡海湖东起佛山“一环”平胜大桥脚，西至桂澜路石硝大桥，全长1.98千米，南北两岸总规划面积约23万平方米。提升工程将增设盲道、慢跑径、第三卫生间等设施，打造新颖服务型的绿地和亲水平台，为市民创造一个和谐的生态环境、多样化的休闲体验、舒适的交流空间及丰富的艺术审美的休闲娱乐场地。项目计划工期10个月，施工分为6个区域实施。截至年底，完成南岸和北岸钢结构、文化景墙、人行天桥钢结构等设施建设，推进儿童乐园、滑板场等设施安装，有3个区域开展苗木种植工作。

桂城灯湖中学启动建设 2019年12月21日，桂城灯湖中学启动建设。该项目被列入桂城街道2019年重点工程项目。该学校为公办学校，位于千灯湖创投小镇夏西良溪工业区，总投资4.8亿元，总用地面积33535平方米，总建筑面积80934平方米，设置教学班42个，可容纳学生2100人。

【九江镇】 位于南海区西南部，东邻顺德区，隔西江与江门市鹤山市、蓬江区，以及佛山市高明区相望。辖区总面积94.75平方千米，辖19个社区、7个行政村，有113个自然村。2019年，常住人口24.2万人，其中户籍人口11.3万人。是中国医卫用非织造产品示范基地、中国淡水鱼苗之乡、中国首个龙舟名镇、国家卫生镇、广东省传统龙舟特色镇、广东省教育强镇、佛山市应用电子商务提升传统产业试点镇、佛山市文明镇。2019年，九江镇规模以上工业增

南海区千灯湖 *（南海区供图）*

加值77.19亿元，农业总产值12.47亿元，固定资产投资60.25亿元，社会消费品零售总额58.2亿元，实际利用外资4.27亿元。是年，在全国综合实力千强镇排名中排第六十八名。

日本东丽膜科技项目落户　2019年4月8日，东丽膜科技（佛山）项目签约落户九江镇临港国际产业社区。这是继2017年的纺粘无纺布项目之后，日本东丽集团在南海投资的第二个项目。该项目计划建设总占地面积6.4万平方米的生产基地，主要生产反渗透（RO）膜。项目将分2期建设，一期占地面积4.2万平方米，设置2条生产线，第一条生产线投资额约100亿日元，计划一期项目年产值约4亿元。

九江颐养院正式投入运营　2019年6月26日，九江颐养院正式运营。九江颐养院占地面积8600多平方米，建筑面积23835平方米，项目投资1.2亿元，最多可容纳500个床位，是南海区首家公建民营的养老机构，也是九江镇特困人员集中供养单位。院内配有户外休闲康乐设施、健身室、老年学堂、图书室等，同时配备专业服务队伍，为有需求的长者提供养老、托老、医疗康复、介入护理等养老服务。

九江镇党建品牌升级版发布　2019年7月1日，九江镇党委发布“弘扬九江红　共筑湾区梦　争当新时代先锋”党建品牌升级版，围绕“九江红·美丽先锋”党建品牌主题，聚焦人居环境整治提升，涌现出一批先锋模范集体和个人。12月23日，在九江镇委党校举行“九江红·美丽先锋”党建品牌建设成果展示交流活动，发布2020年党建品牌新主题“九江红·勤为先锋”，并正式启动“九江红”党建云平台。

【西樵镇】 位于南海区西南部，毗邻高明区、三水区和江门市鹤山市，与禅城区一河之隔。辖区总面积176.63平方千米，辖23个社区、9个行政村，有178个自然村。2019年，常住人口近30万人，其中户籍人口17.77人万人。是中国历史文化名镇、中国面料名镇、中国龙狮名镇、中国民间文化艺术之乡、国家卫生镇、国家级生态乡镇、全国文明镇、广东省教育强镇、广东省宜居城市、岭南魅力名镇、广东省旅游名镇、广东省森林小镇。2019年，西樵镇规模以上工业增加值84.03亿元，农业总产值16.95亿元，固定资产投资99亿元，社会消费品零售总额105.26亿元，实际利用外资4035万元。是年，在全国综合实力千强镇排名中排第二十五名。

全国首座油氢合建站建成　2019年7月1日，全国首座油氢合建站——佛山樟坑油氢合建站在南海区西樵镇建成。这是全国首座集油、氢、电能源供给及连锁便利服务于一体的新型网点，是国内首次采取“利用现有加油站改造为油氢合建站”模式开发加氢站。樟坑油氢合建站位于西樵镇环山大道，日加氢能力达500千克，主要服务周边使用氢燃料的公交线路及物流运输车队，同时提供汽服、保险、违章代办、旅游定制等22项服务。

佛山基塘农业系统入选第五批中国重要农业文化遗产公示名单　2019年12月31日，农业农村部公布“第五批中国重要农业文化遗产公示名单”，广东佛山基塘农业系统上榜。佛山基塘农业系统是以西樵山下保护完好的上万亩桑基鱼塘为申报项目，该片区包括西樵山西南侧的儒溪村、七星村、朝山村、岭西村周边的基塘区域。西樵镇根据农业与乡村产业的发展形势，以西樵山南麓40多公顷的鱼塘片区为中心，依托岭南的蚕桑、渔耕文化，以岭南水乡的自然风光为景观，建设渔耕粤韵旅游文化园，复原具有本地特色的桑基鱼塘生态农业模式。

飞鸿馆启用　2019年12月18日，2019中国（佛山）大湾区功夫电影周系列活动——飞鸿馆启用暨听音湖功夫主题公园项目建设启动仪式举行。该馆位于西樵镇听音湖片区，占地面积1.8万平方米，建设面积3.85万平方米，是一个集武术、狮艺、篮球、体育竞技、非遗展示、游客体验于一体的大型武术文化综合体，目标是打造成“南中国武术中心”。

【丹灶镇】 位于南海区西部，与禅城区、三水区相邻。辖区总面积143.5平方千米，辖22个社区、6个行政村，有148个自然村。2019年，常住人口约23万人，其中户籍人口11.56万人。是中国日用五金之都、中国百强镇、全国文明镇、国家生态镇、国家卫生镇。2019年，丹灶镇规模以上工业增加值64.87亿元，农业总产值13.54亿元，固定资产投资61.68亿元，社会消费品零售总额50.55亿元，实际利用外资2.22亿元。是年，在全国综合实力千强镇排名中排第六十三名。

重塑科技氢能产业基地项目落户　2019年1月19日，上海重塑能源科技有限公司氢能产业基地项目举行投资协议签订仪式。基地项目选址于南海区丹灶镇，首期项目总投资21.6亿元，包括氢燃料

南海区西樵镇官山涌一河两岸　　（南海区供图）

电池及系统研发基地、燃料电池汽车关联产业研发生产基地和关联零部件产业基地等项目，项目达产后计划年产值150亿元。

多个安全产业平台在丹灶启用 2019年11月18日，南海区公共安全技术研究院启用暨南海区安全产业协会揭牌仪式在丹灶镇的粤港澳大湾区（南海）智能安全产业园举行。会上，ThinkSafer本质安全研究院、DNV GL国际安全评级学院同步启用。南海区公共安全技术研究院项目总投资1.8亿元，将推动安全技术研发、人才培育、产业孵化、试验检测、列装咨询等安全产业生态建设。ThinkSafer本质安全研究院侧重本质安全研究与提升，打造安全产业6大平台、12大专业领域，提供一站式安全解决方案服务。DNV GL国际安全评级学院侧重通过培训和评级来帮助企业建设HSE［健康（Health）、安全（Safety）和环境（Environment）管理体系的简称］国际标杆。

“有为水道”乡村振兴连片示范区发布 2019年9月26日，佛山市“百里芳华 乡村振兴”示范带建设项目启动仪式暨丹灶“有为水道”发布活动在丹灶镇举行。“有为水道”乡村振兴连片示范区是丹灶镇打造的乡村振兴连片示范区之一，位于丹灶镇西南部，全长8千米，起点为仙湖旅游度假区，止于塱心村，串联起仙岗、西城、银河、良登村等多个村（社区）的生态文化节点。

【狮山镇】 位于南海区中部，毗邻广州市花都区和佛山市禅城区、三水区，是佛山国家高新技术产业开发区南海园的核心区、国家新型城镇化综合试点地区。辖区总面积330.6平方千米，辖47个社区、28个行政村，有374个自然村。2019年，常住人口约95万人（含南海大学城6万名师生），户籍人口约36万人。是中国塑料中空包装产业基地、广东省智能制造示范基地、广东生物医药产业基地、广东新光源产业基地、国家卫生镇、国家社区教育示范镇、广东省文明镇、广东省食品安全示范镇。2019年入选“全国乡镇高质量发展典型案例”。2019年，狮山镇规模以上工业增加值706.73亿元，农业总产值22.26亿元，固定资产投资305.34亿元，社会消费品零售总额224.18亿元，实际利用外资1.93亿元。是年，在全国综合实力千强镇排名中排第二名。

“城市狮山”推介会举办 2019年11月12日，狮山镇举办“筑梦新狮山，制造新城市”城市推介会，对外发布狮山“城市宣言”，公布博爱新城、南海大学城、佛山西站枢纽新城“三城”融合的城市发展战略，通过城市空间格局重构、交通网络规划、“三旧”改造及产业社区建设等一系列举措，助推“产业狮山”向“城市狮山”跨越。

博爱湖公园（南区）正式开放 2019年9月，博爱湖公园南区正式对外开放。博爱湖公园位于狮山中心城区，占地面积0.67公顷，分南、北两区建设，北区将于2020年动工。狮山镇以“借湖造城”为建设理念，依托博爱湖公共服务中心，加快该片区“三旧”改造和公共服务配套设施建设，强化行政办公、休闲娱乐、日常居住等功能，将其打造成粤桂黔高铁经济带合作试验区（广东园）“一区三城”中的“一城”（博爱新城）。“博爱湖公园（南区）开放开启‘城市狮山’新篇章”入选“南海影响力”2019年度十件大事。

大型群众歌咏活动举行 2019年7月1日，狮山镇举行“永远跟党走”——“七一”大型群众歌咏活动，庆祝中国共产党建党98周年。由狮山镇机关、各社会管理处、村（社区）、企业、大中小学生、志愿者、医护人员等2000人组成的若干方阵，用23首经典歌曲讴歌党和祖国。

【大沥镇】 位于南海区东部，与广州市荔湾区、佛山市禅城区接壤。辖区总面积95.9平方千米，辖42个社区，有196个自然村。2019年，常住人口68.73万人，户籍人口31.9万人。是中国商贸名镇、中国铝材之乡、中国有色金属名镇、中国内衣名镇、中国再生金属物流加工基地、中国专业市场电商采购示范区、国家卫生镇、中国龙狮运动名镇、中国民间文化艺术之乡（粤曲）、中国摄影之乡、广东省民间文化艺术之乡（摄影、书画、传统龙舟、藤编）、广东省曲艺传承基地、广东省教育强镇、广东诗歌之乡。2019年，大沥镇规模以上工业增加值105.15亿元，农业总产值5.78亿元，固定资产投资140.12亿元，社会消费品零售总额275.4亿元，实际利用外资3565万元。是年，在全国综合实力千强镇排名中排第十八名。

首届大沥国际采购节 2019年3月4日，第十四届佛山大沥凤池铝门窗建筑装饰博览会开幕，标志着为期1个月的首届大沥全球采购节正式启动。采购节展区面积超7000平方米，吸引来自全国、全世界各地的430家企业及20多万

南海区狮山大学城 （南海区供图）

名客商参与，实现交易额近100亿元。

佛山“一带一路”国际商贸洽谈会在大沥举行 2019年1月8日，佛山“一带一路”国际商贸洽谈会在大沥镇举行。洽谈会上，澳大利亚、新加坡、印度尼西亚、越南、柬埔寨等国家的华人商会分别挂牌成立大沥采购办事处，产动力全球铝业展贸中心、阿里巴巴广佛商贸圈服务机构签署协议进驻大沥，全球泛家居采购中心、大沥全铝家居（南非）展贸中心、华南泛亚粮食产业链服务平台等项目和机构、平台进行现场签约。

“粮通链”成为全国首个粮食区块链项目 2019年10月23日，国内首个“区块链+粮食产业”项目——“粮通链”在广东金融高新区“区块链+”金融科技产业孵化中心发布。该项目是基于大沥镇河东三眼桥粮食产业集群效应与区位优势，由广东省和一优粮供应链管理有限公司与蚁米控股旗下区块链公司联手打造的粮食流通和安全溯源联盟链，对传统粮食产业的供给侧改革起重要推动作用。

【里水镇】 位于南海区东北部，紧邻广州市。辖区面积148.28平方千米，辖22个社区、16个行政村，有126个自然村。2019年，常住人口48.5万人，其中户籍人口18.55万人。是中国袜子名镇、中国香水百合名镇、国家卫生镇、全国环境优美乡镇、全国文明镇、国际安全社区、全国安全社区、广东省教育强镇、广东省生态示范镇、广东省绿色名镇、广东省宜居城镇。2019年，里水镇规模以上工业增加值216.57亿元，农业总产值14.74亿元，固定资产投资145.74亿元，社会消费品零售总额109.27亿元，实际利用外资7603万元。是年，在全国综合实力千强镇排名中排第十名。

里水镇获“全国退役军人工作模范单位”称号 2019年7月26日，在全国退役军人工作会议上，里水镇获“全国退役军人工作模范单位”称号，成为全省唯一获此称号的镇（街道）。是年，里水镇有退役军人3533人，率先构建起镇退役军人服务中心、村服务站两级服务体系，并以关爱服务为重点，全面探索退役军人服务保障“123”工作模式（“1”即统筹服务资源“一盘棋”；“2”即搭建服务全覆盖“干部+党员+骨干”参与常态化服务网、“协会+社工+社会资金”专业服务网“两张网”；“3”即打好关爱服务荣誉激励仪式化、感情沟通常态化、困难帮扶人性化“三张牌”），坚持把退役军人工作作为一项全局性重要工作来抓，撬动社会力量广泛参与，搭建政府常态化服务网和组建社会专业化服务网，提供全方位全覆盖政社服务，打通服务退役军人“最后一公里”，增强退役军人获得感、归属感、荣誉感，军地军民关系更加密切和谐，实现退役军人“零上访、无聚集”。

华特气体成为佛山首家科创板上市企业 2019年12月26日，位于里水镇的广东华特气体股份有限公司在上海证券交易所科创板上市，成为佛山第一家登陆科创板的民营企业。广东华特气体股份有限公司是从事特种气体研发、生产及销售的综合性气体公司，其生产的特种气体产品有230余种，广泛应用于集成电路、新型显示面板、光伏能源、航空航天、深海装备等新兴行业。公司有20种高纯度自主研发的电子特种气体打破关键材料的进口制约，覆盖国内80%的8寸以上集成电路制造厂商，并进入英特尔、德州仪器等跨国公司的供应链体系。

“合唱小镇”创建 2019年，里水镇启动国内首个“合唱小镇”创建。按照“政府主导、专家引路、行业带动、全民参与”的总体思路，携手国内知名指挥家王军教授等艺术大家，推进校园合唱普及，组建梦里水乡童声合唱团、里水教师合唱团，扶持12支小学合唱团、5支中学合唱团，系统培训17名合唱与合唱指挥人才（每校1人），编撰《中小学合唱》九年制教学课本，设置声乐、合唱指挥、钢琴培训课，计划用3至5年时间培养出一大批声乐、合唱指挥、钢琴伴奏方面的名师，全面提升学生艺术素养。同时从校园普及到机关、企业、村（社区）等，在全社会营造氛围。是年，该项目获评南海区教育创新工作项目。

（沈　娜）

顺德区

【概况】 顺德区位于佛山市东南部，东接广州市，南邻中山市，西南与江门市隔江相望。建县于明景泰三年（1452年），1992年撤县建市，2002年撤市设区。2019年，辖大良、容桂、伦教、勒流4个街道和北滘、陈村、乐从、龙江、杏坛、均安6个镇，有108个行政村、97个社区、565个自然村，区政府驻地为大良街道。辖区总面积806.57平方千米。年末户籍人口151.65万人、常住人口278.32万人。常住人口自然增长率10.51‰。

2019年，顺德区耕地面积6673公顷，粮食播种面积33.1公顷，粮食产量153吨。林地面积5433公顷，森林覆盖率6.73%，活立木蓄积量15万立方米。人均公园绿地面积22.84平方米，市域森林覆盖率37.82%，城区绿化覆盖率45.57%。土特产有龙江煎堆、双皮奶、金榜牛乳、伦教糕、陈村粉、鱼皮角。是“世界美食之都”“中国家电之都”“中国燃气具之都”“中国涂料之乡”“中国家具商贸之都”“中国塑料商贸之都”“中国钢铁专业市场示范区”“中国家具电子商务之都”“中国民间文化艺术之乡”“中国书画艺术之乡”“国家级生态乡镇”“世界盆景赏石园艺博览之都”“中国花卉之都”“中国花木之乡”“中国永春之乡”，是全国首个“中国美食名城”。主要旅游景点有清晖园、宝林寺、逢简水乡、长鹿农庄、顺德博物馆、李小龙乐园、678文化街等。主要传统民俗活动有点（开）灯、春茗、祭祖、龙眼点睛等46种81项。

2019年，顺德区实现地区生产总值3523.18亿元。社会用电量204.75亿千瓦·时。全年科学技术财政投入18.91亿元（科技三项费用），比上年增长21.12%；教育事业财政投入49.99亿元，比上年增长4.33%；文化体育与传媒财政投入5.26亿元，减少2.76%；医疗卫生与计划生育财政投入34.50亿元，增长33.72%。领取基本养老金退休人员29.2万人，享受失业保险待遇7453人次。城镇生活污水集中处理率95.51%，城镇生活垃圾无害化处理率100%。

2019年顺德区国民经济主要指标情况表

指　标	计量单位	绝对值	比上年增长（%）
地区生产总值	亿元	3523.18	7.1
第一产业增加值	亿元	50.69	2.5
第二产业增加值	亿元	2048.71	6.7
第三产业增加值	亿元	1423.79	7.8
人均地区生产总值	元	128398	1.8
规模以上工业总产值	亿元	–	8.2
固定资产投资	亿元	1075.63	12.6
社会消费品零售总额	亿元	1039.5	7.0
外贸进口总额	亿元	392	–2.9
外贸出口总额	亿元	1527.2	4.3
实际利用外资直接投资	亿元	17.52	6.6
地方一般公共预算收入	亿元	246.84	4.7
地方一般公共预算支出	亿元	256.72	11.1
常住居民人均可支配收入	元	58820.4	8.9
境内住户存款余额	亿元	2904.21	12

2018—2019年顺德区社会事业主要指标情况表

指　标	计量单位	2018年	2019年
普通高校	所	1	2
普通高校在校学生	人	15703	21973
中等职业学校和技工学校	所	13	13
中等职业学校和技工学校在校学生	人	24472	27469
普通中学	所	63	68
普通中学在校学生	人	111822	149495
小学	所	148	148
小学在校学生	人	181618	197093
幼儿园	所	315	350
在园幼儿	人	96763	101601
医院、卫生院	家	587	668
医院、卫生院床位	张	10631	11588
公共图书馆	个	11	11
博物馆	个	3	3
国家档案馆	个	1	1

顺德自古人文昌盛，文化底蕴深厚。顺德是粤曲、粤剧的发源地之一，2007年被评为“中国曲艺之乡”。顺德美食文化源远流长，天下闻名，是“世界美食之都”“中国厨师之乡”，每年一届的“岭南美食文化节”成为本地品牌盛会之一。顺德历史名人、贤才杰士众多。北宋至清末有文状元3人（张镇孙、黄士俊、梁耀枢），武状元1人（朱可贞），文武进士762人，文武举人2397人。有清代诗书画三绝的黎简和画坛怪杰苏仁山，以及李小龙、李兆基、郑裕彤、罗定邦、伍宜孙、梁銶琚、陈冯富珍等杰出人物。

2019年，顺德区第八次名列全国综合实力百强区第一，第十一次入选“中国全面小康十大示范县市”。名列全国绿色发展百强区第一，以及全国投资潜力百强区、全国科技创新百强区、全国新型城镇化质量百强区第二。

中共顺德区委书记：郭文海；区人大常委会主任：列海坚；区长：彭聪恩；区政协主席：周文；区纪委书记：肖秀明。

【产业发展】 2019年，顺德区围绕区域发展、村级工业园改造、产业转型升级、智能制造等目标任务攻坚克难、主动作为，创新驱动发展战略进一步深入，产业转型升级不断提速，招商引资成效显著。全区全年实现地区生产总值3523.18亿元，比上年增长7.1%；全社会固定资产投资1075.98亿元、增长12.6%，其中工业投资300.57亿元、增长42.1%，全市第一；重大产业项目招商总额267.6亿元，完成率116.3%；装备制造业投资164.4亿元、增长34%；全社会消费品零售总额1039.45亿元，增长7.0%；外贸进出口总值1919.2亿元，增长2.8%；实际利用外资17.52亿元，增长6.6%，完成率109.5%；“小升规”（即鼓励小微企业规范升级为规模以上企业。小升规企业的认定，以成功录入国家规模以上企业库为标准）净增489家，完成率106.3%；实现社会消费品零售总额1039.44亿元，增长7%，完成6.8%的考核目标；新增省级智能制造试点示范项目1个；电子商务交易额超3300亿元；

金融机构本外币存款余额5655.18亿元，增长12.7%，增速比上年同期提高1.5个百分点。

现代农业　深化农业供给侧结构改革，实施乡村振兴战略，坚持以市场为导向，巩固以水产养殖、花卉种植和农产品加工流通为主的农业产业结构。全区实现农业总产值93.48亿元，比上年增长1.1%，占全区生产总值的2.65%，平均公顷产值约55万元，位列全省前列。其中种植业总产值20.61亿元，降低3.05%；水产养殖业总产值64.62亿元，增长4.06%；畜牧业总产值2.97亿元，下降20%。全区农业用地面积17095公顷，其中2019年全区水产养殖面积9893公顷（产值64.62亿元，增长4.06%）、种植业播种面积11092公顷。顺德区市级以上农业龙头企业29家。2019年，顺德区农村集体资产总额130.61亿元（村级55.81亿元、组级74.8亿元）；农村集体经济组织总收入37.1亿元（村级13.02亿元、组级24.08亿元）；股红分配总额17.88亿元，人均分红2568元。

第二产业稳定增长　强化技术改造，技改延续高增长态势。全年工业技改投资246.79亿元，比上年增长29.1%；技术改造备案项目377个。1家企业获评国家第四批制造业单项冠军，累计4家，数量占全市的一半。全区装备制造业加速发展，装备制造业投资164.4亿元，比上年增长34%，居佛山5个区首位。举办第五届珠江西岸先进装备制造业投资贸易洽谈会，全区12个超亿元项目签约，其中超10亿元项目5个、超20亿元项目2个，总投资额188.5亿元。全区规模以上工业增加值1703.8亿元，增长7.3%。家用电器、机械装备、家具制造、纺织服装、珠宝首饰等支柱和特色产业稳定增长，新材料、生物医药等新兴产业成长迅速，顺德形成特色鲜明、门类齐全、规模较大的现代工业体系，家电与机械装备两大支柱产业引领全区产业发展加快转型升级。其中，先进制造业增加值1207.5亿元，比上年增长10.4%，占规模以上工业增加值的70.9%。骨干企业引领全区经济发展，是年，区内主营业务收入超100亿元企业9家，其中超1000亿元企业2家。

第三产业蓬勃发展　批发和零售业增加值232.3亿元，比上年增长2.4%，占服务业增加值的16.3%；社会消费品零售总额1039.5亿元，比上年增长7%。商品供应充足，重要商品没有出现断档脱销情况，居民消费价格总水平上涨2.9%，其中，消费品价格上涨3.8%、肉类价格涨幅较大、服务价格上涨1.6%。是年，顺德区优化商业布局，重点推动大良新城区、东区、容桂文塔商务区、北滘新城等商圈发展，大良大信新都汇、顺成·大融城、杏坛宏汇城等商业综合体相继落成开业，华侨城项目试业阶段；推动经营模式创新，举办电商平台对接活动20多场次，累计参与企业1350多家次，扩大“顺德制造”的网络影响力与市场份额；推动流通企业拓展线上线下结合（O2O）的经营模式，永旺顺德大信店、华润万家、大润发等与“京东到家”“美团外卖”等平台合作推出一小时生鲜到家服务；培育消费热点，举办产销结合的各类展览展销活动超10场次，包括举办家电博览会、家具展览会、珠宝展、凤城欢乐节、陈村迎春花市、汽车文化嘉年华等；以电商平台为渠道，开展年货购物节、“6·18”大促、中秋国庆、“双11”等促销活动以及首届淘宝网红直播家电节等。

【全面深化改革】2019年，顺德区统筹推进全区各领域改革工作，突破重点领域和关键环节的体制机制束缚，激发高质量发展活力。深度参与粤港澳大湾区建设，全区动员支持深圳建设中国特色社会主义先行示范区，支持企业沿着“一带一路”走出去。完善城市功能形态，提高教育、医疗卫生等公共服务质量，不断提升人民群众的获得感、幸福感、安全感。

机构改革完成　召开3次领导小组会议，研究机构改革方案。1月7日，预审稿经领导小组审议后报佛山市委改革办；1月14日通过广东省初审，当天召开区委常委会会议审议修改后的改革方案，1月17日正式上报佛山市委；1月28日，广东省委批准《佛山市顺德区机构改革方案》。强化顶层设计，保障组织实施稳步推进。2月14日，领导小组召开第四次会议，审议通过机构改革配套文件。3月6日，印发各部门机构编制职数框架，顺德区委批准成立区发展和改革局等18个党组（党委），由顺德区人大常委会任命18名区直部门正职人员。3月11日，顺德区所有涉改部门全部完成挂牌，实现以新部门名义正式运作。同时，举办机构改革组织实施工作培训班，推动各项改革实施任务落实到位。3月22日，形成顺德区直涉改部门“三定”规定文件送审稿，同月25日经领导小组审议后正式印发。顺德区级机构改革按上级要求于3月底前基本完成。

权责清单梳理工作　完成机构改革

2019年3月29日，“凤舞鹏城 逐梦湾区”——2019“深圳创新+顺德智造”招商推介会上，第一批签约项目签约（顺德区供图）

结束后，为深入贯彻落实经济发达镇行政管理体制改革试点、权责清单和政务服务事项调整工作等相关文件精神，区政务服务数据管理局联合区委编办、区司法局于5月23日召开区镇权责划分工作推进会，成立区镇权责划分工作组，开展区镇事权划分梳理工作。按照区级部门和北滘镇先自行划分，再由工作组协调区镇划分不一致意见的基本路径推进，初步认定顺德区权责事项总数为8263个，其中区级单独行使3008个、下放镇（街道）单独行使1965个、区镇共同行使3290个。此外，梳理出区可对应“省目录”的职权事项总计649个（其中行政许可类19个、行政处罚574个、行政强制15个、行政检查28个、行政给付6个、其他类7个），12月10日公布“省政府赋予经济发达镇行政管理体制改革试点镇（北滘镇）县级行政职权通用目录对应职权事项清单”，将上述职权事项全部划归北滘镇行使。

企业投资建设项目改革　持续深入推进企业投资建设项目“1121”改革，再取消审批事项5个，合并办理审批事项3个，并将消防设计、人防设计等技术性审查并入施工图设计文件审查环节，有效精简审批事项。再配套优化审批流程、提升审批服务、强化审批管理等措施，实现全区企业投资建设项目报建审批用时从36～50个工作日压缩至11个工作日。5月5日，顺德区行政审批制度改革领导小组办公室印发《佛山市顺德区行政审批服务容缺受理实施方案》《佛山市顺德区企业投资建设项目信任审批实施方案》。6月12日，印发《顺德区工程建设项目审批制度改革工作领导小组办公室关于设置专责工作小组的通知》，成立专责小组并建立定期例会制度、信息报送制度、检查督办制度，督导区各相关单位加快改革推进步伐。为确保市工程建设项目审批管理平台在全区推广应用，顺德区政务服务数据管理局于4月30日召开佛山市工程建设项目审批管理平台培训会议，就市工程建设项目审批制度改革工作重点及系统平台试运行工作，向区属各有关单位及各镇（街道）进行讲解与专题培训；于6月20日面向企业召开市工程审批管理平台上线使用专场培训会，40个企业单位报建工作负责人参加会议。7月1日，市工程建设项目审批管理平台正式上线，初步实现工程建设项目申报审批全程网办，方便申请人随时申报办理审批手续。

“一门式一网式”政务服务改革　推动更多政务服务事项进驻区级综合服务窗口。其中由顺德区行政服务中心直接运作管理的社会民生类、经营许可类、投资建设类综合窗口实现“统一叫号、统一标准、统一发证”的运行模式。区行政服务中心社会民生类、经营许可类综合窗口接入事项320个，业务量43303件；区行政服务中心投资建设类综合窗口接入事项90个，业务量13718件；企业、群众等候时间压缩至15分钟以内，部门审批时间平均压减50%以上。7月8日，区人民政府办公室批复同意于区行政服务中心设立“顺德区工程建设项目代办中心”。该中心旨在为建设单位提供咨询、指导、协调、代办等线上线下服务，落实代办员一对一“贴身式”全流程跟踪服务，做到定人、定事、定时，为建设单位提供个性化、精准化代办服务。

【创新驱动发展】2019年，顺德区举全区之力参与粤港澳大湾区建设，开启全面建设高质量发展综合示范区新篇章。抓住大湾区建设综合性国家科学中心的机遇，聚焦产业协同，引导顺德区制造业优势与港澳现代服务业优势融合发展，推动传统产业优化升级。再振“顺德制造、中国骄傲”，实施“三核两高”引领战略（即通过瞄准先进制造布局核心领域，瞄准科技前沿攻关核心技术，瞄准全产业链生产核心部件，对标一流制造争创高品质产品，适应消费升级打造高端品牌，引领制造业实现高质量发展，重现“顺德制造，中国骄傲”的辉煌），发展占据核心领域、掌握核心技术、生产核心部件，产品高质、品牌高端的制造业。

高质量制造业　实施“三核两高”引领战略，发展高端制造业。瞄准先进制造布局六大核心领域，在智能家电、机械装备、机器人、新材料、航空航天、生物医药等领域加快产业中长期布局，完善产业生态链，打造世界级产业集群。瞄准科技前沿攻关核心技术，支持引导企业加大研发投入，建设一批工程中心、重点实验室，面向全球建立海外研发中心，走创新全球化之路。瞄准全产业链生产核心部件，梳理重点产业核心部件清单，聚焦关键环节，开展以商引商，重点引入拥有核心技术、掌握关键零部件生产的上下游配套企业。引导本地企业在增资扩产中布局核心部件生产，助力关键零部件企业本土化。

智能制造升级　继续瞄准“智慧家居+智能制造”，抓住核心研发，力推融合升级。全区有80多家智能制造企业，

2019年8月22日，顺德区人民政府、广东博智林机器人有限公司和华为技术有限公司三方战略合作签约仪式在碧桂园总部举行（顺德区供图）

年产值超60亿元，其中5家企业年产值超1亿元。规划建设未来粤港澳大湾区"产城人"融合发展示范地和广东智能制造创新示范园，重点建设广东博智林机器人公司携手打造的"机器人谷"等项目；聚焦新动能，挺进价值链中高端；继续把村级工业园改造列为"头号工程"，依法淘汰落后产能，破解土地成本制约，为智能制造腾出发展空间，全区80个园区启动改造，44个园区陆续拆迁，淘汰落后产能企业1645家。多次赴深圳举行招商推介会。受顺德率先建设广东省高质量发展体制机制改革创新实验区的激情和诚意所感染，深圳企业也多次组团赴顺德考察，并以顺德区村级工业园改造为契机，整合全区的区域优势、生态优势、产业优势、企业优势和企业家优势，以一流的创新创业环境打造"小深圳"，从科技创新成果转化、产业链分工合作、基础设施互联互通等领域，当好全力支持深圳、全面接受深圳创新资源辐射的"边缘城市"。重点建设顺德港澳城、顺德大道黄金走廊、顺深产业城、顺德机器人谷四大战略平台，主动对接深圳企业家及商协会，搭建深顺企业合作流平台，开拓新的投资贸易合作机会，密切两地的产业分工协作。加强相互交流学习，共享先进的管理模式和超前的经营理念，携手做大做强；布局机器人产业，打造10平方千米机器人谷；抢抓粤港澳大湾区机遇谋划对接广州、深圳、香港等地创新资源。

营商环境持续优化　构建全方位企业服务体系，以"湾区通"工程为抓手，在营商环境等方面加快对接港澳规则。在健全社会信用体系、企业荣誉体系等多方面发力，营造亲商爱商护商敬商的一流营商环境。升级24小时综合性企业服务平台，组建区工程建设项目代办中心，实行一对一"贴身式"全程跟踪服务。加快桂畔海产融生态小镇建设，打造供应链金融集聚区，推进金融综合服务平台开发，缓解中小企业融资难融资贵问题。用好亚洲国际市场采购贸易方式试点，加快转变外贸发展方式。关心重视"创二代"、中青年企业家的成长，为优秀企业家成长创造良好环境。

科技创新平台建设　整合各类创新资源，联合高校院所共同推进科技创新平台建设，引导创新资源本土集聚、服务企业技术创新、带动产业转型升级，使科技创新成为顺德经济发展的重要驱动力量。推动佛山湘潭大学绿色智造研究院、华南高等研究院（佛山）等平台建设，相关平台完成登记注册、办公场地布置工作。截至2019年底，全区建设13个科技创新平台，带动产业转型升级、服务企业技术创新、引导创新资源本土集聚，使科技创新成为顺德经济发展的重要驱动力量。有关平台累计申请各项专利1183件，已获得专利授权358件，发表学术论文599篇；实现科技成果转化113项，孵化企业或项目103家（个）；技术标准制定与修订服务65项，服务企业5000多家次，培训企业技术人才逾3万人次；引进各类团队85个，研发运营人员613人。

【村级工业园升级改造】2019年，顺德区完成土地整理1600.7万平方米（2.4万亩），复垦复绿202.8万平方米（3042亩），新建厂房56.2万平方米（843亩），整改提升落后风险企业3891家，10个镇（街道）全部超额完成2019年工作目标任务。全区382个村级工业园有131个园区285个项目启动改造，105个园区201个项目启动拆迁，累计完成土地整理19平方千米（28522亩），复垦复绿2.2平方千米（3282亩），新建厂房981万平方米，累计整改提升落后风险企业5253家，下拨镇街村改扶持经费7.25亿元、土储资金3.68亿元。编制20个现代产业集聚区和30个现代主题产业园的规划方案，通过专家评审。5月10日，顺德因"土地节约集约利用成效好、闲置土地少"获国务院办公厅通报表扬，获奖励2500亩的用地计划单列指标，成为"节地中国"楷模。

【乡村振兴战略实施】2019年，顺德区全面推进生态宜居美丽乡村建设，重点推进第一批12个生态宜居美丽乡村示范片（共25个村、社区）建设，龙江、勒流、北滘、均安等镇（街道）的示范片区初见成效；推进市级乡村振兴示范村建设，陈村镇仙涌村、北滘镇黄龙村、乐从镇上华村、均安镇沙头社区等4个村（社区）入选市级乡村振兴示范村；推进精品村（社区）建设（共8个），打造美丽乡村精品村。是年，完成全区农村公厕的摸底工作，开展农村公厕整改和建设，整改建设农村公厕179个。推进美丽田园建设，全区拆除破旧棚舍2450个，新建农业简易棚舍1896个，4个美丽田园示范片建设工作稳步推进，交通主干道沿线逐步呈现出一幅半亩方塘、半亩花田的美丽景观；建立农田环境管理长效机制，将农用棚舍纳入村集体资产管理。在全省率先探索村企结对共建工作，并首先实现全区205个村（社区）村企结对全覆盖，创新性建立"乡村振兴促进会"。经过一年的实践，顺德村企结对探索出"1234"创新理念模式，1个乡村振兴促进会平台，本地企业和乡情乡贤2个支撑，企业、乡村和群众3方共赢，议事决策、投资合作、定向帮扶、直接捐赠4种结对共建方式，建立立体式的合作关系。截至2019年，全区成立乡村振兴促进会186个，结对企业528家、结对项目532个，项目意向金额超6.7亿元。

【顺德特色小镇建设】2019年，顺德区继续推进首批市级特色北滘智造小镇、陈村花卉小镇、乐从乐商小镇、龙江家居名镇核心区建设及重点项目建设，其中北滘"智造小镇"顺利通过第一批市级特色小镇命名工作。推进第二批市级特色小镇创建工作，大良"寻味顺德小镇"、勒流"五金小镇"和杏坛"智能装备小镇"完成第二批市级特色小镇创建对象申报工作，并被纳入第二批市级特色小镇创建对象。开展第三批省级特色小镇申报工作，推荐伦教珠宝时尚小镇、大良寻味顺德小镇、均安功夫小镇、均安牛仔小镇、容桂I创家电小镇等5个特色小镇申报入库第三批省级特色小镇。将市财政扶持3个第二批市级特色小镇创建单位首期资金下拨到相应的镇（街道），督导各特色小镇加快做好建设计划及扶持资金使用计划安排。

【得胜新城中轴线建设完工】2019年，顺德区加快得胜新城中轴线改造升级项目建设。项目位于顺德大良新城区，是顺德新城区重要的城市中心绿轴。项目的北侧为彩虹路，东侧为拥翠路，西侧为金桂路，南侧为德胜河水道。该项目地块用地面积17万平方米，设计总建筑面积1.8万平方米，主要为架空天桥、城市客厅、商业建筑及配套，并设有264个地上停车位。2017年11月开工，该项目的设计理念是“凤鸣飞厦，龙起珠池”，以大面积绿化景观为主，改造方案总体平面呈现“凤凰”之形，充分挖掘顺德的历史文化。在此基础上以“生长的绿脉”为立意，充分考虑不同空间层次对于景观需求的考虑，形成一条景观效果极佳的绿色廊道。同时梳理出区域周边的资源，通过合理的规划优化与设计，完善城市配套，将绿化景观融入市民公共活动区，将项目打造成为一个现代的、具有地标性的城市景观中轴，并激活商务中心区的城市活力，打造成为顺德新区重要“城市客厅”。2019年12月，该项目完工。

【“欢乐海岸PLUS”乐园开业】 2019年9月16日，顺德华侨城欢乐海岸PLUS乐园试业仪式暨《声光电水舞》空间秀在大良街道举行。顺德华侨城欢乐海岸PLUS乐园是顺德华侨城在深圳欢乐海岸成功营运的基础上，开创性地将项目自身的主题商业、主题公园与毗邻的生态湿地融为一体，荟萃顺德龙舟、武术、粤剧、“寻味顺德”“世界美食之都”等传统文化和旅游元素，形成独特的“商业+娱乐+文化+旅游+生态”全新商业模式。主要由欢乐时光主题公园、玛雅海滩水公园、曲水湾风情商业街、蓝汐国际公寓、生态艺术购物中心及华侨城湿地公园六大业态构成。

【顺峰山公园亮化与灯光秀项目完工】 2019年，顺峰山公园亮化与灯光秀项目完工。项目分2期进行实施，项目一期于2019年1月动工，2019年3月完工；项目二期于2019年9月动工，2019年10月完工。项目一期《凤起沧澜》顺德光影文化展首秀于2019年2月4日晚上耀眼贺岁。2019年2月5日，中央电视台综合频道《新闻联播》节目报道顺德光影文化展的盛况，《新闻联播》的头条以《普天同庆迎新春　天道酬勤成大业》为题，展现全国各地人民热闹过除夕，同庆幸福年的盛况，其中对《凤起沧澜》顺德光影文化展进行20多秒的报道。项目二期主要工程是增加沿湖树木、船舫光影秀、青龙阁110W全彩激光、太平山正面补强、青云塔光束灯、青云山山体亮化、沿岸树木、太平山正面补强、太平山背山脊亮化、沿岸新增光束灯，将顺峰山公园夜景轮廓勾勒得更加明艳动人，提高顺德城市品位及增添色彩。

【中央电视台戏曲频道春节特别节目走进佛山顺德活动】 2019年12月23—28日，国家级戏曲名家以文艺小分队的形式深入顺德村（社区）了解生产生活情况，在学校进行戏曲专题辅导培训，把新时代的优秀文化送到百姓家门口，将文艺的种子“种”在基层。12月28日，“我们的中国梦”——文化进万家活动文艺演出在顺德区顺峰山公园举行，由戏曲名家演绎的中央电视台6个选送节目和顺德文艺队伍呈献的14个本土创排节目精彩上演，为人们送上一道高水平演绎、富有地方特色的戏曲盛宴。节目于2020年春节在中央电视台综艺频道、戏曲和音乐频道播出，全方位呈现顺德的历史文化、传统民俗、人文风貌和改革开放成就。该活动由中央广播电视总台戏曲和音乐频道、中共佛山市顺德区委员会、佛山市顺德区人民政府主办，顺德区新时代文明实践中心、中共佛山市顺德区委宣传部（顺德区文化广电旅游体育局）、顺德区文学艺术界联合会承办，以主会场文艺演出、文艺小分队进基层文艺辅导的形式开展。

【央媒全面持续关注顺德】 2019年，顺德区围绕村级工业园和高质量发展等中心工作，主动策划，获央媒全面持续关注。人民日报社、新华社、中央广播电视总台、经济日报社等中央多家媒体采访报道村级工业园改造和广东省高质量发展体制机制改革创新实验区等区委区政府中心工作，报道300多篇（条），部分报道还在学习强国上转载。其中：2月5日，顺德光影文化展登上中央电视台《新闻联播》节目；2月10日，中央电视台《新闻联播》以《广东顺德：为高质量发展腾空间》为题，用1分30秒的时长报道顺德攻坚村级工业园改造；8月3日《人民日报》头版以《顺德　转型突围看智造》为题报道顺德在高质量发展中的亮点做法和成绩；8月20日，中央电视台新闻频道特别节目《共和国发展成就巡礼·广东篇》采用新媒体连线直播形式，用8分钟的时长，以《广东顺德：村级工业园改造再造高质量珠三角》为题报道顺德通过村级工业园升级改造，淘汰高污染、高排放产业，为新兴产业腾出空间的高质量发展新举措；8月23日，新华社以《以高质量发

2019年9月13日，顺德华侨城欢乐海岸PLUS乐园开业　　（王庆武　摄）

展理念破解难题——广东顺德村级工业园改造实录》为题，刊发近4000字的深度报道，实录顺德以高质量发展理念破题，通过攻坚村级工业园改造，顺德制造业“再次创业”、腾笼换鸟、改革探索，并刊发评论《靠“啃硬骨头”闯出改革路》，点赞顺德攻坚村级工业园改造，敢啃硬骨头；9月24日，中央电视台《我们走在大路上》第十七集把镜头瞄准顺德村级工业园改造，向全国介绍高质量发展的顺德经验，时长2分钟。

【顺德新一轮修志工作推进】 2019年1月，顺德区举办修志全员培训，区方志编辑部与各承修单位建立分线指导联系制度，之后有针对性地在乐从镇、教育局等单位开展修志示范点创建工作。3月，结合机构改革情况，重新梳理《市志》《区志》的编目大纲和任务分工。7月印发机构改革后新修订的《市志》《区志》的编目大纲和编写分工，并建立修志工作进度隔月报送制度。出台支持垂直管理单位、金融机构、商协会、企业开展修志工作的修志支持经费方案，提高相关单位的修志积极性。加快资料搜集和整理，为后续修志工作打好基础，对2018年以来搜集到的约2万篇新闻报道、1000篇资料文献，800多篇专题资料进行分类整理。开展镇（街道）志、村志编修，《北滘镇志》《龙江村志全集》出版，容桂志通过区方志办审核，其他镇（街道）也陆续启动镇（街道）志编修工作。为推进修志工作，2019年全年开展各类专题培训、调研走访50多场次，召开经验交流会4次，编写档案史志工作交流5期。

【大良街道】 大良，别称凤城，是顺德区政府所在地，历来为顺德的政治、文化、教育、商贸中心，地处顺德的中部偏东，连接广州市，水陆交通四通八达，顺德客运总站和顺德港坐落其中，国道105、太澳高速、广珠轻轨等穿越境内。大良辖区面积80.29平方千米，建成区面积36.9平方千米，辖19个社区和2个村。2019年，常住人口47.45万人，其中户籍人口27.62万人。大良文化底蕴深厚，内有清晖园、宝林寺、西山庙等名胜古迹，有广绣、粤曲、鱼灯、咸水歌等非遗项目，素享“食在广州，厨出凤城”的美誉，是全国“中华餐饮名镇”。2019年，大良街道实现地区生产总值574.79亿元，比上年增长7.1%，第一、第二、第三产业占比为0.04 ∶ 31.52 ∶ 68.44，实现规模以上工业产值422.92亿元，增长7.5%；限额以上批发和零售贸易业销售额300.28亿元，增长11%；限额以上住宿餐饮业销售额7.22亿元，增长12%；全社会固定资产投资152.07亿元，增长11.39%，其中工业投资37.33亿元，增长47.61%；工商税收122.9亿元。

顺德区顺峰山公园亮化、灯光秀夜景图 *（顺德区中心城区建设指挥部供图）*

“铭沣”杯2019年全国少年轮滑锦标赛在大良举行 2019年8月5日，“铭沣”杯2019年全国少年轮滑锦标赛暨广东省轮滑欢乐节在大良街道举行。该次赛事有7个项目，分别在顺德区体育中心、顺峰山公园、广东省轮滑综合训练基地（大良五沙）等5个赛场同时进行，吸引全国23个省市以及香港特别行政区共24个代表团，近3000名运动员参加。大良街道在赛事组织方面得到国家体育总局的认同，被中国轮滑协会评为“2019全国少年轮滑锦标赛优秀组织奖”。

2019年6月10日，2019年“顺德红米酒杯”大良街道办苏岗社区第十届传统龙舟大赛暨农行嘉年华活动举行 *（李朝乐　摄）*

成美初级中学、玉成小学投入使用　2019年9月2日，成美初级中学、玉成小学顺利落成开学。成美中学是一所全日制公办初级中学，占地面积35170平方米，建筑面积58736平方米，分两期工程建设，一期工程规模为36个教学班、二期工程12个教学班。玉成小学是一所全日制公办小学，规划用地面积34108平方米，建筑面积35987平方米，从2019年9月招收一年级10个班开始，并逐年增长至60个班规模。

大良新增1家国家级科技企业孵化器　2019年12月23日，科技部公布2019年度国家级科技企业孵化器的名单，顺德创客中心科技企业孵化器榜上有名。截至年底，大良辖区有2个国家级科技企业孵化器，2个国家级科技企业孵化器培育单位、6个区级科技企业孵化器，5个众创空间、5个新型研发机构。

【容桂街道】 容桂位于佛山市顺德区南部，毗邻港澳，与广州南沙自贸区隔江相望，处于珠江东西两岸交汇点，是广佛、深圳、港澳等3个珠江三角洲城市群核心极的辐射聚焦点，地理位置优越，水陆交通便利，国道105线、广珠西线高速、广珠城际轨道、伦桂路、红旗路等重要交通干线贯穿而过。2019年，辖区面积80平方千米，辖3个村和23个社区，常住人口61.08万人，其中户籍人口25.1万人。拥有"全国文明单位""中国品牌名镇""国家卫生镇""全国精神文明建设工作先进单位""中华美食名镇"等称号。2019年，容桂街道实现地区生产总值480.7亿元，全年实现规模以上工业总产值825.37亿元；工商税收71.12亿元。容桂有各类企业及个体工商户4.2万户，其中超亿元企业145家，超10亿元企业21家。有占地13.5平方千米的高新技术产业开发区，其中3.5平方千米为国家级高新技术产业开发区，高新技术企业存量达363家。有国家级科技企业孵化器2家、国家级众创空间1家、省级众创空间1家，有省级工程技术研究中心57个，以及拥有中科院顺德基地、西安交大院士工作站等一批科研平台和研发中心。

容桂渔人码头获批国家AAA级旅游景区　2019年1月22日，容桂渔人码头被佛山市旅游景区质量等级评定委员会正式评定为国家AAA级旅游景区，并于1月26日举行国家AAA级旅游景区揭牌仪式。这是容桂街道首个国家级旅游景区，也是顺德首个"三旧"（旧城镇、旧厂房、旧村庄）改造活化项目被授予AAA级景区的项目。该项目是容桂街道"三旧"改造活化重点项目——"容桂时光"项目的试点示范区，位于顺德中心城区容桂德胜河南岸。由广东顺德渔人码头游艇服务有限公司出资建设及运营，总规划面积3.3万平方米，分3期建设。项目于2018年初正式启动AAA级旅游景区创建工作。至年底，一期、二期已建成开放，三期在建中。

"万和杯"2019年中国乒乓球协会会员联赛（广东顺德容桂站）　2019年4月19—21日在容桂体育中心举行。该赛事由中国乒乓球协会主办，佛山市顺德区文化广电旅游体育局、佛山市顺德区容桂街道办事处承办，佛山市顺德区容桂乒乓球协会协办。赛事设28个比赛项目，吸引27个省、市和香港、澳门的共94支团队500余人次参与，其中60岁以上的参赛选手超200人。

佛山（顺德）华腾芯城项目动工　2019年10月22日，佛山（顺德）华腾芯城项目通过公开竞拍，以地面价1550元/平方米，总价11682万元成功出让，竞得方为顺德区敢腾电子科技有限公司。10月28日，举行动工仪式。该项目是容桂街道当年重点村改项目顺德集成电路产业园项目的首期项目，属于政府主导模式项目。项目成功出让后，容桂街道各部门通力协作，在成功竞拍6天内，完成图纸审定、周边房屋检测和文明施工设施布置等事项，并根据"事后审批制度"，核发桩基础条形码，创造村改工作的"容桂速度"。项目占地面积75366.88平方米，规划总建筑面积约23万平方米，固定资产投资总额超5.2亿元。

【伦教街道】 伦教，地处顺德东部，与广州番禺接壤，是顺德中心城区的重要组成部分，总面积59.2平方千米，辖8个村和2个社区，2019年常住人口约20万人。因明朝时被朝廷赐予"伦常之教"牌匾而得名"伦教"。南宋状元、抗元名将张镇孙、清朝史学家、文学家梁廷楠、粤剧名伶千里驹均出自伦教；梁廷楠故居、清末顺德首富何鸣石宅院鸣石花园、粤剧名伶千里驹故居等历史名迹闻名遐迩；国家级非物质文化遗产香云纱历经500年而不衰；伦教糕、羊额烧鹅等地道美食名扬四海。拥有获"中国珠宝玉石首饰特色产业基地""中国木工机械重镇""中国木工机械先进制造和国际贸易创新示范区""中国玻璃机械重镇""国家级生态乡镇""广东省教育强镇"等称号。2019年，伦教街道实现地区生产总值221.32亿元，规模以上工业产值571.61亿元，全社会固定资产投资54.59亿元，限额以上批发零售餐饮业营业额95.25亿元，工商税收33.49亿元，居民储蓄余额164.25亿元。

首台全断面硬岩隧道掘进机（TBM）在伦教下线　2019年9月29日，广东省水利工程建设首台TBM硬岩掘进机"三江一号"在伦教中铁华隧盾构机生产基地下线。"三江一号"TBM硬岩掘进机开挖直径5.06米，整机长度约433米，将投入广东省水利重点民生工程——粤东韩江榕江练江三江连通工程，也是广东省首次将TBM工法引入水利工程建设领域。

首届顺德（国际）香云纱服装设计大赛颁奖大会　2019年10月26日在伦教举行。大赛由佛山市顺德区伦教陆柒捌文化发展基金会主办，伦教香云纱协会、广东香云纱投资管理有限公司承办，主题为"香飘四海、云纱织梦"。大赛从5月底起面向国内外征集作品，在为期两个半月的征稿期，组委会收到参赛作品236份并最终确定20份入围作品。大赛晚会决出一等奖1个、二等奖2个、三等奖5个。

伦教获"中国木工机械先进制造和国际贸易创新示范区"称号　2019年11月22日，由中国林业机械协会在黑龙江省哈尔滨市组织召开的"中国木工机械先进制造和国际贸易创新示范区"专家评审会上，伦教街道通过由包括国家林业和草原局国际合作司巡视员戴广翠、中国林业机械协会会长刘群等9名领导及专家组成的评审委员会的评审，同意授予伦教"中国木工机械先进制造和国际贸易创新示范区”称号。

【勒流街道】 勒流地处顺德区中心部位，河网密布，水资源丰富，是著名的岭南水乡之一。总面积90.78平方千米，辖17个村和5个社区，2019年末常住人口34.2万人，其中户籍人口12.88万人。有“广东省民间艺术之乡”“广东省教育强镇”“广东省文明镇”“广东生态示范镇”“国际标准化名镇”“国家卫生镇”“中国家居五金之都”等称号，有中国滑轨产业基地、中国铰链产业基地、中国商业照明产业基地等3个国家级基地。2019年，勒流街道实现地区生产总值342.29亿元，实现规模以上工业总产值达612.76亿元，比上年增长7.4%；固定资产投资额73亿元，增长11.51%；税收（含国税调库数）完成28.11亿元，下降4.48%；工业用电量15.4亿千瓦·时，增长4.35%。

顺德区第一份网店营业执照在勒流发出 2019年2月18日，勒流发出全区第一份网店营业执照。根据《电子商务法》规定，开网店应当亮照经营，是年，勒流街道向符合条件的网店经营者发出营业执照38份。

小熊电器上市 2019年8月23日，小熊电器股份有限公司新股发行上市仪式在深圳证券交易所举行，成为佛山第五十九家上市公司、顺德区第二十八家上市公司，被誉为“佛山电商第一股”。小熊电器成立于2006年，主要从事创意小家电研发、设计、生产和销售，是一家在产品销售渠道与互联网深度融合的企业。

稔海渡口停渡 2019年12月1日，稔海渡口正式停渡。因稔海渡口两岸交通路网日趋完善，撤渡条件基本成熟，稔海村党委及村股份社召开撤渡工作会议并全票同意撤渡。

【陈村镇】 陈村镇，素有“中国花卉第一镇”“千年花乡”的美誉，自古就是商贾云集之地，历史上曾与广州、佛山、东莞石龙镇合称“广东四大名镇”。陈村人杰地灵，人才辈出，是《三字经》作者区适子、清代作家黎简和现代雕塑艺术家梁明诚的故乡。陈村区域面积50.7平方千米，常住人口22.68万人，户籍人口10.36万人，辖7个村和8个社区。2019年，陈村镇实现地区生产总值269.01亿元，比上年增长6.9%；工农业总产值447.87亿元，增长4.1%；限额以上批发零售和住宿餐饮销售额235.28亿元，增长11.3%；全社会固定投资88亿元，增长10%。

2019首届陈村三字经启蒙文化周 2019年11月2—4日，陈村镇举行“食在广东”佛山（顺德）美食文化周之2019首届陈村三字经启蒙文化周系列活动。活动包括陈村镇首届草艇竞赛、2019首届陈村三字经启蒙文化周启动仪式、2019广东传统文化博览会暨首届陈村启蒙教育展、“一带一路侨情万里”区本书画展、陈村梦想SHOW第八季总决赛、特色民俗活动等。陈村三字经启蒙文化周以《三字经》文化IP为主线，旨在打造文化同根同源的湾区城市的文化盛事、提升顺德在湾区的影响力和知名度、推动顺德“文化+文旅”产业发展，塑造蒙学教育品牌。

莱茵工业园改造项目启动 2019年11月20日，莱茵工业园改造项目启动暨签约仪式举行。顺德区政府、三龙湾管委会、区科学技术局、区经济促进局、区村改办、区国资局、陈村镇政府、广东顺德科创管理集团、佛山新城投资发展有限公司、佛山市顺德区城智投资发展有限公司等单位相关领导，以及意向进驻企业、金融机构代表等近100人出席活动，共同见证莱茵工业园改造项目启动。

【北滘镇】 北滘，古称“百滘”，意为“百河交错、水网密集”，位于广州主城区、佛山新城、顺德主城区三城交汇处，总面积92平方千米。2019年，辖10个村和10个社区。常住人口35万人，其中户籍人口16万人。位列2019年度全国综合实力千强镇第六位，有“中国第一批特色小镇”“全国重点镇”“国家卫星镇”“国家生态乡镇”“全国安全社区”“全国美丽宜居小镇”等称号。广珠轻轨在北滘镇设有2个站点，规划建设中的广州地铁7号延长线、佛山地铁3号线、佛山地铁11号线和广佛环线轻轨将横穿北滘。拥有港口北滘港。2019年，北滘镇实现地区生产总值645亿元，比上年增长7.3%，规模以上工业总产值3043亿元，增长9.9%；全社会固定资产投资145亿元，增长13%；限上贸易住宿餐饮业营业额326亿元，增长18%；出口交货值830亿元，增长9.1%。国地税收入140.3亿元，金融机构本外币存款余额1301.9亿元，城乡居民存款余额347.5亿元，城镇居民人均可支配收入68256元，农民人均纯收入22343元。

《北滘镇志》出版发行 2019年12月31日，《北滘镇志》首发式在北滘和园八和台举行。《北滘镇志》是顺德区首部编纂并公开出版发行的镇（街道）

2019年，佛山市顺德区勒流街道南水村成功申报区美丽田园示范区。图为南水村连片鱼塘一隅（顺德区供图）

志书，从编修工作到成书历经6年。该志书篇幅长967页，包含24篇主题内容，涉及经济、农业、工业、教育、文化等多方面的内容。编修期间，志书编纂团队广泛搜集档案文书，累计利用区镇两级档案文书近4万份；通过座谈会、登门拜访、电话访问等形式，采访历史当事人60余场、130多人次；走遍各村（社区），实地调研，考证史料；广泛收集修改意见，力求还原史实。

君兰社区开展垃圾分类试点　2019年10月18日，北滘镇在新城区广场启动北滘镇垃圾分类暨君兰社区试点工作。北滘将通过试点，逐步形成生活垃圾分类投放、分类收运和分类处理的常态化运营体系。北滘以君兰社区作为生活垃圾分类投放的试点区域，开展形式多样的垃圾分类知识普及和宣传活动。包括充分发动党组织、业委会、社工组织等群体力量，提升社区居民对垃圾分类投放知识的知晓率和自觉意识等。

北滘启动"5G智慧小城"建设　2019年7月17日，北滘镇政府在文化中心音乐厅举办"5G智慧小城"建设启动发布会。全面推进5G网络及智慧城市建设，构建多功能、集约化、全覆盖的基础设施体系，全面提升城市智能化、数字化管理水平，助力北滘经济高质量发展。北滘"5G智慧小城"，首期重点围绕北滘潭洲会展中心主团、美的创新中心、库卡机器人主团、碧桂园总部及博智林机器人等规划建设基础设施，构建5G精品网络。

【乐从镇】乐从，地处珠三角腹地和广佛都市圈核心区域，区域面积78平方千米，辖19个村和6个社区，常住人口超36万人，户籍人口12万人。乐从是两大国家级对外合作平台中德工业服务区、中欧城镇化合作示范区的核心区所在地，是全国著名的商贸强镇，拥有全球最大家具市场、全国最大钢材贸易市场、华南地区最大的塑料贸易市场。有"中国家居商贸与创新之都""中国塑料商贸之都""中国钢铁专业市场示范区""乐从国家水利风景区"等4个"国"字号牌匾。乐从区位优势得天独厚，水陆交通便利，广佛环线轻轨、广佛江珠城轨、佛山地铁1号线、3号线、5号线、6号线、14号线在乐从交汇，规划有21个站点。乐从的岭南水乡文化、华侨文化、古祠堂文化、龙舟文化独具特色。乐从华侨有30万多人，分布在全世界60多个国家。乐从龙舟队成立9年来在国内外获357个冠军，获"中华人民共和国体育运动荣誉奖章"。乐从历年获"国家卫生镇""全国群众体育先进单位""广东省教育强镇""广东省文明镇"等称号。连续多年入选全国百强镇，并以"国际品牌小镇"被认定为第二批全国特色小镇，以"乐商小镇"入选广东特色小镇创建工作示范点、佛山市首批市级特色小镇。2019年乐从实现地区生产总值225.9亿元，比上年增长6.52%；实现税收49.49亿元，增长23.28%；贸易业销售收入1017.3亿元，增长2.87%。

乐从镇正式启动乐从沙边工业区升级改造　2019年1月24日，乐从镇举行"乐从镇沙边工业区升级改造启动仪式"，乐从镇主要领导以及沙边村相关负责人，乐从镇各战线单位代表、村（社区）代表、企业代表等200多人参加，乐从镇沙边工业区清拆改造工程指挥部揭牌成立，开展旧工业区清拆工作，进入改造加速模式。沙边工业区改造项目瞄准智能制造、高端装备、生物医药等高端产业，引入高质量高效益产业，打造现代化产业园区。

钟世镇院士专家工作站落户乐从　2019年4月24日，中国工程院钟世镇院士专家工作站揭牌仪式暨数字骨科前沿技术临床转化高峰论坛，在广州医科大学附属顺德医院举行。专家工作站落户顺德乐从后，将与广医附属顺德医院合作攻克和转化临床相关医学核心关键技术，共同提升本地的诊疗和科研创新水平。

乐从镇表彰师生近7000人次　2019年12月19日，顺德区乐从镇教育基金会第二十一届奖教奖学颁奖大会暨劳村小学第五届供销集团奖教奖学颁奖典礼在劳村小学举行。该次颁奖大会共表彰包括劳村小学师生在内的全镇师生近7000人次，其中乐从镇教育基金会第21届奖教奖学颁奖大会奖金超210万元，全镇师生近2000人次获表彰。劳村小学第五届供销集团奖教奖学颁奖典礼奖金约30万元，劳村小学师生近5000人次获表彰。

【龙江镇】龙江位于顺德区西部，是国家重点镇、广东省中心镇，也是珠三角地方性中心和佛山城市组团之一，国道325线、省道121线、珠二环高速、佛开高速、顺番路、乐龙路经过辖区。面积73.8平方千米，辖13个村、10个社区。常住人口33.75万人，其中户籍人口10.9万人。是中国家具设计与制造重镇、中国家具材料之都、中国塑料建材产业之都、中国家具电子商务之都，拥有

顺德区乐从镇　　（顺德区乐从镇供图）

获“国家卫生镇”“广东省技术创新专业镇”“广东省知识产权试点区域”“广东省教育强镇”“广东省历史文化名镇”“国家电子商务示范基地”“佛山家居名镇”等称号，2019年获批“国家市场采购贸易方式试点”。2019年，龙江镇完成工业总产值916.6亿元，比上年增长7.2%；全社会固定资产投资97亿元，增长7.7%；税收入库27.43亿元。位列全国综合实力千强镇第三十三位。

《龙江村志全集》出版 2019年，龙江镇22册《龙江村志全集》出版。村志全集记述龙江22个村的历史沿革、山川地理、经济文化、风情民俗等内容，让龙江的故事有志记载、有根可寻。

龙江外国语学校落成启用 2019年9月8日，龙江外国语学校举行落成典礼。该学校总投资4.5亿元，校园占地面积6.67万平方米（约100亩），建筑面积9.4万平方米，办学规模60个班，可满足3000人寄宿需求，是龙江镇重点打造的优质公办初中学校。

广东首个票证展示馆落户龙江 2019年9月26日，顺德票证展示馆落成启用。顺德票证展示馆位于龙山社区涌尾街2号旁。展示馆前身为1925年重修的龙山六街商务公所。该馆展出的文物由梁子虾提供。展示馆内收藏有过百种顺德地区票证，有距今93年之久的龙山商务会所米券（属文物级孤品），还有20世纪50年代初龙江、龙山粮油、食糖、饲料票证，20世纪50年代番顺县票证、20世纪60年代顺德渡口过海票，20世纪60年代龙江等地往来自行车（当年公交车）乘客车票。

【杏坛镇】 杏坛，以孔子讲学的杏坛之说命名，位于顺德西南部，水陆交通四通八达，江顺大桥，顺德新港坐落其中，佛山“一环”南延线、南二环高速、高富路等让杏坛与珠江三角洲各地实现快速对接。全镇总面积122平方千米，辖24个村、6个社区。2019年，户籍人口14.3万人，流动人口约11万人。杏坛是珠江三角洲知名水乡，文化氛围浓郁，逢简景区全年接待游客140万人次。2019年，杏坛镇实现地区生产总值256.49亿元，比上年增长7.21%；工业总产值744.34亿元，增长11.21%；全社会固定资产投资83.06亿元，增长10.73%；税收21.54亿元，增长11.09%。

杏坛光华德彦工业区改造 2019年7月16日，杏坛镇光华德彦工业区征地方案顺利依法通过表决，征收土地33.87公顷（约508亩）。光华德彦工业区改造项目采取政府直接征收模式进行改造。园区将建设一批集约化、现代化的标准厂房，助推杏坛传统塑料产业向智能家居、商业服务等高端产业升级发展，计划重点打造发展以先进装备制造业、智能家居、新材料为主的创新创业产业集聚区。

2019顺德（杏坛）新材料暨智能装备产业峰会 2019年11月28日，由顺德区杏坛镇人民政府、顺德高新技术产业开发区管理委员会主办的2019顺德（杏坛）新材料暨智能装备产业峰会在杏坛镇举行。该届峰会以杏坛新材料、智能装备制造的城市产业名片，向全国展示杏坛镇产城融合的先进制造产业带建设成果和优异的投资环境。峰会分为产业推介、产业亮相、产业主题演讲、产业加速环节，分析新材料发展趋势、创新技术及突破，并深度开展产业对话，政企对接交流，寻找落户合作发展机遇。

杏坛龙舟队海外获3项冠军 2019年6月16日，第六届沙巴华堂国际龙舟赛在马来西亚举行，赛事有来自马来西亚、中国、文莱、菲律宾等国家的近100支队伍参加。广东樱奥杏坛龙舟队应邀参加200米、800米男子以及混合组4个项目的比赛，获男子200米、男子800米、混合800米3项冠军，其中“元首杯”男子800米是该次赛事的最高荣誉。

【均安镇】 均安镇地处珠三角腹地，扼顺德西南片区的开放门户，为佛山与中山、江门两市的黄金交汇点。镇域总面积80.13平方千米，辖5个村和8个社区，户籍人口9.74万人，流动人口9.69万人。2019年，均安镇实现地区生产总值190.47亿元，比上年增长7.0%。工农业总产值412.97亿元，增长3.84%，其中工业产值405.75亿元（增长3.89%）、规模以上工业产值252.11亿元（增长5.88%）。限额以上批零住宿餐饮营业额17.86亿元，增长15.56%。城镇常住居民人均可支配收入43920元，增长6.82%。境内住户储蓄余额116.54亿元，增长10.05%。工商业税收11.87亿元，下降11.88%。固定资产投资50.01亿元，增长11.11%。公共财政预算收入6.36亿元，公共财政预算支出7.49亿元。第一、第二、第三次产业比例为2.47 ∶ 63.09 ∶ 34.44。

南沙社区医养结合服务中心启用 2019年4月3日，均安镇南沙社区医养结合服务中心正式启用。该中心利用闲置用房和场地改造而成，占地面积6000多平方米，医养用房面积2200平方米，设置医养床位70张。

均安镇最大工业区改造项目启动拆除 2019年10月15日，均安镇星槎工业区改造项目启动首批清退厂房拆除工作，拆除面积3.53公顷（约53亩）。星槎七滘工业区改造项目总占地面积84公顷（1260亩），首期改造面积27.67公顷（约415亩），计划实施园区建设8.73公顷（约131亩）。按照项目改造实施方案，土地收益为现金加配建商品厂房物业，获得的现金收益按相关政策用于股民分红。在项目现场，清拆单位投入300万元购入1台多功能碎石机，建筑垃圾通过碎石机变成沙子，沙子主要供应给砖厂，用于植草砖、市政行人砖以及路基垫层等。

均安队首夺佛山市镇（街）男子篮球超级联赛冠军 2019年8月9日，经过近2个月的比赛，以“喜迎篮球世界杯，我和祖国共成长”为主题的“佛山农商银行杯”佛山市第六届镇（街）男子篮球超级联赛在佛山市体育馆结束。在该赛事中4度闯进决赛的顺德均安队在该届联赛决赛中以89比85战胜对手顺德大良队，首次夺得联赛冠军。

（田小玲）

高明区

【概况】 高明区位于佛山市西部，是珠江、西江交汇的重要节点，与南海区、三水区及肇庆市高要区、云浮市新兴县、江门市鹤山市（县级市）相邻。高明得名于西汉元鼎六年（公元前111年），先后属南海郡、苍梧郡辖地，明成化十一年（1475年）设高明县，1981年恢复县建制并划归佛山地区管辖，1994年撤县设市，2002年撤市建区。2019年辖荷城街道、杨和镇、明城镇、更合镇等4个镇（街道），有23个社区、54个行政村，673个村（居）民小组，区政府驻地为荷城街道。辖区总面积937.81平方千米。年末户籍人口32.98万人、常住人口44.96万人。人口自然增长率9.88‰。祖籍高明的海外华人、华侨2万人，台港澳同胞8万人。

2019年，高明区有耕地面积1.41万公顷，粮食播种面积0.56万公顷，粮食产量3.14万吨。林地面积4.63万公顷，森林覆盖率51.17%，活立木蓄积量326.1亿立方米，人均公园绿地面积22.5平方米。土特产有“合水粉葛”“锦园火龙果”“鹏鹄食用菌”“三洲黑鹅”“海达冰鲜鹅”“新广黄鸡”“八达鳜鱼”“明丽沙葛”等。主要旅游景点有盈香生态园、美的·鹭湖森林度假区、海天娅米阳光城堡、皂幕山风景区、唐代龙窑遗址、云勇森林公园。主要传统民俗活动有“角仔节”“塘肚行神”“扒龙舟”等。

高明区是粤港澳大湾区西部综合交通枢纽、珠江西岸先进制造新高地、岭南田园城市新样本。2019年，高明全区实现地区生产总值871.58亿元，比上年增长6.5%。万元生产总值能源消耗0.40吨标准煤。社会用电量53.15亿千瓦·时。全年科学技术财政投入3.93亿元，比上年增长19.86%；教育事业财政投入8.84亿元，增长4.43%；文化体育与传媒财政投入0.58亿元，下降5.08%；医疗卫生与计划生育财政投入5.28亿元，下降11.79%。年末从业人员18.97万人，城镇登记失业人员总数为2056人，城镇登记失业率为2.60%。全年接收社会化管理退休人员0.23万人，在册管理的社会化退休人员有3.3万人。领取职工养老保险待遇的退休人员3.72万人，领取城乡居民养老保险待遇的退休人员3.31万人，享受失业保险待遇1.48万人次，享受生育保险待遇4.68万人次，享受工伤保险待遇0.57万人次。城镇生活污水集

2019年高明区国民经济主要指标情况表

指　标	计量单位	绝对值	比上年增长（%）
地区生产总值	亿元	871.58	6.5
第一产业增加值	亿元	22.24	-8.4
第二产业增加值	亿元	659.34	6.5
工业增加值	亿元	641.03	6.8
第三产业增加值	亿元	190.00	8.2
人均地区生产总值	元	195313	5.4
规模以上工业总产值	亿元	3278.88	7.3
农林牧渔业总产值	亿元	49.52	13.0
固定资产投资	亿元	-	-6.8
社会消费品零售总额	亿元	148.54	6.5
外贸进口总额	亿元	28.10	14.0
外贸出口总额	亿元	186.70	5.8
实际利用外资直接投资	亿元	2.39	16.8
地方一般公共预算收入	亿元	42.53	5.3
地方一般公共预算支出	亿元	53.55	7.6
城镇常住居民人均可支配收入	元	38827	9.5
农村常住居民人均可支配收入	元	26952	11.6
境内住户存款余额	亿元	245.13	9.8

2018—2019年高明区社会事业主要指标情况表

指　标	计量单位	2018年	2019年
普通高校	所	1	1
普通高校在校学生	人	12000	12000
中等职业学校和技工学校	所	3	2
中等职业学校和技工学校在校学生	人	4178	4457
普通中学	所	12	13
普通中学在校学生	人	18023	19292
小学	所	24	23
小学在校学生	人	32060	35956
幼儿园	所	40	45
在园幼儿	人	15404	16019
医院、卫生院	家	14	14
医院、卫生院床位	张	1892	1913
群众艺术馆、文化馆	个	77	78
公共图书馆	个	116	106
博物馆	个	5	6
国家档案馆	个	0	1

中处理率96.37%，城镇生活垃圾无害化处理率100%。

高明素有“文风甲端郡”“硕彦辈出”的美誉，拥有古椰贝丘遗址、唐代龙窑遗址、灵龟塔等55处各级文物保护单位，有阮埇村、榴村、上湾村、朗锦村等中国传统村落，还有高明花鼓调、高明濑粉、高明花灯、扎狮等具有高明地方传统特色的非物质文化遗产。历史文化名人有明代岭南诗坛领袖区大相，广东象牙微雕艺术奠基人冯公侠，著名数学家和教育家何衍璇，中国近代第一报人梁发，民主革命先驱谭平山、谭植棠、谭天度等。高明是广东革命老区之一，拥有丰富的革命文化资源，建有高明区红色廉政文化教育基地、谭平山故居、中国人民解放军粤中纵队纪念馆等红色文化场馆。

2019年，高明区获评为国家知识产权强县工程示范区、国家生态文明建设示范区、广东省全域旅游示范区（首批），入选全国百强区排行榜（第四十名）。

中共高明区委书记：徐东涛；区人大常委会主任：罗雄；区长：梁耀斌；区政协主席：黄棋泰；区纪委书记：蔡国富。

【产业发展】2019年，高明区实现地区生产总值871.58亿元，比上年增长6.5%。其中：第一产业增加值22.24亿元，下降8.4%；第二产业增加值659.34亿元，增长6.5%；第三产业增加值190亿元，增长8.2%。三次产业比重为2.6 ∶ 75.6 ∶ 21.8。

现代农业基础不断夯实　全年实现农林牧渔业总产值49.52亿元，按可比价格计算，比上年增长13.0%。其中：农业产值12.07亿元，增长20.2%；林业产值2.05亿元，下降18.8%；牧业产值18.32亿元，增长5.4%；渔业产值13.1亿元，增长4.1%；农林牧渔服务业产值5.13亿元，增长483.2%。全年新增广东AAAA农业公园1个、市级以上农业龙头企业3家、市级以上“菜篮子”基地6个、“三品一标一名牌”（无公害农产品、绿色食品、有机产品、地理标志农产品、农业类广东省名牌产品）农产品17个。推进现代农业产业化“万亩工程”，启动万亩花海、万亩稻田、万亩坚果建设，其中万亩花卉产业园被纳入省级现代农业产业园创建名单。创建农业节庆品牌，举办庆祝2019年中国农民丰收节和高明粉葛文化节活动。新认定新型职业农民469人，培训4579人次。

工业发展质量提升　全区实现工业总产值3365.95亿元，比上年增长7.2%。其中：实现规模以上工业产值3278.88亿元，增长7.3%。轻重工业之比为43.43 ∶ 56.57。拥有规模以上工业企业510家，其中主营收入超百亿工业企业1家、超50亿工业企业3家、超10亿工业企业12家、超5亿工业企业25家。“七大支柱产业”实现规模以上工业总产值2617.75亿元，占全区规模以上工业总产值的79.84%。其中，纺织服装产业416.21亿元、食品饮料产业257.06亿元、家居建材产业480.62亿元、精细化工产业279.39亿元、金属制品产业743.27亿元、塑料制品产业206.93亿元、电子电器产业234.28亿元。装备制造业、新能源、新材料三大战略性新兴产业实现产值1848.58亿元，占全区规模以上工业总产值的56.38%。

第三产业发展后劲增强　入选首批广东省全域旅游示范区，扶持盈香生态园、鹭湖等重点景区项目做大做强，加快推进凌云花谷、陌上花开等12个重点项目，10家本土民宿入选首批“佛山民宿”并挂牌，“乡村研学体验游”乡村旅游线路入选首批省级乡村旅游精品线路。全年接待游客940.8万人次，比上年增长16.2%；实现旅游总收入40.5亿元，增长14.4%。落实粤菜师傅“1+5”系列工程（围绕建设世界知名“粤菜粤厨名城”这一目标，全面实施“厨出佛山”粤菜师傅培育工程、“寻味佛山”粤菜美食体验工程、“佛味鲜生”优质粤菜食材建设工程、“佛味秀世界”粤菜粤厨走出去工程、“佛游味劲”文旅餐饮融合发展工程5大重点工程）建设项目，做好餐饮街区规划布局，宣传高明特色美食，打造高明美食名片。社会消费品零售总额148.54亿元，比上年增长6.5%。其中：批发零售贸易业零售额129.09亿元，增长6.6%；住宿餐饮业零售额19.45亿元，增长5.9%。加快电子商务发展，推进犀头创意产业园三期工程、荷新创意产业园、万方智慧城等电商产业园的建设运营招商。组织京东云仓、“众塑联”申报“智慧物流腾飞计划”试点企业，以点带面推进物流标准化、智能化。

【全面深化改革】2019年，高明区坚持以习近平新时代中国特色社会主义思想为指导，部署推进重点改革专题7项、改革工作要点36项、新增改革项目2个，基本完成年度目标任务。

区镇两级管理体制改革　完成区级机构改革，改革后设置区级党政机构29个，调整职能102项、转隶人员138人。加强区级对核心发展资源的统筹能力，深化在招商、土地、规划、城管、教育、医疗等领域的区级统筹力度，构建上下贯通、运行顺畅的机构职能体系。对中心城区核心区城市管理体制进行调整，优化中心城区城市建设、管理和城管综合执法等职责，推动中心城区城市建设管理提质升级。推动教育、医疗领域区级统筹工作，完成小学、幼儿园一级办学体制改革，基层公立医疗卫生机构实施“公益一类财政供给，公益二类事业单位管理”新模式，部署镇（街道）体制改革，开展专项调研，对镇（街道）的机构设置进行模拟铺排，压实镇（街道）体制改革基础性工作。

营商环境营造　实施“拿地即动工”改革试点，将泰极动力等10个重点产业项目纳入试点。其中，泰极动力项目政府审批环节仅用时13个工作日，比市设定的30个工作日审批时限提前17天。深入推进“区域环评+清单式管理”改革，项目环评与区域环评成果共享，4个新建项目符合条件调整环评文件等级，审批时间从30天缩短到当天受理即办结；17个非重大变动项目实现备案管理，审批时间由35个工作日缩短至3个工作日。深化工程建设项目审批制度改革，工程建设领域审批时限压减78%，压减约150天。

发展资源高质量配置　探索低效产业用地整治提升新模式，推进低效产业用地整治提升。全年盘活低效产业用地109宗，盘活面积416.5公顷（6247.41亩），完成年度目标任务的104.12%；合同投资总额139.6亿元。构建以“亩均效益”为核心的企业高质量发展综合评价体系，从投入产出、科技创新、绿色发展等维度，探索建立“6+1+X”的企业高质量发展综合评价指标体系，完成全区2018年主营业务收入2000万元及以上或年纳税额100万元及以上的390家工业企业高质量发展初步评价。

基层社会治理“一张网”建成 以“智网工程”为依托，建设基层社会治理“一张网”，将社会治安、公共安全等基础工作分批对接入格入网，实现全科网格治理和全民网格治理，推动管理下沉、资源下沉。全年通过“一张网”上报网格事项13074个，累计办结网格事项13029个，办结率99.6%。在省通报的八项指数中，高明区群众安全感、社会治安安全感提升率、政法工作满意度、平安创建知晓率、平安创建参与度等五项指标均排名全市第一名。是年，区“智网工程”项目获国家地理信息产业优秀工程银奖。

【创新驱动发展】 2019年，高明区主动对接广深港澳科技创新走廊和佛山“一环创新圈”，深入实施创新驱动发展战略，完善创新激励政策，激活企业创新活力，促进高端创新要素加快集聚。

创新平台建设加快推进 推进高端创新载体建设，总投资100亿元的鑫创AI国际科创智谷项目正式动工，打造以“AI+大数据+工业信息化”为核心的国际人工智能产业体系；高明（中科院）新材料产业研究院、高明产业创新研究院完成升级改造，服务企业109家，区科技创新创业中心完成搬迁选址和改造测算工作。推进高企树标提质，扩充高企储备库企业至254家，新认定国家级高新技术企业65家，高新技术企业存量达188家。

企业创新主体地位强化 出台《佛山市高明区科技成果转化奖励暂行办法》，健全产学研协同创新机制，与西安理工大学、华南理工大学等高校院所开展产学研交流并建立产学研战略合作关系。加强研发机构建设，出台资助办法鼓励企业和科研单位加强研发基础条件建设，3家企业获批组建市级工程中心，19家企业申报省级工程中心，德方纳米、新材料产业研究院申报省重点实验室。截至2019年底，有各级工程技术研究中心307个，其中省级54个、市级102个、区级151个。促进企业技改创新，落实各级工业企业技改事后奖补政策，全年协助工业企业获省、市技改专项扶持4635.3万元，支持企业新增应用机器人223台，创建省级企业技术中心2个、市级企业技术中心3个，2家企业获得省级工业设计中心认定。

质量强区战略深入实施 推动质量强区建设，深入民营企业开展上门帮扶，启动8家企业质量管理辅导活动，海天公司获市政府质量奖。全年新增8家市细分行业龙头企业，马德里国际商标增至29件，参与制（修）订各类标准10项，累计主导或参与制（修）订已发布的国家标准增至63项、行业标准增至69项、地方标准增至17项。上级工业产品质量监督抽查综合合格率89.9%，连续多年位列全市前列。区内首个国家级服务业标准化试点项目建设稳步推进，广东省茶叶标准示范区建设通过考核验收。

【高明区成功创建“国家生态文明建设示范市县”】 2019年11月14日，生态环境部发布公告，授予全国第三批84个市县“国家生态文明建设示范市县”称号，高明区名列其中。2016年起，高明区以坚决打赢污染防治攻坚战为统领，出台全区生态文明建设规划等系列政策举措，统筹安排生态文明建设六大工程及落实53个生态文明建设重点项目，全力推进国家生态文明建设示范区创建。全区环境空气质量连续5年稳居全市首位，饮用水源水质达标率保持100%，国控、省控断面水质均稳定达标，劣V类水体基本消除，市域森林覆盖率59.24%，高标准达到创建各项指标。

【全球首条商业运营氢能源有轨电车在高明区开通营运】 2019年12月30日，高明区氢能源有轨电车正式载客运营。作为全球首条商业运营的氢能源有轨电车线路，高明有轨电车示范线规划全长17.4千米，设车站20个。首期工程全长6.5千米，总投入10.7亿元，南起沧江路与中山路交叉口，北止于西江新城智湖，共设置沧江路、跃华路、怡乐路、荷城、文化中心、明湖公园、新江路、体育中心、阮埇、智湖10个车站，并在智湖站附近建设车辆基地及加氢站1个，调度指挥中心设置于车辆基地的综合楼内。

【高明区获评广东省全域旅游示范区】 2019年12月，高明区入选首批广东省全域旅游示范区名单，成为广东省全域旅游示范区。自2016年11月成功申报成为广东省首批32家省级全域旅游示范区创建单位并正式启动创建工作以来，高明区构建“一轴三带、极点支撑”（以高明全域景观大道为轴，串联起以荷城街道、西江产业新城为核心的花香经济带、以杨和镇为核心的滨水度假带、以

高明区美的鹭湖度假区 （饶国兴 摄）

更合镇为核心的红色文化带三大板块，美丽乡村、特色小镇、景区景点等作为极点支撑）空间格局，建成3个国家级生态镇、17个省级宜居社区、1个中国森林体验基地、2个AAAA级旅游景区、1个自然保护区、15个森林公园、3个湿地公园，推动城区景区化、乡镇景点化、村居景观化、景区智慧化，打造粤港澳大湾区重要休闲旅游目的地、国家轻度假旅游目的地样板区。

【高明区临时气象观测站获评中南地区机场建设临时气象观测站示范基地】 2019年1月30日，位于更合镇的高明区临时气象观测站被民航中南地区管理局评为中南地区机场建设临时气象观测站示范基地，并举行揭牌仪式。这是民航中南地区管理局首次将一个临时野外气象观测站评为“示范基地”。机场临时气象观测站于2017年7月底启动建设，是年10月初建成并启动观测，完成气象报告编制工作并移送民航中南局审核。

【高明区举行2019乡村振兴示范创建村擂台赛】 2019年3月12日，高明区在荷城广场举行2019乡村振兴示范创建村擂台赛。擂台赛上，18个备选村参赛代表通过上台演讲，展示各村的面貌、发展状况、乡村振兴成果和将来的规划。擂台赛后，通过综合实地评议、广场擂台赛、网络投票、领导专家组评议等情况，确定荷城街道石洲村（行政村）、杨和镇大布村、明城镇坟典村、更合镇小洞村（行政村）4个村（片区）作为全区乡村振兴示范创建村。

【高恩高速公路通车】 2019年4月3日，高恩高速公路全线通车。高恩高速公路北起高明区更合镇，顺接广明高速公路，设置高村互通与江罗高速公路相交；终于恩平市沙湖镇，与中开高速公路对接，设置凤山互通与开阳高速公路相交。该高速公路通车后，高明往来粤西中部地区车程缩短约30分钟，高明承东启西的交通区位优势凸显。

【高明区获评国家知识产权强县工程示范区】 2019年7月，高明区凭借全国县域第十一名、广东县域历史最高分（104.7分）的优秀等次成绩通过国家知识产权强县工程试点区验收，因成效突出，直接越过示范区的培育期，获评为国家知识产权强县工程示范区。自2016年被国家知识产权局确定为国家知识产权强县（区）工程试点区后，高明区抓实抓牢知识产权创造、保护、运用，激发区域创新活力动力。截至2019年底，全区省级以上知识产权国家示范、优势企业达26家（其中国家级13家），省企业重点实验室4个，各级工程技术研究中心增至307个，其中省级工程技术研究中心54个、市级工程技术研究中心102个、区级工程技术研究中心151个。

【西江产业新城挂牌成立】 2019年9月6日，高明区西江产业新城挂牌，与佛山高新区高明园管理局实行“一个机构、两块牌子”运行机制，标志着西江新城和沧江工业园实现全面整合。通过全面整合，进一步发挥沧江工业园在产业集聚方面的优势，以及西江新城在城市建设方面的优势，形成“1+1＞2”的聚合效应，打造以产兴城、以城聚产、城产融合的区级战略发展平台。

【高明区位列2019年全国综合实力百强区第四十位】 2019年10月8日，2019年中国中小城市科学发展指数研究成果发布，高明区位居全国综合实力百强区第四十位，比2018年上升2位。中国中小城市科学发展指数研究成果主要对相对独立发展的692个市辖区进行全样本评价，其中综合实力评价体系主要从现代经济发展、社会民生改善、生态环境建设、城乡融合发展、政府服务效率等5个方面58个指标进行评价。同时，课题组还发布全国综合实力千强镇排名，明城镇排第三百八十六名。

【荷城街道】 荷城街道位于高明区东部，濒临西江，由西江、沧江二水环抱，是高明区委、区政府驻地，全区的政治、经济、文化、金融、信息和科技中心。2019年辖16个社区、15个行政村，有215个村（居）民小组。辖区总面积179.05平方千米。年末户籍人口16.6万人，常住人口约26万人。耕地面积0.24万公顷，林地面积0.29万公顷，森林覆盖率25.02%，活立木蓄积量22.4万立方米。荷城街道是“广东省体育先进镇”“广东省文明镇”“广东省教育强镇”“广东省卫生城市”“广东省专业镇技术创新试点单位”“广东省生态乡镇”。支柱产业和特色产业有食品产业、石化产业、纺织产业。2019年荷城街道规模以上工业总产值2155.73亿元，比上年增长8.3%。

高明纬贵仓储物流项目投产　2019年1月，佛山市高明纬贵仓储有限公司万科佛山高明智慧物流产业园项目完成建设并投入使用，全部商户进场完毕。该项目于2018年1月落户荷城街道，是以佛山市高明区为服务核心，同时辐射全市，以及广州市、深圳市的智慧物流产业基地。项目投资建设2栋冷库及3层高标仓储，总建筑面积6.2万平方米，项目提供6.2万平方米可出租仓库。

荷城街道党工委获评广东省依法治省工作先进单位　2019年8月1日，根据《中共广东省委关于表彰广东省依法治省工作先进单位和先进个人的决定》，中共佛山市高明区荷城街道工作委员会获评为广东省依法治省工作先进单位。荷城街道高度重视法治建设工作，建成街道调委会1个、村（社区）人民调解委员会29个、行业性调委会3个、专业性调委会1个，有人民调解员351人，法治化工作体系不断健全。

【杨和镇】 杨和镇位于高明区腹地。2019年辖3个社区、7个行政村，有119个村（居）民小组。辖区总面积246.27平方千米。年末户籍人口4.31万人，常住人口7.60万人。耕地面积0.23万公顷，粮食播种面积0.04万公顷，粮食产量0.21万吨。林地面积11994.13公顷，森林覆盖率58.04%，活立木蓄积量90.90万立方米。杨和镇是“国家级生态乡镇”“广东省金属材料专业镇”“广东省教育强镇”“广东省卫生镇”“广东省教育现代化先进区”“广东绿色城镇”“广东省生态乡镇”“广东省森林小镇”。支柱产业是金属材料。特色产业有蔬果种植、禽畜（生猪、家禽）养殖、水产养殖和装备制造业。主要旅游景点有皂幕山旅游风景区、美的·鹭湖森林度假区。2019年杨和镇规模以上工业总产值497.28亿元，比上年增长7.7%。

鹭湖假日小镇成功通过首批市级特色小镇验收命名　2019年10月，鹭湖假日小镇被命名为佛山市市级特色小镇（首批）。该小镇位于高明区杨和镇，规划面积3.86平方千米（核心区2.5平方千米），计划投资18.02亿元。小镇以旅游休闲、文化创意为主导产业，依托美的·鹭湖森林度假区整合周边旅游资源，打造地区性总部基地与度假休闲小镇。截至年底，小镇的硬件基础条件相对成熟，白鹭湖生态保护区、安纳希小镇、爱丽丝庄园、森林探索王国中陆公园、鹭湖半山温泉等设施建设总体完成，对川问茶茶文化创意产业园在建。小镇全年旅游产值超1.1亿元，各景区游客超250万人次。

10家民宿获授“佛山民宿”标识牌　2019年11月14日，杨和镇10家民宿获授“佛山民宿”标识牌，是佛山市首批挂牌民宿企业，其中新安村被誉为高明区第1个民宿村。新安村民宿项目是叠水泉生态旅游度假区的一个特色旅游项目，民宿建设利用村内闲置的房屋进行改造翻新，配套特色餐厅、旅游服务中心、农家生活体验项目、团建活动场所、沙滩活动等。

北大培文实验学校投入使用　2019年，佛山市高明区北大培文实验学校投入使用，于9月开学。该学校位于杨和镇高明大道中216号，投资6亿元，占地面积10公顷（约150亩），其中首期工程占地2.67公顷（约40亩）、建筑面积2.56万平方米，建设教学楼、综合楼、文体楼、宿舍楼，规划36个班（小学24个班、初中12个班），可提供学位1440个。

高明区杨和镇新能源基地（万博电气）　　*（高明区杨和镇供图）*

【明城镇】 明城镇地处高明区中心腹地。2019年辖1个社区、13个行政村，有150个村（居）民小组。辖区总面积183.41平方千米，年末户籍人口5.31万人，常住人口5.27万人。耕地面积2843.9公顷，粮食播种面积2397.7公顷，粮食产量12203万吨。林地面积0.71万公顷，森林覆盖率45.69%，活立木蓄积量43.25万立方米。明城镇是“国家小城镇经济综合开发示范镇”“国家级生态乡镇”“全国重点镇”“广东省中心镇”“广东省文明村镇”“广东省教育强镇”“广东省卫生镇”“广东省宜居示范镇”。支柱产业是建材、新能源，特色产业有智能包装、新材料与装备制造业。2019年明城镇规模以上工业总产值371.3亿元，比上年增长7.0%。

明城镇成为佛山市“四好农村路”示范镇　根据佛山市交通运输局发布关于2019年度佛山市“四好农村路”示范镇的通报，明城镇成为全市五个之一、高明唯一入选的镇（街道）。明城镇从“建、管、养、运”4个方面抓好“四好农村路”建设管理，制订完善相关工作要点和保障措施，取得较好成效。截至2019年底，明城镇农村公路里程68.314千米，其中乡道里程50.642千米，村道里程17.672千米，全镇路段基本保持较高的路况指标，乡村道优良中等路率达80%，均实现村村通公交。

谭平山故居入选广东省文物保护单位　2019年4月19日，广东省人民政府公布第九批广东省文物保护单位，明城镇谭平山故居入选。谭平山故居位于明城镇七社村，始建于1886年。明城镇对故居按照“修旧如故”原则进行修缮，增设谭平山“生平墙”和“家风墙”，回顾展示谭平山革命事迹，重点介绍以“爱国、为公、奋斗”为主题的谭平山精神。

陌上花开项目动工　2019年6月22日，陌上花开项目动工仪式在明城镇峰江石场举行。项目位于明城镇明西村委会，占地266.67公顷（约4000亩），总投资10亿元，首期开发建设面积66.67公顷（约1000亩），分为办公区建设和园区建设。项目依托大矿坑峭壁、曲折道路等特色场地，营造花园式自然人造景观，打造兼具美化、体验、复垦和自然群落恢复的环境友好型生态修复式公园。同时，通过特色观赏性植物种植、主题旅游资源开发、大数据平台建设及电商销售，项目计划打造成集四季花海、园艺、住宿于一体的农旅休闲花卉产业园。

红色廉政文化教育基地建成对外开放　2019年12月17日，高明区红色廉政文化教育基地举行揭牌仪式。教育基地位于明城镇明阳村委会七社村，由谭平山故居、高明区红色廉政文化展览区以及红色记忆主题公园3个部分组成，展览区设有基本陈列展厅、史料馆、多功能厅等，展出100余件珍贵史料及革命文物。

【更合镇】 更合镇位于高明区西部，北接高要，南邻鹤山，西连新兴。2019年辖3个社区、19个行政村，有184个村（居）民小组。辖区总面积347.02平方千米。年末户籍人口7.05万人，常住人口约5万人。耕地面积4958.92公顷，粮食播种面积1455.53公顷，粮食产量8642吨。林地面积2万公顷，森林覆盖率58.6%，活立木蓄积量145.8万立方米。更合镇是“广东省不锈钢产品制造技术创新专业镇”“广东省养殖业专业镇”“广东省教育强镇”“广东省生态镇”“广东省卫生镇”“广东省群众体育先进单位”。支柱产业主要有金属加工、家居建材、电子电气、精细化工等。2019年更合镇规模以上工业总产值254.57亿元，比上年增长7.9%。

第九届角仔民俗文化节　2019年3月9—10日，更合镇举办第九届角仔民俗文化节，该届活动时间由往届的1天延长至2天，举办方式由往届的由1个乡村主办改为设1个主会场和7个分会场同时举办，引导游客自驾车到金谷朗文旅小镇、鸿丽蔬菜基地、风华里·更合旅游风情街，以及4个美丽乡村游玩。通过创新角仔民俗文化节举办模式，游客数量比往届明显增加，并初步形成一条结合乡村旅游景点和美丽乡村建设成果，集美食、购物、游玩、民宿为一体的更合乡村旅游线路。

小洞乡村振兴示范创建村动工建设　2019年3月，更合镇小洞村（麦边、军屯、盘石、新村、悦塘连片村）成为高明区首批4个乡村振兴创建示范村之一。9月12日，更合镇小洞村乡村振兴示范村建设启动仪式在小洞村革命烈士纪念堂举行。该项目以“有故事的乡村红色步行博物馆”为主题，挖掘小洞村红色文化资源，打造集旅游、研学、教育、培训为一体的乡村文旅目的地。

万洋众创城项目完成签约　2019年，更合镇万洋众创城项目完成签约。该项目位于更合镇小洞工业园，由万洋集团投资建设，首期项目占地32.4公顷（约486亩），投资额约40亿元，主要打造成中小微企业以及先进制造业集聚平台。项目建成后，可引进40家规模以上企业，年均销售收入可达20亿元，年缴纳税收不低于2.67万元/公顷。

【西江产业新城】　西江产业新城位于高明区东部，于2019年由原西江新城和沧江工业园全面整合而成，规划面积48.84平方千米。西江产业新城承东启西，交通条件优越，“八横八纵”主干道路路网密集交汇。有“全国创建绿色生态文明标杆城市”称号，曾获“广东省宜居环境范例奖”，是“国家火炬计划新材料产业基地”“省级经济开发区”等。2019年，西江新城核心启动二期项目建设；成功引进鑫创AI国际科创智谷、绿地熙江广场等25个，投资总额154.12亿元产业项目；西江产业新城承接省市区重点项目17个，总投资215.19亿元，年内完成投资54.92亿元，全年目标完成率162.38%。

高明区西江产业新城智湖　（谭颂江　摄）

鑫创AI国际科创智谷项目启动　2019年4月20日，鑫创AI国际科创智谷项目启动。该项目总投资34.5亿元，规划用地面积53.33公顷（约800亩）。项目将建设集产业园区、综合商业、配套居住为一体的创新科技园与产业综合体，致力于引导高新技术企业入驻，构建“众创空间—孵化器—加速器—产业园”的孵化生态，逐步形成科技项目、科技人才和创新资源集聚，孵化、投资、建设、运营、管理功能为一体的国内领先的科创产业平台。

（崔德华）

三水区

【概况】　三水区位于广东省中部、珠江三角洲西北端、佛山市西北部，因西江、北江、绥江在境内汇流而得名。东邻广州市花都区，东南与佛山市南海区相连，西与肇庆市四会市交界，北接清远市清城区和清新区，西南与肇庆市高要区、佛山市高明区隔西江相望。明嘉靖五年（1526年）建置三水县，1993年撤县设市（县级市），2002年撤市设区。2019年辖西南街道、云东海街道、白坭镇、乐平镇、芦苞镇、大塘镇、南山镇等7个镇（街道），有24个社区、48个行政村、774个自然村，区政府驻地为西南街道。辖区总面积827.69平方千米。年末户籍人口45.55万人、常住人口68.55万人。户籍人口自然增长率10‰。祖籍三水的海外华人、华侨10万多人，台港澳同胞约12万人。

2019年，三水区耕地面积1.11万公顷，粮食播种面积0.12万公顷，粮食产量0.59万吨。林地面积1.1万公顷，森林覆盖率17.74%，活立木蓄积量95.96亿立方米。建成区人均公园绿地面积23.67平方米。重要物产资源有三水河鲜、大塘有机蔬菜、南山富硒食品等。土特产有乐平雪梨瓜、黑皮冬瓜、三水白鸭、南边小宝西瓜等。是全国汽车零部件、医疗器械、自动化机械及设备、电子电器生产基地，是全国首个富裕型长寿之乡、中国饮料之都。主要旅游景点有三水荷花世界（荷花奇境）、三水森林公园、侨鑫生态园、大旗头古村、胥江祖庙、芦苞温泉度假村、长岐古村、九道谷漂流、南丹山森林王国等。其中三水荷花世界、三水森林公园为AAAA级景区。主要传统民俗活动有赛龙舟、胥江祖庙庙会、北帝诞庙会、独树岗千叟宴、水上婚礼、抢炮、开（挂）灯、过村节等，其中胥江祖庙庙会被列入广东省非物质文化遗产名录。

三水区历史文化底蕴深厚，名胜古迹丰富。白坭镇银洲贝丘遗址证明，早在4000多年前的新石器时代就有人类居住活动。全区现有不可移动文物274处，各级文物保护单位66处，其中省级文物保护单位5处、市级文物保护单位27处、区级文物保护单位31处。拥有各级非物质文化遗产46项，其中省级非物质文化遗产2项、市级12项、区级32项。三水自古以来文教兴盛、名人众多。明、清两代，有曾任南京礼部尚书的何维柏，曾任御史的梁轸、李义壮、李希孔，曾任知府的胡澧、林钟、梁鹤鸣、胡建伟，曾任翰林院编修的林承芳、梁鸿翥，广东水师提督郑金，等等。近代有岭南三大思想家之一的胡礼垣，北洋政府国务总理梁士诒，中国早期工人运动领袖邓培，辛亥革命先驱老同盟会员邓慕韩，广东著名曲艺演唱家、粤曲“星腔”创始人邓曼薇（小明星），等等。

2019年，三水区以三水新城为龙头，推动各镇（街道）不断完善城市功能，城乡融合发展成效显现，开放发展格局步伐加快。全年全区实现地区生产总值1258.76亿元。万元生产总值能源消耗下降4.55%。全社会用电量90.98亿千瓦·时。全年科学技术财政投入7.4亿元（科技三项费用），比上年增长49.6%；教育事业财政投入11.58亿元，增长10.4%；文化体育与传媒财政投入1.37亿元，增长10.2%；医疗卫生与计划生育财政投入8.69亿元，增长15.9%。年末从业人员49.42万人，城镇登记失业人员总数2889人，城镇登记失业率2.38%。全年接收社会化管理退休人员1554人，在册管理的社会化退休人员50711人。领取基本养老金退休人员（含机关事业单位）5.8万人，享受失业保险待遇3494人次，享受生育保险待遇9058人次，享受工伤保险待遇2411人次。城镇生活污

2019年三水区国民经济主要指标情况表

指 标	计量单位	绝对值	比上年增长（%）
地区生产总值	亿元	1258.76	7.6
第一产业增加值	亿元	34.57	4.5
第二产业增加值	亿元	894.74	7.1
工业增加值	亿元	867.05	7.3
第三产业增加值	亿元	329.44	9.4
人均地区生产总值	元	185850	5.1
规模以上工业总产值	亿元	3611.87	7.7
农林牧渔业总产值	亿元	77.84	4.6
固定资产投资	亿元	653.24	2.6
社会消费品零售总额	亿元	256.71	6.7
外贸进口总额	亿元	48.1	14.0
外贸出口总额	亿元	202.6	19.9
实际利用外商直接投资	亿元	9.19	802.2
地方一般公共预算收入	亿元	66.97	7.2
地方一般公共预算支出	亿元	75.96	12.6
全体居民人均可支配收入	元	38762	10.9
城镇常住居民人均可支配收入	元	41402	10.8
农村常住居民人均可支配收入	元	30537	11.8

2018—2019年三水区社会事业主要指标情况表

指 标	计量单位	2018年	2019年
普通高校	所	3	3
普通高校在校学生	人	39103	34674
中等职业学校和技工学校	所	5	5
中等职业学校和技工学校在校学生	人	6341	7022
普通中学	所	27	26
普通中学在校学生	人	31604	30484
小学	所	34	34
小学在校学生	人	51610	54238
幼儿园	所	73	76
在园幼儿	人	22467	23426
医院、卫生院	家	19	21
医院、卫生院床位	张	2673	2685
群众艺术馆、文化馆	个	1	1
公共图书馆	个	1	1
博物馆	个	1	1
国家档案馆	个	0	1

水集中处理率95.3%，城镇生活垃圾无害化处理率100%。

2019年，三水区“千叟宴”入选2018年度中国长寿之乡品牌建设十大亮点工作。三水区“党建引领、三治结合、四会联动”基层治理模式入选2019年度中国十佳民生决策。

中共三水区委书记：黄福洪；区人大常委会主任：陈浩明；区长：胡学骏；区政协主席：何绮红；区纪委书记：林进浪。

【产业发展】2019年，三水区实现第一产业增加值34.57亿元，比上年增长4.5%；第二产业增加值894.74亿元，增长7.1%；第三产业增加值329.44亿元，增长9.4%。三次产业比重为2.7 ：71.1 ：26.2。在第三产业中，批发和零售业增加值比上年增长2.8%，住宿和餐饮业增加值增长2.5%，金融业增加值增长7.3%，房地产业增加值增长5.2%，交通运输、仓储和邮政业增加值增长10.2%，其他服务业增加值增长14.8%。现代服务业增加值184.61亿元，增长9%，占服务业增加值比重56%。是年，三水区排2019年度全国综合实力百强区第三十三名、2019年度全国投资潜力百强区第三十二名、2019年度全国绿色发展百强区第三十六名。辖属乐平镇排2019年度全国综合实力千强镇第三十七名。

农业　实现农林牧渔业产值77.9亿元，比上年增长3.2%。全年粮食作物播种面积1185.93公顷，增长0.1%；蔬菜种植面积7932.8公顷，增长5.8%；经济作物播种面积1514.27公顷，下降1.1%。全年粮食产量0.59万吨，增长0.9%；蔬菜产量27.7万吨，增长5%；水果产量2.07万吨，增长2%。全年肉类总产量10.39万吨，增长5.4%。其中：猪肉产量3.93万吨，增长1.1%；禽肉产量6.44万吨，增长8.5%。全年水产品产量13.74万吨，增长2.8%。

工业和建筑业　规模以上工业（以下口径相同）增加值比上年增长7.5%。其中，国有企业增长92.7%、民营企业增长9.3%、外商及港澳台投资企业增长3.9%、股份制企业增长8.9%。分轻重工业看，轻工业增长7.6%、重工业增长7.4%。分企业规模看，大型企业增长4.7%、中型企业增长8.9%、小型企业增长7.6%。高技术制造业增加值比上年增长7.4%。其中，医药制造业增长21.1%、电子及通信设备制造业增长9.4%、医疗仪器设备及仪器仪表制造业下降7.6%。先进制造业增加值比上年增长10%。其中，先进装备制造业增长8.2%、石油化工产业增长15.2%、先进轻纺制造业增长8.7%、新材料制造业增长9.2%、生物医药及高性能医疗器械业增长16.5%、高端电子信息制造业增长9.3%。优势传统工业增加值比上年增长6.9%。其中，纺织服装业增长9.3%、食品饮料业增长2.3%、家具制造业增长14.4%、建筑材料业增长4.5%、金属制品业下降8.5%、家用电力器具制造业增长13.1%。全年规模以上工业实现销售产值比上年增长8%，产品销售率98.6%。实现利润总额增长5.3%。

交通和邮电　完成客运量324万人次，比上年增长2.2%，完成旅客周转量28653万人千米，增长1.8%。全年水陆货运量3851万吨，增长19.4%，其中：公路运输3510万吨，增长28.3%；水路运输341万吨，下降30.4%。完成水陆货物周转量381439万吨千米，增长16.3%。其中：公路运输338616万吨千米，增长28.5%；水路运输42823万吨千米，下降33.6%。全年全区港口完成货物吞吐量1921万吨，增长3.3%。其中港口集装箱吞吐量1125万吨，增长3.2%。年末公路通车里程1002.7千米。年末全区机动车保有量200650辆，增长5.4%；新入户汽车27010辆，增长12.3%。全年邮政业务总量3.09亿元，增长13.5%；电信业务总量40.18亿元，增长47.2%。年末移动电话用户数104.78万户，下降8.7%；固定电话用户数11.01万户，增长3.2%；互联网宽带用户数21.49万户，下降1.6%。

国内贸易　社会消费品零售总额256.71亿元，比上年增长6.7%。从消费形态看，商品零售216.09亿元，增长6.8%；餐饮收入40.61亿元，增长6%。在限额以上批发和零售业商品零售额中，日用品类增长45.2%，粮油、食品类增长24.8%，饮料类增长20.7%，汽车类下降8.4%，石油及制品类下降4.7%，烟酒类下降10.8%，服装、鞋帽、针纺织品类下降16%。

对外经济　完成进出口总额250.8亿元，比上年增长18.7%。其中：出口202.6亿元，增长19.9%；进口48.2亿元，增长14%。全年外商直接投资新批企业20家，下降25.9%；合同利用外资金额18.56亿元，增长112.7%；实际使用外资金额9.19亿元，增长802.2%。

【全面深化改革】2019年，三水区印发《推进实施创造型引领型改革行动方案》《进一步提升行政效能优化营商环境的若干意见》等全局性和重点领域改革文件，推动全面深化改革向纵深发展。谋划部署乡村振兴、营商环境等49项重点领域改革。高质量完成区级机构改革，增强区级统筹改革能力，实现区镇协调联动、同频共振，形成改革创新合力，进一步激发全区经济社会发展活力。

经济高质量发展体制机制构建　修订《佛山市三水区支持实体经济发展的若干政策意见（2019年修订）》，出台《佛山市三水区关于促进民营经济高质量发展的若干意见》《三水区纪委监委依纪依法保障民营企业权益十条措施》，推出“一次过会，五星服务”“政策兑现，一门办理”等创新举措。实施“英才计划”引进、培育、服务、保障四大工程，完善发展体制机制。推进佛山高新区万亩核心产业园、三水新城科技创新园等创新型、引领型产业载体建设，打造高质量发展新经济走廊，全面对接“一环创新圈”。聚焦战略性新兴产业和先进制造业开展招商引资，“招商引资千亿行动计划（2017—2019年）”任务于年内完成。

供给侧结构性改革　继续推进“降成本”行动计划，降低企业发展各类成本47.2亿元。投入42.21亿元补齐软硬基础设施短板。加大金融支持实体经济力度，本外币各项贷款余额增速位居全市5个区前列。新增新三板挂牌上市企业2家，累计12家。

商事制度改革　实现开办企业全流程3天内办结，营业执照办理最快5分钟完成。新增“个转企”市场主体647户。新设市场主体9891户，比上年增长16.6%。市场主体总量达46471户。

政务服务改革　出台提升行政效能优化营商环境意见22条，向镇（街道）下放行政管理权485项，推动高频事项“零跑腿”，工程建设项目事项“全网办”。高标准打造24小时自助政务服务超市，普及“一键查、随身办”指尖微服务。

乡村振兴综合试点改革　以制度、人才、组织、惠民、善治“五大路径”探索党建引领乡村振兴，以规划同一、发展同步、管理同标、服务同质、治理同效、政社同向“六个协同”推动城乡融合发展，实施“三片联动、百村共建”创建行动，推动乡村振兴综合改革省试点工作取得阶段性成效。

社会治理创新　持续办好一批民生实事和民生微实事，深入实施教育“提质创优建高地”行动，教育教学质量稳步提高。推进医疗卫生改革，优化医疗卫生资源布局，白坭医院一期投入使用，新城医院、北部医疗中心等稳步推进，医疗服务水平持续提升。深入实施水环境整治，广佛跨界河涌水质大幅改善。“党建引领、三治结合、四会联动”基层治理模式入选年度中国十佳民生决策。

【创新驱动发展】2019年，三水区对标科技创新先进地区，做好创新驱动发展、企业提质增效，开展创新载体提升和创新平台建设。

高新技术企业树标提质　全年149家企业通过高新技术企业认定，年末全区高新技术企业存量476家，其中规模以上高新技术企业占比78.36%。11家高新技术企业被认定为佛山市标杆高新技术企业，12家企业被认定为佛山高新区“瞪羚企业”。广东邦普循环科技有限公司获广东省科技进步奖一等奖，广东爱旭科技有限公司和佛山市金万达科技股份有限公司获广东省科技进步奖二等奖，实现三水企业获广东省科学技术奖一等奖“零的突破”，获奖级别及数量均创历史新高。另外，3家企业获佛山高新技术进步奖一等奖、3家企业获佛山高新技术进步奖二等奖、2家企业获佛山高新技术进步奖三等奖。

企业研发机构组建成效　新增省、市、区工程技术研究中心分别为17个、16个、34个，年末全区各级工程中心480个，其中省级131个、市级188个、区级161个，规模以上工业企业研发机构建有率55%。

科技创新平台量质提升　吸引中国首个IBM Garage（IBM车库）物理空间、中美青年创客交流中心、国家增材制造创新中心佛山分中心、中科院南京移动宽带通信技术中心、华南理工大学－三水“5G-AI应用”联合研究中心等科技创新平台落户。全年新增国家级众创空间2家、市级众创空间1家。

人才团队引进见成效　新增1个市级创新人才团队，新引进佛山中国科学院产业技术研究院产业化创新团队2个。1个项目获中国创新创业大赛（广东赛区）奖项，1个项目获中国创新创业大赛（佛山赛区）奖项。

企业创新能力持续提升　全年有424项产品通过广东省高新技术产品认定。3个项目获佛山市核心技术攻关项目立项。30个项目获2019年佛山市医学类科技攻关项目立项。13个项目进行科技成果登记。20项技术交易合同进行登记，技术交易额1600多万元。143个项目通过企业研究开发费用税前加计扣除技术鉴定。

【城市三水高质量发展大会】2019年5月23日，三水区“扬帆湾区　勇立潮头”城市三水高质量发展大会举行。会上，有包括Auto Space智车港、联信5G科技城、港湾青年创业创新基地、邦普高镍正极材料等23个项目签约，签约项目分产业载体、创新平台、创新产业、宜居宜业四大类，投资总额超160亿元。会上，还举行粤港澳大湾区青年总会（佛山）联络处揭牌仪式和中美青年创客交流中心共建启动仪式，并对一批标杆企业进行表彰，同时还发布优质重大项目、创新型产业载体、强力“政策杠杆”，以及一系列进一步优化营商环境、提升城市能级的“行动方案”。

【三水区“千叟宴”入选2018年度中国长寿之乡品牌建设十大亮点工作】2019年5月，三水区“长寿三水，孝善之城”重阳公益“千叟宴”活动入选由长寿之乡绿色发展区域合作联盟组织评选的2018年度中国长寿之乡品牌建设十大亮点工作。2018年重阳节期间，三水区全区设2400多席“长寿三水　孝善之城”千叟慈善宴，为超2万名长者庆重阳。三水区作为粤港澳大湾区唯一的富裕型长寿之乡，敬老爱老的孝善文化传统深入三水人的“基因”。三水区级层面、各镇（街道）、村（社区）每年均举办公益“千叟宴”活动，是三水传统盛事。举办“千叟宴”活动的历史可追溯到30多年前的芦苞镇独树岗村的宴席祝寿活动。

【三水国库直接支付业务全流程电子化支付改革】2019年8月19日，三水区财政局上线国库直接支付电子化，建立预算单位、财政部门、代理银行、人民

2019年1月18日，三水区城市三水未来馆正式开放　　（三水区供图）

银行四方的电子支付通道，实现国库直接支付全面网上审批和清算，实现从“人工跑单”到“数据跑路”的根本性转折。通过技术手段建立动态校验、电子验章、全程留痕的业务管理模式，构筑起财政资金阳光安全运作“防护网”。11月26日，区财政局在国库直接支付电子化运行稳定顺畅的基础上，把电子化改革延伸至授权支付业务。通过简化流程，下放权限，把200万元以下的授权支付业务改由预算单位自行审批，支付效率从8～9天提速至1～2天，超50%支付业务能1天完成单据支付。自2003年10月起，三水启动国库集中支付改革试点，截至2019年底，涉及预算单位由3个试点单位增至105个，激增34倍；支付业务量由470笔增至6万多笔，增长近130倍。

【IBM Garage物理空间和广东财经大学中美青年创客交流中心在三水区挂牌】 2019年8月31日，中国首个IBM Garage物理空间和广东财经大学中美青年创客交流中心在三水科技信息中心挂牌。IBM Garage结合区内产业特点、企业需求共性和解决方案可复制性，深度运用IBM Garage方法论服务三水企业，推动企业利用人工智能和数字化创新转型升级。中美青年创客中心为粤港澳大湾区范围里的第一个中美青年创客交流中心，由广东财经大学与国际商用机器公司（IBM）合作建设运营。该中心为政、产、学、研紧密合作的青年创客交流中心，开展中美青年创客交流、人才培养、企业服务、创业项目孵化、培训等服务。两大项目将立足三水、面向佛山、辐射大湾区，为企业数字化转型提供前瞻性指导和支持，充实三水打造高质量发展新经济走廊的内涵。

【三水区申报案例获“2019全国（首届）数字政府特色评选50强创新案例”数据应用领先奖】 2019年11月28日，三水区申报的“基于数字管治的城市运行态势与体征监测——三水区数字城市建设探索经验”案例获“2019全国（首届）数字政府特色评选50强创新案例”数据应用领先奖。三水区构建涵盖6项一级指标、35项二级指标、198项三级指标的城市运行态势与体征监测分析平台框架，通过综合示范应用、物联网设施，结合各职能部门政务数据和第三方实时路况、水质、天气等数据，利用数字管治技术对多源数据进行有效整合和有机融合，把人、地、物、事以具体数值、图表可视化呈现城市健康情况，多维度展现三水经济、基础设施、交通、生态环境、公共安全、文化与社会服务六大主题指标，对城市运行指标、体征进行实时监测、分析，实现城市体征数据资源的综合利用、三维立体空气微粒检测仪器创新使用、海量视频实时分析应用、智慧化试点街区示范引领作用、网络舆情监控高效运用。通过该平台，职能部门能及时、全面了解城市运营管理各个环节的关键指标，以智能分析预测手段，应对城镇化面临的风险挑战，制定科学合理的管理措施，提升城市运行管理决策和社会服务水平。

2019年5月27日，位于三水区的广东财经大学佛山校区四方共建项目工程动工仪式举行
（三水区供图）

【三水区“‘祠堂+文化’——乡村振兴中的基层文化发展模式”入选第三批广东省公共文化服务体系示范项目创建名单】 2019年，三水区“‘祠堂+文化’——乡村振兴中的基层文化发展模式”入选第三批广东省公共文化服务体系示范项目创建名单。是年初，三水区在全区范围内开展摸底调查的基础上，制订“祠堂+文化”示范点创建工作方案，以有效保障群众基本文化权益为出发点，发挥祠堂立足基层第一线、联系群众面广、具有深厚传统文化底蕴这一特征，采取“1+4+N”（1个阵地、4个硬指标、N个文化元素）的建设模式和标准，按照“一祠堂一品牌”思路，与三水乡村振兴综合改革三大片区（南部岭南水乡片区、中部古村落群片区、北部生态农业片区）布局相结合，以祠堂为根、文化为魂、精神传承为本，使祠堂成为基层善治阵地、文化集散阵地、新时代先进文化传播阵地。同时依托“祠堂+文化”示范点将优质公共文化资源下沉到农村，推动优质公共文化服务供给与群众需求有效对接，实现文化聚民、文化悦民、文化惠民。

【三水区“120”急救指挥中心启动】 2019年12月31日，三水区“120”急救指挥中心启动。“120”急救指挥中心是以三水区人民医院为依托，统筹指挥全区13个急救分站点的全区应急医疗救援中枢，建设覆盖7个镇（街道）的网格化、扁平式、可视化的“120”应急医疗救援统一调度体系，形成“统一调度、全民参与、高效协同、保障有力”应急救援格局。“120”急救指挥中心调度员由医生和护士组成，负责录入信息、调度车辆等工作，并通过“空中生命线”为患者提供健康指导、教导来电群众自救和施救措施等。“120”急救指挥中心建设亮点是打通急救环节，做到院前、院中无缝对接，在患者到达救治医院前，实现“患者未到，信息先到；病人未至，医生先行”，做到院前急救车载监护系统与医院信息平台实时连接，为患者争取救治时间。

【三水区基层治理模式入选2019年度中国十佳民生决策】 2019年12月28日，由中国扶贫开发协会和《小康》杂志社共同主办，在佛山市顺德区举行的2019第十四届中国全面小康论坛颁奖晚会上，三水区“党建引领、三治结合、四会联动”基层治理模式入选2019年度中国十佳民生决策。该治理模式将党建引领挺在最前，建立健全区、镇、村、组四级书记抓乡村振兴工作机制，以村组两级重要事权清单管理为抓手，全面深化党员先知道、先讨论、先行动的“三先”机制，实施“头雁”工程，深化无职党员设岗定责，强化农村基层党组织引领作用，构建起自治、法治、德治的“三治结合”的乡村治理体系。通过深化村民议事会、村务监督委员会、家乡建设委员会、乡贤慈善会的“四会联动”工作机制，提高基层治理、民主决策的效率和科学性，破解村治困局，促进干群关系和谐、社会稳定。

2019年12月28日，三水区“党建引领、三治结合、四会联动”基层治理模式入选“2019年度中国十佳民生决策”（三水区供图）

【西南街道】 位于三水区中南部，地处西江、北江、绥江三江汇流处，珠三角腹地，距广州市及佛山市中心城区不足1小时车程，是三水的中心城区、区委区政府驻地。2019年辖13个社区、7个行政村，有146个自然村。辖区总面积149.62平方千米。年末户籍人口18.77万人，常住人口27.68万人（含暂住人口约9万人）。耕地面积1138公顷，粮食播种面积113.67公顷，粮食产量1088.45吨。林地面积743.55公顷，森林覆盖率10.4%，活立木蓄积量76942立方米。是中国饮料名镇，是省教育强镇。街道辖内的青岐村有“广东省青岐现代渔业产业园”称号，中国（三水）国际水都饮料食品基地是广东省产业集群升级示范区、省市共建循环经济产业基地、全国功能性饮料产业知名品牌创建示范区等。支柱产业包括饮料食品业和房地产业。2019年全街道地区生产总值406.62亿元，比上年增长7.8%。其中：第一产业增加值6.88亿元，增长1.2%；第二产业增加值203.61亿元，增长7.2%，（工业增长180.02亿元，增长7.5%）；第三产业增加值192.13亿元，增长9.4%。固定资产投资180亿元，增长4.4%。社会消费品零售总额13亿元，增长8.7%。

西南街道城市党建入选全国城市基层党建创新案例　2019年，西南街道“红色e站智慧党建平台，推动城市基层党建创新发展”的城市党建案例入选全国城市基层党建创新案例。西南街道顺应新时代下互联网信息技术和党建工作融合共生的发展趋势，以“智慧党建”为抓手，在提升党建工作科学化、网络化、智能化水平方面下功夫，建立融党员管理、基层治理等于一体的“红色e站”智慧党建平台，初步实现城市基层党建工作的智慧化应用、智慧化服务和智慧化管理，推动城市基层党建创新发展。

北江社区居委会成立　2019年7月1日，西南街道北江社区居委会成立，与三水新城、西南街道老城区共同构成三水区的中心城区。同时，北江社区党群服务中心同步揭牌投用，该中心总投资1亿多元，占地面积1.6万平方米，以“和社区·悦北江”为主题，中心内设有悦民·政务区、悦读·图书馆、悦动·群团吧、悦志·初心堂、悦享·音乐厅五大主题区域，有50多个功能场室。

三水北江科技创新园区启动和华南智能网联集成园奠基　2019年8月18日，三水北江科技创新园区启动暨华南智能网联集成园奠基仪式举行，5个汽车智能网联产业链项目和金融股项目集中签约，总投资超20亿元。北江科技创新园区是三水高质量发展新经济走廊的五大创新型载体之一，是打造佛山“一环创新圈”重要节点的核心载体，新奠基的华南智能网联集成园是北江科技创新园区的重要组成部分。北江科技创新园区由顺达片区、公共交通为导向的开发（TOD）项目片区、河口古镇片区、汽车电子创新产业园共4个片区构成。其中首期启动面积约200公顷（3000亩）。

【云东海街道】 云东海街道紧邻三水西南中心城区北部，行政区划面积84.32平方千米，整体纳入三水新城城市规划范围（三水新城规划范围为云东海街道整体，以及西南街道、乐平镇部分用地，城市规划控制范围128平方千米，划分城市生活区、科技创新区、旅游养生区、科研教育区以及生态保育区等5个功能分区统筹发展）。2019年，云东海街道辖2个社区、10个行政村，有91个自然村。年末户籍人口4.32万人，常住人口7.30万人。耕地面积699.5公顷，粮食播种面积54.67公顷，粮食产量270.6吨。林地面积713.51公顷，森林覆盖率15.03%，活立木蓄积量71843立方米。是广东省现代服务业集聚区、佛山三水粤港澳协同发展示范区。支柱产业是新材料、智能装备制造和电子通信产业，特色产业是电子通信产业。2019年辖区实现地区生产总值123.62亿元，比上年增长7.9%。其中：第一产业增加值1.58亿元，增长11.79%；第二产业增加值84.04亿元，增长8.3%，（工业增加值72.64亿元，增长7.2%）；第三产业增加值38亿元，增长38.22%。人均地区生产总值16.94万元，增长7.59%。固定资产投资114.68亿元，增长26.7%。社会消费品零售总额12.43亿元，下降4.31%。外贸出口额12.39亿元，增长37.43%。

城市三水未来馆启用 2019年1月18日，佛山双子星城城市三水未来馆启用。城市三水未来馆是佛山双子星城2.5产业园内布局建设的高科技城市三水会客厅，是佛山双子星城投入运营的首个场馆，同时是三水展示城市形象、以商引商的全新窗口。城市三水未来馆位于广佛肇城轨三水北站旁，总建筑面积约3668平方米，分为城市展厅、产业促进中心和企业服务中心、2.5产业园体验区，兼具展厅、招商和产业服务等功能。

云东海杨梅福田村首届“采福”文化节 2019年11月23日，云东海杨梅福田村举办首届“采福”文化节，市民群众在割稻谷“聚福运”、放生鱼“送福源”、观鹭鸟“品福相”等一系列欢乐活动中享受乡村发展与蝶变之“福”。

中科院南京宽带无线移动通信研发中心5G技术转移中心（三水）揭牌 2019年12月10日，中科院南京宽带无线移动通信研发中心5G技术转移中心（三水）在云东海街道揭牌。云东海街道与中科院南京宽带无线移动通信研发中心建立合作伙伴关系，携手打造联信5G科技城，提供5G产业规划与咨询、专业人才共享以及5G智慧展馆设计、搭建5G技术转移基地大数据平台以及在招商中提供优质项目资源等方面的服务，助力云东海5G产业发展。联信5G科技城规划总建筑面积约12万平方米，总投资不少于3.5亿元。

2019年6月21日，2019三水旅游文化周暨第二届白坭西江文创节启动

（三水区供图）

【白坭镇】 位于三水区南部，东南面与南海区接壤，西面与高明区、肇庆市高要区隔江相望。2019年辖1个社区、2个行政村，有66个自然村。辖区总面积66.63平方千米。年末户籍人口2.86万人，常住人口6.86万人。耕地面积774公顷，粮食播种面积83.67公顷，粮食产量431.4吨。林地面积356.39公顷，森林覆盖率8.27%，活立木蓄积量18027立方米。是全国综合实力千强镇、广东省综合实力百强镇、广东省新型建材专业镇、广东省五人龙舟特色镇。支柱产业是建材行业、装备制造业、电力行业，特色产业有先进装备制造业。2019年获“佛山市2016—2018年脱贫攻坚突出贡献集体”称号。2019年全镇地区生产总值186.7亿元，比上年增长7.6%。其中：第一产业增加值3.65亿元，第二产业增加值162.49亿元，第三产业增加值20.56亿元。人均地区生产总值272321元。固定资产投资68.01亿元，下降12.1%。

白坭镇人民医院开业 2019年3月13日，白坭镇人民医院开业，为群众提供更便捷的综合门诊和24小时应诊服务。该医院按照二级甲等综合医院的标准进行建设，集医疗卫生、预防保健、科研教学、中医、康复、健康教育于一体。医院与佛山市中医院结为紧密型医联体，挂“佛山市中医院三水南部中心医院”牌子，是三水区首个镇级医院与市级三甲医院组建的紧密型医联体。医联体两家医院在人才、技术、管理等方面开展紧密合作，共同构建“基层首诊，双向转诊，急慢分诊，上下联动”的分级诊疗体系。服务范围是以三水区南部片区为主，辐射南海丹灶镇、西樵镇以及肇庆市高要区金利镇等。

省农业科学院蔬菜研究所成果转化基地、博士工作站在白坭镇成立 2019年3月18日，三水区与广东省农科院蔬菜研究所签约合作，在白坭镇成立省农业科学院蔬菜研究所成果转化基地、博士工作站。博士工作站驻站博士将为三水农业发展提供技术咨询和指导，同时推动更多省、市等新科研成果在三水区落地转化，促进农业高质量发展。

区人民政府与华南农业大学共建乡村振兴示范点揭牌 2019年3月25日，三水区人民政府、华南农业大学共建乡村振兴示范点签约、揭牌仪式在白坭创意良仓举行。根据协议，双方将共建华南农业大学特色产业基地、岭南特色经济作物农业产业全产业链的技术服务、岭南特色经济作物“连锁田”试验站、“农旅文”融合发展示范区、打造乡村振兴示范孵化器。示范点位于白坭镇（西江农业园），总规划用地面积66.67公顷（1000亩）。依托白坭镇现有农业基础及华南农业大学资源优势，规划建设集乡村振兴展示区、品牌农产品示范区、农业旅游区、农业科技创新平台、农村创业创新孵化区于一体的创新型农业产业园区，构建“以园促产，以产带农”的产业兴旺新格局。

【乐平镇】 位于三水区中部，南与南海区接壤，东接广州市花都区。2019年辖3个社区、14个行政村，有158个自然村。辖区总面积198.5平方千米。年末户籍人口8.65万人，常住人口14.74万人。耕地面积3361公顷，粮食播种面积150公顷，粮食产量701.2吨。林地面积1033.19公顷，森林覆盖率7.19%，活立木蓄积量24238立方米。是全国农村优秀学习型乡镇、省教育强镇、省卫生镇和省重点发展的中心镇、全省五大智能制造示范基地之一。辖区内的佛山高新区三水园区重点发展太阳能光伏、汽车零部件、电子电器、自动化机械及设备、医疗器械等五大主导产业，拥有中国汽车零部件（三水）产业基地、中国医疗器械（三水）产业基地、国家火炬计划自动化机械及设备产业基地、国家（佛山）显示器件产业园和广东光伏产业基地等5个产业基地。2019年居全国综合实力千强镇第三十七位。2019年全镇地区生产总值322.99亿元，比上年增长7.8%。其中：第一产业增加值7.52亿元，增长5.98%；第二产业增加值276.46亿元，增长7.89%（工业增加值253.37亿元，增长8.29%）；第三产业增加值39.01亿元，增长5.28%。人均地区生产总值21.92万元，增长3.28%。固定资产投资136.18亿元，增长3.46%。社会消费品零售总额256.71亿元，增长6.7%。外贸进出口额76.59万美元，增长12.25%；农村常住居民人均可支配收入30537元，增长11.78%。

国家增材制造创新中心首个分中心在乐平镇成立 2019年7月1日，乐平镇举办粤港澳大湾区增材制造佛山论坛暨国家增材制造创新中心佛山分中心成立大会，借力“中国3D打印之父”、中国工程院卢秉恒院士团队对接国家级人才、科技、项目等创新资源，为园区企业、“双创”团队等提供技术创新、检验检测、产业孵化、人才培养等服务，推动园区实现智造转型，让园区企业在“家门口”对接到国内顶尖的创新资源。

华南首个海尔产教融合双创基地落户乐平镇 2019年1月17日，海尔（佛山）产教融合双创基地在位于佛山高新区三水园的三水理工（技工）学校举行签约仪式，校企共建海尔在华南地区的首个产教融合双创基地。海尔集团派驻的专业团队和三水理工学校将岗前培训内容融入日常教学计划，缩短学生上岗时间，实现学生从员工的“零”距离角色转换，提升人才培养质量。同时以人才培养为核心，开展名师入校、名师入企等线上线下多形式培养模式，为海尔、三水理工、园区产业转型升级、城市三水提供人才支撑。

三水首个人才驿站揭牌 2019年4月4日，乐平镇人才驿站在三水高新创业中心揭牌成立，24个专业人力资源服务机构进驻，涵盖人力资源服务全流程。截至年底，统筹及协调技能培训人数187人次，通过线上线下等多种形式为54人次一对一提供职业测评和职业生涯咨询。利用公众号、小程序等发布超5200个岗位招聘信息。举办招聘会3场次，组织200多家企业提供8000多个就业岗位，达成就业意向3000多人。为150余家企业500多人次举办覆盖企业管理、学术研讨、人才交流、职业生涯规划、能力提升和乡村振兴等沙龙、培训10期次。

【芦苞镇】 位于三水区中北部，东部与广州花都区相邻，西部与肇庆市四会市相邻，南部与乐平镇相邻，北部与大塘镇、南山镇相邻，辖区总面积105平方千米。2019年辖1个社区、6个行政村，有90个自然村。年末户籍人口3.82万人，常住人口4.30万人。耕地面积1229公顷，粮食播种面积124.4公顷，粮食产量606.4吨。林地面积1410.59公顷，森林覆盖率20.64%，活立木蓄积量168761立方米。是全国重点镇、国家级生态乡镇、国家卫生镇。支柱产业是泛家居及其配套行业。2019年被评为广东省森林小镇。2019年全镇地区生产总值81.71亿元，比上年增长7.5%。其中：第一产业增加值5.5亿元；第二产业增加值61.63亿元（规模以上工业增加值54.47亿元，增长7.3%）；第三产业增加值14.58亿元。人均地区生产总值19.09万元，增长2.8%。固定资产投资55.05亿元，下降12.26%。社会消费品零售总额1.27亿元，下降7%。外贸出口额51457万元，下降12.42%；农村常住居民人均可支配收入30536.9元，增长11.8%。

芦苞涌河岸花海景观建成 2019年9月，芦苞涌河岸花海景观（北岸一期）工程基本完工，于10月全面开花，从芦苞大桥至独树岗大桥的23.47公顷（352亩）滩涂地美化提升为花海世界，高峰期日均接待市民游客超1万人次。花海

2019年10月7日，佛山市三水区举办2019年佛山市“我们的节日 重阳”暨芦苞孝善文化节活动

（三水区供图）

景观作为芦苞涌生态文旅带的重要一环，成为佛山市的“网红”景点。

芦苞镇入选广东省森林小镇　2019年11月29日，广东省林业局公示2019年广东省森林小镇的认定名单，芦苞镇名列其中。2019年，芦苞镇新增造林9.3公顷，新种苗木近万株，绿化覆盖率32.5%，街道绿化率95.3%。

芦苞镇农村无职党员设岗定责入选广东农村基层党建十佳创新案例　2019年12月14日，在广州举行的“守初心，担使命”全国党刊基层党建创新案例暨首届广东基层党建创新案例交流会上，“佛山三水芦苞镇：设岗定责促农村无职党员有岗有责有位有为”案例入选2019年广东农村基层党建十佳创新案例。

【大塘镇】位于三水区西北部。2019年辖1个社区、7个行政村，有99个自然村。辖区总面积98.15平方千米。年末户籍人口4.45万人，常住人口5.20万人。耕地面积1756公顷，粮食播种面积355.06公顷，粮食产量1924吨。林地面积1336.84公顷，森林覆盖率17.17%，活立木蓄积量122121立方米。大塘镇现代农业园区拥有“广东省现代农业园区”“佛山市五星级现代农业园区”称号、工业园区拥有“广东省绿色升级示范园区”称号，是佛山市唯一的精细化工专区。大塘镇是国家级生态示范乡镇、广东省卫生镇、广东省教育强镇、广东省蔬菜专业镇、广东省可持续发展实验区、广东省城镇化技术集成应用试点单位。2019年全镇地区生产总值117.45亿元，比上年增长7.7%。其中：第一产业产值4.67亿元；第二产业产值95.52亿元；第三产业产值17.25亿元。固定资产投资48.34亿元。外贸出口额16.85亿元，增长35.91%。

大塘镇委党校揭牌　2019年1月4日，三水区大塘镇委党校揭牌。2019年大塘镇委建立“1+2+N”差异化办学模式（“1”即依托“聚梦家园”党群活动中心作为镇级主教学点；“2”即农业园区党工委、工业园产业社区党工委阵地分别作为2个分教学点，分类开展产业特色培训；“N”即依托建立在村民小组、企业内的党群服务站打造微党校），其中重点以农业园区、工业园产业社区为载体，结合本地产业发展、人才培育需求，开展技能培训、产业交流等系列服务型培训，以党建引领特色产业发展，助推乡村振兴战略顺利推进。

大塘中心广场启用　2019年6月30日，大塘中心广场开业，大塘中心广场位于大塘镇大坾沙锦塘路和半岛东路交汇处，是集购物、休闲、娱乐、家庭体验为一体的大型商业综合体。该项目占地3公顷（45亩），总建筑面积4.8万平方米，由佛山市三水乐高丰物业租赁服务有限公司投资1.35亿元打造，佛山市百花集团营运。大塘中心广场的启用填补大塘镇商业综合体的空白。

佛山市三水区人民医院中西医结合医院揭牌　2019年7月30日，由佛山市三水区大塘镇人民政府与三水区人民医院合作共建的佛山市三水区人民医院中西医结合医院揭牌开业。该医院建成一所集医疗卫生、科研教学、预防保健、中医、康复、健康教育于一体，中西医并重的二级甲等标准的现代化中西医结合医院，满足大塘镇、芦苞镇、南山镇等整个北部区域常见病、多发病的诊治需求。

【南山镇】位于三水区最北端，与肇庆市的四会市、清远市的清新县接壤。2019年辖1个行政村，4个社区，有147个自然村。辖区总面积124.21平方千米。年末户籍人口2.66万人（含归侨侨眷3400人），常住人口2.49万人。耕地面积921.96公顷，粮食播种面积171.13公顷，粮食产量918.2吨。林地面积4741.84公顷，森林覆盖率47.54%，活立木蓄积量430058立方米。支柱产业是建材卫浴。特色产业有富硒养生产业。2019年获“广东绿美森林小镇潜力奖”“佛山市社区教育工作先进集体”“佛山市社区教育工作先进集体”称号。2019年全镇地区生产总值23.67亿元，比上年增长3.2%。其中：第一产业4.76亿元；第二产业10.99亿元，（规模以上工业增加值9.38亿元，增长1.3%）；第三产业7.92亿元。全社会固定资产投资17.82亿元，下降9.6%。人均地区生产总值9.59万元，增长8.2%；外贸出口额1.4亿元，增长36.44%。

南山镇获“广东绿美森林小镇潜力奖”　2019年4月21日，“广东十大绿美森林小镇”评选结果公布，南山镇获“广东绿美森林小镇潜力奖”。南山镇始终坚持绿色发展理念，大力发展以森林养生、水果采摘、农家体验、文化陶冶为内涵的休闲生态旅游业，生态禀赋优良。有“中国绿色名镇”“中国慢生活休闲体验镇”“广东省生态乡镇”“广东香格里拉”“广东省首批森林小镇”“珠三角最美乡村”等称号。

三水区北部片区联合党委办公室和南山归侨文化馆揭牌　2019年9月24日，三水区北部片区联合党委办公室和南山镇归侨文化馆在南山镇揭牌。北部片区以联合党委为总指挥，强化联动、深化协同，推动片区美丽乡村联建。归侨文化馆位于漫江幸福村，首层成为党建宣传阵地，利用屏风划分出党建形象区、宣誓学习区、图书阅读区、多功能区等功能分区，并在二楼打造归侨文化展示长廊，让来往的游客以及南山的归侨后代了解南山的归侨文化和历史，了解归侨以及其后代对南山发展所作出的贡献。

张屋村正式移交给南山镇　2019年11月18日，大南山国有林场代管村（张屋村）移交仪式在张屋村举行。在移交仪式上，大南山林场场长黄少明和南山镇党委委员钟永洪现场共同签署移交文件，标志着张屋村正式移交给南山镇管理。张屋村位于六和与大旺区交汇处，边界与大旺区接壤，由于历史的原因，张屋村一直以来由大南山林场代管。除了少量土地出租的租金收入外，村里的经济来源主要依靠每年省级生态公益林生态补偿。此外，由于张屋村没有纳入区内镇（街道）的管理，很多事关民生和村级经济发展的惠农政策都无法享受，严重制约村庄发展。张屋村移交后，林场和南山镇继续跟进解决历史遗留问题，处理好改革与稳定的关系，并要求区自然资源分局和区民政、农业农村、财政、发改等部门配合，推进张屋村的移交工作，确保张屋村移交后各项事务管理规范有序。

（朱翠仪）

新任佛山市领导

郭文海 1968年11月生，广东雷州人，1989年6月参加工作，1988年6月加入中国共产党，省社科院在职研究生学历（广东省社会科学院经济管理专业），工程硕士（武汉大学软件工程专业）。1989年6月在中共佛山市委宣传部工作，1992年6月后任中共佛山市委组织部科员、副科级组织员、干部科副科长，1998年8后任中共佛山市委组织部调查研究科科长、办公室主任，2004年6月任中共佛山市委组织部副处级组织员、办公室主任，2004年9月任中共佛山市委组织部副部长、市国资委党工委副书记、非公经济组织党工委副书记，2009年7月任中共佛山市委组织部副部长、市两新党工委书记、市国资委党工委副书记，2011年10月任中共佛山市委秘书长、市委办主任，2014年7月任佛山市政府党组成员、副市长，2015年9月任中共佛山市委常委、市政府党组成员、副市长，2015年10月任中共佛山市委常委、宣传部部长，2017年9月任中共佛山市委常委、宣传部部长、顺德区委书记、中德工业服务区（佛山新城）党工委书记、顺德职业技术学院党委书记，2018年8月任中共佛山市委常委、顺德区委书记、中德工业服务区（佛山新城）党工委书记、顺德职业技术学院党委书记，2019年1月任中共佛山市委常委、顺德区委书记，顺德职业技术学院党委书记，2019年10月任中共佛山市委副书记、顺德区委书记，顺德职业技术学院党委书记，2019年11月任中共佛山市委副书记、顺德区委书记、佛山中德工业服务区管理委员会（佛山市佛山新城建设管理委员会）党工委书记、顺德职业技术学院党委书记。

吴金龙 2019年2月任中共佛山市委常委、佛山军分区政委。

邓建伟 1963年10月生，广东佛山人。1981年2月参加工作，1985年6月加入中国共产党，学历在职大学（中国人民公安大学法学专业）。1981年2月后任广东省公安厅出入境管理处办事员、科员，1988年9月后任省公安厅二处二科副科长、出入境管理处正科级侦察员、六科科长，1998年7月后任省公安厅出入境管理处助理调研员兼六科科长、出入境管理处副处长，2002年7月后任省公安厅刑侦局综合指导处处长、缉毒戒毒处处长、禁毒局副局长、宣传处处长、办公室（情报研判及应急指挥中心）副主任，2011年9月后任省公安厅办公室（情报研判及应急指挥中心）政委、禁毒局局长，2017年7月任佛山市政府党组成员、副市长人选，中共佛山市委政法委第一副书记，市公安局党委书记，2017年8月任佛山市政府党组成员、副市长、市委政法委第一副书记、市公安局党委书记、局长兼任市公安局督察长，2019年7月任中共佛山市委常委、市政府党组成员、副市长，市委政法委第一副书记、市公安局党委书记、局长兼任市公安局督察长，2019年8月任中共佛山市委常委、市政府党组成员、副市长、市委政法委书记、市公安局党委书记、局长兼任市公安局督察长，2019年11月任中共佛山市委常委、副市长、市委政法委书记、市公安局局长，2019年12月任中共佛山市委常委、市委政法委书记。

闫昊波 1964年1月出生，河北高碑店人，1986年7月参加工作，1985年1月加入中国共产党。研究生学历（厦门大学国民经济计划与管理专业），经济学硕士学位。1986年7月任新疆财经学院计划统计系教师，1993年7月任珠海市香洲区计委综合办公室主任，1995年9月任珠海市香洲区体改办副主任，1997年1月任珠海市香洲区体改办副主任、国有资产管理局副局长，1999年5月任珠海市香洲区区体改办主任、国有资产管理局局长，2001年8月任珠海市香洲区梅华街道党工委书记，2002年6月任珠海市劳动和社会保障局党组成员、副局长，2007年4月任珠海市劳动和社会保障局党组书记、副局长，2007年5月任珠海市劳动和社会保障局党组书记、局长，2009年11月任中共珠海市委组织部副部长、市劳动和社会保障局党组书记、局长，2010年3月任中共珠海市委组织部副部长、市人力资源和社会保障局局长、市编办主任，2011年4月任中共珠海市委组织部副部长、香洲区委副书记、区长，2011年7月任中共珠海市香洲区委副书记、区长，2013年5月任中共珠海市香洲区委书记、区长，2013年6月任中共珠海市香洲区委书记、区人大常委会主任，2016年11月任中共珠海市香洲区委书记，2017年3月任珠海高新技术产业开发区党委书记，2019年10月任中共佛山市委常委、南海区委书记。

陈小坚 女，1968年12月出生，广东廉江人，1988年7月参加工作，1988年6月加入中国共产党，省社科院在职研究生学历（广东省社会科学院法学专业）。1988年7月后任广东省公安厅治安处见习干部、办事员、科员、副科长，1998年10月后任广东省公安厅出入境管理处政治协理员、交通管理处四科科长，2002年9月后任广东省公安厅交通管理处副处长、车辆管理处副处长，2007年4月后任广东省公安厅交通管理局综合处处长、交通管理局副局长，2014年6月任广东省公安厅交通管理局政委，2015年9月任云浮市政府党组成员、副市长，中共云浮市委政法委第一副书记，市公安局党委书记、局长、督察长，2019年10月任佛山市政府党组成员、副市长人选，2019年11月任佛山市政府党组成员、副市长人选，中共佛山市委政法委第一副书记，市公安局党委书记、局长人选，2019年12月任佛山市政府党组成员、副市长，中共佛山市委政法委第一副书记，市公安局党委书记、局长、督察长。

（市委组织部）

2019年4月30日，佛山市庆祝“五一”国际劳动节大会召开。图为与会有关领导与全国“五一”劳动奖章获得者的合影

（市总工会供图）

全国五一劳动奖章获得者

李国玉 1974年生，苗族，贵州务川人，中国共产党员，佛山市美嘉新材料有限公司副总经理、工会主席，大学本科学历。于2007年进入佛山市美嘉新材料有限公司工作，历任厂长、总经理助理，负责公司项目开发投资、安全生产、行政人事、党建以及工会工作。是一名有丰富一线管理经验的管理型人才。作为党支部书记及工会主席，发挥模范带头作用，通过“党建带工建”活动，不断提高员工政治思想觉悟，畅通企业上下沟通渠道，保障员工合法权益。经其努力下，公司员工流失率大幅下降。在安全管理日常工作中，多年来坚持积极主动、亲力亲为将安全教育、隐患排查等环节落到实处，使公司一直保持安全生产“零事故”记录，有效保障企业和员工生命财产安全。该公司先后获佛山市委、市政府颁发“佛山市先进集体”和广东省委、省政府颁发“广东省先进集体”称号。个人于2011年获评“广东省工会积极分子”、于2013年成为全国总工会十六大代表、于2015年获“广东省劳动模范”称号。2019年，获全国五一劳动奖章。

（市总工会）

李宜忠 1967年3月生，广东佛山人，中国民主同盟盟员，中国农业银行南海分行信息技术管理部总经理，高级工程师，大学本科学历。1988年到中国农业银行工作，经历农业银行业务处理技术从手工化、电子化到智能化的全过程，推动农业银行南海分行历次科技突破转化为源源不断的生产力，见证农业银行业务经营发展壮大。1994年主持完成区域内首个服务最广、联网网点最多的联网储蓄营业系统（广东省农业银行微机储蓄系统）；1995年组织创新区域内首个税银合作储税存款系统，沉淀存款20亿元；1996年负责区域内ES9000大型机系统开发、搭建，推动储蓄系统1997年上线；2000年创新开发上线农业银行系统内第一个定期一本通系统，同年推广至广州城区；2002年主导创新的农业银行方案成为区社保IC卡金融标准，实现社保卡市场占有率100%。数十年的农行职业生涯，在李宜忠身上，变的是岗位调整，沧桑华发，不变的是他的“工匠”初心。2019年，获全国五一劳动奖章。

（市民盟）

全国离退休干部先进个人

何劲和 1953年11月出生，广东佛山人，中国共产党员。先后在佛山市顺德区外经委、旅游局、宣传部及顺德党校、佛山市委党校等单位工作。退休后，一直活跃在基层各个领域，担任黄龙书院院长、顺德区公共决策咨询委员会主任委员、顺德改革观察团成员。针对顺德全面建设高质量发展综合示范区，他持续向顺德区委、区政府建言献策。指出高质量的发展呼唤高质量的党建，无论是村级工业园改造还是其他领域发展，都需要各级党组织来领导和推动。同时，他潜心研究社会基层治理，积极投身乡村振兴，跑遍顺德205个村（社区）后，深感社区最大的问题是自治主体的缺失——村（居）民动员不起来。为此，他在黄连村委会支持下，创办黄连社区大学，并担任校长，探索一条通过社区教育凝聚人心，打造共同体，实现基层治理和服务现代化的道路。2019年12月12日，被中共中央组织部授予“全国离退休干部先进个人”称号。

（市委宣传部）

体育世界冠军与破世界纪录者

李　绘　女，1985年生，广西岑溪人，女子自由式摔跤运动员。1999年获全国摔跤冠军赛46公斤级第一名。2002年获全国摔跤冠军赛冠军。2003年获全国摔跤锦标赛冠军，第五届全国城市运动会女子48公斤级冠军。2004年获世界女子自由式摔跤赛铜牌，2004年获全国女子摔跤48公斤级奥运选拔赛冠军。2006年获世界女子自由式摔跤邀请赛51公斤级第三名。2011年获全国女子摔跤锦标赛48公斤第一名。2013年获全国第十二届全运会女子自由式摔跤48公斤级金牌。2017年获第十三届全运会国际式摔跤女子53公斤级冠军。2018年获第三十三届世界军人摔跤锦标赛女子自由式摔跤57公斤第一名，第三十三届世界军人摔跤锦标赛女子自由式摔跤团体第二名。2019年获第七届世界军人运动会摔跤比赛女子自由式摔跤57公斤级冠军。

郑鹏飞　1993年生，黑龙江哈尔滨人，中国共产党员，皮划艇运动员。2012年获全国锦标赛单人划艇1000米第三名，四人划艇1000米第一名。2013年获全国春季冠军赛2000米第二名。2014年获世锦赛单人划艇5000米第五名，亚运会双人划艇1000米第二名。2015年获全国锦标赛双人划艇1000米第一名，单人1000米第三名。2016获年全国锦标赛单人划艇1000米第二名，200米第三名。2017年获亚洲锦标赛单人划艇1000米第三名，四人划艇第二名。2018年获秋季冠军赛12千米冠军，2000米冠军；全国锦标赛单人划艇1000米第三名，500米冠军，200米第二名；世界皮划艇挑战赛600米第三名；皮划艇世界杯第一站单人1000米第四名，第二站单人1000米第七名；全国春季冠军赛1000米第二名，12千米冠军。2019年获皮划艇世界杯第一站双人500米冠军，第二站双人1000米冠军。

陈清晨　女，1997年生，广东兴宁人，羽毛球运动员。2012年获世界青年羽毛球锦标赛女子团体第一名、混合双打第三名。2013年获世界青年羽毛球锦标赛混合双打第一名、女子双打第二名、女子团体第三名。2014年获世界青年羽毛球锦标赛女子团体、女子双打、混合双打第一名。2015年获巴西羽毛球大奖赛混双冠军；巴西羽毛球大奖赛女双冠军；世界青年羽毛球锦标赛混合团体冠军；世界青年羽毛球锦标赛女双冠军；世界青年羽毛球锦标赛混双冠军。2016年获尤伯杯女子团体冠军；世界羽联超级系列赛总决赛混双冠军（与贾一凡）；世界羽联超级系列赛总决赛混双冠军（与郑思维）。2017年获世界羽毛球锦标赛女子双打冠军、混合双打亚军。2018年获马来西亚羽毛球大师赛女双亚军，尤伯杯女子团体季军。2019年获世界羽联总决赛女双冠军，中国香港羽毛球公开赛女双冠军，中国羽毛球公开赛女双冠军，澳大利亚公开赛女双亚军，苏迪曼杯团体冠军，亚锦赛女双冠军，马来西亚羽毛球公开赛女双冠军，全英羽毛球公开赛女双冠军。

（黎　康）

“中国好人榜”入榜人物

梁志豪　1972年8月出生，汉族，广东佛山人，群众，豪瀚坊工作室工艺美术大师，高中学历。从1999年至2019年参加志愿服务超过3000小时，无偿献血超400次，其中捐献全血19次共6700毫升，捐献血小板369次共688个单位（治疗量），相当于36个成年人全身的血液量，是佛山市及全国献血量最多的志愿者之一，曾获全国无偿志愿服务终身荣誉奖。自2006年加入无偿献血服务队后，利用业余时间在各大社区、文化广场等人流密集的地方派发宣传单张，播放健康宣传短片，向普通市民解释无偿献血有益身体健康。经其影响下，其儿子也开始无偿献血，已捐献30多次。

2019年1月，梁志豪入选“中国好人榜（助人为乐好人）”。

郭伟健　1998年10月出生，汉族，广东佛山人，共青团员，生前是佛山科学技术学院大二学生。2019年3月21日，在跑步途中，突然摔倒，呼吸和心跳骤然停止。尽管送医及时，在经历心肺复苏等紧急治疗后，医生给出的2次评估结果仍是“脑死亡”。3月26日，其父母捐出郭伟健的肝脏、心脏、双肾和眼角膜，成功帮助4名终末期肝病、肾病、心脏病患者重获新生，2名失明患者重见光明。

2019年5月，郭伟健入选“中国好人榜（助人为乐好人）”。

李源青　1998年10月出生，汉族，广东怀集人，群众，橱柜设计师，中专学历。2019年6月7日傍晚6时30分许，佛山市民刘先生及其儿子在禅城区东平河堤边散步时，不慎滑入水中。在附近钓鱼的李源青挺身而出，在救助落水父子时不慎滑入水中，最终落水父子被救起，但李源青却不幸牺牲。《人民日报》等媒体以《英雄身份确认！成长经历让人泪目》为题报道李源青的英勇事迹。

2019年7月，李源青入选“中国好人榜（见义勇为好人）”。

蔡结容　女，1954年2月出生，汉族，广东佛山人，群众，三水区芦苞镇独树岗村村民，小学学历。蔡结容经营位于三水区芦苞镇独树岗市场旁的早餐店28年。早餐店不设收银员，顾客点餐用餐后自主付款、自主找零。“自助收银”早餐店不设收银员，有效减少店面开支，降低餐点价格，给乡亲提供实惠的早餐，同时也弘扬诚实守信的社会风气。“自助收银”早餐店得到了一大批本地“铁杆顾客”和外来务工人员的光顾支持。28年过去了，早餐店的经营者由其儿媳妇继任，但是自主收银的方式一直没有改变，早餐店依然每日人气爆满。

2019年8月，蔡结容入选“中国好人榜（诚实守信好人）”

吴惠萍　女，1970年1月出生，汉族，广东云浮人，中共党员，佛山市粤运公共交通有限公司公交驾驶员，高中学历。1986年进入佛山市粤运公共交通有限公司做售票员。1993年，公司全面实行无人售票，吴惠萍接受培训，苦练驾驶本领成为公交车驾驶员。30年安全行驶超100万千米，相当于绕地球近30圈，创下服务零投诉的好成绩，获“广东省五一劳动奖章”和广东省十大“感动交通人物——优秀驾驶员”等称号。在她的带领下，佛山粤运公交公司111线成为广东省内首个公交车上的“党代表流动工作室”“广东省女职工创新工作室建设点”，并获“广东省巾帼文明示范岗”“广东省三八红旗集体”“全国三八红旗集体”“全国巾帼文明示范岗”“全国城市公共交通文明线路”“全国交通运输行业文明单位文明示范窗口”等称号。

2019年9月，吴惠萍入选“中国好人榜（敬业奉献好人）”。

伍庭光　1961年10月出生，汉族，中国香港人，群众，佛山大来有限公司董事长，大专学历。是一名在佛山投资兴业20多年的港商。2005年，他投资成立“中国第一批、广东第一家”数字电影流动放映队，奔赴山村、社区、福利院、企业、部队、学校公益放映电影。拥有16支放映队，流动放映车7辆，放映员30多人，公益放映爱国电影2万多场次。放映队于2012年被评为“佛山市农村电影先进放映队”。伍庭光成立并成功运营数字电影流动放映队的事迹，被广州电视台、佛山电视台、佛山电台、《南方日报》、《羊城晚报》等20多家新闻媒体采访报道。

2019年12月，伍庭光入选“中国好人榜”（助人为乐好人）。

（市委宣传部）

全国模范退役军人

潘桂升　1962年生，广东佛山人，中国共产党员，佛山市禅城区南庄镇紫南村党委书记、村委会主任。退役后经商，先后在贵州省获“优秀民营企业家”“全国创业之星先进代表”称号。2007年，回到家乡禅城区南庄镇紫南村担任村党支部书记，发挥市场敏锐性强、懂经营善管理的本领，带领村民发展壮大集体经济，制订和实施产业等，改造旧工业园区，投资3.8亿元修建道路、架设桥梁、铺设管网、改造电网、植绿河岸、恢复生态，以优良的招商营商环境引进55家企业落户紫南。产业结构优化后，紫南村集体收入实现快速增长。从2008年到2018年，紫南村集体收入和村民人均分红，分别增长12倍和13倍。紫南村55岁以上的老年人每人每月可领1000元以上的养老金，孩子考上大中专院校有奖助学金，全村村民可享受全额医疗保障。他敢于先行先试，成功破解农村改革难题，率先进行乡村振兴的基层实践探索，打造出一个可复制、可推广的基层农村治理“紫南样本”。曾获“佛山市模范共产党员”“佛山市劳动模范”“广东好人”“广东省优秀共产党员”“全国优秀共产党员”“中国好人”“南粤楷模”“廉洁佛山年度人物”等称号。2019年，被表彰为“全国模范退役军人”。

（市退役军人事务局）

2019年4月10日，佛山市为烈属、军属和退役军人等家庭悬挂光荣牌启动仪式暨禅城区悬挂光荣牌仪式

（市退役军人事务局供图）

2019年度佛山市获二等功以上的现役和退役军人名录

姓　名	性　别	出生年月	现役/退役	立功等次
陈　超	男	1980.12	现役	二等功
李晓飞	男	1981.02	现役	二等功
张　蒙	男	1979.01	现役	二等功
曾庆韬	男	1978.06	现役	二等功
杨　磊	男	1978.05	现役	二等功

（市退役军人服务中心提供）

2019年佛山市及各区主要指标

指标名称	计量单位	佛山市	禅城区	南海区	顺德区	高明区	三水区
年末常住总人口	万人	815.86	120.87	303.17	278.32	44.96	68.55
年末户籍人口	万人	461.28	71.03	160.06	151.65	32.98	45.55
全市生产总值（按当年价计算）	亿元	10751.02	1920.46	3176.62	3523.18	871.58	1258.76
第一产业	亿元	156.92	0.27	48.73	50.69	22.24	34.57
第二产业	亿元	6044.62	695.71	1746.12	2048.71	659.34	894.74
第三产业	亿元	4549.48	1224.48	1381.77	1423.79	190.00	329.44
人均生产总值（按常住人口计算）	元	133850	160529	107017	128400	195313	185855
指数（以上年为100）（按可比价计算）							
全市生产总值		106.9	106.4	106.9	107.1	106.5	107.6
第一产业		103.0	94.6	103.7	102.5	91.6	104.5
第二产业		106.3	103.7	106.2	106.7	106.5	107.1
第三产业		108.1	108.3	107.9	107.8	108.2	109.4
人均生产总值（按常住人口计算）		103.6	104.3	102.5	103.8	105.4	105.0
规模以上工业增加值	亿元	4874.23	384.67	1315.78	1719.52	660.31	793.95
社会消费品零售总额	亿元	3685.27	843.72	1221.46	1228.35	143.43	248.30
地方一般公共预算收入	亿元	731.62	109.31	245.42	246.84	42.53	66.97
地方一般公共预算支出	亿元	941.32	126.02	253.09	256.72	53.55	75.96
金融机构本外币存款余额	亿元	16948.10	4292.10	5556.16	5655.18	445.55	898.79
金融机构本外币贷款余额	亿元	12175.18	3590.75	3671.01	3696.99	368.88	736.15
常住居民人均可支配收入	元	54043	53209	55281	58820	37578	38762
常住居民人均生活消费支出	元	37160	37698	36529	42962	23974	24055

注：全市生产总值、人均生产总值、指数均为快报数

2019年佛山市人口规模情况

指标名称	计量单位	实绩	指标名称	计量单位	实绩
常住人口	万人	815.86	户籍人口城镇化率	%	93.23
城镇常住人口	万人	775.06	年平均人口	万人	449.13
常住人口城镇化率	%	95.00	年出生人口	人	67371
年末户籍人口	万人	461.28	年死亡人口	人	20532
城镇户籍人口	万人	430.03	年末总户数	万户	140.80

2019年佛山市资源环境情况

指标名称	计量单位	实　绩	指标名称	计量单位	实　绩
土地			**环境**		
行政区域土地面积	平方千米	3797.79	工业废水排放量	万吨	15779.78
建成区面积	平方千米	161.25	工业化学需氧量排放量	吨	5681.13
城市现状建设用地面积	平方千米	144.49	工业氨氮排放量	吨	390.22
居住用地	平方千米	43.02	工业化学需氧量去除率	%	97.14
本年征用土地面积	平方千米	11.60	工业氨氮去除率	%	84.45
耕地面积	平方千米	1.94	工业废气排放量	万立方米	29401235.90
绿化覆盖面积	公顷	7554.80	工业二氧化硫排放量	吨	9837.77
建成区绿化覆盖率	%	45.09	工业氮氧化物排放量	吨	28793.52
绿地面积	公顷	7130.41	工业二氧化硫去除率	%	89.91
建成区绿地率	%	42.50	工业氮氧化物去除率	%	62.00
公园绿地面积	公顷	3417.21	工业烟（粉）尘排放量	吨	14367.25
公园面积	公顷	2385.30	一般工业固体废物综合利用率	%	87.10
森林覆盖率	%	20.65	污水处理率	%	99.90
水资源			生活垃圾无害化处理率	%	100.00
水资源总量	万立方米	356700	空气质量优良天数比例	%	78.90
降水量	毫米	1894	可吸入颗粒物（PM_{10}）年平均浓度	微克/立方米	56.00
公共供水总量	万立方米	139919	可吸入细颗粒物（$PM_{2.5}$）年平均浓度	微克/立方米	30.00
用水总量	万立方米	225700			

2019年佛山市经济发展情况

指标名称	计量单位	实　绩
地区生产总值（快报数）		
地区生产总值（当年价格）	万元	107510235
第一产业增加值	万元	1569242
第二产业增加值	万元	60446199
第三产业增加值	万元	45494794
人均地区生产总值	元	133850
财政		
地方一般公共预算收入	万元	7316156
税收收入	万元	5212187
地方一般公共预算支出	万元	9413223
一般公共服务支出	万元	1352691
科学技术支出	万元	981555
教育支出	万元	1597130
文化体育与传媒支出	万元	240085
卫生健康支出	万元	1014477
节能环保支出	万元	208541
城乡社区支出	万元	1274870
交通运输支出	万元	170088
社会保障和就业支出	万元	885203
住房保障支出	万元	161301
金融		
年末金融机构人民币各项存款余额	万元	166558265
住户存款余额	万元	83161575
年末金融机构人民币各项贷款余额	万元	120620954
固定资产投资		
固定资产投资同比增长	%	5.4
房地产开发投资同比增长	%	6.3
住宅同比增长	%	3.5
对外贸易		
货物进口额（海关数）	万元	10999023
货物出口额（海关数）	万元	37277077
外商直接投资合同项目	个	702
当年实际使用外资额	万元	1148963
规模以上工业		
工业企业数	家	7902
内资企业	家	6807
国有企业	家	9
私营企业	家	5010
港、澳、台商投资企业	家	685
外商投资企业	家	410
工业总产值（当年价）	万元	232220481
内资企业	万元	166398898
国有企业	万元	199129
私营企业	万元	114448708
港、澳、台商投资企业	万元	34288150
外商投资企业	万元	31533432
资产总计	万元	151867531
固定资产净额	万元	39306873
流动资产合计	万元	83581575
营业收入	万元	229299885
营业成本	万元	192811738
税金及附加	万元	1236231
利润总额	万元	17952418
应交增值税	万元	6083722
贸易		
社会消费品零售总额	万元	36852690
限额以上批发零售业法人企业数	家	4120
零售业	家	678
批发和零售业商品销售额	万元	147429494
限额以上住宿餐饮业法人企业数	个	547
住宿和餐饮业营业额	万元	3457827

2019年佛山市旅游经济发展情况

指标名称	计量单位	实　绩
入境游客	人次	2160948
入境旅游收入	万美元	108054
国内游客	万人次	60095249
国内旅游收入	万元	8172000

2019年佛山市人民生活情况

指标名称	计量单位	实　绩	指标名称	计量单位	实　绩
就业			文化、体育和娱乐业	人	7827
从业人员期末人数（城镇单位）	人	1516386	公共管理、社会保障和社会组织	人	86103
第一产业（农、林、牧、渔业）	人	676	城镇登记失业人数	人	24874
第二产业	人	881471	城镇登记失业率	%	2.28
采矿业	人	90	收入		
制造业	人	841728	在岗职工平均工资	元	86401
电力、热力、燃气及水生产和供应业	人	10742	城镇居民人均可支配收入	元	55233
建筑业	人	28911	工资性收入	元	34581
第三产业	人	634239	经营净收入	元	6781
批发和零售业	人	71839	财产净收入	元	10012
交通运输、仓储及邮政业	人	43500	转移净收入	元	3859
住宿和餐饮业	人	17076	消费		
信息传输、软件和信息技术服务业	人	13198	城镇居民人均消费支出	元	37970
金融业	人	87438	食品烟酒	元	11733
房地产业	人	50258	衣着	元	1364
租赁和商业服务业	人	43860	居住	元	8658
科学研究和技术服务业	人	22057	生活用品及服务	元	2072
水利、环境和公共设施管理业	人	14443	交通和通信	元	6314
居民服务、修理和其他服务业	人	10279	教育文化娱乐	元	4853
教育	人	107591	医疗保健	元	2108
卫生和社会工作	人	58770	其他用品及服务	元	869

（续　表）

指标名称	计量单位	实　绩	指标名称	计量单位	实　绩
生活质量			彩色电视机	台	138.3
每百户居民家庭拥有量			空调	台	270.9
家用汽车	辆	83.0	移动电话	部	293.6
洗衣机	台	106.9	计算机	台	108.4
电冰箱（柜）	台	107.3	城镇居民人均住房建筑面积	平方米	45.0

2019年佛山市基础设施情况

指标名称	计量单位	实　绩	指标名称	计量单位	实　绩
交通运输			邮政业务收入	万元	1100048
境内公路总里程	千米	5462	电信业务收入	万元	1407299
高速公路里程	千米	545	固定电话年末用户数	万户	227
民用汽车拥有量	辆	2735785	移动电话年末用户数	万户	1288
私人汽车拥有量	辆	2480848	互联网宽带接入用户数	万户	307
年末实有公共汽（电）车营运车辆数	辆	6831	能源电力		
公共汽（电）车客运总量	万人次	55851	全社会用电量	万千瓦时	7026511
年末实有出租汽车运营车数	辆	3302	工业用电	万千瓦时	4408678
轨道交通运营线路总长度	千米	45	城乡居民生活用电	万千瓦时	955376
轨道交通客运总量	万人次	19355	城镇居民生活用电	万千瓦时	538952
公路客运量（全社会）	万人	4330	生活设施		
公路货运量（全社会）	万吨	29150	年末排水管道长度	千米	13173
水运客运量（全社会）	万人	29	年末公共供水管道长度	千米	11075
水运货运量（全社会）	万吨	4161	公共供水综合生产能力	万立方米/日	474
民用航空客运量	万人	88	公共供水总量售水量	万立方米	141529
民用航空货邮运量	吨	2658	供气总量（人工煤气、天然气）	万立方米	225714
内河港口货物吞吐量（规模以上）	万吨	9636	居民家庭用气量	万立方米	15922
邮电通讯			液化石油气供气总量	吨	515183
年末邮政局（所）数	个	185	居民家庭用量	吨	162271

2019年佛山市公共服务情况

指标名称	计量单位	实　绩	指标名称	计量单位	实　绩
教育			执业（助理）医师数	人	20937
普通高等学校数	所	13	注册护士	人	27108
成人高等学校数	所	6	**社会保障**		
中等职业教育学校数	所	44	城镇职工基本养老保险参保人数	人	3202120
普通中学数	所	212	城乡居民基本养老保险参保人数	人	528817
普通小学数	所	417	城镇职工基本医疗保险参保人数	人	3476991
幼儿园数	所	1016	城乡居民基本医疗保险参保人数	人	2284388
普通高等学校专任教师数	人	3770	失业保险参保人数	人	2832250
普通中学专任教师数	人	26405	工伤保险参保人数	人	3165081
普通小学专任教师数	人	32754	生育保险参保人数	人	2833214
幼儿园专任教师数	人	23408	提供住宿的各类社会服务机构数	个	77
普通本专科在校学生数	人	128672	养老服务机构数	个	75
普通中学在校学生数	万人	35.63	提供住宿的各类社会服务机构床位数	张	17665
普通小学在校学生数	万人	61.66	养老服务机构床位数	张	16955
幼儿园在园幼儿数	人	318480	不提供住宿的各类社会服务机构数	个	5323
文体			社区服务机构数	个	5320
公共图书馆数	个	6	城镇居民最低生活保障人数	人	3817
公共图书馆图书藏量	万册	1141	**公共安全**		
博物馆数	个	23	交通事故死亡人数	人	502
医疗			交通事故直接财产损失	万元	389
医疗卫生机构数	个	2097	火灾事故死亡人数	人	2
医院数	家	127	火灾事故直接财产损失	万元	4883
医疗卫生机构床位数	张	38085	刑事案件立案数	起	12536
医院床位数	张	35530	刑事罪犯人数	人	14358
卫生技术人员数	人	58215	青少年人数（年龄14—25周岁）	人	2249

2019年佛山市科技创新情况

指标名称	计量单位	实　绩
专利申请数	件	81011
专利授权数	件	58747
发明专利授权数	件	4582

文献专载

以争当领头羊的奋进姿态决战决胜高水平全面建成小康社会

——在中共佛山市委第十二届九次全会上的报告
（2020年1月9日）
鲁　毅

同志们：

现在，我代表市委常委会向大会作工作报告。

一、抓落实求突破，各项事业取得新进展

2019年是新中国成立70周年，是深入贯彻习近平总书记对广东重要讲话和重要指示批示精神的关键之年，是粤港澳大湾区建设全面实施的开局之年，也是佛山“抓落实求突破”之年，大事、喜事、盛事多。过去一年，我们坚持以习近平新时代中国特色社会主义思想为指导，认真落实李希书记调研佛山高质量发展讲话要求和省委“1+1+9”工作部署，团结带领全市广大党员干部群众，攻坚克难，砥砺奋进，经济社会发展迈上新台阶，地区生产总值预计增长6.8%左右，突破万亿元。

*以严实作风推动主题教育取得扎实成效。*我们牢牢把握学习贯彻习近平新时代中国特色社会主义思想这条主线，围绕“守初心、担使命，找差距、抓落实”的总要求，统筹推进学习教育、调查研究、检视问题、整改落实，以刀刃向内的勇气和决心推进自我革命，集中力量推进“7+3”专项整治，扎实开展“百日攻坚解百题”行动，一批群众关注的重点热点难点问题得到有效解决。

*扎实推动省委“1+1+9”工作部署在佛山落地生根、开花结果。*省委“1+1+9”工作部署是广东落实总书记重要讲话和重要指示批示精神，推动新时代改革发展的施工图。我们结合实际谋划十大类55个重点项目，市、区领导牵头推进，使“1+1+9”工作部署在佛山落地落实。“2+2+4”先进制造业产业集群①建设进展顺利，先进装备制造占据珠江西岸“半壁江山”。民营经济发展活力增强，全市主营业务收入超千亿企业2家，超百亿企业22家，入围中国民营企业500强7家。科技创新取得实效，季华实验室引进首位全职院士。仙湖实验室挂牌成立，中科院苏州纳米所佛山研究院、华南高等研究院等新型研发机构落户佛山。

*以改革开放激发高质量发展新活力。*顺利完成市区机构改革，市级在重大规划、重大项目、重点基础设施建设等的统筹能力明显增强，各区发展活力有效激发。三龙湾高端创新集聚区和佛山国家高新区管理体制调整优化，创新平台载体作用凸显。供给侧结构性改革持续深化，1—11月，新增减税降费213.68亿元。国家制造业转型升级综合改革试点取得积极成效，获国务院批准设立跨境电子商务综合实验区。顺德区抢抓建设广东省高质量发展实验区机遇，把推进村级工业园改造作为“头号工程”，大胆突破、拆建并举，全年拆除整理土地1600公顷（2.4万亩），得到省委高度肯定。南海区建设广东省城乡融合发展改革创新实验区开局良好。三水区推进广东省乡村振兴综合改革试点进展顺利。全市新增整理土地2673.33公顷（4.01万亩）。持续深化“放管服”改革，推出“四位一体”商事登记服务、工程建设项目改革，企业开办跑出加速度，市场活力进一步激发，新增市场主体18.5万户。

*推动大湾区建设取得积极进展。*制定贯彻落实大湾区建设实施方案和工作要点，形成近中远期相结合的实施体系。交通基础设施互联互通稳步推进，佛山西站开通直达香港高铁。广佛极点建设取得新进展，编制完成广佛高质量发展融合试验区建设方案，广佛携手共建4个万亿级产业集群②。与港澳合作取得新成效，成立佛港澳青年三大交流合作基地③，与香港理工大学达成共建高水平理工大学框架协议，香港科技大学佛山智能制造研究院获准设立，与澳门共建海外泛家居品牌产品展示体验馆。拥抱“一带一路”深化国际交流合作，佛山与吉尔吉斯斯坦奥什市缔结为国际友好城市。

*以庆祝新中国成立70周年为契机推动社会事业平稳健康发展。*建立工作专班，健全“四个一”工作机制④，着力防范化解各类重大风险，确保了70周年

大庆平安祥和欢乐。扫黑除恶专项斗争取得积极进展。成功扑灭“12·5”高明凌云山森林山火，生动诠释了社会主义制度集中力量办大事的优势，在实战中锤炼了我们应对各种风险挑战的能力。深入实施乡村振兴战略，在广东推进乡村振兴战略实绩考核中获评“好”的等次。开展“三沿一口”⑤整治，“百里芳华”乡村振兴示范带启动建设。实施粤菜师傅“1+5”系列工程⑥，“世界美食之都”焕发新活力。高明区入选广东省首批全域旅游示范区。编制完成“一环生态圈”建设规划，生态宜居美丽乡村建设全域推进。广佛跨界河涌整治取得新进展，国考省考断面水质实现首次达标。“文化佛山”三年行动计划圆满收官，创建成为国家公共文化服务体系示范区，成功承办2019年国际篮联篮球世界杯、定向世界杯，举办2019大湾区（佛山）功夫电影周、博物馆文化周。教育发展水平不断提升，卫生强市建设深入推进，成为全省建立健全现代医院管理制度试点城市。对口帮扶湛江、云浮精准扶贫工作扎实推进，援藏援疆深入开展，对口凉山扶贫协作获全国脱贫攻坚奖组织创新奖。

坚持把政治建设摆在首位，推进党的建设不断加强。全市风清气正的政治生态不断巩固，基层组织建设三年行动计划持续深化，党委（党组）设置和运作进一步规范，528个村（村改社区）实现三个职位“一肩挑”，比例为94.5%。扎实开展模范机关创建活动。坚决破除形式主义、官僚主义，有效压减会议文件，基层减负获得感得到提升。积极实施一把手权力清单和负面清单制度。持续推进正风肃纪反腐，建成纪法教育基地，深化运用监督执纪“四种形态”，保持惩治腐败高压态势，反腐败斗争压倒性胜利不断巩固发展。

加强和改善党委对人大、政协工作的领导。召开人大、政协工作会议，支持人大实施监督，提高立法质量；支持政协围绕服务大局进行广泛协商，为全市高质量发展建言献策。爱国统一战线持续巩固发展，稳步推进群团组织换届工作，国防动员和后备力量建设取得新成效，民主法治建设不断深化，依法治市全面推进，全民法治思维和法治意识进一步增强。

与此同时，我们也清醒认识到，一些制约高质量发展的深层次、结构性问题仍然存在。一是产业转型升级任重道远，资源环境约束问题突出，战略性新兴产业发展不够充分，新旧动能转换的体制机制尚未形成。二是科技创新能力不够强，高端创新平台载体相对缺乏，人才仍然是制约发展的突出短板。三是民营企业活力有待进一步激发，营商环境仍需进一步优化。四是城市形态、功能、品位与经济体量还不匹配，城市空间格局尚需进一步优化，城市美誉度、影响力亟需提升。五是城乡、区域发展不平衡不充分问题仍然没有根本解决，统筹推进协调发展行之有效的体制机制还有待健全。六是近期发生的一些涉及食品安全、公共安全、安全生产等突发事件，暴露出我市社会治理体系有待完善，治理能力和水平尚有差距。七是抓党建工作责任还存在层层递减现象，基层党组织建设仍需加强。八是一些干部不敢为、不愿为、不会为的现象仍然存在，形式主义、官僚主义需要进一步整治，不收敛不收手顶风违纪问题时有发生，激励干部担当作为的体制机制有待优化，等等。我们要高度重视这些问题，采取针对性的措施加以解决。

二、全面贯彻落实党的十九届四中全会精神，着力推动各方面制度完善发展，切实把制度优势更好转化为治理效能

党的十九届四中全会，是在新中国成立70周年、在“两个一百年”奋斗目标的历史交汇点上召开的一次具有划时代、里程碑意义的重要会议。会议专题研究坚持和完善中国特色社会主义制度、推进国家治理体系和治理能力现代化问题，体现了以习近平同志为核心的党中央高瞻远瞩的战略眼光和强烈的历史担当。抓好四中全会精神的贯彻落实是当前和今后一个时期的重要政治任务，市委贯彻中央、省委会议精神，结合实际研究制定了《实施意见》，作为常态化、制度化贯彻落实的重要抓手。我们要坚持以习近平新时代中国特色社会主义思想为指导，准确把握坚持和完善国家制度和治理体系的正确方向，推动中央《决定》和省委《实施意见》部署的任务落地落实，为决胜高水平全面建成小康社会提供有力制度保障。

（一）深刻领会党的十九届四中全会的丰富内涵和精神实质，切实增强贯彻落实的政治自觉、思想自觉和行动自觉。习近平总书记在全会上的重要讲话，系统总结了党的十九届三中全会以来党和国家工作，深刻阐述了党中央对党和国家事业发展的战略思考和科学谋划，围绕坚定制度自信深入回答了一系列方向性、根本性、全局性重大问题，为坚持和完善中国特色社会主义制度、推进国家治理体系和治理能力现代化提供了科学指南和根本遵循。全会通过的《决定》，系统总结了我国国家制度和治理体系13个方面的显著优势，提出了坚持和完善中国特色社会主义制度、推进国家治理体系和治理能力现代化“三步走”的总体目标，明确了必须坚持和完善的13个方面制度体系，部署了需要深化的重大体制机制改革和需要推进的重点工作任务，深入回答了“坚持和巩固什么、完善和发展什么”这一重大政治问题，是马克思主义基本原理同中国实际紧密结合的最新重要成果。全市各级领导干部要深入学习领会党的十九届四中全会丰富内涵和精神实质，牢牢把握习近平新时代中国特色社会主义思想这一贯穿《决定》的主线和灵魂，把贯彻落实全会精神和《决定》作为树牢“四个意识”、坚定“四个自信”、做到“两个维护”的具体行动，不折不扣贯彻落实好中央部署和省委要求，紧密结合佛山实际开展实践探索和理论创新，为推进国家治理体系和治理能力现代化作出佛山贡献。

（二）紧紧抓住坚持和巩固党的领导制度这个关键和根本，把党的领导落实到佛山改革发展各领域和全过程。坚持党的领导是党和国家的根本所在、命脉所在，是全国各族人民的利益所在、幸福所在。我们必须毫不动摇坚持党对一切工作的领导，把坚持和完善党的领导制度放在首要位置，健全党总揽全局、协调各方的领导制度体系，把党的领导具体落实到全市治理实践各领域各方面

各环节。强化全市各级党组织在同级组织中的领导核心地位，充分发挥党委职能部门和议事协调机构作用，加强对各领域、各行业、各系统工作的领导，全面提升党的执政能力和领导水平。

（三）积极完善和发展中国特色社会主义制度和治理体系，为“中国之治”贡献佛山力量。改革开放以来，佛山为完善国家制度和治理体系做出了努力。站在发展的新起点上，我们要深刻领会把握“中国之治”的目标任务，勇当推进国家治理体系和治理能力现代化的时代尖兵，努力为推进国家治理体系和治理能力现代化贡献佛山智慧。全市各级党委要深入贯彻党的十九届四中全会精神，立足本地区本单位实际，坚持问题导向、目标导向、结果导向，用发展的眼光看问题，紧盯治理体系中的空白点和薄弱点，不断推进体制机制创新和治理能力建设。认真落实中央决策、省委部署的重大改革试点，积极引导基层大胆创新、大胆探索，在解决体制性障碍、机制性梗阻、政策性创新方面形成一批改革成果，及时总结推广行之有效的治理理念、治理方式、治理手段，塑造新的制度优势、赢得新的发展优势。

（四）严格遵守和执行制度，把制度优势更好转化为治理效能。制度的生命力在于执行。全市各级各部门要切实强化制度意识，充分发挥制度指引方向、规范行为、提高效率、维护稳定、防范化解风险的重要作用。领导干部要带头维护制度权威，做制度执行的表率，带动全党全社会自觉尊崇制度、严格执行制度、坚决维护制度。引导广大党员干部提高运用制度干事创业的能力，把对制度的尊崇转化为思维方式和行为方式，严格按照制度履行职责、开展工作。健全权威高效的制度执行机制，加强对制度执行的监督，确保各项制度不折不扣得到遵守和执行。

三、以习近平新时代中国特色社会主义思想为指导，立足新起点，把握“两个大局”，在更高水平、更高层次上凝聚起奋进高质量发展的磅礴力量

去年12月12日召开的中央经济工作会议，总结2019年经济工作，全面分析当前国内国际经济形势，明确提出今年经济工作的总体要求、政策导向和六大重点任务，为做好当前和今后一个时期经济工作提供了根本遵循。我们要以习近平新时代中国特色社会主义思想为指导，深入贯彻中央经济工作会议精神，客观、全面、辩证、积极地看待发展形势，树立世界眼光，立足全国大局，科学谋划好当前乃至今后一段时期工作，奋力争当全省地级市高质量发展领头羊。

（一）深入学习中央经济工作会议精神，把思想和行动统一到党中央对当前形势的判断上来。习近平总书记在中央经济工作会议上强调指出，领导干部要胸怀两个大局，一个是中华民族伟大复兴的战略全局，一个是世界百年未有之大变局。深刻指出我国“三期叠加”影响持续深化，经济下行压力加大。当前世界仍处在国际金融危机后的深度调整期，全球动荡源和风险点显著增多。深刻指出困难与挑战许多都是前进路上必然会遇到的，我国经济稳中向好、长期向好的基本趋势没有改变。总书记的重要讲话高瞻远瞩、思想深邃，蕴含科学的世界观、方法论。我们要认真学习领会总书记重要讲话精神，深刻领会党中央对国内外经济形势的科学判断，深刻领会党中央关于做好经济工作“四个必须”的重要认识，深刻领会做好今年经济工作的总体要求和重点任务，切实把思想和行动统一到党中央对当前形势的判断和明年经济工作大政方针上来，善于用辩证思维看待形势发展变化，善于把外部压力转化为改革发展的强大动力，增强必胜的信心和敢于攻坚克难的斗争精神，牢牢把握工作的主动权，集中精力办好自己的事，切实把党领导经济工作的制度优势转化为治理效能。

（二）深刻认识佛山发展面临的新形势新任务新要求。站在新起点，佛山城市能级和影响力进一步提升，省委对佛山发展寄予厚望，全市人民对佛山未来充满期盼。落实省委要求，回应人民群众期待，既是我们必须承担的职责使命，也是继续前行的动力源泉。我们有信心有决心把工作继续推向前进。信心和决心就源于佛山在中央、省委坚强领导下，全市人民团结奋斗打下的坚实发展基础。佛山市场化程度高，民营经济发达，营商环境整体处在全国前列；产业实力雄厚，制造业门类齐全、产业链完整，在新一轮的产业变革中具有持续升级的基础优势；历史文化底蕴深厚，历来有重工重商的文化传统，“企业家精神”和“工匠精神”浓厚，为城市可持续发展提供了强大精神支撑；有一大批经历改革开放锤炼洗礼，敢为人先、务实创新的干部群众，等等，这些都是我们继续前行的底气和依托。特别是当前，佛山正面临千载难逢的发展机遇，全力参与粤港澳大湾区建设，支持深圳建设先行示范区，形成了“双区利好”叠加效应；支持广州“四个出新出彩”，广佛成为全国首个“双万亿”同城化城市组合，广佛极点具有巨大发展潜力。

与此同时，我们也要清醒认识到，受历史条件和传统发展模式的影响，我市还存在不少短板与不足。从全面建成小康社会的指标来看，虽然我市总体情况良好，但在46个可得数据指标中，科技进步贡献率、森林覆盖率等8项指标有差距。要高水平全面建成小康社会，还需要付出更大努力。从广东高质量发展综合绩效评价体系来看，我市在开放、绿色指标排名处于第二梯队中等位置，现代产业发展指数、基础设施通达率、实体经济投入水平、吸收外资水平等指标排名近年有波动，区域城乡发展不平衡不充分问题仍比较突出，社会治理存在短板。从与国内先进城市对比来看，我市在城市建设、科技创新、人才引进等方面存在差距。

取得的成绩令人自豪但不能自满，存在的差距令人警醒、催人奋起直追。我们要始终胸怀“两个大局”，把握新形势新任务新要求，保持战略定力、清醒头脑，时刻把使命放在心上，把责任扛在肩上，担当作为，感恩奋进，着力破解发展难题，持续厚植发展优势，推动经济社会高质量发展，谱写出更加辉煌灿烂的新篇章。

（三）准确把握今年工作的重点方向。今年是具有里程碑意义的一年，是高水平全面建成小康社会和“十三五”规划收官之年，既是决战年又是攻坚年。我们要乘着佛山当前的发展势头，

自信从容开启新征程，只争朝夕，不负韶华，以领头羊的奋进姿态坚定向前，引领示范走好高质量发展之路，高水平全面建成小康社会。

工作中要着重把握以下几个重点：

一是必须坚持稳中求进工作总基调。制造业稳，佛山经济就稳，制造业强，佛山经济就强。推动经济高质量发展，必须坚持以稳求进、以进固稳。既要推动传统产业通过转型升级保持一定增速，又要大力发展战略性新兴产业，确保经济实现量的合理增长和质的稳步提升。

二是必须坚定不移贯彻新发展理念。要把新发展理念贯穿佛山发展各领域各方面，切实提高以创新、协调、绿色、开放、共享新发展理念统领经济社会发展的能力和水平，把注意力更多集中到解决各种不平衡不充分的问题上，加快建立区域城乡统筹发展机制，构建中心突出、区域城乡协调发展新格局，努力实现更高质量、更有效率、更加公平、更可持续发展。

三是必须坚持用好改革开放关键一招。进入新起点，佛山发展依然要靠改革开放。我们要继续完善“强市活区实镇”改革，持续深化“放管服”改革，进一步优化营商环境，进一步激发市场活力和创新动力，努力实现有为政府与有效市场的有机统一。

四是必须有效防范化解风险挑战。当前，各种风险易发多发，防控难度大。我们要增强敏锐性、敏感性，强化风险意识、底线思维，坚持系统治理、综合治理、依法治理、源头治理，统筹做好防风险各项工作，牢牢守住不发生区域性系统性风险的底线。

五是必须抓好保障和改善民生。要聚焦全面建成小康社会各项目标任务，求实务实抓落实。坚持尽力而为、量力而行，提供与经济社会发展水平相适应的基本公共服务。要坚决打好打赢“三大攻坚战”，重点向污染防治发起总攻，切实增强人民群众获得感、幸福感。

六是必须加快推进社会治理体系和治理能力现代化。要坚持问题导向、结果导向，紧盯重大事件暴露出来的漏洞，坚持和完善社会治理体系，加快推进市域社会治理现代化，着力固根基、扬优势、补短板、强弱项，把制度优势更好转化为治理效能，为经济社会持续健康发展提供有力保障。

四、牢记初心使命，坚定信心决心，奋力决战决胜高水平全面建成小康社会

今年工作的总体要求是：以习近平新时代中国特色社会主义思想为指导，全面贯彻党的十九大和十九届二中、三中、四中全会精神以及中央经济工作会议精神，深入贯彻落实习近平总书记对广东重要讲话和重要指示批示精神，认真贯彻落实省委十二届八次、九次全会精神和省委“1+1+9”工作部署，紧扣高水平全面建成小康社会目标任务，坚持稳中求进工作总基调，坚持新发展理念，坚持以供给侧结构性改革为主线，坚持以改革开放为动力，坚持以“双区驱动”为牵引，坚决打赢“三大攻坚战”，全面做好“六稳”工作，扎实推进治理体系和治理能力现代化，确保经济社会平稳健康发展、高水平全面建成小康社会和“十三五”规划圆满收官，为广东实现“四个走在全国前列”、当好“两个重要窗口”作出佛山贡献。

市委考虑，今年经济增长预期目标为6.5%左右。朱伟同志一会儿将对经济工作作具体部署，这里，我重点强调以下八个方面工作。

（一）大力推动粤港澳大湾区建设、支持深圳建设先行示范区，支持广州“四个出新出彩”，加快构建区域发展新格局。“双区”建设是总书记、党中央总揽全局、面向未来、运筹帷幄谋划的大手笔，我们要抢抓重大战略机遇，积极谋划我市区域协调发展新思路，加快形成主体功能明显、优势互补、高质量发展的区域新格局。

牢牢扭住大湾区建设这个“纲”牵引带动全局发展。全力推动《规划纲要》重点任务落地落实，奋力把大湾区建设施工图、任务书变成实实在在的实景图、成绩单。要以“湾区通”工程为抓手，推动佛山与港澳基础设施“硬联通”和体制机制“软联通”。完善佛山与香港、澳门合作机制，支持顺德港澳城强化与港澳科技创新等领域合作，努力创建粤港澳协同发展先行示范区。加快启动香港理工大学（佛山）建设，提速推进粤港澳合作高端服务示范区建设，重点布局一批高端高新产业和科技合作项目，牵引带动佛山与港澳高水平合作。积极探索与澳门中医药产业的合作发展，努力把佛山打造成岭南中医药名城。深入开拓“一带一路”国际市场，实现由产品端“走出去”向制造端、资本端“走出去”转变，培育贸易新业态新模式。

加快推进广佛全域同城化。广佛两市经过十余年同城化发展，合作基础扎实、前景可期。李希书记在省委十二届九次全会上提出了加快广佛全域同城化新要求。我们要抓住省委支持广州“四个出新出彩”实现老城市新活力的重大机遇，共同谋划编制加快广佛全域同城化实施方案。聚焦科技创新和产业合作，以打造“1+4”广佛高质量发展融合试验区[⑦]为突破口，加快试验区启动区建设。推进广佛创新同城，在核心技术攻关、发展新型研发机构、知识产权保护、科技成果转化等方面广泛合作。合作共建4个万亿级产业集群。积极推动两市在民生领域的合作，深化就业、社保等的对接，完善社会治理协调机制，共同打造平安广佛。

努力开创“深圳创新+佛山产业”强强联合新局面。支持深圳建设先行示范区既是佛山的责任，更是佛山的机遇。我们要主动对接、主动支持、主动服务、主动学习，把深圳建设先行示范区的目标指向作为佛山的努力方向，积极复制推广深圳探索的制度成果，为推动形成深圳经验、湾区效应、全省受益的生动局面贡献佛山力量。立足佛山制造业产业优势和深圳科创优势，合力打造“基础研究+技术攻关+成果产业化”全过程创新生态链，推动“深圳创新+佛山产业”强强联合，当好深圳开拓西部的重要腹地和科技外溢的承载地。要认真学习深圳新时代改革精神，借鉴深圳在城市治理、营商环境、科技创新等方面的先进经验，为佛山高质量发展提速增效。

（二）在新起点上推进全面深化改革，持续激发高质量发展新动能。决战决胜高水平全面建成小康社会，必须思想再解放、观念再创新、改革再深化。

着力打造一流营商环境。我们要紧紧扭住优化服务这个关键，持续深化“放管服”改革，推动商事制度、工程建设项目审批制度、政务服务、跨境贸易便利化等改革再上新台阶。深化国有企业改革，推动国有资本更多投向基础设施、公共服务、现代金融等领域。深入构建亲清新型政商关系，强化亲商安商稳商意识，大力支持和帮扶民营企业加快发展，精准施策解决民营企业发展堵点难点痛点。要持续在全社会弘扬“企业家精神”和“工匠精神”，为企业家树信心、鼓干劲、送温暖。

加快形成系统集成、协同高效的改革新局面。要以构建社会治理体系和治理能力现代化为目标，全面思考、系统谋划、协同推进各项改革。要加强与上级部门沟通，争取尽快获批创建制造业高质量发展试验区。要充分发挥试点对改革全局的带动作用，支持顺德区向村级工业园发起总攻，打造高质量发展综合示范区。支持南海区深入推进城乡融合发展改革创新实验区和全国乡村治理体系建设试点。支持三水区加快推进全域高质量乡村振兴发展。支持高明区探索建立以“亩均效益”为核心的工业企业高质量发展综合评价体系。支持禅城区争创广东省营造共建共治共享社会治理格局试验区。稳步推进镇（街道）体制改革，推动持续向基层放权赋能，进一步激发基层活力。

着力提振改革精气神。回顾改革开放历程，佛山人放开手脚，敢想敢干，以改革的锐气、豪气和胆气，成就了今天的佛山。当前，全面深化改革步入攻坚期和深水区，一些深层次的矛盾日益凸显，改革的难度和阻力比以往更大，更加考验改革者的勇气和担当。全市广大党员干部要向老一辈改革先行者学习，重拾当年“杀出一条血路”的勇气、“明知山有虎偏向虎山行”的胆气，重振改革精气神，越是艰险越向前，迎着风雨上，顶着子弹冲，凝聚起昂扬奋进的磅礴力量，不断开创改革发展新局面。

（三）以制造业高质量发展为牵引，加快建设现代化产业体系。始终把经济发展的着力点放在实体经济上，实施制造业高质量发展“六大工程”[8]，聚焦工业“四基”[9]能力提升，攻坚克难突破重点领域关键环节，打好产业基础高级化、产业链现代化攻坚战，加快形成以先进制造业为核心的现代产业体系。

推动数字经济加快发展。数字经济是制造业发展的新动能，是经济转型升级的新引擎。要主动顺应新一轮科技革命和产业变革趋势，加快制定并实施数字经济发展计划，以智能制造为主攻方向，全面推进产业数字化和数字产业化，推动佛山制造向工业4.0跃升。大力推进5G、工业互联网、物联网等新型基础设施建设，完善信息基础设施网络。支持企业推进制造业数字化转型，打造一批数字化车间和智能工厂，推动制造业加速向数字化、网络化、智能化发展。做大做强数字基础产业，推进数据资源的整合和开放共享，稳步推进数据资源产业化应用。加快推进南海电子信息产业园建设，引进电子信息、大数据和新一代技术产业等龙头企业，带动信息配套产业集聚发展。

推动先进制造业产业集群发展。产业集群是产业现代化发展的主要形态。要以打造“2+2+4”先进制造业集群为目标，聚焦重点，突破难点，推动佛山制造向高端跃升。围绕重点产业集群，大力推动稳链控链补链建链，不断强化产业链安全性和自主性，推动制造业产业链向中高端迈进。大力实施以质取胜、标准引领、品牌带动战略，着力打造“中国制造”品质标杆。坚持“存量优化”，促进传统优势产业提质增效。大力促进“增量优质”，进一步改革完善招商机制，推动市区联动、区区联动开展精准招商，引进一批科技含量高、带动能力强的龙头项目。机器人产业是极具发展潜力的先进制造业，要以美的库卡、博智林机器人谷、华数机器人等为龙头，推动机器人产业集群发展。要加强政策扶持、优化政府服务，着力培育一批主营收入超10亿、超50亿、超100亿、超1000亿的大型骨干企业，支撑佛山经济高质量发展。鼓励中小企业向“专精特新”[10]方向提升，培育更多细分行业“单打冠军”，形成“大企业顶天立地，中小企业铺天盖地”的发展格局。

推动现代服务业优化发展。要以科技研发、工业设计、金融服务、文化创意、商务会展等为重点，推动制造业与服务业融合发展。强化创新设计引领，把广东工业设计城打造成华南地区创意经济集聚高地和中国工业设计名城。整合会展资源，提升会展业发展质量，努力将会展业打造为佛山现代服务业的先导性产业。以广东（潭洲）国际会展中心为平台，集中力量打造若干个有行业影响力的产地展。推动现代金融加快发展，提升金融服务实体经济能力。加快发展现代物流业，着力建设具有佛山特色的物流中心和物流基地。

以村级工业园改造腾出产业发展新空间。村级工业园改造是佛山高质量发展的潜力所在，城市竞争力所在。当前，我市村级工业园改造到了“啃硬骨头”的关键时期，要向村级工业园改造发起总攻，力争今年拆除整理土地4000公顷（6万亩）以上，改出一批千亩、万亩产业发展空间，集中打造若干个现代化产业集聚区和现代主题产业园。顺德区要深入贯彻新发展理念，聚焦制约“村改”的深层次体制机制问题，继续大胆试、大胆闯，闯出一条高质量发展的新路子，打造成为新时代广东贯彻落实新发展理念的实验区。禅城区、南海区、高明区和三水区要学习借鉴顺德区的经验做法，加快推进村级工业园改造，为城市现代化和经济高质量发展腾出空间。

（四）坚持创新是第一动力，建设面向全球的国家制造业创新中心。深入实施创新驱动发展战略，瞄准世界科技前沿，以建设“一环创新圈”“1+5+N”[11]创新平台体系为抓手，深入对接广深港澳科技创新走廊，坚定不移走“世界科技+佛山智造+全球市场”创新发展之路。

充分发挥重大平台载体的引领带动作用。要高标准建设三龙湾，加快推动高端人才、核心技术、重大科技基础设施等创新要素向三龙湾聚集，打造成为佛山参与粤港澳大湾区建设的重大平台、推进广佛全域同城化发展的重要支撑。佛山高新区要在增强创新孵化能力、推动科技成果产业化方面下功夫，加快形成区域经济新的增长极。加快佛山军民融合创新示范区核心区建设步伐，着力引进培育一批军民融合龙头工程、重点项目、示范企业，加快形成军民深度融合发展格局。加快季华实验室、仙湖实验室、华南高等研究院（佛山）等一批创新平台建设，打造成为我市应用基础研究、科技孵化、技术成果转化的重要战略平台。坚持完善科技创新体制机制，聚焦佛山产业发展需求，进一步加强与大院大所合作，加快打造一批一流重大科技创新平台，力争今年新型研发机构达到100家。

着力提升企业自主创新能力。健全鼓励支持大中型企业建设技术创新中心和重点实验室的体制机制，提升企业技术创新能力。发挥科技园区、科技企业孵化器、众创空间等协同创新的优势，提升中小企业的自主创新能力，将佛山中小企业的数量优势转化为创新优势。深入实施企业专利提质增量行动，促进一批专利龙头企业发展壮大。高标准建设国家知识产权示范城市，高质量创建全国版权示范城市，为企业提供全链条知识产权服务。

聚力打造制造业一流人才高地。要深入实施“人才强市”发展战略，大力推动人才发展体制机制改革，加快引进培育一批行业领军人才和高素质技能型人才。创新人才引进方式，更加注重通过产业园区、高端创新平台、重点研发项目、重大人才工程等引进高端人才。职业技能型人才是支撑佛山高质量发展的重要生力军。要加快建设高水平理工科大学和职业技术学院，全面提升地方高校对科技创新和高素质技能型人才培养的能力。积极妥善解决人才子女入学、住房、医疗等后顾之忧，让人才引得进、留得住、用得好。

（五）着力优化城市功能，全方位提升城市品质。聚焦城市功能优化、品质提升，加强城市规划设计、建设管理，加快打造宜居宜业宜创新的高品质现代化国际大城市。

以高水平规划引领城市发展。要站在全面提升佛山未来竞争力的高度规划设计城市，以高水平规划引领城市现代化，提高城市品质和核心竞争力。认真编制好新一轮国土空间规划，优化国土空间组团布局结构，实现“多规合一”，一张蓝图干到底。前瞻做好岭南“水乡”文章，加强对西江、北江佛山段以及内河、湖涌沿岸规划建设管理，加强对水岸线、江心岛规划建设管控，持续推进生态治理和沿岸景观提升，为佛山赢得永续发展的水空间。深入实施自然生态文明建设专项规划，协调开展山水林田湖草一体化生态保护和修复，广泛开展大规模国土绿化行动，建设大湾区高品质森林城市。加强对中心城区建筑风貌、城市色彩、城市外立面、城市天际线以及城市五级道路⑫等设计管控，全方位提升城市品质。

加快构建多层次立体化综合交通体系。要更加注重城市综合交通建设，加快构建现代化基础设施网络，努力建设大湾区西部枢纽城市。加快推进对接深（圳）中（山）通道等跨珠江口通道的快速交通路网，积极落实广湛、深南高铁等干线通道的规划，打通佛山与珠江东岸深圳、香港的快速联系通道，实现与大湾区城市间1小时通达。加快珠三角枢纽（广州新）机场筹建工作。强化佛山西站枢纽功能。抓实佛山港总体规划修编。加快推进“佛山一环”西拓工程，并完善辅道建设。全力打通市域“断头路”，加密城区次干路和支路网，加强对城市老、旧道路改造提升，强化交通拥堵综合治理，提升全市交通网快捷通达能力。

全面实施乡村振兴战略。要牢固树立绿水青山就是金山银山的理念，把建设“百里芳华”乡村振兴示范带作为佛山实施乡村振兴战略的重要抓手，围绕开展五大“美丽行动”⑬，全力抓好重点项目建设，绘就佛山乡村振兴“全景图”。推进“三沿一口”环境卫生整治，塑造城市门户新形象。全面落实农村人居环境整治三年行动计划，持续开展农村人居环境卫生治理、“三清三拆三整治”村庄清洁行动和“厕所革命”，构建“整洁、舒适、安全、美丽”的乡村人居环境。推动城市基础设施向农村延伸，城市公共服务向农村覆盖，加快“四好农村路”建设，补齐农村基础设施短板。深化农业供给侧结构性改革，支持各区建设规模化发展的特色农业产业园，助推乡村产业振兴。

以一流治理塑造一流城市品质。要通过大城善治展现佛山大美形象。更好地把握现代城市治理规律，推动“数字经济、智慧应用”和城市大脑深度融合，推进5G、工业互联网等信息技术在城市管理上融合应用。要以“绣花功夫”实现一流治理，聚焦城市治理的堵点、痛点、难点，统筹推进综合治理和专项整治，一针一线绣出城市的形象品质。高度重视城市安全，加强城市安全硬性和软性基础设施建设管理，努力建设安全发展型城市。

（六）坚定文化自信，加快建设高质量文化导向型名城。坚持保护传承和改革创新相结合，促进传统文化与现代文明相融合，塑造与佛山经济地位相匹配的文化优势和文化形象。

全面提升市民文明素养。文明素养重在实践、重在养成。要积极培育和践行社会主义核心价值观，建好用好新时代文明实践中心、融媒体中心和“学习强国”佛山平台等，不断提升市民思想觉悟、法治意识、道德水准、文明素养和全社会文明程度。概括提炼新时代佛山精神，把“大爱佛山”“信用佛山”“志愿之城”“乐善之城”“敬业之城”打造成佛山文明的金字招牌，着力提升市民的认同感、归属感、自豪感。要举全市之力、聚全民之心，扎实做好全国文明城市复评迎检，确保高标准顺利通过复检。

激发岭南传统文化创新创造力。优秀岭南传统文化是佛山最深厚的软实力。要探索建设文化生态保护试验区，保护、宣传、利用好文物古迹和文化遗产，改造提升一批内涵丰富的特色文化街区、古镇古村落，办好行通济、秋色巡游等系列传统民俗活动，充分展示岭南风韵。持续深化文化领域供给侧结构性改革，创作一批无愧于时代、无愧于人民的优秀文艺作品，打造岭南文化新高地。以岭南传统文化走向世界促进文化交流互鉴，讲好佛山故事，传播佛山声音，展现佛山风貌。

打造一批重大文化设施。文化设施是展示城市形象的重要载体，是一个城市的气质所在。要大力推进一批公共文化设施建设，把“两馆一厅”⑭打造成为佛山未来文化新地标，把“三城一中心”[15]建设成为文化推广的重大载体，把“两院一区”[16]建成文艺创作、文化传播的重要平台。支持镇、村推动公共文化设施改造建设，补齐公共文化服务设施短板，塑造一批“叫好叫座”的文化惠民品牌，力争建成全国领先的地市公共文化设施与服务网络体系。

把文化产业打造成为支柱产业。要从“文化+产业经济”的融合发展入手，建立健全推动文化产业融合发展的体制。积极参与大湾区城市旅游合作联盟建设，大力发展夜间经济和民宿产业，建设一批高端旅游项目，推动全域旅游加快发展。大力发展电竞文创产业、数字文化产业，探索建立一批研学旅游示范基地和创新创意设计学院，推动形成文化创意产业集群。大力发展影视产业，与央视总台协同抓好南海影视城开发，推进5G+4K/8K+AI超高清终端设备产业集聚发展，依托南方影视中心打造粤港澳大湾区影视产业合作试验区。积极承办世界级、国家级大型体育赛事活动，发展一批自主品牌赛事，建设一批符合市场规律、富有特色的“体育+休闲”产业基地。

（七）坚持在发展中保障和改善民生。聚焦全面建成小康社会目标，抓重点、补短板、强弱项，让改革发展成果更多更公平惠及全体市民。

持续优化公共服务。要把稳就业放在优先地位，全面实施“广东技工”“粤菜师傅”“南粤家政”三大工程，促进更充分更高质量就业。聚焦构建服务全民终身学习的教育体系，推动基础教育增量提质、高等教育跨越式发展。扩大普惠性学前教育、义务教育优质学位供给，让广大市民有更多的教育获得感。深化“三医联动”改革，推进高水平医院“登峰计划”，扩大优质医疗卫生资源供给，推动医疗卫生服务向“以健康为中心”转变，让群众少生病、降负担、看好病。

着力提高社会保障水平。要健全与经济社会发展水平相适应的城乡基本养老保险和基本医疗保险制度。坚决兜牢民生底线，做好关键时点、困难人群的基本生活保障。加快建立居家社区机构相协调、医养康养相结合的养老服务体系，引入社会力量实现养老服务多元供给。坚持“房住不炒”定位，健全完善房地产市场管理调控长效机制。深化国家住房租赁、集体建设用地建设租赁住房试点，加快建立优质、多元、规范的住房租赁市场。积极推进城市更新和存量住房改造，让全体市民住有宜居。

保持社会安全稳定。以市域社会治理为牵引，以提升基层社会治理系统性、整体性、协同性为重点，进一步完善社会治理体制机制，构建共建共治共享社会治理新格局。坚持和发展新时代“枫桥经验”，完善“党建统领·三治融合”的基层治理体系。加快社会综合治理云平台建设，着力推动市域社会治理现代化、智能化、精细化。压实维稳责任，扎实开展维护政治安全专项行动和社会矛盾问题专项治理，严格落实重大决策、重点项目、邻避问题等社会稳定风险评估工作机制。进一步完善重大风险事件“四个一”处置体系建设，全力防范化解政治、经济、科技、社会等领域风险。深入推进矛盾纠纷滚动排查化解工作，完善源头预防、排查预警、多元化解机制，做到化解在小、化解在早。深化扫黑除恶专项斗争，构建立体化、信息化社会治安防控体系，保持对违法犯罪的高压震慑态势。建立健全城市安全运行监测中心和应急指挥体系，加强应急专业队伍建设，切实做好防汛排涝、森林防灭火和自然灾害防治工作。深刻吸取各类事故教训，健全隐患排查和预防控制体系，加强食品药品、公共安全、消防安全等重点领域监管。扎实推进屠宰企业“产宰销”一体化改革，更好满足市民对安全优质肉品的消费需求。

（八）坚定不移打好打赢“三大攻坚战”。“三大攻坚战”是决胜全面建成小康社会的关键，是补齐高质量发展短板的重点，必须立足实际、全力攻坚、务求实效。

确保脱贫目标如期实现。要加大扶贫攻坚力度，推动援藏援疆工作取得更大成效，扎实推进对口四川凉山州扶贫协作，重点解决好实现“两不愁三保障”面临的突出问题，确保东西部扶贫协作工作继续走在全国前列。全面完成对口帮扶湛江、云浮精准扶贫任务，确保省定贫困村有序退出，携手共奔小康。要把推动高明革命老区振兴发展与实施乡村振兴战略结合起来，落细落实各项特别帮扶工作，推动革命老区振兴发展。

坚决打好污染防治攻坚战。良好生态环境是最普惠的民生福祉，要方向不变、力度不减打好污染防治攻坚战。突出抓好水污染治理，深化广佛跨界河流整治，力争广佛跨界河流水质稳定达标。进一步压实河长制、湖长制工作责任，推动河长由巡河向治河转变。深化排水体制机制改革，着力推行污水处理设施“三个一体化”[17]管理模式，坚决打好城乡黑臭水体歼灭战。强化大气污染联防联控，加强扬尘、粉尘、废气等治理，确保$PM_{2.5}$、PM_{10}双达标。建立健全土壤污染防治体系，加快推进土壤污染治理与修复试点。加强城乡生活垃圾分类管理，稳步推进固体危废物处置设施建设。扎实抓好中央和省环保督察问题整改，切实增强人民群众的环境获得感。

坚决防范化解重大金融风险。要加大对新兴金融业尤其是民间借贷的排查监管力度，将各类金融市场主体全部纳入监管范围，促进合规经营。推进市金融风险监测平台建设，筑牢金融风险“防火墙”。积极推进互联网金融、非法集资、电信诈骗等金融风险专项整治，切实保护好老百姓的钱袋子。

五、全面加强党的领导和党的建设，为高水平全面建成小康社会提供坚强政治保证

高水平全面建成小康社会，必须全面贯彻落实新时代党的建设总要求，不断提升党的建设质量，切实增强各级党组织创造力、凝聚力、战斗力。

（一）持之以恒学习贯彻习近平新时代中国特色社会主义思想。巩固和拓展主题教育成果，把“不忘初心、牢记使命”作为加强党的建设的永恒课题和全体党员干部的终身课题，推动学习贯彻习近平新时代中国特色社会主义思想常态化制度化，不断用党的创新理论武装头脑、指导实践、推动工作。要建立不忘初心、牢记使命的制度，实施习近平新时代中国特色社会主义思想教育

培训计划。用好“大学习、深调研、真落实”工作方法，不断把总书记重要指示要求转化为佛山改革发展的具体行动和务实举措。抓好基层学习教育，发挥镇（街道）党校、党群服务中心等主阵地作用，加强对基层党员干部的教育培训，打通学习贯彻“最后一公里”。坚持马克思主义在意识形态领域指导地位，提升干部媒介素养，打好意识形态领域主动仗，牢牢掌握意识形态工作领导权管理权主动权。

（二）坚决把旗帜鲜明讲政治贯穿党的建设始终。旗帜鲜明讲政治，把树牢“四个意识”、坚定“四个自信”、做到“两个维护”作为政治建设首要任务抓实抓好。落实“两个维护”的制度机制，完善贯彻总书记重要指示批示精神和党中央决策部署的闭环落实机制，严格执行请示报告制度，确保中央决策、省委部署和市委安排得到不折不扣的落实，坚决杜绝在落实上打折扣、做选择、搞变通。加强政治能力建设，实施一把手政治能力提升计划，带动党员干部增强政治敏锐性和政治鉴别力，坚决防止“低级红”“高级黑”，以正确的认识和行动做到“两个维护”。严明政治纪律和政治规矩，巩固肃清李嘉、万庆良恶劣影响成果，坚决做到“三个决不允许”。严肃党内政治生活，严格执行新形势下党内政治生活若干准则。

（三）把基层党组织建设成为坚强战斗堡垒。抓牢关键重点、补齐工作短板，打好加强基层党组织建设三年行动计划收官战，推动基层党组织建设全面进步、全面过硬。构建城市基层党建工作新格局，统筹推进国企、医院、学校、“两新”组织等各领域党建工作，提高党的组织覆盖和工作覆盖质量。继续巩固提升村（村改社区）三个职位“一肩挑”，把党的全面领导和实施重要事权清单管理写入村规民约、居民公约和自治组织、经济组织章程。优化提升“头雁”工程，深入开展模范党支部创建。深化驻点直联制度，探索开展网格党建工作。

（四）建设忠诚干净担当的高素质干部队伍。坚持把提高治理能力和水平作为干部队伍建设的重大任务，统筹做好干部培育、选拔、管理、使用工作。坚持政治标准第一，加强和改进政治素质考察，对政治上不合格的“一票否决”。贯彻落实全国党政领导班子规划建设纲要，选优配强各级领导班子。加大优秀年轻干部培养选拔力度，实施干部专业化能力提升计划，持续推进干部双向挂职，让干部在应对急难险重任务中经受思想淬炼、政治历练、实践锻炼。健全“能上能下”机制，既要把担当作为、实绩突出的好干部选准用好，又要把不作为、慢作为、乱作为的干部坚决调下去。发挥“三个区分开来”和容错纠错机制的导向作用，旗帜鲜明为担当者担当、为负责者负责，让全市党员干部放开手脚干事创业。

（五）以坚如磐石的意志和决心正风肃纪反腐。持之以恒落实中央八项规定及其实施细则精神，严防“四风”问题反弹回潮，重点整治困扰基层的形式主义、官僚主义突出问题，加强对督查检查考核的统筹，让基层干部把更多时间和精力放到抓落实上。坚定不移推进反腐败斗争，坚决查处政治问题和经济问题交织的腐败案件，坚决斩断“围猎”和甘于被“围猎”的利益链，坚决破除权钱交易的关系网，巩固发展反腐败斗争压倒性胜利。全面实施基层正风反腐三年行动，推动巡察向村（社区）延伸，做到利剑高悬、威慑常在。持续从严查处扶贫民生领域腐败、涉黑涉恶腐败及“保护伞”，督促各项惠民政策措施落到实处。一体推进不敢腐、不能腐、不想腐，加强对一把手监督，对重大政策开展廉洁风险评估，严格执行关于防止领导干部利益冲突的暂行规定。健全完善监督体系，强化政治监督，促进党内监督与其他各类监督贯通协调。

发挥市委总揽全局、协调各方的领导核心作用，坚持和完善党的全面领导制度，支持人大、政协依章程履行职责。巩固和发展最广泛的爱国统一战线，不断完善“大统战”工作格局。大力推进政法领域全面改革，深化司法体制综合配套改革，完善公共法律服务体系，加大全民普法工作力度，夯实依法治市群众基础。加强工青妇、武装等工作，争创全国“双拥模范城”九连冠。

同志们，决战决胜全面建成小康社会的号角已经吹响，东风浩荡自当击鼓奋进，征程万里更须策马扬鞭！让我们更加紧密地团结在以习近平同志为核心的党中央周围，高举习近平新时代中国特色社会主义思想伟大旗帜，不忘初心、牢记使命、接续奋斗，闻鸡起舞、日夜兼程、风雨无阻，争当全省地级市高质量发展领头羊，高水平全面建成小康社会，为实现第一个百年目标作出佛山贡献！

注释：

①“2+2+4”先进制造业产业集群：装备制造和泛家居2个超万亿的先进制造业产业集群，汽车及新能源、军民融合及电子信息2个超5000亿元产业集群，智能制造装备及机器人、新材料、食品饮料、生物医药等4个超3000亿元产业集群。

②四个万亿级产业集群：装备制造、汽车、新一代信息技术、生物医药与健康产业集群。

③佛港澳青年三大交流合作基地：佛港澳青年融创基地、禅港澳青年交流基地、国际青年发展联盟佛山基地。

④“四个一”工作机制：一个领导小组统筹，一个市领导牵头负责，一个工作专班处置，一个口径上报情况发布信息。

⑤三沿一口：“三沿”是指沿铁路、沿国（省）道、沿旅游景区；“一口”是指高速公路、高铁、省国道沿线的出入口。

⑥粤菜师傅“1+5”系列工程：“1”是指《佛山市粤菜师傅工程建设实施方案（2019—2021年）》；“5”是指“厨出佛山”“寻味佛山”“佛味鲜生”“佛味秀世界”“佛游劲味”五大工程。

⑦“1+4”广佛高质量发展融合试验区：“1”是指广州南站－三龙湾－荔湾海龙片区；“4”是指南沙－顺德、荔湾－南海、白云－南海、花都－三水片区。

⑧六大工程：推动制造业高质量发展“强核工程”“立柱工程”“强链工程”“优化布局工程”“品质工程”“培土工程”。

⑨四基：核心基础零部件（元器件）、先进基础工艺、关键基础材料、产业技术基础。

⑩专精特新：专业化、精细化、特色化、新颖化。

⑪1+5+N："1"是打造禅南顺高端创新集聚区；"5"是佛山军民融合创新示范区、广东金融高新区、南三产业合作区、青年湖电子信息产业园、空港经济区；"N"是周边创新节点。

⑫城市五级道路：高快速路、城市主干路、城市次干路、支路、乡村路。

⑬五大"美丽行动"：建设美丽家园、美丽田园、美丽河湖、美丽园区和美丽廊道行动。

⑭两馆一厅：美术馆、展览馆、音乐厅。

⑮三城一中心：世界功夫之城、博物馆之城、世界美食之都、南方影视中心。

⑯两院一区：佛山粤剧院、广州美院工艺美术修复学院、三龙湾高端艺术社区。

⑰三个一体化：污水设施建管一体化、厂网一体化、城乡一体化。

政府工作报告

——2020年6月17日在佛山市第十五届人民代表大会第五次会议上

佛山市市长　朱　伟

各位代表：

现在，我代表市人民政府向大会报告工作，请予审议，并请各位政协委员和其他列席人员提出意见。

年初突如其来的新冠肺炎疫情，给全市人民生命安全和身体健康带来严重威胁，对全市经济社会发展造成严重冲击。在党中央、国务院、省委、省政府和市委的坚强领导下，经过全市上下共同努力，疫情防控取得重大战略成果。当前，疫情尚未结束，发展任务异常艰巨。要努力把疫情造成的损失降到最低，努力完成今年经济社会发展目标任务。

一、2019年和今年以来工作回顾

去年，面对国内外复杂形势，市政府坚持以习近平新时代中国特色社会主义思想为指导，认真落实省委、省政府"1+1+9"工作部署，攻坚克难、真抓实干，完成全年主要目标任务，为高水平全面建成小康社会打下决定性基础。

——经济综合实力迈上新台阶。地区生产总值达10751.02亿元，增长6.9%，扎实迈进国内经济总量超万亿城市行列。规模以上工业增加值达4859.48亿元，增长7%，居全国城市第六位，其中民营工业增长8.3%，对全市工业增长贡献率达85.2%。地方一般公共预算收入731.47亿元，增长4%。

——经济结构继续优化。社会消费品零售总额3516.33亿元，增长7%，消费持续发挥重要拉动作用。先进制造业、装备制造业占规模以上工业增加值比重分别达49.9%、31.2%，现代服务业增加值占第三产业比重提高至61.4%。企业发展提质增效，主营业务收入超百亿元企业达22家，"四上"企业①达1.59万家，其中规模以上工业企业7902家。

——发展新动能不断增强。财政科技投入98.16亿元，增长79.6%，带动全社会创新活力迸发。创新资源加快集聚，国家高新技术企业达4834家，仙湖实验室等一批创新平台落户，季华实验室建设居省实验室前列，实现引进全职院士零的突破。新签约投资超亿元项目478个，计划投资3370.6亿元，美的库卡智能制造产业基地、东丽无纺布等一批重大项目投产。大众创业万众创新深入开展，新登记市场主体18.5万户，增长17.8%，总数达82.1万户。

——改革开放迈出新步伐。供给侧结构性改革继续深化，新增减税降费234.68亿元，制造业受益最多。政府机构改革任务完成。"放管服"改革多项举措走在全国全省前列，60%以上政务服务事项实现"最多跑一次"，企业开办全流程审批整体用时缩短至1天内。携手推进粤港澳大湾区建设取得新成效，广佛迈入全域同城化新阶段。积极参与"一带一路"建设，进出口总额4827.6亿元，增长5%，获批国家级跨境电子商务综合试验区。

——城市功能品质优化提升。完成城市治理三年行动计划，968个项目累计投资3554亿元，轨道交通、公路、能源、水利等基础设施建设加快。完成"三旧"改造项目720公顷（1.08万亩），人民公园建成开放。乡村振兴战略深入实施，完成村级工业园土地整理2666.67公顷（4万亩），自然村全部实现集中供水和垃圾收运处理。

——"三大攻坚战"取得关键进展。财政投入对外扶贫及援建资金18.86亿元，对口凉山扶贫协作工作连续3年在全国考核中获评"好"等次。污染防治持续推进，新建（改造）污水管网1080公里，广佛跨界河流水质首次全面达标，$PM_{2.5}$为历年最低。生态环境进一步改善，新增绿化面积1933.33公顷（2.9万亩），建成区绿化覆盖率达45.1%。有效防范化解各类风险，全市政府债务为安全的绿色等级，金融、房地产市场保持平稳健康运行。

——人民生活持续改善。财政民生支出670.76亿元，增长9.5%，占一般公共预算支出71.2%。居民人均可支配收入5.4万元，增长8.9%。城镇新增就业8.7万人，城镇登记失业率在3%以下。居民消费价格上涨2.9%。基本养老、医疗、低保等保障水平稳步提高，教育、文化、体育等社会事业加快发展，省、市民生实事圆满完成。扫黑除恶专项斗争成效明显，社会大局保持和谐稳定。

我们加强党风廉政建设，扎实开展"不忘初心、牢记使命"主题教育，以"大学习、深调研、真落实"解决突出问题，严格落实中央八项规定精神，持续纠治"四风"，深入开展"基层减负年"活动，市政府会议和文件数量大幅压减。办理市人大代表建议181件、市政协提案213件，办复率100%。

各位代表！新冠肺炎疫情发生后，在习近平总书记亲自指挥、亲自部署下，在党中央、国务院、省委、省政府和市委的正确领导下，全市上下坚决贯彻落实习近平总书记重要讲话和重要指示批示精神，统筹推进疫情防控和经济社会发展。坚持不懈抓好疫情防控。按照坚定信心、同舟共济、科学防治、精准施策的总要求，以坚定果敢的勇气和决心，采取最全面最严格最彻底的防控措施，有效阻断病毒传播链条。第一时间落实省重大突发公共卫生事件Ⅰ级响应要求，组织近6万名党员干部下沉基层一线，凝聚带动全社会力量开展疫情防控的人

民战争、总体战、阻击战，迅速遏制了疫情扩散势头。针对境外疫情蔓延情况，及时构筑起应对境外疫情输入风险的坚固防线。适应疫情发展变化，因时因势推进常态化防控。争分夺秒做好医疗救治。坚持“四早”“四集中”②原则，设置定点医院无条件收治所有确诊和疑似病例，11天内完成市四医院临时应急救治医院建设，实现全市确诊病例动态清零、患者零死亡、医护人员零感染。派出援鄂医疗队共5批352人，人数居全国地级市首位。全力以赴保障城市平稳有序运行。组织动员防疫物资生产企业春节前返岗复工，支持有条件的企业迅速转产，医用口罩、防护服等防疫物资产量大幅提升，有力支持了全国全省疫情防控大局。公共交通正常运营，水电气讯保持稳定，粮油等生活必需品供应充足。精准施策加快恢复正常生产生活秩序。及时出台支持企业共渡难关十条政策意见、推动企业有序复工复产十条指导意见等近20份政策文件，安排3000多名联络员挂点联系2万多家企业，1—4月新增减税降费79.9亿元，帮助企业尽快复工复产。发行4亿元消费券，促进消费市场回暖。分期分批引导学生返学复课。目前，全市主要经济指标回稳向好，工业引领生产复苏，需求市场逐渐回暖，发展信心持续凝聚，佛山经济表现出强劲韧性。在这场没有硝烟的人民战争中，全市人民团结协作、坚韧奉献、守望相助，构筑起同心战疫的坚固防线，彰显了佛山人民的伟大力量，凝聚起具有佛山特色的伟大抗疫精神，激励我们不畏险阻、奋勇向前！

各位代表！去年以来经济社会发展和今年疫情防控取得的成绩，是以习近平同志为核心的党中央坚强领导的结果，是习近平新时代中国特色社会主义思想科学指引的结果，是在省委、省政府领导下，市委团结带领全市人民拼搏奋斗的结果。在此，我代表市人民政府，向全市人民，向各位人大代表、政协委员，向各民主党派、各人民团体和各界人士，向中央、省驻佛山单位和人民解放军指战员、武警官兵、应急救援队伍指战员，向所有关心支持佛山建设发展的港澳台同胞、海外侨胞及国际友人，表示诚挚感谢！特别是向奋战在疫情防控一线的广大医务人员、社区工作者、公安干警、基层干部、新闻工作者、志愿者，表示崇高敬意和衷心感谢！

在肯定成绩的同时，我们也清醒看到面临的困难和挑战。受疫情影响，世界经济严重衰退，产业链供应链循环受阻，国内外有效市场需求不足，企业特别是中小微企业经营困难凸显。产业整体水平不高，引领性重大项目不多，一些重要产业的关键核心技术受制于人，新旧动能转换亟需提速。发展不平衡不充分问题依然突出，城乡区域发展差距较大，城市形态功能品质与经济体量不匹配，环境污染治理任务艰巨，公共服务特别是公共卫生应急管理等方面存在薄弱环节。政府工作有待改进，少数干部存在不担当、不作为、不会为等现象，工作落实“中梗阻”“最后一公里”等问题仍然突出。对此，我们将采取有力措施，切实加快解决。

二、今年发展主要目标和下一阶段工作总体部署

做好今年政府工作，要以习近平新时代中国特色社会主义思想为指导，全面贯彻党的十九大和十九届二中、三中、四中全会精神，深入贯彻落实习近平总书记对广东重要讲话和重要指示批示精神，增强“四个意识”、坚定“四个自信”、做到“两个维护”，紧扣高水平全面建成小康社会目标任务，统筹推进疫情防控和经济社会发展工作，在疫情防控常态化前提下，坚持稳中求进工作总基调，坚持新发展理念，坚持以供给侧结构性改革为主线，坚持以改革开放为动力推动高质量发展，深入落实省委、省政府“1+1+9”工作部署和市委要求，坚决打好“三大攻坚战”，加大“六稳”工作力度，全面落实“六保”任务，维护经济发展和社会稳定大局，确保高水平全面建成小康社会。

当前和今后一个时期，我市发展面临的风险挑战前所未有，但我市同时拥有产业实力雄厚、民营经济发达、营商环境良好等优势，面临“双区”建设等重大战略机遇，只要我们认清形势、直面挑战，凝信心、鼓干劲，抓落实、求突破，就一定能推动佛山经济社会发展在经济总量过万亿的新起点上取得新成绩。

综合研判形势，我们对疫情前考虑的预期目标作了适当调整。今年要优先稳就业保民生，坚决打赢脱贫攻坚战，努力实现高水平全面建成小康社会目标任务；城镇登记失业率控制在3%以内；居民消费价格涨幅控制在3.5%左右；进出口促稳提质；居民人均可支配收入增长与经济增长基本同步；单位地区生产总值能耗和主要污染物排放量下降幅度完成省下达任务。

需要说明的是，当前疫情和经贸形势不确定性依然很大，对我市发展的影响难以预料，因此我们没有提出全年经济增速具体目标，这样有利于更加集中精力抓好“六稳”、落实“六保”，切实把“六稳”工作的着力点放在“六保”上。只要守住“六保”底线，就能稳住经济基本盘；以保促稳、稳中求进，就能夯实高水平全面建成小康社会的基础。需要强调的是，不论是稳就业保民生、防范化解风险，还是转变经济发展方式、推动高质量发展，都要以一定的经济增长为支撑，稳定经济运行事关全局、至关重要。

今年已过去5个多月，下一阶段我们要毫不放松常态化疫情防控，抓紧抓实经济社会发展各项工作，确保全年目标任务顺利完成。

（一）聚焦稳企业保就业和扩大有效需求，全力稳住经济基本盘。坚持稳企业与保就业相结合，扩内需和稳外需相协调，尽力帮助市场主体特别是中小微企业、个体工商户渡过难关，留住青山，赢得未来。

千方百计稳企业保就业。牢固树立“放水养鱼”理念，坚决执行下调增值税税率等政策，全面落实助力疫情防控、恢复经济运行的各项减税降费政策，想方设法降低企业用电、用气、用水、用人、物流、租金等生产经营成本，使各项政策红利尽快真正落实到企业，将佛山真正打造成为全国制造业成本“洼地”。推广应用扶持通平台，便利企业及时享受惠企政策资金。用好支持企业融资专项资金、融资担保基金等政策性金融工具，鼓励金融机构增加制造业中长期贷款和小微企业贷款，预计

为企业增加流动资金300亿元，有效降低企业综合融资成本。实施企业上市“添翼行动”，支持企业扩大债券融资，拓宽企业融资渠道。认真落实全市各级政府领导挂点联系服务企业制度和企业联络员制度，切实帮助企业解决现实困难问题，提高企业生存发展能力。扎实推动“个转企、小升规、规改股、股上市”，力争新增规模以上工业企业1000家，主营业务收入超100亿元企业达25家。加强对高校毕业生、退役军人、异地务工人员、就业困难人员等重点群体就业保障支持，用足用好就业补助资金，扩大失业保险保障范围，加强劳动力技能培训，确保就业形势稳定。

着力扩大有效投资。用足用好地方政府专项债券等政策利好，安排省、市重点项目投资超1000亿元，引导资金重点投向既促消费惠民生又调结构增后劲的“两新一重”[③]建设，新建5G基站7000座以上，加强工业互联网、数据中心、加氢站、充电桩等新型基础设施建设，推广新能源汽车，进一步激发新消费需求、助力产业升级。精准开展“大招商、招大商”，引进一批技术含量高、质量效益好、带动能力强的重大项目，力争新增投资超10亿元的内资项目和超1亿美元的外资项目共60个，总投资1000亿元。加快推进博智林机器人谷、一汽-大众新能源汽车、一汽解放南方新能源汽车基地等重大产业项目建设，力争完成工业投资1000亿元。鼓励本地企业增资扩产，再支持1000家以上工业企业开展技改，力争完成工业技改投资600亿元。

积极推动消费回升。支持餐饮、商场、文旅、家政等生活服务业恢复发展，加快培育新零售、直播电商、无人配送、医疗健康等新业态，改造提升商业步行街，推动线上线下融合，增加高品质多样化的消费服务供给。促进汽车消费，开展新一轮家电下乡，推动传统消费升级。实施粤菜师傅“1+5”系列工程[④]，到2021年打造8条以上美食集聚街区。发展全域旅游，繁荣夜间经济，打造一批高品质夜间经济集聚区和示范点。

促进外贸稳中提质。围绕支持企业拓市场增订单稳岗位保就业，推动构建境外自主营销网络，大力发展外贸综合服务，扩大出口信用保险覆盖面，积极申报佛山综合保税区，降低进出口合规成本，支持出口产品转内销。培育外贸新业态新模式，推进国家级跨境电子商务综合试验区建设，创新发展市场采购贸易方式试点。优化进口结构，扩大重要原材料、关键零部件、核心装备、优质消费品进口。

（二）围绕建设现代产业体系，加快推动制造业高质量发展。制造业是佛山发展的根与魂，要扎实打好产业基础高级化和产业链现代化攻坚战，推动佛山由制造大市向制造强市转变。

深入实施“六大工程”。实施“强核”工程，加强智能制造、新一代电子信息、新能源电池等关键核心技术和共性技术攻关，尽快形成一批具有竞争优势的科技产品和装备。实施“立柱”工程，做大做强装备制造、泛家居、汽车及新能源、军民融合及电子信息等先进制造业集群，谋划推动氢能源产业示范试验区建设，打造“2+2+4”产业发展新格局[⑤]。实施“强链”工程，以提高产业链供应链的自主性安全性为目标，加大稳链、补链、强链、控链力度，引进一批促进产业链集聚发展的关键项目，增强产业链关键环节和优质企业的根植性，带动上下游中小企业稳定发展。实施“优化布局”工程，严格落实产业发展保护区划定规定，力争累计完成村级工业园土地整理8000公顷（12万亩），打造一批连片1000亩、3000亩的产业园区，拓展制造业高质量发展空间。实施“品质”工程，建设全国首批“百城千业万企对标达标提升专项行动”[⑥]城市，开展不合格产品清零行动，鼓励企业参与制（修）订国际、国家、行业标准，探索推出“佛山标准”，强化品牌建设，弘扬工匠精神，着力打造中国制造品质标杆。实施“培土”工程，深化国家制造业转型升级综合改革试点，积极谋划建设制造业高质量发展试验区，营造有利于制造业发展的一流环境。

推动工业化和信息化融合发展。深化“互联网+先进制造”，加速制造业数字化、网络化、智能化进程。推进“5G+工业互联网”和物联网创新应用，支持建设一批工业互联网平台以及标杆示范项目、产业集群试点、产业示范基地，大力推动工业企业“上云上平台”，培育发展网络化协同研发制造、大规模个性化定制等新模式新业态。加大智能装备推广应用力度，新增机器人应用3200台，打造一批数字化车间和智能工厂，创建国家新一代人工智能创新发展试验区。

促进先进制造业与现代服务业融合发展。大力发展现代金融、研发设计、现代物流、会展等生产性服务业，鼓励制造业企业发展供应链管理等服务型制造新模式。做优做强广东金融高新区、千灯湖创投小镇等金融产业平台。依托广东工业设计城、陶谷小镇等平台，提高工业设计发展水平，带动创意经济集聚发展。发挥广东（潭洲）国际会展中心等平台作用，推动会展业成为佛山现代服务业的先导性产业。积极申报生产服务型国家物流枢纽城市，创建绿色货运配送示范城市。

（三）依靠改革创新激发市场主体活力，增强发展新动能。坚持向改革要活力、向创新要动力，加快建立健全与高质量发展相适应的体制机制，激发内生发展动力。

营造市场化法治化国际化营商环境。对标国际国内最优最好，深化“放管服”改革，打造办事效率高、服务质量好、投资成本低的一流营商环境。深化商事登记制度改革，全面推行“证照分离”“证照联办”改革，放宽小微企业、个体工商户登记经营场所限制。深化工程建设项目审批制度改革，全面提高政府投资项目和水利、交通、能源等重点民生项目审批效率，推动工业及高新技术项目“拿地即开工”。完善不动产登记“一窗通办”，做到部分事项现场即可办结。加快新一轮“一网一门一次”政务服务改革，全面提升网上办事水平。推进政务服务标准化试点。深化简政放权，稳步推进镇（街道）机构改革。完善社会信用体系，建立企业信用分级分类制度，实行“双随机一公开”[⑦]跨部门联合监管。

推进要素市场化配置改革。完善人才引进培育和服务管理机制，落实“人才新政23条”[⑧]，推行“优粤佛山卡”[⑨]，加快引进培育一批高层次创新

人才、行业领军人才和紧缺人才，力争新增省级创新创业团队3个、中高端人才1800人以上。加快培育数据要素市场，加强“数字政府”和新型智慧城市建设，推进政府数据有序开放共享，探索拓展工业、农业、交通、教育、安防、城市管理等领域规范化数据开发利用，促进数字经济新产业新业态新模式发展。保障民营企业平等获取生产要素和政策支持，依法平等保护民营企业和民营企业家合法权益，构建亲清政商关系。提升国资国企改革成效，稳妥推进混合所有制改革，以管资本为主加快国资监管职能转变，引导国有资本在基础设施、公共服务、现代金融等领域集聚，做强做优主责主业。

提高科技创新支撑能力。加快推进三龙湾高端创新集聚区建设，优化提升佛山国家高新区发展，对接广深港澳科技创新走廊，引领带动“一环创新圈”“1+5+N”创新平台体系⑩建设。加快季华实验室和仙湖实验室建设，努力打造成为国家重点实验室。加强与科研院校合作，加快建设清华大学佛山先进制造研究院、中科院苏州纳米所广东（佛山）研究院等政产学研协同创新平台，累计引进大院大所组建创新载体100家。实施高新技术企业培育和规模化发展三年行动计划，支持大中型企业建设技术创新中心和重点实验室，培育发展一批“专精特新”企业、“小巨人”企业和“隐形冠军”企业⑪，加快形成创新型领军企业顶天立地、科技型中小企业铺天盖地的发展格局。落实研发费用税前加计扣除政策，探索科技成果权属改革，积极参与国家科技成果转移转化示范区建设。高标准建设国家知识产权示范城市和全国版权示范城市，强化知识产权创造、保护和运用。

（四）抢抓“双区驱动”战略机遇，推进更高水平开放合作。全面落实国家、省关于区域发展和对外开放的战略部署，以深化开放合作进一步拓空间、促发展。

加快推进广佛全域同城化。支持广州“四个出新出彩”实现老城市新活力，与广州共同谋划编制全域同城化实施方案，规划建设“1+4”广佛高质量发展融合试验区⑫，重点加快试验区启动区建设，打造广佛荟等一批标志性重大项目。推进基础设施互联互通，加快广州地铁7号线西延顺德段、广佛环城际（佛山西站—广州南站）、广佛肇高速二期、番海大桥等项目建设，推动广州地铁28号线西延至佛山、南海新交通与广州南站衔接，加快推进珠三角枢纽（广州新）机场规划建设。深化产业协作共建，共同打造先进装备制造、汽车、新一代信息技术、生物医药与健康等4个万亿级产业集群。推进基本公共服务互认互通，深化政务服务“跨城通办”，加强广佛跨界河流水环境联防联治，共建共享广佛优质生活圈。

全力推进粤港澳大湾区建设。支持深圳建设中国特色社会主义先行示范区，积极对接深中通道、南沙大桥，畅通佛山与深圳的快速交通联系，加快形成佛深“1小时经济圈”。加强佛深重大产业、科技、金融平台联动，主动承接深圳优势产业溢出，促进佛山优质企业在深交所上市融资，推动“深圳创新+佛山产业”合作发展。以“湾区通”工程为抓手，深化“香港+佛山”“澳门+佛山”合作机制，推动佛港澳紧密合作。加快建设粤港澳合作高端服务示范区，高标准规划建设顺德港澳城。深化与香港离岸贸易合作，对接澳门与葡语国家商贸合作网络，建设首批省级粤港澳服务贸易自由化示范基地。加强与澳门中医药产业合作，推进中医药服务传承创新发展。建设港澳青年创业孵化基地及就业创业服务平台，推动在佛山工作生活的港澳居民民生方面享有本地市民待遇。

积极参与“一带一路”建设。扩大与“一带一路”沿线国家的双边贸易和双向投资，加快由产品端“走出去”向制造端、资本端“走出去”转变。发挥中德工业城市联盟作用，谋划一批中德合作示范性产业项目，提升中德工业服务区发展水平。加快推进广湛高铁、佛山西站枢纽新城等项目建设，增强佛山对粤西及大西南地区的辐射带动作用。强化西江黄金水道岸线资源整合，推动江海、水陆联运并融入大湾区港口群。

（五）提高城市治理水平，着力补齐城市发展不平衡不充分短板。加强城市规划建设管理，深入推进新型城镇化，促进城乡融合发展，努力让城市更加宜居、宜业、宜创新。

提升城市形态功能品质。加快编制新一轮国土空间总体规划，改革创新控制性详细规划制度，实现“多规合一”，一张蓝图干到底。深入推进城市更新（“三旧”改造）三年行动，完成中心城区城市形态提升三年行动目标，全方位提升城市形象品质。高标准建设东平水轴，打造新的城市客厅和地标性建筑。全面推进22个市级特色小镇建设。实施“宜居佛山、共同缔造”行动，支持老旧小区管网改造、加装电梯、外立面改造，优化提升社区公园等配套设施。治理违法建设3250万平方米。

强力实施乡村振兴战略。实施美丽乡村“五大行动”⑬，加快40个市级乡村振兴示范村和“百里芳华”乡村振兴示范带首批47个节点项目建设，推进30条古村落活化。加快“四好农村路”⑭建设，完成“三沿一口”⑮和农田“看护房”整治，确保全部行政村达到干净整洁村标准，60%以上行政村达到美丽宜居村标准，持续改善农村人居环境。深化农村集体产权制度改革，规范农村集体“三资”管理。落实“菜篮子”“米袋子”工程，推进高标准农田建设，提高水稻种植面积，加快恢复生猪生产，提升粮食和重要农副产品自给率。加强粮食仓储设施建设，扩大成品粮储备规模，确保粮油市场供应和价格总体稳定。

加强现代化基础设施建设。加快地铁2号线一期、3号线建设，做好2号线二期、4号线一期、11号线、13号线一期的前期工作。落实省高速公路网规划建设要求，完成“一环”高速化改造辅道建设，加快推进“一环”西拓工程，开工建设季华路西延线等项目，再打通20条“断头路”。实施公交TC模式八个“一体化”工程⑯，规范共享单车发展，创建公交都市示范城市。增强城市防洪排涝能力，建成地下综合管廊总里程超60千米，海绵城市面积达建成区面积的20%。新建绿色建筑1000万平方米，新建装配式建筑占新建建筑面积的20%以上。

（六）坚决打赢打好“三大攻坚战”，在全面建成小康社会中展现佛山作为。

聚焦短板弱项，决战决胜脱贫攻坚、污染防治、风险防范重点战役，坚决啃下硬骨头、完成硬任务。

如期全面完成脱贫攻坚任务。全力完成东西部扶贫协作四川凉山州和省内对口帮扶湛江、云浮，以及对口支援西藏墨脱、新疆伽师、新疆生产建设兵团第三师41团、四川甘孜州乡城县和得荣县等任务。落实对外扶贫及援建资金17.3亿元，推动上述地区剩余8个县317个村19.3万相对贫困人口全部脱贫。坚持造血式扶贫，加强产业协作，大力推进产业园区合作共建。强化劳务协作，促进贫困劳动力稳岗就业。实施消费扶贫，持续开展“以购代捐”活动。加快贫困户安全住房及配套设施建设，深化结对帮扶，助力改善帮扶地区民生。积极推动与黑龙江双鸭山对口合作。完成高明革命老区特别帮扶计划。

坚决打好污染防治攻坚战。严格落实河长制、湖长制，推进广佛跨界河流污染治理，确保8条城市建成区黑臭水体长治久清。推行排水设施建管、厂网、城乡“三个一体化”管理模式。围绕空气质量改善和优良天数比率“双达标”开展精细化管理，落实机动车污染防治和工地扬尘管控。加强土壤污染防治，开展污染地块风险管控与治理修复，加快建设危险废物处理处置设施，推进顺德绿色工业服务体系项目。保障石油、天然气、电力安全稳定供应，实施清洁生产技术改造和清洁能源替代，推动产业向绿色低碳方向转型。实施自然生态文明建设专项规划和美丽佛山五年绿化行动计划，抓好云勇林场扩面、河心岛生态修复等项目，推进“三环六带”碧道工程[17]，建设大湾区高品质森林城市。推进生活垃圾分类，完善垃圾分类收运处理系统，促进生活垃圾减量化、资源化、无害化。

着力防范化解重大风险。疏堵结合加强政府债务风险管控，严格落实债务限额管理，按计划化解存量隐性债务，积极稳妥申报发行新增债券，确保政府债务率在绿色安全区内。加强金融风险监测防控，严厉打击非法集资等金融领域违法违规行为，坚决守住不发生区域性金融风险的底线。坚决落实“房住不炒”要求，健全稳地价、稳房价、稳预期的长效管理调控机制，推进集体建设用地建设租赁住房试点、共有产权住房政策探索试点，促进房地产市场平稳健康发展。

（七）切实保障和改善民生，推动社会事业发展进步。坚持以人民为中心的发展思想，坚决兜牢民生底线，努力办好群众关切的“身边事”。

提高公共服务水平。加强公共卫生体系建设，改革完善疾病预防控制体系，全面提升应对突发重大公共卫生事件能力。实施疾控机构创优计划，升级改造市疾控中心实验室。强化防疫物资生产保障和应急物资储备体系建设。加强公共卫生人才队伍建设，积极开展传染病防治能力建设研究。强化基层卫生防疫。深入开展爱国卫生运动，普及卫生健康知识，倡导健康文明生活方式。提高基本医疗服务水平，推进高水平医院建设“登峰计划”，加快市二医院新院区以及市中医院、市三医院、市四医院扩建工程建设，深化现代医院管理制度试点。落实“两保两建两创新”[18]要求，完善多层次医疗保障体系，探索重点人群医保制度改革创新，推进医疗服务价格改革，推行“平安佛医保”。围绕促进教育公平发展和质量提升，实施学前教育“5080”攻坚计划[19]，推动义务教育优质均衡、普通高中优质多样特色发展，办好特殊教育、继续教育，规范民办教育，让教育资源惠及所有家庭和孩子。推动高等教育跨越发展，高标准规划建设香港理工大学（佛山），推进佛科院高水平理工科大学和“强特色”建设，支持顺职院建设中国特色高水平高职学校、佛职院建设广东省一流高职院校，加快广州美术学院佛山校区等合作共建项目建设。着力解决“一老一小”问题，实施养老服务体系建设提升三年行动计划，加快市颐养院、市新社会福利院建设，促进3岁以下婴幼儿照护服务发展。加大基本民生保障力度，扩大低保保障范围，对因病因灾因意外事件遭遇暂时生活困难的人员实施救助，切实保障所有困难群众基本生活。落实退役军人优抚安置政策，争创全国双拥模范城“九连冠”。开展新市民融合行动，增强新市民认同感归属感。

建设高质量文化导向型名城。实施公共文化服务高质量发展行动计划，加快建设佛山文化中心“两馆一厅”[20]、市博物馆新馆、佛山粤剧院、三龙湾高端艺术社区，广泛开展惠民文化艺术演出展示活动。加强文物保护利用和非物质文化遗产传承创新，推进历史建筑活化利用，擦亮“世界功夫之城”“世界美食之都”“博物馆之城”品牌。加快影视产业发展，依托南方影视中心打造大湾区影视产业合作试验区。扎实做好全国文明城市复评迎检。开展全民健身活动，建设完善公共体育设施，构建“15分钟健身圈”。

建设更高水平的平安佛山。坚持总体国家安全观，持续开展扫黑除恶专项斗争，严厉打击各类违法犯罪行为，完善立体化信息化社会治安防控体系。健全公共法律服务体系，完善社会矛盾纠纷多元调处化解机制。发挥社会组织作用，加强和创新基层社会治理，做好民族宗教工作，支持志愿服务、慈善事业健康发展。强化安全生产责任，实施安全生产专项整治，推进智慧安全城市建设。实施自然灾害防治工程，提升气象现代化水平，加强应急管理和救援力量建设，提高防灾减灾救灾能力。创建国家食品安全示范城市，推进“阳光餐饮”工程，深化屠宰行业改革，加强放心肉菜市场建设。

各位代表！今年我们按照民生优先的理念，广泛征集遴选了13件民生实事候选项目，形成书面报告，请各位代表审议并票选确定10件民生实事项目。我们将认真做好组织落实，确保把实事办好、好事办实。

各位代表！新形势新任务对政府工作提出了更高要求，我们要自觉在思想上政治上行动上同以习近平同志为核心的党中央保持高度一致，落实全面从严治党要求，提高政府治理能力，把更多力量和资源向基层下沉，努力建设人民满意的服务型政府。加强法治政府建设，依法接受人大及其常委会的监督，自觉接受政协的民主监督，主动接受社会和舆论监督，发挥审计监督职能作用。坚持依法行政，加强政务公开，深化行政执法体制改革。增强统筹谋划能力，高质量编制好“十四五”规划。全市各级政府要真正过紧日子，大力压减一般性支出，严控新增支出项目。坚持不懈抓好党风廉政建设，落实中央八项规定精神，大力纠治“四风”，力戒形式主义、官僚主义，把基层干部干事创业的手脚解脱出来，把全市上下改革发展的精气神提振起来，推动党中央、国务院、省委、省政府和市委的决策部署在佛山落地生根。

各位代表！一分部署，九分落实。让我们更加紧密地团结在以习近平同志为核心的党中央周围，以习近平新时代中国特色社会主义思想为指导，以更加饱满的精神状态，以更加务实的工作作风，迎难而上，锐意进取，努力完成全年目标任务，奋力谱写新时代佛山高质量发展新篇章！

注释：

①“四上”企业：指规模以上工业、有资质的建筑业、限额以上批发和零售业、限额以上住宿和餐饮业、房地产开发经营业、规模以上服务业法人单位。

②“四早”“四集中”：“四早”是早发现、早报告、早隔离、早治疗；“四集中”是集中患者、集中专家、集中资源、集中救治。

③“两新一重”建设：新型基础设施建设，新型城镇化建设，交通、水利等重大工程建设。

④粤菜师傅“1+5”系列工程：围绕建设世界知名“粤菜粤厨名城”这一目标，全面实施“厨出佛山”粤菜师傅培育工程、“寻味佛山”粤菜美食体验工程、“佛味鲜生”优质粤菜食材建设工程、“佛味秀世界”粤菜粤厨走出去工程、“佛游味劲”文旅餐饮融合发展工程五大重点工程。

⑤“2+2+4”产业发展新格局：做大做优装备制造、泛家居2个规模超万亿元产业集群，做强做精汽车及新能源、军民融合及电子信息2个规模冲5000亿元的产业集群，着力培育智能制造装备及机器人、新材料、食品饮料、生物医药及大健康等4个规模冲3000亿元的产业集群。

⑥“百城千业万企对标达标提升专项行动”：在全国选取百余个城市、千余种业态、万余家企业共同参与，通过开展企业实施标准与先进标准的比对分析、开展达标活动，鼓励和引领企业实施先进标准，促进产业和服务质量水平整体提升。佛山已获国家标准化管理委员会列为该专项行动的首批参与城市。

⑦“双随机一公开”：在监管过程中随机抽取检查对象，随机选派执法检查人员，抽查情况及查处结果及时向社会公开。

⑧“人才新政23条”：2018年初出台的《佛山市人才发展体制机制改革实施意见》，从管理体制、人才引进、人才培育、人才评价激励服务保障四方面提出23条措施。

⑨优粤佛山卡：该卡是佛山市人才享受优惠便利服务的凭证，也是具有金融功能的银行卡。该卡对应不同的人才条件要求，分为A卡、B卡、C卡、T卡，经测算，计划向全市各类人才共发出约95万张卡。持卡人可享相应人才津贴、子女入学、住房、就医等差异性服务。

⑩“1+5+N”创新平台体系：“1”是三龙湾高端创新集聚区，“5”是佛山军民融合创新示范区、广东金融高新区、南三产业合作区、青年湖电子信息产业园、空港经济区，“N”是“一环创新圈”周边具有创新潜力的多个创新节点。

⑪“专精特新”企业、“小巨人”企业和“隐形冠军”企业：“专精特新”企业是指具有“专业化、精细化、特色化、新颖化”特征的工业中小企业；“小巨人”企业是指专注于细分市场、创新能力强、市场占有率高、掌握关键核心技术、质量效益优的排头兵企业；“隐形冠军”企业是指一般不为公众所熟知，但在某个细分行业或市场占据领先地位，拥有核心竞争力，其产品、服务难以被超越和模仿的中小型企业。

⑫“1+4”广佛高质量发展融合试验区：“1”是“广州南站-佛山三龙湾-广州荔湾海龙”片区作为广佛高质量发展融合试验区先导区，“4”是“南沙-顺德”“荔湾-南海”“白云-南海”“花都-三水”四个试验区片区。

⑬美丽乡村“五大行动”：美丽家园、美丽田园、美丽河湖、美丽园区、美丽廊道五大行动。

⑭“四好农村路”：“四好”分别为建好、管好、护好、运营好。

⑮“三沿一口”：“三沿”是沿铁路、沿国（省）道、沿旅游景区区域；“一口”是高速公路出入口。

⑯公交TC模式八个“一体化”工程：TC指政府向企业运营商购买公交服务，由政府统一收取票款，对公交网络进行规划，对运营商提出服务质量要求。八个“一体化”工程是TC管理架构一体化、财政投入一体化、运营规划一体化、场（站）路设施一体化、票制票价一体化、出行服务一体化、标准规范一体化、智能应用一体化。

⑰“三环六带”碧道工程：“三环”主要包括：陶醉龙湾环（佛山水道—潭洲水道—陈村水道都心宜居碧道环）、趣野香村环（西南涌—北江干流—顺德水道乡村振兴碧道环）、鹭语飞花环（西江—北江城郊生态休闲碧道环），串联佛山主要城乡建设区及各种自然人文要素，是碧道建设的主线。“六带”主要包括：水口水道—芦苞涌碧道带、万里长城涌—大棉涌碧道带、吉利涌—南沙涌—官山涌碧道带、西安河—高明河碧道带、南北主涌—东海水道碧道带、桂畔海—文海河碧道带，碧道带穿越城乡、交错成网、联系“三环”、辐射各区，是碧道建设的支线。

⑱“两保两建两创新”：“两保”是保障全市人民医疗保障待遇高度稳定与持续提升，保障重点人群（长期卧床慢性病患者+失能失智人员+老年人+残疾人）医养康养服务需求得到较好满足。“两建”是建立多层次医疗保障机制，建立以政府资源和医保基金为引导、社会资源良性介入的多元化民生保障机制。“两创新”是创新“基本医疗保险+大病医疗保险+商业补充医疗保险+医疗救助+慈善捐助”高度衔接的医疗保障模式，创新多部门资源高效整合，同向发力、同向考核、相向而行的重点人群统筹管理服务模式。

⑲学前教育“5080”攻坚计划：公办幼儿园在园幼儿占比达到50%以上，公办幼儿园和普惠性民办幼儿园在园幼儿占比达到80%以上。

⑳“两馆一厅”：美术馆、展览馆、音乐厅。

地方性法规与地方政府规章选编

佛山市排水管理条例

（2018年11月29日佛山市第十五届人民代表大会常务委员会第十六次会议通过。2019年3月28日广东省第十三届人民代表大会常务委员会第十一次会议批准。）

第一章 总 则

第一条 为了加强本市排水管理，保障排水设施安全运行，防治水污染和内涝灾害，保障公民生命、财产安全和公共安全，保护生态环境，根据《中华人民共和国水污染防治法》《城镇排水与污水处理条例》等法律法规，结合本市实际，制定本条例。

第二条 本条例适用于本市行政区域内排水及其设施的规划、建设、管理、维护与保护等活动。

农业生产排水、工业废水处理以及河道防洪管理，按照有关法律、法规执行。

第三条 排水应当遵循科学规划、配套建设、雨污分流、综合利用的原则。

第四条 市、区人民政府应当加强对排水工作的领导，将排水工作纳入本级国民经济和社会发展规划、城乡规划，并建立本市排水防涝、应急事故的协调机制。

镇人民政府（街道办事处）按照各自职责，做好辖区排水管理工作。

村（居）民委员会协助区排水主管部门和镇人民政府（街道办事处）做好相关排水管理工作。

第五条 市排水主管部门负责全市排水的监督管理工作，统筹组织排水设施规划、建设、运行和维护。

各区排水主管部门具体负责本行政区域内排水的监督管理工作。

发展和改革、自然资源、住房和城乡建设、生态环境、交通运输等有关部门按照各自职责，协同做好排水的监督管理工作。

第六条 任何单位和个人有权对排水违法行为进行举报。

市排水主管部门应当及时向社会公布举报途径。

第七条 市人民政府应当加强排水设施信息化建设与管理，建立管理评估决策的信息化平台，实现排水信息的及时更新和合理共享。

第八条 市、区人民政府应当构建新型排水管网运营管理模式；鼓励采取特许经营、政府购买服务等多种形式，吸引社会资金参与投资、建设、运营、维护排水设施；鼓励推广先进适用的技术、工艺、设备和材料应用于排水设施的建设和养护。

第二章 规划和建设

第九条 市、区排水规划分别由市、区排水主管部门会同同级自然资源、住房和城乡建设、生态环境、交通运输等有关部门编制，报本级人民政府批准后实施，并报上一级人民政府排水主管部门备案。

排水规划不得擅自变更，确需变更的，应当按照原批准程序报请批准。

市、区排水主管部门应当定期对排水规划实施情况进行评估，并将评估结果向本级人民政府报告。

第十条 排水规划的编制，应当依据国民经济与社会发展规划、城乡规划、土地利用总体规划、水污染防治规划和防洪规划，与辖区开发建设、海绵城市建设、道路、绿地、水系以及地下综合管廊（网）等专项规划相衔接，并纳入控制性详细规划。

地下综合管廊（网）专项规划编制时，相关单位应当征求排水主管部门意见。

第十一条 建设和改造排水设施应当符合排水规划的要求。

新建、改建、扩建的建筑与小区、城市道路、绿地与广场、公园、水系，应当分类推进初期雨水的排放调控和污染防治，增强生态系统对雨水的吸纳、蓄渗和缓释作用，控制雨水径流，实现自然积存、自然渗透、自然净化。

新建、改建、扩建污水处理设施，应当同步配套建设污水管网，同步确定污泥处理处置方案。

排水主管部门应当按照国家有关规定建立排涝风险评估制度和灾害后评估制度，在汛前对排水设施进行全面检查，对发现的问题，责成有关单位限期处理，并加强对城中村、广场、立交桥下、隧道、涵洞、低洼地等易涝点的治理，强化排涝措施，增加必要的强制排水设施和装备。

第十二条 本市实行雨水、污水分流排放制度。

新建、改建、扩建排水设施应当按照排水规划建设雨水、污水分流排放设施。

已经实行雨水、污水分流排放的区域，不得将雨水管道和污水管道相互混接。

已经实行雨水、污水分流排放的区域，不得将污水排入雨水管网。

尚未实行雨水、污水分流排放的区域，市、区人民政府应当分类推进雨水、污水分流改造整治。

新建住宅的阳台（露台）排水应当接入单独设置的污水管道，并接入市政污水管网。已建成住宅的阳台（露台）未单独设置污水管道的，市、区人民政府应当进行改造或者整治。

第十三条 建设用地出让、划拨前，市、区人民政府应当配套或者同步计划建设公共排水设施。确因规划调整等原因暂未配套或者同步计划建设公共排水设施的建设用地出让、划拨前，市、区人民政府自然资源主管部门应当将同步配建分散式污水处理设施纳入控制性详细规划。

第十四条 市、区、镇人民政府（街道办事处）采取多渠道筹资机制保障未建成市政排水管网的地区排水设施建设和维护资金，推进未建成市政排水管网的地区采取集中式或者分散式的污水处理方式，确保生活污水经处理达到城镇污水处理厂污染物排放标准后排放。已建成建筑与小区排水未能接入市政排水管网的，市、区人民政府应当分类推进改造整治。

第十五条 建设项目的排水设施应当依法设计、施工、监理，并与主体工程同时设计、同时施工、同时投入使用。

排水规划范围内的排水设施建设项目以及需要与排水设施相连接的新建、改建、扩建建设工程，自然资源主管部门核发建设用地规划许可证、出具规划条件、核发建设工程规划许可证时，住房和城乡建设主管部门核发建设工程施工许可证或者审查施工设计文件时，涉及排水设计方案的，应当征求同级排水主管部门意见。排水主管部门应当就排水设计方案是否符合排水规划和相关标准提出意见。

第十六条 排水设施建设竣工后，建设单位应当依法组织竣工验收，并通知所在区排水主管部门参加。竣工验收合格的，方可交付使用，并自竣工验收合格之日起十五日内，将竣工验收报告及相关资料报所在区排水主管部门备案。

排水主管部门对房屋建筑工程的排水设施进行验收所出具的专项意见应当纳入工程质量监督报告。

第十七条 排水设施验收合格应当符合下列条件：

（一）符合相关标准或者技术规范；

（二）按照相关部门批准的文件和图纸施工；

（三）排水管道按照雨水与污水分流建设；

（四）符合排水防涝的规定；

（五）排水设施完好、畅通；

（六）污水管道已经接入市政污水管网或者自建污水处理设施。

第三章 运行管理

第十八条 公共排水设施覆盖范围内以及自建排水设施的排水单位和个人，应当将污水排入排水设施，不得直接排放。

第十九条 从事工业、建筑、餐饮、医疗等活动的企业事业单位、个体工商户向排水设施排放污水的，应当按照国家规定向所在区排水主管部门申请领取污水排入排水管网许可证。排水主管部门应当自受理申请之日起二十个工作日内作出决定。

第二十条 排水单位和个人因发生事故或者其他突发事件，排放的污水可能危及排水设施安全运行或者造成水环境污染的，应当立即采取措施消除危害，并及时向所在区排水主管部门、生态环境主管部门报告。

维护运营单位应当建立应急预案，发现排水安全事故或者突发事件后，应当立即启动本单位应急预案，采取防护措施、组织抢修，并在二小时内向所在区排水主管部门、生态环境主管部门报告。

第二十一条 各区人民政府应当制订本辖区内防御暴雨应急预案，并报市人民政府防汛指挥机构备案。启动应急预案时，有关部门应当按照应急预案的要求履行职责，有关单位和个人应当服从防汛指挥机构的统一调度指挥或者监督。

在暴雨预警信号发布时，水利设施运行单位应当协助配合排水主管部门的运行调度要求，做好河涌预排等工作。

发生内涝可能严重影响道路正常运行的，公安机关应当及时做好道路通行指引。

第二十二条 各区人民政府或者其授权部门以特许经营、政府购买服务等方式确定公共排水设施的维护运营单位的，应当签订维护运营合同，并报市排水主管部门备案。

第二十三条 污水处理费应当纳入各区财政预算管理，专项用于公共污水处理设施的建设、运行和污泥处理处置，不得挪作他用。污水处理费的收费标准不应低于污水处理设施正常运营的成本。因特殊原因，收取的污水处理费不足以支付污水处理设施正常运营的成本的，各区人民政府给予补贴。污水处理费的收取、使用情况应当向社会公开。

第二十四条 污水处理设施维护运营单位应当在指定位置安装在线监测系统，完善自动监测设备管理制度，配备、使用检验合格的计量器具。在线监测系统应当与排水主管部门、生态环境主管部门的监控系统联网。

第二十五条 污水处理设施维护运营单位应当建立污泥管理台账，并与污泥运输单位、污泥接收处置单位建立污泥申报制度和污泥转移处置联单管理制度，保证污泥的处理处置全过程符合国家和地方的有关标准，对处理处置后的污泥及其副产物的去向、用途、用量等进行跟踪、记录，并向所在区排水主管部门和生态环境主管部门报告。任何单位和个人不得擅自倾倒、堆放、丢弃、遗撒污泥。

污水处理设施维护运营单位转出污泥时应当如实填写转移处置联单，禁止污泥运输单位、污泥接收处置单位接收无转移处置联单的污泥。

第二十六条 污水处理设施维护运营单位应当开展深度处理改造，实现处理后出水达到地表水质量标准或者再生利用要求。

鼓励在工业生产、城市绿化、道路清扫、车辆冲洗、建筑施工以及生态景观等方面优先使用再生水。

政府应当采取有关政策和措施，扶持企业再生水的生产和利用。

第二十七条 排水主管部门应当建立、健全日常监管考核制度，对公共排水设施的运行维护、成本核算、污水处理效能、污泥处理处置等进行监管，并将监督考核情况定期向社会公布。

生态环境主管部门应当依法对污水处理设施排放的水质水量、污泥贮存及处理处置过程实行监督检查。

第四章 设施养护

第二十八条 排水设施的养护责任主体按照下列规定确定：

（一）公共排水设施由排水主管部门负责；在建工程施工范围内的公共排水设施，自进场开工之日起至工程验收合格移交前，由建设单位负责。

（二）自建排水设施及其连接公共排水设施的管网，以公共排水窨井为界，由产权人负责。

（三）产权不明或者难以确定责任主体的排水设施，由所在镇人民政府（街道办事处）确定责任主体。

排水设施养护责任主体可以委托具备相应能力的维护运营单位或者管理单位进行排水设施养护。

第二十九条 排水设施养护责任主体委托的维护运营单位或者管理单位应当根据有关合同约定，按照国家、地方有关技术标准对排水设施进行养护维修，保证排水设施完好和正常运行，并接受相关主管部门的监督检查。

第三十条 排水设施养护责任主体或者受委托的维护运营单位在发现污水外溢、设施损坏、丢失等突发事件或者接到报告后，应当采取以下措施：

（一）立即采取围蔽等警示措施，并在三小时内实施维修、更换设施等措施。

（二）在发现内涝或者接到报告后，立即采取警示措施；情况紧急的，在一小时内实施强排、疏通设施等措施。

（三）及时将有关情况报告所在区排水主管部门。

第三十一条　村（居）民委员会或者委托的维护运营单位应当协助排水主管部门或者排水设施养护责任主体加强日常巡查，发现管道破损、井盖缺失、化粪池堵塞、排水不畅等情况的，应当立即采取警示措施并予以修复。可能影响正常运行的，应当及时向所在镇（街道）排水主管部门或者排水设施养护责任主体报告。

第三十二条　区排水主管部门应当对公共排水设施设置保护标志，会同有关部门按照规定划定排水设施的保护范围，并向社会公布。

有关单位在排水设施保护范围内从事爆破、钻探、打桩、顶进、挖掘、取土等可能影响排水设施安全的活动的，应当与排水设施养护责任主体共同制定保护方案，并采取相应的安全防护措施。

第三十三条　任何单位和个人不得从事下列危害排水设施的活动：

（一）损毁、盗窃排水设施；

（二）穿凿、堵塞排水设施；

（三）向排水设施排放、倾倒剧毒、易燃易爆、腐蚀性物质和有害气体；

（四）向排水设施倾倒垃圾、渣土、施工泥浆、沙浆、混凝土浆等废弃物；

（五）建设占压排水设施的建筑物、构筑物或者其他设施；

（六）其他危及排水设施安全的活动。

第五章　法律责任

第三十四条　排水主管部门、其他有关部门及其工作人员不履行或者不正确履行本条例规定职责，有下列情形之一的，责令改正，并对直接负责的主管人员和其他直接责任人员依法给予处分；构成犯罪的，依法追究刑事责任：

（一）未按要求编制排水规划的；

（二）对不符合法定条件的单位和个人准予行政许可的；

（三）对符合法定条件的单位和个人不予行政许可或者不在法定期限内作出准予行政许可的；

（四）对产权不明或者难以确定排水设施养护责任主体，未按照本条例规定确定养护责任主体的；

（五）对排水设施的建设、运营组织或者监督不力的；

（六）未履行巡查、检查职责，或者在监督检查中发现重大隐患不及时处理的；

（七）法律、法规规定的其他违法行为。

第三十五条　违反本条例第十二条第三款规定，在实行雨水、污水分流排放的区域，建设单位、施工单位将雨水管网、污水管网相互混接的，由排水主管部门责令改正，处五万元以上十万元以下罚款；造成损失的，依法承担赔偿责任。

违反本条例第十二条第四款、第十八条规定，排水单位和个人将污水排入雨水管网，或者未按照国家有关规定将污水排入排水设施而直接排放的，由排水主管部门责令改正，给予警告；逾期不改正或者造成严重后果的，对单位处十万元以上二十万元以下罚款，对个人处二万元以上十万元以下罚款；造成损失的，依法承担赔偿责任。

违反本条例第十二条第六款规定，建设单位未在新建住宅的阳台（露台）设置污水管道，或者污水管道未接入市政污水管网的，由住房和城乡建设主管部门责令限期改正，并处十万元以上二十万元以下罚款。

第三十六条　违反本条例第十九条规定，排水单位或者个人未取得污水排入排水管网许可证，向排水设施排放污水的，由排水主管部门责令停止违法行为，限期采取治理措施，补办污水排入排水管网许可证，可以处五十万元以下罚款；造成损失的，依法承担赔偿责任；构成犯罪的，依法追究刑事责任。

违反本条例第十九条规定，排水单位或者个人不按照污水排入排水管网许可证的要求排放污水的，由排水主管部门责令停止违法行为，限期改正，可以处五万元以下罚款；造成严重后果的，吊销污水排入排水管网许可证，并处五万元以上五十万元以下罚款，可以向社会予以通报；造成损失的，依法承担赔偿责任；构成犯罪的，依法追究刑事责任。

第三十七条　排水单位和个人、维护运营单位违反本条例第二十条规定，排水设施养护责任主体或者受委托的维护运营单位违反本条例第三十条规定，未按规定采取相应措施处理或者采取相应措施处理不及时的，由排水主管部门责令限期改正，逾期不改正的，处五万元以下罚款；导致发生严重突发事件、突发事件危害扩大或者突发事件发生后不及时组织开展应急救援工作造成严重后果的，按照有关法律、法规规定处理。

第三十八条　违反本条例第三十三条规定，从事危及排水设施安全的活动的，由排水主管部门责令停止违法行为，限期恢复原状或者采取其他补救措施，给予警告；逾期不采取补救措施或者造成严重后果的，对单位处二十万元以上三十万元以下罚款，对个人处五万元以上十万元以下罚款；造成损失的，依法承担赔偿责任；构成犯罪的，依法追究刑事责任。

第六章　附　则

第三十九条　本条例下列用语的含义：

（一）排水，是指向排水设施排放雨水、污水，以及接纳、输送、处理、再生利用雨水和污水的行为；

（二）排水设施，是指排放、接纳、输送、处理、再生利用雨水和污水的设施，包括排水管网、窨井、具有排水功能的湖泊、河道、沟渠、雨水和污水泵站、污水处理设施、污泥处理处置设施、污水再生利用设施等及其附属设施。排水设施分为公共排水设施和自建排水设施；

（三）公共排水设施，是指政府投资或者参与建设的供公众使用的排水设施；

（四）自建排水设施，是指产权人自行投资建设用于本单位或者个人专用的排水设施。

第四十条　本条例自2019年7月1日起施行。

佛山市测绘地理信息管理办法

（2019年1月16日十五届佛山市人民政府第三十八次常务会议通过，自2019年5月1日起施行。）

第一章　总　则

第一条　为加强本市测绘地理信

息管理，规范测绘活动，减少重复建设和资源浪费，提高地理信息资源共建共享水平，维护国家地理信息安全，根据《中华人民共和国测绘法》《广东省测绘条例》等法律、法规，结合本市实际，制定本办法。

第二条 在本市行政区域内从事测绘活动、使用测绘成果、提供地理信息服务，应当遵守本办法。军事测绘按照有关法律、法规的规定执行。

第三条 市、区人民政府应当加强对测绘地理信息工作的领导，将测绘地理信息事业纳入本级国民经济和社会发展规划。基础测绘、永久性测量标志普查和维护管理、地理国情监测、应急测绘等公益性测绘，所需经费列入本级财政经费预算。

第四条 市测绘地理信息主管部门负责全市测绘地理信息工作的统一监督管理。区测绘地理信息主管部门负责本行政区域内的测绘地理信息管理工作，并接受市测绘地理信息主管部门的监督及指导。

市、区人民政府其他有关部门依据本级人民政府规定的职责分工，负责本部门有关的测绘地理信息管理工作。

第二章 测绘基准和规范

第五条 在本市从事测绘活动，应当采用全市统一的平面坐标系统和高程系统，应当执行国家、省、市有关的测绘地理信息技术规范和标准。

市测绘地理信息主管部门和市有关部门可以根据国家、省的测绘地理信息技术规范和标准，补充制定本市的测绘地理信息技术规范和标准。

第六条 市测绘地理信息主管部门负责组织建立地理信息时空数据中心和共享平台，管理本市地理信息数据。时空数据中心包括市级地理信息时空数据库和区级地理信息时空数据库，市级地理信息时空数据库向区级地理信息时空数据库分发地理信息数据。

政府部门或者财政投资建立的涉及测绘地理信息的相关专业信息系统，应当以地理信息共享平台为基础平台。建立地理信息系统或者建立与地理信息系统有关的其他信息系统，应当采用时空数据中心提供的基础地理信息数据。

第七条 市测绘地理信息主管部门应当依据相关法律、法规、标准的要求对本市卫星导航定位基准站的建设、运行维护进行统一监管，并负责制定使用、管理本市连续运行卫星定位服务系统的相关规定及制度，保障系统的应用推广和有效使用。

第三章 基础测绘和其他测绘

第八条 市测绘地理信息主管部门应当会同市人民政府有关部门组织编制市基础测绘规划，报市人民政府批准，并报省测绘地理信息主管部门备案后组织实施。

市测绘地理信息主管部门应当会同市发展改革主管部门，根据市基础测绘规划，编制本市基础测绘年度计划，并分别报上一级主管部门备案后组织实施。

区测绘地理信息主管部门应当按照市测绘地理信息主管部门编制的基础测绘规划和年度计划开展本行政区域内的基础测绘工作。

市、区财政部门应当参照批准通过的基础测绘规划和年度计划，核拨基础测绘经费。

第九条 市测绘地理信息主管部门负责下列基础测绘工作：

（一）全市统一的平面控制网、高程控制网的建立、更新与维护；

（二）佛山市连续运行卫星定位服务系统的建设、运营与维护；

（三）全市基础航空摄影和基础遥感资料的获取；

（四）配合省测绘地理信息主管部门做好全市1 ∶ 5000比例尺地形图、影像图、数字化产品以及相应深化产品的测制与更新；

（五）全市1 ∶ 2000地形图、影像图、数字化产品以及相应深化产品的测制与更新；

（六）全市城市三维模型、地名地址数据、兴趣点，1 ∶ 500比例尺地形图、数字化产品以及相应深化产品生产与更新的统筹；

（七）全市唯一的基础地理信息系统、地理信息时空数据库、地理信息共享平台的建设与维护；

（八）全市基础地理底图的绘制；

（九）国务院、省、市测绘地理信息主管部门确定的其他基础测绘事项。

第十条 区测绘地理信息主管部门负责下列基础测绘工作：

（一）本行政区域内四等以下平面控制网、四等（含）以下高程控制网的加密、维护和更新；

（二）按照市测绘地理信息主管部门的统筹安排，开展本行政区域内城市三维模型、地名地址数据、兴趣点，1 ∶ 500比例尺地形图、数字化产品以及相应深化产品的生产与更新工作；

（三）基于市测绘地理信息主管部门建设的地理信息时空数据库及地理信息共享平台开展本行政区域内地理信息的扩展应用与维护工作；

（四）市测绘地理信息主管部门确定的其他基础测绘事项。

第十一条 基础测绘成果应当按照下列规定定期更新或者及时更新：

（一）全市统一的平面控制网、高程控制网至少5年更新1次；

（二）城市建成区1 ∶ 500比例尺地形图每年更新1次，其他区域至少2年更新1次；1 ∶ 2000比例尺地形图至少2年更新1次；1 ∶ 5000比例尺地形图至少5年更新1次；

（三）1 ∶ 2000或1 ∶ 5000比例尺的影像图每年更新1次。

经济建设、社会发展、应急管理急需的基础测绘成果应当及时更新。

第十二条 使用财政资金的测绘地理信息项目和涉及测绘地理信息的其他使用财政资金的项目中，由区测绘地理信息主管部门组织实施的，在报区财政部门批准立项前应当征求市测绘地理信息主管部门的意见；由市、区其他部门组织实施的，在报财政部门批准立项前应当征求同级测绘地理信息主管部门的意见。市、区测绘地理信息主管部门应当自收到征求意见材料之日起10个工作日内反馈意见。

市、区测绘地理信息主管部门提出已有适宜测绘成果可供利用不需要进行实施的，有关部门应予核查，确属重复建设的，不得批准立项。

第十三条 市、区测绘地理信息主管部门应当会同本级人民政府其他有关部门依法开展地理国情监测，做好地理国情监测数据的深度开发，并通过地理信息共享平台向政府部门和社会公众发布相应成果。

第十四条 市测绘地理信息主管部门应当会同市不动产登记主管部门组织制定本市统一的不动产测绘相关管理技术标准。

市、区测绘地理信息主管部门应当会同本级不动产登记主管部门编制本行政区域的不动产测绘规划，不动产测绘规划应当与基础测绘规划相衔接。

第十五条 市测绘地理信息主管部门应当会同市规划主管部门组织制定本市统一的规划测绘相关管理技术标准。

规划管理涉及的测绘活动，由各区规划主管部门按照市测绘地理信息主管部门制定的标准负责具体管理实施，并接受市测绘地理信息主管部门的监督指导。

第十六条 城市地下管线的测绘管理工作按照法律、法规以及本市相关规定执行。

第十七条 市测绘地理信息主管部门负责统筹本市应急测绘保障工作，制定应急测绘保障预案，建立应急测绘专家库和应急测绘队伍，完善应急测绘车辆、仪器设备等基础设施建设，加快应急测绘新技术应用和储备。

第四章 测绘地理信息市场

第十八条 市测绘地理信息主管部门负责制定并组织实施本市测绘地理信息行业信用管理制度。

在本市从事测绘活动的测绘单位，应当按照市测绘地理信息主管部门要求办理信用登记。

第十九条 市、区测绘地理信息主管部门在开展日常监管、专项检查和表彰评优等工作时应当将测绘单位的信用信息和信用评价情况作为参考依据。

测绘项目招标活动，应当将测绘单位的信用信息和信用评价情况作为评分指标。

市、区测绘地理信息主管部门应当将测绘单位的信用信息和信用评价情况共享至市公共信用信息管理平台，依法建立与发展改革、市场监管、税务等相关部门的信用信息共享机制。

第二十条 测绘单位在本市行政区域内设立的分支机构，不具有法人资格的，应当向分支机构所在地的测绘地理信息主管部门备案。

第二十一条 在本市从事测绘活动的专业技术人员应当具备国家规定的相应执业资格条件。

测绘人员进行测绘活动时，应当持有合法有效的测绘作业证件。测绘单位和测绘人员进行测绘活动，应当提前告知有关单位或者个人，并出示证件。

任何单位和个人不得妨碍和阻扰测绘人员依法进行测绘活动。

第二十二条 鼓励本市依法成立的测绘地理信息行业社团组织，积极参与测绘地理信息市场建设，充分发挥在行业自律、行业宣传及推广、技术咨询及培训、科技交流及合作、评奖评优、行业信用体系建设等方面的积极作用。

第二十三条 测绘项目应当实行政府采购、招标的，按照相关法律、法规的规定执行。经市测绘地理信息主管部门和相关部门批准后，以下测绘项目可以不进行招标：

（一）涉及国家安全、国家秘密的；

（二）涉及抢险救灾的；

（三）法律、法规规定的其他不适宜招标的项目。

第二十四条 项目单位采用招标或者其他方式确定测绘单位时不得有下列行为：

（一）让不具有相应测绘资质的测绘单位或个人承接业务；

（二）让测绘单位低于测绘成本承接业务；

（三）将整体测绘项目化整为零或者以其他方式规避测绘资质的作业限额；

（四）指使测绘单位不按国家、地方技术标准和规范进行测绘或者伪造相应成果；

（五）法律、法规禁止的其他行为。

第二十五条 测绘单位应当按照测绘资质证书规定的业务范围和作业限额承接项目，并与项目单位采取合同书的形式订立合同。禁止下列行为：

（一）超越资质等级许可的范围从事测绘活动；

（二）以其他单位的名义从事测绘活动；

（三）允许其他单位或者个人以本单位的名义从事测绘活动；

（四）转让、违法分包测绘项目；

（五）不按国家、地方技术标准和规范进行测绘或者伪造相应成果；

（六）法律、法规禁止的其他行为。

第二十六条 编制本市各种地图和提供互联网地图服务应当符合下列要求：

（一）取得相应的测绘资质，并在资质等级许可的范围内开展相应业务；

（二）地图的内容表示应当符合国家、省的有关规定，使用标准地名和行政区域界线标准画法；

（三）正确反映各要素的地理位置、形态及相互关系。

第二十七条 出版、展示、登载、生产本市各种地图的，相关单位应当将样图一式两份报市测绘地理信息主管部门审核，依法取得审图号，再按照规定办理相关手续。

经审核批准的地图和附有地图的产品，送审单位应当在发行、登载、展示、销售前将样品或者样图一式两份报审批部门备案。

在互联网上提供地图服务的，应当遵守国家、省的有关规定。

第五章 测绘成果

第二十八条 市、区测绘地理信息主管部门应当建立测绘成果质量监督检查制度，加强对测绘成果质量的监督管理。

测绘单位应当建立健全质量保障体系，对其完成的测绘成果质量负责，测绘成果未经检验或者检验不合格的，不得交付使用。

基础测绘项目应当通过市测绘地理信息主管部门组织实施的测绘成果质量检验合格后，方可实施项目验收。

第二十九条 测绘成果实行无偿汇交。属于基础测绘成果的，应当汇交测绘成果副本；属于其他测绘成果的，应当汇交测绘成果目录。其他测绘成果中使用财政资金完成的以及可用于更新基础地理信息数据的测绘成果，也应当汇交测绘成果副本。

测绘项目出资人或者承担使用财政

资金的测绘项目的单位应当在测绘成果验收合格后3个月内，向市测绘地理信息主管部门完成汇交。市测绘地理信息主管部门应当在收到汇交的测绘成果副本或者目录后出具汇交凭证。具体汇交方式由市测绘地理信息主管部门另行规定。

第三十条 市测绘地理信息主管部门应当及时对汇交的测绘成果进行质量检查，检查合格后更新至市级地理信息时空数据库并向汇交单位出具测绘成果入库凭证，检查不合格的返回汇交单位重新修改。入库的测绘成果应当实时分发至对应的区级地理信息时空数据库。

第三十一条 市测绘地理信息主管部门应当编制测绘成果目录，实行动态管理，定期向社会公布，并按照规定将入库的测绘成果副本和目录向省测绘地理信息主管部门汇交。

政府有关部门办理审批业务需要使用测绘成果作为审批材料的，应当使用入库的测绘成果。

第三十二条 基础测绘成果由市测绘地理信息主管部门负责管理，并按照国家、省有关规定委托测绘成果保管单位负责具体实施。非基础测绘成果由项目单位负责保管、维护，并按照国家相关规定提供使用。

测绘成果保管单位的硬件设施、信息安全保密管理制度应当符合相关法律、法规的规定。

测绘成果属于国家秘密的，其密级的确定、变更、解密及其复制、使用、转让、转借、保管，依照保密法律、法规的规定执行。

第三十三条 测绘成果的生产、使用和保管单位应当建立测绘成果档案管理及使用制度，并接受市、区测绘地理信息主管部门的监督检查。有下列情形之一的，其测绘成果档案管理及使用应当认定为不合格，并纳入信用档案：

（一）拒绝接受监督检查或者不如实提供检查所需资料的；

（二）测绘项目不归档或者归档不全导致档案严重缺失且拒绝改正的；

（三）弄虚作假或者伪造测绘成果及资料档案的；

（四）其他导致测绘成果无法实行可追溯管理的情形。

第三十四条 政府各相关部门因履行职责需要，可以无偿使用地理信息共享平台开展其专业领域的地理信息应用，所需的基础地理信息数据由市、区测绘地理信息主管部门按照有关规定提供。

市、区测绘地理信息主管部门因履行职责需要，可以无偿使用政府各相关部门的共享专题地理信息数据，相关部门应当予以配合并按照有关规定提供数据。

第三十五条 市、区测绘地理信息主管部门应当推进公众版地理信息数据的生产和更新工作，通过地理信息共享平台为公众、社会组织提供浏览、查询、接口等在线服务，实现地理信息数据开放共享。

第六章 测量标志保护

第三十六条 建设永久性测量标志应当符合下列要求：

（一）执行国家、地方规定的技术标准和规范；

（二）符合使用目的；

（三）附近无其他可利用的测量标志；

（四）便于长期保护和管理。

第三十七条 永久性测量标志建造前，建设单位应当将标志设计图、埋设位置、保护范围、占用土地或设施的权属单位等材料按管理职责报市、区测绘地理信息主管部门备案，并在建造后书面告知标志所在地的镇人民政府、街道办事处和占用土地或者设施的权属单位。

第三十八条 永久性测量标志的建设单位应当对永久性测量标志设立明显标识。

市、区测绘地理信息主管部门认定的高等级永久性测量标志，其标识应当标明损害永久性测量标志的法律责任及保管责任人的联系方式。

第三十九条 市、区测绘地理信息主管部门应当建立永久性测量标志档案，定期对永久性测量标志进行普查和维护，并按照规定向自然资源、住房城乡建设等有关部门发布。自然资源、住房城乡建设等部门在审批有可能对永久性测量标志用地和使用效能造成影响的项目前，应当征求同级测绘地理信息主管部门的意见。

第七章 法律责任

第四十条 违反本办法规定，测绘地理信息主管部门或者相关部门的工作人员有下列行为的，由本级人民政府对负有责任的领导人员和其他直接责任人员依法给予处分；构成犯罪的，依法追究刑事责任：

（一）利用职务上的便利索取、收受他人财物或者谋取其他利益的；

（二）办理审批业务或者查处违法行为中，滥用职权、玩忽职守的；

（三）不依法履行监督管理职责，造成严重后果的。

第四十一条 违反本办法规定，测绘地理信息主管部门或者相关部门的工作人员有下列行为的，由本级人民政府责令改正，通报批评：

（一）办理审批业务需要使用测绘成果作为审批材料，未使用入库后的测绘成果的；

（二）未按规定利用已有测绘成果，造成重复建设和资源浪费的。

第四十二条 违反本办法第二十一条第三款规定的，由公安机关依照《中华人民共和国治安管理处罚法》第二十三条的规定予以处罚。

第四十三条 违反本法第二十四条第（一）（二）项规定的，由测绘地理信息主管部门责令改正，可以处测绘约定报酬二倍以下的罚款。项目单位的工作人员利用职务上的便利，索取他人财物，或者非法收受他人财物为他人谋取利益的，依法给予处分；构成犯罪的，依法追究刑事责任。

第四十四条 违反本办法第二十四条第（三）项规定的，由测绘地理信息主管部门责令限期改正，可以处项目合同金额5‰以上10‰以下的罚款；对全部或者部分使用财政资金的项目，可以暂停项目执行或者暂停资金拨付；对单位直接负责的主管人员和其他直接责任人员依法给予处分。

第四十五条 违反本办法第二十四条第（四）项规定的，由测绘地理信息主管部门责令改正，可以处1万元以上5万元以下的罚款。

第四十六条 违反本办法第二十五条第（一）（二）（三）项规定的，由测绘地理信息主管部门责令停止违法行为，没收违法所得和测绘成果，处测绘约定报酬二倍的罚款，并可以责令停业整顿或者提请发证部门降低其测绘资质等级；情节严重的，提请发证部门吊销其测绘资质证书。

第四十七条 违反本办法第二十五条第（四）项规定的，由测绘地理信息主管部门责令改正，没收违法所得，处测绘约定报酬二倍的罚款，并可以责令停业整顿或者提请发证部门降低其测绘资质等级；情节严重的，提请发证部门吊销其测绘资质证书。

第四十八条 违反本办法第二十五条第（五）项规定的，由测绘地理信息主管部门，责令改正，可以处1万元以上5万元以下的罚款。

第四十九条 违反本办法第二十七条第一、二款规定的，由测绘地理信息主管部门责令停止违法行为，并处3000元以上1万元以下的罚款。

第五十条 违反本办法第二十九条规定的，由测绘地理信息主管部门责令限期汇交；测绘项目出资人逾期不汇交的，处重测所需费用二倍的罚款；承担使用财政资金的测绘项目的单位逾期不汇交的，处5万元以上20万元以下的罚款，并提请发证部门暂扣其测绘资质证书，自暂扣测绘资质证书之日起6个月内仍不汇交的，提请发证部门吊销其测绘资质证书；对直接负责的主管人员和其他直接责任人员，依法给予处分。

第八章 附 则

第五十一条 本办法自2019年5月1日起施行。

佛山市供用电安全管理办法

（2019年1月24日十五届佛山市人民政府第三十九次常务会议通过，自2019年5月1日起施行。）

第一章 总 则

第一条 为规范供用电行为，维护供用电秩序，保护供电企业和电力用户的合法权益，保障供用电安全和社会公共利益，根据《中华人民共和国电力法》《中华人民共和国安全生产法》和《广东省供用电条例》等法律、法规，结合本市实际，制定本办法。

第二条 本市行政区域内的供用电安全保障及监督管理工作，适用本办法。

第三条 电力行政主管部门负责本行政区域内供用电安全的指导、协调和监督管理工作。

发展改革、公安、自然资源、生态环境、住房城乡建设、交通运输、水利、应急管理、市场监管等有关部门在各自职责范围内对供用电安全实施监督管理，发现危害供用电安全的违法行为或安全隐患的，应当及时通报同级电力行政主管部门。

镇人民政府、街道办事处按照职责开展供用电安全监督管理工作。

村民委员会、居民委员会应当协助电力行政主管部门和镇人民政府、街道办事处开展供用电安全监督管理工作。

第四条 电力行政主管部门在履行职责过程中，可以与相关行政主管部门联合执法，并可以依法委托符合法定条件的组织实施有关执法。

第五条 电力行政主管部门应当会同自然资源部门和电网经营企业共同组织编制电网专项规划，按照国家和省的有关规定征求供电企业等有关单位、社会公众和专家的意见，加强对中高压输变电选线选址的论证和优化，报同级人民政府批准后依法公布实施，并在政府网站长期公告，供社会公众查询。

第六条 市、区人民政府应当建立供用电工作协调机制，协调处理本行政区域内的电力建设与公路、轨道交通、河涌、油气管道、园林、供水、通信等有关设施的相邻关系，协调解决供用电工作中的重大问题。

第七条 鼓励本市电力行业协会组织开展下列工作：

（一）建立健全供用电安全的行业规范或标准；

（二）引导电力用户、电力建设施工及各参建单位依法执行安全供用电各项规范要求；

（三）协助电力行政主管部门开展电力行业诚信建设。

第八条 电力行政主管部门应当加强电力法律法规、供用电安全知识等方面的宣传普及工作，定期组织相关单位开展电力安全培训，增强全社会安全用电意识。

第二章 安全保障

第九条 供电企业应当加强供电安全管理，完善供电安全条件，确保供电安全。

电力用户应当加强用电安全管理，完善用电安全条件，确保用电安全。

第十条 供电设施、受电设施的所有权人应当按照国家和行业标准对自有产权电力设施进行维护、管理，设置安全保护装置和安全标志，并根据所有权归属承担相应的法律责任。

第十一条 供电企业应当建立健全安全管理责任制度，并履行下列义务：

（一）执行法律法规和相关标准中关于供电安全的要求，依法保持电力供应的稳定性、可靠性和安全性；

（二）编制突发事件应急预案并报电力行政主管部门备案，定期开展应急演练，培训应急救援人员，配备应急发电装备；

（三）提供安全供电服务，指导重要电力用户制定用电安全管理制度和编制用电安全事故应急预案；

（四）建立公用供电设施安全管理制度，对公用供电设施进行定期巡视、维护和检修，制止危害供用电安全和扰乱供用电秩序的行为，及时消除隐患、排除故障和处理事故；

（五）接受电力行政主管部门的监督和管理，协助电力行政主管部门开展供用电安全检查和宣传等工作，及时向电力行政主管部门报告在日常检查或者电力设施建设过程中发现的危害供用电安全的情况；

（六）法律、法规、规章规定的其他义务。

第十二条 电力用户应当依照法律、法规、规章和供用电合同履行安全用电的责任，承担下列义务：

（一）执行国家标准或者电力行业

标准、规范，使用符合国家标准或者电力行业标准的用电设备；

（二）接受和配合用电安全检查和监督管理；

（三）对用电设备定期进行检查、检修，及时消除安全隐患；用电设备在国家明令禁止使用、达到使用期限或者不符合用电安全要求时，应当停止使用；

（四）对自有产权的受电设施进行安全检查，及时消除用电安全隐患；

（五）发生用电安全事故时，在确保人员安全的情况下保护好事故现场，配合做好对事故的调查和处理工作；

（六）法律、法规、规章规定的其他义务。

第十三条 重要电力用户和受电装置电压等级为10千伏及以上非居民用户还应当履行如下义务：

（一）建立用电安全管理制度，落实用电安全责任制；

（二）建立受电工程档案和设备技术档案；

（三）配备取得相应资质的电工，依法按照国家标准或者电力行业标准对受电设施进行巡视、维护、检修；

（四）做好用电安全事故预防工作，制定用电安全事故应急预案，及时采取措施消除受电设施安全隐患；

（五）法律、法规、规章规定的其他义务。

第十四条 电力用户应当严格按照供用电合同约定安全用电，不得有下列危害供用电安全，扰乱正常供用电秩序的行为：

（一）擅自改变用电类别；

（二）擅自超过合同约定的容量用电；

（三）擅自超过计划分配的用电指标；

（四）擅自使用已经在供电企业办理暂停使用手续的电力设备，或者擅自启用已经被供电企业查封的电力设备；

（五）擅自迁移、更动或者擅自操作供电企业的用电计量装置、电力负荷控制装置、供电设施以及约定由供电企业调度的用户受电设备；

（六）未经供电企业许可，擅自引入、供出电源或者将自备电源擅自并网。

第十五条 禁止下列窃电行为：

（一）在供电企业的供电设施上，擅自接线用电；

（二）绕越供电企业的用电计量装置用电；

（三）伪造或者开启法定的或者授权的计量检定机构加封的用电计量装置封印用电；

（四）故意损坏供电企业用电计量装置；

（五）故意使供电企业的用电计量装置计量不准或者失效；

（六）采取非法技术手段给电费充值卡充值并使用该充值卡充值后用电；

（七）采用其他方法窃电的。

第十六条 安装在电力用户处的用电计量装置，由电力用户负责保护。

第十七条 电力用户在进行安装、施工、维护等作业时，应当根据国家标准或者电力行业标准做好安全防护措施。

第十八条 重要电力用户和对供电可靠性有特殊要求的客户应当配置符合国家标准或者电力行业标准的自备应急电源，并具备外部应急电源的接入条件。

第十九条 新建、改建、扩建电力工程的，施工单位对施工安全承担主体责任，应当依照以下规定实施：

（一）有国家有关标准的，应当符合国家有关标准；

（二）尚未制定国家标准的，应当符合电力行业标准；

（三）尚未制定国家和电力行业标准的，应当符合省电力管理部门的规定和规程；

（四）尚未制定国家和电力行业标准的，以及省电力管理部门没有相关的规定和规程的，应当符合供电企业内部标准。

第二十条 在本市从事承装、承修、承试供电设施和受电设施活动的单位，应当按照国家规定取得相应资质。相关单位的承装、承修、承试行为将根据相关规定纳入诚信管理。

第二十一条 新建、改建、扩建的建设项目应当根据该项目地块规划设计条件要求同步建设永久性供电配套设施和配电房。

前述永久供电配套设施、配电房应当与建设项目同步规划和审批，与项目主体工程同步设计、同步建设、同步验收。配电房建成后，建设单位可以自愿申请向供电企业移交，供电企业按接收标准接收。

配电房、开关站等设施，不得设置于地势低洼处和可能积水的场所，不得设置于地下室。

第二十二条 禁止以破坏、盗窃等任何方式危害供电设施、受电设施和安全标志的行为。

第二十三条 在依法划定的架空电力保护区、电力电缆线路保护区内进行开挖、施工等作业可能危及供电设施安全的，有关单位和个人应当取得所在地的区电力行政主管部门的批准，并提前3个工作日通知供电企业，采取安全措施后，方可进行作业。

在依法划定的架空电力线路保护区内违法种植或者自然生长的树木、竹子等高杆植物可能危及供电设施安全的，供电设施产权人应当告知高杆植物产权人或者管理人依法及时排除障碍；拒不排除的，可以由供电设施产权人依法予以修剪或者砍伐，并不予补偿。确需修剪或者迁移重点保护野生植物、古树名木的，应当依法办理有关手续。

对架空电力线路保护区外，因不可抗力或者生产、交通等事故，造成高杆植物倾斜、倒伏严重危及供电设施安全的，供电设施产权人可以先行修剪、砍伐或者采取其他必要的安全处理措施，并应当自采取措施之日起10日内告知高杆植物产权人或者管理人，依法补办相关手续。

第三章 监督管理

第二十四条 电力行政主管部门应当加强本行政区域内供用电工作的监督检查，并建立健全供用电安全检查清单管理制度。

第二十五条 电力行政主管部门在供用电安全检查过程中应当严格按照检查清单要求逐项对照检查，发现有危害供用电设施及供用电安全等违法行为的，应当依法查处，并将违法信息纳入征信系统。

第二十六条 电力行政主管部门和有关部门开展供用电安全检查时，可以行使下列职权：

（一）进入现场检查；

（二）了解有关执行电力法律、法规、规章的情况；

（三）要求限期提供相关证明文件；

（四）查阅、复制与安全用电有关的资料；

（五）法律、法规、规章规定的其他职权。

被检查单位或者个人对供用电安全检查应当予以配合，并提供方便。

检查人员进行监督检查时，应当出示证件。

监督检查不得影响被检查单位或者个人的正常生产经营活动。

第二十七条　电力行政主管部门在供用电安全检查过程中发现电力用户存在重大事故隐患的，可以要求有关电力用户停产停业、停止施工、停止使用相关设施或者设备，及时排除隐患。电力用户拒不执行，存在发生生产安全事故的现实危险的，在保证安全的前提下，经本部门主要负责人批准，可以采取通知供电企业停止供电的措施，强制电力用户履行决定。通知应当采用书面形式，供电企业应当予以配合。

电力行政主管部门依照前款规定采取停止供电措施，除有危及生产安全的紧急情形外，应当提前24小时通知电力用户。电力用户依法履行行政决定、采取相应措施消除事故隐患的，电力行政主管部门应当及时解除前款规定的措施。

第二十八条　电力行政主管部门应当建立信息共享合作机制，将本行政区域内的电力安装工程、电力用户日常安全检查情况与其他有关部门实现信息共享。

第二十九条　市电力行政主管部门可以会同市电力行业协会组建电力行业安全专家库，为电力行业安全检查工作提供技术支持。

第三十条　市、区人民政府应当建立电力应急联动机制和风险监测预警平台，针对本市可能发生的自然灾害、事故灾害、公共卫生事件类和社会安全事件类等各类突发事件制定专项电力应急预案，组织开展宣传普及和必要的应急演练活动，保障电力安全稳定运行。

第三十一条　电力行政主管部门应当建立本行政区域电力设施风险点台账，加强与宣传、气象、应急管理等部门以及供电企业的联系，及时提供电力设施预警信息。

第三十二条　任何单位和个人有权投诉举报本行政区域内危害供用电安全、破坏供电设施或者受电设施，使用不合格电力设备的电力违法行为。

市、区电力行政主管部门应当建立健全投诉举报处理机制，公开投诉举报电话、通信地址、电子信箱和部门微信公众号等投诉和举报方式，对接到的投诉和举报，应当及时调查处理和回复。

第四章　法律责任

第三十三条　电力行政主管部门和有关部门的工作人员在供用电安全管理工作中滥用职权、玩忽职守、徇私舞弊的，由任免机关或者监察机关依法给予处分；构成犯罪的，依法追究刑事责任。

第三十四条　违反本办法第十一条第（二）项规定的，由电力行政主管部门责令改正；拒不改正的，处1万元以上10万元以下罚款。

第三十五条　违反本办法第十一条第（四）项规定的，由电力行政主管部门责令改正，给予警告；情节严重的，对直接负责的主管人员和其他直接责任人员，依法给予处分。

第三十六条　违反本办法第十四条规定的，由电力行政主管部门责令改正，给予警告；情节严重或者拒绝改正的，可以中止供电，并处5万元以下罚款。

第三十七条　违反本办法第十五条规定的，由电力行政主管部门责令停止违法行为，追缴电费，处应交电费五倍以下罚款；构成犯罪的，依法追究刑事责任。

第三十八条　违反本办法第二十条规定的，由国家能源局派出机构责令停止违法行为，没收违法所得，处1万元以上3万元以下罚款；违法行为规模较大、社会危害严重的，可以并处3万元以上20万元以下罚款；违法行为存在重大安全隐患、威胁公共安全的，处5万元以上50万元以下罚款，并可以没收从事违法活动的工具设备。

第三十九条　违反本办法第二十二条规定的，由电力行政主管部门责令改正；拒不改正的，处1000元以上1万元以下罚款。造成供电设施、受电设施、安全标志毁损或者灭失的，应当恢复原状并赔偿损失。

第五章　附　则

第四十条　本办法所称“供电设施”“受电设施”，是指已建或者在建的输电、变电、配电、用电及附属通信等有关设施、设备。其中，产权分界点电源侧为供电设施，负荷侧为受电设施。

本办法所称“重要电力用户”，是指符合国家、省重要电力用户技术标准，并经市级电力行政主管部门认定的电力用户。

第四十一条　本办法自2019年5月1日起实施。

佛山市城镇新建住宅区配建教育设施管理办法

（2019年5月15日十五届佛山市人民政府第四十四次常务会议通过，自2019年8月1日起施行。）

第一章　总　则

第一条　为了规范佛山市城镇新建住宅区配建教育设施的规划、建设、移交与管理等行为，完善和优化教育资源配置，根据《中华人民共和国教育法》《中华人民共和国城乡规划法》等有关法律法规，结合本市实际，制定本办法。

第二条　本市行政区域内城镇新建住宅区配建教育设施的规划、建设、移交与管理等行为，适用本办法。

本办法所称新建住宅区是指在国有建设用地上的新建商品房、保障性住房、租赁住房和共有产权住房等住宅区，包括“三旧”改造项目的住宅区。

本办法所称配建教育设施，包括幼儿园和义务教育阶段的普通中小学。

本办法所称住宅区建设单位，包括商品房开发企业，履行保障性住房、租赁住房和共有产权住房建设责任的单位等。

第三条　新建住宅区配建教育设施工作应当坚持统一规划、合理布局、规范建设、及时移交、公益办学的原则，办成公办幼儿园、公办中小学。

第四条 市人民政府负责组织协调本办法的实施，各区人民政府负责本办法的具体落实，为城镇新建住宅区配建教育设施提供政策支持和经费保障。

教育主管部门负责牵头组织编制基础教育设施专项规划；对每宗住宅宗地教育设施配建的建设时序、移交标准等配建要求予以审核；对配建教育设施的总体布局方案、单体方案和各具体项目建设要求提出意见，并配合新建住宅区配建教育设施验收，做好相关移交管理工作。

自然资源主管部门负责编制控制性详细规划或者地块开发细则，并将基础教育设施专项规划落实到控制性详细规划或者地块开发细则中；按照规划条件和国有建设用地使用权出让合同或者国有建设用地划拨决定书的要求对建设工程设计方案进行审核。对于需要建设配建教育设施的新建住宅区地块，在供地前应当征求教育等有关主管部门的意见，将配建教育设施的条件对外公告，并在国有建设用地使用权出让合同或者国有建设用地划拨决定书中记载。

住房城乡建设、财政、国资、市场监管、人力资源社会保障等有关主管部门应当依法履行各自职责，建立健全执法合作、信息共享等部门联动机制，共同做好新建住宅区配建教育设施的规划、建设、移交与管理工作。

第二章 规划和用地

第五条 各区教育主管部门应当会同自然资源等有关主管部门，根据本行政区域内居住的适龄儿童、少年数量和分布状况，以及城镇化水平等因素，牵头组织编制基础教育设施专项规划。区基础教育设施专项规划报区人民政府批准后，由区教育主管部门报市教育主管部门、市自然资源主管部门备案。

基础教育设施专项规划编制，应当科学测算学位需求，并按照幼儿园、小学、初中学校每千人学位数不低于40座、80座、40座的标准配置学位。

基础教育设施专项规划应当对教育设施的选址位置、用地规模、建设规模和设置标准等方面提出明确要求。

基础教育设施专项规划在报送区人民政府批准之前，应当进行专家评审，并将基础教育设施专项规划草案公示30日以上，必要时采取论证会、听证会或者其他方式进一步征求专家和公众的意见。

基础教育设施专项规划不得擅自变更。确需变更的，应按照原编制程序进行报批与备案。

第六条 基础教育设施专项规划的编制要以城镇总体规划为依据，实现专项规划与城乡规划、土地利用总体规划、控制性详细规划等规划的协调统一。

自然资源主管部门应当在控制性详细规划或者地块开发细则中，按照基础教育设施专项规划落实教育设施的选址位置、用地规模、建设规模等要求，并征求教育主管部门的意见。反馈意见存在较大分歧的，自然资源主管部门应当组织有关主管部门进行协调。

第七条 在供地前，土地出让集体决策机构应对每宗住宅宗地的教育设施配建要求予以审核。教育主管部门应当作为土地出让集体决策机构的成员单位。

对于需要建设配建教育设施的新建住宅区项目，自然资源主管部门应当征求教育、住房城乡建设等有关主管部门的意见，将有关主管部门研究确定的配建教育设施的用地规模、建设规模、建设时序、选址意见、移交标准等要求，在国有建设用地使用权出让或者国有建设用地划拨前，作为配建的条件对外公告。

在国有建设用地使用权出让或者国有建设用地划拨时，应当明确住宅区建设单位应当承担的配建教育设施建设和移交义务、配建教育设施的权属、配建教育设施建设相关要求及法律责任等事项。

第八条 规划新建住宅区所在区域现有幼儿园和义务教育阶段学位无法满足该区域人口入学需求的，有关主管部门应当研究制订入学统筹方案，仍无法解决需求的，应当暂缓土地出让或者划拨。

第九条 配建教育设施的用地标准、服务人口规模、配置要求等应当符合基础教育设施专项规划和广东省相关文件规定。中心城区、人口密集区或者学位紧缺地区，应当考虑适当增加学位供给。

第三章 建设规范

第十条 需要配建教育设施的新建住宅区项目，自然资源主管部门应当按照规划条件和国有建设用地使用权出让合同或者国有建设用地划拨决定书的要求对建设工程设计方案进行审核；在审批小区建设工程设计方案时，应当审核设计方案是否满足国家、本省和本市相关规划规范要求。住宅区建设单位在办理建设工程规划许可时，区教育主管部门对于其中配建教育设施的总体布局方案、单体方案和各具体项目建设要求的意见，作为规划许可的重要依据。

住房城乡建设主管部门对本行政区域内的施工图审查机构实施监督管理，施工图审查机构在审查住宅区建设单位申报的施工图时，应当审核配建教育设施的施工图设计文件是否满足国家、本省和本市对幼儿园、中小学设计与建设的规范，且不得违反国家相应的强制性标准。

第十一条 住宅区建设单位应当按照规划条件和国有建设用地使用权出让合同或者国有建设用地划拨决定书所约定的配建教育设施要求进行建设。

第十二条 住房城乡建设主管部门应当将配建教育设施的工程勘察设计、工程质量、施工安全、工程竣工验收等方面纳入新建住宅区项目建设的动态监管。

第十三条 经批准预售或者现售的项目，住宅区建设单位应当在销售现场对配建教育设施的位置、面积、权属等内容进行公示，接受公众监督。但在房屋销售过程中，不得作购买房屋可以赠送学位等虚假宣传。

第十四条 配建教育设施的验收应当与住宅区项目的首期验收同步进行。配建教育设施未同步建成的、建设不符合规划条件或者建设工程规划许可要求的，自然资源主管部门不予通过规划条件核实、不予办理不动产登记相关业务，住房城乡建设主管部门不予办理工程竣工验收备案手续。

配建教育设施的住宅区项目应当办理联合竣工验收，组织验收单位应当通知教育主管部门参加，对配建教育设施的具体位置、面积、功能、建设标准等方面是否符合验收要求进行联合审核。

第四章 移交和管理

第十五条 配建教育设施属于公共教育资源，由住宅区建设单位代建。经验收合格后，无偿移交给所在地的区人民政府或者区人民政府指定的单位，由接收单位统筹管理。

住宅区建设单位在申请新建住宅区首次登记时，应当将配建教育设施一并申请确权，并且在首次登记清单或者不动产权证书上注记“用于无偿移交给区人民政府或者区人民政府指定的单位”。

第十六条 住宅区建设单位应当在配建教育设施项目竣工验收合格完成备案之日起30日内，向接收单位提交书面移交报告书和移交材料，并协助办理不动产权登记手续。移交材料包括项目审批和立项、用地审批和规划、建筑审查有关文件、相关单项（栋）的建设图纸资料、建筑施工资料、各相关专项设施的图纸资料及项目申报、批复、验收、备案等文件。

接收单位在收到住宅区建设单位的移交报告书和移交材料之日起30日内，应当按照国有建设用地使用权出让合同或者国有建设用地划拨决定书约定的移交标准，对移交项目完成情况进行核实并出具移交意见，不得增设接收条件。

经核实符合约定移交标准的，接收单位应当在出具同意移交意见之日起30日内，与住宅区建设单位办理配建教育设施移交手续，签订移交协议书，办理不动产权登记。

第十七条 接收单位自接收配建教育设施之日起10个工作日内将该设施移交区人民政府指定的教育主管部门管理和使用。相关教育主管部门应当做好准备工作，及时配备教职员工和教育教学设备，做好经费保障，确保配建教育设施在移交协议书签订之日起两年内投入使用。

相关教育主管部门接管配建教育设施后，应当严格按照国家和省、市的有关要求，办成公办幼儿园、公办中小学，不得闲置或者擅自挪作他用。

第十八条 需要移交的住宅区配建教育设施，在移交前及移交后质量保修期内的安全责任及相关维修费用由住宅区建设单位承担；移交后质量保修期外的维修责任和维护费用由接受单位承担。

配建教育设施办理产权登记所产生的税收和相关费用由住宅区建设单位承担。

前两款内容在国有建设用地使用权出让合同或者国有建设用地划拨决定书另有约定的，按约定执行。

第五章 法律责任

第十九条 行政机关工作人员在城镇新建住宅区配建教育设施的规划、建设、移交和管理工作中，有玩忽职守、滥用职权、徇私舞弊等情形的，由其所在单位或者监察机关给予行政处分；构成犯罪的，依法追究刑事责任。

第二十条 住宅区建设单位有下列情形之一的，由自然资源、住房城乡建设、教育等主管部门按照各自职责分工责令限期改正，并依照相关法律法规对住宅区建设单位进行处罚，同时追究相关合同违约责任：

（一）不按照相关规划、建设工程设计方案建设配建教育设施的；

（二）建成的配建教育设施不符合相关建设标准的；

（三）不按照相关规定、约定移交配建教育设施的。

第二十一条 住宅区建设单位对配建教育设施的建设移交情况，作为佛山市房地产行业诚信管理的内容。住房城乡建设主管部门将住宅区建设单位违反本办法的行为作为不良行为记入该企业的诚信档案，通报给相关主管部门，并向社会公布。

第六章 附 则

第二十二条 本办法施行前已经签订国有建设用地使用权出让合同或者作出国有建设用地划拨决定书的住宅区项目，其配建教育设施的建设内容及标准按照原规划条件和国有建设用地使用权出让合同或者国有建设用地划拨决定书的规定执行；相应的配建教育设施的权属及用途，按照当时的相关规定执行。法律、法规和国家另有规定的，从其规定。

第二十三条 本办法自2019年8月1日起施行。

佛山市危险化学品安全管理规定

（2019年7月18日十五届佛山市人民政府第四十九次常务会议通过，自2019年10月1日起施行。）

第一章 总 则

第一条 为了加强危险化学品的安全管理，预防和减少危险化学品事故，保障人民群众生命健康和财产安全，依据《中华人民共和国安全生产法》《危险化学品安全管理条例》《广东省安全生产条例》等法律、法规，结合本市实际，制定本规定。

第二条 本规定所称危险化学品，是指具有毒害、腐蚀、爆炸、燃烧、助燃等性质，对人体、设施、环境具有危害，且列入危险化学品目录的化学品。

第三条 本市行政区域内生产、储存、使用、经营、运输危险化学品和处置废弃危险化学品，适用本规定。

民用爆炸品、烟花爆竹、放射性物品、核能物质以及用于国防科研生产的危险化学品的安全管理，不适用本规定。

法律、行政法规对燃气的安全管理另有规定的，依照其规定。

第四条 危险化学品安全管理，应当坚持安全第一、预防为主、综合治理的方针，建立和完善企业负责、政府监管、行业自律、社会监督的机制，强化和落实生产、储存、使用、经营、运输危险化学品的单位（以下统称危险化学品单位）的主体责任。

第五条 全市各级人民政府应当加强对危险化学品安全管理工作的领导，建立健全危险化学品安全工作协调机制，及时协调、解决危险化学品监督管理中存在的重大问题。

区人民政府应当组织有关部门制定实施危险化学品事故应急救援预案，组织危险化学品安全生产督查检查，组织危险化学品生产、储存企业的转产、停产、关闭及搬迁工作。

镇人民政府以及街道办事处、开发区管理机构等地方人民政府派出机关应当加强对本区域内危险化学品单位的监督检查，协助上级人民政府及有关部门履行对危险化学品的监督管理职责。

村（居）民委员会发现所在区域内的危险化学品单位存在生产安全事故隐患或者安全生产违法行为时，应当及时予以提醒、劝阻；提醒、劝阻无效时，应当立即向所在地的镇人民政府、街道办事处或者有关部门报告。

第六条 对危险化学品的生产、储存、使用、经营、运输和废弃处置实施安全监督管理的有关部门（以下统称负有危险化学品安全监督管理职责的部门），依照下列规定履行职责：

应急管理部门负责危险化学品安全监督管理的综合工作，负责依法组织并指导监督危险化学品安全生产准入制度的实施，负责监督检查新建、改建、扩建的危险化学品生产、储存项目的安全设施与主体工程同时设计、同时施工、同时投产使用，负责港口总体规划范围内的危险化学品生产和使用危险化学品的生产装置及相连储罐部分的安全监管，会同有关部门确定、公布、调整本市危险化学品禁止、限制和控制目录，组织编制危险化学品事故应急救援预案，指导协调危险化学品事故应急救援工作，负责监督危险化学品单位对重大危险源的监控和重大事故隐患的整改。

公安机关负责危险化学品公共安全管理；负责剧毒化学品、易制爆危险化学品购买许可证、通行证核发备案等管理工作，监控剧毒化学品、易制爆危险化学品流向；负责危险化学品运输车辆的道路交通安全管理；划定危险化学品运输车辆限制通行区域范围；负责无主废弃危险化学品的接收并依法进行处理；负责危险化学品道路运输事故的牵头处理。

住房城乡建设部门负责危险化学品工程建设中涉及房屋建筑、职权范围内的工程建设的质量安全监督管理和消防设计审核，负责组织有关部门开展工业企业小型液化天然气气化站（不包括以天然气作为工业原料的气化站）的整治工作，负责石油天然气管道保护工作。

生态环境部门负责废弃危险化学品的收集、贮存、处置转移等环节的环境污染防治工作的监督管理；按权限审批危险化学品建设项目环境影响评价文件，负责监督、检查建设项目的环境保护竣工验收工作；负责对危险化学品建设项目环境保护设施与主体工程同时设计、同时施工、同时投产使用的安全监督管理；指导、协调开展相关突发环境事件的应急、预警工作。

交通运输部门负责指导、监督港口总体规划范围内，非生产和使用危险化学品的仓储单位对重大危险源的监控和重大事故隐患的整改；负责危险化学品运输单位（除水路）、运输工具（除水路）和港口危险货物的安全管理；指导、监督港区内存储、装卸危险货物的新建、改建、扩建港口建设项目的安全审查工作；负责危险化学品道路运输、水路运输的许可；负责指导协调与应急救援相关的交通运输保障工作。

市场监管部门负责核发危险化学品生产、储存、经营、运输和废弃处置企业营业执照，查处危险化学品经营企业违法采购危险化学品的行为；负责核发危险化学品包装物、容器（不包括储存危险化学品的固定式大型储罐，下同）生产企业的工业产品生产许可证，并依法对其产品质量实施监督；依法查处危险化学品及其包装物、容器生产单位的产品质量违法行为；对危险化学品单位使用的压力容器等特种设备实施安全监察；依法调查处理危险化学品单位的特种设备事故。

工业和信息化部门负责制定中长期化工产业政策；会同发改部门共同落实危险化学品产业发展布局规划；有序规划化工园区，制定区域产业转移政策，引导化工企业搬迁进入园区。

自然资源部门负责对危险化学品生产、储存建设项目的规划管理工作，牵头开展化工园区用地规划工作。

发展改革部门负责与工业和信息化部门共同落实国家有关危险化学品产业发展布局规划。

卫生健康部门负责危险化学品毒性鉴定的管理，负责组织、协调危险化学品事故受伤人员的医疗卫生救援工作。

邮政管理部门负责依法查处寄递危险化学品的行为。

其他对危险化学品安全负有监督管理职责的部门根据相关法律、法规、规章的规定履行职责。

第七条 危险化学品单位的主要负责人对本单位的危险化学品安全管理工作全面负责。

危险化学品单位应当具备法律、法规、规章规定和国家标准、行业标准要求的安全条件，并履行下列责任：

（一）建立并落实企业安全生产责任制；

（二）组织制定本单位安全生产规章制度和操作规程；

（三）组织制订并实施本单位安全生产教育和培训计划；

（四）依照有关规定提取、使用安全生产费用，投保安全生产责任保险；

（五）组织落实风险管控措施；

（六）组织开展隐患排查治理；

（七）开展安全生产标准化建设；

（八）组织制定并实施本单位的生产安全事故应急救援预案；

（九）其他依法应当履行的安全生产责任。

第八条 全市各级人民政府应当设立危险化学品应急处置备用金，用于危险化学品突发事故以及其他应急处置，并纳入财政预备费用管理。

第九条 鼓励成立危险化学品协会，鼓励相关行业协会组织开展下列工作：

（一）为危险化学品单位提供安全培训、技术咨询和指导服务；

（二）推广应用安全生产的先进技术；

（三）开展相关领域危险化学品安全风险监测和评估；

（四）研究危险化学品专业技术难点问题。

第二章 规划和建设

第十条 市应急管理部门应当会同本级工业和信息化、发展改革等其他管理部门编制本市危险化学品禁止、限制和控制目录，经市人民政府批准后向社会公布。

发展改革、自然资源等部门在投资审批、土地出让、建设项目规划时，应当执行本市危险化学品禁止、限制和控制目录的规定。

危险化学品单位应当严格按照本市危险化学品禁止、限制和控制目录的规定进行生产、储存、使用、经营和运输。

第十一条 各区人民政府应当根据本行政区域的实际情况，按照统一规划、合理布局、严格准入、确保安全的原则，组织编制危险化学品专项规划。专项规划包含本行政区域内化工园区、危险化学品卸载专用场所以及政府处置危险化学品专用场所等规划内容。

鼓励工业园区设立危险化学品的集中管理区域，用于危险化学品的装卸和储存。

第十二条 化工园区设立前，建设单位应当进行整体性安全风险评价。化工园区的经营管理单位应当每5年进行1次整体性安全风险评价。

整体性安全风险评价应当由具备国家规定资质条件的安全评价机构承担，科学评价化工园区安全风险，核定安全容量，实施总量控制，降低区域风险。

第十三条 化工园区以及危险化学品集中管理区域应当建立健全安全监管、隐患排查、风险评估、应急救援等制度，构建安全、环保、应急救援一体化管理平台，定期向园区内部和周边单位、镇人民政府、街道办事处、村（居）民委员会等进行安全生产风险告知及预警预告。

第十四条 禁止在规划专门用于危险化学品生产、储存的区域（包括化工园区）外新建、扩建危险化学品生产、储存建设项目，但加油站、加气站、加氢站、港口（铁路、航空）危险化学品储存建设项目、危险化学品输送管道以及危险化学品使用单位的配套项目除外。

第十五条 全市各级人民政府应当充分发挥行业规划和产业政策的引导作用，完善危险化学品生产经营单位退出工作机制，推进存在高风险的危险化学品生产经营单位有序退出。

工业和信息化部门应当定期开展危险化学品生产经营单位布局情况调查、评估，会同相关部门制定城镇人口密集区危险化学品生产企业就地改造、异地迁建或者关闭退出的政策措施。

逐步转型、退出危险化学品生产的企业应当制订转型、退出方案或者计划，并报告所在区应急管理部门，按照法律法规办理相关手续，落实安全生产管理责任。

第三章 安全保障规范

第十六条 危险化学品单位应当设置安全生产管理机构或者配备专职安全生产管理人员。

危险化学品单位的主要负责人、分管安全负责人和安全生产管理人员必须具备与其从事的生产经营活动相适应的安全生产知识和管理能力。

危险化学品生产、储存单位应当按规定配备1名以上的注册安全工程师。从事安全生产管理工作。

第十七条 危险化学品单位应当对从业人员进行相应的安全生产教育，从业人员应当接受教育和培训，考核合格后上岗作业。

危险化工工艺的操作人员应当经过专业培训，依法取得特种作业人员资格证书，持证上岗。

第十八条 危险化学品单位应当依法对接触有毒化学品的作业人员组织上岗前、在岗期间和离岗时的职业健康检查。禁止未成年人、孕妇从事接触有毒化学品的作业。

第十九条 危险化学品单位应当建立安全风险辨识和评估制度，确认本单位存在的安全风险，实施安全风险分级管控，制定相应的安全管控措施。

危险化学品生产、经营（带储存设施）、使用许可单位应当建立安全风险研判与承诺公告制度，每日开展安全风险研判并对公众如实作出安全承诺。

第二十条 危险化学品单位是本单位生产安全事故隐患排查治理的责任主体，应当制定并落实下列制度：

（一）生产安全事故隐患排查制度，每月开展不少于1次厂级全面性安全检查，督促从业人员开展上岗前和生产结束后的岗位安全检查，检查过程中发现的隐患，应当按照规定及时报告处置。

（二）生产安全事故隐患治理制度，根据发生的生产安全事故隐患采取相应措施，及时消除生产安全事故隐患。

（三）隐患排查治理登记建档制度，建立专门的生产安全事故隐患排查治理信息档案，并如实向从业人员通报。月度隐患排查治理工作情况应当可供公开查阅，并在生产经营单位公开场所的显著位置公示不少于30日，按照有关保密规定不能公开的除外。

第二十一条 危险化学品单位应当在其作业场所、安全设施、以及盛装、输送、储存危险化学品的设施、设备上设置明显的安全警示标志，张贴包括危险有害因素、后果、预防、应急措施和报告电话等内容的告示。

第二十二条 危险化学品生产企业的产品存放在成品仓和发货区时，应当在包装容器上粘贴或者栓挂安全标签。

危险化学品单位购进、使用危险化学品时，应当核对包装或者容器上的安全标签。

第二十三条 生产、储存危险化学品的单位应当在作业场所设置通信、报警装置，并确保处于适用状态。

第二十四条 危险化学品生产、储存的建设项目以及伴有危险化学品产生的化工建设项目（包括危险化学品长输管道建设项目）应当按照相关要求进行安全预评价、安全设施设计和安全设施竣工验收。

建设项目安全设施必须与主体工程同时设计、同时施工、同时投入生产和使用。

第二十五条 生产、储存危险化学品的单位以及使用危险化学品从事生产的单位，应当委托具备国家规定的资质条件的机构，对本单位的安全生产条件每3年进行1次安全评价，提出安全评价报告。

第二十六条 危险化学品生产、储存单位应当按照国家有关规定和技术标准，设置相应的监测、监控、通风、防晒、调温、防火、灭火、防爆、泄压、防毒、中和、防潮、防雷、防静电、防腐、防泄漏等安全设施、设备和装置，并按照国家标准、行业标准或者国家有关规定定期进行维护、保养和检测。

用于生产、储存的主要设施、设备和装置停用的，停用期间必须做好巡查、维护、保养措施；停用超过1年的，必须经具备相应资质的机构评估、检测合格后方可重新启用。

巡查、维护、保养和检测等相关记录应当保存3年以上。

第二十七条 构成重大危险源的危险化学品单位，应当建立安全监控检测体系，自动监控、连续记录危险化学品重大危险源的温度、压力、液位、流量等重要参数；配备可燃、有毒气体泄漏自动报警装置以及紧急切断装置；配备满足安全生产要求的自动化控制系统；按要求配备安全视频系统；属于一级或者二级重大危险源的，应当装备紧急停车系统。

第二十八条 危险化学品应当储存在专用仓库、专用场地、专用储存室（以下统称专用仓库）或专用设施设备内，实行分类、分隔储存。剧毒化学品以及储存数量构成重大危险源的其他危险化学品应当单独存放于专用仓库。危险化学品的储存方法、储存数量以及安全距离应当按照国家标准或者有关规定执行。

危险化学品专用仓库应当由专人负责管理。存放剧毒化学品以及储存数量构成重大危险源的其他危险化学品的专用仓库，应当严格执行双人验收、双人发货的双人收发制度以及双把锁、双本账的双人保管制度。

第二十九条 因生产经营活动需要少量使用危险化学品而未达到需要领取危险化学品安全使用许可证的生产经营单位（不包括危险化学品生产企业），储存危险化学品的场所（包括房间、储存柜等）应当单独设置，并符合《建筑设计防火规范》等相关标准；储存场所应当经过具有国家规定资质条件的机构的安全评价，在显著位置张贴悬挂安全警示标志。储存的危险化学品应当由专人负责管理，出入库必须进行核查登记。

从事危险化学品零售业务的商店可以在其经营场所内存放民用小包装的危险化学品，但总量不得超过国家规定的限量。

因生产需要临时存放危险化学品的，危险化学品存放量不得超过一昼夜的需要量，并应当采取可靠的安全管理措施。

第三十条 危险化学品生产、经营单位应当建立危险化学品购销台账，如实记录购销危险化学品的品种、数量、来源、用途以及流向等情况，留存租用危险化学品仓库合同、与运输单位签订的货运合同及安全协议。销售记录以及经办人的身份证明复印件、相关许可证件复印件或者证明文件的保存期限不得少于1年。

使用危险化学品的单位应当建立危险化学品使用台账，如实记录危险化学品的品种、用途、使用方式、使用情况、储存数量和储存装置等信息。

剧毒化学品、易制爆危险化学品的销售企业还应当查验记录购买单位和经办人的资格条件，并及时将销售情况向公安机关备案。

第三十一条 危险化学品道路运输单位、水路运输单位（包括使用自备车辆、船舶为本单位运输危险化学品的单位），应当分别按照国家、省、市的相关规定，取得危险货物道路运输许可证、危险货物水路运输许可证，配备专职安全管理人员。

在本市开展异地经营（运输线路起讫点均不在企业注册地市域内）的危险化学品道路运输单位经营累计3个月以上的，应当向市交通运输部门备案。

第三十二条 危险化学品道路运输企业应当具备符合相关技术标准的专用车辆，配置安全防护、环境保护和消防等设施、设备，并按照规定悬挂或者喷涂警示标志。

危险化学品运输专用车辆应当配置车载卫星定位系统，并接入全省营运重点车辆行车记录检测仪信息管理平台。

通过内河运输的危险化学品水路运输企业，应当具备符合国家规定的运力、安全技术和设备等要求的船舶，使用的船舶应当取得危险货物适装证书。

第三十三条 危险化学品道路运输企业应当具备与运输规模相适应的专用封闭停车场地，并设置明显的警示标志。运输剧毒化学品和国家规定的Ⅰ类包装危险化学品的，还应当划定相应的专用停车区域。

第三十四条 危险化学品道路运输企业、水路运输企业的驾驶人员、船员、装卸管理人员、押运人员、申报人员、集装箱装箱现场检查员应当取得相关的从业资格。

运输危险化学品的驾驶人员、船员、装卸人员、装卸管理人员、押运人员、申报人员、集装箱装箱现场检查员以及现场监护人员，应当了解所运输的危险化学品的危险特性及其包装物、容器的使用要求和出现危险情况时的应急处置方法。

第三十五条 在危险化学品运输车辆限制通行区域内从事危险化学品道路运输的，危险化学品运输单位应当向限制通行区域所在地的区公安机关申请通行证。

危险化学品运输车辆限制通行区域由区公安机关划定，经区人民政府批准后向社会公布，并设置明显的标志。

第三十六条 危险化学品的托运人除了应当遵守《危险化学品安全管理条例》的相关规定，还应当遵守下列规定：

（一）查验承运人的危险化学品运输资质证书或者备案证明，复印后与货运单证一并留存；

（二）由非本市运输单位承担运输的，应当书面告知本市危险化学品运输管理的有关规定，并保存书面告知的相关记录。

第三十七条 危险化学品的承运人除了应当遵守《危险化学品安全管理条例》的相关规定，还应当遵守下列规定：

（一）查验托运人的危险化学品生产、经营等许可证，复印后与货运单证一并留存，不得为无相应许可证的单位运输危险化学品；

（二）在装载前核对危险化学品的品名、数量，并检查包装情况，不得承运包装破损或者不符合包装要求的危险化学品；

（三）不得将承运的危险化学品转交其他无相应资质的单位或者个人运输；

（四）应当将危险化学品运输企业、车辆、驾驶员、押运员、危险化品种类和数量、收货人、运输目的地等信息上传至相关信息化管理系统；

（五）符合国家、省、本市危险化学品运输安全管理的其他规定。

第三十八条 装卸现场涉及托运人、承运人等两个以上单位的，应当签订安全协议，明确应当采取的安全措施，装卸人员以及相关各方的安全职责，并指定现场所属单位专职安全生产管理人员作为现场监护人员进行安全检查与协调。

危险货物的装卸作业应当遵守安全作业标准、规程和制度，并在装卸管理人员或现场监护人员的现场指挥或者监控下进行。

装载作业完毕后，装卸管理人员、集装箱装箱现场检查员或者现场监护人员应当签署现场查验证明书或者装箱证明书。证明书应该载明：

（一）危险化学品安全技术说明书、安全标签信息；

（二）车船载重量和实际装载量，并确认没有超载；

（三）符合要求的危险货物包装和标识；

（四）出具的危险货物运输许可证和通行证；

（五）驾驶员、押运员资格证件；

（六）危险货物运输车辆有关证件。

第三十九条　涉及危险化学品生产、储存的单位转产、停产、停业的，应当制订处置方案，妥善处置其危险化学品生产装置、储存设施以及库存的危险化学品，不得丢弃危险化学品。

处置方案应当报所在地的区人民政府应急管理部门、工业和信息化部门、生态环境部门和公安机关备案。

危险化学品生产装置、储存设施的拆除，应当由具有相应建筑安装资质的施工单位承担。

涉及危险化学品生产、储存的单位解散、终止经营的，除按照本条前三款要求妥善处理装置设施和危险化学品外，还应当按照有关规定对原有占地进行土壤污染调查和风险评估，清除污染危害，满足土地再利用标准，并明确有关工伤事故、职业病、环境污染等相关善后责任。

第四十条　危险化学品单位应当及时按照国家有关规定处置废弃危险化学品及其包装物、容器。无法自行处置的，应当委托具有相应资质的专业单位代为处置。

从事废弃危险化学品回收利用的企业，应当具备生态环境管理部门发放的危险废物经营许可证。

第四章　应急和监督管理

第四十一条　应急管理部门应当会同工业和信息化、生态环境、公安、卫生健康、交通运输等部门制定危险化学品事故应急预案，报同级人民政府批准后实施，并定期开展应急演练。

第四十二条　危险化学品单位应当根据有关法律、法规和国家标准或者行业标准，开展风险评估和应急资源普查。

危险化学品单位应当针对可能发生的事故特点和危害，制定本单位危险化学品事故应急预案和重点岗位应急处置卡，组织应急预案评审，并每年至少组织1次综合应急预案演练或者专项应急预案演练，每半年至少组织1次现场处置方案演练，并建立演练记录档案。

应急预案应当报应急管理部门备案。

第四十三条　危险化学品生产和储存单位，应当建立应急救援队伍；危险化学品使用和运输单位应当配备应急救援人员，并可以与邻近的应急救援队伍签订应急救援协议。危险化学品单位聚集区域，可以联合建立应急救援队伍。

鼓励危险化学品单位之间开展事故应急救援行业互助。鼓励、扶持危险化学品单位和其他社会力量建立提供社会化危险化学品应急救援服务的应急救援队伍。

危险化学品单位应当按照法律、法规和国家标准或者行业标准配备必要的应急救援器材、设备和物资。

第四十四条　市、区人民政府应当鼓励、扶持危险化学品单位和社会力量建立专业危险化学品应急救援队伍以及应急物资储备机制。

有关危险化学品单位应当为危险化学品事故应急救援提供技术指导和必要的协助，事故发生单位在受益的范围内对提供协助单位进行补偿。

第四十五条　负有危险化学品安全监督管理职责的部门应当建立健全危险化学品单位信用管理制度，根据信用状况对危险化学品单位实施分类管理，实施守信联合激励、失信联合惩戒措施。

第四十六条　负有危险化学品安全监督管理职责的部门应当每3年对危险化学品单位开展安全风险评估诊断分级，实施动态管理，落实安全风险分级管控。

第四十七条　发证机关应当注销有效期届满的危险化学品安全生产许可证、使用许可证、经营许可证。

第四十八条　负有危险化学品安全监督管理职责的部门和区人民政府、镇人民政府、街道办事处、产业园区管理机构可以聘请具有相应资质、能力的专业技术服务机构对危险化学品专业技术问题和日常监测数据进行分析、判断，并基于专业技术服务机构出具的报告依法履行监督管理职责。

聘请、委托专业技术服务机构出具专业报告、进行鉴定的，所需费用列入财政预算。

第四十九条　公众发现、捡拾的无主危险化学品，由公安机关负责接收。公安机关接收或者有关部门依法没收的危险化学品，应当妥善处理；需要进行无害化处理的，交由生态环境部门组织其认定的专业单位进行处理。处理所需费用由政府财政负担。

第五章　法律责任

第五十条　负有危险化学品安全监督管理职责的部门工作人员，在危险化学品安全监督管理工作中滥用职权、玩忽职守、徇私舞弊的，依法给予处分。构成犯罪的，依法追究刑事责任。

第五十一条　违反本规定第十六条第一款、第二款规定的，由应急管理部门责令限期改正，可以处5万元以下的罚款；逾期未改正的，责令停产停业整顿，并处5万元以上10万元以下的罚款，对其直接负责的主管人员和其他直接责任人员处1万元以上2万元以下的罚款。

第五十二条　违反本规定第二十条第（一）项、第（二）项规定的，由应急管理部门责令限期改正，可以处10万元以下的罚款；逾期未改正的，责令停产停业整顿，并处10万元以上20万元以下的罚款，对其直接负责的主管人员和其他直接责任人员处2万元以上5万元以下的罚款；构成犯罪的，依法追究刑事责任。

第五十三条　违反本规定第二十条第（三）项规定的，由应急管理部门责令限期改正，可以处5万元以下的罚款；逾期未改正的，责令停产停业整顿，并处5万元以上10万元以下的罚款，对其直接负责的主管人员和其他直接责任人员处1万元以上2万元以下的罚款。

第五十四条 违反本规定第二十一条、第二十二条第一款、第二十三条规定的，由应急管理部门责令改正，可以处5万元以下的罚款；拒不改正的，处5万元以上10万元以下的罚款；情节严重的，责令停产停业整顿。

第五十五条 违反本办法第二十四条第一款规定的，由应急管理部门责令停止建设或停产停业整顿，限期改正；逾期不改正的，处50万元以上100万元以下的罚款；对其直接负责的主管人员和其他直接责任人员处2万元以上5万元以下的罚款。构成犯罪的，依法追究刑事责任。

第五十六条 违反本办法第二十五条规定的，由应急管理部门责令改正，处5万元以上10万元以下的罚款；拒不改正的，责令停产停业整顿直至由原发证机关吊销其相关许可证件，并由市场监管部门责令其办理经营范围变更登记或者吊销其营业执照；有关责任人员构成犯罪的，依法追究刑事责任。

第五十七条 违反本规定第二十六条第一款、第二十八条第一款规定的，由应急管理部门责令改正，可以处5万元以上10万元以下的罚款；拒不改正的，责令停产停业整顿直至由原发证机关吊销其相关许可证件，并由市场监管部门责令其办理经营范围变更登记或者吊销其营业执照；有关责任人员构成犯罪的，依法追究刑事责任。

第五十八条 违反本规定第二十七条规定的，由应急管理部门责令限期改正；逾期未改正的，责令停产停业整顿，可以并处2万元以上10万元以下的罚款。

第五十九条 违反本规定第二十八条第二款规定的，由应急管理部门责令改正，可以处5万元以下的罚款；拒不改正的，处5万元以上10万元以下的罚款；情节严重的，责令停产停业整顿。

第六十条 生产、经营、使用剧毒化学品、易制爆危险化学品的单位违反本规定第三十条规定的，由公安机关责令改正，可以处1万元以下的罚款；拒不改正的，处1万元以上5万元以下的罚款。

生产、经营、使用其他危险化学品的单位违反本规定第三十条第一款、第二款规定的，由应急管理部门责令改正，可以处1万元以下的罚款；拒不改正的，处1万元以上5万元以下的罚款。

第六十一条 违反本规定第三十一条第一款规定的，分别依照有关道路运输、水路运输的法律、行政法规的规定处罚。

第六十二条 违反本规定第三十二条第一款规定的，由公安机关责令改正，处5万元以上10万元以下的罚款；构成违反治安管理行为的，依法给予治安管理处罚；构成犯罪的，依法追究刑事责任。

违反本规定第三十二条第二款规定的，由交通运输部门责令限期改正，逾期未改正的，处3000元以上8000元以下罚款。

第六十三条 违反本规定第三十二条第三款、第三十四条第一款规定的，由交通运输部门、海事部门根据职责责令改正，处5万元以上10万元以下的罚款；拒不改正的，责令停产停业整顿；构成犯罪的，依法追究刑事责任。

第六十四条 违反本规定第三十五条规定的，由公安机关责令改正，处5万元以上10万元以下的罚款；构成违反治安管理行为的，依法给予治安管理处罚；构成犯罪的，依法追究刑事责任。

第六十五条 违反本规定第三十九条第一款规定的，由应急管理部门责令改正，处5万元以上10万元以下的罚款；构成犯罪的，依法追究刑事责任。

违反本规定第三十九条第二款规定的，分别由有关部门责令改正，可以处1万元以下的罚款；拒不改正的，处1万元以上5万元以下的罚款。

第六十六条 违反本规定第四十二条第二款规定的，由应急管理部门责令限期改正，可以处5万元以下的罚款；逾期未改正的，责令停产停业整顿，并处5万元以上10万元以下的罚款，并可对其直接负责的主管人员和其他直接责任人员处1万元以上2万元以下的罚款。

第六章 附 则

第六十七条 本规定自2019年10月1日起施行。

佛山市人民政府关于修改《佛山市城市市容和环境卫生管理规定》等4部规章的决定

（2019年11月22日十五届佛山市人民政府第五十六次常务会议通过，于2019年12月20日公布施行。）

十五届佛山市人民政府第五十六次常务会议决定对《佛山市城市市容和环境卫生管理规定》等4部政府规章作如下修改：

一、佛山市城市市容和环境卫生管理规定

（一）将第三条中的“住房城乡建设主管部门”“市容环境卫生主管部门”修改为“城市管理和综合执法主管部门”。将“规划、公安、工商、环境保护、卫生、交通、市政、房管”修改为“自然资源、公安、市场监督管理、生态环境、卫生健康、交通、市政、住房和城乡建设”。

（二）将第四条中的“城市管理行政执法部门”修改为“城市管理和综合执法主管部门”。

（三）将第六条中的“住房城乡建设主管部门”修改为“城市管理和综合执法主管部门”。

（四）将第九条中的“新闻、出版、文化、教育等部门”修改为“文化广电旅游体育、教育等主管部门”。

（五）将第十一条、第十二条、第二十条、第二十一条、第二十六条、第二十七条中的“市容环境卫生主管部门”修改为“城市管理和综合执法主管部门”。

（六）将第十四条中的“市容环境卫生主管部门或者城市管理行政执法部门”修改为“城市管理和综合执法主管部门”。

（七）将第十五条中的“市住房城乡建设主管部门、区市容环境卫生主管部门、区城市管理行政执法部门”修改为“市、区城市管理和综合执法主管部门”，并删除第十五条第二款“区市容环境卫生主管部门与区城市管理行政执法部门应当建立负责人联席会议制度，形成协调有序、高效快捷的工作配合机制”的规定。

（八）将第十七条中的“城乡规划主管部门”修改为“自然资源主管部门”，“住房城乡建设主管部门”修改为“住房和城乡建设主管部门”。

（九）将第三十四条中的“市住房城乡建设主管部门、区市容环境卫生主管部门、区城市管理行政执法部门”修改为“市、区城市管理和综合执法主管部门”。

（十）将第三十五条、第三十六条、第三十七条、第三十九条、第四十条、第四十一条、第四十二条、第四十三条、第四十四条、第四十五条、第四十六条、第四十七条、第四十八条中的“城市管理行政执法部门”修改为“城市管理和综合执法主管部门”。

（十一）将第四十九条中的“市住房城乡建设主管部门、区城市管理行政执法部门”修改为“市、区城市管理和综合执法主管部门”。

二、佛山市食品生产加工小作坊集中管理办法

（一）将第五条、第八条、第九条、第十九条、第二十条、第二十一条、第二十四条、第二十五条、第二十六条、第二十七条、第二十八条、第二十九条、第三十条、第三十一条、第三十三条、第三十五条、第三十六条、第三十七条、第三十八条中的“食品药品监督管理部门”修改为“市场监督管理部门”。

（二）将第五条中的“卫生、环境保护、工商”修改为“卫生健康、生态环境”。

三、佛山市寄递物流安全管理办法

将第五条中的“工商、商务、海关、安全监管、检验检疫”修改为“市场监督管理、商务、海关、应急管理”。

四、佛山市违法建设查处暂行办法

（一）将《佛山市违法建设查处暂行办法》修改为《佛山市违法建设查处办法》。

（二）将第三条中的“水务”修改为“水利”。

（三）将第六条中的“城市管理行政执法”修改为“城市管理和综合执法”，“城乡规划、建设、国土、工商、卫生、文化广电、公安、消防、交通运输、环境保护、水务、发展改革、经济和信息化”修改为“自然资源、住房和城乡建设、农业农村、市场监督管理、卫生健康、文化广电旅游体育、公安、应急管理、交通运输、城市轨道交通、生态环境、水利、发展和改革、政务服务数据管理”。

（四）将第七条中的“城市管理行政执法”修改为“城市管理和综合执法”，“城乡规划、建设、国土、工商、卫生、文化广电、公安、消防、交通运输、环境保护、水务”修改为“自然资源、住房和城乡建设、农业农村、市场监督管理、卫生健康、文化广电旅游体育、公安、应急管理、交通运输、城市轨道交通、生态环境、水利”。

（五）将第八条中的“城市管理行政执法”修改为“城市管理和综合执法”，“城乡规划、建设、国土、工商、卫生、文化广电、公安、消防”修改为“自然资源、住房和城乡建设、农业农村、市场监督管理、卫生健康、文化广电旅游体育、公安、应急管理”。

（六）将第十条中的“城乡规划、城市管理行政执法部门”修改为“自然资源、城市管理和综合执法部门”。

（七）将第十一条、第十二条、第十三条、第十四条、第十五条、第二十条、第二十四条、第二十五条、第二十七条、第二十八条、第三十条、第三十一条、第三十六条、第三十八条、第三十九条、第四十条中的“城市管理行政执法”修改为“城市管理和综合执法”。

（八）将第十六条中的“城乡规划部门”修改为“自然资源部门”，“建设部门”修改为“住房和城乡建设部门”，“国土部门”修改为“不动产登记部门”，“发展改革”修改为“发展和改革”，“经济和信息化部门”修改为“政务服务数据管理部门”。

（九）将第十六条第（二）项修改为“住房和城乡建设部门对未领取建设工程规划许可证，未完成用地批准手续的建设工程，不得核发施工许可证，依照规定无需领取建设工程规划许可证的建设工程除外；对未领取建设工程规划许可证或者临时建设批准文件的建设工程，不得受理或者通过建设工程消防设计审查、消防验收、备案，依照规定无需办理建设工程规划许可证或者提供临时建设批准文件的除外；对当事人未处理完毕的违法建筑物、构筑物，不得进行建设工程竣工验收备案；对房屋出租进行登记备案时，应当查验建设工程规划条件核实意见或者不动产权证等合法权属证明”。删除第十六条第（四）项内容。

（十）将第十七条“相关公共服务单位和生产经营企业应当履行下列职责”修改为“相关单位和生产经营企业应当履行下列职责”。删除第十七条第一款第（一）项规定。将第十七条第二款中的“上述公共服务单位”修改为“供水、供电、燃气等公共服务单位”，“城市管理行政执法”修改为“城市管理和综合执法”。

（十一）将第十九条中的“城市管理行政执法”修改为“城市管理和综合执法”，“城乡规划部门”修改为“自然资源部门”。

（十二）将第二十一条中的“城乡规划部门”修改为“自然资源部门”。

（十三）将第二十三条中的“城市管理行政执法”修改为“城市管理和综合执法”，“城乡规划、建设、国土”修改为“自然资源、住房和城乡建设”。

（十四）将第二十六条中的“城市管理行政执法”修改为“城市管理和综合执法”，“卫生”修改为“卫生健康”。

（十五）将第二十九条的“城市管理行政执法”修改为“城市管理和综合执法”，“城乡规划、建设、国土”修改为“自然资源、住房和城乡建设”，“消防”修改为“应急管理”。

（十六）将第三十二条的“城乡规划、建设、国土、消防”修改为“自然资源、住房和城乡建设”，“城市管理行政执法”修改为“城市管理和综合执法”。

（十七）将第三十三条的“建设部门”修改为“住房和城乡建设部门”。

（十八）将第三十四条中“城市管理行政执法部门”修改为“城市管理和综合执法部门”，“建设部门”修改为“住房和城乡建设部门”。删除第三十四条第一款第（一）项规定。将第二款“违反上述第（二）项至第（四）项规定的”修改为“违反上述规定的”。

（十九）将第三十五条中的“建设部门”修改为“住房和城乡建设部门”。

本决定自公布之日起施行。上述规章根据本决定作相应修改，重新公布。

2019年佛山市国民经济和社会发展统计公报

佛山市统计局
国家统计局佛山调查队
2020年3月16日

2019年，面对国内外复杂形势，全市上下坚持以习近平新时代中国特色社会主义思想为指导，全面贯彻党的十九大和十九届二中、三中、四中全会精神，扎实落实省委“1+1+9”工作部署，在市委、市政府的正确领导下，深入贯彻新发展理念，坚持稳中求进工作总基调，统筹做好稳增长、促改革、调结构、惠民生、防风险、保稳定各项工作，全市经济综合实力迈上新台阶，各项事业取得新进展。

一、综　合

年末常住人口815.86万人，比上年末增加25.29万人，增长3.20%；出生率12.01‰，死亡率3.45‰；自然增长率8.56‰。

2019年年末常住人口数及其构成

指　标	年末常住人口数（万人）	比重（%）
常住人口	815.86	100
其中：城镇	775.06	95.00
农村	40.80	5.00

根据广东省统计局统一核算，2019年全市地区生产总值初步核算总量为10751.02亿元，比上年增长6.9%。其中第一产业增加值156.92亿元，增长3.0%；第二产业增加值6044.62亿元，增长6.3%；第三产业增加值4549.48亿元，增长8.1%。在第三产业中，交通运输、仓储和邮政业增长7.4%，批发和零售业增长4.8%，住宿和餐饮业增长1.8%，金融业增长10.5%，房地产业增长5.5%，其他服务业增长10.5%。三次产业结构为1.5 ∶ 56.2 ∶ 42.3。现代服务业增加值2734.64亿元，增长8.3%。民营经济增加值6748.31亿元，占全市生产总值的比重为62.8%。

全年居民消费价格比上年上涨2.9%，其中消费品价格上涨3.7%，服务价格上涨1.5%。分类别看，食品烟酒类上涨6.9%，衣着类上涨4.7%，其他用品

2018、2019年三次产业增加值占地区生产总值比重

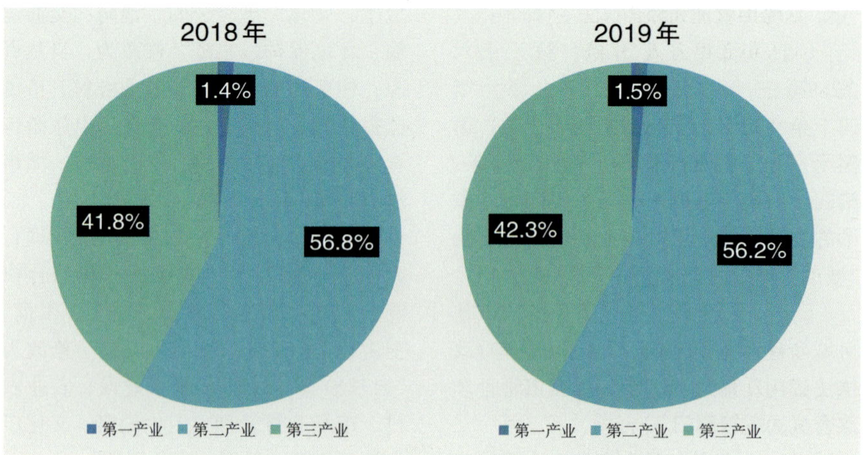

2019年居民消费价格比上年涨跌幅度

指　标	价格指数（上年=100）	比上年涨跌幅度（%）
居民消费价格总指数	102.9	2.9
食品烟酒	106.9	6.9
其中：粮食	100.1	0.1
鲜菜	102.8	2.8
畜肉类	125.8	25.8
禽肉类	106.5	6.5
水产品	101.1	1.1
蛋类	101.3	1.3
鲜瓜果	119.0	19.0
衣着	104.7	4.7
居住	101.2	1.2
生活用品及服务	100.1	0.1
交通和通信	99.6	-0.4
教育文化和娱乐	100.7	0.7
医疗保健	100.7	0.7
其他用品和服务	102.5	2.5

和服务类上涨2.5%，居住类上涨1.2%，教育文化和娱乐类上涨0.7%，医疗保健类上涨0.7%，生活用品及服务类上涨0.1%，交通和通信类下降0.4%。工业生产者出厂价格上涨0.2%，其中轻工业上涨0.6%，重工业下降0.1%。

全年城镇新增就业8.66万人，失业人员实现再就业3.55万人。年末城镇登记失业人员2.49万人，城镇登记失业率2.28%。

全年地方一般公共预算收入731.47亿元，比上年增长4.0%，其中税收收入521.11亿元，增长0.6%。地方一般公共预算支出941.57亿元，增长16.7%。

二、农业

全年粮食作物播种面积8266.67公顷（12.4万亩），比上年下降0.2%；蔬菜种植面积33133.33公顷（49.7万亩），增长1.8%；经济作物播种面积11046.67公顷（16.57万亩），下降6.0%。

全年粮食产量4.39万吨，比上年增长2.6%；蔬菜产量84.63万吨，增长1.7%；园林水果产量4.42万吨，增长3.5%。

全年肉类总产量19.17万吨，比上年下降0.2%。其中猪肉产量8.10万吨，下降9.8%；禽肉产量11.05万吨，增长8.5%。全年水产品产量69.81万吨，增长3.4%。全年三鸟饲养量8370.61万只，增长13.8%；生猪饲养108.35万头，下降37.8%。

三、工业和建筑业

全年全部工业增加值比上年增长6.5%。规模以上工业（以下口径相同）增加值增长7.0%。其中国有及国有控股企业增长4.6%，民营企业增长8.3%，外商及港澳台投资企业增长4.7%，股份制企业增长8.1%，集体企业下降3.7%，股份合作制企业增长2.2%。分轻重工业看，轻工业增长8.4%，重工业增长5.8%。分企业规模看，大型企业增长9.8%，中型企业增长7.1%，小微型企业增长4.0%。

高技术制造业增加值比上年增长5.6%。其中医药制造业增长15.7%，计算机及办公设备制造业增长11.8%，医疗仪器设备及仪器仪表制造业增长10.0%。

2015—2019年规模以上工业增加值增长速度

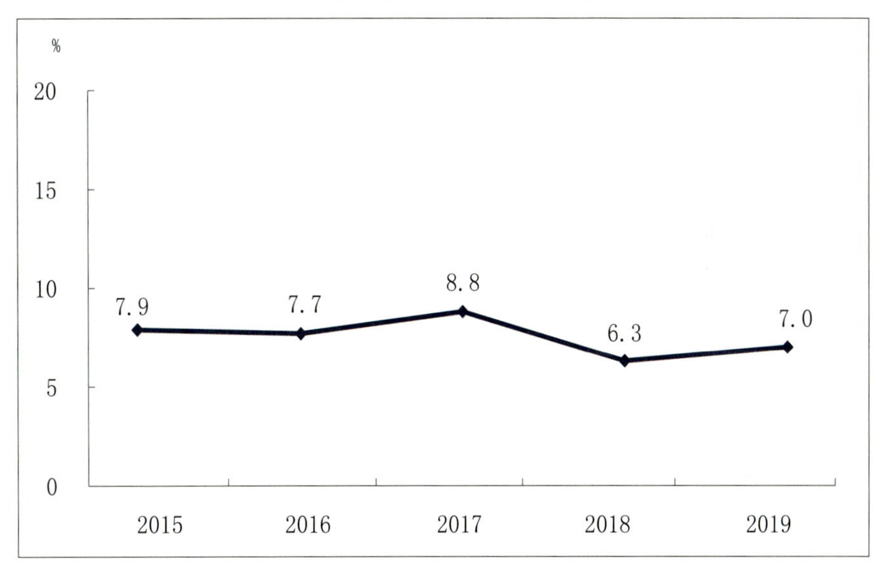

主要农产品产量情况

产品名称	计量单位	产　量	比上年增长（%）
粮食	万吨	4.39	2.6
其中：稻谷	万吨	3.21	2.5
蔬菜	万吨	84.63	1.7
水果	万吨	4.42	3.5
肉类总产量	万吨	19.17	-0.2
其中：猪肉	万吨	8.10	-9.8
禽肉	万吨	11.05	8.5
水产品	万吨	69.81	3.4
三鸟饲养量	万只	8370.61	13.8
生猪饲养量	万头	108.35	-37.8
生猪年末存栏量	万头	4.24	-92.6

先进制造业增加值比上年增长8.7%。其中高端电子信息制造业增长3.5%，先进装备制造业增长9.5%，石油化工产业增长12.8%，先进轻纺制造业增长8.4%，新材料制造业增长4.3%，生物医药及高性能医疗器械增长18.7%。

优势传统工业增加值比上年增长8.8%。其中纺织服装业增长3.2%，食品饮料业增长6.0%，家具制造业增长7.9%，建筑材料增长10.5%，金属制品业增长13.1%，家用电力器具制造业增长12.2%。

工业经济效益有所提高。资产贡献率18.13%，资本保值增值率111.69%，资产负债率53.64%，流动资产周转次数3.00次，成本费用利润率8.40，产品销售率97.0%。实现利润总额增长13.4%。

全年资质等级以上建筑业企业完成建筑业总产值617.10亿元，比上年增长10.3%。

四、固定资产投资

全年固定资产投资比上年增长5.4%。其中项目投资增长4.3%，房地产开发投资增长6.3%。基础设施投资增长21.4%，占全部固定资产投资比重17.1%。民间投资增长2.2%，占全部固定资产投资比重72.9%。

分产业看，第一产业投资比上年增长55.7%；第二产业投资下降4.8%，其中工业投资下降4.7%，工业技术改造投资增长4.5%，装备制造业投资增长1.5%；第三产业投资增长9.1%。

分行业看，农、林、牧、渔业比上年增长135.5%；制造业下降9.3%；电力、燃气及水的生产和供应业增长64.0%；批发和零售业下降5.6%；交通运输、仓储和邮政业增长22.9%；信息传输、软件和信息技术服务业下降12.4%；房地产业增长7.1%；租赁和商务服务业增长16.4%；水利、环境和公共设施管理业增长8.8%；教育增长26.6%；卫生和社会工作增长24.7%；文化、体育和娱乐业下降19.2%。

全年房地产开发投资比上年增长6.3%。其中住宅投资增长3.5%。商品房施工面积下降1.2%，其中住宅增长0.3%。商品房竣工面积下降8.7%。

五、交通、邮电和旅游

全年公路和水路运输方式完成客运量4359万人，比上年下降13.8%。其中公路运输4330万人，下降13.2%；水路运输28.72万人，下降57.5%。完成旅客周转量57.88亿人千米，下降11.2%。其中公路运输57.54亿人千米，下降10.6%；水路运输0.34亿人千米，下降56.5%。

全年公路和水路运输方式完成货运量33311万吨，比上年增长3.6%。其中公路运输29150万吨，增长6.1%；水路运输4161万吨，下降11.1%。完成货物周转量336.53亿吨千米，增长3.9%。其中公路运输240.60亿吨千米，增长8.0%；水路运输95.93亿吨千米，下降5.1%。

全年主要港口完成货物吞吐量9636.27万吨，比上年增长7.4%。其中港口集装箱吞吐量443.88万TEU（国际标准箱），增长11.1%。

年末民用汽车保有量273.58万辆，比上年末增长8.0%。其中私人汽车248.08万辆，增长7.3%。民用轿车保有量166.08万辆，增长8.0%。其中私人轿车156.64万辆，增长7.4%。

全年完成邮电业务总量1055.74亿元，比上年增长50.2%。其中邮政业务总量155.89亿元，增长51.9%；电信业务总量899.85亿元，增长49.9%。年末本地电话用户195.89万户，减少10.03万户；移动电话用户1334.96万户，减少117.8万户；（固定）互联网用户288.28万户，减少13.05万户。

全年接待旅游者人数6226万人次，比上年增长14.79%。在旅游人数中，接待过夜旅游者1933万人次，增长14.01%，其中外国人25.13万人次；香港、澳门和台湾同胞76.03万人次。全年旅游总收入891.86亿元，增长10.23%。

规模以上工业企业主要产品产量情况

产品名称	计量单位	产　量	比上年增长（%）
饲料	万吨	533.49	-2.1
酱油	万吨	222.79	16.3
啤酒	万升	146008.60	-5.9
饮料	万吨	271.60	10.6
布	亿米	5.77	-17.0
服装	亿件	4.43	-0.7
机制纸及纸板	万吨	50.59	21.0
家具	万件	3516.07	-10.0
涂料	万吨	181.12	7.4
中成药	吨	21041.10	-11.5
塑料制品	万吨	476.94	31.4
墙地砖	亿平方米	9.84	-10.1
铝材	万吨	271.26	-1.6
不锈钢日用制品	万吨	18.22	10.4
家用燃气灶具	万台	823.75	10.6
家用燃气热水器	万台	768.73	-10.8
电饭锅	万个	3314.06	3.3
房间空调器	万台	1717.59	5.4
微波炉	万台	4547.24	8.3
家用洗衣机	万台	400.72	-4.4
家用电冰箱	万台	344.03	-8.4
电光源	亿只	10.49	-21.4
电子元件	亿只	19.75	-7.0
半导体分立器件	亿只	728.46	-15.3
工业机器人	套	968.00	-39.7
太阳能电池	万千瓦	192.34	21.0
光电子器件	亿只	883.73	18.1

六、国内贸易

全年社会消费品零售总额比上年增长7.0%。分地域看，城镇消费品零售额增长7.3%，农村消费品零售额增长5.6%。从消费形态看，商品零售增长7.0%，餐饮收入增长6.8%。

其中限额以上单位商品零售分类看，粮油、食品类零售额增长18.1%；服装、鞋帽、针纺织品类零售额降低14.0%；日用品类零售额降低2.9%；家用电器和音像器材类零售额降低1.1%；中西药品类零售额降低3.1%；石油及制品类零售额降低5.6%；汽车类零售额降低2.6%。

2015—2019年社会消费品零售总额增长速度

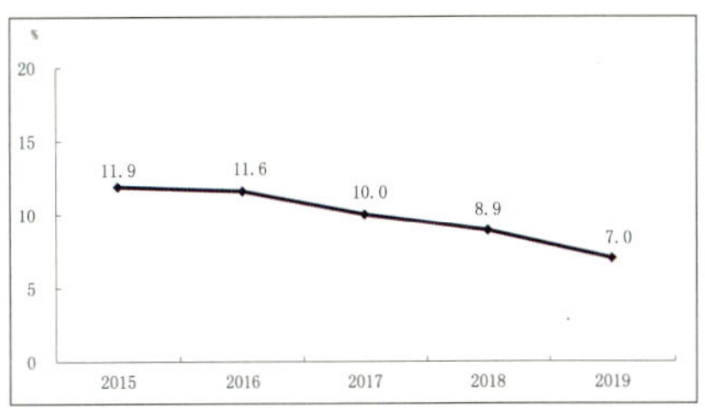

七、对外经济

全年进出口总额4827.6亿元，比上年增长5.0%。其中出口3727.7亿元，增长5.7%；进口1099.9亿元，增长2.6%。实现外贸顺差2627.8亿元。

分贸易方式看，一般贸易出口2030.1亿元，比上年增长5.3%；加工贸易出口825.2亿元，下降1.8%。分出口产品看，机电产品出口2033.7亿元，增长6.8%；高新技术产品出口253.6亿元，增长13.2%。其中对美国市场出口557.8亿元，下降3.5%。

全年新批外商投资企业702个；合同外资金额114.89亿元；实际使用外商直接投资金额51.13亿元，其中制造业占51.05%，房地产业占18.42%，批发和零售业占6.41%。

2015—2019年出口总额

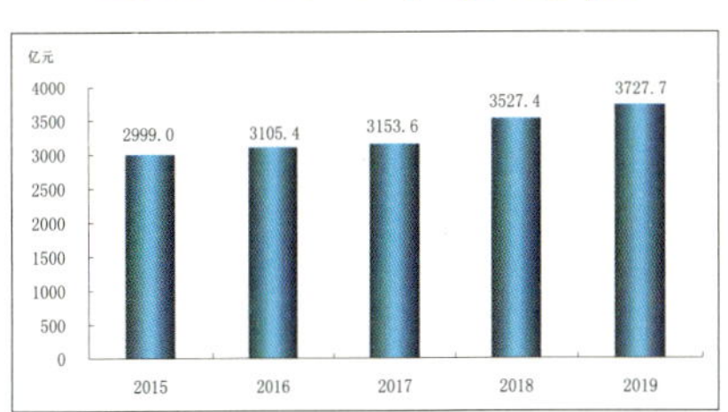

2019年分行业外商直接投资

计量单位：万元

行业名称	合同外资金额	实际使用外资金额
总计	1148963	511300
农、林、牧、渔业	556	340
制造业	333678	261000
电力、燃气及水的生产和供应业	3450	3450
建筑业	–5875	0
交通运输、仓储和邮政业	50902	57619
信息传输、计算机服务和软件业	72771	9254
批发和零售业	208319	32765
住宿和餐饮业	347	151
金融业	4368	24160
房地产业	255511	94184
租赁和商务服务业	161130	4215
科学研究、技术服务和地质勘查业	46148	10058
水利、环境和公共设施管理业	7722	3235
居民服务和其他服务业	4037	169
教育	0	1200
卫生、社会保障和社会福利业	700	3700
文化、体育和娱乐业	5199	5800

八、金融和保险

年末金融机构本外币存款余额16948.10亿元，比上年末增长10.25%。其中境内住户存款余额8383.03亿元，增长10.63%。金融机构本外币贷款余额12175.18亿元，增长16.42%。

全年保费收入606.58亿元，其中财产险保费收入189.99亿元，人身险保费收入416.59亿元。各项赔款和给付支出135.57亿元，其中财产险支出81.99亿元，人身险支出53.57亿元。

九、科学技术和教育

年末共有各级工程中心3079家，其中省级工程中心预计为800家，市级工程中心1123家。高新技术企业预计为4873家。新增省级工程中心预计为90家。全年获省级科学技术奖励17项。全年发明专利申请量16887件，授权量4582件。新增中国驰名商标2件。

年末共有普通高等学校13所，全年招生4.82万人，在校学生12.99万人；普通高中60所，招生4.21万人，在校学生12.07万人；初中152所，招生8.36万人，在校学生23.56万人；小学417所，招生11.75万人，在校学生61.66万人；幼儿园1016所，招生11.33万人，在园幼儿31.85万人。学龄儿童入园率100%，小学毕业升学率100%，初中毕业升学率99.57%，普通高中毕业升学率97.79%。

十、文化、卫生和体育

年末共有文化馆6间，博物馆（含民办博物馆）23间，省级以上文物保护单位62所。县级以上公共图书馆6所，公共图书馆图书总藏量1140.99万册。广播节目综合人口覆盖率100%，电视节目综合人口覆盖率100%。

年末共有卫生机构2097个，其中医院127个，妇幼保健院4个，卫生院6个。卫生机构实有病床38085张，每千常住人口实有病床数4.67张。各类卫生技术人员58215人，其中执业医师和执业助理医师20937人。每千常住人口拥有执业医师（助理）2.57人。

初步统计年末共有体育运动场地面积1997.72万平方米，人均体育运动面积2.53平方米。全年我市运动员参加国际比赛13次，获奖牌38枚；参加国内单项比赛70次，获奖牌264枚。

十一、环境和安全生产

全年空气环境质量达到或优于二级天数为288天。全市降水pH值为5.12，下降0.03个pH单位。全年酸雨频率为40.8%，下降0.9个百分点。二氧化硫（SO_2）、二氧化氮（NO_2）年平均浓度分别为2微克/立方米、41微克/立方米；可吸入颗粒物（PM_{10}）、可吸入细颗粒物（$PM_{2.5}$）年平均浓度分别为56微克/立方米、30微克/立方米；臭氧（O_3日最大8小时均值第90百分位数）、一氧化碳（CO日均值第95百分位数）年平均浓度分别为185微克/立方米、1.3毫克/立方米。

全市新建污水处理厂3间，扩建3间，新增污水处理能力20万吨/日。初步统计城镇污水处理率达到99.17%。饮用水源水质达标率为100%。城镇生活垃圾无害化处理率达到100%。

全年共发生各类生产经营性事故477起，死亡302人，受伤288人，直接经济损失3513.64万元。发生生产经营性道路交通事故385起、死亡213人、受伤263人、直接经济损失236.07万元。

十二、人民生活和社会保障

全年佛山居民人均可支配收入54043元，比上年增长8.9%，扣除价格因素，实际增长5.8%；人均生活消费支出37160元，增长9.1%，扣除价格因素，实际增长6.0%。分城乡看，全年城镇常住居民人均可支配收入55233元，增长8.9%，扣除价格因素，实际增长5.8%；人均生活消费支出37970元，增长9.1%，扣除价格因素，实际增长6.0%。全年农村常住居民人均可支配收入31503元，增长9.5%，扣除价格因素，实际增长6.4%；人均生活消费支出21822元，增长9.6%，扣除价格因素，实际增长6.5%。城乡居民人均收入倍差由2018年的1.764缩小至2019年的1.753。

年末全市基本养老保险参保人数373.10万人；失业保险参保人数283.23万人；生育保险参保人数283.32万人；工伤保险参保人数316.51万人；基本医疗保险参保人数576.14万人，其中城镇职工基本医疗保险参保人数347.70万人，城镇居民基本医疗保险参保人数228.44万人。全年城乡低保救助0.95万人，救助金额10746.37万元。全年共出资1092.63万元资助1.99万名困难救助对象购买城乡居民医疗保险；医疗救助8.39万人次，共支付救助金额5586.02万元。

注：

1.本公报2019年数据为初步统计数，统计图中2015—2018年数据为年报数。

2.生产总值和各产业增加值绝对数按现价计算，增长速度按可比价计算。2018年地区生产总值三次产业结构为第四次全国经济普查后修订的结果数据。

2019年中央媒体有关佛山重要报道篇目（摘录）

2019年《人民日报》有关佛山重要报道篇目（摘录）

序号	刊发日期	媒体名称	栏目、版面或时段	标题
1	1月8日	人民日报	12版	依托技术创新　赢得市场优势
2	1月8日	人民日报	12版	“机器人谷”推进二次创业
3	1月8日	人民日报	12版	技术立企　掌握市场主动
4	2月21日	人民日报	08版	“护航开学季”暖人心
5	2月28日	人民日报	20版	文化是民族舞剧的立身之本
6	3月1日	人民日报	16版	粤港澳，向国际一流湾区迈进
7	3月3日	人民日报	04版	嘱托记心间　履职在一线（我和总书记面对面·特别策划）
8	3月4日	人民日报	19版	华侨城全面助力粤港澳大湾区文旅发展
9	3月5日	人民日报	05版	广东“红通人员”黎健雄回国投案

（续　表）

序　号	刊发日期	媒体名称	栏目、版面或时段	标　题
10	3月11日	人民日报	08版	格兰仕培养安置技工人才，助力精准扶贫提升技能是最有效的帮扶
11	3月12日	人民日报	11版	大力发展小镇产业体系
12	3月20日	人民日报	10版	“联姻”服务业　佛山制造再升级（经济聚焦·会后探落实②）
13	3月20日	人民日报	15版	未来，机器人帮你盖房子
14	3月29日	人民日报	02版	渔之乐
15	4月2日	人民日报	05版	图片报道
16	4月18日	人民日报	04版	考核评估监督，“晒”得更细更实（第一落点·关注政务公开③）
17	4月25日	人民日报	13版	华侨城文化旅游节盛大启动
18	5月6日	人民日报	17版	“为参与一带一路建设而自豪”——访格兰仕集团董事长兼总裁梁昭贤
19	5月10日	人民日报	10版	探索建立长效扶贫模式
20	5月10日	人民日报	11版	品质自信成就品牌自信
21	5月22日	人民日报	20版	云勇的山林
22	5月31日	人民日报	10版	佛山南海启动湾区政务服务跨境通办
23	6月8日	人民日报	04版	展现文化魅力·弘扬家国情怀（我们的节日·端午）
24	6月21日	人民日报	16版	中俄企业贸易合作拓展新平台第一现场
25	7月3日	人民日报	10版	国内首座油氢合建站在广东建成
26	7月4日	人民日报	10版	前5月广东市场采购出口636.4亿元
27	7月9日	人民日报	11版	广东佛山市顺德区优化乡村治理
28	7月22日	人民日报	01版	广东经济加快升级（壮丽70年　奋斗新时代·推动高质量发展调研行）
29	7月29日	人民日报	05版	向改革寻找高质量发展动力源（一线视角）
30	7月30日	人民日报	03版	“近距离感受中国文化的独特魅力”
31	8月1日	人民日报	07版	车间里的陪伴
32	8月3日	人民日报	01版	顺德转型突围看智造
33	8月14日	人民日报	06版	"广东顺德加强基层组织建设——‘头雁’计划助推农村高质量发展"
34	8月24日	人民日报	06版	以高质量发展理念破解难题
35	9月2日	人民日报	01版	王岐山会见菲律宾总统杜特尔特
36	9月3日	人民日报	06版	用点滴行动　护百姓平安
37	9月4日	人民日报	11版	发展高质量　当好排头兵
38	9月4日	人民日报	12版	开放加速度　奋进大湾区
39	9月4日	人民日报	13版	协调补短板　先富带后富
40	9月4日	人民日报	14版	壮美岭南　崭新画卷
41	9月5日	人民日报	07版	打通融资瓶颈　助力产业升级

（续 表）

序 号	刊发日期	媒体名称	栏目、版面或时段	标 题
42	9月6日	人民日报	15版	世界杯，再掀篮球热潮（体育大看台）
43	9月11日	人民日报	17版	产品走出去，更要品牌走出去
44	9月13日	人民日报	微信公众号	拾荒老人到派出所写下一张纸条后离开，背后故事令人感动
45	9月14日	人民日报	01版	“饭碗一定要端在自己手上”（中国品牌　中国故事）
46	10月6日	人民日报	02版	在粤港澳大湾区建设中的合作示范作用
47	10月8日	人民日报	08版	2019年中国中小城市高质量发展指数研究成果发布
48	10月8日	人民日报	07版	168小时他们在一线（干部状态新观察）
49	10月9日	人民日报	03版	“开放与合作带来的是双赢”（一带一路中外媒体采访调研行）
50	10月13日	人民日报	04版	更好服务粤港澳大湾区建设
51	10月29日	人民日报	01版	共建国际一流湾区（壮丽70年　奋斗新时代·区域协调发展新格局）
52	11月2日	人民日报	05版	2019首届陈村《三字经》启蒙文化周
53	11月13日	人民日报	03版	改革开放增动力　实干奋进扩潜力，保持经济运行在合理区间
54	12月8日	人民日报	01版	用创新推动高质量发展（中国品牌　中国故事）
55	12月10日	人民日报	13版	佛山以家庭为单位、以邻里为纽带推广阅读
56	12月12日	人民日报	10版	广东：闯出发展高质量
57	12月13日	人民日报	02版	“广东制造”提升科技含量
58	12月14日	人民日报	06版	服务很贴心　企业更专心
59	12月14日	人民日报	02版	充分挖掘内需潜力　推动经济高质量发展
60	12月16日	人民日报	18版	2019中国（佛山）大湾区功夫电影周
61	12月18日	人民日报	01版	构筑高质量发展“品牌矩阵”
62	12月23日	人民日报	10版	佛山千灯湖创投小镇——激活民间资本　助力制造业升级
63	12月29日	人民日报	01版	佛山用“芯”助推高质量发展
64	12月31日	人民日报	07版	杨启泉：人民卫士　屡破案件（为了民族复兴·英雄烈士谱）
65	1月29日	人民日报海外版	09版	醒狮源头“狮意”浓
66	2月1日	人民日报海外版	06版	侨情乡讯
67	2月27日	人民日报海外版	12版	“三味”中国
68	4月9日	人民日报海外版	07版	接物谦恭　修业勤慎（家风家训）
69	5月4日	人民日报海外版	08版	国际二维码产业发展峰会将于佛山举行
70	6月15日	人民日报海外版	12版	南粤古驿道　乡村新机遇
71	6月17日	人民日报海外版	06版	“龙母诞”：佛山“百龙”闹龙潭
72	7月3日	人民日报海外版	03版	首座油氢合建站在粤正式建成
73	7月12日	人民日报海外版	04版	广东新增三城高铁直达香港

（续　表）

序　号	刊发日期	媒体名称	栏目、版面或时段	标　题
74	7月25日	人民日报海外版	08版	特色小镇，多些“特色”少些“名不副实”
75	7月30日	人民日报海外版	05版	“三治”融合打造乡村治理新格局
76	8月28日	人民日报海外版	09版	中国男篮　全力以赴
77	8月29日	人民日报海外版	09版	二维码：如影随形　扫行天下
78	9月27日	人民日报海外版	01版	“开放的中国充满魅力”（一带一路中外媒体采访调研行）
79	11月11日	人民日报海外版	09版	第23届全国发明展举行

2019年新华社有关佛山重要报道篇目（摘录）

序　号	刊发日期	媒体名称	栏目、版面或时段	标　题
1	1月2日	新华社	广东要闻	抓住改革机遇创造“美的”生活——记“乡镇企业改组上市的先行者”何享健
2	1月4日	新华社	时政	胡小燕：改革开放中涌现的优秀农民工代表
3	1月5日	新华社	全国通稿	逾500位香港青年乘坐高铁前往内地考察
4	1月14日	新华社	新华财经	制造业高质量发展将如何推进？五方面出重磅实招
5	1月23日	新华社	客户端	爱心接力助“摩托大军”平安回家
6	1月26日	新华社	全国通稿	奋斗不停步　改革再出发——“四个自信”筑牢强国之基
7	1月30日	新华社	全国通稿	特写：逛年宵花市　品浓浓年味
8	2月26日	新华社	全国通稿	电影《梦想之城》定档妇女节　以优秀农民工为原型
9	3月2日	新华社	通稿	综述：外国驻港领团商会代表的“大湾区印象”
10	4月2日	新华社	通稿	中德工业城市联盟扩容　已推动约50个项目落地
11	4月3日	新华社	全国通稿	用艺术唤醒古村——广东佛山青田村的乡村建设实践
12	4月7日	新华社	全国通稿	佛山：广佛深度融合释放“极点”引力
13	4月21日	新华社	全国通稿	佛山地铁3号线最难地质地段开始盾构施工
14	4月21日	新华社	通稿	广东佛山：2019中陶产品展举行
15	5月3日	新华社	全国通稿	广东龙舟名镇五一假期上演“水上马拉松”
16	5月16日	新华社	全国通稿	广东民营经济在稳增长中“挑大梁”
17	5月20日	新华社	全国通稿	为新疆人民的解放事业而奋斗：罗志
18	5月21日	新华社	全国通稿	如何让传统非遗“活”起来？
19	5月22日	新华社	全国通稿	广东省核工业地质局原局长顾青波被逮捕
20	5月22日	新华社	全国通稿	广东打造面向新技术时代的现代职教体系
21	5月26日	新华社	全国通稿	研发加强激活新动能　紧抓机遇搏浪新时代——从企业研发看经济转型发展
22	6月3日	新华社	全国通稿	粤菜师傅工程：扶贫和乡村振兴的“风味之路”

（续　表）

序　号	刊发日期	媒体名称	栏目、版面或时段	标　题
23	6月13日	新华社	全国通稿	党建引领乡村治理的“南海经验”——广东南海探索创建城乡融合发展试验区
24	6月20日	新华社	全国通稿	港铁智慧铁路研发中心将落户广东顺德
25	7月16日	新华社	全国通稿	人生中哪个角色最有意义？——记优秀农民工代表胡小燕
26	7月22日	新华社	全国通稿	排名跃升最快！碧桂园位居最新世界500强排行榜177位
27	7月22日	新华社	全国通稿	碧桂园位居2019年《财富》世界500强榜单第177位
28	7月22日	新华社	全国通稿	再立潮头谱新篇——来自广东高质量发展一线的报告
29	7月23日	新华社	通稿	高质量发展的粤式“色香味”——广东制造业一线见闻
30	7月24日	新华社	全国通稿	从短板到潜力板——广东积极探索区域协调发展新路径
31	8月8日	新华社	全国通稿	“2019中国最具幸福感城市”调查推选活动启动
32	8月23日	新华社	全国通稿	顺德一个制造重镇的“再次创业”
33	8月23日	新华社	全国通稿	以高质量发展理念破解难题——广东顺德村级工业园改造实录
34	8月23日	新华社	全国通稿	新华时评：靠“啃硬骨头”闯出改革路
35	8月23日	新华社	全国通稿	国际二维码产业合作组织筹备委员会正式成立
36	9月1日	新华社	全国通稿	王岐山会见菲律宾总统杜特尔特
37	9月1日	新华社	–	篮球的魅力有多大？总统亲自来助阵
38	9月9日	新华社	全国通稿	这家企业为何每年给上千名员工发金牌？——广东溢达工人“回流”现象观察
39	9月29日	新华社	通稿	中国陶瓷在开放学习中走向“微笑曲线”上端
40	10月12日	新华社	全国通稿	孙春兰：推动教育医疗等社会事业　更好服务粤港澳大湾区建设
41	10月18日	新华社	–	杨惠妍获全国脱贫攻坚奖奉献奖
42	10月21日	新华社	全国通稿	华文教育在印尼开出友谊之花
43	10月23日	新华社	全国通稿	经济建设的保护神：杨启泉
44	11月3日	新华社	通稿	广东：2019首届陈村三字经启蒙文化周开幕
45	11月3日	新华社	–	说到“拉仇恨！”我只佩服这里的人！
46	11月26日	新华社	全国通稿	“2019中国最具幸福感城市”结果发布
47	12月8日	新华社	全国通稿	推动高质量发展调研行丨珠江西岸的“高质量追赶
48	12月14日	新华社	全国通稿	充分挖掘内需潜力　推动经济高质量发展——社会各界热议中央经济工作会议精神
49	12月19日	新华社	–	面朝大海景明人和花正开——来自新发展理念指引下中国高质量发展一线的故事
50	2月20日	《瞭望》东方周刊	2019年第4期	共享社区：让“水泥森林”长出温情
51	9月13日	《瞭望》新闻周刊	2019年第37期	草根工业的南海奇迹

2019年中央电视台有关佛山重要报道篇目（摘录）

序 号	刊发日期	频道	栏目、版面或时段	标 题
1	1月15日	央视一套	新闻联播	改革先锋风采——改革先锋胡小燕
2	2月4日	央视一套	春节联欢晚会	舞蹈《百狮报喜贺新春》
3	2月5日	央视一套	新闻联播	普天同庆迎新春 天道酬勤成大业
4	2月10日	央视一套	新闻联播	广东顺德：为高质量发展腾空间
5	2月18日	央视一套	新闻联播	粤港澳大湾区：全力打造科创引擎
6	3月30日	央视一套	新闻联播	城乡同赏花海 南北共享春色
7	4月19日	央视一套	晚间新闻	拥抱科技创新 传统产业高质量发展
8	5月25日	央视一套	焦点访谈	诚信建设万里行 网络短剧揭穿网络骗局
9	5月30日	央视一套	新闻联播	港澳与内地实现9市实现政务服务实时通办
10	6月25日	央视一套	焦点访谈	起底微信号地下交易
11	7月28日	央视一套	新闻联播	【壮丽70年 奋斗新时代——推动高质量发展调研行】广东：壮士断腕 为高质量发展腾空间
12	9月1日	央视一套	新闻联播	王岐山会见菲律宾总统
13	9月22日	央视一套	新闻联播	粤港澳三地青年齐聚 共庆新中国70华诞
14	9月24日	央视一套	我们走在大路上	第十七集 改革开放谱新篇
15	10月2日	央视一套	新闻联播	粤港澳各界：祝愿祖国和港澳的明天更美好
16	10月14日	央视一套	新闻联播	香港青年期待融入粤港澳大湾区发展
17	11月3日	央视一套	新闻联播	第二届进博会企业展区搭建完成
18	11月7日	央视一套	晚间新闻	助力创新发展 全国发明展览会开幕
19	11月10日	央视一套	新闻联播	2019中华龙舟大赛总决赛今天（10日）落幕
20	12月11日	央视一套	新闻联播	【高质量发展基层调研行】制造业转型升级 佛山如何探路
21	12月22日	央视一套	新闻联播	2019中国（佛山）大湾区功夫电影周闭幕
22	1月8日	央视二套	中国财经报道	广东佛山：年花长势好供应足 花农陆续收到订单
23	1月8日	央视二套	第一时间	广东佛山：寒潮侵袭难挡“网红”花卉冬日盛开
24	1月22日	央视二套	第一时间	新闻热搜榜·媒体新势力 广东佛山：患者强塞红包 医生充入患者住院费
25	2月18日	央视二套	中国财经报道	广东佛山：狮山镇舞狮闹元宵
26	2月19日	央视二套	中国财经报道	欢欢喜喜闹元宵 广东佛山：数十万人“行通济”闹元宵
27	2月26日	央视二套	回家吃饭	脆皮酸菜肘子 大良炒酸奶
28	2月28日	央视二套	交易时间	公司与行业 加氢站审批难配套少 业内呼吁氢作为能源来管理
29	3月7日	央视二套	第一时间	两会财经观察：制造业高质量发展 广东：制造业大省谋转型“上云上平台”

（续　表）

序　号	刊发日期	频道	栏目、版面或时段	标　题
30	3月7日	央视二套	第一时间	两会财经观察·制造业高质量发展 打造产业集群　协同创新引领高质量发展
31	3月29日	央视二套	交易时间	氢能源产业布局持续推进
32	5月2日	央视二套	经济信息联播	壮丽70年　奋斗新时代 广东顺德：村级工业园改造升级　企业提升有空间
33	5月16日	央视二套	交易时间	热点行业追踪 氢能源迎来风口　上市公司加大产业链布局
34	6月24日	央视二套	中国财经报道	利好政策刺激　佛山去年新增人口创八年来新高
35	7月16日	央视二套	经济信息联播	中国经济纵深谈 广东顺德啃“村改”硬骨头　村级工业园瘦身提质
36	8月12日	央视二套	对话	谁将填满佛山制造转型相册？
37	8月13日	央视二套	对话	佛山家电曾有多辉煌的历史？
38	8月11日	央视二套	对话	美好生活的制造动力
39	9月22日	央视二套	经济信息联播	粤港澳三地青年齐聚　共庆新中国70华诞
40	9月24日	央视二套	国际财经报道	2019丰收季 广东佛山农业嘉年华：展演乡村民俗　庆农民丰收
41	10月6日	央视二套	对话	中国产业地标：佛山
42	10月10日	央视二套	交易时间	热点行业追踪 中高端智能制造装备需求旺盛　国内企业迎来发展机遇
43	10月15日	央视二套	国际财经报道	热点扫描 香港青年期待融入粤港澳大湾区发展
44	10月27日	央视二套	经济信息联播	国内首批高密度标准化商用加氢站投运
45	11月12日	央视二套	正点财经	行业追踪 氢燃料电池企业普遍亏损 商业化进程有待加速
46	12月29日	央视二套	对话	打造营商环境新高地
47	6月3日	央视三套	开门大吉	小剪纸却有大梦想 陈小杰将剪纸与专业相结合剪出岭南特色
48	6月10日	央视三套	非常6+1	11岁佛山女孩侠气十足　爸爸曾见义勇为街头勇斗歹徒
49	6月24日	央视三套	非常6+1	佛山功夫小子挑战骆文博 出访欧洲十二国弘扬中国功夫
50	7月29日	央视三套	非常6+1	小不点大能耐
51	1月14日	央视四套	记住乡愁	佛山祖庙历史文化街区——男儿当自强
52	2月12日	央视四套	中国新闻	“一门式”改革新体验
53	3月4日	央视四套	中国舆论场	中舆记者带你走进粤港澳大湾区
54	3月21日	央视四套	中国新闻	广东佛山：女童吊挂窗外　街坊齐力救援
55	4月30日	央视四套	远方的家	春末夏初的味道——正是鱼鲜肥美时
56	5月31日	央视四套	中国新闻	港澳与内地9市实现政务服务实时通办

（续　表）

序　号	刊发日期	频道	栏目、版面或时段	标　题
57	8月14日	央视四套	中国新闻	广东佛山：待产医生连做180次按压　救活溺水儿童
58	10月7日	央视四套	中国新闻	全国多地欢度国庆　广东佛山："狮王争霸"为国庆生
59	10月17日	央视四套	中国新闻	第五届中国（广东）国际"互联网+"博览会开幕
60	12月20日	央视四套	中国新闻	广东佛山：大湾区功夫电影周开幕
61	5月29日	央视五套	体育晨报	中国龙舟公开赛　顺德龙舟队扬威洪湖站
62	8月7日	央视五套	体育晨报	全国少年轮滑锦标赛在广东顺德开赛
63	8月21日	央视五套	体育世界	［篮球］佛山市首次迎来奈史密斯杯巡展
64	8月23日	央视五套	篮球公园	男篮世界杯D组巡礼　塞尔维亚剑指冠军
65	8月29日	央视五套	体育新闻	"馆龄"最小设施最新　佛山静待世界杯开幕
66	8月31日	央视五套	体育新闻	惊艳全场　佛山小醒狮亮相篮球世界杯
67	9月1日	央视五套	篮球公园	佛山小醒狮亮相篮球世界杯
68	12月19日	央视五套	体育人间	体育年华—从2019年回望　体魄
69	5月27日	央视六套	电影频道	《梦想之城》
70	12月18日	央视六套	中国电影报道	甄子丹任2019中国（佛山）大湾区功夫电影周形象大使
71	12月19日	央视六套	中国电影报道	咏春对决太极！甄子丹　吴樾佛山力荐《叶问4》
72	12月22日	央视六套	中国电影报道	2019中国（佛山）大湾区功夫电影周成功举办
73	12月21日	央视六套	中国电影报道	于冬、黄百鸣齐聚佛山　共话大湾区功夫电影发展
74	1月2日	央视七套	致富经	集体失踪的鱼　一年带回3000万元
75	3月1日	央视九套	微纪精选	杰夫痴迷咏春拳　来到佛山学习中国功夫
76	5月21日	央视十套	地理－中国	蕴含龙舟文化的佛山
77	11月13日	央视十二套	热线12	广东佛山：聚焦第23届全国发明展览会
78	12月10日	央视十二套	热线12	广东佛山：让爱止"艾"
79	1月26日	央视十三套	新闻直播间	广东佛山：少年挂阳台险坠楼　众人合力救下
80	1月28日	央视十三套	新闻直播间	中小企业成本调研　成本刚性上涨　挤压利润空间
81	2月7日	央视十三套	新闻直播间	春晚揭秘·《百狮报喜贺新春》舞出不一样的精彩人生
82	2月5日	央视十三套	新闻直播间	广东佛山：光影文化展　灯光盛宴贺新春
83	2月19日	央视十三套	新闻直播间	广东佛山：元宵节"行通济"5500警力保驾护航
84	2月19日	央视十三套	东方时空	正月十五闹元宵 广东佛山：数十万人行走通济桥祈福
85	3月30日	央视十三套	东方时空	广东佛山："快闪"亮相徒步活动　歌声献礼祖国
86	4月6日	央视十三套	新闻直播间	广东佛山：父亲因公牺牲　女儿从警继承遗志
87	5月8日	央视十三套	新闻直播间	农民工老温见证十年政策变化

（续　表）

序　号	刊发日期	频道	栏目、版面或时段	标　题
88	5月31日	央视十三套	朝闻天下	港澳与内地实现政务服务实时通办
89	7月24日	央视十三套	新闻直播间	广东佛山：文明养犬　将立法规范养犬　违规或有征信污点
90	8月17日	央视十三套	朝闻天下	广东佛山：女孩泳池溺水　待产女医生跪地救人
91	8月20日	央视十三套	共和国 发展成就巡礼	【壮丽70年　奋斗新时代——共和国发展成就巡礼】 广东　激发创新活力　促进高质量发展
92	8月24日	央视十三套	新闻直播间	广东佛山：二维码全球标识命名系统启动
93	9月15日	央视十三套	新闻直播间	家国梦共圆·中秋美食·广东顺德 广式月饼：老月饼　新风范
94	9月20日	央视十三套	中国财经报道	多个智能设备亮相 珠江西岸先进装备制造业投资贸易洽谈会
95	9月27日	央视十三套	新闻直播间	广东：飘扬中国红　国庆气氛浓
96	9月30日	央视十三套	朝闻天下	广东佛山：龙舟大比拼　观赛群众同歌唱
97	10月16日	央视十三套	新闻直播间	第五届互联网+博览会广东佛山开幕
98	10月17日	央视十三套	新闻直播间	5G：制造业升级新契机
99	10月24日	央视十三套	午夜新闻	广东：专家云集　对话国际人工智能新趋势
100	12月11日	央视十三套	午间新闻	广东佛山：打造高层次人才新业态　人才驿站揭牌
101	12月12日	央视十三套	朝闻天下	高质量发展基层调研行　制造业转型升级　佛山如何探路

2019年《经济日报》有关佛山重要报道篇目（摘录）

序　号	刊发日期	栏目、版面或时段	标　题
1	1月2日	04版	市场货足价稳　消费活力旺盛
2	1月4日	12版	加速转型锤炼“佛山功夫”
3	1月5日	03版	胡小燕：改革开放中涌现的优秀农民工代表
4	1月13日	03版	广东佛山举办中国制造论坛
5	1月15日	07版	佛山搭建智能货运平台
6	1月17日	10版	佛山发布制造业转型攻略
7	1月27日	06版	对口帮扶结缘氢能产业
8	1月31日	07版	促消费政策落地　各行业跃跃欲试
9	2月20日	10版	广东佛山确定“联东接西”路径
10	3月7日	08版	顺德把交通先行作为融入粤港澳大湾区的重要工作
11	3月28日	07版	佛山市南海区城市更新工作大会暨2019年度项目投资推介会
12	4月1日	02版	顺德招商深圳对接创新资源
13	4月2日	10版	向存量土地要产业发展空间
14	4月5日	03版	粤港澳大湾区开启铁水联运新模式

（续 表）

序 号	刊发日期	栏目、版面或时段	标 题
15	4月29日	06版	广东佛山南海区命名“大城工匠”
16	5月13日	02版	精品国货展现品牌魅力
17	5月28日	10版	碧桂园助力10县摘掉贫困帽
18	6月5日	14版	广东警方侦破特大网络交友诈骗案
19	6月10日	09版	广东佛山提升优质项目承载力
20	6月10日	08版	佛山南海与港澳实现政务服务湾区通办
21	6月11日	15版	“大城工匠”吴树鸿
22	7月1日	客户端	布局氢能产业推动新能源发展 全国首座油氢合建站在广东佛山建成
23	7月8日	07版	全国首座油氢合建站落地佛山
24	7月17日	08版	顺德土壤里的两种“气息”
25	7月17日	08版	顺德力量
26	7月24日	04版	创新驱动筑牢实力之基
27	7月26日	16版	高供电可靠性的“密码”
28	7月26日	客户端	佛山南海迎来200余家日企上门对接
29	7月30日	14版	搭上中国新型城镇化快车
30	8月27日	07版	“中国家具第一镇”再追市场潮流
31	8月27日	09版	世界看中国　岭南一扇窗
32	9月2日	10版	建设大湾区　奋进正当时
33	9月2日	16版	“品质大良”迷人眼
34	9月6日	07版	减税降费为外贸企业提气增力
35	9月23日	16版	顺德制造迈向“三核两高”
36	9月23日	16版	珠江西岸装备“智”造迈上新台阶
37	9月27日	14版	美的以创新推动高质量发展
38	10月15日	15版	合作共赢是我们共同的选择
39	10月17日	11版	中德工业城市联盟系列活动展开
40	10月17日	11版	打造工业互联　助推数字智造
44	10月17日	11版	广东省职工工业机器人竞赛举办
42	10月29日	07版	“氢”装上阵　产业跟进
43	11月4日	12版	广东金融高新区构筑区块链产业生态
44	11月5日	15版	为粤港澳大湾区优质生活圈添彩
45	11月11日	02版	“电缆入地”稳定安全

（续 表）

序 号	刊发日期	栏目、版面或时段	标 题
46	11月13日	14版	全球城市竞争力呈现七个新特点
47	11月25日	07版	2019中国安全产业大会在广东佛山举行
48	11月24日	01版	“第二届粤港澳大湾区协同创新发展论坛”在佛山举行
49	11月26日	11版	格兰仕：掌握核心产业链上核心科技
50	11月29日	12版	提升创新能级打造一流湾区
51	12月1日	04版	氢能源有轨电车在广东上线
52	12月6日	07版	佛山陶瓷发力铸品牌
53	12月11日	10版	广东：“设计顺德”成为新名片
54	12月25日	12版	“实体经济”兴三水

2019年中央其他主流媒体有关佛山重要报道篇目（摘录）

序 号	刊发日期	媒体名称	栏目、版面或时段	标 题
1	2月25日	中央广电总台	国际在线	《梦想之城》首映 金巧巧保剑锋致敬“中国梦追梦人”
2	4月11日	中央广电总台	国际在线	废土寻宝——广东顺德积极改造村级工业园
3	1月1日	光明日报	03版	何享健：抓住改革机遇创造“美的”生活
4	5月21日	光明日报	04版	罗志：为新疆人民的解放事业而奋斗
5	5月26日	光明日报	01版	顺德为什么能
6	7月2日	光明日报	04版	织密党建网格 引领乡村善治
7	7月5日	光明日报	04版	脚上有土才能心中有谱
8	7月22日	光明日报	04版	续写“拓荒牛”改革新故事
9	8月8日	光明日报	05版	党建引领基层社会治理的创新探索
10	9月4日	光明日报	06版	南粤之先
11	9月27日	光明日报	03版	广东：基层减负“期中考”亮出答卷
12	11月20日	光明日报	06版	推进制度建设的科学指引
13	11月22日	光明日报	04版	黄如航：解救人质勇斗绑匪
14	12月14日	光明日报	01版	充分挖掘内需潜力 推动经济高质量发展
15	3月12日	科技日报	03版	校企联动 培养高质量技能人才
16	5月27日	科技日报	01版	研发加强激活新动能 紧抓机遇搏浪新时代
17	6月13日	科技日报	01版	氢能商业化重在突破技术瓶颈
18	7月2日	科技日报	03版	国内首座油氢合建站在广东建成
19	7月23日	科技日报	01版	瞄准智能制造 助力高质量发展
20	8月1日	科技日报	06版	直通车开进佛山站 智能制造成果对接高水平企业
21	9月23日	科技日报	03版	同心同力共襄伟业 汇聚实现民族复兴的磅礴力量

（续　表）

序　号	刊发日期	媒体名称	栏目、版面或时段	标　题
22	9月26日	科技日报	07版	广东顺德：率先建立高质量发展指标体系
23	11月1日	科技日报	06版	广东佛山：打造氢能产业商业化发展引领区
24	11月8日	科技日报	01版	第二十三届全国发明展览会在广东佛山举办
25	1月15日	农民日报	05版	文创唤醒佛山木板年画的文化生命
26	4月4日	中国青年报	08版	广东省佛山市顺德区大良青年中心以“多维同盟”工作理念打造“在一起”的基层青年阵地
27	4月30日	中国青年报	08版	2019年南海大城工匠命名大会隆重举行
28	9月19日	中国青年报	07版	广东佛山：基层街道自发探索创新志愿服务机制
29	9月25日	中国青年报	01版	在课堂寻找文化传承的“密码”
30	10月11日	中国青年报	05版	百所高校顺德行背后的顺德人才“大棋局”
31	12月4日	中国青年报	08版	2019中国（佛山）大湾区功夫电影周
32	10月5日	《财经》杂志	2019年第22期	朱伟：制造业是佛山发展的根与魂
33	10月4日	《财经》杂志	–	佛山转型：升级中国制造地标
34	10月12日	《财经》杂志	–	朱伟：让佛山制造“高品质的场效应”辐射全国
35	1月30日	中国文化报	01版	佛山木版年画的守艺人
36	2月19日	中国文化报	05版	广东佛山：让初创型文创企业展翅高飞
37	4月12日	中国文化报	08版	广东省佛山市白坭镇：4000年古镇的美丽蝶变
38	6月7日	中国文化报	07版	佛山加快推动文化产业融合发展
39	8月23日	中国文化报	02版	广东省佛山市白坭镇：新时代文明实践活动观察
40	11月8日	中国文化报	06版	广东佛山粤剧周展现 粤剧申报“世遗”10年成果
41	12月16日	中国文化报	07版	广东佛山：为初创文创企业送上“及时雨”
42	2月28日	中国妇女报	03版	电影《梦想之城》定档妇女节
43	10月25日	中国妇女报	08版	佛山禅城：基地示范带动妇女双创
44	1月31日	工人日报	07版	佛山连续9年举办外来工团年晚宴
45	3月22日	工人日报	02版	佛山工会打造职工“十分钟文化圈层”
46	4月1日	工人日报	02版	佛山建立职工志愿服务队
47	7月24日	工人日报	01版	【壮丽70年·奋斗新时代　推动高质量发展调研行】不仅解决“有没有”，更要追求“好不好”
48	10月10日	工人日报	01版	【壮丽70年·奋斗新时代　共和国发展成就巡礼】70年，走向更高质量更充分的就业
49	12月14日	工人日报	01版	充分挖掘内需潜力　推动经济高质量发展
50	2月12日	法制日报	11版	佛山禁毒不仅在于禁更在于防
51	10月22日	法制日报	11版	两代接处警民警见证佛山110变迁
52	2月25日	北京日报	16版	金巧巧演追梦“外来妹”激励创业女性

2019年“学习强国”学习平台全国平台首页推荐有关佛山报道篇目（摘录）

序　号	刊发时间	标　题
1	4月28日	广东佛山：“快闪”唱国歌，歌声响彻潭洲国际会展中心！
2	4月30日	广东佛山：产业工人唱响《我和我的祖国》，千人快闪献礼五一劳动节
3	6月1日	广东佛山：“龙舟快闪”超燃上演，千帆竞速唱响《歌唱祖国》
4	6月1日	广东佛山：品味岭南水乡的龙舟文化
5	6月5日	广东佛山顺德：家电制造重镇涌起“智造浪潮”
6	6月6日	广东佛山：刀笔传承，百年木版年画焕发新神彩
7	6月10日	广东佛山：“龙舟漂移”端午激情上演
8	6月29日	广东佛山：600多岁的古村落藏着手绘涂鸦、水乡风俗，真美！
9	7月11日	广东佛山：千人唱响《中国》
10	8月5日	广东佛山：600年岭南水土浸润　香云纱成丝绸界“软黄金”
11	8月8日	广东佛山：追梦人的理想家园
12	8月13日	广东佛山：制造树立中国产业地标　央视《对话》聚焦转型升级
13	8月19日	佛山：一座工业城市的乡村振兴之路
14	8月28日	“广东第一村”佛山大旗头村：最大镬耳屋群　讲述历史记忆
15	9月6日	广东佛山产业新名片：全国每生产销售50台机器人就有1台来自顺德
16	9月9日	广东佛山路州村：古韵流芳，千年文化薪火代代相传
17	9月13日	夜宿图书馆你试过吗？ 广东佛山文旅产业探索“夜间模式”
18	9月19日	广东佛山：西站唱响《我和我的祖国》
19	9月26日	不打招呼突击检查、全程直播不打码！广东佛山创新应急管理执法模式
20	10月8日	广东佛山三水沙围村：推进农旅文融合发展　打造游学示范基地
21	10月14日	广东佛山文艺发展的见证者任流：一名文艺老兵的情怀与担当
22	10月14日	一年级语文《比尾巴》（佛山市同济小学）
23	10月18日	坐上“时光列车”感受佛山交通70年发展加速度
24	10月24日	四川雷波县：高山峡谷间闯出致富新路
25	11月6日	广东佛山：打造粤港澳大湾区美丽乡村连片示范区
26	11月11日	每日人文地图丨广东省佛山市
27	11月12日	广东佛山：现代农业画卷色彩绚丽
28	11月15日	广东佛山：望山见水　生态宜居
29	11月18日	每日一景丨广东佛山：绿道皆景　四处如画
30	11月19日	每日一曲丨我的祖国
31	12月9日	危难时现英雄本色：致敬佛山山火救援中的最美逆行者

索 引

说 明

一、本索引采用主题分析方法，款目按汉语拼音字母（同音字按声调）顺序排列。

二、文中类目题、分目题用黑体字标明，其余用宋体字排印。

三、索引款目后的数字表示内容所在的页码，数字后面的英文字母（a、b、c）表示栏别（即版面的左、中、右栏）。

四、本索引部分款目在主标目下设副标目，副标目空两字起排；同一主题的“参见”只标页码。

五、本索引对《年度关注》《2019年佛山大事记》《附录》等类目不作内容主题分析；书中的图表、链接仅对其标题进行索引，并在其款目后用楷体字分别括注“表”“图”“链接”。

A

B

C

G

H

J

M

N

R

S

X

Y

Z

数字首

英文字母首